PAGE 46

SUR LA ROUTE

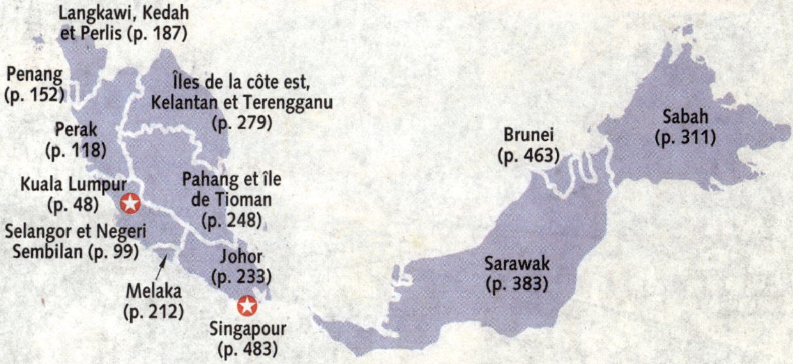

PAGE 605

LA MALAISIE, SINGAPOUR ET BRUNEI PRATIQUE

TOUT POUR S'ORGANISER

Location de voitures, lignes de train, organismes à connaître

ÉDITION ÉCRITE ET ACTUALISÉE PAR
Simon Richmond
Cristian Bonetto, Celeste Brash, Joshua Samuel Brown, Austin Bush, Adam Karlin, Daniel Robinson

Bienvenue en Malaisie, à Singapour et au Brunei

Forêts tropicales humides et océans

Pour beaucoup, cette région se définit par sa forêt équatoriale humide. D'importantes portions de forêt primaire – un des plus anciens écosystèmes sur terre – restent intactes, protégées par un réseau de parcs nationaux et des projets de conservation. Il suffit de se joindre à une promenade menée par un garde forestier pour se familiariser avec cette formidable biodiversité qui s'exprime tous azimuts, des plantes carnivores, lianes et orchidées des basses terres humides aux conifères et rhododendrons des forêts d'altitude. Vous apercevrez facilement une multitude d'insectes, des oiseaux colorés et, avec un peu de chance, un tapir, un langur argenté ou un orang-outan. Les océans, tout aussi riches, invitent au snorkeling ou à la plongée au milieu de colonies de poissons exotiques, de coraux multicolores, de tortues, de requins et de dauphins.

Aventures urbaines

Le voyage ne décevra pas non plus les citadins dans l'âme. Fascinante, Singapour, la cité-État surdouée de la région, mêle les élégants bâtiments de son passé colonial à une stupéfiante architecture contemporaine. Elle possède des attractions de réputation mondiale comme son zoo, ses musées et ses deux splendides jardins botaniques. La capitale de la Malaisie,

THANK YOU/GETTY IMAGES ©

Intimement liés par leur histoire et par leur population aux origines multiples, la Malaisie, Singapour et le sultanat de Brunei constituent une triade de choix pour les voyageurs en Asie du Sud-Est. Forêts tropicales foisonnantes de vie, plages magnifiques, îles idylliques et saveurs culinaires exotiques, ce paradis terrestre répondra à toutes vos attentes.

(À gauche). Temple Sri Mariamman (p. 495) dans Chinatown, Singapour
(En bas). Tortues à Sipadan (p. 364), Sabah, Malaisie

TIM ROCK/GETTY IMAGES ©

Kuala Lumpur (KL), n'est pas si bien ordonnée, mais c'est sans doute ce qui la rend intéressante : la vie de *kampung* (village malais) côtoie les spectaculaires tours Petronas du XXIe siècle, et les consommateurs font aussi bien leurs courses dans les marchés traditionnels que dans les méga-centres commerciaux climatisés.

Les cœurs historiques de Melaka et de George Town (Penang) sont inscrits au patrimoine mondial de l'Unesco en raison de leur paysage architectural et culturel unique, développé au cours de plus d'un demi-millénaire d'échanges avec le reste de l'Asie du Sud-Est. Ces deux cités seront votre priorité, mais si vous préférez des endroits moins en vue, n'oubliez pas Bandar Seri Begawan, la capitale de Brunei, qui surprend par sa simplicité : son village sur pilotis, Kampung Ayer, est la plus grande cité lacustre du monde.

Richesses culturelles

En Malaisie péninsulaire, des Malais musulmans, des Chinois de religions diverses et des Indiens, hindouistes ou musulmans, se mêlent aux groupes aborigènes (les Orang Asli), tandis que sur Bornéo la population indigène se compose de différentes ethnies regroupées sous le nom de Dayak. Chaque groupe possède sa propre langue et ses pratiques culturelles, que vous découvrirez lors des nombreuses fêtes du calendrier et à travers des spécialités culinaires variées.

› Malaisie péninsulaire et Singapour

› Malaisie orientale (Bornéo) et Brunei

20 FAÇONS DE VOIR LA MALAISIE

Cuisine de rue

1 En Malaisie, la meilleure cuisine est souvent la plus simple, que l'on déguste dans un cadre sans prétention. Les innombrables échoppes ambulantes, étals et *shophouses* (p. 36) du pays servent de délicieux plats, souvent d'après des recettes et des techniques ancestrales. Omniprésente, informelle et savoureuse, la cuisine de rue se distingue aussi par sa diversité : dans la même rue, il n'est pas rare de pouvoir choisir entre les cuisines malaise, chinoise, indienne du Sud et occidentale. Marché central (p. 313), Kota Kinabalu

Plongée, Sipadan

2 Les tombants rocheux de Sipadan (p. 364) abritent l'une des faunes marines les plus riches du monde – des poissons, mollusques et reptiles les plus courants aux créatures les plus étranges et les plus colorées. Les plongeurs qui évoluent parmi les animaux ont la chance d'observer tout ce petit monde vivre, jouer, chasser et se nourrir. Quel que soit leur niveau, ils vivront à Sipadan une expérience inoubliable.

TOM COCKREM/GETTY IMAGES ©

BENOIT CAPPRONNIER/GETTY IMAGES ©

3

MJ PHOTOGRAPHY/ALAMY ©

4

MINT IMAGES - FRANS LANTING/GETTY IMAGES ©

ATLANTIDE PHOTOTRAVEL/CORBIS ©

Kampong Ayer, Brunei

3 Brunei se modernise rapidement, mais même les habitants branchés adeptes des technologies modernes viennent de Kampong Ayer (p. 466), le plus grand village lacustre au monde, à l'origine de la capitale, Bandar Seri Begawan (p. 466). Si certains Brunéiens ont quitté ces communautés une fois adultes, la plupart y résident encore. Certains y vivent humblement, mais d'autres s'y rendent en bateau-taxi après avoir garé leur voiture de sport... Un fascinant mariage de nostalgie et de développement, le tout sur pilotis.

Trek dans la jungle, vallée de Danum, Sabah

4 Marcher dans la vallée de Danum (p. 359), dans une forêt primaire plus vieille que l'humanité, constitue l'une des expériences les plus passionnantes à faire sur Bornéo. Bien sûr, surprendre des animaux au milieu de la végétation dense est plus difficile que lors d'un safari, mais lorsqu'on en aperçoit, ils n'en sont que plus incroyables : lézards "volants" colorés, étranges grenouilles, crotales vert émeraude, adorables loris qui observent tout de leurs grands yeux...

Snorkeling, Pulau Perhentian, Terengganu

5 Les îles de l'est de la Malaisie péninsulaire permettent un grand nombre d'activités sous-marines incomparables, mais Pulau Perhentian (p. 290) remporte la palme lorsqu'il s'agit du snorkeling – pour ses eaux bleu clair, ses récifs coralliens et la variété de sa vie marine : requins, poissons tropicaux et tortues. La plupart du temps, il n'est pas nécessaire de nager beaucoup plus loin que la jetée de Long Beach avant de se retrouver au milieu d'un nuage multicolore de poissons de tailles et de formes diverses.

ANDERS BLOMQVIST/GETTY IMAGES ©

Le quartier colonial de George Town, Penang

6 Autrefois abandonné par les habitants et apparemment oublié des touristes, George Town (p. 154) est devenu l'une des destinations les plus tendance de la région depuis son inscription, en 2008, au patrimoine mondial de l'Unesco. Les emblématiques *shophouses* accueillent aujourd'hui musées, hôtels de charme et restaurants chics. Les conducteurs agressifs mis à part, c'est aussi une ville très agréable à explorer à pied. Pinang Peranakan Mansion (p. 155)

Centre de réhabilitation des orangs-outans de Sepilok, Sabah

7 Les orangs-outans sont des primates uniques et complexes : tout en muscles, ils allient à leur force brute beaucoup de délicatesse, et un côté attendrissant qui doit beaucoup à leurs grands yeux empreints de tristesse. Vous pourrez les étudier de près au centre de réhabilitation des orangs-outans de Sepilok (p. 349), attraction phare du Sabah, en vous joignant aux nombreux visiteurs massés sur la plateforme d'observation.

Indulgence, Pulau Langkawi, Kedah

8 Pulau Langkawi (p. 189) n'est pas appelée "le joyau du Kedah" sans raison : ses plages de sable blanc, ses stations balnéaires isolées, ses sites de plongée réputés et sa jungle sauvage sont fabuleux. L'alcool détaxé, ainsi que les bons bars et restaurants lui donnent une légère ambiance festive, et les nombreuses activités destinées aux enfants en font une bonne destination pour les familles. Et au-delà de l'esprit de vacances, l'île est parvenue à conserver son âme de *kampung*. Plage de Tanjung Rhu (p. 192)

8

LEONID SEREBRENNIKOV/GETTY IMAGES ©

Kuching, Sarawak

9 Vieille ville et quais pleins de charme, cuisine raffinée, night-clubs chics... Kuching (p. 386) est la ville la plus sophistiquée de Bornéo, mais ce sont les sites naturels environnants – les plus beaux du Sarawak, faciles à visiter lors d'une excursion d'une journée – qui attirent le plus. Vous pouvez observer des orangs-outans en semi-liberté, chercher à voir une rafflésie géante, des nasiques et des crocodiles sauvages lors d'une croisière en mer de Chine méridionale, puis dîner de fruits de mer frais ou de croustillantes *midin* (fougères). Assemblée de l'État du Sarawak (p. 392)

9

RICHARD I'ANSON/GETTY IMAGES ©

Trekking, Kelabit Highlands, Sarawak

10 L'air est pur et frais, les rizières d'un vert étincelant, la cuisine délicieuse et les randonnées – de *longhouse* en *longhouse* – parmi les plus belles de Bornéo. Toutefois, c'est la population, réputée à juste titre pour son sourire et son accueil des visiteurs, qui est le point fort des Kelabit Highlands (p. 453). Le voyage jusqu'au nord-est du Sarawak, partie isolée de l'État, fait partie du plaisir : vous pouvez soit suivre, pendant 12 longues heures, les cahoteux chemins forestiers, soit faire un vol grisant sur un turbopropulseur Twin Otter de 19 sièges. Femme Kelabit

Taman Negara, Pahang

11 Visiter Taman Negara (p. 267) revient à voyager dans le temps et à découvrir un lieu inchangé depuis des millénaires. Dans cette jungle sombre et quasi impénétrable, les vieux arbres dotés d'immenses racines aériennes avoisinent des champignons luminescents, des orchidées et une flore rare et magnifique. Peuplées d'éléphants, de tigres et de léopards, ces étendues abritent aussi des espèces plus petites, telles que des écureuils volants, des singes, des lézards, des cervidés, des tapirs et toutes sortes de serpents. Python réticulé

10

KARL LEHMANN/GETTY IMAGES ©

11

W K FLETCHER/GETTY IMAGES ©

12

NORA CAROL PHOTOGRAPHY/GETTY IMAGES ©

13

CINTRACT ROMAIN/GETTY IMAGES ©

Mont Kinabalu, Sabah

12 Maison des esprits, montagne la plus haute de Malaisie, principal site naturel du nord de Bornéo, objet d'un trek épuisant entrepris par un grand nombre de marcheurs, le mont Kinabalu (p. 329) est aussi l'une des attractions les plus touristiques de Bornéo. Rassurez-vous, vous pourrez profiter de moments de tranquillité absolue, respirer un air incomparable et, avec de la chance, apercevoir les Philippines se dessinant à l'horizon. Malheureusement, le temps pourra aussi être couvert. Quoi qu'il en soit, l'ascension est enivrante.

Cameron Highlands, Perak

13 Sommets brumeux, bottes en caoutchouc, architecture de style Tudor, champs de fraises et plantations de thé sont indissociables de cette destination atypique de l'Asie du Sud-Est. Les activités possibles (randonnées en solo, treks nature...) et l'agritourisme font des Cameron Highlands (p. 129) l'une des destinations sportives les plus accessibles de Malaisie. C'est également un lieu d'escapade plaisant, le temps ayant tendance à être frais toute l'année. Boh Sungei Palas Tea Estate (p. 135)

PHILIP GAME/GETTY IMAGES ©

ZENO WAI/GETTY IMAGES ©

Marchés, Kota Bharu, Kelantan

14 Foyer de l'artisanat malais, Kota Bharu (p. 282) propose quantité d'articles traditionnels – batiks, *kain songket* (tissu avec des fils d'or), pièces d'orfèvrerie, marionnettes artisanales et cerfs-volants régionaux. Le marché central et le Bazaar Buluh Kubuh (p. 286) voisin sont parfaits pour acheter des épices, des articles en cuivre et d'autres produits locaux. Mais il est aussi possible d'emprunter la piste cyclable qui relie la ville à la plage PCB et qui est jalonnée d'usines et d'ateliers dédiés à la création d'objets artisanaux.

Détente, Pulau Tioman, Pahang

15 Bienvenue au paradis. Qu'aimeriez-vous faire ? Nager au large de l'une des nombreuses plages de la côte ouest de Pulau Tioman ? Vous attaquer aux vagues qui déferlent sur les plages du littoral est ? Randonner ? Dans ce cas, les innombrables sentiers de Tioman mettront à rude épreuve vos jambes et vos poumons. Vous détendre près d'une cascade ? Lire un livre allongé dans un hamac ? Ne rien faire ? Tout cela (et bien d'autres choses encore) est possible sur Pulau Tioman (p. 249).

ANDERS BLOMQVIST/GETTY IMAGES ©

EI KATSUMATA/ALAMY ©

Maisons longues, Sarawak

16 Le meilleur moyen de découvrir la culture tribale indigène est de visiter une "maison longue" (p. 409) ou, mieux encore, d'y dormir. Sorte de village sous toit, ces habitations peuvent être plus grandes que deux terrains de foot et renfermer des dizaines d'unités familiales, chacune donnant sur un espace commun couvert, qui sert aux échanges économiques et sociaux et aux célébrations. Les *longhouses* possèdent aujourd'hui quelques équipements modernes, mais beaucoup arborent encore quelques crânes-trophées... *Longhouse* au Sarawak Cultural Village (p. 409)

Marché de nuit de Jonker Walk, Melaka

17 Il démarre près de la rivière, en face du bâtiment rose du Stadthuys qui scintille grâce aux éclairages de la rue. En soirée, la foule se presse autour du Dr Ho Eng Hui qui fait son spectacle habituel : des mouvements de kung-fu exécutés sur la musique de *Hawaï, Police d'État*. En jouant des coudes, vous progresserez dans Jonker Walk (p. 225), à la découverte de ses nombreux étals, qui vendent aussi bien des sous-vêtements bon marché que du jus de canne frais. Au programme : marchandage, grignotage et peut-être un verre au Geographér Cafe.

Chinatown, Kuala Lumpur

18 Des volutes de fumée s'échappent de bâtonnets d'encens incandescents, des guirlandes de fleurs sont accrochées au cou des statues hindoues et l'appel à la prière ponctue les coups de klaxon. Les temples des hindous et bouddhistes chinois, tout comme les mosquées des musulmans de la ville, sont côte à côte à Chinatown (p. 53), quartier emblématique du multiculturalisme malaisien. Ne manquez pas les étals de Madras Lane, en journée, ni l'animation du marché de nuit de Jalan Petaling (p. 53). Temple Sze Ya (p. 54)

Festivals, grottes de Batu

19 Ce lieu sacré hindou est toujours très animé et coloré, mais si vous en avez la possibilité, le mieux est de le visiter lors d'une fête religieuse. La plus importante est Thaipusam (p. 22), qui voit des millions de pèlerins converger vers cette immense formation rocheuse à quelques kilomètres au nord de Kuala Lumpur. Gardant l'accès des 272 marches menant au temple principal, la statue dorée de lord Murugan, haute de 43 m, sert de perchoir à un groupe de macaques remuants, qui n'hésitent pas à partir à l'assaut des possessions des touristes. Grottes de Batu (p. 101)

STUART DEE/GETTY IMAGES ©

HEATH HOLDEN/GETTY IMAGES ©

Singapore Zoo et Night Safari, Singapour

20 Des orangs-outans effrontés se balancent à quelques mètres au-dessus de votre tête tandis qu'un paresseux insouciant dort à quelques centimètres de votre visage. Le fin fond de la forêt équatoriale ? Perdu : vous êtes au cœur des 28 ha luxuriants du zoo de Singapour (p. 504). Comptant parmi les meilleurs établissements du genre au monde, il abandonne les cages déprimantes au profit d'enclos ouverts et d'habitats fidèlement reconstitués. Résultat : des animaux évoluant librement et des visiteurs ravis. Lorsque le soleil se couche, le Night Safari (p. 505), non loin, prend la relève avec l'observation d'animaux nocturnes du monde entier. Tigres blancs, zoo de Singapour (p. 504)

L'essentiel

Devises

» Le ringgit malaisien (RM), le dollar singapourien ($S), le dollar brunéien ($B)

Langues

» Bahasa malaysia (malais), anglais, dialectes chinois, tamoul

Quand partir

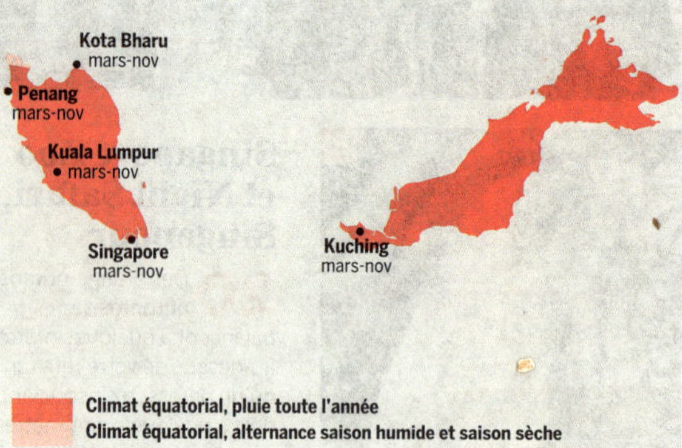

Haute saison
(déc-fév)

» Les vacances scolaires de fin d'année, suivies du Nouvel An chinois, font grimper les prix. Réservez suffisamment à l'avance transports et hôtels.

» C'est la mousson sur la côte orientale de la Malaisie péninsulaire et l'ouest du Sarawak.

Saison intermédiaire
(juil-nov)

» De juillet à août, durant la "saison arabe", les touristes affluent des pays du Golfe pour échapper à la chaleur.

» La fin du ramadan (Hari Raya) provoque un afflux dans les transports de la région.

Basse saison
(mars-juin)

» Vous éviterez le pire des précipitations et de l'humidité et pourrez savourer les sites sans les hordes de touristes.

Budget quotidien

Moins de

100 RM/ 150 $S/40 $B

» Lit en dortoir ; 12-35 RM/16-40 $S/10 $B

» Repas : *hawker centres* et *food courts*

» Transports publics et promenades à pied ; musées et galeries d'art gratuits

Budget moyen

100-400 RM/ 150-350 $S/ 40-100$B

» Hôtel de catégorie moyenne : 100-400 RM/100-250 $S/70 $B

» Bons restaurants 40-60 RM/50 $S/10 $B

» Taxis et visites guidées

Plus de

400 RM/ 350 $S/ 100 $B

» Hôtel de luxe : 450-1 000 RM/250-500 $S/170 $B

» Excellents restaurants : 200 RM/ 250 $S/20 $B

Argent

» DAB très répandus et cartes de crédit acceptées dans la plupart des commerces.

Visa

» Un visa n'est pas requis pour un séjour inférieur à 90 jours pour la Malaisie et Singapour (le passeport doit être valide au moins six mois après la date de retour) et à 30 jours pour Brunei.

Téléphones portables

» Les cartes SIM locales sont compatibles avec la plupart des téléphones portables ; sinon, mettez votre téléphone en mode roaming.

Transports

» Bus et trains desservent de nombreuses destinations sur la péninsule malaise et Singapour ; avions et bateaux rallient les villes les plus importantes, les îles et des destinations plus lointaines.

Sites Web

» **Tourism Malaysia** (www.tourismmalaysia.gov.my). Site de l'office national du tourisme de Malaisie.

» **Visit Singapore** (www.visitsingapore.com). Site de l'office du tourisme de Singapour.

» **Brunei Tourism** (www.bruneitourism.travel). Quantité de renseignements utiles.

» **Lonely Planet** (www.lonelyplanet.fr). Informations, réservations, forums, etc.

» **Malaysiakini** (www.malaysiakini.com). Pour être vraiment au courant de ce qui se passe en Malaisie (en anglais).

Taux de change

Canada	1 $C	3 RM	1,21 $S	1,21 $B
Europe	1 €	4 RM	1,61 $S	1,61 $B
Suisse	1 FS	3,38 RM	1,33 $S	1,33 $B

Pour connaître les derniers taux de change, connectez-vous au site : www.xe.com

Numéros de téléphone importants

	Mal	Sin	Bru
Indicatif du pays	60	65	673
Code d'accès international	00	001	00
Police	999	999	993
Ambulance/pompiers	994	995	991/995
Renseignements	103	100	113

Arriver en Malaisie, à Singapour et à Brunei

» **Aéroport international de Kuala Lumpur** Train 35 RM (ttes les 15 min, 5h-1h) ; 30 min jusqu'à KL Sentral. Bus 10 RM (ttes les 60 min, 5h-1h) ; 1 heure jusqu'à KL Sentral. Taxi à partir de 75 RM ; 1 heure jusqu'à KL

» **Aéroport international de Changi** MRT, bus public et navette vers la ville, de 6h à minuit, 1,80-9 $S. Taxi 18-35 $S

» **Aéroport international de Brunei** Bus n°s 23, 24, 36 et 38 pour Bandar Seri Begawan. Taxi 20-25 $B

Tourisme responsable

Rejoindre la Malaisie péninsulaire par voie terrestre – et ainsi réduire les émissions de CO_2 – est possible depuis la plupart des régions d'Asie. Consultez **Man in Seat 61** (www.seat61.com/Malaysia.htm), qui fait autorité en la matière. Pour les courageux voulant tenter l'expérience depuis l'Europe, il faut compter 3 semaines et demie, au minimum, pour rejoindre KL depuis Paris en combinant le train et le bus.

Une fois parvenu à destination, voyager de façon responsable peut se matérialiser de manière simple, en participant à un programme de séjour chez l'habitant, en faisant du bénévolat (p. 607) ou en soutenant l'artisanat traditionnel lors de l'achat de vos souvenirs. Nous avons aussi sélectionné dans ce guide des adresses respectueuses de l'environnement (indiquées par).

Envie de...

Architecture

Le paysage local est jalonné de maisons de bois aux couleurs vives et de mosquées, églises et temples richement décorés, auxquels s'ajoutent un ensemble riche et varié d'édifices coloniaux, ainsi que des gratte-ciel modernes et d'autres constructions contemporaines.

George Town. Un circuit guidé vous apprendra tout sur les temples, les *shophouses*, les maisons-musées et autres bâtiments de ce site unique inscrit au patrimoine mondial de l'Unesco. (p. 154)

Kampong Ayer. Appartenant à la capitale du sultanat de Brunei, la plus grande cité lacustre du monde témoigne de l'ingéniosité malaise. (p. 466)

Petronas Twin Towers. Ces tours jumelles sont devenues les symboles de l'architecture contemporaine malaisienne. (p. 59)

Putrajaya. Une vitrine d'urbanisation et d'ambition architecturale démesurée, afin de constater ce qu'une économie en plein essor permet d'acheter. (p. 106)

Le Chinatown de Melaka. Le quartier chinois rassemble la mosquée, l'église catholique et le temple bouddhique les plus anciens de Malaisie. (p. 218)

Panoramas

N'oubliez pas votre appareil photo ! Jungle luxuriante, plages idylliques bordées de palmiers, métropoles infinies, étals colorés des marchés : ce ne sont pas les sujets qui manquent.

Plantations de thé. Les plantations de thé des Cameron Highlands forment un paysage saisissant, à la fois façonné par l'homme et sauvage. (p. 129)

Parc d'État du Gunung Stong. Ce beau parc assez sauvage abrite des chutes qui comptent parmi les plus spectaculaires du pays. (p. 288)

Southern Ridges. Une randonnée au niveau de la cime des arbres sur la côte sud de Singapour vous offrira une vue admirable sur l'horizon et l'architecture urbaine. (p. 517)

Mont Kinabalu. Par temps clair, la vue dont on jouit depuis le plus haut sommet du pays est splendide. (p. 329)

Atmosphere 360. Tournant lentement sur lui-même, le restaurant au sommet de la tour KL de Menara offre un panorama à 360°. (p. 73)

Expériences de légende

Terres de légendes, la Malaisie, Singapour et Brunei abritent des cultures très diverses, qui ont chacune leur manière d'interpréter la nature. Préparez-vous à arpenter des terres hantées par des fantômes affamés et des jungles denses peuplées d'espèces encore inconnues.

Cheong Fatt Tze Mansion. Plus qu'une simple collection de meubles poussiéreux et de photos anciennes, cette vieille demeure restaurée de George Town offre un véritable cours express sur le feng shui et les légendes locales. (p. 163)

Cimetière Bukit Brown. Situé à Singapour, le plus grand cimetière chinois en dehors de Chine ne manque pas de charme avec ses tombes décorées et sa jungle riche en histoire. (p. 516)

Parc national d'Endau-Rompin. Restez sur vos gardes durant la randonnée… Vous pourriez bien croiser le redoutable Hantu Jarang Gigi du Johor, sorte de yéti malaisien. (p. 245)

Trishaws décorés de Melaka. Rien de tel que le "Becak Man" (avec le logo de Batman) ou la Barbie mobile pour foncer cheveux au vent ! (p. 230)

RICHARD I'ANSON/GETTY IMAGES ©

» L'art dans la rue, à George Town (p. 166)

Musées

Les nombreux musées que comptent les trois pays sont idéaux pour découvrir l'histoire de la région et comprendre ses différentes cultures.

National Museum of Singapore. Ou l'art d'allier architecture coloniale et ingéniosité interactive dans cette ode à l'histoire, à la culture et à la gastronomie de Singapour. (p. 486)

Asian Civilisations Museum, Singapour. Un voyage épique et envoûtant à travers l'histoire, les croyances et la créativité du plus grand continent du monde. (p. 487)

Musée des Arts islamiques, Kuala Lumpur. Pour s'émerveiller des superbes créations que la foi musulmane a inspirées aux artistes et artisans locaux. (p. 55)

Musée du Sarawak. L'une des plus belles collections au monde d'art et d'artisanat de Bornéo. (p. 390)

Art contemporain

Les plus talentueux artistes de la région sont exposés aussi bien dans les musées nationaux que dans les rues, dans les galeries privées ou les centres commerciaux.

Sekeping Tenggiri. Cette pension de KL renferme l'une des plus belles collections privées d'art contemporain de Malaisie. (p. 68)

Singapore Art Museum. Une excellente vitrine de l'art contemporain asiatique. Ne manquez pas non plus les nouvelles galeries privées de Gillman Barracks. (p. 487)

Galeries d'art de Melaka. Les petites galeries privées du quartier historique présentent un choix des plus éclectiques. (p. 215)

Art urbain de George Town. Les sculptures comiques en acier et les fresques bariolées constituent des ajouts sympathiques au centre historique. (p. 166)

Publika. Ce centre commercial novateur de KL est décoré d'œuvres contemporaines difficiles à manquer et renferme plusieurs galeries. (p. 92)

Artisanat et shopping

Sculptures en bois, marionnettes de théâtre d'ombres, tissus : l'artisanat traditionnel local produit de très beaux objets qui font d'excellents souvenirs. Pour les autres achats, les voyageurs trouveront sur place un vaste choix de galeries et de centres commerciaux.

Marché de rue de Little Penang, George Town. Que vous soyez un accro du shopping ou simplement en quête d'un souvenir sympathique à rapporter, il serait dommage de manquer ce marché en plein air qui se tient à George Town tous les derniers dimanches du mois. (p. 177)

Orchard Rd, Singapour. Centres commerciaux géants, magasins chics et superbes boutiques rétro se disputent l'espace de cette légendaire artère commerçante de Singapour. (p. 498)

Main Bazaar, Kuching. Vaste choix d'artisanat dayak, avec notamment des tissus, des paniers et des masques. (p. 400)

Musée national des Textiles, Kuala Lumpur. À la découverte des plus belles pièces du tissage traditionnel, de la broderie et du batik. (p. 55)

Mois par mois

Le Top 5

1. **Thaipusam**, janvier ou février
2. **Nouvel An chinois**, janvier ou février
3. **Fête des Fantômes affamés**, août
4. **Chingay**, février
5. **Rainforest World Music Festival**, juillet

Les hindous, les musulmans et les Chinois suivant tous un calendrier lunaire, les dates de nombreuses fêtes varient tous les ans. Les célébrations musulmanes avancent généralement de 11 jours, tandis que les festivités hindoues et chinoises changent d'une année sur l'autre, mais surviennent à peu près toujours aux mêmes mois. Nous avons indiqué les dates qui sont déjà connues, mais elles peuvent être sujettes à de légers changements.

Janvier

Le Nouvel An est une période très chargée pour le tourisme. En Malaisie, la côte est et le Sarawak sont sous les pluies de la mousson.

Thaipusam

D'immenses foules se regroupent dans les grottes de Batu, au nord de KL, dans les temples Nattukotai Chettiar, à Penang, et à Singapour pour cette spectaculaire fête hindoue durant laquelle les fidèles se transpercent la peau. Entre mi-janvier et mi-février.

Février

Le Nouvel An chinois est l'un des principaux événements de la région et une période très prisée des touristes – réservez vos billets et vos hébergements bien à l'avance.

Nouvel An chinois

Danses de dragons et défilés commémorent le début de la nouvelle année. Les familles laissent leur porte ouverte. Rendez-vous le 31 janvier 2014, le 19 février 2015 et le 8 février 2016.

Chingay

D'origine chinoise, cette grande parade de rue est célébrée à Singapour (www.chingay.org.sg) et en Malaisie (http://chingay.gov.my). Cet événement multiculturel haut en couleur a lieu le 22e jour suivant le Nouvel An chinois.

Avril

La mousson prend fin sur la côte ouest de la Malaisie, mais il est toujours possible d'être surpris par la pluie.

Grand Prix de Malaisie Petronas

La principale course de Formule 1 d'Asie du Sud-Est se déroule sur le circuit international de Sepang. Elle dure 3 jours, généralement au début du mois d'avril, et s'accompagne d'événements et de fêtes à Kuala Lumpur.

Mai

Le mois de mai, qui précède la période effervescente des vacances scolaires, est une bonne période pour visiter la région.

Jour de Wesak (Vesak)

L'anniversaire, l'illumination et la mort de Bouddha sont célébrés par diverses manifestations, dont la libération d'oiseaux en cage (symbolisant celle des âmes captives) et des processions à KL, Singapour et dans d'autres grandes villes. Rendez-vous le 13 mai 2014 et le 1er juin 2015.

Juin

Juin est le mois des vacances scolaires et l'un des mois les plus chauds de l'année. Préparez-vous aux coups de soleil.

Gawai Dayak

Cette fête des Dayak qui a lieu dans tout le Sarawak les 1er et 2 juin – mais qui commence le 31 mai au soir – marque la fin de la récolte du riz.

Festival des bateaux-dragons

Il commémore une légende malaise sur la mort d'un

saint homme chinois, qui se noya malgré les efforts des pêcheurs pour pagayer jusqu'à lui en battant du tambour pour éloigner les poissons susceptibles de l'attaquer. Des courses de bateaux se déroulent à Penang de juin à août.

Juillet

Les touristes affluant sur Bornéo, mieux vaut réserver ses activités, ses circuits et son hébergement.

George Town Festival

Au programme de ce festival (www.georgetownfestival.com) : artistes connus dans le monde entier, performances de rue innovantes et nouveaux arts de la rue.

Rainforest World Music Festival

Organisé la 2e semaine de juillet dans le Sarawak Cultural Village, près de Kuching, cet exceptionnel festival musical (http://rwmf.net) dure 3 jours.

Singapore Food Festival

Ce festival gastronomique d'un mois (www.singaporefoodfestival.com) donne lieu à divers événements, dont des cours de cuisine et des circuits sur le thème de la gastronomie.

Anniversaire du sultan de Brunei

Le 15 juillet, l'anniversaire du sultan est célébré par des festivités officielles extravagantes, dont une cérémonie militaire élaborée présidée par le sultan lui-même.

Août

Si le ramadan a lieu en août, ne manquez pas les marchés alimentaires nocturnes.

Fête nationale de Singapour

Le 9 août, défilés militaires, défilés aériens et feux d'artifice sont organisés pour la fête nationale de Singapour (http://ndp.org.sg), mais les répétitions générales qui ont lieu les deux semaines précédant cette date sont presque aussi appréciées.

Fête des Fantômes affamés

Durant cette fête, célébrée vers la fin du mois d'août et au début du mois de septembre, les Chinois organisent des opéras, donnent des concerts en plein air et offrent des repas à leurs ancêtres.

Fête nationale de Malaisie

Rejoignez la foule le 31 août à minuit pour célébrer l'indépendance de la Malaisie, obtenue en 1957. Les festivités se déroulent généralement sur la Dataran Merdeka, à KL. Des parades et des célébrations prennent place dans tout le pays le lendemain matin.

Septembre

La fumée provenant des feux de défrichage des forêts et des champs en Indonésie couvre la région d'un épais brouillard.

Hari Raya Puasa

Le ramadan s'achève par cette importante fête traditionnellement célébrée chez soi devant un énorme festin. À cette occasion, le Premier ministre malaisien ouvre les portes de sa résidence officielle, à Putrajaya, au public.

Grand Prix Singtel de Singapour

Singapour accueille le Grand Prix de Formule 1 en nocturne (www.singaporegp.sg) sur un incroyable circuit du centre-ville. Réservez très tôt pour avoir une chambre avec vue.

Octobre

La mousson débute sur la côte ouest de la Malaisie, mais les pluies ne sont ni assez fortes ni assez continues pour contrarier votre programme.

Deepavali (fête des Lumières)

De petites lampes à huile sont allumées à l'extérieur des maisons hindoues pour attirer les divinités bienveillantes que sont Rama et Lakshmi. Les commerces indiens entament une nouvelle année financière, et les quartiers indiens de la région brillent de mille feux.

Décembre

Une ambiance de fête (et les pluies de la mousson à Singapour et sur la côte est de la Malaisie) flotte dans l'air alors que l'année tire doucement à sa fin. Noël est une fête très importante à Singapour, et de fabuleuses décorations lumineuses embellissent Orchard Rd.

ZoukOut

Tenue sur la plage de Siloso, à Sentosa, cette grande soirée annuelle est l'un des meilleurs événements du genre. Quelque 25 000 personnes dansent au son des DJ étrangers.

Itinéraires

Que vous disposiez de six jours ou de deux mois, ces itinéraires vous fourniront un point de départ pour un voyage mémorable. Si vous manquez toujours d'inspiration, visitez www.lonelyplanet.fr/forum pour discuter avec d'autres voyageurs.

Deux semaines

L'essentiel de la Malaisie et de Singapour

Faites connaissance avec le pays en passant 3 jours à **Kuala Lumpur** (p. 48). Ne manquez pas les **tours Petronas**, **Chinatown** pour du shopping et un repas, ni les Lake Gardens où se cachent le **KL Bird Park** et le **musée des Arts islamiques**.

Rendez-vous au magnifique parc national de **Taman Negara** (p. 267) où vous pourrez, même lors d'une visite de 2 jours, grimper dans la canopée et faire de courtes randonnées dans la jungle. Retournez à KL et prenez un vol pour **Penang** (p. 152), où un séjour de 3 jours devrait vous permettre de profiter pleinement du quartier historique de **George Town** (p. 154) et d'autres sites de l'île, comme le **temple Kek Lok Si** (p. 160).

Prévoyez au moins 2 nuits à **Melaka** (p. 214), ville historique et autre site du patrimoine mondial de l'Unesco, mais de préférence en semaine pour éviter les foules. Gagnez ensuite **Singapour** (p. 483) pour les 4 derniers jours, durant lesquels vous pourrez faire des achats dans les luxueux centres commerciaux, savourer la cuisine des *hawkers* en regardant l'incroyable architecture futuriste de **Marina Bay** (p. 486), découvrir le **zoo** (p. 504), le **safari nocturne** (p. 505) et l'île de **Sentosa** (p. 519) pour vous reposer sur la plage.

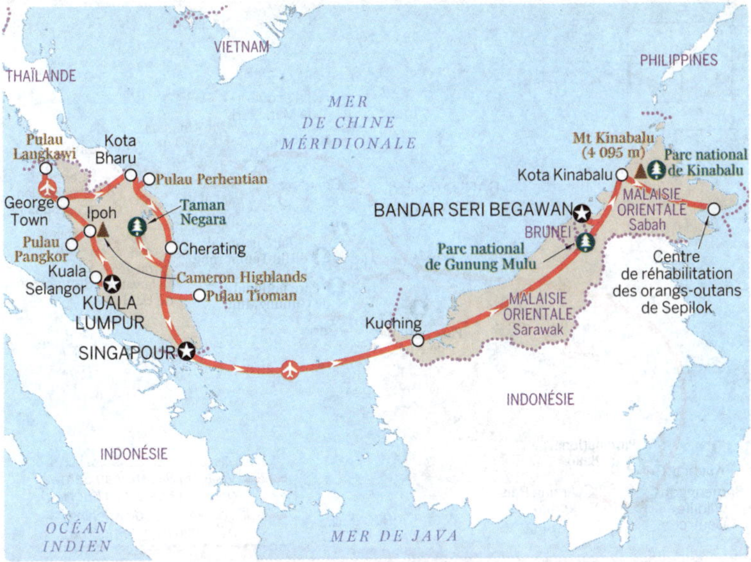

Six semaines

Le grand tour

Prévoyez une semaine de visite et d'acclimatation à **KL** (p. 48) et ses environs. De là, vous pouvez faire des excursions d'une journée aux **grottes de Batu** (p. 101), au **Forest Research Institute Malaysia** (p. 102) et à **Putrajaya** (p. 106), capitale administrative en pleine évolution et vitrine de l'architecture moderne malaise. L'ancienne capitale royale assoupie de **Kuala Selangor** (p. 110), d'où vous pourrez observer d'éblouissants nuages de lucioles, n'est qu'à quelques heures de route de KL.

Après un bref arrêt dans la ville gastronomique d'**Ipoh** (p. 120), qui possède quelques excellents hébergements, rendez-vous dans les **Cameron Highlands** (p. 129) pour passer votre deuxième semaine au frais, en faisant d'agréables randonnées autour de verdoyantes plantations de thé. Retournez sur la côte et ralliez **Pulau Pangkor** (p. 136), île peu fréquentée, pour quelques jours de détente sur ses plages ou dans sa jungle luxuriante.

Une fois reposé, partez à la découverte de **George Town** (p. 154), sur **Penang** (p. 152), et notamment du quartier classé au patrimoine mondial de l'Unesco. Marchez beaucoup pour vous ouvrir l'appétit, le Penang étant aussi la première destination culinaire de Malaisie. Un rapide trajet en avion vous conduira aux stations balnéaires, aux belles plages et aux étendues de jungle de **Pulau Langkawi** (p. 189).

Entamez votre quatrième semaine en traversant la chaîne montagneuse de la péninsule jusqu'à **Kota Bharu** (p. 282), propice à la découverte de la culture malaise traditionnelle. De là, descendez la côte orientale de plages en îles, avec des haltes à **Pulau Perhentian** (p. 290), **Cherating** (p. 264) et **Pulau Tioman** (p. 249). Ralliez **Taman Negara** (p. 267) pour vivre une aventure dans la jungle ou le **parc régional de Kenong Rimba** (p. 276).

Consacrez une bonne semaine à **Singapour** (p. 483) pour profiter de ses boutiques, ses musées et ses restaurants. Un saut en avion vous mènera ensuite à **Kuching** (p. 386), dans le Sarawak, une bonne base pour une excursion dans le **parc national du Gunung Mulu** (p. 446). Les audacieux relieront le Sarawak au Sabah via Brunei en voyageant par voie terrestre et fluviale, et feront une étape dans la capitale **Bandar Seri Begawan** (p. 466).

Arrivé à **Kota Kinabalu** (p. 313), la capitale du Sabah, votre dernier défi consistera, si vous le relevez, à gravir le **mont Kinabalu** (p. 329). Sinon, allez observer de près d'adorables singes au **centre de réhabilitation des orangs-outans de Sepilok** (p. 349).

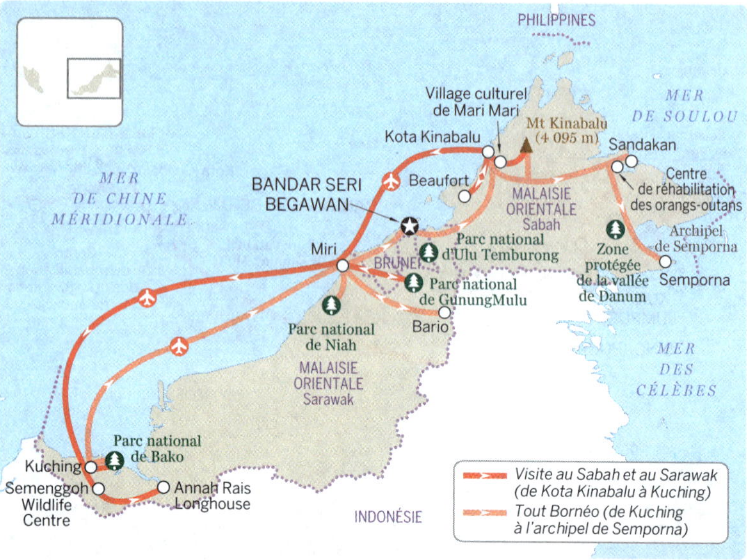

Un mois
Tout Bornéo

Au départ de **Kuching** (p. 386), découvrez les maisons longues (*longhouses*) et le **parc national de Bako** (p. 405). Prenez un vol pour **Miri** (p. 439), base idéale pour visiter les **grottes de Niah** (p. 436), le **parc national du Gunung Mulu** (p. 446) et **Bario** (p. 453), un village d'agriculteurs niché dans les **Kelabit Highlands** (p. 453).

Vous devrez repasser par Miri pour vous rendre à **Bandar Seri Begawan** (p. 466), la capitale de Brunei. Ne manquez pas le **parc national d'Ulu Temburong** (p. 481), au Temburong, une poche de forêt primaire.

De retour en Malaisie, faites une pause à **Kota Kinabalu** (p. 313) avant de partir à la conquête du **mont Kinabalu** (p. 329). Faites connaissance avec les orangs-outans au **centre de réhabilitation de Sepilok** (p. 349), puis rendez-vous à **Sandakan** (p. 343). Cap ensuite sur le **Sungai Kinabatangan** (p. 353) qui enchantera les amoureux de la nature. S'il vous reste du temps, plongez dans l'arrière-pays luxuriant du Sabah lors d'un trek dans la **zone protégée de la vallée de Danum** (p. 359). Explorez les magnifiques sites de plongée de l'**archipel de Semporna** (p. 363) accessible depuis **Semporna** (p. 362).

Deux semaines
Visite au Sabah et au Sarawak

Débutez par l'ascension du majestueux **mont Kinabalu** (p. 329), le site phare du Sabah. **Kota Kinabalu** (p. 313), la capitale de l'État, constitue un bon point de départ pour vos randonnées vers le plus haut sommet de Malaisie. Vous pouvez également descendre l'un des cours d'eau de **Beaufort** (p. 376) lors d'une croisière d'une journée (avec dîner buffet inclus), ou visiter l'intéressant **Village culturel de Mari Mari** (p. 316).

Un court vol vous conduira de KK à **Miri** (p. 439), puis au **parc national Gunung Mulu** (p. 446), qui abrite d'immenses grottes (les plus vastes du monde dit-on) et compte plusieurs itinéraires de randonnée dans la jungle, dont la fameuse “piste des chasseurs de têtes”. De retour à Miri, prenez un autre avion à destination de **Kuching** (p. 386). Vous pourrez passer quelques jours dans la charmante capitale du Sarawak, tout en faisant des escapades hors la ville pour découvrir le **centre de réhabilitation de la faune de Semenggoh** (p. 412) et le **parc national Bako** (p. 405), ou encore l'une des maisons longues de la région, comme, par exemple, la **Annah Rais Longhouse** (p. 413).

Trois semaines
Merveilles du Nord

Après quelques jours à **KL** (p. 48), prenez un bus jusqu'à **Kuantan** (p. 261). De plages en îles, remontez la côte orientale et découvrez la paisible **Cherating** (p. 264) et **Kuala Terengganu** (p. 302), avec son beau quartier chinois et le **Kompleks Muzium Negeri Terengganu** (p. 306). À **Penarik** (p. 307), vous adorerez les lucioles puis séjournerez au **Terrapuri Heritage Village** (p. 307), composé de 29 maisons anciennes.

Il est difficile d'ignorer les **îles Perhentian** (p. 290), accessibles via Kuala Besut. **Pulau Perhentian Besar** est moins fréquentée mais d'une splendeur égale à sa jumelle, **Pulau Perhentian Kecil**. De retour sur le continent, flânez un jour ou deux à **Kota Bharu** (p. 282). Partez ensuite vers le Perak, et servez-vous du **parc régional de Royal Belum** (p. 150) comme base.

Goûtez au curry à la tête de poisson à **Alor Setar** (p. 205) et prenez le ferry de Kuala Perlis à **Pulau Langkawi** (p. 189) pour découvrir d'autres îles et explorer la jungle. Rejoignez **George Town**, (p. 154), halte incontournable sur Penang. Reliez ensuite **Ipoh** (p. 120), d'où vous irez vous rafraîchir à **Fraser's Hill** (p. 104) avant de regagner KL.

Trois semaines
Plaisirs méridionaux

Singapour (p. 483) est le point de départ et d'arrivée logique de ce circuit dans la partie sud de la Malaisie péninsulaire. Gardez-vous quelques jours pour explorer ses nombreuses curiosités. Si votre budget est limité, **Johor Bahru** (p. 234), de l'autre côté du Causeway, est moins chère. Récemment rénovée, elle est devenue une base correcte, notamment pour sa cuisine de rue.

L'élégant quartier colonial de la ville assoupie de **Muar** (p. 240) mérite la visite et peut être utilisé comme base pour l'ascension du Gunung Ledang (1 276 m), le plus haut sommet du Johor, dans le **parc national du Gunung Ledang** (p. 242). Reposez-vous ensuite à **Melaka** (p. 214), inscrite au patrimoine mondial de l'Unesco, et passez plusieurs jours à vous imprégner des influences portugaise et hollandaise.

Explorez les dernières poches de forêts de basse altitude de la péninsule, dans le **parc national d'Endau-Rompin** (p. 245), dernier refuge du rhinocéros de Sumatra. Prisée des plongeurs, **Pulau Tioman** (p. 249) est un véritable paradis tropical. Mais ne vous privez pas de la visite d'îles plus intimes et de la plongée autour des 64 petites merveilles de l'**archipel de Seribuat** (p. 243).

Sports et activités de plein air

Les meilleurs des treks dans la jungle

Taman Negara
Maliau Basin
Kelabit Highlands
Parc national d'Endau-Rompin
Parc national d'Ulu Temburong

Les meilleurs des ascensions

Mont Kinabalu
Gunung Ledang
Gunung Mulu
Gunung Tahan
Mont Trus Madi

Les meilleurs des sites de plongée ou de snorkeling

Archipel de Semporna
Pulau Perhentian
Pulau Redang
Pulau Tioman
Archipel de Seribuat

Les meilleurs des sites de spéléologie

Parc national du Gunung Mulu
Parc national de Niah
Grottes de Gomantong
Wind Cave Nature Reserve

Quelle jungle, au sens propre du mot ! Restée en grande partie dans son état d'origine, la forêt tropicale humide, l'une des plus anciennes au monde, invite inéluctablement à la randonnée, que ce soit en Malaisie, à Singapour ou au Brunei. La nature déploie ici un immense éventail de possibilités, de la simple promenade sur sentier balisé à l'expédition de plusieurs jours où l'on taille pratiquement son chemin en pleine forêt vierge. Toutefois, si cela ne tente pas l'aventurier qui est en vous, il reste bien des montagnes à escalader, des grottes à explorer, des mers tropicales foisonnantes de vie marine où plonger, des vagues à négocier en surf ou à la voile, des cours d'eau à explorer en kayak, des eaux vives à descendre en rafting.

Trekking

Pouvez-vous imaginer ce qu'était la vie il y a 100 millions d'années ? Le trekking au plus profond des jungles de la région vous en donnera une idée, car les profonds changements climatiques dus à l'ère glaciaire n'ont pas affecté la forêt primaire. D'importantes portions de forêt tropicale humide constituent désormais des parcs nationaux exempts de toute activité commerciale, à l'exception du tourisme.

Établi par les Britanniques en 1938, le premier parc national de Malaisie fait aujourd'hui partie du Taman Negara, à cheval sur les États de Terengganu, de Kelantan et de Pahang. À ce joyau s'ajoutent 27 parcs nationaux et régionaux, dont pas moins de 23 sur la partie malaise de Bornéo. Ce réseau se complète de multiples réserves et sanctuaires protégeant la forêt, les oiseaux, les mammifères, la faune et la flore marines. Au cœur même de Kuala Lumpur, on arpente volontiers la Bukit Nanas Forest Reserve ou bien, au nord de la ville, le fantastique réseau de sentiers forestiers et le pont suspendu du Forestry Research Institute of Malaysia (FRIM ; p. 102).

À Brunei, seul 1 km² sur les 500 km² du parc national d'Ulu Temburong est accessible au public, mais quel régal ! C'est l'une des plus sublimes étendues de forêt primaire de la région. Même à Singapour, on peut randonner : le National Parks Board gère 10% du territoire de l'île, soit plus de 50 parcs d'importance et 4 réserves naturelles, dont la Bukit Timah Nature Reserve.

LES PLUS BEAUX SITES NATURELS

Taman Negara (p. 267). Le doyen et joyau des parcs nationaux de Malaisie abrite la faune la plus variée qui soit, des lucioles aux éléphants.

Parc régional de Royal Belum (p. 150). Les grands mammifères emblématiques de Malaisie y sont préservés, et pas moins de 10 espèces de calaos.

Sungai Kinabatangan (p. 353). Les rives du fleuve le plus long du Sabah servent de refuge aux éléphants pygmées comme aux orangs-outans.

Parc national de Bako (p. 405). L'un des meilleurs sites de la région pour voir des nasiques.

Zoo de Singapour (p. 504). À classer parmi les plus beaux au monde, de jour comme de nuit avec son safari nocturne ! Sans oublier le nouveau safari sur la rivière.

Parc national d'Ulu Temburong (p. 481). Voyage dans la canopée. Le fleuron de Brunei.

Quand partir

La région connaît des mois plus ou moins humides. Le réchauffement climatique a affecté le cycle des moussons et les précipitations varient fortement d'une année à l'autre. Peu importent donc les dates et votre destination, vous serez très probablement mouillé – et si ce n'est pas par la pluie, ce sera à force de transpirer !

Ce qui compte, en revanche, ce sont les flots touristiques et la présence ou non de voyageurs cherchant comme vous un guide expérimenté et un hébergement. L'affluence touristique se répartit en trois grands flux : les voyageurs de l'hémisphère Nord viennent souvent en été – pour un trek en juillet et août, il faut donc réserver ; les Chinois arrivent au moment de leur Nouvel An – grande période de voyage pour eux – et les Japonais préfèrent leur "*Golden Week*", entre fin avril et début mai.

Permis, guides et réservations

Nombre de parcs nationaux et de sites naturels remarquables appliquent un modeste droit d'entrée (10 RM environ). Dans de rares cas, vous devrez, pour randonner, escalader ou pêcher, acquérir un permis et louer les services d'un guide. En particulier, les règles sont très strictes pour les visiteurs au mont Kinabalu, ainsi qu'au parc national du Gunung Mulu.

Dans la plupart des parcs, trouver un hébergement ne présente guère de difficulté ni de limitation sur le plan pécuniaire, la gamme des propositions s'étendant de l'auberge de jeunesse au complexe hôtelier de luxe. Tant pour les transports que l'hébergement, la privatisation des services va croissant, d'où l'obligation de réserver et de verser des arrhes à des opérateurs privés.

Il existe dans nombre de parcs des sentiers fort bien balisés autorisant des parcours en solo sans aucun problème. Mais c'est une tout autre affaire sur les itinéraires de plusieurs jours, pour lesquels il semble fou, dans nombre de cas, de ne pas faire appel aux services d'un guide local, car l'on ne trouve pas la moindre forme de carte de randonnée ni le moindre balisage sur les sentiers reculés. Les guides de qualité savent adapter le parcours à vos capacités et vous encourager dans la difficulté. Pour mesurer votre adaptation au milieu tropical, faites un "galop d'essai" en suivant une courte randonnée guidée avant de vous lancer

TREKKING RESPONSABLE

Un trek dans la jungle est l'un des principaux attraits d'un voyage dans la région. Cependant, pour les non-initiés, une randonnée dans l'atmosphère chaude et humide de la forêt tropicale peut s'avérer tout à fait exténuante (imaginez-vous marcher une journée entière dans un sauna, un tas de briques sur le dos !). Voici quelques conseils pour minimiser l'épreuve :

» Si vous partez plus d'une journée, prévoyez une tenue de rechange pour le soir à l'abri d'un sac plastique bien étanche à l'humidité. À peine parti, vous sentirez vos vêtements trempés et il en sera ainsi durant toute l'expédition.

» Si vous traversez une végétation dense, prévoyez pantalon et manches longues ; ailleurs un short et un tee-shirt suffisent. Dans tous les cas, il faut privilégier ampleur et confort.

» Préférez les fibres synthétiques qui sèchent vite au coton qui, une fois mouillé, le reste.

» Il peut faire frais le soir, prévoyez un blouson de type polaire.

» Sauf préférence personnelle pour un fort maintien du pied, des chaussures de jogging conviennent parfaitement, voire ce qu'on appelle sur place les "*Adidas kampung*", à savoir des souliers malais adaptés à la jungle, style chaussures de foot en caoutchouc équipées de crampons. Appréciées des porteurs et des guides, elles ne coûtent guère que 5 RM environ.

» Offrez-vous des chaussettes antisangsues (sortes de sacs en plastique dans lesquels on glisse le pied avant d'en fermer l'élastique). À commander sur Internet avant votre départ.

» Buvez abondamment. Si vous devez parcourir de longues distances, prévoyez un filtre ou des pastilles pour purifier l'eau.

» Entraînez-vous avant votre départ et, une fois sur place, commencez par une excursion d'une journée avant de vous lancer dans une randonnée de plusieurs jours.

» Si vous ne suivez pas un sentier bien balisé et fréquenté, faites appel aux services d'un guide.

» Pour lutter contre les irritations causées par l'humidité résiduelle des sous-vêtements, utilisez du talc et prévoyez-les amples, dans la mesure du possible.

» Un antibuée (en vente chez les opticiens) limite l'impression de marcher dans le brouillard à ceux qui portent des lunettes.

» Prévoyez d'isoler de la sueur le dos de votre sac, sauf si celui-ci est totalement étanche.

» Protégez votre appareil photo de l'humidité par une boîte hermétique en plastique léger.

» Parmi les autres produits indispensables : la crème solaire, l'antimoustiques, une gourde et une lampe (de préférence frontale pour garder les mains libres).

Si vous entreprenez une ascension ou explorez des grottes, les points suivants sont également à garder à l'esprit :

» Recruter un guide local est la meilleure façon d'approcher les coutumes et préoccupations locales lorsque vous traversez des zones tribales.

» Une règle d'or en matière de déchets : ne rien laisser sur place. Ne les enterrez jamais car les cacher ne les met jamais hors de portée des animaux.

» Quand les toilettes font défaut, creusez un petit trou de 15 cm de profondeur et distant d'au moins 100 m de tout cours d'eau. Utilisez le moins de papier hygiénique possible et enterrez-le également dans la terre ou sous une pierre.

» Restez toujours sur les sentiers balisés, si difficiles soient-ils à discerner. Tracer votre propre chemin dans la jungle peut nuire autant à la population locale qu'à la faune et à la flore.

dans une expédition où vous devrez dormir dans la jungle.

Dans le Sabah, à Brunei et au Sarawak, les parcs nationaux exigent des guides qu'ils soient agréés. Certains groupes ont dû rebrousser chemin faute d'une agrémentation de leur accompagnateur. Avant de régler quoi que ce soit, renseignez-vous auprès d'autres voyageurs et demandez au guide de vous présenter la licence lui permettant d'exercer dans un parc national.

Pour la journée, il suffit parfois de s'adresser au bureau central du parc national qui peut vous fournir un guide. Pour plusieurs jours, il faut impérativement louer les services d'un guide indépendant ou d'une agence de voyages. Comptez de 50 à 200 RM par jour, selon la durée et la difficulté du trek.

Montagne et escalade

De splendides sommets surplombent la canopée de Bornéo. Pas besoin d'être alpiniste pour avoir entendu parler du mont Kinabalu, qui culmine à 4 095 m : il n'est pas de montagne plus haute entre le massif de l'Himalaya et les montagnes de Nouvelle-Guinée. Ce monstre de granit ne demande qu'à être escaladé et il n'est pas anodin de pénétrer d'abord dans la jungle humide et chaude pour émerger dans une zone alpine rocheuse et dénudée, si froide que la neige n'y est pas inconnue. Mais au-delà de cette transition du chaud au froid, c'est l'atmosphère fantastique autour du sommet du Kinabalu qui rend cette conquête magique.

Le deuxième plus haut sommet de l'État de Sabah est le mont Trus Madi (2 642 m), un pic beaucoup plus ardu à gravir que le mont Kinabalu, outre la difficulté à organiser l'expédition.

Moins élevé mais presque aussi fameux, en partie du fait de son inscription au patrimoine mondial de l'Unesco, le Gunung Mulu (2 376 m) se conquiert en 5 jours aller-retour. Cette épreuve apporte son lot de récompenses lorsque l'on traverse ces paysages successifs inchangés depuis les origines, de la forêt de plaine à diptérocarpacées à celle de montagne et aux "parterres" de rhododendrons.

LE TOP 10 MALAISIEN DES PARCS NATIONAUX ET RÉGIONAUX

PARC	CARACTÉRISTIQUES	ACTIVITÉS	MEILLEURE SAISON
Bako	plages, nasiques	marche le long du littoral, trekking	mai-sept
Batang Ai	forêt primaire, orangs-outans	trekking	toute l'année
Endau-Rompin	forêt de plaine, plantes endémiques, rhinocéros de Sumatra, cours d'eau, cascades	trekking, observation de la faune et de la flore	avr-sept
Gunung Mulu	grottes, les Pinnacles, sentier des chasseurs de têtes	spéléologie, trekking, escalade	mai-sept
Kinabalu	mont Kinabalu	escalade	mai-sept
Niah	grottes	spéléologie, trekking	mai-sept
Penang	lac méromictique, singes	trekking	avr-juil
Taman Negara Perlis	grotte Gua Wang Burma, macaques ours, seule forêt malaisienne à essences semi-caduques	spéléologie, trekking	juin-août
Taman Negara	passerelle dans la canopée, abris, sentiers dans la jungle, cours d'eau	trekking, observation de la faune et de la flore, excursions sur la rivière	avr-sept
Tun Sakaran	îles frangées de sable, récifs multicolores	snorkeling, plongée	toute l'année

JOAKIM LEROY/AGE FOTOSTOCK/ROBERT HARDING ©

» Ci-dessus, le parc national du Gunung Mulu (p. 446), au Sarawak (Bornéo).
» À gauche, descente en eaux vives dans l'État de Kedah (p. 187), en Malaisie péninsulaire.

Les amateurs d'alpinisme rêvent aussi du Pulau Berhala, sur l'archipel de Sandakan. Fieldskills Adventures (p. 318) y organise des circuits d'escalade.

Sur la péninsule, le Gunung Ledang (1 276 m) constitue une bonne introduction à l'escalade en milieu tropical. Le Taman Negara offre aussi de belles ascensions, dont celle du Gunung Tahan (2 187 m), qui nécessite 7 à 9 jours.

Coût

Pour faire appel à un guide, il faut prévoir 100 à 200 RM par jour, auxquels vous ajouterez le droit d'accès aux parcs nationaux (1 à 5 RM) et le permis d'ascension (100 RM pour le mont Kinabalu).

Préparatifs

L'ascension d'un sommet ne diffère du simple trek dans la jungle que par l'intensification de l'épreuve au fur et à mesure que la pente augmente. Vous aurez indéniablement le sentiment d'avoir des jambes en coton et ressentirez nettement le refroidissement au fil de l'ascension.

Comme pour les longues randonnées, réservez bien à l'avance. Les agences de trekking proposent aussi très souvent des ascensions. Au Sarawak, il existe dans les Kelabit Highlands des guides très expérimentés pour le Batu Lawi et le Gunung Murud, deux sommets rarement gravis.

Spéléologie

Les collines calcaires de Malaisie sont truffées de grottes (*gua*). Pendant des milliers d'années, les Malais y ont vécu, enterré leurs morts, ramassé des nids d'oiseaux ou fomenté des insurrections. Aujourd'hui, ces cavités – certaines parmi les grandes du monde – sont retournées au silence que viennent seulement troubler l'écoulement des rivières souterraines, les gouttes qui tombent des stalactites et les battements d'ailes des salanganes ou des chauves-souris.

Au Sarawak, le parc national du Gunung Mulu est un paradis pour les spéléologues. On y découvre le deuxième plus grand passage souterrain au monde, la Deer Cave (2 km de long, 174 m de haut), la plus vaste chambre du monde souterrain, la Sarawak Chamber (700 m de long sur 400 m de large et 70 m de haut) et la plus longue grotte d'Asie, la Clearwater Cave (107 km de long). Comme au parc national de Niah National Park, il n'est pas indispensable de pratiquer la spéléologie pour y avoir accès du fait de la présence de passerelles bien entretenues pour la simple promenade.

D'autres sites sont ouverts au public : la Dark Cave à Batu, différentes cavernes dans le parc national du Gunung Stong et ses environs, les grottes du Taman Negara, ainsi qu'au Sabah celles de Gomantong.

Préparatifs

Le passage d'un boyau noir au plus profond des entrailles de la Terre peut vous faire réaliser que vous redoutez les espaces confinés. Avant de plonger sous terre, tenez compte de vos réactions habituelles : êtes-vous ou non claustrophobe, avez-vous le vertige

PLONGÉE RESPONSABLE

Afin de contribuer à la préservation de la beauté des récifs coralliens et de l'environnement marin, il est important de respecter les règles suivantes en plongée comme en snorkeling :

- En bateau, ne jetez pas l'ancre sur un récif et veillez à ne pas échouer contre les coraux.
- Évitez de toucher les organismes marins avec votre corps ou en tirant votre équipement sur le récif.
- Soyez prudent avec vos palmes. Le simple battement comme le sable soulevé peuvent endommager des organismes délicats sans même les toucher.
- Contrôlez toujours votre flottabilité. Des dommages importants peuvent être provoqués par une descente trop rapide et une collision avec le récif.
- Résistez à la tentation de ramasser (ou d'acheter) des coraux et des coquillages sur les sites de plongée. Certains sont juridiquement protégés.
- Remportez tous vos détritus et ramassez ceux que vous trouvez.
- Ne nourrissez pas les poissons. Cela perturbe leurs habitudes alimentaires et nuit à leur santé.

(dans certaines grottes, il faut grimper des pans de falaise) et mesurez les difficultés du circuit en discutant avec un guide.

Il faut être prêt à ramper dans la boue, voire dans le guano de chauves-souris. Vous porterez donc des vêtements à toute épreuve (guides et agences peuvent souvent en fournir).

Sports nautiques

Plongée et snorkeling

Des prix raisonnables, des sites variés et la facilité d'accès, tout désigne la Malaisie comme une excellente destination de plongée pour les plongeurs confirmés comme pour les débutants. Les sorties s'effectuent le plus souvent en bateau depuis les îles, mais certains endroits, comme Pulau Sipadan au Sabah, possèdent des spots magnifiques à quelques brasses à peine de la plage. On peut aussi se rendre sur des sites plus éloignés à bord d'embarcations aménagées.

Les centres de plongée sont généralement de bon niveau et louent de l'équipement. La majorité d'entre eux dispensent des cours pour l'obtention du certificat PADI (Professional Association of Diving Instructors), universellement reconnu.

Quand partir

La mousson du nord-est apporte de la pluie et des vents forts sur la côte est de la péninsule de début novembre à fin février. La plupart des centres ferment leurs portes durant cette période, alors que la haute saison correspond aux mois d'août et de septembre. La situation est inversée sur la côte ouest, la saison la plus propice à la plongée s'échelonnant de septembre à mars. À Bornéo, la mousson a des effets moins marqués et la pluie tombe régulièrement toute l'année, on peut donc plonger en toute saison.

Coût

Les tarifs s'échelonnent de 200 à 300 RM pour deux plongées, équipement inclus. Une journée d'excursion à Sipadan, comprenant trois plongées, coûte environ 700 RM. Les stages PADI Open-Water tournent autour de 800 RM. Nombre de complexes hôteliers et centres de plongée proposent des formules tout compris à des prix variables.

OBSERVATION DES OISEAUX

Les jungles tropicales et les îles de Malaisie abritent plus de 600 espèces d'oiseaux. Voici les sites favoris des ornithologues, amateurs ou non :

» Cape Rachado Forest Reserve
» Parc national d'Endau-Rompin
» Fraser's Hill (Bukit Fraser)
» Parc national de Bako
» Parc national du Gunung Mulu
» Parc régional de Kenong Rimba
» Parc national de Lambir Hills
» Mont Kinabalu
» Parc régional de Royal Belum
» Taman Negara

Conseils avant et après la plongée

S'il est possible de se présenter à l'improviste dans les grands centres comme ceux de Pulau Tioman, mieux vaut s'organiser à l'avance pour éviter d'avoir à attendre un jour ou deux avant de commencer. Les sorties à Sipadan sont limitées à 120 plongeurs par jour.

Attention : il est dangereux de plonger immédiatement à l'arrivée de l'avion à cause de la mauvaise pressurisation des cabines et de la déshydratation. Prendre l'avion moins de 24 heures après votre dernière plongée peut également nuire gravement à votre santé.

Kayak et rafting

Grâce à ses montagnes et à ses forêts tropicales humides, la Malaisie dispose de rapides qui combleront les amateurs de kayak et de rafting.

Sur la péninsule, des sorties de kayak et de rafting sont organisées sur le Sungai Selangor à partir de Kuala Kubu Bharu, devenue une référence en la matière. **Pierose Swiftwater** (www.raftmalaysia.com) est très fiable.

À Gopeng, à 20 minutes en voiture au nord d'Ipoh, **MY Gopeng Resort** (p. 129) propose des sorties de rafting sur le Sungai Kampar, entre autres activités de plein air.

Le rafting a aussi le vent en poupe au Sabah. Des opérateurs basés à Kota Kinabalu (KK) conduisent les sportifs jusqu'à Beaufort, au sud de la ville, pour des rapides de niveau 3-4 sur le Sungai Padas. Les débutants préféreront les eaux plus calmes du Sungai Kiulu, près du mont Kinabalu.

Kuching Kayak (☎082-253005 ; www.kuchingkayak.com ; 269 Jln Padungan), à Kuching, et **Borneo Trek & Kayak** (www.rainforestkayaking.com) proposent des balades en kayak.

Bateau

Les yacht-clubs suivants permettent de naviguer à la voile comme de prendre des cours :

Royal Langkawi Yacht Club (☎04-966 4078 ; www.langkawiyachtclub.com), Kuah

Royal Selangor Yacht Club (☎03-3168 6964 ; www.rsyc.com.my), Pelabuhan Klang, Avillion Admiral Cove (p. 116), Port Dickson.

Les lacs, les rivières et les estuaires bordés de mangroves s'explorent aussi en excursion en bateau. Il est proprement magique de naviguer au coucher de soleil au milieu des mangroves du parc national des Kuching Wetlands, entre crocodiles et lucioles. Kuala Selangor s'est même fait une spécialité de ses sorties nautiques d'observation des lucioles.

Sur les plus grosses rivières plus importantes, vous naviguerez en *flying coffin*. Ce "cercueil volant" est un bateau rapide, long et étroit, de 70 sièges (sans compter les passagers sur le toit), propulsé par de puissants moteurs qui lui permettent de remonter le fleuve en dépit des forts courants.

Surf

Les surfeurs débarqueront avec leur planche à Cherating ou à Juara sur Pulau Tioman, principaux spots en Malaisie. **Surfing in Malaysia** (http://surfingmalaysia.blogspot.com.au) est un blog utile relié à d'autres sources d'informations sur le surf. D'autres spots sont listés sur **Wannasurf** (http://fr.wannasurf.com).

Manger comme un Malaisien, un Singapourien ou un Brunéien

Quand partir

Comme de juste en Asie, où les plaisirs de la table occupent une place centrale, chaque événement important se fête, à Singapour comme en Malaisie et à Brunei, avec une myriade de délices.

Nouvel An chinois (janvier-février)

Les semaines qui précèdent le Nouvel An chinois, il n'est pas une table où l'on ne trouve du *yue sang* (*yee sang* ou *yu sheng*, poisson frais), plat composé de légumes crus émincés, de pickles, de quartiers de pamplemousse et de beignets croustillants surmontés de tranches de poisson cru.

Ramadan (juin-août)

Pendant le ramadan, des marchés alimentaires spécifiques à cette période de l'année s'animent en fin d'après-midi, proposant un vaste choix de mets malais.

Deepavali (octobre-novembre)

Pendant la fête hindoue des Lumières, il faut absolument faire un tour dans l'un des quartiers Little India, où vous trouverez des *jalebi* (beignets trempés dans du sirop) cuits sous vos yeux, et de savoureux en-cas tels que les *muruku* (beignets en forme de tortillon dont la pâte contient des feuilles de curry).

Manger comme un Malaisien, un Singapourien ou un Brunéien est un jeu d'enfant. La nourriture est délicieuse et les normes d'hygiène parmi les plus strictes de la région. Vous n'aurez aucun mal à comprendre les cartes et pancartes des restaurants, et les commerçants parlent tous au moins un peu anglais. Dans cette partie du monde, on ne dit pas "Comment allez-vous ?", mais "*Sudah makan?*" (*Avez-vous mangé ?*). Ce goût intense, voire obsessionnel, qu'ont les Malaisiens pour la nourriture facilite les échanges et crée même souvent une connivence gourmande. Le touriste qui s'intéresse aux trésors comestibles de la région se fera sans aucun doute quelques *makan kaki* (compagnons de table) sur sa route.

Le top des restaurants

» **Rebung** (p. 86, Kuala Lumpur) – Après la cuisine malaisienne maison, le grand buffet de spécialités nationales de ce charmant restaurant rustique est ce qui se fait de mieux.

» **Xin Quan Fang** (p. 125, Ipoh) – Adresse discrète mais légendaire servant un extraordinaire *curry mee*, mélange de vermicelles de riz et de nouilles de blé dans un bouillon épicé avec poulet, porc et crevettes.

» **Teksen** (p. 170, George Town) – Restaurant rattaché à une *shophouse* qui excelle dans les cuisines chinoise et sino-malaisienne.

» **Muda Coffee Shop** (p. 208, Alor Setar) – La tête de poisson cuite à la vapeur est un délice. Essayez, vous serez surpris !

JEÛNE DE JOUR

N'ayez pas peur de visiter la Malaisie pendant le ramadan, mois sacré où les musulmans jeûnent de l'aube au crépuscule. Les restaurants indiens et chinois restent ouverts en journée pour accueillir l'importante population non musulmane et, en fin d'après-midi, des bazars du ramadan poussent dans tout le pays. Ces marchés de plats cuisinés constituent l'une des rares occasions de goûter aux spécialités de toute la Malaisie, pour certaines propres à cette période et souvent spécifiques à la cuisine purement familiale. L'un des plus vastes bazars du ramadan est celui du Kampung Baru, l'enclave malaise de KL. Faites vos provisions aux différents stands, mais ne mangez pas en public avant que le muezzin ait indiqué aux fidèles le moment de *buka puasa* (rompre le jeûne).

» **Pak Putra Restaurant** (p. 225, Melaka) – Fabuleuse cuisine pakistanaise comprenant plats au tandoori, poissons et *rogan josh* de mouton.

» **Roost Juice & Bar** (p. 237, Johor Bahru) – Nouilles à la hainanaise, côtelettes de mouton et poisson *nonya* sont à la carte du restaurant le plus frappé de JB.

» **Ana Ikan Bakar Petai** (p. 263, Kuantan) – Crevettes, crabe et poisson frais sont vendus au poids et cuisinés à votre goût.

» **Bubu Resort** (p. 296, Perhentian Kecil) – On y mange les meilleurs poissons grillés de la côte est de la Malaisie péninsulaire.

» **Dyak** (p. 397, Kuching) – Réservez bien à l'avance dans cet élégant restaurant, le premier à avoir reconnu la cuisine dayak à sa juste valeur.

» **Moon Bell** (p. 321, Kota Kinabalu) – Cuisine épicée du Xinjiang, région du nord-ouest de la Chine.

» **Iggy's** (p. 537, Singapour) – Cuisine gastronomique nippo-européenne haut de gamme dans un cadre chic.

» **Pondok Sari Wangi** (p. 472, Bandar Seri Begawan) – Cette institution de la capitale de Brunei est axée sur l'Indonésie et la Chine.

Sur le pouce

» **Madras Lane** (p. 74, Kuala Lumpur) – Derrière le marché alimentaire, des marchands vendent nouilles et *yong tau fu* (tofu fourré à la pâte de poisson) dans du bouillon de poisson.

» **Haji Shariff's Cendol** (p. 114, Seremban) – Goûtez à la star des desserts malais, le *cendol*, et à un *rojak* (salade de fruits) revisité.

» **Kedai Kopi Prima** (p. 147, Taiping) – *Hawker* en plein air animé et bruyant où vous aurez du mal à dépenser plus de 10 RM.

» **Lorong Baru** (dite aussi New Lane, p. 175, George Town) – Cette allée étroite rassemble toutes les spécialités savoureuses et bon marché de Penang.

» **Capitol Satay** (p. 227, Melaka) – Goûtez au *satay celup*, adaptation malacaise du *satay steamboat* (fondue).

» **Medan Selera Meldrum** (p. 238, Johor Bahru) – Tout au long de l'allée ce ne sont que stands qui mitonnent *ikan bakar*, curry *laksa* et autres mets délicieux.

» **Akob Patin House** (p. 263, Kuantan) – Une adresse au bord du fleuve, idéale pour savourer un *ikan patin* (panga), la spécialité locale.

» **Marché de nuit** (p. 286, Kota Bharu) – Entre autres spécialités : de l'*ayam percik* (poulet mariné sur brochettes de bambou) et du *nasi kerabu* (riz, noix de coco, poisson et épices).

» **Marché en plein air** (p. 398, Kuching) – L'endroit tout indiqué pour goûter le *laksa* du Sarawak, version locale du plat national.

» **Marché de nuit** (p. 323, Kota Kinabalu) – Le mieux, le moins cher et le plus intéressant pour dîner à KK.

» **Chomp Chomp Food Centre** (p. 532, Singapour) – Cette adresse décontractée de Serangoon Gardens est sans doute le meilleur *hawker centre* de Singapour.

» **Noralizah & Iskandar House of Curry** (p. 473, Bandar Seri Begawan) – Toutes sortes de naans indiens à tremper dans de délicieux curries.

Cours de cuisine

Le cours standard d'une journée commence par des emplettes sur un marché local avant de mettre en œuvre tous les ingrédients pour concocter pâtes de curry, soupes, curries, salades et desserts.

» **Rohani Jelani** (p. 61, Kuala Lumpur)

» **Nazlina's Spice Station** (p. 161, George Town)

» (En haut). Étal de *hawker* à George Town (p. 174).
» (À gauche). Curry de poulet et *roti canai* (pain plat friable).

JIGNESH JHAVERI/GETTY IMAGES ©

» **Roselan's Malay Cookery Workshop** (p. 282, Kota Bharu)

» **Nancy's Kitchen** (p. 221, Melaka)

» **Bumbu Cooking School** (p. 394, Kuching)

» **Equator Adventure Tours** (p. 318, Kota Kinabalu)

» **Cookery Magic** (p. 523, Singapour)

Spécialités locales

Ne quittez pas la région sans avoir goûté ces quelques plats :

» **Ambuyat** Une spécialité de Brunei : une bouillie blanche à base de farine de sagou, qui accompagne tout un assortiment de mets savoureux.

» **Cendol** Un dessert rafraîchissant à base de glace pilée, de lait de coco frais, de "vermicelles" de pandanus et de sirop de palme.

» **Roti canai** Une galette de pain chaud cuit sur une plaque, à tremper dans du curry et du *dhal*, accompagnée d'une tasse de *teh tarik* ("thé étiré") mousseux. Un régal au petit-déjeuner.

» **Char kway teow** Nouilles de riz, crevettes, coques, saucisse chinoise, germes de soja, œuf et une pointe de piment, le tout sauté dans un wok brûlant. D'où ce délicieux goût fumé.

» **Hainanese chicken-rice** De tendres morceaux de poulet pochés, accompagnés de riz parfumé, de bouillon à l'ail et d'un trio de sauces, épicées ou non.

Oser goûter

Les gastronomes aventureux pourront tester les spécialités suivantes :

» **Perut ikan** À la fois épicé et aigre-doux, ce curry *nonya* au lait de coco, typique de Penang, réunit entrailles de poisson, ananas et herbes fraîches.

» **Siat** Sautées à la poêle, les larves croustillantes du sagoutier rappellent les grattons de porc.

UN PLAT ENTÊTANT *AUSTIN BUSH*

"*Today fish head bigger*", me dit le serveur en posant avec fracas le plateau en aluminium qui porte une énorme tête de poisson fumante. Il est vrai que j'étais là la veille, devant le même plat.

Lorsque je fais des recherches pour les guides Lonely Planet, j'ai trop d'établissements à visiter pour manger deux fois dans le même ! Et puis la tête de poisson à la vapeur ne justifie pas a priori de rééditer exactement le repas de la veille, aussi gourmand soit-on. Mais là, c'est véritablement ce que j'ai mangé de meilleur de tout mon voyage.

J'ai fait cette découverte dans le nord-ouest de la Malaisie, à Alor Setar, la capitale du minuscule État du Kedah. À l'opposé de tous les autres endroits que j'avais vus dans le pays, cette ville tranquille à prédominance malaise ne semblait pas compter beaucoup de restaurants et de stands de nourriture. À l'affût d'une adresse tout de même, j'ai fouiné sur Internet et trouvé un article de blog qui faisait les éloges d'un certain Muda.

Muda n'a pas d'enseigne, son cadre est insignifiant, ses propriétaires chinois de Malaisie âgés, peu chaleureux et communicatifs (la langue fait obstacle). Or, dès 19h45, les clients se dépêchent pour une ouverture à 20 heures, s'empressent de passer commande et patientent sagement, alors que la salle à manger s'emplit petit à petit de fumée huileuse. Le plus gros de la cuisine est assuré par un vieil homme et il n'y a qu'à attendre son tour en sirotant un verre ou deux.

Mais la récompense finit par arriver, fumante, sur votre table.

Peu charnue pourtant, la tête de poisson de Muda est vraiment l'un des plats les plus copieux et les plus *umami* (savoureux) que j'ai pu goûter. C'est en fait un demi-bar à la chair tendre et abondante, dans le corps comme dans la tête. Le tout est relevé d'un bouillon fait de sauce soja, de tomates et de champignons, de l'acidité de la prune séchée salée, des légumes marinés croquants et du gingembre frais. À tout celà s'ajoute la garniture finale, faite de poireaux coupés finement et d'ail frit croustillant.

Je me réjouis d'avoir mangé deux fois à Muda : si, à ma première visite, j'ai pensé qu'un restaurant crasseux proposant de la tête de poisson vapeur servie par un employé grincheux n'était évidemment pas une adresse idéale, la seconde fois, j'ai réalisé que c'était juste trop bon pour ne pas être mentionné dans le guide.

» **Bak kut teh** Une soupe aux tripes et autres morceaux de porc.

» **Sup torpedo** La soupe malaise de pénis de taureau est censée renforcer l'ardeur sexuelle.

» **Kerabu beromak** Spécialité de l'île de Langkawi, une salade de tranches de concombre de mer au lait de coco, aux piments et au jus de citron vert.

Où manger

Pour les habitants, les *hawkers* offrent la meilleure nourriture et un rapport qualité/prix imbattable. La plupart des mets que l'on trouve sur ces stands de rue ne figurent pas sur la carte des restaurants et, lorsque c'est le cas, ils sont rarement aussi savoureux ; c'est donc l'endroit rêvé pour véritablement apprécier les diverses cuisines de la région. Il suffit pour cela de rejoindre une petite "cuisine sur roue" installée dans la rue, un coffee shop, ou un *food court* (espace de restauration). Petite parenthèse : on ne risque absolument rien à manger aux étals de rue de Malaisie et de Brunei ; toutefois les plus timorés pourront se familiariser avec ce genre de repas dans l'un des *hawker centres* de Singapour, d'une étincelante propreté. Commandez auprès d'un ou plusieurs vendeurs, dénichez une place assise (il est courant de partager les tables) et payez chaque plat au moment où on vous l'apporte. Une fois assis, quelqu'un viendra prendre la commande des boissons, qui sont aussi réglées séparément.

Les *kopitiam* désignent généralement les coffee shops chinois à l'ancienne tenus par un unique propriétaire. Ces petits établissements modestes, avec ventilateur, servent des plats de nouilles et de riz, du café noir et autres breuvages, et toute la journée, des spécialités du petit-déjeuner telles qu'œufs mollets et toasts à manger avec de la *kaya* (confiture de noix de coco).

Le terme de *restoran* (restaurant) s'applique aussi bien aux petits établissements chinois ouverts de très longue date qu'aux grands restaurants caractérisés par leur cuisine internationale, leur décoration élégante, et généralement pourvus d'un bar. Entre ces deux extrêmes, on trouve les restaurants chinois de poisson et fruits de mer (où l'on choisit ce que l'on va manger dans un aquarium), ainsi que les cafés installés dans les nombreux centres commerciaux de Malaisie.

LES BONNES MANIÈRES À TABLE

Si vous mangez avec les doigts :

» Lavez-vous les mains avant de passer à table. Dans les restaurants malais, servez-vous du récipient en forme de théière posé sur la table, et versez l'eau sur vos doigts au-dessus du plateau prévu à cet effet.

» Utilisez uniquement la main droite et modelez une bouchée avec le bout des doigts.

» Servez-vous dans le plat commun avec une cuillère, jamais avec les doigts.

Autres usages :

» Ne servez pas d'alcool ou de porc aux musulmans (ne parlez pas non plus de porc devant eux).

» Ne plantez jamais vos baguettes dans un bol de riz, cela symbolise la mort pour les Chinois.

Se restaurer sur les *pasar* (marchés) est une bonne idée. Le matin en principe, aux étals tenus par des Chinois, on vend du café. Quant aux étals de *teh tarik* tenus par des Indiens, ils proposent aussi des *roti* encore chauds. Les *bungkus* ("emballages") de forme triangulaire empilés au milieu des tables contiennent du *nasi lemak* (du riz bouilli dans du lait de coco, servi avec des *ikan bilis* – petits anchois et sardines séchés –, des cacahuètes et un plat de curry). On se sert et l'on paie en fonction de ce que l'on a consommé. Les *pasar malam* (marchés nocturnes) ont aussi des étals de nourriture très variés (*laksa*, beignets, etc.).

Quand manger

Pour qui est habitué à la sacro-sainte trilogie petit-déjeuner/déjeuner/dîner, les habitants semblent ici passer leur temps à manger. De fait, il est courant de prendre cinq à six repas ou en-cas par jour et, à l'exception peut-être des toasts et œufs mollets, ainsi que des *dim sum*, ce que l'on mange au petit-déjeuner peut très bien être consommé au dîner et inversement. On prend généralement un petit-déjeuner rapide : du *nasi lemak* enveloppé dans du papier ciré ou une feuille de bananier (*bungkus*) pour manger dans la rue, un petit bol de nouilles, des toasts et œufs, ou encore du pain indien grillé.

En fin de matinée, il est d'usage de prendre un en-cas tel qu'un *karipap* (beignet farci de viande épicée ou de poisson et de pommes de terre). On déjeune à partir de 12h30 environ, ce qui est bon à savoir si vous comptez manger dans un restaurant populaire.

Les Britanniques ont laissé en héritage un fort attachement au rituel du *five o'clock tea*, qui prend ici la forme d'un thé ou d'un café accompagné d'un en-cas sucré ou salé comme le *tong sui* (soupe sucrée), divers beignets indiens, des tranches de manioc, de patates douces ou de bananes frites et, bien sûr, les fameux desserts malais, les *kuih*.

Végétariens et végétaliens

Quantité de plats contenant de la pâte de crevettes, entre autres produits de la mer, les plats strictement végétariens et végétaliens sont rares. Toutefois, les restaurants végétariens et *hawker stalls* chinois constituent un choix sûr (les pancartes comportent les mots *sayur sayuran*). Ils sont particulièrement fréquentés les 1er et 15e jours du mois lunaire, car de nombreux bouddhistes adoptent alors un régime végétarien l'espace de 24 heures. Les enseignes des étals et restaurants chinois, repérables à leurs rangées de casseroles en inox, annoncent souvent "*economy rice*", c'est-à-dire des plats authentiquement végétariens. Les restaurants de spécialités d'Inde du Sud sont un autre excellent choix : ils servent des en-cas tels que les *idli* (savoureux petits gâteaux à base de farine de riz et de lentilles fermentées cuits à la vapeur) à manger avec du *dhal*, des *dosa* (chaussons croustillants parfois farcis de curry de pommes de terre), et des *thali* (repas complets comportant du riz ou du pain accompagnés de nombreuses portions de curries et de légumes). Certains proposent des portions de riz dans des feuilles de bananicr et des plats de "viande" et de "poisson" à base de tofu ou d'autres substituts.

Les régions en un clin d'œil

Kuala Lumpur

Shopping ✓✓
Nourriture ✓✓✓
Galeries d'art ✓✓✓

Fièvre acheteuse

Kuala Lumpur (KL) est truffée d'immenses centres commerciaux, de marchés de produits frais d'Asie du Sud-Est et de beaux marchés nocturnes – le plus connu est à Chinatown, le long de Jln Petaling. Pour vos souvenirs, allez au Central Market, installé dans un superbe bâtiment Art déco.

Délices gustatifs

Laissez-vous guider par votre estomac et joignez-vous aux Kuala Lumpuriens au milieu des stands de rue de Jln Alor, Imbi Market ou Madras Lane. Spécialités indiennes à Brickfields et Little India et vaste choix de cuisines internationales à Bangsar Baru et dans le secteur festif de Changat Bukit Bintang.

Art contemporain

Découvrez la scène artistique contemporaine malaise à la National Visual Art Gallery ou dans des galeries commerciales plus petites comme MAP et Valentine Willie Fine Arts.

p. 48

Selangor et Negeri Sembilan

Faune ✓✓
Nourriture ✓✓
Architecture ✓✓✓

Rencontres sauvages

Vous verrez des orangs-outans et des tigres au zoo Negara et des singes autour des grottes de Batu. Observez les oiseaux à Fraser's Hill, dans la Cape Rachado Forest Reserve, et dans la mangrove côtière près de Kuala Selangor, peuplée aussi de lucioles.

Aventures culinaires

À Klang, Little India est l'endroit idéal pour goûter au *bak kut teh* (ragoût de porc). Seremban a aussi ses spécialités.

Merveilles architecturales

Putrajaya offre un concentré d'architecture contemporaine. L'Istana Lama, à Sri Menanti, est un palais de bois sombre.

p. 99

Perak

Nature ✓✓✓
Nourriture ✓✓✓
Architecture ✓✓

Jungle et mangrove

Le Perak abrite la jungle du Royal Belum State Park et la forêt de la Matang Mangrove Forest Reserve. Gopeng, près d'Ipoh, compte aussi de beaux espaces sauvages.

Tourisme gastronomique

Ipoh, la plus grande ville du Perak, est connue pour sa cuisine chinoise régionale et pour ses spécialités malaises. Ce serait également ici que fut créé le fameux "café blanc" malais.

Architecture coloniale

Replongez à l'époque coloniale à Ipoh et dans la vallée de Kinta. Taiping a aussi sa part de bâtiments historiques, alors que Kuala Kangsar est une féerie kitsch de mosquées et de palais.

p. 118

Penang

Architecture ✓✓✓
Nourriture ✓✓✓
Musées ✓✓✓

Patrimoine mondial
Ce n'est pas pour rien que George Town est inscrite au patrimoine mondial de l'Unesco : elle abonde en *shophouses* anciennes, en hôtels particuliers, en maisons de clan chinoises, en marchés et en temples.

Pour tous les goûts
George Town regroupe de bons *hawker centres* ; des marchands ambulants vendant des spécialités chinoises, indiennes et malaises ; et des bars et restaurants modernes raffinés.

Musées et galeries
Si les rues de George Town sont telles un musée à ciel ouvert, les galeries d'art contemporain et les institutions privées et publiques ne manquent pas.

p. 152

Langkawi, Kedah et Perlis

Plages ✓✓✓
Nature ✓✓
Nourriture ✓

Plages splendides
Les plages de Pulau Langkawi sont mondialement connues pour leur sable blanc et fin, leur eau transparente et leur développement relativement limité par rapport au reste de l'Asie du Sud-Est.

Jungle montagneuse
On peut explorer la jungle de Pulau Langkawi d'en haut, via le funiculaire Panorama Langkawi, ou de plus près, au pied de l'une des nombreuses falaises de l'île ou lors d'un trek guidé.

Cuisine cosmopolite
Pulau Langkawi compte de nombreux restaurants étrangers, allant du thaï au turc. L'île étant détaxée, vous profiterez des bars sans vous ruiner.

p. 187

Melaka

Patrimoine ✓✓✓
Nourriture ✓✓✓
Shopping ✓✓

Une histoire riche
Histoire et culture sont au rendez-vous dans les nombreux musées. Promenez-vous également entre *shophouses* chinoises, bâtiments de l'époque coloniale hollandaise, temples chinois et hindous, mosquées et églises.

Repas assis
Dim-sum au petit-déjeuner, curry à midi et cuisine nonya le soir. Melaka n'a pas autant de stands de rue que KL et Penang, mais on y trouve un bel éventail de restaurants.

Emplettes
Allez à Chinatown pour les chaussures nonya à perles et les babioles, ou dans les centres commerciaux modernes pour les produits électroniques. Ne manquez pas le marché nocturne de Jonker Walk.

p. 212

Johor

Trekking ✓✓
Plongée ✓
Vie nocturne ✓

Grands espaces
Le parc national Endau-Rompin n'est pas aussi célèbre que le Taman Negara du Pahang – c'est d'ailleurs ce qui en fait un lieu si magique. Progressez dans une jungle verdoyante et au bord de rivières translucides jusqu'à d'impressionnantes cascades, ou enfoncez-vous encore plus loin à la recherche d'éléphants.

Îles reculées
L'archipel de Seribuat abrite plages isolées, sites de plongée spectaculaires et hébergements familiaux.

Alcool détaxé
Le Zon est le port détaxé de Johor Bahru. Faites la tournée des bars et des discothèques sans trop amputer votre budget.

p. 233

Pahang et île de Tioman

Plages ✓✓✓
Jungles ✓✓✓
Nourriture ✓✓

Vie balnéaire
Sur les côtes du Pahang, Cherating est la ville du surf par excellence. Juara Beach, à Pulau Tioman, est paradisiaque.

Aventures dans la jungle
La vaste réserve de Taman Negara offre une faune et une flore riches et une myriade de possibilités de trekking. Devant les nombreux sentiers de Pulau Tioman, vous ne regretterez pas d'avoir amené vos chaussures de randonnée.

Papilles en éveil
Kuantan est une ville de gastronomes, des étals appétissants à côté de la gare routière, aux restaurants de fruits de mer d'Ana Ikan Bakar Petai. Vous irez peut-être même goûter au fameux curry de tête de poisson de Raub.

p. 248

Îles de la côte est, Kelantan et Terengganu

Plages et îles ✓✓✓
Jungles ✓✓
Culture ✓✓

Aventures aquatiques
La côte est malaise compte quelques-unes des îles les plus belles d'Asie du Sud-Est – dont les îles Perhentian – et attire amoureux de plongée, de snorkeling et de baignade.

Hors des sentiers battus
Le Gunung Stong State Park est idéal pour la randonnée en montagne, la baignade et la spéléologie. Bien que desservies par le train, les terres sauvages du Kelantan n'attirent que peu de voyageurs.

Bouillon de culture
Le Kelantan est riche en lieux culturels à explorer. Plus au sud, le Terengganu est idéal pour découvrir la culture malaise – aussi bien moderne que traditionnelle.

p. 279

Sabah

Faune ✓✓✓
Trekking ✓✓✓
Plongée ✓✓✓

Créatures terrestres et aquatiques
De l'orang-outan à l'éléphant pygmée de Bornéo, le Sabah abrite certaines des espèces les plus rares du monde. Si les animaux aquatiques sont faciles à voir, il n'en est pas de même pour la faune terrestre, dissimulée dans la jungle.

Randonnée et trekking
Les montagnes et collines du Sabah sont un paradis pour les trekkeurs, avec des cours d'eau déchaînés traversant des forêts parmi les plus importantes au monde. Vous aurez chaud. Très chaud.

Plongée et snorkeling
Le Sabah est réputé pour ses sites de plongée. Layang Layang et la célèbre île de Sipadan font partie des meilleurs spots du monde.

p. 311

Sarawak

Randonnée et trekking ✓✓✓
Grottes ✓✓✓
Faune ✓✓

Randonnée et trekking
Si vous ne vous sentez pas de faire à pied le chemin entre Bario et Ba Kelalan ou le sommet du Gunung Mulu, une randonnée dans l'un des parcs nationaux de la région de Kuching offre une bonne immersion dans la jungle.

Dans les grottes
Si la Wind Cave, la Fairy Cave et le parc national de Niah comprennent des grottes emplies de stalactites et de chauves-souris, le parc national de Gunung Mulu offre des cavités encore plus spectaculaires.

Livre de la jungle
Observez des nasiques au parc national de Bako, des orangs-outans à la Semenggoh Nature Reserve et des crocodiles dans les eaux du parc national Kuching Wetlands.

p. 383

Brunei

Nourriture ✓✓✓
Architecture ✓
Nature ✓✓✓

Orgie culinaire

Si la population musulmane de Brunei considère l'alcool comme décadent, elle n'a aucun problème avec la bonne chère. La nourriture tient ici une place de choix et l'ouverture d'un restaurant constitue généralement un événement majeur.

Architecture grandiose

Entre le palais du sultan, l'opulent Empire Hotel, les mosquées et la plus grande cité lacustre du monde, cette nation compense sa petite taille par ses grandes constructions.

Jungle primaire

Le sultanat a su protéger efficacement ses étendues de jungle primaire. Elles font partie d'un parc national offrant un havre de paix aux créatures de Bornéo.

p. 463

Singapour

Nourriture ✓✓✓
Shopping ✓✓✓
Musées ✓✓✓

Nourriture

À Singapour, la nourriture est une passion et un élément fédérateur entre les peuples. Testez *hawker centres* et *food courts* légendaires, mais aussi hauts lieux gastronomico-expérimentaux.

Shopping

On trouve de tout : des boutiques et centres commerciaux somptueux aux ateliers d'artisanat familiaux, en passant par les beaux magasins d'antiquités et les galeries d'artistes.

Musées

Si des géants comme le National Museum of Singapore et l'Asian Civilisations Museum sont incontournables, ne manquez pas les musées de la NUS et les troublants Changi Museum & Chapel, moins connus.

p. 483

Les établissements sont cités par ordre de préférence des auteurs

Les pictos pour se repérer :

- ♥ Les coups de cœur des auteurs
- Les adresses écoresponsables
- GRATUIT Entrée, accès libre

Voir aussi l'index où figurent toutes les localités couvertes dans ce guide.

Sur la route

Kuala Lumpur

03 / 1,38 MILLION D'HABITANTS / 243 KM²

Dans ce chapitre »

Le top des restaurants

» Kedai Makanan Dan Minuman TKS (p. 68)
» Rebung (p. 86)
» Robson Heights (p. 85)
» Frangipani (p. 69)
» Sri Nirwana Maju (p. 86)

Le top des hébergements

» Villa Samadhi (p. 64)
» The Courtyard (p. 64)
» YY38 Hotel (p. 64)
» BackHome (p. 63)
» Reggae Mansion (p. 63)

Pourquoi y aller

En moins de deux siècles, Kuala Lumpur (KL) est passée du statut de bourg de prospecteurs d'étain à celui de prospère métropole du XXIe siècle, unique par sa diversité culturelle. Malais de souche, prospecteurs chinois, migrants indiens et colons britanniques ont façonné cette ville, chaque groupe ethnique y imprimant de façon indélébile son identité.

Il est difficile d'avoir une vision globale de KL et les sites phares n'y sont pas très nombreux. Le charme si particulier de Kuala Lumpur tient à la proximité entre mosquées, temples anciens et tours modernes, à ses étals croulant sous les durians âcres et les sacs à main de contrefaçon, à ses monorails filant dans une végétation verdoyante, et à ses habitants savourant des cappuccinos en surfant sur la Toile ou se délectant des spécialités des hawkers.

C'est un haut lieu de la gastronomie et du shopping, mais lorsque la pression urbaine devient trop forte, il suffit de s'échapper une journée du côté du Selangor ou du Negeri Sembilan (p. 99).

Quand partir

Kuala Lumpur

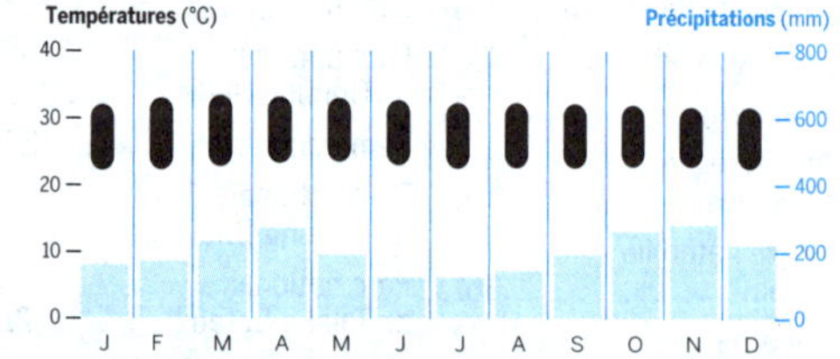

Jan-fév Célébrez le Nouvel An chinois et la spectaculaire fête hindoue du Thaipusam.

Mars-avr Profitez des premières soldes et du Grand Prix de Malaisie.

Août-sept Explorez les marchés nocturnes et célébrez la fête nationale.

Histoire

En 1857, 87 prospecteurs chinois en quête d'étain s'arrêtaient au confluent de deux cours d'eau, le Klang et le Gombak, nommant l'endroit Kuala Lumpur, le "confluent boueux". Un mois plus tard, touchés par la malaria et d'autres maladies tropicales, ils n'étaient plus que 17, mais les gisements qu'ils avaient découverts à Ampang attirèrent les mineurs. KL devint très vite une cité champignon bruyante, querelleuse et violente.

Comme cela avait été fait ailleurs dans la péninsule malaise, le sultan local embaucha un responsable, le Kapitan China, chargé de recadrer les aventuriers chinois et leurs sociétés secrètes. Yap Ah Loy, Kapitan China de 1868 à 1885, prit son travail tellement à cœur qu'il est considéré comme le fondateur de KL.

Loy avait à peine repris le contrôle qu'une lutte éclata entre les sultans locaux, dont l'enjeu était le trône du Perak. Balayée au cours du conflit, KL brûla en 1881. Cela permit au représentant du gouvernement britannique Frank Swettenham de mettre en place un plan d'urbanisme radicalement nouveau qui y transférait le gouvernement central, alors à Klang. En 1886, une ligne de chemin de fer reliait KL à Klang. En 1887, des milliers de bâtiments en brique voyaient le jour et, en 1896, la cité devenait la capitale des tout nouveaux États malais fédérés.

Après son occupation par les forces japonaises durant la Seconde Guerre mondiale (où quantité de Chinois furent torturés et tués, et beaucoup d'Indiens envoyés aux travaux forcés en Birmanie sur la "voie ferrée de la mort"), KL fut à nouveau investie par les Britanniques, qui ne furent chassés qu'à la déclaration d'indépendance, en 1957.

KL connut ses heures les plus sombres le 13 mai 1969 lorsque des émeutes raciales, principalement entre les communautés malaise et chinoise, firent des centaines, voire des milliers de victimes. L'année suivante, les élections municipales étaient ajournées – et depuis lors, le ministre des Territoires fédérés se charge de nommer le maire. En 1974, lorsque le sultan de Selangor céda officiellement la ville à l'État, elle devint le territoire fédéral de Kuala Lumpur, et prospère depuis comme capitale politique et commerciale de la Malaisie.

À voir

En dehors des sites majeurs, gardez du temps pour les hallucinants centres commerciaux, partie intégrante de la *KL experience* !

GOLDEN TRIANGLE

Menara KL — TOUR PANORAMIQUE

(KL tower ; carte p. 70 ; ☎2020 5448 ; www.kltower.com.my ; 2 Jln Punchak ; plateforme d'observation adulte/enfant 47/27 RM, navette gratuite toutes les 15 min ; ⏲plateforme 9h-22h, derniers billets 21h30, navettes 9h-21h30). Le sommet de cette tour de télécommunications au cœur de la Bukit Nanas Forest Reserve découvre la plus belle vue qui soit sur KL. Passez le tralala touristique au pied de la tour (promenades à poney, simulateur de courses de F1, petit aquarium) pour gagner au plus vite la **plateforme d'observation** qui coiffe la tour. On dit son sommet inspiré de la forme des toupies chères aux enfants malaisiens. Un étage au-dessus, le restaurant tournant Atmosphere 360 (p. 73) donne l'occasion d'un repas inoubliable. Une **navette** dessert la tour depuis la porte sur Jln Punchak.

Aquaria KLCC — AQUARIUM

(Carte p. 70 ; ☎2333 1888 ; www.klaquaria.com ; concourse level, KL Convention Centre ; adulte/enfant aquarium 45/35 RM, aquarium et aquazone 80/52 RM ; ⏲11h-20h). Cet impressionnant aquarium occupe le sous-sol du KL Convention Centre. En plus d'observer des poissons colorés et de vivre des expériences comme celle de toucher une étoile de mer, un tunnel aquatique vous mène sur 90 m parmi les requins-taureaux et les mérous géants, impressionnants mais inoffensifs.

Bukit Nanas Forest Reserve — RÉSERVE FORESTIÈRE

(Carte p. 70 ; ⏲7h-18h). Plutôt que de prendre la navette jusqu'à la Menara KL, suivez l'un des courts sentiers jalonnés de panneaux explicatifs qui sillonnent la forêt de plaine à Diptérocarpacées. La "colline des Ananas" (Bukit Nanas en malais) est la première portion de jungle à avoir été protégée en Malaisie. Au pied de la colline, le **Centre d'information de la forêt** (☎2026 4741 ; www.forestry.gov.my ; Jln Raja Chulan ; ⏲9h-17h) accueille d'intéressantes expositions et fournit des brochures.

GRATUIT **Galeri Petronas** — GALERIE D'ART

(Carte p. 58 ; ☎2051 7770 ; www.galeripetronas.com.my ; 3e ét., Suria KLCC ; ⏲10h-20h mar-dim).

À ne pas manquer

1. Les reflets métalliques jetés par les **Petronas Twin Towers** (p. 59) avant de grimper jusqu'à la passerelle qui les relie tout en haut.
2. L'effervescence de **Chinatown** (p. 53), jour et nuit, pour manger, faire ses courses ou simplement observer la vie.
3. L'âme coloniale de KL que reflète le superbe ensemble de bâtiments anciens de **Merdeka Square** (p. 54).
4. Les créatures à plumes du **KL Bird Park** (p. 55), pièce maîtresse des luxuriants Lake Gardens.
5. Le raffinement des collections d'art musulman exposées au **musée des Arts islamiques** (p. 55)
6. La débauche de couleurs du **temple Thean Hou** (p. 60) en l'honneur de la Mère céleste.
7. Une expédition culinaire à **Jalan Alor** (p. 73).

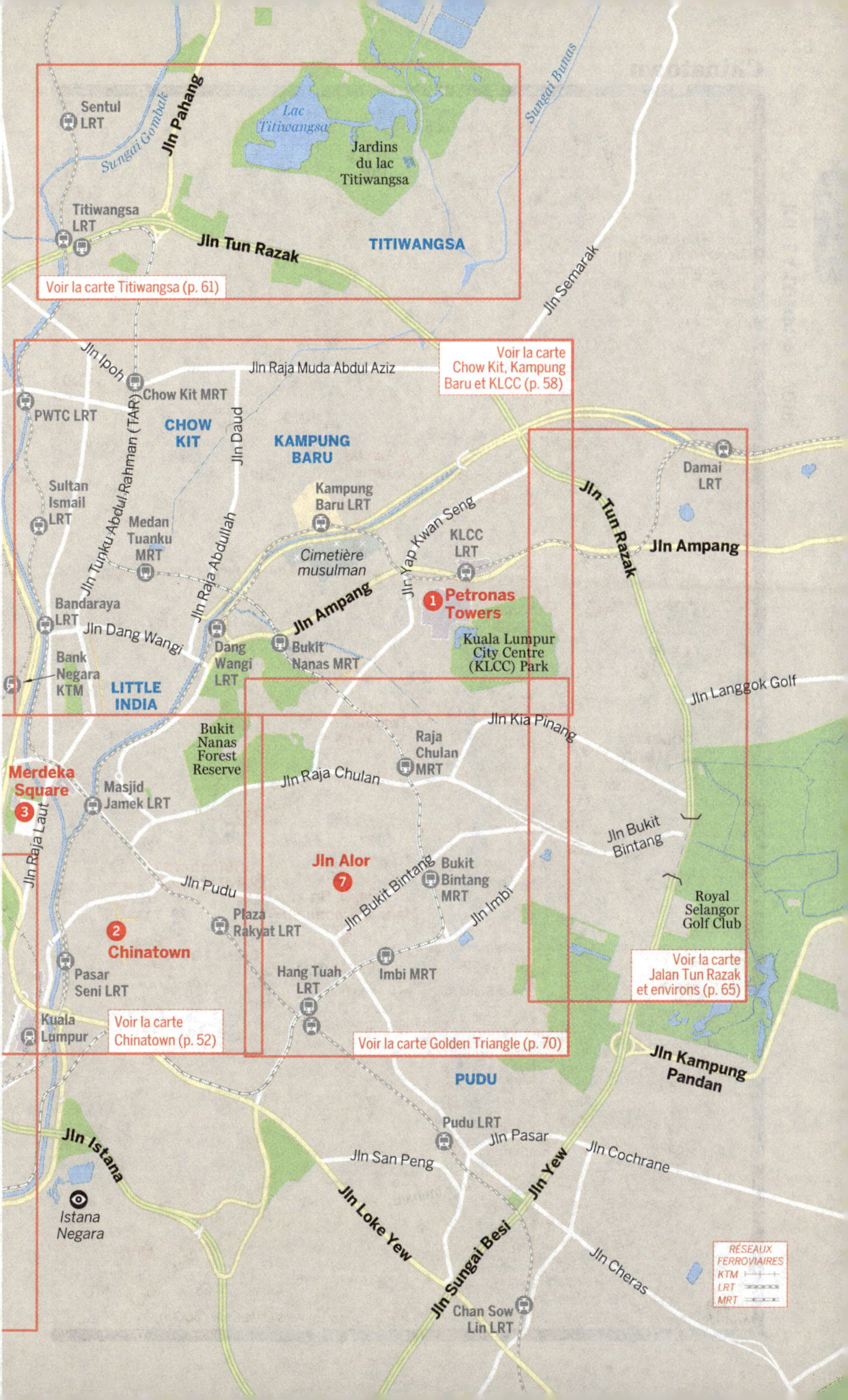
Sentul LRT
Sungai Gombak
Jln Pahang
Lac Titiwangsa
Jardins du lac Titiwangsa
Sungai Bunus
Titiwangsa LRT
Jln Tun Razak
TITIWANGSA
Voir la carte Titiwangsa (p. 61)
Jln Semarak
Jln Ipoh
Jln Raja Muda Abdul Aziz
Voir la carte Chow Kit, Kampung Baru et KLCC (p. 58)
Chow Kit MRT
PWTC LRT
CHOW KIT
Jln Daud
KAMPUNG BARU
Jln Tuanku Abdul Rahman (TAR)
Damai LRT
Sultan Ismail LRT
Kampung Baru LRT
Jln Yap Kwan Seng
Medan Tuanku MRT
Jln Raja Abdullah
Cimetière musulman
KLCC LRT
Jln Tun Razak
Jln Ampang
1 Petronas Towers
Bandaraya LRT
Jln Ampang
Jln Dang Wangi
Bukit Nanas MRT
Dang Wangi LRT
Kuala Lumpur City Centre (KLCC) Park
Bank Negara KTM
LITTLE INDIA
Jln Langgok Golf
Jln Kia Pinang
Bukit Nanas Forest Reserve
Raja Chulan MRT
Merdeka Square
3
Masjid Jamek LRT
Jln Raja Chulan
Jln Raja Laut
Jln Bukit Bintang
Jln Alor
7
Bukit Bintang MRT
Jln Pudu
Jln Bukit Bintang
Royal Selangor Golf Club
Jln Imbi
2 Chinatown
Plaza Rakyat LRT
Pasar Seni LRT
Hang Tuah LRT
Imbi MRT
Voir la carte Jalan Tun Razak et environs (p. 65)
Kuala Lumpur
Voir la carte Chinatown (p. 52)
Voir la carte Golden Triangle (p. 70)
Jln Kampung Pandan
PUDU
Pudu LRT
Jln Istana
Jln Pasar
Jln San Peng
Jln Cochrane
Jln Yew
Istana Negara
Jln Loke Yew
Jln Sungai Besi
Jln Cheras
RÉSEAUX FERROVIAIRES
KTM
LRT
MRT
Chan Sow Lin LRT

Chinatown

A
B
C
D
1
2
3
4
5
6
7
Vers Chow Kit (1,5 km)
LITTLE INDIA
Jln Kuching
Sungai Gombak
Jln Raja Laut
Lg Gombak
Lg Tuanku Abdul Rahman
Jln Masjid India
Jln Ampang
30
1
7
Vers le National Monument (900 m) et Parliament House (1,5 km)
Jln Parlimen
Jln Tangsi
Jln Tun Perak
Sungai Klang
Jln Melaka
Lg Ampang
Jln Bukit Nanas
10
Jln Raja
Arrêt de bus de Lebu Ampang
Masjid Jamek LRT
MERDEKA SQUARE
8
Jln Makhamah Persekutuan
Masjid Jamek
29
24
19
17
Jln Gereja
JlnRaja
11
Lebuh Pasar Besah
Lebuh Ampang
21
Jln Hang Lekiu
Jln Raja Chulan
Arrêt de bus de Medan Pasar
Musée national du Textile
5
Medan Pasar
31
Jln Silang
Jln Tun Perak
Jln Kinabalu
Arrêt de bus de Bangkok Bank
12
35
Jln SultanHishamuddin
Lebuh Pudu
COLONIAL DISTRICT
Temple Sze Ya
18
27
Jln Tun Tan Cheng Lock
16
22
4
23
37
34
Jln Hang Lekir
Jln Hang Kasturi
36
Chinatown Wet Market
Temple Sri Mahamariammam
25
Madras Lane
14
15
Jln Sultan
Lg Hang Jebat
Jln Tugu
Stand d'information des bus
CHINATOWN
32
Pasar Seni LRT
Arrêt de bus de Jalan Sultan Mohammed
Jln Sultan
Jln Petaling
20
33
Voir la carte Lake Gardens et Brickfields (p. 56)
Jln Tun Tan Cheng Lok
Sungai Klang
Jln Tun HS Lee
26
13
Jln Perdana
Jln Stadium
Jln Kinabalu
Bulatan Merdeka
2
Jln SultanHishamuddin
Jln Tun Sambanthan
Jln Maharajalela
6
Kuala Lumpur
Maharajalela MRT
28
Lake Gardens
Vers Café Café (500 m)

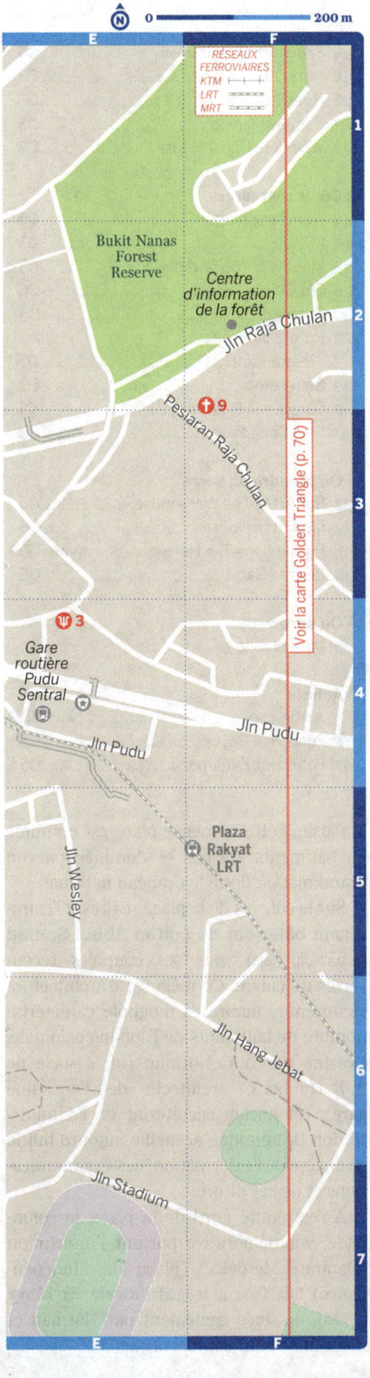

Troquez consumérisme contre culture dans cet espace lumineux et moderne où sont présentées de remarquables expositions temporaires de photographie et peinture contemporaines, régulièrement renouvelées.

Badan Warisan Malaysia ÉDIFICE HISTORIQUE

(Heritage of Malaysia Trust ; carte p. 65 ; 2144 9273 ; www.badanwarisan.org.my ; 2 Jln Stonor ; 9h-17h lun-sam). Découvrez le travail de cette ONG qui s'attache à préserver le patrimoine bâti de Malaisie. Son siège occupe, à l'ombre des Petronas Towers, une maison basse coloniale de 1925 qui accueille également des expositions et une boutique de souvenirs avec livres, meubles anciens en bois et artisanat local. Le domaine conserve un magnifique exemple de maison en bois traditionnelle du Kedah, le **Rumah Penghulu** (carte p. 65 ; don suggéré 10 RM ; visites 11h et 15h lun-sam).

CHINATOWN, MERDEKA SQUARE ET MASJID JAMEK

Jalan Petaling MARCHÉ

(Carte p. 52 ; 10h-23h). Au cœur de Chinatown, cette rue couverte est une des plus colorées et des plus animées de KL, surtout la nuit quand les marchands ont à peine la place d'y installer leurs étals. On y trouve de tout, des fruits aux vêtements et aux chaussures bon marché. N'hésitez pas à marchander.

Temple Sri Mahamariamman TEMPLE HINDOU

(Carte p. 52 ; 163 Jln Tun HS Lee ; 6h-20h30). Fondé en 1873 par des travailleurs venus de l'État indien du Tamil Nadu, c'est le plus ancien sanctuaire hindou de Malaisie. Des vendeurs de guirlandes de fleurs se bousculent au niveau de l'immense *gopuram* (porte-tour donnant accès à l'enceinte du temple), éclatant de couleurs sous l'abondance des statues de divinités. Les habitants déposent encens, fleurs, noix de coco et guirlandes de citrons verts en offrande à Mariamman, la déesse-mère de l'Inde du Sud. Lors de la fête du **Thaipusam** (p. 584), un char en argent mène en procession une idole du temple jusqu'aux grottes de Batu. Non-hindous bienvenus ; ôtez vos chaussures à l'entrée.

Mosquée Masjid Jamek

(Mosquée du Vendredi ; carte p. 52 ; près de Jln Tun Perak ; 8h30-12h30 et 14h30-16h sam-jeu, 8h30-11h et 14h30-16h ven). Entouré d'un

Chinatown

Les incontournables
Chinatown Wet Market C5
Masjid Jamek C3
Musée national du Textile B3
Temple Sri Mahamariamman C5
Temple Sze Ya C4

À voir
1 Bank Negara Malaysia Museum & Art Gallery A1
2 Temple Chan She Shu Yuen D7
3 Temple Court Hill Ganesh E4
4 Jalan Petaling C5
5 KL City Gallery A3
6 Temple Koon Yam (Guanyin) D7
7 Masjid Little India C1
8 Merdeka Square B3
9 Église presbytérienne St Andrew F2
10 Cathédrale St John D2
11 Bâtiment du sultan Abdul Samad B3

Activités
12 C Woks Design C4
13 Chin Woo Stadium D6
14 Going Places Tours D5

Où se loger
15 5 Elements Hotel D5
16 AnCasa Hotel & Spa Kuala Lumpur D4
17 BackHome D3
18 Explorers Guesthouse C4
19 Hotel 1915 ..... C3
20 Hotel Lok Ann D6
21 Reggae Mansion C3
22 Wheelers Guest House C5

Où se restaurer
23 Ikan Panggang D5
24 LOKL D3
25 Madras Lane Hawkers C5
26 Old China Café C6
27 Precious B4
28 Purple Cane Tea Restaurant D7
29 Sangeetha C3
30 Saravanaa Bhavan C1
31 Sing Seng Nam C3

Où prendre un verre
32 Bar Art @ The Warehouse C5
33 Moontree House C6
Purple Cane Tea House ..... (voir 33)
34 Reggae Bar C5

Où sortir
35 Doppel Kafe B4

Achats
Justin Yap ..... (voir 36)
36 Peter Hoe Beyond C5
37 Peter Hoe Evolution C5

jardin de palmiers, cet ensemble de dômes et de minarets en briques crème et rose fut bâti en 1907 sur les plans de l'architecte britannique A. B. Hubbock, qui s'inspira des mosquées indiennes des Moghols. Implantée au confluent du Sungai Klang et du Sungai Gombak, la mosquée offre un espace de sérénité accessible aux visiteurs en dehors des heures de prière. Tenue décente exigée.

Temple Sze Ya TEMPLE CHINOIS
(Carte p. 52 ; Jln Tun HS Lee ; 7h-17h). Ce beau temple taoïste fut construit en 1864 sur les ordres du Kapitan China Yap Ah Loy, dont une statue est visible à gauche de l'autel principal. L'emplacement étrange du bâtiment, au beau milieu des *shophouses*, fut déterminé par le feng shui.

Merdeka Square PLACE
(Carte p. 52). C'est sur l'ancien terrain de cricket britannique que fut proclamée en 1957 l'indépendance (Merdeka) de la Malaisie. Cette immense place est entourée de bâtiments anciens et dominée par un grand mât où flotte le drapeau national.

Sur le côté est de la place se dresse l'extravagant **bâtiment du sultan Abdul Samad** (p. 52 ; Jln Raja) sous ses coupoles recouvertes de cuivre. Ce mélange d'architecture victorienne, maure et moghole caractérise nombre de bâtiments de l'époque coloniale. Dessiné par A. C. Norman (un associé de A. B. Hubbock, architecte de l'ancienne gare), cet ancien secrétariat de l'administration britannique accueille aujourd'hui le ministère de l'Information, des Communications et de la Culture.

À l'extrémité nord de la place, la colonnade commémorative portant l'inscription "Dataran Merdeka" (place de l'Indépendance) fait face à la **cathédrale St Mary** (1894), dessinée également par Norman et renommée pour son bel orgue.

KUALA LUMPUR EN...

Deux jours

Après un petit-déjeuner à l'**Imbi Market**, filez au Kuala Lumpur City Centre (KLCC) pour vous assurer d'obtenir un billet pour les **Petronas Towers** avant d'arpenter le *mall* **Suria KLCC**. Autre alternative pour prendre vos repères d'en haut sur la ville : la **Menara KL** et son restaurant tournant **Atmosphere 360**. Après un après-midi au **Musée national**, partez à la chasse aux souvenirs au **Central Market** avant d'explorer **Chinatown**. Enfin le marché nocturne de **Jln Petaling** allie intérêt et gastronomie pour le dîner.

Consacrez le matin du deuxième jour au Tun Abdul Razak Heritage Park (ex-Lake Gardens Park), en faisant un saut au **KL Bird Park** et au **musée des Arts islamiques.** L'après-midi, prenez un thé à la **Starhill Gallery**, faites des emplettes au **Pavilion KL** avant de plonger dans les douces effluves culinaires de **Jalan Alor**.

Trois jours

Commencez par le **lac Titiwangsa**, délicieux point de vue sur KL, avant de vous rendre à la **National Visual Art Gallery**. Imprégnez-vous d'ambiance typiquement malaise à Kampung Baru avant de sauter dans un taxi pour le splendide **temple Thean Hou**. Non loin, vous pourrez vous restaurer à **Robson Heights** puis enchaîner sur un concert au **Dewan Filharmonik Petronas** ou au **No Black Tie**. Pour conclure cette journée bien remplie, prenez un dernier verre au **Palate Palette**.

Pour en savoir plus sur l'histoire de la place et de ses bâtiments, passez à la **KL City Gallery** (carte p. 52 ; www.klcitygallery.com ; Merdeka Square ; ⌚8h-18h), dont la maquette géante de la ville est fort instructive. Bureau d'information touristique et boutique de souvenirs sur place.

Musée national du Textile MUSÉE
(Muzium Tekstil Negara ; carte p. 52 ; ☎2694 3457 ; www.jmm.gov.my ; Jln Sultan Hishamuddin ; ⌚tlj 9h-18h). Quatre espaces d'exposition préservent, à l'abri de la lumière, des textiles délicats et souvent uniques, pour certains accompagnés d'explications complètes sur leur fabrication, des savoir-faire en voie de disparition. Dans la boutique adjacente, vous trouverez des batiks d'Indonésie.

LAKE GARDENS ET BRICKFIELDS

♥ **Musée des Arts islamiques** MUSÉE
(Muzium Kesenian Islam Malaysia ; carte p. 56 ; ☎2274 2020 ; www.iamm.org.my ; Jln Lembah Perdana ; adulte/enfant 12/6 RM ; ⌚10h-18h, restaurant fermé lun). C'est l'une des plus belles collections d'art décoratif musulman au monde. Outre la qualité et la diversité fabuleuse des textiles, tapis, bijoux, céramiques ornées de calligraphies, le bâtiment est lui-même une merveille architecturale, avec ses dômes et ses céramiques. La boutique de souvenirs propose de beaux objets du monde islamique.

KL Bird Park VOLIÈRE
(Carte p. 56 ; ☎2272 1010 ; www.klbirdpark.com ; Jln Cenderawasih ; adulte/enfant 48/38 RM ; ⌚9h-18h). Quelque 200 espèces d'oiseaux provenant, pour la plupart, d'Asie du Sud-Est, volent librement sous une immense canopée. Entre autres stars : autruches, calaos, aigles, flamants roses et perroquets. L'idéal est d'y aller aux heures de nourrissage (11h30 pour les calaos et 14h30 pour les aigles) ou de spectacles (12h30 et 15h30), les facéties des perroquets ravissant les plus

KUALA LUMPUR À PIED

Malgré les routes et ponts à six voies qui divisent la ville et les trottoirs souvent fissurés ou inexistants, c'est en marchant que l'on ressent le mieux l'effervescence de KL. Le centre-ville est étonnamment compact : il ne faut qu'un peu plus de 10 minutes à pied pour aller de Chinatown à Little India. La proximité entre certains sites rend même souvent aberrante l'utilisation des transports publics ou des taxis, à moins de souhaiter rester coincé dans les embouteillages ou dans le dédale des sens uniques !

Lake Gardens et Brickfields

jeunes. Le **Hornbill Restaurant** (carte p. 56 ; ☎2693 8086 ; plats 40-60 RM ; ⏲9h-20h ; 📶) est également très bien.

Musée national MUSÉE

(Muzium Negara ; carte p. 56 ; ☎2282 6255 ; www.muziumnegara.gov.my ; Jln Damansara ; adulte/enfant 5/2 RM ; ⏲9h-18h, visites 10h mar et jeu en français, lun-jeu et sam en anglais). Un grand travail de restauration a permis la création de quatre grandes galeries fort bien agencées : l'histoire ancienne, avec les os de l'homme de Perak ; les royaumes malais, avec l'histoire de Melaka ; la période coloniale, des Portugais à l'occupation japonaise ; et la période actuelle, axée sur le développement du pays après la Seconde Guerre mondiale. En outre, des expositions temporaires (avec supplément) s'y déroulent régulièrement. Par ailleurs deux petites galeries d'accès gratuit permettent d'aborder l'aspect ethnographique : l'**Orang Asli Craft Museum** et le **Malay World Ethnology Museum** pour les tissus, notamment des batiks.

Des bénévoles enthousiastes font des visites guidées gratuites, essayez d'en profiter. À l'avenir, vous pourrez accéder au musée depuis la gare de KL Sentral, mais pour le moment, le mieux est de s'y rendre en taxi, en bus touristique ou par la passerelle qui enjambe la route au sud des Lake Gardens.

Lake Gardens et Brickfields

Les incontournables

Musée des Arts islamiques B2
KL Bird Park A2
Masjid Negara B2
Musée national A2

À voir

1 Butterfly Park A1
2 Deer Park A1
3 Gare ferroviaire de KL B2
4 Majestic Hotel B2
5 Malayan Railway Administration Building B2
6 National Planetarium B2
7 Temple Sam Kow Tong B3
8 Taman Bunga Raya A1
Taman Orkid .... (voir 8)
9 Tun Abdul Razak Heritage Park (Lake Gardens Park) A2
10 Wei-Ling Gallery B3

Activités

11 Buddhist Maha Vihara A4
12 Temple of Fine Arts A4
YMCA .... (voir 14)

Où se loger

13 Hilton Kuala Lumpur A3
14 YMCA B3

Où se restaurer

Annalakshmi .... (voir 12)
15 Hornbill Restaurant A2
16 Kompleks Makan Tanglin B1
17 Vishalatchi B3

Tun Abdul Razak Heritage Park (Lake Gardens Park) PARC

(Carte p. 56 ; Jln Tembusu ; journée). Créé à l'époque coloniale, ce parc de 70 ha planté de divers arbres, arbustes et plantes indigènes est un lieu où les habitants viennent pratiquer le tai-chi tôt le matin. Au milieu se trouve un beau parc de jeux pour enfants à proximité du vaste lac qui donna son nom aux jardins et sur lequel on peut canoter (location 6 RM/h). À l'extrémité nord du plan d'eau, l'immense monument en bronze de 1966 signé Felix de Weldon (auteur du célèbre mémorial des marines du cimetière d'Arlington,en Virginie) porte le nom de **National Monument** (carte p. 56 ; Jln Parlimen, Plaza Tugu Negara ; 7h-18h), hommage aux morts des années 1948 à 1960.

La nature est partout à l'honneur : les papillons au **Butterfly Park** (Taman Rama Rama ; carte p. 56 ; 2693 4799 ; Jln Cenderawasih ; adulte/enfant 18/9 RM ; 9h-18h) qui se trouve à l'opposé du KL Bird Park ; les merveilles du cosmos au **National Planetarium** (carte p. 56 ; 2273 4303 ; www.angkasa.gov.my/planetarium ; 53 Jln Perdana ; galerie gratuite, planétarium 12/6 RM ; 9h-16h30 mar-dim) ; les biches au **Deer Park** (Taman Rusa et Kancil ; carte p. 56 ; Jln Perdana ; 10h-18h, fermé 12h-14h en semaine).

Masjid Negara MOSQUÉE

(Mosquée nationale ; carte p. 56 ; Jln Lembah Perdana ; 9h-12h, 15h-16h et 17h30-18h30, fermé ven matin). Inspiré de la grande mosquée de La Mecque, c'est le principal lieu de culte de la communauté musulmane de KL. Les 18 pointes de son toit bleu en forme de parasol symbolisent les 13 États de Malaisie et les 5 piliers de l'islam. L'appel à la prière, que l'on entend jusqu'à Chinatown, se fait depuis le minaret de 74 m de haut. Non-musulmans bienvenus hors des heures de prière ; habillez-vous de manière appropriée et ôtez vos chaussures à l'entrée.

Brickfields QUARTIER

Les importants changements autour de la gare de KL Sentral transforment petit à petit ce secteur traditionnellement indien. Le terminus du monorail est désormais relié à la gare ferroviaire par un nouvel ensemble de magasins et de bureaux. Sur Jln Brickfields se dresse une arche cérémonielle et vous remarquerez à l'intersection de Jln Travers une fontaine multicolore avec des éléphants sculptés.

VERS LES LAKE GARDENS

Îlot de verdure coupé de la ville par des voies ferroviaires et routières, les Lake Gardens n'en sont pas moins accessibles à pied. Prenez la passerelle piétonnière de Central Market au Kompleks Dayabumi, puis obliquez au sud en passant derrière la poste pour atteindre le passage souterrain menant à la Masjid Negara. Vous pouvez aussi emprunter les passerelles piétonnières menant à la gare de KL, d'où vous pourrez marcher jusqu'aux jardins.

Sinon sautez dans le KL Hop-On-Hop-Off, un bus à impériale qui s'arrête devant la Masjid Negara, le KL Bird Park, le National Monument et le National Museum. Une fois dans les jardins, vous serez à la merci des chauffeurs de taxi qui insisteront pour vous ramener en ville. Il vous en coûtera 15-20 RM pour ce trajet très court, sur lequel ils refusent d'enclencher le compteur.

Des dragons semblent s'envoler des angles du **temple Sam Kow Tong** (carte p. 56 ; 16 Jln Thambapillai ; 7h-17h), à côté du terminus du monorail, formant un contraste saisissant avec les tours des hôtels surplombant KL Sentral. Dans ce quartier indien, vous pouvez aussi visiter le Temple of Fine Arts (p. 62) et la Wei-Ling Gallery (p. 93).

Gare ferroviaire de KL ÉDIFICE HISTORIQUE

(Carte p. 56 ; Jln Sultan Hishamuddin). Création d'inspiration moghole et mauresque de l'architecte britannique A. B. Hubbock, la gare de Kuala Lumpur date de 1911. La plupart des trains s'arrêtent désormais à la toute nouvelle gare KL Sentral. C'est d'en face qu'on la voit le mieux, depuis la première cour du **Malayan Railway Administration Building** (carte p. 56 ; Jln Sultan Hishamuddin). Entrez dans cet immeuble pour admirer son monumental escalier central. De là, un passage souterrain sous la voie rapide conduit à la gare où s'arrêtent les rames du KTM Komuter.

Urban Village CENTRE D'ART

(2201 0306 ; www.urbanvillage.my ; 25 Jln Abdullah, Bangsar Utama). Difficile de définir ce "groupement d'entrepreneurs créatifs" qui

Chow Kit, Kampung Baru et KLCC

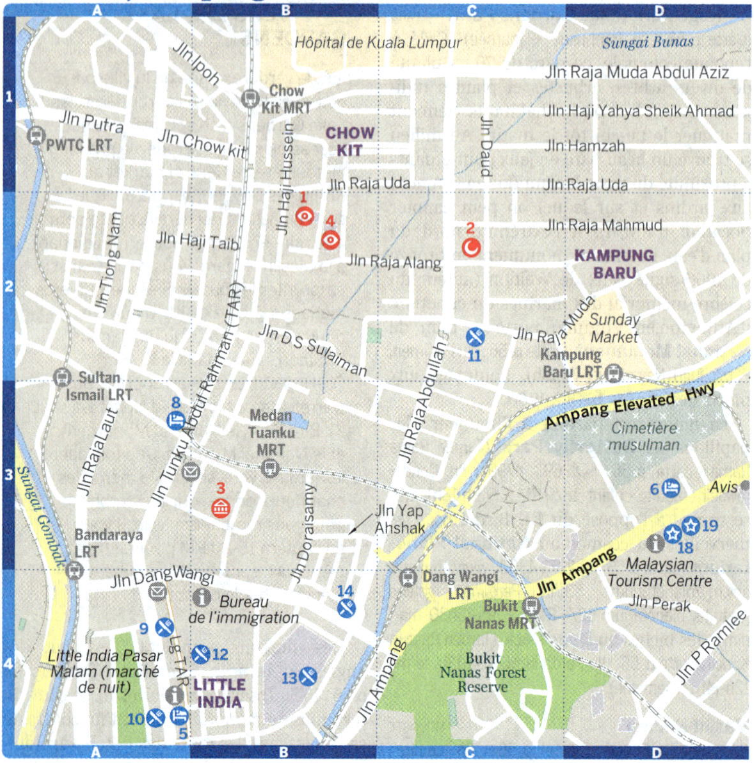

Chow Kit, Kampung Baru et KLCC

Les incontournables
Petronas Towers E3

À voir
1 Bazaar Baru Chow Kit B2
Galeri Petronas .... (voir 20)
2 Mosquée de Kampung Baru C2
3 Loke Mansion B3
Petrosains .... (voir 20)
4 Tatt Khalsa Diwan Gurdwara B2

Où se loger
5 Frenz Hotel A4
6 Hotel Maya D3
7 Mandarin Oriental E4
8 Tune Hotel A3

Où se restaurer
9 Capital Café A4
10 Coliseum Café A4
11 Ikan Bakar Berempah C2
Little Penang Kafé .... (voir 20)
12 Sagar B4
13 Thai-la B4
14 Yut Kee B4

Où prendre un verre
15 Apartment Downtown E3
16 Marketplace E2

Divertissements
17 Dewan Filharmonik Petronas E3
18 Saloma D3
Tanjung Golden Village .... (voir 20)
19 Zouk Club D3

Achats
20 Suria KLCC E3

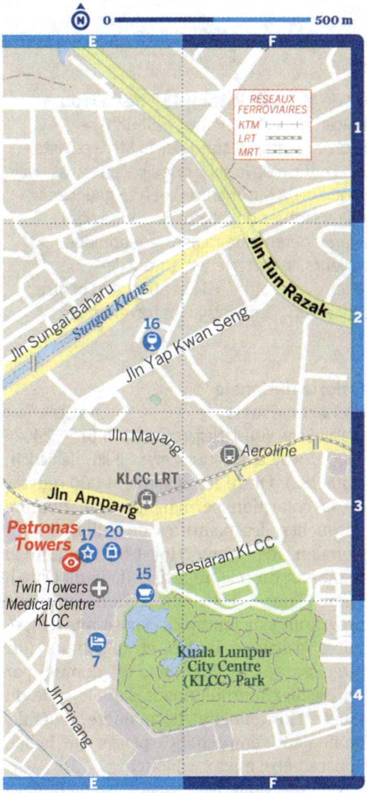

offre un espace de travail aux talents locaux du monde de l'art, de la musique et de la mode. Diverses représentations et discussions sont organisées, et les productions de certains artistes, dont des tee-shirts, sont en vente à la boutique.

LITTLE INDIA, KAMPUNG BARU ET CHOW KIT

Petronas Twin Towers — GRATTE-CIEL

(Carte p. 58 ; www.petronastwintowers.com.my ; Jln Ampang ; adulte/enfant 80/30 RM ; ⌚9h-21h mar-dim). Siège de l'entreprise nationale pétrolière et gazière Petronas, ces deux tours jumelles de 88 étages s'élèvent sur 452 m de haut. Caparaçonnées d'acier, les tours Petronas incarnent parfaitement la KL d'aujourd'hui. Semblables aux roquettes d'argent de l'un des premiers épisodes de *Flash Gordon*, elles sont une allégorie du développement fulgurant de la ville, des bidonvilles des prospecteurs d'étain à la métropole du XXIe siècle.

Néanmoins, l'architecte argentin Cesar Pelli les a conçues pleines de références à l'islam : basé sur une étoile à huit branches, le plan du rez-de-chaussée renvoie aux arabesques ; la division en cinq parties des tours symbolise les cinq piliers de l'islam ; les mâts de 63 m qui les couronnent évoquent des minarets.

Arrivez avant 8h pour être sûr d'obtenir l'un des 960 billets délivrés quotidiennement (la moitié sont vendus à l'avance) pour une visite guidée de 45 minutes jusqu'au 86e étage, dont 15 minutes sur le Skybridge du 41e étage, sorte de pont supendu entre les deux tours. La billetterie se trouve au KLCC, au sous-sol des tours.

KLCC Park — PARC

(Carte p. 70 ; ⌚24h/24, aire de jeux et bassin de canotage 10h-19h30 mar-sam). Une belle aire de jeux pour enfants (de moins de 12 ans exclusivement), du canotage, une piste de jogging à revêtement soft et un spectacle de fontaines synchronisées. Sur fond de décor fantastique : les tours Petronas.

Loke Mansion — ÉDIFICE HISTORIQUE

(Carte p. 58 ; ☎2691 0803 ; 273A Jln Medan Tuanku). Superbement restauré par le cabinet d'avocats Cheang & Ariff, l'hôtel particulier du magnat de l'étain et self-made man Loke Yew s'appuie sur une construction plus ancienne (1860) rachetée au riche marchand Cheow Ah Yeok par celui qui fut le plus riche Malais à l'époque coloniale. Le haut commandement japonais en fit son quartier général en 1942. La résidence même se visite sur rendez-vous.

Kampung Baru — QUARTIER

Il reste au cœur du quartier malais comme une ambiance de village assoupi. Les maisons traditionnelles malaises, en bois, y sont entourées de jardins luxuriants et les habitants vaquent tranquillement à leurs occupations, sauf le samedi soir quand le très animé *pasar malam* (marché nocturne) s'installe près de la station Kampung Baru du Light Rail Transit (LRT). Ne manquez pas l'impressionnant **Tatt Khalsa Diwan Gurdwara** (carte p. 58 ; 24 Jln Raja Alang), le plus grand temple sikh d'Asie du Sud-Est, et la **mosquée de Kampung Baru** (carte p. 58 ; Jln Raja Alang) construite en 1924, au porche orné de belles céramiques vernissées. En furetant dans les rues alentour, en direction du croisement avec Jln Daud, vous découvrirez plus d'une vieille maison en bois.

VAUT LE DÉTOUR

LE TEMPLE THEAN HOU

Au nombre des édifices les plus étonnants à voir de Malaisie, le **temple Thean Hou** (carte p. 56 ; ☎2274 7088 ; www.hainannet.com ; à l'écart de Jln Syed Putra ; ⌚9h-18h) se développe sur plusieurs étages parmi de riches ornements. La statue de la Mère céleste, Thean Hou, à laquelle il est consacré, se dresse au centre de la salle principale avec à sa droite Kuan Yin (ou Guanyin, déesse bouddhique de la Miséricorde) et à sa gauche Shuiwei Shengniang (déesse du Front de mer). Des statues de Milefo (Bouddha riant), Weituo et Guandi viennent s'ajouter à cet amalgame hétéroclite taoïsto-bouddhique.

Si la vue est superbe depuis les niveaux supérieurs, le parterre est envahi de marchands et de restaurants pour touristes. Le temple se situe à 3 km au sud du centre. Prenez un taxi ou bien le monorail jusqu'à la station Tun Sambanthan et traversez Jln Syed Putra par la passerelle avant de gravir la colline.

Bank Negara Malaysia Museum & Art Gallery MUSÉE, GALERIE D'ART

(Carte p. 58 ; http://museum.bnm.gov.my ; 2 Jln Dato Onn ; ⌚10h-18h). L'intéressante collection d'art de la banque nationale réunit des œuvres classiques dans un complexe d'acier futuriste imaginé par le grand architecte malaisien Hijjas Kasturi. Accessible à pied depuis la gare ferroviaire de Bank Negara, l'établissement accueille aussi des expositions sur la monnaie et l'histoire économique de la Malaisie.

Petrosains MUSÉE

(Carte p. 58 ; ☎2331 8181 ; www.petrosains.com.my ; 4e niv., Suria KLCC ; adulte/13-17 ans/3-12 ans 25/20/15 RM ; ⌚9h30-16h mar-ven, 9h30-17h sam-dim). Boutons à pousser, leviers à tirer… il vous faut agir pour apprendre et découvrir le monde des sciences au Suria KLCC. Priorité au pétrole et aux produits dérivés, manne de la Malaisie – c'est bien sûr l'entreprise Petronas qui sponsorise le musée.

TITIWANGSA

Lac Titiwangsa LAC

(Carte p. 61). Le paisible parc du lac Titiwangsa (également connu sous le nom de Taman Tasik Titiwangsa) offre une vue panoramique et très photogénique sur les gratte-ciel de la ville. Les plus sportifs y loueront canots, pédalos ou canoës (à partir de 3 RM l'heure) pour sillonner les eaux ou feront un jogging, et les enfants profiteront du terrain de jeux. C'est un des lieux de rendez-vous favoris des amoureux de KL, même si la police sanctionne sans la moindre indulgence les comportements jugés impudiques.

Le lac Titiwangsa se trouve à 800 m à pied, vers l'est, de la station Titiwangsa du monorail.

Galerie nationale des Arts visuels GALERIE D'ART

(Balai Seni Visual Negara ; carte p. 61 ; ☎4026 7000 ; www.artgallery.org.my ; 2 Jln Temerloh ; ⌚10h-18h). Outre les quelque 4 000 œuvres de la collection permanente – au nombre desquelles des peintures de Zulkifi Moh'd Dohalan, de Wong Hoi Cheong, d'Ahad Osman et du célèbre artiste de batik Chuah Than Teng –, cette institution culturelle programme de multiples expositions temporaires d'artistes locaux et régionaux fort intéressantes. Si l'intérieur est dominé par un escalier tourbillonnant dans le style du musée Guggenheim, de manière générale, on ne peut s'empêcher de penser que le lieu pourrait être mieux exploité.

Près de la galerie, le théâtre Istana Budaya (p. 91) signé Mohammed Kamar Ya'akub est connu du monde entier pour son toit élancé qui symbolise un motif floral traditionnel malais en feuilles de bétel, alors que la forme au sol est celle d'un *wau bulan* (cerf-volant lune).

Activités

Chin Woo Stadium PISCINE

(Carte p. 52 ; ☎2072 4602 ; www.chinwoo.org.my ; Jln Hang Jebat ; adulte/enfant 4/1,50 RM ; ⌚14h-20h lun-ven, 9h-20h sam-dim). Cette piscine extérieure de 50 m offre une superbe vue sur la ville. Maillot de bain digne de ce nom obligatoire.

Lightworks YOGA

(Carte p. 70 ; ☎2143 2966 ; www.lightworks.com.my ; 19 Jln Mesui). Ce centre new age programme des cours de hatha yoga dispensés par un professeur expatrié. Sans être adhérent à l'année, on peut prendre un cours (40 RM) le mardi à 12h ou bien le lundi et le jeudi à 19h.

Titiwangsa

Titiwangsa

Les incontournables

Lac Titiwangsa C1
Galerie nationale des arts visuels C2

Activités

1 Sutra Dance Theatre B1

Où sortir

2 Istana Budaya B2
Sutra Dance Theatre .... (voir 1)

Kompleks Sukan Bangsar COMPLEXE SPORTIF
(Carte p. 86 ; Bangsar Sports Complex ; ☎03-2284 6065 ; 3 Jln Terasek 3, Bangsar Baru ; 3 RM ; ⏰9h30-12h, 14h-16h30, 18h-20h30, fermé dim matin). Une piscine de 25 m (parfois bondée), des courts de tennis et des terrains de squash et de badminton.

Spa Village SPA
(Carte p. 70 ; ☎2782 9090 ; www.spavillageresort.org ; 168 Jln Imbi, Ritz Carlton ; ⏰9h-21h). Soins esthétiques et massages en cabines ou en plein air, caisson d'isolation sensorielle et piscine à l'extérieur avec chutes d'eau. Le club de gym propose 24h/24 centre de fitness, sauna, bain de vapeur et bain à remous.

Asianel Reflexology Spa SPA
(Carte p. 70 ; ☎2142 1397 ; www.asianel.com ; ⏰10h-20h). Entre autres entreprises chics de l'"étage du dorlotage" de la Starhill Gallery, ce spa haut de gamme est spécialisé dans le massage et la réflexologie.

Reborn MASSAGE, RÉFLEXOLOGIE
(Carte p. 70 ; ☎2144 1288 ; www.reborn.com.my ; 18 Jln Bukit Bintang ; ⏰11h-3h). L'un des plus beaux cabinets de massage et de réflexologie de Jln Bukit Bintang, où sont proposés soins du corps et spa à poissons.

Cours

Consultez chaque organisme pour le tarif de ses prestations comme pour les horaires. Rebung (p. 86) et Reggae Mansion (p. 63) initient aussi à la cuisine malaise.

Rohani Jelani CUISINE
(www.rohanijelani.com/intro.htm). Rohani Jelani, sympathique auteure de livres de cuisine, dispense des cours collectifs de cuisine malaisienne traditionnelle dans un refuge campagnard où il est possible de passer la nuit. Le soir, tout le monde s'attable autour des réalisations de la journée.

LaZat Malaysian Home Cooking Class CUISINE
(☎019-238 1198 ; www.malaysia-klcookingclass.com). À 25 minutes en voiture de KL, des cours de cuisine le mardi et le samedi matin. Différents menus à choisir sur le site Internet.

C Woks Design BATIK
(Carte p. 52 ; ☎012-257 2344 ; http://batikcwok.blogspot.com ; Central Market Annexe ; ⏰10h-21h). Pour un minimum de 15 RM, peignez votre panneau de batik à partir d'un motif prédessiné ou de votre goût. Autre atelier au Kompleks Budaya Kraf.

SPAS À POISSONS

Tout comme la réflexologie plantaire très en vogue, les spas à poissons font fureur à KL. Des petits *Garra rufa* et des *Cyprinion macrostomus*, appelés *fish doctors* ("poissons docteurs"), viennent gentiment grignoter les peaux mortes de vos pieds. Certes, cela chatouille au début, mais l'expérience (30 min, voire plus) est loin d'être désagréable.

Un service (environ 30 RM) dispensé notamment par les spas suivants :

Foot Master Dr Fish Spa (carte p. 70-71 ; 2144 1916 ; 6e ét., Berjaya Times Square, 1 Jln Imbi ; 10h-22h)

Morino Kaze (carte p. 70-71 ; www.morinokaze.com.my ; 2141 1916 ; 2e ét., Piccolo Galleria, 101 Jln Bukit Bintang ; 12h-minuit).

Kenko (carte p. 70-71 ; 2141 6651 ; www.kenko.com.sg ; 5e niv., Pavilion KL, 169 Jln Bukit Bintang ; 10h-22h).

School of Hard Knocks ART ET ARTISANAT
(4145 6122 ; http://visitorcentre.royalselangor.com/vc ; 4 Jln Usahawan 6 ; cours 50 RM ; 9h-17h). Ce centre renommé du travail de l'étain vous propose une amusante initiation de 30 minutes durant laquelle vous fabriquerez un bol. Sur réservation par téléphone.

YMCA LANGUES
(Carte p. 56 ; 2274 1439 ; www.ymcakl.com ; 95 Jln Padang Belia). Le YMCA dispense des cours de *bahasa malaysia* et d'autres langues (thaï, mandarin, cantonais et japonais), ainsi que des cours d'arts martiaux et de danse.

Buddhist Maha Vihara MÉDITATION
(Carte p. 56 ; 2274 1141 ; www.buddhistmahavihara.com ; 123 Jln Berhala). Séances quotidiennes de méditation et de psalmodie, et échanges autour du dharma chaque jour également. Les cours fonctionnent sur la base du don.

Kuala Lumpur Performing Arts Centre MUSIQUE ET DANSE
(klpac ; 4047 9060 ; www.klpac.org ; Jln Strachan, Sentul West). Divers cours d'arts de la scène et initiation aux instruments traditionnels, notamment ceux du gamelan (orchestre traditionnel malais).

Sutra Dance Theatre MUSIQUE ET DANSE
(Carte p. 61 ; 4021 1092 ; www.sutrafoundation.org.my ; 12 Persiaran Titiwangsa 3). Cours d'odissi et d'autres formes de danse classique indienne dans ce centre culturel proche de Taman Tasik Titiwangsa.

Temple of Fine Arts MUSIQUE ET DANSE
(Carte p. 56 ; 2274 3709 ; www.tfa.org.my ; 114-116 Jln Berhala). Cours de musique, de chant et de danse classique indienne dans ce centre culturel indien. Spectacles tout au long de l'année.

Circuits organisés

Simply Enak CIRCUIT CULINAIRE
(017-287 8929 ; www.simplyenak.com ; visites 150 RM, 2 pers minimum). Embarquez pour un voyage instructif et savoureux dans Chinatown et Bangsar avec votre capitaine gastronomique Pauline Lee. Repas faits maison (*Eat a local*, 200 RM) et cours de cuisine (550 RM) sont également proposés.

KL Hop-On Hop-Off CIRCUITS EN BUS
(2166 6162 ; www.myhoponhopoff.com ; adulte/enfant 1 jour 38/17 RM, 2 jours 65/29 RM ; 8h30-20h30). Climatisé (et doté du Wi-Fi), ce bus à impériale décrit durant la journée un circuit (30 min) des principaux sites touristiques de la ville. Au nombre des arrêts : KLCC, Jln Bukit Bintang, Menara KL, Chinatown, Merdeka Square et les différents lieux des Lake Gardens. Le billet, qu'on peut acheter à bord, est valable toute la journée et permet de monter et descendre quand on le souhaite.

Going Places Tours CIRCUITS AVENTURE
(Carte p. 52 ; 2078 4008 ; www.goingplaces-kl.com ; 60a Jln Sultan, Original Backpackers Inn). Des excursions personnalisées pour voyageurs en solo ayant le sens de l'aventure : rafting, spéléo, varappe, etc.

Fêtes et festivals

La capitale est le site idéal pour assister aux grands événements et aux fêtes, comme le Nouvel An, la fête nationale et Deepavali.

Fête de la Ville ARTS ET CULTURE
KL commémore la transformation de son statut en territoire fédéral le 1er février.

Les festivités se déroulent dans les jardins de Tasik Perdana (Lake Gardens) et du lac Titiwangsa.

Grand Prix de Malaisie COURSE AUTOMOBILE (www.malaysiangp.com.my). Fin mars-début avril, la course de F1 qui a lieu à Sepang s'accompagne de promotions commerciales et d'événements sur Jln Bukit Bintang.

KL International Film Festival CINÉMA (www.kliff.my). En juin, projections et symposiums sur le cinéma malais et international.

KL Festival ARTS ET CULTURE (www.klfestival.org.my). Juillet est un mois riche en manifestations culturelles sur l'art, la danse, le théâtre et la musique de Malaisie.

KL Tower BASE Jump SENSATIONS FORTES (www.kltowerjump.com). Seul moment où voir des gens se jeter du haut de Menara KL en toute légalité, quand l'International BASE-jumping fraternity est en ville, en septembre généralement.

Où se loger

KL ne manque ni d'options petits budgets ni d'hôtels de luxe. Toutefois, parmi les adresses bon marché, trop d'établissements (trop souvent aux chambres aveugles) ont pour seul intérêt leur prix. Dans la catégorie moyenne, les hôtels avec un peu de cachet sont rares.

Renseignez-vous sur les tarifs spéciaux, car tous les établissements des catégories moyenne et supérieure, ou presque, font des promotions. La réservation en ligne permet aussi quasi systématiquement d'obtenir un tarif moindre. Inutile de réserver, sauf pour les jours fériés, qui ne bénéficient pas de tarifs spéciaux.

Chinatown regorge d'hébergements petits budgets (souvent médiocres), tout comme le Golden Triangle. Les meilleurs affichent vite complet – mieux vaut réserver. Little India et Chow Kit, un quartier interlope plus au nord, possèdent aussi quantité d'hébergements bon marché.

À KL, la catégorie des hôtels et auberges petits budgets ($) englobe ceux dont le prix d'un lit en dortoir ou d'une chambre double avec sdb ne dépasse pas 100 RM tout compris ; la catégorie moyenne ($$) va de 100 à 400 RM, toujours pour une double avec sdb, prix net ; et la catégorie supérieure ($$$) dépasse 400 RM, auxquels vous devrez ajouter 10% pour le service et 6% de taxes (indiqués sur la facture par ++).

CHINATOWN ET MASJID JAMEK

BackHome GLOBE-TROTTEURS $$ (Carte p. 52 ; ☎2022 0788 ; www.backhome.com.my ; 30 Jln Tun HS Lee ; dort/d petit-déj inclus à partir de 42/120 RM ;). Ce point de chute chic pour *flashpackers* tout de béton ciré affiche une déco simple et zen. Outre de fabuleuses douches à effet de pluie, il bénéficie d'une merveilleuse cour centrale plantée d'arbres. Parfois trop exposé au bruit de la rue (bouchons d'oreilles à la demande !), cet endroit dispose d'un chouette café, le LOKL (p. 74).

Reggae Mansion GLOBE-TROTTEURS $$ (Carte p. 52 ; ☎2072 6877 ; www.reggaehostels-malaysia.com/mansion/ ; 49-59 Jln Tun H S Lee ;

KUALA LUMPUR AVEC DES ENFANTS

Les parents n'auront aucune difficulté pour savoir comment occuper leurs enfants à KL. Citons tout d'abord les **Lake Gardens**, notamment leur **KL Bird Park**, l'aire de jeux et le bassin de canotage du **Tun Abdul Razak Heritage Park** (ex-Lake Gardens Park). Dans le **KLCC Park**, la piscine avec pataugeoire fera la joie des bambins, tout comme le parcours aventure et l'**Aquaria KLCC**.

Les vastes centres commerciaux de KL suscitent plus d'une joie et envie. Le Berjaya Times Square abrite des boutiques pour tous les âges et un parc à thème. Dans le Mid Valley Megamall, les plus petits iront au **Megakidz** (☎2282 9300 ; www.megakidz.com.my ; 3e niv., Mid Valley Megamall ; moins de 2 ans/2-16 ans lun-ven 14/28 RM, sam-dim 19/38 RM, garderie moins/plus de 4 ans 50/40 RM l'heure ; 10h-21h30) où ils pourront participer à des activités artistiques ou jouer sur le terrain de jeux en plein air.

Il existe d'autres parcs à thème aux alentours de KL, comme celui des **Genting Highlands** ou le parc nautique en pleine nature de **Sunway Lagoon**. Pour découvrir la vie sauvage locale, allez au **zoo Negara** ou promenez-vous dans la canopée sur la passerelle du **Forest Research Institute of Malaysia**.

dort/d à partir de 38/120 RM). Cette excellente enseigne est un cran au-dessus de la plupart des autres adresses pour globe-trotteurs, dont ses propres *guesthouses* au cœur de Chinatown. Décor blanc d'esprit colonial, touches contemporaines, café-bar chic au rez-de-chaussée, bar sur le toit et mini-cinéma (7 RM boisson et pop-corn inclus).

5 Elements Hotel HÔTEL $$

(Carte p. 52 ; ☎2031 6888 ; www.the5elementshotel.com.my ; Lot 243 Jln Sultan ; s/d petit-déj inclus à partir de 180/220 RM ; ❄@📶). Pari réussi pour cet hôtel de charme offrant un très bon choix de chambres, dont certaines donnant sur la KL Tower. Nous avons particulièrement aimé les motifs voluptueux qui serpentent sur les murs du couloir et des chambres.

Hotel Lok Ann HÔTEL $

(Carte p. 52 ; ☎2078 9544 ; www.birdnestguesthouse.com ; 113 Jln Petaling ; dort/d/tr 30/80/100 RM ; ❄📶). Cet établissement rétro transformé en hôtel "historique" loue des chambres impeccables, spacieuses et fraîchement repeintes, avec fenêtre, TV, téléphone et grande salle de douche. Petit-déj inclus, cuisine à disposition et agréable espace commun.

Hotel 1915 HÔTEL $$

(Carte p. 52 ; ☎2026 0042 ; www.hotel1915kl.com ; 49 Jln Leboh Ampang ; ch à partir de 118 RM ; ❄@📶). Vous ne regretterez pas de payer 10 RM de plus pour avoir une chambre avec fenêtre dans cet attrayant établissement récent. Si chaque chambre porte le nom d'un ingrédient du curry, le décor est plus monochrome qu'épicé.

AnCasa Hotel & Spa Kuala Lumpur HÔTEL $$

(Carte p. 52 ; ☎2026 6060 ; www.ancasa-hotel.com ; Jln Tun Tan Cheng Lock ; d à partir de 360 RM ; ❄@). L'un des meilleurs hôtels de catégorie moyenne à Chinatown, où les offres promotionnelles assurent un prix divisé par deux – mais petit supplément le week-end et accès à Internet payant. Chambres confortables et bien équipées. Spa balinais et organisation de séjours chez l'habitant dans la péninsule.

Explorers Guesthouse GLOBE-TROTTEURS $

(Carte p. 52 ; ☎2022 2928 ; www.theexplorersguesthouse.com ; 128-130 Jln Tun H S Lee ; dort/s/d et lits jum à partir de 30/68/88 RM ; ❄@📶). Cette nouvelle enseigne fait de l'ombre aux vieilles adresses pour baroudeurs de Chinatown : grand hall confortable, chambres lumineuses et spacieuses, murs colorés et notes artistiques.

Hotel Chinatown (2) HÔTEL $

(☎2072 9933 ; www.hotelchinatown2.com ; 70-72 Jln Petaling ; s/d à partir de 69/90 RM ; ❄@📶). Faute de fenêtre, les chambres les moins chères ne souffrent guère du bruit de la rue ! Le hall est doté d'un espace détente confortable, d'une pièce d'eau, d'un coin d'échange de livres et d'un piano.

Wheelers Guest House AUBERGE DE JEUNESSE $

(Carte p. 52 ; ☎2070 1386 ; www.backpackerskl.com/wheelers.htm ; 131-133 Jln Tun HS Lee, 2e niv. ; dort/ch avec sdb commune à partir de 13/25 RM, ch avec sdb 50 RM ; ❄@). Les chambres ressemblent à des cellules de prison, mais l'endroit, *gay-friendly*, a un petit aquarium et une belle terrasse sur le toit où est organisé un dîner gratuit le vendredi. Yaourt et muesli faits maison au petit-déjeuner.

GOLDEN TRIANGLE, KLCC ET JALAN TUN RAZAK

♥ **Villa Samadhi** HÔTEL DE CHARME $$$

(☎2143 2300 ; www.villasamadhi.com.my ; 8 Jln Madge ; ch à partir de 500 RM ; ❄@📶🏊). Difficile de croire que cette magnifique villa de 21 chambres est en plein cœur de KL. Béton noir ciré, bambou et bois de récupération se marient à de somptueux luminaires. Une merveilleuse piscine au centre, une végétation luxuriante, un bar sur le toit (avec cocktails offerts) et un restaurant malais (Mandi Mandi), intime et moderne, dissipent vite le stress urbain.

♥ **The Courtyard** HÔTEL $

(Carte p. 70 ; ☎2141 1017 ; www.courtyard.com.my ; 623 (No 51D) Tengkat Tong Shin ; d à partir de 192 RM ; ❄@📶). Havre raffiné à deux pas des restos de Jln Alor et des bars de Changkat Bukit Bintang, cette ancienne auberge cachée dans une ruelle abrite de très confortables chambres contemporaines. Bon rapport qualité/prix.

♥ **YY38 Hotel** HÔTEL $$

(Carte p. 70 ; ☎2148 8838 ; www.yy38hotel.com.my ; 38 Tengkat Tong Shin ; s/d/loft à partir de 100/120/360 RM ; ❄📶). Correctes mais basiques, sans plus, voilà pour les chambres. Mais le 7e niveau au design étudié cache 17 duplex d'une capacité de 3 personnes. La déco décline avec humour Marylin Monroe et les thèmes du cirque.

Jalan Tun Razak et environs

Jalan Tun Razak et environs

À voir

1 Badan Warisan Malaysia A4
2 Rumah Penghulu A4

Où se loger

3 G Tower Hotel A2
4 MiCasa All Suite Hotel B2

Où se restaurer

5 Acme Bar & Coffee A2
Cilantro .... (voir 4)
6 Imbi Market A5
7 Top Hat A3

Achats

8 Kompleks Budaya Kraf A4

Sekeping Sin Chew Kee APPARTEMENTS $$$

(Carte p. 70 ; www.sekeping.com ; 3 Jln Sin Chew Kee ; app 700 RM ;). L'architecte Ng Seksan a exprimé ici son style minimaliste et décalé dans toute sa splendeur. Caché parmi les vieilles maisons à la limite du Golden Triangle, ce nouveau lieu réunit 2 appartements, bruts et beaux, pouvant loger jusqu'à 6 personnes et disposant d'une cuisine équipée et d'espaces de détente extérieurs.

Hotel Maya HÔTEL $$$

(Carte p. 58 ; 2711 8866 ; www.hotelmaya.com.my ; 138 Jln Ampang ; ch/ste petit-déj inclus à partir de 700/1 000 RM ;). En dépit des signes de l'âge dans certains de ses studios et suites au parquet lustré, le Maya reste l'un des hôtels les plus raffinés de KL. Le plein tarif comprend les transferts d'aéroport et quantité d'autres suppléments, alors que les tarifs promotionnels – quasiment moitié prix – incluent uniquement petit-déjeuner et Wi-Fi. Le plus : le bassin d'hydrothérapie.

Mandarin Oriental HÔTEL $$$

(Carte p. 58 ; 2380 8888 ; www.mandarinoriental.com/kualalumpur ; Jln Pinang ; ch/ste à partir de 1 080/ 3 000 RM ;). Adossé à la verdure du KLCC Park, le Mandarin est un lieu des plus sensuels. Les soieries et batiks donnent aux chambres (parfaitement équipées) une ambiance asiatique. Les chambres de l'Oriental Club, les meilleures, donnent accès à un salon ouvrant sur les tours Petronas. Spa et piscine à débordement semblent se fondre dans le parc.

Impiana HÔTEL $$$

(Carte p. 70 ; 2141 1111 ; www.impiana.com ; 13 Jln Pinang ; d petit-déj inclus à partir de 450 RM ;). Outre de spacieuses chambres parquetées, cet établissement bénéficie de multiples aménagements, dont un spa et une piscine à débordement avec vue sur les Petronas Towers (en partie gâchée par le Grand Hyatt, qui ouvrira bientôt). Pour ne pas se faire dépasser par ce dernier, l'Impiana lance une seconde tour !

G Tower Hotel HÔTEL $$$

(Carte p. 65 ; 2168 1919 ; www.gtowerhotel.com ; 199 Jln Tun Razak ; s/d petit-déj inclus à partir de 592/626 RM ;). Une atmosphère unique se dégage de ce lieu délicatement ordonnancé au sommet d'un ensemble de bureaux. Seuls les clients et les locataires de l'hôtel ont accès à la salle de gym, aux piscines à débordement, et au bar-salon-restaurant du dernier étage. Dans les chambres, des tirages en noir et blanc confèrent classe et pureté à la fois. Demandez l'une des chambres d'angle légèrement plus grandes, de préférence avec vue sur Tabung Haji.

Traders Hotel Kuala Lumpur HÔTEL $$$
(Carte p. 70 ; ☎2332 9888 ; www.tradershotels.com ; KLCC, en retrait de Jln Kia Peng ; d/ste à partir de 719/963 RM ; ❄@📶🏊). Dans l'éventail des établissements haut de gamme de KL, ce nouveau venu au design contemporain bénéficie d'une belle vue des deux côtés, mais les chambres donnant sur les Petronas Towers valent le petit supplément. Bar et piscine sur le toit bien connus à KL.

Sahabat Guest House GUESTHOUSE $
(☎2142 0689 ; www.sahabatguesthouse.com ; 41 Jln Sahabat ; d petit-déj inclus à partir de 96 RM ; ❄@📶). N'attendez pas pour réserver dans cette adorable pension bleue en retrait de Tengkat Tong Shin. Ses 8 chambres petites mais confortables avec sdb attenante et murdécor aux couleurs vives ont accès à une petite cuisine et au jardin en façade. Léger supplément du vendredi au dimanche.

Anggun Boutique Hotel HÔTEL DE CHARME $$
(Carte p. 70 ; ☎2145 8003 ; www.anggunkl.com ; 7-9 Tengkat Tong Shin ; d petit-déj inclus à partir de 340 RM ; ❄📶). Cette propriété de style ancien, ajout apprécié dans une rue animée, se compose en fait de deux *shophouses* des années 1920. Le bar-restaurant sur le toit est une oasis arborée parsemée de lampes suspendues. Évitez les chambres donnant sur la rue ou prévoyez des bouchons d'oreilles.

Sarang Vacation Homes GUESTHOUSE$$
(Carte p. 70 ; ☎012-210 0218 ; www.sarangvacationhomes.com ; 6 Jln Galloway ; s/d à partir de 130/150 RM ; ❄📶). Michael et Christina, à la tête de ce séduisant B&B, louent maisons, appartements et chambres dans 5 endroits voisins. Les meubles sont un peu fatigués, mais l'ambiance détendue et accueillante, et l'emplacement excellent : à deux pas de Jln Alor dans une enclave résidentielle aux maisons basses.

Rainforest Bed & Breakfast AUBERGE $$
(Carte p. 70 ; ☎2145 3525 ; www.rainforestbnbhotel.com ; 27 Jln Mesui ; dort/d/lits jum petit-déj inclus 35/105/130 RM ; ❄@📶). Littéralement drapée dans de luxuriants feuillages jusque sur les balcons, cette superbe pension porte bien son nom. L'intérieur se caractérise par des murs rouge vif et des chambres lambrissées (certaines aveugles), ainsi que par une collection de figurines chinoises en céramique. Personnel fort sympathique.

Classic Inn AUBERGE $$
(Carte p. 70 ; ☎2148 8648 ; www.classicinn.com.my ; 52 Lg 1/77A, Changkat Thambi Dollah ; dort/s/d 35/88/118 RM ; ❄@). À la lisière sud du Golden Triangle, cette adresse au charme rétro occupe une *shophouse* jaune joliment rénovée en dortoirs et chambres. Jardinet rafraîchissant et personnel accueillant.

Lodge Paradize Hotel HÔTEL $$
(Carte p. 70 ; ☎2142 0122 ; www.lodgeparadize.com ; 2 Jln Tengah ; d à partir de 125 RM ; ❄@). Refait avec goût, cet hôtel des années 1940 déploie ses chambres sur 4 étages. Les plus économiques, à l'arrière, sont d'un bon rapport qualité/prix, et présentent deux avantages : la modicité du prix et le calme. Plus exposées au bruit de la circulation, celles du bâtiment principal sont en revanche mieux meublées. Formules longs séjours plus avantageuses.

Number Eight Guesthouse GUESTHOUSE $$
(Carte p. 70 ; ☎2144 2050 ; www.numbereight.com.my ; 8-10 Jln Tengkat Tong Shin ; ch sans/avec sdb privative 85/115 RM ; ❄@📶). Suite à un changement de propriétaire, cette pension établie de longue date a connu quelques transformations. Malgré sa décoration minimaliste un peu datée, elle reste séduisante et ses chambres, d'un bon rapport qualité/prix (certaines ont TV et lecteur DVD), laissent derrière elles bon nombre d'hôtels économiques. Petit-déjeuner inclus.

Radius International Hotel HÔTEL $$
(Carte p. 70 ; ☎2715 3888 ; www.radius-international.com ; 51A Changkat Bukit Bintang ; ch à partir de 190 RM ; ❄@🏊). Bien situé près des bars et restaurants de la rue la plus animée de KL, le Radius propose tous les équipements d'une chaîne internationale, dont une belle piscine, mais à un meilleur prix. Optez pour les jolies chambres "premier", à partir de 300 RM.

Hotel Capitol HÔTEL $$$
(Carte p. 70 ; ☎2143 7000 ; www.fhihotels.com ; Jln Bulan ; ch à partir de 450 RM ; ❄@🏊). Fiable et très central à défaut d'être attrayant,

cet établissement fait bénéficier ses hôtes de la piscine du Federal Hotel voisin. Les chambres de style loft et les luxueuses chambres d'angle, meublées très tendance, ont une jolie vue.

Royale Bintang Kuala Lumpur HÔTEL $$$
(Carte p. 70 ; ☎2143 9898 ; www.royale-bintang-hotel.com.my ; 17-21 Jln Bukit Bintang ; ch à partir de 534 RM). Côté style, rien d'exceptionnel, mais l'endroit est bien tenu et on apprécie la piscine extérieure.

Piccolo Hotel HÔTEL $$$
(Carte p. 70 ; ☎2146 5000 ; www.thepiccolo-hotel.com ; 101 Jln Bukit Bintang ; ch à partir de 480 RM ; ❄@📶). Passé la première impression d'hôtel de charme quelque peu bâclé, nous avons aimé les superbes photos sous-marines qui ornent les murs de cet établissement au beau milieu du secteur commerçant de Bintang Walk. Offres promotionnelles quasi permanentes sur Internet qui mettent ses chambres aux tarifs de la catégorie moyenne.

Red Palm AUBERGE $
(Carte p. 70 ; ☎2143 1279 ; www.redpalm-kl.com ; 5 Tengkat Tong Shin ; dort/s/d/tr petit-déj inclus 30/55/75/105 RM ; @📶). Le confort de cette *shophouse*, ses superbes espaces collectifs et l'accueil chaleureux de ses propriétaires font vite oublier les cloisons un peu minces de ses petites chambres avec sdb commune.

LITTLE INDIA

Tune Hotel HÔTEL $
(Carte p. 58 ; www.tunehotels.com ; ch à partir de 90 RM ; ❄@📶). En réservant en ligne six mois à l'avance, on peut obtenir une chambre avec sdb pour moins de 50 RM. Ce tarif de base assure uniquement la chambre, clim, articles de toilette et Wi-Fi faisant l'objet d'un supplément).

Frenz Hotel HÔTEL $$
(Carte p. 58 ; ☎2693 7878 ; www.frenzhotel.com.my ; 135 Jln TAR ; s/d à partir de 210/260 RM ; ❄📶). Propres et confortables, les chambres du Frenz sont un cran au-dessus de celles

RÉSIDENCES HÔTELIÈRES

Si le charme de KL risque de vous retenir un certain temps, la formule de la résidence hôtelière présente les plus grands avantages, ces établissements comptant parmi les meilleurs. Studios et suites sont souvent bien plus grands et mieux équipés qu'une chambre à un prix similaire dans un hôtel haut de gamme. Réparties sur toute la ville, ces résidences partagent souvent un certain nombre d'équipements avec les hôtels adjacents et le petit-déjeuner est généralement inclus pour les séjours courts. Notre sélection :

Parkroyal Serviced Suites (carte p. 70-71 ; ☎2084 1000 ; www.parkroyalhotels.com ; 1 Jln Nagansari ; app à partir de 424 RM ; ❄@📶🏊). Nouvelle propriété très bien située, louant d'élégants studios et suites de 1 à 2 chambres. Pour la détente, vous bénéficierez entre autres de deux piscines extérieures, dont une sur le toit.

Fraser Place Kuala Lumpur (carte p. 70-71 ; ☎2118 6288 ; http://kualalumpur.frasershospitality.com ; 10 Jln Perak, Lot 163 ; app à partir de 638 RM ; ❄@📶🏊). Appartements aux touches colorées avec espaces de travail et dressings. Les installations, haut de gamme, comprennent piscine à débordement extérieure, salle de gym, sauna et salle de jeux.

Westin Kuala Lumpur (carte p. 70-71 ; ☎2731 8333 ; www.westin.com/kualalumpur ; 199 Jln Bukit Bintang ; d/app à partir de 800/1 300 RM ; ❄@📶🏊). Ses résidents à long terme apprécient ses chambres modernes et spacieuses avec cuisine équipée et balcon-véranda, sa salle de gym et ses bars et restaurants raffinés.

MiCasa All Suite Hotel (carte p. 65 ; ☎2179 8000 ; www.micasahotel.com ; 368B Jln Tun Razak ; app à partir de 420 RM ; ❄@📶🏊). Suites de 1, 2 ou 3 chambres (parquetées) avec cuisine. Détendez-vous près du grand bassin bordé de palmiers ou dans le petit spa et le restaurant gastronomique **Cilantro** (carte p. 65 ; ☎2179 8082 ; www.cilantrokl.com ; formule midi/soir 150/270 RM ; ⏰12h-14h ven, 18h-1h lun-sam).

Pacific Regency Hotel Suites (carte p. 70-71 ; ☎2332 7777 ; www.pacific-regency.com ; Jln Punchak, Menara Panglobal ; app à partir de 650 RM ; ❄@📶🏊). Lors de notre visite, l'aménagement de nouveaux étages avec chambres modernes était en projet. Grimpez jusqu'au toit pour profiter de la piscine et du **Luna**, bar à cocktails et à DJ.

proposées en milieu de gamme dans le secteur. Tarifs promotionnels fréquents et petit-déj (12 RM) servi au restaurant Zam Zam voisin.

BRICKFIELDS, KL SENTRAL ET BANGSAR BARU

Sekeping Tenggiri GUESTHOUSE $$
(☎017-207 5977 ; www.tenggiri.com ; 48 Jln Tenggiri, Bangsar ; ch à partir de 200 RM ;). Même sans l'accès à la superbe collection privée d'art contemporain malaisien de l'architecte Ng Seksan (exposée dans une maison attenante), cette adresse est très attachante. Son rugueux décor de béton, bois et câbles métalliques (avec luminaires en matériaux recyclés) contraste avec le vert du jardin et la fraîcheur du bassin. Cuisine basique à disposition, mais aussi de bons restaurants dans la Lg Kurau voisine. Les établissements **Sekeping Terasek** (carte p. 86 ; ☎017-207 5977 ; www.sekeping.com/terasek ; 42a Jln Terasek, Bangsar ; ch/maison 200/1 000 RM ;), pension similaire voisine, et **Sekeping Sin Chew Kee** (p. 65), dans le centre, dépendent de la même direction.

Hilton Kuala Lumpur HÔTEL $$$
(Carte p. 56 ; ☎2264 2264 ; www.hilton.com ; 3 Jln Stesen Sentral ; d/ste à partir de 650/1 300 RM ;). Le très stylé Hilton partage sa superbe piscine paysagée et son spa avec le Méridien voisin. Portes de sdb coulissantes, fenêtres panoramiques sur la ville et matériaux somptueux du sol au plafond.

Majestic Hotel HÔTEL HISTORIQUE $$$
(Carte p. 56 ; ☎2785 8000 ; www.majestickl.com ; 5 Jln Sultan Hishamuddin ; ch à partir de 500 RM ;). Ouvert à l'origine en 1932, le frère malaisien du Raffles de Singapour avant la Seconde Guerre mondiale a été superbement restauré, mais la majorité des chambres occupent la nouvelle Tower Wing. Le spa, dans le style de Charles Rennie Mackintosh, apporte une élégance supplémentaire, alors que le Colonial Cafe et le Tea Lounge jouent la carte historique.

YMCA HÔTEL $$
(Carte p. 56 ; ☎2274 1439 ; www.ymcakl.com ; 95 Jln Padang Belia ; d ou lits jum 118 RM, tr sans sdb 138 RM ;). Toute proche de KL Sentral, cette auberge dispose d'une laverie, d'une boutique, d'un café avec accès Wi-Fi, ainsi que de courts de tennis (pour les membres YMCA). Absolument impeccables, ses chambres sont équipées de TV, téléphone et d'une vraie penderie (pas de simples cintres au mur !).

> **BLOG CULINAIRE**
>
> Fins connaisseurs de bonnes adresses, les habitants de KL adorent les partager en ligne. Par exemple, le site **Fried Chillies** (www.friedchillies.com) présente différentes critiques culinaires (en anglais surtout) par certains des plus sérieux gourmets que nous ayons rencontrés, plus des clips vidéo.

Où se restaurer

KL est une destination de rêve pour gourmets et gourmands, car d'innombrables cuisines y cohabitent – malaise traditionnelle, recettes nonya et toutes les variations possibles de spécialités chinoises, indiennes, sud-est asiatiques et européennes. Dîner de soirée ou repas sur le pouce en compagnie des habitants à une échoppe de rue, tout est bon et rarement onéreux.

Souvent, vous ne trouverez pas meilleure cuisine que celles des *hawkers* (échoppes de rue), des cafés sans façon (*kopitiam*) et des restaurants bon marché (*restoran*). Les étals de *hawkers* respectent généralement les standards d'hygiène. Cependant, si vous préférez un peu plus sophistiqué et une atmosphère climatisée, optez pour les *food courts* (espaces de restauration) situés principalement dans les centres commerciaux.

GOLDEN TRIANGLE ET KLCC

Kedai Makanan Dan Minuman TKS CHINOIS $$
(Carte p. 70 ; Jln Alor ; plats 15-30 RM ; 17h-4h). Cet établissement du Sichuan, pas du tout touristique, est notre adresse préférée dans la rue de restaurants la plus animée de KL. La carte est en chinois mais en images (et le personnel parle anglais). Attendez-vous à une explosion de saveurs, du poisson frit à l'huile piquante au poulet *gunpowder* sous un tas de piments frits anesthésiants.

Imbi Market HAWKERS $
(Carte p. 65 ; Jln Kampung, Pasar Baru Bukit Bintang ; repas 10 RM ; 6h30-12h30 mar-dim). Son nom officiel est Pasar Baru Bukit Bintang, mais on l'appelle plus simplement Imbi Market. Le petit-déjeuner y est une véritable fête avec tous les habitants, amicaux et curieux,

qui vous recommandent leurs stands préférés. Nous apprécions particulièrement **Sisters Crispy Popiah** ; **Teluk Intan Chee Cheung Fun**, où Amy Ong sert un délicieux *congee* (gruau de riz) à la sauce d'huître et aux cacahuètes ainsi que des puddings aux œufs ; et **Bunn Choon** pour ses mini-tartes aux œufs crémeuses. L'endroit allant subir d'importants changements dans les années à venir, le marché va être déplacé dans un nouveau bâtiment.

♥ Frangipani — FRANÇAIS $$$

(Carte p. 70 ; ☎2144 3001 ; www.frangipani.com.my ; 25 Changkat Bukit Bintang ; formule 3 plats 170 RM ; ⏲18h30-22h30 mar-dim). Un des rares établissements pouvant revendiquer l'étiquette de haute cuisine fusion européenne. La salle, aussi divine que la carte, entoure un bassin, et il y a un bar tout aussi glamour à l'étage.

Pinchos Tapas Bar — TAPAS $$

(Carte p. 70 ; ☎2145 8482 ; www.pinchos.com.my ; 18 Changat Bukit Bintang ; tapas 13-30 RM ; ⏲17h-23h resto, bar jusqu'à 3h). Cette adresse bon marché tenue par un Espagnol sert de délicieuses tapas et fait le plein d'hispanophiles et d'hispanophones. Adapté aussi bien pour un repas et une boisson en solo que pour une soirée en groupe à tester la longue liste de tapas.

Twenty One Kitchen & Bar — FUSION $$$

(Carte p. 70 ; ☎2142 0021 ; www.drbar.asia ; 20-1 Changkat Bukit Bintang ; repas 60-80 RM ; ⏲12h-3h ; wifi). Le menu est plein d'intéressantes suggestions, et l'on peut goûter plusieurs mets en assiette de dégustation. Le bar à l'étage, avec une terrasse surplombant la rue, est très animé le week-end quand des DJ sont aux platines.

Little Penang Kafé — MALAIS, NONYA $$

(Carte p. 58 ; ☎2163 0215 ; 4e niv., Suria KLCC ; plats à partir de 15 RM ; ⏲11h30-21h30). Aux heures d'affluence, attendez-vous à faire la queue devant ce restaurant installé dans un *mall*. On y sert une authentique cuisine du Penang, dont du *curry mee* (soupe épicée aux nouilles et aux crevettes) et du *lemak laksa* (*curry laksa*) thaï bien relevé, uniquement du vendredi au dimanche. Autre enseigne au Mid Valley Megamall.

Ben's — INTERNATIONAL $$

(Carte p. 70 ; ☎2141 5290 ; www.thebiggroup.co/bens ; 6e niv., Pavilion KL, 168 Bukit Bintang ; plats 10-40 RM ; ⏲11h-22h dim-jeu, 11h-minuit ven-sam ; wifi). L'enseigne phare du groupe de restaurants BIG (gestionnaire des élégants cafés Plan B) assure tant sur le fond que sur la

LE VENTRE DE KL : *WET* ET *DRY MARKETS*

La délocalisation de l'Imbi Market pour laisser place à un nouveau quartier financier est révélatrice de l'évolution de KL : les supermarchés occidentaux y sont désormais bien plus nombreux que les traditionnels marchés de produits frais (où on lave à grande eau d'où leur nom de *wet markets*) et manufacturés (*dry markets*) semi-couverts présents dans toute l'Asie. Cependant, il en existe encore, il suffit de chercher un peu. Un conseil : arrivez tôt le matin pour en profiter à fond.

Pudu Market (marché de Pudu ; carte p. 70 ; Jln Pasar Baru ; ⏲6h-14h). La plus grande frénésie règne dans les allées du plus vaste marché de produits frais et secs de KL. Les poulets vivants piaillent, les vendeurs s'agitent, les porteurs surchargés tentent de se frayer un chemin dans la foule. On y vend de tout : poissons rouges, durians, têtes de cochon ou langues de vache. Le marché est à 5 minutes à pied de la station LRT Pudu. Prenez au sud Jln Pudu jusqu'à Jln Pasar, puis à droite dans Jln Pasar Baharu en passant devant le temple chinois Choon Wan Kong, édifice coloré datant de 1879.

Bazaar Baru Chow Kit (marché de Chow Kit ; carte p. 58 ; 469-473 Jln TAR ; ⏲8h-21h). Outre les viandes et poissons fraîchement découpés, on y trouve une gamme stupéfiante de fruits et légumes tropicaux étranges et fabuleux, mais aussi des vêtements, jouets, seaux, de la papeterie, des nouilles, des épices… Frayer son chemin parmi les chalands dans les allées étroites ne laisse pas indifférent.

Chinatown Wet Market (marché alimentaire de Chinatown ; carte p. 52 ; ⏲7h-15h). C'est sur ce marché couvert, à l'ouest du marché principal vers Jln Tun HS Lee, que les habitants viennent acheter poisson frais, légumes et viande – âmes sensibles s'abstenir car les étals de viande sont on ne peut plus réalistes !

Golden Triangle

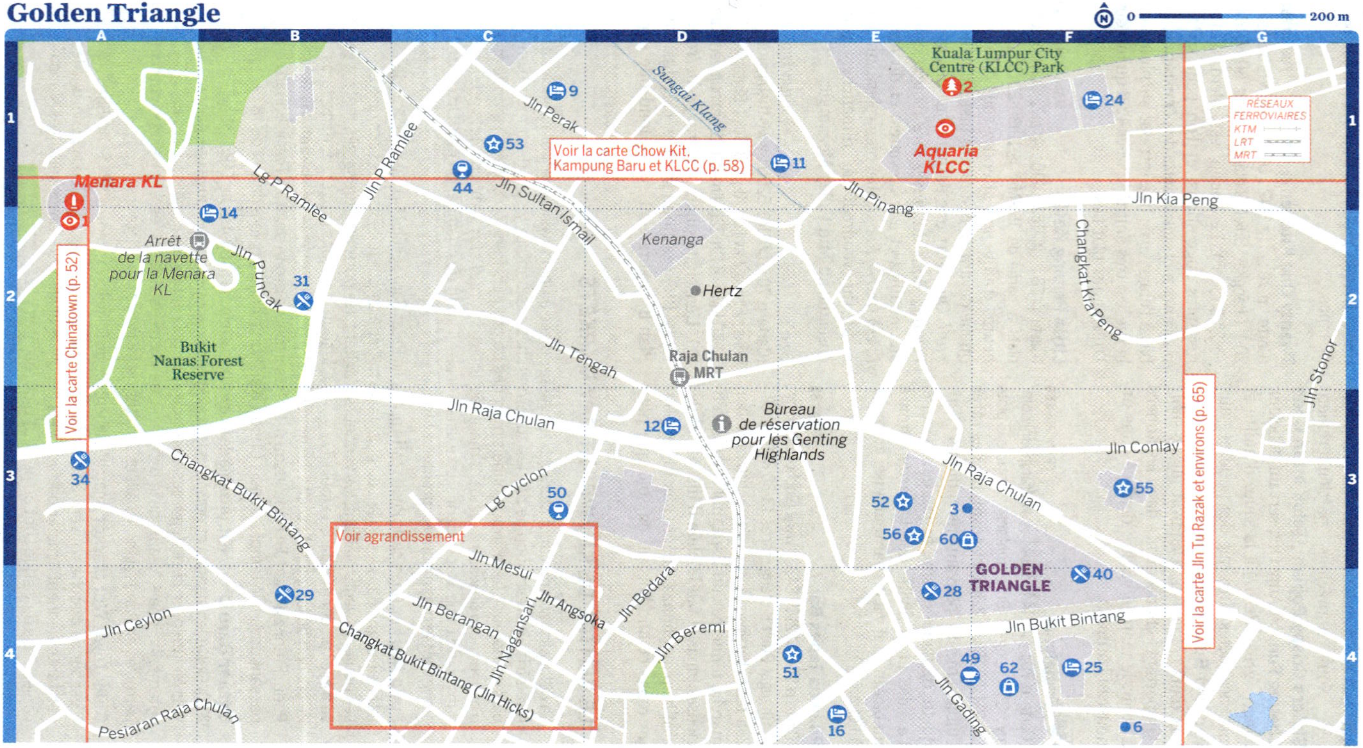

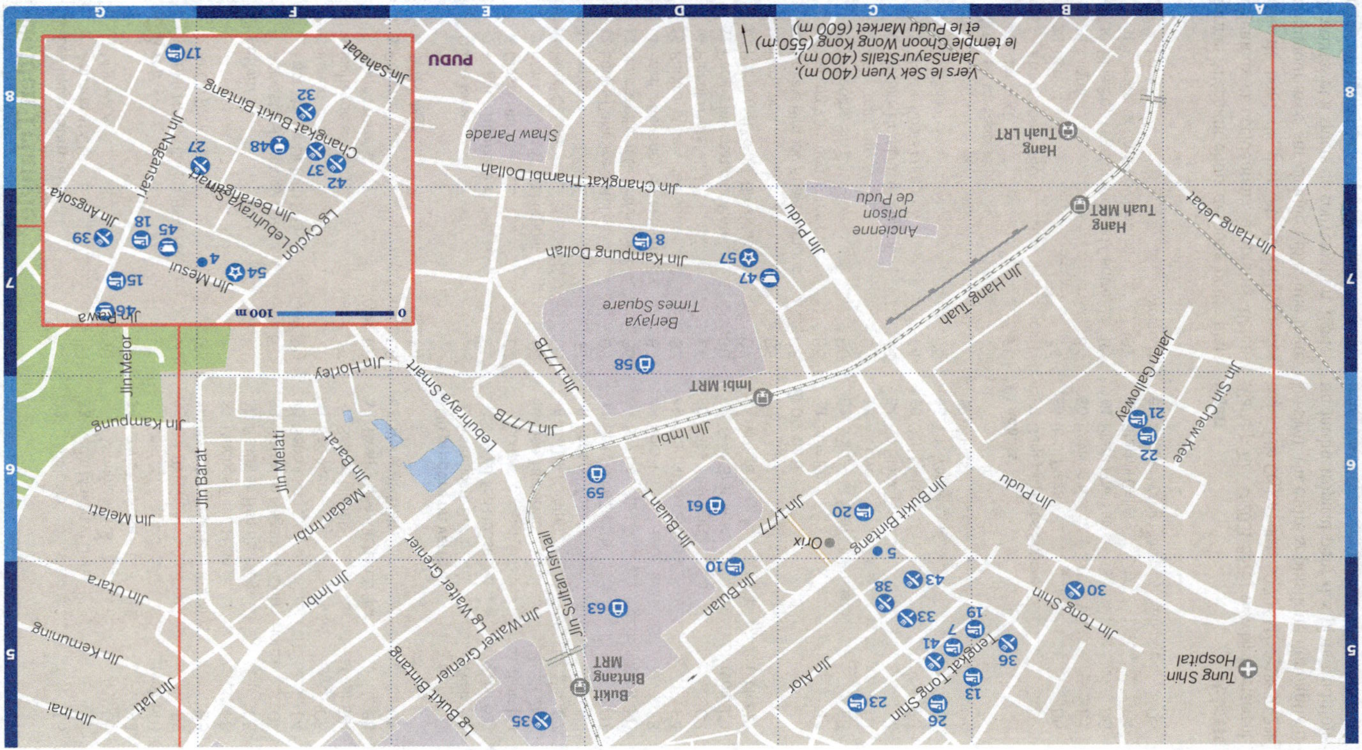
A
B
C
D
E
F
G
5
6
7
8
Vers le Sek Yuen (400 m),
JalanSayurStalls (400 m),
le temple Choon Wong Kong (550 m)
et le Pudu Market (600 m)
PUDU
Shaw Parade
Jln Changkat Thambi Dollah
Hang Tuah LRT
Hang Tuah MRT
Ancienne prison de Pudu
Jln Hang Jebat
Jln Pudu
Jln Kampung Dollah
Berjaya Times Square
Jln Hang Tuah
Jalan Galloway
Jln Sin Chew Kee
Imbi MRT
Jln 1/77B
Jln Imbi
Lebuhraya Smart
Jln Horley
Jln Barat
Medan Imbi
Jln Melati
Jln Kampung
Jln Melor
Jln Utara
Jln Kemuning
Jln Inai
Jln Jati
Jln Imbi
Lg Walter Grenier
Jln Walter Grenier
Lg Bukit Bintang
Jln Sultan Ismail
Bukit Bintang MRT
Jln Bulan 1
Jln Bulan
Jln 1/77
Orix
Jln Bukit Bintang
Jln Alor
Tengkat Tong Shin
Jln Tong Shin
Tung Shin Hospital
Jln Sahabat
Changkat Bukit Bintang
Jln Nagansari
Jln Berangan
Lebuhraya Smart
Lg Cyclon
Jln Angsoka
Jln Mesui
Jln Rewa
0
100 m
4
5
7
8
10
13
15
17
18
19
20
21
22
23
26
27
30
32
33
35
36
37
38
39
41
42
43
45
46
47
48
54
57
58
59
61
63

Golden Triangle

Les incontournables
Aquaria KLCC E1
Menara KL A1

À voir
1 Bukit Nanas Forest Reserve A2
2 KLCC Park E1

Activités
Asianel Reflexology Spa .... (voir 62)
Foot Master Dr Fish Spa .... (voir 58)
3 Kenko E3
4 Lightworks F7
Morino Kaze .... (voir 16)
5 Reborn C6
6 Spa Village F4

Où se loger
7 Anggun Boutique Hotel C5
8 Classic Inn D7
9 Fraser Place Kuala Lumpur C1
10 Hotel Capitol D5
11 Impiana E1
12 Lodge Paradize Hotel D3
13 Number Eight Guesthouse B5
14 Pacific Regency Hotel Suites B2
15 Parkroyal Serviced Suites G7
16 Piccolo Hotel E4
17 Radius International Hotel G8
18 Rainforest Bed & Breakfast G7
19 Red Palm B5
20 Royale Bintang Kuala Lumpur C6
21 Sarang Vacation Homes B6
22 Sekeping Sin Chew Kee B6
23 The Courtyard C5
24 Traders Hotel Kuala Lumpur F1
25 Westin Kuala Lumpur F4
26 YY38 Hotel C5

Où se restaurer
27 Albion KL F8
Atmosphere 360 .... (voir 1)
28 Ben's E4
29 Bijan B4
30 Blue Boy Vegetarian Food Centre B5
31 Cuisine Gourmet by Nathalie B2
Enak .... (voir 62)
32 Frangipani F8
33 Kedai Makanan Dan Minuman TKS C5
34 La Vie En Rose A3
Loaf .... (voir 60)
35 Lot 10 Hutong E5
36 Ngau Kee Beef Ball Noodles B5
37 Pinchos Tapas Bar F8
38 Restoran Beh Brothers C5
39 Restoran Nagansari Curry House G7
40 Santouka F4
41 Sao Nam C5
Sisters Noodle .... (voir 38)
42 Twenty One Kitchen & Bar F8
43 Wong Ah Wah C5

Où prendre un verre
Frangipani Bar .... (voir 32)
Luk Yu Tea House .... (voir 62)
Luna .... (voir 14)
44 Neo Tamarind C1
45 Palate Palette G7
46 Paper + Toast G7
47 Sixty Nine Bistro D7
Sky Bar .... (voir 24)
48 Social F8
49 Starhill Tea Salon E4
50 Taps Beer Bar C3
Teeq Brasserie .... (voir 35)
Village Bar .... (voir 62)

Où sorti
51 Blue Boy E4
52 Golden Screen Cinemas E3
53 KL Live C1
54 No Black Tie F7
55 Seri Melayu F3
56 The Venue E3
57 Wings D7

Achats
58 Berjaya Times Square D7
59 Imbi Plaza D6
60 Pavilion KL E3
61 Plaza Low Yat D6
62 Starhill Gallery F4
63 Sungei Wang Plaza D5

forme. Alléchant choix de bons petits plats orientaux et occidentaux, ambiance détendue de bord de mer, et de belles notes d'humour avec, sur chaque table, une boîte à recettes et à sujets de conversation. Également au Suria KLCC et au Publika.

Bijan MALAIS $$$
(Carte p. 70 ; ☎2031 3575 ; www.bijanrestaurant.com ; 3 Jln Ceylon ; plats 30-70 RM ; ⌚18h30-23h lun-sam). Un cadre sophistiqué donnant sur un jardin tropical pour des plats traditionnels cuisinés avec grand art. Goûtez au

rendang daging (curry de bœuf sans gras à la citronnelle), au *masak lemak ikan* (curry de poisson du Penang au curcuma) et à l'*ikan panggang* (raie grillée au tamarin).

Top Hat NONYA, BRITANNIQUE **$$$**
(Carte p. 65 ; ☎2142 8611 ; www.top-hat-restaurants.com ; 3 Jln Stonor ; repas 60-110 RM ; ⌚12h-22h30). Au cœur d'un jardin paisible, ce vaste bungalow régale ses hôtes de spécialités britanniques (tel le ragoût de queue de bœuf et le *bread-and-butter pudding*) et de plats locaux (*laksa nonya*, 28 RM), toujours accompagnés de *top hats* (chapeaux en pâte feuilletée garnis de légumes). Grand choix de desserts locaux.

Cuisine Gourmet by Nathalie FRANÇAIS **$$$**
(Carte p. 70 ; ☎2072 4452 ; www.cuisinegourmetbynathalie.com ; Menara Taipan, Jln Punchak ; plats 45-90 RM ; 📶). Après avoir laissé son empreinte dans un établissement plus petit du Publika (qui vaut aussi le coup), Nathalie exprime davantage sa créativité dans ce bel espace mauve et gris. Les déjeuners style bento sont une aubaine et les desserts, un ravissement.

Enak MALAIS **$$$**
(Carte p. 70 ; ☎2141 8973 ; www.enakkl.com ; Feast fl, Starhill Gallery, 181 Jln Bukit Bintang ; repas 70-100 RM ; ⌚12h-1h). Entre autres restaurants de l'"étage des festins" de la Starhill Gallery, celui-ci offre une cuisine malaise créative et superbement présentée.

Atmosphere 360 MALAIS, INTERNATIONAL **$$$**
(Carte p. 70 ; ☎2020 2020 ; www.atmosphere360.com.my ; 2 Jln Puncak, Menara KL ; buffet midi/thé/dîner 88/58/198 RM ; ⌚12h-14h30 et 18h30-23h). Une fois installé dans votre siège, il vous faudra bien 1 heure 30 pour contempler KL depuis ce restaurant tournant en haut de la Menara KL. Le buffet, toujours bon, comprend un grand choix de plats malais et internationaux. Réservez au moins un jour à l'avance pour obtenir une place près de la fenêtre ou pour un repas le soir (musique live et plus grand choix de plats).

Blue Boy Vegetarian Food Centre CHINOIS, MALAIS **$**
(Carte p. 70 ; ☎2144 9011 ; Jln Tong Shin ; plats 3-10 RM ; ⌚7h30-21h30 ; ✎). On a peine à croire que ce café-*hawker* impeccable, au pied d'un immeuble résidentiel dans une petite rue, est végétarien, mais c'est bien le cas. À ne pas manquer : le *char kway teow* (nouilles plates sautées dans une sauce aux piments et haricots noirs).

Acme Bar & Coffee INTERNATIONAL **$$**
(Carte p. 65 ; ☎2162 2288 ; www.acmebarcoffee.com ; Troika, Ground Fl, 19 Persiaran KLCC ; plats 30-60 RM ; ⌚11h-minuit lun-jeu, 11h-1h ven, 9h30-1h sam, 9h30-17h dim). Malgré un service un peu expédié, on aime venir dans ce bistrot chic sans couleur locale pour le brunch du week-end et pour grignoter autour d'un verre. Au 23e niveau du même bâtiment signé Norman Foster, le futur **Troika Sky Dining** promet d'être un lieu exceptionnel, ne serait-ce que pour son panorama.

Loaf BOULANGERIE **$$**
(Carte p. 70 ; ☎2145 3036 ; www.theloaf.net ; 3e et 4e niv., 168 Jln Bukit Bintang, Pavilion KL ; repas 10-20 RM ; ⌚10h-22h). Ce

À NE PAS MANQUER

JALAN ALOR

Les étals et restaurants de Jln Alor – qui attirent aussi bien starlettes à paillettes que globe-trotteurs sans le sous – sont le grand dénominateur commun de la scène culinaire de KL. Tous les soirs, dès 17h, la rue se couvre de centaines de tables et de chaises en plastique et se transforme en un espace de restauration continue en plein air où les cris des marchands drainent le chaland vers un stand ou un autre (évitez les plus insistants). La plupart vendent de l'alcool et vous pourrez tester à peu près tous les plats sino-malais imaginables : poisson grillé, saté indonésien, *kai-lan* (légumes chinois) à la sauce d'huître, nouilles sautées aux cuisses de grenouilles, etc. Il y a aussi des plats thaïs.

Nous vous recommandons notamment : Kedai Makanan Dan Minuman TKS (p. 68) pour ses mets du Sichuan ; le petit complexe **Restoran Beh Brothers** (carte p. 70-71 ; 21A Jln Alor ; repas 10-15 RM ; ⌚24h/24), l'un des rares endroits ouverts à partir de 7h, pour le petit-déjeuner, où vous apprécierez le délicieux *mee* (nouilles) au poulet mariné au vin de riz de **Sisters Noodle** (carte p. 70-71) comme le stand de fins *dim sum* à la hongkongaise (24h/24) ; ou **Wong Ah Wah** (carte p. 70-71 ; Jln Alor ; ⌚16h-4h), imbattable sur les ailes de poulet épicées, le poisson grillé, le tofu et le saté indonésien.

café-bistrot-boulangerie est la version malaise d'une boutique de viennoiseries japonaise. Grand choix de gourmandises uniformément divines ; pour un en-cas rapide, essayez les petits cheesecakes.

Restoran Nagansari Curry House MALAIS, INDIEN $
(Carte p. 70 ; Jln Nagansari ; repas 5-10 RM ; 7h-minuit). Ce lieu tout simple, dans le style *hawker*, sert une belle sélection de plats malais – soupe *mee*, *tom yum*, etc. –, ainsi que quelques spécialités indiennes. Des ventilateurs gardent les clients au frais.

Sao Nam VIETNAMIEN $$
(Carte p. 70 ; 2144 1225 ; www.saonam.com.my ; 25 Tengkat Tong Shin ; plats 20-35 RM ; 12h-14h30 et 19h30-22h30). Copieuse et délicieuse cuisine vietnamienne agrémentée de basilic, menthe, salade verte et sauces sucrées. Le *banh xeo* (énorme crêpe garnie de viande, crevettes ou légumes), servi en entrée, est un repas à lui seul.

La Vie En Rose FRANÇAIS $$$
(Carte p. 70 ; 2078 3883 ; http://www.cuisine-studio.net/ ; 39 Jln Raja Chulan ; plats 40-80 RM ; 12h-14h30 et 18h30-22h30 mar-ven, 10h-22h30 sam-dim ; wifi). Le lieu, un bungalow spacieux avec terrasse donnant sur Bukit Nanas et la Menara KL, est unique, tout comme ses conserves de poisson servies dans la boîte. Allez-y plutôt pour un brunch le week-end (à partir de 50 RM), où quantité de pains et de pâtisseries sortent de la boulangerie de l'établissement.

Ngau Kee Beef Ball Noodles CHINOIS $
(Carte p. 70 ; Tengkat Tong Shin ; nouilles 5 RM ; 24h/24). Cette vénérable échoppe propose un plat en deux parties : des nouilles sèches cuites à la vapeur surmontées de viande émincée dans une épaisse sauce au soja, et de généreuses boulettes de bœuf dans un bouillon clair. Délicieux ! À arroser d'une boisson au citron vert sucrée-salée.

Lot 10 Hutong FOOD COURT $$
(Carte p. 70 ; 50 Jln Sultan Ismail, sous-sol, Lot 10 ; plats 3-20 RM ; 10h-22h). Compilation des plus grandes spécialités culinaires de tout le pays réalisées par des marchands experts. Dans un cadre de style *warung*, on vient se délecter d'interprétations classiques de plats comme le *bak kut teh* (ragoût de porc), le riz au poulet et le *Hokkien mee*.

Santouka JAPONAIS $$
(Carte p. 70 ; 2143 8878 ; www.santouka.co.jp ; 6e niv., Pavilion Kuala Lumpur, 168 Jln Bukit Bintang ; plats 30-40 RM ; 11h-21h45). Engloutissez bouillon de porc et nouilles *ramen* dans ce restaurant de Pavilion's Tokyo Street, succursale d'une célèbre enseigne de l'île japonaise de Hokkaïdo.

CHINATOWN ET MASJID JAMEK

Madras Lane HAWKERS $
(Carte p. 52 ; Madras Lane ; nouilles 5 RM ; 8h-16h mar-dim). Faufilez-vous à travers le marché alimentaire de Chinatown pour trouver cette courte ruelle d'étals coincée entre Jln Tun HS Lee et Jln Petaling. À ne pas manquer : les 10 sortes de *yong tau fu* dans du bouillon de poisson (9h30-15h30) et, au bout de la rue, l'*asam laksa* (au tamarin) et le *curry laksa*, plus épais.

Old China Café MALAIS, NONYA $$
(Carte p. 52 ; 2072 5915 ; www.oldchina.com.my ; 11 Jln Balai Polis ; plats 40-50 RM ; 11h30-22h). Installé dans l'ancien siège de la Selangor & Federal Territory Laundry Association, ce beau café établi de longue date propose des plats nonya de Melaka et du Penang, dont un bon *rendang* de bœuf au riz coco et une soupe explosive *laksa nonya* au poisson. **Precious** (carte p. 52 ; 2273 7372 ; 1er niv., Central Market ; plats 40-60 RM ; 11h30-22h), son petit frère généralement moins fréquenté, affiche une carte similaire.

Ikan Panggang HAWKER $$
(Carte p. 52 ; 019-315 9448 ; poisson et fruits de mer épicés 12 RM ; 17h-23h mar-dim). Fondez pour des poissons et fruits de mer épicés ou de succulentes ailes de poulet dans cette échoppe sans enseigne, au niveau de la Hong Leong Bank, dissimulée derrière d'autres étals à l'angle de Jln Petaling et Jln Hang Lekir. Commandez et revenez 20 minutes plus tard déguster votre poisson cuit en papillote. Vous vous rafraîchirez ensuite d'un verre de *mata kucing* (ou "yeux de chat"), une boisson à base de longane séché que l'on achète à un stand tout proche.

LOKL INTERNATIONAL, MALAIS $$
(Carte p. 52 ; http://loklcoffee.com ; 30 Jln Tun HS Lee ; plats 14-20 RM ; wifi). Entre son style raffiné et ses savoureuses déclinaisons autour de solides nourritures comme le sandwich au pain de viande frit à la hainanaise (riche

Suite du texte page 85.

Spécialités régionales

Piments au Bazaar Baru Chow Kit (p. 69), Kuala Lumpur.

GREG ELMS/GETTY IMAGES ©

1

Des siècles d'échanges commerciaux, de colonisation et d'immigration entre l'Europe, la Chine et l'Inde ont marqué de leur empreinte les gastronomies de la Malaisie, de Singapour et de Brunei.

La région partage une constante culinaire : les nouilles, quoique celles-ci varient d'un pays à l'autre et même d'une côte à l'autre. Les *laksam* du Kelantan sont de savoureuses nouilles de riz plates, relevées au *budu (sauce au poisson fermenté)*, mélangées à du lait de coco et garnies de pousses de soja et d'herbes aromatiques. Au Sarawak, les *laksa* se dégustent au petit-déjeuner : les habitants réveillent leurs papilles avec une soupe au curry épicée, à laquelle le lait de coco apporte onctuosité, et les vermicelles de riz, les lamelles d'omelette et de poulet, les crevettes, toute sa richesse. À Penang, les *Hokkien mee* sont des nouilles dans un bouillon relevé agrémenté de pousses de soja, de tranches de porc et de crevettes – ailleurs, elles peuvent être sautées au porc et au chou dans une sauce au soja.

Le riz figure également en bonne. Le *nasi lemak*, "plat national" officieux de Malaisie, est un riz à la vapeur cuit dans du lait de coco, et surmonté d'*ikan bilis*, d'arachides, de tranches de concombre, de *sambal* sucré/pimenté et d'un œuf dur (avec curry ou pas). Le riz servi sur une feuille de bananier faisant office d'assiette, avec un assortiment de curries, est le plat indien consommé le plus couramment.

Penang est un haut lieu de la gastronomie. qui attire les habitants de Kuala Lumpur comme les Singapouriens. Outre les spécialités régionales chinoises, malaises et de l'Inde du Sud, l'île est également très réputée pour la cuisine nonya, qui trouve son origine dans les unions entre immigrants chinois et femmes malaises. Dans l'ancienne colonie portugaise de Melaka, vous goûterez la cuisine *kristang* (union entre les traditions

Dans le sens des aiguilles d'une montre
1 Étals dans Chinatown (p. 74), Kuala Lumpur.
2 Étal au Marché central (p. 286) de Kota Bharu, Malaisie péninsulaire. **3** *Hokkien mee*, Penang.

2

PAUL KENNEDY/GETTY IMAGES ©

portugaises et locales) et son plat vedette, le *debal* (curry du diable).

La côte est de la péninsule malaise est, elle, le berceau de la cuisine traditionnelle malaise. Les États du Kelantan et du Terengganu, du fait de leur extrême isolement, ont reçu très peu d'immigrants chinois et indiens et leurs spécialités sont donc restées franchement malaises. Si vous vous attardez quelque peu, attention toutefois aux effets du sucre, car les cuisiniers du coin excellent dans la préparation de toutes sortes de *kuih* (gâteaux) et même les plats salés ont une saveur sucrée assez marquée.

Si vous avez envie de tout autre chose, direction Singapour. Sa scène culinaire haut de gamme n'a pas d'équivalent en Asie du Sud-Est et a de quoi satisfaire tous les palais, que vous ayez envie de *papardelle* maison, d'un steak-frites, de sashimis à la fraîcheur irréprochable, ou de goûter à la cuisine moléculaire.

Bref, vous n'aurez que l'embarras du choix !

3

PAMELA LAO/GETTY IMAGES ©

Penang

Fusion entre les ingrédients et savoir-faire chinois, malais et indien, la cuisine nonya ou peranakan fait la réputation gastronomique de cet État. Dégustez le *kerabu beehoon*, vermicelles de riz sautés avec du *sambal* et du jus de citron vert assaisonnés d'herbes fraîches, ou l'*otak otak*, sorte de flan de poisson au curry cuit à la vapeur dans une feuille de bananier.

C'est aussi le berceau du *nasi kandar* – spécialité des Mamak (Indiens musulmans) : du riz que l'on mange avec un assortiment de curries.

Et il ne faut surtout pas oublier la cuisine de rue, dite *hawker food*. Outre le *char kway teow*, de larges nouilles plates (*kway teow*) sautées avec des crevettes, des coques, des œufs et des pousses de soja, il faut absolument goûter au *laksa* en version *asam* (nouilles de riz rondes dans un bouillon de poisson aigre, avec des tranches d'ananas et de concombre, des feuilles de menthe et des pétales de rose de porcelaine ou gingembre rouge) ou *lemak* (dans un bouillon au lait de coco).

Kedah, Perlis et Perak

L'influence thaïe s'étend aux cuisines du Perlis et du Kedah, sur le littoral occidental de Malaisie, où la sauce au poisson est un assaisonnement aussi courant que le *belacan* (pâte de crevettes). L'*utara sambal* est la version plus légère, mais épicée, de l'*asam laksa* de Penang. Plus au sud, Ipoh, la plus chinoise des villes de Malaisie et capitale du Perak, est réputée pour son excellente cuisine. Les amateurs se régalent de ses nouilles de riz, exceptionnellement fondantes, comme dans la version locale du *Hainanese chicken* – avec germes de soja et nouilles à peine blanchies – ou le *hor fun*, une soupe de nouilles de riz agrémentée de blanc de poulet émincé.

Dans le sens des aiguilles d'une montre
1 Nouilles sautées au wok à George Town (p. 170), Penang **2** Red Garden Food Paradise et marché de nuit (p. 174) à George Town, Penang **3** *Asam laksa* **4** Plats de nouilles à Gurney Drive (p. 174) à George Town, Penang

RICHARD I'ANSON/GETTY IMAGES ©

RICHARD I'ANSON/GETTY IMAGES ©

Melaka

Parmi les spécialités de cet État, citons l'*ayam pong teh* (poulet cuit dans du *taucu*, de la sauce de soja noire et du sucre), l'*ikan cili garam* (curry de poisson), le *satay celup* (brochettes de viande, de poisson et fruits de mer et de légumes, cuites à la table des convives dans un récipient où bouillonne une sauce à base d'arachides) et le *Hainanese chicken* servi avec des boulettes de riz.

Propre à la région, la cuisine kristang est née de l'union, au sens propre, des colons portugais et des femmes autochtones. Elle marie ainsi les ingrédients chinois/peranakan, indiens, malais et européens.

Johor et Pahang

Johor est associé à deux savoureuses spécialités de nouilles jaunes (*mee*) : les *mee bandung*, nappées d'une sauce à la tomate et aux crevettes, et les *mee rebus*, dont la sauce sucrée-salée est épaissie avec des patates douces. Il existe diverses déclinaisons du *laksa*, notamment des spaghettis dans une sauce au poisson épicée et saupoudrée d'herbes fraîches. Poisson d'eau douce, l'*ikan patin* (en anglais *silver catfish*) fait le régal des habitants.

Kelantan et Terengganu

Kota Bharu, capitale du Kelantan, possède le plus beau marché alimentaire du pays, et quantité d'établissements où l'on peut goûter aux spécialités comme l'*ayam percik* (poulet mariné dans de la pâte de piment, grillé et nappé d'une sauce coco) et le *nasi kerabu* (riz teinté de bleu grâce à la fleur de pois papillon).

Dans le Terengganu, le *nasi dagang* est un plat de riz rouge cuit dans de l'eau de coco puis consommée avec du poulet frit et du *sambal*.

De gauche à droite et de haut en bas
1 Un fabricant de nouilles 2 *Ayam percik* (brochettes de poulet mariné) 3 Marché central (p. 286) à Kota Bharu, Kelantan

2

TRAVEL IMAGES/ALAMY ©

PAUL KENNEDY/GETTY IMAGES ©

1
1969
No Cholesterol
不含
火腿杏仁雞肉乾
福旺財旺運

4

GREG ELMS/GETTY IMAGES ©

Kuala Lumpur, Selangor et Negeri Sembilan

Il est possible de déguster quasiment toutes les spécialités de Malaisie à KL, mais deux plats se distinguent plus particulièrement : les *pan meen*, d'épaisses nouilles de blé plates sautées avec de la sauce de soja noire et garnies de porc émincé, d'*ikan bilis* et de champignons noirs émincés ; les *sang har meen* ("nouilles fraîches de la mer"), de grosses crevettes d'eau douce dans une sauce parfumée à l'alcool de riz servies sur un lit de nouilles croustillantes.

Plus au sud, dans l'État de Negeri Sembilan, les descendants des Minangkabau, qui ont émigré de Sumatra il y a plusieurs siècles, concoctent un délicieux *nasi padang* – riz accompagné d'un assortiment de curries très pimentés, de *gulai* (poisson et légumes cuits dans du lait de coco), de soupes et de *sambal*.

RICHARD I'ANSON/GETTY IMAGES ©

Singapour

La cuisine de Singapour est un condensé de celle de Malaisie. Pour autant, il existe quelques plats typiquement singapouriens, comme le crabe sauté au poivre noir avec du *carrot cake* (dés de gâteau à base de radis chinois sautés avec des germes de soja, de la sauce au piment et du radis salé), et le *kari kepala ikan* (curry de têtes de poisson). Le *Hainanese chicken-rice* est tout aussi emblématique de Singapour. Il s'agit d'une assiette de riz parfumé à l'ail, de tendres morceaux de poulet poché et de tranches de concombres, accompagnée d'un bol de bouillon et de multiples sauces.

Les Singapouriens mangent du *roti prata* (l'équivalent du *roti canai* malaisien) au petit-déjeuner, et cuisinent aussi leur propre variante du *laksa*, une soupe très épicée de nouilles aux crevettes et au lait de coco.

Dans le sens des aiguilles d'une montre

1 Échoppes d'en-cas à Chinatown (p. 74), Kuala Lumpur 2 *Hawker center* près des Petronas Towers, Kuala Lumpur 3 *Hainanese chicken rice* (riz au poulet à la mode de Hainan) 4 *Laksa*

Sarawak et Sabah (Bornéo)

Les habitants des hautes terres du Sarawak ont pour particularité de cuisiner dans du bambou, par exemple l'*ayam pansoh*, plat de fête à base de poulet enveloppé dans des feuilles de tapioca et cuit avec de l'eau dans un tube en bambou.

À Kota Kinabalu, n'hésitez pas à vous offrir un somptueux repas concocté avec les produits de la mer de Chine méridionale dans l'un des nombreux restaurants de poisson et fruits de mer de la ville : il suffit de choisir ce que l'on souhaite manger dans l'aquarium et de le faire cuisiner. N'oublions pas deux autres spécialités de poisson : l'*umai* (ou *hinava*, que l'on prépare aussi au Sarawak), du poisson cru mariné dans du jus de citron vert, du lait de coco et des piments, ainsi que les nouilles à base de pâte de poisson, servies dans un exquis bouillon comportant boulettes de poisson et morceaux de bar.

Brunei

Si Brunei avait un plat national, ce serait l'*ambuyat*. La moelle de sagoutier (un palmier de Bornéo) réduite en poudre et mélangée à de l'eau se transforme en une pâte gluante, que l'on mange en l'enroulant autour de baguettes ou de longues fourchettes à deux dents. L'*ambuyat* n'a pas de goût, mais on le relève avec le *cacah*, une sauce aigre-douce au *sambal belacan* (mélange de crevettes et de piment) et au tamarin. On le sert avec du poisson et des fruits de mer pochés ou fumés et des salades, entre autres choses.

Si vous êtes invité chez des Brunéiens, on vous servira probablement du *bualulu* avec le thé. Ce dessert simple est confectionné avec des œufs, de la farine et du sucre. Le *kuripit sagu*, la version biscuit du *buahulu*, est rehaussé d'une légère saveur de noix de coco.

De haut en bas

1 *Pulut panggang* (riz gluant en feuilles de bananier)

2 Femme faisant griller du poulet, Kota Kinabalu (p. 313), Sabah

Suite du texte de la page 74.

en cholestérol) et les toasts sucrés, le LOKL (prononcez "local") fait un sans faute. Côté café, grains de Kluang pour les habitants, et Illy pour les Occidentaux.

Purple Cane Tea Restaurant CHINOIS $$
(Carte p. 52 ; ☎2272 3090 ; www.purplecane.com.my ; 1 Jln Maharajalela ; plats 10-20 RM ; ⏲11h-22h). Caché au calme derrière le Chinese Assembly Hall, cet établissement cuisine bien souvent au thé. On vous propose entre autres mets une soupe de poulet au thé et au ginseng, et un bœuf mijoté dans du thé au litchi. Autres enseignes au Mid Valley Megamall et au Shaw Centre près de Pudu.

Sing Seng Nam CHINOIS $
(Carte p. 52 ; 2 Medan Pasar ; plats 5-10 RM ; ⏲7h-17h lun-sam). Si les *kopitiam* (cafés) fleurissent dans la capitale, celui-ci, incarnation du café à l'ancienne, est fréquenté par les gens du quartier venus apprécier un petit-déjeuner de toast *kaya* (confiture de noix de coco) et d'œufs mollets ou un *kopi peng* (café glacé au lait). Plus tard dans la journée, on sert riz au poulet et curry de poisson bon marché.

Sangeetha INDIEN, THALI $
(Carte p. 52 ; ☎2032 3333 ; 65 Lebuh Ampang ; plats 10 RM ; ⏲8h-23h ; 🖉). Ce restaurant végétarien est connu pour ses mets d'Inde du Sud, du type *idli* (gateaux de riz et de lentilles, cuits à la vapeur, doux et parfumés) et *masala dosa* (crêpes de riz et de lentilles fourrées de pommes de terre et de légumes).

LITTLE INDIA ET KAMPUNG BARU

Saravanaa Bhavan INDIEN $$
(Carte p. 52 ; ☎2287 1228 ; www.saravanabhavan.com ; 52 Jln Maarof, Bangsar ; repas 10-20 RM ; ⏲8h-23h ; 🖉). Cette chaîne mondiale de restaurants fait l'une des meilleures cuisines indiennes de KL. Savoureux festins servis dans des feuilles de bananier et des mini-*tiffin*, plus des spécialités du sud de l'Inde comme les *masala dosa*.

Thai-la THAÏ $$
(Carte p. 58 ; ☎2698 4933 ; rdc, Cap Square ; repas 20-30 RM ; ⏲12h-22h lun-sam). La nourriture, savoureuse, est préparée par des chefs thaïs, le cadre est plutôt chic et Zaki, le patron, met l'ambiance.

Sagar INDIEN $
(Carte p. 58 ; ☎2691 3088 ; Semua House, Jln Masjid India ; plats 10 RM ; ⏲8h-20h). Un petit café de rue, parfait pour commander un *thali* (riz ou pain servi avec un assortiment de légumes et de curries, moins de 10 RM), tout en profitant de l'ambiance de Little India. Salle climatisée.

À NE PAS MANQUER

MARCHÉS NOCTURNES

Le meilleur moment pour visiter Little India est le samedi durant le *pasar malam* (marché nocturne) qui se tient sur Lg Tuanku Abdul Rahman, l'allée entre Jln TAR et Jln Masjid India. Dès le milieu de l'après-midi, cet étroit passage disparaît sous les échoppes ambulantes qui concoctent d'excellentes spécialités indiennes, malaises ou chinoises.

Le *pasar malam* du samedi à Kampung Baru se tient jusqu'au petit matin le lendemain, d'où son nom de Sunday Market. L'action bat surtout son plein à l'extrémité de Jln Raja Alang, non loin de la station du LRT.

Le dimanche soir, c'est au *pasar malam* de Bangsar Baru qu'il faut aller pour se délecter d'*asam laksa* (soupe acidulée et épicée), de *popiah* (rouleaux de printemps) et d'*apam balik* (sortes de crêpes). Dans le parking en retrait de Jln Telawi 1.

Ikan Bakar Berempah HAWKER $
(Carte p. 58 ; Jln Raja Muda Musa, Gerak Pak Lang ; repas 5-10 RM ; ⏲24h/24). Si vous avez raté le *pasar malam* (marché nocturne) du samedi à Kampung Baru, goûtez aux fabuleux poissons grillés au barbecue de ce stand installé dans un marché de *hawkers* sous un toit en zinc. Une fois votre morceau récupéré sur le grill, choisissez vos accompagnements sur le superbe buffet de plats.

LAKE GARDENS ET BRICKFIELDS

♥ **Robson Heights** CHINOIS $$$
(☎2274 1633 ; www.robsonheights.com ; 10B Jln Permai, en retrait de Jln Syed Putra ; plats 30-60 RM ; ⏲10h30-14h30 et 17h30-23h30). Ce restaurant à flanc de coteau sert une cuisine de haut vol. Si les intestins de porc sautés aux crevettes sèches et aux piments ou la tortue braisée ne vous tentent pas, jetez-vous sans hésiter sur les travers de porc au miel et les nouilles *udon* sautées au poivre noir (8 RM).

Bangsar Baru

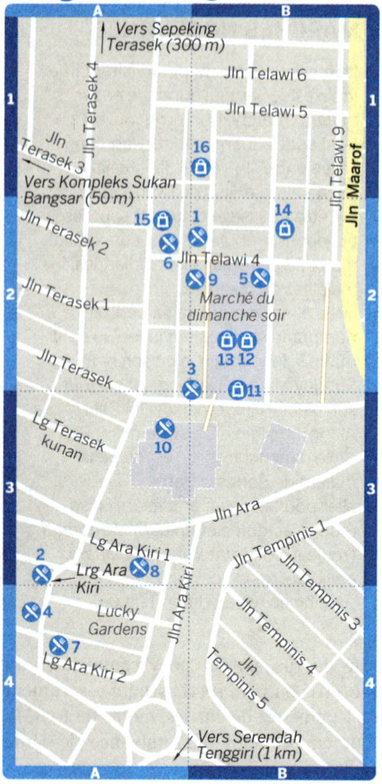

Bangsar Baru

Où se restaurer

1 Alexis Bistro B2
2 Bangsar Fish Head Corner A3
3 Chawan B2
4 Chelo's Appam Stall A4
5 Delicious B2
6 Les Deux Garcons A2
7 Nam Chuan Coffee Shop A4
8 Restaurant Mahbub A3
9 Sri Nirwana Maju B2
10 Wondermama A3

Où prendre un verre

Upstairs @ Alexis Telawi .... (voir 1)

Achats

11 Bangsar Village I & II B2
12 Dude & the Duchess B2
13 Lasting Impressions B2
14 Never Follow Suit B2
15 Silverfish Books A2
16 Valentine Willie Fine Art B1

Annalakshmi INDIEN $

(Carte p. 56 ; ☎2272 3799 ; 116 Jln Berhala, Temple of Fine Arts ; midi 12 RM ; ⏲11h30-15h et 18h30-22h mar-dim ; ✎). Si l'Annalakshmi Riverside, plus simple, est encore en mode "mangez ce que vous voulez et donnez ce que vous voulez", l'excellent buffet végétarien de l'enseigne principale, plus huppée, est payant, mais reste une excellente affaire (12 RM). Tlj à midi. À côté du parking sous le bâtiment.

Vishalatchi INDIEN $

(Carte p. 56 ; ☎2274 4755 ; 18 Jln Scott ; repas 5 RM ; ⏲7h30-22h30 ; ✎). Cette institution de Brickfields est réputée pour ses repas épicés du sud de l'Inde servis dans des feuilles de bananier. Idéal également pour un *tiffin* et un lassi rafraîchissant.

Yogitree MALAIS, OCCIDENTAL $$

(☎2282 6763 ; www.yogitree.com ; 1er niv., Jln Syed Putra ; repas 20-70 RM ; ⏲10h-22h). Ce café du Mid Valley Megamall, qui sert un petit-déjeuner jusqu'à 18h, propose de la "vraie nourriture" : le bio domine dans un menu mêlant cuisine locale et européenne. La boutique vend des vêtements pour le yoga.

Kompleks Makan Tanglin HAWKER $

(Carte p. 56 ; Jln Cendarasari, Lake Gardens ; repas 10 RM ; ⏲7h-16h lun-sam). Une promenade aux Lake Gardens offre l'heureuse occasion d'aller se régaler dans cet *hawker center*, où se trouve le très populaire **Ikan Bakar Pak Din**.

BANGSAR BARU

♥ **Rebung** MALAIS $$

(☎2283 2119 ; 4-2 Lorong Maarof ; buffet 50 RM ; ⏲11h-23h ; ❄). Le célèbre chef Ismail est aux commandes de cet excellent restaurant malais, l'un des meilleurs de la capitale, connu pour son authenticité et sa régularité. Le buffet, splendide, comprend toutes sortes de plats que l'on ne trouve d'ordinaire que dans les foyers malais, comme l'*onde onde* (boulettes de riz gluant fourrées au *jaggery*).

♥ **Sri Nirwana Maju** INDIEN $$

(Carte p. 86 ; ☎2287 8445 ; 43 Jln Telawi 2 ; repas 10-20 RM ; ⏲7h-2h). Il y a certes des restaurants indiens plus clinquants à Bangsa, mais pourquoi se préoccuper du décor quand la nourriture est si bonne et à prix si raisonnables ? On y sert de tout, des *roti* pour le petit-déjeuner aux curries cuits dans une feuille de bananier à toute heure du jour.

Wondermama MALAIS $$

(Carte p. 86 ; ☎2284 9821 ; www.facebook.com/mywondermama ; Bangsar Village I, 1 Jln Telawi 1, Bangsar Baru ; plats 14-24 RM ; ⏲9h-22h30 ; 📶). Tradition et modernité se conjuguent dans cet espace à deux niveaux où l'on se régale de bons petits plats malais et de hamburgers empreints d'une touche d'originalité.

Delicious OCCIDENTAL $$

(Carte p. 86 ; ☎2287 1554 ; www.delicious.com.my ; rdc, Jln Telawi 1, Bangsar Village II ; plats à partir de 40 RM ; ⏲11h-minuit dim-jeu, 11h-1h ven-sam). Des plats sains (salades, pâtes, sandwichs, tartes, etc.) à déguster dans un superbe cadre contemporain. Outre cette adresse animée, il y a d'autres enseignes près de KLCC et au Mid Valley Megamall.

Alexis Bistro MALAIS, OCCIDENTAL $$

(Carte p. 86 ; ☎2284 2880 ; www.alexis.com.my ; Jln Telawi 3, Bangsar Baru ; plats à partir de 30 RM ; ⏲12h-minuit dim-jeu, 12h-1h ven-sam). Des spécialités asiatiques comme le *laksa* du Sarawak (dont le propriétaire est originaire) aux recettes plus européennes, cette institution de Bangsar saura vous rassasier en beauté.

Chawan MALAIS $

(Carte p. 86 ; ☎2287 5507 ; 69-G Jln Telawi 3 ; plats 5-10 RM ; ⏲8h-minuit). Un *kopitiam* version contemporaine chic où les cafés qui proviennent de tous les États de Malaisie sont bien forts, parfaits pour aider à la digestion d'un *rendang* au bœuf ou d'un *nasi lemak* enveloppé dans du papier brun.

Les Deux Garçons PÂTISSERIE $$

(Carte p. 86 ; ☎2284 7833 ; www.lesdeuxgarcons.com.my ; 36 Jln Telawi, Bangsar Baru ; macarons et gâteaux 5-20 RM ; ⏲11h-20h). Minuscule pâtisserie immaculée où l'on vient se délecter de macarons (essayez ceux au wasabi ou au jasmin), de beaux gâteaux et de café.

Restaurant Mahbub INDIEN $$

(Carte p. 86 ; ☎2095 5382 ; www.restoranmahbub.com ; 17 Lg Ara Kiri 1 ; plats 6-12 RM ; ⏲7h-2h). On se presse depuis des lustres pour s'attabler ici dans la rue devant un riz biryani parfumé et un poulet au miel juteux.

The Bee INTERNATIONAL $$

(☎673 6142 ; www.thebee.com.my ; 36B, niv G2, Publika, Solaris Dutamas ; plats 15-20 RM ; ⏲9h-minuit lun-jeu, 9h-1h ven, 10h-1h sam, 10h-minuit dim ; 📶). Hamburgers et sandwichs valent vraiment le coup. On apprécie aussi

VAUT LE DÉTOUR

REPAS À L'ANCIENNE

Ces patriarches de la scène culinaire de KL n'ont rien perdu de leur charme. Délicieusement rétro, ils charment toujours nos papilles :

Coliseum Cafe (carte p. 58 ; ☎2692 6270 ; 100 Jln TAR ; repas 15-60 RM ; ⏲10h-22h). Rien n'a vraiment changé depuis que Somerset Maugham venait se rassasier ici d'un steak grésillant, suivi d'un gin tonic dans le bar lambrissé d'à côté. Un incontournable de KL. Fait aussi de la cuisine chinoise.

Yut Kee (carte p. 58 ; ☎2698 8108 ; 35 Jln Dang Wangi ; repas 10-15 RM ; ⏲7h30-16h45). Même pendant le coup de feu, le personnel de ce *kopitiam* hainanais très apprécié garde son flegme. Commandez les spécialités de la maison, tels les toasts au *kaya* (confiture de noix de coco) maison, le *roti babi* (pain plat frit farci de lamelles de porc et d'oignons) ou les nouilles sautées à la hokkien. Arrivez avant 14h30 pour être sûr d'avoir du rôti de porc à la compote de pommes, servi du vendredi au dimanche.

Sek Yuen (carte p. 70-71 ; ☎9222 9457 ; 313-315 Pudu ; plats 20-40 RM ; ⏲12h-15h et 18h-22h mar-dim). Occupant depuis 60 ans le même bâtiment Art déco vieillissant, le Sek Yuen propose un voyage culinaire dans le passé de la capitale. Pas de carte écrite, mais de vieux chefs dans une cuisine alimentée au feu de bois qui concoctent des mets délicieux ; essayez le *kau yoke* (poitrine de porc), le *char siew* (porc grillé), le riz sauté ou le poisson à l'aigre-douce.

Capital Cafe (carte p. 58 ; 213 Jln TAR ; plats 3,50-5 RM ; ⏲7h-20h30 lun-sam). Depuis son ouverture en 1956, employés chinois, malais et indiens se côtoient dans ce café pourtant purement malaisien. Goûtez aux excellents *mee goreng*, *rojak* et saté (le soir uniquement).

À NE PAS MANQUER

LUCKY GARDENS

Au sud de Jln Ara, les Lucky Gardens de Bangsar ne sont peut-être pas aussi classe que Telawi, mais les habitants aiment s'y rendre pour le marché de fruits et légumes le matin et pour profiter de ses excellents restaurants bon marché. Passez au **Nam Chuan Coffee Shop** (carte p. 86 ; Lg Ara Kiri 2 ; 7h-22h), un *food court* animé et sans chichis, pour goûter au délicieux *laksa* du Sarawak (5 RM) de Christina Jong. Il y a aussi une superbe brochette de *hawkers* à l'extérieur, sur Lg Ara Kiri : mets indiens végétaliens au **Chelo's Appam Stall** (carte p. 86 ; 5 RM ; 7h-22h lun-sam ;) et explosion de saveurs au **Bangsar Fish Head Corner** (carte p. 86 ; repas à partir de 30 RM ; 7h-16h lun-sam).

les salades, les glaces locales crémeuses et le café frais. Concerts et projections gratuits, doublés de scènes libres (*open mic*).

Où prendre un verre

Envie d'un thé aux perles, d'un *kopi bing* (café au lait glacé), d'une bière ou d'un flamboyant Lamborghini ? Cafés, maisons de thé ou bars, le choix ne manque pas. Dans le Golden Triangle, Changkat Bukit Bintang reste en effervescence toute la nuit. Sauf mention contraire, les bars sont ouverts de 17h à 2h.

GOLDEN TRIANGLE ET KLCC

Palate Palette CAFÉ
(Carte p. 70 ; www.palatepalette.com ; 21 Jln Mesui ; 12h-minuit mar-jeu, 12h-2h ven-sam ;). Ce café-bar coloré, créatif, excentrique et cool est notre adresse préférée pour manger, boire, jouer à des jeux de société et se mêler aux bobos de KL. La carte (plats 10-30 RM) affiche une tourte anglaise à la viande (*shepherd's pie*) et du saumon teriyaki. Détail des animations sur le site Internet.

Taps Beer Bar BIÈRES ARTISANALES
(Carte p. 70 ; www.tapsbeerbar.my/ ; One Residency, 1 Jln Nagansari ; 17h-1h ;). Pas moins de 80 bières de tradition du monde entier, dont 14 à la pression, sont proposées au fil de l'année à tour de rôle. C'est dire qu'on y vient et qu'on y revient. Goûtez-en trois pour 30 RM. Musique live acoustique.

Village Bar BAR
(Carte p. 70 ; Feast fl, Starhill Gallery, 181 Jln Bukit Bintang ; 12h-1h). Véritable caverne d'Ali Baba, ce bar en sous-sol scintille de colonnes de verres et de bouteilles sous une myriade de lanternes suspendues.

Paper + Toast CAFÉ
(Carte p. 70 ; 2141 6752 ; www.paperandtoast.com ; One Residency, 1 Jln Nagansari ;). Bons cafés et en-cas, et espaces numériques, de travail et de réunion. Pour les boissons et nourritures à emporter, on est prié, si possible, d'apporter le contenant.

Teeq Brasserie CAFÉ
(Carte p. 70 ; 2782 3555 ; www.teeq.com.my ; 8e niv., 50 Jln Sultan Ismail, Lot 10 ; 18h30-22h30, bar 18h30-1h mar-dim). Voisine du jardin sur le toit du Lot 10, cette brasserie de style contemporain distille une ambiance détendue, loin de la frénésie commerciale de Bintang Walk que l'on coiffe du regard, paisiblement assis au bar en plein air.

Neo Tamarind BAR
(Carte p. 70 ; www.samadhiretreats.com ; 19 Jln Sultan Ismail ; 11h30-14h30 et 18h30-22h30). Petit Bali en plein cœur de KL, ce bar-restaurant raffiné sert aussi des cocktails à la lueur des bougies sous les arbres feuillus.

Luna BAR
(Carte p. 70 ; 2332 7777 ; Jln Punchak, Menara PanGlobal ; 15h-1h, 15h-3h ven-sam). Perché sur le toit, ce bar sophistiqué entourant une piscine offre une vue plongeante sur KL scintillant de tous ses feux. Tout aussi haut mais en intérieur, le **Cristallo**, bar de playboys (non-fumeurs) aux canapés de velours argenté, donne sur la KL Tower.

Apartment Downtown CAFÉ
(Carte p. 58 ; 1er niv., Suria KLCC, Jln Ampang ; 11h-22h). Cet espace chaleureux, café, bar et lounge, avec terrasse sur le parc, vous donne une idée de ce que peut être la vie dans le KLCC. Un endroit agréable pour se reposer après une longue journée.

Luk Yu Tea House MAISON DE THÉ
(Carte p. 70 ; 2782 3850 ; Feast fl, Starhill Gallery, 181 Jln Bukit Bintang ; 10h-1h). Cette charmante maison de thé chinoise traditionnelle sert breuvages de première qualité, *dim sum* et autres délicats en-cas.

Sixty Nine Bistro CAFÉ

(Carte p. 70 ; 14 Jln Kampung Dollah ; ⌚12h-1h30, 14h-1h30 ven-sam). Ce super endroit séduit les jeunes avec son mobilier "récup' chic", sa chouette carte de thés aux perles et autres, et ses diseuses de bonne aventure.

Sky Bar BAR

(Carte p. 70 ; ☎2332 9888 ; 33e niv., Traders Hotel ; ⌚19h-1h, 19h-3h ven-sam). Grimpez jusqu'au toit-terrasse, avec piscine, de cet hôtel pour une superbe vue panoramique sur les Petronas Towers. L'idéal pour un cocktail au coucher du soleil ou une coupe de champagne une fois la nuit tombée.

Starhill Tea Salon MAISON DE THÉ

(Carte p. 70 ; ☎2719 8550 ; Starhill Gallery, 181 Jln Bukit Bintang ; ⌚10h-1h). Boîtes à thé érigées en solides colonnes et canapés luxueux dessinent un cadre élégant à ce salon de thé judicieusement situé à l'étage "Indulge" (gâteries) de la Starhill Gallery. L'après-midi (15h-17h), 70 RM le thé pour 2 personnes.

CHINATOWN

Bar Art@The Warehouse BAR

(Carte p. 52 ; www.thewarehouse.com.my ; 198 Jln Tun HS Lee ; ⌚10h-1h mar-dim ; 📶). Lieu plutôt récent et prometteur grâce à une formule alliant galerie d'art (assez moyenne), café-bar et grill (à l'étage). Les soirées *open mic* du mercredi et mixologie du jeudi changent de l'offre habituelle de Chinatown.

Reggae Bar BAR

(Carte p. 52 ; www.reggaebarkl.com.my ; 158 Jln Tun HS Lee ; ⌚10h30-3h). Les voyageurs débarquent en masse dans ce bar au beau milieu de Chinatown avec des sièges à l'extérieur pour regarder les passants. Promos sur les bières, billards et nourriture de pub servie tard dans la nuit.

Moontree House CAFÉ

(Carte p. 52 ; www.moontree-house.blogspot.com ; 1er ét., 6 Jln Panggong ; ⌚10h-20h mer-lun ; 📶). Un endroit calme pour un café, avec vente d'artisanat et littérature féministe.

Purple Cane Tea House MAISON DE THÉ

(Carte p. 52 ; 3e niv., 6 Jln Panggong ; ⌚11h-20h). Grand choix de thés verts chinois et de thés au jasmin. Boutique à deux pas, sur Jln Sultan.

BANGSAR BARU

Upstairs@Alexis Telawi BAR

(Carte p. 86 ; ☎2284 2880 ; www.alexis.com.my ; 29 Jln Telawi 3 ; ⌚18h-1h, 18h-2h ven-sam). Le bar le plus reposant de Bangsar, pour se relâcher dans ses sièges confortables en terrasse sur fond de musique apaisante. Concert de jazz gratuit le premier lundi du mois.

Social BAR

(Carte p. 70 ; ☎2282 2260 ; 57-59 Jln Telawi 3 ; ⌚22h-2h). Un bar des sports plutôt chic avec billards, bonne cuisine, bières et autres alcools. Autre établissement dans Changkat Bukit Bintang.

☆ Où sortir

L'offre culturelle de la capitale se décline dans tous les domaines : musique, théâtre et danse. Les derniers films à l'affiche (environ 12 RM) passent dans les multiplexes des *malls*, les centres culturels programmant

LE KL GAY ET LESBIEN

Consultez les sites www.utopia-asia.com et www.fridae.com pour tout savoir sur la modeste scène gay et lesbienne de KL, qui n'en est pas moins chaleureuse.Le vendredi, le **Frangipani Bar** (carte p. 70-71 ; ☎2144 3001 ; 25 Jln Changkat Bukit Bintang ; ven 30 RM ; ⌚17h-1h mar-jeu et dim, 17h-3h ven-sam), au-dessus du restaurant éponyme, organise une soirée officiellement dédiée aux gays. Les autres soirs, l'endroit est tout aussi *gay-friendly*.

Les samedis, le **Marketplace** (carte p. 58 ; ☎2166 0750 ; www.marketplacekl.com ; 4A Lg Yap Kwan Seng ; sam 35 RM ; ⌚sam 22h-3h) accueille une clientèle arc-en-ciel. Superbe vue sur les Petronas Towers depuis le vaste restaurant sur le toit, lieu de répit comparé à la piste de danse exiguë et bondée.

Sirotez des cocktails originaux comme le *I Am Curious, Orange* et le *Crayons are Attractive* à l'**Albion KL** (carte p. 70-71 ; ☎2141 9282 ; www.albionkl.com ; 31 Jln Berangan ; ⌚12h-15h, 17h-23h mar-sam, 12h-22h30 dim), bar-restaurant moderne de style britannique tenu par des homosexuels.

Le **Blue Boy** (carte p. 70-71 ; ☎2142 1067 ; 54 Jln Sultan Ismail ; ⌚20h30-2h) est un vieux de la vieille. Les gens ici, ne viennent pas pour le décor, mais pour les karaokés avec les travestis et pour les garçons qui vendent leurs faveurs aux admirateurs.

SPECTACLES TRADITIONNELS

Le Malaysian Tourism Centre (p. 93) accueille de bons spectacles traditionnels de musique et de danse à 15h du mardi au jeudi, ainsi que le samedi à 20h30. Tous les soirs à 20h30 ont lieu des spectacles de danse dans le restaurant mitoyen **Saloma** (carte p. 58 ; ☎2161 0122 ; spectacle seul 40 RM, avec buffet 75 RM).

Le restaurant touristique **Seri Melayu** (carte p. 70-71 ; ☎2145 1833 ; www.serimelayu.com ; 1 Jln Conlay) propose aussi danse et musique traditionnelles. Enfin, passez au guichet d'information de Central Market, qui accueille parfois des manifestations culturelles gratuites.

parfois des films d'art et d'essai. La scène club est animée mais mouvante ; consultez *Time Out* ou *Juice* pour connaître les programmes. De manière générale, les clubs ouvrent du mercredi au dimanche et demandent un droit d'entrée de 20 à 50 RM du jeudi au samedi (une boisson comprise).

♥ Dewan Filharmonik Petronas SALLE DE CONCERT

(Carte p. 58 ; ☎2051 7007 ; www.mpo.com.my ; Box Office, Tower 2, Petronas Towers ; billets 10-210 RM ; ⏲billetterie 10h-18h lun-sam). Ne ratez pas l'occasion d'assister à un concert dans cette somptueuse salle dernier cri, au pied des tours Petronas. Internationalement connu, le Malaysian Philharmonic Orchestra s'y produit notamment les vendredis et samedis soirs ainsi que le dimanche en matinée, tout comme d'autres ensembles malaisiens et internationaux. Tenue correcte de rigueur.

♥ No Black Tie MUSIQUE LIVE

(Carte p. 70 ; ☎2142 3737 ; www.noblacktie.com.my ; 17 Jln Mesui ; 20-50 RM ; ⏲17h-2h mar-dim). Cachée derrière un bosquet de bambous, cette élégante petite salle de concerts, qui fait aussi bar et bistrot japonais, passe facilement inaperçue. NBT, comme l'appellent les habitués, appartient à la pianiste concertiste malaise Evelyn Hii, qui a le don de dénicher auteurs-compositeurs-interprètes, groupes de jazz et ensembles classiques talentueux. Concerts à partir de 21h30.

Zouk Club CLUB

(Carte p. 58 ; www.zoukclub.com ; 113 Jln Ampang ; ⏲Zouk 22h-tard mer, ven-sam, Phuture 21h-tard mer, ven-sam, Velvet Underground 21h-tard mer-sam, Wine Bar 18h-2h mar, 18h-3h mer-jeu, 18h-4h ven-sam). Des espaces différenciés pour plaire à tous et les meilleurs DJ locaux et internationaux aux platines : telle est la formule gagnante du premier club de KL. Mis à part le club principal, sur 2 étages, il y a aussi le plus sophistiqué Velvet Underground, dont le *dance floor* est un paradis de lumière, le Phuture, pour les accros du hip-hop, ainsi que l'ultramoderne Bar Sonic.

Kuala Lumpur Performing Arts Centre ARTS DE LA SCÈNE

(KLPAC ; ☎4047 9000 ; www.klpac.com ; Jln Strachan, Sentul Park ; 20-300 RM). Créé dans le cadre du projet de revitalisation de Sentul West, ce complexe moderne dédié aux arts de la scène programme une large gamme de spectacles d'avant-garde. Profitez-en pour faire un tour dans le paisible Sentul Park et manger à Yu Ri Tei, à côté du Sentul Park Koi Centre.

Actors Studio@Lot 10 THÉÂTRE

(☎2142 2009 ; www.theactorsstudio.com.my ; 50 Jln Sultan Ismail, Lot 10). En plus de donner des représentations au KLPAC, la troupe de théâtre et de comédie de l'Actors Studio est basée dans ce lieu splendide et ultramoderne situé sur le toit du Lot 10, résidence également d'autres compagnies de danse et de théâtre. Prix variables.

KL Live MUSIQUE LIVE

(Carte p. 70 ; www.kl-live.com.my ; 1er niv., 20 Jln Sultan Ismail, Life Centre). Avec sa programmation impressionnante de grands groupes et DJ nationaux et étrangers, ce vaste lieu qui fait le plein de fans de rock et de pop a bien renouvelé la scène musicale de KL.

The Venue MUSIQUE LIVE

(Carte p. 70 ; ☎2143 3022 ; www.thevenue.com.my ; Connection level 4, Pavilion KL, 168 Jln Bukit Bintang ; ⏲18h30-0h30). Axée principalement sur le jazz, cette nouvelle adresse du Pavilion propose un espace élégant et des artistes de toute la région. Premier concert à 21h45.

Wings CAFÉ-BAR

(Carte p. 70 ; www.wingsmusicafe.com ; 16 Jln Kampung Dollah ; ⏲18h30-1h, 18h30-2h ven-sam). À quelques portes du Sixty Nine Bistro, ce sympathique repaire d'étudiants programme régulièrement des concerts, quoique ce soit la terrasse en façade qui draine le maximum de gens.

Doppel Kafe MUSIQUE LIVE
(Carte p. 52 ; ☎017-200 8631 ; www.facebook.com/DoppelKL ; Central Market Annexe, Jln Hang Kastruri ; ⏲12h-21h dim-jeu, 12h-1h ven-sam ; 📶). Groupes et chanteurs locaux se produisent ponctuellement en mezzanine dans ce café-bar décontracté. Petite sélection de CD à vendre et trocs occasionnels.

Golden Screen Cinemas CINÉMA
(Carte p. 70 ; ☎8312 3456 ; www.gsc.com.my ; 6e niv., Pavilion KL, 168 Jln Bukit Bintang). Réservez une place Gold Class (40 RM) pour avoir un fauteuil inclinable et le service de boissons.

Tanjung Golden Village CINÉMA
(Carte p. 58 ; ☎7492 2929 ; www.tgv.com.my ; 3e niv., Suria KLCC). Situé en plein centre-ville au pied des tours Petronas, au sein du temple du shopping qu'est, sur six étages, le Suria KLCC, le Tanjung Golden Village est le cinéma multisalle le mieux placé de la capitale.

Sutra Dance Theatre DANSE
(Carte p. 61 ; ☎4021 1092 ; www.sutrafoundation.org.my ; 12 Persiaran Titiwangsa 3). Près du lac Titiwangsa, la maison du légendaire danseur malais Ramli Ibrahim a été transformée en vitrine de la danse classique indienne, avec atelier de danse, galerie d'exposition et centre culturel. Programme sur le site Internet.

Istana Budaya THÉÂTRE
(Théâtre national ; carte p. 61 ; ☎4026 5555 ; www.istanabudaya.gov.my ; Jln Tun Razak ; 100-300 RM). Grands événements théâtraux et chorégraphies sont ici au programme, ainsi que de la musique avec le National Symphony Orchestra et le National Choir. On vient habillé (shorts interdits et chemises à manches longues obligatoires pour les hommes).

Achats

Des marchés de rue aux centres commerciaux clinquants, KL vend de tout, ou presque. Vêtements, matériel photo, ordinateurs et électronique sont à des prix très compétitifs. La capitale réunit aussi tous les avantages pour qui veut acheter de l'artisanat (de tout le pays) ou de l'art contemporain. Les boutiques du musée national du Textile (p. 55) et du musée des Arts islamiques (p. 55) vendent toutes deux de beaux objets.

GOLDEN TRIANGLE ET KLCC

♥ **Pavilion KL** CENTRE COMMERCIAL
(Carte p. 70 ; www.pavilion-kl.com ; 168 Jln Bukit Bintang). Le Pavilion offre le nec plus ultra en termes de shopping à KL. Outre les grandes marques de luxe internationales, de bonnes enseignes locales sont représentées, notamment les maisons de couture **British India**, **MS Read** (vêtements féminins grandes tailles), **Salabianca** et **Philosophy for Men** (ligne décontractée pour hommes). Excellent *food court* au sous-sol. Pour un aller-retour au Japon, foncez à **Tokyo Street** (6e ét.).

Sungei Wang Plaza CENTRE COMMERCIAL
(Carte p. 70 ; www.sungeiwang.com ; Jln Sultan Ismail). "De tout, absolument de tout", c'est le slogan de ce gigantesque lieu de vente, relié de surcroît au **BB Plaza**. Entre boutiques, animations et spectacles, priorité aux accessoires et vêtements pour les jeunes. Ados et fashionistas en herbe ne manqueront pas **HK Station** (6e niv.).

Suria KLCC CENTRE COMMERCIAL
(Carte p. 58 ; www.suriaklcc.com.my ; Jln Ampang). Même si le shopping vous ennuie à mourir, vous trouverez forcément quelque chose d'intéressant dans ce super *mall* au pied des tours Petronas. Faites fi des marques internationales habituelles et cherchez les enseignes locales suivantes : **Pucuk Rebung** (3e niv.) pour des œuvres d'art, de l'artisanat et des antiquités haut de gamme ; les bloutiques homme et femme d'**iKARRTini** (2e niv.) pour des vêtements en batik ; **Aseana** (rdc) pour des robes de fête fantaisies. Il y a aussi l'excellente librairie **Kinokuniya** (4e niv.), des tas de restaurants et cafés, deux *food courts*, un cinéma, une galerie et un musée pour enfants.

Starhill Gallery CENTRE COMMERCIAL
(Carte p. 70 ; www.starhillgallery.com ; 181 Jln Bukit Bintang). Des grands noms de la mode comme Vuitton, Ferragamo... partagent cette galerie clinquante avec une pléiade de restaurants haut de gamme au sous-sol. Vous trouverez de beaux batiks chez **Jendela** (niveau *Explore*).

Kompleks Budaya Kraf ART ET ARTISANAT
(Carte p. 65 ; ☎2162 7533 ; www.malaysiancraft.com ; Jln Conlay ; ⏲9h-20h lun-ven, 9h-19h sam-dim). Cet énorme complexe est une entreprise d'État qui accueille principalement des touristes en circuits organisés, mais les boutiques et étals de batiks, bois

sculpté, étain, vannerie, verrerie et céramiques valent le coup. Vous pourrez voir des artisans et des créateurs à l'œuvre dans l'**Art Colony**. Petit musée et cours de fabrication de batik sur place.

Plaza Low Yat MATÉRIEL ÉLECTRONIQUE
(Carte p. 70 ; www.plazalowyat.com ; 7 Jln Bintang, en retrait de Jln Bukit Bintang). Le meilleur *mall* axé informatique de la capitale. Sur 6 étages, grosses et petites enseignes vendent à bon prix ordinateurs portables, appareils photo numériques, téléphones portables, périphériques d'ordinateurs et accessoires. Si vous ne trouvez pas votre bonheur (notamment pour l'électronique), allez à l'**Imbi Plaza** (carte p. 70 ; Jln Imbi ; 11h-21h) voisin.

Berjaya Times Square CENTRE COMMERCIAL
(Carte p. 70 ; 2117 3081 ; www.timesquarekl.com ; 1 Jln Imbi). Ce mastodonte croule sous les vêtements pour ados et les jouets. Le grand magasin **Metrojaya** vend des vêtements à des prix intéressants et il y a une grande librairie **Borders** au 2ᵉ niveau. Également bowling, karaoké, spa à poissons, cinéma et parc d'attractions en intérieur.

CHINATOWN

Peter Hoe Evolution DÉCO, VÊTEMENTS
(Carte p. 52 ; 2 Jln Hang Lekir ; 10h-19h). Ce créateur de KL vend à prix abordables une ligne originale de sarongs, chemises et robes en batik, ainsi que des meubles. Bien plus grand et à deux pas, **Peter Hoe Beyond** (carte p. 52 ; 2ᵉ niv., Lee Rubber Bldg, 145 Jln Tun HS Lee ; 10h-19h) abrite un café qui vaut le détour et l'atelier de **Justin Yap** (www.justinyap.com), nom montant de la mode malaisienne.

Central Market MARCHÉ
(www.centralmarket.com.my ; Jln Hang Kasturi, Pasar Seni ; 10h-21h). On passe facilement des heures à déambuler au milieu des stands qui proposent souvenirs, batiks, cerfs-volants, vêtements et bijoux. Il y a aussi de l'artisanat et des antiquités d'Asie, vendus très cher : marchandage de rigueur. Une fois ici, ne manquez pas l'**Art House Gallery Museum of Ethnic Arts**, dans l'Annex, pour ses objets de Bornéo et du Tibet.

BANGSAR BARU ET BRICKFIELDS

Never Follow Suit MODE
(Carte p. 86 ; 2284 7316 ; 28-2, Jln Telawi 2, Bangsar Baru). Impossible de ne pas dénicher quelque chose d'original dans cette boutique extraordinaire cachée au 2ᵉ niveau. Vêtements et accessoires neufs ou en matériaux recyclés sont exposés comme des œuvres d'art dans une galerie branchée.

Bangsar Village I & II CENTRE COMMERCIAL
(Carte p. 86 ; www.bangsarvillage.com ; angle Jln Telawi 1 et Jln Telawi 2). Reliées par un pont couvert, ces deux galeries marchandes sont axées sur une mode haut de gamme, dont des marques internationales et des créateurs locaux comme Richard Tsen chez **Dude & the Duchess** (carte p. 86 ; rdc supérieur, Bangsar Village II), qui allie coupes cintrées et textiles intéressants, ou Shuenkee Chong à la boutique de cuirs **Thirtyfour** (http://thirtyfour.net). Place au design déco chez **Lasting Impressions** (carte p. 86 ; www.lasting-impressions.com.my ; 2ᵉ niv., Bangsar Village II).

VAUT LE DÉTOUR

PUBLIKA

Tous les *malls* de KL ne se valent pas. À 5 minutes de taxi au nord-ouest des Lake Gardens et de Bangsar, **Publika** (www.publika.com.my ; 1 Jln Dutamas, Solaris Dutamas) allie art contemporain, culture, shopping et restauration. L'effervescence créative et le libéralisme à tout crin qui y règnent contrastent avec le conservatisme de ses voisins, la Haute Cour islamique et l'immense mosquée.

Les bas loyers ont encouragé les nouveaux talents à ouvrir boutiques, espaces de création et entreprises dans cette structure à usage mixte. Fresques éblouissantes dans le *food court*, thèmes insolites dans les toilettes, superbe espace de jeux pour enfants et citations gravées sur le dallage de la place en font un bel endroit à explorer. Vous trouverez la fabuleuse épicerie **B.I.G.** au sous-sol, ainsi que de nombreux restaurants et bars, dont The Bee (p. 87).

Côté galeries, le **MAP** propose une belle programmation dans sa White Box et sa Black Box. Outre les événements ponctuels, il y a des projections gratuites chaque lundi sur la place et un beau marché d'art et d'artisanat le dernier dimanche du mois.

Mid Valley Megamall CENTRE COMMERCIAL
(www.midvalley.com.my ; Lingkaran Syed Putra). 300 boutiques, 2 grands magasins, un cinéma de 18 salles, un bowling, un immense *food court* et même un temple hindou coloré : gare à ne pas vous perdre dans ce colossal "méga" complexe ! Il abrite même un petit frère total luxe, le **Gardens Mall** (www.thegardens.com.my ; Mid Valley City, Lingkaran Syed Putra). Pour vous y rendre, descendez à la station Mid Valley du KL Komuter. Sinon, prenez un bus Rapid KL pour Chinatown, puis une navette gratuite pour la station LRT Bangsar.

Valentine Willie Fine Art GALERIE D'ART
(Carte p. 86 ; ☎2284 2348 ; www.vwfa.net ; 17 Jln Telawi 3 ; ⏲12h-20h lun-ven, 12h-18h sam). Une des meilleures galeries de KL. Elle expose certains des artistes les plus renommés du pays et organise de nombreux vernissages.

Wei-Ling Gallery GALERIE D'ART
(Carte p. 56 ; www.weiling-gallery.com ; 8 Jln Scott ; ⏲12h-19h lun-ven, 10h-17h sam). Les deux étages supérieurs de cette ancienne *shophouse* ont été transformés en galerie contemporaine qui met à l'honneur les artistes locaux.

Silverfish Books LIBRAIRIE
(Carte p. 86 ; ☎2284 4837 ; www.silverfishbooks.com ; 28-1 Jln Telawi ; ⏲10h30-20h30 lun-ven, 10h30-18h sam). Bonne librairie locale doublée d'une maison d'édition qui publie des auteurs malaisiens contemporains.

AILLEURS

Royal Selangor Pewter Factory ART ET ARTISANAT
(☎4145 6122 ; www.visitorcentre.royalselangor.com ; 4 Jln Usahawan Enam ; ⏲9h-17h). Le plus grand fabricant d'étains au monde a sa manufacture à 8 km au nord-est du centre-ville. Cet alliage de plomb et d'argent se travaille très bien, d'où une abondance de souvenirs à acheter. Pourquoi ne pas essayer vous-même de marteler un plat en étain à la **School of Hard Knocks** (p. 61) ? Le centre d'information de l'usine éclaire bien cette technique. Pour venir, le LRT mène jusqu'à la station Wangsa Maju, où l'on prendra un taxi. Points de vente dans les *malls* de KL, notamment au **Suria KLCC**.

ℹ Renseignements

Accès Internet

Les cafés Internet sont légion et le tarif de 3 RM l'heure. Ceux qui voyagent avec un portable Wi-Fi pourront surfer et envoyer gratuitement des e-mails depuis quantité de cafés, restaurants, bars et hôtels.

Argent

Banques et distributeurs de billets (DAB) jalonnent les rues. Ouverts en permanence, y compris le soir et le week-end, les bureaux de change des galeries marchandes proposent souvent des taux plus avantageux que les banques pour les espèces et (parfois) les chèques de voyage.

Immigration

Bureau de l'immigration (☎2095 5077 ; Block I, Pusat Bandar Damansara ; ⏲8h30-17h lun-ven, fermé 12h45-14h45 ven). À 2 km à l'ouest des Lake Gardens. Utile pour proroger votre visa.

Médias

Juice (www.juiceonline.com). Mensuel gratuit, axé sur la vie nocturne et disponible dans les grands hôtels, les restaurants et les bars.

Time Out (www.timeoutkl.com ; 5 RM). Mensuel ; abonnement possible en ligne à la version hebdomadaire, qui renseigne sur l'actualité de KL.

Poste

Poste principale (Jln Raja Laut ; ⏲8h30-18h lun-sam, fermé 1er sam du mois). En face du Central Market, sur l'autre rive.

Office du tourisme

Malaysian Tourism Centre (MaTic ; ☎9235 4900 ; http://matic.gov.my ; 109 Jln Ampang ; ⏲8h-22h). Installé dans un hôtel particulier bâti en 1935, et curiosité touristique par lui-même, cet office du tourisme est le plus utile. Il présente de bons spectacles à vocation culturelle.

Services médicaux

Il y a des pharmacies partout, et la chaîne Guardian a des officines dans la plupart des galeries marchandes.

Hôpital de Kuala Lumpur (⏲2615 5555 ; www.hkl.gov.my ; Jln Pahang). Au nord du centre-ville.

Tung Shin Hospital (⏲2072 1655 ; http://tungshin.com.my ; 102 Jln Pudu)

Twin Towers Medical Centre KLCC (⏲2382 3500 ; www.ttmcklcc.com.my ; 4e ét., Suria KLCC, Jln Ampang ; ⏲8h30-18h lun-sam)

ℹ Depuis/vers Kuala Lumpur

Avion

L'aéroport principal de KL, le **Kuala Lumpur International Airport** (KLIA ; ☎8777 8888 ; www.klia.com.my), se trouve à Sepang, soit à 75 km au sud du centre-ville. Les vols de la

BUS INTERRÉGIONAUX (INTERSTATE) AU DÉPART DE PUDU SENTRAL

DESTINATION	PRIX	DURÉE
Alor Setar	40,20 RM	5 heures
Butterworth	31,40 RM	4 heures 30
Cameron Highlands	35 RM	4 heures
Ipoh	17,50 RM	2 heures 30
Johor Bahru	31,30 RM	4 heures
Kuantan	22,10 RM	4 heures
Lumut	24,80 RM	4 heures
Melaka	22,50 RM	2 heures
Mersing	30 RM	5 heures 30
Penang	35,20 RM	5 heures
Singapour	88,50 RM	5 heures 30
Sungai Petani	36,50 RM	5 heures
Taiping	24,80 RM	3 heures 30

compagnie AirAsia atterrissent et décollent du tout proche **Low Cost Carrier Terminal** (LCCT ; ☎8777 8888 ; http://lcct.klia.com.my), qui sera remplacé courant 2013 par le nouveau terminal **KLIA2** (http://klia2.org).

Les appareils de Firefly et Berjaya Air décollent du **SkyPark Subang Terminal** (Sultan Abdul Aziz Shah Airport ; ☎7845 1717; ww.subangskypark.com), à 20 km à l'ouest du centre-ville.

Bus

KL compte plusieurs gares routières, la principale étant Pudu Sentral (ancienne Puduraya), juste à l'est de Chinatown. Un passage couvert bien pratique la relie à la station de métro (LRT) Plaza Rakyat. De Pudu Sentral, des bus partent vers toute la Malaisie péninsulaire, Singapour et la Thaïlande. Les bus pour Kuala Lipis et Jerantut (accès au Taman Negara) partent, eux, de la gare routière Pekeliling. Ceux pour Kota Bharu et Kuala Terengganu partent de la gare routière Putra.

D'autres destinations sont desservies par les compagnies suivantes :

Aeroline (☎6258 8800 ; www.aeroline.com.my). Départs quotidiens pour Singapour (à partir de 90 RM) et Penang (60 RM) depuis le Corus Hotel, Jln Ampang, juste à l'est du KLCC.

Nice (☎2272 1586 ; www.nice-coaches.com.my). Bus pour Singapour (88 RM, 10 bus/jour), Penang (75 RM, 7 bus/jour), Butterworth (68 RM, 2 bus/jour) et Melaka (27 RM, 2 bus/jour) entre autres destinations. Départ devant l'ancienne gare ferroviaire de KL sur Jln Sultan Hishamuddin.

Transtar Travel (☎2141 1771 ; www.transtar.com.sg). Bus pour Singapour (28-90 RM, selon la taille du bus) et Penang (45 RM) partant du 138 Jln Imbi, en face de l'Overseas Restaurant.

STATION PASAR SENI

Des bus partent fréquemment d'à côté de la station LRT Pasar Seni, à Chinatown, notamment les U64, U65, U80 et U81 pour Shah Alam (3 RM), le U91 pour Klang (3 RM), le bus Cityliner 710 pour Pelabuhan Klang (Port Klang, 4 RM), et les U85, U87 et U88 pour Petaling Jaya (3 RM).

GARE ROUTIÈRE PEKELILING

De cette gare proche des stations LRT et monorail de Titiwangsa, tout près de Jln Tun Razak, partent des liaisons routières pour Kuala Lipis (14,70 RM, 4 heures, 8 bus/jour) et Raub (10,90 RM, 2 heures 30, 6 bus/jour). Plusieurs compagnies, dont **Plusliner** (www.plusliner.com) desservent Kuantan (22,10 RM, 4 heures) toutes les 2 heures de 8h à 20h, souvent via Temerloh (11,30 RM). Les bus pour Jerantut (16,80 RM, 3 heures) passent aussi par Temerloh. Départs toutes les 30 minutes pour les Genting Highlands (6 RM) entre 7h et 21h30.

GARE ROUTIÈRE PUDU SENTRAL

Malgré d'importants travaux de rénovation, l'ancienne gare routière Puduraya, toujours bondée, reste le genre d'endroit où l'on n'a pas envie de s'attarder. La foule offre un terrain idéal pour les pickpockets et les voleurs à l'arraché, et les agents des compagnies de bus vous sauteront dessus dès votre arrivée. Le bureau d'informations est près de l'entrée principale ; la **consigne** (3 RM/jour le bagage ; ⏲6h-minuit) et la police touristique sont à l'arrière.

Les guichets se situent à l'étage, accessible par un escalier débouchant sur un parking. Des dizaines de compagnies de bus se succèdent et

TAXIS : TRAJETS À TARIF FIXE (POUR UNE VOITURE)

DESTINATION	PRIX TOTAL
Cameron Highlands (Tanah Rata)	350 RM
Fraser's Hill	180 RM
Genting Highlands	60 RM
Ipoh	240 RM
Johor Bahru	380 RM
Lumut	350 RM
Melaka	150 RM
Penang	500 RM

TRAINS AU DÉPART DE KUALA LUMPUR

DESTINATION	PREMIER	SUPERIOR	ECONOMY
Butterworth		34 RM	
Ipoh		22 RM	12 RM
Jerantut		29 RM	17 RM
Johor Bahru	64 RM	33 RM	
Kuala Lipis		33 RM	20 RM
Padang Besar		44 RM	24 RM
Seremban	58 RM	13 RM	9 RM
Singapour	68 RM	34 RM	
Taiping		28 RM	18 RM
Tampin	50 RM	17 RM	11 RM
Tapah Rd		19 RM	10 RM
Tumpat		43 RM	31 RM
Wakaf Baharu		42 RM	30 RM

les employés hurlent les destinations pour faire venir les clients – mais il faut bien vérifier l'heure de départ car ils vendent parfois des billets pour des bus ne partant que plusieurs heures plus tard. Les véhicules partent de quais numérotés à l'entresol.

Sur les itinéraires principaux, les bus sont si nombreux qu'il suffit la plupart du temps de se présenter au moment du départ. Il vaut quand même mieux réserver son billet la veille, et plusieurs jours à l'avance en période de pointe et les jours fériés, surtout pour les Cameron Highlands et les destinations de la côte est qui sont peu desservies chaque jour.

Transnasional Express (☎1300-888 582 ; www.transnasional.com.my), la compagnie la plus importante, assure des liaisons vers presque toutes les grandes destinations. À l'extérieur de la gare, sur Jln Pudu, plusieurs compagnies privées proposent des billets de bus pour la Thaïlande, Singapour et certains endroits en Malaisie.

GARE ROUTIÈRE PUTRA

Bon nombre de bus pour la côte est utilisent cette gare plus tranquille et moins impressionnante, qui fait face à la gare PWTC (facile à rejoindre par le LRT, station PWTC, ou par un train KTM Komuter, station Putra).

Il y a des dessertes pour Kota Bharu (40,30 RM, 8 heures, 12 bus/jour), Kuantan (22,10 RM, 4 heures, 4 bus/jour) et Kuala Terengganu (40,20 RM, 7 heures, 5 bus/jour).

TERMINAL BERSEPADU SELATAN

Relié à la gare ferroviaire de Bandar Tasik Selatan, à 15 minutes au sud de KL Sentral, le nouveau **Terminal Bersepadu Seletan** (☎9051 2000 ; www.tbsbts.com.my ; Bandar Tasik Selatan) est utilisé pour les destinations au sud de KL. Les départs sont très fréquents pour Seremban, Melaka, Muar, Johor Bahru et Singapour, entre autres villes desservies.

Taxi

Les taxis longue distance, rarement plus rapides que les bus, stationnent à l'étage supérieur de la gare routière Pudu Sentral. Ils ne partent pas avec moins de quatre passagers à bord, sauf si vous réglez le taxi complet. Les péages sont normalement inclus dans le tarif de la course.

Train

Kuala Lumpur est le cœur du réseau ferré national **KTM** (Keretapi Tanah Melayu Berhad ; ☎1300-885 862 ; www.ktmb.com.my ; ⏲renseignements 9h-21h, vente de billets 7h-22h). Tous les trains grandes lignes partent de KL Sentral. Le guichet de renseignements, dans le hall principal, informe sur les horaires et la disponibilité des places.

Il y a des départs quotidiens pour Butterworth, Wakaf Baharu (pour Kota Bharu et Jerantut), Johor Bahru, la Thaïlande et Singapour. Si les prix sont économiques, surtout si vous prenez une place assise et non une couchette (avec supplément), les trajets sont lents. Les trains du KTM Komuter relient aussi KL à la vallée de Klang et à Seremban.

Voiture

KL est le meilleur endroit où louer une voiture pour circuler dans la péninsule. Attention néanmoins à la conduite dans KL, plutôt délicate (et principalement en sens unique).

Tous les loueurs internationaux ont des bureaux à l'aéroport. Les compagnies suivantes,

HÔTELS DE TRANSIT DU KLIA

Si vous avez envie de vous rafraîchir avant de prendre votre avion ou à votre arrivée au Kuala Lumpur International Airport (KLIA), vous apprécierez peut-être les prestations de l'**Airside Transit Hotel** (☎8787 4848 ; www.klairporthotel.com/airside-transit-hotel ; porte 5, Satellite Bldg, KLIA ; d 185 RM/6 heures ; ❄@) qui décline centre de remise en forme, centre d'affaires, spa, sauna et chambres avec sdb et TV.

Établissement bon marché, le **Tune Hotel** (p. 67) a une succursale près du LCC-T, tandis que le luxueux **Pan Pacific KLIA** (☎8787 3333 ; www2.panpacific.com ; ch à partir de 504 RM ; ❄@≋) est relié par une passerelle au terminal principal de l'aéroport.

ouvertes en général de 9h à 17h30 du lundi au vendredi et de 9h à 13h le samedi, ont aussi un bureau en ville :

Avis (☎2144 4487 ; www.avis.com.my ; hall principal, Crowne Plaza Mutiara Kuala Lumpur, Jln Sultan Ismail)

Hertz (☎2148 6433 ; www.hertz.com.my ; rdc, Kompleks Antarabangsa, Jln Sultan Ismail)

Orix (☎2142 3009 ; www.orixauto.com.my ; rdc, Federal Hotel, 35 Jln Bukit Bintang)

ℹ Comment circuler

KL Sentral est le noyau d'un réseau urbain sophistiqué, composé des KTM Komuter, KLIA Ekspres, KLIA Transit, LRT et du Monorail. Malheureusement ces différents réseaux, construits séparément, restent largement indépendants. Les tickets diffèrent généralement d'un réseau à l'autre et les correspondances, dans les stations où elles existent, sont rarement pratiques. Cela dit, on peut éviter le plus gros de la circulation du centre de KL en associant lignes de chemin de fer et monorail, et échapper ainsi aux embouteillages infernaux qui plombent les artères de la cité.

Depuis/vers les aéroports

KLIA

Le moyen le plus rapide de rallier KL depuis le KLIA est le **KLIA Ekspres** (www.kliaekspres.com ; aller adulte/enfant 35/15 RM, aller-retour 70/30 RM), un trajet de 28 minutes, à raison d'un servcice toutes les 15 minutes de 5h à 1h. Une fois à KL Sentral, vous pourrez aller jusqu'à votre destination par le KMT Komuter, le LRT ou le monorail, ou encore en taxi.

Le **KL Transit train** (adulte/enfant aller simple 35/15 RM) relie aussi en 35 minutes le KLIA à KL Sentral. Il s'arrête à Salak Tinggi, Putrajaya et Cyberjaya et Bandar Tasik Selatan.

Si vous partez de KL par Malaysia Airlines, Cathay Pacific, Royal Brunei ou Emirates, vous pouvez enregistrer vos bagages à KL Sentral avant de rejoindre le KLIA.

L'**Airport Coach** (www.airportcoach.com.my ; aller/aller-retour 10/18 RM), la navette de l'aéroport, vous mène en 1 heure à KL Sentral. Pour 18 RM, elle vous dépose à n'importe quel hôtel du centre et passe vous y reprendre au retour (aller-retour 25 RM). L'arrêt est clairement signalé à l'intérieur du terminal.

Les **taxis** depuis l'aéroport utilisent un système de coupons à prix fixe. Un taxi standard coûte 75 RM (jusqu'à 3 personnes), un taxi Premier 103 RM (4 personnes maximum) et un minivan de 8 places passagers 200 RM. Le trajet prend environ 1 heure ; il vaut mieux acheter son coupon de taxi avant de sortir du hall des arrivées pour éviter les taxis pirates, assez agressifs. Si vous rejoignez l'aéroport en taxi, assurez-vous que le prix convenu inclut les

CARTES MYRAPID ET TOUCH 'N GO

Si vous restez longtemps à KL ou en Malaisie, la carte prépayée peut présenter plus d'un avantage. La carte **MyRapid** (www.myrapid.com.my) est valable dans les bus Rapid KL, le monorail et les lignes de LRT d'Ampang et de Kelana Jaya. Vendue dans les stations de monorail et de LRT, elle coûte 10 RM (dont 8 RM de crédit). Le montant de votre trajet sera automatiquement débité à votre passage aux portillons automatiques ou en montant dans le bus. Rapid KL propose également le **Rapidpass Flexi Touch 'n Go**, valable de 1 à 30 jours (10-150 RM).

La **carte Touch' n Go** (www.touchngo.com.my) est utilisable sur tout le réseau de transports publics de la vallée de Klang, à tous les péages d'autoroutes du pays et sur certains parkings. D'un coût de 10 RM, rechargeable par unités de 20 à 50 RM, on l'achète à KL Sentral et dans les principales stations du LRT : KLCC, Masjid Jamek et Dang Wangi.

KLANG VALLEY RAIL TRANSIT MAP

péages, attendez-vous à payer 65 RM depuis Chinatown ou Jln Bukit Bintang.

Si vous devez changer pour un vol sur AirAsia, il y a une **navette** (3 RM, toutes les 20 min) entre le KLIA et le LCCT. Ceux qui veulent économiser pourront prendre ce bus jusqu'à Nilai (3,50 RM) et là changer pour le train du KTM Komuter jusqu'à KL Sentral (4,70 RM). Un taxi entre les deux aéroports coûte 42 RM.

LCCT

Le **Skybus** (www.skybus.com.my ; aller 9 RM) et l'**Aerobus** (aller adulte/enfant 8/4 RM) assurent des départs au moins toutes les 15 minutes de 4h30 à 0h45. Depuis le LCCT, les taxis utilisant le système des coupons demandent 70 RM jusqu'à Chinatown ou Jln Bukit Bintang (50% de plus entre minuit et 6h). Achetez votre coupon au comptoir près de la sortie du hall des arrivées. Un taxi entre le ville et le LCCT coûte environ 65 RM.

SKYPARK SUBANG TERMINAL

S'il n'y a pas de circulation, comptez 20 minutes et 40 RM pour une course en taxi de Subang au centre-ville.

Bus

On voit surtout des bus **Rapid KL** (☎7885 2585 ; www.rapidkl.com.my) et **Metrobus** (☎5635 3070). Il y a un **kiosque d'information** (⏲7h-21h) près de la station Pasar Seni, à Chinatown.

Les bus Rapid KL sont les plus faciles à utiliser car leurs destinations sont clairement indiquées. Ils sont divisés en quatre catégories et les billets sont valables une journée dans la même catégorie. Les Bas Bandar (lignes commençant par la lettre B, 2 RM) sillonnent le centre-ville. Les Bas Utama (lettre U, 2 RM) vont du centre jusqu'à la banlieue. Les Bas Tempatan (lettre T, 1 RM) desservent la banlieue. Les Bas Ekspres (lettre E, 4 RM) sont des express pour des destinations plus éloignées.

Les bus urbains partent d'une demi-douzaine de petits arrêts tout autour de la ville. Les plus pratiques dans Chinatown sont Jln Sultan Mohamed (à côté de Pasar Seni), Bangkok Bank (sur Lebuh Pudu) et Medan Pasar (sur Lebuh Ampang).

KL Monorail

Le **monorail** (www.myrapid.com.my ; 1,20-2,50 RM ; ⏲6h-minuit) climatisé relie KL Sentral, au sud, à Titiwangsa, au nord. Une liaisons fort pratique entre les quartiers à voir.

KTM Komuter

Les trains **KTM Komuter** (☎1300-885 862 ; http://ktmkomuter.com.my ; ⏲6h-23h45) passent toutes les 15 à 20 minutes et utilisent KL Sentral comme gare principale. Il y a deux lignes : Tanjung Malim-Sungai Gadut et Batu Caves-Pelabuhan Klang. Parmi les arrêts utiles pour vous : Batu Caves, Mid Valley (pour le Mid Valley Megamall), Subang Jaya (pour le Sunway Lagoon), Nilai (pour le bus urbain bon marché vers les aéroports), Klang, Pelabuhan Klang (pour le ferry vers Sumatra) et Seremban. Billets à partir de 1 RM (pour un arrêt).

Light Rail Transit (LRT)

En plus des bus, le **Rapid KL** (☎7885 2585 ; www.rapidkl.com.my) gère le réseau du Light Rail Transit (LRT), assimilable à un métro rapide. Il a trois lignes : Ampang/Sentul Timur, Sri Petaling/Sentul Timur et Kelana Jaya/Terminal Putra. Toutefois, les correspondances sont compliquées car ces trois lignes ont été construites par des entreprises différentes. Si vous changez de l'une à l'autre, il vous faut parfois acheter un nouveau ticket et, souvent, suivre passages, escaliers, ascenseurs ou même sortir et marcher le long de plusieurs pâtés de maisons jusqu'à la nouvelle station.

À chaque tourniquet d'entrée/sortie, un système électronique contrôle les billets (1-2,80 RM pour un trajet unique). Ceux-ci s'achètent au guichet ou au distributeur automatique. Les rames se succèdent toutes les 6 à 10 minutes, de 6h à 23h45. Si vous restez longtemps à KL, investissez dans une carte de transports prépayée.

Taxi

Vous n'aurez aucun mal à trouver des taxis climatisés devant les diverses stations de taxis de KL. Vous pouvez aussi les héler dans la rue, mais les chauffeurs ne s'arrêteront que s'il y a un endroit où se ranger. Les 2 premières minutes coûtent 3 RM, puis 20 sen par 45 secondes supplémentaires. De minuit à 6h, il y a une surtaxe de 50% sur le prix au compteur, et les passagers supplémentaires (au-delà de 2 personnes) devront payer chacun 20 sen. Ajoutez 1 RM par bagage placé dans le coffre et 12 RM pour vous rendre au KLIA.

Certains chauffeurs ont une connaissance géographique limitée de la ville et d'autres refusent d'utiliser le compteur, pourtant obligatoire. Ceux attendant devant les hôtels de luxe et des sites touristiques célèbres comme le KL Bird Park sont particulièrement concernés. Sachez également que les taxis de KL Sentral et de certains grands *malls* comme le Pavilion et le Suria KLCC utilisent un système de coupons consistant à payer sa course à l'avance à un tarif légèrement supérieur.

Si un chauffeur vous impose un tarif fixe, négociez ou trouvez un autre taxi. Pour vous donner une idée, une traversée du centre-ville ne devrait pas dépasser 10 RM au compteur, même s'il y a un peu de circulation. Exigez toujours un reçu et vérifiez que des charges indues n'ont pas été ajoutées, pour des bagages inexistants par exemple.

Selangor et Negeri Sembilan

Dans ce chapitre »

Le top des restaurants

» Ye Olde Smokehouse Fraser's Hill (p. 105)

» Mohana Bistro (p. 109)

» Haji Shariff's Cendol (p. 114)

» Sin Yee Kee (p. 114)

Le top des hébergemnts

» Ye Olde Smokehouse Fraser's Hill (p. 105)

» Avillion Port Dickson (p. 116)

» Thistle Port Dickson Resort (p. 116)

» De Palma Hotel Kuala Selangor (p. 111)

Pourquoi y aller

État le plus urbanisé et industrialisé de Malaisie, le Selangor (www.tourismselangor.org) se distingue par au moins deux curiosités touristiques exceptionnelles, les grottes de Batu et le Forestry Research Institute of Malaysia – aisément accessibles de la capitale en un saut d'une demi-journée, tout comme l'agréable station climatique Fraser's Hill (Bukit Fraser). Kuala Selangor, l'ancienne capitale royale, distille une agréable ambiance de *kampung* (village).

Au sud de KL, la capitale administrative de Malaisie, Putraya, s'affirme par la force de son architecture contemporaine. Plus au sud encore, Seremban, capitale du Negeri Sembilan (http://tourismnegerisembilan.com), permet de découvrir la culture minangkabau.

Les villes qui bordent les eaux agitées du détroit de Malacca ne sont pas les plus plaisantes de Malaisie pour des bains de mer, mais l'on trouve tout de même d'agréables plages et des établissements de tout genre à Port Dickson, tout près de la réserve forestière de Cape Rachado.

Quand partir

Kuala Selangor

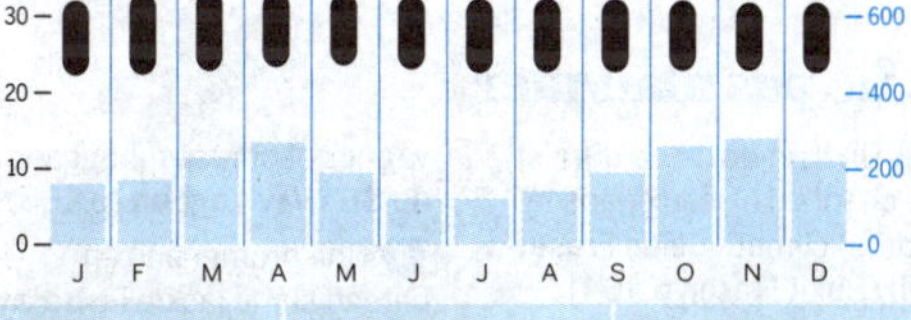

Jan-fév La fête de Thaipusam draine près d'un million de pèlerins dans les grottes de Batu.

Mars-avr Les rapaces en migration vers le nord font halte à Cape Rachado.

Juin Fraser's Hill réunit les plus fervents observateurs d'oiseaux.

À ne pas manquer

1. Un bain de de verdure et de chants d'oiseaux dans la station climatique de **Fraser's Hill** (Bukit Fraser, p. 104)

2. Un festin de saveurs indiennes et chinoises au cœur de la vénérable **Klang** (p. 108)

3. Une pause rafraîchissante et amusante dans la piscine à vagues et sur les toboggans du **Sunway Lagoon** (p. 108)

4. Une promenade en bateau sur le lac de **Putrajaya** (p. 106), pour un point de vue unique sur la ville

5. La passerelle dans la canopée du **Forestry Research Institute of Malaysia** (p. 102)

6. La montée des 272 marches jusqu'aux **grottes de Batu** (p. 101)

7. Une randonnée sur les sentiers de la **Cape Rachado Forest Reserve** (p. 115)

8. La finesse des boiseries du splendide **Istana Lama** (p. 114) à Sri Menanti

Histoire

Au XVe siècle, le territoire qui est maintenant le Selangor et le Negeri Sembilan se trouvait sous le contrôle de Melaka. Face à la montée en puissance des Bugis (de belliqueux marins malais venus de Sulawesi au Selangor, les Minangkabau réclamèrent la protection de leur pays natal, Sumatra. En 1773, Raja Melewar, prince minangkabau de Sumatra, reçut le titre de premier *yang di-pertuan besar* (chef d'État) du Negeri Sembilan. De cette alliance initiale naquit une confédération informelle de neuf *luak* (clans) et Sri Menanti devint la capitale royale du Negeri Sembilan.

Au XVIe siècle, une fois Melaka tombée aux mains des Portugais, le contrôle du Selangor, région stratégique riche en étain, fit l'objet d'une lutte acharnée. Au milieu du XVIIIe siècle, les Bugis avaient mis en place le sultanat actuel, dont la capitale était Kuala Selangor. Un siècle plus tard, le succès du commerce de l'étain et la richesse croissante des communautés chinoises de la jeune cité de Kuala Lumpur entraînèrent des conflits parmi les chefs du Selangor et entre les mineurs. S'ensuivit une guerre civile prolongée qui interrompit l'extraction du métal et provoqua la destruction de KL. En 1874, ces conflits avaient pris fin, mais les Britanniques prirent le contrôle de la région et le sultan se vit imposer la présence du premier résident britannique. Le quart de siècle qui suivit, l'État prospéra, en grande partie grâce à la hausse du prix de l'étain.

Une telle richesse en étain valut au Negeri Sembilan nombre de tensions au XIXe siècle, l'instabilité politique se nourrissant des appétits aiguisés par la valeur du métal. Après la mort de Raja Melewar, des chefs venus de Sumatra prirent tour à tour le titre de *yang di-pertuan besar* jusqu'à ce qu'une succession de guerres liées à l'étain (1824-1832) brise tout lien politique avec Sumatra.

Plus tard, le résident britannique Frank Swettenham persuada les sultans du Selangor, du Negeri Sembilan, du Perak et du Pahang de former une alliance qui allait devenir, en 1896, les États malais fédérés. La fédération fut alors gouvernée depuis KL, ressuscitée de ses cendres et devenue une cité ordonnée et prospère au tournant du XXe siècle. C'est en 1974 que le sultan du Selangor céda la ville de Kuala Lumpur, qui devint territoire fédéral, Shah Alam devenant la capitale de l'État du Selangor. À la fin des années 1990, Putrajaya, la capitale fédérale administrative, fut à son tour séparée du Selangor.

SELANGOR

Grottes de Batu

À 13 km au nord de KL, non loin de la route vers Ipoh, une colline de calcaire escarpée dissimule ces impressionnantes grottes officiellement découvertes il y a 120 ans par le naturaliste américain William Hornaday. Peu après, des hindous bâtirent un petit autel dans la plus grande grotte, qui prit le nom de grotte du Temple (Temple Cave).

Une gigantesque statue dorée de Muruga, ou seigneur Subramaniam, se dresse au bas des 272 marches conduisant à la grotte du Temple. L'arrière de la cavité principale, très haute, donne sur une autre grotte aux airs d'atrium. Les singes gambadent autour des autels.

À voir

Dark Cave GROTTE
(www.darkcavemalaysia.com/site ; adulte/enfant 35/25 RM ; 10h-17h mar-ven, 10h30-17h30 sam-dim, visites toutes les 20 min). À la 204e marche, prenez le sentier qui mène à la Dark Cave. La visite guidée de 45 minutes parcourt environ 800 m des 2 km de galeries et 7 cavités. Au milieu des spectaculaires formations de calcaire vivent deux espèces de chauves-souris et des centaines d'autres espèces, telle la rare mygale fouisseuse noire. Consultez le site Internet pour vous renseigner sur la visite plus musclée de 2 à 3 heures, pour laquelle il faudra ramper dans des tunnels étroits.

THAIPUSAM AUX GROTTES DE BATU

Tous les ans, fin janvier ou début février, un million de pèlerins se regroupent aux grottes de Batu pendant les trois jours du Thaipusam (voir p. 584). Une procession part du temple Sri Mahamariamman de Chinatown, à KL, portant le seigneur Muruga sur un char en argent. Pour profiter du spectacle au milieu de la foule, il faut venir dès l'aube et apporter nourriture et boisson.

RIMBU DAHAN

Ouverte au public de façon restreinte pour des expositions ou des événements, cette propriété privée (à environ 20 minutes en voiture à l'ouest de Kepong et à 1 heure de KL) est un centre de développement d'art traditionnel et contemporain. Le site Internet de **Rimbun Dahan** (☎6038-3690 ; www.rimbundahan.org/home.html) indique dates et heures d'ouverture.

Outre la galerie, vous découvrirez des bâtiments conçus par l'architecte Hijjas Kasturi, à l'origine des impressionnantes tours Tabung Haji et Menara Maybank de Kuala Lumpur. Il y a aussi une maison traditionnelle malaise du XIXe siècle et un jardin empli de plantes indigènes.

Cave Villa GROTTE

(☎012-910 8389 ; www.cavevilla.com.my ; adulte/enfant 15/7 RM ; ⏲9h-18h). Au pied de l'affleurement calcaire se trouvent la billetterie, puis un bassin rempli de carpes koï. Des sculptures de divinités hindoues peintes de couleurs vives illustrent des paraboles de la *Bhagavad Gita* et d'autres textes sacrés. À l'extérieur, on peut découvrir une volière, ainsi qu'une zone dédiée à plus d'une centaine d'espèces de reptiles (dont un python de 7,6 m de long). Un spectacle de danse indienne traditionnelle a également lieu toutes les heures, à la demie.

Depuis/vers les grottes de Batu

Les trains du KTM Komuter ont leur terminus à la gare des grottes de Batu (1,30 RM au départ de KL Sentral, 25 min, toutes les 30 min). Le bus U6 (2,50 RM, 45 min, toutes les 30 min) part de Medan Pasar, à KL. La course en taxi depuis KL coûte 20 RM environ.

Forestry Research Institute of Malaysia (FRIM)

Laissez derrière vous le ronronnement des moteurs et l'air conditionné pour les chants d'oiseaux et la végétation luxuriante de l'**Institut de recherche forestière de Malaisie** (FRIM ; ☎6279 7575 ; www.frim.gov.my ; Selangor Darul Ehsan ; 5 RM ; passerelle dans la canopée adulte/enfant 10/1 RM ; ⏲centre d'information 8h-17h lun-ven, 9h-16h sam-dim ; passerelle 9h30-14h30 mar-jeu et sam-dim ; musée 9h-16h mar-dim ; Malay Teahouse 9h-19h). Pour le visiteur, la **passerelle dans la canopée** (Canopy Walkway) est le trésor de ces 600 ha de forêt vierge situés à Kepong et faisant partie de la Bukit Lagong Forest Reserve, à 16 km au nord-ouest de KL. On marche ainsi sur 200 m dans la canopée à 30 m au-dessus du sol (attention au vertige).

On accède à ce pont suspendu par le raidillon qui part du **Centre d'informations du FRIM** (⏲8h-17h lun-ven, 9h-16h sam-dim), où il faut passer s'inscrire et prendre les plans des sentiers du parc. Au pied de la passerelle part un sentier qui traverse la forêt primaire jusqu'à une aire de pique-nique ombragée où l'on peut se rafraîchir dans une série de cascades. Le retour par la passerelle dans la canopée prend environ 2 heures. Apportez de l'eau.

Le parc abrite aussi deux belles maisons en bois traditionnelles de Melaka et de Terengganu, ainsi qu'un **musée** présentant l'habitat dans les forêts tropicales humides et les recherches du FRIM sur le milieu forestier. Outre une prairie humide et une mare où vit un *arapaima gigas* (gigantesque poisson d'eau douce), plusieurs arboretums mettent en valeur les différentes essences d'arbres de la forêt malaise.

Depuis/vers le FRIM

Prenez un train KTM Komuter pour Kepong (1,30 RM), puis un taxi (5 RM), en convenant du retour avec le chauffeur. Apportez votre pique-nique ou bien optez pour la cuisine familiale malaise correcte (environ 10 RM avec une boisson) servie par la cantine du FRIM, ouverte toute la journée.

Hulu Klang et Gombak

D'une superficie supérieure à 62 ha, le **zoo Negara** (zoo national ; ☎03-4108 3422 ; www.zoonegaramalaysia.my ; adulte/enfant 15/6 RM, insectarium et parc aux papillons adulte/enfant 5/3 RM ; ⏲9h-17h) réunit autour d'un lac central de nombreuses espèces sauvages natives de Malaisie, dont des tigres, mais aussi des animaux d'Asie ou d'Afrique. Certains enclos mériteraient d'être plus grands, mais c'est tout de même l'un des plus beaux zoos d'Asie. Il se trouve à **Hulu Klang**, à 13 km au nord-est de KL.

Vous pouvez acheter des sachets de carottes séchées et du bambou vert pour nourrir les éléphants, les chameaux, les cerfs et les girafes : ces friandises ont été choisies pour compléter le régime naturel des animaux. Il est aussi possible de proposer ses services comme bénévole une journée pour parfaire la visite (informations sur le site Internet).

Du centre de KL, prenez un taxi (30 RM environ) ou bien le Metrobus n°16 ou encore le KL Rapid U23 (3 RM) au départ de Medan Pasar.

À Gombak, village assoupi à 25 km au nord de KL, le **musée Orang Asli** (☎6189 2113 ; www.jheoa.gov.my/web/guest/25 ; ⏲9h-17h sam-jeu) permet de découvrir les coutumes des peuples natifs de Malaisie. Très bien faites, les vitrines présentent vêtements en écorce de terap et d'ipoh, parures personnelles, instruments de musique et équipements de chasse, accompagnés de notices expliquant mode de vie et culture des Orang Asli (les populations aborigènes), complétées de documentaires vidéo à voir sur demande.

La boutique du musée vend de magnifiques sculptures sur bois des Hma' Meri, qui vivent sur Pulau Carey, ainsi que du *tongkat ali*, variété de ginseng commercialisée avec l'étiquette "Viagra malaisien".

Le bus U12 (3 RM, 1 heure 30) partant de Medan Pasar à KL dessert le village.

Genting Highlands

À 50 km au nord de KL, à la frontière du Pahang, cette station d'altitude contraste fortement avec les villégiatures très "vieille Angleterre" des autres régions de Malaisie. Sa raison d'être est le **Resort World Genting** (☎2718 1888 ; www.rwgenting.com), un casino brillant de mille feux, le seul du pays. Un des rares attraits du lieu est la fraîcheur ambiante ; à 2 000 m d'altitude, nul besoin de climatisation ! Vous y parviendrez en 3,4 km de téléphérique **Genting Skyway** (aller 6 RM ; ⏲7h30-23h lun-jeu, 7h30-minuit ven-dim), un parcours de 11 minutes au-dessus de la forêt tropicale humide. Les petits adoreront les **parcs à thème intérieur et extérieur** (parc intérieur adulte/enfant à partir de 50/35 RM ; parc extérieur 28/30 RM ; les deux 66/45 RM), avec toboggans aquatiques, trains fantômes, mur d'escalade et un tunnel à vent permettant de simuler la chute libre !

Où se loger et se restaurer

Depuis KL, il est facile de faire l'aller-retour dans la journée. Ceux qui souhaitent s'attarder séjourneront dans l'un des 5 hôtels de la station (une capacité totale de 10 000 lits). Les tarifs bondissent le samedi et les jours fériés. Vérifiez-les sur Internet ou auprès de l'**agence de réservation** (☎03-2718 1118 ; Wisma Genting, 28 Jln Sultan Ismail ; ⏲8h30-18h

VAUT LE DÉTOUR

KUALA KUBU BHARU

Certes, la plupart des voyageurs se contentent de traverser Kuala Kubu Bharu (dite "KKB"), à 72 km au nord de KL, sur leur route pour Fraser's Hill. Cette petite ville au charme d'antan n'en offre pas moins la possibilité de pratiquer diverses activités, dont le rafting et le kayak sur le Selangor Dam (barrage), le Sungai Selangor ou le Sungai Chiling. **Pierose Swiftwater** (www.raftmalaysia.com) est une agence recommandée.

Les gens aiment particulièrement le sentier de randonnée qui mène en 1 heure 30 de marche à travers la jungle jusqu'à la **cascade de Chiling**, qui dégringole de 20 m sur le Sungai Chiling. Si bien balisé que soit cet itinéraire au départ du Rainbow Bridge – sur la route 55 en direction de Fraser's Hill –, il est préférable de louer les services d'un guide, car vous devrez traverser cinq fois la rivière qui grossit souvent sans prévenir. Au départ de KL, **Happy Yen** (☎017-369 7831 ; www.happyyen.com ; 250 RM/pers) organise ce type d'excursion.

KKB est desservie par le KTM Komuter (5,60 RM) au départ de KL, avec correspondance à Rawang. De la gare, la course en taxi jusqu'au centre-ville est facturée environ 5 RM. L'hébergement étant basique et limité, mieux vaut utiliser Fraser's Hill comme point de chute ou faire le choix plus rustique mais très confortable d'un bungalow dans la forêt à la **Sekeping Serendah Retreat** (☎012-324 6552 ; www.serendah.com ; bungalows à partir de 500/650 RM ; ❄), située à proximité de Serendah, à 35 km au sud de KKB et sur la ligne de chemin de fer.

lun-ven, 8h30-13h sam) à KL. Les endroits pour se restaurer ne manquent pas : étals de rue bon marché et *food courts* bruyants sont légion.

First World Hotel HÔTEL $$
(ch à partir de 150 RM ; @ 📶). Avec ses 6 500 lits, c'est le plus grand hôtel de Malaisie. Des chambres anonymes mais correctes.

Maxims Genting HÔTEL $$$
(ch à partir de 550 RM ; @ 📶 🏊). L'établissement le plus luxueux de Genting, conçu pour dorloter les gros joueurs.

Depuis/vers Genting Highlands

De KL, vous trouverez des bus toutes les heures (parfois toutes les 30 min) entre 7h30 et 20h30 au départ de la gare routière Pudu Sentral (adulte/enfant 8,50/6,80 RM, 1 heure 30), et à l'heure pile de 8h à 19h au départ de KL Sentral (8,30/6,70 RM). Dans le trajet est compris le trajet en téléphérique *Skyway*. La course en taxi depuis KL coûte environ 70 RM.

Le **Go Genting Golden Package** (58 RM) comprend le trajet aller-retour depuis KL, le transfert en Skyway et soit un pass pour un parc à thème, soit un déjeuner-buffet au Coffee Terrace. Achetez votre pass à la billetterie Genting, à KL Sentral, ou au **Bureau principal des ventes** (☎2718 1118 ; www.rwgenting.com ; 28 Jln Sultan Ismail, Wisma Genting ; ⏲8h30-18h lun-ven, 8h30-13h sam), où vous pourrez également réserver votre nuit d'hôtel.

Fraser's Hill (Bukit Fraser)

☎09

Une centaine de kilomètres sépare Fraser's Hill (Bukit Fraser, 1 524 m) de la capitale. Incontestablement plus "coloniale" et moins développée que Genting Highlands ou Cameron Highlands, les deux stations climatiques qui drainent le plus de visiteurs, Fraser's Hill et ses sept collines couvertes d'une forêt dense offrent le cadre idéal à qui veut effectuer des randonnées peu difficiles et observer les oiseaux.

Cette douce et calme station tire son nom de Louis James Fraser. Malheureux chercheur d'or en Australie, cet Écossais aventureux arrivé en Malaisie dans les années 1890, en plein essor de l'étain, eut l'idée d'utiliser des mules pour transporter le minerai à travers les collines. Il aurait aussi été à la tête de fumeries d'opium et de maisons de jeu. Tout cela avait disparu (avec lui) quand, en 1917, l'évêque de Singapour Ferguson-Davie, venu à la recherche de Fraser, comprit le potentiel du lieu comme station d'altitude, et en informa par écrit le haut commissaire à son retour à Singapour. Quelques années plus tard, cette "petite Angleterre" nichée au cœur de la jungle malaisienne voyait le jour.

Comme Genting Highlands, Fraser's Hill se trouve à cheval sur les deux États de Selangor et de Pahang, la plupart des visiteurs arrivant du Selangor. Consultez le site de la station : www.fraserhill.info.

À voir et à faire

L'abondance de la flore et de la faune, particulièrement des **oiseaux**, fait l'essentiel de son attrait. On y a répertorié 265 espèces aviaires, dont l'arrenga de Robinson, l'amical bouscarle du Kinabalu, la pirolle verte à la couleur éclatante et l'eurylaime psittacin, au plumage bleu ciel. Le temps fort du calendrier d'observation local est le mois de juin, quand la station accueille l'International Bird Race au cours de laquelle des équipes tentent de battre le record d'observation d'espèces différentes.

Dans le centre sportif qui fait face à la Puncak Inn, le **club-house du golf** (carte p. 105) abrite un centre d'interprétation de la faune aviaire – demandez la clé au personnel de la Puncak Inn. Vous y trouverez aussi une brochure rassemblant les diverses randonnées au départ de la station, en général simples et bien indiquées. Pour parcourir les 5 km du Pine Tree Trail, randonnée de quelque 6 heures qui passe par trois sommets, dont celui de Pine Tree Hill (1 505 m), un guide est nécessaire, tel **Mr Durai** (☎013-983 1633 ; durefh@hotmail.com ; 30 RM/heure).

Face à la Puncak Inn s'étire un beau **terrain de golf** (☎362 2129 ; Jln Genting ; green fee lun-ven/sam-dim 30/40 RM, location d'un demi-jeu/jeu complet de clubs 15/30 RM) ; les clients de la Puncak Inn et de la Shahzan Inn bénéficient d'une réduction de 20%. À l'est du golf, le **paddock** propose équitation (5-8 RM) et pratique du tir à l'arc (8 RM). Il est aussi possible de louer une barque (6 RM/15 min) pour canoter sur l'Allan's Waters, petit lac proche de la pépinière.

On peut aussi aller se baigner au pied de la **cascade de Jeriau**, sur Jln Air Terjun. Située à environ 4 km au nord-ouest du centre-ville, on la rejoint aisément en 20 minutes de grimpette depuis la route.

Fraser's Hill (Bukit Fraser)

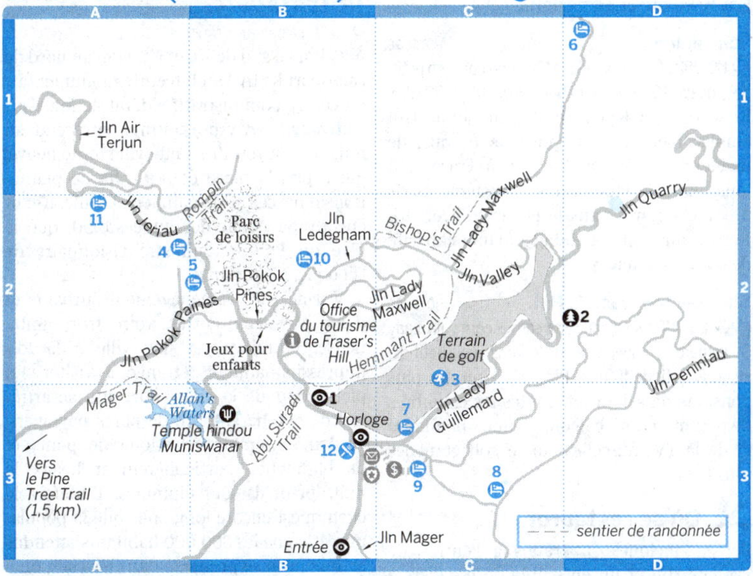

Fraser's Hill (Bukit Fraser)

À voir

1 Golf Clubhouse B3
2 Paddock (équitation, tir à l'arc) D2

Activités

3 Terrain de golf C2

Où se loger

4 Brinchang Bungalow A2
5 Jelai Bungalow B2
6 Jerantut Bungalow D1
7 Pekan Bungalow C3
8 Raub Bungalow C3
9 Shahzan Inn Fraser's Hill C3
10 Temerloh Bungalow B2
11 Ye Olde Smokehouse Fraser's Hill A2

Où se restaurer

12 Hill View B3

Où se loger

L'atmosphère intensément humide de Fraser's Hill explique les inévitables traces de moisissure dans les chambres. En majorité, les nombreux hébergements facturent leurs prestations 20 à 40% de plus le week-end et les jours fériés, périodes pour lesquelles il faut réserver. Le petit-déjeuner est en général inclus.

Ye Olde Smokehouse Fraser's Hill HÔTEL
(☎362 2226 ; www.thesmokehouse.my ; Jln Jeriau ; d/ste à partir de 308/385 RM). Poutres apparentes, bûches dans la cheminée, lits à baldaquin et chintz, tout pour vous faire succomber au charme britannique. Même si vous n'y dormez pas, venez y déjeuner d'une bonne tourte ou d'une viande rôtie ou encore prendre le thé (18 RM) en terrasse.

Highland Resthouse Holdings Bungalows COTTAGES $$
(☎à KL 09-362 2645 ; www.hrhbungalows.com ; wifi). Consultez le site Internet de cette agence pour plus de renseignements sur le nombre de pièces de chaque cottage ou chalet. Comptez de 180 RM pour une des 8 chambres du bungalow Pekan (une option bien tenue donnant sur le golf) à 2 000 RM pour la location complète du **Jerantut bungalow**, avec 4 chambres. L'agence gère

également les cottages **Brinchang**, **Jelai**, **Raub**, **Pekan** et **Temerloh**.

Puncak Inn HÔTEL $$
(☎09-3622 007 ; puncakinn1@yahoo.com ; ch petit-déj inclus 100 RM, app/bungalow 120/300 RM). Rénové depuis peu, le Puncak jouit d'un emplacement central pratique et offre le meilleur rapport qualité/prix à Fraser's. Il loue aussi un studio, des appartements de 2 et 3 chambres dans le Fraser's Silverpark Resort, ainsi que 4 cottages d'une capacité de 4 à 15 couchages.

Shahzan Inn Fraser's Hill HÔTEL $$
(☎362 3300 ; shahzan7@streamyx.com ; Jln Lady Guillemard ; ch avec vue sur le jardin/golf petit-déj inclus à partir de 150/174 RM ; 📶). L'un des plus plaisants où séjourner. Toutes les chambres disposent d'un balcon, d'une bouilloire et de la TV sat, celles sur le golf étant les plus belles.

Où se restaurer

Il y a quelques supérettes à l'entrée de Fraser's Hill et un ensemble de *hawkers* à côté de l'aire de jeux. Tous les hôtels possèdent des restaurants, celui de Ye Olde Smokehouse se détachant du lot.

Hill View OCCIDENTAL, CHINOIS $
(Hawker's Stalls, Pine Tree Rd ; plats à partir de 10 RM ; 🕘9h30-21h). Pour manger en toute simplicité la cuisine familiale de cette échoppe transmise de génération en génération.

Renseignements

Office du tourisme de Fraser's Hill
(FHDC ; ☎362 2207 ; www.pkbf.org.my ; Puncak Inn, Jln Genting ; 🕘8h-17h lun-ven). Renseignements, plans et brochures. Liste de guides de randonnée sur demande.

Maybank (Shahzan Inn, Jln Lady Guillemard ; 🕘9h15-16h30 lun-jeu, 9h15-16h ven). Elle a un DAB, accepte les cartes bancaires, change les devises et les chèques de voyage.

Depuis/vers Fraser's Hill

On accède à Fraser's Hill par Kuala Kubu Bharu (KKB, p. 103). La course simple/aller-retour en taxi de KKB à Fraser's Hill coûte 80/200 RM attente comprise, ou bien 150/300 RM au départ de la gare routière Pudu Sentral à KL.

Si vous êtes motorisé, sachez qu'il n'y a pas de station-service à Fraser's Hill ; les plus proches se trouvent à Raub et à KKB.

Putrajaya

☎03 / 68 000 HABITANTS

À 25 km au sud de KL et à 20 km au nord de l'aéroport KLIA, l'architecture monumentale du centre administratif fédéral de Malaisie, **Putrajaya** (www.ppj.gov.my), surprend au milieu de la verdure. Cette ville toute neuve, qui a pris la place de 4 932 ha de plantations d'hévéas et de palmiers à huile, n'était encore, au début des années 1990, que le rêve du Premier ministre visionnaire de l'époque, Mahathir.

Vitrine de l'aménagement urbain et d'une architecture très, voire trop, ambitieuse, Putrajaya est une ville à la fois impressionnante et étrange à visiter. En plein cœur de la ville s'étire un lac artificiel de 600 ha entouré de parcs paysagers, et d'un ensemble éclectique de ponts et de bâtiments, particulièrement beaux la nuit, lorsqu'ils sont illuminés. Toutefois, le chemin est encore long pour que la population atteigne les 300 000 habitants attendus et, lorsqu'on se promène dans les rues, on a l'impression d'une belle endormie. Un peu plus de 97% de la population de Putrajaya est musulmane.

À voir et à faire

Architecture urbaine BÂTIMENTS CLÉS
Toute une série de bâtiments monumentaux, chacun différent, bordent Persiaran Perdana. Ce boulevard principal relie le **Putrajaya Convention Centre** (☎8887 6000 ; Presint 5), sorte de vaisseau spatial posé sur les hauteurs de la ville d'où il est agréable de la contempler, à la place circulaire nommée **Dataran Putra** (Putra Square). Ne manquez pas l'**Istana Kehakiman** (palais de justice), de style moghol, et la porte musulmane moderne faisant face au **Kompleks Perdadanan Putrajaya** (Putrajaya Corporation Complex) et à la **mosquée Tuanku Mizan Zainal Abidin**, au remarquable dôme en acier inoxydable.

Dataran Putra est encadrée par **Perdana Putra**, le bureau du Premier ministre, et la magnifique **Masjid Putra** (🕘pour les non-musulmans 9h-12h30, 14h-16h et 17h30-18h sam-jeu, 15h-18h et 17h30-18h ven), au dôme d'inspiration safavide (Iran), décoré de rose et de blanc, et pouvant accueillir jusqu'à 15 000 fidèles. Les visiteurs non-musulmans, vêtus correctement, sont les bienvenus en dehors des heures de prière.

La ville compte neuf ponts, tous de style différent. Le plus long, le **Putra Bridge** (435 m) est une réplique du pont Khaju d'Ispahan (Iran). Le plus futuriste, **Wawasan Bridge**, relie tel une voile les Presints 2 et 8.

Promenade sur le lac CROISIÈRE

C'est du lac que l'on apprécie le mieux bâtiments et ponts. **Cruise Tasik Putrajaya** (☎8888 3769 ; www.cruisetasikputrajaya.com ; adulte/enfant 40/26 RM ; ⌚10h-18h lun-jeu, 10h-20h ven-sam, 10h-19h dim), juste à la sortie du Putra Bridge côté Dataran Putra, propose une mini-croisière (30 min) en Perahu Dondang Sayang, une sorte de gondole qui part à la demande, ou une croisière sur le *Belimbing* climatisé (adulte/enfant 50/35 RM, 45 min, départs toutes les heures).

Taman Botani JARDINS

(jardin botanique ; ☎8888 9090 ; Presint 1 ; entrée libre ; ⌚9h-12h et 14h-17h sam-jeu, 9h-11h et 15h-17h ven). Ces 93 ha tropicaux au nord de Perdana Putra, non loin de la résidence officielle du Premier ministre, vous charmeront. Outre le centre d'information des visiteurs, il existe un restaurant au bord du lac, un tramway touristique (4 RM) et des vélos à louer (2 RM/heure).

Mangrove de Taman PARC

(mangrove protégée ; ☎8887 7773 ; entrée libre ; ⌚parc 7h-19h, centre d'interprétation de la nature 9h-18h). Lieu propice à la contemplation, la mangrove de Taman peuplée de flamants roses, d'animaux aquatiques, d'oiseaux d'eau et de papillons est sillonnée de sentiers nature. Tables de pique-nique sur le lac, sorties en canoë et en bateau.

Où se loger et se restaurer

Putrajaya Shangri-la HÔTEL $$$

(☎8887 8888 ; www.shangri-la.com ; Taman Putra Perdana, Presint 1 ; ch à partir de 430 RM ;). De style contemporain, cet hôtel élégant aux vastes chambres reposantes profite d'une vue superbe sur une colline, de l'autre côté du lac. Le restaurant **Azur**, qui sert une cuisine internationale joliment présentée, est l'un des meilleurs de la ville.

Pullman Putrajaya Lakeside COMPLEXE HÔTELIER $$$

(☎8890 0000 ; www.pullmanputrajaya.com ; 2 Jln P5/5, Presint 5 ; ch à partir de 417 RM ;). Situé non loin du Convention Centre, cet immense complexe hôtelier propose 4 styles d'hébergement : indien, chinois, malais ou bornéen (donnant sur le lac). Les chambres et les équipements sont excellents, et l'un des restaurants permet de dîner en plein air sur le lac.

Alamanda CENTRE COMMERCIAL $

(www.alamanda.com.my ; repas 10 RM ; ⌚10h-22h). Le centre commercial branché de Putrajaya abrite plusieurs restaurants, ainsi qu'un excellent *food court* fréquenté par les fonctionnaires locaux.

Selera Putra FOOD COURT $

(repas 10 RM ; ⌚9h-19h lun-ven, 9h-21h sam-dim). Ce *food court* situé derrière Dataran Putra est réputé pour ses plats malais bon marché et sa jolie vue sur le lac.

Depuis/vers Putrajaya

Les navettes ferroviaires entre KL Sentral (carte p. 56) et le KLIA s'arrêtent en gare de Putrajaya-Cyberjaya (de KL Sentral, comptez 9,50 RM l'aller simple, 20 min).

Pour aller de la gare à Dataran Putra, prenez les bus n°s 100, 101 ou 300 (50 sen). Sinon, il vous en coûtera 13 RM en taxi. La meilleure

GRAND PRIX DE MALAISIE

À 65 km au sud de KL et à 10 minutes en voiture à l'est de l'aéroport KLIA, le **circuit international de Sepang** (☎03-8778 2222 ; www.sepangcircuit.com) accueille chaque année en mars ou avril le Grand Prix de F1 de Malaisie. Les places valent au minimum 100 RM. De nombreux trains et bus sont affrétés spécialement vers le circuit pendant les trois jours du Grand Prix (à partir de 80 RM aller-retour depuis le centre de KL).

D'autres courses de voitures ou de motos ont lieu ici tout au long de l'année (agenda sur le site Internet). Si on on peut visiter le **Musée automobile** (entrée libre ; ⌚9h-18h) sur réservation par téléphone. En consultant le site Internet, vous connaîtrez les jours durant lesquels le circuit est ouvert aux Schumacher en herbe et à leur propre voiture (200 RM) ou moto (moins de 250cm^3 : 70 RM, plus de 250cm^3 : 100 RM).

solution pour visiter la ville reste de louer un taxi pendant 1 heure (40 RM).

On loue des vélos (4 RM/h) au **kiosque de l'office du tourisme** (⏲8h-13h, 14h-17h30 sam-jeu, 8h-12h15 et 14h45-17h30 ven) sur Dataran Putra. De là et de la gare de Putrajaya, le **circuit en bus Best of Putrajaya** (☎03-8887 7690 ; 1 RM ; ⏲11h30 et 15h sam-dim), valable uniquement le week-end, dure 2 heures.

Vallée de Klang

Au sud-ouest de KL sur la Klang Hwy, l'arche cérémonielle **Kota Darul Ehsan** marque la limite entre KL et le Selangor. Au même endroit, Petaling Jaya cède la place à Shah Alam, la capitale d'État, qui cède elle-même la place plus loin à Klang, l'ancienne capitale royale, formant une succession quasi ininterrompue de zones industrielles et résidentielles. L'efficace réseau de transports en commun les relie sans problème à KL.

PETALING JAYA

☎03

Une partie des gens qui travaillent à KL habitent en réalité dans la ville voisine de Petaling Jaya (PJ). La seule chose digne d'intérêt dans cette banlieue tentaculaire, ce sont ses centres commerciaux gigantesques.

À voir et à faire

Sunway Lagoon et parc à thème Sunway Pyramid PARC D'ATTRACTIONS

Quand il fait chaud, la meilleure façon de se rafraîchir est d'aller faire trempette au **Sunway Lagoon** (☎5639 0000 ; www.sunwaylagoon.com ; 3 Jln PJS, 11/11 Bandar Sunway ; adulte/enfant à partir de 80/65 RM ; ⏲11h-18h lun et mer-ven, 10h-18h sam-dim). Bâti sur le site d'une ancienne carrière d'étain, ce parc à thème n'a pas d'égal pour ses toboggans aquatiques et son spot de surf artificiel – le plus grand au monde, dit-on là-bas. La section "Wild West" réunit diverses attractions et un zoo interactif (ce qui veut dire que vous avez le droit de caresser les tortues géantes et les hamsters !). Le parc "extrême" propose des véhicules tout-terrain, un mur d'escalade et des combats de paintball.

Ce parc se trouve derrière un grand centre commercial, la **Sunway Pyramid** (☎7494 3100 ; www.sunwaypyramid.com ; piste de skate avec location de skate incluse lun-ven 13 RM, sam-dim 16 RM ; ⏲skate 9h-20h), reconnaissable à son entrée en forme de lion géant, à ses faux murs égyptiens et à la pyramide qui le couronne ! Il abrite une **piste de skate**, un bowling, un cinéma multisalle et l'habituel assortiment de boutiques et de lieux de restauration.

Le plus simple pour se rendre à Sunway est de prendre le Putra LRT jusqu'à Kelana Jaya (2,10 RM), puis le bus T623 (1 RM) ou un taxi (15 RM) jusqu'à la Sunway Pyramid. Les bus U63, U67 et U76 (3 RM) s'y rendent au départ de Pasir Seni à KL. Du centre de KL, un taxi coûte environ 25 RM.

SHAH ALAM

☎03

Capitale de l'État du Selangor, dont la construction a débuté dans les années 1970, Shah Alam a une infrastructure très développée, d'immenses édifices publics et une population en rapide augmentation. L'une des plus grandes mosquées d'Asie du Sud-Est domine cette cité résolument musulmane.

À voir

Masjid Sultan Salahuddin Abdul Aziz Shah MOSQUÉE

(☎5159 9988 ; ⏲10h-12h et 14h-16h sam-jeu). Surnommé "la Mosquée bleue" en raison de son dôme bleu décoré d'une rosette de versets du Coran, cet édifice gigantesque accueille jusqu'à 24 000 fidèles. Ses quatre minarets seraient les plus hauts du monde (ils culminent à plus de 140 m). Tenue correcte requise.

Ville des lumières numériques à i-City PARC TECHNOLOGIQUE

(www.i-city.my ; 10 RM/voiture ; ⏲18h-3h). Un parc technologique assez morne égayé par une exposition composée d'un million de lumières LED. Outre les forêts d'arbres multicolores, les paons géants et les cactus, vous découvrirez la Snowalk, une immense promenade à travers un réfrigérateur contenant des sculptures sur glace.

Depuis/vers Shah Alam

Au départ de Pasar Seni, de fréquents bus dont les U80, U65, U64 et U81, relient KL à Shah Alam (3 RM)

KLANG ET PELABUHAN KLANG

☎03

À 10 km à l'ouest de Shah Alam, l'ancienne capitale royale du Selangor, Klang, dut accueillir le premier résident britannique en 1874. Deux heures suffisent pour découvrir les quelques lieux dignes d'intérêt de la ville, ce qui vous laisse tout le temps pour apprécier les délices culinaires du quartier de Little India.

VAUT LE DÉTOUR

ÉCHAPPÉE BELLE SUR UNE ÎLE

L'une accessible en ferry, l'autre par la route, voici deux destinations maritimes loin de l'agitation qui règne dans la vallée de Klang. Une journée suffit.

On atteint la première, **Pulau Ketam** (l'île aux Crabes), en une demi-heure de ferry climatisé (6 RM) à travers les mangroves. Le charmant village de pêcheurs construit sur pilotis au-dessus des bancs de vase invite simplement à la promenade au milieu des constructions en bois avant de se régaler de saveurs marines dans l'un des restaurants chinois. Des ferries quittent le quai de Pelabuhan Klang à peu près toutes les heures à partir de 8h45. Au retour, le dernier part de Pulau Ketam à 17h30 (18h le week-end).

Pour gagner **Pulau Carey**, île presque entièrement couverte de plantations de palmiers à huile, il faut une voiture personnelle ou un taxi (aller simple/aller-retour 80/150 RM au départ de Klang). Le minuscule **Kampung Sungai Bumbon** abrite une tribu Orang Asli répondant au nom des Hma' Meri (ou Mah Meri). Vous y découvrirez les sculpteurs sur bois qui ont fait la renommée de l'art mah meri. Le **Centre communautaire** (⏲9h-17h) vend de jolis paniers tissés entre autres objets en feuilles de pandanus teintées. Brochure (en anglais) sur la culture hma' meri.

Cinq arrêts plus loin sur la ligne ferroviaire, Pelabuhan Klang marque le terminus de la ligne KTM Komuter. Cette ville aujourd'hui délabrée était le principal port maritime de KL jusqu'à la construction du port moderne de Pulau Indah, à 17 km au sud-ouest. On y vient essentiellement pour prendre un ferry pour Sumatra ou Pulau Ketam.

À voir

Klang est assez petite pour se visiter à pied. Depuis la gare, Jalan Stesyn part vers le sud en direction de plusieurs rangées (sur la droite) de *shophouses* chinoises.

Little India QUARTIER

À droite, Jln Tengku Kelana, parallèle à Jln Stesyn, conduit au cœur de Little India. Particulièrement animé au moment de la fête hindoue de Deepavali (fête des Lumières), ce quartier indien est plus vivant que celui de KL. Plusieurs diseuses de bonne aventure campent sur les trottoirs pour lire votre avenir dans les cartes piochées par leur perroquet vert.

GRATUIT **Galeri Diraja Sultan Abdul Aziz** MUSÉE

(☎3373 6500 ; www.galeridiraja.com ; Jln Stesen ; ⏲10h-17h mar-dim). Ce grand bâtiment colonial (1909) blanchi à la chaux héberge maintenant la galerie royale, consacrée à l'histoire du sultanat de Selangor depuis 1766. Y sont exposés divers attributs royaux, cadeaux et autres objets, dont des copies des joyaux de la Couronne.

Istana Alam Shah PALAIS

(Jln Istana). En grimpant sur la colline le long de Jln Istan, vous arriverez à ce qui fut le palais du sultan avant que la capitale ne soit déplacée à Shah Alam. Le parc en face offre une belle vue sur la ville.

Masjid Di Raja Sultan Suleiman MOSQUÉE

(Jln Kota Raja). À l'est du palais, sur Jln Kota Raja, cette ancienne mosquée de l'État consacrée en 1934 associe de manière surprenante influences Art déco et moyen-orientales. Plusieurs sultans y reposent. Faites un tour à l'intérieur pour admirer son dôme en vitraux.

Où se restaurer

Si Klang est réputée pour sa cuisine indienne, sa communauté chinoise est célèbre pour avoir inventé le *bak kut*, soupe au travers de porc parfumée à l'ail et aux 5 épices.

♥ **Mohana Bistro** INDIEN $$

(☎3372 7659 ; 119 Jln Tengku Kelana ; repas 10-16 RM ; ⏲7h-22h30 ; 🖉). Une adresse réputée, à juste titre, pour son curry en feuilles de bananier et son *biryani* bien épicé. Choisissez parmi les plats appétissants de légumes et de viande que les serveurs viennent vous présenter sur des plateaux ronds.

Seng Huat Bak Kut Teh MALAIS, CHINOIS $

(☎012-309 8303 ; 9 Jln Besar ; repas 10 RM ; ⏲7h30-13h et 17h30-20h30 ; 🖉). Incroyablement parfumé, le porc mijoté de cet établissement sans prétention attire la foule. Arrivez tôt ! À quelques pas de la gare ferroviaire, juste sous le pont Klang.

Asoka INDIEN $
(105 Jln Tengku Kelana ; repas 5-10 RM ; 7h-23h). Un restaurant indien, orange vif et crème, qui propose un grand choix de douceurs, de jus et de croustillants *dosai* servis avec du chutney de noix de coco.

Sri Barathan Matha Vilas INDIEN, CHINOIS $
(34-36 Jln Tengku Kelana ; repas 5-10 RM ; 6h30-22h30). Difficile de résister à la spécialité maison, le *mee goreng* (nouilles sautées épicées), puisque le chef en prépare en permanence dans un wok géant tout près de l'entrée.

Comment s'y rendre et circuler

KLANG

La gare KTM Komuter étant plus proche des sites à visiter, venez de préférence par le train au départ de KL (3,60 RM, 1 heure, toutes les 30 min). À Klang, la gare routière est sur la rive nord, en face du centre commercial My Din. Plusieurs bus en partent toutes les heures pour le centre de KL (3 RM) ou pour Kuala Selangor (5 RM). Les bus express entre KL et Pelabuhan Klang s'arrêtent aussi à Klang. La station de taxis de Klang est une rue plus à l'est, derrière la gare routière.

PELABUHAN KLANG

Les trains KTM Komuter assurent aussi la liaison avec KL et Klang, et la gare est à quelques pas de la gare maritime.

Les ferries pour Tanjung Balai (Asahan ; aller taxes comprises 110 RM, 4 heures, 1-3/jour) et Dumai (110 RM, 3 heures 30, 1/jour), à Sumatra, partent de là. Certains citoyens européens peuvent obtenir un visa à leur arrivée en Indonésie. Sinon, le visa indonésien est exigé à l'embarquement. Pour connaître les horaires des ferries, téléphonez au **terminal** (3167 7186, 3165 2545).

Kuala Selangor

03

L'ancienne capitale royale, Kuala Selangor, est implantée à l'embouchure de l'estuaire du Sungai Selangor. Le fort surplombant cette bourgade assoupie a été brièvement conquis en 1784 par les Hollandais lorsqu'ils envahirent le Selangor. Il fut repris l'année suivante par le sultan Ibrahim et partiellement détruit lors de la guerre civile du Selangor (1867-1873). On doit aux Anglais le phare construit en 1909 sur la colline.

Loin des circuits touristiques, on ressent à Kuala Selangor l'atmosphère chaleureuse du *kampung*, et l'estuaire du Sungai Selangor abrite un beau parc naturel. S'il est largement envisageable de venir en excursion à la journée depuis KL, mieux vaut y faire halte une nuit afin de profiter du spectacle des lucioles sur le fleuve une fois le jour tombé.

Kampung Kuantan OBSERVATION DES LUCIOLES
Des embarcations en bois de style malais remontent la rivière pour vous mener jusqu'aux *show trees* où scintillent les lucioles. D'une capacité de 4 passagers (15 RM/personne), elles accomplissent un circuit de 45 minutes et font la navette toute la soirée, de 19h à 22h. Évitez les nuits pluvieuses ou de pleine lune, quand les scintillements perdent de leur éclat, et pensez à vous protéger des moustiques.

Pour rejoindre le village, prenez l'embranchement de Batang Berjuntai, à 2 km au sud de Kuala Selangor. Un taxi depuis Kuala Selangor coûte 40 RM aller-retour. On peut aussi observer les lucioles au Firefly Park Resort (p. 111), à Kampung Bukit Belimbing.

Bukit Malawati POINT DE VUE
Une agréable balade au milieu de parcs paysagers avec vue sur les mangroves côtières mène au sommet du Bukit Malawati. Cette colline a longtemps été un endroit idéal d'où organiser le trafic maritime dans le Selat Malacca (détroit de Malacca), d'abord pour les sultans du Selangor, puis pour les Hollandais, qui rasèrent le fort du sultan lors de l'invasion de 1784, le rebâtirent et le nommèrent Fort Atlingsburg, du nom de leur gouverneur général. Il n'en reste que quelques pans de mur et des canons. Des semnopithèques à coiffe apprivoisés attendent les visiteurs au sommet de la colline, occupé par le phare anglais et un podium pour observer la nouvelle lune.

La route montant à Bukit Malawati commence à quelques pas de l'ancienne gare routière du centre-ville. Elle forme une boucle qu'on peut parcourir en moins d'une heure autour de la colline.

Parc naturel de Taman Alam Kuala Selangor RÉSERVE NATURELLE
(3289 2294 ; www.mns.org.my ; Jln Klinik ; adulte/enfant 4/1 RM ; 8h-18h). Couvrant 240 ha dans l'estuaire du Sungai Selangor, au pied de Bukit Malawati, le parc naturel est accessible de la colline par un escalier.

Il réunit trois écosystèmes : une forêt secondaire, un lac artificiel et une forêt de mangrove donnant sur la mer. Un sentier de 3 km, en partie dans la mangrove, permet de les découvrir.

Où se loger

De Palma Hotel Kuala Selangor HÔTEL $$

(☎3289 7070 ; www.depalmahotel.com ; Jln Tanjung Keramat ; ch petit-déj inclus à partir de 200 RM ;). À 1,5 km au nord de l'ancienne gare routière (suivre les panneaux), ce petit complexe très correct propose différentes formules en chalets et villas joliment meublés et assez bien entretenus. Location de vélos (5 RM/h) et balade d'observation des lucioles (55 RM). Intéressant forfait 2 jours/1 nuit (140 RM/personne) incluant la balade.

Firefly Park Resort HÔTEL $$

(☎3260 1208 ; www.fireflypark.com ; Jln Haji Omar ; chalets à partir de 130 RM ;). De confortables petites maisons en bois sur pilotis (4 personnes) bordent les berges de la rivière au milieu d'un magnifique parc paysager. Croisière d'observation des lucioles (15/10 RM par adulte/enfant) et sorties de pêche (40 RM/h).

Taman Alam Kuala Selangor Nature Park HUTTES, CHALETS $

(☎3289 2294 ; www.mns.org.my ; Jln Klinik ; ch à partir de 30 RM). Huttes rustiques (30 RM) et chalets de bois à 2 lits (un simple, un *queen size*) avec ventil et sdb (60 RM).

Où se restaurer

Si vous êtes amateur de produits de la mer, allez faire un tour à Pasir Penambang, un village de pêcheurs sur la rive nord de la rivière, où se succèdent de pittoresques restaurants de poisson. Comptez 10 RM en taxi depuis Kuala Selangor.

Auntie Kopitiam CHINOIS, MALAIS $

(n°C3, Jln Sultan Ibrahim ; repas 5-10 RM ; 6h-18h ;). Voisin de la gare routière, ce café à l'ancienne sert des spécialités comme le *nasi lemak*.

Depuis/vers Kuala Selangor

Des bus fréquents relient Klang à Kuala Selangor (5 RM, 1 heure, toutes les 15 min). Ils ont pour terminus l'ancienne gare routière, près de Bukit Melawati. De la nouvelle gare routière située à 2 km du centre-ville, part le bus n°149 à destination de KL (7,50 RM, 2 heures, toutes les heures).

La course en taxi depuis Kuala Selangor coûte approximativement 100 RM pour KL, 60 RM pour Klang et 130 RM pour Teluk Intan dans le Perak.

NEGERI SEMBILAN

Seremban

☎06 / 550 000 HABITANTS

À l'instar de KL, Seremban trouve ses racines dans la découverte d'étain au XIXe siècle et la ruée des prospecteurs. Ainsi naquit le village de Sungai Ujong. Aujourd'hui, la capitale du Negeri Sembilan, à 64 km au sud-est de KL, n'a plus la même importance et rares sont les visiteurs étrangers. À tort. Ses beaux jardins, la diversité des architectures et ses délices culinaires invitent volontiers à y

LES MINANGKABAU

Venus de l'ouest de Sumatra en Malaisie péninsulaire, les **Minangkabau** se sont installés au XVe siècle dans la région qui est aujourd'hui le Negeri Sembilan. Fidèles aux préceptes de l'islam tout en ayant conservé d'anciennes croyances animistes et de vieilles coutumes (connues sous le nom d'*adat*), les Minangkabau se sont intégrés depuis longtemps à la population malaise. Toutefois, ils ont su garder certaines spécificités de leur culture, notamment leur **architecture traditionnelle**. Typiques de la région, leurs maisons sont coiffées d'immenses toits incurvés aux pignons en pointe censés représenter des cornes de buffle. De bons exemples de ce style architectural peuvent être vus au Taman Seni Budaya Negeri, à Seremban, et à l'ancienne cité royale Sri Menanti. Le village de **Terachi**, situé 27 km à l'est de Seremban au niveau de l'embranchement pour Sri Menanti, conserve aussi plusieurs maisons traditionnelles de toute beauté, même si les habitants ont remplacé le chaume traditionnel des toits par de la tôle ondulée.

Seremban

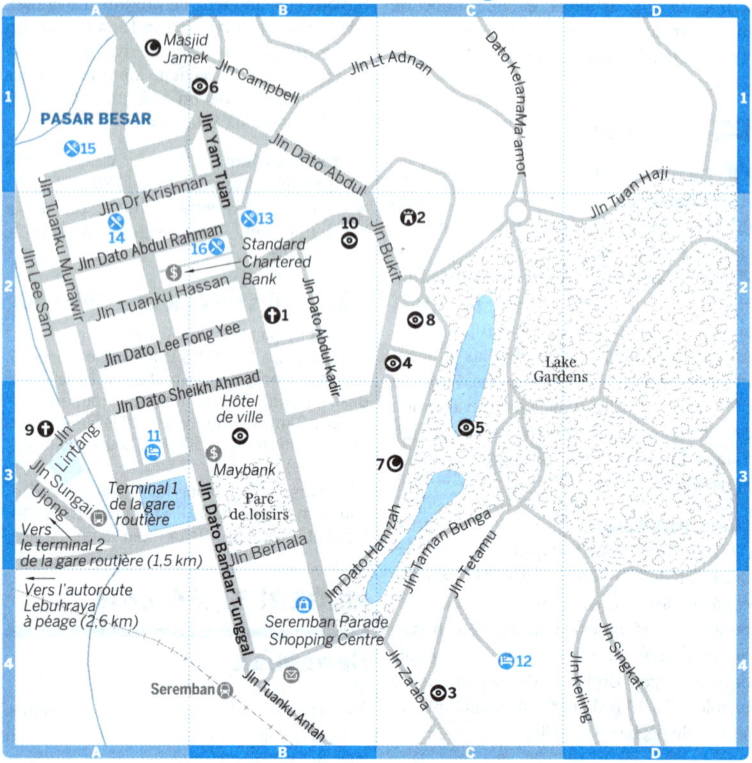

Seremban

À voir

1 Église de la Visitation B2
2 Istana Besar C2
3 École King George V C4
4 Kompleks Kraf Negeri Sembilan C2
5 Lake Gardens et Colonial District C3
6 Temple Liesheng B1
7 Masjid Negeri C3
8 State Library (bibliothèque d'État) C2
9 Église Wesley A3
10 Wisma Negeri B2

Où se loger

11 Carlton Star Hotel A3
12 Royale Bintang Resort & Spa Seremban C4

Où se restaurer

13 Haji Shariff's Cendol B2
14 Kee Mei Siew Pao A2
15 Sin Yee Kee A1
16 Top Curry B2

passer la journée. C'est également le lieu de transit vers d'autres destinations du Negeri Sembilan, notamment vers les complexes hôteliers situés sur la plage de Port Dickson.

Le musée du Negeri, qui fait partie de l'ensemble du Taman Seni Budaya Negeri en périphérie, permet de découvrir la culture minangkabau. La population de Seremban est surtout composée de Chinois et d'Indiens.

À voir

Lake Gardens et quartier colonial QUARTIER

Cette réserve luxuriante située à l'est de la gare ferroviaire se prête à d'agréables promenades autour du lac. Premier établissement scolaire colonial destiné à l'élite de Seremban, l'**école King George V** (Jln Za'aba), qui se trouve au sud-est, accueille toujours les lycéens. Au nord-est se dresse la **Masjid Negeri** (mosquée d'État ; Jln Dato Hamzah), dont les neuf piliers symbolisent les neuf *luak* (clans) qui constituent le Negeri Sembilan (dont le nom signifie "neuf États").

De la mosquée, une courte balade vers le nord vous conduira au **Kompleks Kraf Negeri Sembilan** (☎767 1388 ; angle Jln Bukit et Jln Sehala ; ⏲9h-17h), installé dans une jolie villa de 1912, où vivait le Captain Murray, premier résident britannique. Elle abrite une exposition sur l'artisanat local, notamment sur le tressage du rotin et la céramique, et une boutique. Datant de la même période coloniale, la magnifique **State Library** (près de Jln Dato Hamzah), bibliothèque d'État de style néoclassique, a été conçue par A.B. Hubback, l'architecte qui a réalisé un grand nombre des bâtiments historiques de KL.

Lui font face, de l'autre côté de la rue, l'**Istana Besar** (Jln Bukit ; ⏲fermé au public), demeure du sultan du Negeri Sembilan, et le **Wisma Negeri** (centre Jln Dato Abdul Kadir et Jln Dato Abdul Malek), siège du secrétariat d'État, dont la toiture à pointes multiples constitue une formidable symbiose d'architecture moderne et traditionnelle.

GRATUIT **Musée du Negeri Sembilan** MUSÉE
(Muzium Negeri ; Jln Sungai Ujong ; entrée libre ; ⏲10h-18h mar, mer, sam-dim, 8h15-13h jeu, 10h-12h15 et 14h45-18h ven). Construit dans le style des palais minangkabau, ce musée plaisant consacre ses collections à l'artisanat et à l'histoire locale. Il est situé dans le **Taman Seni Budaya Negeri** (parc culturel et artistique ; Jln Sungai Ujong ; entrée libre), de même que deux bâtiments traditionnels remontés ici. L'un est le **palais Ampang Tinggi**, tout en bois, qui date de 1870 ; l'autre, le **Rumah Negeri Sembilan**, maison traditionnelle à la décoration moins chargée, dont le toit incurvé symbolise les cornes du buffle. Le parc se situe à 3 km à l'ouest du centre-ville, à proximité de l'autoroute nord-sud E2. La course en taxi coûte 5 RM environ.

Temple Liesheng TEMPLE
(Jln Dr Samuel ; ⏲ ouvert le jour). Ce ravissant petit temple taoïste au toit décoré de dragons est dédié à trois idoles taoïstes, la plus puissante étant Guandi (le dieu de la Guerre). Les idéogrammes surplombant l'autel principal signifient "vos besoins seront satisfaits".

Église de la Visitation ÉGLISE
(85a Jln Yam Tuan). Abritez-vous de la chaleur dans l'intérieur frais de cette église catholique édifiée en 1899.

Église Wesley ÉGLISE
(Jln Dato Sheikh Ahmad). Fondée en 1915 pour les migrants chinois chrétiens qui envahirent la région après la découverte de l'étain, elle est contemporaine de l'école sino-anglaise (SMK méthodiste) qui partage les lieux.

Où se loger

Seremban manquant d'hébergements qui se distinguent réellement, mieux vaut séjourner à KL et faire une excursion d'une journée. Vous pouvez également loger à Port Dickson ou Melaka, qui ne sont qu'à 1 heure de route.

Royale Bintang Resort & Spa Seremban HÔTEL $$
(☎766 6666 ; www.royalebintang-seremban.com ; Jln Dato AS Dawood ; ch à partir de 290 RM ; ❄📶🏊). Le meilleur hôtel de Seremban propose des chambres confortables et bien entretenues, un grand choix de restaurants et d'équipements (piscine avec cascades, centre de fitness, sentier de jogging menant aux Lake Gardens, etc.). Personnel attentionné.

Carlton Star Hotel HÔTEL $
(☎762 5336 ; www.carltonstar.com ; 47 Jln Dato Sheikh Ahmad ; s ou d/tr/qua 75/95/115 RM ; ❄📶). Accessible à pied depuis le terminal 1 de la gare routière et de la gare ferroviaire, cet établissement a des chambres type classe affaires quelconques mais spacieuses. Le personnel est accueillant.

Où se restaurer

Goûter à la cuisine locale est la meilleure raison de visiter Seremban. Outre le célèbre *cendol* (un dessert aromatisé à la feuille de pandan servi avec de la glace pilée, des haricots rouges, du sirop de palme et du lait de coco) et les échoppes de nouilles au bœuf, vous pouvez opter pour des plats minangkabau, comme le *masak lemak* (poisson, viande ou légumes cuits dans du lait de coco), le *rendang* (curry sec à la viande, servi généralement avec du riz cuit dans du lait de coco) et le *dendeng balado* (bœuf au piment). Les *siew pao*, autres mets incontournables que l'on doit à la communauté chinoise de Seremban, sont de délicieux petits pains gonflés, fourrés de porc ou de bœuf.

Haji Shariff's Cendol MALAIS $
(44 Jln Yam Tuan ; cendol/rojak à partir de 1,30/3 RM ; 10h30-18h, fermé un vendredi sur deux). Trois générations de la famille Shariff servent des bols de *cendol* à des habitants qui en redemandent. Installés dans une *shophouse* de 1919 peinte en vert, ils proposent aussi une version locale du *rojak*, accompagné d'une sauce tomate épicée plutôt que d'une sauce soja.

Sin Yee Kee CHINOIS $
(Stall 742, ét. supérieur, Pasar Besar Seremban, Jln Dato Bandar Tunggal ; nouilles 6 RM ; ven-mer 7h30-15h). L'aire de restauration située au-dessus du marché alimentaire réunit de bons *hawkers*. Tenue en famille, cette échoppe de nouilles (à la farine de riz) au bœuf ouverte depuis les années 1960 est la vedette des lieux pour son service amical et ses produits savoureux. Précisez si vous souhaitez ou non des tripes avec vos morceaux de viande.

Top Curry INDIEN $
(767 2294 ; entre Jln Tuanku Hassan et Jln Dato Abdul Rahman ; plats en feuille de bananier 6,50 RM). Ce vaste café sert d'excellents curries du sud de l'Inde. Comment résister au poisson ou au poulet frits au wok juste devant le café ?

Kee Mei Siew Pao MALAIS $
(angle Jln Dr Krishnan et Jln Dato Bandar Tunggal ; pao 1,30 RM ; 8h-18h). Cette boutique qui fait de la vente à emporter est parfaite pour goûter aux fameux *pao* (pains au porc vapeur), entre autres succulents petits pains cuits et autres tartes.

Depuis/vers Seremban

Seremban se trouve sur la principale ligne ferroviaire nord-sud entre KL et Singapour. Des trains du KTM Komuter (6 RM, 1 heure 15, toutes les 30 min) assurent la liaison entre KL Sentral et Seremban.

Quelques liaisons longue distance partent du terminal 1 de la gare routière, sur Jln Sungai Ujong :

LIEU	PRIX (RM)	DURÉE	FRÉQUENCE
Kuala Lumpur	6	1h	toutes les 20 min
Singapour	45	5h	1/jour
Melaka	7	1h	toutes les heures
Kampung-Kuantan	22	6h	1/jour
Kuala Pilah	3,40	1h	toutes les 15 min
Kuala Terengganu	40	6h	1/jour
Port Dickson	4	1h	toutes les 20 min

Certain services longue distance s'arrêtent au terminal 2, situé à 1,5 km du centre et relié par une navette gratuite au terminal 1.

Les taxis longue distance attendent devant la gare ferroviaire et le terminal 1 de la gare routière. Ils desservent Port Dickson (45 RM), Kuala Pilah (45 RM), Sri Menanti (40 RM), le KLIA (70 RM), le LCCT (60 RM) et KL (80 RM).

Pour rejoindre Seremban depuis l'aéroport KLIA, prenez d'abord un bus en direction de Nilai (3 RM) puis un train du KTM Komuter jusqu'à Seremban (2,50 RM).

Sri Menanti

06

Paisible et ordonnée, cette ancienne capitale royale fut fondée il y a quatre siècles par des Minangkabau venus de Sumatra. Seul le chant des oiseaux semble troubler le silence de cette cité assoupie, nichée au creux d'une vallée isolée des hautes terres, au milieu de la jungle verdoyante qui couvre les collines, à 6 km de la route Seremban-Kuala Pilah. De modestes habitations, où picorent les poules, ponctuent çà et là le paysage.

À côté du Sri Menanti Resort, l'**Istana Lama** (palais vieux ; entrée libre ; 10h-18h) est devenu un musée. Ce superbe palais de bois sombre est une construction étonnante de 1908. Ses 4 étages furent assemblés sans le moindre clou pour remplacer provisoirement un palais plus ancien, rasé par les soldats britanniques durant les guerres de Sungai Ujong. La structure repose sur 99 piliers (pour beaucoup sculptés) qui représentent les légendaires guerriers des *luak* (clans). L'intérieur permet de voir les chambres du roi et de la reine, la salle de jeux des enfants, une grande salle à manger avec son énorme table, ainsi que les kriss et les insignes royaux. Montez à l'étage supérieur pour admirer le panorama sur les jardins.

Près de la route, le **Makam Di Raja** (cimetière royal) proche de la mosquée comporte un pavillon de style maure-victorien. L'imposant tombeau de Tuanku Abdul Rahman, premier roi de la Malaisie indépendante, est le premier après le portail.

Le joli **Sri Menanti Resort** (☎ 497 0049 ; ch/bungalow petit-déj inclus 159/212 RM) loue des chambres assez bien entretenues et étonnamment élégantes, dont des bungalows en béton donnant sur un lac d'agrément où l'on peut pêcher. L'accès à la petite piscine coûte 5 RM pour les non-résidents.

Pour aller à Sri Menanti depuis Seremban, prenez un bus pour Kuala Pilah (3,40 RM), puis un taxi (environ 30 RM l'aller-retour). L'aller-retour en taxi depuis Seremban coûte 80 RM.

Kuala Pilah

☎06

Au creux d'une vallée à 40 km à l'est de Seremban, l'agréable Kuala Pilah a beaucoup de cachet avec ses *shophouses* peintes de couleurs vives. Celle à l'angle de Jln Muar, en face de la gare routière, est absolument magnifique.

Quelques temples attirent l'attention, notamment le **Kuil Sri Kanthaswamy** (Jln Melang ; ⏲grande salle de prières 6h30-19h), débordant de couleurs et de représentations de divinités. À l'intérieur du **Sansheng Gong** (temple Sansheng ; Jln Dato Undang Johol) est conservée une représentation sculptée d'embarcation de l'époque de l'empereur Qing Guangxu. L'idole barbue au regard féroce trônant au centre est Guandi (dieu de la Guerre). Des sculptures magnifiques ornent la façade du temple, les fresques du mur sont malheureusement très effacées. En face, l'arche commémorative de style chinois est dédiée à Martin Lister, premier résident britannique (1889-1897) du Negeri Sembilan.

Kuala Pilah compte plusieurs hôtels chinois bon marché. Le **Desa Inn** (☎481 8033 ; 745 Jln Dato Abdul Manap ; d/familiale 60/81 RM ; wifi) loue des chambres pour deux, propres, avec sol carrelé, clim, TV minuscule, bouilloire, café et petit balcon (mais les appels à la prière risquent de vous réveiller à 6h du matin !).

Dès 18h, les stands du **marché nocturne** (Jln Yam Tuan) proche du Desa Inn emplissent l'air d'odeurs des brochettes de satay (à partir de 60 sen) et d'un mélange d'arômes malais et indiens.

Des bus réguliers viennent de Seremban (4,30 RM, 1 heure, toutes les 15 min). Ceux pour Kuala Pilah desservent aussi Johor Bahru (25,10 RM, 5/jour), Kuantan (22,10 RM, tlj) et KL (9,40 RM, 8/jour).

Port Dickson

☎06

Quand on parle de Port Dickson (PD), on fait en général référence à la longue portion de littoral jalonnée de plages. La bourgade en elle-même, légèrement en retrait, est sans grand intérêt. Le week-end et durant les vacances, les plages sont prises d'assaut par les Malais et les Singapouriens en vacances, mais le reste du temps, l'endroit est presque désert et les tarifs intéressants pratiqués par les complexes hôteliers autorisent à paresser quelques jours au bord de la piscine. Quand vous aurez envie de bouger, partez en randonnée dans la superbe réserve forestière de Cape Rachado. Pour plus de détails sur la région, consultez le **site tourisme de Port Dickson** (http://portdickson.info).

Pour la fête de **Navarathiri** (septembre ou octobre), une procession nocturne mène à travers la ville la déesse Sri Maha Mariamman sur son chariot, suivant un itinéraire semblable à celui de l'**Anniversary Prayers** (juin ou juillet).

À voir et à faire

Le succès de la plage de sable blanc qui s'étire sur 16 km le long de la côte tient surtout à sa proximité avec KL. L'eau est malheureusement assez polluée par les raffineries de pétrole alentour.

Cape Rachado Forest Reserve — RÉSERVE NATURELLE

Les 80 ha de la réserve forestière de Cape Rachado (ou Tanjung Tuan Forest Reserve), seul vestige de forêt sur la côte ouest de la Malaisie péninsulaire, sont le principal attrait de la région. Cette jungle de grands arbres des basses terres abrite des plages idéales pour la ponte des tortues et 300 000 oiseaux migrateurs y font halte chaque année. L'embranchement pour la réserve est au niveau du km 16 (le bus local peut vous y déposer). Suivez la route sur

À NE PAS MANQUER

RAPACES EN MIGRATION

Si vous êtes à Port Dickson entre mi-février et mi-avril, ne manquez pas la migration des rapaces (crécerelles, faucons et aigles) qui survolent la Cape Rachado Forest Reserve sur leur route entre Sumatra et le continent asiatique. Tous les ans, quelque 25 espèces de rapaces s'envolent vers le nord pour l'été. Exténués par la traversée du détroit de Malacca, ils volent si bas que l'on peut les observer de très près. En général, les oiseaux, qui arrivent en fin de journée, passent la nuit dans la réserve pour reprendre des forces avant de continuer leur long voyage. D'après les naturalistes, sans cette précieuse zone forestière de repos, ces oiseaux mourraient de faim ou d'épuisement.

Évidemment, rien n'est garanti, mais pour avoir toutes les chances de les apercevoir, il faut se poster près du phare Tanjung Tuan entre 11h et 15h, quand la chaleur de la journée crée des courants ascendants les aidant à s'élancer.

Le **Raptor Watch Festival** se tient au plus fort de la saison migratoire, généralement pendant la première semaine de mars. Le phare est alors ouvert au public, des naturalistes guident les visiteurs dans la jungle, tandis que sont programmés, notamment, des concerts. Consultez le site Internet www.raptorwatch.org pour en savoir plus et connaître les dates du prochain festival.

2 km jusqu'au Ilham Resort puis parcourez 1 km dans la réserve forestière pour parvenir au doyen des phares de Malaisie, le **phare Tanjung Tuan** (Rumah Api), construit en 1528 par les Portugais et fermé au public. On profite néanmoins de la vue et, par beau temps, on aperçoit Sumatra, à 38 km de l'autre côté du Selat Melaka (détroit de Malacca). Un petit réseau de sentiers mène du phare à la forêt, et de la route proche du phare à quelques plages. N'oubliez pas de prendre de l'eau car le terrain est pentu.

Avillion Admiral Cove HÔTEL, SPORTS

(☎647 0888 ; www.avillionadmiralcove.com ; km 8, Jln Pantai ; ch à partir de 209 RM). Ressemblant vaguement à une hacienda, ce complexe hôtelier qui comprend aussi des appartements et une marina propose un vaste choix d'activités. Des **promenades en yacht** (157 RM, 2 heures, minimum 2 pers) partent à 9h ou à 17h30, mais il est aussi possible de pratiquer de nombreux autres sports nautiques, comme le **jet-ski** (200 RM/demi-heure) et le **kayak** (20 RM/h). Si vous préférez la terre ferme, vous pouvez louer **vélos et tandems** (16 RM/demi-heure) ou faire du **tir à l'arc** (5 RM/10 flèches). L'hôtel dispose de grandes chambres à la décoration correcte, mais il est loin de valoir l'Avillion Port Dickson (p. 116), son jumeau, plus loin, sur la côte.

Port Dickson Ostrich Farm FERME

(☎06 662 7496 ; 13 Jln Kemang, km 14,5 ; adulte/enfant 10/6 RM ; ⌚9h-17h30). Chevaucher une autruche ou suivre des yeux ces volatiles qui peuvent atteindre plus de 70 km/h dans les courses (de 13h à 15h le week-end seulement) : voici le programme. Les plus petits préféreront peut-être chèvres, paons, chevaux, ânes, lapins et poulets dans la mini-ferme.

Où se loger

Sauf mention contraire, tous les tarifs incluent le petit-déjeuner. Ils augmentent sensiblement le vendredi, le samedi et les jours fériés.

♥ **Avillion Port Dickson** COMPLEXE HÔTELIER $$$

(☎647 6688 ; www.avillionportdickson.com ; Jln Pantai, km 5 ; ch à partir de 406 RM ; ❄📶🏊). Le principal attrait de ce complexe magnifique niché dans une nature on ne peut plus luxuriante, ce sont les bungalows ("chalets", dit-on ici) pieds dans l'eau et leurs terrasses d'où l'on peut plonger à marée haute. Plusieurs bons restaurants, immense piscine à toboggans, court de tennis et salle de sport.

♥ **Thistle Port Dickson Resort** COMPLEXE HÔTELIER $$$

(☎648 2828 ; www.thistle.com/asia ; Jln Pantai, km 16 ; ch à partir de 496 RM ; ❄@📶🏊). Installé sur 36 ha de terrain paysager à la pelouse impeccable, cet établissement, l'un des plus luxueux de la région, est doté d'une plage privée de 3 km, d'un golf, d'une superbe piscine, d'un centre de fitness... et bénéficie d'une vue magnifique. À cela s'ajoutent le charme contemporain des chambres et leur taille généreuse.

PNB Ilham Resort COMPLEXE HÔTELIER $$
(☎662 6800 ; www.ilhamresort.com ; Batu 10, Tanjung Biru, km 16 ; ch à partir de 278 RM ; ❄📶🏊). Ce grand complexe élégant est niché dans une baie calme à côté de la réserve forestière. Les chambres ont beaucoup de charme avec leur parquet et leur lumière tamisée. Piscine agréable et plage de sable blanc tranquille. Location de VTT et quantité d'autres activités à la demande.

Casa Rachado Beach Resort COMPLEXE HÔTELIER $$
(☎662 5177 ; www.casarachadoresort.com ; Batu 10, Tanjung Biru, km 16 ; ch à partir de 102 RM ; ❄📶🏊). Proche de l'entrée de la réserve forestière, ce complexe aux couleurs vives propose des chambres défraîchies mais les suites ont la taille d'un appartement, avec cuisine et vue sur la mer. Minuscule plage bordée de palétuviers et piscine. Vous pouvez aussi camper (50 RM pour 2 personnes, tente, tapis de sol et lampe à kérosène inclus).

Eagle Ranch Resort COMPLEXE HÔTELIER $$
(☎6610 495 ; www.eagleranch.com.my ; Batu 14, Jln Pantai ; ch 125-250 RM ; ❄📶🏊). À environ 23 km au sud de Port Dickson et à bonne distance de toute belle plage, cet établissement de type Far West ne mérite votre attention que si vous souhaitez séjourner dans un tipi (125 RM) ou un chariot bâché (200 RM). Si la course d'obstacles vous intéresse, c'est une des multiples activités.

Corus Paradise Resort COMPLEXE HÔTELIER $$
(☎647 7600 ; www.corusparadisepd.com ; Jln Pantai, km 3,5 ; ch à partir de 238 RM ; ❄📶🏊). Avec sa grande piscine à toboggans et son lagon artificiel, cet établissement kitsch comblera les enfants. Chambres simples, confortables. Quelques restaurants médiocres sur le site.

Selesa Beach Resort COMPLEXE HÔTELIER $$
(☎647 4090 ; www.selesabeachresort.com ; Jln Pantai, km 8 ; ch à partir de 280 RM ; ❄📶🏊). Un complexe de style minangkabau, avec chambres face à la mer, toutes avec petit balcon et mobilier plutôt démodé. Mais la plage est particulièrement jolie par ici.

Kong Ming Hotel HÔTEL $
(☎662 5683 ; km 13 ; d à partir de 35 RM). Juste sur la plage, cet établissement qui n'est pas tout jeune a un charme vieillot.

Rotary Sunshine Camp Holiday Hostel AUBERGE DE JEUNESSE $
(☎647 3798 ; Jln Pantai, km 5 ; dort/ch 10/25 RM). La propreté du lieu et le personnel accueillant compensent largement l'allure déprimante des bâtiments en bois. Douches et cuisines communes. À quelques minutes à pied de la plage et des restaurants bon marché. Très calme en semaine.

Où se restaurer

Le premier samedi de chaque mois, on trouve de délicieux stands de restauration au marché nocturne de Port Dickson mais, le reste du temps, en bord de mer, il faut se contenter des *food courts* médiocres, des *rumah makan* (stands) de fruits de mer vendant du crabe au kilo (30 RM) et des restaurants d'hôtel.

PD Eating Point MALAIS, CHINOIS $
(8 Taman Segahtera, Jln Seremban ; plats 4-5 RM ; ⏰7h-23h ; 📶). À 1 km environ au nord de Port Dickson, ce café rétro sert de délicieux plats de rue et des petits-déjeuners de style occidental tout au long de la journée. Wi-Fi gratuit.

El Cactus BAR $$
(☎012-646 3772 ; km 4, Lot 2674, Jln Pantai ; repas 25 RM ; ⏰17h30-24h). Un endroit accueillant pour dîner ou prendre un dernier verre en terrasse, en écoutant la sono astucieusement installée sur une moitié de Fiat. Salon, table de billard.

Comment s'y rendre et circuler

Des bus desservent Seremban (4 RM, 1 heure, toutes les 20 min), d'où il y a des correspondances pour KL, Melaka et plus loin. À la station de taxis, proche de la gare routière, en centre-ville, vous trouverez des voitures pour Melaka (120 RM), Seremban (50 RM) et KL (130 RM).

Des bus locaux (1 RM) partent toutes les heures de Port Dickson et vous déposeront où vous voulez le long de la plage. Présents partout, les taxis à partager sont plus fiables et plus pratiques (2 RM les 3 à 4 km au départ). Selon la distance, comptez de 5 à 15 RM pour rejoindre votre hôtel depuis le centre-ville. Vous pouvez héler les taxis n'importe où du bord de la route.

Perak

☎05 / 2 258 428 HABITANTS / SUPERFICIE : 21 035 KM²

Dans ce chapitre »

Le top des restaurants

» Xin Quan Fang (p. 125)
» Seri Ilhan (p. 141)
» Kedai Kopi Prima (p. 147)
» Nasi Lemak Ayam Kampung (p. 124)
» Restoran Onn Kee (p. 125)

Le top des hébergements

» Sekeping Kong Heng (p. 122)
» Tiger Rock Resort (p. 140)
» Sentosa Villa (p. 146)
» French Hotel (p. 123)
» Belum Eco Resort (p. 150)

Pourquoi y aller

Que vous préfériez les vacances à la mer ou à la montagne, vous serez comblé par le Perak, le deuxième plus grand État de Malaisie péninsulaire. *Perak* signifie "argent" en malais, mais ce nom fait-il référence aux mines d'étain ou aux poissons au large des côtes ? On l'ignore. Une ambiguïté qui incite à explorer les deux visages du Perak, terre et mer. D'un côté : les Cameron Highlands (dans l'État de Pahang, mais accessibles depuis le Perak), la station climatique la plus fréquentée du pays, et les hautes terres du parc régional de Royal Belum couvertes de forêt vierge. De l'autre : les plages de Pulau Pangkor sur le détroit de Malacca. Et si les extrêmes vous intimident, les villes de plaines du Perak – la cité royale de Kuala Kangsar, Taiping et ses jardins luxuriants, la vaste ville d'Ipoh, avec son excellente scène culinaire et son architecture coloniale – sont des destinations qui méritent vraiment le détour.

Quand partir

Ipoh

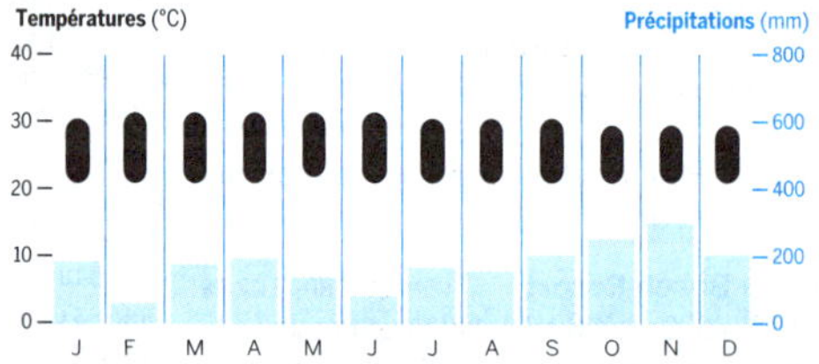

Nov-jan Direction les stations d'altitude du Perak pour oublier la touffeur.

Août Même au plus chaud de l'été, il fait rarement plus de 21°C dans les Cameron Highlands.

Oct-nov Les mois les plus humides réduisent nettement le nombre de touristes.

À ne pas manquer

1 La visite d'une plantation de thé, une randonnée dans les collines ou une dégustation de fraises et de scones dans les **Cameron Highlands** (p. 129)

2 La cuisine bon marché d'**Ipoh** (p. 124) – sans doute l'une des destinations culinaires les plus sous-estimées de Malaisie

3 Un bain de soleil sur les belles plages de la peu visitée **Pulau Pangkor** (p. 136)

4 Les joies du plein air à **Gopeng** (p. 127) : spéléologie, randonnée, ornithologie

5 Le charme colonial de **Taiping** (p. 145)

6 La progression, terre collée aux talons, dans la jungle du **parc régional de Royal Belum** (p. 150)

7 Le patrimoine minier de la **vallée de Kinta** (p. 128), jadis haut lieu de l'extraction d'étain

Histoire

L'actuel sultanat de Perak vit le jour au début du XVIe siècle, quand le fils aîné du dernier sultan de Melaka, Muzaffar Shah, établit sa propre dynastie sur les rives du Sungai Perak (fleuve Perak). La richesse des gisements d'étain du royaume suscita la convoitise de ses voisins et des puissances étrangères.

Au XVIIe siècle, la tentative des Hollandais d'obtenir le monopole du commerce de l'étain échoua ; on trouve encore des vestiges de leurs forts sur Pulau Pangkor (île de Pangkor) et à l'embouchure du Sungai Perak. Au siècle suivant, la tentative conjointe des Bugis, au sud, et des Siamois, au nord, de s'emparer du Perak prit fin avec l'intervention des Britanniques, dans les années 1820.

Peu désireux à l'origine de s'engager dans la péninsule, les Britanniques changèrent de politique en raison de leur investissement croissant dans les comptoirs des Détroits et de leur intérêt pour les mines d'étain du Perak. Ces dernières attirèrent aussi de nombreux immigrants chinois, qui s'organisèrent bientôt en clans rivaux, alliés à des chefs locaux malais pour contrôler les mines.

La confusion régnante et les querelles de succession au trône du sultanat du Perak fournirent aux Britanniques un prétexte pour leur première incursion dans la péninsule en 1874. À l'issue d'une réunion organisée par le gouverneur, sir Andrew Clarke, le sultan Abdullah fut installé sur le trône au détriment de son rival, le sultan Ismail. Le traité de Pangkor, signé à cette occasion, spécifiait que le sultan acceptait la présence d'un résident britannique, qui serait consulté pour toutes les décisions hormis celles concernant la religion et les coutumes malaises. Un an après, le sultan Abdullah fut contraint, sous menace de destitution, d'accepter une administration britannique en son nom.

Plusieurs chefs du Perak s'allièrent contre l'intraitable résident, James W. W. Birch, finalement assassiné à Pasir Salak en novembre 1875. Les troupes coloniales débarquèrent pour une guerre de courte durée, le sultan Abdullah fut exilé et remplacé par un nouveau sultan choisi par les Britanniques. À Birch succéda un homme très différent, sir Hugh Low. Il avait acquis une expérience administrative à Bornéo, parlait couramment le malais et était un botaniste réputé (il laissa son nom à une plante carnivore, la *Nepenthes Lowii*). Low contrôla les impôts dus par les mines d'étain et s'impliqua davantage dans le gouvernement de l'État. En 1877, il introduisit les premiers hévéas en Malaisie et fit également planter théiers et caféiers. Si les sultans maintinrent leur statut, ils n'avaient plus de pouvoir.

Construite en 1885 pour transporter l'étain, la première voie ferrée du Perak, de Taiping à Port Weld (aujourd'hui Kuala Sepetang) provoqua un développement rapide de Taiping et d'Ipoh. En 1896, le Perak, le Selangor, le Pahang et le Negeri Sembilan constituèrent les États malais fédérés. Le système des résidents perdura cependant après l'invasion japonaise et la Seconde Guerre mondiale et ne prit fin qu'en 1948, lorsque le Perak entra dans la fédération de Malaisie. Il rejoignit le nouvel État indépendant de Malaisie en 1957.

Ipoh

704 572 HABITANTS

Ipoh est l'une des villes de taille moyenne les plus agréables de Malaisie, avec son style colonial, ses manoirs tropicaux fatigués, ses habitants sympathiques et une cuisine figurant au palmarès du pays. La disposition et l'architecture soignées du vieil Ipoh témoignent de sa richesse au temps des mines d'étain de la vallée de Kinta. C'était l'une des villes les plus prospères d'Asie du Sud-Est. Aujourd'hui, Ipoh peut être considérée comme un interlude urbain plaisant de votre séjour ou comme une bonne base pour découvrir Pulau Pangkor et les Cameron Highlands.

À voir

NORD D'IPOH

GRATUIT **Muzium Darul Ridzuan** MUSÉE

(2020 Jln Panglima Bukit Gantang Wahab ; 9h30-17h). Au nord du *padang* (champ ou zone herbeuse), ce musée de l'État du Perak (Darul Ridzuan en malais) occupe une demeure construite en 1926 pour un riche propriétaire chinois de mine d'étain. En cours de rénovation lors de notre visite, ce musée aux collections un peu tristounettes retrace l'histoire des mines (rez-de-chaussée) et de l'exploitation forestière

LES TEMPLES-GROTTES D'IPOH

Ipoh est entourée de collines calcaires percées de grottes, auxquelles on a toujours attribué un fort pouvoir spirituel. Ces grottes sont assez difficiles à atteindre par les transports publics. On peut, à partir d'un groupe de deux personnes, faire appel aux services d'un guide local, **Mr Raja** (☎012-524 2357), pour voir dans la demi-journée les trois temples-grottes (environ 320 RM).

Sam Poh Tong (⏲9h-16h). À quelques kilomètres au sud d'Ipoh, c'est le plus grand temple-grotte de Malaisie. Il doit une grande partie de sa renommée à son étang, où les habitants relâchent les tortues qu'ils ont élevées pour améliorer leur karma. Le temple se compose d'une immense grotte, avec un petit bouddha couché, et d'autres cavités plus petites. Un joli jardin ornemental s'étend devant et des vendeurs de pomélos bordent la nationale. Le temple est desservi par tous les bus à destination de Kampar, au départ de la gare routière locale d'Ipoh.

Perak Tong (⏲8h-17h). Fondé en 1926 par un prêtre bouddhiste, ce temple se prolonge par un ensemble impressionnant de cavernes et de grottes. Sur les parois du temple, de magnifiques peintures juxtaposent des bouddhas theravada (du Sud-Est asiatique) et chinois, et des saints bouddhistes. La grotte se trouve à 6 km au nord d'Ipoh. De la gare routière locale, les bus à destination de Kuala Kangsar peuvent faire halte au Perak Tong.

Gua Kok Look Tong (⏲7h-19h). Pour sortir des sentiers battus, vous pouvez visiter ce temple plus petit et plus serein. À l'entrée, grimpez jusqu'aux Trois Sages dans la caverne centrale. Au fond,trône un opulent bouddha chinois du Bonheur futur, flanqué de trois bodhisattvas. Derrière la cavité, un jardin ornemental est parsemé d'étangs et de pagodes. Une longue marche vous mènera de Sam Poh Tong à Gua Kok Look Tong. Le moyen le plus simple d'y aller est de participer à une visite guidée avec Mr Raja.

(à l'étage) dans le Perak. Les expositions temporaires sont plus intéressantes.

Vieille ville

Les beaux bâtiments coloniaux d'Ipoh (hésitant entre la restauration clinquante et la ruine romantique) sont regroupés dans la vieille ville, à l'ouest du Sungai Kinta.

GRATUIT Gare ferroviaire — BÂTIMENT HISTORIQUE

(Jln Panglima Bukit Gantang Wahab). Surnommée localement le "Taj Mahal", la gare ferroviaire de 1914 mêle architectures mauresque et victorienne, dans le style "Raj" commun à toute l'Inde.

Hôtel de ville — BÂTIMENT HISTORIQUE

(Jln Panglima Bukit Gantang Wahab, Dewan Bandaran ; ⏲8h-17h). Tout blanc, ce bel édifice néoclassique dessiné par l'architecte britannique A. B. Hubbock n'est pas ouvert au public.

Palais de justice — BÂTIMENT HISTORIQUE

(Mahkanah Tinggi ; Jln Panglima Bukit Gantang Wahab). C'est A.B. Hubbock qui a dessiné en 1928 les plans de cet édifice, tout comme la gare ferroviaire et l'hôtel de ville d'Ipoh. Fermé au public.

GRATUIT Birch Memorial Clock Tower — MONUMENT

(Jln Dato' Sagor). C'est en 1909 qu'on a érigé ce campanile en mémoire de James W. W. Birch, premier résident britannique du Perak, assassiné à Pasir Salak. Les frises représentant Moïse, Bouddha, Shakespeare et Charles Darwin sur cette tour de l'horloge sont censées illustrer le progrès de la civilisation. La sculpture figurant Mahomet a été effacée. Birch n'étant plus le héros de l'expansion coloniale qu'il était au moment de son assassinat, on a rebaptisé la rue du mémorial du nom d'un de ses assassins, héros du nationalisme.

Royal Ipoh Club — BÂTIMENT HISTORIQUE

(Jln Panglima Bukit Gantang Wahab). Datant de 1895, cet édifice de style pseudo-Tudor surplombe les terrains de jeux du *padang*. Il reste un club sélectif et n'est pas ouvert au public.

St Michael's Institution — BÂTIMENT HISTORIQUE

(Jln SP Seenivasagam). Sur le côté nord du *padang*, ce beau bâtiment colonial de style négothique fut achevé en 1927 pour accueillir l'école fondée (en 1912) par la congrégation catholique des Frères des écoles chrétiennes. Fermée au public.

Ipoh

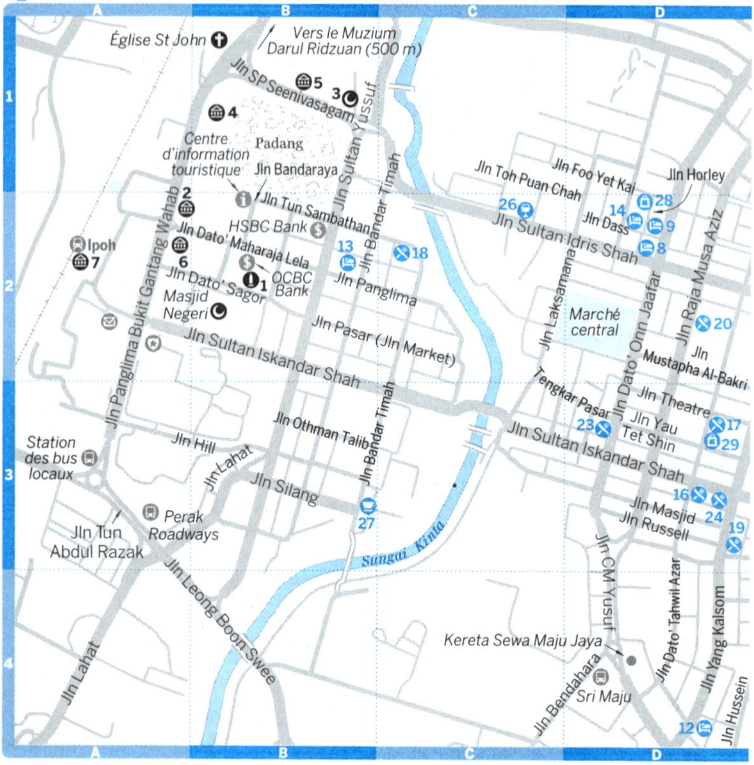

GRATUIT **Masjid India Muslim** MOSQUÉE
(Jln SP Seenivasagam ; ⏲8h-17h). Construite en 1908 dans le style moghol pour la population indienne d'Ipoh, cette mosquée n'est ouverte qu'aux musulmans.

Activités

Une promenade à pied dans la vieille ville d'Ipoh est sans doute le meilleur moyen de découvrir tous les édifices de l'époque coloniale. Les excellentes cartes détaillant les sentiers du patrimoine – *Ipoh Heritage Trail* 1 et 2 –, disponibles à l'office du tourisme d'Ipoh, sont pratiques pour une visite autoguidée.

Ipoh Heritage Walk PROMENADE À PIED
(20 RM ; ⏲8h-12h sam). Si vous êtes à Ipoh un samedi, ne manquez pas la promenade à pied guidée par **Mr Raja** (☎012-524 2357) ou par **Roselyn Lim** (☎012-500 9400). Ce circuit de 3 heures part de la gare ferroviaire d'Ipoh à 8h.

Où se loger

La plupart des hôtels d'Ipoh sont installés dans la ville nouvelle, sur la rive est du Sungai Kinta. Vous trouverez quelques bonnes adresses de catégories moyenne et supérieure dans la ville et ses alentours, mais les options pour petits budgets sont généralement peu avenantes.

♥ **Sekeping Kong Heng** HÔTEL $$
(☎012-227 2745 ; www.sekeping.com/kongheng/home.html ; Jln Bandar Timah ; ch 200-800 RM ; ❄ 📶). Attrayant, ce nouvel établissement, que l'on ne remarque pas lorsque l'on ne connaît pas, a été intelligemment aménagé autour d'un ancien café. Les 8 chambres standards s'intègrent parfaitement dans l'édifice d'origine, dont il reste encore des peintures défraîchies, des parquets usés et

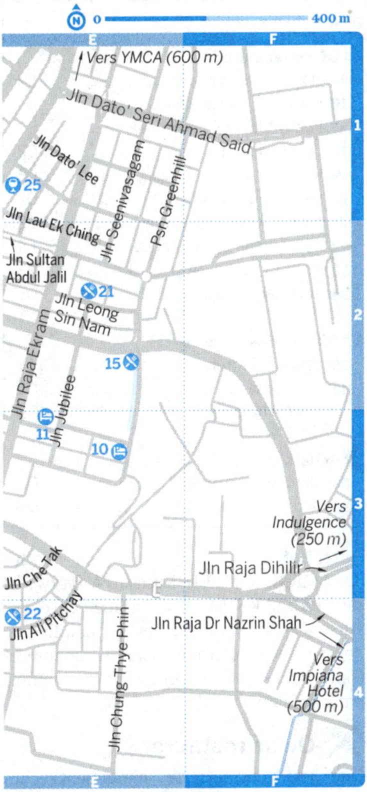

du plâtre abîmé. Les deux immenses familiales, plus chic, occupent chacune un étage entier. Les lits sont installés dans des cubes de verre surélevés et climatisés. C'est de loin l'adresse la plus insolite d'Ipoh, voire de tout le nord de la Malaisie.

French Hotel HÔTEL **$$**
(☎241 3030 ; 60-62 Jln Dato' Onn Jaafar ; ch 138-168 RM ; ❄📶). Pratique de par son emplacement dans la ville nouvelle, un bel hôtel de catégorie moyenne, qui n'a plus rien de français depuis de récentes rénovations. Les chambres offrent un cadre moderne et fonctionnel. Personnel sympathique et compétent.

Tune Hotel HÔTEL **$$**
(☎international 03-962 5888 ; www.tunehotels.com ; Jln Dass ; ch 110 RM ; ❄📶). La chaîne hôtelière d'AirAsia possède maintenant un établissement à Ipoh. Véritable hôtel pour petits budgets – le prix de base augmente en fonction des options choisies, des serviettes de toilette à la climatisation – qui s'avère au moins aussi confortable et professionnel que la plupart des adresses de catégorie moyenne. Le tarif indiqué ci-dessus était pour une chambre sans réservation avec beaucoup de confort.

D'Eastern Hotel HÔTEL **$$**
(☎254 3936 ; 118 Jln Sultan Idris Shah ; ch/ste 98/268 RM ; ❄@📶). C'est l'hôtel type de catégorie moyenne en Asie du Sud-Est : chambres spacieuses aux boiseries sombres (agrémentées de peintures kitsch), moquette, grandes sdb fonctionnelles et personnel compétent. Il n'est pas tout récent, mais il est propre et correct.

Indulgence HÔTEL DE CHARME **$$$**
(☎255 7051 ; www.indulgencerestaurant.com ; 14 Jln Raja Dihilir ; ch petit-déj inclus 420 RM, ste 629-790 RM ; ❄📶). Les 7 chambres de cette villa des années 1930 sont décorées dans divers styles allant du thaïlandais au rococo, toujours dans un esprit très *girly*. Toutefois, leur grande taille et leur superbe déco ne peuvent déplaire. L'hôtel et le restaurant adjacent ont bonne presse. Seule ombre au tableau : son emplacement peu pratique, à l'est du centre d'Ipoh.

Impiana Hotel HÔTEL **$$**
(☎255 5555 ; www.impiana.com ; 18 Jln Raja Dr Nazrin Shah ; ch petit-déj inclus 250-500 RM, ste 1 000-2 500 RM ; ❄@📶🏊). Assez proche de la ville, à l'est, un quatre-étoiles de chaîne réputé qui ne déçoit pas. Les chambres, vastes et élégantes, bénéficient de tout le confort habituel. Pour venir en taxi, comptez 10 RM environ.

Banjaran Hotsprings Retreat COMPLEXE HÔTELIER **$$$**
(☎210 7777 ; www.thebanjaran.com ; 1 Persiaran Lagun Sunway 3 ; villas petit-déj inclus 1 360-2 500 RM ; ❄@📶🏊). Un complexe hôtelier et spa sélect au pied des falaises, à 8 km au nord-est d'Ipoh. Les 26 villas sont dotées d'équipements chics, comme une piscine privée ou un Jacuzzi alimenté par des sources chaudes naturelles. Hammam aménagé dans une grotte et bain de glace sont au programme du spa. La direction peut s'occuper du transport.

New Caspian Hotel HÔTEL **$**
(☎242 3327 ; 6-10 Jln Jubilee ; ch 72-92 RM ; ❄📶). Très bien refait à neuf, cet hôtel à l'ancienne a conservé le confort de catégorie petits

Ipoh

À voir

Où se loger

Où se restaurer

Où prendre un verre

Achats

budgets. Claires et propres, ses chambres disposent de la TV, la climatisation et l'accès gratuit au Wi-Fi. C'est sans doute la meilleure option de cette catégorie à Ipoh.

YMCA AUBERGE DE JEUNESSE $

(☎254 0809 ; www.ymca-ipoh.com ; 211 Jln Raja Musa Aziz ; dort 18 RM, ch 60-80 RM ;). Seul réel hébergement pour voyageurs sac au dos à Ipoh, le YMCA propose des lits en dortoir et des chambres ordinaires, tous propres et bon marché. L'établissement se trouve à environ 1 km au nord du centre d'Ipoh ; suivez Jln Raja Musa Aziz jusqu'à atteindre l'extrémité nord du grand parc.

Ritz Garden Hotel HÔTEL $$

(☎242 7777 ; www.ritzgardenhotel.com ; 86 Jln Yang Kalsom ; ch/ste petit-déj inclus 170-600/550-2 300 RM ;). Autrefois élégant, cet établissement de catégorie moyenne classique a connu de meilleurs jours, mais les chambres sont impeccables et fonctionnelles. Les équipements, de la piscine au café, ne gâchent rien.

Ritz Kowloon Hotel HÔTEL $

(☎254 7778 ; 92-96 Jlan Yang Kalsom ; ch/ste petit-déj inclus 78-89/118-148 RM ;). Les chambres n'ont rien d'exceptionnel, mais elles ont toutes une fenêtre (un luxe dans cette gamme de prix). Le petit-déj et l'accès gratuit au Wi-Fi en font une bonne affaire.

Hotel Robin HÔTEL $

(☎242 1888 ; 100-110 Jln Mustapha Al-Bakry ; ch/ste 53-63/80-103 RM ;). La meilleure des adresses pour petits budgets d'Ipoh. Elle ne dégage aucun charme, mais les chambres sont nettes et le propriétaire chinois parle anglais.

Où se restaurer

Que les gourmets se réjouissent ! Les bonnes adresses abondent, principalement de spécialités chinoises et malaises. Si vous souhaitez des saveurs plus occidentales, optez pour le restaurant de l'hôtel Indulgence (p. 123) ou les en-cas des bars Over Time (p. 126) et Bricks & Barrels (p. 126).

Nasi Lemak Ayam Kampung MALAIS $

(43-45 Jln Ali Pitchay ; plats 5,50-30 RM ; ⏲16h30-2h30). La réputation de son délicieux et sophistiqué *nasi lemak* (riz cuit dans du lait de coco et servi avec des *ikan bilis* – sardines ou anchois séchés – frits, des cacahuètes et un plat de curry) n'est plus à faire. D'autant plus qu'il se décline en plusieurs variations, avec diverses viandes, du poulet rôti maison aux coques. Ne manquez pas la succulente soupe à l'anguille, acide et poivrée.

M. Salim MALAIS $

(angle Jln Yang Kalsom et Jln Che Tak ; plats 3-20 RM ; ⏲6h30-12h30 sam-jeu, 6h30-13h et 14h-12h30 ven). Ce restaurant ouvert de longue date concocte de bons plats *mamak*, c'est-à-dire indo-musulmans : copieux *nasi beryani,* riche *murtabak* (*roti* garni de morceaux de mouton, de poulet ou de légumes) et un imposant curry à la tête de poisson. Tous accompagnés d'un délicieux jus de mangue maison, complété ici de litchis.

Indulgence INTERNATIONAL $$
(www.indulgencerestaurant.com ; 14 Jln Raja Dihilir ; plats 28-59 RM ; ⏲9h-23h30 mer-dim). Une cuisine moderne qui reste familiale : tronçons de concombre recouvert de saumon fumé, de tranches d'agneau, de *cottage cheese,* et agrémenté de piments et d'une tapenade à l'huile d'olive. Étonnant, mais pour être tout à fait honnête, nous n'avons jamais goûté autre chose que les succulentes pâtisseries accompagnées d'un *teh tarik* (thé sucré malaisien) unique en son genre.

Lee Heng Fatt CHINOIS $
(Jln Tun Sambathan ; plats à partir de 2,60 RM ; ⏲dîner). Sans doute le seul restaurant de la vieille ville à être ouvert une fois la nuit tombée, Lee Heng Fatt sert du *hor mee,* raviolis au choix (poisson, porc, tofu...) servis dans une soupe avec des nouilles de blé. Parmi les multiples délicieux jus de fruits frais, testez celui au concombre et à la pomme.

Funny Mountain Soya Bean CHINOIS $
(49 Jln Theatre ; plats 0,90-4,80 RM ; ⏲petit-déj et déj). Funny Mountain est (très) réputé pour ses deux spécialités : le gâteau au tofu et le lait de soja. Le tofu, servi avec un peu de sirop et/ou de gelée d'herbe, est doux et sucré, alors que la boisson est riche et rafraîchissante.

Medan Selera Dato' Tawhil Azar MALAIS $
(Jln Raja Musa Aziz ; plats 2-8 RM ; ⏲dîner). Plus connus sous le nom de Children's Playground, ce grand espace de restauration réunit nombre d'étals (principalement malais) autour d'un petit square agrémenté de balançoires et de toboggans.

Hawkers nocturnes CHINOIS $
(Jln Sultan Idris Shah ; plats 3-10 RM ; ⏲dîner). Cette rue compte au moins 30 vendeurs, qui servent principalement des plats chinois goûteux et bon marché.

LES MEILLEURS PLATS D'IPOH

Ipoh est réputée pour sa cuisine de rue, qui devrait tout à l'eau utilisée. Les habitants pensent en effet que leur nappe phréatique bénéficie des minéraux qui s'infiltrent grâce au réseau karstique alentour, d'où cette saveur unique. Nous ne les contredirons pas... Voici une liste des meilleurs plats et des adresses où les déguster.

Curry mee Mélange de vermicelles de riz et de nouilles à la farine de blé dans un bouillon épicé, riche et souvent huileux, accompagné de poulet, de porc, de crevettes. Tenue depuis des décennies par la même famille, **Xin Quan Fang** (174 Jln Sultan Iskandar Shah ; plats à partir de 3,80 RM ; ⏲petit-déj et déj) est sans doute la meilleure table pour en déguster. Mais il faut savoir patienter ! **Ayam taugeh** Ce tendre poulet aux pousses de soja d'Ipoh servi avec du riz (cuit dans du bouillon de poulet) ou un bol de nouilles à la farine de riz est probablement le plat le plus typique d'Ipoh. Le **Restoran Onn Kee** (51 Jln Yau Tet Shin ; plats à partir de 3 RM ; ⏲13h30-3h) en prépare de fort bons, tout comme ses voisins aussi spécialisés dans ce plat.

Kopi putih La méthode qui consiste à torréfier les grains de café dans de la margarine à l'huile de palme aurait été inventée au **Sin Yoon Loong** (15A, Jln Bandar Timah ; boissons au café à partir de 1,40 RM ; ⏲7h-18h lun-sam). Le *kopi putih* est appelé en anglais *Ipoh white coffee* (café blanc d'Ipoh).

Hakka mee Ces nouilles plates à la farine de blé recouvertes de porc salé haché sont accompagnées d'un bol de bouillon aux boulettes de poisson et de porc, et de tofu. Elles sont savoureuses au **Famous Mee Hakka** (163 Jln Sultan Iskandar Shah ; plats 3 RM ; ⏲7h-12h).

Dim sum La communauté chinoise d'Ipoh est principalement d'origine cantonaise, ce qui explique le succès local des *dim sum*. Bien qu'il soit moins tape-à-l'œil que les autres palais du *dim sum*, les habitants favorisent le **Ming Court** (32-36 Jln Leong Sin Nam ; dim sum 2,20-4,90 RM ; ⏲6h-12h mer-lun).

Où prendre un verre

Bricks & Barrels BAR

(28-30 Jln Lau Ek Ching ; ⌚16h-1h). Une adresse incroyablement sophistiquée pour Ipoh et un bon choix de bières (notamment des bières pression d'importation) et quelques purs malts. Très en vogue pour ses concerts donnés à partir de 21h le week-end.

Over Time BAR

(www.overtime.asia ; 59 Jln Sultan Idris Shah ; ⌚11h-3h). L'ambiance de ce pub-brasserie – une franchise présente dans de nombreuses villes de Malaisie ainsi qu'à Singapour – est plutôt du style club, avec des concerts ou des soirées DJ tous les soirs. Trois sortes de bières pression : une aromatisée, une lager et une *dunkel* (bière brune) pour accompagner snacks, salades, plats de viande occidentaux et asiatiques (14-55 RM).

Achats

Gerbang Malam MARCHÉ NOCTURNE

(Jln Dato' Tahwil Azar ; ⌚19h-24h). Les étals s'étendent à perte de vue, consacrés majoritairement aux articles de sport, plus quelques échoppes roulantes.

Marché aux puces MARCHÉ

(Jln Horley ; ⌚6h-12h dim). Les chineurs ne manquent pas le dimanche matin sur ce marché aux puces qui envahit quasiment toutes les rues autour du Tune Hotel.

Renseignements

Centre d'information touristique OFFICE DU TOURISME

(☎208 3155 ; Jln Bandaraya ; ⌚8h-17h lun-ven et 10h-15h sam)

Hôpital d'Ipoh HÔPITAL

(☎253 2533 ; http://hipoh.moh.gov.my ; Jln Hospital). Le principal hôpital d'Ipoh se situe à 1,5 km environ au nord-ouest du centre-ville. En taxi, comptez environ 10 RM.

Depuis/vers Ipoh

Avion

L'**aéroport Sultan Azlan Shah** (www.ipoh.airport-authority.com) situé à environ 3 km au sud-est du centre-ville se rejoint en taxi (20 RM). **Firefly** (☎national 03-7845 4543 ; www.firefly.com.my ; aéroport Sultan Azlan Shah), seule compagnie à desservir Ipoh (au moment de l'enquête), assure deux vols quotidiens pour Singapour (300 RM, 1 heure 30).

Bus

Les bus longue distance partent de **Medan Gopeng** (Jln Raja Dr Nazrin Shah), à 5 km au sud du centre-ville. Des navettes relient cet endroit à la gare routière locale (1,30 RM, toutes les 15 min de 6h à 18h15), ainsi que des taxis (15 RM). La gare routière est censée déménager à Meru Raya, à environ 8 km au nord d'Ipoh.

DESTINATION	DURÉE	PRIX (RM)	FRÉQUENCE
Alor Setar	4h	21,70-26	fréquent, 9h-16h50
Butterworth/ George Town	2h	13,90-17,60	fréquent, 8h30-20h30
Hat Yai (Thaïlande)	6-7h	45	12h30 et minuit
Johor Bahru	7h	48,50	fréquent, 9h-23h
Kuala Lumpur (et KLIA/ LCCT)	2h30 - 3h	17,50-43	toutes les heures, 4h30-21h30
Kota Bharu	6h	33,30	9h30, 10h, 11h30 et 22h
Lumut (pour Pulau Pangkor)	2h	8	12h30, 13h30, 15h, 16h30 et 17h45
Melaka	5h	33-34	fréquent, 9h30-12h45
Singapour	8h	56-75	fréquent, 8h30-10h30 et 20h30-23h
Tanah Rata (pour les Cameron Highlands)	2h	15	fréquent, 9h30-17h30

Plus proche de la ville, **Sri Maju** (☎253 8898 ; Jln Bendahara) possède sa propre gare routière, d'où des bus "de luxe" rejoignent la plupart des destinations desservies par Medan Gopeng.

Perak Roadways (☎254 4895 ; Jln Tun Abdul Razak), dont les bureaux sont à une courte distance de la gare routière locale, assure des liaisons régulières sur Lumut (pour Pulau Pangkor, 8,50 RM, 2 heures, départs fréquents de 6h50 à 19h30) et Gerik (pour le parc régional de Royal Belum, 2 heures, 13,10 RM, départs à 12h, 14h30, 16h30 et 18h30).

La gare routière locale est située près d'un rond-point, au sud de la gare ferroviaire.

DESTINATION	DURÉE	PRIX (RM)	FRÉQUENCE
Kampar (pour le temple-grotte Sam Poh Tong)	20 min	1,50	Toutes les 15 min, 6h-18h15
Gopeng	40 min	2,70	Toutes les 15 min, 6h-18h15
Kuala Kangsar	80 min	6,20	Toutes les 15 min, 5h30-20h45
Taiping	1h30	8,40	Toutes les heures, 6h15-19h
Tanah Rata (pour les Cameron Highlands)	2h30	16,80	8h, 11h, 15h et 18h

Train

La gare ferroviaire d'Ipoh se trouve sur la grande ligne Singapour-Butterworth. Il y a tous les jours des liaisons (y compris un service "intercity" très fréquent) pour Kuala Lumpur (22-40 RM, 4 heures 30) et Butterworth (21-36 RM, 3 heures 30), cette dernière ligne continuant jusqu'à Hat Yai en Thaïlande (34-87 RM, 10 heures 30). Consultez le site www.ktmb.com.my pour connaître tarifs et horaires.

Comment circuler

La majeure partie du centre d'Ipoh est accessible à pied, mais un moyen de transport – public ou de location – est nécessaire pour rejoindre les sites situés en dehors de la ville.

Pour toute destination aux alentours d'Ipoh, une voiture avec chauffeur louée auprès de **Mr Raja** (012-524 2357) revient à 130 RM la journée. Autre possibilité : **Kereta Sewa Maju Jaya** (255 5510 ; www.carrentalipoh.com ; Jln C.M. Yusuff ; 8h-20h), qui a aussi un bureau à l'aéroport d'Ipoh.

Gopeng et ses environs

À moins de 30 km d'Ipoh, cette destination rurale en plein essor reste peu connue. Et pourtant Gopeng a conservé de son riche passé minier quelques vestiges très parlants. Sa campagne vallonnée à l'est de la ville donne néanmoins la priorité aux activités de plein air, telles que rafting, spéléologie et randonnées.

À voir

Gua Tempurung GROTTE

(www.guatempurung.com ; visites 6-22 RM ; 9h-15h sam-jeu). À 7 km environ de Gopeng, la "Grotte de la noix de coco" (en forme de coupole) mesure presque 2 km de long et comprend 5 salles distinctes. Ses impressionnantes formations souterraines, sa rivière et les animaux que l'on trouve habituellement dans ce genre d'endroit se découvrent en circuit guidé. Vous pouvez prendre votre place à l'entrée de la grotte ou, si vous n'êtes pas motorisé, opter pour une visite organisée par l'un des 3 complexes hôteliers situés hors de Gopeng. Quatre circuits sont proposés (de 45 min à 4 heures), durant lesquels on peut se contenter de suivre des sentiers faciles ou se frayer un chemin en traversant une rivière.

GRATUIT **Parc naturel de Kinta** RÉSERVE NATURELLE

À 6 km au sud de Batu Gajah, cette zone naturelle n'a pas encore d'existence officielle. Nés autour d'un lac qui s'est formé à l'époque de l'extraction d'étain, ces marais abritent quelque 130 espèces d'oiseaux, ainsi que d'autres animaux, dont des loutres. À explorer en compagnie de **Mr Raja** (012-524 2357) ou bien en visite guidée organisée par le Gopeng Rainforest Resort.

Maison historique MUSÉE

(Jln Pasar ; don bienvenu ; 9h-15h sam-dim). Une *shophouse* restaurée qui a conservé son mobilier d'origine. Elle est située non loin de la route principale, près du rond-point au monument de Gopeng.

Musée Gopeng MUSÉE

(Muzium Gopeng ; Jln Eu Kong ; don bienvenu ; 9h-17h ven-mar). Cette collection éclectique d'articles ménagers rétro et de meubles vintage à laquelle s'ajoute une exposition sur l'histoire locale occupe une ancienne *shophouse*, sur la route qui mène à la gare routière de Gopeng.

Activités

Tous les complexes hôteliers organisent des activités avec guide : **rafting** (150 RM/pers la demi-journée), sorties d'**observation de rafflésies** (demi-journée à partir de 80 RM/pers), **descente de cascades en rappel** (100 RM/pers la demi-journée) et **spéléologie** à Gua Tempurung (40 RM/pers la demi-journée). La constitution d'un groupe de 8 participants minimum

VAUT LE DÉTOUR

LE PATRIMOINE MINIER DE LA VALLÉE DE KINTA

La région environnant Ipoh s'est développée grâce à l'étain. Une intéressante excursion d'une demi-journée vous fera découvrir les petites villes qui ont soudain poussé dans la vallée de Kinta vers 1880 à la faveur des prospecteurs et immigrés chinois venus extraire l'étain. La rareté des transports publics nécessite les services d'un chauffeur. Originaire de Batu Gajah, la capitale du district de Kinta, **Mr Raja** (☎012 524 2357) fait faire aux visiteurs le circuit de la vallée moyennant 20 RM/personne (plus 130 RM pour le transport).

Quittez Ipoh vers le sud en empruntant la Hwy 5 puis traversez Lahat et Papan devenues des villes fantômes. 20 km plus loin, **Batu Gajah** créée au début du XIXe siècle a conservé sa splendeur de l'ère coloniale. Outre son marché animé et sa zone commerciale proche de la route nationale, vous pourrez explorer sur la colline (*changkat*) l'ancienne zone administrative britannique, avec ses villas, ses églises, son hôpital et... sa prison. L'office du tourisme d'Ipoh diffuse une excellente brochure avec plan, *Batu Gajah Heritage Driving Trail*, fournie de multiples détails sur ces édifices historiques.

Poursuivez sur 9 km votre chemin vers le sud pour découvrir un musée de plein air organisé autour de la **drague d'étain TT5** (adulte/enfant 5/3 RM ; ⏲8h30-12h et 13h-18h), l'une des premières mise en service en Malaisie l'année 1936.

Repartez vers Batu Gajah puis virez vers l'est sur l'A8. Après 6 km environ, vous atteindrez le **château de Kellie** (adulte/enfant 5/3 RM ; ⏲9h-18h). Cette *Kellie's Folly* (folie de Kellie) témoigne de l'excentricité britannique que l'on rencontre parfois dans un coin reculé de l'ancien Empire. L'Écossais William Kellie Smith, riche propriétaire d'une plantation d'hévéas doublé d'un grand amoureux de l'Inde, destinait ce château à son fils. Il fit tout venir d'Inde, des briques aux artisans et ouvriers, pour bâtir ce qui aurait dû devenir l'une des plus belles demeures de Malaisie. Cependant, à sa mort en 1926, les travaux furent abandonnés. Aujourd'hui, cette structure de 6 étages est un site touristique bien entretenu.

À 500 m du château se dresse un **temple hindou** que Smith fit édifier pour apaiser les dieux quand une maladie mystérieuse commença à décimer les ouvriers. En signe de gratitude, les artisans placèrent sur le toit une statue de Smith, en costume blanc et casque colonial, parmi les divinités hindoues. Aujourd'hui semi-abandonné, il continue néanmoins de fonctionner et le prêtre qui s'en occupe vous indiquera la statue de Smith.

Après avoir visité le château de Kellie, poursuivez vers l'est jusqu'à la Hwy 1, ancien axe principal nord-sud. Tournez vers le sud pour visiter **Gopeng** dont le centre historique rappelle aussi la grande époque des mines d'étain, ou partez vers le nord pour regagner Ipoh, à 13 km de là.

est néanmoins requise pour le rafting et la spéléologie, le tarif individuel baissant avec le nombre.

Où se loger et se restaurer

À environ 6 km à l'est de Gopeng s'étend une zone boisée isolée où se cachent trois complexes hôteliers assez similaires. Une base idéale pour la randonnée comme le rafting ou toute autre activité extérieure. À l'exception du Clearwater Sanctuary, les tarifs s'entendent en pension complète. Transfert depuis la gare routière de Gopeng pour 10 RM environ.

Clearwater Sanctuary COMPLEXE HÔTELIER **$$$**
(☎366 7433 ; www.cwsgolf.com.my ; Batu Gajah ; ch 250-475 RM ; ❄📶). Ce vaste refuge à l'ambiance rurale est bien plus qu'un hôtel pour fans de golf. Les chambres sont plus confortables que luxueuses, mais le cadre qu'il offre, près d'un grand lac, et les nombreuses activités proposées (dont tir à l'arc et pêche) constituent son véritable attrait. En dehors de Batu Gajah, à 15 km environ au sud d'Ipoh. Service de transport sur demande.

Adeline's Villa COMPLEXE HÔTELIER **$$**
(☎359 1651 ; www.adelinevilla.com ; 188-238 RM/pers ; ❄). Les villas de l'établissement le

plus sophistiqué et le plus cher de la région peuvent loger jusqu'à 9 personnes. En tout 10 chambres réparties dans de jolis pavillons de bois.

My Gopeng Resort COMPLEXE HÔTELIER $$
(☎016-549 3777 ; www.mygopengresort.com ; 168 RM/pers). On se sent un peu comme au camping avec ces chambres rudimentaires mais confortables, et des sdb communes. Capacité totale de 24 personnes.

Gopeng Rainforest Resort COMPLEXE HÔTELIER $$
(☎012-516 8200 ; www.gopengrainforest.com ; 98-108 RM/pers). L'hébergement proposé ici est basique – matelas fins dans des bâtiments avec ventilateur et sdb commune –, mais le cadre est époustouflant. La cuisine et les activités ont bonne presse.

Depuis/vers Gopeng et ses environs

La gare routière de Gopeng se trouve à 300 m environ à l'est de la Hwy 1. De 6h30 à 22h30, il y a fréquemment des bus pour parcourir les 13 km qui séparent Gopeng d'Ipoh (2,70 RM, 30 min).

Cameron Highlands

Cela fait maintenant plusieurs semaines que vous transpirez en Malaisie, dans la jungle, les basses terres ou à la plage. Vos vêtements vous collent à la peau et vous avez du mal à trouver le sommeil... Les Cameron Highlands vous feront retrouver la sérénité.

La plus grande station climatique de Malaisie offre comme un visage alpin avec ses pics bleutés, ses collines verdoyantes, ses bourgs et ses cascades, si ce n'étaient ses plantations de thé qui rappellent qu'on est bien en Asie du Sud-Est. On y vient principalement pour marcher, déguster du thé, découvrir l'agrotourisme local. Et prendre le frais – mais pas froid pour autant – car entre 1 300 m et 1 829 m d'altitude, les températures tombent rarement au-dessous de 10°C et ne dépassent généralement pas 21°C.

Le terme de Cameron Highlands désigne en fait toute la région qui englobe les villes de Kampung Raja, Brinchang, Tanah Rata, Ringlet et leurs environs. Si la station fait légalement partie de l'État de Pahang, on y accède bien plus aisément depuis le Perak.

À voir

Plantation de thé Cameron Bharat PLANTATION DE THÉ
(Carte p. 130 ; bharattea.com.my ; ⌚8h30-19h). À environ 4 km au sud de Tanah Rata, la vue sur la plantation du bas-côté de la route est proprement fascinante. Faute de visite guidée, on est autorisé à flâner dans certaines parties de la plantation et siroter

LES DOMAINES DU THÉ

Même les inconditionnels du café se doivent de découvrir la **plantation de thé Boh Sungei Palas** (Boh Sungei Palas Tea Estate ; www.boh.com.my ; ⌚9h-16h30 mar-dim), perchée au-dessus d'un océan de collines verdoyantes et de plantations de thé.

L'étroite route d'accès longe les quartiers des cueilleurs et un temple hindou (les ramasseurs sont essentiellement indiens) avant d'atteindre le centre des visiteurs tout vitré, où vous pourrez assister à la préparation du thé. Outre toute la gamme des thés Boh présentée à la boutique, il abrite un **café** (⌚9h-16h30 mar-dim) moderne où siroter un thé en contemplant les luxuriantes plantations. Aux heures d'ouverture, une visite guidée gratuite d'un quart d'heure invite à découvrir le processus de fabrication du thé. Les amateurs de thé pourront approfondir leurs connaissances en suivant l'un des **tea appreciation tours** (35 RM ; ⌚9h, 11h, 13h et 15h mar-dim), visites guidées avec dégustation qui couvrent, en une heure, la visite des plantations et d'une manufacture.

Le domaine est perché sur les collines au nord de Brinchang, sur la route du Gunung Brinchang. Les bus publics qui relient Tanah Rata et Kampung Raja passent par l'embranchement pour le Gunung Brinchang. De là, le parcours serpente sur 4 km avant de dévaler la colline jusqu'au centre des visiteurs (15 min). L'aller-retour en taxi depuis Tanah Rata coûte 50 RM.

Boh possède un autre **domaine** (www.boh.com.my ; entrée libre ; ⌚9h-16h30 mar-dim) presque aussi impressionnant, situé au sud-est de Tanah Rata, à 8 km de la grand-route. Il y a un petit café et des circuits sont proposés toutes les 15 minutes entre 9h30 et 16h15. Comptez 60 RM aller-retour pour venir de Tanah Rata.

Cameron Highlands

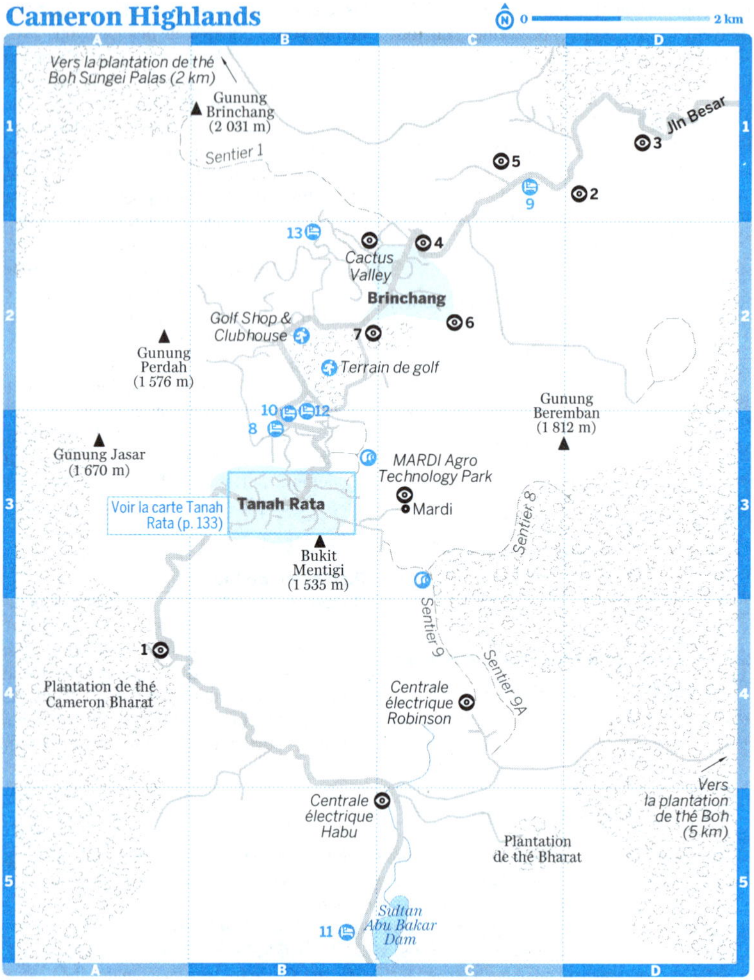

Cameron Highlands

À voir

1 Plantation de thé Cameron Bharat A4
2 Cameron Highlands Butterfly Farm D1
3 Ee Feng Gu Honey Bee Farm D1
4 Kok Lim Strawberry Farm C2
5 Raaju's Hill Strawberry Farm C1
6 Temple Sam Poh C2
7 Sri Tehndayuthapany Swamy B2

Où se loger

8 Bala's Holiday Chalet B3
9 Equatorial C1
10 Hotel De'La Ferns B3
11 Lakehouse B5
12 Smokehouse B3
13 Strawberry Park Resort B2

Où se restaurer

Smokehouse .... (voir 12)

INTERVIEW

JEK YAP : AMOUREUX DE LA NATURE

Jek Yap est membre de Kinta Heritage, un groupe de huit personnes qui cherchent à promouvoir le riche patrimoine naturel du Perak.

La nature est-elle un des points forts du Perak ? Quelles sont les zones naturelles ou protégées à visiter ? Sur le plan naturel, c'est l'un des États les plus riches de Malaisie. Le parc régional de Royal Belum préserve une flore et une faune d'une incroyable richesse, et encore ne conaît-on pas tout. Le parc naturel de Kinta accueille la plus grande héronnière de Malaisie ; actuellement 180 espèces d'oiseaux y nichent. Le spectacle nocturne des lucioles dans la réserve forestière de palétuviers de Matang (Matang Mangrove Forest Reserve) est une autre excellente destination.

Y a-t-il des variétés de plantes ou des espèces animales que l'on ne trouve qu'au Perak ? Il existe au moins deux espèces de rafflésies qui n'existent nulle part ailleurs ; la plante-mère de la fleur nationale de Singapour est une espèce d'orchidée endémique à la vallée de Kinta. Et en saison, on peut apercevoir 10 espèces de calaos dans le parc régional de Royal Belum.

Les espaces naturels du Perak sont-ils en danger ? Comme tout autre site naturel de cette partie du monde, ils sont menacés par le développement humain.

Quelles activités vaut-il mieux pratiquer ici pour profiter de ce patrimoine environnemental et où ? Le Perak offre la possibilité de jouer au golf, d'observer les oiseaux, de randonner, de pratiquer la descente en eaux vives ou en chambre à air, de faire du kayak, du rappel, du vélo et de la spéléologie. Gopeng constitue pour cela un port d'attache idéal.

un thé au salon joliment aménagé au-dessus de la propriété offre un moment de contemplation. Comptez 10 RM pour venir en taxi. Douze km plus loin sur la route principale vers le nord-est depuis Brinchang, la plantation a une **annexe** (⌚7h30-18h). Il y a également un café mais la vue n'y est pas aussi belle.

Temple Sam Poh TEMPLE

(Carte p. 130 ; Brinchang). Dédié à Zheng He, l'amiral chinois du XVe siècle, ce temple est des plus inattendus dans cette contrée vallonnée. Situé juste en dessous de Brinchang, à environ 1 km de la route, ce kaléidoscope chinois de couleurs renfermerait le quatrième plus grand bouddha du pays.

Kok Lim Strawberry Farm FERME

(Carte p. 130 ; Brinchang ; Tunnel du temps adulte/enfant 5/3 RM ; ⌚9h-17h, tunnel du temps 8h30-18h30). Juste au nord de Brinchang, cette ferme vous donne l'occasion de cueillir vous-même 500 g de fraises contre 30 RM. Adjacent, le **tunnel du temps** (Time Tunnel) est un passage souterrain un peu kitsch mais amusant qui contient quantité de vieux objets et une exposition traitant de l'histoire locale.

GRATUIT **Ee Feng Gu Honey Bee Farm** FERME

(Carte p. 130 ; www.eefenggu.com ; Brinchang ; ⌚8h-19h). La ferme apicole en activité à environ 3 km au nord-est de Brinchang possède de jolis jardins fleuris, où l'on peut se promener, ainsi qu'un labyrinthe intérieur (adulte/enfant 3/2 RM) qui plaira aux plus jeunes. Vente de miel.

Cameron Highlands Butterfly Farm FERME

(Carte p. 130 ; Brinchang ; adulte/enfant 5/2 RM ; ⌚9h-18h lun-ven, 8h30-19h sam-dim). Le royaume d'innombrables papillons tropicaux, dont le majestueux brookiana (*Trogonoptera brookiana*).

GRATUIT **Raaju's Hill Strawberry Farm** FERME

(Carte p. 130 ; Brinchang ; ⌚8h30-18h30). Pour tout savoir sur la culture hydroponique des fraises, et se régaler principalement de glaces à la fraise maison et remporter quelques confitures.

Sri Tehndayuthapany Swamy TEMPLE

(Carte p. 130 ; Brinchang ; ⌚7h-18h). Au sud de Brinchang, ce sanctuaire hindou éblouissant de couleurs sert prioritairement de lieu de culte aux ramasseurs de thé. Les sculptures, dans le style du Tamil Nadu, ont été réalisées par des artistes indiens.

SUR LES SENTIERS DES CAMERON HIGHLANDS

La randonnée est l'un des attraits majeurs des Cameron Highlands. La signalisation des sentiers au départ, par de grands panneaux jaune et noir, est bonne, à la différence de l'entretien, d'où des parcours parfois glissants et/ou mal jalonnés. Emportez toujours de l'eau, un peu de nourriture et des vêtements imperméables pour parer aux caprices de la météo. Voici quelques-uns des itinéraires les plus appréciés :

Sentier 1 Commençant officiellement à la borne de pierre blanche 1/5 au sommet du Gunung Brinchang (2 031 m), ce sentier escarpé, boueux et envahi par la végétation, souvent fermé pour réfection, est déconseillé dans le sens de la descente. Mieux vaut l'emprunter en sens inverse, à la borne 1/48, au nord de Cactus Valley. Comptez environ 2 heures pour cette partie. Au sommet, prenez la route goudronnée de 7 km qui rejoint Brinchang en 2 agréables heures à travers les plantations de thé.

Sentier 4 Ce sentier, un des plus populaires, commence près de la rivière, juste après le Century Pines Resort à Tanah Rata, et conduit aux chutes Parit ; mais les déchets du village voisin gâchent le charme bucolique du site. On peut également se rendre aux chutes par la route qui contourne l'extrémité sud du golf. Dans les deux cas, ce n'est guère qu'une marche de 500 m.

Sentier 8 Cet itinéraire part du sentier 9, juste avant les chutes Robinson, et grimpe assez raide pendant 2 heures pour atteindre le Gunung Beremban. Ce peut être un sentier difficile, surtout si vous l'empruntez en vous éloignant de la montagne.

Sentier 9A Les sentiers 9 et 9A commencent au même endroit, à 1,5 km de la grand-route de Tanah Rata – suivez le panneau qui indique Robinson Falls et cherchez la passerelle. De là, le sentier descend, passe par les chutes Robinson et rejoint, au bout d'un quart d'heure, une barrière de métal. Le sentier 9, non recommandé, franchit la barrière et suit une conduite d'eau le long d'une pente escarpée et glissante à travers la jungle, jusqu'à la centrale électrique. Mieux vaut emprunter le sentier 9A, qui part sur la gauche avant la barrière et débouche à la centrale électrique de Robinson après environ 1 heure de marche. Suivez-le jusqu'à la grand-route, où vous pourrez continuer vers l'est et la plantation de thé Boh (Boh Tea Estate, à 5 km) ou vers l'ouest et la centrale électrique de Habu, et prendre un bus pour Tanah Rata.

Circuits organisés

En raison de la distance entre les différents sites et de la rareté des transports publics, s'inscrire à un circuit organisé est une option appréciée des visiteurs des Cameron Highlands. Il s'agit principalement de circuits d'une demi-journée qui s'intéressent surtout aux plantations de thé, à la cueillette des fraises ou aux fermes horticoles de la région.

CS Travel & Tours CIRCUITS ORGANISÉS
(Carte p. 133 ; ☎491 1200 ; www.cstravel.com.my ; 47 Jln Besar, Tanah Rata ; 🕒7h30-19h30). Cette agence organise des excursions d'une demi-journée dans la campagne des Highlands, des *countryside tours* partant à 8h45 et à 13h45 (adulte/enfant 25/15 RM). À la journée, vous pouvez envisager un *adventure tour* (adulte/enfant 80/60 RM) jusqu'au Gunung Brinchang avec visite d'un village Orang Asli. L'agence peut également vous mettre en relation avec des guides de randonnée.

Eco Cameron CIRCUITS ORGANISÉS
(Carte p. 133 ; ☎491 5388 ; www.ecocameron.com ; 72A Psn Camellia 4, Tanah Rata ; 🕒8h-21h30). Ce prestataire spécialisé dans les circuits nature propose : randonnées, promenades d'observation des orchidées, ornithologie, observation des insectes, etc. Les tarifs vont de 45 RM/pers (demi-journée à proximité de la ville) à 120 RM/pers (journée entière loin de la ville).

Où se loger

Tanah Rata offre le plus grand choix d'hôtels des Cameron Highlands, notamment quelques options bon marché correctes. Brinchang, à 4 km au nord, dispose aussi de quelques établissements, mais la plupart étant destinés aux touristes malais, la ville n'est pas très pratique pour les voyageurs dépendant des transports publics. Quelques

Tanah Rata

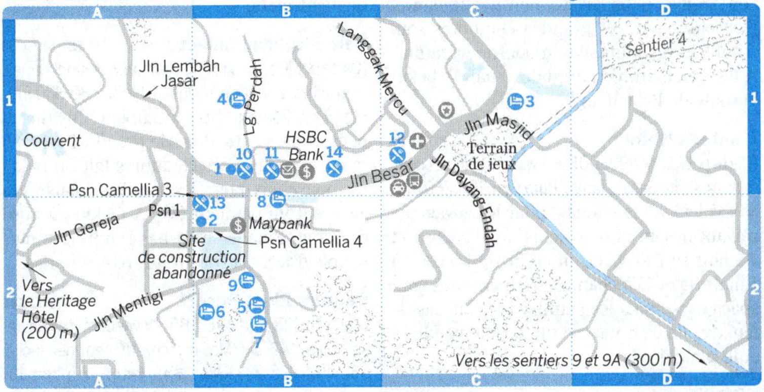

Tanah Rata

Activités

1 CS Travel & Tours B1
2 Eco Cameron B2

Où se loger

3 Century Pines Resort C1
4 Daniel's Lodge B1
5 Eight Mentigi B2
6 Hillview Inn B2
7 KRS Pines B2
8 Planter's Hotel B2
9 Twin Pines B2

Où se restaurer

10 Jasmine Cafe B1
11 KouGen B1
12 Lord's Cafe C1
May Flower .... (voir 2)
13 Restaurant Bunga Suria B2
14 Restoran Sri Brinchang B1
Rosedale Bistro .... (voir 11)
Vintage Café .... (voir 12)

adresses situées en dehors des villes principales sont intéressantes, mais il est indispensable d'être motorisé.

Pendant les vacances scolaires, en avril, août et décembre, les touristes affluent dans les Highlands, mieux vaut réserver bien à l'avance. La climatisation ne présentant aucun intérêt ici, peu d'hôtels (voire aucun) la proposent.

Smokehouse HÔTEL DE CHARME $$$

(Carte p. 130 ; ☎491 1215 ; www.thesmokehouse.com.my ; ch/ste petit-déj inclus 365/450-710 RM ; 📶). Inspirée du style Tudor, cette ancienne demeure (1939) à colombages, pleine de cachet, semble arriver tout droit de la campagne anglaise. La cabine téléphonique rouge, les poutres apparentes, les cheminées et le décor rustique renforcent l'illusion. Les chambres, équipées de lourds meubles anciens, sont plus confortables que luxueuses. À environ 2 km au nord de Tanah Rata par la route de Brinchang.

Hillview Inn GUESTHOUSE $$

(Carte p. 133 ; ☎491 2915 ; www.hillview-inn.com ; 17 Jln Mentigi, Tanah Rata ; ch 70-140 RM ; @📶). Sise en périphérie dans une villa de 3 étages, cette pension de catégorie moyenne loue diverses chambres, avec ou sans sdb privative (demandez à en visiter quelques-unes pour arrêter votre choix). Salles TV communes et café au rez-de-chaussée.

Eight Mentigi GUESTHOUSE $

(Carte p. 133 ; ☎491 5988 ; www.eightmentigi.com ; 8A Jln Mentigi, Tanah Rata ; ch 50-150 RM ; @📶). Deux maisons reliées accueillent ces chambres simples et impeccables. La grâce de Smith, le propriétaire, donne le sentiment d'être un peu à la maison. En limite ouest de Tanah Rata.

Hotel De'La Ferns HÔTEL $$$

(Carte p. 130 ; ☎491 4888 ; www.hoteldelaferns.com.my ; ch/ste 380-580/680-1 800 RM ; @📶). Une pâle imitation du style Tudor développée sur plusieurs étages, le stéréotype même des abominables établissements que l'on trouve dans les Cameron Highlands. Heureusement, les grandes chambres sont meublées dans un style moderne et raffiné. À 1,5 km environ au nord de Tanah Rata sur la route de Brinchang.

Planter's Hotel HÔTEL $$

(Carte p. 133 ; ☎490 1001 ; www.plantershotel.com.my ; 44A Jln Besar, Tanah Rata ; ch 120-260 RM ; 📶). Voici l'adresse idéale pour les voyageurs n'ayant besoin ni de chichis ni de cachet, et voulant se retrouver au cœur de l'action, à Tanah Rata. Les chambres supérieures sont spacieuses, mais les standards n'ont pas de fenêtre. Prix en hausse de 20% le vendredi et le samedi.

KRS Pines GUESTHOUSE $

(Carte p. 133 ; ☎491 2777 ; http://twinpines.cameronhighlands.com ; 7 Jln Mentigi, Tanah Rata ; dort/ch 15/35-110 RM ; @📶). KRS loue plusieurs chambres communes ou privatives dans une tour trapue. Toutes sont d'une propreté irréprochable, ce qui en fait un bon compromis entre petits budgets et catégorie moyenne. Plus 30% le week-end.

Heritage Hotel HÔTEL $$

(☎491 3888 ; www.heritage.com.my ; Jln Gereja, Tanah Rata ; ch/ste petit-déj inclus 180-350/310-670 RM ; 📶). Cet immense établissement de style pseudo-Tudor réunit 238 chambres en limite ouest de Tanah Rata. Les chambres récentes de l'aile Deluxe sont plus grandes et plus jolies. Aire de jeux pour les enfants, machines à laver, billard et bibliothèque. Plus environ 20% le week-end.

Daniel's Lodge AUBERGE DE JEUNESSE $

(Carte p. 133 ; ☎491 5823 ; danielslodge@hotmail.com ; 9 Lg Perdah, Tanah Rata ; dort/ch 12-15/35-55 RM ; @). Cette auberge ouverte de longue date (également appelée Kang's) attire toujours essentiellement des routards. À l'étage se trouve un dortoir et les chambres les moins chères partagent les sdb. Divers équipements sur place : ordinateurs avec accès Internet (3 RM/heure), bar et agréables espaces communs.

Twin Pines AUBERGE DE JEUNESSE $

(Carte p. 133 ; ☎491 2169 ; http://twinpines.cameronhighlands.com ; 2 Jln Mentigi, Tanah Rata ; ch 15-20 RM ; 📶). Un bon choix pour les randonneurs sans grandes exigences de confort mais qui souhaitent éviter l'ambiance auberge de jeunesse festive. Les chambres dans les combles, un peu étroites, n'en sont pas moins une affaire. Un établissement bien entretenu.

Bala's Holiday Chalet GUESTHOUSE $$

(Carte p. 130 ; ☎491 1660 ; bala.reservation@gmail.com ; ch/ste petit-déj inclus 140-250/280-380 RM ; @). Les 25 chambres occupent un ancien pensionnat (1934) de style pseudo-Tudor. La taille, immense, des chambres fait du Bala's un bon choix pour les familles, mais elles accusent un peu leur âge. À 1,5 km au nord de Tanah Rata, ce n'est pas l'endroit le plus simple d'accès si vous n'êtes pas motorisé.

Century Pines Resort HÔTEL $$$

(Carte p. 133 ; ☎491 5115 ; www.centurypinesresort.com ; 42 Jln Masjid ; ch/ste petit-déj inclus 350-490/638-988 RM ; 📶). Dans un jardin paysager à la lisière est de Tanah Rata, cet hôtel élégant dispose de chambres propres et confortables, même si elles semblent ne pas avoir changé depuis les années 1990. Elles disposent de tout le confort (lits immenses, TV, minibar, coffre) attendu dans cette gamme de prix.

Lakehouse HÔTEL DE CHARME $$$

(Carte p. 130 ; ☎495 6152 ; www.lakehouse-cameron.com ; ch petit-déj inclus 720 RM, ste 850-1 170 RM ; ❄@📶). Dans un style cottage anglais, cet hôtel de 19 chambres surplombe le lac à 2 km au nord de Ringlet. Les tarifs relativement élevés tiennent au raffinement souhaité : lits à baldaquin, meubles anciens et, dans la Foster Suite, une cheminée pour une petite flambée du soir.

Strawberry Park Resort COMPLEXE HÔTELIER $$$

(Carte p. 130 ; ☎491 1166 ; www.strawberryparkresorts.com ; Brinchang ; ch 550 RM, ste 700-2 200 RM ; @📶🏊). Vaste ensemble néo-Tudor dans les collines à l'ouest de Brinchang, le Strawberry reçoit les groupes et les touristes qui ont besoin de se faire dorloter. Les Studio Suites sont de belle taille, et tous les hôtes ont accès à la piscine intérieure, aux courts de tennis, au sauna et au spa. À 2 km de la route principale, par un itinéraire sinueux et pentu. Véhicule indispensable.

Equatorial HÔTEL $$

(Carte p. 130 ; ☎496 1777 ; www.equatorial.com ; Brinchang ; ch/ste 180-420/320-620 RM ; @📶🏊). Gigantesque (290 chambres), cet établissement moderne est situé à 3 km environ au nord de Brinchang. Chambres spacieuses mais sans charme, avec baignoire pour la catégorie de luxe disponible dans les étages supérieurs.

INTERVIEW

PARTHIPAN RAMADASS, EXPERT ÈS THÉS

Guide au Boh's Sungei Palas Estate, Parthipan Ramadass nous donne l'ABC d'un bon thé.

Qu'est-ce qu'une bonne tasse de thé ? C'est à vous de décider : vous l'aimez léger ou fort ? Si c'est léger, alors optez pour un thé de couleur claire, à la texture et aux arômes peu prononcés. En ce qui concerne les parfums, ils doivent être doux sur la langue. Si vous préférez une boisson plus corsée, choisissez un thé plus coloré, avec plus de corps et un goût plus prononcé qui accroche la langue.

Quelle est la meilleure méthode pour le préparer ? Utilisez toujours du thé en vrac, jamais en sachet : les feuilles doivent s'ouvrir. On mesure la quantité avec une cuillère à café : une par personne et une pour la théière. Il faut ensuite utiliser de l'eau bouillante. Comptez trois minutes pour un thé léger et cinq pour un thé fort agrémenté de lait. Filtrez le thé en servant.

Où se restaurer

C'est à Tanah Rata que se trouve la majorité des restaurants de la région, la plupart spécialisés dans la cuisine malaise/musulmane, mais les adresses proposant des plats internationaux ne manquent pas à l'appel. Les nombreux chinois de Brinchang sont difficiles à différencier les uns des autres.

Smokehouse ANGLAIS $$

(Carte p. 130 ; www.thesmokehousehotel.com ; ⌚petit-déj, déj et dîner). On ne peut plus britannique par le cadre comme dans l'assiette, le restaurant de l'hôtel Smokehouse affiche à la carte viandes rôties, tourtes à la viande, *fish and chips* et saucisses-purée. La formule thé complet (25-33 RM) servie toute la journée reste néanmoins la plus économique. À 2 km environ au nord de Tanah Rata (8 RM en taxi).

KouGen JAPONAIS, INTERNATIONAL $$

(Carte p. 133 ; 35 Jln Besar, Tanah Rata ; plats 13,90-20,90 RM ; ⌚11h-21h). Tenue par un nippophile de KL, cette nouvelle table, l'une des plus intéressantes de Tanah Rata, conjugue plats traditionnels (sushis, tempura) et moins traditionnels (ragoût d'agneau, bœuf émincé et steaks de porc), servis avec du riz et de la soupe. Pour combler une petite faim, les entrées suffisent largement, tels les yakitoris ou les *korokke* (croquettes japonaises).

Jasmine Cafe INTERNATIONAL $$

(Carte p. 133 ; 45 Jln Besar, Tanah Rata ; plats 7-33 RM ; ⌚12h-21h ; 📶). Éclectisme culturel est le maître mot du Jasmine Cafe, restaurant au décor hollandais qui sert une cuisine principalement occidentale préparée par un chef chinois. Contre toute attente, le résultat est convaincant et certains plats comme le *chicken chop* (blanc de poulet pané) au poivre sont parmi les plus savoureux de la ville. Surtout accompagnés d'un verre de jus de fraise frais !

Lord's Cafe CAFÉ $

(Carte p. 133 ; Jln Besar, Tanah Rata ; plats 2,50-4,90 RM ; ⌚10h-21h lun-ven, 10h-18h sam). Un café douillet qui servirait les meilleurs scones des Cameron Highlands, et un grand choix de thés. Au-dessus du fast-food Marrybrown.

May Flower CHINOIS $$

(Carte p. 133 ; 72A Psn Camellia 4, Tanah Rata ; fondue 16 RM/pers, plats 7-24 RM ; ⌚8h30-22h ; 🖉). À l'instar des Malais en séjour, dégustez le fameux *hotpot* ou *steamboat* (la fondue chinoise) sous une version ou une autre, pourquoi pas végétarienne.

Restoran Sri Brinchang INDIEN $

(Carte p. 133 ; 25 Jln Besar, Tanah Rata ; plats 4-20 RM ; 🖉). Du menu tandoori au curry de tête de poisson et aux plats végétariens, toute la gamme classique du restaurant indien.

Vintage Café MALAIS, INTERNATIONAL $$

(Carte p. 133 ; 13 Jln Besar, Tanah Rata ; plats 6,50-40 RM). Cette adresse propose des plats occidentaux et malais tout à fait corrects mais n'a de vintage que le nom.

Restaurant Bunga Suria INDIEN $

(Carte p. 133 ; 66A Persiaran Camellia 3, Tanah Rata ; menus 6-10 RM). Qu'il s'agisse de viande, de légumes, de *dosa* ou de curries, tout est excellent, épicé et servi en grande quantité sur des feuilles de bananier.

Rosedale Bistro INTERNATIONAL $$

(Carte p. 133 ; 42A Jln Besar, Tanah Rata ; plats 7-20 RM). Le solide menu du Rosedale comprend des plats chinois, malais, européens et indiens.

Renseignements

La **poste**, l'**hôpital**, le **poste de police** se trouvent tous sur Jln Besar, à Tanah Rata.

Depuis/vers les Cameron Highlands

Bus

La **gare routière** de Tanah Rata, appelée Terminal Freesia, se situe à l'extrémité est de Jln Besar.

DESTINATION	DURÉE	PRIX (RM)	FRÉQUENCE
Brinchang	20 min	1,50	toutes les heures, 6h15-18h30
Kampung Raja	30 min	4	toutes les 2 heures 8h30-18h30
Ipoh	2h	10-18	4/jour, 8h-18h
Kuala Lumpur	4h	22,50-35	4/jour, 8h-16h30
Penang	5h	30-35	8h, 14h30
Singapour	10h	125	10h

Taxi

Les **taxis** stationnent au Terminal Freesia. Comptez 80 RM pour Tapah, 140 RM pour Ipoh, 300 RM pour KL et 350 RM pour Penang.

Comment circuler

Quoique déconseillé, l'auto-stop est souvent utilisé par les voyageurs pour aller de Tanah Rata à Brinchang et au-delà jusqu'aux plantations de thé.

Bus

Il y a des services routiers à peu près toutes les heures de 6h30 à 18h30 entre Tanah Rata et Brinchang, tout comme il y en a un par heure entre Tanah Rata et Kampung Raja, à l'est, mais il faut en réalité généralement attendre 2 à 3 heures avant de voir arriver le suivant. Cet itinéraire passe également par l'embranchement vers le Gunung Brinchang et la plantation de thé Boh Sungai Palas.

Taxi

De Tanah Rata, les taxis desservent Brinchang (6 RM) et Ringlet (20 RM). Pour d'autres destinations, comme le départ des sentiers de randonnée ou les plantations de thé, consultez la liste des tarifs affichée à la station de taxis de Terminal Freesia. Pour un circuit dans les environs, comptez 25 RM/heure.

Pulau Pangkor

25 000 HABITANTS

Un temps repaire de pirates, Pulau Pangkor ("belle île") a joué un rôle important dans la bataille pour le contrôle du Selat Melaka (détroit de Malacca). Au XVIIe siècle, les Hollandais y construisirent un fort afin de monopoliser le commerce de l'étain du Perak, mais ils furent chassés par un chef local avant de revenir brièvement un demi-siècle plus tard. En 1874, un prétendant au trône du Perak demanda l'aide des Britanniques et signa le traité de Pangkor,

Pulau Pangkor

À voir

1 Batu Bersurat ... D6
2 Foo Ling Kong ... C5
3 Galeri Pangkor ... D5
4 Temple hindou ... D4
5 Kota Belanda ... D6

Où se loger

6 BestStay Hotel ... C5
7 Coral Bay Resort ... C5
8 Pangkor Island Beach Resort ... B2
9 Pangkor Laut Resort ... B6
10 Pangkor Sandy Beach Resort ... C5
11 Pangkor Village Beach Resort ... B5
12 Puteri Bayu Beach Resort ... C5
13 Sea View Hotel ... C5
14 Teluk Dalam Resort ... C3
15 Tiger Rock Resort ... D6
16 Vikri Beach Resort ... B5

Où se restaurer

17 Guan Guan Seafood ... C5
18 Pangkor Kopitiam ... D5
19 Restoran Pasir Bogak ... C5
Seri Ilhan ... (voir 7)
20 Sin Nam Huat Seafood Restaurant ... D6

Pulau Pangkor

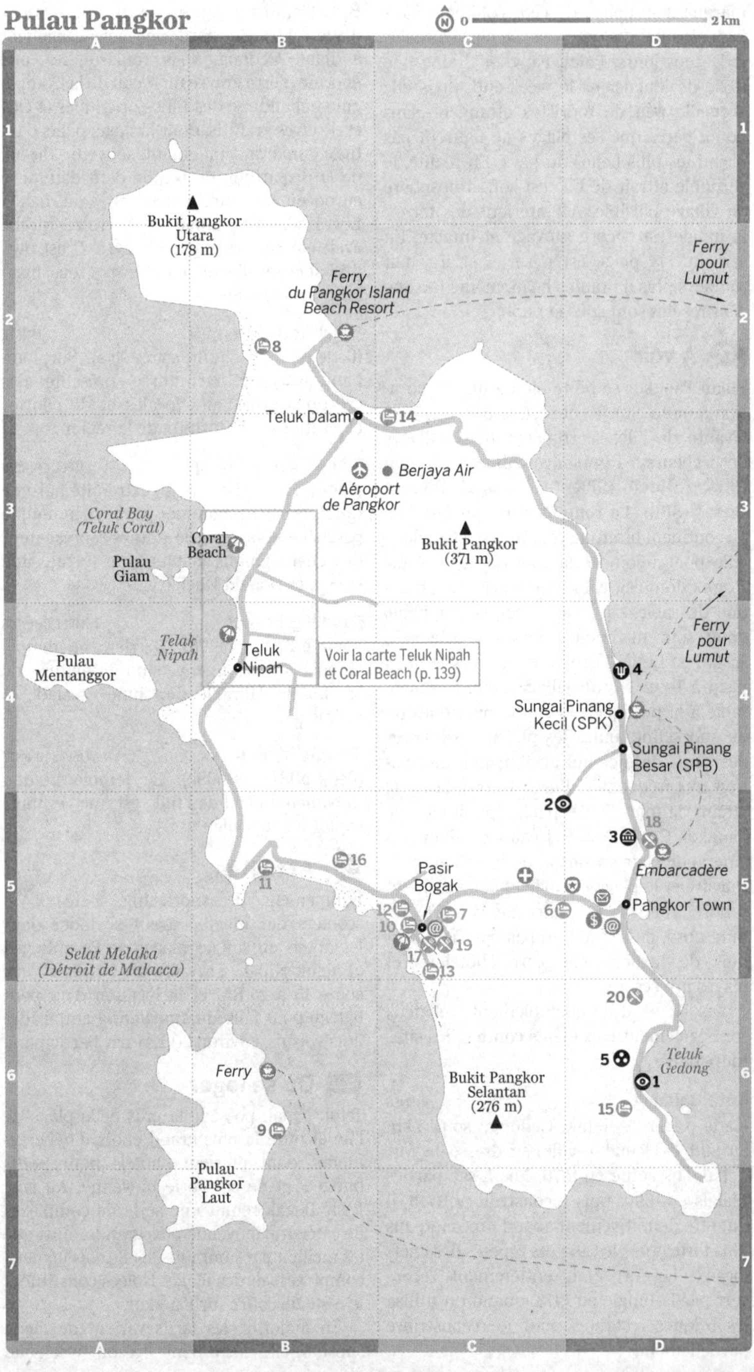

marquant le début de l'ère coloniale dans la péninsule.

De nos jours, Pulau Pangkor draine une foule de Malaisiens le week-end, mais elle accueille peu de touristes étrangers, sans doute parce que ses plages ne figurent pas parmi les plus belles du pays. En réalité, le véritable attrait de l'île est son atmosphère de village paisible. À l'intérieur des terres, la jungle est encore sauvage et intacte. En semaine, la plage est déserte, et il y fait toujours plus ou moins beau, même lorsque d'autres îles sont sous la pluie.

À voir

Pulau Pangkor se prête bien à une exploration à moto. Sur la côte est, la partie la plus vivante de l'île, se trouvent deux villages de pêcheurs à l'ambiance chinoise, **Sungai Pinang Kecil** (SPK) et **Sungai Pinang Besar** (SPB). La route côtière qui fait face au continent bifurque vers l'ouest à Pangkor-ville pour rejoindre la côte ouest et **Pasir Bogak** dont l'agréable, bien qu'étroite, étendue de sable est idéale pour la baignade, donc souvent bondée lors des vacances scolaires. De là, la route court vers le nord jusqu'à **Teluk Nipah**, village côtier très favorable à la pratique des sports nautiques ou du snorkeling, outre les plaisirs ordinaires des bains de mer qui en font une destination très fréquentée. Plus au nord, la route atteint la plus belle plage (publique) de Pangkor, **Coral Beach**. L'eau y est d'un vert émeraude clair en raison de la présence de calcaire et la plage est jolie et généralement propre. Au-delà la route file vers l'extrémité nord, desservant au passage l'aéroport puis de luxueux complexes hôteliers et plages privées.

Les lieux de rassemblement religieux sont également considérés comme des sites touristiques.

Kota Belanda RUINES

(Carte p. 137). À Teluk Gedong, soit 3 km au sud de Pangkor-ville, se dresse le fort hollandais édifié en 1670. Mis à sac par les Malais en 1690, puis reconstruit en 1743, il dut être définitivement abandonné cinq ans plus tard, après les assauts répétés des chefs locaux. Le fort était entièrement recouvert par la jungle en 1973, quand on utilisa les briques restantes pour le reconstruire partiellement.

Batu Bersurat SITE HISTORIQUE

(Carte p. 137). En bord de mer, également à Teluk Gedong, vous remarquerez une énorme pierre gravée du sceau de la Compagnie hollandaise des Indes orientales (VOC) et d'autres graffitis, dont l'image, pâlie, d'un tigre emportant un enfant, souvenir, dit-on, de la disparition de la fille d'un dignitaire européen alors qu'elle jouait près du rocher. Les Hollandais aimaient à croire qu'elle avait été emportée par un tigre. Il est plus probable qu'elle fut enlevée par des insulaires mécontents.

Galeri Pangkor MUSÉE

(Carte p. 137 ; 8h-17h ; entrée libre). Surplombant la jetée, ce musée présente des créations artisanales locales et de courtes expositions sur l'histoire de la région.

Temple Lin Je Kong TEMPLE CHINOIS

(Carte p. 139 ; 24h/24). À l'extrémité nord de Coral Beach, ne manquez pas ce petit temple psychédélique, orné de statues représentant des champignons géants, une tortue, une sirène, et Donald Duck !

Foo Ling Kong TEMPLE CHINOIS

(Carte p. 137 ; 7h-19h). Derrière ce temple chinois animé, une version miniature de la Grande Muraille de Chine escalade la colline.

Temple hindou TEMPLE HINDOU

(Carte p. 137 ; 7h-19h). Ce temple hindou dravidien du sud de l'Inde est une véritable explosion de couleurs.

Activités

Équipement de snorkeling, bateaux et scooters des mers peuvent se louer dans les hôtels ou sur les plages de Pasir Bogak et Teluk Nipah. La **virée en banana boat** coûte 15 à 25 RM et la location d'un petit bateau pour faire du **snorkeling** autour des îlots voisins, environ 20 RM par participant.

Où se loger

Teluk Nipah possède la plus belle plage de l'île et offre le plus grand choix d'hébergements, dont plusieurs hôtels pour petits budgets et de catégorie moyenne. Au sud, Pasir Bogak réunit une série de complexes de catégorie moyenne plus grands, ainsi que les meilleurs restaurants de l'île. Les luxueux complexes sur des plages isolées constituent le reste de l'offre sur Pangkor.

En majorité, les tarifs varient de façon substantielle entre haute saison (week-end et vacances) et basse saison. Lors des grandes fêtes, tel le Nouvel An chinois, il est impossible de trouver un lit sans avoir réservé. Les prix indiqués ci-dessous correspondent à la basse saison et, sauf mention contraire, les sdb sont communes dans la catégorie petits budgets. Dans les autres, vous bénéficierez d'une sdb privée.

TELUK NIPAH

Nipah Guesthouse GUESTHOUSE $$
(Carte p.139 ; ☎017-506 9259 ; www.pangkorbeachchalet.com ; petit-déj inclus dort 30 RM, mini-chalets 90 RM, ch 120-180 RM ; ❄📶). Cet établissement de Teluk Nipah, sans aucun doute le plus beau, loue à la fois des mini-chalets en forme de tente (appelés *A-frame* en raison de leur profil en A), tout comme des chambres et des lits en dortoir répartis dans divers bungalows de bois (appelés "chalets") en duplex.

Nipah Bay Villa GUESTHOUSE $
(Carte p.139 ; ☎685 2198 ; www.nipahbay.com ; ch 40-150 RM ; ❄📶). Une des plus anciennes adresses de l'île, dont les chaleureux propriétaires sont intarissables sur Pangkor. Cet hébergement en bungalows bien entretenus dispose d'un café-restaurant et propose des massages.

Budget Beach Resort HÔTEL $
(Carte p.139 ; ☎685 3529 ; www.budgetbeachresort.com ; ch 75-120 RM ; ❄📶). Le nom de cet établissement a le mérite d'annoncer un prix avantageux, mais ne vante pas suffisamment la qualité de ses bungalows de bois simples mais impeccables, tous équipés de la clim et la TV. Service sympathique et professionnel.

Anjungan HÔTEL $$
(Carte p.139 ; ☎685 1500 ; www.anjunganresortpangkor.com ; ch 160-250 RM ; ❄📶🏊). L'adresse la plus haut de gamme et la plus chic de Teluk Nipah n'en respire pas moins une ambiance très famille. Les 44 chambres sont réparties dans différents petits bâtiments de 1 à 3 étages autour d'une piscine en forme de *longboat*, sur laquelle ouvrent les chambres de luxe, les plus vastes.

Nazri Nipah Camp GUESTHOUSE $
(Carte p.139 ; ☎012-585 4511 ; dort/ch 15/30-70 RM ; ❄📶). Cet établissement de Teluk Nipah vit au rythme détendu du reggae. Il propose plusieurs types d'hébergement, du simple mini-chalet de section triangulaire au plus confortable bungalow avec sdb. Salon TV et petit coin à l'écart pour prendre un verre.

Teluk Nipah et Coral Beach

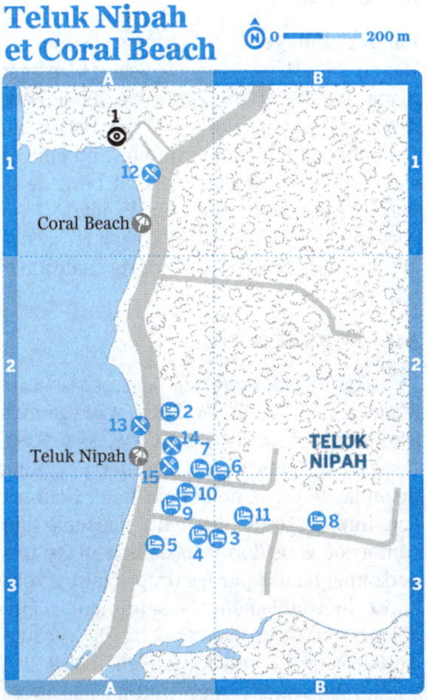

Teluk Nipah et Coral Beach

Palma Beach Resort HÔTEL $$
(Carte p.139 ; ☎685 3693 ; www.palmabeachresort.com.my ; ch 95-140 RM ; ❄📶). Des chambres de style hôtel, avec TV et clim, dans un bâtiment en béton. Propre et bien tenu.

Flora Beach GUESTHOUSE $
(Carte p.139 ; ☎685 3878 ; www.florabeachresort.com ; ch 85-100 RM ; ❄📶). Un ensemble de jolis bungalows mitoyens d'une grande propreté. Les façades attrayantes cachent des intérieurs un peu décevants, mais le service est sympathique.

Pangkor Bayview HÔTEL $$
(Carte p.139 ; ☎685 3540 ; www.pangkorbayview.com ; ch à partir de 105-150 RM ; ❄📶). L'un des rares hôtels de catégorie moyenne de l'île à posséder une piscine. Les chambres et bungalows de bois accusent un peu leur âge.

Pangkor Indah Beach Resort GUESTHOUSE $
(Carte p.139 ; ☎685 2107 ; www.pangkorindah.com ; ch 65 RM ; ❄📶). Sans grand cachet, 48 chambres climatisées avec TV, nettes et avantageuses.

Horizon Inn GUESTHOUSE $
(Carte p.139 ; ☎685 3398 ; ch 80-90 RM ; ❄📶). Situées au-dessus du restaurant du même nom, 16 chambres sans attrait particulier si ce n'est le confort.

Hornbill Resort GUESTHOUSE $$
(Carte p.139 ; ☎685 2005 ; www.pangkorhornbillresort.com ; ch 100-250 RM ; ❄). Seule la rue sépare de la plage cet établissement rudimentaire aux chambres plus plaisantes qu'on ne le croirait de l'extérieur.

PASIR BOGAK

Pangkor Sandy Beach Resort COMPLEXE HÔTELIER $$
(Carte p.137 ; ☎685 3027 ; www.pangkorsandybeach.com ; ch petit-déj inclus 175-325 RM, bungalows 175 RM ; ❄📶🏊). C'est, dans ce quartier rempli d'hôtels bien établis, le dernier-né. Les chambres bordent une piscine tentante et les bungalows donnent sur la plage.

Vikri Beach Resort COMPLEXE HÔTELIER $$
(Carte p.137 ; ☎685 4258 ; https://sites.google.com/site/vikribr ; ch 100-200 RM ; ❄📶). Simples mais douillets, une dizaine de bungalows de bois et brique à l'abri d'un jardin touffu de l'autre côté de la route qui longe la plage. À l'arrière, les bungalows tout neufs avec vue sur la colline sont plus plaisants. Plats indiens mitonnés en cuisine (pour les hôtes uniquement et sur demande préalable) et personnel aux petits soins contribuent au sentiment de se sentir un peu en famille.

Coral Bay Resort HÔTEL $$
(Carte p.137 ; ☎685 5111 ; www.pangkorcoralbay.com.my ; ch/ste petit-déj inclus 160-330/340 RM ; ❄📶🏊). Voici véritablement la "tour" de l'île ! Ce très grand bâtiment abrite moult grandes chambres bien équipées, mais un peu mornes, avec vue plongeante sur la piscine.

Sea View Hotel COMPLEXE HÔTELIER $$
(Carte p.137 ; ☎685 1605 ; www.seaviewpangkor.com ; ch petit-déj inclus 150-180 RM, bungalows 200-250 RM ; ❄📶). Face à la plage, cet hôtel au parfum rétro de vacances à la mer accueille principalement des familles malaises. La piscine bordée de palmiers fait oublier le caractère assez impersonnel et le confort spartiate des bungalows en brique.

Puteri Bayu Beach Resort COMPLEXE HÔTELIER $$
(Carte p.137 ; ☎685 1929 ; www.puteribayu.com ; ch petit-déj inclus 120-175 RM, bungalows 200-450 RM ; ❄📶). Ce vaste ensemble, installé dans un jardin paysager près de la plage, propose à la fois des chambres d'hôtel standards et des bungalows en bois plus attrayants.

Pangkor Village Beach Resort COMPLEXE HÔTELIER $$
(Carte p.137 ; ☎685 2227 ; ch 100-180 RM ; ❄📶). À l'extrême nord de Pasir Bogak, un ensemble de bungalows mi-bois, mi-ciment sans cachet particulier mais au bord de la plage, chose assez rare sur Pangkor. L'inconvénient : le bruit dû à l'effervescence autour des centres de sports nautiques tout proches.

AILLEURS SUR L'ÎLE

♥ **Tiger Rock Resort** HÔTEL DE CHARME $$$
(Carte p.137 ; ☎019-574 7183 ; www.tigerrock.info ; pension complète 630-790 RM ; ❄@📶🏊). Il existe un petit coin caché derrière Kota Belanda, au creux de la baie Teluk Gedong. Peu importe celle des cinq maisons tout confort où vous dormirez dans le décor très personnel réalisé par les propriétaires, vous aurez inévitablement le sentiment d'être ailleurs au cœur de ces 2 ha de verdure isolés. Faute de réservation au moins 2 à 3 jours à l'avance, vous n'aurez pas accès

à Tiger Rock, c'est la règle. Moyens de transport et indications sur demande.

Pangkor Island Beach Resort COMPLEXE HÔTELIER $$$
(Carte p. 137 ; ☎685 1091 ; www.pangkorislandbeach.com ; ch petit-déj inclus 452-742 RM, bungalows 905-1 020 RM ; ❄@📶🏊). Établissement le plus luxueux sur Pangkor, ce vaste complexe isolé à l'extrémité nord de l'île borde une anse de sable privée à Teluk Belanga, sans doute la plus belle de Pangkor. Certaines chambres mériteraient un petit coup de peinture, mais les "villas en bord de mer", de style traditionnel, sont superbes. Deux piscines, des courts de tennis, un spa et un club enfants.

Teluk Dalam Resort COMPLEXE HÔTELIER $$
(Carte p. 137 ; ☎685 5000 ; www.pangkorresorts.com ; ch petit-déj inclus 230-360 RM ; ❄📶). Donnant sur une large baie au nord de l'île, ce paisible complexe quatre-étoiles au cœur d'un jardin paysager domine la mer. Si la plage est quelconque et l'éloignement certain, petits chalets de bois et bungalows bénéficient de la présence d'un court de tennis, d'une piscine pour les enfants et de la possibilité de participer à diverses excursions et activités.

BestStay Hotel HÔTEL $
(Carte p. 137 ; ☎685 3111 ; www.beststay.com.my ; ch 70-130 RM ; ❄📶). Un hôtel flambant neuf à quelques pas de Pangkor-ville et de la jetée. Les chambres n'ont pas grande originalité, mais la gentillesse des propriétaires, Simon et Rachel, est sans équivalent.

PANGKOR LAUT

Pangkor Laut Resort COMPLEXE HÔTELIER $$$
(Carte p. 137 ; ☎699 1100 ; www.pangkorlautresort.com ; ch petit-déj inclus 960-1 070 RM, bungalow 1 680-1 990 RM ; ❄@📶🏊). À l'abri de cette petite île au large de Pulau Pangkor se niche l'un des plus luxueux complexes hôteliers de Malaisie. Toute une palette de bungalows si confortables qu'on ne peut que les appeler villas se répartissent à flanc de colline ou les pieds dans l'eau (sur pilotis !), avec lit démesuré, balcon et sdb immense. Il y a même mieux : les *estates* sur une baie à l'écart, avec piscine et jardin privés, de véritables maisons au design unique avec 2 à 4 chambres. On ne manque bien sûr de rien : 7 restaurants raffinés, plage privée et village spa.

Où se restaurer et prendre un verre

TELUK NIPAH ET CORAL BEACH

Daddy's Café INTERNATIONAL $$
(Carte p. 139 ; plats 14-48 RM ; ⏲11h-23h). Coral Beach offre un cadre magnifique le soir lorsque le Daddy's installe les tables directement sur la plage. Le "Dinner Mega Entree" propose un choix intéressant de copieux menus indiens, ainsi que des plats occidentaux et locaux.

Horizon Restaurant MALAIS $$
(Carte p. 139 ; plats 9-28 RM ; ⏲14h-22h). Idéal pour dîner en terrasse, de plats de poisson et de curries chinois et malais, face au coucher de soleil. Les prix sont assez élevés et les heures d'ouverture fantaisistes.

Échoppes nocturnes POISSON, FRUITS DE MER $$
(Carte p. 139 ; plats 3-20 RM ; ⏲dîner). Chaque soir de multiples restaurateurs ambulants concoctent poisson et fruits de mer à la malaise le long de la route qui traverse Teluk Nipah.

Nasi Campur MALAIS $
(Carte p. 139 ; plats 2-6 RM ; ⏲petit-déj, déj et dîner). Les habitants viennent ici pour déguster de délicieux plats malais bon marché. Le soir, le choix se réduit.

PASIR BOGAK

C'est de loin le coin le plus gastronomique sur l'île. Même si vous ne séjournez pas à proximité, vous ne regretterez pas de faire le trajet au moins pour un dîner.

♥ Seri Ilhan MALAIS $$
(Carte p. 137 ; plats 4-30 RM ; ⏲dîner). Une simple hutte en bord de route vous préparera le plus mémorable repas marin de votre séjour sur Pulau Pangkor. Goûtez la *sup tulang* (soupe à l'os) accompagnée d'une raie épicée grillée. Les becs sucrés testeront l'ABC, de la glace pilée recouverte de sirop et surmontée de glace.

Restoran Pasir Bogak CHINOIS $$
(Carte p. 137 ; plats 8-44 RM ; ⏲dîner). Pris d'assaut par les habitants de l'île friands de fruits de mer, le Pasir Bogak prépare ce type de festin à la chinoise qu'on accompagne d'une bière. Sinon commandez un poulet au piment sec, servi avec une pâte de curry épicé et des feuilles de cari – un plat fusion sino-indo-malais à se lécher les babines !

Guan Guan Seafood CHINOIS, INTERNATIONAL **$$**
(Carte p. 137 ; plats 7-20 RM ; ⏲déj et dîner). Un chinois tout simple proposant les habituels plats de poisson et fruits de mer, plus quelques mets presque occidentaux.

PANGKOR-VILLE

Les quelques *kedai kopi* (cafés) chinois de Pangkor-ville ne désemplissent pas. Si vous êtes motorisé, filez jusqu'au village de Sungai Pinang Besar le temps d'un petit-déjeuner chinois à l'ancienne.

Sin Nam Huat Seafood Restaurant CHINOIS **$$**
(Carte p. 137 ; plats 10-35 RM ; ⏲déj et dîner). Renommé de longue date pour ses plats à base de crabe, de langouste et de crevettes, l'établissement sert de la bière jusque tard dans la nuit. À l'extrémité sud de Pangkor-ville.

Pangkor Kopitiam MALAIS **$**
(Carte p. 137 ; plats 4,50-18,90 RM ; ⏲8h-23h). Dégustez des thés et cafés de style local dans le confort d'une salle climatisée, en observant la jetée. Courte carte de plats de riz frit.

Renseignements

L'**hôpital** et le **poste de police** se situent à l'ouest de Pangkor-ville, sur la route de Pasir Bogak. Vous trouverez deux banques et un cybercafé dans Pangkor-ville.

Depuis/vers Pulau Pangkor

C'est de Lumut, sur le continent, que partent les ferries pour Pulau Pangkor. La ville est desservie par de nombreux bus, mais si vous êtes bloqué, il est possible de passer la nuit à l'**Hotel DJ Palace** (☎683 7888 ; www.dj.my ; ch 80-130 RM ; ❄📶), en face de la gare routière.

Avion

Le minuscule aéroport de Pangkor est desservi par **Berjaya Air** (☎685 1061 ; www.berjaya-air.com ; aéroport de Pangkor ; ⏲8h-18h), qui relie l'île à l'aéroport Subang de KL (224 RM, 40 min) les dimanches, mercredis et vendredis.

Bateau

Mesra Feri et **Duta Pangkor Ferry** assurent en alternance la traversée depuis la jetée de Lumut à raison d'un départ toutes les 30 à 45 minutes entre 7h et 20h30 (aller-retour 10 RM), beaucoup faisant escale à Sungai Pinang Kecil (SPK) avant de rallier Pangkor-ville (ne descendez pas trop tôt !). En sens inverse, les bateaux circulent de 6h30 à 20h30. Sur le continent comme sur l'île, les billets s'achètent sur le quai. En dehors des jours fériés, inutile de réserver.

Le Pangkor Island Beach Resort, le Teluk Dalam Resort et le Pangkor Laut Resort sont desservis par leur propre ferry à partir de Lumut.

Bus

La gare routière de Lumut se trouve à proximité de l'embarcadère pour Pulau Pangkor. Elle est bien desservie depuis plusieurs villes de Malaisie et de l'étranger.

DESTINATION	DURÉE	PRIX (RM)	FRÉQUENCE
Ipoh	2h	7,20-8,50	toutes les 30 min, 7h30-22h30
Butterworth	3h30	16,30-19,60	fréquent, 8h30-18h30
Kuala Lumpur	4h	24,50	fréquent, 7h30-22h30
Melaka	8h	38	fréquent, 8h15-20h
Kota Bharu	8h	40,30	9h45 et 21h45
Singapour	8-9h	56	fréquent, 9-10h et 19h-21h
Hat Yai (Thaïlande)	9h	58	8h30 et 22h30

Comment circuler

Les bus publics ne transportent pas les touristes, qui doivent emprunter les taxis minibus rose bonbon qui circulent de 6h30 à 21h. De l'embarcadère de Pangkor-ville, le tarif du voyage est fixe, à savoir pour 4 personnes au plus : 10 RM pour Pasir Bogak, 15 RM pour Teluk Nipah, 20 RM pour le Pangkor Island Beach Resort ou l'aéroport. Un trajet entre Teluk Nipah et Pasir Bogak coûte 10 RM.

La moto ou le vélo, c'est l'idéal pour visiter l'île. Les loueurs de Pangkor-ville, de Pasir Bogak et de Teluk Nipah demandent 30 RM par jour pour une moto et 15 RM la journée pour un vélo.

Kuala Kangsar

39 000 HABITANTS

Siège du sultan de Perak, Kuala Kangsar est l'une des cités royales les plus agréables de Malaisie. Cette ville détendue, et profondément malaise, a également joué un grand rôle, ces deux derniers siècles, dans la naissance de la Malaisie moderne. Elle fut la première place forte des Britanniques,

Kuala Kangsar

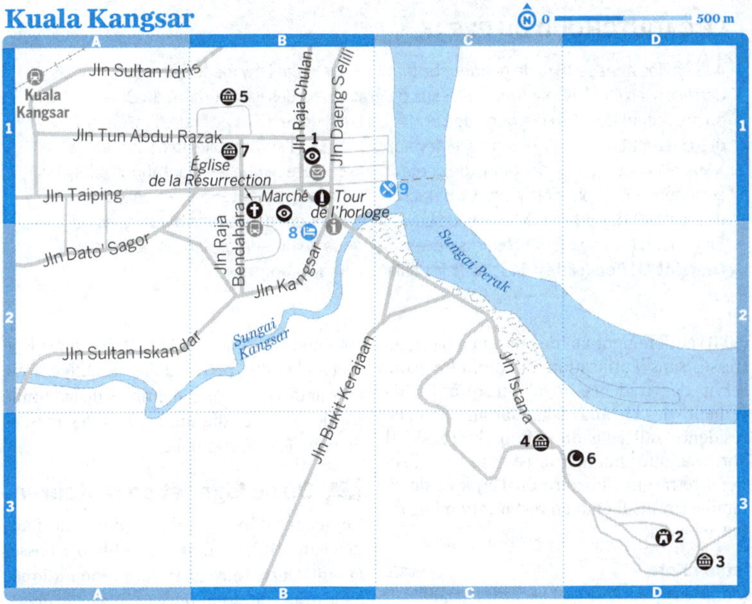

qui commencèrent à contrôler la péninsule dans les années 1870 en imposant des résidents dans les cours royales. Kuala Kangsar est aussi le berceau de l'industrie malaise du caoutchouc et le lieu choisi pour la tenue, en 1897, de la première *durbar* (conférence des sultans malais). Cependant, l'essor rapide d'Ipoh et de Taiping dans les années 1890 provoqua le déclin de Kuala Kangsar, qui devint une bourgade paisible, ancrée dans les traditions.

Le centre-ville souffre du tohu-bohu habituel. Au sud-est, le quartier royal est étendu et tranquille. Si Kuala Kangsar compte peu de sites d'intérêt, ils n'en sont pas moins impressionnants et peuvent facilement se visiter dans la journée à partir de Taiping ou d'Ipoh.

Kuala Kangsar

À voir
1 District Office B1
2 Istana Iskandariah D3
3 Istana Kenangan D3
4 Istana Kota C3
5 Malay College B1
6 Masjid Ubudiah D3
7 Pavillion Square Tower B1

Où se loger
8 Kangsar Hotel B2

Où se restaurer
9 Medan Cendol Dan Laksa C1

À voir

Masjid Ubudiah MOSQUÉE

(Mosquée Ubudiah ; Jln Istana ; don bienvenu ; 7h-18h). En suivant Jln Istana, qui longe le majestueux Sungai Perak, le premier témoin de la richesse du sultanat est cette petite et somptueuse mosquée Ubudiah dessinée par le fameux architecte de l'époque coloniale A. B. Hubbock. Coiffée d'un immense dôme doré en forme de bulbe, la mosquée commencée en 1913 ne put être achevée qu'en 1917, en raison de la Première Guerre mondiale et de la destruction du marbre importé d'Italie par des éléphants. En échange d'un petit don, le gardien vous en fera faire le tour extérieur uniquement, l'entrée du sanctuaire étant interdite aux non-musulmans.

GRATUIT **Istana Kenangan** MUSÉE

(Jln Istana ; 9h30-17h30, 9h30-12h15 et 14h45-17h30 sam). Également connu sous le nom de palais des Souvenirs, ce bâtiment

LE CAOUTCHOUC DU PERAK

À la fin des années 1870, le résident britannique sir Hugh Low planta plusieurs hévéas dans son jardin de Kuala Kangsar, issus de graines sorties illégalement du Brésil ou provenant des Kew Gardens de Londres. Il fallut cependant attendre l'invention des pneumatiques en 1888, puis le développement de l'automobile au début du XXe siècle pour que la demande de caoutchouc explose et que les plantations d'hévéas commencent à couvrir le pays. La plupart des arbres des plantations actuelles descendent des premiers hévéas de Low ou proviennent des jardins botaniques de Singapour. L'un des tout premiers hévéas continue de prospérer dans le jardin du **District Office** (carte p. 143 ; Jln Raja Chulan), à Kuala Kangsar.

(1931) entièrement fait de bois et de bambou tressé, sans l'utilisation du moindre clou, servit de résidence royale jusqu'à l'achèvement de l'Istana Iskandariah, actuelle résidence officielle du sultan du Perak. Il abrite aujourd'hui un musée dont les collections retracent l'histoire du Perak et de sa famille royale. Il était en restauration lors de notre passage.

Istana Kota MUSÉE
(Jln Istana ; adulte/enfant 4/2 RM ; ⏲10h-17h sam-jeu, 10h-12h et 14h45-17h ven). Superbement restauré, cet autre ancien palais royal (1903) mêle des éléments néoclassiques et Renaissance. À travers une multitude d'objets personnels (collection de lunettes de soleil, passeport, chaussures...), de cadeaux officiels, ainsi que des malles Vuitton et 5 Rolls exposées dans une annexe, c'est la douce vie de l'actuel sultan du Perak, Azlan Shah, qui y est désormais évoquée.

Istana Iskandariah PALAIS
(Jln Istana). Surplombant le fleuve, la résidence officielle du sultan du Perak est sans doute le plus beau palais royal du pays. L'architecture de cet édifice de 1933 mêle éléments musulmans et Art déco, à mi-chemin, en quelque sorte, entre le palace et la mosquée. Fermé au public.

Malay College BÂTIMENT HISTORIQUE
(Jln Tun Abdul Razak). C'est au nord de la ville que se dresse le bâtiment colonial le plus imposant de Kuala Kangsar, la première école malaise. Construite en 1905 pour éduquer à l'anglaise l'élite locale destinée à servir la nation, elle a eu pour professeur dans les années 1950 Anthony Burgess, qui y écrivit son premier livre. Fermé au public.

Pavillion Square Tower BÂTIMENT HISTORIQUE
(Jln Raja Bendahara). Face au collège, ce pavillon octogonal à 3 niveaux (1930) combine les styles malais et colonial. Une merveille de petite folie architecturale servait de tribune aux membres de la famille royale et autres dignitaires lors des matchs de polo. Fermé au public.

Où se loger et se restaurer

En venant d'Ipoh ou de Taiping, une journée suffit, il n'est donc pas utile d'y passer la nuit. Outre l'aire de restauration indiquée ci-dessous, de nombreux cafés et fast-foods sont éparpillés dans le centre-ville.

Kangsar Hotel HÔTEL $
(☎776 7301 ; www.kangsar-hotel.com ; 32 Jln Kangsar ; ch 69-128 RM ; ❄📶). Des chambres basiques mais claires et propres, dans le centre-ville. Au cas où !

Medan Cendol Dan Laksa MALAIS $
(angle Jln Temenggong et Psn Sungai Perak ; plats à partir de 2 RM ; ⏲déj). Comme son nom le suggère, ce centre de restauration en plein air propose divers plats *laksa*, des *cendol* (dessert à base de glace pilée, lait de coco et sirop de sucre de palme) et des boissons sans alcool.

Renseignements

Des banques avec DAB jalonnent l'artère principale de Jln Kangsar.

Centre d'information touristique (Jln Kangsar ; ⏲9h-18h mar-dim). Cet office du tourisme privé dispose de nombreuses brochures et son personnel efficace parle anglais.

Depuis/vers Kuala Kangsar

La **gare routière** (Jln Raja Bendahara) se trouve à proximité du centre-ville. Quelques destinations :

DESTINATION	DURÉE	PRIX (RM)	FRÉQUENCE
Taiping	1h	3,90	toutes les 30 min, 6h-20h30
Ipoh	1h30	6,20	toutes les 20 min, 6h-19h35
Butterworth	2h	9,90	11h15 et 16h15
Lumut	2h	10,40	17h et 22h
Kuala Lumpur	3h	22,20	toutes les heures, 9h-21h
Kota Bharu	5h	29,10	10h30 et 23h

Au nord-ouest de la ville, la **gare ferroviaire** de Kuala Kangsar n'a rien de pratique, mais tous les trains reliant Kuala Lumpur à Butterworth s'y arrêtent quotidiennement, à savoir quatre à destination de KL (26-49 RM, 3 heures 30) et trois en direction de Butterworth (17-28 RM, 4 heures). Horaires et renseignements sur le site www.ktmb.com.my.

Taiping

212 562 HABITANTS

À première vue, on n'imagine pas découvrir ici l'une des villes coloniales les mieux préservées de Malaisie. Comme on peut s'y attendre, les brochures touristiques de Taiping, ancien symbole de l'esprit d'entreprise de la communauté chinoise, continuent de vanter les "31 premières" réalisations nationales, dont le premier musée, la première voie ferrée, les premiers journaux en anglais, malais et tamoul et le premier zoo. Aujourd'hui, Taiping est une charmante petite bourgade, avec un joli quartier colonial et de la très bonne cuisine de rue.

À voir et à faire

GRATUIT Musée du Perak — MUSÉE

(Jln Taming Sari ; 9h-17h30 sam-jeu, 9h-12h25 et 14h45-17h30 ven). Le Muzium Perak occupe un bel édifice colonial. Le plus ancien musée de Malaisie a ouvert en 1883. Outre sa collection, typique pour l'époque, d'animaux empaillés, vous apprécierez la section consacrée aux Orang Asli et la collection culturelle présentant *kris* (dagues), sculptures et costumes traditionnels. Quelques explications en anglais.

Zoo de Taiping/ Night Safari — ZOO

(www.zootaiping.gov.my ; Jln Taman Tasik ; adulte/enfant 12/8 RM, safari nocturne adulte/enfant 16/10 RM ; 8h30-18h tlj, safari nocturne 20h-23h dim-ven et 20h-minuit sam). Réputé pour la diversité de ses pensionnaires, éléphants, tigres, ours malais et tapirs, le Zoo Taiping vous donne une chance de les observer de près s'ils ne dorment pas, terrassés par la lourde chaleur d'après-midi. C'est pourquoi le **night safari** – le premier, là aussi, à avoir été proposé en Malaisie – a tant de succès, surtout pour apercevoir des animaux nocturnes, comme les chauves-souris pêcheuses, les loris paresseux et les félins. Situé à environ 2 km à l'est du centre-ville : comptez 10 RM de taxi.

Taman Tasik Taiping — JARDIN

(Jardin du Lac ; Jln Kamunting Lama). Aménagés dès 1880 sur le site d'une ancienne mine d'étain, ces 62 ha doivent leur luxuriance au degré de pluviométrie de la région, l'un des plus élevés de la péninsule. C'est pourquoi on a surnommé Taiping la "cité de la pluie".

Église de Tous-les-Saints — ÉGLISE

(Jln Taming Sari ; 8h-12h dim). C'est l'une des plus anciennes (1886) églises anglicanes de Malaisie. Son cimetière abrite les tombes des premiers colons, morts pour la plupart de maladies tropicales, ou trop pauvres pour regagner la Grande-Bretagne ou l'Australie.

Cimetière des Alliés du Commonwealth — CIMETIÈRE

(Jln Bukit Larut ; 24h/24). Des centaines de soldats britanniques, australiens et indiens tombés pendant la Seconde Guerre mondiale sont enterrés à environ 2 km à l'est du centre de Taiping, en direction de Bukit Larut. Comptez 10 RM en taxi.

Temple Ling Nam — TEMPLE CHINOIS

(Jln Taming Sari ; 7h-18h). Véritable symphonie de couleurs, ce temple est le plus vieux sanctuaire chinois du Perak. Il n'a hélas pas gardé grand-chose de l'édifice d'origine, à l'exception d'une maquette de bateau dédiée à l'empereur qui fit creuser le premier canal de Chine.

Prison du Perak — BÂTIMENT HISTORIQUE

(Jln Taming Sari). Construite en 1879 pour les mineurs délinquants, la prison (toujours en fonction) qui fait face au musée fut utilisée par les Japonais pendant la Seconde Guerre

Taiping

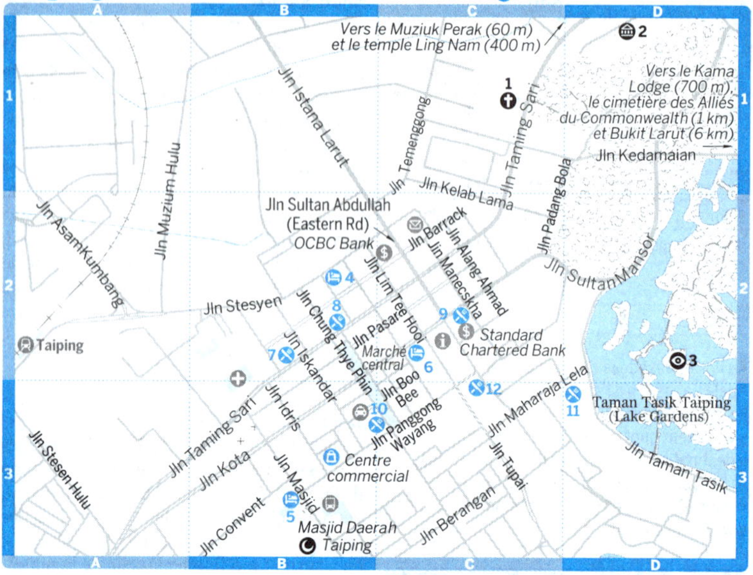

Taiping

À voir

Où se loger

Où se restaurer

mondiale, avant de devenir un centre de rééducation pour les communistes arrêtés pendant l'état d'urgence. Pas de visite touristique.

Bassins birmans FLEUVE
(Burmese Pools ; Jln Bukit Larut ; 8h-19h). Les habitants vont volontiers se rafraîchir et s'ébattre dans les bassins birmans situés à 3 km environ à l'est. Quelques vendeurs s'installent tout autour, proposant en-cas et jouets. Comptez 10 RM en taxi.

Où se loger

Sentosa Villa HÔTEL $$
(805 1000 ; www.sentosa-villa.com ; Jln 8 ; ch/villa 148-458/258-628 RM ;). De loin l'adresse la plus plaisante de Taiping. Réparties entre le bâtiment principal et quelques villas de bois indépendantes et en duplex, ces chambres charmantes bénéficient d'une atmosphère bucolique incomparable au pied de Bukit Larut (Maxwell Hill), entre bois, sentiers et cours d'eau. Seule ombre au tableau : il faut être motorisé pour parcourir les 3 km qui séparent l'établissement de la ville. Surveillez le fléchage le long de la route qui mène à Bukit Larut.

Panorama Hotel HÔTEL $$
(808 4111 ; www.panoramataiping.com ; 61-79 Jln Kota ; ch/ste 115-160/250 RM ;). Dans le centre, des chambres spacieuses et propres, mais sans cachet. Wi-Fi et réductions permanentes de 15% sur les tarifs affichés.

Legend Inn HÔTEL $$
(806 0000 ; www.legendinn.com ; 2 Jln Long Jafaar ; ch/ste 158-176/220-450 RM ;). Donnant sur une rue passante face à la gare routière, cet hôtel moderne possède tous les équipements d'un établissement de catégorie moyenne, ainsi que des chambres

spacieuses et joliment meublées. Réductions allant jusqu'à 50% du prix affiché.

Hotel Seri Malaysia HÔTEL $$
(☎806 9502 ; www.serimalaysia.com.my ; 4 Jln Sultan Mansor ; ch petit-déj inclus 140-160 RM ;). Les grandes chambres (d'une capacité de 3 à 4 couchages pour les familiales) et la piscine en font un excellent choix pour les familles, si loin soit-il du centre-ville. Un moyen de transport est indispensable.

Cherry Inn HÔTEL $
(☎805 2223 ; 17 Jln Stesyen ; ch 60-120 RM ;). Qui devinerait, derrière cette façade de petite pension confortable, un intérieur aussi kitsch et des chambres sans fantaisie aucune, mais propres ? Pour 250 RM, vous disposerez d'une suite de 2 chambres avec cuisine. L'avantage : la situation.

Kama Lodge HÔTEL $$
(☎806 1777 ; 7 Jln Bukit Larut ; ch/ste 160-200/300-320 RM ;). Sa situation à 1 km à l'est du centre sur le chemin de Bukit Larut a l'avantage d'offrir un cadre un peu plus verdoyant pour les familles avec enfants qui apprécieront la piscine. Autour s'organisent différents bungalows en duplex aux chambres un peu tristounettes.

Où se restaurer

Bismillah Restoran MALAIS $
(138 Jln Taming Sari ; plats à partir de 3 RM ; 7h-17h). C'est l'établissement type pour déguster les différentes variations de *nasi kandar* (typiquement tamoul de Malaisie ou *mamak*, un riz agrémenté de tout un tas de curries et de petits plats) mais vous apprécierez aussi les *biryani*.

Annapoorana INDIEN $
(Jln Taming Sari ; plats à partir de 3 RM ; 9h-21h). Ce restaurant/*shophouse* propose un assortiment de plats indiens et népalais, dont des *chapattis* et du riz végétarien.

Renseignements

Quelques banques avec DAB bordent Jln Kota.

Centre d'information touristique (355 Jln Kota ; 10h-17h). Quelques brochures à disposition dans l'ancienne tour de l'horloge. Renseignements en anglais limités.

Depuis/vers Taiping

La gare des bus longue distance de Taiping, Kemunting Raya, se trouve à 7 km au nord du centre-ville, à Kemunting. Le bus no8 (1,20 RM, 6h-20h30) la relie à celle des bus locaux. Un taxi pour le centre-ville coûte 10 RM. Quelques destinations :

DESTINATION	DURÉE	PRIX (RM)	FRÉQUENCE
Ipoh	1h30	8,40	fréquent, 7h-18h30
Butterworth	2h	7	toutes les heures, 6h30-20h40
Kuala Lumpur	4h	23	toutes les 30 min, 6h30-22h30
Kota Bharu	8h	31,90	10h45
Singapour	9h	55	11h, 21h, 22h30 et 23h

CUISINE DE RUE : AUX PREMIÈRES PLACES

Malgré sa taille bien plus réduite, Taiping se dresse en véritable concurrente de George Town si l'on établit un palmarès des endroits où manger dans la rue est un festin.

Kedai Kopi Prima (angle Jln Kota et Jln Maneckshа ; plats à partir de 3 RM ; 10h-minuit). Ce grand café chinois animé déborde en soirée sur la rue. Plusieurs cuisiniers de rue proposent un mélange de plats chinois et malais. Les grands écrans de TV, la musique et une foule incessante contribuent largement à l'ambiance.

Pusat Makanan Taman Tasik (Jln Maharaja Lela ; plats à partir de 3 RM ; 24h/24). Cette aire de restauration-café réunit une belle gamme d'étals, prioritairement de cuisine chinoise.

Pusat Penjaja Taiping (Jln Tupai ; plats à partir de 3 RM ; 9h-23h). Divers cuisiniers animent cet espace de restauration en plein air. Ouvert le midi, mais plus animé en soirée.

Larut Matang Food Court (Jln Panggung Wayang ; plats à partir de 3 RM ; 11h-19h). Plus fréquenté le midi, ce *hawker center* décline recettes chinoises et malaises moitié-moitié, avec une préférence des clients pour les secondes. Arrivez avant 19h.

DÉPART PERPUSTAKAAN MERDEKA
ARRIVÉE HOTEL PEACE
DISTANCE 2 KM
DURÉE 1 À 2 HEURES

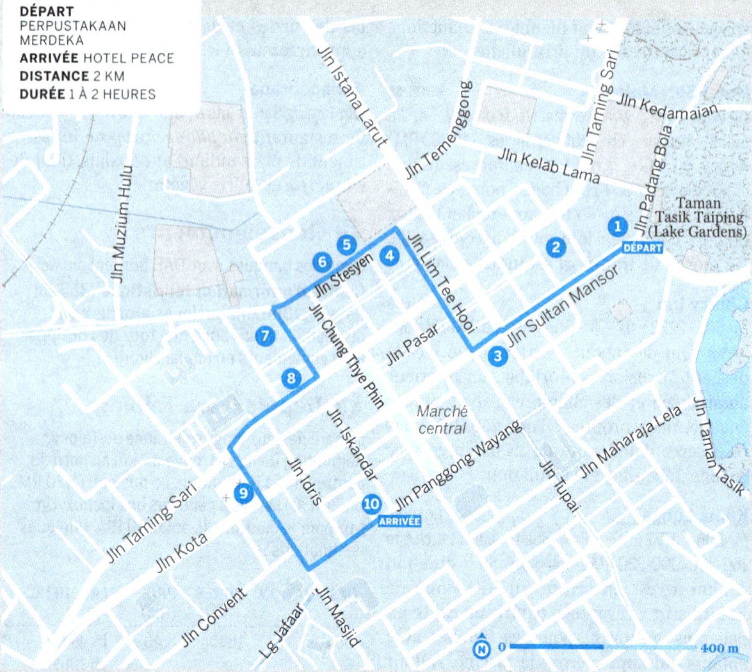

Promenade à pied

Taiping colonial

L'importance et la richesse de Taiping à l'époque coloniale restent largement visibles dans son architecture unique et bien préservée. Des monuments religieux aux institutions d'État, cette balade souligne les points de repère de l'époque coloniale.

Partez de la 1 **Perpustakaan Merdeka** (1882), bibliothèque de l'Indépendance. Non loin, le 2 **District Office** affiche son style néoclassique sur Jln Alang Ahmad. Un peu plus au sud se dresse sur Jln Kota la 3 **Jam Besar Lama** (1890), la tour de l'horloge devenue caserne de pompiers avant d'accueillir l'actuel office du tourisme.

Obliquez à droite dans Jln Lim Tee Hooi jusqu'à son intersection avec Jln Stesyen. Sur votre gauche, la 4 **Town Rest House** (1894) était la résidence du gouverneur. De l'autre côté de Jln Stesyen fut construite l'élégante école coloniale 5 **King Edward VII School** (1905), de sinistre souvenir sous la férule japonaise (ce fut un centre de torture pendant la Seconde Guerre mondiale). La tête de ligne de la première voie ferrée de Malaisie se trouvait à quelques pas à l'ouest, dans l' 6 **ancienne gare ferroviaire** aujourd'hui disparue. Ouverte en 1885, cette ligne rejoignait Port Weld (Kuala Sepetang), à 13,5 km plus à l'ouest.

Si l'on continue à longer Jln Stesyen, on atteint la 7 **Saint-George's School** (1915) avant d'obliquer au sud par Jln Iskandar jusqu'au croisement avec Jln Taming Sari, sur la droite. C'est là que se tient le minuscule quartier indien, 8 **Little India**. Poursuivez votre chemin vers l'ouest jusqu'à Jln Masjid. En face, vous apercevrez l' 9 **ancienne mosquée Kota** (1897), la plus vieille de Taiping, principalement remarquable par son plan hexagonal.

Jln Masjid vous mène en direction du sud mais vous tournerez à gauche à son croisement avec Jln Panggong Wayang, pour terminer la promenade au 10 **Peace Hotel**. Typique du Perak, l'architecture du bâtiment alterne colonnes ou pilastres de stuc et fenêtres de bois à vitraux sous un toit à balustre décoré de pots à feu et de frontons en stuc. Si le café du rez-de-chaussée est agréable pour boire un verre, mieux vaut éviter l'hôtel en étage, plutôt mal tenu.

La gare des bus locaux se trouve en face de la Masjid Daerah Taiping et les **taxis** partent du marché central. Parmi les destinations, citons : Kuala Kangsar (1 heure, 3,90 RM, 6h-20h30, départ toutes les 30 min) et Lumut (pour Pulau Pangkor, 3 heures, 10 RM, départ quotidien à 7h).

La gare ferroviaire, à 1 km à l'ouest du centre, se trouve sur la ligne Kuala Lumpur-Butterworth. Quatre trains quotidiens relient Kuala Lumpur (28-53 RM, 4 heures-5 heures 30) et trois Butterworth (15-23 RM, environ 2 heures).

Environs de Taiping

BUKIT LARUT

Fraîche et humide, Bukit Larut (Maxwell Hill, 1 019 m), la plus ancienne station climatique de Malaisie, a su préserver son ambiance coloniale. Moins développée que les Cameron Highlands, moins spectaculaire par le cadre, Bukit Larut rappelle plus l'atmosphère paisible des stations climatiques de l'époque coloniale : bungalows élégants, allées paisibles, jardins parfumés et, pour seul bruit, le vent dans les arbres. Et c'est tout, mais cela suffit amplement à nombre de voyageurs.

D'ailleurs Bukit Larut et sa faible capacité d'hébergement (environ 70 couchages) n'attirent pas foule, mais en période de vacances scolaires, ses bungalows affichent complet. Faute d'y séjourner, on peut y aller pour une journée. Monter jusqu'à la station est une expérience divertissante et, une fois arrivé, les promenades ne manquent guère, avec vue sur Taiping et le Taman Tasik.

À voir et à faire

La plupart des visiteurs grimpent sur la colline et en repartent en Land Rover, tandis que les habitants aiment bien faire ce trajet à pied tôt le matin. Cet itinéraire est plein d'attraits mais exigeant sur le plan physique. La montée de plus de 10 km peut prendre 4 heures.

Les Land Rover déposent les visiteurs au km 10,3. Là se trouvent quelques bungalows publics et un centre d'information ouvert de temps à autre. Ensuite, il suffit de suivre la route au milieu de la forêt jusqu'au sommet : c'est une marche agréable d'une demi-heure. Au-delà, un sentier plus accidenté qui part entre les deux tours de transmission permet de rejoindre le **Gunung Hijau** (1 448 m). Laissé à l'abandon ou presque, le sentier est infesté de sangsues. Mais, si l'on se contente de le suivre un quart d'heure jusqu'à une ancienne station de pompage reconvertie en temple de Shiva, on a généralement la chance d'apercevoir des singes et de nombreux oiseaux. Mieux vaut ne pas s'aventurer au-delà sans guide, car le chemin, bien que régulièrement débroussaillé, est rapidement envahi par la végétation. Si vous parvenez au sommet, la vue s'étend, par temps clair, jusqu'au Selat Melaka (détroit de Malacca).

Où se loger et se restaurer

Outre les options mentionnées ci-dessous, vous trouverez plusieurs autres bungalows privés à louer à Bukit Larut. Vous obtiendrez des détails et pourrez réserver à la station des Land Rover.

Cendana Hut HÔTEL $$
(☎806 2777 ; ch 110-170 RM). Cette villa perchée sur la colline est le seul hébergement de Bukit Larut à louer des chambres et non des bungalows entiers. La vue y est superbe et l'on y trouve le seul restaurant alentour (plats malais simples 2,50-7 RM). Aussi prometteurs que soient leurs noms (tels Monte Carlo et Christmas Marvel), les chambres ont un aspect un peu fané et manquent un peu d'air frais pour le prix qui l'est moins. Un peu au-dessus du km 10,3.

Bungalows publics BUNGALOWS $$
(☎807 7241 ; bungalow 150-300 RM). À proximité de l'arrêt des Land Rover, au km 10,3, l'État de Perak gère trois bungalows pour 10 personnes avec cuisine, élément indispensable, puisqu'il n'y a qu'un restaurant à Bukit Larut. Téléphonez avant ou renseignez-vous à la station des Land Rover.

Depuis/vers Bukit Larut

Avant la Seconde Guerre mondiale, on ne pouvait venir ici qu'à pied, à cheval ou en chaise à porteurs. Aujourd'hui, une route y mène, mais elle n'est pas ouverte aux véhicules individuels. Seules y circulent les Land Rover du gouvernement, qui assurent toutes les heures la navette (aller-retour 6 RM, 30 minutes) au départ de la station, au pied de la montagne. Venir jusqu'à la station en taxi depuis Taiping coûte environ 10 RM. Les Land Rover partent théoriquement à l'heure pile de 8h à 15h, mais elles attendent souvent d'être pleines.

MATANG MANGROVE FOREST RESERVE

Au nord de Kuala Sepetang (Port Weld), cette **réserve forestière de Matang** (⌚8h-17h lun-ven) abrite une petite partie de la forêt de palétuviers qui s'étend sur le littoral du Perak en direction de Seberang Perai (Penang). Par sa superficie, elle représente presque la moitié des mangroves de Malaisie et c'est l'une des plus importantes réserves naturelles. Elle est particulièrement connue pour ses lucioles, qui toutes les nuits font des arbres de véritables *Christmas trees*.

L'entrée de la réserve forestière se situant à 500 m de la ville, demandez au chauffeur de bus de vous déposer quand vous repérez un grand portail sur la droite avec un panneau indiquant "Pejabat Hutan Kecil Paya Laut". À cet endroit, une passerelle de bois surélevée serpente à travers une petite portion de la réserve, permettant de découvrir cet écosystème fascinant sans se mouiller les pieds. En chemin, plusieurs panneaux en anglais décrivent les plantes et leurs rôles. Loutres, léopards et macaques habitent la réserve mais, à moins de venir tôt le matin ou en soirée, vous ne verrez que quelques oiseaux et des lézards.

Louer un bateau permet d'explorer la mangrove plus avant – ce qui vous permettra d'observer les fameuses lucioles de la réserve si vous y passez la nuit – mais cela revient assez cher. Le bureau de la réserve peut vous recommander un guide (350-500 RM/jour).

Depuis/vers la Matang Mangrove Forest Reserve

Le Blue Omnibus n°77 circule toutes les 40 minutes, de 6h05 à 19h, entre la gare des bus locaux de Taiping et Kuala Sepetang (1,90 RM, 30 min) et quelques bus partent après 19h. Halte à la réserve sur demande.

Parc régional de Royal Belum

Sis à l'extrême nord du Perak, ce **parc régional** (Royal Belum State Park ; ☎522 5125 ; www.royalbelum.my) est l'une des plus vastes étendues de jungle vierge de Malaisie péninsulaire. La forêt de Belum-Temenggor, tel un songe de verdure sauvage, abrite une importante avifaune et les espèces emblématiques du pays : tapirs, tigres, ours malais, panthères et rhinocéros de Sumatra (menacés d'extinction), dont la préservation a d'ailleurs fortement motivé la création du parc.

Un permis est nécessaire pour visiter le parc ; vous pouvez l'obtenir dans n'importe quel hôtel de la région en le demandant au moins une semaine à l'avance. Sinon, les complexes hôteliers mentionnés ci-dessous organisent tous diverses excursions dans la jungle, dans la partie sud du parc. La majeure partie de la région ayant été inondée après la construction, en 1972, du barrage de Temenggor, toutes les excursions se font en bateau.

Où se loger et se restaurer

S'ils ne sont pas installés dans l'enceinte du parc, ces établissements offrent tout de même un emplacement adéquat pour explorer la zone protégée et ses alentours.

Belum Eco Resort COMPLEXE HÔTELIER $$
(☎012-524 9184 ; www.belumecoresort.com.my ; forfait tout inclus 3 jours/2 nuits 590 RM/pers). Avant la construction du barrage de Temenggor, cette île privée, propriété de la famille Khong, était le sommet d'une montagne ! Hôte chaleureux, Steve Khong vous propose un logement en *house boat* (un à ce jour et bientôt deux) ou en bungalow traditionnel (sur pilotis et de profil *A-frame*). La formule forfaitaire comprend le transport aller-retour jusqu'à l'ile, tous les repas et l'hébergement, ainsi que les excursions, dont une visite dans un village Orang Asli et un trek dans la jungle jusqu'à une cascade à la recherche de rafflésies. Le logement reste assez basique néanmoins pour la catégorie. Réservez pour être sûr d'avoir une place et pour organiser votre transport entre la jetée et Pulau Banting.

Belum Rainforest Resort COMPLEXE HÔTELIER $$
(☎791 6800 ; www.belumresort.com ; ch petit-déj inclus 288-388 RM ; ❄@☎). Un petit complexe de 76 chambres qui allie avec succès les matériaux industriels (béton texture et brique) et naturels (bambou). Comme dans les autres établissements de la région, des visites de la zone protégée et diverses activités de plein air peuvent être organisées (70-351 RM/pers). Spa, piscine et chambres supplémentaires en construction.

Jemputree HÔTEL $$
(☎791 2214 ; www.jemputreeresort.my ; ch/ste petit-déj inclus 250-380/600 RM ; ❄☎≋). Dominant le lac, cet immense établissement (115 chambres) tenu avec professionnalisme manque un peu de charme. Les chambres supérieures jouissent d'une superbe vue sur

le lac Temenggor. Activités nature dans la jungle environnante à la demande.

Hotel Sun HÔTEL $
(☎791 4797 ; 29 Jln Toh Shah Bandar, Gerik ; ch 60-90 RM ; ❄📶). Si vous êtes bloqué à Gerik, ville de transit en direction de Belum, ce nouvel hôtel situé derrière la gare routière est très correct. Vous trouverez quelques adresses semblables et quelques restaurants à proximité.

ℹ Depuis/vers le parc régional de Royal Belum

Il existe deux moyens de rejoindre le Royal Belum. Le plus simple est d'emprunter n'importe quel bus en direction de Kota Bharu au départ de Butterworth, d'Ipoh, de Kuala Kangsar ou de Taiping. Demandez au chauffeur de vous laisser descendre à Jeti Pulau Banting pour prendre le bateau pour le Belum Eco Resort, ou à l'un des deux autres complexes indiqués ci-dessus. Tous sont proches de la Hwy 76, qui continue vers la frontière thaïlandaise et Kota Bharu. Vous devrez payer le tarif plein pour Kota Bharu.

Autre solution : vous rendre à la gare routière de Gerik (parfois orthographiée Grik), où vous prendrez un taxi (50 RM) pour parcourir les 40 derniers kilomètres jusqu'à Jeti Pulau Banting ou jusqu'aux complexes hôteliers.

Au départ de Belum, les bus en provenance de Kota Bharu circulent irrégulièrement. Mieux vaut prendre un taxi pour Gerik (50 RM) et continuer en bus de là. Quelques destinations au départ de la gare routière de Gerik :

DESTINATION	DURÉE	PRIX (RM)	FRÉQUENCE
Ipoh	2h	13,10	8h30, 11h, 14h, 16h et 19h
Kota Bharu	4h	29,10	11h45
Kuala Lumpur	5h	30,50	9h, 10h45, 22h et 2h

Penang

Dans ce chapitre »

Le top des hébergements

» 23 Love Lane (p. 168)
» Straits Collection (p. 168)
» Lone Pine Hotel (p. 181)
» China Tiger (p. 169)
» New Asia Heritage Hotel (p. 164)

Le top des restaurants

» Lorong Baru (New Lane) Hawker Stalls (p. 174)
» Teksen (p. 170)
» China House (p. 170)
» Sea Pearl Lagoon Cafe (p. 173)
» Gurney Drive Hawker Stalls (p. 174)

Pourquoi y aller

La "Perle de l'Orient", comme on surnomme Penang, évoque des images romantiques de *trishaws* se faufilant entre des *shophouses* chinoises marquées par les intempéries, de fumées bleues d'encens, d'effluves de piments, de temples décorés et de saris brodés au fil d'or exposés dans des vitrines près de mosquées d'où émane l'appel à la prière de midi. Quelle que soit l'idée que vous vous en fassiez, il y a des chances pour qu'elle corresponde à la réalité. Ajoutez à cela cafés sophistiqués, *malls* aseptisés, jungles et plages de sable blanc, et vous obtiendrez une image encore plus précise.

Historiquement, Penang était la voie de navigation entre les deux moitiés de l'Asie et le point d'accès aux marchés d'Europe et du Moyen-Orient. Comme telle, l'île se trouve à la jonction des grands empires coloniaux et royaumes d'Asie. Aujourd'hui, la culture de cette région, façonnée par des décennies de colonialisme, de commerce et de tourisme, est l'une des plus tolérantes, cosmopolites et fascinantes (surtout en matière de gastronomie) de Malaisie.

Quand partir

George Town

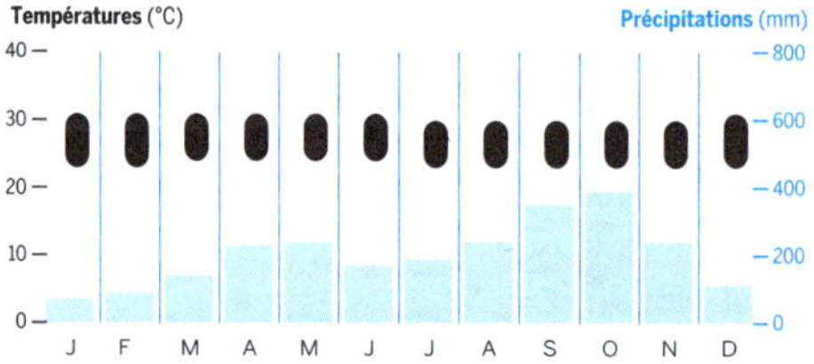

Jan-fév Réservez votre hébergement bien à l'avance pour passer le Nouvel An chinois à George Town.

Juin-juil Les durians et autres fruits typiques de Penang sont à leur apogée en été.

Juil Durant tout le mois, le festival de George Town présente théâtre, danse et musique.

Histoire

On sait peu de choses sur l'histoire ancienne de Penang. Les marins chinois connaissaient l'île, qu'ils appelaient Pulo Pinang (île des Noix d'arec), dès le XVe siècle, mais elle était probablement déserte à l'époque. Ce n'est qu'au début du XVIIIe siècle que des colons venus de Sumatra s'établirent à Batu Uban et dans la région située aujourd'hui au sud de George Town. L'île passa ensuite sous le contrôle du sultan du Kedah qui, en 1771, signa le premier accord avec la Compagnie britannique des Indes orientales, lui offrant des droits commerciaux en échange d'une aide militaire contre le Siam.

Quinze années plus tard, le capitaine Francis Light prit possession de Penang au nom de la Compagnie et l'île fut

À ne pas manquer

1. Le choix infini de nourriture qu'offrent les **hawkers** (p. 175) de George Town
2. Un cours intensif de feng shui à la **Cheong Fatt Tze Mansion** (p. 163)
3. Les plages peuplées de singes et la jungle du **parc national de Penang** (p. 183)
4. Un **circuit pédestre** (p. 165) dans George Town en quête de patrimoine architectural
5. La découverte des plantes à l'origine des épices qui trônent dans votre cuisine au **Tropical Spice Garden** (p. 181)
6. Une nuit dans l'un des **hôtels historiques** (p. 168) uniques de George Town
7. La brise légère et la vue fantastique sur l'île depuis le sommet de **Penang Hill** (p. 159)
8. Une session bronzage-cocktail dans une station balnéaire de **Batu Ferringhi** (p. 180)

officiellement cédée à cette dernière en 1791. Light la rebaptisa Prince of Wales Island (île du Prince-de-Galles), car la cession eut lieu le jour de l'anniversaire du prince. Le capitaine autorisa les nouveaux arrivants à s'approprier autant de terres qu'ils pouvaient en défricher, ce qui, associé au statut de port franc et à l'ambiance de tolérance, attira rapidement des immigrants de toute l'Asie. Au tournant du XVIIIe siècle, Penang comptait déjà plus de 10 000 habitants.

En 1826, l'île fut brièvement proclamée la capitale des comptoirs des Détroits (Straits Settlements) – qui incluaient Melaka et Singapour –, jusqu'à ce qu'elle soit supplantée par Singapour, plus florissante. Au milieu du XIXe siècle, Penang était devenue un pivot du commerce de l'opium chinois, qui fournissait plus de la moitié des revenus de la colonie. L'île était un endroit dangereux, connu pour ses maisons closes et ses tripots, tous aux mains de sociétés secrètes chinoises.

S'il ne se passa pas grand-chose à Penang pendant la Première Guerre mondiale, il n'en fut pas de même lors de la Seconde Guerre mondiale. Lorsqu'il devint manifeste que les Japonais allaient attaquer, les Européens de Penang furent immédiatement évacués, laissant derrière eux une population sans défense. Le Japon s'empara de l'île le 19 décembre 1941, 12 jours seulement après l'attaque de Pearl Harbour aux États-Unis. Les trois ans et demi qui suivirent furent les plus sombres de l'histoire de Penang.

Après la guerre, rien n'était plus pareil. L'image d'invincibilité des Britanniques aux yeux de la population locale s'était ternie à jamais et la fin de l'impérialisme britannique semblait imminente. Les comptoirs des Détroits furent dissous en 1946 ; Penang entra dans la fédération de Malaisie en 1948 et devint l'un des 13 États malaisiens indépendants en 1963.

Avec la suppression de son statut de port franc en 1969, Penang connut plusieurs années de déclin et de chômage important. Au cours des deux décennies qui suivirent, l'île devint petit à petit l'un des plus grands centres de fabrication de produits électroniques d'Asie et on la surnomme parfois la "Silicon Valley de l'Orient". Aujourd'hui, Penang est le seul État de Malaisie à avoir élu un ministre en chef d'origine chinoise depuis l'indépendance.

George Town

☎04 / 740 200 HABITANTS

Si George Town est une ville polluée manquant cruellement de trottoirs, elle séduira même le plus convaincu des urbanophobes avec son méli-mélo culturel explosif et son cadre de décor de cinéma.

Évitez la circulation en vous réfugiant entre les *shophouses* chinoises, où l'on torréfie du café sur le feu et où l'on sculpte des bâtons d'encens géants pour des cérémonies. *Trishaws*, touristes et habitants se croisent dans ce labyrinthe de rues anarchiques et de ruelles étroites, entre les édifices britanniques de l'époque du Raj, les guirlandes de lanternes en papier et des boutiques, cafés et pubs rétro-chics qui ne dépareraient pas une ville occidentale. Arrivez le ventre vide et faites votre choix, entre les étals délirants des *hawkers* et plusieurs restaurants modernes dont l'étoile monte : vous êtes dans la capitale gastronomique de la Malaisie.

Bien que chaque quartier soit différent, ils se chevauchent. Il y a des temples chinois à Little India et des mosquées à Chinatown. Dans certaines rues, curries indiens, spécialités malaises épicées et nouilles chinoises revisitées se succèdent. Et pour vous dérouter plus encore, des gratte-ciel à l'occidentale et d'énormes centres commerciaux scintillent au loin, hors du centre historique.

PENANG : ÎLE OU ÉTAT ?

Beaucoup de gens ignorent que la bande de côte de la partie continentale appelée Seberang Perai (ou province de Wellesley) fait partie de Penang. L'État est divisé aussi bien géographiquement qu'administrativement en deux parties : Pulau Penang (île de Penang), une île de 293 km² dans le détroit de Malacca, et Seberang Perai, une bande étroite de 760 km² sur la péninsule malaisienne. George Town, sur l'île de Penang, est la capitale de l'État, alors que Butterworth est la plus grande ville de Seberang Perai. On appelle souvent la ville de George Town "Penang" ou "Pinang", ce qui prête à confusion.

À voir

CHINATOWN

Khoo Kongsi ÉDIFICE HISTORIQUE

(www.khookongsi.com.my ; 18 Cannon Sq ; adulte/enfant 10/1 RM ; 9h-18h). Le *kongsi*, ou maison de clan, joue un rôle central pour les communautés chinoises d'outre-mer, et Khoo Kongsi est le plus impressionnant du genre à Penang.

Les Khoo, qui font remonter leurs origines jusqu'à il y a 25 générations, sont un clan prospère, et ils le font savoir. Des sculptures de pierre animent le hall d'entrée et les pavillons ; la plupart symbolisent le bonheur et la prospérité, ou sont censées les attirer. Remarquez le gardien sikh à l'entrée. À l'intérieur, des fresques impressionnantes représentent anniversaires et mariages et, surtout, les 36 gardiens célestes (répartis en deux panneaux de 18 gardiens chacun). L'éclairage rougeoyant est dispensé par d'énormes lampes en papier. De splendides céramiques d'immortels, de carpes, de dragons, et de carpes se métamorphosant en dragons (motif chinois traditionnel symbolisant le succès) serpentent le long du faîtage. Aussi remarquable soit-il aujourd'hui, le Khoo Kongsi l'était encore plus jadis, mais le toit prit feu la nuit même de son achèvement, en 1901 ; l'événement fut imputé à la jalousie divine devant une telle ostentation. L'actuel *kongsi* date de 1906. Lors de nos recherches, un hotel était en construction sur le site.

Temple Kuan Yin Teng TEMPLE BOUDDHISTE

(Temple de la déesse de la Miséricorde ; Lebuh Pitt (Jln Masjid Kapital Keling) ; 24h/24). Ce temple est consacré à la déesse de la Miséricorde, de la Chance, de la Paix et de la Fertilité. Construit au début du XIXe siècle par les premiers colons hokkien et cantonais, il n'a rien d'exceptionnel sur le plan architectural. Mais très central, il attire de nombreux fidèles qui brûlent des billets factices et de l'encens dans les braseros placés à l'extérieur. Des représentations théâtrales ont lieu pour l'anniversaire de la déesse, le 19e jour des 2e, 6e et 9e mois lunaires.

Lors de notre passage, le temple était en cours de rénovation et l'ajout d'un centre d'information était envisagé.

Dr Sun Yat Sen's Penang Base MUSÉE

(120 Lebuh Armenian ; 3 RM ; 10h-17h lun-sam). Sun Yat-sen (1866-1925) fut le leader de la révolution chinoise de 1911, qui renversa la dynastie Qing et fit de la Chine la première république d'Asie. En 1910, il vécut à George Town avec sa famille pendant six mois. Cette maison n'était pas sa résidence, mais le QG de son parti politique. C'est ici que fut organisé le soulèvement de Canton de 1910 – qui échoua, mais marqua un tournant dans la révolution. L'endroit abrite aujourd'hui un musée sur la vie de Sun Yat-sen à Penang, et même si vous n'êtes pas passionné d'histoire, cette *shophouse* ancienne superbement restaurée vaut à elle seule le détour.

Mosquée d'Acheen Street MOSQUÉE

(Lebuh Acheh ; 7h-19h). Construite en 1808 par un riche négociant arabe, la mosquée d'Acheen Street devint le lieu de culte des commerçants malais et arabes du quartier – le plus ancien *kampung* (village) malais de George Town. Elle se distingue par son minaret de style égyptien (la plupart des mosquées du pays possèdent des minarets mauresques).

Temple Hainan TEMPLE CHINOIS

(Lebuh Muntri ; 9h-18h). Dédié à Mar Chor Poh, le patron chinois des marins, ce temple fut fondé en 1870, mais ne fut achevé qu'en 1895. En 1995, à l'occasion de son centenaire, d'importants travaux ont donné une nouvelle jeunesse à ses colonnes décorées de dragons et à ses sculptures élaborées.

QUARTIER COLONIAL ET LITTLE INDIA

Pinang Peranakan Mansion MUSÉE

(www.pinangperanakanmansion.com.my ; 29 Lebuh Gereja ; adulte/enfant 10/5 RM ; 9h30-17h30 lun-sam). Ce bâtiment rivalise avec la Cheong Fatt Tze Mansion au concours de la demeure la mieux restaurée de la ville. Toutes les portes, murs et voûtes sont sculptés et souvent ornés de feuilles d'or. Les grandes salles sont dotées de superbes meubles en bois délicatement incrustés de nacre. Des peintures colorées et de fascinantes photos en noir et blanc de la famille en somptueux costumes chinois sont exposées. L'endroit appartenait à Chung Keng Quee, un commerçant du XIXe siècle, chef d'une société secrète et pilier de la communauté. C'était aussi l'un des Baba-Nonya les plus riches de l'époque.

Après avoir visité la maison, faites un saut au temple de Chung Keng Quee, la salle ancestrale adjacente, qui, en comparaison, semble bien sobre.

George Town

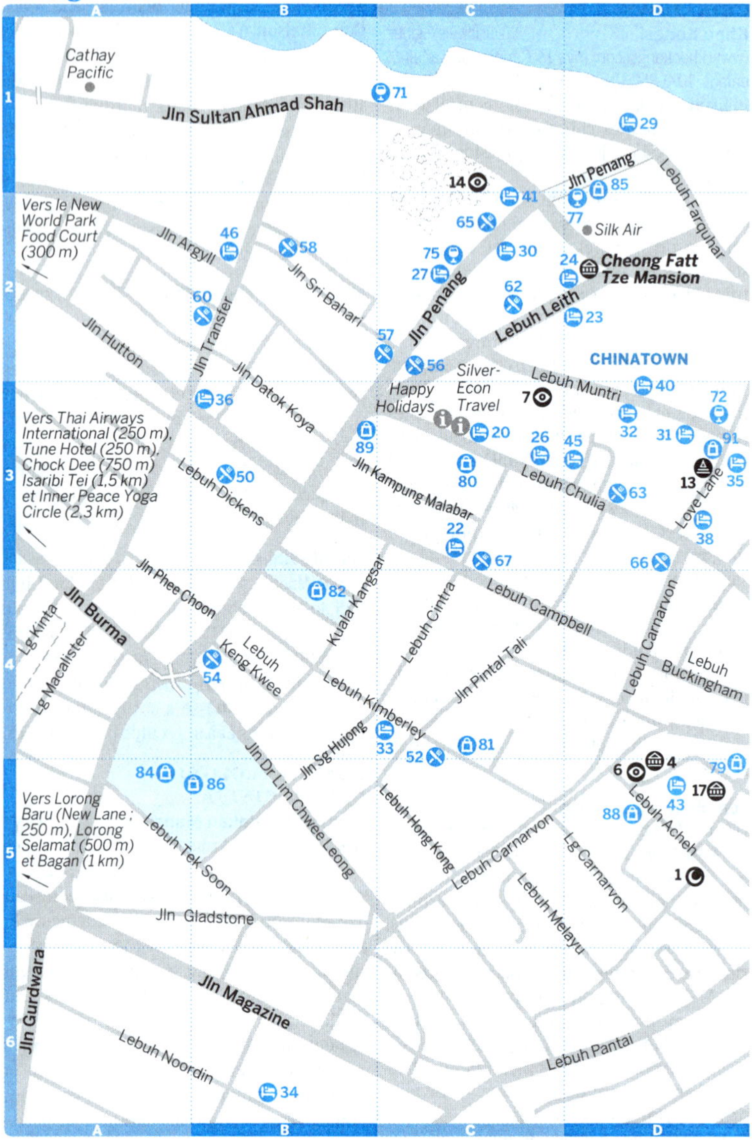

Penang Museum MUSÉE
(www.penangmuseum.gov.my ; Lebuh Farquhar ; 1 RM ; ⏲9h-17h sam-jeu). Ce musée d'État est l'un des mieux présentés de Malaisie. Il contient de belles expositions consacrées aux coutumes et traditions des divers groupes ethniques de Penang, comportant photos, documents, costumes, meubles et autres collections bien expliquées. À l'étage, la galerie historique comprend des aquarelles réalisées au début du XIXe siècle par le capitaine Robert Smith, ingénieur pour la compagnie des Indes orientales, et des gravures du vieux Penang. On peut aussi

regarder des vidéos sur les nombreuses fêtes culturelles de Penang.

House of Yeap Chor Ee MUSÉE

(http://houseyce.com ; 4 Lebuh Penang ; adulte/enfant 8 RM/gratuit ; ⏲10h-18h mar-dim). Ce musée est installé dans une superbe *shophouse* de trois étages restaurée, jadis propriété d'un immigré chinois du nom de Yeap Chor Ee, qui fut coiffeur avant de devenir banquier. En plus de photos de famille et autres souvenirs, on y trouve des pièces intéressantes ayant trait à l'immigration chinoise à Penang. Visites audioguidées (10 RM) et

George Town

Les incontournables

Cheong Fatt Tze Mansion D2
Khoo Kongsi E5
Penang Museum E2
Pinang Peranakan Mansion F4

À voir

1 Mosquée d'Acheen Street D5
2 Cheah Kongsi E5
3 Clan Jetties F6
4 Dr Sun Yat Sen's Penang Base D5
5 Fort Cornwallis G2
6 George Town World Heritage Inc. Headquarters D5
7 Temple Hainan C3
8 House of Yeap Chor Ee F3
9 Kuan Yin Teng E3
10 Lebuh Armenia E5
11 Masjid Kapitan Keling E4
12 Padang G2
13 Penang Gelugpa Buddhist Association D3
14 Cimetière protestant C1
15 Temple Sri Mariamman E4
16 Temple Teochew E4
17 Yap Kongsi D5

Activités

18 Nazlina's Spice Station E3

Où se loger

19 23 Love Lane E3
20 Banana Boutique Hotel C3
21 Broadway Budget Hotel E3
22 Campbell House C3
23 Cathay Hotel D2
24 Cheong Fatt Tze Mansion D2
25 China Tiger F4
26 Chulia Heritage C3
27 Cititel Hotel C2
28 Coffee Atelier E3
29 Eastern & Oriental Hotel D1
30 Hotel Malaysia C2
31 Moon Tree 47 ..... D3
32 Muntri Mews D3
33 New Asia Heritage Hotel C4
34 Noordin Mews B6
35 Old Penang D3
36 Penaga Hotel B3
37 PG Chew Jetty Homestay F6
38 Red Inn D3
Red Inn Court ..... (voir 21)
Reggae Penang ..... (voir 38)
39 Roommates E3
40 Ryokan D3
41 Segara Ninda C2
42 Seven Terraces E3
43 Straits Collection D5
44 Victoria Inn F5
45 Yeng Keng Hotel D3
46 Yes Hotel B2

entrée gratuite pour les clients du Sire, le restaurant mitoyen.

Clan Jetties QUARTIER

(Pengkalan Weld). À la fin du XVIIIe et au début du XIXe siècle, Pengkalan Weld formait le cœur d'un des ports les plus prospères au monde et le travail n'y manquait pas pour les immigrants qui ne cessaient d'affluer. Une communauté de Chinois se développa autour du quai, construisant des maisons flottantes et sur pilotis le long des docks branlants. Ces zones d'habitations furent appelées "clan jetties".

Aujourd'hui, ce bric-à-brac de maisons flottantes et de planches occupé par une population à bas revenus attire de plus en plus les tour-opérateurs. Allez-y hors du cadre d'un circuit touristique pour voir les bateaux de pêche à quai, les habitants qui cuisinent dans leurs foyers et les enfants qui jouent dehors. Possibilité de séjour chez l'habitant (p. 169).

Fort Cornwallis SITE HISTORIQUE

(Lebuh Light ; adulte/enfant 2/1 RM ; 9h-19h). Le fort Cornwallis n'est plus très impressionnant : il n'en reste que les murs extérieurs, qui entourent un parc plutôt dépouillé. Il doit son nom à Charles Cornwallis, essentiellement connu pour s'être rendu à George Washington lors de la bataille de Yorktown, mettant ainsi fin à la guerre de l'Indépendance américaine. C'est à l'emplacement du fort que le capitaine Light débarqua sur cette île quasi déserte en 1786, puis fonda un port franc pour concurrencer les comptoirs néerlandais, rivaux des Britanniques. De 1808 à 1810, des bagnards reconstruisirent en pierre le bâtiment initialement en bois. Les fortifications en forme d'étoile permettaient des tirs croisés contre l'ennemi.

Cimetière protestant CIMETIÈRE

(Jln Sultan Ahmad Shah ; 24h/24). Ombragé par des magnolias, il abrite les tombes du capitaine Francis Light et de nombreux gouverneurs, marchands, marins, ainsi que celles de chrétiens chinois qui fuirent lors de la révolte des Boxers (mouvement opposé à l'impérialisme occidental et à l'évangélisme) pour succomber à la fièvre à Penang. Y repose également Thomas Leonowens, le jeune officier qui avait épousé Anna, la gouvernante des enfants du roi du Siam, rendue célèbre par le film musical de Walter Lang *Le Roi et moi* (1956).

Temple Sri Mariamman TEMPLE HINDOU
(Lebuh Pitt (Jln Masjid Kaptian Keling) ; entrée libre ; 7h-19h). Pour les Tamouls de l'île, ce temple remplit le même office qu'une maison de clan chinoise : il rappelle la terre d'origine et resserre les liens communautaires forgés au sein de la diaspora. Construit en 1883, Sri Mariamman est le plus ancien lieu de culte hindou de George Town. C'est un temple typique de l'Inde du Sud, dominé par sa tour d'entrée ou *gopuram*.

Lors du Thaipusam (p. 163) de Penang, la procession part de ce sanctuaire et, en octobre, un char en bois promène la déesse du temple dans le quartier lors de la fête de Dussehra.

Masjid Kapitan Keling MOSQUÉE
(angle Lebuh Buckingham et Lebuh Pitt (Jln Masjid Kapitan Keling) ; entrée libre ; 7h-19h). Les premiers colons indiens musulmans (des soldats de la Compagnie des Indes orientales) édifièrent la mosquée Kapitan Keling en 1801. Coiffée de dômes jaunes, de style indo-islamique, la mosquée possède un seul minaret. Le soleil couchant rehausse encore la beauté de l'édifice. Les gardiens laissent parfois entrer les visiteurs.

GURNEY DRIVE, JALAN BURMA ET ENVIRONS

Penang Hill MONTAGNE
(www.penanghill.gov.my ; funiculaire adulte/enfant 30/15 RM, musée gratuit ; 6h30-19h lun-ven, 6h30-21h sam-dim, funiculaire ttes les 30 min pendant les heures d'ouverture). Dominant George Town du haut de ses 821 m, Penang Hill, dont la température est généralement inférieure de 5°C à celle du bord de mer, offre une bouffée de fraîcheur. Du sommet,

GEORGE TOWN ET L'UNESCO

En 2008, le centre historique de George Town a été inscrit au patrimoine mondial de l'Unesco en raison de sa "culture architecturale unique et [de son] paysage urbain sans pareil en Asie orientale et en Asie du Sud-Est". Les prix de l'immobilier ont grimpé en flèche et les promoteurs se sont jetés sur les bâtiments anciens abandonnés dans l'espoir d'en tirer profit. Heureusement, les défenseurs du patrimoine ne manquent pas à Penang, et de manière générale, la ville a sauvegardé son ambiance d'antan tout en profitant d'un lifting.

Pour en savoir plus sur le statut de bien du patrimoine mondial de George Town, passez aux **George Town World Heritage Inc. Headquarters** (www.gtwhi.com.my ; 116-118 Lebuh Acheh ; ⌚8h-13h et 14h-17h lun-jeu, 8h-12h15 et 14h45-17h ven), où des panneaux explicatifs et des médias évoquent le patrimoine architectural de la ville. *George Town World Heritage Site Architectural Walkabout*, disponible au Penang Heritage Trust (p. 178), est un excellent guide en anglais sur les bâtiments et les principaux sites de la ville. De même, George Town World Heritage Inc. propose un guide de poche instructif (en anglais également) et amusant sur les *shophouses* de George Town intitulé *Value Your Built Heritage*.

on découvre une vue spectaculaire sur l'île et le continent. On y trouve des jardins, un *food court* basique, un temple hindou au décor exubérant, une mosquée et le David Brown's (p. 176), restaurant britannique de style colonial servant aussi bien du bœuf Wellington que des *high teas* (thés gourmands).

Le week-end et les jours fériés, l'attente au funiculaire peut atteindre 30 minutes ; en semaine, en revanche, les files sont réduites. En 3 heures, on peut parcourir à pied 5,5 km sur le chemin qui commence près de la station supérieure du funiculaire et rejoint le jardin botanique (Moon Gate). Du sommet, la piste de 5,1 km pour 4x4, plus praticable, aboutit au jardin, derrière le Moon Gate. Depuis Weld Quay, Komtar ou Lebuh Chulia, prenez l'un des nombreux bus n°204 (2 RM). La course en taxi depuis le centre de George Town revient à 25 RM.

Temple Kek Lok Si TEMPLE BOUDDHISTE

(⌚9h-18h). Le "temple de la Félicité suprême" est le plus grand temple bouddhiste de Malaisie, et l'un des édifices les plus emblématiques du pays. Construit par un immigrant chinois en 1890, le Kek Lok Si est un pilier de la communauté sino-malaise, qui a assuré le financement de sa construction (sur vingt ans) et les agrandissements postérieurs.

Une allée bordée d'échoppes de souvenirs et ponctuée de bassins de poissons à l'eau boueuse mène à l'entrée, derrière un autre bassin rempli de tortues. Au cœur du complexe se dresse la **Ban Po Thar** (pagode des Dix Mille Bouddhas ; 2 RM), une tour de 7 étages et de 30 m de haut. On dit de sa conception qu'elle est birmane au sommet, chinoise en bas et thaïlandaise entre les deux. Un **téléphérique** (aller/aller-retour 4/2 RM ; ⌚8h.30-17h30) conduit au niveau le plus élevé, que domine une imposante statue en bronze de Kuan Yin, la déesse de la Miséricorde, haute de 36,50 m.

Le complexe comprend plusieurs autres temples, des boutiques et un **restaurant végétarien** (plats à partir de 5 RM ; ⌚10h-19h mar-dim ; 🖉).

La course en taxi depuis le centre de George Town vous coûtera au moins 25 RM. Sinon, prenez le bus n°204 jusqu'à Air Itam (2 RM).

Jardin botanique JARDIN

(Waterfall Rd ; ⌚5h-20h). Ne faites pas comme la majorité des visiteurs de Penang qui passent à côté de ce jardin de 30 ha, également appelé Waterfall Gardens (jardin de la Cascade) en raison du cours d'eau qui dévale en cascade depuis Penang Hill, ou Monkey Gardens (jardins des Singes) à cause des nombreux macaques à longue queue qui y gambadent. Ne les nourrissez pas : vous risquez une belle morsure et une amende de 500 RM. Vous verrez également des semnopithèques obscurs, des écureuils géants orientaux et une myriade d'insectes géants et de papillons velouteux.

Le jardin fut fondé en 1884 sur le site d'une carrière de granit par le Britannique Charles Curtis, infatigable amoureux des plantes, qui rassembla les spécimens d'origine et en fut le premier conservateur. Aujourd'hui, les habitants de Penang adorent cet endroit et sont nombreux à venir y faire du tai-chi, courir, pique-niquer et même faire de la danse en ligne.

À 8 km de George Town. Pour vous y rendre, prenez le bus n°102 (2 RM) depuis Komtar ou Weld Quay ; sinon, comptez au moins 25 RM pour un taxi.

GRATUIT **P. Ramlee House** MUSÉE

(4A Jln P Ramlee ; ⏲10h-17h30 mar-dim, 10h-12h et 15h-17h30 ven). Ce centre se compose de trois parties consacrées à P. Ramlee (1929-1973), la plus grande star de Malaisie. Si Ramlee a d'abord été un chanteur célèbre, il a également participé à 66 films en tant qu'acteur ou réalisateur. En face du grand bâtiment servant de centre d'arts de la scène, un petit musée renferme des artefacts et des photos sur la vie de l'artiste. C'est dans la modeste maison de *kampung* de 1926 minutieusement restaurée, juste à côté du musée, que naquit Ramlee.

Les chansons de ce dernier sont diffusés en boucle dans le centre. Si les visiteurs ne connaissent pas forcément son œuvre, les photos anciennes et la maison sont intéressantes, et la boutique du musée vend quelques souvenirs kitsch.

La maison de P. Ramlee est à 5 km à l'ouest de George Town ; longez Jln Perak vers le sud depuis Jln Dato Keramat, prenez à droite dans Jln P Ramlee et marchez sur 300 m. Un taxi vous coûtera 15 RM.

Suffolk House ÉDIFICE HISTORIQUE

(www.suffolkhouse.com.my ; 250 Jln Ayer Itam ; avec/sans visite guidée 15/10 RM ; ⏲10h-18h). Cette impressionnante demeure de style géorgien fut construite à l'emplacement de la première résidence de Francis Light, fondateur de la colonie et originaire du Suffolk (Angleterre). Situé sur les rives de l'Air Itam, à 6,5 km à l'ouest du centre de George Town, ce superbe bâtiment carré doté de vastes vérandas et d'une grande salle de bal, est empreint de l'ambiance joviale des plantations de l'époque coloniale.

Si la rénovation du domaine et de l'extérieur fut achevée en 2007, l'intérieur n'a pas grand intérêt, et mieux vaut enrichir la visite d'un *high tea* au restaurant adjacent. Comptez 15 RM pour un taxi.

Cours

Nazlina's Spice Station COURS DE CUISINE

(☎012-453 8167 ; www.penang-cooking-class.com ; 71 Lg Stewart ; cours 135 RM ; ⏲9h-13h mar-sam). La pétillante et enthousiaste Nazlina vous apprendra à confectionner des plats locaux comme l'*asam laksa* et le curry de crevettes. Vous irez au marché le matin pour faire vos provisions et découvrirez quelques-uns des secrets de la cuisine malaisienne. Les cours ont lieu à l'école de cuisine, et, le mercredi, à l'Eastern & Oriental Hotel (p. 166).

Inner Peace Yoga Circle YOGA

(☎229 2540 ; www.innerpeaceyogacircle.com ; 293 Jln Burma, 1er ét. ; cours ponctuel 20 RM). Propose tous les types de yoga, ainsi que des retraites et des programmes de formation des professeurs. L'entreprise reverse 10% de ses recettes à une association caritative. Programme des cours sur le site Internet.

LES RUES DE GEORGE TOWN

Se repérer dans George Town est parfois un peu compliqué, de nombreuses rues étant désignées à la fois par leur nom malais et anglais. Les deux dénominations sont souvent mentionnées, mais l'on peut tout de même s'y perdre. Dans ce guide, nous employons en priorité le nom malais. Voici les deux noms de certaines des rues importantes :

MALAIS	ANGLAIS
Lebuh Gereja	Church St
Jln Masjid Kapitan Keling	Pitt St
Jln Tun Syed Sheh Barakbah	The Esplanade
Lebuh Pantai	Beach St
Lebuh Pasar	Market St

Pour couronner le tout, Jln Penang est aussi dénommée Jln Pinang ou Penang Rd – à ne pas confondre avec Penang St, également appelée Lebuh Pinang ! De même, Chulia St porte aussi le nom de Lebuh Chulia, mais il y a également une Lorong Chulia, ce qui embrouille jusqu'aux chauffeurs de taxi.

Le studio se trouve dans Jln Burma, à 2,3 km au nord-ouest de Jln Transfer ; comptez 20 RM pour y aller en taxi.

Circuits organisés

Il existe un grand choix de circuits autoguidés dans George Town, axés aussi bien sur la gastronomie que sur les métiers traditionnels ou l'architecture – vous trouverez des brochures détaillées à l'office du tourisme ou au Penang Heritage Trust (p. 178). Cette ONG organise différentes visites à pied du centre de George Town, dont la "Little India Experience" et l'"Heritage Trail". Chacune dure "environ 3 heures et coûte 60 RM (réservez au moins un jour à l'avance). L'ONG propose aussi des brochures gratuites indiquant des itinéraires de promenades à suivre soi-même.

Le **Penang Global Ethic Project** (www.globalethicpenang.net/webpages/act_02b.htm) propose quant à lui le "World Religions Walk" (circuit des religions du monde), qui vous fera découvrir l'iconographie et les lieux de culte traditionnels chrétiens, musulmans, hindous, sikhs, bouddhistes et chinois.

Il existe aussi une **navette touristique gratuite** (⏲6h-minuit) qui relie Weld Quay et Komtar en traversant le cœur colonial de George Town. Un excellent moyen d'avoir une vue d'ensemble de la ville, avec la possibilité de faire une halte à l'un des 19 arrêts proposés.

Heritage Walking Tour CIRCUIT PÉDESTRE
(☎016-440 6823 ; jsk_27@hotmail.com ; circuits à partir de 60 RM). Découvrez George Town à pied en compagnie de Joann Khaw, originaire de Penang et spécialiste du patrimoine, qui propose aussi des visites axées, entre autres, sur le feng shui et la cuisine. Chaudement recommandé.

Penang Private Tour VISITE GUIDÉE
(☎019 529 5959 ; www.rasamalaysia.com/penang-private-tour-and-culinary-tour ; circuits à partir de 200 RM). CK Low, originaire de Penang, organise diverses visites guidées sur le thème de la nourriture, ainsi que des circuits plus généraux sur l'ensemble de l'île.

MAISONS DE CLANS

Des années 1850 aux années 1950, Penang connut un important afflux de migrants chinois, issus en majorité de la province du Fujian. Pour faciliter l'intégration de leurs oncles, tantes, cousins, cousins au dixième degré, voisins, etc., les Chinois formèrent des associations de clan et construisirent des maisons de clan (*kongsi*) afin de créer un esprit de communauté, de loger les nouveaux arrivants et de les aider à trouver du travail. Ces maisons, qui fonctionnaient comme des sortes d'"ambassades", symbolisaient aussi un contrat social plus profond, voire spirituel, entre les membres d'un clan étendu et ses ancêtres.

Au fil du temps, beaucoup d'associations de clan devinrent très prospères et se mirent à décorer davantage leurs bâtiments. Une concurrence s'instaura alors entre les clans – que les Britanniques appelaient les "sociétés secrètes" – quant à la décadence et au nombre de leurs temples. Grâce à cette rivalité, le Penang actuel est doté de l'une des concentrations d'architecture de clans les plus denses en dehors de la Chine. Si la maison de clan la plus impressionnante de George Town est sans doute Khoo Kongsi (p. 155), les suivantes sont également remarquables :

Cheah Kongsi (carte p. 156 ; 8 Lebuh Armenian ; ⏲9h-17h). Ce bâtiment, qui fait office de temple et de salle de réunion, a également été le siège de plusieurs sociétés secrètes. Chaque société occupait une partie différente du temple, qui fut au centre de l'attention pendant les émeutes de 1867. Les hostilités étaient si intenses qu'un passage secret avait été aménagé pour rejoindre rapidement Khoo Kongsi (p. 155).

Temple des Teochew (Han Jiang Ancestral Temple ; Lebuh Chulia ; ⏲9h-17h). Cette maison de clan de 1870 fut rénovée en 2005 par des artisans chinois et renferme des panneaux explicatifs sur l'immigration du groupe éponyme.

Yap Kongsi (71 Lebuh Armenian ; ⏲9h-17h). Le bâtiment principal, érigé en 1924 dans le style dit "Straits Eclectic" et aujourd'hui peint en vert pâle, n'est pas toujours ouvert au public. Dans ce cas, allez à Choo Chay Keong, un temple adjacent.

Street Food Excursions & Photography Walks VISITE GUIDÉE
(www.eatingasia.typepad.com ; visites à partir de 120 $US). Les personnes à l'origine du blog culinaire EatingAsia proposent des visites privées et personnalisées de George Town et au-delà, axées sur la gastronomie ou la photographie.

Fêtes et festivals

Pour connaître les fêtes qui se déroulent à Penang, consultez le site touristique officiel de l'État, **Visit Penang** (www.visitpenang.gov.my).

Janvier-avril

Thaipusam FÊTE HINDOUE
Célébrée avec autant de ferveur qu'à Singapour ou à KL, devant une foule cependant moins nombreuse, cette fête hindouiste spectaculaire s'accompagne de rituels assez éprouvants pour le néophyte. Elle a lieu fin janvier-début février.

Nouvel An chinois FÊTE CHINOISE
Fêté avec une allégresse toute particulière à George Town. Le Khoo Kongsi fait peau neuve à l'occasion, et des troupes de danse et d'opéra chinois se produisent aux quatre coins de la ville. Fin janvier-début avril.

Chap Goh Meh FÊTE CHINOISE
Le 15e jour des festivités du Nouvel An, les jeunes filles lancent des oranges dans la mer. Autrefois, elles chantaient en même temps "qui lance une bonne orange trouve un bon mari", sous l'œil des garçons qui entraient ensuite en contact avec la jeune fille de leurs rêves grâce à des entremetteurs. Le Nouvel An est aussi l'une des rares occasions d'assister à des spectacles baba-nonya de *dondang sayang* (romances improvisées traditionnelles). En février.

Penang World Music Festival MUSIQUE
(www.penangworldmusic.com). Festival de trois jours où se produisent artistes locaux et internationaux. En mars-avril.

Mai-août

Penang International Dragon Boat Festival RÉGATE
(www.penangdragonboat.gov.my). Régate pittoresque et populaire de bateaux-dragons traditionnels. Fin juin-début juillet, à Teluk Bahang.

Festival de George Town ARTS DE LA SCÈNE
(www.georgetownfestival.com). Festival d'arts et de spectacles célébrant le classement de la ville sur la liste du patrimoine mondial de l'Unesco. En juillet.

Fête des Fantômes affamés (Phor Thor) FÊTE CHINOISE
On raconte que les portes de l'enfer s'ouvrent chaque année le 15e jour du 7e mois du calendrier lunaire chinois. Pour apaiser les fantômes affamés, les habitants de Penang leur font des offrandes de nourriture et s'efforcent de les divertir avec des spectacles de marionnettes et des opéras chinois de rue. Une période magique pour visiter la ville. En août.

Septembre-décembre

Fête des Lanternes FÊTE CHINOISE
Cette fête célébrée sur toute l'île commémore la fin du règne mongol en Chine. On déguste des gâteaux de lune (*moon cakes*), des friandises utilisées par les rebelles de l'Empire du Milieu pour transmettre des messages secrets. Mi-septembre.

Deepavali FÊTE HINDOUE
La "fête des Lumières" hindoue est célébrée par des danses et des concerts dans différentes salles de Little India. En octobre.

À NE PAS MANQUER

FANTAISIE BLEUE

Construite dans les années 1880, la splendide **Cheong Fatt Tze Mansion** (www.cheongfatttzemansion.com ; 14 Lebuh Leith ; 12 RM ; visites guidées 11h, 13h30 et 15h lun-sam), aux 38 pièces et 220 fenêtres, fut commanditée par un commerçant hakka. Arrivé de Chine sans un sou à l'adolescence, il bâtit un vaste empire financier à travers toute l'Asie orientale, ce qui lui valut les surnoms de "Rockefeller de l'Orient" et de "Dernier Mandarin".

La demeure, sauvée de la ruine dans les années 1990, mêle des éléments orientaux et occidentaux – fenêtres à persiennes, vitraux Art nouveau et superbes carrelages – et constitue l'un des rares exemples existants de ce style architectural, alors apprécié des riches Chinois des Détroits. Le meilleur moyen de découvrir la demeure aux murs peints dans un bleu ardent, et devenue un hôtel de charme, est d'y séjourner ; des visites guidées donnent également un aperçu du bel intérieur.

LE BOUDDHISME À PENANG

Si la Malaisie est officiellement et principalement musulmane, la population chinoise est restée en majeure partie bouddhiste. Penang étant l'un des États de Malaisie où les Chinois sont les plus présents, on y trouve une communauté bouddhiste exceptionnellement diverse et dynamique, qui embrasse non seulement le bouddhisme chinois traditionnel, mais aussi les écoles philosophiques bouddhiques thaïes, birmanes, cingalaises et tibétaines. Outre les temples cités ci-après, vous ne regretterez pas la visite de Kuan Yin Teng (p. 155), le temple chinois le plus ancien de Penang et le deuxième plus ancien du pays, et Kek Lok Si (p. 160), près de Penang Hill, le plus grand temple bouddhique de Malaisie.

Wat Chayamangkalaram (temple du Bouddha couché ; Lorong Burma ; ⌚7h-18h). Ce temple thaï typique, aux avant-toits en accent circonflexe, abrite un bouddha couché de 33 m de long, drapé dans une robe safran dorée à la feuille d'or. À 2,5 km au nord-ouest du centre de George Town ; la course en taxi coûte 15 RM.

Temple bouddhique birman Dhammikarama (Lorong Burma ; ⌚7h-18h). Il s'agit d'un rare exemple de temple birman hors de Birmanie (actuel Myanmar). Des panneaux peints représentant des scènes de la vie du Bouddha – dont les personnages sont vêtus de costumes birmans traditionnels – bordent les allées. À l'intérieur, des statues aux grands yeux ronds et au visage serein – typiques de l'art bouddhique birman –fixent les fidèles. Édifié en 1805, le premier temple bouddhiste de Penang a été considérablement agrandi au fil des ans. À 2,5 km au nord-ouest du centre de George Town ; la course en taxi coûte 15 RM.

Wat Buppharam (8 Perak Rd ; ⌚8h-18h). Ce temple thaï abrite une statue du Bouddha en élévation, qui aurait 1 000 ans, dorée à la feuille et de la taille d'un chat bien nourri. Agenouillez-vous devant la statue, présentez-lui vos hommages, l'esprit clair, puis formulez intérieurement une question à laquelle on puisse répondre par oui ou par non ; demandez au Bouddha de se faire léger en cas de réponse affirmative. Essayez de soulever la statue. Pour vérifier la réponse, reposez-la à nouveau, et demandez alors à la statue de devenir lourde. Soulevez-la à nouveau. Par lourd, on entend insoulevable, et par léger, on entend léger comme une plume. Dans Jln Burma, direction nord-ouest, prenez à droite dans Jln Perak, 500 m après l'Hotel 1926. Le temple se trouve 150 m plus bas.

Penang Gelugpa Buddhist Association (Love Lane; ⌚7h-18h). Ce temple bouddhique proche de Loo Pun Hong n'a rien de très remarquable comparé aux autres bâtiments religieux de Penang. Mais il est unique en tant que principale structure représentant le courant Gelukgpa (école des Bonnets jaunes), la plus récente des quatre grandes écoles du bouddhisme tibétain. Les murs du temple donnent ainsi à voir de belles œuvres d'art tibétain dignes d'un musée.

Pesta Pulau Pinang CARNAVAL

La fête annuelle de l'île donne lieu à divers événements culturels, des défilés et une fête foraine à George Town. En novembre-décembre.

Où se loger

George Town offre tous les types d'hébergements que l'on peut attendre d'une grande ville touristique, des auberges peu reluisantes aux hôtels les plus chics, bien que le choix soit assez réduit dans la catégorie intermédiaire. La cacophonique Lebuh Chulia, ainsi que Love Lane, plus calme, constituent le fief des routards à Penang, avec leurs nombreuses *guesthouses* et hôtels bon marché – visitez-en plusieurs avant de vous engager. La zone centrale inscrite au patrimoine mondial de l'Unesco abrite plusieurs hôtels de charme nouveaux, installés dans des bâtiments historiques.

Pendant les vacances, et notamment lors du Nouvel An chinois, les hôtels affichent rapidement complet et les prix grimpent de façon vertigineuse. Réservez tôt si vous prévoyez de séjourner à Penang durant ces périodes.

CHINATOWN

♥ **New Asia Heritage Hotel** HÔTEL $$

(☎262 6171 ; www.newasiahotel.com ; 71 Lebuh Kimberly ; ch 88-158 RM ; ❄📶). Comme nous l'a

DÉPART PENANG MUSEUM
ARRIVÉE KHOO KONGSI
DISTANCE 2,25 KM
DURÉE 3-4 HEURES

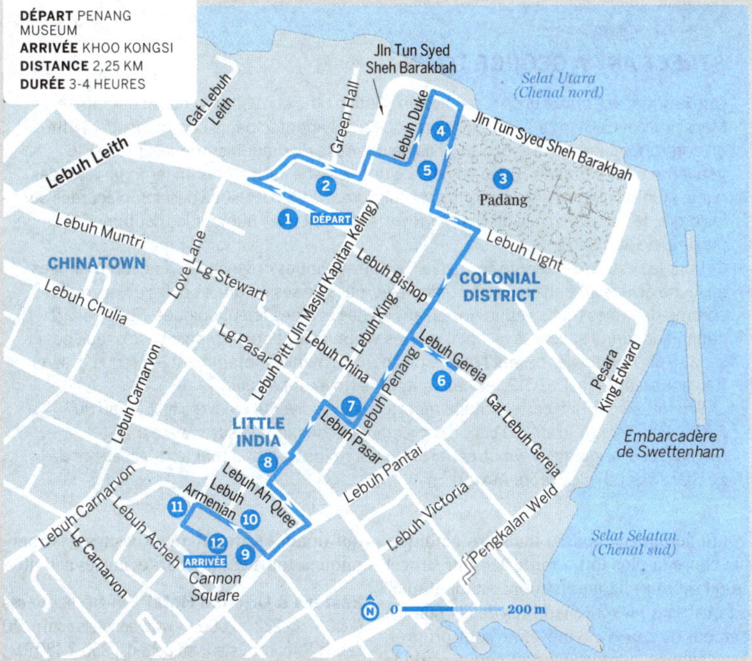

Promenade à pied,

Deux kilomètres, cinq cultures

Cet itinéraire vous donnera un aperçu de la mosaïque culturelle qu'offre George Town, où se mêlent influences anglaises, indiennes, malaises, baba-nonya et chinoises.

Depuis le 1 **Penang Museum**, mettez le cap à l'ouest, puis au nord, vers le front de mer, en passant devant la 2 **Cour suprême**. Admirez la statue de James Richardson Logan, qui défendit les personnes de couleur à l'époque coloniale. Remontez Lebuh Duke jusqu'au front de mer et prenez deux fois à droite pour rejoindre Jln Padang Kota Lama et voir le 3 **padang** (champ) et l'architecture grandiose de la 4 **mairie** et de 5 l'**hôtel de ville**. Poursuivez à gauche dans Lebuh Light, puis à droite dans Lebuh Penang. Un petit détour vous conduira à la remarquable 6 **Pinang Peranakan Mansion**, l'ancienne demeure d'un des grands marchands baba-nonya de George Town.

Continuez dans Lebuh Penang jusqu'à 7 **Little India**, aux parfums d'épices, et rassasiez-vous d'un curry. Au niveau de Lebuh Pasar, prenez vers la droite et longez une rangée de boutiques vendant des sucreries bengalies, puis vers la gauche dans Lebuh King, jusqu'à l'intersection de 8 **Lebuh King** et **Lebuh Ah Quee**, exemple typique du brassage culturel propre à Penang : côté sud, une salle de réunion chinoise et des rangées de boutiques chinoises décolorées ; côté nord, une petite mosquée indienne ; et en vis-à-vis, une grande cafétéria malaise.

Prenez à gauche dans Lebuh Ah Quee, à droite dans Jln Pantai, puis encore à droite dans 9 **Lebuh Armenian** (n'hésitez pas à explorer les ruelles environnantes). Cette rue où s'installèrent les sociétés secrètes chinoises fut le théâtre de nombreux affrontements lors des émeutes de 1867. Longez des boutiques poussiéreuses pour rejoindre le 10 **Cheah Kongsi**, qui abrite l'association de clan chinoise des Détroits la plus ancienne de Penang.

Traversez la rue pour rejoindre l'angle de Lebuh Pitt et la petite maison de clan hokkien (1924) du nom de 11 **Yap Kongsi**, avec son autel extérieur. Prenez deux fois à gauche pour rejoindre Cannon Sq et le 12 **Khoo Kongsi** superbement décoré, le *kongsi* le plus impressionnant de la ville.

À NE PAS MANQUER

STREET ART À GEORGE TOWN

Que le *street art*, ou art urbain, reçoive un soutien officiel n'est pas chose courante en Malaisie, mais à George Town, cette pratique a été adoptée par la communauté et offre un contrepoint insolite à la beauté urbaine naturelle du cœur historique. En 2010, le gouvernement d'État de Penang a financé une série de caricatures en fer forgé réalisées par le studio Sculpture At Work (http://sculptureatwork.com). Ces dessins, placardés sur les murs de certaines rues de George Town, évoquent avec humour les coutumes et le patrimoine des lieux.

Pour le Festival de George Town de 2012, des fresques originales furent commandées au jeune artiste lithuanien Ernest Zacharevic, qui allie ses peintures à des objets réels comme des vélos (dans Lebuh Armenian) ou des cabines téléphoniques. Ce *street art* connaît un grand succès, à tel point que les visiteurs font en permanence la queue pour se faire photographier devant l'œuvre de Lebuh Armenian notamment – lorsque celle-ci fut vandalisée en août 2012, les habitants la nettoyèrent aussitôt.

Procurez-vous une carte gratuite répertoriant les diverses œuvres au bureau du Festival de George Town (90 Lebuh Armenian) et consultez le site www.penang-traveltips.com/george-town-street-art.htm pour plus de détails sur les réalisations de Zacharevic et de Sculpture At Work.

confié le patron, bourru mais sympathique, “la chose la plus importante à savoir sur cet hôtel est que chaque chambre est identique”. Et c'est vrai : les 24 chambres de cet établissement de catégorie moyenne sont propres, bien tenues, confortables, et équipées de la TV, de la clim et de meubles relativement beaux et fonctionnels. Certaines, cependant, sont plus grandes et possèdent d'immenses balcons. L'adresse la plus intéressante de George Town pour ceux qui ne privilégient pas le style.

Moon Tree 47 HÔTEL **$$**
(☎264 4021 ; 47 Lebuh Muntri ; ch 80-120 RM ; ❄📶). Le bâtiment principal de cette *shophouse* ancienne comprend 3 chambres avec sdb commune. À l'arrière se trouvent 3 suites sur 2 niveaux (lors de notre visite, 3 chambres familiales étaient en construction). Avec son ambiance cool et rétro et son personnel sympathique, l'endroit plaira aux jeunes couples et aux voyageurs en solo ; en revanche, le côté un peu rustique rebutera peut-être les touristes exigeants et les familles.

Roommates AUBERGE **$**
(☎261 1567 ; www.roommatespenang.com ; 178 Lg Chulia ; dort avec petit-déj 28-30 RM ; ❄@📶). Cette nouvelle auberge, qui serait la plus petite de l'île, à l'ambiance jeune et conviviale, compte des dortoirs de 16 lits et un salon commun. Mais son atout principal est en fait Yen, le sympathique propriétaire, qui organise gratuitement visites gastronomiques, tournées des bars et autres activités.

Eastern & Oriental Hotel HÔTEL DE LUXE **$$$**
(E&O ; ☎222 2000 ; www.eohotels.com ; 10 Lebuh Farquhar ; ste avec petit-déj 350-2 480 RM ; ❄@📶🏊). Voici l'un des rares hôtels au monde où l'opulence historique est entrée avec grâce dans la modernité. Créé par les frères Sarkies en 1885, l'hôtel comprend aujourd'hui l'Heritage Wing, abritant le hall d'origine surmonté d'un dôme, et d'autres ailes datant des années 1970 et de 2001. Une nouvelle aile était en cours de construction lors de notre visite. Les suites allient harmonieusement confort européen et style malaisien, avec antiquités en bois et draps somptueux ; celles qui donnent sur la mer valent bien le supplément.

Ryokan AUBERGE DE JEUNESSE **$**
(☎250 0287 ; www.myryokan.com ; 62 Lebuh Muntri ; dort/ch avec petit-déj 35-38/136 RM ; ❄@📶). Ce nouvel établissement pour routards offre un cadre minimaliste, même s'il n'a rien de typiquement japonais. Les dortoirs de 4 à 6 lits sont presque entièrement blancs (sauf ceux des filles, qui sont roses et dotés d'un grand miroir), et les lits superposés sont équipés d'une lampe et d'une prise électrique individuelles. Tout aussi attrayants, l'espace détente et les salles TV et de lecture comportent des iPads. Les chambres, blanches également et avec sdb privatives, sont confortables mais trop chères et dépourvues de fenêtres.

Chulia Heritage HÔTEL DE CHARME **$$**

(☎263 3380 ; www.chuliaheritagehotel.com ; 380 Lebuh Chulia ; ch 90-280 RM ; ❄📶). “La Maison Blanche” serait un nom plus approprié pour cette adresse ouverte depuis peu. Dans un ancien hôtel particulier tout blanc, les chambres, plutôt petites et également immaculées ont, naturellement, des meubles et équipements… blancs. Le tout donne une impression de pureté et de propreté, mais manque un peu de charme (et de couleur…). Les chambres les moins chères n’ont pas de fenêtres et partagent une salle de bains.

Reggae Penang AUBERGE **$**

(☎262 6772 ; www.reggaehostelsmalaysia.com ; 57 Love Lane ; dort avec petit-déj 28-30 RM ; ❄@📶). Nouvelle pierre à l’empire Reggae de Malaisie, ce vaste hôtel historique de charme propose des dortoirs de 4 à 12 lits. Lits superposés en nacelle, lumières individuelles, prises électriques et Wi-Fi gratuit. Le hall, avec billard et café, fait davantage penser à un bar qu’à une auberge. Idéal pour le voyageur en mal de rencontres.

Yes Hotel HÔTEL **$**

(☎229 8880 ; yeshotel@ymail.com ; 60-60A Jln Transfer ; ch 69-109 RM ; ❄📶). Cet hôtel, l’un des rares établissements de catégorie moyenne dans le centre-ville, est propre et sans chichis. Beaucoup de chambres n’ont pas de fenêtres et toutes coûtent 10 à 30 RM de plus le week-end.

Muntri Mews HÔTEL HISTORIQUE **$$$**

(☎263 5125 ; www.muntrimews.com ; 77 Lebuh Muntri ; ch 300-360 RM ; ❄@📶). Les propriétaires d’origine seraient sûrement étonnés de savoir que leur écurie (*mews*) est devenue un bel hôtel de charme. Les 9 chambres, au cadre minimaliste élégant, possèdent chacune un bel espace détente et une sdb carrelée noir et blanc de style rétro. Chose étrange dans cette gamme de prix, il n’y a ni penderie, ni minibar, ni coffre-fort.

Hotel Malaysia HÔTEL **$$**

(☎263 3311 ; www.hotelmalaysia.com.my ; 7 Jln Penang ; ch avec petit-déj 130-230 RM ; ❄@📶). Avec ses draps impeccables, son service professionnel et sa vue sur la Cheong Fatt Tze Mansion et le pont de Penang, le Malaysia se distingue dans la catégorie des établissements plutôt falots, et offre un bon rapport qualité/prix. Petit-déjeuner buffet inclus. Wi-Fi 11,60 RM/jour.

Yeng Keng Hotel HÔTEL HISTORIQUE **$$$**

(☎262 2177 ; www.yengkenghotel.com.my ; 362 Lebuh Chulia ; ch/ste avec petit-déj 380-440/440-600 RM ; ❄@📶🏊). En plein dans le secteur des routards, le Yeng Keng est un hôtel restauré, vieux de 150 ans. Les 20 chambres, petites et meublées de fausses antiquités chinoises un peu kitsch, sont reliées par une multitude de couloirs aérés. La piscine est petite mais agréable, et le café installé dans le patio à l’avant attire une clientèle locale haut de gamme.

Banana Boutique Hotel HÔTEL DE CHARME **$$**

(☎261 0718 ; 422 Lebuh Chulia ; ch avec petit-déj 168-469 RM ; ❄@📶). Demeure imposante de 51 chambres récemment rénovée. Le hall est doté d’une fontaine et d’un décor chinois assez criard, mais les chambres sont plutôt ternes. On apprécie cependant l’emplacement pratique et le café-restaurant voisin prisé pour sa cuisine occidentale et malaise.

Segara Ninda HÔTEL HISTORIQUE **$$**

(☎262 8748 ; www.segaraninda.com ; 20 Jln Penang ; ch 70-150 RM ; ❄@📶) Cette élégante villa centenaire fut jadis l’hôtel particulier de Ku Din Ku Meh, riche négociant en bois et administrateur colonial. Restaurée avec goût, elle conserve des aménagements d’origine comme des panneaux d’aération en bois sculpté, des escaliers et des sols carrelés. Elle comprend 16 chambres simples mais élégantes, et offre un cadre accueillant.

Cititel Hotel HÔTEL **$$**

(☎370 1188 ; www.cititelpenang.com ; 66 Jln Penang ; ch/ste avec petit-déj 243-301/649-904 RM ; ❄@📶). Le Cititel domine le vieux George Town et ses grandes chambres modernes ont une vue superbe, en particulier celles qui donnent sur la mer. L’endroit, lumineux et toujours fréquenté, offre un standing d’hôtel d’affaires et quelques restaurants. Des réductions sont généralement proposées.

Seven Terraces HÔTEL DE LUXE **$$$**

(☎264 2333 ; www.7terraces.com ; Lg Stewart ; ste avec petit-déj 550-2 200 RM ; ❄@📶🏊). Cet hôtel, aménagé dans une rangée de sept *shophouses* par les personnes à l’origine du Muntri Mews et du Noordin Mews, était sur le point d’ouvrir lors de notre visite et promettait d’être l’un des endroits les plus luxueux du centre de George Town. Les 18 suites de deux étages (dont 3 immenses “appartements” de plusieurs pièces) s’articulent autour d’une cour centrale et leur

LES HÔTELS HISTORIQUES DE GEORGE TOWN

Ces deux dernières années, les hôtels de charme ont essaimé dans le centre de George Town. Nombre d'entre eux occupent des bâtiments anciens dotés d'intérieurs rustiques et souvent agrémentés de touches modernes, offrant ainsi des hébergements figurant parmi les plus agréables et les plus originaux que nous ayons visités en Asie du Sud-Est. En voici une sélection :

23 Love Lane (262 1323 ; www.23lovelane.com ; 23 Love Lane ; ch avec petit-déj 800-1 200 RM ;). Les 10 chambres, réparties dans le bâtiment principal (un ancien hôtel particulier) et dans les dépendances (ancienne cuisine et étable), allient aménagements anciens et accents design et artistiques. Nombreux espaces ouverts et hauts plafonds offrant des pièces aérées, espaces communs accueillants, atmosphère paisible et service en harmonie avec l'ambiance détendue et chaleureuse.

Straits Collection (262 7299 ; www.straitscollection.com ; 89-95 Lebuh Armenia ; ste 450-490 RM ;). Si vous avez rêvé de vivre dans une *shophouse* chinoise rétro-chic restaurée, c'est ici qu'il faut aller. Chaque résidence est en fait une maison (sans cuisine) joliment décorée d'antiquités régionales, de coussins colorés et de belles œuvres d'art originales. Si chacune est différente, toutes comportent un détail inoubliable, comme une baignoire japonaise en bois ou des portes coulissantes anciennes.

Coffee Atelier (261 2261 ; www.coffeeatelier.com ; 47-55 Lg Stewart ; ste avec petit-déj 380-410 RM ;). Contrairement aux hôtels historiques plutôt sophistiqués que l'on trouve en ville, ces deux *shophouses* rénovées datant de 1927 ont conservé un merveilleux côté rustique, renforcé par des touches de peinture écaillée et des meubles insolites. Chaque maison est divisée en deux unités, avec une chambre d'enfant à l'étage et des chambres au rez-de-chaussée dotées d'immenses sdb extérieures.

Clove Hall (229 0818 ; www.clovehall.com ; 11 Jln Clove Hall ; ste avec petit-déj 550-650 RM ;). Dans cette demeure édouardienne anglo-malaise blanche, restaurée sans prétention avec parquet et carrelage élégants, vous serez traité comme un nabab du début des années 1900. C'est ici en fait que les frères Sarkies firent construire leur première maison à Penang. Jln Clove Hall se trouve en retrait de Jln Burma, à 1 km au nord de Jln Transfer ; allez-y à pied si vous êtes courageux ou prenez un taxi (15 RM depuis le centre).

Noordin Mews (263 7125 ; www.noordinmews.com ; 77 Lebuh Noordin ; ch/ste avec petit-déj 250/350-550 RM ;). Deux *shophouses* restaurées empreintes d'une atmosphère des années 1950 (publicités anciennes, meubles rétro, etc.). La piscine et le petit-déjeuner font des 14 chambres standards une superbe affaire.

Penaga Hotel (261 1891 ; www.hotelpenaga.com ; angle Lg Hutton et Jln Transfer ; ch/ste 450-470/750-1 080 RM ;). Vaste hôtel occupant la quasi-totalité d'un pâté de maisons et divisé en trois parties : une rangée de mini-maisons de deux étages idéales pour les familles, des suites de la taille d'appartements et des chambres plus simples mais généreuses. Le décor, magique, associe les antiquités à des notes surprenantes, comme des tapis en peau de vache, des canapés du milieu du siècle aux couleurs vives et de l'art moderne. Nombreuses installations, dont une piscine, un jardin central et un café.

Campbell House (261 8290 ; www.campbellhousepenang.com ; 106 Lebuh Campbell ; ch avec petit-déj 270-550 RM ;). Cet ancien hôtel datant de 1903 offre aujourd'hui un hébergement de charme somptueux. Connaisseurs en matière de luxe, les propriétaires ont soigné les détails : produits de toilette bio et locaux, superbes carreaux peranakan dans les sdb, machines Nespresso et matelas de grande qualité.

Cheong Fatt Tze Mansion (262 5289 ; www.cheongfatttzemansion.com ; 14 Lebuh Leith ; ch 420-800 RM ;). Si la célèbre Blue Mansion de George Town vous subjugue, rien ne vous oblige à quitter les lieux. Cette maison-musée fut l'un des premiers hôtels historiques de charme de Penang. Les chambres, grandes, agréables et confortables, commencent cependant à montrer des signes de fatigue.

décoration consiste en un mélange éclectique d'antiquités, de reproductions et de pièces contemporaines originales. Restaurant et bar ouverts au public face à la rue principale.

Cathay Hotel HÔTEL $

(☎262 6271 ; 15 Lebuh Leith ; ch avec ventil/clim 58/76-140 RM ; ❄📶). Avec sa cour baignée de lumière, ses hauts plafonds, ses fenêtres à petits carreaux et sa grande entrée, ce vaste bâtiment colonial a un style unique. Malheureusement, l'endroit est défraîchi, les meubles sont fatigués et les carrelages tâchés à jamais.

Old Penang AUBERGE DE JEUNESSE $

(☎263-8805 ; www.oldpenang.com ; 53 Love Lane ; dort/ch avec petit-déj 23-25/45-90 RM ; ❄@📶). Cette auberge occupe un bâtiment rénové d'avant la Seconde Guerre mondiale qui aurait pu servir de décor à une nouvelle de William Somerset Maugham, mais ses planchers, ses murs blancs, ses plafonds hauts et ses éclaboussures de peinture rouge lui confèrent une ambiance branchée. Chambres minuscules et très peu équipées.

Red Inn AUBERGE $

(☎261 3931 ; www.redinnpenang.com ; 55 Love Lane ; dort avec petit-déj 30-34 RM, ch 80-90 RM ; ❄📶). Si la maison d'époque et les parties communes, dont un espace détente surélevé, sont séduisantes, les chambres peuvent avoir des allures de placards. Dortoirs de 2 à 4 lits, un peu à l'étroit mais propres et dotés de bons matelas.

QUARTIER COLONIAL ET LITTLE INDIA

♥ **China Tiger** CHAMBRES D'HÔTES $$$

(☎012-501 5360, 264 3580 ; www.chinatiger.info ; 25 et 29 Lebuh China ; app 500 RM, ch en pension complète 950 RM ; ❄@📶). Vous avez le choix entre être complètement indépendant dans l'un des 2 appartements en espace ouvert au-dessus d'une galerie d'art, ou vous imprégner de l'élégance chinoise d'antan en séjournant en chambre d'hôtes dans l'un des 2 appartements attenants à la *shophouse* restaurée où vit le propriétaire. Si vous n'arrivez pas à vous décider, sachez que la dernière option comprend dorlotage et visites de la ville avec vos hôtes.

Red Inn Court AUBERGE DE JEUNESSE $

(☎261 1144 ; www.redinncourt.com ; 35B et 35C Lebuh Pitt (Jln Masjid Kapitan Keling) ; dort/ch avec petit-déj 28-35/88-108 RM ; ❄@📶). Établissement pour petits budgets relativement récent, proposant quantité de services et d'aménagements collectifs. Accueil agréable et personnalisé, bien que le hall fasse quelque peu penser à une agence commerciale d'information touristique.

Victoria Inn HÔTEL $$

(☎262 2278 ; www.victoriainn.com.my ; 278 Lebuh Victoria ; dort/ch avec petit-déj 45/115-135 RM ; ❄📶). Malgré quelques notes élégantes, comme les parquets, les peintures colorées et les belles photos de Penang, le Victoria reste un établissement standard, aux chambres dotées de bons lits, TV, clim et salles de bains.

Broadway Budget Hotel HÔTEL $

(☎262 8550 ; www.broadwaybudgethotel.com ; 35F Jln Masjid Kapitan Keling ; ch 50-90 RM ; ❄📶). Le Broadway est une bonne formule si vous appréciez le confort sans cachet particulier. Situation centrale et grandes chambres (un peu ternes) avec sdb et Wi-Fi.

PG Chew Jetty Homestay CHAMBRES D'HÔTES $$

(☎019-554 4909 ; pgcjhomestay@gmail.com ; Chew Jetty ; ch 80-120 RM ; ❄📶). Pour vivre une expérience locale par excellence, réservez l'une des chambres d'hôtes basiques de cette maison sur la jetée, à la lisière du plus grand *clan jetty* de George Town, où vit une famille du cru. Salles de bains communes, petit-déjeuner à 5 RM et bruit de la TV de la grand-mère en prime.

PERSERIAN GURNEY, JALAN BURMA ET ENVIRONS

Mango Tree Place HÔTEL DE CHARME $$$

(☎246 2132 ; www.mangotreeplace.com ; 29 Jln Phuah Hin Leong ; ch avc petit-déj 380-600 RM ; ❄@📶). Ces 3 *shophouses* de 1934, au style plutôt ordinaire, recèlent une ambiance jeune et joyeuse qu'on ne soupçonnerait pas. Au menu : espaces ouverts, couleurs primaires, beaux meubles délicats et lumière naturelle. Les unités au rez-de-chaussée possèdent une terrasse-jardin et celles à l'étage, deux chambres. Toutes partagent un vaste espace commun avec ordinateur. Au moment où vous lirez ces lignes, 4 chambres supplémentaires auront été aménagées.

Jln Phuah Hin Leong se trouve en retrait de Jln Burma, à 1 km au nord de Jln Transfer ; si vous ne souhaitez pas faire une longue marche, prenez un taxi (15 RM depuis le centre).

Palanquinn HÔTEL DE CHARME $$
(☎227 1088 ; www.palanquinn.com ; 39 Lorong Bangkok ; ch 200-350 RM ;). Les 6 chambres spacieuses et douillettes du Palanquinn se répartissent dans 3 maisons datant de 1927. La plupart possèdent d'immenses sdb – certaines avec toit rétractable. Vous aurez du mal à trouver un hôte plus sympathique et courtois que Kelvyn.

Lorong Bangkok se trouve en retrait de Jln Burma, à 2,5 km au nord de Jln Transfer ; comptez 15 RM pour un taxi depuis le centre.

G Hotel HÔTEL $$$
(☎238 0000 ; www.ghotel.com.my ; 168 Persiaran Gurney ; ch avec petit-déj 450-1 248 RM ;). Les 303 chambres du G sont de véritables études de formes géométriques, minimalistes, cubistes, mises en valeur par de grands aplats de couleur. La clientèle, formée de créatifs et d'autres professionnels accomplis, confère au G une atmosphère qui tient autant de Manhattan que de la Malaisie.

À 3,5 km au nord-ouest du centre de George Town ; la course en taxi coûte 15 RM.

Tune Hotel HÔTEL $$
(☎numéro national 03-7962 5888 ; www.tunehotels.com ; 100 Jln Burma ; ch 116,80 RM ;). Tune fait partie d'une chaîne d'hôtels économiques gérés par AirAsia. Ses chambres, très propres et de taille correcte, sont décorées dans le style IKEA. On regrette cependant les nombreuses affiches AirAsia (pas de TV). Vous ferez d'importantes économies en réservant tôt, et le prix de base ne comprend aucun service – tout est payant, des serviettes à la clim. Le prix indiqué ici correspond à une réservation le jour-même avec un maximum de services.

Dans Jln Burma, à 250 m au nord-ouest de Jln Transfer.

Où se restaurer

On vient à George Town uniquement pour la nourriture. Si vous pensiez que vous y alliez pour autre chose, vous reverrez vos priorités dès que vous aurez goûté aux spécialités indiennes, chinoises, malaises ou autres que l'on trouve dans la ville. Où et quoi manger ? Voilà la question qui régira vos journées, et vous aurez du mal à vous limiter à trois repas par jour. Il en est de même pour les habitants, pour qui manger dehors est un événement quotidien.

CHINATOWN

Teksen CHINOIS $$
(18 Lebuh Carnavon ; plats à partir de 10 RM ; 12h-14h30 et 18h-21h mer-lun). À la faveur d'un récent relooking, cette enseigne établie de longue date s'est détachée du lot des restaurants de *shophouses* typiques de Penang. Laissez tomber la longue carte en anglais et, à l'instar des habitués, prenez un plat du jour : cette stratégie nous a permis de découvrir de délicieuses soupes, une craquante poêlée de liserons d'eau et de *sambal*, et un succulent rôti de porc sauté. Chaudement recommandé.

China House INTERNATIONAL $$$
(☎263 7299 ; www.chinahouse.com.my ; 153 et 155 Lebuh Pantai). Par où commencer ? Ce nouveau complexe fait de 3 bâtiments d'époque reliés entre eux comprend 2 restaurants, un café/boulangerie (Kopi C ; p. 176), 2 galeries, et un bar (Canteen ; p. 173).

BTB (plats 38-68 RM ; soir). Restaurant vedette qui propose une carte limitée mais alléchante de plats aux accents moyen-orientaux et méditerranéens, comme le bar revenu au ras-el-hanout, la purée de chou-fleur et citrouille grillée, ou la sauce aux pignons et grenades.

Courtyard Cafe (plats 12-30 RM ; 17h-minuit). Carte plus ordinaire à base de hamburgers et de tapas.

Kashmir INDIEN $$
(Oriental Hotel, 105 Jln Penang ; plats 6,90-54,90 RM ; midi et soir). Ne vous fiez pas aux apparences : malgré son décor kitsch style années 1970, cet antre installé au sous-sol d'un hôtel sert des tandooris à tomber. Service attentif, musique indienne et cocktails complètent le tout.

Sup Hameed MALAIS $
(48 Jln Penang ; plats à partir de 3 RM ; 24h/24). De prime abord, il s'agit du genre d'établissement *nasi kandar* typique que l'on trouve dans tout le pays, et nous vous déconseillons d'y aller en journée. Mais le soir venu, Hameed installe des tables dans la rue et sert de succulentes soupes (essayez la *sup kambing*, à la chèvre) accompagnées de tranches de pain blanc.

Goh Huat Seng CHINOIS $$
(59A Lebuh Kimberley ; fondue 40-80 RM ; 17h-21h30). Après cinquante années d'existence, Goh Huat Seng continue à servir des fondues de style Teo Chew à l'ancienne, c'est-à-dire

EASTERN & ORIENTAL HOTEL

Lorsqu'il fut érigé en 1884, l'élégant E&O (p. 166) était l'archétype du grand hôtel colonial du XIXe siècle. Il fut établi par deux des frères Sarkies, d'origine arménienne, Tigram et Martin, alors les hôteliers les plus célèbres d'Orient, qui fondèrent par la suite le Raffles Hotel à Singapour.

Dans les années 1920, les Sarkies aimaient décrire l'E&O comme le "premier hôtel à l'est de Suez". Hauts fonctionnaires coloniaux, riches marchands et propriétaires de plantations foulaient le grand hall de cet établissement qui devint le centre de gravité de l'élite sociale de Penang. Rudyard Kipling, Noël Coward et William Somerset Maugham comptèrent parmi les célébrités qui en franchirent les portes.

Lorsque le loyer passa de 200 à 350 £ par mois, les Sarkies faillirent fermer l'hôtel. Arshak Sarkies, le troisième frère, les en dissuada. Joueur invétéré, Arshak était un personnage légendaire – certains racontaient qu'il ne faisait pas tourner l'E&O pour faire de l'argent mais pour divertir ses hôtes. Peu avant sa mort, il entama de somptueuses rénovations. Cette dépense, s'ajoutant aux prêts contractés auprès d'amis et relégués aux oubliettes, mena l'entreprise familiale à la faillite en 1931.

Dans les années 1990, l'E&O ferma et se dégrada, avant qu'un important programme de restauration voie le jour. En 2001, il a rouvert en tant qu'hôtel de luxe abritant uniquement des suites, toutes élégantes, spacieuses, et dans le meilleur style colonial.

dans des récipients chauffés au charbon. Dégustez une fondue avec des amis, ou, si vous déchiffrez le chinois, choisissez un plat Teo Chew traditionnel sur la carte affichée au mur.

Tho Yuen Restaurant CHINOIS $

(92 Lebuh Campbell ; dim sum 1-5 RM ; ⏲6h-15h mer-lun). Notre adresse favorite pour les *dim sum*. Toute la matinée, l'endroit ne désemplit pas de clients solitaires lisant le journal et de groupes d'habitants venus bavarder. Arrivez tôt pour trouver une place. Les serveurs parlent un anglais basique, mais font de leur mieux pour expliquer le contenu de leurs chariots.

Sky Hotel CHINOIS $

(Lebuh Chulia ; plats à partir de 6 RM ; ⏲midi). Ce joyau, au cœur de la plus grande concentration de voyageurs de George Town, est presque exclusivement pris d'assaut par les Malaisiens. Essayez le *char siew* (porc au barbecue), le *siew bak* (poitrine de porc), le *siew cheong* (porc au miel) ou le canard rôti.

Joo Hooi HAWKER $

(Angle Jln Penang et Lebuh Keng Kwee ; plats à partir de 3 RM ; ⏲11h-18h). Ce *hawker* de style café rassemble en un même lieu toutes les meilleures spécialités de Penang : *laksa, rojak, char kway teow, lor bak* (viandes frites à tremper dans des sauces), *cendol* (glace pilée au sucre de palme, au lait de coco et à la gelée) et jus de fruits frais.

La Bohème FRANÇAIS $

(42 Jln Sri Bahari ; pâtisseries et desserts 3,5-10 RM, plats 12-21 RM ; ⏲10h-18h lun-sam). Dans un salon de thé rétro à l'ambiance décontractée, un chef pâtissier français et sa femme malaise proposent pâtisseries françaises et repas légers, tels que des quiches, des croissants et de la crème brûlée.

Amelie OCCIDENTAL $$

(6 Lebuh Armenian ; plats 16-23 RM ; ⏲9h-17h mar-ven, 9h-19h sam-dim). La carte modeste mais changeante de ce minuscule restaurant est axée sur les pâtes – grands classiques du type spaghettis carbonara ou gnocchis à la saucisse – mais comprend aussi des sandwichs et salades. Copieux, douillet et savoureux, sans être vraiment créatif.

Kheng Pin HAWKER $

(80 Jln Penang ; plats à partir de 4 RM ; ⏲7h-15h mar-dim). Les gens du coin ne jurent que par les spécialités de ce vieux *hawker*, en particulier le *lor bak* (viandes frites trempées dans une sauce) et le riz au poulet du Hainan (poulet cuit à la vapeur avec bouillon et riz), célèbre spécialité d'Asie orientale à manger sur le pouce.

Nasi Padang Minang INDONÉSIEN $

(92 Jln Transfer ; plats à partir de 4 RM ; ⏲midi). Buffet indonésien composé de curries, poêlées, soupes, salades et viandes grillées.

Edelweiss SUISSE $$

(38 Lebuh Armenian ; plats 18-39,50 RM ; ⏲11h-22h mar-dim). Des plats comme la

INTERVIEW

BEE YINN LOW : CHRONIQUEUSE CULINAIRE

Bee, née à Penang, est l'auteure de plusieurs livres à succès, et du célèbre site de cuisine **Rasa Malaysia** (http://rasamalaysia.com, en anglais).

En quoi la cuisine de Penang est-elle différente de celle du reste de la Malaisie ? Penang est un État en majorité chinois, ce qui se ressent fortement dans la gastronomie. C'est aussi un comptoir des Détroits, où l'on sait préparer une délicieuse nourriture nonya, en grande partie influencée par la cuisine thaïe. Enfin, la mer qui nous entoure offre une profusion de produits frais du type crevettes, coques et poisson.

Quels sont, selon vous, les plats incontournables à Penang ? *Le char kway teow*, nouilles de riz plates sautées aux crevettes, aux coques et à la saucisse chinoise ; le Hokkien *mee*, nouilles et bouillon de crevettes garnis de crevettes, de porc et d'échalotes frites ; l'*assam laksa*, nouilles de riz dans un bouillon de poisson épicé et aigre agrémenté d'herbes et de légumes ; et le *curry mee*, nouilles dans un bouillon de curry épicé et aux aromates avec coques et tofu frit.

Quel *hawker centre* nous conseillez-vous en particulier ? Le soir, allez à New Lane (également appelée Lorong Baru) et goûtez à la cuisine de rue des échoppes installées dans ce secteur.

Y a-t-il un restaurant que vous affectionnez particulièrement ? J'adore le Hai Boey (p. 186), un restaurant de fruits de mer tout simple sur la plage de Teluk Kumbar. La cuisine est excellente et la vue imbattable, en particulier au coucher du soleil.

Y a-t-il un fruit ou un produit à goûter absolument ? On trouve à Penang des durians parmi les meilleurs de la région… crémeux, charnus et sucrés.

Existe-t-il une boisson typique de Penang ? Le jus de noix de muscade. On en trouve dans tous les cafés.

currywurst et la *bratwurst* confèrent un accent allemand à cet endroit résolument suisse, qui propose aussi de la fondue et des röstis (galettes de pommes de terre). La salle de restaurant décorée d'antiquités est superbe. Petite sélection de bières importées (chères).

Ee Beng Vegetarian Food CHINOIS, VÉGÉTARIEN **$**
(20 Lebuh Dickens ; repas environ 5 RM ; ⏲matin, midi et soir ; ✎). Self-service très fréquenté et bon marché proposant essentiellement des plats végétariens avec légumes et tofu.

QUARTIER COLONIAL ET LITTLE INDIA

Weld Quay Seafood Restaurant CHINOIS **$$**
(Tree Shade Seafood Restaurant ; Pengkalan Weld ; plats 10-50 RM ; ⏲midi et soir jeu-mar). Cet établissement où les habitués viennent déguster des fruits de mer bon marché et savoureux doit son nom à l'arbre géant sous lequel il se trouve. Choisissez vos protéines aquatiques dans les bacs à l'avant, que le personnel se chargera de préparer en friture, à la vapeur, en soupe ou grillées. Juste en face de la gare routière de Weld Quay.

Madras New Woodlands Restaurant INDIEN, VÉGÉTARIEN **$**
(60 Lebuh Penang ; formule midi 5,25 RM, plats à partir de 1,50 RM ; ⏲8h30-22h ; ✎). Si l'on est attiré à l'intérieur par les douceurs indiennes exposées dehors (goûtez au *halwa*), à la fin du repas, vous n'aurez peut-être plus de place pour un dessert. Savoureux repas sur feuilles de bananier et spécialités d'Inde du Nord dominent, à arroser du lassi à la mangue le plus épais de George Town. Le menu quotidien du midi à 5,25 RM pourrait bien être la meilleure affaire de Penang.

Via Pre ITALIEN **$$**
(www.via-pre.com ; 5 Pengkalan Weld ; plats 6,90-54,90 RM ; ⏲midi et soir). Ce restaurant italien basé à KL a importé un niveau de raffinement auparavant inconnu à George Town. Mets italiens traditionnels, pizzas savoureuses et superbes desserts sont servis dans un entrepôt joliment rénové avec vue sur le continent.

Quay Café ASIATIQUE, VÉGÉTARIEN **$**
(2 Gat Lebuh Gereja ; plats 5-15 RM ; ⏲midi lun-sam ; ✎). Une cafétéria élégante qui prépare

des plats asiatiques végétariens. Menus fortement axés sur les plats de nouilles, jus de fruits frais et infusions.

Sri Ananda Bahwan INDIEN **$**

(55 Lebuh Penang ; plats à partir de 3 RM ; ⏲matin, midi et soir ; ✎). Ce coquet établissement de *nasi kandar* qui ne désemplit pas propose à ses habitués poulet tandoori, *roti canai* et *murtabak* (*roti canai* farci à la viande ou aux légumes). Possède aussi une salle climatisée.

Karai Kudi INDIEN **$**

(20 Lebuh Pasar ; menus partir de 6,50 RM, plats 4-20 RM ; ⏲11h-23h ; ✎). Dans une salle climatisée, vous vous délecterez d'une excellente cuisine du Chettinad, région du Tamil Nadu. Le soir, on peut aussi opter pour des tandooris. Les repas servis dans des feuilles de bananier sont énormes et certains menus comprennent une glace en dessert.

Hui Sin Vegetarian Restaurant CHINOIS, VÉGÉTARIEN **$**

(11 Lebuh China ; repas environ 4 RM ; ⏲8h-16h lun-sam ; ✎). Offrez-vous un repas consistant et sans viande dans ce restaurant-buffet d'un excellent rapport qualité/prix. Faites votre choix parmi les légumes, curries et tofus proposés et payez en fonction.

PERSERIAN GURNEY, JALAN BURMA ET ENVIRONS

♥ **Sea Pearl Lagoon Cafe** CHINOIS **$$**

(☎899 0375 ; en retrait de Jln Tanjong Tokong ; plats à partir de 8 RM ; ⏲11h-22h jeu-mar). De prime abord, cet endroit en plein air un peu sommaire n'est pas très différent des autres *hawkers* de George Town. Mais la vue sur le chenal nord et l'excellente cuisine – crevettes rôties et salées, *ikan bakar* (poisson grillé et *sambal*), *satai* – se conjuguent pour en faire l'une de nos adresses préférées hors du centre-ville.

À 7 km au nord-ouest de George Town, à Tanjong Toking, près du temple de Thai Pak Koong ; comptez environ 25 RM pour y aller en taxi depuis le centre-ville.

Nyonya Breeze NONYA **$$**

(50 Lorong Abu Siti ; plats 8,60-22 RM ; ⏲midi et soir mer-lun). Beaucoup de Peranakans du coin estiment qu'on y mange la meilleure cuisine nonya. Ce lieu convivial aux allures de cafétéria propose de délicieuses spécialités comme le *kari kapitan* (curry de poulet au lait de coco et au combava) et le *sambal goreng* (crevettes, aubergines, noix de cajou et sauce chili). Nombreux plats du jour et menu le midi en semaine (13,90 RM).

Lorong Abu Siti croise Jln Burma, à 500 m au nord-ouest de Jln Transfer.

Isaribi Tei JAPONAIS **$$**

(Angle Jln Burma et Jln Chow Thye ; menus 22-40 RM ; ⏲midi et soir). Sushis frais préparés d'une main de maître, à déguster dans un cadre fait de bois et de plantes grimpantes rappelant davantage la jungle que le cœur de la ville. Outre les sushis, les menus à base de poissons grillés sont la spécialité (saumon, morue, truite, etc.).

À 1,5 km au nord-ouest de Jln Transfer ; comptez environ 15 RM en taxi.

Chock Dee THAÏ **$$**

(231D Jln Burma ; plats 13-50 RM ; ⏲midi et soir dim-mar). Chock Dee jouit d'une solide réputation parmi les gourmets locaux. La carte affiche notamment des calmars à la sauce au citron et de l'*hor mok, otak otak* (curry à l'étuvée) à la thaïe. Dans Jln Burma, à 750 m au nord-ouest de Jln Transfer ; la course en taxi vous reviendra à 12 RM.

Où prendre un verre et sortir

Entre ses bars d'hôtels et ses pubs et clubs à l'ambiance plutôt commerciale, la scène nocturne de Penang n'est pas très sophistiquée. Il existe cependant quelques endroits divertissants où passer la soirée.

♥ **Canteen** BAR

(www.chinahouse.com.my ; 183B Lebuh Victoria, China House ; ⏲17h-minuit). C'est ce qui se rapproche le plus d'un bar branché à George Town – en moins prétentieux. Le Canteen, c'est un beau décor d'entrepôt aux touches artistiques, avec de la musique live du jeudi au dimanche, et d'excellents en-cas servis tous les soirs. On peut également y accéder par l'entrée de la China House, dans Lebuh Pantai.

♥ **B@92** BAR

(92 Lebuh Gereja ; ⏲12h-tard). Vous cherchez un compagnon avec qui prendre un verre ? Le Serbe expatrié Aleksandar sera ravi de vous rendre service. La nourriture, la musique éclectique et la sympathique clientèle d'habitués font du B@92 un endroit que l'on aimerait pouvoir mettre dans son sac à dos pour la suite de son périple. Présentez ce guide ou questionnez Aleks sur l'origine

HAWKERS MANIA

Penang doit sa réputation de destination incontournable en grande partie à sa cuisine, en particulier celle des *hawkers* et des *food courts*. Venir à George Town sans goûter aux préparations de ses échoppes, c'est un peu comme aller à Paris sans visiter le Louvre.

Les marchands appliquent des horaires variables ; certains des *hawkers* cités ci-dessous seront donc peut-être fermés lors de votre visite. Évitez surtout les lundis et jeudis, jours fréquemment chômés. Les plats coûtent généralement entre 3 et 10 RM.

Lorong Baru (New Lane) (New Lane, angle Jln Macalister et Lg Baru ; ⏲soir). Si vous demandez à des habitants quels sont leurs *hawkers* préférés, après avoir cité quelques endroits reculés, ils mentionneront à coup sûr ces échoppes qui se déploient le soir dans la rue, où aucune n'est meilleure qu'une autre, car tout y est bon. L'accent est mis sur les nouilles chinoises, et nous avons particulièrement aimé l'étal de *char koay kak*, qui, en plus de ses gâteaux de riz frits et épicés aux fruits de mer, sert un superbe *otak otak* (curry de poisson à l'étuvée). Lorong Baru croise Jln Macalister, à 250 m au nord-ouest de l'intersection avec Jln Penang.

Gurney Drive (Persiaran Gurney ; ⏲soir). Le secteur culinaire le plus célèbre de Penang se trouve au milieu de gratte-ciel modernes bordés par la mer. Le cadre est cossu pour un *hawker centre*, d'où des prix un peu plus élevés qu'ailleurs, mais on y trouve absolument de tout, du malais à l'occidental. On y vient surtout pour ses stands de *laksa* (essayez le nº11), et le célèbre Ah Chye sert le meilleur *rojak* qui soit. Gurney Drive se trouve à 3 km à l'ouest de George Town, près du centre commercial Gurney Plaza ; comptez 15 RM pour un taxi.

Esplanade Food Centre (Jln Tun Syed Sheh Barakbah ; ⏲soir). Ce *food centre* en plein cœur du quartier colonial de George Town jouit d'un cadre en bord de mer sans équivalent. Le côté appelé "Islam" sert une nourriture malaise halal, et celui dénommé "Cina" propose des spécialités chinoises et malaises, dont un fabuleux *rojak* au Rojak Ho Wei Jeng. L'Esplanade est souvent très calme les lundis et mercredis.

Padang Brown Food Court (Jln Pantai ; ⏲midi et soir ven-mer). Tout le monde en ville sait que c'est ici que l'on trouve les meilleurs *popiah* (rouleaux de printemps), bien que les *won ton mee* (nouilles aux œufs servies avec des raviolis au porc ou des tranches de porc rôti) et le *bubur caca* (porridge au lait de coco et à la banane) valent aussi le déplacement. L'après-midi, goûtez au *yong tau foo* (soupe claire chinoise avec boulettes de poisson, salade verte, bâtonnets de crabe, seiche, etc.). Padang Brown est à 1,5 km à l'ouest du centre de George Town, en retrait de Jln Dato Keramat ; la course en taxi coûte 15 RM.

Lorong Selamat (angle Jl Macalister et Lg Selamat ; ⏲soir sam-jeu). C'est à l'extrémité sud de Lorong Selemat que vous trouverez le *char kway teow* le plus célèbre de la ville, ainsi que d'alléchants *won ton mee* et d'autres spécialités chinoises de Penang. Lorong Baru croise Jln Macalister, à 500 m au nord-ouest de Jln Penang.**New World Park Food Court** (angle Jln Hutton et Lg Swatow ; ⏲11h-19h). Chaque stand sert quelque chose de différent dans ce *food court* couvert ultramoderne, avec ventilateurs et décor industriel rutilant. On y prépare des *ais kacang* (glace pilée avec sirop, gelée, haricots et parfois maïs par-dessus) particulièrement réputés. Le complexe comprend également plusieurs restaurants de style fast-food, notamment nonya et indiens. En retrait de Jln Hutton, à 400 m au nord-ouest de Jln Transfer.

Red Garden Food Paradise & Night Market (Lebuh Leith ; ⏲midi et soir). Bien situé en plein cœur de Chinatown, on y trouve une belle variété de nourriture, dont la plupart des spécialités locales. Endroit pratique pour les familles et où le grand choix de plats conviendra aux personnes difficiles.

de sa bague à la tête de mort, il vous fera peut-être un prix.

That Little Wine Bar BAR
(www.thatlittlewinebar.com ; 54 Jln Chow Thye ; ⏲17h-minuit lun-sam). Bar-lounge à la fois chic et cosy, tenu par un chef allemand et sa femme, qui propose une belle sélection de vins (verre à partir de 20 RM) et de cocktails au champagne. À accompagner de tapas (18-60 RM) ou de plats légèrement plus copieux (28-65 RM).

Jln Chow Thye se trouve en retrait de Jln Burma, à 1,5 km au nord-ouest de Jln Transfer ; comptez 15 RM pour y aller en taxi.

Beach Blanket Babylon BAR
(32 Jln Sultan Ahmad Shah ; ⏲11h-1h lun-ven, 11h-2h sam-dim). Les tables en plein air et l'ambiance décontractée de ce bar contrastent avec le restaurant plutôt formel auquel il est rattaché. Adresse *gay-friendly*, avec soirée spéciale hommes le samedi : demi-tarif sur les consommations standards et réduction sur les bières pour la gent masculine.

Farquhar's Bar BAR
(Eastern & Oriental Hotel, 10 Lebuh Farquhar ; ⏲11h-1h). De style colonial britannique, le bar de l'E&O Hotel sert des bières, une cuisine de pub traditionnelle et des cocktails. Un barman en veste blanche vous préparera un Eastern & Oriental Sling (38 RM), la spécialité de la maison. Musique live du jeudi au samedi et *happy hour* de 17h à 20h.

Behind 50 Love Lane BAR
(Lebuh Muntri ; ⏲18h-1h mer-lun). Proche du secteur des routards, ce minuscule bar de style rétro n'en attire pas moins une clientèle principalement locale. Musique rock en fond et petite sélection de plats occidentaux (14,90-18,90 RM).

Bagan Bar BAR
(Macalister Mansion, 228 Jln Macalister ; ⏲17h-1h). Cet antre élégant, sombre et tapissé de velours est probablement le bar le plus raffiné de George Town – fait qui se vérifie par des exigences vestimentaires assez strictes (sandales, shorts et T-shirts interdits). Musique live à partir de 21h.

Haut de Jln Penang BARS
(Jln Penang ; ⏲20h-2h). C'est dans cette partie de Jln Penang, tout au nord de la rue, que se trouvent les établissements plus commerciaux. Une dizaine de bars en plein air et climatisés y sont alignés, mais la plupart des gens se ruent vers les méga-clubs : le **Slippery Senoritas** organise des spectacles musicaux plutôt mièvres, mais l'ambiance est bonne et l'endroit a du succès ; et le **Voodoo** propose à peu près la même chose dans un cadre légèrement plus raffiné.

Soho Free House BAR
(50 Jln Penang ; ⏲12h-minuit). L'endroit s'anime tôt grâce à des tubes kitsch des années 1980 et à une clientèle chinoise qui engloutit saucisses et pintes en compagnie de quelques expatriés.

QEII BAR, CLUB
(8 Pengkalan Weld ; ⏲18h-1h lun-mar, 13h-2h mer-sam, 15h-2h dim). L'ambiance est meilleure que les pizzas dans ce bar qui jouit d'une vue à 360 degrés sur le détroit de Malacca. Le vendredi et le samedi soir, le QEII se transforme en discothèque.

Golden Screen Cinemas CINÉMA
(www.gsc.com.my ; Gurney Plaza, Persarian Gurney). Le plus grand cinéma de Penang (12 salles et son THX) se trouve dans le centre commercial Gurney Plaza.

Achats

Unique Penang ART ET ARTISANAT
(www.uniquepenang.com ; 62 Love Lane ; ⏲17h-minuit dim-ven et 21h-minuit sam). Dans leur galerie installée dans une *shophouse*, les sympathiques Clovis et Joey exposent leurs œuvres et les tableaux colorés de leurs élèves. Comme le souligne le jeune couple, les tableaux étant par nature difficiles à caser dans un sac à dos, quasiment toutes les œuvres sont disponibles en format carte postale.

Rozanas Batik ART ET ARTISANAT
(81B Lebuh Acheh ; ⏲11h30-18h30). Dans sa minuscule boutique, le propriétaire vend ses beaux batiks faits main. Pour en savoir plus, suivez un cours de 2 heures sans rendez-vous dans l'atelier attenant (50-75 RM).

Springsfield ART ET ARTISANAT
(8 Muda Lane ; ⏲9h-18h). Cette *shophouse* restaurée renferme des carreaux peranakan peints à la main (fabriqués au Vietnam). On y vend aussi quelques babioles locales intéressantes, et les bénéfices servent à venir en aide aux animaux errants.

China Joe's ART ET ARTISANAT
(95 Lebuh Armenian ; ⏲9h-19h). Tissus (modernes et anciens), boîtes, papeterie, sacs et autres objets asiatiques élégants

séduiront ces dames à coup sûr. Galerie à l'étage et salon de thé attenant.

88 Armenian Street ART ET ARTISANAT
(88 Lebuh Armenian ; ⏲10h-18h lun-sam). Les objets d'art et d'artisanat sont répartis sur trois niveaux : au rez-de-chaussée, les superbes créations en verre fusionné de l'artiste Wong Keng Fuan ; au 1er étage, les bijoux sculpturaux de Jonathan Yun ; et au 2e étage, les photographies de Penang prises par Howard Tan.

Gallery 29 ART ET ARTISANAT
(www.rebeccaduckett.com ; 29 Lebuh China ; ⏲9h-18h). Dans sa galerie, Rebecca Duckett expose ses œuvres colorées qui allient modernité et tradition. On y trouve aussi de l'artisanat, des objets d'époque et une belle sélection de livres sur des sujets locaux.

Straits Quay CENTRE COMMERCIAL
(www.straitsquay.com ; ⏲10h30-22h). S'élevant sur un terrain gagné sur la mer juste à l'extérieur du centre-ville, c'est le *mall* le plus récent, le plus grand et le plus clinquant de Penang. Outre les commerces habituels, citons **Séntuhan** (www.sentuhan.com ; ⏲10h30-22h), qui vend une gamme unique d'artisanat et d'articles de maison fabriqués par des Malaises défavorisées, et **Royal Selangor** (⏲10h30-22h), dont le centre d'information propose des ateliers de création de sculptures en étain tous les jours à 11h, 14h30 et 16h30 (60 RM/pers). Si le shopping ne vous dit rien, allez au **Performing**

PAUSE THÉ OU CAFÉ ?

Anglais, Chinois et Indiens ont transmis aux habitants de Penang un goût prononcé pour le thé. Les immigrants arrivés plus récemment à George Town ont, quant à eux, importé une culture enviable du café à l'occidentale.

Suffolk House (www.suffolkhouse.com.my ; 250 Jln Ayer Itam ; high tea pour 2 pers 68 RM ; ⏲14h30-18h). L'expérience du thé anglais par excellence. Dans cette demeure de style georgien vieille de 200 ans, le *high tea* (thé gourmand) comprend scones et sandwichs au concombre, à déguster à l'intérieur ou dans le jardin. À 6,5 km à l'ouest de George Town (taxi 15 RM).

Ten Yee Tea Trading (33 Lebuh Pantai ; ⏲9h30-18h30 lun-sam). Des thés raffinés sont proposés, mais le plus amusant est de décider lequel boire. Pour 20 RM, vous choisissez un thé (à partager à plusieurs, jusqu'à cinq) et un spécialiste vous montre comment le préparer selon la tradition chinoise. Pendant la dégustation, on vous expliquera tout sur les différents types de thés.

Jing-Si Books & Cafe (31 Lebuh Pantai ; boissons 5 RM ; ⏲12h-20h). Oasis luxueuse au calme spirituel, ce lieu d'enseignement d'une communauté de bouddhistes taïwanais est un endroit parfait pour se régénérer autour d'un thé ou d'un café – théière ou cafetière à 5 RM.

Kopi C (www.chinahouse.com.my ; China House, 153 et 155 Lebuh Pantai ; plats à partir de 10 RM ; ⏲9h-minuit). Installé dans le vaste complexe de la China House, ce café-boulangerie sert un bon café et des pâtisseries et glaces (jusqu'à 16 parfums certains jours, l'un de nos préférés étant le caramel salé) figurant parmi les meilleures que nous ayons goûtées en Asie du Sud-Est.

1885 (☎261 8333 ; Eastern & Oriental Hotel, 10 Lebuh Farquahar ; thé anglais en après-midi 52 RM ; ⏲14h-17h). Le principal restaurant de l'E&O Hotel propose tous les après-midi un thé anglais accompagné de scones, de saumon fumé et, naturellement, de sandwichs au concombre.

Café 55 (www.coffeeatelier.com ; Coffee Atelier, 47-55 Lorong Stewart ; boissons au café à partir de 8 RM ; ⏲8h30-17h mar-dim). Installé dans un ancien local de torréfaction (demandez à voir le vieux torréfacteur à l'arrière), ce lieu raffiné avec galerie d'art attenante propose des boissons au café aussi bien novatrices que traditionnelles.

David Brown's (www.penanghillco.com.my ; Penang Hill ; thé en après-midi 34-78 RM ; ⏲9h-18h). Au sommet de Penang Hill, une autre adresse agréable où prendre un *high tea* dans un cadre colonial.

Arts Centre of Penang (www.penangpac.org) ou profitez des quelques bars et restaurants corrects stratégiquement exposés à la brise marine.

À 7 km au nord-ouest de George Town ; les bus nos 101 et 104 desservent le *mall* (4 RM) ; en taxi, comptez 20 RM. Lors de notre passage, il était question de relier l'E&O Hotel (p. 166) au *mall* par un bateau-navette gratuit.

Ban Hin ANTIQUITÉS
(Lebuh Chulia ; 9h-19h). Cette vieille *shophouse* croule sous les publicités, paquets, boîtes, céramiques, jouets et autres objets anciens. Située à peu près en face du Banana Boutique Hotel.

Bee Chin Heong ANTIQUITÉS
(58 Lebuh Kimberley ; 10h-20h30). Cette boutique intéressante vend un assortiment coloré de statues religieuses, de meubles et d'articles pour les temples. Si vous recherchez un immense lit chinois, un autel pour la maison ou un bouddha en bois de 2 m de haut (55 000 RM), n'allez pas plus loin ! L'endroit mérite la visite, même sans faire d'achats.

Gurney Plaza CENTRE COMMERCIAL
(Persiaran Gurney ; 10h-22h). Ce *mall*, qui compte des chaînes internationales comme The Body Shop et Esprit, est le plus chic de Penang. On y trouve également un Apple Store, un grand magasin de musique, une librairie et plusieurs boutiques d'électronique, mais aussi un mini-parc d'attractions, un centre de fitness et un spa. Gurney Drive est à 3 km à l'ouest de George Town (taxi 15 RM).

Chowraster Bazaar MARCHÉ
(Jln Penang ; 8h-18h). Une ambiance frénétique de souk règne dans ce vieux marché. On y trouve une multitude d'étals alimentaires et de marchands de foulards, de chemises en batik, de tissus et de *kebaya* (blouses portées sur les sarongs).

Komtar CENTRE COMMERCIAL
(Jln Penang ; 10h-22h). Le *mall* le plus ancien de Penang occupe une tour emblématique de 64 étages (jadis le plus haut bâtiment de Malaisie). Ce vieux bazar compte des centaines de magasins qui vendent de tout : vêtements, chaussures, appareils électroniques, articles courants, etc. Pour profiter de la vue sur l'île, prenez l'ascenseur jusqu'au 58e étage (5 RM). Adjacent, le

LITTLE PENANG STREET MARKET

Le dernier dimanche du mois, la partie piétonne du haut de Jln Penang accueille le **Little Penang Street Market** (www.littlepenang.com.my ; 10h-17h). On y trouve aussi bien de l'artisanat malaisien : poupées, batiks, poteries, T-shirts et carreaux peints, que des articles comme des bouteilles de chutney.

Prangin Mall (10h-22h) abrite un cinéma diffusant parfois des superproductions occidentales. Autre centre commercial, **1st Avenue** (10h-22h) propose des marques internationales semblables.

Sam's Batik House VÊTEMENTS
(159 Jln Penang ; 8h-19h). Surnommée "la caverne d'Ali Baba", cette boutique profonde de trésors soyeux et cotonneux est la meilleure adresse de George Town pour acheter des sarongs, des chemises en batik et des vêtements indiens. Les filles deviendront folles devant les robes brodées à la main et les gars auront du mal à faire leur choix parmi les chemises Bollywood.

Renseignements

Accès Internet

La plupart des hébergements sont équipés du Wi-Fi et beaucoup mettent un ordinateur à disposition des clients. Le Wi-Fi est également très répandu dans les restaurants, cafés et centres commerciaux. Les cybercafés ont une durée de vie très courte ; ils sont légion dans Lebuh Chulia.

Agences de voyages

La plupart des agences de George Town sont sérieuses. Les suivantes, fiables, vendent souvent des billets d'avion à prix réduits :

Happy Holidays (262 9222 ; 432 Lebuh Chulia ; 9h-18h lun-ven, 9h-13h sam)

Silver-Econ Travel (262 9882 ; 436 Lebuh Chulia ; 9h-18h lun-ven, 9h-15h sam)

Argent

Les agences des principales banques sont installées dans Lebuh Pantai et Lebuh Downing, près de la poste principale ; la plupart disposent de DAB accessibles 24h/24. À l'extrémité nord-ouest de Lebuh Chulia, de nombreux bureaux de change restent ouverts plus longtemps que les banques et pratiquent des taux plus avantageux.

Immigration

Bureau de l'immigration (261 5122 ; 29A Lebuh Pantai ; 7h30-15h45 lun-ven). Proroge les visas.

Offices du tourisme

Penang Heritage Trust (PHT ; 264 2631 ; www.pht.org.my ; 26 Lebuh Pantai ; 9h-17h lun-ven, 9h-13h sam). Informations sur l'histoire de Penang, les projets de conservation et les circuits pédestres sur le thème du patrimoine.

Penang Tourist Guide Association (261 4461 ; www.ptga.my). Appelez ou consultez le site Internet pour trouver un guide touristique local.

Tourism Malaysia (262 0066 ; www.tourism.gov.my ; 10 Jln Tun Syed Sheh Barakbah ; 8h-17h lun-ven). Le principal office du tourisme de George Town fournit plans et horaires de bus.

Poste

Bureau de poste (Lebuh Downing ; 8h30-18h lun-sam)

Services médicaux

Hospital Pulau Pinang (229 3333 ; www.hpp.moh.gov.my ; Jln Hospital)

Loh Guan Lye Specialist Centre (228 8501 ; www.lohguanlye.com ; 19 Jln Logan)

Penang Adventist Hospital (222 7200 ; www.pah.com.my ; 465 Jln Burma)

Sites Web

www.visitpenang.gov.my Site officiel de l'agence de l'État chargée du tourisme ; très détaillé au niveau des fêtes et manifestations.

www.iGeorge Townpenang.com Excellent bulletin d'informations destiné aux habitants de Penang, donnant des renseignements de première main sur George Town.

www.tourismpenang.gov.my Informations sur les curiosités et les restaurants de Penang.

www.penangmonthly.com Page Web du mensuel d'actualités du même nom.

www.what2seeonline.com Blog culinaire basé à Penang.

www.penang.ws Centralisation de listes d'hôtels et de restaurants plutôt à jour.

Depuis/vers George Town

Avion

Le **Bayan Lepas International Airport** (643 4411), situé à 18 km au sud de George Town, était en cours de rénovation lors de notre passage. On y trouve des bureaux de change, des loueurs de voitures et un **guichet Tourism Malaysia** (642 6981 ; rdc ; 7h-22h). Les compagnies suivantes desservent l'aéroport de Penang :

AirAsia (numéro national 600-85 8888 ; www.airasia.com). Vols pour Bandung (Indonésie), Bangkok, Hong Kong, Jakarta, Johor Bahru, Kota Kinabalu, Kuala Lumpur, Kuching, Langkawi, Medan (Indonésie), Singapour et Surabaya (Indonésie).

Cathay Pacific (www.cathaypacific.com). Vols quotidiens depuis/vers Hong Kong.

Firefly (numéro national 03-7845 4543 ; www.firefly.com.my). Vols pour Banda Aceh (Indonésie), Kota Bharu, Kuala Lumpur, Kuantan, Langkawi, Medan (Indonésie), Melaka et Phuket (Thaïlande).

Jetstar (numéro national 1800-81 3090 ; www.jetstar.com ; Bayan Lepas International Airport ; 7h-21h). Vols pour Bangkok, Hô-Chi-

DEPUIS/VERS BUTTERWORTH

Butterworth, ville située sur la partie continentale de Penang (appelée Sebarang Perai), abrite la principale gare ferroviaire de l'État et est le point de départ des ferries pour l'île de Penang. À moins que vous n'ayez un train à prendre ou que votre bus n'arrive à la gare routière bondée de Butterworth, vous n'aurez probablement aucune raison d'y passer du temps.

Le moyen le plus économique de rejoindre George Town depuis Butterworth est le **ferry** (1,20/7,70 RM par adulte/voiture ; 5h30-1h). Le terminal est relié par une passerelle aux gares routière et ferroviaire de Butterworth. Des ferries partent toutes les 10 minutes de 5h30 à 21h30, puis toutes les 20 minutes jusqu'à 23h15 et toutes les heures jusqu'à 1h. Le trajet dure 10 minutes et n'est payant que dans le sens Butterworth-Penang (retour vers le continent gratuit).

Si vous prenez un taxi depuis/vers Butterworth (autour de 50 RM), vous traverserez le pont de Penang, long de 13,5 km – l'un des plus longs du monde. Le péage (7 RM) est à régler à la gare de péage sur le continent (gratuit au retour).

Au moment de la rédaction de ce guide, la construction d'un second pont reliant Batu Maung, à la pointe sud-est de l'île, et Batu Kawan, sur le continent, était déjà bien entamée. Il devrait être terminé au moment où vous lirez ces lignes.

Minh-Ville (Saïgon), Hong Kong, Jakarta, Medan (Indonésie), Phuket (Thaïlande), Singapour, Surabaya (Indonésie) et Taipei.

Malaysia Airlines (☎numéro national 1300-88 3000 ; www.malaysiaairlines.com). Vols quotidiens depuis/vers Kuala Lumpur.

Silk Air (☎263 3201 ; www.silkair.com ; 12e niv., Plaza MWE, 8 Lebuh Farquhar ; ⊙8h30-17h30 lun-ven). Vols quotidiens pour Singapour.

Thai Airways International (☎226 6000 ; www.thaiairways.co.th ; 2e niv., Burmah Place, 142-L Jln Burma ; ⊙9h-17h30 lun-ven). Vols quotidiens depuis/vers Bangkok.

Bateau

Plusieurs compagnies de ferries, dont **Langkawi Ferry Service** (LFS ; ☎264 3088 ; www.langkawi-ferry.com ; PPC Bldg, Pesara King Edward ; ⊙7h-17h30 lun-sam, 7h-15h dim), ont fusionné pour proposer un service commun à destination de Langkawi (adulte/enfant aller simple 60/45 RM, aller-retour 115/85 RM ; 1 heure 45-2 heures 30) ; départs à 8h15 et 8h30 ; retours depuis Langkawi à 14h30 et 17h15. Réservez quelques jours à l'avance pour être sûr d'avoir une place assise.

Bus

Tous les bus longue distance pour George Town arrivent à la gare routière de Sungei Nibong, juste au sud du pont de Penang. Les bus pour Butterworth arrivent à la gare routière de Butterworth. Comptez 25 RM pour une course en taxi de Sungei Nibong à George Town, et 50 RM pour un taxi depuis Butterworth.

Vous trouverez des bus pour des destinations en Malaisie à Sungai Nibong ou, plus pratique, à la gare routière Komtar. Cette dernière est la seule d'où partent également des bus pour l'étranger. Les trajets pour la Thaïlande (sauf Hat Yai) se font en minibus, moyen de transport également proposé pour les Cameron Highlands et les îles Perhentian.

DESTINATION	DURÉE	PRIX (RM)	FRÉQUENCE
Ipoh	2h30	20	Départs fréquents, 7h15-15h et 19h30-20h
Hat Yai (Thaïlande)	4h	30	5h, 8h30, 12h, 15h30 et 16h
Kuala Lumpur	5h	35	Toutes les 30 min, 7h-1h
Tanah Rata	5h	35-38	Départs fréquents, 7h15-14h
Îles Perhentian (transfert en bateau inclus)	6h	150	7h30, 8h et 11h30
Kota Bharu	7h	40	9h et 21h
Melaka	7h	45	Départs fréquents, 9h-10h30 et 22h30-23h
Kuala Terengganu	8h	50	9h et 21h
Johor Bahru	9h	55	Toutes les heures, 8h-23h30
Singapour	10h	53	Toutes les heures, 9h et 20h30-23h30
Ko Samui (Thaïlande ; correspondance à Surat Thani)	12h	80	5h, 8h30 et 12h
Ko Phi Phi (Thaïlande ; correspondance à Hat Yai)	12h	90	5h
Bangkok (Thaïlande ; correspondance à Surat Thani)	17h	115	5h, 8h30 et 12h

Train

La gare ferroviaire de Penang se trouve à côté du terminal des ferries, de la gare routière et de la station de taxis de Butterworth. Il y a 3 trains par jour pour Kuala Lumpur (6 heures, 34-67 RM) et un train dans l'autre sens pour Hat Yai en Thaïlande (4 heures, 26-108 RM) ; tarifs et horaires à jour sur le site www.ktmb.com.my.

ℹ Comment circuler

Depuis/vers l'aéroport

L'aéroport international de Penang est situé à Bayan Lepas, à 18 km au sud de George Town. Le tarif fixe pour une course en taxi dans le centre de George Town est de 44,70 RM.

Du centre-ville, comptez 30 minutes en taxi et au moins 1 heure en bus pour rejoindre l'aéroport. Le bus n°401 dessert quotidiennement l'aéroport (3 RM) toutes les demi-heures de 6h à 23h et s'arrête à Komtar et à Weld Quay.

Bus

Les bus de Penang sont exploités par l'entreprise gouvernementale **Rapid Penang** (www.rapidpg.com.my). Les tarifs sont compris entre 1,40 et 4 RM. La plupart des lignes partent de la gare routière de Weld Quay et s'arrêtent à Komtar et dans Jln Chulia.

DESTINATION	LIGNE N^os	ARRÊTS
Batu Ferringhi	101	Pengkalan Weld et Lebuh Chulia, Komtar
Penang International Airport, Teluk Kumbar	401	Pengkalan Weld et Lebuh Chulia
Persiaran Gurney	103	Pengkalan Weld, Air Itam et Komtar
Penang Hill	204	Pengkalan Weld, Lebuh Chulia, Komtar
Gare routière de Sungei Nibong	401	Pengkalan Weld, Lebuh Chulia et Komtar
Teluk Bahang	101 et 102	Pengkalan Weld et Penang International Airport

Moto

De nombreux établissements louent des motos, notamment les *guesthouses* et les boutiques de Lebuh Chulia et de Batu Ferringhi. Comptez à partir de 20/30 RM les 24 heures pour un vélo/une moto.

Taxi

Tous les taxis de Penang disposent de compteurs, que les chauffeurs refusent d'utiliser. Négociez toujours le tarif avant de partir. En général, une course jusqu'à une destination hors du centre-ville coûte au moins 12 RM. Vous trouverez des taxis dans Jln Penang, près du Cititel Hotel, à la gare routière de Weld Quay et près de la gare routière Komtar.

Trishaw

Idéal dans les petites rues de George Town, un *trishaw* (cyclo-pousse) coûte environ 40 RM/heure mais, comme dans le cas des taxis, fixez le prix avant de monter. Vous en trouverez près du Cititel Hotel.

Voiture

Le loueur de voitures **La Belle** (☎262 7717 ; www.labelle.net.my ; 48 Lebuh Leith) est présent à George Town. Les compagnies suivantes ont des guichets à l'aéroport international de Penang :

New Bob Rent-A-Car (☎644 1111 ; www.bobcar.com.my ; Bayan Lepas International Airport ; ⌚8h-22h lun-ven, 8h-20h sam-dim)

Avis (☎643 9633 ; www.avis.com ; Penang International Airport ; ⌚8h-21h lun-ven, 8h-17h sam-dim)

Kasina (☎644 7893 ; www.kasina.com.my ; Penang International Airport ; ⌚7h30-22h lun-sam et 8h30-17h dim)

Pacific Rent-A-Car (PRAC ; ☎643 8891 ; www.iprac.com ; Penang International Airport ; ⌚7h30-22h lun-sam et 8h-18h dim)

Batu Ferringhi

Pendant des années, et sans doute aidés en cela par les autorités touristiques, les gens venaient principalement à Penang pour le soleil et le sable de Batu Ferringhi. En réalité, ce n'est pas l'une des plus belles plages de Malaisie. L'eau n'est pas très claire, il y a souvent des méduses, et la plage elle-même est parfois sale, en particulier le week-end, lorsque des foules de Malais viennent y passer la journée. Cela dit, c'est la plage de l'île la plus facile d'accès, et un but d'escapade agréable hors de la ville.

La grande majorité des hébergements et restaurants du secteur sont regroupés dans Jln Batu Ferringhi, la rue principale, à quelques minutes à pied de la plage.

Activités

Le long de la plage, de nombreux prestataires proposent des **activités nautiques** : location de **jet-skis** (120 RM/30 min), **ski nautique** (60 RM/15 min) et **parachute ascensionnel** (80 RM/vol).

Vous apprécierez probablement ensuite un **massage** relaxant. De nombreuses masseuses de pieds vous offriront leurs services ; comptez environ 40 RM pour 30 minutes de massage en profondeur.

Fêtes et festivals

Penang Beach Carnival CARNAVAL

Le carnaval de Batu Ferringhi est l'occasion d'assister à des sports traditionnels comme le *gas uri* (jeu de toupie) et le *sepak takraw* (jeu de ballon au-dessus d'un filet, un peu

PIMENTEZ VOTRE VOYAGE

Sur la route pour Teluk Bahang, le **Tropical Spice Garden** (☎881 1797 ; www.tropicalspicegarden.com ; Jln Teluk Bahang ; adulte/enfant 14/10 RM, avec visite 22/15 RM ; ⏱9h-18h) est une oasis de plus de 500 espèces de plantes exotiques et odorantes, où les épices sont à l'honneur. Fougère, bambou, gingembre, balisier et autres forment une végétation luxuriante, parfois perturbée par le passage d'un varan géant. Le restaurant Tree Monkey est excellent, et des **cours de cuisine** (200 RM ; ⏱cours 9h-13h lun-sam) sont par ailleurs organisés.

Prenez le bus n°101 direction Teluk Bahang et demandez à descendre au Spice Garden (2 RM).

comme le badminton, sauf que les joueurs utilisent leurs pieds). En novembre.

Penang Island Jazz Festival MUSIQUE
(www.penangjazz.com). Artistes locaux et internationaux se produisent dans différents lieux de Batu Ferringhi. En novembre-décembre.

Où se loger

Difficile de trouver à se loger ailleurs que dans les grands complexes hôteliers aux tarifs quelque peu excessifs s'adressant aux familles, ou dans les quelques établissements "économiques" de type pension, bien trop chers.

Lone Pine Hotel COMPLEXE HÔTELIER $$$
(☎886 8686 ; www.lonepinehotel.com ; 97 Jln Batu Ferringhi ; ch/ste avec petit-déj 680-840/950-2 940 RM ;). Ce complexe des années 1940 est l'un des plus anciens de Batu Ferringhi. En 2010, des aménagements et agrandissements lui ont donné un nouveau souffle, tout en préservant de nombreux aspects élégants d'origine. Les 90 chambres ont chacune un petit plus, de la vue sur la mer au jardin privatif. De taille généreuse, elles sont colorées et joliment meublées. Le vaste domaine a des allures majesteuses de parc national, avec ses hamacs suspendus entre les pins (plus exactement les casuarinas) et son immense piscine d'eau salée trônant au centre.

Rasa Sayang Resort COMPLEXE HÔTELIER $$$
(☎881 1966 ; www.shangri-la.com ; Jln Batu Ferringhi ; ch/ste avec petit-déj 1 080-2 130/1 710-10 000 RM ;). Seul complexe 5-étoiles de l'île, cet établissement vaste et luxueux, appartenant à la chaîne Shangri-La, semble sorti d'un rêve au cadre exotique. Les chambres, spacieuses et dotées de beaux meubles en bois dur et de couettes blanches et duveteuses, ont toutes un balcon, et beaucoup donnent sur la mer. Studio de yoga, courts de tennis, green et plusieurs restaurants. Le Chi Spa de l'hôtel est l'un des plus chics de Penang.

EQ HÔTEL $$
(☎885 1533 ; www.eqferringhi.com ; 17 Lorong Sungai Emas ; ch 88-148 RM ;). Hôtel de milieu de gamme sans caractère à quelques minutes à pied de la plage. Les chambres spacieuses ont la clim, la TV et de grandes baignoires avec eau chaude – et c'est à peu près tout.

Situé derrière le centre commercial Eden Parade, près du carrefour de la station-service. Vous trouverez non loin deux autres adresses similaires.

Hard Rock Hotel COMPLEXE HÔTELIER $$$
(☎881 1711 ; www.penang.hardrockhotels.net ; Jln Batu Ferringhi ; ch/ste avec petit-déj 700-1 300/1 350-4 000 RM ;). Si vous pouvez supporter un esprit d'entreprise mièvre à souhait (et l'omniprésence de souvenirs des Beatles), ce complexe – lors de notre visite, le dernier-né de Batu Ferringhi – est une adresse sympathique. Les familles sont particulièrement gâtées, avec des piscines pour enfants, des suites adaptées et des espaces de jeux pour adolescents (avec billard et jeux vidéo). Idéal si vous voyagez avec votre progéniture.

Parkroyal COMPLEXE HÔTELIER $$$
(☎881 1133 ; www.parkroyalhotels.com ; Jln Batu Ferringhi ; ch/ste avec petit-déj 745-1 245/1 245-2 745 RM ;). L'extérieur style années 1980 donne une bonne idée de ce que l'on va trouver à l'intérieur : 324 chambres ordinaires et confortables, mais sans raffinement. Le domaine, lui, présente plus d'intérêt, avec ses trois piscines (dont certaines avec îlots), ses grandes pelouses où se prélasser et sa superbe plage.

Ferringhi Inn HÔTEL $$

(☎881 9999 ; www.feringghiinn.blogspot.com ; 3A Lorong Sungai Emas ; ch 80-160 RM ; ❄📶). Les chambres phares de cet hôtel économique se situent derrière le centre commercial Eden Parade, à quelques pâtés de maison de la mer. Plus séduisant : le bungalow de brique en duplex, en plein sur la plage, dans le secteur des routards. Il comprend deux grandes chambres confortables avec TV, clim, réfrigérateur et terrasse.

D'Feringghi HÔTEL $$

(☎881 9000 ; www.dferingghihotel.com ; 66 Jln Batu Ferringhi ; ch 145-180 RM ; ❄📶). Si on est loin de l'hôtel de carte postale, cet établissement s'en sort bien dans sa gamme de prix. Les chambres sont propres et, pour Batu Ferringhi, du moins, bon marché.

À peu près en face du restaurant Tarbush, à quelques minutes à pied de la plage.

Holiday Inn Resort COMPLEXE HÔTELIER $$

(☎881 1601 ; www.holidayinnresorts.com/penang ; 72 Jln Batu Ferringhi ; ch/ste avec petit-déj 550-660/810 RM ; ❄@📶≋). Grand complexe familial dont les chambres se répartissent de chaque côté de la rue principale – impossible de ne pas le voir. Voilà un autre endroit bien adapté aux bambins, avec grandes piscines et "suites enfants" thématiques équipées de TV, lecteur DVD et Playstation. Les adultes, eux, profiteront des courts de tennis et de la salle de gym.

Lazy Boys GUESTHOUSE $

(☎881 2486 ; www.lazyboystravelodge.net ; en retrait de Jln Batu Ferringhi ; dort/ch 18/35-150 RM ; ❄). Voilà le genre d'adresse économique recherchée par certains et fuie par d'autres. Pour vous faire une idée, imaginez une cité universitaire gérée par un rockeur malais à la cool. Les dortoirs et chambres sont plutôt propres et il y a une cuisine et une laverie gratuite, mais la salle de musique (avec batterie) et le service aléatoire feront tiquer les voyageurs en quête de confort et/ou de calme.

Situé en retrait de la rue principale, à peu près en face du restaurant Tarbush.

Baba Guest House GUESTHOUSE $

(☎881 1686 ; babaguesthouse2000@yahoo.com ; 52 Batu Ferringhi ; ch 50-95 RM ; ❄). Cette maison peinte en bleu avec juste ce qu'il faut de laisser-aller reflète le cœur et l'âme de la famille chinoise (très active) qui y vit. Chambres spacieuses et impeccables, mais dépouillées, dotées pour la plupart de sdb communes. Les plus chères ont clim, réfrigérateur et douche.

Shalini's Guest House GUESTHOUSE $

(☎012-407 3822 ; 56 Batu Ferringhi ; ch 40-250 RM ; ❄). Cette vieille maison en bois de 2 étages sur la plage se caractérise par une ambiance familiale. Les chambres sont sommaires mais propres, et certaines possèdent un balcon. Les plus chères ont une sdb privative.

ET Budget Guest House GUESTHOUSE $

(☎881 1553 ; etguesthouse2006@yahoo.com ; 47 Batu Ferringhi ; ventil/clim 50/85 RM ; ❄). Maison chinoise de 2 étages, ouverte et lumineuse, avec parquet ciré. Seules les chambres avec clim ont la TV et une salle de bains.

Ismail Beach Guest House GUESTHOUSE $

(☎016-454 1953 ; cabinkdn@yahoo.com ; Batu Ferringhi ; ch 80-160 RM ; ❄). En plein sur la plage, chambres avec clim, sdb et TV.

Où se restaurer et prendre un verre

La plupart des établissements non-halal vendent de la bière, mais les bars les pieds dans l'eau sont rares – **Bora Bora** (Jln Batu Ferringhi ; ⏲12h-1h dim-jeu, 12h-3h ven-sam) fait office d'exception.

Tree Monkey THAÏ $$

(Tropical Spice Garden, Teluk Bahang ; plats 12,80-48,80 RM ; ⏲9h-23h). Le propriétaire thaïlandais propose un grand choix de savoureux plats thaïs et d'Asie du Sud-Est, dont plusieurs formules "tapas" (30-98 RM). À déguster au grand air, sous un toit de chaume et entouré d'un magnifique jardin avec vue sur la mer. L'endroit est également idéal pour un cocktail au coucher du soleil.

Tree Monkey se trouve dans le Tropical Spice Garden, à peu près à mi-chemin entre Batu Ferringhi et Teluk Bahang ; prenez le bus n°101 (2 RM) ou un taxi depuis Batu Ferringhi (autour de 10 RM).

Tarbush MOYEN-ORIENTAL $$$

(www.tarbush.com.my ; Jln Batu Ferringhi ; plats 12-55 RM ; ⏲10h-1h ; ❄). Les résidents et les touristes du Moyen-Orient ont importé leur cuisine à Batu Ferringhi, et la rue principale est bordée de restaurants libanais. Le meilleur de tous est certainement cette succursale d'un célèbre restaurant de KL. Le choix est vaste, mais nous vous conseillons les deux "mezze platters", qui comprennent aussi bien du taboulé que des *kibbeh* (boulettes de viande au boulgour).

Situé à peu près au milieu de la ville – cherchez le grand bâtiment en bord de mer surmonté d'un fez.

Long Beach MALAIS **$$**
(Jln Batu Ferringhi ; plats à partir de 4 RM ; ⏲18h30-23h30). Ce *hawker centre* animé propose l'éventail habituel de nouilles chinoises, pains indiens et curries de viandes, ainsi que des plats de poisson et fruits de mer malaisiens.

À peu près au centre de la rue principale de Batu Ferringhi, près du carrefour de la station-service.

Bungalow INTERNATIONAL **$$**
(☎886 8686 ; www.lonepinehotel.com ; 97 Jln Batu Ferringhi, Lone Pine Hotel ; plats 16-48 RM ; ❄). Le bungalow éponyme date des années 1940, et c'est de là qu'est issu l'hôtel Lone Pine. Aujourd'hui, le restaurant maintient le lien historique avec des plats comme le *Chicken chop* et la *Macaroni pie* – vestiges de l'époque où les chefs hainanais, d'anciens domestiques de l'époque coloniale, prédominaient dans les cuisines des restaurants. La carte affiche aussi d'autres plats malaisiens et internationaux.

Ferringhi Garden INTERNATIONAL **$$**
(Jln Batu Ferringhi ; plats 20,80-95,80 RM ; ⏲soir). On ne peut qu'être séduit par le cadre extérieur alliant carreaux en terre cuite et bois dur, bambou, hautes plantes en pots, mousses retombantes et vases d'orchidées raffinés. Malheureusement, la carte, où dominent steaks et crevettes, est moins engageante. En journée, un café attenant sert des petits-déjeuners et du vrai café – chose relativement rare à Batu Ferringhi.

À environ un pâté de maisons à l'ouest de l'Holiday Inn.

Depuis/vers Batu Ferringhi

Le bus n°101, qui part de Weld Quay et de Komtar à George Town, rejoint Batu Ferringhi (4 RM) en 30 minutes environ. Comptez au moins 35 RM pour un trajet équivalent en taxi.

Teluk Bahang et ses environs

Si Batu Ferringhi est la version penangaise de Cancún ou de Bali, Teluk Bahang est une plage des plus tranquilles (parfois même fantôme), à quelques kilomètres de l'animation.

À voir

Deux sites dignes d'intérêt : une ferme de fruits tropicaux et une ferme à papillons, se trouvent au sud de Teluk Bahang, tous deux desservis quatre fois par jour par le bus n°501 qui part de Teluk Bahang (2 RM).

Parc national de Penang PARC
(Taman Negara Pulau Pinang ; entrée libre, passerelle dans la canopée adulte/enfant 7/5 RM ; ⏲passerelle dans la canopée 10h-13h et 14h-16h sam-jeu). Avec ses 2 300 ha, c'est le plus petit parc national de Malaisie. C'est aussi l'un des plus récents, puisqu'il n'a acquis son statut de parc national qu'en 2003. Il englobe quelques sentiers sportifs intéressants à travers la jungle, ainsi que certaines des plages les plus belles et les plus tranquilles de Penang.

Le personnel du **bureau** (☎881 3500 ; ⏲8h-18h), à l'entrée du parc, pourra vous fournir cartes, brochures et conseils. Juste en face du bureau principal du parc, la **Penang Nature Tourist Guide Association** (PNTGA ; ☎881 4788 ; www.pntga.org) propose des **services de guides** très variés, comprenant notamment du trekking (100 RM/4 heures), de nombreuses formules en randonnée à l'aller avec retour en bateau (200 RM/4 heures/2 pers, transport en bateau inclus), et des visites thématiques (ornithologie, écloserie de tortues, mangrove). Mieux vaut réserver les circuits longs à l'avance auprès d'une agence de George Town ou par le biais de votre hôtel.

L'entrée du parc est à quelques minutes à pied de l'arrêt de bus principal de Teluk Bahang. De là, une marche facile de 20 minutes vous mènera à la **passerelle dans la canopée**, un parcours de 250 m de long, à 15 m au-dessus du sol, d'où vous entendrez la rivière dévaler la montagne et verrez du dessus cette forêt tropicale humide. La passerelle était en rénovation lors de notre passage, et elle est fermée en cas de pluie. De là, vous pourrez soit vous diriger vers Teluk Tukun et Muka Head, soit aller jusqu'à Pantai Kerachut. Le trajet le plus facile est la promenade de 20 minutes menant à la plage de **Teluk Tukun**, où le Sungai Tukun se jette dans l'océan. Vous y trouverez des petits bassins où vous baigner. En continuant sur ce sentier le long de la côte pendant environ 25 minutes, vous arriverez à la station de recherche océanographique de l'université de Malaisie, une structure privée avec ponton de ravitaillement, et à **Tanjung Aling**, une belle plage invitant au farniente. De là, longez la plage encore 45 minutes pour rejoindre **Teluk Duyung**, également appelée Monkey Beach (plage des Singes) en raison des nombreux primates qui gambadent dans les parages et sur **Muka Head**, un promontoire rocheux isolé à l'extrême nord-ouest de l'île. À la pointe de ce promontoire, à quelque 15 minutes de marche supplémentaires, se trouvent un phare de 1883 (interdit au public) et un cimetière de style acehnais. La vue sur les îles environnantes vaut bien l'ascension sportive.

Un sentier plus long et difficile part vers la gauche depuis le pont suspendu en direction de **Pantai Kerachut**, belle plage de sable blanc où les promeneurs aiment pique-niquer et où les tortues vertes viennent nidifier. Comptez environ 2 heures de marche jusqu'à la plage par ce sentier. En chemin, vous verrez le lac méromictique, un phénomène rare, composé de deux couches parfaitement distinctes : eau douce en surface et eau de mer en profondeur, ce qui favorise un mini-écosystème unique. De la plage de Pantai Kerachut, vous pouvez poursuivre pendant 2 heures environ pour atteindre **Teluk Kampi**, encore plus reculée, qui est la plus longue plage du parc ; remarquez les tranchées sur la côte, vestiges de l'occupation japonaise durant la Seconde Guerre mondiale.

Tropical Fruit Farm FERME
(www.tropicalfruits.com.my ; visite guidée adulte/enfant 35/28 RM ; ⏲9h-17h). À 2 km au sud de Teluk Bahang, cette ferme de 10 ha à flanc de colline compte plus de 250 types d'arbres fruitiers tropicaux et subtropicaux, indigènes ou hybrides. La **visite** de 1 heure comprend des dégustations de fruits et un verre de jus de fruits frais.

Penang Butterfly Farm FERME
(www.butterfly-insect.com ; 830 Jln Teluk Bahang ; adulte/enfant 27/15 RM ; ⏲9h-17h). Plusieurs milliers de papillons représentant plus de 150 espèces virevoltent ici, aux côtés de fascinants scarabées, lézards et araignées.

Escape PARC D'ATTRACTIONS
(☎604-8811 106 ; www.escape.my ; adulte/4-12 ans/+ de 60 ans 45/60/45 RM ; ⏲9h-18h). Proche de la Butterfly Farm, ce tout nouveau parc d'attractions est conçu sur le thème de l'écologie. Les enfants adorent les passerelles, ponts de singe et tyroliennes reliant entre elles de hautes tours d'escalade en bois. Prévoir des chaussures de sport. Le parc compte plusieurs zones de restauration.

Où se loger et se restaurer

Si les quelques hébergements de Teluk Bahang ne vous conviennent pas, vous trouverez votre bonheur à Batu Ferringhi, à 4 km de là.

Le principal secteur commerçant, sur la route menant à Batu Ferringhi, à l'est, compte quelques cafés servant des plats chinois et des poissons et fruits de mer bon marché, ainsi que deux ou trois tables d'Inde du Sud comme le **Restoran Khaleel** (Jln Teluk Bahang ; plats à partir de 4 RM ; ⏲24h/24), qui sert *murtabak* et *dosa* (crêpes indiennes salées).

Chalet Sportfishing HÔTEL **$$**
(☎881 9190 ; Jln Teluk Bahang ; ch 80-130 RM ; ❄📶). À la lisière de la plage et face au quai de pêche, cet hôtel de deux étages aux chambres simples est probablement le plus confortable de Teluk Bahang. Les chambres les plus chères possèdent jusqu'à 5 lits. Le propriétaire malais parle un anglais limité.

Ali's Motel HÔTEL **$$**
(☎885 1937 ; Jln Teluk Bahang ; dort/ch 30/80-180 ; ❄). Chambres simples mais équipées d'une TV, de la clim et d'une douche avec eau chaude. Lorsque le sympathique propriétaire, qui parle anglais, est absent, le service est inexistant et la communication peut être difficile. Juste à côté du Restoran Khaleel, près de l'arrêt de bus principal de Teluk Bahang.

Depuis/vers Teluk Bahang

Un bus n°101 quitte George Town toutes les demi-heures pour longer la côté nord de l'île jusqu'au rond-point de Teluk Bahang (4 RM). La course en taxi depuis le centre de George Town vous coûtera au moins 40 RM.

Pulau Jerejak

À 1,5 mille marin de la côte sud-est de Penang, Pulau Jerejak, une île couverte d'une épaisse forêt, abritait jadis une léproserie et une prison. Elle est aujourd'hui occupée par le **Jerejak Rainforest Resort** (☎658 7111 ; www.jerejakresort.com ; ch 210-420 RM ; ❄@📶🏊). Les forfaits proposés sur le site Internet, qui incluent généralement le transport, le petit-déjeuner et un massage,

SÉJOURS CHEZ L'HABITANT

Plusieurs résidents ont formé un collectif proposant des séjours chez l'habitant. La plupart se trouvent sur les petites routes qui relient la mer à la route du parc national de Penang. Les hébergements sont sommaires, mais généralement propres, avec immersion culturelle en plus.

Kasian Homestay (☎012-415 3609 ; maison 200 RM). M. Zulkiflley loue une petite maison de 2 chambres avec cuisine et un appartement de 2 pièces. Tarifs négociables. Plus on approche, plus les panneaux "Kasian Homestay" se font rares ; appelez pour que l'on vienne vous chercher.

Fisherman Village Guest House (☎012-483 9263 ; ch 20 RM). Neuf chambres rustiques avec ventilateurs et sdb commune, dans la maison d'un couple âgé.

Miss Loh's Guest House (☎885 1227 ; ch 30-40 RM). Cette adresse vétuste entourée d'un jardin, en retrait de la route principale, donne l'impression d'être gérée par ses hôtes, la plupart en séjour longue durée. Pour la trouver, arrêtez-vous au magasin "GH Information", en face du Restoran Khaleel.

sont d'un bon rapport qualité/prix. Il y a également un **camping** (80-100 RM).

Le complexe possède son propre embarcadère, d'où des bateaux partent environ toutes les 2 heures (adulte/enfant 6/3 RM). Des **forfaits de sorties à la journée** (adulte/enfant 50-60/30-35 RM) donnent accès à la piscine et à d'autres activités, comme l'escalade.

Aucun bus ne dessert l'embarcadère. De George Town, un taxi coûte 50 RM environ.

Temple des Serpents

Situé à 3 km avant l'aéroport, le **temple des Serpents** (Temple of the Azure Cloud ; vivarium adulte/enfant 5/3 RM ; ⏲9h30-18h) a un nom bien trompeur. Certes, il y a des serpents, mais avec un nom pareil, on s'attend à voir des moines fous manipuler des vipères de 6 m de long. L'endroit, qui fait l'objet d'une publicité exagérée, se résume à un temple où quelques serpents dorment enroulés sur des branchages. Dans le **vivarium**, franchement déprimant, des aquariums renferment diverses espèces de serpents dans un espace muré, et quelques éleveurs blasés immortalisent les visiteurs tenant un reptile moyennant 30 RM la photo.

Le bus n°302, qui part toutes les demi-heures de Weld Quay et Komtar, passe par le temple (4 RM).

Batu Maung

Au bout de la voie express de Bayan Lepas, vous arriverez à l'embranchement menant au village de pêcheurs chinois de Batu Maung. L'expansion de la zone industrielle de Bayan Lepas a entraîné un important défrichement du secteur autrefois occupé par une mangrove riche en biodiversité. L'urbanisation devrait elle aussi se développer avec la construction d'un pont reliant Penang à la péninsule. Batu Maung est le port de pêche hauturière de Penang, et une multitude de bateaux aux couleurs vives parsèment la côte.

En bord de mer, le **temple rénové de Sam Poh** (entrée libre) comprend un sanctuaire dédié au légendaire amiral Cheng Ho (alias Sam Poh), qui aurait laissé une énorme "empreinte de pied" dans la roche.

Le **Penang War Museum** (☎626 5142 ; Bukit Batu Maung ; adulte/enfant 35/17 RM ; ⏲9h-18h et 19h-23h) est perché au sommet de l'abrupt Bukit Batu Maung. Cet ancien fort britannique, érigé dans les années 1930, servit de prison et de camp de torture aux Japonais pendant la Seconde Guerre mondiale. Les bâtiments délabrés ont aujourd'hui été rénovés et transformés en mémorial. Ils comprennent des baraquements, des entrepôts de munitions, des cuisines, des casemates et diverses structures. Sont également proposés paintball (à partir de 75 RM) et visites nocturnes "suspense & eerie" ("suspense et chair de poule").

Batu Maung abrite également l'**aquarium de Penang** (adulte/enfant 5/2 RM ; ⏲10h-17h jeu-mar), composé de 25 réservoirs peuplés de poissons colorés. Vous pourrez aussi nourrir une jeune tortue verte et des carpes koï.

BELLE ÉCHAPPÉE

Lorsque l'on travaille comme auteur pour Lonely Planet, on tombe parfois sur des endroits si uniques que l'on en oublie toutes les journées pénibles passées à visiter des hôtels bon marché. Le **Malihom** (☎226 4466 ; www.malihom.com ; ch en pension complète 570-700 RM ; ❄@📶🏊) en est un. Neuf granges à riz centenaires ont été importées de Thaïlande sur ce sommet de 518 m d'altitude, puis restaurées et aménagées en hébergements exigus mais confortables, de style balinais. Vous passerez de toute façon plus de temps dehors que dedans afin de profiter de ce petit complexe et de la vue à 360° sur les collines couvertes de jungle, la mer et les villages. La piscine à débordement – la plus paisible de l'île – est gardée par des bouddhas blancs. La propriété offre un ensemble harmonieux d'ombre, de fleurs et de bassins de carpes koï. Il y a une salle de conférence et un studio de yoga, et les espaces intérieurs de détente sont parfaits pour déguster un expresso ou un verre de vin, pour lire un livre ou regarder un film. Les activités se limitent à quelques balades à pied ou en VTT et à la cueillette des fruits : on vient ici essentiellement pour se relaxer.

En retrait de la sinueuse route n°6 entre Balik Pulau et Kampung Sungai Batu ; un 4x4 viendra vous chercher pour monter la colline raide qui mène au Malihom.

Le bus n°307 dessert Batu Maung toutes les 30 minutes depuis Weld Quay et Komtar (4 RM) ; un taxi revient à 50 RM.

Kampung Pulau Betong

Ce village de pêcheurs complètement à l'écart des sentiers battus est fait de charmantes maisons de *kampung*, de fleurs et de bateaux colorés. Vers 17h30, les pêcheurs débarquent et vendent leur poisson au petit marché près du port. Le bus n°403 relie Balik Pulau au marché (1,40 RM). Si, de là, vous parcourez encore 1,5 km, vous arriverez à **Pantai Pasir Panjang**, une plage déserte et immaculée dont le sable blanc a la texture du sucre en poudre – les rares personnes qui viendront jusqu'ici découvriront alors l'un des plus beaux endroits de l'île. La plage est adossée à un centre de formation du service national pour les jeunes diplômés entrant dans l'armée. Soyez vigilant si vous vous baignez : il y a un fort contre-courant en hiver.

Teluk Kumbar

Si des ensembles résidentiels peu gracieux ont récemment vu le jour dans les environs, l'ancien village malais de pêcheurs de **Teluk Kumbar**, à mi-chemin de Kampung Pulau Betong et de Batu Maung, demeure charmant et conserve sa belle et calme étendue de sable. Les Penangais qui font la route jusqu'ici n'ont qu'une chose en tête : déguster les produits de la mer. Arrêtez-vous comme eux à l'un des étals de cuisine malaise pour goûter un *mee udang* (nouilles épicées aux crevettes) ou allez à **Hai Boey Seafood** (☎013-488 1114 ; 29 MK9 Pasir Belanda, Teluk Kumbar ; plats 8-50 RM ; ⏲midi et soir), l'un des restaurants de poisson les plus réputés de Penang ; pensez à réserver une table si vous souhaitez vous y rendre un week-end ou un jour férié.

Les bus n°s 401 et 401E passent par Teluk Kumbar (4 RM) ; la course en taxi coûte environ 60 RM.

Langkawi, Kedah et Perlis

☎04 / 2,1 MILLIONS D'HABITANTS / SUPERFICIE 10 321 KM²

Dans ce chapitre »

Le top des restaurants

» Muda Coffee Shop (p. 208)
» Hungry Monkey (p. 202)
» Siti Fatimah (p. 203)
» Ashkim (p. 203)
» Marché de nuit de Langkawi (p. 201)

Le top des hébergements

» Bon Ton & Temple Tree (p. 198)
» Ambong Ambong (p. 199)
» Tanjung Rhu Resort (p. 201)
» Datai Langkawi (p. 201)

Pourquoi y aller

On appelle les Malais les *bumiputra* – fils de la terre –, et c'est dans le Kedah et le Perlis que cette terre est la plus riche, sur le plan géologique et culturel. De hautes formations calcaires dominent en effet les rizières où les paysans récoltent plus de la moitié de la production nationale de riz.

Cependant, peu d'étrangers voient tout cela. Même si l'État de Kedah figure parmi les plus touristiques de Malaisie, les voyageurs ne retiennent que la principale destination de vacances du pays : Pulau Langkawi, la plus grande île de cet État, réputée pour ses eaux claires et ses larges plages, ses paysages verdoyants et fertiles.

Proche de la Thaïlande, le Perlis, plus petit État de Malaisie, est encore moins connu que son voisin. Les voyageurs ne font souvent qu'y transiter, passant à côté de l'une des régions les plus accueillantes et importantes sur le plan culturel, et qui appartient au cœur malais du pays.

Quand partir

Kuala Kedah

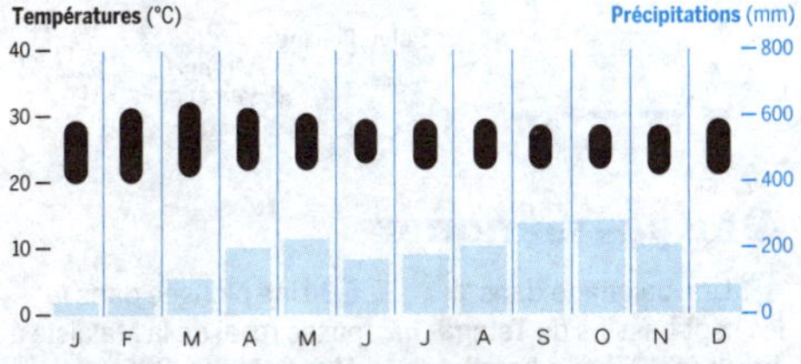

Fév Généralement le mois le plus sec dans la région, même si les températures peuvent être assez élevées.

Avr-oct Période la plus humide de l'année, avec des averses tropicales fréquentes. Les touristes sont peu nombreux.

Juil En général, le mois le plus agréable à Pulau Langkawi.

KEDAH

D'un point de vue touristique, il y a deux Kedah : l'île tropicale de Langkawi et ses îlots, et le Kedah continental, rural et peu visité. Dans le Kedah, grenier à riz de la Malaisie, l'horizon est dominé par les rizières. Les yeux se posent sur deux blocs de couleur : bleu-vert en haut et vert profond en bas, ce dernier sillonné par de fines bandes de bitume, qui forment un paysage épuré d'une grande beauté.

L'autre Kedah est celui que promeuvent les brochures touristiques à grand renfort d'expressions comme "baigné de soleil" et "paradis sur terre". La bonne nouvelle est

À ne pas manquer

1. Une baignade dans les sept bassins de **Telaga Tujuh** (p. 197), sur Langkawi
2. La montée de 708 m par le téléphérique **Panorama Langkawi** (p. 192) jusqu'au sommet du Gunung Machinchang pour une vue spectaculaire
3. Une plongée dans le passé royal de la Malaisie à **Alor Setar** (p. 205)
4. Les splendides plages de **Pulau Langkawi** (p. 193), idéales pour lézarder au soleil
5. Les falaises calcaires et l'ambiance de région frontalière reculée de **Taman Negara Perlis** (p. 210)
6. Le **Muzium Kota Kayang** (p. 210), l'un des musées provinciaux les plus intéressants du pays
7. L'ambiance typique des petites villes de Malaisie dans la minuscule **Kangar** (p. 210)

que les plages de Langkawi sont généralement à la hauteur de la réputation qui en est faite, que l'on peut y découvrir des poches de paysage verdoyant semblable à celui du Kedah continental, et que malgré l'afflux touristique, l'île n'oublie pas ses racines malaises. Donc, même en ne visitant du Kedah que Pulau Langkawi, vous aurez la possibilité d'y découvrir les deux facettes de l'État.

Histoire

Le Kedah a joué un rôle majeur dans l'histoire de la Malaisie, et son peuplement remonte à l'âge de la pierre. Certains des sites archéologiques les plus anciens du pays se situent près du Gunung Jerai. Des découvertes plus récentes, à Lembah Bujang, datent de la période hindo-bouddhiste du IVe siècle et les origines de l'actuelle famille royale remontent directement à cette époque. Ces découvertes indiquent que la région fut le berceau de la civilisation hindo-bouddhiste dans la péninsule – la société qui allait devenir la pierre angulaire de la culture malaise – et l'un des premiers lieux à entrer en contact avec les marchands indiens. Ces derniers finirent par importer l'islam en Malaisie, une religion dont l'influence culturelle se fait tout particulièrement sentir ici.

Aux VIIe et VIIIe siècles, le Kedah payait un tribut à l'empire Srivijaya de Sumatra. Il tomba ensuite sous l'emprise du Siam jusqu'au XVe siècle, avant que l'essor de Melaka entraîne l'islamisation de la région. Au XVIIe siècle, il fut attaqué par les Portugais, qui s'étaient déjà emparé de Melaka, et par le royaume d'Aceh (Sumatra), qui voyait dans le Kedah une menace pour sa propre production d'épices.

Espérant que les Britanniques l'aideraient à protéger du Siam ce qui restait de l'État, le sultan leur céda Penang à la fin du XVIIIe siècle. Mais au début du XIXe siècle, le Kedah se trouva de nouveau sous le contrôle des Siamois, soit directement, soit en tant que vassal, et ce jusqu'au début du XXe siècle, lorsque les Britanniques prirent le relais. Ce passé où le pouvoir oscilla entre Thaïlandais et Britanniques se manifeste à certains endroits par une culture hybride à la fois malaise et thaïlandaise.

Durant la Seconde Guerre mondiale, le Kedah fut, avec le Kelantan, la première région occupée par les Japonais. Après la guerre, en 1948, il intégra à contrecœur la fédération de Malaisie.

Lors des élections de 2008, le Kedah, traditionnellement un bastion du Barisan National (le parti au pouvoir) s'est nettement prononcé en faveur de l'opposition, notamment pour le Parti Islam Se-Malaysia (PAS).

Pulau Langkawi

64 800 HABITANTS

Langkawi est synonyme de "paradis tropical", et non sans raison : depuis 2008, le nom officiel de l'archipel est Langkawi Permata Kedah (Langkawi, le joyau du Kedah), nom inspiré sans aucun doute par ses eaux claires, ses plages relativement sauvages et sa jungle préservée. Composé de 99 îles, dont la plus grande est Pulau Langwaki (478,5 km²), l'archipel attirait déjà beaucoup de touristes avant d'être déclaré zone franche en 1986. Toutefois, malgré sa forte fréquentation, il n'a pas été défiguré par le développement touristique. Éloignez-vous un peu des belles plages principales pour découvrir la magnifique campagne malaise, ses *kampungs* (villages) et leurs lampes à huile. C'est le genre d'île tropicale qui ne manque pas de spas, de restaurants de poisson et de bars de plage, mais dont les habitants continuent à vivre comme leurs ancêtres le faisaient.

À voir et à faire

KUAH ET SES ENVIRONS

On vient généralement à Kuah, la principale localité de Langwaki, pour ses banques, ses ferries ou ses boutiques détaxées.

GRATUIT Lagenda Langkawi Dalam Taman PARC À THÈME

(Carte p. 190 ; Jln Persiaran Putra ; 8h-19h). Ce parc sur le thème du folklore, joliment dessiné, s'étend le long du front de mer. Des statues colorées, disséminées parmi les lacs, illustrent plusieurs légendes locales, expliquées en anglais. Apprécié des joggeurs, le parc possède une plage étroite sans grand intérêt.

Langkawi Bird Paradise ZOO

(Carte p. 190 ; 1485 Jln Kisap, en retrait de Jln Air Hangat ; adulte/enfant 28/18 RM ; 8h30-18h). Le Langkawi Bird Paradise se targue

Pulau Langkawi

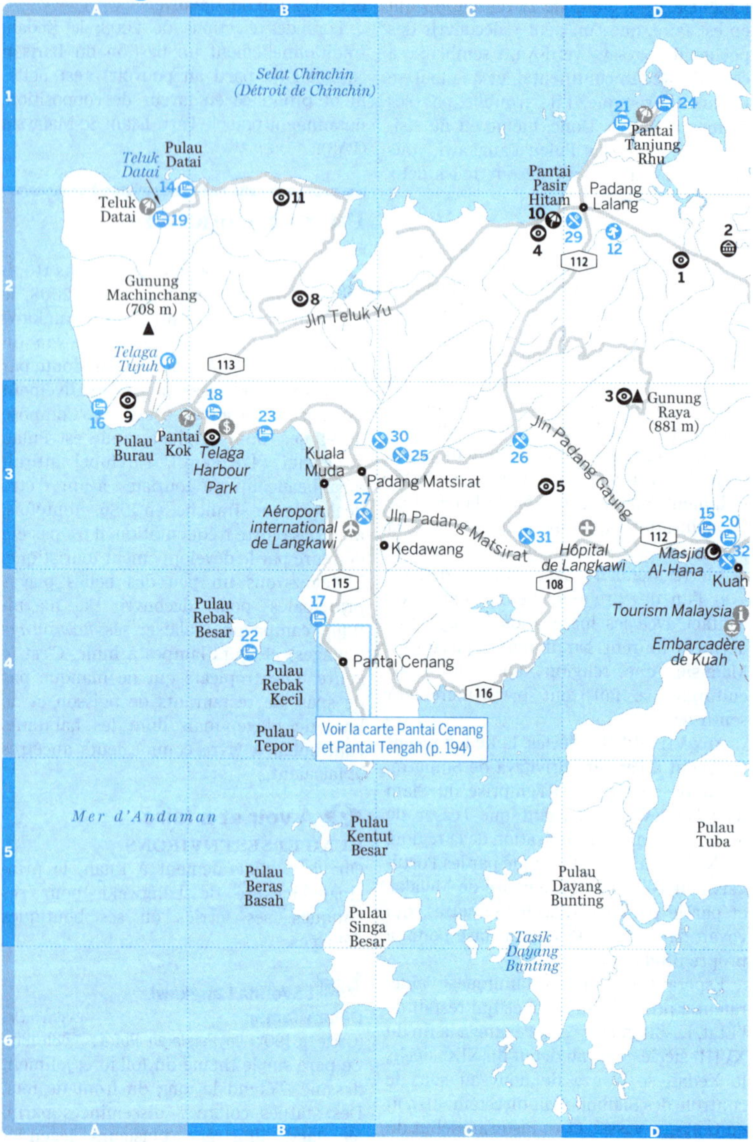

d'être le premier parc animalier entièrement couvert d'Asie. Bien qu'il abrite de nombreux animaux (surtout des oiseaux exotiques), le fait que l'on encourage les visiteurs à les nourrir et l'état relativement mauvais de l'environnement où vivent ces animaux nous obligent à déconseiller ce zoo plutôt qu'à le recommander. À 3 km environ au nord de Kuah.

PANTAI CENANG

Underwater World AQUARIUM

(Carte p. 194 ; www.underwaterworldlangkawi.com.my ; Pantai Cenang ; adulte/enfant 38/28 RM ;

⏲10h-18h). Cet aquarium, le plus grand du pays, abrite quelque 200 espèces de mer et d'eau douce. Certaines installations (surtout la balade en forêt tropicale) sont bien réalisées, mais d'autres auraient besoin d'être rafraîchies. Cela dit, entre les facéties des singes, les poissons multicolores et les déambulations des manchots, les enfants ne font généralement pas la fine bouche.

GRATUIT **Laman Padi** MUSÉE

(Rice Garden ; carte p. 194 ; ⏲10h-18h). Les enfants adoreront ce complexe "écotouristique" qui donne l'impression d'être abandonné et qui comprend des rizières peuplées de karbaux et de canards. Si vous parvenez à trouver un employé (nous n'avons pas eu cette chance), vous pourrez obtenir des informations et peut-être même vous essayer à planter du riz. On y trouve un modeste musée consacré à la culture du riz, un restaurant et le **Nawa Sari Spa** (carte p. 194 ; ☎955 4168 ; Laman Padi ; ⏲10h-20h), où se détendre sous les mains des masseurs thaïlandais tout en contemplant les rizières (massages 45-100 RM).

Nithi Ayurvedic Massage SPA

(Carte p. 194 ; ☎955 9078 ; www.langkawi-ayurvedic-massage.com ; Pantai Cenang ; ⏲10h-19h). Les clients sont enchantés des soins comme le *shiro dhara,* une massage de la tête et des épaules durant lequel on vous verse sur le front en flux continu de l'huile tiède parfumée aux herbes. Comptez 65-195 RM pour les soins.

PANTAI TENGAH

La majorité des spas et pédicures de l'île se trouvent dans l'artère principale, dans Pantai Tengah. Les massages coûtent en moyenne 150 RM/heure et les soins, du visage et autres, coûtent à partir de 60 RM. La plupart des établissements suivants proposent de vous y conduire gratuitement ; appelez pour avoir plus de détails.

Alun-Alun Spa SPA

(Carte p. 194 ; ☎955 5570 ; www.alunalunspa.com ; ⏲11h-23h). Possédant trois adresses sur l'île, Alun-Alun est facile d'accès et a bonne presse. Les produits naturels/bio du spa sont aussi proposés à la vente.

Ishan Spa SPA

(Carte p. 194 ; ☎955 5585 ; www.ishanspa.com ; ⏲10h-20h). Un établissement qui compte 6 suites où se faire dorloter – soins capillaires, gommages du corps et autres – dans un cadre à la décoration traditionnelle.

Ayer Spa SPA

(Carte p. 194 ; ☎955 6776 ; www.ayerspa.com.my ; ⏲10h-23h). Massages malais à des prix abordables, pratiqués dans un bâtiment confortable en bois.

Pulau Langkawi

À voir

1 Durian Perangin D2
2 Galeria Perdana D2
3 Gunung Raya D3
4 Kompleks Kraf Langkawi C2
5 Kota Mahsuri C3
6 Lagenda Langkawi Dalam Taman E4
7 Langkawi Bird Paradise E3
8 Langkawi Crocodile Farm B2
9 Oriental Village A3
10 Pantai Pasir Hitam C2
11 Temurun Waterfall B2

Activités

12 Air Hangat D2
13 East Marine E4
Langkawi Coral ...... (voir 6)
Langkawi Elephant Adventures ...... (voir 9)
Panorama Langkawi ...... (voir 9)
Tiger! Tiger! ...... (voir 9)

Où se loger

14 Andaman Langkawi A1
15 Bayview Hotel D3
16 Berjaya Langkawi A3
17 Bon Ton & Temple Tree B4
18 Danna B3
19 Datai Langkawi A2
20 Eagle Bay Hotel D3
21 Four Seasons Resort D1
22 Rebak Marina Resort B4
23 Sheraton Langkawi Beach Resort B3
24 Tanjung Rhu Resort D1

Où se restaurer

25 Ashkim C3
Nam ...... (voir 17)
26 Marché de nuit (Jalan Makam Mahsuri Lama) C3
27 Marché de nuit (Kedawang) B3
28 Marché de nuit (Kuah) E3
29 Marché de nuit (Padang Lalang) D2
30 Marché de nuit (Padang Matsirat) C3
Privilege ...... (voir 18)
31 Siti Fatimah C3
32 Wonderland Food Store D3

Où prendre un verre

Charlie's Place ...... (voir 13)

Achats

Atma Alam Batik Art Vilage ...... (voir 25)

Sun Spa SPA
(Carte p. 194 ; ☎955 9287 ; ⏰13h-22h). Une gamme intéressante de forfaits abordables.

PANTAI KOK ET SES ENVIRONS

Oriental Village PARC D'ATTRACTIONS
(Carte p. 190 ; www.orientalvillage.my ; Pantai Kok ; ⏰la plupart des boutiques 10h-19h). Même si vous n'êtes pas accro au shopping, ce centre commercial en plein air qui ressemble à un parc à thème offre les attractions les plus intéressantes de l'île. Le **Panorama Langkawi** (carte p. 190 ; www.panoramalangkawi.com ; ⏰10h-20h lun-mar, 12h-20h mer, 10h-20h jeu, 9h30-20h ven-dim) est un téléphérique qui atteint le sommet du majestueux Gunung Machinchang (708 m) en une grimpée vertigineuse de 20 minutes. La vue que l'on a en chemin est magnifique et, au sommet, il est possible de traverser le SkyBridge, un pont suspendu à travée unique situé 100 m au-dessus de la canopée de la jungle. L'Oriental Village compte d'autres attractions : les **Langkawi Elephant Adventures** (carte p. 190 ; www.gajah.org ; promenades à dos d'éléphant pour 2 adultes et 1 enfant 80/200 RM les 5 min/15 min ; ⏰10h30-13h et 14h-17h45), bien trop chères ; **Tiger! Tiger!** (carte p. 190 ; entrée libre ; ⏰10h-19h), une exposition et une galerie sur le thème des tigres ; ainsi que plusieurs restaurants et boutiques de souvenirs.

TELUK DATAI ET SES ENVIRONS

Cascade de Temurun CASCADE
(Carte p. 190). Une courte marche au départ de la route principale conduit à la cascade la plus haute de l'île et qui mérite le détour. L'embranchement se situe à l'est de la gigantesque arche en béton qui enjambe la route.

Langkawi Crocodile Farm FERME
(Carte p. 190 ; adulte/enfant 20/15 RM ; ⏰9h-18h). Vous apprécierez peut-être si le bien-être des reptiles vous importe peu, mais les bassins sales et exigus et le fait que les résidents finissent souvent dans l'assiette en découragent plus d'un.

TANJUNG RHU ET SES ENVIRONS

Le débarcadère situé à proximité de Tanjung Rhu est le principal point d'arrivée des **excursions en bateau**, très appréciées, à travers les immenses forêts de palétuviers qui bordent une grande partie du littoral nord-est de Langkawi. Sorties d'observation des aigles et arrêts possibles dans des grottes et dans des fermes aquacoles. Les excursions circulent de 9h à 17h, et les bateaux peuvent transporter jusqu'à 8 passagers (à partir de 250 RM pour une excursion d'une heure).

Durian Perangin CASCADE

(Carte p. 190). Cette cascade est située à 3 km de la route n°113, juste au sud de Tanjung Rhu. Les bassins, plus haut dans la forêt, à 10 minutes de marche, invitent à la baignade. Moins spectaculaire en saison sèche, la cascade mérite le détour à la fin de la mousson, fin septembre et début octobre.

Air Hangat SOURCES THERMALES

(Carte p. 190 ; ⌚8h-18h). Ce village, situé au sud de Tanjung Rhu, est connu pour ses sources thermales, où l'on peut se tremper les pieds gratuitement, prendre un bain dans une salle privée (70 RM/heure) ou se faire masser (80 RM/heure). Le complexe moderne organise d'occasionnels "spectacles culturels" (renseignez-vous à l'office du tourisme). Les sources, comme ailleurs à Langkawi, sont associées à une légende.

Pantai Pasir Hitam PLAGE

(Carte p. 190). À l'ouest de Tanjung Rhu et figurant sur tous les itinéraires de circuits en bus, Pantai Pasir Hitam est la décevante "plage de sable noir" de Langkawi. Il ne s'agit pas à proprement parler d'une plage de sable noir, mais la côte est teintée d'oxydes de minéraux. Vous y découvrirez un petit marché touristique et, désolante toile de fond, la cimenterie de Kedah, qui crache de la fumée au milieu de la verdure.

LES PLAGES DE LANGKAWI

Langkawi est vaste : elle mesure presque 500 km². Kuah, au sud-est de l'île, est la ville principale et le point d'arrivée des ferries, mais les plages vous attendent ailleurs.

La plus animée et la plus construite, **Pantai Cenang** est une plage sablonneuse longue de 2 km, superbe, avec son sable blanc, ses eaux turquoise, ses palmiers verts… Propice à la baignade malgré la présence fréquente de méduses, elle se prête à la pratique de toute une gamme de sports nautiques. À marée basse, un banc de sable apparaît parfois, permettant d'observer la vie marine. Entre novembre et janvier, on peut ainsi l'emprunter pour se rendre à pied jusqu'à **Pulau Rebak Kecil**, une île voisine, mais seulement pendant 2 heures à marée basse. Il est également possible de louer un bateau à Pantai Cenang pour rejoindre **Pulau Tepor**, autre île proche. Cenang abrite plusieurs complexes hôteliers haut de gamme très agréables, ainsi que la plupart des hébergements petits budgets et de catégorie moyenne de l'île. Le soir, un mélange éclectique d'expatriés, de touristes locaux, de baroudeurs et de vacanciers en voyage organisé se retrouve sur la route principale pour manger, boire, faire du lèche-vitrines et s'amuser.

Un peu plus au sud, Langkawi devient plus chic. Après avoir contourné une petite pointe rocheuse, la route débouche à **Pantai Tengah**. Cette plage est légèrement plus petite et plus étroite, et offre moins d'activités nautiques bruyantes que Pantai Cenang. Mais elle compte quelques grands complexes hôteliers en formule tout compris, de bons restaurants et bars, et de petits ensembles de bungalows meilleur marché.

Dans l'ouest de l'île, à 12 km au nord de Pantai Cenang, **Pantai Kok** s'étend dans une baie splendide entourée de montagnes calcaires et de jungle. Malheureusement, un centre commercial en plein air et le port voisin laissent un sentiment de surdéveloppement. Les environs comptent quelques complexes hôteliers haut de gamme, la plupart possédant une petite plage privée.

Dans l'angle nord-ouest de l'île, **Teluk Datai** abrite sans doute certaines des plages les plus belles et les plus isolées de l'île, mais elles ne sont vraiment accessibles qu'aux voyageurs qui séjournent dans l'un des deux complexes de luxe de la région.

Sur la côte nord, **Tanjung Rhu** est l'une des plages les plus belles et les plus larges de Langkawi, encadrée par de magnifiques formations calcaires formant une baie agréable. Par temps clair, le coucher du soleil est à couper le souffle. L'eau est peu profonde et, à marée basse (sauf pendant la mousson), un banc de sable permet de rejoindre à pied les îles voisines. Les seules options d'hébergement sont deux complexes hôteliers très chics.

AILLEURS SUR L'ÎLE

Gunung Raya MONTAGNE

(Carte p.190). Une route asphaltée sinueuse traverse la jungle jusqu'au point culminant de l'île (881 m). L'île et la Thaïlande, voisine, se dévoilent au fil de la spectaculaire montée. Au sommet, un point de vue et une petite maison de thé donnent sur un panorama époustouflant par temps clair. Les autorités en interdisent parfois l'accès ; dans ce cas, la barrière au pied de la montagne reste baissée.

Kota Mahsuri SANCTUAIRE

(Fort de Mahsuri ; carte p.190 ; adulte/enfant 15/5 RM ; ⏲8h-18h lun-jeu, 8h-18h30 ven-dim). Vers 1819 (la date exacte fait débat), Mahsuri, une princesse malaise légendaire, fut injustement accusée d'adultère et exécutée à coups de couteau. Dans son dernier souffle, elle lança une malédiction sur Langwaki, lui prédisant sept générations de malheur. Elle mourut juste après, en versant soi-disant du sang blanc, preuve de son innocence. Peu après, les Siamois envahirent l'île, et 160 ans plus tard, en 1987 (c'est-à-dire après sept générations), Langwaki devint une destination touristique prisée. C'est ce que veut la légende, en tout cas, célébrée par cet ensemble historique qui comprend le sanctuaire de Mahsuri et la reconstitution d'une maison traditionnelle, un théâtre, un "musée diorama" et quelques petites échoppes de nourriture.

La malédiction de Mahsuri semble se matérialiser de temps à autre dans le "champ du riz brûlé" du Padang Matsirat, non loin. À cet endroit, des villageois brûlèrent jadis leurs rizières pour éviter qu'elles tombent aux mains des envahisseurs siamois. Aujourd'hui encore, les fortes pluies ramèneraient parfois à la surface les traces des grains brûlés.

Ce site historique se trouve à l'ouest de Kuah, à quelques kilomètres de la route menant aux plages de la côte ouest et à l'aéroport.

Galeria Perdana MUSÉE

(Carte p.190 ; Mukim Air Hangat ; 10 RM ; ⏲8h30-17h30). Ce musée fut fondé par le Dr Mahathir pour présenter les cadeaux qui lui ont été offerts par les nations étrangères quand il était Premier ministre (voitures de F1, vases mings ornés à son effigie, etc.). À 8 km au nord de Kuah.

Pantai Cenang et Pantai Tengah

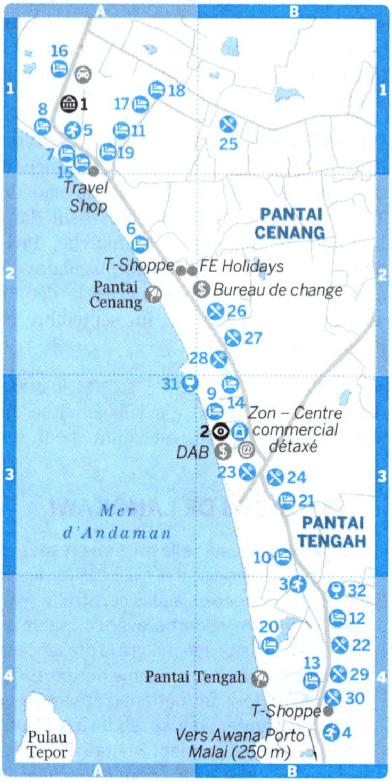

Activités et circuits organisés

Les circuits mentionnés ci-dessous peuvent être réservés dans n'importe quelle agence de voyages de Kuah et dans Pantai Cenang, et la plupart des complexes hôteliers haut de gamme organisent des excursions. Pendant la mousson, de juillet à mi-septembre, la mer est souvent trop agitée et imprévisible pour la plupart des excursions en bateau.

EXCURSIONS EN BATEAU

Langkawi compte plusieurs tour-opérateurs organisant des sorties en bateau. Presque tous proposent des croisières avec dîner, coucher du soleil et cocktail. Les bateaux partent de différents embarcadères situés sur toute l'île. Les réservations peuvent se faire par téléphone, par Internet ou par l'intermédiaire d'agences de voyages.

Pantai Cenang et Pantai Tengah

À voir
1 Laman Padi ... A1
2 Underwater World ... B3

Activités
3 Alun-Alun Spa ... B4
Ayer Spa ... (voir 3)
Helitours Langkawi ... (voir 10)
4 Ishan Spa ... B4
Nawa Sari Spa ... (voir 1)
5 Nithi Ayurvedic Massage ... A1
Sun Spa ... (voir 3)

Où se loger
6 AB Motel ... A2
Ambong Ambong ... (voir 4)
7 Beach Garden Resort ... A1
Cabin Resort ... (voir 14)
8 Casa del Mar ... A1
9 Delta Motel ... B3
10 Frangipani ... B3
11 Gecko Guesthouse ... A1
12 Green Village ... B4
13 Holiday Villa ... B4
14 Langkapuri Inn ... B3
15 Malibest Resort ... A1
16 Meritus Pelangi Beach Resort & aSpa ... A1
17 Palms Guest House ... A1
18 Rainbow Lodge ... A1
19 Sweet Inn ... A1
20 Tropical Resort ... B4
21 Villa Molek ... B3
Zackry Guest House ... (voir 22)

Où se restaurer
English Tea Room ... (voir 27)
22 Fat Mum ... B4
23 Hungry Monkey ... B3
24 La Chocolatine ... B3
25 Marché de nuit (Bohor Tempoyak) ... B1
Orkid Ria ... (voir 15)
Osteria ... (voir 21)
26 Putumayo ... B2
27 Red Tomato ... B2
Sheela's ... (voir 22)
28 Tomato ... B2
29 Troppo Co. ... B4
Unkaizan ... (voir 4)
30 USSR Restaurant ... B4

Où prendre un verre
Babylon ... (voir 15)
31 Cliff ... A3
La Sal ... (voir 8)
Little Lylia's Chill Out Bar ... (voir 14)
32 Sunba Retro Bar ... B4
Yellow Café ... (voir 14)

Blue Water CROISIÈRES
(☎013-407 3166 ; www.bluewaterstarsailing.com). Ce prestataire organise des dîners-croisières bien arrosés tous les jours de 14h à 20h (450 RM). Départ de l'embarcadère de Kuah. Transport non compris.

Crystal Yacht Holidays CROISIÈRES
(☎955 6545 ; www.crystalyacht.com ; Pantai Cenang). Propose un dîner-croisière prisé au coucher du soleil (250 RM). Les bateaux partent de l'embarcadère situé près de l'Awana Porto Malai, au sud de Pantai Tengah. Transfert compris depuis la plupart des hôtels.

Tropical Charters CROISIÈRES
(☎012-588 3274 ; www.tropicalcharters.com.my ; Pantai Tengah). Diverses croisières à partir de 220 RM. Les bateaux partent de l'embarcadère situé près de l'Awana Porto Malai, au sud de Pantai Tengah. Transfert compris depuis la plupart des hôtels.

Plongée et snorkeling

Destination favorite des expéditions de plongée de Langwaki, le **Pulau Payar Marine Park** englobe plusieurs îlots, autant de joyaux verts éparpillés dans l'océan turquoise. Pulau Payar, longue de 2 km, attire la plupart des sorties, mais vous ne visiterez probablement pas l'intérieur de l'île : l'action se concentre sur une plate-forme de plongée et un bout de côte en forme de fer à cheval. Renseignez-vous auparavant sur la visibilité, qui n'est pas toujours bonne. Lorsque l'eau est claire, on peut observer de superbes poissons tropicaux même sans plonger. Quelques prestataires spécialisés dans la plongée :

East Marine PLONGÉE ET SNORKELING
(Carte p. 190 ; ☎966 3966 ; www.eastmarine.com.my ; Jln Pantai Dato Syed Omar, Royal Langkawi Yacht Club, Kuah ; excursions snorkeling/plongée à partir de 230/250 RM ; ⌚8h-18h). Probablement le plus fiable de l'île. East Marine propose des excursions de plongée et snorkeling

LANGKAWI LA LÉGENDAIRE

Le nom de Langkawi combine les anciens mots malais *helang* (aigle) et *kawi* (fort). La littérature classique malaise affirme que l'île est l'une des retraites de Garuda, l'oiseau mythologique, véhicule de Vishnu. L'île entière est baignée de légendes, la plus populaire étant celle de Mahsuri, une jeune princesse accusée à tort d'infidélité. Avant son exécution, elle maudit l'île pour sept générations. Preuve de son innocence, du sang blanc coula de ses veines et transforma le sable de Langkawi en plages blanches. Son mausolée est connu aujourd'hui sous le nom de Kota Mahsuri.

Une autre légende concerne les noms de lieux. Les deux familles les plus puissantes de Pulau Langkawi se fâchèrent à la suite d'une demande en mariage et finirent par se bagarrer à coups d'ustensiles de cuisine. Le *kuah* (jus de viande), renversé à Kuah, s'infiltra dans le sol à Kisap (qui signifie "filtrer"). Une marmite atterrit à Belanga Perak (Marmite brisée), puis une casserole d'*air panas* (eau chaude) aboutit sur le site du village d'Air Hangat. Les pères des deux familles furent punis pour avoir causé un tel déchaînement : ils devinrent les deux principaux pics de Langkawi. L'étonnant Lagenda Langkawi Dalam Taman, à Kuah, vous dévoilera d'autres légendes.

d'une journée vers Pulau Payar, ainsi que des cours de certification PADI à partir de 1 300 RM.

Langkawi Coral PLONGÉE ET SNORKELING
(Carte p. 190 ; ☎899 8822 ; www.langkawicoral.com ; 64 Jln Tanjung Tokong, Kuah ; snorkeling/plongée à partir de 300/455 RM). Sorties de snorkeling/plongée à Pulau Payar qui incluent un buffet au déjeuner et du temps libre pour profiter du soleil et nourrir les poissons. Langkawi Coral tient une échoppe sur l'embarcadère des ferries de Kuah, ouverte de 7h à 21h environ.

Coral Island PLONGÉE ET SNORKELING
(www.coralisland.com.my ; snorkeling/plongée à partir de 120/200 RM). Excursions de snorkeling/plongée vers Pulau Payar. Réservation par Internet ou téléphone. Coral Island assure le transfert entre la plupart des endroits de l'île et le point de départ, à Kuah.

Hélicoptère

Helitours Langkawi VOLS PANORAMIQUES
(Carte p. 194 ; ☎012-484 2270 ; Pantai Tengah ; vol 550-3 750 RM). Survols en hélicoptère de la région d'une durée de 5 à 45 minutes. L'hélicoptère R44 peut accueillir 3 passagers.

Circuit d'île en île

Le circuit d'une journée permettant de découvrir plusieurs îles est le plus apprécié. La plupart des agences de voyages proposent ce genre d'escapade, pour un prix modique (25 RM/personne). **Coral Island** (www.coralisland.com.my) a bonne réputation. Les circuits passent généralement par le Dayang Bunting (lac de la Jeune Femme enceinte), situé sur l'île du même nom. Ce lac d'eau douce, entouré de falaises calcaires escarpées et d'une jungle épaisse, se prête bien à la baignade. Parmi les autres destinations, citons Pulau Beras Basah, des formations rocheuses marines, des grottes marines et une croisière dans les mangroves pour observer les aigles. Pulau Singa Besar, peuplée de chevrotains malais et de singes grincheux, est parfois au programme.

Circuits nature et aventures

Dev's Adventure Tours CIRCUITS GUIDÉS
(☎494 9193 ; www.langkawi-nature.com ; Pantai Cenang ; circuits 100-220 RM). Cyclisme, ornithologie, excursions dans les mangroves, randonnées dans la jungle, circuits culturels... ce prestataire propose un vaste choix de circuits. Ses guides et les services qu'ils proposent rencontrent un vif succès. Réservation par Internet ou téléphone ; transport assuré au départ de la plupart des hôtels.

Langkawi Canopy Adventures CIRCUITS GUIDÉS
(☎012-466 8027 ; www.langkawi.travel ; circuits 180-220 RM). La sortie qui rencontre le plus de succès est le "trek aérien" dans la canopée ; les excursions sont divisées en 2 niveaux de difficulté. Réservation indispensable quelques jours à l'avance, par téléphone ou Internet. Empruntez un taxi pour vous rendre sur le site (comptez 30 min depuis la plupart des endroits sur l'île), à Lubuk Semilang, au centre de Pulau Langkawi.

Fêtes et festivals

Avril

Festival international de l'eau de Langkawi SPORTS NAUTIQUES

Concours de châteaux de sable, course en kayak, chasse au trésor sous-marine et pêche ne sont que quelques-unes des activités au programme de ce festival annuel célébrant l'eau. La plupart des compétitions se tiennent à Pantai Kok et Pantai Cenang.

Festival international des arts de Langkawi (LIFA) ARTS

Organisé tous les deux ans, ce festival de 10 jours célèbre l'art local et international. Le prochain aura lieu en 2014.

Octobre/novembre

Salon maritime et aéronautique international de Langkawi SPECTACLE AÉRIEN

(www.lima.com.my). Le LIMA est considéré comme l'un des plus importants salons aéronautiques du monde.

Où se loger

Malgré l'apparente variété de l'hébergement, et sans doute en raison de l'isolement de l'île, les standards des établissements de Langkawi ne sont pas aussi élevés que ceux des autres stations balnéaires d'Asie du Sud. L'île abrite, bien sûr, des complexes hôteliers exceptionnels, mais les options de catégorie moyenne (et même nombre d'adresses haut de gamme) peuvent sembler tristes, et elle ne compte que peu d'auberges de jeunesse et de dortoirs destinés aux voyageurs peu fortunés.

L'île est souvent bondée et il est généralement nécessaire de réserver durant les vacances scolaires et en haute saison (novembre-février). Le reste de l'année, l'offre dépasse largement la demande.

Reportez-vous à l'encadré sur les plus belles plages de l'île (p. 193) pour décider où séjourner.

KUAH

Il n'y a aucune raison de loger à Kuah, à moins d'avoir une passion pour les boutiques détaxées. Mais si vous vous y retrouvez coincé, optez pour l'un des hôtels suivants :

Bayview Hotel HÔTEL **$$$**

(Carte p. 190 ; ☎966 1818 ; www.bayviewhotels.com ; 1 Jln Pandak Mayah ; ch/ste avec petit-déj 375-635/715-835 RM ; ❄@📶🏊). Installé dans une tour, cet hôtel de chaîne typique loue des chambres qui étaient vieillissantes lors de notre visite, mais celles des étages supérieurs jouissent d'une superbe vue. Si vous y séjournez, faites-nous connaître l'actualité du Woodpecker Lounge.

Eagle Bay Hotel HÔTEL **$$**

(Carte p. 190 ; ☎966 8585 ; www.eaglebay.com.my ; 33 Jln Persiaran Putra ; ch/ste 270-390/440-500 RM ; ❄📶🏊). Arborant des aigles sur sa façade, cet hôtel est situé à proximité de l'embarcadère. Les tarifs réduits sont en général moitié moins élevés que ceux indiqués ici, ce qui le place parmi les rares établissements de catégories petits budgets et moyenne à Kuah.

TOBOGGANS AQUATIQUES NATURELS

Pour changer un peu de l'océan, pourquoi ne pas essayer l'eau douce dans des bassins rocheux ? **Telaga Tujuh** ("sept puits"), se trouve dans l'arrière-pays, après Pantai Kok, au sommet d'une cascade, et se compose de plusieurs petits bassins reliés entre eux par un petit ruisseau (rafraîchissant) de montagne. Les bassins sont entourés d'une jungle dense peuplée de singes effrontés (et quelque peu intimidants – cachez toute nourriture), et bénéficient d'une belle vue sur l'île. En partant du sommet, les chenaux de pierre lisse permettent de glisser d'un bassin à un autre, surtout vers le bas. Sachez toutefois que ces dernières années, plusieurs personnes ont glissé par-delà la cascade partiellement encadrée par des barrières et se sont gravement blessées ou ont trouvé la mort.

Vous pouvez rejoindre la chute à moto, en voiture ou en taxi ; suivez la route et, à 1 km après Pantai Kok, prenez à droite à l'intersection et continuez jusqu'au parking, où la route se termine. De là, une petite ascension de 10 minutes à travers la forêt tropicale humide (restez à droite) vous mènera aux bassins. Vous pouvez aussi rejoindre à pied (2,5 km) la station de téléphérique, dans l'Oriental Village : des chaussures adaptées et un bon niveau de forme physique sont indispensables pour cette randonnée difficile.

INTERVIEW

NARELLE MCMURTRIE, HÔTELIÈRE

Propriétaire du Bon Ton & Temple Tree (ci-dessous), Narelle a vécu 18 ans sur Pulau Langkawi.

En quoi Langkawi est-elle différente des autres stations balnéaires d'Asie du Sud-Est ? Langkawi compte très peu d'hôtels. Durant ces huit dernières années, un seul cinq-étoiles a ouvert ses portes. Le développement se fait lentement, au rythme de la vie sur l'île. Les touristes voient donc une île authentique, dont les habitants n'ont pas été affectés par le tourisme.

Quelle est votre plage favorite ? L'une des plages désertes de l'île Dayan Bunting : petite baie superbe, eau claire et une plage privée.

Pouvez-vous conseiller une bonne table ? Mon adresse préférée pour le déjeuner est le Siti Fatimah. En principe, on y sert un buffet, comportant 70 plats pour environ 7 RM avec une boisson. Ils ne cherchent pas à vider les bourses et cuisinent avec tout leur cœur... Ce sont des personnes vraiment sincères.

Et un bon bar ? Le La Sal pour ses cocktails au coucher du soleil, le surf et le sable.

Une activité incontournable sur Langkawi ? Louer une voiture et explorer l'île.

Un aperçu intéressant de la vie quotidienne ? Si vous êtes ici durant le ramadan, vous pourrez déguster une cuisine familiale aux stands qui apparaissent un peu partout.

Quelle est la meilleure période pour visiter Langkawi ? Si vous voulez bronzer, c'est en décembre, janvier et février. Sinon, en mars, quand il ne pleut pas.

PANTAI CENANG ET SES ENVIRONS

♥ Bon Ton & Temple Tree HÔTEL DE CHARME $$$

(Carte p. 190 ; ☎955 1688 ; ❄@📶🏊). Quasiment reliés, ces deux hôtels de charme sont nos adresses préférées de Langkawi, si ce n'est de la région. Le **Bon Ton** (www.bontonresort.com.my ; villas avec petit-déj 650-1 270 RM) comprend 8 maisons malaises sur pilotis, installées sur des pelouses parmi les cocotiers, toutes dotées d'une magnifique terrasse en bois sombre et parfaitement orientées pour profiter de la brise. L'ensemble, à la fois majestueux et rustique, fait honneur à l'artisanat traditionnel et au respect de l'environnement. À côté, le **Temple Tree** (www.templetree.com ; ch/villas avec petit-déj 670-1 370 RM) place la barre très haut avec ses bâtiments anciens déménagés de différents lieux de Malaisie. Une imposante demeure chinoise, une villa en bois du Penang, des *shophouses* de style colonial et d'autres édifices restaurés composent cet ensemble grandiose. Les deux établissements partagent le goût du chic, du style, du service attentionné et... des chats !

Beach Garden Resort HÔTEL $$

(Carte p. 194 ; ☎955 1363 ; www.beachgardenresort.com ; ch 230-320 RM ; ❄📶🏊). Dans une ancienne école, propre et gaie, cette adresse de type complexe hôtelier est installée dans un endroit relativement calme de Pantai Cenang. Les 12 chambres sont dotées de meubles d'un certain âge et ont accès à une petite piscine et à un restaurant plaisant de style rustique.

Rebak Marina Resort COMPLEXE HÔTELIER $$$

(Carte p. 190 ; ☎966 5566 ; www.rebakmarina.com ; ch/ste avec petit-déj 1 100-1 450/1 750-2 050 RM ; ❄@📶🏊). Au large de Pantai Cenang, la petite île de Rebak Besar abrite ce complexe sélect de bungalows spacieux et élégants, installés dans un jardin paysager. Tous les équipements rêvés sont au rendez-vous : salle de gym, spa, courts de tennis, et restaurants. Transferts depuis l'aéroport de Langkawi compris dans les tarifs. Les forfaits sont très avantageux par rapport aux prix indiqués.

Casa del Mar HÔTEL DE CHARME $$$

(Carte p. 194 ; ☎955 2388 ; www.casadelmar-langkawi.com ; ste avec petit-déj 1 200-2 100 RM ; ❄@📶🏊). Somptueux établissement de style quelque peu espagnol, situé à l'extrémité nord, très paisible, de Pantai Cenang. Les chambres sont agrémentées d'éléments design et d'équipements technologiques, ainsi que d'un petit jardin privatif ou d'un balcon. Différents forfaits sont disponibles et les tarifs varient fortement selon la demande.

Malibest Resort HÔTEL $$

(Carte p. 194 ; ☎955 8222 ; www.malibestresort.com ; ch 120-250 RM ; ❄📶). Une adresse accueillante et conviviale, dont les chambres donnent sur la partie la plus animée de Pantai Cenang. Vous aurez le choix entre des bungalows de brique en duplex assez modernes, et, top du top, des maisons "dans les arbres", perchées sur de hauts pilotis, avec vue dégagée sur la mer.

Cabin Resort HÔTEL $$

(Carte p. 194 ; ☎012-417 8499 ; www.thecabin.com.my ; ch 150 RM ; ❄📶). Dégageant une ambiance proche de celle d'un camping-caravaning, cet établissement propose 10 bungalows en duplex à proximité de la plage. Petites mais douillettes et dotées de meubles colorés de type scandinave, les chambres ont plus de charme que dans la plupart des autres hôtels de catégorie moyenne.

Meritus Pelangi Beach Resort & Spa
COMPLEXE HÔTELIER $$$

(Carte p. 194 ; ☎952 8888 ; www.meritushotels.com ; ch/ste à partir de 1 030 RM ; ❄@📶🏊). Vaste complexe destiné aux familles, offrant de nombreux équipements, des activités pour les enfants, des restaurants et une immense piscine. Les chambres ont souvent un côté sombre et conservateur, mais les travaux de rénovation en cours en changeront sans doute l'atmosphère.

Delta Motel HÔTEL $

(Carte p. 194 ; ☎955 1307 ; www.facebook.com/deltamotel ; ch 60-140 RM, bungalows 70-100 RM ; ❄📶). Les grands arbres et les bungalows au toit pointu donnent à cette option de plage une atmosphère typique de camping. L'extérieur des bungalows cache un intérieur un peu décevant. Mieux vaut opter pour l'une des nouvelles chambres.

Langkapuri Inn HÔTEL $$

(Carte p. 194 ; ☎955 1202 ; ch avec petit-déj 140-220 RM ; ❄📶). Un agréable ensemble de bungalows reliés entre eux, à l'extrémité sud de la plage. Les plus chers, avec aussi plus de caractère, donnent sur la mer. Mieux vaut éviter les moins chers, qui ont besoin d'un coup de neuf.

AB Motel HÔTEL $$

(Carte p. 194 ; ☎955 1300 ; ch 60-150 RM ; ❄). Une option assez rudimentaire de chambres accusant leur âge, mais dont les voyageurs disent du bien pour sa propreté et sa grande proximité de la plage.

PANTAI TENGAH ET SES ENVIRONS

♥ **Ambong Ambong** HÔTEL $$$

(Carte p. 194 ; ☎955 8428 ; www.ambong-among.com ; ste avec petit-déj 685-1 195 RM ; ❄📶🏊). Cet ensemble de bâtiments contemporains et minimalistes accrochés à une colline recouverte de jungle offre un contraste très agréable. Vous pourrez opter pour l'une des 4 suites-studio avenantes ou l'un des grands bungalows de 2 chambres. Tous sont élégants et spacieux, et ont un balcon donnant sur la campagne. Un massage est

HÉBERGEMENT POUR PETITS BUDGETS

C'est à **Pantai Cenang** (carte p. 194) que se trouve la majorité des adresses pour petits budgets de Langkawi.

Sweet Inn (☎955 8864 ; ch avec petit-déj 80-100 RM ; ❄📶). Ce joli bâtiment orange, agrémenté de tables abritées sous des parasols, offre des chambres qui restent fraîches malgré la chaleur et une salle commune agréable, où rencontrer d'autres voyageurs.

Palms Guest House (☎017-631 0121 ; ch 55-75 RM ; ❄📶). Les chambres sont rudimentaires mais propres, et entourent une cour de gravier, ombragée par des palmiers. Option d'un bon rapport qualité/prix, même si nous avons trouvé le service médiocre, voire inexistant.

Gecko Guesthouse (☎019-428 3801 ; rebeccafiott@hotmail.com ; dort/ch 15/35-60 RM ; ❄📶). Un ensemble de bungalows, de chalets et de dortoirs, où la salle commune est fréquentée par de nombreux rastas et le bar sert de délicieux milk-shakes au chocolat.

Rainbow Lodge (☎955 8103 ; www.rainbowlangkawi.com ; dort/ch 18/50-150 RM ; ❄@📶). Un peu éloignée de la plage, cette adresse est correcte si vous recherchez un lit bon marché pour vous reposer entre vos repas et vos folles soirées.

offert. L'une des adresses les plus raffinées de Langkawi.

Villa Molek HÔTEL, APPARTEMENT $$$
(Carte p. 194 ; ☎955 2995 ; www.villamolek.com ; ste avec petit-déj 635 RM ; ❄📶🏊). Établissement où l'on se sent chez soi, idéal pour un séjour paisible. Il comprend 12 suites de type appartement, chacune avec salon et kitchenette. Les chambres sont installées dans un petit jardin isolé, séparé de la plage par la rue. La majorité de la clientèle est plutôt âgée. L'établissement n'accepte pas les moins de 18 ans.

Frangipani COMPLEXE HÔTELIER $$$
(Carte p. 194 ; ☎952 0000 ; www.frangipani-langkawi.com ; ch/ste avec petit-déj 700-1 200/1 500-1 800 RM ; ❄@📶🏊). Son service sympathique, ses efforts écologiques et son emplacement sur une plage paisible sont autant de raisons de séjourner dans ce vaste complexe, même si les chambres se révèlent un peu exiguës.

Zackry Guest House PENSION $
(Carte p. 194 ; www.zackryguesthouse.langkawi-networks.com ; ch 35-90 RM ; ❄@📶). Cette immense pension sympathique et désordonnée, tenue en famille, est le genre d'option où l'on rencontre facilement la population locale. Basiques, les chambres n'en sont pas moins propres et confortables, et seule la moitié d'entre elles ont une sdb privative. Nombreux espaces communs. Séjour minimum de 2 nuitées. Pas de réservation par téléphone.

Tropical Resort HÔTEL $$
(Carte p. 194 ; ☎955 4075 ; www.tropicalresortlangkawi.com ; ch avec petit-déj 120-150 RM ; ❄@📶). Bungalows impeccables et bien tenus, blottis dans un endroit tranquille en retrait de la plage, à quelques minutes de marche du rivage. Lors de notre passage, des travaux de rénovation devaient ajouter un peu d'élégance aux chambres, et il était prévu d'installer une piscine.

Green Village HÔTEL $$
(Carte p. 194 ; ☎955 3117 ; www.greenvillage-langkawi.com ; ch avec petit-déj 140-230 RM ; ❄@📶🏊). Composé de plusieurs villas basses reliées entre elles qui encadrent une piscine et un jardin, le Green Village loue des chambres petites et ordinaires, mais la maison dans l'arbre, les vélos et le billard en font un bon choix pour les familles au budget serré.

Holiday Villa COMPLEXE HÔTELIER $$$
(Carte p. 194 ; ☎952 9999 ; www.holiday-villahotellangkawi.com ; ch/ste avec petit-déj 460-520/1 000-3 600 RM ; ❄@📶🏊). Ce vaste complexe, dont l'ambiance rappelle les années 1980, dispose de courts de tennis, d'une salle de sport, de plusieurs restaurants et d'une piscine couverte "réservée aux femmes". Chambres aérées et bien meublées, donnant sur les pelouses et sur la plage de sable blanc.

Awana Porto Malai COMPLEXE HÔTELIER $$$
(☎955 5111 ; www.awana.com.my ; ch/ste avec petit-déj 358-531/849-4 800 RM ; ❄@📶🏊). Un somptueux complexe isolé, au sud de Pantai Tengah. Les chambres sont propres, bien qu'un peu défraîchies, et beaucoup donnent sur un joli port. La seule plage se trouve sur une île située juste en face du complexe, que l'on rejoint par un court trajet en bateau.

PANTAI KOK ET SES ENVIRONS

Danna HÔTEL DE LUXE $$$
(Carte p. 190 ; ☎959 3288 ; www.thedanna.com ; ch/ste avec petit-déj 1 400-1 700/3 000-20 000 RM ; ❄@📶🏊). Cet imposant hôtel de style colonial semble vouloir instaurer de nouveaux standards en matière d'hébergement de luxe sur Langkawi. Les chambres sont immenses et présentent de beaux meubles et des sols en marbre. On y trouve aussi une île privée artificielle au milieu de la plus grande piscine d'hôtel de Langkawi. Le Danna possède plusieurs lieux de restauration, et a l'avantage d'être à proximité de restaurants, bars et clubs du Telaga Harbour Park.

Berjaya Langkawi COMPLEXE HÔTELIER $$$
(Carte p. 190 ; ☎959 1888 ; www.berjayahotel.com ; ch/ste avec petit-déj 820-1 510/1 770-2 610 RM ; ❄@📶🏊). Après le promontoire, à l'extrémité nord-ouest de la plage, l'immense Berjaya semble occuper toute la côte nord-ouest de l'île. Il compte 500 chambres réparties sur un vaste domaine ; des minibus conduisent les clients de la réception aux bungalows. Les suites en bord de mer sont les plus belles, les autres donnent sur la luxuriante forêt tropicale humide. Pour tout séjour, un circuit dans la jungle est offert.

Sheraton Langkawi Beach Resort COMPLEXE HÔTELIER $$$
(Carte p. 190 ; ☎952 8000 ; www.sheraton.com/langkawi ; ch/ste avec petit-déj 1 380-1 500/

1 700-6 700 RM ; ❄@📶🏊). Au sud-est des autres *resorts*, ce Sheraton apprécié des familles jeunes assure les prestations attendues d'un cinq-étoiles dans un cadre plaisamment isolé, sur un promontoire boisé en front de mer. Malgré une rénovation en cours, les chambres sont souvent un peu sombres et ne semblent plus de première jeunesse.

TELUK DATAI

Datai Langkawi COMPLEXE HÔTELIER $$$

(Carte p. 190 ; ☎959 2500 ; www.thedatai.com.my ;ch/ste avec petit-déj 2 300-3 200/3 300-22 000 RM ; ❄@📶🏊). Niché dans un coin de jungle, à l'extrémité nord-ouest de l'île, le Datai est à la fois luxueux et sauvage. Optez pour les villas spacieuses et modernes installées dans la forêt tropicale humide ou celles en bord de mer. Toutes ont accès à des d'équipements dignes d'une petite ville (spas, salles de gym, yoga, etc.), ainsi qu'à l'une des plus belles plages de l'île. Une expérience haut de gamme unique.

Andaman Langkawi COMPLEXE HÔTELIER $$$

(Carte p. 190 ; ☎959 1088 ; www.luxurycollection.com/andaman ; ch/ste avec petit-déj 1 200-1 900/2 300-3 000 RM ; ❄@📶🏊). Dans un superbe bâtiment en bois de style malais, caché dans la forêt tropicale, cette luxueuse retraite offre tous les équipements habituels d'un établissement étoilé, des restaurants et une magnifique plage semi-privée. Pas de villas ni de bungalows, mais les chambres sont vastes et plaisantes, et la plupart ont une vue superbe.

TANJUNG RHU

♥ Tanjung Rhu Resort COMPLEXE HÔTELIER $$$

(Carte p. 190 ; ☎959 1033 ; www.tanjungrhu.com.my ; ch/ste avec petit-déj 1 400-1 600/1 800- 2 800 RM ; ❄@📶🏊). Ce complexe magnifiquement situé loue des chambres spacieuses et confortables avec balcon et vue magnifique sur les formations calcaires et les eaux vertes de Tanjung Rhu. Le service est à la fois compétent et sympathique, et l'établissement a une ambiance d'hôtel de famille. Seul inconvénient : il est éloigné de presque tous les sites d'intérêt, des restaurants et des clubs de Langkawi.

Four Seasons Resort COMPLEXE HÔTELIER $$$

(Carte p. 190 ; ☎950 8888 ; www.fourseasons.com/langkawi ; ch/ste avec petit-déj 2 000-2 700/5 900-21 800 RM ; ❄@📶🏊). Avec son ambiance jeune (du moins pour un complexe Four Seasons) et sa décoration au thème vaguement marocain, ce Four Seasons figure parmi les complexes les plus exceptionnels et les plus luxueux de Langkawi. Il propose tous les équipements auxquels on s'attend dans un établissement de ce niveau, et le service est impeccable. Outre la dimension impressionnante des sdb, nous avons adoré le cadre, dans une partie de la forêt tropicale bien entretenue, et la plage semi-privée.

Où se restaurer

ENVIRONS DE KUAH

Wonderland Food Store CHINOIS $$

(Carte p. 190 ; Lot 179-181, Pusat Perniagaan Kelana Mas, Kuah ; plats à partir de 10 RM ; ⏲dîner).

MARCHÉ DE NUIT DE LANGKAWI

La cuisine locale est parfois difficile à trouver sur Langkawi. Heureusement, les amateurs de plats malais s'en donneront à cœur joie au *pasar malam* (marché de nuit) itinérant qui se tient en divers lieux de l'île. C'est l'occasion de déguster des repas et des en-cas à emporter bon marché. Il est ouvert de 18h à 22h environ aux endroits suivants :

Lundi Jalan Makam Mahsuri Lama (carte p. 190), dans le centre de l'île, pas très loin du parc agrotechnologique MARDI.

Mardi Kedawang (carte p. 190), à l'est de l'aéroport.

Mercredi et samedi Kuah (carte p. 190), en face de la mosquée Al-Hana. C'est le plus grand de tous.

Jeudi Bohor Tempoyak (carte p. 194), à l'extrémité nord de Pantai Cenang.

Vendredi Padang Lalang (carte p. 190), au rond-point près de Pantai Pasir Hitam.

Dimanche Padang Matsirat (carte p. 190), près du rond-point situé juste au nord de l'aéroport.

De tous les restaurants de poissons chinois situés à l'extérieur de Kuah, le Wonderland est le plus ancien et celui qui reçoit les meilleures critiques. C'est un lieu en plein air et décontracté où les plats sont savoureux et bon marché.

PANTAI CENANG ET SES ENVIRONS

Nam INTERNATIONAL $$

(Carte p. 190 ; ☎955 3643 ; plats 30-74 RM ; ⌚11h-23h ; ✎). Au Bon Ton Resort, le Nam prépare une délicieuse cuisine fusion, du carré d'agneau grillé accompagné de citrouille rôtie, houmous, salade de menthe et confiture de tomate, aux 9 plats du menu dégustation de cuisine chinoise des Détroits. Nombreux plats végétariens. Le soir, le domaine boisé et étoilé du Bon Ton offre un cadre superbe. Réservations recommandées en haute saison (décembre-janvier).

Orkid Ria CHINOIS $$$

(Carte p. 194 ; plats à partir de 12 RM ; ⌚11h30-15h et 18h-23h). *Le* restaurant où aller déguster des fruits de mer chinois à Pantai Cenang. Les aquariums à l'extérieur contiennent les crevettes, poissons et crabes qui attendent d'être cuisinés. La climatisation ne gâte rien, mais l'addition est souvent salée.

English Tea Room CAFÉ $

(Carte p. 194 ; plats 6-15 RM ; ⌚8h-17h). Un minuscule café qui sert des sandwichs, des feuilletés à la saucisse, des tourtes, des scones et des gâteaux de bonne qualité. Un excellent choix pour changer des petits-déjeuners d'hôtel.

Tomato MALAIS $

(Carte p. 194 ; plats à partir de 4 RM ; ⌚24h/24). Ce restaurant de *kandar* (plats aux influences indiennes servis sur du riz) malais typique, sert d'excellents *roti* et les habituels riz et curries indiens et malais, à toute heure du jour et de la nuit.

Red Tomato INTERNATIONAL $$

(Carte p. 194 ; plats 20-40 RM ; ⌚9h-23h). Le Red Tomato est tenu par des expatriés qui préparent les meilleures pizzas et pâtes de l'île. De toutes les tables servant de la cuisine occidentale à Cenang, c'est sans doute la plus intéressante.

Putumayo ASIATIQUE, INTERNATIONAL $$

(Carte p. 194 ; plats 18-48 RM ; ⌚13h-23h). Service irréprochable (le serveur dépose votre serviette sur vos genoux), dans une jolie cour en plein air. Les mets s'inspirent de toute l'Asie, de la Malaisie à la Chine, en passant par la Thaïlande. Goûtez le délicieux poisson préparé à la nonya.

PANTAI TENGAH ET SES ENVIRONS

Hungry Monkey TURC $$

(Carte p. 194 ; plats 29-139 RM ; ⌚9h30-23h). Le Hungry Monkey se distingue par une salle confortable, un service sympathique et une carte qui va bien au-delà du kebab. Nous avons adoré le kebab Adana à l'agneau avec sa sauce à l'aubergine, qui, comme la plupart des plats, était copieux et savoureux et s'accompagnait d'un morceau de pain au levain maison.

Troppo Co. INTERNATIONAL $

(Carte p. 194 ; plats 10-28 RM ; ⌚9h-17h mer-lun). Un minuscule café qui sert du vrai café et des smoothies aux fruits, et présente une carte de plats de petits-déjeuners et de sandwichs créatifs.

La Chocolatine FRANÇAIS $$

(Carte p. 194 ; plats 10-15 RM ; ⌚9h-21h). Excellents desserts français – croissants, tartes et éclairs – ainsi que des salades légères, des sandwichs et des quiches. Sans oublier les cafés, les thés et le vrai chocolat chaud. Pour manger sur le pouce dans un cadre raffiné et climatisé.

Osteria ITALIEN $$

(Carte p. 194 ; plats 25-56 RM ; ⌚12h-23h). Prisé de la population locale, ce restaurant ouvert aux quatre vents sert des pizzas cuites au feu de bois, des pâtes maison et d'autres spécialités italiennes. Optez plutôt pour un dîner, car l'Osteria offre un cadre particulièrement romantique en soirée.

Unkaizan JAPONAIS $$$

(Carte p. 194 ; ☎955 4118 ; www.unkaizan.com ; plats 40-60 RM ; ⌚dîner). Encensée, la cuisine japonaise est servie dans un confortable bungalow, où l'on peut s'asseoir comme les Japonais à une table basse, ou dans un patio. La carte affiche tous les standards japonais, mais pensez à demander le tableau avec les plats du jour, où figurent généralement des plats à base de fruits de mer importés du Japon. Réservation recommandée.

Sheela's INTERNATIONAL $$

(Carte p. 194 ; plats 11-45 RM ; ⌚dîner mar-dim). Une carte éclectique, allant des spécialités malaises aux côtelettes d'agneau, que l'on sert dans un jardin plaisant.

Fat Mum CHINOIS $

(Carte p. 194 ; plats 7-16 RM ; dîner mer-lun). Une adresse bon marché et joyeuse dont l'ambiance peut devenir assez tumultueuse.

USSR Restaurant RUSSE $$

(Carte p. 194 ; plats 20-35 RM ; déj et dîner). Une option à l'atmosphère décontractée qui propose une carte inattendue. Au menu : bortsch, *manti* (raviolis vapeur) et autres spécialités russes.

PANTAI KOK ET SES ENVIRONS

Privilege MALAIS, INTERNATIONAL $$

(Carte p. 190 ; 1er ét., Telaga Harbour Park ; plats 32-178 RM ; 12h-23h lun-sam). Nous avons apprécié la salle intime et gaie, ainsi que la vue qu'elle offre sur le port, mais avons été un peu déçus par les plats "malais modernes" affadis. C'est tout de même un bon choix pour qui n'aime pas trop la cuisine épicée ou qui préfère le style au goût.

AILLEURS SUR L'ÎLE

Siti Fatimah MALAIS $

(Carte p. 190 ; Jln Kampung Tok Senik, Kawasan Mata Air ; repas à partir de 5 RM ; 8h-17h jeu-mar). Sans doute le restaurant le plus réputé de l'île pour déguster des plats malais… et il est à la hauteur de sa réputation. Les mets sont présentés sous forme de buffet, et les clients doivent choisir parmi les dizaines de curries, poissons grillés, sauces, légumes sautés, etc. forts en goût, mais à des prix doux. Le Siti Fatimah se trouve dans Jln Kampung Tok Senik, la route qui mène à Kota Mahsuri. La plupart des taxis connaissent l'adresse.

Ashkim TURC $$

(Carte p. 190 ; 012-687 0494 ; Jln Padang Matsirat, Padang Matsirat ; plats 22-150 RM ; 9h30-23h lun-sam, 12h-23h dim). Tenu par un couple germano-turc très sympathique, cet établissement sans prétention concocte des plats simples turcs et méditerranéens. Au menu : kebabs, salades, mezze et pain frais, préparés, pour la plupart, avec des ingrédients importés. L'Ashkim se trouve dans Jln Padang Matsirat, à côté de l'Atma Alam Batik Gallery. Téléphonez pour demander le chemin.

Où prendre un verre

Langkawi étant une zone franche, c'est l'un des meilleurs endroits du pays pour boire un verre. Dans les restaurants ou les hôtels, les boissons alcoolisées sont deux fois moins chères qu'ailleurs en Malaisie, et il y a aussi un bon choix de bars, la plupart situés dans la partie sud de Pantai Cenang.

Little Lylia's Chill Out Bar BAR

(Carte p. 194 ; Pantai Cenang ; 9h-4h). Ce bar accueillant, ouvert de longue date, déborde sur Pantai Cenang jusque tard dans la nuit. Si les tables et les chaises tiennent à peine debout, le service aimable et l'ambiance décontractée en font un lieu agréable.

Cliff RESTAURANT, BAR

(Carte p. 194 ; www.theclifflangkawi.com ; Pantai Cenang ; 11h-23h). Perché sur le promontoire rocheux qui sépare Pantai Cenang de Pantai Tengah, Cliff est l'endroit rêvé pour un cocktail au coucher du soleil. Le bar est toujours bondé, la carte des vins est excellente et la cuisine affiche des mets éclectiques, allant de spécialités européennes à des plats malais (38-68 RM).

Yellow Café RESTAURANT, BAR

(Carte p. 194 ; Pantai Cenang ; 13h-1h mar-dim). Un café sympa, rafraîchi par la brise, avec des tables donnant sur la plage et quelques bières d'importation. Entre 16h et 18h, une bière gratuite pour toute bière achetée.

Babylon BAR

(Carte p. 194 ; Pantai Cenang ; 16h-1h). À première vue, le Babylon est un bar de plage reggae typique, mais sa carte de cocktails variée, son stand de *satay* et ses tables installées sur deux niveaux le rendent un peu plus sophistiqué que la plupart.

La Sal RESTAURANT, BAR

(Carte p. 194 ; www.casadelmar-langkawi.com ; Casa del Mar, Pantai Cenang). Restaurant-bar à cocktails en plein air proposant des boissons créatives et une atmosphère vaguement européenne. En soirée, les tables sur le sable et l'éclairage aux flambeaux en font une adresse romantique pour un verre au coucher du soleil.

Charlie's Place RESTAURANT, BAR

(Carte p. 190 ; Jln Pantai Dato Syed Omar, Langkawi Yacht Club, Kuah ; 9h-24h). À environ 500 m en contre-haut de l'embarcadère, ce cube de glace domine le port. Bien qu'il soit situé dans le Langkawi Yacht Club, c'est un lieu accueillant et sans prétention, dont on apprécie autant le restaurant (plats 22-60 RM) que le bar.

Sunba Retro Bar BAR

(Carte p. 194 ; www.sungroup-langkawi.com ; Pantai Tengah ; 19h-tard). Le groupe jouant des reprises, le DJ et l'alcool détaxé mettent l'ambiance lors de ces fêtes qui se terminent tard dans la nuit.

Achats

Zone franche, Langkawi est un endroit relativement bon marché pour acheter des produits de luxe et de l'alcool. La plus grande concentration de boutiques détaxées se trouve sur l'embarcadère de Kuah et à l'extrémité sud de Pantai Cenang, près de l'Underwater World.

Atma Alam Batik Art Village ARTISANAT
(Carte p. 190 ; www.atmaalam.com ; Padang Matsirat ; 9h-18h). Un immense centre d'artisanat (avec musique de fond kitsch), qui met l'accent sur le batik. Les visiteurs peuvent peindre et remporter leur morceau de batik, moyennant 30 RM. Atma Alam se trouve dans Padang Matsirat, non loin de l'aéroport. La plupart des taxis connaissent l'adresse.

Kompleks Kraf Langkawi ARTISANAT
(Carte p. 190 ; www.malaysiacraft.com.my ; Pantai Pasir Hitam ; 10h-18h). Dans cet énorme complexe artisanal, on peut voir des artisans à l'œuvre et acheter toutes sortes de produits malais. Deux expositions sont consacrées aux légendes locales et aux mariages traditionnels. Le complexe se trouve dans la partie la plus au nord de l'île, presque en face de Pantai Pasir Hitam.

Renseignements

Accès Internet

La grande majorité des hôtels et beaucoup de restaurants proposent le Wi-Fi, mais les cybercafés sont peu nombreux et éloignés les uns des autres.

Happy Sky Net Cafe (Pantai Cenang ; 5 RM/h ; 9h-23h)

AGENCES DE VOYAGES

FE Holidays (955 3716 ; fe.holidays@gmail.com ; Pantai Cenang ; 10h-22h) et **Travel Shop** (955 8829 ; Pantai Cenang ; 10h-22h) vendent des billets pour tout transport, se chargent des locations de voiture, et fournissent des renseignements sur le snorkeling et les excursions en bateau.

Argent

Les seules banques de l'île se regroupent à **Kuah** et à **Telaga Harbour Park**, mais l'on trouve aussi des DAB à l'aéroport, près de l'embarcadère et à l'**Underwater World**. Pantai Cenang compte quelques **bureaux de change**. Ailleurs, vous devrez vous adresser aux hôtels, qui, d'une part, proposent des taux de change peu intéressants et, de l'autre, réservent parfois ce service à leurs clients.

Office du tourisme

Tourism Malaysia (966 7789 ; Jln Persiaran Putra, Kuah ; 9h-17h). Sur l'embarcadère de Kuah, cet office fournit des informations complètes sur l'île. Lors de notre passage, un autre bureau ouvrait ses portes à l'aéroport de Langkawi.

Services médicaux

Hôpital de Langkawi (966 3333 ; Jln Bukit Tengah, Kuah)

Sites Internet

www.langkawigeopark.com.my Renseignements sur les zones naturelles de l'île.

www.langkawi-online.com Une mine d'informations sur l'île.

www.mylangkawi.com Autre bonne source d'informations.

Depuis/vers Pulau Langkawi

Avion

L'**aéroport international de Langkawi** (955 1311) est situé dans l'ouest de l'île, à Padang Matsirat. On y trouve des DAB, des bureaux de change, des loueurs de voitures, des agences de voyages et, lorsque vous lirez ces lignes, il y aura un bureau de Tourism Malaysia.

Les compagnies aériennes suivantes proposent des vols au départ de Langkawi :

AirAsia (national 600-85 8888 ; www.airasia.com). Aéroport international de Langkawi (national 600-85 8888 ; rdc, aéroport international de Langkawi ; 7h30-21h). Vols quotidiens pour Kuala Lumpur, Penang et Singapour.

Firefly (national 03-7845 4543 ; www.firefly.com.my). Aéroport international de Langkawi (rdc, aéroport international de Langkawi ; 9h-17h). Vols quotidiens pour Kuala Lumpur (aéroport de Subang) et Penang.

Malaysia Airlines (national 1300-88 3000 ; www.malaysiaairlines.com). Aéroport international de Langkawi (955 6322, national 1300-88 3000 ; www.malaysiaairlines.com ; rdc, aéroport international de Langkawi ;

AVERTISSEMENT FERRY

Durant la mousson, de juillet à mi-septembre, il vous faudra peut-être renoncer à l'idée de vous rendre sur Langkawi en ferry. À cette époque de l'année, la mer est généralement très agitée et le trajet en ferry (en réalité une grosse vedette) risque d'être terrifiant et de provoquer de sérieux vomissements. Ce fut le cas de notre voyage depuis Penang, mi-juillet, aussi avons-nous pris l'avion pour le retour... Vous voilà prévenu !

⏲8h30-16h30 et 17h30-19h30). Cinq vols quotidiens à destination de Kuala Lumpur.

Silk Air (☎955 9771 ; www.silkair.com ; 1er ét., aéroport international de Langkawi ; ⏲14h-22h dim, 9h-17h lun, 14h-22h mar, 9h-17h mer-jeu et 14h-22h sam). Vols quotidiens pour Singapour.

Bateau

Tous les ferries de passagers partent du terminal des ferries de Kuah. Plusieurs compagnies, notamment **Langkawi Ferry Service** (LFS ; ☎966 9439 ; www.langkawi-ferry.com), ont fusionné et mettent à disposition un ferry commun pour Georgetown (Penang). Quelques autres destinations :

DESTINATION	DURÉE	TARIF ADULTE/ ENFANT	FRÉQUENCE
Kuala Perlis	1h	18/ 13 RM	ttes les 90 min, 7h30-18h30
Kuala Kedah	1h30	23/ 17 RM	ttes les heures, 7h30-18h30
Satun (Thaïlande)	1h30	30/ 23 RM	9h, 13h et 17h15
Ko Lipe (Thaïlande)	1h30	118 RM	9h15 (oct-mai uniquement)
Georgetown	2h30 - 3h	60/ 45 RM	14h30 et 17h15

ℹ Comment circuler

Depuis/vers l'aéroport/l'embarcadère

Les taxis pratiquent des tarifs fixes au départ de l'aéroport pour l'embarcadère de Kuah, Pantai Cenang ou Pantai Kok (24 RM), pour Tanjung Rhu (30 RM) et pour Teluk Datai (60 RM). Les tarifs sont à peu près équivalents pour rejoindre ces destinations au départ de l'embarcadère de Kuah. Achetez un coupon au guichet avant de quitter le terminal de l'aéroport et utilisez-le pour payer le chauffeur.

Moto et vélo

La moto constitue le meilleur moyen pour explorer l'île et vous pourrez en faire le tour (70 km) en une journée sans vous presser. Les routes sont excellentes et, en dehors de Kuah, il est agréable et facile de circuler. Partout dans l'île, des stands louent des motos (à partir de 20 RM/24h) et, plus rarement, des VTT (15 RM/jour).

Taxi

En l'absence de transports publics, les taxis restent la principale option, mais les tarifs sont assez élevés ; mieux vaut louer une voiture.Vous trouverez des stations de taxi à l'aéroport, à l'embarcadère et à **Pantai Cenang**, en face de Mertius Pelangi Beach.

Voiture

Louer une voiture ne revient pas cher et les rabatteurs des agences assaillent les arrivants à l'embarcadère. Avec un tarif de départ fixé à 60 RM par jour, vous pouvez espérer faire baisser le prix en marchandant. **T-Shoppe**, qui possède des annexes à **Kuah**, **Pantai Cenang** et **Pantai Tengah**, est pratique si vous souhaitez louer une voiture ou une moto.

Alor Setar

405 500 HABITANTS

Pour la plupart des voyageurs, la capitale du Kedah, également appelée Alor Star, n'est qu'un point de passage vers la Thaïlande, Langwaki ou le sud de la Malaisie. Vous pourrez toutefois y passer une journée sans vous ennuyer. La mentalité conservatrice de cette cité très malaise correspond à une interprétation plutôt stricte de l'islam et au respect de la monarchie locale.

À voir

GRATUIT **Muzium Negeri** MUSÉE

(Lebuhraya Darul Aman ; ⏲10h-17h sam-jeu). Le musée d'État se trouve à 2 km au nord du *padang* (aire de verdure qui fait aussi office de place principale). Sa petite collection rassemble des porcelaines chinoises, des objets provenant des fouilles de Lembah Bujang et des dioramas illustrant la vie des paysans et des familles royales. En taxi, comptez 10 RM depuis le centre-ville.

Alor Setar

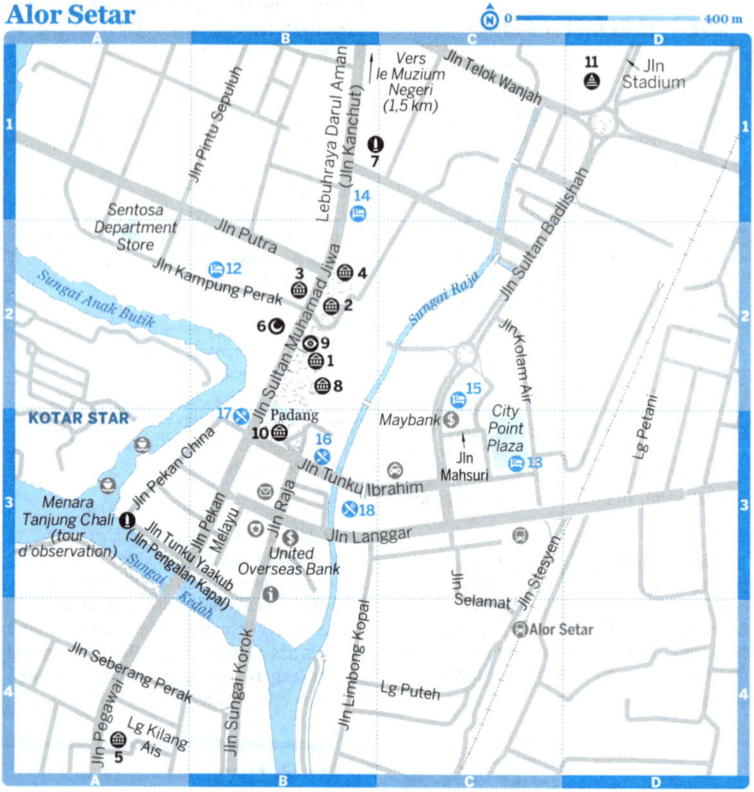

Alor Setar

À voir

1 Balai Besar B2
2 Balai Nobat B2
3 Tour de l'horloge B2
4 Galeri Sultan Abdul Halim B2
5 Maison natale de Mahathir A4
6 Masjid Zahir B2
7 Menara Alor Star B1
8 Muzium Diraja B2
9 Padang B2
10 State Art Gallery B3
11 Wat Siam Nikrodharam D1

Où se loger

12 Comfort Motel B2
13 Holiday Villa C3
14 Hotel Samila B1
15 New Regent C2

Où se restaurer

16 Kim Bee Chew B3
17 Muda Coffee Shop B3
18 Pekan Rabu B3

GRATUIT **Maison natale de Mahathir** MUSÉE
(18 Lg Kilang Ais ; 10h-17h sam-jeu, 10h-12h et 15h-17h ven). Le Dr Mahathir bin Mohamad fut le quatrième Premier ministre de la Malaisie et pendant longtemps une figure emblématique de la politique nationale. Il est né en 1925 à Alor Setar, et était le dernier de neuf enfants. La maison où il a grandi, la Rumah Kelahiran Mahathir, a été transformée en musée et contient des effets et des photos de la famille, ainsi que l'ancien vélo de l'homme d'État.

Menara Alor Star TOUR

(Tour des Télécommunications ; www.menaraalorstar.com.my ; Lebuhraya Darul Aman ; adulte/enfant 10/5 RM ; ⌚9h-22h). Avec ses 165,50 m, c'est la plus haute construction d'Alor Setar, et la deuxième plus haute tour du pays, après les tours Petronas. Un ascenseur aux parois de verre grimpe jusqu'à la plate-forme d'observation, qui offre une vue vertigineuse sur la ville et la campagne environnante.

Wat Siam Nikrodharam TEMPLE BOUDDHIQUE

(Jln Stadium ; ⌚7h-16h). Bien qu'Alor Setar ait été occupée par les Thaïlandais, sa principale communauté bouddhiste est d'origine chinoise, d'où ce *wat* (temple bouddhique) multiculturel. Les stupas, les représentations du sutra du lotus et les reliefs sur les murs, rappelant le temple d'Angkor, sont typiquement thaïlandais, tandis que les multiples saints bouddhistes sont chinois, comme le souhaitaient les donateurs chinois qui ont financé la construction de cet ensemble.

GRAND-PLACE

Plusieurs édifices impressionnants bordent le **padang**, ou grand-place.

Masjid Zahir MOSQUÉE

(Jln Sultan Muhaman Jiwa ; ⌚7h-19h). Édifiée en 1912, la Masjid Zahir, la mosquée d'État du Kedah, est l'une des plus grandes et des plus belles mosquées du pays. Sa beauté classique rappelle plus les Mille et Une Nuits que les mosquées malaisiennes modernes à l'architecture affadie. La mosquée entoure le cimetière de soldats du Kedah qui ont combattu les Thaïlandais en 1821. Le tribunal qui se dresse derrière est religieux et applique la *syariah* (charia), alors que la Haute Cour est laïque. Seuls les musulmans sont autorisés à y entrer.

Balai Besar BÂTIMENT HISTORIQUE

(Salle des Audiences royales ; Jln Sultan Muhaman Jiwa). Bâti en 1898 et ouvert sur les côté, le Balai Besar (fermé au public) accueille encore les cérémonies officielles du sultan du Kedah. Soutenu par de hauts piliers surmontés de dentelles de fer victoriennes, il témoigne aussi de l'influence thaïlandaise.

GRATUIT **Muzium Diraja** MUSÉE

(Musée royal ; Jln Raja ; ⌚9h-17h sam-jeu, 9h-12h30 et 14h30-17h ven). Abritant désormais un musée, ces bâtiments reliés les uns aux autres formaient autrefois le palais royal du sultan et de certains membres de sa famille, à partir de 1856. On peut y découvrir divers objets appartenant à la famille royale et se promener dans la cour en admirant les édifices.

GRATUIT **State Art Gallery** GALERIE D'ART

(Jln Sultan Muhaman Jiwa ; ⌚9h-17h). L'élégante architecture de cette galerie construite en 1893 pour accueillir un tribunal mérite à elle seule la visite. À l'intérieur, la galerie d'art contemporain malaisien est moins intéressante.

Balai Nobat BÂTIMENT HISTORIQUE

(Salle des Tambours ; Jln Sultan Muhaman Jiwa). Érigé en 1906, le Balai Nobat est une surprenante tour octogonale surmontée d'un dôme en forme de bulbe, renfermant les instruments du *nobat* (orchestre royal), qui se compose principalement de percussions – les tambours auraient été offerts par le sultan de Melaka au XVe siècle. Le Balai Nobat est fermé au public et les instruments n'en sortent que lors des cérémonies importantes, comme les mariages royaux.

Galeri Sultan Abdul Halim MUSÉE

(Jln Sultan Muhaman Jiwa ; adulte/enfant 5/2 RM ; 10h-17h sam-jeu). L'ancienne Haute Cour, érigée en 1922, abrite aujourd'hui un musée dédié à Abdul Halim Mu'adzam Shah, l'actuel sultan du Kedah et, lors de la rédaction de ce guide, chef d'État malaisien en fonctions. À l'intérieur, vous découvrirez des photos et des objets relatifs à sa vie.

Tour de l'horloge BÂTIMENT HISTORIQUE

(Jln Sultan Muhaman Jiwa). Cette tour de l'horloge fut réalisée au début du XXe siècle pour que le muezzin de la mosquée voisine sache quand appeler les fidèles à la prière.

Où se loger

Holiday Villa HÔTEL $$

(☎734 9999 ; www.holidayvilla.com.my ; 162 Jln Tunku Ibrahim ; ch/ste avec petit-déj 300-440/630-2 800 RM ; ❄@📶🏊). Situé dans un gratte-ciel, le meilleur hôtel d'Alor Setar jouxte le centre commercial City Point Plaza. Il a des chambres spacieuses, meublées avec goût, et de nombreux équipements, dont une salle de gym, un sauna et des restaurants.

New Regent HÔTEL $$

(☎731 5000 ; info.newregent@yahoo.com ; 1536 Jln Sultanah Badlishah ; ch/ste avec petit-déj 140-200/280 RM ; ❄📶). Depuis une rénovation en 2012, l'extérieur et le hall de cet ancien hôtel sont absolument superbes.

Les chambres sont propres, fonctionnelles et assez jolies.

Hotel Samila HÔTEL $
(☎731 8888 ; 27 Jln Kanchut ; ch/ste 88-128/198-278 RM ; ❄📶). L'extérieur et le logo de cet hôtel nous rappellent un peu *Les Jetsons*. À l'intérieur, les chambres sont immenses et possèdent le genre de meubles que l'on imagine bien tout droit sorti de ce dessin animé, même si certains équipements ne nous ont pas semblé très futuristes (draps tachés, serviettes usées).

Comfort Motel HÔTEL $
(☎734 4866 ; 2C Jln Kampung Perak ; ch 28-50 RM ; ❄). Hôtel chinois d'un bon rapport qualité/prix, qui occupe une maison en bois rénovée, en face de la mosquée. Basiques mais impeccables, les chambres disposent toutes d'une TV et de la clim, mais partagent les salles de bains.

Où se restaurer

Muda Coffee Shop CHINOIS $
(111 Jln Pekan China ; plats 3-20 RM ; ⏲20h-1h sam-jeu). Soyons clair : ce restaurant ne plaira qu'aux gourmets audacieux. Le personnel peu amène et indifférent parle très peu anglais, et le plat phare de la carte est une tête de poisson... mais quel régal ! Accompagné d'*or mee* (nouilles sautées à la sauce soja) et d'une bière, ce fut l'un des repas les plus savoureux de notre séjour en Malaisie.

Kim Bee Chew MALAIS $
(Jln Tunku Ibrahim ; plats à partir de 5 RM ; ⏲petit-déj et déj). *Coffee shop* chinois où est aussi installé un vendeur de *nasi kandar* très apprécié. Au menu : riz jaune parfumé accompagné de différents curries.

Pekan Rabu MALAIS $
(Marché du mercredi ; Jln Langgar ; ⏲petit-déj et déj). Le rez-de-chaussée de ce marché abrite un *food court* où sont servis des plats malais.

Renseignements

Centre d'information touristique (Jln Raja ; ⏲9h-17h dim-mer, 9h-15h30 jeu). Au sud du centre-ville.

Depuis/vers Alor Setar

Avion

L'**aéroport Sultan Abdul Halim** se trouve à 11 km au nord de la ville, près de la Lebuhraya. **AirAsia** (☎national 600 85 8888 ; www.airasia.com ; aéroport Sultan Abdul Halim ; ⏲9h-21h), **Firefly** (☎national 03-7845 4543 ; www.firefly.com.my ; Aéroport Sultan Abdul Halim) et **Malaysia Airlines** (☎national 1300-88 3000 ; www.malaysiaairlines.com ; aéroport Sultan Abdul Halim) proposent des vols quotidiens pour Kuala Lumpur (1 heure, à partir de 446 RM).

Bus

De la minuscule **gare routière locale** (Jln Langgar), des bus partent fréquemment pour Kuala Kedah (1 heure, 3 RM, 7h-22h).

Le principal terminal des bus, **Shahab Perdana**, est à 4 km au nord du centre-ville. En taxi, comptez 10 RM pour vous y rendre. Quelques destinations :

DESTINATION	DURÉE	TARIF	FRÉQUENCE
Kangar	1h	5,30 RM	ttes les heures, 6h45-20h30
Kuala Kedah	1h	11 RM	ttes les heures, 7h-22h
Butterworth	1h30	9,90 RM	ttes les 30 min, 6h30-19h30
Ipoh	4h	24 RM	10h30 et 16h30
Kota Bharu	6h	35 RM	9h et 21h30
Kuala Lumpur	7h	40 RM	ttes les 30 min, 8h-24h
Melaka	8h	51 RM	10h45 et 22h
Singapour	12h	70 RM	21h et 22h

Train

La **gare ferroviaire** (Jln Stesyen) se trouve au sud-est du centre-ville. Chaque jour, un train part vers le nord à destination de Hat Yai, en Thaïlande (9-16 RM, 3 heures) et un autre vers le sud et Kuala Lumpur (22-101 RM, 9 heures 30). Consultez le site www.ktmb.com.my pour les tarifs et les horaires les plus récents.

Comment circuler

Une **station de taxis** se trouve dans Jln Tunku Ibrahim. La course depuis/vers l'aéroport coûte 20 RM. Le centre-ville est accessible à pied.

Environs d'Alor Setar

MUZIUM PADI

Le **musée du Riz** (en retrait de la route K351 ; adulte/enfant/appareil photo 3/1/2 RM ; ⏲9h-17h sam-jeu, 9h-12h30 et 14h30-17h sam) est consacré

PASSAGE EN THAÏLANDE : DE BUKIT KAYU HITAMO À HAT YAI

Se rendre à la frontière Le poste-frontière de Bukit Kayu Hitamo, situé à 48 km au nord d'Alor Setar, est le principal point de passage entre la Malaisie et la Thaïlande. La Lebuhraya absorbe la grande majorité du trafic routier entre les deux pays, et comme aucun taxi ni bus urbain ne dessert ce poste-frontière, le seul moyen pratique de traverser la frontière à cet endroit est de prendre le bus ailleurs en Malaisie.

À la frontière Le poste-frontière malaisien est ouvert tous les jours de 6h à minuit. Tous les passagers doivent descendre pour passer la douane et l'immigration (du côté thaïlandais et malaisien) avant de remonter à bord.

Plus loin Là encore, les transports locaux étant inexistants, vous devrez probablement traverser la frontière à bord d'un bus à destination de Hat Yai.

à la principale culture du Kedah : le riz. Situé à 10 km au nord-ouest d'Alor Setar, il est entouré de rizières vertes et ressemble à un empilement de soucoupes volantes en cuivre, censées imiter les sacs de jute utilisés par les cultivateurs. La principale curiosité est une plate-forme d'observation tournante située à l'étage et donnant sur une peinture murale des rizières alentour (plutôt que sur les magnifiques rizières elles-mêmes). Cette installation rend hommage au Gunung Keriang, une falaise de calcaire voisine qui, selon les croyances locales, pivoterait également. D'Alor Setar, la course en taxi revient à 25 RM.

KUALA KEDAH

Ce village de pêcheurs animé, à 11 km d'Alor Setar, a pour principal site d'intérêt le **Kota Kuala Kedah**, un fort construit vers 1770 sur la rive opposée du Sungai Kedah. L'histoire et ses retournements de situation ont fait de cette forteresse construite par les Portugais un bastion de la lutte pour l'indépendance malaise contre les Siamois, qui finirent par l'occuper en 1821. Essayez de trouver le “Meriam Badak Berendam” (le rhinocéros qui se prélasse), un canon coincé dans les débris du mur qui se dressait côté mer, censé abriter l'esprit protecteur de la forteresse.

Kuala Kedah est également un point de départ pour Pulau Langkawi. Les ferries partent toutes les heures environ, de 7h à 19h (adulte/enfant 23/17 RM).

La course en taxi Kuala Kedah-Alor Setar coûte 20 RM. Des bus font également le trajet au départ d'Alor Setar (1 heure, 3 RM, toutes les heures) de 7h à 22h.

PERLIS

Perlis, le plus petit État de Malaisie, est peu visité par les voyageurs étrangers, qui ne font généralement qu'y transiter avant de gagner la Thaïlande ou Langkawi (via Kuala Perlis). Les Malais eux-mêmes ne voient dans cet État, qui compte peu de sites touristiques, qu'un grenier à riz le long de la frontière thaïlandaise. Pourtant, au risque de sombrer dans les clichés, la population locale est très chaleureuse, comme souvent dans les zones rurales isolées. On passe d'agréables moments avec les habitants, et c'est l'occasion de pratiquer son *bahasa malaysia*, car peu de gens parlent une autre langue ici. Sinon, le parc régional Taman Negara Perlis, petit mais superbe, mérite le détour.

Histoire

Dominé tout à tour par le Siam et le royaume d'Aceh, le Perlis faisait à l'origine partie du Kedah. Après que le Siam eut conquis son État en 1821, le sultan du Kedah tenta vainement, à plusieurs reprises, de reprendre son territoire, puis accepta les conditions des vainqueurs en 1842. Les Siamois rétablirent le sultan et firent du Perlis une principauté vassale, gouvernée par son propre rajah.

Comme au Kedah, le pouvoir fut transféré aux Britanniques lors de la signature du traité anglo-siamois en 1909 et ceux-ci installèrent un résident à Arau. Il fallut attendre 1930 pour qu'un traité officiel soit signé entre la Grande-Bretagne et le Perlis. Durant l'occupation japonaise de la Seconde Guerre mondiale, le Perlis fut “rendu” à la Thaïlande, puis passa de nouveau sous domination britannique. Par la suite, il rejoignit l'Union malaise et intégra la fédération de Malaisie en 1957.

Kangar

49 000 HABITANTS

GRATUIT **Muzium Kota Kayang** MUSÉE

(⌚10h-17h). À 7 km environ au sud-ouest de Kangar, ce petit musée, néanmoins impressionnant, abrite des expositions consacrées à l'histoire locale et conserve notamment des outils du néolithique, des insignes royaux et des céramiques. Il abrite de véritables trésors, les infrastructures sont étonnamment très modernes et les descriptions en anglais sont claires. Le musée jouit d'un joli cadre, sur un terrain entouré de falaises calcaires et de grottes peu profondes. Deux modestes mausolées de sultans du Kedah, datant du XVIe siècle, se tiennent dans l'enceinte du musée. Pour s'y rendre, il faut prendre un taxi à Kangar (15 RM).

GRATUIT **Muzium Negeri Perlis** MUSÉE

(Musée d'État ; Jln Kolam, Kompleks Warisan Negeri ; ⌚9h-16h dim-jeu, 9h-12h sam). Unique "curiosité" de Kangar, le Muzium Negeri Perlis retrace sobrement l'histoire de l'État et de la famille royale.

Où se loger et se restaurer

De nombreux restaurants et cafés bon marché sont installés autour de la gare routière.

Hotel Ban Cheong HÔTEL $

(☎976 1184 ; 79 Jln Kangar ; ch 60-160 RM ; ❄📶). Ce vénérable hôtel chinois du centre-ville dispose de simples rudimentaires, avec ventil et sdb commune, et de doubles climatisées, avec sdb privative. Une option correcte pour les petits budgets.

Hotel Sri Garden HÔTEL $$

(☎977 3188 ; www.hotelsrigarden.webs.com ; 96 Persiaran Jubli Emas ; ch avec petit-déj 106-170 RM ; ❄📶). Hôtel malaisien standard de catégorie moyenne aux chambres propres et aérées.

Depuis/vers Kangar

Bus

La **gare des bus longue distance** se situe à la lisière sud de la ville, près de Jln Jubli Perak. Quelques départs :

DESTINATION	DURÉE	TARIF	FRÉQUENCE
Alor Setar	1h	5,30 RM	ttes les 30 min, 6h40-19h30
Butterworth/ Georgetown	3h	11,90-15,70 RM	ttes les 30 min, 8h-16h
Ipoh	6h	27,20 RM	9h, 14h30 et 20h
Kota Bharu	8h	38,70 RM	9h et 21h
Kuala Lumpur	9h	45,70 RM	ttes les 30 min, 20h30-23h
Melaka	10h	48,50-55,20 RM	Fréquents, 9h-22h
Singapour	12h	75 RM	18h30 et 20h

De la chaotique **gare routière locale**, dans Jln Tun Abdul Razak, des bus peu fréquents relient Padang Besar (4,20 RM). Il y a aussi une station de taxis ; les chauffeurs peuvent vous conduire à Padang Besar (30 RM) et Alor Setar (50 RM).

Kuala Perlis, à 10 km environ au sud-ouest de Kangar, est un autre point de départ pour Pulau Langkawi. De Kangar, l'embarcadère est accessible en bus (2 RM) ou en taxi (14 RM), et les ferries pour Langkawi partent à peu près toutes les heures de 7h à 19h (adulte/enfant 23/17 RM). Au départ de Kuala Perlis, des bus fréquents desservent des destinations dans tout le pays.

Taman Negara Perlis

Ce petit parc régional, le Taman Negara State Park, au nord-ouest du Perlis, longe la frontière thaïlandaise sur 36 km. Couvrant une superficie de 5 000 ha, il englobe la chaîne des Nakawan – la plus longue chaîne continue de collines calcaires du pays – et les réserves forestières de Mata Ayer et de Wang Mu.

La ville la plus proche est Kaki Bukit, d'où une route de montagne sinueuse conduit au minuscule village frontalier de Wang Kelian, à 3 km du centre d'accueil des visiteurs du parc.

À voir et à faire

Le Taman Negara Perlis comprend des collines densément boisées et de

PASSAGE EN THAÏLANDE : DE PADANG BESAR À HAT YAI

Se rendre à la frontière Des bus réguliers partent de Kangar (4,20 RM) et font halte à un arrêt de bus non indiqué, près de la banque BSN, à environ 500 m de la frontière. La station de taxis se trouve sur la gauche avant d'arriver à l'arrêt de bus ; les tarifs sont affichés pour plusieurs destinations, notamment pour Kangar (36 RM) et Alor Setar (80 RM).

À la frontière Le poste-frontière malaisien est ouvert tous les jours de 6h à 22h. Tous les passagers doivent descendre pour passer la douane et l'immigration (du côté thaïlandais et malaisien) avant de remonter à bord. Très peu de visiteurs, voire aucun, parcourent à pied le no man's land de 2 km qui sépare la Thaïlande de la Malaisie. Des motos-taxis transportent les piétons dans les deux sens pour quelque 2 RM l'aller.

Aller plus loin Un seul train circule quotidiennement entre Padang Besar et Hat Yai (6-13 RM, 50 min).

nombreuses galeries de grottes, comme **Gua Wang Burma** et ses curieuses formations calcaires. Le parc abrite la seule forêt semi-caduque du pays ; riche en faune, il accueille une grande diversité d'oiseaux et des gibbons à mains blanches. Il constitue le seul habitat malais du macaque brun.

Juste à l'extérieur de Kaki Bukit, **Gua Kelam** (grotte de l'Obscurité ; ⌚8h-17h30 dim-ven, 8h-18h sam) est une grotte longue de 370 m, aménagée à l'époque de l'extraction de l'étain, mais elle était fermée lors de notre passage. Une rivière la traverse et jaillit en cascade dans un bassin de baignade très prisé, entouré d'un parc paysager. L'ancienne mine d'étain se trouve à courte distance de la sortie de la grotte. La grotte se situe à 1 km à pied de Kaki Bukit ; un guide est obligatoire (40 RM pour un groupe pouvant aller jusqu'à 10 pers).

Au **Wang Kelian Sunday Market** – marché du dimanche qui chevauche la frontière thaïlando-malaisienne –, on peut acheter des fruits, des légumes et des vêtements en provenance des deux pays. Vous n'avez pas besoin de passeport, à condition de rester dans le secteur du marché. Il ouvre tous les jours du côté malais.

Où se loger et se restaurer

Les bungalows en bois modernes du **centre des visiteurs du parc** (dort/chalets 10/50-1 100 RM ; ❄) sont très confortables. Il n'y a pas de restaurant, mais le personnel peut vous préparer à manger.

Renseignements

Le **centre d'accueil des visiteurs du parc** (☎945 7898 ; 2 RM ; ⌚9h-12h et 14h-17h) est à Wang Kelian, à 2 km de la frontière thaïlandaise. On peut aussi louer les services d'un guide (40 RM/4 heures), obligatoire dans de nombreux secteurs.

Depuis/vers Taman Negara Perlis

Aucun transport public ne dessert le parc. Des bus reliant Kaki Bukit partent de la gare des bus locaux de Kangar toutes les 2 heures, de 8h45 à 18h45 (4,20 RM). La course en taxi du parc à Kangar coûtera au moins 50 RM.

Melaka

06 / 789 000 HABITANTS / SUPERFICIE : 1 652 KM²

Dans ce chapitre »

Le top des restaurants

» Pak Putra Restaurant (p. 225)
» Capitol Satay (p. 227)
» Nancy's Kitchen (p. 226)
» Selvam (p. 227)
» Cuisine de rue hainan (p. 226)

Le top des hébergements

» 45 Lekiu & The Stable (p. 222)
» Majestic Malacca (p. 225)
» River View Guesthouse (p. 222)
» Hotel Puri (p. 222)
» Apa Kaba Home & Stay (p. 225)

Pourquoi y aller

Alors que Kuala Lampur n'était encore qu'un marécage où sévissait le paludisme, et que Penang n'était pas encore devenue "la Perle de l'Orient", Melaka (Malacca en anglais) était déjà l'un des plus grands ports commerciaux d'Asie du Sud-Est. Supplantée avec le temps par Singapour, elle devint alors une ville tranquille à côté de ses grandes sœurs rattrapées par la fortune... Cette perte de vitesse a permis la conservation d'une grande partie de l'ancienne architecture et des modes de vie traditionnels. Aujourd'hui, Melaka est de retour sur la scène touristique grâce à son inscription, en 2008, sur la liste du patrimoine mondial de l'Unesco.

Son charme provient en grande partie du patrimoine malais, chinois, indien et européen de la ville, et des paisibles *kampung* (villages) disséminés à travers les forêts tropicales, les champs cultivés et les plages de l'État. Au fil des générations, cette diversité culturelle s'est traduite par de délicieuses variations sur la cuisine traditionnelle, dont la fameuse cuisine sino-malaise nonya, qui devraient suffire à vous convaincre de visiter cette région.

Quand partir

Melaka

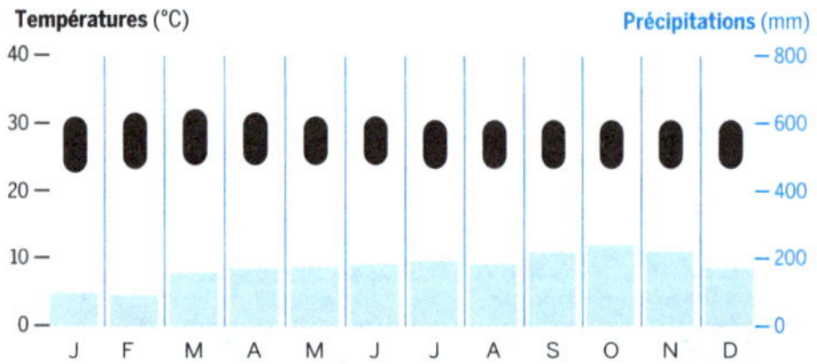

Jan-fév Nouvel An chinois, températures élevées et pluies éparses.

Avr-juil Températures les plus fraîches et quantité de festivals.

Nov-déc Noël et Deepavali sont célébrés en grande fanfare.

Histoire

L'histoire de l'État de Melaka est indissociable de celle de la ville-État éponyme. Jusqu'à la fin du XIVᵉ siècle, Melaka était un simple village de pêcheurs.

La ville fut fondée par Parameswara, un prince hindou venu de Sumatra. Sous son impulsion, Melaka ne tarda pas à devenir un port d'escale pendant les moussons, ainsi qu'un lieu de ravitaillement des navires marchands transitant par le stratégique détroit de Malacca (Selat Melaka en malais) : situé entre la Malaisie péninsulaire et l'île de Sumatra, il relie la mer d'Andaman, mer bordière de l'océan Indien, à la mer de Chine méridionale. À mi-chemin entre la Chine et l'Inde, offrant un accès facile vers les îles indonésiennes riches [...] attira des négociants v[...]

En 1405, l'amiral c[...] rendit à Melaka avec [...] pereur Ming et une pr[...] contre les Siamois. Le[...] vèrent dans son sillag[...] Malais. Ainsi naquiren[...] Baba-Nyonya), égalem[...] des Détroits ou Peran[...] Parameswara, en 1414, Melaka était devenue un puissant État marchand. L'adoption de l'islam comme religion officielle de l'État au milieu du XVᵉ siècle renforça sa suprématie.

Les Portugais arrivèrent en 1509, attirés par les épices et les comptoirs de la Chine. Alfonso de Albuquerque s'empara de la ville en 1511. La forteresse d'A'Famosa fut érigée

À ne pas manquer

1. Les **fabuleux restaurants** (p. 225) qui servent *dim sum* au petit-déjeuner, cuisine nonya le midi et tandoori pakistanais le soir
2. Une promenade dans le **Chinatown** (p. 218) historique pour entrevoir la splendeur de l'ancien comptoir
3. Le **marché nocturne de Jonker Walk** (p. 229), ses en-cas et ses bibelots
4. L'attraction la plus kitschissime de Melaka : les ***trishaws*** (p. 230) décorés de façon loufoque et bercés par la musique des années 1980
5. Le **musée du Patrimoine Baba-Nonya** (p. 219) pour une immersion dans la culture des premiers Chinois des Détroits
6. Les nombreuses **galeries d'art** (p. 218) de Chinatown, où l'on peut discuter avec les artistes
7. Le labyrinthe que forment les trois **centres commerciaux** (p. 229) du centre et la découverte d'un spectacle local
8. Une pause sur le sable blanc de **Tanjung Bidara** (p. 232) en regardant les cargos se diriger vers le détroit de Malacca

…ation portugaise, tandis que …naires catholiques commen…vangélisation des populations. Si …ugais n'eurent aucun mal à conqué… Melaka, ils ne purent empêcher les …archands arabes et indiens de s'implanter dans d'autres ports de la région, comme à Demak sur l'île de Java, qui fit bientôt de l'ombre à Melaka.

Le port continua à décliner, victime des assauts répétés des États voisins de Johor et de Negeri Sembilan, mais aussi de l'État musulman d'Aceh, à Sumatra. Les Hollandais s'emparèrent de la ville en 1641 après un siège de huit mois. Ils y régneront durant 150 ans. Melaka redevint alors le centre du commerce péninsulaire, mais les Hollandais s'investirent davantage dans leurs possessions en Indonésie.

Lorsque les Français occupèrent la Hollande, en 1795, les Anglais (alliés des Hollandais) administrèrent provisoirement les colonies hollandaises. En 1824, Melaka fut définitivement cédée aux Anglais en échange du port de Bencoolen (l'actuel Bengkulu), à Sumatra.

Avec Penang et Singapour, Melaka fut intégrée aux comptoirs des Détroits (Straits Settlements), les trois territoires britanniques d'où l'empire s'étendit dans la péninsule. Sous l'autorité de la Couronne, Melaka resta toutefois le parent pauvre des comptoirs, bientôt dépassée par la croissance rapide de Singapour. Hormis une brève période de croissance au début du XXe siècle grâce à la culture du caoutchouc, Melaka sombra dans la léthargie jusqu'à son actuelle renaissance sous l'impulsion du tourisme.

MELAKA (MELAKA CITY)

☎06

Le classement de son Chinatown au patrimoine mondial de l'Unesco en 2008, est venu confirmer que la ville est bien l'une des destinations touristiques les plus recherchées de Malaisie. Le développement qui a suivi est ahurissant. Malheureusement, la "préservation du patrimoine" se traduit souvent par l'apparition de boutiques criardes, d'étals sur le marché de nuit vendant des babioles bon marché plutôt que de l'artisanat authentique du Melaka, tandis que de grosses entreprises du bâtiment sont à l'œuvre dans le quartier historique. Chinatown a cependant toujours beaucoup de charme, incarné par les artistes locaux, les cuisiniers et les *trishaws* créatifs. La ville, qui compte la mosquée, l'église catholique et le temple bouddhique les plus anciens du pays, respire la tolérance, cela depuis plusieurs siècles ; elle accueille des touristes de toutes confessions et leur réserve des moments inoubliables. Mais toute cette agitation moderne se fond encore dans la superbe architecture peranakan, portugaise et hollandaise.

Sans oubier la cuisine. Des mets peranakan à la cuisine luso-eurasienne, en passant par les restaurants indiens et leurs feuilles de bananier, les multiples saveurs que concocte la ville ajoutent aux couleurs de la mosaïque culturelle qui fait de Melaka une destination étonnante.

En semaine, le calme permet aux voyageurs de ressentir l'ancienne magie de la ville (et d'obtenir une table dans les restaurants les plus appréciés), mais le week-end, les touristes affluent armés d'appareils photo et l'on se croirait au premier rang d'un concert rock.

À voir

Les sites suivants sont classés par ordre géographique ; vous pourrez les suivre pour une promenade à pied : dirigez-vous d'abord vers le nord-ouest dans Jln Tun Tan Cheng Lock, suivez la carte pour aller vers le sud-est dans Jln Tokong et finissez en repartant vers le nord-ouest dans Jln Hang Jebet.

CENTRE HISTORIQUE

Ce quartier abrite un grand nombre de musées regroupés dans Jln Kota. Le **Musée islamique** (Muzium Islam Melaka ; 1 RM ; 9h-17h30 mer-dim), le **musée d'Architecture** (Muzium Seni Bina Malaysia ; 2 RM ; 9h30-17h mar-dim), axé sur l'architecture locale, et le **Muzium Rakyat** (musée du Peuple ; adulte 2 RM ; 9h-17h30 mer-lun), où l'on peut voir aussi bien des *gasing uri* (toupies) que des exemples de mutilations traditionnelles à des fins esthétiques. Tous trois méritent la visite si vous avez du temps devant vous. Les autres musées se résument souvent à des dioramas sans grand intérêt, où l'on se perd dans un dédale de commentaires beaucoup trop détaillés.

MUZIUM SENI BINA MALAYSIA

Stadthuys HÔTEL DE VILLE

(Town Sq ; ☎282 6526 ; adulte/enfant 5/2 RM ; 9h-17h30 sam-jeu, 9h-12h15 et 14h45-17h30 ven, visite guidée du Musée historique et ethnographique

À NE PAS MANQUER

LES GALERIES D'ART DE MELAKA

Presque cachées par les boutiques criardes de bibelots et les petits commerces locaux, les nombreuses galeries d'art de la ville permettent de découvrir des œuvres éclectiques. Les heures d'ouverture sont irrégulières, mais la plupart tentent d'ouvrir de 10h à 18h et beaucoup sont fermées le mercredi. Les galeries suivantes, parmi nos favorites, sont classées en fonction de leur emplacement. Vous pouvez donc les inclure dans une promenade à pied de la ville :

Paku Pakis Collection (21 Jln Tukang Besi). Œuvres d'art de Leong Hock Khoon inspirées des Baba-Nonya, qui vont du réalisme au moderne et au stylisé.

Shih Wen Naphaporn Artist Studio (14 Jln Tuna Tan Cheng Lock). Un duo mari-femme. Chiang Shiwen est né à Melaka et crée des œuvres cubo-futuristes tandis que Naphapone Phanwiset, thaïlandaise, s'inspire des poissons, des fruits et des formes féminines pour réaliser de merveilleuses installations dans les tons neutres.

Tham Siew Inn Artist Gallery (49 Jln Tun Tan Teng Lock). Than Siew peint principalement des aquarelles, tandis que son fils réalise des sceaux chinois traditionnels en pierre (sur commande, à partir de 60 RM).

Kim Hai Gallery (42 Jln Tun Tan Cheng Lock). Cet artiste peint des pommes, avec lesquelles il réalise des mosaïques de couleurs.

Titi Art Gallery (4 Jln Tokong). Titi Kawok peint des villages de pêcheurs et des paysages côtiers dans un style moderne.

10h30 et 14h30 sam-dim). L'imposant hôtel de ville et résidence du gouverneur, de couleur rose, est le monument le plus emblématique de Melaka et le meilleur endroit pour prendre un *trishaw*. Considéré comme l'édifice hollandais le plus ancien en Asie, il fut construit peu après la conquête hollandaise de Melaka, en 1641. C'est une reproduction de l'ancien Stadhuis (hôtel de ville) de la ville frisonne de Hoorn, aux Pays-Bas.

À l'intérieur du Stadthuys se trouve le **Musée historique et ethnographique** (Muzium Sejarah dan Ethnografi ; ⏲ visite guidée 10h30 et 14h30 sam-dim), joliment présenté. D'un intérêt moindre, le **musée de la Littérature** (Literature Museum), consacré aux écrivains malaisiens, fait aussi partie du complexe. Les droits d'entrée à ces deux musées, ainsi qu'à la **résidence du gouverneur** (Governor's House) et au **musée du Gouvernement démocratique** (Democratic Government Museum), sont compris dans le billet du Stadthuys.

Porta de Santiago — VESTIGES

(A'Famosa ; Jln Bandar Hilir). La Porta de Santiago, incontournable à Melaka, fut construite en 1511 par les Portugais. Les Hollandais avaient entrepris de détruire cette forteresse lorsque sir Stamford Raffles intervint en 1810 pour sauver ce qu'il en reste aujourd'hui.

En 2006, une autre partie du fameux mur fut mise à jour lors de travaux sur la tour pivotante Menara Taming Sari. La tour fut déplacée à l'intérieur des terres et les restes de la forteresse furent reconstruits pour accueillir une réplique haute de 13 m de la **roue à aubes du sultanat malais de Melaka**. La roue originale aurait servi aux XVe et XVIe siècles à canaliser les eaux du fleuve à l'intention des marchands qui affluaient alors dans la ville.

Église Saint-Paul — VESTIGES

L'église Saint-Paul (St Paul's Church), un sanctuaire venteux construit en 1521 par un capitaine portugais, est perchée en haut d'un escalier raide au sommet de Bukit St Paul, offrant une vue magnifique sur Melaka. Saint François-Xavier venait souvent ici et, après sa mort en Chine, son corps y fut enterré pendant neuf mois avant d'être transféré à Goa, où il repose encore aujourd'hui. Au centre de l'église, on peut observer son ancienne tombe (entourée d'un grillage) et sa statue de marbre contemplant la ville d'un air nostalgique.

L'édifice fut abandonné lorsque les Hollandais achevèrent, en 1590, leur propre église, Christ Church, au pied de la colline.

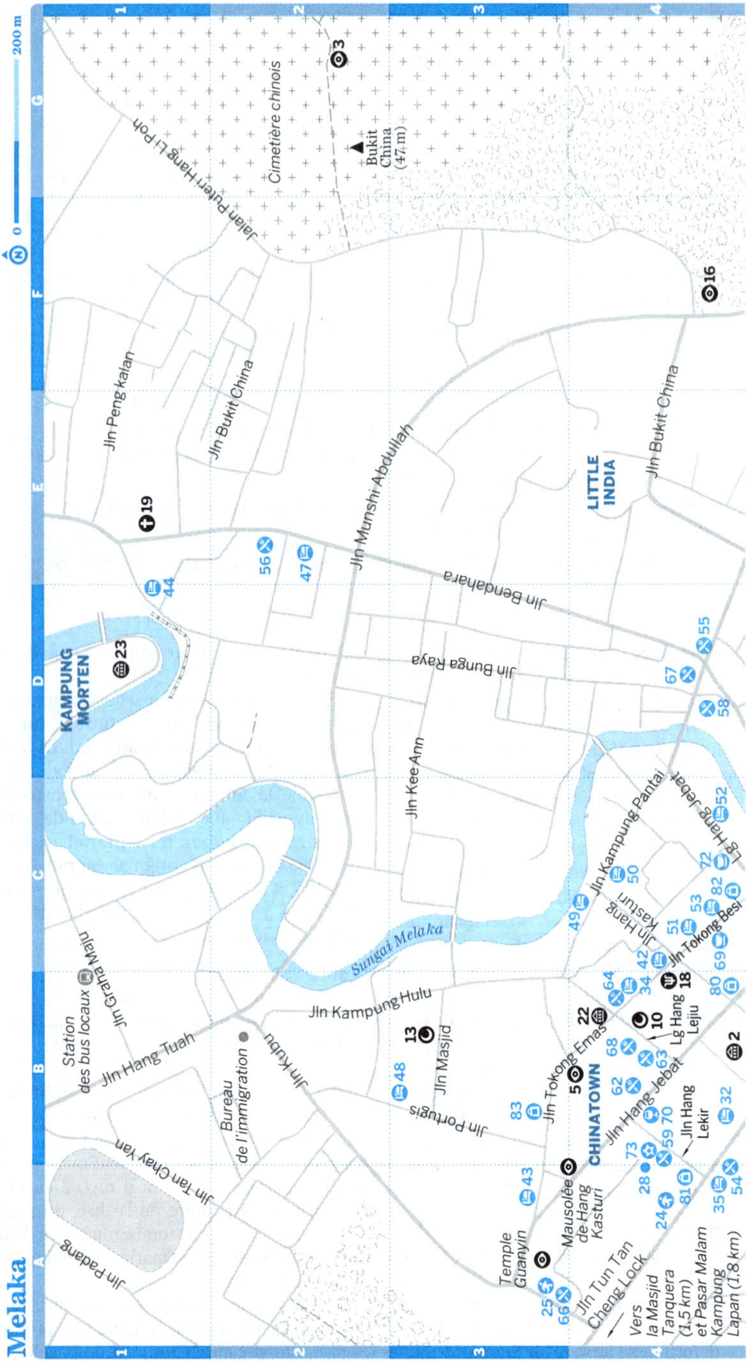
Melaka
0
200 m
KAMPUNG MORTEN
CHINATOWN
LITTLE INDIA
Cimetière chinois
Bukit China (47 m)
Sungai Melaka
Jalan Puteri Hang Li Poh
Jln Peng kalan
Jln Bukit China
Jln Munshi Abdullah
Jln Bendahara
Jln Bunga Raya
Jln Kee Ann
Jln Kampung Hulu
Jln Masjid
Jln Portugis
Jln Kubu
Jln Hang Tuah
Jln Graha Maju
Station des bus locaux
Bureau de l'immigration
Jln Tan Chay Yan
Jln Padang
Jln Tokong Emas
Jln Hang Jebat
Jln Hang Lekir
Lg Hang Lekiu
Jln Tokong Besi
Jln Hang Kasturi
Jln Kampung Pantai
Lg Hang Jebat
Jln Tun Tan Cheng Lock
Temple Guanyin
Mausolée de Hang Kasturi
Vers la Masjid Tanquera (1,5 km) et Pasar Malam Kampung Lapan (1,8 km)

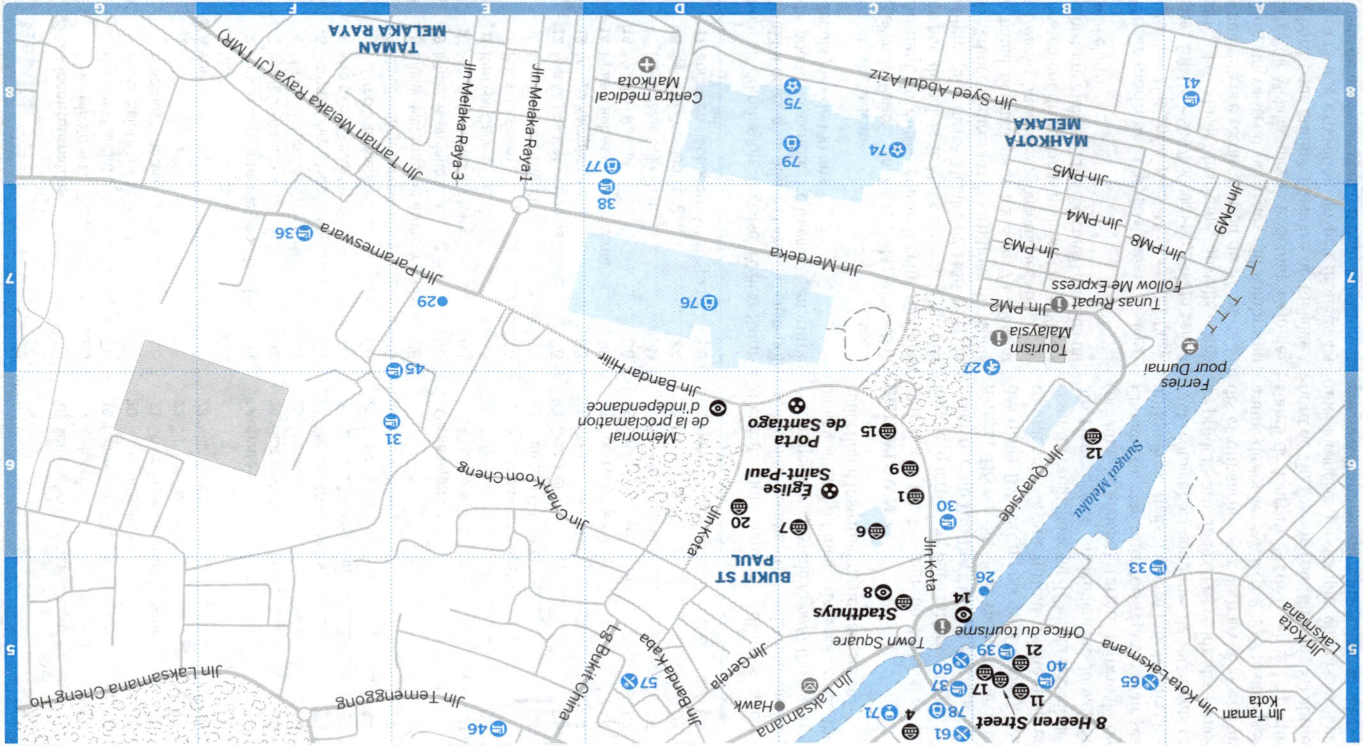

TAMAN MELAKA RAYA
Jln Taman Melaka Raya (Jl TMR)
Jln Melaka Raya 3
Jln Melaka Raya 1
Centre médical Mahkota
Jln Syed Abdul Aziz
MAHKOTA MELAKA
Jln PM5
Jln PM4
Jln PM3
Jln PM8
Jln PM9
Jln Parameswara
Jln Merdeka
Tunas Rupat Follow Me Express
Jln PM2
Tourism Malaysia
Ferries pour Dumai
Jln Bandar Hilir
Mémorial de la proclamation d'indépendance
Porta de Santiago
Église Saint-Paul
Jln Chan Koon Cheng
Jln Kota
BUKIT ST PAUL
Stadthuys
Sungai Melaka
Jln Quayside
Office du tourisme
Town Square
Jln Gereja
Jln Laksamana
Hawk
Jln Banda Kaba
Lg Bukit China
Jln Temenggong
Jln Laksamana Cheng Ho
8 Heeren Street
Jln Kota Laksmana
Jln Taman Kota
Jln Kota Laksmana

Melaka

Sous la domination anglaise, l'église Saint-Paul fut dotée d'un phare et servit d'entrepôt de poudre à canon. L'édifice est en ruine depuis plus de 150 ans.

Palais du Sultan MUSÉE

(Sultanate Palace ; Jln Kota ; 3 RM ; 9h-18h). Abritant un musée culturel, cette réplique en bois du palais de Mansur Shah, le fameux sultan qui a dirigé Melaka de 1456 à 1477, a été édifiée d'après les descriptions du palais original figurant dans les *Sejarah Melayu* (*Annales malaises* ; chroniques de l'établissement du sultanat malais et de 600 ans d'histoire malaise). Il a été construit sans un seul clou.

Musée maritime et Musée naval MUSÉE

(Maritime Museum & Naval Museum ; Jln Quayside ; 5 RM ; 9h-17h30 dim-jeu, 9h-21h ven et sam). Le Musée maritime, installé dans une immense reconstitution du *Flora de la Mar*, un vaisseau portugais qui sombra au large de Melaka, mérite le détour. Grimpez à bord pour étudier l'histoire de Melaka à travers une exposition un peu désuète. La visite du musée se poursuit dans le bâtiment attenant, qui renferme d'autres pièces captivantes comme des vaisseaux locaux, notamment l'incroyable *Kepala Burung* (un bateau sculpté à l'image d'un oiseau) et une collection d'instruments de navigation.

CHINATOWN

Chinatown est le cœur de Melaka et de loin le quartier le plus intéressant où se promener. **Jln Tun Tan Cheng Lock**, anciennement Heeren St, était l'adresse favorite des riches Babas (Chinois des Détroits), des commerçants ayant surtout profité du bref essor du caoutchouc au début du XXe siècle. **Jln Hang Jebat**, anciennement Jonker St (ou Junk St Melaka), l'artère principale de Chinatown, était autrefois réputée pour ses antiquaires, mais aujourd'hui les restaurants côtoient les boutiques de vêtements et de produits artisanaux. Les vendredis, samedis et dimanches soir, le marché nocturne animé de Jonker Walk (p. 229) y installe ses stands de nourriture et de bibelots. La partie nord de **Jln Tokong** (ou Harmony St) abrite une mosquée, un temple chinois et une poignée d'authentiques magasins chinois.

40 Heeren Inn B5
41 Holiday Inn A8
Hotel Equatorial .... (voir 29)
Hotel Puri .... (voir 24)
42 Jalan Jalan Guesthouse C4
43 Jonker Boutique Hotel A3
44 Majestic Malacca D1
45 Malacca Straits Hotel E7
46 Old Town Family Guesthouse E5
47 Renaissance Melaka Hotel E2
48 Ringo's Foyer B3
49 River View Guesthouse C4
50 Rooftop Guesthouse C4
51 Sama-Sama Guest House C4
52 Tidur Tidur C4
53 Voyage Guest House C4

Où se restaurer

54 Baboon House A4
55 Baker's Oven & Cafe D4
56 Bulldog Cafe E2
57 Capitol Satay D5
58 Discovery Cafe D4
59 Hainan Food Street B4
60 Harper's Cafe C5
61 Hoe Kee Chicken Rice C5
62 Jonker 88 Heritage B4
Marché nocturne Jonker's Walk ... (voir 43)
63 Limau-Limau Cafe B4
64 Low Yong Mow B4
Nancy's Kitchen .... (voir 28)
65 Pak Putra Restaurant B5
66 Poh Piah Lwee A3
67 Selvam D4
68 Vegetarian Restaurant B4

Où prendre un verre

69 Cheng Ho Tea House C4
70 Geographér Cafe B4
71 Voyager Travellers Lounge C5
72 Zheng Ho Tea House C4

Où sortir

73 Eleven B4
74 Golden Screen Cinemas C8
75 Mixx C8

Achats

76 Dataran Pahlawan D7
77 Hatten Square D8
78 Marché nocturne Jonker's Walk C5
79 Mahkota Parade Shopping Complex C8
80 Orangutan House B4
81 Orangutan House A4
82 Orangutan House C4
83 Wah Aik Shoemaker B3

GRATUIT **8 Heeren Street** BÂTIMENT HISTORIQUE
(8 Jln Tun Tan Cheng Lock ; 11h-16h mar-sam). Cette résidence du XVIIIe siècle, gérée par l'Heritage Trust of Malaysia, a été restaurée dans le cadre d'un projet de conservation modèle. Le projet est en partie évoqué dans le magnifique ouvrage *Voices from the Street* (en anglais), en vente dans la maison, parmi d'autres livres sur l'histoire de Melaka. La brochure *Endangered Trades: A Walking Tour of Malacca's Living Heritage* (5 RM), accompagnée d'un plan, est parfaite pour visiter le centre-ville par soi-même.

Musée du Patrimoine Baba-Nonya MUSÉE
(Baba-Nonya Heritage Museum ; 283 1273 ; 48-50 Jln Tun Tan Cheng Lock ; adulte/enfant 10/5 RM ; 10h-12h30 et 14h-16h30 mer-lun). La visite de cette maison de ville peranakan vous ramènera à une époque où les femmes se cachaient derrière des paravents finement travaillés lorsqu'on recevait des invités, et où à chaque statut social correspondait un emplacement bien défini. Le passionnant musée reproduit l'intérieur d'une résidence traditionnelle du XIXe siècle. Point d'orgue de la visite, les guides qui racontent des légendes avec un humour très peranakan.

Temple Cheng Hoon Teng TEMPLE CHINOIS
(Qing Yun Ting ou temple des Nuages verts ; 25 Jln Tokong ; 7h-19h). Le temple traditionnel chinois le plus ancien de Malaisie (1646) demeure un lieu de culte majeur pour la communauté bouddhiste de Melaka. Réputé pour ses sculptures sur bois, ce temple est dédié à Kuan Yin, déesse de la Miséricorde. Une **salle d'opéra traditionnel** se trouve en face du temple principal, de l'autre côté de la rue.

Masjid Kampung Hulu MOSQUÉE
(angle Jln Masjid et Jln Kampung Hulu). La plus vieille mosquée de Malaisie encore en fonction, qui date de 1728, fut érigée, étonnamment, à la demande des Hollandais. L'architecture de cette mosquée est principalement javanaise, avec un toit en escalier à la place du dôme ; minarets et dômes n'étaient en effet pas répandus à l'époque.

Mosquée Kampung Kling MOSQUÉE
(Jln Tokong). Cette mosquée possède un toit à plusieurs niveaux de style *meru* (similaire à ceux de l'architecture balinaise), inspiré des temples hindous, et une tour de guet-minaret maure, typique des premières mosquées de Sumatra.

Temple Sri Poyatha Venayagar Moorthi TEMPLE HINDOU
(Jln Tukang Emas). Ce temple hindou, l'un des tout premiers du pays, est dédié à la divinité hindoue Vinayagar. Il fut construit en 1781, sur un terrain légué par un Hollandais ouvert aux autres religions.

Musée culturel de Cheng Ho MUSÉE
(Cheng Ho Cultural Museum ; ☎283 1135 ; 51 Lg Hang Jebat ; adulte/enfant 20/10 RM ; ⏲9h-18h lun-jeu, 9h-19h ven-dim). Grand édifice dédié à l'amiral Cheng Ho (Zheng He) de la dynastie Ming, ce musée relate les merveilleux voyages de cet intrépide marin sino-musulman. C'est un musée malaisien typique, avec de nombreux dioramas et des scènes recréées avec des mannequins, mais le sujet étant très intéressant, vous pourrez y passer quelques heures.

ENVIRONS DU CENTRE-VILLE

Bukit China CIMETIÈRE
Couvrant 25 ha de verdure, ce cimetière installé sur une colline paisible regroupe plus de 12 500 tombes, dont 20 sont musulmanes. Depuis la domination britannique, il a été l'objet de plusieurs tentatives de rachat pour des projets d'agrandissement de route, de récupération de terres ou de promotion immobilière. Heureusement, le temple Cheng Hoon Teng (p. 219), qui jouit d'un fort soutien de la population, a pu contrecarrer toutes ces tentatives.

Au milieu du XVe siècle, le sultan de Melaka choisit d'épouser la fille de l'empereur Ming pour renforcer les liens entre les deux pays. La jeune mariée arriva à Bukit China accompagnée d'une gigantesque escorte, qui comprenait 500 servantes, et la zone est chinoise depuis. Érigé en 1795, le **temple Poh San Teng** se dresse au pied de la colline. À droite du temple, le **puits du sultan** (King's Well), fut creusé par Mansor Shah au XVe siècle.

INTERDICTION DE FUMER

En 2011, Chinatown fut déclaré zone non-fumeurs. La loi n'est pas strictement appliquée, mais l'air est nettement moins enfumé que dans le reste de la ville.

Villa Sentosa BÂTIMENT HISTORIQUE
(Villa paisible ; ☎282 3988 ; don bienvenu ; ⏲flexibles, autour de 9h-18h). Le clou de toute visite dans la région est cette maison de *kampung* (village), datant des années 1920, à Sungai Melaka. L'un des membres de la famille vous guidera dans la maison où vous pourrez voir une collection variée d'objets, notamment des céramiques mings et un exemplaire centenaire du Coran. Avant tout, c'est l'occasion de découvrir une véritable maison de *kampung* et de bavarder avec un hôte charmant.

Église Saint-Pierre ÉGLISE
(St Peter's Church ; Jln Bendahara). Construite en 1710 par les descendants des premiers colons portugais, l'église Saint-Pierre est la plus ancienne église catholique de Malaisie encore en activité. L'église s'anime le Vendredi saint, l'occasion pour une foule de chrétiens melakais, dont beaucoup vivent dans des régions éloignées, de revenir au pays.

Kampung Chitty QUARTIER
Outre les Baba-Nonya, Melaka compte une petite communauté de Chitty, les Indiens des Détroits, nés des mariages entre commerçants indiens et femmes malaises. Installée depuis le début du XVe siècle, la communauté de Chitty serait plus ancienne que celle des Sino-Malais peranakan. Leur quartier, appelé Kampung Chitty, s'étend à l'ouest de Jln Gajah Beranga, à 1 km au nord-ouest de Chinatown. Repérez l'arche ornée de sculptures d'éléphants à côté du temple Mutamariman. C'est un quartier agréable où flâner et découvrir des maisons malaises traditionnelles. Le petit **musée de Chitty** (☎281 1289 ; ⏲9h30-17h mar-dim), une réalisation communautaire, présente une collection d'objets hauts en couleur. Le meilleur moment pour le visiter est le mois de mai, durant le Festival de Mariamman (Pesta Datuk Charchar), une célébration hindoue lors de laquelle vous aurez peut-être la chance d'assister à une cérémonie de mariage indien traditionnel.

Little India QUARTIER
De Kampung Chitty, en allant vers l'est, après avoir dépassé Chinatown et franchi la rivière, on arrive au Little India de Melaka,

étonnamment quelconque. S'il est loin d'avoir le charme du centre historique ou de Chinatown, le quartier animé de Jln Bendahara et Jln Temenggong mérite néanmoins le détour pour goûter son atmosphère. En outre, on y sert d'excellents repas dans des feuilles de bananier. Pendant la fête de **Deepavali**, une partie de Jln Temenggong devient piétonne pour laisser la place à des représentations culturelles indiennes et à des stands de restauration.

Activités

Entre le quatrième et le sixième étage du **centre commercial Dataran Palawan** se trouve un centre de divertissement qui propose sans cesse de nouvelles activités, dont des jeux de type carnaval, des tables de billard et un karaoké. La meilleure, lors de notre passage, était le **Super Roller** (6e ét. du centre commercial Dataran Pahlawan ; 25 RM avec location de skate ; 11h-23h lun-jeu, 11h-12h ven-sam), une salle de roller – lumière noire et peinture néon – qui se targue d'être la "plus grande de Malaisie", même si elle est minuscule.

Cours de cuisine

Nancy's Kitchen CUISINE
(283 6099 ; 15 Jln Hang Lekir ; 100 RM/pers). Dans ce fabuleux restaurant nonya (p. 226), Nancy donne sur demande des cours de cuisine recommandés. Réservez tôt.

Wok & Walk CUISINE
(Hotel Equatorial 282 8333 ; Hotel Equatorial ; forfait 2 jours à partir de 340 RM /pers). Les ateliers de cuisine nonya incluent six plats typiques et des forfaits qui comprennent un séjour à l'Hotel Equatorial et des repas au restaurant de l'hôtel.

Peranaken Culinary Journey CUISINE
(289 8000 ; www.majesticmalacca.com ; Majestic Malacca Hotel, 188 Jln Bunga Raya ; 285 /pers). Vous apprendrez tout ce qu'il y a à savoir sur chaque ingrédient et sur l'histoire de chaque plat dans une superbe cuisine, avec un chef peranakan, au Majestic Malacca Hotel (p. 225).

Massage et réflexologie

Les centres de réflexologie poussent comme des champignons à Melaka. Si vous souffrez de maux spécifiques (migraines, rétention d'eau...), la majorité de ces centres élaborera pour vous un traitement personnalisé. D'autres soins sont proposés : bougies auriculaires, ventouses, gommages... Un massage d'une heure dans ce genre d'établissement coûte généralement 60 RM et un massage des pieds de 30 minutes revient à 30 RM.

Biossentials Puri Spa SPA
(282 5588 ; www.hotelpuri.com ; Hotel Puri, 118 Jln Tun Tan Cheng Lock ; services spa à partir de 80 RM ; jeu-lun). Spa haut de gamme, installé dans un jardin à l'ambiance voluptueuse, qui offre un excellent choix de soins : saunas, enveloppement du corps, gommages, soins du visage et différents massages.

Massa Sūtra MASSAGE
(016-662 503 ; www.massasutra.com ; 20 Jln Kubu ; massage de 1 heure, 60 RM). Nous pouvons dire sans hésitation aucune que Chris Loh est un masseur de haut vol (qui utilise des techniques thaïlandaises ou zen).

Autres activités

Menara Taming Sari TOUR D'OBSERVATION
(Jln Merdeka ; enfant/adulte 10/20 RM ; 10h-22h). Prenez l'ascenseur jusqu'au sommet de cette tour rotative de 80 m de haut, que beaucoup trouvent inesthétique. L'attente peut être longue et tout y est très touristique, mais c'est un bon moyen de vous orienter et de profiter d'une vue superbe.

Circuits

Des promenades historiques sont proposées par plusieurs hôtels. Nous vous conseillons particulièrement celles menées par Pek Choo Ho, de l'hôtel Majestic Malacca (p. 225).

Circuits en bateau

Melaka River Cruise CROISIÈRE
(15 RM). Fréquentes croisières de 40 minutes (8 pers au minimum) qui remontent la rivière Melaka sur 9 km en passant par Kampung Morten et d'anciens *godown* (entrepôts fluviaux). Deux points de départ : le "Spice Garden", à l'angle de Jln Tun Mutahii et de Jln Tun Sri Lanang, au nord de la ville, et le quai près du Musée maritime. Un forfait journalier (30 RM) permet d'effectuer des trajets illimités.

Circuits à vélo

Eco Bike Tour CIRCUITS À VÉLO
(019-652 5029 ; www.melakaonbike.com ; 100 RM/pers, minimum 2 pers). Explorez les splendides paysages autour de Melaka en compagnie d'Alias : son circuit de 3 heures vous conduira à travers 20 km de plantations de palmiers à huile et d'hévéas, et de charmants *kampung* qui entourent la ville.

Malacca Night Cycling CIRCUITS À VÉLO
(☎016-668 8898 ; 25-25 RM). Pour éviter les grosses chaleurs de la journée, visiter Melaka la nuit est agréable. Départs tous les soirs à 20h30 (durée 2-3 heures).

Fêtes et festivals

Melaka observe toutes les grandes fêtes de Malaisie, parmi lesquelles le Nouvel An chinois et Thaipusam. Le département du Tourisme crée sans arrêt de nouveaux festivals, mais rares sont ceux qui deviennent annuels.

CHINATOWN

Si vous avez la possibilité de séjourner à Chinatown, n'hésitez pas. C'est le centre historique plein de vie de la ville, mais il peut être bondé et bruyant.

Pâques. Les processions du Vendredi saint et du dimanche de Pâques partent de l'église Saint-Pierre ; mars-avril.

Festa San Pedro. L'église Saint-Pierre accueille ces festivités fin juin en l'honneur du saint patron des pêcheurs de la communauté portugaise ; elles comprennent généralement une procession en bateau reliant la Porta de Santiago à Medan Portugis, et un carnaval.

Festa San Juan (fête de la Saint-Jean). La communauté eurasienne de Melaka célèbre cette fête fin juin en allumant des bougies dans le quartier portugais.

Fête des Bateaux-Dragons. Cette fête chinoise se déroule en juin-juillet autour d'une course de bateaux-dragons dans le détroit de Malacca, afin de commémorer la mort par noyade, au IIIe siècle, du poète et homme d'État chinois Qu Yuan.

Festa Santa Cruz. À la mi-septembre, cette fête qui réunit les catholiques de Melaka et de Singapour s'achève par une procession à la lumière des bougies jusqu'à la chapelle Malim.

Où se loger

Les nouveaux établissements apparaissent à un tel rythme à Melaka que ce qui suit peut évoluer très rapidement. De ce fait, les hébergements sont de meilleure qualité, mais la demande n'est malheureusement pas assez forte pour que tous survivent. Sauf mention contraire, les chambres possèdent une douche et les dortoirs des sdb communes.

CHINATOWN

La meilleure façon de découvrir Melaka est de loger dans Chinatown, cœur historique de la ville, qui peut toutefois se révéler animé et bruyant.

♥ **45 Lekiu & The Stable** GUESTHOUSE HISTORIQUE $$$
(☎012-623 4459 ; www.45lekiu.com ; 45 Lg Hang Lekiu (45 Lekiu), No D Jln Hang Kasturi ; 45 Lekiu semaine/week-end 999/1 099 RM, The Stable semaine/week-end 300/360 RM ; ❄📶🏊). Deux superbes maisons restaurées dans deux lieux différents, équipées d'une cuisine basique. Choisissez celle que vous préférez, elle sera pour vous seul. Le 45 Lekiu est plus chic avec ses 4 étages très confortables, ses vieilles poutres apparentes, ses murs en brique d'origine et sa déco moderne et irréprochable.

Autres points forts : sa cour plantée de bougainvilliers et dotée d'une longue piscine, et une terrasse à l'étage supérieur qui donne sur les toits de Melaka.

Le Stable est une maison plus petite de deux étages avec des portes à claire-voie de style ancien, de ravissants sols carrelés d'époque et des poutres en bois. Là encore, les meubles et les détails décoratifs sont modernes et très étudiés.

♥ **River View Guesthouse** GUESTHOUSE $
(☎012-327 7746 ; riverviewguesthouse@yahoo.com ; 94 et 96 Jln Kampung Pantai ; dort 20 RM, ch 45-70 RM ; ❄📶). Sur la promenade qui longe le fleuve, cette pension impeccable occupe un vaste bâtiment historique. Les hôtes disposent de la grande cuisine et de l'espace commun. Les propriétaires donnent un plan utile de la ville et les adresses de tous les sites et restaurants qu'ils préfèrent, et proposent souvent du gâteau maison.

Vous pourrez choisir de traverser la ville en passant par la paisible promenade, en empruntant la porte arrière, plutôt que par les rues animées de Chinatown, en sortant par devant. Leur seconde propriété, la **Rooftop Guesthouse** (☎327 7746 ; 39 Jln Kampong Pantai), est presque aussi plaisante, mais n'offre pas l'avantage d'être près du fleuve.

♥ **Hotel Puri** HÔTEL $$
(☎282 5588 ; www.hotelpuri.com ; 118 Jln Tun Tan Cheng Lock ; ch 164-564 RM ; ❄📶). L'Hotel Puri, l'un des bijoux de Chinatown, est une création raffinée dans un superbe manoir peranakan restauré. Son hall magnifique,

décoré de beaux meubles anciens en rotin ou marquetés, donne sur un sublime jardin. Dans les chambres standards peintes en jaune, draps propres, TV sat et volets aux fenêtres. L'hôtel abrite le Biossentials Puri Spa (p. 221), et le petit-déjeuner, servi dans la cour ou dans la salle climatisée, est inclus.

Casa Del Rio HÔTEL **$$$**
(☎6289 6888 ; www.casadelrio-melaka.com ; 88 Jln Kota Laksmana ; ch 778-1 008 RM, ste 1 928-3 858 RM ; ❄📶🏊). Le plus grand hôtel du quartier historique de Chinatown jouit d'un magnifique emplacement près du fleuve. Son architecture palatiale, qui allie les styles portugais-méditerranéen et malaisien, est une réussite exceptionnelle. Les chambres sont immenses, avec sdb princière, et celles donnant sur le fleuve dégagent une atmosphère de Venise asiatique.La piscine à débordement, sur le toit, domine le fleuve, et les espaces communs comportent des canapés confortables et quantité de coussins.

Heeren House GUESTHOUSE **$$**
(☎281 4241 ; www.melaka.net/heerenhouse ; 1 Jln Tun Tan Cheng Lock ; s avec petit-déj 119-139 RM, d 129-149 RM, f 259 RM ; ❄). En plein cœur de Chinatown, sur la rive du fleuve et à proximité des meilleurs restaurants et monuments de la ville, cette pension installée dans un ancien entrepôt loue 6 grandes et jolies chambres propres qui regardent l'eau. Elles disposent de parquets cirés, de meubles traditionnels (des lits à baldaquin pour certaines) et de douches propres.

Cafe 1511 Guesthouse GUESTHOUSE **$**
(☎286 0150 ; www.cafe1511.com ; 52 Jln Tun Tan Cheng Lock ; s/d avec petit-déj 60/90 RM ; @📶). Dans une splendide demeure peranakan, les petites chambres simples et impeccables sont égayées par de belles œuvres d'art. Bercé par la musique de la fontaine qui monte du restaurant, au rez-de-chaussée, par un puits de lumière, l'endroit exhale une atmosphère rétro.

Les personnes de moins de 30 ans ne sont pas acceptées. En raison de son succès, la direction a récemment ouvert une seconde adresse, la Dlaksmana Guesthouse, moins riche d'un point de vue historique, mais qui jouit d'un emplacement plus calme, à quelques rues de Chinatown.

Courtyard@Heeren HÔTEL **$$**
(☎281 0088 ; www.courtyardatheeren.com ; 91 Jln Tun Tan Cheng Lock ; d 200-250 RM, f 250-300 RM, ste 300-800 RM ; ❄📶). Les chambres claires et modernes sont toutes décorées différemment et ornées de meubles anciens. Certaines présentent des éléments décoratifs en verre teinté, des reproductions de dentelle chinoise ou de légers ciels de lit. Peu de chambres ont des fenêtres, mais la lumière inonde la cour centrale ouverte. Géré de manière très professionnelle et avec un excellent service.

Jonker Boutique Hotel HÔTEL **$$**
(☎282 5151 ; www.jonkerboutiquehotel.com ; 52 Jln Tun Tan Cheng Lock ; s/d avec petit-déj 198/288 RM ; ❄📶). Les vastes chambres sont toutes différentes, mais décorées dans un même style alliant un papier peint de motifs noirs sur fond crème et des murs aux couleurs neutres. La plupart d'entre elles ont des fenêtres, et les sdb arborent un carrelage rétro en damier noir et blanc. Hôtel bien tenu et central, mais qui souffre un peu du bruit les vendredis et samedis, soirs de marché. Les tarifs augmentent de 30% environ le week-end et les jours fériés.

Jalan Jalan Guesthouse GUESTHOUSE **$**
(☎283 3937 ; www.jalanjalanguesthouse.com ; 8 Jln Tukang Emas ; dort/s/d 15/30/50 RM ; @📶). Charmante pension installée dans une vieille *shophouse* restaurée bleu pervenche proposant des chambres avec ventil et une sdb commune autour d'un jardin intérieur paisible ; mais comme dans les établissements anciens, le bruit de vos voisins risque de vous empêcher de dormir. Les propriétaires, très appréciés, louent des vélos.

Hangout@Jonker HÔTEL **$$**
(☎282 8318 ; www.hangouthotels.com ; 19 et 21 Jln Hang Jebat ; ch avec petit-déj léger à partir de 147 RM ; ❄@📶). Ouvert par la direction d'une auberge de jeunesse très courue de Singapour, cette adresse applique les mêmes critères de propreté et de confort (salons de repos, films et Internet gratuits) que sa grande sœur, mais le style minimaliste moderne tout en béton et carrelage semble un peu déplacé à Melaka. Les tarifs augmentent de 20% le week-end et les jours fériés.

Sama-Sama Guest House GUESTHOUSE **$**
(☎305 1980 ; www.voyagetogether.com ; 26 Jl Tukang Besi ; dort 15 RM, ch 25-55 RM). Cette option (l'auberge de jeunesse la plus ancienne de Chinatown), dotée d'une cour remplie de plantes en pots, de mini-étangs et de carillons éoliens, dégage une atmosphère agréablement bohème. L'ensemble est impeccable, y compris les sanitaires

communs, mais les pas résonnent dans le hall comme des bottes de soldat.

Ringo's Foyer GUESTHOUSE $
(☎016-354 2223 ; 46A Jln Portugis ; ch 60-90 RM ; ❄📶). Assez loin du centre de Chinatown pour être calme, mais assez proche pour être pratique, le Ringo's est simple et propre, son personnel accueillant, et il possède une terrasse sur le toit.

Aldy Hotel HÔTEL $$
(☎283 3232 ; www.aldyhotel.com.my ; 27 Jln Kota ; ch avec petit-déj 160-450 RM ; ❄📶). Au pied du Bukit St Paul, cet hôtel jouit d'un emplacement incomparable et est une bonne option pour les familles. Les petites chambres sont sombres mais modernes et équipées de la TV sat. Le Jacuzzi sur le toit ne gâche rien. Les enfants de moins de 12 ans qui partagent la chambre de leurs parents ne paient pas.

Tidur Tidur GUESTHOUSE $
(☎014-9298 3817 ; tidurtidurgh@yahoo.com ; 92 Lg Hang Jebat ; semaine/week-end 15/20 RM/pers). Les chambres avec lits superposés sont exiguës et accueillent 4 à 5 personnes, mais l'ambiance tendance de la pension (qui se trouve à l'arrière de la boutique de T-shirts du propriétaire) et son emplacement paisible, près du fleuve, en font une option fantastique.

Voyage Guest House GUESTHOUSE $
(☎281 5216 ; www.voyagetogether.com ; Jln Tukang Besi ; dort 15 RM). Les dortoirs, propres et immenses, et les espaces communs sont décorés dans un style jazz-lounge. La pension est gérée par le Voyager Travellers Lounge. Prêt de vélo.

JALAN TAMAN MELAKA RAYA ET ENVIRONS

Ce secteur, au cœur du quartier commerçant de Melaka, n'est qu'à deux pas du centre historique et de Chinatown.

Hotel Equatorial HÔTEL $$$
(☎282 8333 ; www.equatorial.com ; Jln Parameswara ; ch 300-1 000 RM ; ❄📶🏊). Le côté un peu défraîchi ajoute au charme rétro de cet hôtel central. On peut trouver des tarifs intéressants sur Internet, parfois à moitié prix, ce qui en fait un hôtel d'un excellent rapport qualité/prix. Le service est très professionnel et l'allure générale des lieux est irréprochable. L'Equatorial possède une piscine, un bassin réservé aux femmes, un centre de fitness de qualité, un court de tennis et l'accès au Wi-Fi.

Il vaut la peine d'investir dans une des chambres "deluxe", plus chères (500 RM), très spacieuses ou avec balcon. L'hôtel propose des forfaits incluant des excursions et d'autres activités, comme les cours de cuisine.

Emily Travellers Home GUESTHOUSE $
(☎012-301 8574 ; 71 Jln Parameswara ; dort/s 16/24 RM, d 32-48 RM ; 📶). Une fois passé l'entrée toute simple, on quitte l'agitation de la rue pour un univers peuplé de plantes, de bassins koï, d'un lapin sauteur (Mr Playboy) et de gens chaleureux. Toutes les chambres de ce bâtiment traditionnel et des dépendances sont différentes, des cottages avec "douche de jungle" à moitié à l'extérieur, aux simples chambres en bois dans la maison. Sachez que cette adresse rustique ne conviendra pas aux voyageurs ayant besoin de la clim et d'eau chaude.

Holiday Inn HÔTEL $$
(☎255 9000 ; www.melaka.holidayinn.com ; Jln Sayed Abdul Aziz ; ch 240-575 RM ; ❄@📶🏊). Ce Holiday Inn flambant neuf se dresse, tout blanc, face au Melaka historique qu'il paraît narguer. Les chambres, avec moquette, sont neuves, confortables, mais fades. Demandez-en une au dernier étage pour avoir une vue splendide sur le détroit de Malacca.

Hatten Hotel HÔTEL $$
(☎286 9696 ; www.hattenhotel.com ; Hatten Square, Jln Merdeka ; ch à partir de 370 RM ; P❄📶🏊). Dominant le centre commercial de Hatten Square et relié aux centres commerciaux de Dataran Palahwan et de Parkinson (et à quelques pas du centre médical Mahkota), cet établissement moderne a vue sur la mer à partir du 13e étage et une piscine à débordement sur le toit-terrasse. Excellent service. Petit-déjeuner inclus.

Malacca Straits Hotel HÔTEL $$
(☎286 1888 ; www.malaccastraitshotel.com ; 27 Jln Chan Koon Cheng ; ch 150 RM, ste avec petit-déj 220-315 RM ; ❄📶🏊). Mitoyen de l'Hotel Equatorial, le Malacca Straits, décoré de nombreux batiks, loue des chambres spacieuses et équipées de très jolis meubles en teck, dont des lits à baldaquin dans chacune d'elles. Les chambres standards ont toutes une baignoire et les suites disposent d'un Jacuzzi. Les tarifs augmentent d'environ 25% le week-end et les jours fériés.

VAUT LE DÉTOUR

MEDAN PORTUGIS

Il n'y a pas vraiment de raison de venir dans ce quartier insignifiant, hormis pour y manger. Les vendredis et samedis soir, le **Restoran de Lisbon** sert des plats luso-malais en plein air. Goûtez aux délicieuses spécialités locales, comme le crabe au piment (20 RM) ou le très eurasien curry du diable (10 RM). Le reste du temps, on trouve à Medan Portugis des stands qui vendent les mêmes plats que les tables du bord de mer.

DE LITTLE INDIA À BUKIT CHINA

Ce quartier très éclectique vous permettra de découvrir une facette moins touristique de la ville, même s'il reste assez proche des sites d'intérêt.

Majestic Malacca HÔTEL $$$
(☎289 8000 ; www.majesticmalacca. com ; 188 Jln Bunga Raya ; ch 410-2 000 RM ;). L'hôtel le plus élégant de Melaka propose un mélange de styles intéressant. Le hall d'entrée est dans une maison chinoise de style colonial des années 1920, tandis que le reste de l'établissement est installé dans un bâtiment moderne et de bon goût. Le même contraste se retrouve dans les chambres : parquets, rideaux ivoire et meubles en bois de style ancien offrent un excellent niveau de confort très moderne. Nombreux équipements, dont une petite piscine, une salle de sport, un spa haut de gamme, et excellent service.

Apa Kaba Home & Stay GUESTHOUSE $
(☎283 8196 ; www.apakaba.hostel.com ; 28 Kg Banda Kaba ; ch avec petit-déj 40-90 RM ;). Nichée dans un *kampung* malais authentique et calme, qui semble flotter dans une bulle magique en plein cœur de la ville, cette adresse qui s'apparente à des chambres d'hôtes occupe une vieille maison malaise, simple mais superbe, dotée de parquet qui craque, de volets à claire-voie et de peintures lumineuses. On peut se détendre dans l'immense jardin (où l'on trouve des mangues mûres) ou sortir par la porte de derrière pour flâner dans les ruelles qui sinuent jusqu'à Chinatown.

Renaissance Melaka Hotel HÔTEL $$$
(☎284 8888 ; www.marriott.com ; Jln Bendahara ; ch 350-900 RM ;). Le Renaissance offre un service de qualité et un luxe à l'ancienne. Les chambres, spacieuses et modernes, tout en intégrant des éléments de décoration chinois classiques, possèdent de vastes baies vitrées s'ouvrant sur un véritable panorama de Melaka. Les suites ne méritent pas la dépense supplémentaire à moins d'avoir désespérément besoin d'une pièce aux allures de grotte, dénuée de fenêtre, attenante à votre chambre.

Old Town Family Guesthouse GUESTHOUSE $
(☎286 0796 ; www.melakaguesthouse.com ; 119 Jln Temenggong ; dort 15 RM, ch 30-70 RM ;). Cette option rudimentaire pour routards gagne plus la faveur des visiteurs pour son ambiance simple, sa propreté et ses sympathiques propriétaires franco-malais que pour ses chambres ordinaires mais correctes. Aménagée au second étage d'un immeuble d'habitation, elle est toutefois assez vaste et offre beaucoup d'espaces ouverts carrelés où se détendre. Cuisine accessible aux hôtes.

Où se restaurer

La cuisine de Melaka reflète l'identité éclectique et multiculturelle de la ville. Les recettes peranakan (ou nonya), préparées ici avec une touche indonésienne, sont particulièrement réputées. Melaka compte aussi des restaurants luso-eurasiens, indiens, chinois et indonésiens.

CHINATOWN

Les vendredis, samedis et dimanches soir, Jln Hang Jebat devient l'incontournable **marché nocturne Jonker Walk** (Jln Hang Jebat). Outre l'officielle cuisine de rue hainan (p. 226), des *hawkers* s'installent dans Jln Hang Jebat et Jln Tokong, à l'intersection de Jln Portugis.

Pak Putra Restaurant PAKISTANAIS $$
(56 Jln Taman Kota Laksmana ; tandoori à partir de 8 RM ; dîner, fermé un lundi sur deux). Cet excellent restaurant pakistanais concocte divers plats de viande et de fruits de mer dans des fours tandooris en argile installés sur le trottoir. Goûtez aussi aux crevettes *taw* (oignons, yaourt et coriandre, 11 RM) et au mouton *rogan josh* (sauce à l'oignon avec épices et huile pimentée, 9 RM). Tout y est si délicieux que les conversations se

NE QUITTEZ PAS MELAKA SANS AVOIR GOÛTÉ...

Laksa – la version régionale qui se distingue par ses arômes de lait de coco et de citronnelle.

Popiah – gros rouleau de printemps garni de carottes râpées, crevettes, piment, ail, sucre de palme et de bien d'autres choses encore.

Cendol – dessert à base de glace pilée avec des morceaux de gelée, du sirop de palme et du lait de coco.

Tartes à l'ananas nonya – pâtisseries au beurre garnies d'une confiture épaisse à l'ananas.

Boulettes au poulet et riz – beignets de riz et de poulet à la hokkien.

Tête de poisson Assam – ragoût épicé de tête de poisson au tamarin.

Satay celup – sorte de fondue améliorée... Dans une soupe bouillonnante, on plonge des brochettes composées de divers ingrédients (tofu, crevettes, etc.) et on les cuit à son goût.

Curry du diable – un curry de poulet eurasien très épicé

résument souvent à des “oh” et des “ah” de ravissement.

♥ Nancy's Kitchen NONYA $

(15 Jln Hang Lekir ; repas 10 RM ; ⏲11h-17h30, fermé mar). Ce restaurant nonya qui prépare une cuisine familiale est notre favori pour son service accueillant. Si vous souhaitez un cadre intime, passez votre chemin : le serveur, prolixe et jamais à court de suggestions, vous fera prendre langue avec les autres clients en un rien de temps, et vous aurez l'impression d'un dîner ou d'un déjeuner entre amis autour de plats particulièrement savoureux. Essayez la spécialité de la maison : le poulet bancoulier (une grosse noix blanche utilisée pour préparer une sauce douce et crémeuse). Encore faim ? Nancy vous attend à ses cours de cuisine (p. 221).

Cuisine de rue hainan HAWKER $

(Jln Hang Lekir ; plats à partir de 3 RM ; ⏲18h-12h ven, sam-dim). Une dizaine de très bonnes échoppes servent différents plats, de la tourte au poulet hainan au *laksa* nonya en passant par les grillades japonaises. Elles ouvrent durant le marché de nuit de Jonker Walk (p. 229), le week-end.

Low Yong Mow CHINOIS $

(☎282 1235 ; Jln Tokong ; dim sum 1-8 RM ; ⏲5h-12h, fermé mar). On y sert le meilleur petit-déjeuner de Chinatown. Réputée dans tout le pays pour ses délicieux *pao* (brioches farcies à la viande de porc et cuites à la vapeur), le Low Yong Mow respire le charme du quartier avec ses plafonds hauts, ses multiples ventilateurs et sa vue sur la Masjid Kampung Kling. Idéal pour petit-déjeuner très tôt avant de prendre le bus, il est généralement pris d'assaut par une clientèle locale prolixe (ou plongée dans les journaux) dès 7h.

Poh Piah Lwee NONYA $

(Jln Kibu ; plats à partir de 3 RM ; ⏲9h-17h). Un petit restaurant authentique et animé dont les trois chefs préparent chacun une spécialité. L'un concocte un délicieux *popiah* à la hokkein (rouleau de printemps avec laitue, germes de soja, œuf et pâte de piment ; 2 RM) ; un autre réalise un succulent *rojak* (salade de fruits et légumes dans une pâte de crevette avec jus de citron vert, sucre et cacahuète, 3 RM), et le troisième prépare un fantastique *laksa* (3 RM).

Jonker 88 Heritage DESSERTS $

(88 Jln Hang Jebat ; ⏲11h-22h mar-jeu, 11h-23h ven-sam, 11h-21h dim). Pour beaucoup de gens du cru, cette adresse prépare le meilleur *cendol* de Melaka (dessert au goût de feuille de pandanus servi avec de la glace pilée, des haricots rouges, du sirop de palme et du lait de coco ; à partir de 3 RM). Il existe plusieurs variations de ce dessert, dont un au durian. Le *laksa* y est aussi succulent. Attendez-vous à une file d'attente de week-end.

Restaurant végétarien VÉGÉTARIEN $

(43 Jln Hang Lekui ; plats environ 3 RM ; ⏲7h30-14h30 lun-sam ; ✍). Chaque Chinatown a son restaurant végétarien de base, et à Melaka, c'est ici. On y sert toutes les spécialités locales, du *laksa* au *wonton mee* en passant

par les "boulettes de poisson", mais sans viande… et elles sont tout aussi savoureuses.

Limau-Limau Cafe OCCIDENTAL $

(9 Jln Hang Lekui ; jus de fruit à partir de 6 RM, plats à partir de 7 RM ; dim-ven 9h30-18h30, 9h30-21h30 sam ;). Décoré de céramiques foncées et avec un côté artiste, ce café tranquille ouvert de longue date sert des sandwichs, des salades, des jus de fruits et des milk-shakes invariablement bons. L'accès Wi-Fi en fait aussi halte agréable.

Hoe Kee Chicken Rice MELAKAIS $$

(4 Jln Hang Jebat ; repas environ 20 RM ; 8h30-15h, fermé dernier mer du mois). Évitez les périodes de forte affluence pour venir déguster la spécialité locale, les boulettes de riz au poulet, et la tête de poisson *assam* (tête de poisson dans une sauce épaisse au tamarin et aux épices). Le cadre aussi, plancher au sol et ventilateurs au plafond, est ravissant. La cuisine est variable.

Harper's Cafe FUSION $$

(2 et 4 Lg Hang Jebat ; repas 40 RM ; 16h-1h lun et mer-sam, 11h-1h dim). Surplombant le Sungai Melaka et balayé par la brise, le Harper's sert des plats délicieux (les portions sont un peu limitées) d'inspiration malaise et européenne dans un cadre plutôt austère. Cette cuisine fusion est excellente même si le service est parfois lent.

Baboon House BURGERS $$

(89 Jln Tun Tan Cheng Hok ; burgers environ 14 RM ; 10h-17h lun-jeu, 10h-19h ven-dim ;). Aménagé dans un bâtiment tout en longueur, de style peranakan, doté d'une cour remplie de plantes, le Baboon House est spécialisé dans les burgers préparés avec du pain fait maison.

DE LITTLE INDIA À BUKIT CHINA

Vous trouverez toute une rangée de cafés chinois vers Jln Bunga Raya (toujours plein d'habitants en train de papoter), où sont servis du riz au canard ou au poulet, ainsi que des nouilles et des soupes à prix très bas.

Capitol Satay MELAKAIS $

(283 5508 ; 41 Lg Bukit China ; repas env 8 RM). Réputée pour son *satay celup* (brochettes de viande, poisson, fruits de mer et légumes, cuites à la table des convives dans un récipient où bouillonne une sauce à base d'arachide), une spécialité de Melaka, cette adresse souvent bondée est l'une des moins chères de la ville. Des caquelons de soupe bouillante sont disposés au centre des tables en inox pour y plonger brochettes de gombos farcis au tofu, saucisses, poulet, crevettes et *bok choy*. Œufs au vinaigre et gingembre en accompagnement.

Selvam INDIEN $

(281 9223 ; 3 Jln Temenggong ; repas env 8 RM ;). Ce restaurant traditionnel indien, toujours rempli d'habitués locaux, sert des curries, des *roti* et du poulet tandoori, bons et peu chers. Les 10 plats du menu spécial végétarien du vendredi après-midi séduiront jusqu'aux plus carnivores.

Restoran Ban Lee Siang Satay Celup MELAKAIS $

(284 1935 ; 45E Jln Om Kim Wee ; repas env 8 RM ; 17h-24h). Cette adresse est un peu excentrée, mais les habitants ne tarissent pas d'éloges sur la fraîcheur des ingrédients utilisés. Vous allez chercher vos brochettes dans le frigo et les faites cuire dans des caquelons où bouillonne une délicieuse sauce satay.

Bulldog Cafe NONYA, INTERNATIONAL $$

(292 1920 ; 145 Jln Bendahara ; repas 10 RM). Cuisine nonya, chinoise, thaïlandaise et occidentale dans un ravissant bâtiment de style peranakan. Pour un repas bon marché, essayez le *popiah* nonya (salade, germes de soja, œuf et pâte pimentée dans une galette souple) ou le *pai tee* (cônes croustillants de farine de riz farcis aux légumes).

UN MAÎTRE DE KUNG-FU

En parcourant le marché nocturne de Jonker Walk, ne manquez pas le tour de force du Dr Ho Eng Hui (vers 18h30-21h), maître de kung-fu, à l'extrémité sud de Jln Hang Jebat. Ce cracheur de feu et mangeur de couteaux fait mieux encore : il perce une noix de coco à la simple force du doigt. Oui, il semble réellement y parvenir (son doigt noueux semble en témoigner), et voilà plus de 35 ans qu'il captive les foules avec ce tour de passe-passe. Le Dr Ho Eng Hui est bel et bien médecin, et l'objectif du spectacle est de vendre une "huile miraculeuse" (10 RM) censée guérir de nombreux maux.

Baker's Oven & Cafe BOULANGERIE $
(Jln Bendahara ; petit-déj continental 7,50 RM ; 9h-17h). Pain de style européen, café, thé, sandwichs et repas légers.

Où prendre un verre

Contrairement au reste de la Malaisie, Melaka compte de nombreux bars. Les vendredis, samedis et dimanches soir, Jln Heng Lekir est fermée aux voitures à l'occasion du marché nocturne de Jonker Walk, et les tables des bars débordent alors dans la rue pour une minifête animée de concerts.

Geographér Cafe BAR
(281 6813 ; www.geographer.com.my ; 83 Jln Hang Jebat ; 10h-1h mer-dim). Ce bar ventilé et aéré, aménagé dans une ancienne *shophouse*, propose des tables en terrasse jusqu'à une heure tardive. Commandez une bière et asseyez-vous parmi la foule pour écouter Mr Burns, musicien qui a depuis longtemps posé ses valises ici, jouer de vieux classiques. Une savoureuse sélection de spécialités locales et occidentales et un service à la fois décontracté et professionnel complètent la mise.

Cheng Ho Tea House MAISON DE THÉ
(Jln Tokong ; 10h-17h). Détendez-vous autour d'un thé chinois (à partir de 15 RM) dans un cadre charmant qui évoque un jardin de temple shinto. Si vous le souhaitez, il est également possible de prendre un cours de dégustation avec Pak, le propriétaire, un grand connaisseur.

Zheng Ho Tea House MAISON DE THÉ
(016-764 0588 ; 3 Jln Kuli ; cérémonie du thé pour 4 pers 20 RM). Meilleure adresse en ville pour la cérémonie du thé, l'établissement est modeste, mais la famille qui y officie est adorable et l'on s'y sent vraiment bien. Quelques chambres sont à louer au-dessus (à partir de 130 RM avec un repas maison).

Voyager Travellers Lounge CAFÉ, BAR
(281 5216 ; 40 Lg Hang Jebat ;). Ce bar construit à partir de bouteilles recyclées est parfait pour prendre une bière (et/ou un petit-déjeuner à l'occidentale), confortablement installé dans un fauteuil en osier. Yaksa, le jeune et très accueillant propriétaire, organise des activités dans Melaka. Des concerts ont parfois lieu le soir.

Où sortir

Mixx CLUB
(2e ét., Mahkota Arcade, Jln Syed Abdul Aziz ; 10 RM ; 22h-tard mar-sam). Le dernier club tendance de Melaka se compose de deux parties : le Paradox, un entrepôt éclairé aux lasers où des DJ du monde entier font tourner les platines au son de la techno et d'autres rythmes électroniques, et l'Arris, avec son jardin où des groupes se produisent. Ce n'est pas Kuala Lumpur, mais pour Melaka, on peut difficilement faire plus branché. Entrée payante les vendredis et samedis soirs uniquement (soirées où l'établissement est véritablement bondé), comprenant une boisson.

Eleven CLUB
(11 Jln Hang Lekir). L'adresse incontournable où faire la fête à Chinatown. Certes, on y déguste de la cuisine eurasienne dans un décor lounge branché, mais venez après 23h (surtout le week-end) et vous verrez les DJ maison mettre le feu à la piste de danse. Ce serait le seul club gay de Melaka ; cela dit, l'établissement est des plus décontractés et ouvert à tous.

Wildlife Theatre SPECTACLES D'ANIMAUX
(www.wildlifetheatre.com.my ; Pulau Melaka ; adulte/enfant semaine 15/10 RM, week-end 20/15 RM ; spectacles à 15h et 18h ;). Ces spectacles d'animaux marins ne rivaliseront certes pas avec ceux que l'on peut voir en Europe ou en Amérique, mais les lions de mer ne manqueront pas d'amuser les enfants. Vous y verrez également des oiseaux, des serpents et des spectacles culturels montés par les Iban du Sarawak. Si les spectacles d'animaux n'inspirent généralement aucune sympathie en raison du sort réservé aux principaux intéressés, ils se révèlent ici moins déprimants qu'on pourrait s'y attendre.

Golden Screen Cinemas CINÉMA
(281 0018 ; 2e ét., Mahkota Pde et 3e ét. Dataran Pahlawan ; billet 9 RM). De tout pour tous les goûts, des grosses productions occidentales aux films de Bollywood.

Achats

Prenez le temps de chiner dans les innombrables boutiques de Chinatown. On y trouve surtout des chaussures nonya ornées de perles, des "sabots" nonya (une semelle de bois avec une simple lanière en plastique), des antiquités (marchandez jusqu'au bout), des vêtements indiens et d'Asie du Sud-Est, des faïences artisanales, des porte-bonheur et du cristal. Jetez un coup d'œil aux ateliers d'artistes silencieux, de plus en plus nombreux. Vous apercevrez peut-être au fond un peintre à l'œuvre.

Marché nocturne de Jonker Walk MARCHÉ

(Jln Hang Jebat ; 18h-23h ven-dim). Une visite de l'extraordinaire marché nocturne hebdomadaire de Melaka est incontournable. Tous les week-ends, les magasins de Jln Hang Jebat restent ouverts tard dans la nuit, tandis que les stands des vendeurs de bibelots, des marchands de nourriture ou des diseurs de bonne aventure coupent la rue à la circulation. Le marché est devenu plus touristique au fil des ans et attire notamment beaucoup de touristes de Singapour, mais c'est indéniablement l'occasion d'une soirée shopping et restauration haute en couleur.

Orangutan House VÊTEMENTS

(59 Lg Hang Jebat ; 10h-18h jeu-mar). Toutes les chemises en vente dans cette boutique sont l'œuvre de l'artiste local Charles Cham. Les thèmes sont variés, allant des animaux de l'astrologie chinoise à des sujets plus osés (du moins en Malaisie), comme le slogan "use Malaysian rubber" (utilisez du caoutchouc malaisien), au-dessus d'un dessin de préservatif. Autres boutiques au **96 Jln Tun Tan Cheng Lok** (www.charlescham.com ; 96 Jln Tun Tan Cheng Lok ; fermé mar) et **12 Jln Hang Jebat** (www.charlescham.com ; 12 Jln Hang Jebat ; fermé jeu).

Wah Aik Shoemaker CHAUSSURES NONYA

(56 Jln Tokong). Raymond Yeo perpétue le travail de son grand-père dans la même petite boutique qui appartient à sa famille depuis des générations. Ses chaussures nonya à perles sont considérées comme les plus belles de Melaka. Vous en trouverez à partir de 300 RM, ce qui peut sembler onéreux, mais est mérité. La boutique vend aussi de petites chaussures en soie pour pieds bandés (à partir de 90 RM).

Dataran Pahlawan CENTRE COMMERCIAL

(Jln Merdeka). Le plus grand centre commercial de Melaka abrite tout un choix de boutiques de créateurs et de restaurants dans sa moitié ouest et un étrange marché d'artisanat et de souvenirs, qu'on dirait presque clandestin, dans sa partie est.

Mahkota Parade Shopping Complex CENTRE COMMERCIAL

(282 6151 ; Lot B02, Jln Merdeka). Excellente adresse pour tous vos besoins pratiques en matière de livres, d'appareils photo, de pharmacie ou de produits électroniques.

Hatten Square CENTRE COMMERCIAL

(Jln Merdeka). Ce nouveau centre commercial très axé mode – situé sous le Hatten Hotel (p. 224) – est relié par une passerelle aux centre commerciaux Dataran Pahlawan et Mahkota Parade, si bien qu'en théorie, vous pouvez désormais passer des journées entières dans ces trois centres commerciaux gigantesques sans jamais mettre le nez dehors.

Renseignements

Accès Internet

La plupart des hôtels et des pensions ont le Wi-Fi et plusieurs cafés de Chinatown mettent un ordinateur à la disposition des clients (environ 3 RM/heure).

Argent

Les bureaux de change sont éparpillés dans tout Chinatown et près des gares routières. Le seul DAB de Chinatown se trouve dans **Heeren Inn** (288 3600 ; heerenin@streamyx.com ; 23 Jln Tun Tan Cheng Lock ; d 78-145 RM ;). Vous trouverez d'autres DAB dans les centres commerciaux.

PASSAGE EN INDONÉSIE : DE LA VILLE DE MELAKA À DUMAI

Se rendre à la frontière Des ferries rapides relient Melaka à Dumai (Sumatra) tous les jours à 10h (aller/aller-retour 119/170 RM, 1 heure 45). L'embarcadère est accessible à pied ou en taxi depuis le centre-ville. Les billets sont en vente au **Tunas Rupat Follow Me Express** (283 2505 ; 310 Taman Melaka Raya) et dans les autres billetteries près du quai.

À la frontière La plupart des ressortissants étrangers peuvent obtenir un visa de 30 jours à leur arrivée (25 $US).

Plus loin Dumai, sur la côte est de Sumatra, se trouve à 10 heures de bus de Bukittinggi.

LES TRISHAWS LES PLUS KITSCH

C'est à Melaka que l'on trouve les cyclopousses les plus farfelus et les plus fous. Incroyablement kitsch, les décorations les plus répandues sont les fleurs en plastique, les têtes de poupées, les porte-bonheur, les guirlandes (lumineuses ou non) – sans oublier le *sound system*. Même s'il n'y a rien de plus touristique que de prendre un *trishaw*, cela permet de passer un bon moment et de soutenir un secteur en déclin dans presque tout le reste du pays. Ne manquez pas le spectacle lorsque la foule des touristes singapouriens se précipitent vers des *trishaws* richement décorés en faisant crépiter leurs appareils photo, tandis que résonnent en même temps différents tubes des années 1980.

Offices du tourisme

Tourism Malaysia (☎283 6220 ; Jln Mahkota ; ⏲9h-22h). Dans la tour Menara Taming Sari. Personnel très compétent et bien informé.

Office du tourisme (☎281 4803 ; www.melak.gov.my ; Jln Kota ; ⏲9h-13h et 14h-17h30). Dans la diagonale de Christ Church, de l'autre côté de la place.

Poste

Poste (Jln Laksmana ; ⏲8h30-17h lun-sam). Près de Town Square.

Service de l'immigration

Bureau de l'immigration (☎282 4958 ; 2e ét., Wisma Persekutuan, Jln Hang Tuah)

Services médicaux

Centre médical Mahkota (☎281 3333, 284 8222 ; Jln Merdeka). Un hôpital privé offrant toute une gamme de soins.

Urgences

Hotline de la police de Melaka (☎285 1999 ; Jln Kota)

Depuis/vers Melaka

Melaka se trouve à 144 km de Kuala Lumpur, à 224 km de Johor Bahru et à 94 km de Port Dickson.

Avion

L'aéroport international de Melaka est à 20 km au nord de la ville de Melaka, à Batu Berendam. **Firefly** (www.fireflyz.com.my) assure la liaison entre Melaka et l'aéroport Subang à Kuala Lumpur (2 fois/semaine) et Penang (le mercredi). Wings Air (www.lionair.co.id) et Riau Airlines (www.riau-airlines.com) desservent Pekanbaru, en Indonésie (2 fois/semaine).

Bus

Melaka Sentral, l'immense gare moderne des bus longue distance, est mal située, face à une grande station Tesco, près de Jln Tun Razak, dans le nord de la ville. On y trouve une consigne (2 RM/bagage), un DAB et des restaurants.

La course en taxi jusqu'au centre coûte environ 20 RM, mais vous pouvez aussi prendre le bus n°17 (1,40 RM).

Vous pouvez acheter des billets de bus à l'avance dans le centre de Melaka (une bonne idée les week-ends d'affluence ou si vous devez prendre un avion) au **Discovery Cafe** (3 Jln Bunga Raya), qui prend une commission de 5 RM.

BUS DE MELAKA

Destination	Tarif	Fréquence	Durée
Johor Bahru	24 RM	ttes les heures	3h30
Kuala Lumpur	17,50-27,50 RM	ttes les 30 min	2h
Aéroports de KLIA/LCCT	27,50 RM	9/jour	3h
Kota Bharu	51 RM	1/jour	10h
Mersing	28 RM	3/jour	4h30
Muar	5 RM	Départs fréquents	1h
Penang	50 RM	2/jour	7h
Singapour	27 RM	4/jour	4h30

Taxi

Les taxis partent de la gare des bus longue distance. Quelques exemples de tarifs : Johor Bahru (250 RM), Mersing (300 RM), Kuala Lumpur (170 RM) et aéroport international de Kuala Lumpur (KLIA ; 160 RM).

Train

La **gare ferroviaire** (☎441 1034) la plus proche est à 38 km au nord de Melaka, à Tampin, sur la principale ligne nord-sud reliant Kuala Lumpur à Singapour. La course en taxi depuis Melaka coûte environ 60 RM. Vous pouvez aussi prendre le Tai Lye bus (5 RM, 1 heure 30), qui part toutes les 30 minutes de Melaka Sentral.

Voiture

Le prix d'une location de voiture débute à environ 150 RM/jour. Si vous conduisez, sachez que le système de circulation à sens unique de Melaka requiert de la patience. Contactez **Hawk** (☎283 7878 ; 52 Jln Cempaka, Taman Seri Cempaka), au nord de la ville.

Comment circuler

Peu étendue, Melaka se visite aisément à pied, mais les voyageurs qui n'ont pas peur de la circulation pourront louer un vélo (environ 3 RM/heure) dans les pensions de Chinatown. La ligne de bus n°17 reliant Melaka Sentral au centre s'avère également très pratique. Elle dessert toutes les 15 minutes l'immense centre commercial Mahkota Parade, Taman Malacca Raya et Medan Portugis.

Sillonner les rues de la ville en *trishaw* (cyclopousse) est incontournable ; comptez environ 40 RM l'heure ou 15 RM pour un aller simple en ville, à condition de marchander.

Les taxis facturent environ 15 RM la course en ville, avec un supplément de 50% entre 1h et 6h du matin.

ENVIRONS DE MELAKA

Ayer Keroh

☎06

À environ 15 km au nord-est de Melaka, Ayer Keroh (ou Air Keroh) réunit plusieurs curiosités conçues pour séduire les touristes, délaissées en semaine. Les enfants apprécieront le luxuriant **Melaka Zoo** (adulte/enfant 7/4 RM, nocturne adulte/enfant 10/5 RM ; ⌚9h-18h tlj, nocturne 20h-23h ven-sam), le deuxième plus grand zoo du pays (abritant plus de 200 espèces). Les animaux y sont bien traités, par rapport à de nombreux zoos en Asie.

Le site le plus intéressant est le **Taman Mini Malaysia/Asean** (adulte/enfant 4/2 RM ; ⌚9h-18h), un vaste parc à thème qui présente des exemples de maisons traditionnelles des 13 États de Malaisie, ainsi que des pays voisins appartenant à l'Asean (Association des nations du Sud-Est asiatique). Le **Hutan Rekreasi Air Keroh** (parc de loisirs d'Air Keroh ; entrée libre) se compose d'une partie de jungle et d'un parc paysager doté de chemins goudronnés, d'une passerelle de 250 m dans la canopée, d'aires de pique-nique et d'un Musée forestier.

Ayer Keroh est accessible de Melaka par le bus n°19 (2 RM, 30 min) ou en taxi (environ 45 RM).

Pulau Besar

☎06

Cette petite île, à 5 km au sud-est de Melaka, abrite des sépultures intéressantes et des grottes de méditation qui sont des lieux de pèlerinage réputés chez les Indiens musulmans. Cependant, la majorité des visiteurs viennent ici pour les plages de sable blanc et les randonnées dans la jungle. En 2010, Besar deviendra malheureusement le plus grand terminal indépendant de stockage de pétrole du pays, ce qui ne manquera pas d'aggraver la pollution de l'eau.

Près de l'embarcadère, vous trouverez quelques *kedai kopi* (cafés) sans prétention.

Des bateaux (aller-retour 40 RM, 30 min) partent de l'embarcadère d'Anjung Batu (☎261 0492) environ toutes les deux heures à partir de 8h (dernier retour à 22h30). Cet embarcadère se trouve quelques kilomètres après l'ancien embarcadère d'Umbai, au sud-est de Melaka. Prenez un bus SKA de Melaka Sentral à destination de Merlimau et faites-vous déposer à l'embarcadère, qui se trouve à une dizaine de minutes à pied de l'arrêt de bus.

Alor Gajah

Sur la route de Kuala Lumpur, à 24 km au nord de Melaka, cette bourgade rurale s'étend autour d'Alor Gajah Square, une jolie place verdoyante et calme, bordée par une succession de *shophouses* aux couleurs vives. La plupart des bus entre Melaka et Kuala Lumpur passant par ici, il est facile de faire une pause en route. Comptez environ 22 RM pour rejoindre A'Famosa en taxi.

À voir

A'Famosa Resort PARC À THÈME
(www.afamosa.com ; Water World adulte/enfant 35/25 RM, Animal World Safari adulte/enfant 60/50 RM ; ⌚Water World 11h-19h lun et mer-ven, 9h-20h sam-dim, Animal World Safari 9h-18h). À 30 minutes de Melaka et 1 heure de Kuala Lumpur, l'**A'Famosa Resort** (www.afamosa.com), un complexe tout confort prisé par les touristes malaisiens et singapouriens, couvre 520 ha. Vous ne manquerez pas de vous amuser dans le **Water World** (parc aquatique) équipé de deux toboggans hauts de sept étages, d'une descente en tubes et d'une plage artificielle avec piscine à vagues. Les spectacles proposés par l'**Animal World Safari** mettent en scène des animaux

imitant les humains, ce que les défenseurs des animaux n'apprécieront pas. Il existe un billet combiné (adulte/enfant 75/61 RM) comprenant l'accès à l'Animal World Safari et au Water World. Le complexe compte aussi un **terrain de golf** à 27 trous, l'un des dix meilleurs du pays.

Tanjung Bidara

06

Pour une escapade agréable, gagnez la plage de sable blanc de Tanjung Bidara, à 30 km au nord-ouest de Melaka. Elle est très éloignée de l'axe principal, ce qui oblige à emprunter des chemins à travers les rizières et les fermes pour l'atteindre. Hormis quelques pêcheurs sur la plage, l'endroit est désert en semaine, et un seul stand courageux est ouvert au *food court* de la plage. Ce n'est pas le meilleur endroit pour se baigner, car les sédiments et la pollution donnent à l'eau balayant le sable fin une teinte marron, mais il est plaisant de s'asseoir dos à la jungle pour observer les énormes cargos se dirigeant vers le fameux détroit de Malacca.

La principale plage se trouve au **Tanjung Bidara Beach Resort** (384 2990 ; www.tanjungbidara.worldheritage.com.my ; ch avec petit-déj à partir de 280 RM ;), un complexe hôtelier d'un certain âge, mais qui a été récemment rénové, possédant une petite piscine et un restaurant.

Des établissements bon marché bordent la plage sur plusieurs kilomètres, entrecoupés seulement d'un grand camp militaire. Quelques pensions louent aussi des bungalows tout simples sur la plage de Kampung Balik Batu, un village malais accueillant.

De Melaka, les bus n°s 42 et 47 desservent la mosquée Tanah, d'où un taxi vous conduira au Tanjung Bidara Beach Resort ou à Kampung Balik Batu (10 RM).

Johor

☎06, 07 / 3,3 MILLIONS D'HABITANTS / 19 984 KM²

Dans ce chapitre »

Le top des activités de plein air

» Chutes d'Upeh Guling et de Buaya Sangkut (parc national Endau-Rompin, p. 246)

» Pulau Tinggi (p. 244)

» Chutes de Takah Berangin et de Takah Pandan (parc national Endau-Rompin p. 247)

» Pulau Sibu (p. 244)

» Gunung Ledang (p. 242)

Le top des hébergements

» Rimba Resort (p. 244)

» Thistle Johor Bahru (p. 236)

» Rawa Island Resort (p. 245)

» Mirage Island Resort (p. 244)

» Kampung Peta (p. 247)

Pourquoi y aller

À la pointe du continent asiatique et voisin de Singapour, le Johor est la porte d'accès méridionale de la Malaisie. C'est l'État le plus peuplé du pays, où le développement économique a pris le pas sur le tourisme, laissant de belles destinations en dehors des sentiers battus.

Certaines des plus belles îles de Malaisie, dans l'archipel de Seribuat, ne sont qu'à quelques encablures de la côte orientale. Si elles attirent le week-end quantité de Singapouriens, elles restent peu fréquentées le reste de la semaine. On y trouve des sites de plongée fabuleux, avec les mêmes coraux et poissons que la célèbre Pulau Tioman, la foule en moins. Elles possèdent aussi des plages de sable blanc tranquilles, bordées d'une eau turquoise étincelante et d'une jungle luxuriante.

Les plus sportifs iront découvrir le parc national Endau-Rompin, dont la jungle préserve une flore et une faune (très secrète) aussi riches que celles de Taman Negara, dans le Pahang, et offre des activités d'aventure similaires, dans un cadre plus sauvage et moins fréquenté.

Quand partir

Johor Bahru

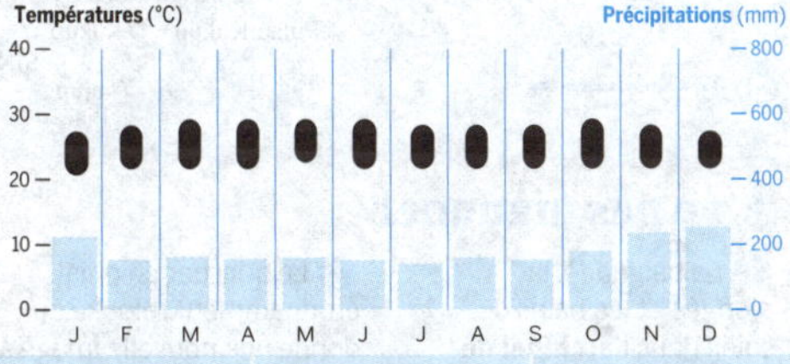

Nov-fév Évitez la mousson et profitez de la saison de surf à Pulau Rawa.

Mar-mai La visibilité sous l'eau est idéale pour faire de la plongée.

Juin-juil Les températures sont élevées partout. Pulau Besar ferme pour le tournage d'une émission de télé-réalité.

…u

…ABITANTS

…mps reproché à la capitale du …n'être qu'une ville-frontière sale et …que. Aujourd'hui, ses rues refaites et …espaces verts en font un lieu vivant et …éduisant. Même les vendeurs de montres à la sauvette et les pauvres hères qui se rassemblaient dans Jln Tun Abdul Razak ont été écartés par une présence policière accrue. À deux pas de l'artère principale, on trouve l'atmosphère animée des quartiers d'échoppes ambulantes, une architecture ancienne intéressante et de larges trottoirs propres. Plus sulfureuse que la majorité des autres villes malaises, Johor Bahru mérite malgré tout d'être explorée pour son effervescence urbaine et certains quartiers étonnamment cosmopolites.

À ne pas manquer

1 La baignade, la plongée et les bains de soleil dans l'**archipel de Seribuat** (p. 243)

2 Les chutes d'eau du **parc national Endau-Rompin** (p. 245), rafraîchissantes après une randonnée dans la jungle

3 Le quartier colonial étonnamment relooké qui donne une nouvelle image à **Johor Bahru** (p. 234)

4 Les rues tranquilles de **Muar** (p. 240), chargées d'architecture historique

5 Les trésors du sultan au **Musée royal Abu Bakar** (p. 235), à Johor Bahru

6 L'ascension ardue jusqu'au **Gunung Ledang** (p. 242), le point culminant du Johor

7 Un verre dans l'un des **bars branchés** (p. 238) de Johor Bahru

Johor Bahru, ou JB, est reliée à Singapour par le Causeway, une digue de 1 038 m soutenant une route et une voie ferrée. Le week-end et les jours fériés, les Singapouriens l'empruntent en masse pour venir faire du shopping et se divertir.

Cependant, mis à part pour changer de train, d'avion ou de bus, peu de voyageurs étrangers s'y attardent. Elle constitue pourtant un point de chute bon marché pour visiter Singapour.

À voir

Quartier du patrimoine ARCHITECTURE

Flâner dans le quartier ancien que délimitent Jln Ibrahim et Jln Ungku Puan est un véritable régal. On y découvre de vieilles *shophouses* (maisons de négoce chinoises) remplies de saris, des barbiers, des cabinets-salons de médecine ayurvédique, de superbes temples et des restaurants d'un autre âge.

Musée royal Abu Bakar MUSÉE

(☎223 0555 ; Jln Ibrahim ; adulte/enfant 7/3 $US ; 9h-17h sam-jeu, fermeture du guichet à 16h). Ancien palais principal de la famille royale du Johor, le merveilleux Istana Besar fut érigé dans le style victorien par un sultan anglophile, Abu Bakar, en 1866. Ouvert au public depuis 1990, il témoigne de l'incroyable richesse des sultans. C'est désormais le plus beau musée de ce type en Malaisie, et son parc de 53 ha (entrée libre) est admirablement entretenu.

Lors de notre visite, le musée faisait l'objet d'importants travaux sur 2 ans, mais il aura sans aucun doute rouvert quand vous lirez ces lignes. Le billet d'entrée (probablement plus cher) sera payable en ringgits.

Sri Raja Mariamman Devasthanam TEMPLE HINDOU

(4 Jln Ungku Puan). Ce beau temple hindou, orné de sculptures, d'œuvres pieuses et d'une grande *gopuram* (tour) colorée à l'entrée, est le point de ralliement de la communauté hindoue de la ville.

Mosquée du sultan Abu Bakar MOSQUÉE

(Jln Gertak Merah). Érigé entre 1892 et 1900, ce magnifique bâtiment aux murs blancs et aux toits en tuiles bleues mêle différentes influences architecturales, dont le style victorien. Il est décrit, à juste titre, comme l'une des plus belles mosquées du secteur. Malheureusement, l'intérieur n'est accessible qu'aux musulmans.

Musée du Patrimoine chinois MUSÉE

(42 Jln Ibrahim ; 10 RM ; 9h-17h mar-dim). Collections bien agencées sur l'histoire des immigrants chinois dans cette partie de la Malaisie péninsulaire. Découvrez comment les Cantonais apportèrent leur savoir-faire en matière de charpenterie, tandis que les Hakkas échangeaient des médicaments chinois et que les Hainanais impulsaient la mode (toujours vivante) des cafés.

Où se loger

Sauf mention contraire, les chambres des hôtels indiqués ci-après sont dotées d'une douche ou d'une baignoire particulière.

Les établissements bon marché ou de catégorie moyenne bas de gamme sont

ISKANDAR : "LE MEILLEUR DES MONDES"

L'Iskandar Development Region, projet qui a débuté en 2006 et doit s'achever en 2025, concerne une zone qui s'étend de Johor Bahru jusqu'à Senai-Kulai au nord, Tanjung Pelepas à l'ouest et Pasir Gudang à l'est. Cette région est appelée à devenir une métropole internationale et un port franc à l'instar de Shenzhen et de Hongkong en Chine.

La capitale administrative, Kota Iskandar, construite ex nihilo dans un style architectural mauresque-andalou, a été inaugurée officiellement par le sultan de Johor le 16 avril 2009.

Le projet Iskandar été vivement critiqué par l'ancien Premier ministre Mahathir, qui a souligné que le coût de la vie allait augmenter dans la région et que la vente de la majeure partie des terrains à des investisseurs étrangers (surtout Singapouriens) obligera les Malais à s'en retirer. Iskandar, prophétise-t-il, finira pas n'être qu'une "extension de Singapour".

Le projet Iskandar est en revanche défendu par l'actuel Premier ministre Najib Razak, qui estime que la croissance et les investissements étrangers ne peuvent qu'être bénéfiques à la Malaisie et à son peuple. La richesse qu'il engendrera, espère-t-on, rejaillira sur le reste du pays.

Johor Bahru

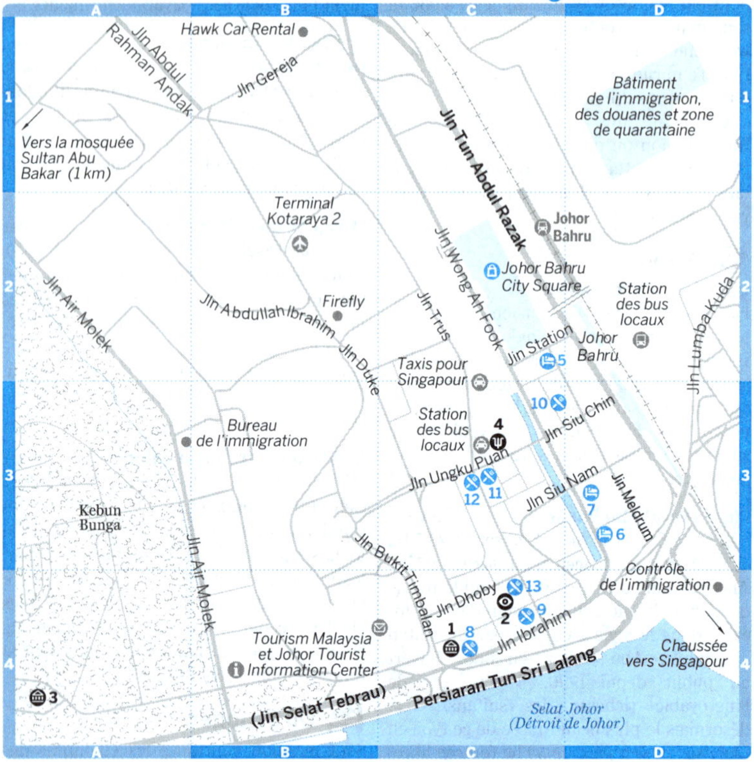

Johor Bahru

À voir

1 Musée du Patrimoine chinois C4
2 Quartier du patrimoine C4
3 Royal Abu Bakar Museum A4
4 Sri Raja Mariamman Devasthanam C3

Où se loger

5 Citrus Hotel C2
6 JA Residence D3
7 Meldrum Hotel D3

Où se restaurer

8 Annalakshmi C4
9 Hiap Joo Bakery & Biscuit Factory C4
10 Medan Selera Meldrum Walk C3
11 Restoran Nilla C3
12 Restoran Nilla C3
13 Roost Juice & Bar C4
Roost Repurposed Recycled .... (voir 13)

regroupés dans le centre-ville, dans et à proximité de Jln Meldrum, un quartier relativement intéressant. Ces enseignes sont plutôt onéreuses pour la Malaisie et la plupart demandent une caution de 30 RM, qui vous est rendue lors de votre départ. Les hôtels de catégorie moyenne de style affaires se trouvent dans le secteur animé autour du KSL Mall, où les bons restaurants et les boutiques ne manquent pas.

Beaucoup d'établissements augmentent leurs tarifs d'environ 10%, du vendredi au dimanche.

Thistle Johor Bahru HÔTEL **$$**
(☎222 9234 ; www.thistle.com.my ; Jln Sungai Chat ; ch à partir de 240 RM ; ❄@📶🏊). Dominant le détroit de Johor, cet hôtel est le plus chic de ce côté du Causeway. Un cran au-dessus de ses concurrents, il est doté de

VAUT LE DÉTOUR

LEGOLAND !

Vous voyagez avec des enfants ? Ouvert en septembre 2012, le premier **Legoland** (☎597 8888 ; www.legoland.com.my ; Medini, Nusajaya ; tarif plein/enfant et senior 140/110 RM ; ⏲10h-18h) d'Asie du Sud-Est offre 31 ha de divertissement avec plus de 40 manèges et attractions. Il y a de quoi faire, et pas seulement autour des Lego. Vous marcherez à quatre pattes, vous hisserez en haut d'une tour avec des cordes, chevaucherez un dragon sur des montagnes russes et tirerez au laser. La pièce maîtresse est Minland, qui comprend les versions miniatures en Lego de sites régionaux comme les tours Petronas et le Merlion de Singapour.

sdb en marbre, d'une belle piscine incurvée et d'un cadre clair et spacieux. Il est cependant un peu excentré, près de Danga Bay. À 4 km du centre-ville, près de la route principale, Jln Lingkaran Dalam.

Meldrum Hotel HÔTEL $
(☎227 8988 ; www.meldrumhotel.com ; 1 Jln Siu Nam ; dort 40 RM, s/d avec sdb commune 70/80 RM, ch avec sdb à partir de 90 RM ; ❄📶). Tout est propre, spacieux, fraîchement repeint et climatisé. Les chambres disposent de la TV, d'eau minérale et d'une bouilloire. Il vaut la peine d'opter pour une chambre standard avec sdb et Wi-Fi gratuit à 100 RM : celles-ci frisent le luxe. Les dortoirs, climatisés mais exigus, sont occupés en grande partie par des hommes du cru.

Grandeur Palm Resort COMPLEXE HÔTELIER $$$
(☎599 6000 ; www.palmresort.com ; Jln Persiaran Golf ; ch à partir de 472 RM ; ❄@📶🏊). À 3 minutes en voiture de l'aéroport international de Senai (à 28 km du centre de JB), ce complexe repose du tohu-bohu du centre-ville. À la grande élégance des lieux s'ajoutent des activités quasi illimitées : golf (peu onéreux), paintball, piscine olympique, pistes de quad, etc. Le spa vous invite ensuite à la relaxation.

Citrus Hotel HÔTEL $$
(☎222 2888 ; www.citrushoteljb.com ; 16 Jln Station ; d/f à partir de 150/209 RM ; ❄📶). Les chambres, petites mais propres, ont des murs blancs et des notes colorées. Bon petit-déjeuner, personnel serviable et emplacement idéal juste à côté de la place principale, City Square.

KSL Hotel & Resort HÔTEL $$$
(☎288 2999 ; www.kslresorts.com.my ; 33 Jln Seladang ; ch à partir de 247 RM ; ❄@📶🏊). Cet imposant établissement familial et animé, situé en haut de l'un des meilleurs centres commerciaux de JB, comprend une piscine géante et permet d'accéder facilement à des *food courts*, un cinéma et un minigolf. Chambres modernes avec meubles noirs et toilettes japonaises. Plus vous serez haut, plus la vue sur la ville sera belle.

JA Residence HÔTEL $$
(☎221 3000 ; www.ja-residencehotel.com ; 18 Jln Wong Ah Fook ; ch 130-250 RM ; ❄@📶). Au cœur de JB, cet hôtel occupe un grand immeuble moderne, confortable et propre, d'un bon rapport qualité/prix. Ses tonalités crème et ses boiseries intérieures lui confèrent un certain chic, et le personnel est particulièrement accueillant. Essayez d'obtenir une chambre dans les étages supérieurs avec vue sur le Causeway.

Où se restaurer

Quoi que vous pensiez de JB, vous ne devriez rien avoir à redire de la cuisine. Les rues (essayez le secteur du KSL City Mall) fourmillent de restaurants proposant des produits de la mer parmi les plus réputés du pays et des spécialités locales, comme un généreux curry *laksa*.

Roost Juice & Bar INTERNATIONAL $$
(Jln Dhoby ; plats 8-28 RM, jus de fruits frais à partir de 7,90 RM ; ⏲12h-16h et 18h-minuit lun-sam, 18h-minuit dim). Dans le bar le plus branché de JB, bois, bouteilles et autres matériaux sont recyclés pour créer un décor de salon (très tendance). La nourriture est également excellente. Essayez les nouilles de Hainan, les *fish and chips*, les côtes de mouton ou les filets de poisson nonya, avec un jus de fruits ou une bière fraîche.

Les propriétaires possèdent également le **Roost Repurposed Recycled**, un café un peu plus bas servant des salades (à partir de 8,90 RM) et des yaourts glacés (à partir de 6,90 RM) excellents.

Hiap Joo Bakery & Biscuit Factory BOULANGERIE $

(13 Jln Tan Hiok Nee ; gâteaux et petits pains 1-4 RM ; ⌚8h-18h). Depuis plus de 80 ans, on y confectionne de délicieux petits pains, gâteaux et biscuits dans un four à charbon, comme le faisait son fondateur à Hainan (Chine), où il est né. Les rochers à la noix de coco et les petits pains sont prêts à 12h30 et épuisés avant 15h. Les fournées de gâteaux à la banane s'enchaînent jusqu'à 14h30 environ.

Annalakshmi INDIEN $

(☎227 7400 ; 39 Jln Ibraham ; menus, don apprécié ; ⌚11h-15h lun-ven ; ✎). Authentique restaurant végétarien indien tenu par des volontaires du Temple of Fine Arts. La devise du lieu : "Mangez comme vous le sentez et donnez comme vous le ressentez". Les repas, sous forme de menu, sont servis dans un cadre élégant.

Restoran Nilla INDIEN $

(Jln Ungku Puan et Jln Trus ; plats à partir de 2 RM ; ⌚7h-22h ; ✎). Cette excellente enseigne de repas servis sur une feuille de bananier a deux restaurants voisins – l'autre est au coin de la rue, dans **Jln Ungku Puan** (Jln Ungku Puan). Pour une recette de poulet comme vous en avez rarement dégusté d'aussi bonne, essayez le savoureux "vegetarian chicken", à base de tofu en fait... vous n'en reviendrez pas.

Medan Selera Meldrum Walk HAWKER $

(Medan Selera Meldrum ; repas à partir de 3 RM ; ⌚soir). En fin d'après-midi, les petites cuisines ambulantes viennent s'aligner dans cette allée, parallèle à Jln Meldrum. On commence à faire frire les *ikan bakar* (poissons grillés) ou à laisser mijoter un curry *laksa*... Terminez votre repas par un jus de canne à sucre frais ou une boisson aux herbes chinoises accompagnée de dés de gelée. Rien n'est excellent mais tout est bon.

Où prendre un verre

The Zon BAR, CLUB

(☎221 9999 ; Zon Ferry Terminal). Deux mots : alcool détaxé. Une dizaine de bars et de clubs entourent la cour de ce lieu branché, dont le Roost Juice (p. 237), avec son amusant décor en objets recyclés. Le Dolce Dance Club et le Cabana Beach Club sont probablement les meilleurs endroits pour danser.

Achats

JB se targue d'être une destination de choix pour le shopping. Toutefois, si les Singapouriens viennent y acheter de l'essence et des denrées de consommation courante, la

REJOINDRE SINGAPOUR : DE JOHOR BAHRU À SINGAPOUR

Rejoindre la frontière De JB Sentral, passez l'immigration et prenez un bus ou un taxi pour traverser le Causeway et rejoindre Singapour. Du centre de JB, prenez le bus après avoir passé l'immigration malaisienne juste avant le Causeway – vous pouvez acheter votre billet à bord. Des bus fréquents circulent aussi entre la gare routière Larkin de JB, à 5 km au nord de la ville, et la gare routière de Queen St, à Singapour. Le plus pratique est le **Causeway Link** (www.causewaylink.com.my ; depuis JB/Singapour 2,50 RM/2,40 $S ; ⌚6h30-minuit), avec des départs toutes les 10 minutes. Les taxis agréés pour desservir Singapour partent du terminal des taxis de Plaza Seni, en centre-ville – comptez 60 RM pour Orchard Rd ou le terminal de Queen St. Les taxis urbains ne peuvent pas traverser le Causeway. Sinon, les bus **Trans Star Cross Border Coaches** (depuis JB/Singapour 7 RM/7 $S ; ⌚ 5h-21h) relient toutes les heures le terminal Kotaraya 2 de JB à l'aéroport international de Changi, à Singapour.

À la frontière Tous les bus et taxis s'arrêtent à l'immigration malaisienne. Vous devrez descendre du véhicule avec vos bagages (et votre billet), effectuer les formalités et remonter. Votre chauffeur s'arrêtera ensuite à l'immigration singapourienne pour suivre la même procédure, avant de continuer jusqu'à la gare routière de Queen St. La gare ferroviaire suivante au sud après JB Sentral est Woodlands CIQ à Singapour, qui marque la fin du réseau ferré malaisien. Si vous prenez le train, vous devrez passer la douane du côté malaisien avant de rejoindre Woodlands.

Sur place De Queen St, vous pourrez aller quasiment n'importe où dans la ville grâce aux bus, aux taxis et au réseau de MRT (métro léger). Pour changer de l'argent, profitez des DAB aux services d'immigration de Singapour et à Queen St.

Voir p. 556 pour le trajet dans l'autre sens.

plupart des produits sont plus intéressants à Singapour, tant par le prix que par la variété.

Les meilleurs centres commerciaux sont les suivants :

KSL City Mall CENTRE COMMERCIAL
(www.kslcity.com.my ; 33 Jln Seladang). Tesco, bars, restaurants, vêtements et articles pour la maison.

Johor Premium Outlets CENTRE COMMERCIAL
(www.premiumoutlets.com.my). Réductions de 25 à 65% dans 80 grandes enseignes comme Gap et Nike. À Kulai, à 25 km de JB.

Tebrau City Shopping Centre CENTRE COMMERCIAL
C'est le plus grand centre commercial du Johor. On y trouve un énorme Jusco et à peu près tout ce qu'on peut imaginer. À 15 minutes de route du Causeway.

Plaza Pelangi (Jln Tebrau). On y trouve de tout, à des prix modiques.

Renseignements

Il y a des DAB et des banques partout dans le centre. Les agents de change, alignés dans Jln Wong Ah Fook, appliquent des taux compétitifs.

Bureau de l'immigration (☎223 8400 ; khidimat-johor@imi.gov.my ; Jln Setia Tropika, Kempas). À 15 km au nord du Causeway.

KPJ Johor Specialist Hospital (☎urgences 220 7505, 227 3000 ; www.kpjjohor.com ; 39B Jln Abdul Samad). Hôpital privé impeccable et ultramoderne.

Tourism Malaysia & Johor Tourist Information Centre (☎223 4935 ; www.johortourism.com.my ; complexe d'immigration CIQ et 3e ét., Jotic Bldg, 2 Jln Air Molek ; ⏲9h-17h lun-sam). Tourism Malaysia dispose de deux bureaux à JB, le plus pratique étant celui du complexe CIQ, juste après le poste d'immigration en venant de Singapour.

Depuis/vers Johor Bahru

Avion

Le **Senai International Airport** (☎599 4500 ; www.senaiairport.com) est implanté à Senai même, à 32 km au nord-ouest de JB.

BUREAUX DES COMPAGNIES AÉRIENNES

AirAsia (☎1300 889 933 ; www.airasia.com ; Tune Hotel). Vols à bas prix vers KL, Penang, Kuching, Kota Kinabalu, Sibu et Miri.

Firefly (☎603 7845 4543 ; niveau mezzanine, Persada Johor International Convention Center, Jln Abdullah Ibrahim). Dessert KL (aéroport de Subang) et Kota Bahru.

Malaysia Airlines (☎334 1011, 331 0036 ; niveau mezzanine, Persada Johor International Convention Center, Jln Abdullah Ibrahim). Vols vers Kuching et KL avec correspondance vers d'autres destinations. Tarifs bien plus intéressants que depuis Singapour.

Bus

La gare routière Larkin est un ensemble anarchique de *hawkers*, de restaurants, de boutiques de vêtements, etc. Il y a de nombreuses compagnies et une consigne à bagages (petit/gros sac 3/4 RM/j ; ⏲7h-22h).

BUS DEPUIS/VERS JOHOR BAHRU

Destination	Prix	Durée
Butterworth	62,60 RM	9h
Melaka	17 RM	2h30
KL	31 RM	4h
Mersing	12 RM	2h
Kuantan	20 RM	5h
Kuala Terengganu	33 RM	8h

Taxi

La principale **station de taxis longue distance** (☎223 4494) se trouve à la gare routière Larkin, à 5 km au nord de la ville. Une autre, plus pratique, se trouve dans Jln Wong Ah Fook. Parmi les destinations les plus fréquentes (les tarifs donnés sont pour 4 personnes) figurent : Kukup (80 RM), aéroport de Senai (50 RM), Melaka (280 RM), KL (460 RM) et Mersing (10 RM).

Train

Trois trains express quittent chaque jour la gare ferroviaire rutilante de JB Sentral, dans le complexe CIQ, pour KL (6h30, 14h56 et 20h25). La ligne traverse Tampin (pour Melaka), Seremban, KL Sentral, Tapah Rd (pour les Cameron Highlands), Ipoh, Taiping et Butterworth. Elle bifurque à Gemas, d'où le "jungle train" part vers Jerantut (pour Taman Negara), Kuala Lipis et Kota Bharu.

Comment circuler

Depuis/vers l'aéroport

Le Senai International Airport, à 32 km au nord-ouest de la ville, est relié au centre-ville par des navettes (8 RM, 45 min) qui partent du terminal Kotaraya 2 de la gare routière.

En taxi, prévoyez 60 RM et 30-45 minutes, selon la circulation, entre l'aéroport et JB.

Bus

Les bus locaux partent de plusieurs arrêts, le plus pratique se trouvant en face de la Public Bank, dans Jln Ah Fook. De la gare routière Larkin, le bus n°39 dessert le centre-ville de JB (1,80 RM).

REJOINDRE L'INDONÉSIE : DE JOHOR BAHRU À PULAU BATAM ET PULAU BINTAN (ÎLES RIAU)

Rejoindre la frontière Il y a plusieurs départs quotidiens pour Batam (aller 69 RM, 1 heure 30) et Tanjung Pinangon Bintan (aller 86 RM, 2 heures 30), qui font partie des îles Riau, en Indonésie. Des ferries partent du ZON Ferry Terminal (horaires sur www.zon.com.my/ferry.html), qui est desservi par plusieurs bus depuis le centre-ville de JB. D'autres bateaux partent de Kukup, au sud-ouest de JB, pour Tanjung Balai, à Karimun (3 bateaux/jour, 130 RM) et Sekupang, à Batam (2 bateaux/jour, 165 RM) ; horaires et réservations sur www.ferrytuah.comoj.com. Des bus desservent Kukup depuis JB (7 RM, 1 heure 30) et KL (26 RM, 3 heures 30). Un taxi de JB à Kukup coûte 80 RM.

À la frontière Vous devrez payer une taxe portuaire de 10 RM et faire tamponner votre passeport pour votre sortie de Malaisie avant d'embarquer à JB ; depuis Kukup, la taxe s'élève à 25 RM/pers. Des îles Riau, des ferries partent pour Sumatra, en Indonésie.

Taxi

Les taxis sont équipés de compteurs, que les chauffeurs sont légalement tenus d'utiliser. La prise en charge est de 3 RM. Une course coûtera en moyenne 10 RM. Pour une visite touristique, comptez 35 RM l'heure.

Voiture

Les voitures de location sont beaucoup moins chères à JB qu'à Singapour, mais assurez-vous auprès du loueur de pouvoir aller à Singapour. Les tarifs débutent à 153 RM/jour, assurance et taxes comprises. De nombreuses compagnies de location louent des véhicules à l'aéroport international de Senai.

Hawk Car Rental (☎224 2849 ; Suite 221, 2e ét., Pan Global Plaza, Jln Wong Ah Fook)

Muar

☎06

Ville fluviale assoupie mêlant une langueur toute malaisienne à de faux airs de ville chinoise animée, Muar était autrefois un grand pôle commerçant. Elle constitue une halte hors des sentiers battus entre Melaka et Johor Bahru.

Au bord du fleuve, l'élégant **quartier colonial** compte plusieurs édifices remarquables. Au fil d'une promenade, la maison des douanes, le tribunal, le lycée (1914) et la mosquée Jamek, un bâtiment victorien fantaisiste évoquant la mosquée du sultan Abu Bakar de Johor Bahru, méritent le coup d'œil.

Où se loger et se restaurer

Muar est réputée pour son *otak otak* (croquettes de poisson) et ses petits-déjeuners de *satay* (brochettes). Des *hawkers* jalonnent Jln Haji Abu, à deux pas de Jln Ali.

Hotel Classic HÔTEL $$
(☎953 3888 ; 69 Jln Ali ; ch 125-230 RM ;). Des chambres chics où vous attendent journaux, TV sat et de quoi vous faire thé ou café. Bref, la meilleure adresse de la ville. Une aubaine qui coûterait le double dans une ville plus touristique.

Hotel Leewah HÔTEL $
(☎Jln Arab 951 5995, Jln Ali 952 1605 ; 44 Jln Ali et 75 Jln Arab ; d sans/avec clim et sdb 35/48 RM ; P). Le Leewah se compose de deux bâtiments voisins : celui de Jalan Ali est plus petit et plus ancien, alors que celui de Jln Arab est vaste et offre l'un des accueils les plus chaleureux du pays. Les propriétaires adorent les enfants et l'hôtel attire de nombreuses familles. Chambres simples, vieillissantes et propres.

Depuis/vers Muar

Des bus partent régulièrement pour Johor bahru (18 RM, 2 heures 30) et KL (18 RM, 2 heures 30) depuis la gare des bus longue distance de Muar, au bord du fleuve. Les bus vers/depuis Melaka (6 RM, 1 heure) et Gunung Ledang/Segamat (5 RM, 1 heure) circulent depuis la gare routière locale. La station de taxis se trouve juste à droite de la gare routière.

Mersing

☎07

Cette bourgade de pêcheurs animée sur la côte orientale du Johor possède tout ce dont les touristes se rendant sur les îles pourraient avoir besoin : accès Internet peu cher, hébergements corrects, épiceries, bière fraîche et pharmacie. Les bateaux de pêche colorés naviguent sur la rivière, mais le spectacle ne va pas beaucoup plus loin que les berges.

Mersing

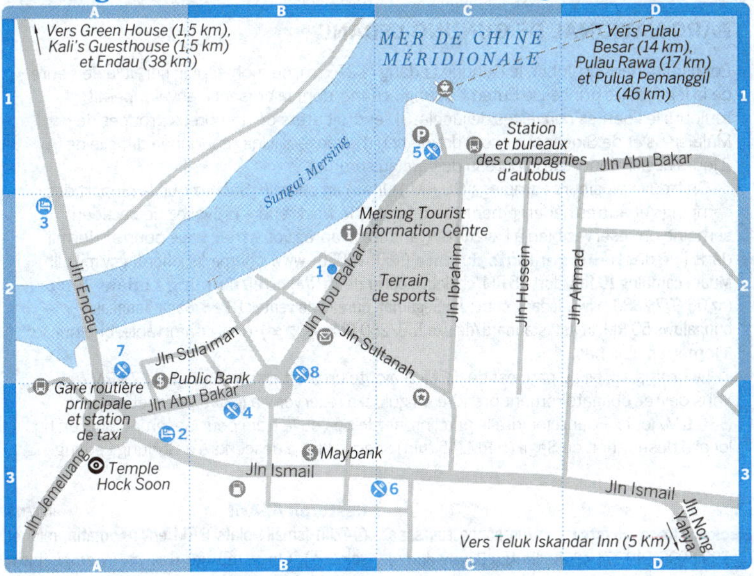

Mersing

Activités
1 Omar's B2

Où se loger
2 Hotel Embassy A3
3 Hotel Timotel A2
Omar's Backpackers' Hostel .... (voir 1)

Où se restaurer
4 Loke Tien Yuen Restaurant B3
5 Port Café & Bistro C1
6 Restoran Al-Arif C3
7 Échoppes de poisson et fruits de mer .. A2
8 Xiang Guo Bakery & Cake House B2

Circuits organisés

Plusieurs bureaux de réservation autour du port vendent des billets pour les îles de l'archipel de Seribuat et l'île Tioman, et peuvent aussi organiser des circuits.

Omar's (☎799 5096, 019-774 4268 ; Jln Abu Bakar), à l'Omar's Backpacker's Hostel, est la meilleure option pour les voyageurs à petits budgets, avec ses excursions en hors-bord d'une journée dans les îles de Seribuat (100 RM/pers, 4 pers minimum) et ses Overland Tours de 2 jours et 1 nuit (350 RM/pers tout compris, 4 pers minimum) au parc national d'Endau-Rompin.

Où se loger

Vous passerez peut-être une ou deux nuits à Mersing à attendre les ferries qui ne partent qu'à marée haute – et quand le temps le permet pendant la mousson.

Pendant les jours fériés, notamment le Nouvel An chinois, les hôtels de catégorie moyenne risquent d'afficher complet.

Hotel Embassy HÔTEL $
(☎799 3545 ; 2 Jln Ismail ; d/tr/qua 45/55/65 RM ; ❄📶). Une adresse fabuleuse comparée aux autres établissements bon marché de la ville. On apprécie la vraie sdb après la vie de Robinson sur les plages des îles... Toutes les chambres sont grandes, lumineuses, avec clim, TV sat et salle de bains.

Teluk Iskandar Inn B&B $$
(☎799 6037 ; www.iskandarinn.com ; 1456 Jln Sekakap ; ch avec petit-déj 140-200 RM ; 🚭❄📶). À 4,5 km au sud de la ville, un établissement soigné, paisible et retiré, dont le charmant jardin descend jusqu'à la plage. Chambres doubles spacieuses et aérées. Les propriétaires préparent sur demande des repas malaisiens. Sur le côté gauche de la route quand vous arrivez de Mersing.

VAUT LE DÉTOUR

PARC NATIONAL DE GUNUNG LEDANG

Point culminant du Johor, le Gunung Ledang (1 276 m), ou mont Ophir, serait la demeure de la légendaire princesse Puteri Gunung Ledang, dont la présence envelopperait toujours les pentes couvertes de jungle. Si l'endroit attire de nombreux groupes de Malaisiens et de Singapouriens, il draine peu d'étrangers. Une randonnée difficile de 2 jours aller-retour relie le bureau du parc au sommet.

On trouve plusieurs campings (10 RM/nuitée) en chemin. Sachez que la plupart des campings et autres hébergements sont fermés le week-end – prévoyez de partir en semaine ou réservez bien à l'avance. Avant et/ou après votre trek, vous pourrez dormir dans l'un des **hébergements du parc** (963 1030 ; www.johorparks.johordt.gov.my ; Jln Muar ; camping 10 RM, dort 25 RM, chalets à partir de 75 RM) ou au **Gunung Ledang Resort** (06-977 2888 ; www.ledang.com ; Jln Segamat, bureau de vente : BT 28, Sagil, Tangkak ; bungalows 50 RM, lit jum standard/deluxe 150/250 RM ;), plus confortable, quelques kilomètres plus bas.

Le droit d'accès au parc est de 3 RM. S'ajoute un droit de randonnée de 23 RM/jour. Vous devrez obligatoirement prendre un guide, à réserver via le site Internet du parc (140 RM/jour). Pour rejoindre le parc, prenez le bus ou le train pour Segamat, puis un bus local à destination de Segil (5 RM, 45 min) ; demandez à descendre à Gunung Ledang.

Omar's Backpackers' Hostel AUBERGE DE JEUNESSE $
(799 5096, 019-774 4268 ; Jln Abu Bakar ; dort/d 15/30 RM ;). La réussite de votre séjour dans cette petite auberge pour globe-trotteurs proche de l'embarcadère dépendra de l'humeur, variable, d'Omar. Réservations recommandées en haute saison.

Hotel Timotel HÔTEL $$
(799 5888 ; www.timotel.com.my ; 839 Jln Endau ; s et d avec petit-déj à partir de 150 RM ;). Juste après le pont, de l'autre côté du fleuve, cet adresse vieillissante de style hôtel d'affaires propose un service d'excellente qualité et des doubles propres et spacieuses avec TV sat.

Où se restaurer

Les **échoppes de poisson et fruits de mer** ouvrent chaque soir près de la gare routière au bord du fleuve.

Loke Tien Yuen Restaurant CHINOIS $
(55 Jln Abu Bakar ; plats 3,50-15 RM ; midi et soir). Le plus vieux restaurant chinois de Mersing est aussi l'une des enseignes les plus accueillantes et animées. Vous devrez peut-être attendre avant de pouvoir vous installer à une table en marbre pour vous délecter de plats à base de crevettes et de porc. La spécialité, un poisson entier cuit à la vapeur que commandent tous les habitants, n'est pas dans la carte en anglais ; demandez au serveur.

Restoran Al-Arif INDIEN $
(44 Jln Ismail ; plats 6 RM env ; matin, midi et soir ;). On y mange des *roti canai* (pain plat friable ; 70 sen), des *roti telur* (*roti* et œuf ; 1,60 RM), du *nasi goreng* (riz sauté ; 3,50 RM) et des plats végétariens.

Xiang Guo Bakery & Cake House BOULANGERIE $
(Jln Abu Bakar ; gâteaux à partir de 1 RM, pizzas à partir de 22 RM ; matin, midi et soir ;). Charmante adresse climatisée où décompresser devant un repas (pizzas, nouilles à la malaisienne, riz, etc.), un café et une gourmandise du style tiramisu ou cheese-cake.

Port Café & Bistro OCCIDENTAL $$
(Jln Abu Bakar ; plats 12-28 RM ; midi et soir). À côté de l'embarcadère, ce petit restaurant-bar en plein air sert des plats occidentaux étonnamment bons comme des pizzas (à partir de 24 RM) et des salades de poulet rôti au vinaigre balsamique (12 RM). Le bar sert bières, vins et cocktails ; musique live certains soirs.

Renseignements

Mersing Tourist Information Centre (Jln Abu Bakar ; lun-sam 8h-17h). Sur la route menant à l'embarcadère ; infos utiles, horaires de bus et brochures.

Depuis/vers Mersing

Si la plupart des bus et des taxis longue distance partent de la gare routière située près du pont enjambant le fleuve, certains bus longue distance partent également des bureaux des compagnies d'autobus près de l'embarcadère. Si vous le demandez gentiment, certains chauffeurs vous déposeront à l'embarcadère en arrivant à Mersing. Pour vous rendre à Cherating, prenez d'abord un bus pour Kuantan.

BUS DEPUIS/VERS MERSING

Destination	Prix	Durée	Fréquence
Johor Bahru	13 RM	2h30	2/jour
Kahang	7 RM	1h	3/jour
Kuala Lumpur	40 RM	5h30	5/jour
Kuala Terengganu	34 RM	9h	2/jour
Kuantan	17 RM	5h	2/jour
Melaka	25 RM	4h	3/jour
Singapour	16 RM	3h	2/jour

Archipel de Seribuat

07

Cet archipel se compose d'une constellation de 64 îles, disséminées au large de la côte orientale de Johor. Certaines figurent parmi les plus belles îles de Malaisie. La plupart des visiteurs ne débarquent que sur la plus grande, celle qui attire tous les regards, Pulau Tioman, qui appartient à l'État de Pahang. Les autres îles de l'archipel, beaucoup moins fréquentées, sont des havres de paix.

Les plongeurs découvriront de remarquables coraux, ainsi qu'une diversité étonnante de créatures marines, du poisson-papillon au poisson-perroquet, en passant par les barracudas et les coques géantes. Les eaux autour de l'archipel se chargent d'écume pendant la mousson (novembre-février). Les services de ferries sont alors aléatoires, surtout au plus fort de la saison (novembre-décembre).

Pour se rendre dans l'archipel de Seribuat, les visiteurs doivent acheter un **billet d'entrée aux parcs maritimes** (Marine Parks entry ticket ; adulte/enfant 5/2 RM) à l'embarcadère de Mersing.

PULAU BESAR

07

Facile d'accès, la longue plage de sable blanc de Pulau Besar, où la mer forme une véritable piscine quand elle est calme, invite à tout oublier pendant un jour ou deux. Si le farniente sur le sable ne vous inspire pas, libre à vous d'arpenter les sentiers à la découverte de plages plus secrètes ou de la forêt tropicale. Cela dit, les coraux ici ne sont pas extraordinaires et il n'existe aucun centre de plongée : vous devrez vous contenter de faire du snorkeling dans des eaux turquoise le long de quelques récifs.

Vous pouvez visiter Pulau Besar dans la journée en prenant les bateaux-navettes des complexes hôteliers. Au moment de notre passage, aucun bateau public ne desservait l'île – renseignez-vous à l'embarcadère de Mersing.

Où se loger et se restaurer

Les complexes hôteliers de l'île sont tous situés au bord de la plage sur la côte occidentale. Ils disposent de restaurants et proposent à leurs hôtes une navette depuis/vers Mersing (95 RM aller-retour).

"EXPÉDITION ROBINSON" : LA TÉLÉ-RÉALITÉ SUR UNE ÎLE PARADISIAQUE

Alors que vous sirotez un cocktail sur une plage de sable blanc, d'autres "voyageurs" se nourrissent de vers ou s'épuisent pour trouver de l'eau sur une île qui évoque en théorie le paradis terrestre. L'archipel de Seribuat est en effet le lieu de tournage d'*Expedition Robinson*, une émission de la télévision malaise, qui a inspiré la série américaine *Survivor* et qui évoque aussi le *Koh-Lanta* d'une chaîne française. Ce programme, qui a débuté en 1997, accueille aujourd'hui plusieurs groupes de participants venus du monde entier.

Pulau Besar abrite le camp de base, mais quantité de lieux plus éprouvants pour les "survivants" se trouvent sur les petites îles plus éloignées. L'équipe de tournage de *Robinson* commence chaque année à repérer les lieux en avril et tourne de juin à juillet. Durant ces deux mois, les hôtels de Pulau Besar sont fermés au public. Vous pourrez néanmoins visiter l'île dans la journée en demandant à embarquer sur l'un des nombreux bateaux de l'équipe qui font la navette. Renseignez-vous auprès des bureaux des hôtels de Pulau Besar, à l'embarcadère de Mersing.

VAUT LE DÉTOUR

PULAU TINGGI

À 10 km au nord-est de Pulau Sibu Besar, le Tinggi, un volcan éteint aujourd'hui couvert de jungle, compose un paysage impressionnant (*tinggi* signifie "grand") dont le cône de 600 m de haut forme une magnifique silhouette. La plupart des complexes hôteliers proposent des excursions d'une journée sur l'île, avec snorkeling et balade jusqu'à une belle cascade.

L'île compte trois villages : Kampung Tanjung Balang, Kampung Pasir Panjang et Kampung Sebirah Besar. L'hébergement principal de l'île est le **Tad Marine Resort** (☎722 1777 ; www.tadmarineresort.com ; forfaits 2 nuits en pension complète et avec transferts à partir de 690 RM/pers ; ❄🏊), trop cher mais bien situé, qui accueille surtout des plongeurs singapouriens.

Mirage Island Resort COMPLEXE HÔTELIER $$
(☎799 2334 ; www.mirageislandresort.com ; chalets 190-550 RM). Dans le bas de l'échelle, des bungalows à prix très abordable, et dans le haut, d'élégantes maisons en bois de style malais, à claire-voie. Tous les hébergements ont un charme tropical, le personnel est jeune et sympathique, et le restaurant possède un bar et un billard.

Aseania Resort COMPLEXE HÔTELIER $$$
(☎019-736 1277 ; www.pulaubesar.net ; chalets avec petit-déj à partir de 300 RM ; ❄🏊). Grandes chambres immaculées au décor de bois sombre, et service stylé. Piscine dans la jungle, entourée d'une élégante terrasse en bois, où l'on trouve l'ombre quand le soleil est trop fort sur la plage.

PULAU SIBU

☎07

Après l'île de Tioman, cet ensemble d'îles (**Pulau Sibu Besar**, **Pulau Sibu Kukus**, **Pulau Sibu Tengah** et **Pulau Sibu Hujung**) est le plus prisé de l'archipel – en particulier des familles d'expatriés vivant à Singapour. Pulau Sibu Besar, petite île de 7 km sur 1 km, possède le plus grand choix d'hébergements. On y vient surtout pour ses superbes plages et ses spots de plongée.

La minuscule Pulau Sibu Tengah, ancien camp de réfugiés vietnamiens, accueille désormais des tortues de mer qui viennent y pondre en juillet. Lors de notre visite, la construction du **Batu Batu** (www.batubatu.com.my ; d petit-déj et transferts inclus à partir de 750 RM ; ❄@📶🏊), un complexe privé haut de gamme, était sur le point de s'achever. L'établissement travaille en partenariat avec Wild Asia (www.wildasia.org) sur des programmes de conservation des tortues.

Les bateaux pour Pulau Sibu ne partent pas de Mersing mais de l'embarcadère de Tanjung Leman, à environ 30 km au sud de la ville. Faute de bateau public, vous devrez vous arranger avec votre complexe hôtelier (les transferts sont compris dans les forfaits).

Où se loger et se restaurer

Sauf mention contraire, les tarifs ci-après sont donnés pour une personne en pension complète, navettes en bateau comprises.

♥ **Rimba Resort** COMPLEXE HÔTELIER $$
(☎012-710 6855 ; www.resortmalaysia.com ; chalets à partir de 220 RM/pers). Bienvenue dans ce paradis décontracté de Sibu Besar, équipé de confortables huttes au toit de chaume donnant toutes sur la plus belle plage de l'île, idéale pour la baignade et le snorkeling. Les hébergements, spacieux, sont plutôt chics, avec moustiquaires en baldaquin, espaces détente avec coussins et sdb semi-ouvertes sur l'extérieur.

Les clients des autres complexes sont souvent attirés par la belle plage de sable blanc et la terrasse du bar. Centre de plongée, massages et personnel adorable.

🍃 **Sea Gypsy Village Resort** COMPLEXE HÔTELIER $$
(☎799 3124 ; www.siburesort.com ; huttes 180 RM, chalets 215 RM, chalets familiaux pour 2 adultes et 2 enfants 680 RM). Ce complexe de Sibu Besar est l'un des meilleurs endroits de Malaisie où se détendre en famille, et aussi l'un des plus abordables. Menus pour enfants servis toute la journée, club pour enfants, mini-aire de jeu, et même ingénieux système de vermicompost pour une élimination écologique des couches. La plage se prête plus au batifolage dans les vagues qu'à la nage.

Les huttes sont sombres mais dotées de lits confortables et, pour la plupart, d'une terrasse, d'une sdb et d'un ventilateur.

Celles proches de la jungle sont les plus économiques. Centre de plongée et quantité d'activités proposées.

Sibu Island Resort COMPLEXE HÔTELIER $$

(☎222 5155 ; www.sibuislandresort.com.my ; forfaits 1 nuit pour 2 pers avec petit-déj à partir de 520 RM ; ❄@≋). Sur l'isolée Pulau Sibu Tengah, ce complexe relativement luxueux offre tout le confort moderne et un bon spot de snorkeling. Spa complet, centre de plongée, courts de tennis et parcours accrobranche pour les séjours d'entreprise. Les plages sont belles, mais le restaurant et les chambres, de style hermétique et climatisé, ne permettent pas vraiment de profiter de l'air de la mer. Karaokés le week-end.

PULAU RAWA

Bordée par une belle plage de sable blanc, la minuscule Pulau Rawa, à 16 km de Mersing, attire les amateurs de soleil, de snorkeling et de surf. Les deux complexes hôteliers organisent le transport de leurs clients et proposent des excursions à la journée (60 RM/pers).

Où se loger

Les deux complexes hôteliers de Rawa se côtoient, sur l'une des plus belles plages de l'archipel de Seribuat, soit une étendue de sable blanc menant à une mer au bleu parfait.

Rawa Island Resort COMPLEXE HÔTELIER $$$

(☎799 1204 ; www.rawaislandresort.com ; forfaits 1 nuit en pension complète avec transferts par bateau 380-1 170 RM/pers ; ❄@). Le principal ensemble hôtelier de l'île loue des logements basiques et vieillissants disséminés à flanc de colline et sur le front de mer. Mais vous passerez peu de temps à l'intérieur, car ce lieu animé et familial propose des pédalos, un trampoline et un immense toboggan aquatique (hors service lors de notre visite). Également restaurant, centre de plongée et toutes sortes d'équipements et d'activités.

Alang's Rawa Resort COMPLEXE HÔTELIER $$

(☎012-715 5547 ; www.alangsrawa.com ; forfait 2 nuits en pension complète avec transferts par bateau à partir de 450 RM/pers). De charmants bungalows blancs aux volets bleu ciel, qui bordent la meilleure portion de la plage, invitent au farniente. Le service est inexistant et le café, où sont servis les repas, est fréquenté par de vieux Chinois alcoolisés – mais vu le cadre, quelle importance ?

PULAU AUR, PULAU DAYANG ET PULAU PEMANGGIL

☎07

Ces trois îles sont si éloignées du continent (4-6 heures de bateau) qu'il faut y rester quelques jours pour optimiser son voyage. Il n'est parfois possible de s'y rendre que les week-ends et pendant les vacances, lorsque les complexes hôteliers affrètent des bateaux pour les groupes de plongeurs singapouriens.

À 80 km de la péninsule, Pulau Aur est entourée d'une mer bleu azur cristalline, de magnifiques coraux et de quelques épaves au large. Le **Diver's Lodge** (forfaits 3 jours/2 nuits avec plongée à partir de 365 $S), où l'on peut réserver via les agences de plongée de Singapour (essayez www.friendlywaters.com.sg), attire la plupart des visiteurs, bien que la plage soit limitée.

Face à Pulau Aur, de l'autre côté du chenal, Pulau Dayang dispose de quelque 300 lits sur la superbe plage du **Dayang Blues Resort** (☎65-6536 6532 ; www.dayangnow.com ; forfaits 1 nuit à partir de 380 $S) à Kampung Pasir Putih.

À 45 km à l'est de Mersing, la belle île de Pulau Pemanggil a une population clairsemée. Naturellement, la mer y est superbe. Le **Lanting Resort** (☎799 3793 ; www.lantingresort.com.ny ; forfaits 3 jours/2 nuits 298 RM) offre divers hébergements en bungalows, *longhouses* et suites, ainsi que des possibilités de pêche dans un cadre rustique et familial.

Parc national d'Endau-Rompin

À cheval sur la frontière entre le Johor et le Pahang, le parc national d'Endau-Rompin (870 km²) représente le deuxième parc de la péninsule après Taman Negara, bien plus développé. Vieille de 260 millions d'années, c'est une jungle intacte parsemée de cascades et peuplée d'animaux caractéristiques des terres malaisiennes. Les sentiers n'étant pas très nombreux, l'exploration reste limitée, mais néanmoins spectaculaire. Endau-Rompin abrite l'une des dernières forêts de basse altitude de la péninsule malaise et compte des espèces végétales uniques au monde, comme le gigantesque palmier parasol, reconnaissable à ses feuilles en forme d'éventail, et le *Livinstona endanensis,* un palmier aux feuilles circulaires et dentelées.

Parc national d'Endau-Rompin

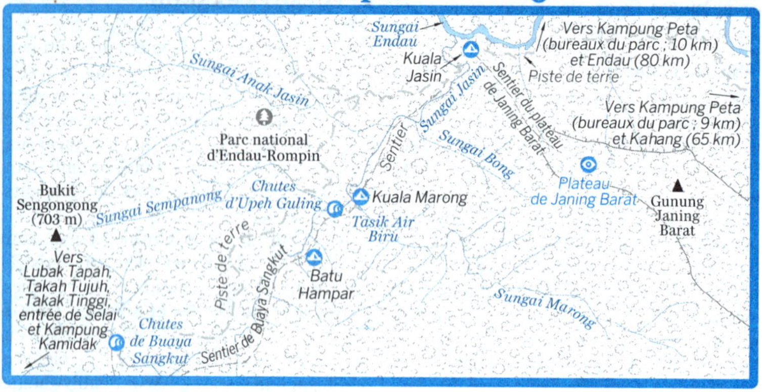

Le parc est aussi le dernier refuge en Malaisie des rhinocéros et des tigres de Sumatra, qui n'en fréquentent que les parties les plus reculées. Vers le coucher du soleil, on aperçoit parfois des troupeaux d'éléphants près de Kampung Peta. Côté oiseaux, le parc abrite le coq bankiva, le calao charbonnier et la bergeronnette des ruisseaux. Des singes piaillent dans les arbres.

Les visiteurs viennent majoritairement dans le cadre d'excursions collectives, mais il est aussi simple (et plus économique) d'explorer le parc seul. Il peut être judicieux de passer d'abord au bureau de la **Johor National Parks Corporation** (www.johorparks.johordt.gov.my ; Jln Sulaiman, Mersing ; 8h-13h et 14h-17h lun-sam) à Mersing, qui vous mettra en contact avec le bureau du parc approprié.

Il existe deux entrées principales : la plus importante, à Kampung Peta, est accessible depuis Kahang, et l'autre, moins développée, se trouve à Selai, à une quarantaine de minutes de route de Bekok. Aucun sentier ne relie les deux secteurs ; vous devrez donc établir votre camp de base à l'une ou l'autre des entrées. Une troisième entrée, moins utilisée, se trouve dans le Pahang, à 26 km de Kuala Rompin ; elle n'est pas gérée par la Johor Parks Corporation.

GUIDES

Les autorités de la Johor National Parks Corporation exigent en général le recours à un guide. Vous pourrez louer leurs services pour 60 RM/jour auprès du centre d'accueil du parc de Kampung Peta ou auprès du bureau de Selai. Il s'agit généralement d'Orang Asli venant des villages voisins et ayant grandi dans la jungle. Ajoutez à cela la taxe de conservation (20 RM).

ENTRÉE DE KAMPUNG PETA

Le bureau et les hébergements de cette partie du parc sont situés juste à côté d'un charmant village orang asli dont les habitants font souvent des démonstrations de jeux traditionnels (de casse-tête souvent – préparez-vous à faire marcher vos méninges) et de piégeage d'animaux. Le cadre, à une petite marche du fleuve, est luxuriant. Vous devrez remonter le beau fleuve en bateau 30 minutes (140 RM, jusqu'à 10 pers) – puis marcher une demi-heure jusqu'au **camp de base de Kuala Jasin**, d'où partent tous les sentiers. Pour organiser activités et hébergements depuis cette entrée, appelez le **bureau d'Endau-Rompin de Peta** (888 2812 ; 11 Jln Bawall, Kahang).

CHUTES D'UPEH GULING ET DE BUAYA SANGKUT

La principale randonnée du parc suit le Sungai Jasin depuis le camp de base de Kuala Jasin. En une journée, vous pourrez aller aux **chutes multiniveaux d'Upeh Guling** ; un itinéraire facile et principalement plat dans une jungle intacte, avec quelques passages à gué. Un beau coin pique-nique sur un rocher, sans sangsues, fait face à la cascade.

Pour un trek de 2 jours, continuez 40 minutes de plus jusqu'aux rochers plats et au camping de **Batu Hampar**. De là, vous devrez gravir une côte ardue de 4 km à travers plusieurs crêtes pour atteindre le sommet des chutes (40 m) à Buaya Sangkut. Le sentier étant assez flou, prenez obligatoirement un guide.

SUR LES TRACES DU FANTÔME AUX CHICOTS DE JOHOR

Le célèbre *hantu jarang gigi* (fantôme aux chicots) est un grand bipède poilu qui a peur des objectifs et pourrait bien se trouver coincé dans le même cul-de-sac de l'évolution que les insaisissables yétis et autres Sasquatch. Le primate a fait l'objet de vaines recherches pendant des décennies, ce "chaînon manquant" à poils marron de 3 m de haut ayant été aperçu à plusieurs reprises par des Orang Asli et des empreintes démesurées ayant été découvertes. Il aurait été vu à de nombreuses reprises en 2005 près d'une rivière, dans la jungle voisine de Kota Tinggi, et des ouvriers agricoles auraient même entrevu toute une famille. Une chasse géante et vaine fut entreprise en 2006. Depuis, plus de nouvelles.

Gardez votre appareil photo à portée de main au cas où une créature ressemblant à un yéti apparaisse au détour d'un arbre – et surtout, pas de mouvements brusques !

Sur le retour de ces deux treks, la plupart des gens s'arrêtent pour se baigner à **Tasik Air Biru**, un bassin naturel rafraîchissant d'une eau claire et bleu vif à quelques minutes à pied du camp de base de Kuala Jasin.

ENTRÉE DE SELAI

Selai compte bien moins d'infrastructures que Kampung Peta – notamment, il n'y a pas de restaurant ; apportez votre nourriture. Les treks partant du camp de base de Lubuk Tapah, à l'ouest du parc, suivent le Sungai Selai et longent un fleuve parsemé de cascades. Pour organiser une excursion depuis cette entrée, appelez le **bureau d'Endau-Rompin de Selai** (922 2875 ; 8 Jln Satrio 1, Bekok).

CHUTES DE TAKAH BERANGIN ET DE TAKAH PANDAN

Depuis le camp de base, vous devrez gravir une colline abrupte pendant 1 heure 30 avant de pouvoir faire trempette ou vous faire masser par les rapides dans la cascade élevée de Taka Beringin. À 30 minutes de là, les chutes élancées de Takah Pandan offrent un bassin bien plus calme, d'environ 2 m de profondeur.

CHUTES DE TAKAH TINGGI

Depuis le camp de base du bureau du parc, marchez 1 heure 30 sur un bon sentier jusqu'aux chutes de Takah Tinggi, basses et rugissantes. En chemin, vous traverserez quelques ponts suspendus.

Où se loger et se restaurer

On trouve des dortoirs et des chalets en bon état et avec ventilateur (lit en dort 25 RM, chalets 80-150 RM) à Kampung Peta, et des huttes sommaires à Kuala Jasin. À Selai, le camp de base de Lubuk Tapah propose des bungalows rustiques (à partir de 60 RM). La cantine de Kampung Peta sert trois bons repas malais moyennant 37 RM par jour (dont un déjeuner à emporter si vous partez en randonnée). Il n'y a pas de restaurant à Selai, mais des installations rudimentaires pour cuisiner.

Vous pouvez camper à certains emplacements désignés (5 RM/nuit/pers).

Depuis/vers Endau-Rompin

À moins de disposer d'un 4x4, vous devrez soit réserver un circuit organisé (Mersing est un bon endroit pour cela), soit voir par vous-même avec le personnel du parc.

Kampung Peta

Prenez un bus pour Kahang et demandez à descendre au bureau du parc. Appelez le **bureau d'Endau-Rompin de Peta** (888 2812) à l'avance pour réserver l'un des 4x4 du parc et un chauffeur (370 RM). Pour rejoindre Kampung Peta, vous devrez emprunter une route accidentée à travers des plantations de palmiers à huile sur 56 km. Au moment de nos recherches, le revêtement de la dernière moitié de la route depuis Kampung Peta était en cours, ce qui, à terme, réduira probablement la durée et le coût du trajet.

Selai

Prenez un train pour Kampung Bekok. Appelez le **bureau d'Endau-Rompin de Selai** (922 2875) à l'avance pour que l'on vienne vous chercher en 4x4 (120 RM) et rejoindre le camp de base (45 min de route cahoteuse).

Pahang et île de Tioman

☎ 09 / 1,45 MILLION D'HABITANTS / 36,137 KM²

Dans ce chapitre »

Le top des restaurants

» Restoran Ratha Raub (p. 277)

» Ana Ikan Bakar Petai (p. 263)

» Bersatu Nipah Chalets (p. 257)

» ABC Restaurant (p. 255)

Le top des hébergements

» Swiss Cottage Resort (p. 252)

» Bushman (p. 256)

» Villa de Fedella (p. 265)

» Traveller's Home (p. 271)

Pourquoi y aller

Le Pahang, le plus grand État de la Malaisie péninsulaire, offre des activités en plein air parmi les plus accessibles du pays. Il possède les plus belles jungles de la région, 209 km de plages sablonneuses propices au surf et la splendide île tropicale de Tioman. À 3 heures de route de Kuala Lumpur, le parc national de Taman Negara renferme des parcelles de forêt vierge peuplées d'éléphants et de tigres. Pulau Tioman, avec ses pics verdoyants et ses eaux bleues, n'est qu'à 4 heures 30 de Singapour. Si vous descendez la côte est depuis le Terengganu, ne manquez pas de faire halte à Cherating, paradis des surfeurs et des artistes.

Entre ces destinations touristiques, vous découvrirez des joyaux hors des sentiers battus – jungles, faune et flore préservées, culture malaisienne, architecture coloniale et délices culinaires –, souvent méconnus du tourisme de masse.

Quand partir

Endau

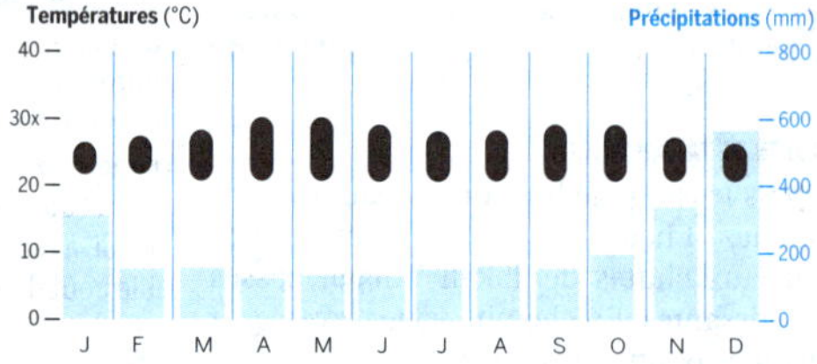

Janvier-avril La période la plus chaude et la plus sèche, la haute saison touristique.

Mai-décembre L'humidité dépasse 82% et des pluies tombent par intermittence.

Novembre-février Période de la mousson ; certains endroits ferment, d'autres offrent des réductions aux voyageurs intrépides.

Pulau Tioman

09

Île splendide, Tioman évoque la Polynésie avec ses fleurs d'hibiscus, ses pics verdoyants et des eaux turquoise riches en coraux. Longue de 20 km et large de 11 km, elle est suffisamment spacieuse pour que vous trouviez votre plage idéale. Ne rêvez pas cependant de solitude : quelque 190 000 visiteurs viennent à Tioman chaque année. Heureusement, l'île conserve son authenticité, une nature intacte et des villages accueillants.

Une courte portion de route longe la côte ouest, du Berjaya Tioman Beach, Golf & Spa Resort jusqu'à l'extrémité nord de Tekek, où des marches l'interrompent avant qu'elle devienne un chemin qui mène au bout d'Air Batang (surnommé ABC). Une route sinueuse, récemment asphaltée, relie Tekek et Juara, une station idyllique sur la côte est.

À ne pas manquer

1 Visites de villages, plongée, snorkeling et trekking dans la jungle sur **Pulau Tioman**

2 Un trek dans la boue, parmi les sangsues, au cœur du parc **Taman Negara** (p. 249)

3 La bourgade coloniale de **Raub** (p. 276), hors des sentiers battus

4 **Pekan** (p. 259), son architecture royale, ses maisons de *kampung* et une population ébahie par les touristes

5 La succulente cuisine de **Kuantan** (p. 261)

6 Le farniente dans la station balnéaire de **Cherating** (p. 264)

Pulau Tioman

Tekek, le plus grand village de Tioman et son centre administratif, abrite l'aéroport et le seul DAB de l'île. N'oubliez pas que toutes les marchandises sont apportées du continent par bateau et souvent chères (sauf la bière et le tabac). Achetez les produits de base avant de partir pour l'île.

Activités

Plongée et snorkeling

Nombre de visiteurs viennent à Tioman uniquement pour la plongée – les fonds alentour offrent des sites de plongée et de snorkeling parmi les meilleurs (et les plus accessibles) du pays. C'est aussi l'un des rares endroits où vous aurez de bonnes chances de voir des dauphins.

Les secteurs rocheux de la côte ouest, surtout au nord d'Air Batang, sont propices au snorkeling, mais les plus beaux sites entourent la proche Pulau Tulai, surnommée Coral Island. De nombreux endroits louent l'équipement (masque et tuba pour 10 RM/jour).

Tioman compte de nombreux excellents centres de plongée qui offrent des cours PADI à des prix compétitifs : prévoyez environ 1 000 RM pour un cours PADI Open Water de 4 jours et 100 RM pour une plongée.

Voici quelques centres bien établis :

B&J PLONGÉE

(☎013-742 5063, 419 1218 ; www.divetioman.com). À ABC, ce centre possède le seul bassin de plongée de Tioman et tous les équipements nécessaires pour la formation de plongeurs débutants et le perfectionnement de plongeurs chevronnés.

DiveAsia PLONGÉE

(☎419 1654 ; www.diveasia.com.my). Présent à Salang, Tekek et ABC ; cours Open Water et plongées à des prix intéressants.

Sunrise Dive Centre PLONGÉE

(☎419 3102 ; www.sunrisedivecentre.com). Sunrise, installé à Juara, offre le meilleur accès aux sites moins visités de la côte est.

Tioman Dive Centre PLONGÉE

(www.tioman-dive-centre.com). Basé à Tekek, il jouit d'une excellente réputation et organise des plongées très respectueuses de l'environnement.

Ray's Dive Adventures PLONGÉE

(☎019-330 8062 ; www.raysdive.com). Installé à ABC et géré par un couple local, Ray et Chloe, il propose un cours PADI Open Water de 4 jours à 1 100 RM et divers forfaits de plongée.

Randonnées dans la jungle

La jungle de Tioman offre de superbes randonnées au cours desquelles vous découvrirez plus d'animaux que dans la plupart des parcs nationaux du pays. Vous verrez sans doute des écureuils géants orientaux, des macaques à longue queue, des athérures malais et, avec beaucoup de chance – à l'aube ou au crépuscule –, un binturong (ou chat-ours), un mammifère nocturne menacé.

La **randonnée de Tekek à Juara** (7 km) donne un aperçu de la richesse de l'arrière-pays et aboutit à la magnifique station de Juara. Sans difficultés majeures, ce parcours comporte néanmoins quelques passages escarpés et la chaleur tropicale peut rendre la marche éprouvante : emportez beaucoup d'eau. Si vous vous perdez, repérez-vous aux lignes électriques en hauteur. Ne vous aventurez à pied dans la jungle après 16h30, car on s'égare facilement dans l'obscurité.

Des panneaux indiquent l'itinéraire à 1 km au nord du principal embarcadère de Tekek. Vous pouvez aussi suivre la route récemment asphaltée de Juara, une marche

SITES DE PLONGÉE DE LA SECONDE GUERRE MONDIALE

Les plongeurs expérimentés ne manqueront deux épaves réputées de la Seconde Guerre mondiale, le HMS *Repulse* et le HMS *Prince of Wales*, à 45 miles nautiques au nord de Tioman. Si ces deux sites stupéfient par leur signification historique et la richesse de la vie marine, ils sont difficiles et réservés aux plongeurs chevronnés.

CHOISIR UNE TRANCHE DE PARADIS

La partie la plus difficile d'un séjour à Tioman est peut-être de choisir sa destination. Voici une sélection des principaux lieux, du nord au sud dans le sens inverse des aiguilles d'une montre :

Salang Le *kampung* de Tioman à l'ambiance la plus "baroudeur". Snorkeling autour de la proche Coral Island et fêtes sur la plage. Attention toutefois aux mouches des sables, dont les piqûres peuvent réellement empoisonner le séjour.

ABC Un peu plus chic que Salang, ABC offre un bon choix de restaurants et d'hébergements, mais la plage n'est pas exceptionnelle.

Tekek Le carrefour commerçant de Tioman constitue une bonne base centrale pour explorer l'île, avec une plage charmante à son extrémité sud.

Kampung Paya Avec deux complexes hôteliers aux forfaits abordables, Paya est prisée des étudiants singapouriens et des circuits organisés avec snorkeling au large de la plage de Paya.

Genting Si la plage est urbanisée, le village alentour conserve une séduisante ambiance de *kampung*. Un bon endroit pour rencontrer les pêcheurs locaux.

Nippah Superbe, accidentée et isolée, Nippah possède la plage la plus paisible de Tioman. Des algues phosphorescentes peuplent la mer et luisent à la nuit tombée.

Mukut Ce *kampung* traditionnel, l'un des plus jolis de l'île, s'agrémente d'une plage charmante. Mukut vous séduira si vous recherchez un mode de vie malais traditionnel.

Juara Difficile à rejoindre, Juara possède la meilleure plage de surf de Tioman et suffisamment de restaurants et d'hébergements pour justifier le périple.

LA RANDONNÉE EN SÉCURITÉ

Ne laissez pas l'atmosphère détendue de Tioman vous faire oublier que vous êtes dans la jungle.

» Emportez suffisamment d'eau – nombre de randonneurs ont compris trop tard l'erreur de ne pas en prévoir assez.

» Revoyez vos projets de randonnée en cas de pluie, surtout pendant la mousson, quand presque tous les chemins deviennent péniblement boueux, voire impraticables.

» Prenez une lampe frontale s'il existe la moindre possibilité que vous marchiez après le coucher du soleil.

» Comme tout paradis, l'île abrite des serpents – 25 espèces dont des cobras royaux et des pythons réticulés.

plus longue et moins gratifiante. Revenir de Juara en voiture coûte environ 90 RM.

Le **chemin d'ABC à Salang** (3,5 km), qui file le long de la côte ouest, est plus court et plus difficile. Mal balisé, il conduit à de belles plages désertes. Grimpez jusqu'aux Bamboo Hill Chalets, à l'extrémité nord de la baie d'ABC, puis marchez 10 minutes en franchissant le promontoire suivant jusqu'à la baie de Panuba. De là, 40 minutes de marche à travers la forêt pluviale mènent à **Monkey Beach** ; le chemin continue à l'autre bout de la plage, traverse le promontoire suivant et rejoint la plage de sable blanc de Monkey Bay. De là, une longue grimpée escarpée conduit à Salang, au-delà d'un promontoire.

Une randonnée plus facile (30 min) relie **Tekek et Berjaya Tioman**, au sud, soit par la route, soit en sautant d'un rocher à l'autre autour du promontoire à marée basse. De là, vous pouvez traverser le golf ; juste avant la tour des télécommunications, un chemin descend vers la plage déserte de Bunut. Au bout de la plage, le chemin, mal tracé par endroits, continue de l'autre côté du promontoire jusqu'à Paya. Facile à suivre, le chemin de Paya à Genting est jalonné de maisons où demander son chemin.

Au nord de Tekek, vous pouvez marcher jusqu'à ABC. La plupart des pensions d'ABC et de Salang organisent le retour en bateau si vous ne souhaitez pas revenir à pied.

Un autre trek, splendide mais plus difficile, part de Mukut, à la pointe sud de Tioman, accessible en bateau depuis Genting). Le **trek de la cascade Asah** conduit à une spectaculaire cascade, agrémentée d'un bassin merveilleusement poli.

Où se loger, se restaurer et prendre un verre

De Salung à Mukut, toutes les villes et les plages dotées d'hébergements sont desservies par des ferries réguliers au départ de Mersing. Les ferries se rendent à Juara uniquement quand la marée le permet et que le nombre de passagers justifie l'escale.

Les établissements pour petits budgets sont essentiellement des petits chalets en bois et des chambres dans des maisons longues (toutes en piteux état), habituellement avec sdb, ventil et moustiquaire. Les chambres plus chères disposent de la clim et d'une douche chaude. La plupart des hôtels possèdent de grandes chambres pour les familles et un restaurant.

TEKEK

Le centre n'a guère d'attrait avec ses deux embarcadères, une marina sans charme et des boutiques détaxées. Une large promenade en bord de mer, ombragée de cocotiers, rend le village plus séduisant.

Tous les hébergements se côtoient le long de la belle plage sud.

Swiss Cottage Resort COMPLEXE HÔTELIER $$
(☎419 1642 ; www.swiss-cottage-tioman.com ; d maison longue avec ventil/clim 100-120 RM, chalet vue jardin/mer 130-150 RM, bungalow vue mer 180 RM ; ❄📶). Géré par des propriétaires créatifs, ce complexe offre de séduisants chalets en bois et bambou avec murs colorés, terrasse garnie de meubles confortables et vue sur la mer. La maison longue, d'autres chalets et les bungalows se nichent dans un jardin ombragé à l'arrière. Le bar est l'endroit idéal où se détendre après une plongée organisée par le Tioman Dive Centre (p. 251), installé sur place.

Coral Reef Holidays MAISON LONGUE $$
(☎419 1868 ; standard/lits jum/tr maison longue avec clim 130/160/160 RM, dort 25 RM, d 45 RM petit-déj compris ; ❄📶). En bord de plage, la charmante maison longue d'Adik et

Hasnizah comporte des chambres face à la mer, toutes dotées d'une maçonnerie personnalisée, de lits sur une plateforme surélevée, de la clim et d'une TV couleur. Des dortoirs, avec clim ou ventil, sont également à disposition et l'excellent restaurant sert des plats locaux et occidentaux.

Babura Seaview Resort CHALETS $
(☎419 1139 ; www.baburaseaview.com ; ch/chalet avec petit-déj 60-180 RM ; ❄📶). Au bout de la plage, cet établissement tenu par une famille propose des chambres avec ventil dans une maison longue, ainsi que des chambres et des chalets plus récents avec clim, sdb et eau chaude. **Tioman Reef Divers** (www.tiomanreefdivers.com) y possède un bureau.

Chinese Sarang Seafood CHINOIS $$
(☎013-706 6484 ; repas 20 RM ; ⏲déj et dîner). Il sert un succulent tofu sur plaque brûlante (8 RM) et de la bière.

AIR BATANG (ABC)

La plage est habituellement plus plaisante aux extrémités nord et sud, mais le sable se déplace constamment. Le front de mer est essentiellement rocheux avec peu de sable.

L'accès à Internet est intermittent à ABC ; quelques pensions offrent le Wi-Fi et **Mokhtar's Place** (10 RM/h ; ⏲9h-22h30) abrite un petit cybercafé aux horaires fantaisistes.

♥ **ABC Chalet** CHALETS $
(☎419 1154 ; d chalet 50-150 RM ; ❄📶). Balancez-vous dans un hamac face à la mer sur cette charmante portion de plage à l'extrémité nord d'ABC. Les chalets, dont quelques-uns sont quasiment sur la plage, sont répartis dans un jardin plaisant et soigné. Les plus chers s'agrémentent d'une douche avec eau chaude, de la clim, d'un réfrigérateur, d'une bouilloire pour le café ou le thé et de la vue sur la mer.

LES COMPLEXES HÔTELIERS DE TIOMAN

Tioman compte plusieurs complexes hôteliers, du haut de gamme classique au plus extravagant. Tous disposent de plages et d'embarcadères privés. La plupart d'entre eux proposent des forfaits intéressants, à réserver auprès d'une agence de voyages ou sur leur site Internet. Nombre de ces hôtels offrent des promotions exceptionnelles (jusqu'à 50% des prix indiqués) pendant la mousson (novembre-février).

Melina Beach Resort (☎419 7080 ; www.tioman-melinabeach.com ; chalet 4/5/6/8 pers avec petit-déj 200-495 RM). Le Melina se situe sur une plage isolée de sable blanc et de beaux rochers. Chaque hébergement est unique, combinant bois, chaume et Plexiglas en un style Crusoé chic. Le plus séduisant est une maison dans un arbre qui surplombe la plage. L'hôtel sert les repas et vous pouvez aussi marcher 20 min jusqu'aux restaurants de Genting. Les propriétaires ont installé une pouponnière de tortues et proposent de nombreuses activités. Un bar de plage et barbecue est également à disposition. L'ambiance détendue attire les familles.

Panuba Inn Resort (☎419 1424, 07-799 6348 ; www.panubainn.com ; forfait 3 jours à partir de 355 RM/pers). De l'autre côté du cap en venant d'ABC, le paisible Panuba Inn possède un embarcadère, un restaurant et 30 chalets construits sur une colline qui domine la baie. Tous font face à la mer, du plus simple avec ventil à ceux avec douche chaude, clim et tout le confort moderne.

Berjaya Tioman Beach, Golf & Spa Resort (☎419 1000 ; www.berjayaresorts.com/tioman ; d 407-1 800 RM). Le plus grand complexe hôtelier de Tioman propose une gamme d'hébergements, des chalets aux suites et aux villas, et de multiples activités et équipements, dont un court de tennis, un terrain de football, une aire de jeux pour les enfants, des promenades à dos d'âne et une salle de jeux vidéo. S'y ajoutent 2 piscines (dont une avec toboggans), 4 restaurants, un bar de plage et un golf.

Tunamaya Resort (☎238 8881 ; www.tunamayaresort.com ; villa plage 780 RM, villa jungle à partir de 680 RM). Ce nouvel établissement est géré par les propriétaires de l'excellent Tuna Bay (p. 293), à Perhentian. Quasiment achevé lors de nos recherches, il aura ouvert quand vous lirez ces lignes. Il surplombe des plages de sable blanc et annonce des équipements de qualité supérieure, dont des spas et un bar servant des bières du monde entier.

L'ENFER AU PARADIS

Les délicieuses plages de Tioman sont parfois envahies de mouches des sables, ou *sandflies*, insectes de petite taille (2 à 3 mm) ressemblant à des moucherons. Comme les moustiques, les femelles piquent, s'y prenant à plusieurs fois. Les piqûres, souvent nombreuses, peuvent former des cloques qui démangent énormément, et ce, pendant plusieurs jours. Désinfectez soigneusement les piqûres et ne vous grattez pas, afin d'éviter les plaies et les infections.

Pour éviter ou réduire les morsures, utilisez un produit répulsif à forte concentration en DEET. Vous pouvez le mélanger à de l'huile de monoï ou de noix de coco. Évitez également de vous allonger directement sur le sable. Profitez des transats s'il y en a à disposition ou, faute de mieux, étalez une natte sous votre serviette.

Quelques trucs pour soulager les démangeaisons :

» Appliquez surles morsures de la calamine en lotion, un mélange d'oxyde de zinc et d'oxyde ferrique apaisant et antiseptique.

» L'huile essentielle d'arbre à thé, réputée pour soulager les piqûres d'insectes, peut également apaiser. Il faut l'utiliser diluée à 10% dans de l'huile végétale (huile d'amandes douces par exemple) avant de l'appliquer.

Bamboo Hill Chalets CHALETS $$$
(☎419 1339 ; bamboosu@tm.net.my ; chalet 90-140 RM ; @📶). Ces 6 chalets bien tenus bénéficient d'un emplacement splendide, perchés sur des rochers à l'extrémité nord de la plage, entourés de bougainvilliers et de cigales, le long d'une cascade et d'un bassin. Appelez avant de venir car ils sont souvent complets.

Nazri's Place CHALETS $$
(☎419 1329 ; www.nazrisplace.com ; d 60-180 RM, f 250 RM, petit-déj compris ; ❄@). Le Nazri's se situe à l'extrémité sud de la plage, où le sable est particulièrement beau. Il offre un grand choix de chambres propres, de celles pour petits budgets avec clim (de l'autre côté d'un ruisseau à l'arrière) aux deluxe et aux familiales dans des bâtiments en brique. Le restaurant, au bord de l'eau, sert d'excellentes grillades.

Johan's Resort CHALETS $
(☎419 1359 ; dort/chalet/f 20/40/100 RM). Accueillant et chaleureux, le Johan's fournit de multiples informations. Il comprend deux dortoirs de 4 lits, à flanc de colline, d'un bon rapport qualité/prix, et des chalets standards.

SP Barakha CHALETS $
(☎419 1176 ; chalet 50-150 RM). Anciennement appelé South Pacific, cet établissement simple, tenu par une famille, se situe juste au nord de l'embarcadère. Il possède un restaurant correct, un service de blanchissage et une bibliothèque de livres d'occasion qui s'étoffe régulièrement. Tony, le propriétaire, est une mine d'informations sur Tioman.

B&J Dive Resort HÔTEL $$
(☎013-742 5063, 419 1218 ; www.divetioman.com ; lits jum/tr/qua 250/300/360 RM ; ❄@). Dans l'hôtel le plus chic d'ABC, toutes les chambres s'agrémentent d'une TV à écran plat, de la clim, d'un coffre, d'une machine à café et d'autres équipements modernes.

Mokhtar's Place CHALETS $
(d 35-55 RM ; ❄@). Une chaleureuse ambiance familiale règne dans cet établissement paisible, à l'extrémité sud d'ABC. Les chalets les moins chers sont en retrait de la plage, à l'ombre des arbres, et toutes les chambres sont propres et spacieuses. Accès Internet (intermittent) à 10 RM l'heure.

Nazri's II CHALETS $$
(☎419 1375 ; d avec ventil/clim 80/140 RM ; ❄). Similaire au Nazri's Place (voir plus haut), mais à l'extrémité nord d'ABC, et installé dans un jardin très soigné, qui grimpe à flanc de colline.

Sri Nelayan Chalets CHALETS $
(☎019-732 6373 ; chalet 40 RM). Au nord de l'embarcadère, cet établissement géré par une famille possède 4 chalets propres avec ventil face à une pelouse bien entretenue. La famille tient également une petite épicerie et organise des excursions.

My Friend's Place CHALETS $
(☎419 1150 ; ch 35 RM). Au sud de l'embarcadère, un établissement fréquenté, accueillant, propre et un peu moins cher que

la concurrence. Les chalets ouvrent tous sur un charmant jardin.

Tioman House HÔTEL $

(☎019-704 5096 ; chalet 50-150 RM ; ❄). Cet hôtel, à l'extrémité nord d'ABC, propose des chambres peintes en jaune dans un cadre moderne classique.

ABC Restaurant MALAIS $$

(Repas 10-20 RM ; ⏲petit-déj, déj et dîner). Presque tous les soirs, ce restaurant se remplit de voyageurs réunis pour déguster le barbecue du jour (20 RM), un alléchant assortiment de poisson, crevettes ou calamars. Poulet et bière sont également proposés.

Sunset Corner RESTAURANT $

(Pizza à partir de 16 RM ; ⏲14h-tard). Dernier établissement avant les escaliers qui conduisent au sud, le Sunset sert de la bière, de l'alcool, des milk-shakes et des pizzas. *Happy hour* de 17h à 19h.

The Deco Bar BAR

(⏲14h30-tard). Habituellement rempli de plongeurs qui jouent de la guitare et racontent leurs plongées en soirée. *Happy hour* de 17h à 19h.

SALANG

Salang possède une ambiance plus festive qu'ailleurs sur l'île. Une large et attrayante plage de sable blanc, propice à la baignade, s'étend juste au sud de la jetée. Pour beaucoup, les énormes varans tapis dans les eaux sombres de la rivière qui traverse le village constituent le principal attrait de Salang.

Salang Indah Resort COMPLEXE HÔTELIER $$

(☎419 5015 ; chalet à partir de 60-185 RM ; ❄@). Les chalets semblent se succéder à perte de vue dans ce complexe. La plupart des chambres ne sont pas impeccables, mais vous en trouverez sans doute une à votre goût en en visitant plusieurs. Les chalets sur pilotis au-dessus de la mer (120 RM) sont les plus intéressants. Le restaurant, aux allures de mosquée, sert toutes sortes de plats, des cheeseburgers aux poissons à la mode locale (plats environ 18 RM). Un bar, une boutique et l'accès à Internet (10 RM l'heure) sont également à disposition.

Ella's Place CHALETS $

(☎419 5004 ; chalet 60-120 RM ; ❄). Tenu par une famille, ce charmant établissement se situe à la paisible extrémité nord de la plage, où l'on trouve habituellement un coin de sable pour lézarder. Il compte 10 chalets propres (certains avec clim) et un petit café.

Khalid's Place CHALETS $

(☎419 5317 ; salangpusaka@yahoo.com ; d chalet avec clim 80 RM ; ❄). Au sud de l'embarcadère, derrière le Salang Complex et de l'autre côté d'un bras mort du Sungai Salang, ces 47 chalets corrects, avec clim, réfrigérateur et douche chaude, sont répartis dans un grand terrain verdoyant, en retrait de la plage.

JUARA

Juara est le seul endroit où loger sur la côte est de l'île et offre l'ambiance somnolente d'une retraite reculée. Une petite colline et un affleurement rocheux séparent deux longues et larges étendues de sable blanc. La plupart des hébergements se regroupent dans la partie nord de la plage (appelée Barok), tandis que la partie sud (appelée Mentawak), quasiment déserte, est l'un des meilleurs spots de surf du pays pendant la mousson.

Des tortues viennent pondre sur les deux plages et le secteur a été déclaré "zone verte" par le sultan de Johor, ce qui le protège du développement, dont la construction de

REJOINDRE JUARA

Si Juara est plus difficile d'accès que d'autres destinations à Tioman, l'endroit justifie cet effort. Depuis que la route Tekek-Juara a été asphaltée, le trajet est devenu bien plus facile, mais la plupart des chauffeurs de taxi demandent toujours un prix exorbitant pour cette course de 15 min (90-120 RM par véhicule). Depuis ABC, un bateau-taxi vous reviendra à 150 RM.

Bien que la ville possède un bel embarcadère, les vagues de la côte est, prisées des surfeurs, empêchent Juara de bénéficier des mêmes services de ferry réguliers que les villes de la côte ouest ; toutefois le ferry de Mersing y fait parfois escale pour 4 voyageurs ou plus.

La meilleure solution consiste à organiser le transport avec l'un des hôtels. Les plus sportifs envisageront de marcher à partir de Tekek.

nouveaux grands complexes hôteliers. Tous les hébergements de Juara donnent sur la plage ; quelques établissements louent des kayaks (15 RM l'heure), des planches de surf (20 RM l'heure) et des cannes à pêche (15 RM l'heure).

Bushman CHALETS $

(☎419 3109 ; matbushman@hotmail.com ; chalet avec ventil/clim 50/80 RM ; ❄📶). Mieux vaut réserver pour profiter de l'un des 5 nouveaux chalets en bois verni du Bushman, avec leurs attrayantes terrasses aux meubles en osier. Ils sont installés contre l'affleurement rocheux, près d'un ruisseau qui délimite la plage nord. Le petit café, un merveilleux endroit où se détendre, sert petit-déjeuner, déjeuner et dîner.

Beach Hut AUBERGE DE JEUNESSE $

(☎012-696 1093 ; timstormsurf@yahoo.au ; tente 2 pers 15 RM, dort/chalet 15/45-55 RM). Quand vous lirez ces lignes, le Beach Hut de Tim et Izan aura déménagé à 100 m au nord dans un bâtiment flambant neuf sur la plage de Matawa. Si l'on se fie à l'ancienne adresse (une favorite de Lonely Planet depuis longtemps), la nouvelle devrait offrir les mêmes éléments colorés et écologiques, dont des mobiles en coquillages, du bois flotté et des tissus indiens. Elle devrait aussi proposer des tentes avec sacs de couchage en bord de plage et, bien sûr, des cours de surf (60 RM l'heure) avec le légendaire Tim Brent. Le convivial Tube Café devrait aussi suivre le mouvement.

Rainbow Chalets CHALETS $

(☎419 3140 ; rainbow.chalets@ymail.com ; chalet ventil/clim 40/80 RM). Le Rainbow compte 8 chalets colorés – 3 avec clim et 5 avec ventil – tous dotés d'un porche en bois décoré de coquillages et de corail, face à une portion de plage particulièrement charmante. Mohammad, le propriétaire, gère aussi un service de taxis avec de meilleurs tarifs pour Tekek que nombre de ses concurrents.

Riverview CHALETS $$

(☎419 3168 ; chalet/chalet de plage 100/150 RM ; 📶). Plutôt chics, ces chalets disposent d'un balcon donnant sur une rivière de jungle qui se jette paresseusement dans la mer. Un terrain de volley-ball est installé sur la plage à côté du restaurant. Le reste du terrain est couvert d'un gazon japonais qui invite à marcher pieds nus. Location de kayaks (30 RM) réservée aux hôtes.

Juara Beach Resort COMPLEXE HÔTELIER $$

(☎013-771 1137 ; www.island.com.my/tioman ; s/d/tr 100-180 RM ; ❄📶). Les chambres modernes ouvrent sur un jardin verdoyant planté de cocotiers. Les sympathiques gérants proposent une vaste gamme de forfaits qui comprennent pour la plupart les repas, les activités et le transfert depuis Tekek. Le restaurant – qui sert petit-déjeuner, déjeuner et dîner – est l'un des meilleurs de l'île, avec d'excellents plats chinois et malais et quelques plats occidentaux, sans oublier la bière fraîche.

Juara Lagoon CHALETS $$

(☎419 3153 ; juaralagoon@yahoo.com ; chalet et maison longue 100 RM). Au bout de la baie sud, le Juara jouit d'une vue splendide sur toute la baie. Il possède sa propre réserve de tortues, où vous pourrez passer du temps avec Jo, une tortue verte sourde et aveugle.

Mutiara Resort CHALETS $$

(☎419 3159 ; www.juaramutiararesort.com ; s/d/qua chalet 100/150/180 RM ; ❄). Le Mutiara, juste au sud de l'embarcadère, propose de nombreux choix, tous haut de gamme.

Mizani's Place CHALETS $

(☎019-792 9640 ; chalet 45 RM). Sur la partie sud de la plage, le Mizani's loue des bungalows simples et défraîchis mais propres, avec ventil, moustiquaire et sdb.

Paradise Point MAISON LONGUE $

(☎419 3145 ; s/d/qua 40/60/100 RM). Des chambres sans prétention et accueillantes dans une maison longue, au nord de l'embarcadère.

APPRENDRE L'ART DU BATIK

Genting est le lieu de résidence de Suhadi Mahadi, dont le **Suzila Batik Arts & Crafts Centre** (☎013-751 4312 ; suzilabatik@gmail.com) se tient juste au sud de l'embarcadère. Suhadi enseigne l'art du batik à l'aide de matériaux traditionnels. Un batik simple se réalise en 1 ou 2 heures, tandis qu'un motif plus complexe peut nécessiter un après-midi. Les cours varient de 25 à 80 RM. Suhadi vend aussi des batiks de 30 à 1 200 RM.

Santai Bistro MALAIS $$

(Repas environ 12 RM ; ⌚9h-23h). Ce bar-restaurant, à côté de l'embarcadère, sert des délices comme les crevettes *sambal* (18 RM), le *tom yam* (12 RM) et les salades composées (6 RM), sur fond de rock classique. Bières fraîches et vue magnifique.

KAMPUNG PAYA

La plage de sable blanc, large et courte, est occupée par deux complexes hôteliers, quelques restaurants et gargotes. Le fond rocheux et l'eau peu profonde n'en font pas un bon endroit pour la baignade.

Paya Resort COMPLEXE HÔTELIER $$

(☎à Mersing 07-799 1432 ; www.payabeach.com ; dort 40 RM, chalet 200-480 RM, petit-déj compris ; ❄📶🏊). Les chalets spacieux sont reliés par des ponts de bois au-dessus d'un étang à nénuphars. L'établissement comprend d'agréables dortoirs climatisés de 4 lits, un restaurant, un spa, un centre de plongée, un salon et offre diverses activités.

Sri Paya Tioman Chalet CHALETS $$

(www.tiomanchalet.com ; forfait 3 jours pension complète et activités 360 RM/pers ; ❄📶🏊). Ouvert en 2010, il possède de superbes chalets climatisés, un centre de plongée et un restaurant en bord de mer. Les forfaits comprennent les repas et des sorties de snorkeling.

GENTING

Si Genting se remplit le week-end de citadins de Singapour et de KL (Kuala Lumpur), le village alentour conserve son authenticité.

Sun Beach Resort COMPLEXE HÔTELIER $$

(☎419 7027 ; www.sunbeachresort.com.my ; lits jum 58-98 RM, tr 78-108 RM, f 98-118 RM, deluxe 158-188 RM, suite vue océan 358 RM ; ❄). Récemment ouvert, le Sun Beach offre des chalets en bord de plage, des standards aux deluxe (avec minibar et TV), et un excellent restaurant. Consultez le site Internet pour les promotions.

Golden Dish Café CHINOIS $

(Plats à partir de 6 RM ; ⌚10h-24h ; 🖉). Ce restaurant est sans doute le seul de Tioman qui sert des légumes bio de son propre potager. Il propose également de nombreux plats chinois à base de poisson, des tisanes et des bières (5 RM).

Riverside Cafe MALAIS $

(Plats à partir de 3,50 RM ; ⌚petit-déj, déj et dîner). Ce café très bon marché, à côté de l'embarcadère, propose des burgers à partir de 3,50 RM, des omelettes à partir de 2,50 RM et des spécialités malaises et thaïlandaises comme les nouilles *kampung* (4,50 RM) et le *tom yam* (6 RM).

NIPAH

Merveilleusement isolée, Nipah Beach est une longue plage de sable blanc, curieusement rayée d'une bande de sable noir. L'embouchure d'une rivière, à l'extrémité sud, forme un trou d'eau d'un bleu profond, bordé d'un côté par une plate étendue de sable avec un terrain de volley-ball. C'est un endroit où se prélasser dans un hamac, s'adonner au snorkeling ou marcher dans la jungle.

Les deux hôtels de Nipah ouvrent toute l'année et peuvent venir vous chercher au débarcadère du ferry à Genting (30 RM).

Bersatu Nipah Chalets MAISON LONGUE $

(☎07-797 0091, 012-655 7824 ; bersatunipah_tioman@yahoo.com ; ch avec ventil/clim 60/90 RM ; ❄). Cette maison longue bien tenue offre un service impeccable grâce aux aimables Jalil et Amy. Son excellent restaurant en bord de rivière propose des plats de poisson (prix au poids), des beignets de calamar (16 RM) et un menu avec riz sauté et poulet (9 RM) ; l'assortiment de grillades – volaille, poisson et viande rouge avec fruits et frites – est particulièrement prisé (30 RM). Jalil organise également une croisière fluviale gratuite pour les résidents.

The Nipah Beach Tioman CHALETS $

(☎019-735 7853 ; chalet à partir de 70 RM). Jeune et accueillant, Abbas loue ces chalets rustiques sur pilotis au bord de l'eau. Ils sont si proches de la plage que le bruit des vagues contre les marches berce votre sommeil.

MUKUT

À la pointe sud de Tioman, Mukut est sans doute le *kampung* le plus charmant et le plus isolé de l'île. Si la plage est un peu moins fabuleuse que celle de Juara, le charme du village, avec ses maisons traditionnelles et ses chemins bordés de fleurs, le compense amplement.

Mukut Coral Resort CHALETS $

(☎07-799 2612, 07-799 2535 ; ch/chalet 25/88 RM ; ❄). Les chalets de style villageois traditionnel, tous avec clim, eau chaude et, pour certains, TV, sont installés dans un endroit enchanteur à côté de l'embarcadère de Mukut. Le restaurant donne sur la mer et sert des plats chinois et occidentaux.

Mukut Harmony Resort CHALETS **$**
(☎07-799 2275 ; chalet 50 RM). Une douzaine de chalets avec ventil, sur une bande herbeuse près de l'embarcadère.

Renseignements

L'unique DAB de Tioman est installé à Tekek, en face de l'aéroport, et accepte les cartes internationales. Il n'est pas toujours approvisionné, aussi vaut-il mieux se procurer des espèces à Mersing. Le Berjaya Tioman Beach, Golf & Spa Resort change les chèques de voyage et l'aéroport abrite un bureau de change. Une petite poste se situe non loin au nord du Babura Seaview Resort, à Tekek.

Telek, Air Batang (ABC) et Salang comptent plusieurs cabines téléphoniques, dont beaucoup hors service. Elles ne fonctionnent qu'avec des cartes Telekom, en vente dans les boutiques de l'île. La **Poliklinik Komuniti Tekek** (☎419 1880) est le seul centre médical de l'île.

Depuis/vers Pulau Tioman

Avion

Berjaya Air (☎419 1309, à KL 03-7846 8228, à Singapour 02-6481 6302 ; www.berjaya-air.com). Vols quotidiens entre l'**aéroport de Tekek** et KL et Singapour. Les prix varient selon le jour et la saison.

Bateau

Mersing, dans le Johor, est le port principal pour rejoindre Tioman. **Island Connection Tours** (☎799 2535 ; aller-retour 70 RM) possède un bureau à Mersing. D'autres prestataires vendent des billets aux mêmes prix près de l'embarcadère. Les bateaux circulent du petit matin jusqu'en fin d'après-midi, font escale à Genting, Paya, Berjaya Tioman, Tekek, ABC et Salang, puis reviennent en sens inverse. Indiquez au contrôleur l'endroit où vous souhaitez descendre. Les week-ends et les jours

TASIK CHINI

Le splendide Tasik Chini (lac Chini) se compose de 12 lacs reliés par des canaux envahis par la végétation. Les écologistes estiment que des décennies d'exploitation minière et forestière incontrôlée constituent une menace croissante pour la région, l'un des bassins aquifères naturels du Pahang. Le paysage magnifique enchante néanmoins les voyageurs et, comme ailleurs en Malaisie, beaucoup espèrent que l'écotourisme encouragera le gouvernement à protéger ce fragile écosystème. Reportez-vous à l'encadré p. 602 pour plus de détails.

Les Jakun, une tribu orang asli d'origine melayu asli, habitent les rives du Tasik Chini. Les collines alentour, couvertes de jungle, comptent parmi les moins explorées du pays et abritent toujours des tigres et des éléphants, parmi de somptueuses grottes et cascades. Les habitants croient que le lac est habité par un serpent appelé Naga Seri Gumum, parfois traduit par "monstre du Loch Ness". La meilleure période pour visiter les lacs s'étend de juin à septembre, quand les lotus sont en fleur.

Deux excellents établissements proposent des forfaits. La **Rajan Jones Guest House** (☎017-913 5089 ; ch demi-pension 35 RM/pers), nichée dans le village fleuri de Kampung Gumum, constitue une base idéale pour les circuits dans la jungle et sur le lac de Rajan Jones, le propriétaire. Ce dernier, qui parle parfaitement anglais et connaît bien les Orang Asli, guide des treks depuis plus de 20 ans et organise de multiples activités : randonnée dans la jungle (3 heures, 50 RM/personne), marches nocturnes (30 RM), longs treks (80 RM/jour), circuit des cascades (75 RM) ou sur le lac (50-100 RM). Toutes ces excursions comprennent le transport et les repas.

Moins rustique, le **Lake Chini Resort** (☎0468 8088 ; tasikchiniresort@hotmail.com ; ch à partir de 150 RM, dort avec petit-déj 25 RM), superbement paysager, offre des chambres séduisantes face au lac, un restaurant et même un karaoké. Les dortoirs de 8 lits, bien tenus, sont souvent occupés par des groupes d'étudiants. Le personnel peut organiser toutes sortes d'activités.

Le plus simple pour rejoindre le Tasik Chini consiste à s'adresser au Lake Chini Resort ou au Rajan Jones pour le transport. Plus compliqué, vous pouvez prendre un bus de Kuantan (7 RM, 2 heures) ou de Pekan (6 RM, 1 heure 30) jusqu'à Kampung Chini, puis une voiture privée jusqu'à Kampung Gunum (7,5 km, environ 20 RM). Troisième solution, un taxi de Pekan ou de Kuantan revient à quelque 80 RM.

fériés, achetez votre billet à l'avance car les bateaux se remplissent vite.

Pendant la mousson (novembre-février), les départs peuvent être irréguliers ; ils deviennent plus fréquents en fin de mousson (janvier-février).

Des vedettes desservent aussi Tioman du **terminal des ferries de Tanjung Gemok** (☎413 1997 ; aller-retour 70 RM), à 35 km au nord de Mersing, près d'Endau (voir ci-dessous) – une ligne pratique si vous venez du nord. Appelez pour vérifier que le service est opérationnel.

Comment circuler

Tarifs des bateaux-taxis au départ de Telek : 30 RM pour Salang, 25 RM pour ABC/Panuba, 30 RM pour Paya Beach et Genting, 75 RM pour Nipah et 105 RM pour Juara. La plupart des chalets louent des bateaux ; comptez environ 600 RM par jour et attendez-vous à une mer bien plus agitée du côté Juara de Tioman.

Si vous avez le temps, vous pouvez explorer une partie de l'île à pied. Sur les plages principales, les pensions louent des vélos (5 RM l'heure).

Bien que la route de Tekek à Juara soit désormais asphaltée, la plupart des prestataires tentent toujours d'imposer l'ancien prix de 90 à 120 RM pour ce trajet relativement court. Marchandez ferme !

Endau

☎09

Endau n'offre guère d'intérêt hormis la proximité de **Tanjung Gemok**, d'où des vedettes rallient Pulau Tioman. En cas de besoin, vous pouvez passer la nuit à l'**Hotel Seri Malaysia** (☎413 2723 ; smrom@serimalaysia.com.my ; d avec petit-déj 150 RM ; ❄📶), à Tanjung Gemok, à quelques minutes de marche d'Endau.

Pekan

☎09

Pekan, le siège du sultanat de Pahang, ne manque pas d'allure avec ses larges rues propres, son spacieux *padang* (grand-place) et ses beaux édifices entourés de larges pelouses. La ville compte aussi de vieilles maisons de négoce chinoises le long d'une rivière ombragée, d'excellents stands de restauration malais et plusieurs mosquées splendides.

La **mosquée Sultan Abdullah** (Jln Sultan Ahmad), un grand édifice à coupole bleue légèrement décrépit, date de 1932. Derrière se dresse l'ancien **Pekan Lama**, une tour en bois et pierre. Plus à l'ouest, des coupoles dorées coiffent la **mosquée Abu Bakar** (Jln Sultan Ahmad), en activité.

Parmi les sanctuaires d'autres confessions figurent le petit **temple hindou Mariamnan** et le **temple bouddhique Lei Shen Gong**.

Kampung Permatang Pauh, le quartier royal ombragé de palmiers, abrite l'**Istana Permai**, le palais du régent de Pahang, et, plus loin, l'**Istana Abu Bakar**, le palais du sultan, entouré d'un vaste domaine herbeux ; il jouxte le verdoyant **Royal Pahang Polo Club**.

À voir

Musée du Sultan Abu Bakar MUSÉE
(Jln Sultan Ahmad ; 1 RM ; ⏲9h30-17h mar-jeu et sam-dim, 9h-12h15 et 14h45-17h ven). Installé dans un bâtiment superbe construit par les Britanniques en 1929, ce musée est essentiellement consacré à la famille royale du Pahang. Il présente aussi des armes, des poteries (dont des porcelaines chinoises et des céramiques arabes exhumées à Pulau Tioman), ainsi qu'une exposition sur la faune de l'État.

Galeri Pengangkutan Air MUSÉE
(1 RM ; ⏲9h30-17h mar-jeu et sam-dim, 9h-12h15 et 14h45-17h ven). Cette galerie renferme une collection de bateaux malais traditionnels. Ne manquez pas l'embarcation superbement sculptée, avec la tête d'un animal mythique.

Où se loger et se restaurer

Passer une nuit à Pekan est un excellent moyen de découvrir le rythme paisible d'une bourgade malaisienne. Quelques restaurants, **stands de restauration** et **de fruits** jalonnent les rues entre le *padang* et Sungai Pahang, et Jln Sultan Ahmad, en bord de rivière. Des **restaurants** d'*ikan bakar* et de *tom yam* épicés ouvrent le soir le long de Jln Sultan Abu Bakar.

Chief's Rest House HÔTEL HISTORIQUE $
(☎422 6941 ; Jln Istana Permai ; d 55-70 RM ; ❄). Ce bel édifice colonial en bois de 1929, plein de caractère, justifie à lui seul une étape à Pahang. Toutes les chambres s'agrémentent de parquet, de hauts plafonds, d'une TV et de la clim. Il se situe à 1 km de la gare routière et vous pouvez demander au chauffeur de bus de vous déposer à proximité.

Pekan

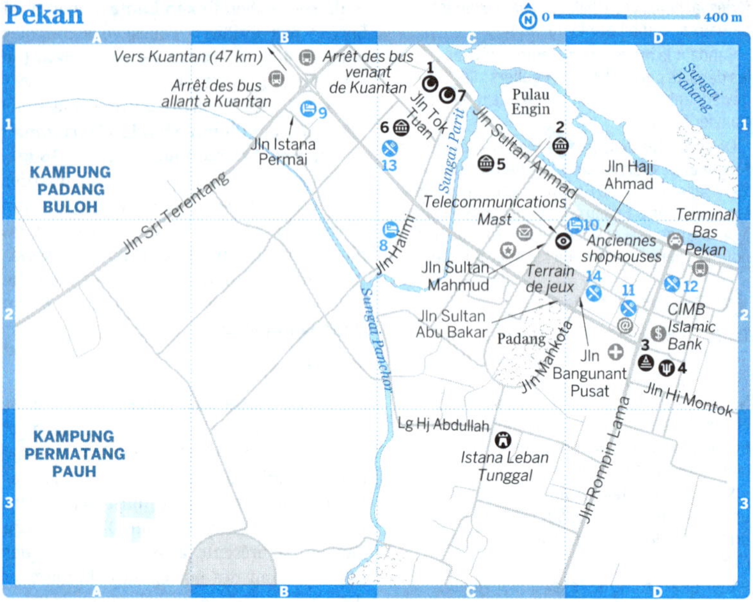

Pekan

À voir

1 Mosquée Abu Bakar C1
2 Galeri Pengangkutan Air C1
3 Temple bouddhiste Lei Shen Gong ... D2
4 Temple hindou Mariamnan D2
5 Museum Sultan Abu Bakar C1
6 Pekan Lama C1
7 Mosquée Sultan Abdullah C1

Où se loger

8 Beach Shack Homestay C2
9 Chief's Rest House B1
10 Pekan Budget Hotel D2

Où se restaurer

11 Stands de restauration D2
12 Stands de fruits D2
13 Ikan Bakar & Tom Yum Restaurants C1
14 Umi Café D2

Beach Shack Homestay CHAMBRES D'HÔTES $
(☎012-696 1093 ; 64 Jln Halimi ; ch 60 RM). Tim et Izan, qui gèrent l'excellent Beach Hut (p. 256), à Tioman, dirigent également cet établissement dans leur maison de *kampung* à Pekan. Cette demeure traditionnelle en brique rouge comprend des chambres dotées de lits confortables, avec ventil, et une cour plaisante où se détendre. Les familles peuvent louer la maison entière, qui compte 2 chambres, une cuisine et un salon, pour 230 RM. Le couple peut venir vous chercher à la gare routière.

Pekan Budget Hotel HÔTEL $
(☎422 3727 ; 40 Jln Haji Ahmad ; ch 50 RM). Rien d'exceptionnel, mais des chambres propres et un emplacement très central, dans une rangée de maisons de négoce.

Umi Café CHINOIS, MALAIS $
(22 Jln Bangunant Pusat ; repas 5-10 RM ; ⏲7h30-21h). De l'autre côté du *padang* ombragé, l'Umi Café est l'endroit le plus plaisant et aéré pour un repas. Il propose un buffet sino-malais à midi, et de délicieux *pao* au curry (brioche à la viande cuite à la vapeur ; 1 RM) toute la journée.

Renseignements

Le **10 Net Cyber Café** (Jln Sultan Abu Bakar ; 3 RM/h ; ⏲10h-19h) offre l'accès à Internet.

La **CIMB Islamic Bank** (Jln Rompin Lama) dispose d'un DAB qui accepte les cartes étrangères.

Depuis/vers Pekan

Les bus partent du **Terminal Bas Pekan** (Jln Engku Muda Mansor). **Utama Express** (☎422

8694) et **Cepat Express** (☎1300-8884 2538) y possèdent des bureaux. Des bus locaux réguliers circulent depuis/vers Kuantan (7 RM, 1 heure), Kuala Rompin (7 RM, 2 heures) et Chini Village (6 RM, 1 heure 30). Des bus longue distance rallient Kuala Terengganu (24 RM) et KL (30 RM).

La station de taxis se tient à la gare routière. En taxi, comptez 50 RM depuis/vers Kuantan et 60 RM pour Tasik Chini.

Kuantan

☎09

La plupart des voyageurs ne s'arrêtent à Kuantan, capitale du Pahang et deuxième plus grand port du pays, que pour interrompre un long trajet en bus. Pourtant, si cette ville animée n'est pas tournée vers le tourisme, elle a suffisamment d'intérêt pour qu'on lui consacre un jour ou deux ; de plus, elle abrite certains des meilleurs restaurants de la côte. La plage de Teluk Chempedak, à proximité, mérite également la visite.

À voir et à faire

Masjid Negeri MOSQUÉE
(mosquée de l'État ; Jln Mahkota). Plus imposante mosquée de la côte est, la Masjid Negeri domine majestueusement le *padang*. Le soir, les coupoles et les minarets éclairés offrent un spectacle magique.

Croisières fluviales CROISIÈRE
(☎512 1515 ; 15 RM). Des croisières fluviales de 1 heure 30 partent 3 fois par jour de l'embarcadère pour l'embouchure du Sungai Kuantan et passent par des villages de pêcheurs et des mangroves avant de revenir en ville.

Où se loger

Kuantan compte de nombreux nouveaux hôtels de catégorie moyenne, de joli à charmant. Si votre budget le permet, n'hésitez pas à en profiter.

Classic Hotel HÔTEL DE CHARME $
(☎516 4599 ; chotel@tm.net.my ; 7 Jln Besar ; d avec petit-déj 92-98 RM ; ❄📶). Toutes les chambres sont propres et spacieuses, avec une grande sdb et des équipements modernes ; demandez-en une avec vue sur le fleuve. L'emplacement central, un copieux petit-déjeuner malais et un service attentif en font un excellent choix.

Seasons Boutique Hotel HÔTEL DE CHARME $$
(☎516 3131 ; seasonsboutiquehotel@gmail.com ; 2-8 Jln Beserah ; ch à partir de 100 RM ; ❄📶). Cet hôtel chic séduit par ses murs aux couleurs vives et son mobilier zen, bien que les chambres soient petites et, pour beaucoup, sans fenêtre. Un spa pratique la réflexologie et un grand restaurant sert des plats malais et occidentaux.

Mega View Hotel HÔTEL D'AFFAIRES $$
(☎517 1888 ; Lot 567, Jln Besar ; ch 150-350 RM ; ❄). Plus plaisant que ses concurrents grâce à son emplacement en bord de fleuve et à ses salons baignés de lumière naturelle. Choisissez une chambre "standard executive" pour profiter d'un balcon et de la vue sur le fleuve. Les chambres familiales à 165 RM sont une affaire si vous voyagez avec des enfants.

MS Garden Hotel HÔTEL $$
(☎555 5899 ; www.msgarden.com.my ; Lot 5 et 10, Lg Gambut, près Jln Beserah ; ch avec petit-déj à partir de 330 RM ; ❄@📶🏊). Récemment rénové, le MS Garden reste l'hôtel le plus luxueux de Kuantan : chambres spacieuses, centre de remise en forme et piscine avec toboggans. Des promotions régulièrement offertes peuvent faire baisser les prix jusqu'à 250 RM.

Signature Hotel HÔTEL DE CHARME $
(☎513 2919 ; signaturehotel2012@gmail.com ; 41 Jln Beserah; s/d 68/98 RM ; ❄@📶). Un bon choix pour les petits budgets, avec des chambres propres aux installations modernes et de charmants réceptionnistes.

Hotel Kosma HÔTEL $
(☎516 2214 ; 59 Jln Haji Abdul Aziz ; s/d 55/70 RM ; ❄@📶). Autre bonne adresse à petits prix, cet établissement vieillissant n'a pas le charme des nouveaux hôtels de catégorie moyenne mais bénéficie d'un emplacement central.

Tai Wah Hotel HÔTEL $
(☎517 8285 ; 29 Jln Haji Abdul Aziz ; ch 30-48 RM ; ❄). Tenu par des Chinois, cet hôtel possède des doubles, des simples et des triples spartiates dotées d'une TV, avec ventil pour les moins chères et clim pour les plus coûteuses.

Hotel Makmur HÔTEL $
(☎514 1363 ; 14 et 16 Lg Pasar Baru 1 ; ch 35-88 RM ; ❄). Banal, fonctionnel et proche de la gare routière, le Makmur convient si vous recherchez un hébergement central à prix doux. Les chambres les moins chères partagent des sdb communes.

Kuantan

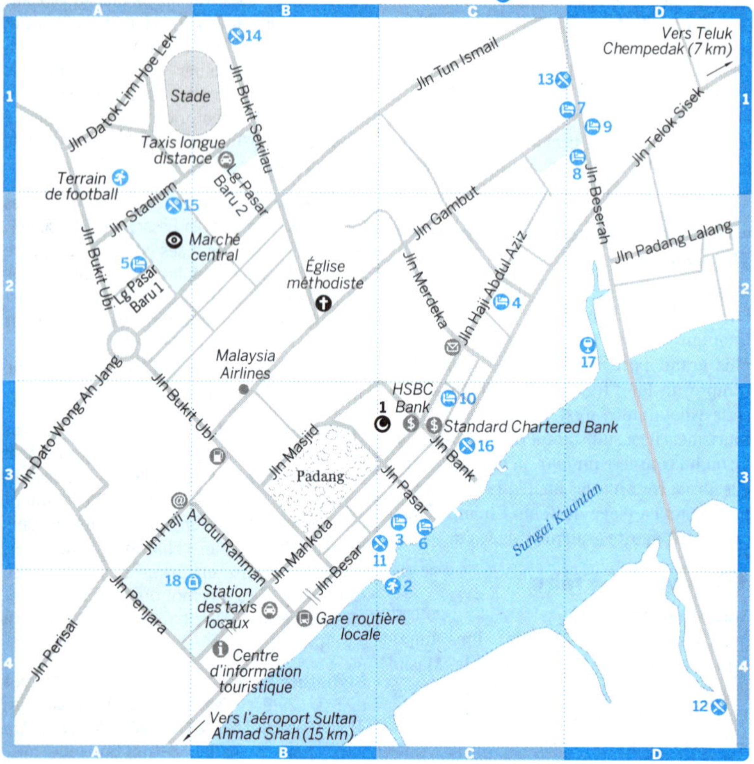

Kuantan

À voir

1 Masjid Negeri C3

Activités

2 Croisières fluviales C4

Où se loger

3 Classic Hotel C3
4 Hotel Kosma C2
5 Hotel Makmur A2
6 Mega View Hotel C3
7 MS Garden Hotel D1
8 Seasons Boutique Hotel D1
9 Signature Hotel D1
10 Tai Wah Hotel C3

Où se restaurer

11 Akob Patin House C3
12 Ana Ikan Bakar Petai D4
13 Berjaya Megamall C1
14 East Coast Mall B1
15 Stands de restauration A2
16 Kohng Restoran C3

Où prendre un verre

Alfresco Bar .... (voir 6)
17 O's Corner Cafe D2

Où sortir

18 Kuantan Parade Mall A4

Où se restaurer et prendre un verre

Le *patin* (poisson-chat argenté) est la spécialité de Kuantan. Le **Berjaya Megamall** et l'**East Coast Mall** abritent toutes sortes d'établissements de chaîne, de Délifrance à Starbucks, ainsi que des espaces de restauration malais. Les **stands de restauration** proches de la gare routière longue distance sont excellents.

Ana Ikan Bakar Petai POISSON $$

(Tanjong Lumpur ; déj et dîner). Cet immense restaurant de poisson en plein air, de l'autre côté du fleuve sur l'île de Tanjong Lumpur, est rempli chaque soir de familles malaisiennes qui viennent savourer d'authentiques plats malais traditionnels. Il offre une fabuleuse sélection de poissons et de crustacés, facturés au poids et préparés selon vos indications dans des petites cuisines sur le côté de la salle à manger ; une grande cuisine au fond mitonne les habituels plats de riz et de nouilles. Pour accompagner le repas, faites votre choix parmi les innombrables jus de fruits frais.

Akob Patin House MALAIS $

(Jln Besar ; déj). Bonne adresse pour goûter la spécialité locale, ce restaurant au bord du fleuve propose sur son buffet des *patin* sauvages (20 RM) ou d'élevage (8 RM) en sauce *tempoyak* (*sambal* de durian fermenté), à côté d'autres plats malais de viande et de légumes. Les serveurs vous conseilleront volontiers.

Kohng Restoran CHINOIS $

(9 Jln Teluk Sisek ; 18h-3h). Cette gargote, dans l'artère principale, sert l'un des meilleurs riz au poulet du Hainan (10 RM) de ce côté de Singapour. Certains soirs, l'endroit est si bondé que des clients s'installent dans la ruelle voisine, où divers en-cas chinois sont préparés jusque tard dans la nuit. Le Kohng reste imbattable pour les bières bon marché.

O's Corner Cafe BAR

(Jln Teluk Sisek ; lun-sam 16h-12h, dim 14h-12h). Ce bar-restaurant en bord de fleuve swingue sur le tempo d'un DJ résident. Le bar offre un grand choix de bières, en bouteille ou à la pression, de jus de fruits et d'autres boissons sans alcool.

Alfresco Bar BAR

(Mega View Hotel, Lot 567, Jln Besar). Au bord du fleuve, à l'arrière du Mega View Hotel (p. 261), un bar détendu avec musique d'ambiance et événements sportifs sur l'écran géant de TV.

Renseignements

De nombreuses banques (dont beaucoup avec DAB accessibles 24h/24) bordent la bien nommée Jln Bank. La plupart des hôtels offrent l'accès Wi-Fi. Des cybercafés sont installés dans le Berjaya Megamall et l'East Coast Mall. L'**Espikey Internet** (Jln Haji ; 8h-23h) se tient au rez-de-chaussée d'un espace de restauration, juste au nord du **Kuantan Parade Mall**.

Centre d'information touristique (516 1007 ; Jln Mahkota ; 8h-13h et 14h-17h lun-jeu, 8h-12h45 et 14h45-17h ven). Un personnel très serviable et des brochures utiles.

Poste (Jln Haji Abdul Aziz).

Depuis/vers Kuantan

Avion

Malaysia Airlines (1 300-88 3000 ; Jln Gambut, rdc, Wisma Persatuan Bolasepak Pahang) offre des vols directs quotidiens pour KLIA, d'où partent de nombreuses correspondances. **Firefly** (03-7845 4543) propose 2 vols par jour depuis/vers l'aéroport Subang à KL et 4 vols hebdomadaires pour Singapour. L'aéroport se situe à 15 km de la ville ; comptez 20 RM en taxi.

Bus

Les bus longue distance partent de la gare routière dans Jln Stadium. Les billetteries, l'espace de restauration et la consigne (2 RM par bagage) sont au 2e niveau du bâtiment.

Les bus pour Pekan (5,30 RM), Balok (3 RM), Beserah (3 RM) et Cherating (bus n°27 ; 5 RM) partent généralement de la gare routière locale dans Jln Besar, parfois près du marché central.

DESTINATION	PRIX	DURÉE
Kuala Lumpur	24 RM	4h
Singapour	30 RM	6h
Jerantut	18 RM	3h30
Mersing	16 RM	3h
Kuala Lipis	24 RM	6h
Malacca	27 RM	6h
Temerloh	12 RM	2h
Butterworth	51 RM	8h30
Kuala Terengganu	17 RM	4h
Kota Bharu	31 RM	6h

Voiture

Hawk (538 5055 ; www.hawkrentacar.com.my ; aéroport Sultan Ahmad Shah, Kuantan)

Taxi

La **station des taxis longue distance** se situe devant la gare routière longue distance, dans Jln Stadium. Destinations et prix approximatifs (par voiture) : Pekan (60 RM), Mersing (200 RM), Johor Bahru (380 RM), Cherating (80 RM), Kuala Terengganu (200 RM), Jerantut (200 RM) et KL (260 RM). Les prix peuvent varier ; n'hésitez pas à négocier.

Environs de Kuantan

De douces vagues baignent la rive de **Teluk Chempedak**, à 6 km à l'est de Kuantan, tandis que plusieurs **chemins de randonnée** serpentent le long de la jungle du parc. Un petit **zoo**, bizarrement dépourvu de clôtures, se situe à 1 km du village. De novembre à février, le beach break se prête au surf ; le Gandom Club, à côté du Hyatt Regency, louent des planches de surf pour 50/100 RM l'heure/jour.

Le **Hyatt Regency Kuantan** (☎518 1234 ; www.kuantan.regency.hyatt.com ; ch à partir de 340 RM ; ❄@☰≋), un hôtel spacieux, aéré et luxueux, offre un service courtois, une jolie vue, des chambres somptueuses et de nombreux équipements : 2 piscines (dont une avec bar flottant), 2 excellents restaurants, 2 courts de tennis, un spa, une aire de jeux pour les enfants, un centre de sports nautiques avec catamarans et kayaks, ainsi qu'un spot de surf. Parmi les multiples activités proposées figurent des randonnées le long des falaises de Methodist Bay. Réductions disponibles sur Internet et en semaine.

À 200 m de la plage, plusieurs pensions correctes pratiquent des prix similaires. Le **Pine Beach Hotel** (☎013-940 4458 ; s/d/f avec petit-déj 50/60/120 RM ; ❄☰), bien tenu, possède des chambres assez récentes avec clim, TV et douche chaude. Celles du rez-de-chaussée, sans fenêtre, restent correctes. L'**Anjung Selesa** (☎568 4191 ; s/d/tr/f avec petit-déj 50/60/65/120 RM ; ❄☰) est aussi une bonne adresse. Les prix augmentent de 10 RM le week-end.

Aucun bus public ne relie Kuantan et Teluk Chempedak ; en taxi, comptez 15 RM.

Cherating

☎09

Une longue plage de sable blanc frangée de cocotiers et un village de pensions et de boutiques avec plus de singes, de varans et de chats que d'humains, Cherating est un endroit prisé pour le surf et le farniente en bord de mer.

À voir et à faire

Sports nautiques

Cherating, et d'autres plages au nord, comptent parmi les meilleurs spots de surf du pays. En ville, plusieurs boutiques louent des planches de surf pour 20 RM l'heure et **Satu Saku** (Main Rd ; ⏲nov-mars) propose des cours de surf.

La plage de Cherating n'est guère intéressante pour le snorkeling ; divers opérateurs en ville offrent des **circuits de snorkeling** (50 RM) d'une demi-journée à Coral Island. Des **sorties de pêche** sont également organisées (prix selon la demande) et vous pouvez louer des **kayaks** (mer ou rivière, 20 RM/h) pour explorer en indépendant.

Observation de la faune

Les excursions nocturnes en bateau pour observer les lucioles dans les mangroves en amont sont l'une des activités phares de Cherating. Les plus passionnantes sont conduites par Hafiz, un amoureux des lucioles et expert autodidacte, de **Cherating River Activities** (☎017-978 9256 ; http://hafizcheratingactivities.blogspot.com/ ; Main Rd ; circuits à partir de 20 RM/pers). Plusieurs tour-opérateurs proposent des circuits fluviaux dans la mangrove, l'observation des tortues (avril-septembre), des randonnées et d'autres activités.

GROTTE DU BOUDDHA COUCHÉ

À 26 km au nord de Kuantan, l'affleurement karstique qui contient les **Gua Charas** (grottes Charas ; 1 RM) s'élève au-dessus des plantations de palmiers qui l'entourent. Les grottes doivent leur renommée à un moine bouddhiste thaïlandais qui vint y méditer, il y a une cinquantaine d'années. Un escalier escarpé grimpe jusqu'à l'énorme **grotte du Bouddha couché** (Wofo Dong), décorée de petis autels dédiés à *Kuanyin Puxian*, d'autres bodhisattvas et divinités bouddhistes. Principale attraction, le Bouddha couché est situé au fond de la grotte.

Un taxi de Kuantan aux grottes revient à 40 RM ; vous pouvez aussi prendre le bus n°48 (3 RM, 1 heure) à destination de Sungai Lembing à la gare routière locale et descendre au village de **Panching**, juste après le panneau "Gua Charas 4 km". De là, continuez à pied ou trouvez un motocycliste à Panching qui vous conduira pour 2 RM.

Cherating

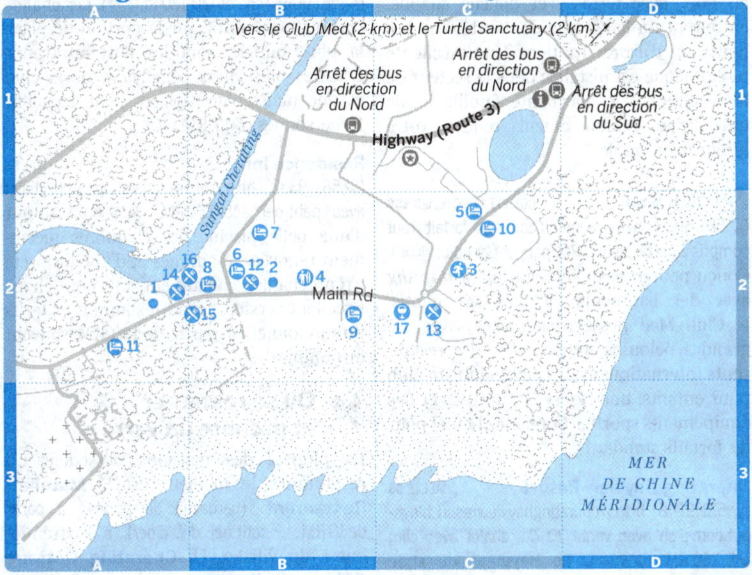

Cherating

Activités

- 1 Cherating River Activities ... A2
- 2 Limbong Art ... B2
- 3 Penn Equestrian Club ... C2
- 4 Satu Saku ... B2

Où se loger

- 5 Cherating Bayview Resort ... C2
- 6 Matahari Chalets ... B2
- 7 Maznah's Guest House ... B2
- 8 Payung Guesthouse ... B2
- 9 Ranting Beach Resort ... B2
- 10 Residence Inn ... C2
- 11 Villa de Fedella ... A2

Où se restaurer

- 12 Cherating Cottage Café ... B2
- 13 Duyong Restaurant ... C2
- 14 Matahari Restaurant ... A2
- 15 Nabill Café ... B2
- 16 Payung Restaurant ... B2

Où prendre un verre

- 17 Don't Tell Mama ... C2

Le **Turtle Sanctuary** (réserve de tortues ; don à l'entrée ; 9h-17h mar-dim), à côté du Club Med, possède quelques bassins abritant des bébés et des tortues de mer convalescentes, et vous renseignera sur les saisons de ponte et d'éclosion.

Autres curiosités et activités

La confection des batiks est une autre spécialité de Cherating. **Matahari Chalets** (581 9835 ; chalets petits/grands 25/35 RM) et **Limbong Art** (Main Rd) proposent des cours (à partir de 25 RM), durant lesquels vous pourrez réaliser votre propre mouchoir ou sarong en batik. Bien tenu, le **Penn Equestrian Club** (012-282 9265 ; Main St, près de Holiday Villa ; 100 RM/h) offre des cours d'équitation, dans le paddock ou le long de la plage.

Où se loger

Les hôtels pour petits budgets se remplissent de surfeurs durant la saison du surf, de novembre à janvier, et ceux de catégorie moyenne affichent souvent complet le week-end ; dans ces deux cas, mieux vaut réserver.

Villa de Fedella CHALETS $$
(Tanjong Resort ; 010-2675 667 ; tanjunginn@hotmail.com ; d/f chalet avec clim 170/250RM, d/tr chalet avec ventil 70/85 RM ;).

Chaudement recommandés, ces chalets en bois, avec terrasse et douche chaude, entourent un lac splendide, bordé d'herbes hautes et d'arbres fruitiers. Une excellente bibliothèque est installée dans le secteur de la réception. La charmante famille locale qui dirige l'établissement rendra votre séjour mémorable.

Club Med COMPLEXE HÔTELIER $$$
(581 9133 ; www.clubmed.com.sg ; forfait tout compris à partir de 550 RM/pers et par nuit ;). Conçu pour ressembler à un joli *kampung* avec des bâtiments en bois sur pilotis, le Club Med possède sa plage privée, de grandes pelouses impeccables, des restaurants internationaux, un night-club, un club pour enfants, une réserve de tortues et des équipements sportifs. Contactez l'hôtel pour les forfaits standards.

Cherating Bayview Resort CHALETS $$
(581 9248 ; http://cheratingbayviewresort.blogspot.com ; ch avec ventil 70 RM, chalet avec clim 135-260 RM ;). Le Bayview, de style complexe d'appartements de Californie, se situe dans le centre du village. Les chalets, avec douche chaude, TV et salon, peuvent accueillir 4 personnes. Terrain de jeu pour les enfants, piscine et restaurant.

Ruby's Resort COMPLEXE HÔTELIER $$
(016-938 1298 ; www.rubys-resort.com ; d 70 RM ; chalet avec petit-déj à partir de 180 RM ;). Il offre une série de chalets pittoresques, avec des intérieurs lambrissés, un confortable lit double, une douche chaude, la TV et un charmant balcon. Le dortoir de 10 lits est climatisé.

Maznah's Guest House CHALETS $
(581 9072 ; chalet avec petit-déj 30-35 RM). Une adresse chaleureuse et accueillante, où des enfants malicieux courent après les poules autour des robustes chalets en bois. Les propriétaires parlent peu anglais et servent du *nasi lemak* au petit-déjeuner.

Payung Guesthouse CHALETS $
(581 9658 ; chalet d/qua 50/70 RM ;). Dans l'artère principale, cette excellente pension adossée au fleuve loue des chalets standard, alignés dans le jardin. Le tour-opérateur installé sur place propose toutes sortes de prestations, de la location de vélos et de planches de surf aux circuits à travers la mangrove ou le snorkeling.

Ranting Beach Resort CHALETS $$
(581 9068 ; chalet 120-180 RM ;). Les chalets en bois avec ventil, sur la portion de plage la plus animée, sont les plus attrayants. D'autres plus chers bénéficient de la clim et une maison de 4 pièces peut accueillir 10 personnes (600 RM).

Residence Inn HÔTEL $$
(581 9333 ; http://ric.my/cherating/ ; ch/chalet avec petit-déj 248/268 RM ;). Autour d'une belle piscine, les chambres récemment rénovées, modernes et d'une propreté irréprochable, constituent un bon choix. Excellent service, grand restaurant et tarifs promotionnels à partir de 180 RM souvent disponibles.

Où se restaurer et prendre un verre

La plupart des pensions possèdent un restaurant ; le meilleur est le **Matahari Restaurant** (barbecue de poisson à partir de 10 RM ; petit-déj, déj, dîner), à l'extrémité ouest du village. Le **Cherating Cottage Café** (petit-déj environ 5 RM ; petit-déj, déj, dîner) ouvre le premier le matin (vers 8h) et sert de bons petits-déjeuners.

Nabill Café MALAIS $
(repas environ 6 RM ; dîner). Économisez quelques ringgits en dînant à la mode locale. Choisissez poisson ou crustacés, qui seront grillés dans un *sambal* délicieusement épicé.

Duyong Restaurant MALAIS $$
(repas 15 RM ; déj et dîner). À l'extrémité ouest de la plage, ce restaurant sur pilotis jouit d'une vue superbe sur la baie. Il offre un grand choix de poissons et crustacés, viandes rouges, volaille et légumes, mais vaut surtout pour l'emplacement. Goûtez le *tom yam* (soupe thaïlandaise de poisson épicée, 8 RM).

Payung Restaurant OCCIDENTAL $$
(repas à partir de 17 RM ; petit-déj, déj et dîner). Au bord du fleuve près de l'artère principale, ce restaurant semi en plein air sert des pâtes et des pizzas (à partir de 17 RM) dans une chaleureuse ambiance familiale, souvent sur fond de bonne musique.

Don't Tell Mama BAR
(jusque tard). Sur la plage, le bar le plus branché de Cherating est un excellent endroit pour rencontrer de nouveaux amis devant une bière fraîche dans la journée ou

en soirée. Barbecues et fêtes improvisés sont la norme.

Renseignements

Cherating ne compte aucune banque ; retirez suffisamment d'espèces à Kuantan ou Pekan. **Yahya** (014-210 2973), à la **Payung Guest House**, fournit des informations.

Depuis/vers Cherating

À la gare routière locale de Kuantan, prenez un bus signalé "Kemaman" et demandez au chauffeur de vous déposer à Cherating – un panneau au bord de la route indique "Pantai Cherating" ; des bus partent toutes les 30 minutes (5 RM, 1 heure). En venant du nord, tous les bus à destination de Kuantan vous déposeront sur la grand-route. De Kuantan, la course en taxi revient à 80 RM environ.

De Cherating à Kuantan, rejoignez l'arrêt de bus sur la nationale (Route 3) et faites signe à un bus en direction de Kuantan. Pour un taxi au départ de Cherating, appelez le **Cherating Taxi Service** (581 9355) ; comptez environ 55 RM jusqu'à Kuantan et 280 RM jusqu'au Taman Negara.

Parc national de Taman Negara

Couvrant 4 343 km^2 (du Pahang au Kelantan et au Terengganu), le Taman Negara est une jungle sombre, humide et impénétrable. Dans cet enchevêtrement d'arbres anciens aux énormes racines, les champignons phosphorescents, les orchidées, les fougères bicolores et même la gigantesque rafflésie (la plus grande fleur du monde) paraissent minuscules. Cette flore exubérante dissimule des éléphants d'Asie, des tigres, des léopards et des rhinocéros, ainsi que des petites merveilles comme les écureuils volants ; ces animaux restent loin des sentiers et on les aperçoit rarement. Vous verrez plus facilement des serpents (*Boiga cynodon*, pythons réticulés, *Tropidolaemus wagleri* et *Bungarus flaviceps*), des lézards, des singes, des petits cervidés, de nombreux oiseaux et peut-être des tapirs. Les sangsues et divers insectes volants ou rampants sont, quant à eux, inévitables.

Plus vous consacrerez de temps au Taman Negara, plus l'exploration sera gratifiante. Bien que possible, une visite rapide ne permet que d'effleurer la surface. Envisagez un trek de 2 jours ou un long trajet en bateau sur l'une des rivières du parc. Pour

LE BON ÉQUIPEMENT

Rares à Kampung Kuala Tahan, les sangsues sont omniprésentes dans le parc. Porter des bottes avec des guêtres ou des chaussettes hautes sur votre pantalon, aspergées de DEET, rendra la randonnée plus agréable.

Vous pouvez louer du matériel de camping, de randonnée et de pêche à la boutique du Mutiara Taman Negara Resort (p. 270) et dans plusieurs boutiques et pensions du côté de Kampung Kuala Tahan. Les prix par jour s'élèvent à environ 8 RM pour un sac de couchage, 10 RM pour un sac à dos, 25 RM pour une tente, 20 RM pour une canne à pêche, 5 RM pour un tapis de sol, 8 RM pour un réchaud et 8 RM pour des bottes.

une randonnée d'un après-midi ou un trek de plusieurs jours, vous devrez acheter un permis (parc/appareil photo/pêche 1/5/10 RM) auprès d'un des tour-opérateurs au Tourist Information Counter (p. 272).

Lors de nos recherches, une hausse substantielle du prix de l'entrée au Taman Negara était envisagée. Si rien n'était décidé, on évoquait de 30 à 90 RM.

Les bureaux du parc et le Mutiara Taman Negara Resort (p. 270), un complexe hôtelier privé, se trouvent à Kuala Tahan, à la lisière du parc national de Taman Negara ; les autres hôtels et restaurants se situent à Kampung Kuala Than, de l'autre côté du Sengai Tembing. Des bateaux-taxis traversent le fleuve (1 RM aller) toute la journée.

GUIDES ET CIRCUITS ORGANISÉS

Les guides agréés par le Wildlife Department ont suivi une formation sur la faune et la flore de la forêt et sur la sécurité. Les tour-opérateurs de Kuala Tahan proposent souvent des prix inférieurs à ceux du Tourist Information Counter des bureaux du parc (dont les guides sont agréés) ; parlez avec leurs guides pour déterminer leurs connaissances. Les services d'un guide coûtent 180 RM par jour (jusqu'à 12 personnes), plus 100 RM pour chaque nuit passée en randonnée.

De nombreux voyageurs choisissent un circuit jusqu'à un village orang asli. Les doyens de la tribu font une présentation générale et vous apprenez à utiliser un

Taman Negara

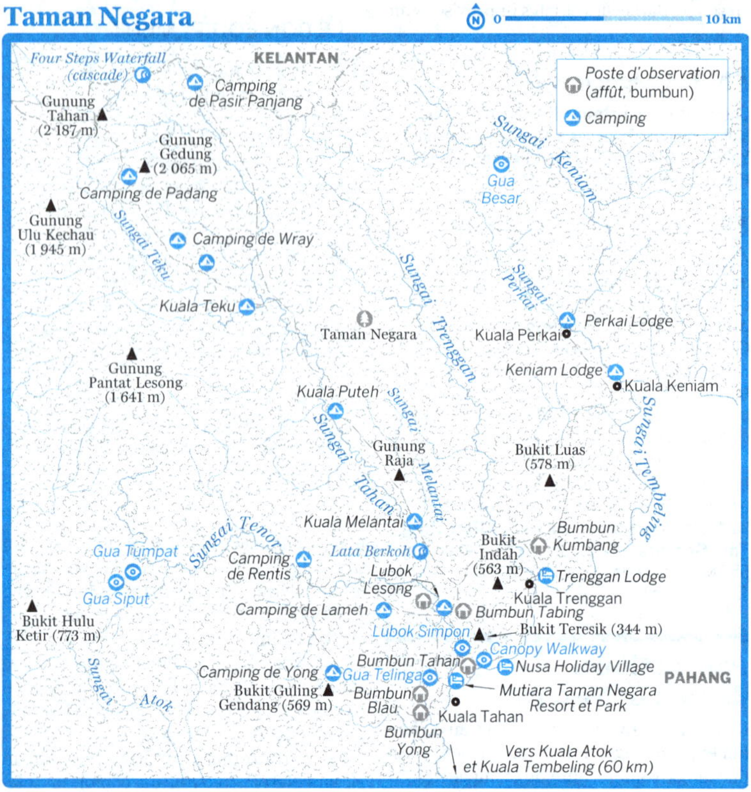

soufflet traditionnel et à allumer un feu. Si les guides locaux affirment que ces circuits apportent un revenu essentiel aux Orang Asli, la majeure partie de votre argent revient aux tour-opérateurs. En revanche, l'achat d'artisanat dans le village bénéficie à la communauté.

Activités

Le trekking constitue l'activité majeure dans le parc et vous aurez le choix entre de multiples possibilités, de la promenade d'une heure au trek ardu de 9 jours jusqu'au Gunung Tahan (2 187 m). Vous pouvez souvent diminuer le temps de marche en empruntant des bateaux-bus ou en choisissant un circuit avec transport en bateau.

Les chemins aux alentours des bureaux du parc sont pratiques, mais très fréquentés. Peu de visiteurs s'aventurent au-delà et les longs itinéraires sont peu empruntés.

Treks de Kuala Tahan

Les chemins autour des bureaux du parc sont bien balisés et des panneaux indiquent la durée approximative de la marche. Renseignez-vous au comptoir d'information sur les autres itinéraires.

Canopy Walkway et environs COURTE RANDONNÉE

(adulte/enfant 5/3 RM ; ⏲10h-15h30 sam-jeu, 9h-12h ven). La randonnée la plus populaire, elle commence après les bureaux du parc et longe le Sungai Tembeling jusqu'à la passerelle de la canopée, à 30 minutes de marche. La passerelle est suspendue entre des arbres énormes et le circuit complet s'effectue en 40 minutes.

Derrière la Canopy Walkway, un chemin mène à Bukit Teresik (344 m), qui offre une belle vue sur la forêt. Le chemin est escarpé et glissant par endroits, mais relativement facile ; comptez environ 1 heure aller-retour.

Vous pouvez le redescendre jusqu'au Mutiara Taman Negara Resort ou, près de la Canopy Walkway, prendre l'embranchement qui conduit à Lubok Simpon, un lieu de baignade au bord du Sungai Tahan. De là, une promenade facile ramène aux bureaux du parc. Le circuit complet s'effectue en 3 heures.

Après la Canopy Walkway, une branche du chemin principal conduit à Bukit Indah (563 m), une autre grimpée escarpée, récompensée par la vue sur la forêt et les rapides du Sungai Tembeling.

Kuala Trenggan RANDONNÉE D'UNE JOURNÉE

Bien balisé, le chemin qui longe le Sungai Tembeling rejoint Kuala Trenggan après 9 km, un itinéraire emprunté par ceux qui se rendent à l'affût de Bumbun Kumbang. Prévoyez 5 heures de marche. De là, des bateaux reviennent au Nusa Holiday Village (p. 271) et à Kampung Kuala Tahan, à moins de continuer la marche jusqu'à Bumbun Kumbang à 2 km. Un autre itinéraire, plus long, s'enfonce dans la forêt, traverse le Sungai Trenggan à hauteur de Bumbun Kumbang, rejoint le camping de Lubok Lesong au bord du Sungai Tahan, puis revient aux bureaux du parc (6 heures). Ce chemin, plat en majeure partie, traverse des cours d'eau. Renseignez-vous aux bureaux du parc sur le niveau des rivières.

Lata Berkoh RANDONNÉE D'UNE JOURNÉE

Au nord des bureaux du parc, le chemin conduit au Gunung Tahan, mais une journée de randonnée permet de rejoindre facilement Lata Berkoh, les rapides du Sungai Tahan. Le chemin passe par la piscine naturelle de Lubok Simpon et Bumbun Tabing, à 1 heure 15 de Kuala Tahan. Avant d'arriver aux chutes, il faut franchir une rivière, dangereuse quand elle est en crue ; le cas échéant, hélez l'un des bateliers qui attendent sur l'autre rive pour qu'il vous fasse traverser.

Kuala Keniam RANDONNÉE D'UN OU PLUSIEURS JOURS

Populaire, la randonnée de Kuala Trenggan à Kuala Keniam s'effectue normalement en louant un bateau jusqu'à Kuala Keniam et en revenant à pied à Kuala Trenggan (6 heures). Le chemin, assez éprouvant et escarpé par endroits, passe par une série de grottes calcaires. Cette marche peut se combiner avec l'un des sentiers Kuala Tahan-Kuala Trenggan pour effectuer un circuit de 2 jours, en passant la nuit au Trenggan Lodge ou à Bumbun Kumbang. Vous pouvez aussi marcher de Kuala Keniam au lodge de Kuala Perkai (2 heures).

Gunung Tahan RANDONNÉE DE PLUSIEURS JOURS

Les voyageurs intrépides escaladent le Gunung Tahan (2 187 m), le point culminant de la péninsule malaise, à 55 km des bureaux du parc. Cette ascension se fait en 9 jours à allure régulière, mais peut s'effectuer en 7 jours. Un guide est obligatoire (700 RM pour 7 jours, plus 75 RM par jour supplémentaire). Vous devez prévoir un équipement complet car il n'y a pas de refuge. Organiser ce trek à l'avance vous évitera d'attendre 2 ou 3 jours aux abords des bureaux du parc.

Rentis Tenor RANDONNÉE DE PLUSIEURS JOURS

Partant de Kuala Tahan, ce trek dure environ 3 jours. Le premier jour, vous suivez pendant environ 7 heures le chemin qui mène à Gua Telinga et au camping de Yong. Le deuxième jour, une marche de 6 heures conduit au camping de Rentis. Le troisième jour, vous traversez le Sungai Tahan (eau jusqu'à la taille) pour retourner à Kuala Tahan – une marche de 6 heures à moins de faire étape au camping de Lameh, à mi-parcours.

Pêche

Le parc est un paradis pour les pêcheurs à la ligne. Parmi les poissons qui peuplent les rivières du Taman Negara figure le *Tor tramboides*, un poisson superbe et combatif, appelé ici *kelasa*.

Le Sungai Tahan, le Sungai Keniam (au nord de Kuala Trenggan) et le lointain Sungai Sepia comptent parmi les rivières les plus fréquentées pour la pêche. De simples lodges de pêche sont disséminés dans le parc et peuvent être réservés aux bureaux du parc. Février, mars, juillet et août sont les meilleurs mois. Le permis de pêche coûte 10 RM et la location d'une canne à pêche, de 20 à 30 RM par jour.

Bateaux-bus et excursions fluviales

Le Mutiara Taman Negara Resort (p. 270) possède des bateaux qui remontent la rivière tous les jours jusqu'à Kuala Trenggan à 10h et 14h30. En sens inverse, ils partent à 11h15 et à 15h15. Si ces services sont réservés aux clients de l'hôtel, les excursions indiquées ci-après sont ouverts au public.

EXCURSIONS FLUVIALES AU DÉPART DU QUAI DU MUTIARA TAMAN NEGARA

DESTINATION	PRIX	EXCURSIONS	PREMIER BATEAU
Bunbun Yong	5 RM	3/jour	8h30
Canopy Walkway	15 RM	2/jour	10h15
Gua Telinga	15 RM	4/jour	8h30
Kuala Tembeling	30 RM	1/jour	9h

Où se loger

KUALA TAHAN

Mutiara Taman Negara Resort COMPLEXE HÔTELIER $$
(266 3500, à KL 03-2145 5585 ; www.mutiarahotels.com ; empl tente 5 RM, dort/pension/chalet/bungalow avec petit-déj 60/300/470/1 800 RM ;). Bien situé à côté des bureaux du parc, il offre un grand choix d'hébergements : des chambres en pension correctes (toutes avec terrasse donnant sur le jardin), des suites de style colonial pour familles ou jeunes mariés dans des chalets en bois, ou encore des dortoirs de 8 lits, propres et climatisés. Les campeurs sont acceptés en groupe de 10 ou plus.

KAMPUNG KUALA TAHAN

La plupart des hébergements, restaurants et boutiques du Taman Negara se regroupent à Kampung Kuala Tahan, de l'autre côté du fleuve, face aux bureaux du parc. Les meilleurs établissements se remplissent vite. Camp de base des visiteurs depuis des décennies, Kuala Tahan est devenu très touristique. Si cela vous déplaît, rejoignez le parc par l'entrée secondaire, moins empruntée, dans le Kelantan.

Yellow Guesthouse GUESTHOUSE $
(266 4243 ; dort/d 70/80 RM ;). De l'autre côté de la colline (derrière l'école), cette guesthouse comprend une maison de plain-pied et un bâtiment à 2 niveaux, plus propres et en meilleur état que la moyenne. Toutes les chambres sont fraîchement peintes, disposent de matelas neufs et d'une douche chaude ; celles du bâtiment face à la maison principale sont un peu plus grandes. Le propriétaire est très accueillant et serviable.

Tahan Guesthouse GUESTHOUSE $
(266 7752 ; dort/d 10/50 RM). Bien située, ni trop près ni trop loin du village, la Tahan Guesthouse possède d'excellents dortoirs de 4 lits et, mieux encore, des chambres peintes de couleurs vives à l'étage. Les peintures murales d'insectes et de fleurs créent une joyeuse ambiance d'école maternelle.

Mat Leon Village CHALETS $$
(013-998 9517 ; dort/chalet avec petit-déj 50/120 RM). Un superbe emplacement dans la forêt avec vue sur la rivière, un bon restaurant et le transfert gratuit en bateau de l'embarcadère de Kampung Kuala Tahan. À pied, continuez sur 350 m après le Durian Chalet jusqu'au panneau à la lisière de la forêt ; suivez le chemin forestier sur 200 m et vous verrez les chalets de l'autre côté d'un petit cours d'eau.

Tembeling Riverview Lodge LODGE $
(266 6766 ; www.trvtamannegara.blogspot.com ; dort/d/tr 10/50/60 RM). À cheval sur le chemin principal, ce lodge possède des chambres avec ventil, douche froide et moustiquaire, ainsi que d'agréables parties communes qui surplombent la rivière. Le personnel est sympathique et un charmant restaurant sert des *roti John* (6 RM ; pain plat garni de viande, de fromage et de légumes).

Durian Chalet CHALETS $
(266 8940 ; http://durian-chalet.blogspot.tw/ ; dort/d/f 10/40/50 RM). À 800 m du village (après le Teresek View Hotel), dans un jardin fleuri entre des plantations d'hévéas et de durians, ce refuge tenu par une famille jouit d'une bonne réputation. Toutefois, nous n'avons pas pu le visiter lors de notre dernier passage.

Dakilih House HÔTEL $
(010-919 3658, 014-292 7069 ; camping 5 RM ; d 15 RM, ch 50-80 RM). Joyeux et coloré, cet hôtel est perché sur une colline au-dessus de la rivière, à quelques minutes du centre d'information. Les chambres les moins chères partagent des sdb communes. Un joli restaurant propose petit-déjeuner, déjeuner et barbecue pour 25-40 RM.

Teresek View Motel MOTEL $
(019-970 6800 ; mr8seasons@gmail.com ; chalet 50-60 RM, ch 70-90 RM ;). Dans le "centre" de Kuala Tahan, cet affreux bâtiment en béton comporte de bonnes chambres carrelées bien tenues, avec sdb, eau chaude et terrasse, mais n'offre pas l'ambiance chaleureuse des établissements gérés par des familles.

Agoh Chalets CHALETS $
(☎266 9570 ; d/f 50/80 RM ; ❄@). Au milieu du village, ces chalets en "rondins" de ciment entourent un jardin ombragé.

Rainforest Resort HÔTEL $$
(☎266 7888 ; www.rainforest-tamannegara.com ; d/ste avec petit-déj à partir de 207/414 RM ; ❄@📶). Derrière le village et loin de la rivière, des chambres propres et banales.

Akih Chalet CHALETS $
(dort/d/chalet 13/60/90 RM ; ❄). Les chalets attrayants et les dortoirs corrects entourent un jardin verdoyant. Le personnel ne parle pas l'anglais.

SUD DE KAMPUNG KUALA TAHAN

Plusieurs établissements paisibles se tiennent à l'écart de l'animation, à l'ouest de la grand-route Kampung Kuala Tahan-Jerantut, au sud du village.

♥ **Traveller's Home** GUESTHOUSE $$
(☎266 7766 ; www.travellershome.com.my ; d avec petit-déj 160 RM, chalet demi-pension 185 RM, chalet f 300 RM ; ❄@📶). Cette guesthouse lumineuse et spacieuse se situe à 1 km le long d'un embranchement à 2 km au sud de Kuala Tahan (repérez les panneaux). Le service est attentif et chaleureux et les chambres (avec balcon) flambant neuves. Les chalets, nichés parmi les arbres fruitiers du jardin, offrent plus de luxe et d'intimité. Les 3 chambres familiales peuvent accueillir 4 personnes. La bibliothèque-vidéothèque, l'accès Internet (4 RM l'heure), et les cafés, thés et boisssons sans alcool gratuits constituent des atouts supplémentaires. Navettes gratuites pour Kampung Kuala Tahan sur demande.

TRV Motel & Lodge MOTEL $$
(☎127-984 7043 ; www.trvtamannegara.blogspot.com ; d 150 RM, qua avec ventil 100 RM ; ❄). Tenu par les gérants du Tembeling Riverview Lodge (p. 270), le TRV offre un hébergement plus haut de gamme, un peu plus loin du village. Navettes gratuites depuis/vers le centre.

Park Lodge CHALETS $
(☎017-983 2074 ; www.parklodge.nurnilam.com ; d avec ventil 38 RM, avec petit-déj 50 RM). Au bout d'une piste à 500 m au sud de Kuala Tahan, ce lodge paisible comprend 8 chalets et un restaurant. Une voiture conduit les hôtes au village.

NUSA HOLIDAY VILLAGE

À 15 minutes en bateau des bureaux du parc, le **Nusa Holiday Village** (☎266 3043, à Jerantut 09-266 2369, à KL 03-4042 8369 ; www.tamannegara-nusaholiday.com.my ; empl tente 5 RM, dort/chalet/cottage/maison 15/55/90/110 RM) ressemble à un "camp de jungle". Son isolement et un personnel qui ne parle pas anglais rendent le séjour difficile, à moins d'y venir en circuit organisé (forfait 3 jours à partir de 295 RM/pers). Les cottages doubles présentent le meilleur rapport qualité/prix ; les chalets sont en piteux état. Le restaurant sert une bonne cuisine standard. Le camping, tente comprise, revient à 15 RM.

KUALA PERKAI ET KUALA KENIAM

Le Kuala Keniam Lodge (à 1 heure de bateau en amont de Kuala Trenggan) et Kuala Perkai (à 2 heures de marche du Kuala Keniam) sont officiellement fermés, mais des visiteurs continuent d'y camper en apportant leur propre tente.

Où se restaurer

Des restaurants flottants bordent la rive rocheuse de Kampung Kuala Tahan et servent tous les mêmes plats de nouilles et de riz à petits prix, ainsi que des plats occidentaux insipides. Ils ouvrent du matin jusque tard et ferment généralement entre 14h et 16h.

Mama Chop (repas environ 7 RM), à l'extrémité nord de la rangée, sert des repas indiens végétariens sur des feuilles de bananier au déjeuner et d'excellents plats mijotés au dîner.

Le **Wan's Floating Restaurant** (repas environ 8 RM) propose de délicieuses *kue teow* (nouilles plates) ; un grand bol de *hailam kue teow* (12 RM), ou nouilles avec poulet et sauce, calmera votre appétit.

Le **Family Restaurant** sert un plat appelé *kerabu* (5 RM), de la viande émincée et des légumes avec une sauce à la citronnelle, plus authentique que les crêpes à la banane standards.

Pour un peu plus de luxe, rendez-vous au **Seri Mutiara Restaurant** (Mutiara Taman Negara Resort ; ⌚petit-déj, déj et dîner), où vous pourrez vous régaler de salades (à partir de 16 RM), de sandwichs et de burgers (à partir de 20 RM), de pizzas (30 RM) ou de plats locaux ; il propose aussi un menu enfant (à partir de 10 RM) et un copieux petit-déjeuner (américain/buffet 30/40 RM).

C'est le seul endroit du secteur qui sert de la bière.

Renseignements

Des **films vidéo** (⏲9h30, 15h, 20h45) sur le Taman Negara sont projetés tous les jours dans la salle d'exposition du Mutiara Taman Negara Resort/bureaux du parc et au NKS Restaurant à Kampung Kuala Tahan. La salle du Mutiara présente également une exposition instructive sur le parc.

La **Poliklinik Komuniti**, à côté de l'Agoh Chalets à Kampung Kuala Tahan, en face de l'école, dispense des soins médicaux.

Accès Internet

Cybercafé (1 RM/10 min ; ⏲8h-24h). En contrebas du Teresek View Motel.

Cybercafé (6 RM/h). À Agoh Chalets. Internet était hors service lors de notre dernière visite.

Offices du tourisme

Centre d'information (⏲9h-23h). Au bout de la rue de Kuala Tahan, côté rivière. Fournit des informations sur les transports et les circuits ; certains employés sont plus serviables que d'autres.

Tourist Information Counter (permis : parc/app photo/pêche 1/5/10 RM ; ⏲8h-22h dim-jeu, 8h-12h et 15h-22h ven). Enregistrez-vous ici avant de rejoindre le parc. Le comptoir, derrière la réception du Mutiara Taman Negara Resort (p. 270), offre également des informations sur le parc et les services des guides.

Police

Poste de police (☎266 6721). À 300 m du Teresek View Motel.

Depuis/vers Taman Negara

La plupart des visiteurs rejoignent Taman Negara en prenant un bus de Jerantut (p. 274) à l'embarcadère de Kuala Tambeling, puis un bateau jusqu'au parc. Des services de minibus privés relient directement plusieurs destinations touristiques du pays et Kampung Kuala Tahan. **Han Travel** (☎012-674 9208 ; www.taman-negara.com), **NKS** (☎03-2072 0336) et **Banana Travel & Tours** (☎017-902 5952 ; Centre d'information, Kampung Kuala Tahan) offrent plusieurs services privés, dont des bus quotidiens pour KL (35 RM), un service combiné bus/bateau (70 RM) et des minibus pour Penang (120 RM), les îles Perhentian (165 RM bateau compris) et les Cameron Highlands (95 RM). Ces minibus peuvent également vous déposer n'importe où en chemin.

Vous pouvez aussi rejoindre le parc à pied via Merapoh, à la frontière Pahang-Kelantan. De Merapoh, le chemin rejoint celui du Gunung Tahan, rallongeant ce trek de 2 jours. Les guides, obligatoires, peuvent s'engager à Merapoh. Guide populaire et réputé, **Zeck** (☎743 1613), du Zeck's Traveller's Inn (p. 284), à Kota Bharu, organise des excursions hors des sentiers battus dans le parc à partir du Kelantan.

Bateau

Le trajet en bateau de 60 km de Kuala Tembling (à 18 km au nord de Jerantut) à Kuala Tahan dure de 2 à 3 heures, selon le niveau du fleuve. Ce parcours splendide constitue un temps fort pour nombre de visiteurs.

Des bateaux (aller 35 RM) partent chaque jour à 9h et à 14h (9h et 14h30 le vendredi), avec des départs supplémentaires en haute saison et un service irrégulier de novembre à février. Les bateaux sont gérés par le Mutiara Taman Negara Resort (p. 270) et le Nusa Holiday Village (p. 271). En sens inverse, ils partent de Kuala Tahan à 9h et à 14h (14h30 le vendredi).

Jerantut

☎09

Cette bourgade est la porte du Taman Negara. La plupart des voyageurs se contentent d'y passer une nuit (et éventuellement d'acheter de l'alcool dans l'une des boutiques chinoises de Jln Diwangsa) avant de rejoindre le sobre Kampung Kuala Tahan et la jungle. La ville est pourtant suffisamment plaisante pour qu'on lui consacre un après-midi.

Où se loger

Les hôtels offrent presque tous une consigne à bagages, sont ouverts 24h/24 et peuvent organiser le transport au Taman Negara. Ils affichent souvent complet en juillet-août.

Sakura Castle Inn HÔTEL $
(☎266 5200 ; sakuracastleinn@yahoo.com ; 51-52 Jln Bomba ; d 55-85 RM, f 95 RM ; ❄📶). L'établissement le plus élégant de la ville (un qualificatif menacé par un nouvel hôtel en construction), possède des chambres propres et confortables, toutes avec TV, eau chaude et clim. Accès Wi-Fi gratuit.

Greenleaf Traveller's Inn HÔTEL $
(☎267 2131 ; 3 Jln Diwangsa ; dort 10 RM, d 20-30 RM ; ❄📶). Un hôtel tranquille, avec des chambres et des dortoirs simples et propres. Mme Teh, la charmante propriétaire, tient aussi une agence de voyages et vous aidera à organiser votre excursion au Taman Negara.

Jerantut

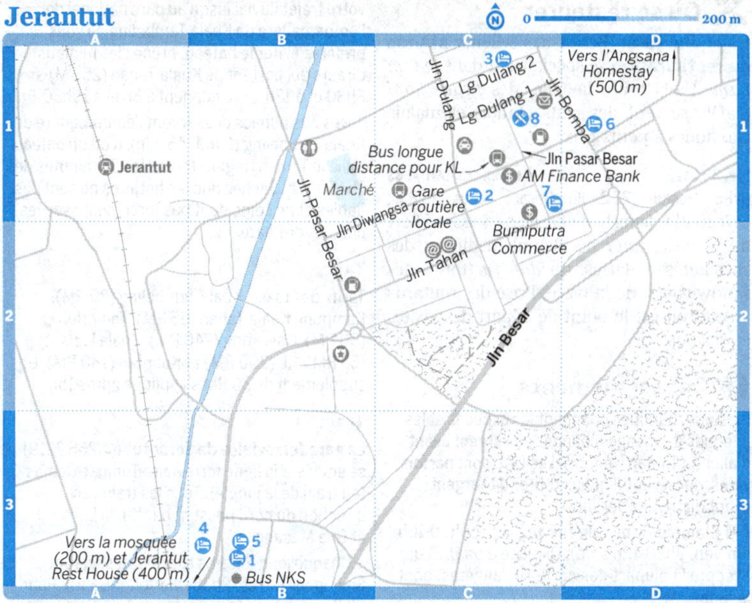

Jerantut

Où se loger

1 Chong Heng Hotel B3
2 Greenleaf Traveller's Inn C1
3 Hotel Chet Fatt C1
4 Hotel Sri Emas B3
5 NKS Hostel B3
6 Sakura Castle Inn D1
7 Town Inn Hotel C1

Où se restaurer

8 Stands de restauration C1
NKS Café .... (voir 5)

Chong Heng Hotel HÔTEL $
(☎2663 693 ; 24 Jln Besar ; s/d/tr 20/20/28 RM ; @). Tenu par un personnage intéressant prénommé Tan, cet hôtel occupe une maison de négoce joliment rénovée dans la partie est de Jerantut, la plus séduisante. Il propose des chambres propres et confortables avec ventil, sdb commune et eau chaude. Au rez-de-chaussée, une petite boutique aux murs colorés contient d'antiques cages à oiseaux

Town Inn Hotel HÔTEL $
(☎266 6811 ; www.towninnhotel.com ; Jln Tahan, Lot 3748 ; d/tr/qua 48/65/85 RM ; ❄@📶). Ses chambres pimpantes le placent nettement au-dessus des autres adresses pour petits budgets. Le personnel est sympathique.

Angsana Homestay CHAMBRES D'HÔTES $
(☎267 2131 ; Jln Sri Angsana 3B, Lot 85 ; ch avec sdb 60 RM ; ❄📶). Dans la partie plus récente de la ville, à 5 minutes du centre, l'Angsana est dirigé par la délicieuse famille qui gère le Greenleaf Traveller's Inn (p. 272), plus central. Il comprend des chambres plus grandes et aérées que celles du Greenleaf et un salon commun.

Hotel Chet Fatt HÔTEL $
(☎266 5805 ; 177 Jln Diwangsa ; dort/d avec sdb commune 10/20 RM ; @). Pratique pour une arrivée tardive, cet hôtel en face de la gare routière offre des chambres sans fenêtres, l'accès à Internet et l'eau filtrée gratuite.

Hotel Sri Emas HÔTEL $
(☎266 4499 ; tamannegara@hotmail.com ; 46 Jln Besar ; dort/tr/f 8/21/64 RM, d 15-35 RM, avec douche 38 RM ; ❄@). Le Sri Emas loue des doubles propres avec ventil, matelas affaissés, sdb commune et eau chaude. Les chambres plus chères sont plus grandes, avec sdb et clim. Accès Internet au rez-de-chaussée.

Où se restaurer

Dans Jln Pasar Besar, d'excellents **stands de restauration** se spécialisent dans le *tom yam*. Dans toute la ville, des *kedai kopi* (cafés) servent des plats chinois et malais classiques à petits prix.

NKS Café MALAIS, OCCIDENTAL **$$**
(NKS Hostel ; 21-22 Jln Besar ; repas 10 RM ; 7h30-21h, fermeture 18h basse saison). Sert un petit-déjeuner occidental médiocre, des spécialités malaises, du *dou fu* (tofu), des sandwichs et de la bière. Prisé des routards – l'endroit est le point de départ des visites et des bus.

Renseignements

Plusieurs banques changent les espèces et les chèques de voyage (changez de l'argent avant d'aller au Taman Negara). Les DAB sont parfois vides, aussi vaut-il mieux retirer de l'argent avant d'arriver à Jerantut.

AM Finance Bank (Jln Diwangsa ; 9h30-16h lun-ven, 9h30-12h sam). Dispose d'un DAB qui accepte la plupart des cartes étrangères, dont la Visa.

Bumiputra Commerce (Jln Tahan ; 9h30-16h lun-ven, 9h30-12h sam). Le DAB accepte les cartes MasterCard et Cirrus.

Internet (11 Jln Tahan, 1er ét. ; 3 RM/h ; 9h-17h)

Internet Café (NKS Hostel ; 5 RM/h ; 24h/24)

Police (266 2222 ; Jln Besar)

Depuis/vers Jerantut

Bus

Les bus longue distance partent des billetteries proches de la station de taxis. **Perwira Ekspres** (266 3919) et **SE Ekspres** (266 3188) disposent de bureaux à cet endroit. La gare routière locale est située un peu plus loin dans la même rue.

DESTINATION	PRIX	DURÉE
Kuala Lumpur	20 RM	4h
Kuantan	16 RM	4h
Kuala Lipis	5 RM	1h30
Temerloh	6 RM	1h30

Le **NKS Hostel** (21-22 Jln Besar ; d avec/sans douche 50/35 RM, petit-déj compris) propose des minibus et des bus pour diverses destinations, dont l'embarcadère de Tembeling (5 RM), KL (40 RM), l'embarcadère des îles Perhentian (65 RM), Kota Bharu (65 RM) et les Cameron Highlands (65 RM). Tous partent du NKS Café (p. 274). NKS peut aussi organiser votre trajet fluvial jusqu'au parc national de l'embarcadère de Kuala Tembeling. Si vous préférez éviter le bateau, prenez les minibus directs qui partent de Kuala Tahan (25 RM) à 8h30 et à 13h, et reviennent à 8h et à 19h30.

Des bus publics desservent l'embarcadère de Kuala Tembeling (2 RM, 45 min), d'où un bateau rallie le Taman Negara toutes les 30 minutes de 7h45 à 17h. Sachez que les horaires ne sont pas fiables et ne coïncident pas forcément avec les départs des bateaux.

Taxi

Tarifs des taxis : Kuala Tembeling (20 RM), Kampung Kuala Tahan (65 RM), Temerloh (50 RM), Cherating (240 RM), Kuala Lipis (65 RM), KL (200 RM) et Kuantan (180 RM). Un supplément de 30 RM s'applique après 15h.

Train

La **gare ferroviaire de Jerantut** (266 2219) se situe sur la ligne ferroviaire Tumpat-Gemas (ou train de la jungle). Tous les trains en direction du nord passent par Kuala Lipis et Gua Musang.

Chaque jour, 2 trains express desservent Singapour (2h et 12h30) via Johor Bahru. Pour KL Sentral, prenez l'express de 12h30 ; 4 trains rallient Kuala Lipis.

Consultez les horaires et les tarifs actualisés sur le site de **KTM** (www.ktmb.com.my).

Kuala Lipis

09

Au confluent de la Lipis et de la Jelai, Kuala Lipis est une bourgade animée, au charmant centre colonial jalonné de maisons de négoce chinoises. Une importante partie de la population est chinoise ou indienne, et communique en anglais. Vous pourrez facilement bavarder avec les habitants particulièrement affables, ou demander votre chemin.

Centre d'extraction d'or bien avant l'arrivée des Britanniques en 887, Kuala Lipis connut son âge d'or à partir de 1898, lorsqu'elle devint la capitale du Pahang. Ses majestueux édifices coloniaux datent de cette époque et le commerce se développa avec l'arrivée de la voie ferrée en 1924. En 1957, la capitale fut transférée à Kuantan et Kuala Lipis déclina. La "ville nouvelle", moins pittoresque, est située de l'autre côté du fleuve, en face du centre historique.

À voir et à faire

Point de départ des excursions au proche parc régional de Kenong Rimba, Kuala Lipis attire aussi les visiteurs grâce à sa belle architecture coloniale.

Bordeaux et blanc et ornés d'arcades, les imposants **District Offices**, près de Jln Lipis, se dressent sur une colline à 1 km au sud du centre-ville. Ils surplombent la **Clifford School**, un prestigieux édifice public de 1913, d'abord appelé Anglo-Chinese School. Durant l'occupation japonaise, l'école servit de quartier général à la Kempetai, la police secrète nippone.

La rue qui jouxte l'école monte jusqu'au **Pahang Club**, près de Jln Lipis, un imposant pavillon en bois blanc et noir, agrémenté de larges vérandas ouvertes.

Une promenade très agréable part de la rue derrière le Lipis Centrepoint Complex. Suivez la rue qui grimpe à flanc de colline au panneau indiquant "Driving Range Lipis". Continuez à monter après l'**Istana Hinggap**, sur la droite, jusqu'à la bifurcation. L'une ou l'autre branche mène à de vieilles maisons coloniales en bois, dont certaines sont peu à peu englouties par la jungle.

Si vous êtes en ville un vendredi soir, ne manquez pas l'excellent **marché de nuit**, sur le parking à côté de la gare routière.

Comptez 25 RM pour une visite de la ville de 1 heure en taxi.

Où se loger et se restaurer

Des stands de restauration très fréquentés sont installés de chaque côté de l'extrémité nord de la passerelle qui enjambe Jln Pekeliling.

Centrepoint Hotel & Apartments HÔTEL $
(☎312 2688 ; Jln Pekeliling, Lipis Centrepoint ; s/d économique 48/70 RM, d deluxe à partir de 108 RM, petit-déj compris ; ❄📶). Dans cet hôtel à plusieurs niveaux, un étage est consacré à des chambres économiques médiocres ; les autres abritent des chambres standards plus confortables. Cet établissement, le plus fréquenté de la ville, comprend un tour-opérateur, spécialisé dans les circuits au Kenong Rimba, et un espace de restauration animé au rez-de-chaussée. Service excellent et accès Wi-Fi gratuit.

Residence Rest House HÔTEL HISTORIQUE $$
(☎312 2788 ; ch 60-150 RM ; ❄). Cette vaste maison coloniale, perchée sur une colline et entourée d'un jardin, était jadis la demeure du résident britannique ; les chambres sont immenses, avec du papier peint à fleurs et de grandes fenêtres. Le restaurant n'ouvre que pour le dîner. Comptez 7 RM pour rejoindre la ville en taxi.

D'Valley Inn HÔTEL $
(☎312 5868 ; 44 Jln Bukit Bius ; ch 78-98 RM ; ❄📶). Derrière le Centrepoint, il offre des chambres propres, récemment rénovées, et loue des vélos (5/25 RM par heure/jour).

Appu's Guesthouse GUESTHOUSE $
(☎013-945 9766, 312 3142 ; jungleappu@hotmail.com ; 63 Jln Besar, Hotel Lipis ; dort/qua 10/60 RM, d 20-35 RM ; ❄). Excellente adresse pour les informations touristiques et les services de guides, cette guesthouse est très délabrée. Les serrures des portes fonctionnent mal et les femmes seules ne s'y sentiront pas en sécurité.

Hotel London HÔTEL $
(☎312 1618 ; 82 Jln Besar ; ch 38/43 RM ; ❄). Des chambres banales dans une maison de négoce rénovée, avec sdb commune pour les moins chères. Toutes sont climatisées.

Renseignements

L'Appu's Guesthouse propose des cartes, dessinées à la main, de Kuala Lipis. Quelques banques avec DAB bordent Jln Besar et la poste se situe à l'est de la gare ferroviaire.

Kiara Holidays (☎3122 777 ; www.kiaraholidays.com ; 4ᵉ ét., Centrepoint Hotel). Organise des circuits dans toute la région, dont des sorties de rafting et de canoë sur le Sungei Kesong et des treks dans le Taman Negara et le Kenong Rimba. Appelez ou consultez le site Internet pour les circuits et les promotions.

Depuis/vers Kuala Lipis

Des bus partent de la **gare routière** (☎312 5055), dans la ville nouvelle, pour KL (15 RM, 4 heures 30), Kuantan (26 RM, 6 heures), Temerloh (16 RM, 1 heure), Raub (5 RM, 1 heure 30) et Gua Musang (16 RM, 1 heure 30), où vous pouvez prendre une correspondance pour Kota Bharu.

Chaque jour, 3 trains desservent Singapour (2h15, 8h15 et 12h) et un part pour KL (minuit). Les trains à destination de Singapour, Kl ou Gemas font halte à Jerantut (pour le Taman Negara). Plusieurs trains locaux ("trains de la jungle") rallient chaque jour Wakaf Baharu, la gare la plus proche de Kota Bharu.

Des taxis partent de la gare routière pour KL (180 RM), Jerantut (65 RM), Kuala Tahan (50 RM), Gua Musang (120 RM), Temerloh (100 RM) et Kuantan (200 RM).

Parc régional de Kenong Rimba

☎09

Vaste secteur de forêt de basse altitude, ce parc de 120 km² s'étend jusqu'aux contreforts calcaires qui bordent le Taman Negara, et peut s'explorer au cours d'un trek de 3-4 jours, organisé à Kuala Lipis. Il est bien moins visité que le Taman Negara. S'il est rare d'apercevoir de gros mammifères, vous verrez des singes, des sangliers, des écureuils, des civettes, de nombreux oiseaux et, peut-être, un tapir nocturne. Le Kenong Rimba est habité par les Batek, une tribu orang asli.

Les visiteurs doivent se procurer un permis auprès du **Kuala Lipis District Forest Office** (☎312 1273). Un guide est obligatoire pour entrer dans le parc et vous pourrez en engager un à Kuala Lipis. **Appu** (☎312 2619), de l'Appu's Guesthouse à Kuala Lipis, propose des circuits à 80 RM par personne et par jour, plus 200 RM (au moins 3 participants) pour le bateau depuis/vers Jeti Tanjung Kiara. Ils comprennent le guide, la nourriture et toutes les dépenses dans le parc, et n'ont rien d'aventureux ; vous campez dans le parc et tout l'équipement est fourni. Ils ont lieu pour un nombre suffisant de participants – essayez de former un groupe vous-même.

Kiara Holidays (voir p. 275), à Kuala Lipis, propose des circuits à des prix similaires.

Depuis/vers le Kenong Rimba

Pour rejoindre le Kenong Rimba, prenez à Kuala Lipis un train local en direction du sud jusqu'à Batu Sembilan (Mile 9). De là, louez un bateau (25 RM/personne) jusqu'à Jeti Tanjung Kiara, sur l'autre rive, face à Kampung Kuala Kenong.

Raub

☎09

Raub signifie "creuser" en malais, un nom pertinent pour cette ville coloniale, construite autour d'une mine d'or dans les derniers jours de la Malaisie britannique. Cette jolie bourgade, au charme et à l'architecture coloniaux, abrite l'un de nos restaurants favoris du Pahang.

À voir et à faire

Comme Kuala Lipis, Raub possède à la fois une charmante architecture coloniale et une ambiance de *kampung* (village) traditionnel à la périphérie. Elle constitue aussi une excellente base pour explorer le proche Sungai Pasu Recreation Centre, les rapides de Jeram Besu et les cascades de Bukit Telaga.

Où se loger et se restaurer

Rumah Rehat Raub GUESTHOUSE HISTORIQUE **$$**
(Raub Guesthouse ; ☎355 9899 ; rumahrehat.ipsb@gmail.com ; Jln Dato Abdullah ; d/ste 120/200 RM ; ❄📶). Installée dans le vaste domaine d'une ancienne demeure coloniale, elle offre des chambres charmantes et un excellent centre d'information.

Hotel Jelai HÔTEL **$**
(☎013-983 1626 ; 35 Jln Tan Tiong ; d 88 RM, deluxe 108 RM ; ❄📶). Succursale locale d'une chaîne hôtelière, le Jelai se repère facilement à sa façade rayée rose et rouge. Sans caractère, mais plaisant.

Hotel Seri Raub HÔTEL **$**
(☎355 0888 ; Jln Dato Abdullah ; ch à partir de 80 RM ; ❄📶). Des chambres confortables, plutôt banales.

PROBLÈMES ÉCOLOGIQUES À RAUB

La mine d'or de Bukit Koman à Raub provoque la controverse. De nombreuses manifestations ont été organisées par des écologistes malaisiens et par les habitants, qui se plaignent d'avoir été directement affectés par le cyanure utilisé pour le processus minier appelé "lessivage au cyanure". L'empoisonnement au cyanure ne menace pas le visiteur de passage à Raub.

L'impact négatif des deux autres industries majeures de la région – l'huile de palme et l'exploitation forestière – est plus visible. De bruyants camions chargés de grumes traversent régulièrement la ville, et la majeure partie de la jungle qui entourait Raub a cédé la place à des plantations de palmiers à huile. Reportez-vous p. 602 pour plus d'informations sur les défis environnementaux que doit affronter le Pahang.

Hotel Tai Tong HÔTEL $

(☎356 1053 ; Jln Dato Abdullah ; ch avec ventil/clim 35/40 RM ; ❄📶). L'un des meilleurs des quelques hôtels pour petits budgets qui font face à la gare routière. Toutes les chambres bénéficient d'une douche chaude et d'une TV.

♥ **Restoran Ratha Raub** INDIEN, MALAIS $$

(Jln Tun Razak ; curry de tête de poisson pour deux 36 RM ; ⏲déj et dîner). Ne vous laissez pas rebuter par la tête de poisson flétrie posée sur le buffet – c'est juste un décor. Bien que la carte comprenne d'autres plats, les clients viennent, parfois même de KL, pour le *kari kepala ikan Raub* (le fameux curry de tête de poisson de Raub). Il est préparé à la commande et servi dans une soupière métallique contenant curry relevé, piments verts, haricots verts, aubergines et une variante spécifique de tofu, gonflée à l'oxygène, sans oublier la tête fendue d'un grand vivaneau rouge dont s'échappent de tendres morceaux de joue sans arêtes. Le Ratha vend aussi des curries à emporter.

Restoran Sentosa POISSON, CHINOIS $$

(Jln Padang ; plats au poids ; ⏲dîner). Le Sentosa est spécialisé dans le poisson entier, préparé à la mode chinoise et servi de diverses manières – en ragoût ou grillé sont parmi les préférées. Le bâtiment, un pavillon rond centenaire avec des vitraux, mérite à lui seul la visite. Comptez au moins 50 RM pour un repas.

Sun Yen Cheong CAFÉ $

(Jln Tun Razak ; ⏲petit-déj et déj). Ce café sino-malaisien traditionnel ne désemplit pas le matin.

ℹ Renseignements

Le personnel sympathique du Rumah Rehat Raub fournit des informations touristiques. La ville compte plusieurs banques (certaines vendent de l'or), dont une **HSBC** (Jln Tun Razak) avec un DAB qui accepte les cartes internationales.

ℹ Depuis/vers Raub

La gare routière de Raub se situe dans Jln Dato Abdullh. Plusieurs compagnies, dont **Transnasional** (☎355 1342) et **MARA** (☎355 1622), offrent plusieurs bus quotidiens de Raub à KL (10 RM, 4 heures), Kuantan (21 RM, 4 heures) et Bentong (4 RM, 1 heure). Quelques bus rallient Kuala Lipis (5 RM, 1 heure).

Les taxis, qui stationnent souvent à la gare routière, desservent des destinations dans tout le Pahang.

Temerloh

☎09

Cité ancienne sur les rives du puissant Sungai Pahang, Temerloh conserve des traces de son passé colonial et accueille un marché pittoresque le dimanche. Principale ville du centre de l'État, elle est aussi un carrefour de transports. La gare routière est située au cœur de la ville nouvelle (à quelques minutes de marche de la vieille ville), remplie de boutiques et de restaurants. La gare ferroviaire se situe à 12 km, à Mentakab, une banlieue prospère au marché de nuit animé.

Temerloh est un endroit plaisant où se détendre et retrouver la modernité après quelques jours dans la jungle. Si les hébergements pour petits budgets semblent limités, vous trouverez quelques établissements de catégorie moyenne.

Où se loger et se restaurer

Hotel Green Park HÔTEL $

(☎296 3333 ; www.greenpark.com.my ; Jln Terkukur, près de Jln Merbah ; ch à partir de 83 RM ; ❄📶). Ce grand hôtel domine la ville et offre de jolies chambres propres avec douche chaude et bouilloire pour le café et le thé.

Rumah Rehat Temerloh GUESTHOUSE $$

(☎296 3218 ; Jln Hamzah ; d 100 RM ; ❄📶). Gérée par l'État, cette guesthouse occupe un bâtiment colonial à l'est du centre-ville. Les chambres, avec moquette, sont bien équipées et il flotte une ambiance de "garden party" d'antan.

E Station Cafe JAPONAIS $

(Jln Pak Sako 1 ; 6-21 RM). Après des semaines de *mee sup* et de *laksa*, vous pourrez vous régaler de sushis, préparés avec du poisson frais provenant des marchés de KL et de Kuantan. Le *chirashi* (21 RM), trois sortes de poissons avec du riz vinaigré, est excellent.

ℹ Depuis/vers Temerloh

Bus

Du **Terminal Bas Utama Temerloh** (Jln Sudirman), des bus desservent divers endroits de la péninsule.

DESTINATION	PRIX	DURÉE
Kuala Lumpur	10 RM	3h
Kuantan	12 RM	2h
Kuala Lipis	16 RM	3h
Jerantut	6 RM	1h30
Melaka	17 RM	4h
Penang	55 RM	6h

De la gare routière, des taxis rallient Mentakab (10 RM), Jerantut (38 RM), Kuantan (95 RM) et KL (150 RM).

Environs de Temerloh

À voir

Kuala Gandah Elephant Conservation Centre RÉSERVE ANIMALIÈRE, PARC À THÈME

(279 0391 ; www.wildlife.gov.my/webpagev4_en/bhg_ekogandah.html ; Kuala Gandah, Lanchang ; don à l'entrée ; 10h-16h45, vidéo 13h, 13h30 et 15h45 tlj, plus 12h30 sam-dim). Le Centre de protection des éléphants de Kuala Gandah est la base du Department of Wildlife and National Parks' Elephant Relocation Team, une équipe qui s'emploie à capturer des éléphants solitaires dans toute l'Asie du Sud-Est afin de les reloger dans des habitats propices de la péninsule, tel le Taman Negara. La plupart des pachydermes du centre sont des éléphants domestiqués provenant du Myanmar, d'Inde ou de Thaïlande.

La visite commence par une vidéo sur la situation critique des éléphants, puis vous pouvez observer et aider les soigneurs à laver et à nourrir les pensionnaires (14h sam-jeu, 14h45 ven). Vous rejoignez ensuite un espace central où vous pouvez, moyennant un supplément, monter sur le dos d'un vieil éléphant et vous baigner avec les pachydermes. Si l'ambition du parc est noble, les défenseurs des droits des animaux critiquent les activités du centre, qu'ils estiment déplaisantes pour les animaux et contraires à leurs droits. Notre avis ? Venez admirer les éléphants, achetez et distribuez les diverses friandises proposées, et évitez les promenades et les baignades en groupe.

Deerland ZOO

(013-967 6242 ; www.deerland.org ; 67 Jln Zabidin ; adulte/enfant 10/5 RM ; 10h30-17h30 sam-jeu, trek dans la jungle 35 RM/pers ; réservation au moins la veille). Ce petit zoo au cœur de la forêt abrite 3 espèces de cervidés que l'on peut nourrir et caresser. Ils sont gardés dans des enclos de taille raisonnable et semblent apprécier l'attention des visiteurs qui leur apportent des carottes (vendues par la direction du zoo). Vous verrez également des lapins, des paons, des autruches, divers oiseaux, ainsi qu'un gros python avec lequel vous pouvez poser pour une photo mémorable. L'équipe du zoo propose des treks de 2 heures 30 dans la jungle pour reconnaître des herbes médicinales, comprenant le déjeuner et la traversée sportive d'une rivière par un réseau de cordes. Des treks, qui durent jusqu'à 3 jours, peuvent être organisés.

Où se loger et se restaurer

Buman Suri Biopurpose Resort CHAMBRES D'HÔTES $

(013-377 3838 ; d 50 RM). Géré par une famille, le Buman Duri propose l'hébergement dans une simple maison de style *kampung*, en bord de route.

Saudi's Cafe MALAIS $

(repas 4 RM). Dans le Kuala Gandah Elephant Conservation Centre (p. 278), ce café sert des plats simples, comme le *nasi goreng* et la *mee sup* (soupe de nouilles).

Depuis/vers Kuala Gandah et Deerland

Ces deux sites se trouvent à environ 150 km à l'est de KL, près de la ville de Lanchang, à l'ouest de Mentakab. La plupart des visiteurs viennent en circuits organisés, proposés au départ de KL, Jerantut, Cherating et d'autres villes touristiques de la péninsule. La manière la plus économique de les découvrir consiste à combiner la visite avec un retour à KL du Taman Negara, organisé par Han Travel (p. 272) dans son agence de KL ou de Kuala Tembeling.

Îles de la côte est, Kelantan et Terengganu

☎09

Dans ce chapitre »

Le top des restaurants

» Bubu Restaurant (p. 296)

» West Lake Eating House (p. 285)

» Four Seasons (p. 286)

Le top des hébergements

» Terrapuri Heritage Village (p. 307)

» D'Lagoon Chalets (p. 297)

» Pasir Belanda Homestay (p. 290)

» Shari-la Island Resort (p. 297)

Pourquoi y aller

Si la côte est de la Malaisie est superbe, avec ses plages charmantes et ses *kampung* (villages) bucoliques, ce sont les îles, d'une beauté époustouflante, qui ramènent régulièrement les voyageurs dans la région. "Paradis" rend à peine justice à ces joyaux, bien que ce mot vienne forcément à l'esprit en découvrant le sable blanc et les palmiers des Perhentian ou de Pulau Kapas. Plongée et snorkeling permettent d'admirer les coraux et la riche faune marine dans une mer bleu azur.

Des villes telles que Kota Bharu ou Kuala Terengganu conservent une ambiance typiquement malaise, en dépit de la course effrénée du pays vers la modernité, et séduiront les amateurs de culture. Les amoureux de la nature pourront explorer la vaste jungle, largement préservée, qui occupe la majeure partie de l'arrière-pays du Kelantan.

Quand partir

Kuala Terrenganu

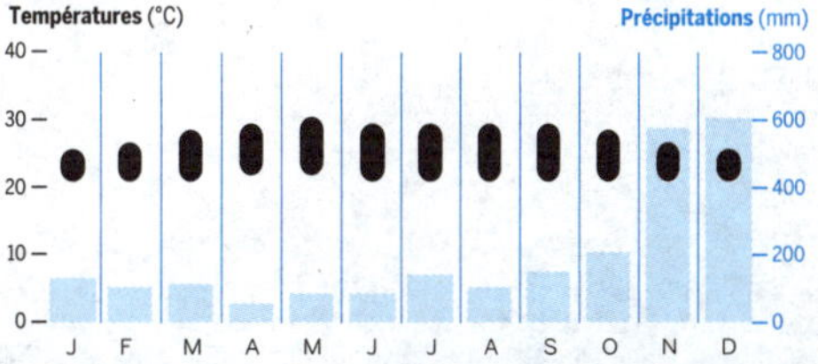

Avril-mai Fuyez la chaleur dans les hautes régions montagneuses.

Juin-août Un temps plus sec et les fêtes de Kota Bharu font de l'été une excellente période pour une visite.

Novembre-février Peu d'hébergements restent ouverts, mais des réductions récompensent ceux qui bravent les pluies de mousson.

À ne pas manquer

1. Le soleil, le sable et la mer sur les plages fabuleusement diverses des **îles Perhentian** (Pulau Perhentian, p. 290)
2. Snorkeling et plage dans le paradis tropical moins fréquenté de **Pulau Kapas** (p. 300)
3. Une excursion nocturne en bateau à travers les mangroves où scintillent les lucioles dans le **Penarik Firefly Sanctuary** (p. 307)
4. Les délices culinaires des stands de rue et des restaurants de **Khota Bharu** (p. 282)
5. Les temples thaïlandais de **Tumpat** (p. 289)

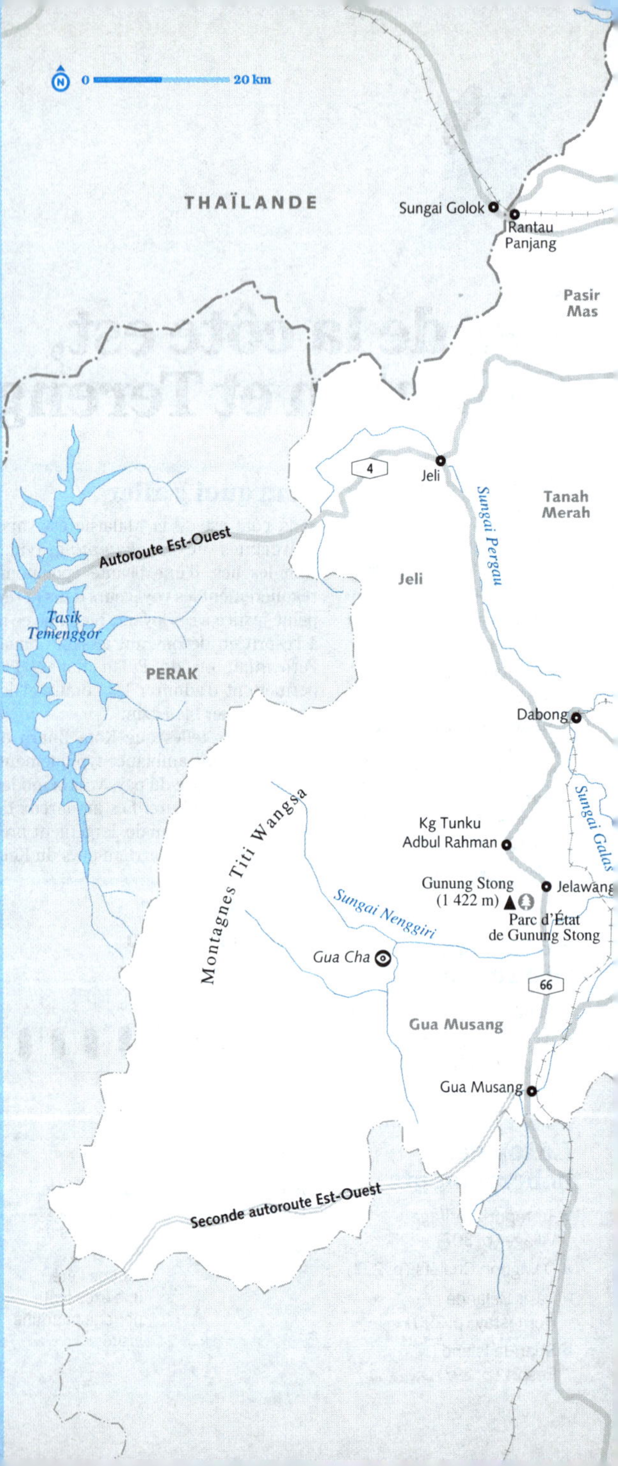

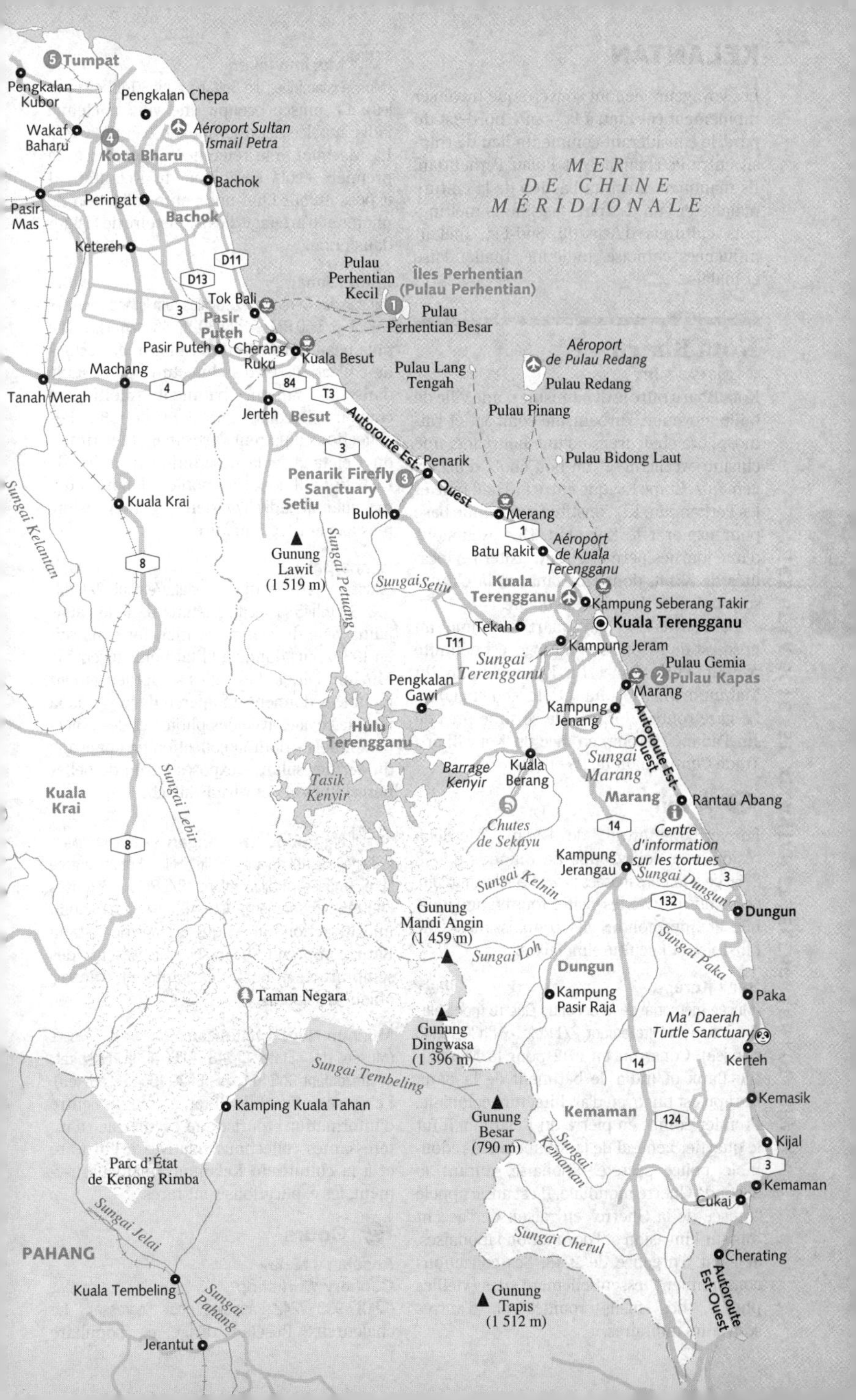

5 Tumpat
Pengkalan Kubor
Pengkalan Chepa
Wakaf Baharu
4 Kota Bharu
Aéroport Sultan Ismail Petra
Bachok
Pasir Mas
Peringat
Bachok
Ketereh
MER DE CHINE MÉRIDIONALE
D11
D13
Pulau Perhentian Kecil
Îles Perhentian (Pulau Perhentian)
Tok Bali
3
Pasir Puteh
1
Pulau Perhentian Besar
Pasir Puteh
Cherang Ruku
Kuala Besut
Aéroport de Pulau Redang
Machang
Pulau Lang Tengah
Pulau Redang
Tanah Merah
4
84
T3
Jerteh
Besut
Pulau Pinang
Autoroute Est-Ouest
3
Pulau Bidong Laut
Penarik
Penarik Firefly Sanctuary
3
Setiu
Buloh
Merang
Sungai Kelantan
Kuala Krai
1
Gunung Lawit (1 519 m)
Sungai Petuang
Batu Rakit
Aéroport de Kuala Terengganu
8
Sungai Setiu
Kuala Terengganu
Kampung Seberang Takir
Kuala Terengganu
Tekah
T11
Kampung Jeram
Sungai Terengganu
Pulau Gemia
2 Pulau Kapas
Marang
Pengkalan Gawi
Kampung Jenang
Hulu Terengganu
Autoroute Est-Ouest
Sungai Marang
Sungai Lebir
Kuala Berang
Barrage Kenyir
Tasik Kenyir
Kuala Krai
Marang
Rantau Abang
Chutes de Sekayu
14
Centre d'information sur les tortues
8
Kampung Jerangau
Sungai Dungun
3
Sungai Kelnin
132
Dungun
Gunung Mandi Angin (1 459 m)
Sungai Paka
Sungai Loh
Dungun
Kampung Pasir Raja
Paka
Taman Negara
Ma' Daerah Turtle Sanctuary
Gunung Dingwasa (1 396 m)
Kerteh
14
Sungai Tembeling
Kemasik
Kamping Kuala Tahan
Gunung Besar (790 m)
Kemaman
124
Kijal
Sungai Kemaman
3
Parc d'État de Kenong Rimba
Kemaman
Cukai
Sungai Jelai
Sungai Cherul
PAHANG
Cherating
Kuala Tembeling
Sungai Pahang
Gunung Tapis (1 512 m)
Autoroute Est-Ouest
Jerantut

KELANTAN

Les voyageurs ne font souvent que traverser rapidement cet État, à la pointe nord-est du pays, le considérant comme un lieu de transit entre la Thaïlande et Pulau Perhentian. Ils manquent ainsi un bastion de la culture malaise et l'un des plus fascinants melting-pots culturels d'Asie du Sud-Est, mêlant influences chinoise, indienne, thaïlandaise et malaise.

Kota Bharu

425 000 HABITANTS

Kota Bharu offre le dynamisme d'une ville de taille moyenne, l'urbanisme compact et l'atmosphère chaleureuse d'une bourgade, une cuisine excellente et un bon choix d'hébergements. Étape logique entre la Thaïlande et les Perhentian, KB constitue une bonne base pour explorer le Kelantan. Des excursions d'une journée permettent de visiter les localités de l'État, dont l'artisanat et la culture sont présents dans la ville même.

Le centre-ville, un quartier animé au nord-est de la tour de l'horloge, est délimité par Jln Pintu Pong, Jln Kebun Sultan/Jln Mahmud, Jln Hospital et Jln Temenggong. La gare routière principale se situe près de Jln Padang Garong, en face du Kota Bharu Trade Centre, haut de 25 étages.

À voir

Le véritable attrait de Padang Merdeka réside dans son groupe de **musées** (☎748 2266 pour tous les musées ; www.kelantan.muzium.net). Vous pouvez les visiter tous en une journée et approfondir vos connaissances sur l'histoire et la culture malaises.

Bank Kerapu — MUSÉE

(Musée mémorial de la Seconde Guerre mondiale ; Jln Sultan ; adulte/enfant 2/1 RM ; ⏲8h30-16h45 sam-jeu). Construit en 1912 pour la Mercantile Bank of India, le bâtiment de la Bank Kerapu est un joyau d'architecture coloniale. Premier édifice en pierre du Kelantan, il fut le quartier général de la Kempetai, la redoutable police secrète japonaise, durant la Seconde Guerre mondiale. Il est aussi appelé "musée de la Guerre" en raison de l'accent mis sur l'invasion et l'occupation japonaises, et l'état d'urgence de 1948. Ses collections comprennent essentiellement des vieilles photos, des fusils rouillés et d'autres souvenirs militaires.

GRATUIT Muzium Islam — MUSÉE

(Musée islamique ; Jln Sultan ; ⏲8h30-16h45 sam-jeu). Le musée occupe une villa ancienne jadis appelée Serambi Mekah (véranda vers La Mecque), une référence à son passé de première école coranique du Kelantan. Il expose aujourd'hui une petite collection de photos et d'artefacts liés à l'histoire de l'islam dans l'État.

Istana Jahar — MUSÉE

(Musée des Cérémonies royales ; Jln Istana ; adulte/enfant 3/1,50 RM ; ⏲8h30-16h45 sam-jeu). Le plus beau musée de Kota Bharu, en termes de collections et d'architecture, est installé dans un superbe bâtiment traditionnel couleur chocolat, qui date de 1887. Les collections illustrent l'artisanat et les rituels du Kelatan, de la description détaillée de l'art du batik aux cérémonies élaborées qui marquaient jadis l'existence – circoncision, mariage et rites funéraires.

Istana Batu — MUSÉE

(Musée royal ; Jln Istana ; adulte/enfant 2/1 RM ; ⏲8h30-16h45 sam-jeu). L'Istana Batu, le palais jaune pâle du prince héritier, fut construit en 1939, puis donné à l'État pour devenir le Muzium Diraja. Les salles somptueusement meublées donnent un aperçu de la vie de la famille royale, avec des photos et des objets personnels – dont la collection de chapeaux du dernier sultan – exposés parmi de belles porcelaines et des divans kitsch.

GRATUIT Kampung Kraftangan — CENTRE ARTISANAL

(Village de l'Artisanat ; Jln Hilir Kota ; entrée libre, musée adulte/enfant 2/1 RM ; ⏲musée 8h30-16h45 sam-jeu). Ce village d'artisanat, une attraction touristique en face de l'Istana Batu, comprend un musée qui présente des sculptures sur bois, des batiks et d'autres objets artisanaux.

Muzium Negeri Kelantan — MUSÉE

(Musée de l'État ; ☎748 2266 ; Jln Hospital ; adulte/enfant 2/1 RM ; ⏲8h30-16h45 sam-jeu). Le musée officiel de l'État, à côté du centre d'information touristique, renferme d'intéressantes collections relatives à l'histoire et à la culture du Kelantan ; malheureusement, les explications sont rares.

Cours

Roselan's Malay Cookery Workshop — CUISINE

(☎017-933 7242 ; appelez pour l'adresse). Le chaleureux Roselan dirige ce populaire

Kota Bharu

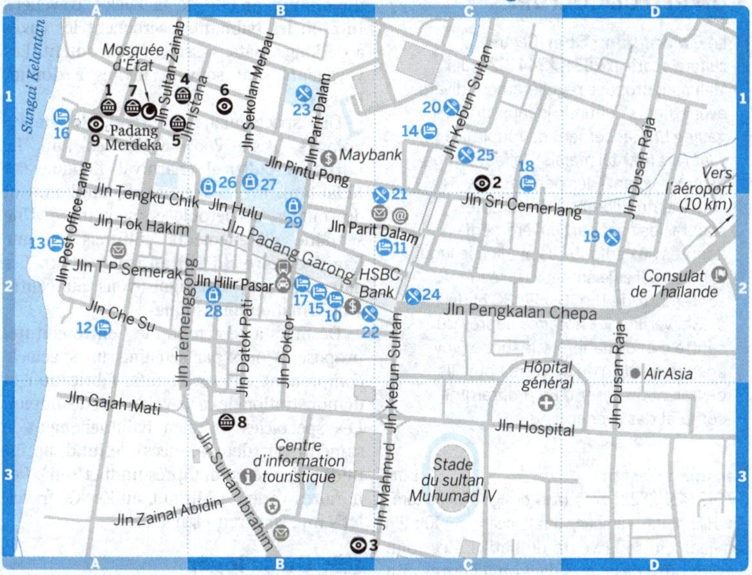

Kota Bharu

À voir

1 Bank Kerapu ... A1
2 Concours de chants d'oiseaux ... C1
3 Gelanggang Seni ... B3
4 Istana Batu ... A1
5 Istana Jahar ... A1
6 Kampung Kraftangan ... B1
7 Muzium Islam ... A1
8 Muzium Negeri Kelanta ... B3
9 Padang Merdeka ... A1

Activités

Zecsman Design ... (voir 6)

Où se loger

10 Azam Hotel ... B2
11 Cerana Guest House ... C2
12 Crystal Lodge ... A2
13 Grand Riverview Hotel ... A2
14 Ideal Travellers' House ... C1
15 KB Backpackers Lodge ... B2
16 Ridel Hotel ... A1
17 Suria Hotel ... B2
18 Zeck's Traveller's Inn ... C1

Où se restaurer

19 Four Seasons ... D2
K's Kitchen ... (voir 16)
20 Medan Selera Kebun Sultan Food Court ... C1
21 Muhibah Aneka Cake House ... C2
22 Nasi Air Hideng Pok Sen Food Court ... B2
23 Marché de nuit ... B1
24 Sri Devi Restaurant ... C2
25 West Lake Eating House ... C1

Achats

26 Bazaar Buluh Kubu ... B1
27 Marché central ... B1
28 Vieux marché central ... B2
29 Marché de rue ... B2

atelier de cuisine malaise. Les prix varient selon le nombre de participants et les ingrédients utilisés – comptez de 90 à 125 RM par personne en groupe de quatre. Vous serez invité dans une maison malaise de la classe moyenne (celle de Roselan ou d'un autre habitant) et préparerez des plats malais typiques. Contactez Roselan pour vous informer sur les cours prévus et obtenir son adresse. Des hôtels comme le Zeck's ou le KB Lodge proposent des cours de cuisine à des tarifs similaires.

UN PEU DE CULTURE

Le **Gelanggang Seni** (Centre culturel ; carte p. 283 ; ☎744 3124 ; Jln Mahmud) propose régulièrement divers événements culturels locaux, dont le *gasing uri* (lancement de toupie), le *silat* (art martial malais), la fabrication de cerfs-volants, les percussions et le théâtre d'ombre. Gratuits, les spectacles sont particulièrement adaptés aux enfants. Ils ont lieu le lundi, le mercredi et le samedi, de février à septembre, de 15h30 à 17h30 et de 21h à 23h. Vérifiez les horaires auprès du centre d'information touristique (voir encadré p. 285) ou de votre hôtel. Ils devraient disposer d'un programme complet des événements.

Zecsman Design BATIK
(☎012-929 2822 ; zecs man_design@yahoo.com ; Jln Hilir Kota, Kampung Kraftangan ; ⏲10h-19h sam-jeu). Outre la vente de batiks, Zecsman Design offre des cours de 4 ou 5 heures afin d'apprendre la technique du batik ; comptez de 50 à 70 RM, selon la dimension et le tissu utilisé. Une formation d'une journée revient à 100 RM.

Circuits organisés

La plupart des hôtels organisent des circuits pour leurs clients : expéditions de 2 jours/3 nuits dans la jungle autour de Gua Musang (250-350 RM), excursions en bateau jusqu'à des villages de pêcheurs où des cerfs-volants en soie sont fabriqués à la lueur des bougies (60-80 RM), courtes visites de la ville (25-35 RM), circuits de 2 heures aux temples de Tumpat (75 RM) et visites d'ateliers d'artisans (demi-journée, 90-115 RM).

Pawi, du KB Backpackers Lodge (ci-après), Zeck, du Zeck's Traveller's Inn (ci-après), et le guide indépendant **Roselan** (☎017-933 7242) sont tous des guides fiables et compétents.

Fêtes et festivals

Les habitants de Kota Bharu aiment tellement les chants d'oiseaux qu'ils les enregistrent dans un bâtiment abandonné et les diffusent par haut-parleurs dans toute la ville. Chaque année vers le mois d'août, la cité organise un **concours de chants d'oiseaux** ; les cages ornementées sont presque aussi jolies que les chants. Le vendredi matin, un concours similaire a lieu dans un **champ** proche de la Zeck's Traveller's Inn, où les habitants accrochent les cages à de longs mâts, s'assoient et écoutent. Les voyageurs sont souvent invités à donner leur avis.

Un spectaculaire **festival de cerfs-volants** (Pesta Wau) a lieu en juin. Le **carnaval culturel** (Karnival Kebudayaan Kelantan), avec concours de tambours et de toupies, se déroule en septembre. Une semaine d'événements culturels marque l'**anniversaire du sultan** (mars-avril). Les dates varient ; renseignez-vous au centre d'information touristique.

De mars à septembre, le Centre culturel propose, 3 jours par semaine, un spectacle comprenant danses, chants, fabrication et démonstration de cerfs-volants et de toupies. Les spectacles ont lieu habituellement le samedi soir (deux séances), le lundi après-midi et le mercredi (après-midi et soir). Les horaires varient ; Miriam, au Zeck's Traveller's Inn, vous renseignera.

Où se loger

Kota Bharu est une étape prisée des baroudeurs et compte de nombreux hôtels pour petits budgets, dont plusieurs dans Jln Padang Garong. Les établissements de catégories moyenne et supérieure visent une clientèle d'affaires.

Zeck's Traveller's Inn CHAMBRES D'HÔTES $
(☎743 1613 ; 7088G Jln Sri Cemerlan ; dort/s/d à partir de 10/15/25 RM, avec clim 45-60 RM ; ❄@📶). La maison de Zeck et Miriam Zaki se situe dans un coin paisible au nord du centre-ville et s'agrémente d'un joli jardin. Accueillante et chaleureuse, la famille sert boissons et repas légers dans une ambiance authentique de *kampung* (village) malais. Les Zaki sont une mine d'informations et vous aideront volontiers à organiser votre voyage dans le pays. Zeck pourra également vous aider à rejoindre le Taman Negara via l'entrée moins fréquentée du Kelantan.

KB Backpackers Lodge HÔTEL, AUBERGE DE JEUNESSE $
(☎019-944 5222, 748 8841 ; www.kb-backpackers.com.my ; 1872D Jln Padang Garong ; dort/ch à partir de 8/20 RM ; ❄@). Si les chambres sont juste acceptables (les plus grandes sont les meilleures), ce défaut est largement compensé par la gentillesse et les connaissances de Pawi, le propriétaire, et par l'atmosphère détendue du lodge. Passionné

de cyclisme, Pawi organise des circuits à vélo (sur route ou tout-terrain) et loue des bicyclettes d'excellente qualité. Ne pas vous trompez pas d'adresse – le "KB Backpackers Inn", plutôt miteux, est situé de l'autre côté de la rue.

Ridel Hotel HÔTEL $$
(☎747-7000 ; www.ridelhotel.com.my ; Block A, Pelangi Mall, Jln Pasar Lama ; s/d/tr à partir de 97/107/147 RM ; ❄@📶). Au bord du fleuve, juste au-dessus de l'embarcadère, ce nouvel hôtel est plus grand qu'il ne paraît. Il compte 85 petites chambres élégantes, aux murs pastel et au design minimaliste. Essayez d'en obtenir une avec vue sur le fleuve.

Grand Riverview Hotel HOTEL $$
(☎743 9988 ; www.grh.com.my ; 9 Jln Post Office Lama ; ch/ste à partir de 215/318 RM ; ❄🏊). Cet hôtel immense, perché au bord du fleuve, offre d'excellentes prestations à des prix raisonnables ; une réduction de 40% est accordée pour un long séjour. Les chambres à l'arrière jouissent d'une belle vue sur l'eau et toutes disposent de lits *king-size* et de grandes sdb avec baignoire et douche.

Cerana Guest House GUESTHOUSE $
(☎956 7141 ; www.ceranaguesthouse.com ; 39521 Jln Padang Garong ; dort/d/f 12/35/35 RM ; ❄@📶). Cette guesthouse plaisante, à une rue de l'artère principale, propose des chambres sans prétention et propres, avec ventil et sdb commune pour les moins chères, clim et sdb privée pour les plus coûteuses. Un agréable salon aux tons pastel invite à la détente. De la gare routière, prenez à gauche à hauteur du Pizza Hut ; l'entrée principale se situe dans une ruelle paisible, juste au nord de Jln Padang Garong.

Suria Hotel HÔTEL $
(☎743 2255 ; suria.kb@tm.net.my ; Jln Padang Garong ; s/d à partir de 75 RM, tr 90 RM ; ❄). À quelques pas de la gare routière, le Suria est un hôtel accueillant au personnel sympathique. Les chambres les moins chères n'ont pas de fenêtre, mais d'autres plus séduisantes bénéficient de la lumière naturelle. Celles qui donnent sur la rue peuvent souffrir du bruit.

Crystal Lodge HÔTEL $$
(☎747 0888 ; www.crystallodge.com.my ; 124 Jln Che Su ; s/d à partir de 150/299 RM ; ❄@📶). Propre et spacieux, cet hôtel présente un bon rapport qualité/prix, avec des chambres confortables, des projections de films et des quotidiens gratuits. Le joli restaurant sur le toit jouit d'une belle vue sur le fleuve.

Azam Hotel HÔTEL $
(☎747 0508 ; 1872A Jln Padang Garong ; s/d à partir de 80 RM, f à partir de 110 RM ; ❄). Au cœur de la ville, cet hôtel douillet et banal se tient au-dessus d'un magasin de photo éponyme et loue des chambres correctes. Préférez celles à l'arrière pour éviter le bruit de la rue.

Ideal Travellers' House GUESTHOUSE $
(☎744 2246 ; www.ugoideal.com ; 3954F Jln Kebun Sultan ; s/d/tr 12/28/35 RM ; @📶). Ce repaire de baroudeurs, dans une ruelle près de Jln Kebun Sultan, possède des chambres exiguës avec ventil, un jardin agréable où lézarder et sert boissons et en-cas.

Où se restaurer

♥ **West Lake Eating House** CHINOIS $
(Jln Kebun Sultan ; plats à partir de 5 RM ; ⊙10h-20h ; 🖉). Ignorez le cadre banal et les chaises en plastique. Ce restaurant sert l'une des meilleures cuisines chinoises de la Malaisie orientale, grâce à un chef particulièrement talentueux qui travaille sans relâche dans une cuisine minuscule. Des plats mystérieux, comme le tofu farci de gâteau de poisson et les aubergines sautées avec une sauce à l'ail, partagent la table chauffante avec des préparations plus classiques (et tout aussi délicieuses) telles que les côtes de porc braisées, le canard rôti et les légumes sautés.

LE CENTRE NERVEUX DE L'INFORMATION

Que vous souhaitiez vous renseigner sur les fêtes du Kelantan, séjourner dans une chambre d'hôtes traditionnelle, engager un guide ou trouver des informations générales, le sympathique personnel polyglotte de l'excellent **centre d'information touristique** (☎748 5534 ; Jln Sultan Ibrahim ; ⊙8h-13h et 14h-16h30 dim-jeu) du Kelantan saura vous aider. Si certains offices du tourisme malais ressemblent à des boutiques de souvenirs, celui-ci ne semble avoir d'autre ambition que d'aider les voyageurs à profiter au mieux de leur séjour.

MANGER SUR LE POUCE À KOTA BHARU

L'un des atouts de Kota Bharu est la possibilité de bien manger à petits prix sans entrer dans un restaurant. L'endroit le plus populaire est le **marché de nuit** (Jln Pintu Pong), où des stands s'installent vers 17h et restent ouverts jusqu'après minuit. Précisez "Suka pedas" ("Je l'aime épicé") pour manger comme les habitants. Parmi les spécialités figurent l'*ayam percik* (poulet mariné sur des brochettes de bambou), le *nasi kerabu* (riz avec noix de coco, poisson et épices), le riz bleu, les brochettes de calamar et le *murtabak* (pain plat frit et farci de toutes sortes d'ingrédients, depuis la viande hachée jusqu'aux bananes).

Les espaces de restauration (*food courts*) constituent un excellent choix dans la journée ou le soir. Le **Nasi Air Hideng Pok Sen Food Court** (Jln Padang Garong), juste en face du Pizza Hut, compte plusieurs stands de spécialités malaises, un buffet en libre service et quelques stands qui servent café et boissons fraîches en terrasse avec deux TV à grand écran plat qui passent des films hollywoodiens en continu. Le **Medan Selera Kebun Sultan Food Court** (☎746 1632 ; Jln Kebun Sultan ; plats à partir de 3 RM ; ⏲déj et dîner) propose une variété de plats chinois, tels la marmite de riz au poulet et les *kway teow* (nouilles de farine de riz), et sert de la bière.

D'autres stands de restauration se tiennent près du fleuve, en face du **Padang Merdeka**, et à côté de la gare routière de Jln Hamzah. Un **espace de restauration** (Jln Hamzah ; ⏲déj et dîner) moderne, dans le KB Mall, propose burgers et poulet frit à l'occidentale.

Four Seasons CHINOIS $$
(www.fourseasonsrestaurant.com.my ; 5670 Jln Sri Cemerlang ; plats à partir de 15 RM ; ⏲déj et dîner). Le Four Seasons est rempli chaque soir d'habitants qui se régalent de spécialités de la mer, comme la marmite de crevettes et de seiche accompagnée d'une salade de mangues. Facturée au poids, la spécialité maison, le crabe à carapace molle frit, revient à 40 RM pour deux.

K's Kitchen RESTAURANT $
(Pelangi Mall, Jln Pasar Lama ; plats à partir de 5,50 RM ; ⏲petit-déj, déj et dîner). En dessous du Ridel Hotel, ce joli restaurant sert une cuisine occidentale et malaise sur des tables rectangulaires avec diorama intégré d'œuvres d'art aléatoires. Vous pouvez aussi regarder la TV. Seul le cadre justifie le déplacement ; la cuisine est standard et les jus de fruits trop sucrés.

Muhibah Aneka Cake House CAFÉ, PÂTISSERIE $
(Jln Pintu Pong ; plats à partir de 4 RM ; ⏲8h-22h). Cette charmante pâtisserie sert le meilleur cappuccino glacé de la ville, d'excellents gâteaux, des desserts glacés et même des beignets.

Sri Devi Restaurant MALAIS $
(4213-F Jln Kebun Sultan ; plats à partir de 4 RM ; ⏲déj et dîner sam-jeu). Autant prisée des habitants que des touristes, une excellente adresse pour un authentique curry indien sur feuille de bananier et un lassi à la mangue.

Achats

Centre d'artisanat, Kota Bharu abrite de nombreux ateliers et boutiques de batiks, de *kain songket* (tissage incorporant des fils d'or et d'argent), d'orfèvrerie, de sculptures sur bois et de cerfs-volants.

Des ateliers représentant la plupart des métiers artisanaux jalonnent la route de Pantai Cahaya Bulan (PCB) jusqu'à la plage. Pour les visiter, le mieux consiste à louer un vélo au KB Backpackers Lodge (p. 284).

Marché central MARCHÉ
(Pasar Besar Siti Khadijah ; Jln Hulu ; ⏲6h-18h). Ce marché, l'un des plus pittoresques et affairés du pays, déborde d'activité le matin ; en début d'après-midi, la plupart des vendeurs sont partis. Le rez-de-chaussée est consacré aux produits frais. À l'étage, les échoppes d'épices, d'articles en cuivre, de batiks et d'autres marchandises restent ouvertes plus longtemps.

Bazaar Buluh Kubu ARTISANAT
(Jln Hulu ; ⏲sam-jeu). Près du marché central, le Bazaar Buluh Kubu est un bon endroit pour acheter de l'artisanat, tels des batiks, des vêtements malais traditionnels et des bijoux.

Vieux marché central MARCHÉ
(Jln Hilir Pasar ; ⌚sam-jeu). Des stands de restauration occupent le rez-de-chaussée ; des échoppes de batik, de *songket* et de vêtements sont installées à l'étage.

Marché de rue MARCHÉ
(Jln Parit Dalam ; ⌚18h-22h). Un marché de rue s'installe en soirée dans Jln Parit Dalam, avec des stands de vêtements, de montres de contrefaçon et de DVD.

Renseignements

Les banques ouvrent de 10h à 15h du samedi au mercredi, de 9h30 à 11h30 le jeudi et ferment le vendredi.

HSBC Bank (Jln Padang Garong)

Maybank (Jln Pintu Pong). Près du marché de nuit ; habituellement ouverte jusqu'à 19h.

Multimedia Internet (☎747 7735 ; 171 Jln Parit Dalam ; 2 RM/h)

Depuis/vers Kota Bharu

Avion

Malaysia Airlines (☎771 4703 ; http://www.malaysiaairlines.com ; Jln Gajah Mati), **AirAsia** (☎746 1671 ; www.airasia.com ; aéroport) et **Firefly** (☎03-7845 4543 ; www.fireflyz.com.my ; aéroport) offrent des vols directs pour Kuala Lumpur et d'autres destinations. AirAsia et Firefly proposent souvent des promotions qui rendent le trajet en avion presque aussi bon marché que le bus ; consultez leurs sites Internet. L'aéroport Sultan Ismail Petra se situe à 8 km de Kota Bharu. Le bus n°9 (2 RM, 20 min) part toutes les heures de la gare routière principale pour l'aéroport.

Bus

La plupart des bus partent de la **gare routière principale** (☎747 5971, 747 4330 ; Jln Padang Garong). Quelques-uns partent de la gare routière Lembah Sireh, près du Kota Bharu Tesco. Les points de départ pouvant changer, renseignez-vous auprès de votre hôtel ou du centre d'information touristique.

Les bus régionaux partent généralement de la gare routière principale et desservent notamment Wakaf Baharu (bus n^os^19 et 27/1,20 RM), Rantau Panjang (bus n°29, 3 RM), Tumpat (bus n°19/1,50 RM), Bachok (bus n^os^2B, 23 et 29/3,30 RM), Pasir Puteh (bus n^os^3 et 5/10 RM), Jerteh (bus n^os^30, 7/10 RM) et Kuala Krai (bus n^os^5, 8/30 RM). Certains bus affichent la destination et non le numéro de la ligne.

BUS LONGUE DISTANCE

Destination	Prix (RM)	Durée
Alor Setar	35	8h
Butterworth	35	8h
Gua Musang	12	3h
Ipoh	34	8h
Kuala Lumpur	40	8h
Kuala Terengganu	15	3h
Kuantan	32	5 h
Lumut	45	9h
Malacca	55	9h
Singapour	80	11h

Taxi

La **station de taxis** est située du côté sud de la gare routière principale. Évitez les chauffeurs non agréés qui harcèlent les clients ici et en ville ; prenez un taxi officiel, moins cher et plus sûr.

Si vous devez prendre un train tôt le matin, réservez la veille un taxi pour Wakaf Baharu par l'intermédiaire de votre hôtel.

REJOINDRE LA THAÏLANDE : DE RANTAU PANJANG À SUNGAI KOLOK

Rejoindre la frontière La frontière avec la Thaïlande se situe à Rantau Panjang. Le bus n°29 part à l'heure pile de la gare routière principale de Kota Bharu (4 RM, 1 heure 30). Un taxi collectif de Kota Bharu à Rantau Panjang (45 min) revient à 30 RM par véhicule.

Un autre poste-frontière est situé à Pengkalan Kubor, sur la côte, mais il est moins bien desservi par les transports et le passage peut être difficile en cas de violence sectaire dans le sud de la Thaïlande. Renseignez-vous au centre d'information touristique avant de partir vers ce poste-frontière. Dans la journée, un grand car-ferry (1 RM pour les piétons) traverse le fleuve jusqu'à Tak Bai, en Thaïlande. De Kota Bharu, prenez le bus n°27 ou n°43 (2,40 RM) à la gare routière principale.

À la frontière À Rantau Panjang, vous pouvez traverser la frontière à pied jusqu'à Sungai Kolok, d'où des trains rallient Bangkok.

L'ARRIÈRE-PAYS SAUVAGE DU KELANTAN

Pour réellement découvrir le Kelantan, vous devez pénétrer dans la jungle sauvage de l'arrière-pays via le Jungle Railway ("train de la jungle"). Malgré l'impitoyable progression des plantations de palmiers à huile, la jungle subsiste en partie et des fragments de l'ancienne épine dorsale montagneuse de la Malaisie péninsulaire conservent une ambiance d'aventure tropicale.

Bordée de fleurs, d'arbres et de maisons de *kampung* anciennes et modernes, la jolie bourgade de **Dabong** constitue une excellente base d'exploration. À environ 3 heures de train de Tumpat, elle compte quelques restaurants, magasins et guesthouses. Abedin, un ancien de la ville, possède le **Rumah Rehat Dabong** (☎019-960 6789 ; ch à partir de 25 RM ; ❄📶), une maison longue des années 1980 avec des chambres correctes et des douches privées. Il loue aussi des chambres dans une maison plus spacieuse et plus moderne, à quelques rues.

Dans le proche village de Jelawang, le **Homestay Kampung Jelawang** (☎010 9936 1152 ; pension complète 50 RM) propose 4 chambres d'une grande propreté. Les hôtes sont invités à partager les repas avec la famille Kak-Dah et à participer à diverses activités, de la spéléologie à la randonnée en passant par la collecte du caoutchouc et la confection de biscuits à la banane.

Des affleurements calcaires, à quelques kilomètres au sud-est, recèlent plusieurs grottes, dont **Gua Ikan** (grotte du Poisson), la plus accessible. La plus impressionnante, la **grotte de la Pierre de gué** (Stepping Stone Cave), est un étroit couloir de 30 m qui conduit à une caverne cachée, puis à la **grotte du Kris**. Ces dernières sont fortement déconseillées aux claustrophobes.

À 15 km de Dabong, le **parc d'État du Gunung Stong** doit son nom à la montagne, haute de 1 422 m. Le parc offre de fabuleuses possibilités de randonnée, de baignade et de trekking. Après le Gunung Stong, les principales attractions du parc sont ses cascades, à 20 min de montée après le principal complexe hôtelier ; une grimpée supplémentaire de 45 min conduit au sommet des cascades et à un camping, d'où l'on peut continuer jusqu'au sommet de la montagne et aux cascades supérieures. La plupart des tour-opérateurs divisent le trek en trois étapes. La brume de la jungle peut se conjuguer au brouillard de la montagne pour boucher toute visibilité. En revanche, par beau temps, vous aurez l'impression de grimper au-dessus des nuages en entendant les cris des animaux dans la jungle en contrebas.

Si vous souhaitez séjourner dans le parc, le **Gunung Stong State Park Resort** (☎019-919 9898 ; d 20 RM, chalet à partir de 100 RM, camping 20 RM ; ❄) possède de beaux chalets. Le plus attrayant, le chalet VIP (120 RM), comprend un superbe balcon au-dessus du fleuve, un confortable lit *queen-size* et une TV. Les autres chalets, sans TV ni vue sur le fleuve, sont tout aussi plaisants. Il est également possible de camper.

Vous pouvez explorer la région via un circuit organisé depuis Kota Bharu ou en indépendant en prenant le train puis un taxi à la gare de Dabong. Le guide local **Bukhari "Bob" Mat** (bobtg6084@gmail.com), qui parle bien anglais et connaît parfaitement la région, propose des excursions de spéléologie, de randonnée et de rafting.

Train

La gare ferroviaire la plus proche est **Wakaf Baharu** (☎719 6986). Chaque jour, un express part à 18h45 pour Kuala Lumpur (siège économique/2e classe/couchette 2e classe 30/42/54 RM, 13 heures) et fait halte à Kuala Lipis, Jerantut et Gemas. Deux trains locaux desservent tous les jours Kuala Lipis (19,20 RM, 13 heures) et s'arrêtent à presque toutes les gares. Chaque jour, 5 trains locaux vont jusqu'à Gua Musang (7,20 RM, 5-6 heures).

KTM possède une billetterie (comptoir n°5) à la gare routière de Jln Hamzah à Kota Bharu.

Voiture

Les voyageurs peuvent louer une voiture auprès de **Hawk** (☎773 3824 ; aéroport Sultan Ismail Petra).

ℹ Comment circuler

L'aéroport se situe à 9 km de la ville ; prenez le bus n°8 ou n°9 au vieux marché central. En taxi, comptez 20 RM.

Quelques *trishaws* circulent encore dans la ville. Les tarifs sont négociables ; un court trajet (jusqu'à 1 km) coûte environ 5 RM.

Environs de Kota Bharu

PANTAI CAHAYA BULAN (PCB)

La plage principale de Kota Bharu était jadis appelée Pantai Cinta Berahi, ou plage de l'Amour passionné. Afin de respecter les sensibilités islamiques, elle a été rebaptisée Pantai Cahaya Bulan (plage du Clair de lune). Surnommée PCB par la plupart des habitants, cette jolie plage est gâchée par 25 gargotes quasi identiques qui servent les mêmes fritures de poisson et de crustacés.

PCB compte deux complexes hôteliers plaisants : le **Perdana Resort** (☎7774 4000 ; www.perdanaresort.com.my ; chalet avec petit-déj 120-205 RM ; ❄📶🏊), juste à côté de l'artère principale (tournez à droite au panneau "charmingly different"), offre de jolis chalets avec baie vitrée en bord de plage dans un jardin bucolique, et un restaurant en plein air. Le vaste **PCB Resort** (☎774 4040, 796 4040 ; www.pcbresort.com.my ; chalet 59-340 RM ; ❄📶🏊) compte 95 hébergements, dont des chalets, ainsi que des appartements plus abordables pour les petits budgets.

La route qui conduit à PCB, particulièrement agréable à vélo, est jalonnée de plusieurs ateliers et échoppes de batik.

TEMPLES DE TUMPAT

Le district de Tumpat, dans l'arrière-pays au nord de Kota Bharu, est culturellement poreux, avec un mélange d'influences malaises, thaïlandaises et chinoises. Il compte de nombreux temples bouddhiques et la **fête de Wesak**, qui célèbre la vie du Bouddha en avril ou mai, est une excellente période pour le visiter. La région est desservie par quelques bus locaux (voir ci-après) ; vous pouvez aussi louer les services d'un guide local.

Réputé l'un des plus grands temples bouddhiques du Sud-Est asiatique, le **Wat Phothivihan** abrite un bouddha couché de 40 m de long, réalisé en 1973. De plus petits sanctuaires entourent le temple principal, ainsi qu'une cantine et un gîte réservés aux fidèles moyennant un don. Pour rejoindre le Wat Phothivihan, prenez le bus n°19 ou n°27 à Kota Bharu à destination de Chabang Empat. Descendez au carrefour, tournez à gauche (au sud-ouest) et suivez cette route sur 3,5 km, à travers des villages et des rizières, jusqu'à Kampung Jambu et le bouddha couché (environ 1 heure de marche).

À Chabang Empat, si vous tournez à droite (au nord), au feu devant le poste de police, vous rejoindrez le **Wat Kok Seraya** après 1 km. Ce temple de style thaï renferme un modeste bouddha debout féminin d'origine chinoise ; la plupart des bouddhistes de la région sont d'ascendance chinoise. En continuant au nord vers Tumpat sur 4 km, vous arriverez au **Wat Pikulthong**, qui contient un imposant bouddha debout en mosaïque dorée. Le bus n°19 dessert ces deux sanctuaires ; continuez après Chabang Empat et demandez au chauffeur de vous déposer.

À 4 km au nord de Chabang Empat, près de Kampung Bukit Tanah, se tient le **Wat Maisuwankiri**. Un bateau-dragon richement décoré dans un canal d'eau trouble constitue le "temple flottant", qui abrite le

Environs de Kota Bharu

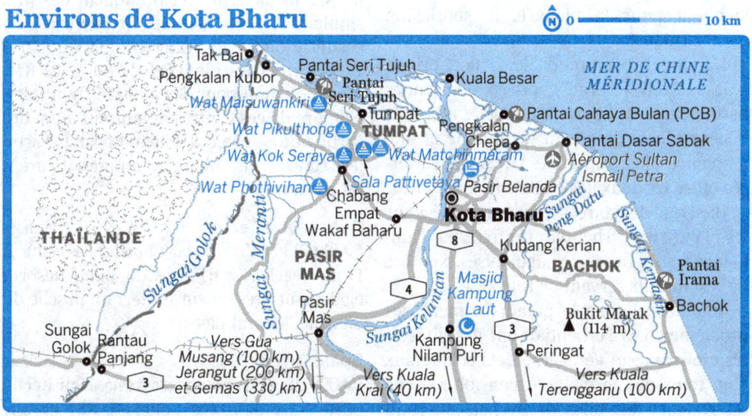

PASIR BELANDA

Le **Pasir Belanda Homestay** (☎747 7046 ; www.kampungstay.com ; Jln PCB ; s/d/tr 149/179/199 RM ; ❄📶) est l'un des hébergements les plus attrayants du Kelantan. Trois maisons malaises traditionnelles, de tailles différentes, s'agrémentent de linge raffiné et de détails attentionnés, comme les machines à café. Paressez sur la plage à deux pas ou contemplez le ciel sous votre auvent de style *kampung* (village).

À Kota Bharu, prenez le bus n°10 (1,30 RM) derrière Kampung Kraftangan (village d'artisanat). La course en taxi revient à 30 RM. Le Pasir Belanda enverra un pick-up vous chercher à Kota Bharu sur demande préalable.

corps momifié d'un ancien abbé. Le bus qui relie Kota Bharu et Pengkalan Kubor s'arrête devant.

Le **Wat Matchinmaram** mérite aussi le détour pour son magnifique bouddha assis haut de 50 m – plus chinois que thaï, et orné du symbole indien du dharma –, qui serait le plus grand du genre en Asie. De l'autre côté de la route se dresse **Sala Pattivetaya**, un temple et un village thaïs dotés de statues pittoresques, à 2 km au sud de Tumpat.

ÎLES DE LA CÔTE EST

Pulau Perhentian

Les îles Perhentian sont un paradis tropical, baigné d'une eau cristalline d'un bleu électrique, couvert d'une jungle épaisse et frangé de plages de sable d'un blanc étincelant. La nuit, les feux de camp et les lampes à kérosène sur les plages et la phosphorescence dans l'eau trouent le velours noir de l'obscurité, les étoiles scintillent dans le ciel et le monde moderne ressemble à un mauvais rêve. La plupart des visiteurs viennent pour la plongée, le snorkeling ou le farniente.

L'archipel comprend deux îles principales : Kecil ("Petite"), prisée des jeunes baroudeurs, et Besar ("Grande"), avec des hébergements plus haut de gamme et une ambiance plus tranquille. La courte traversée entre les deux îles coûte environ 20 RM.

Bien que des soirées soient organisées sur les plages, les Perhentian n'offrent pas l'ambiance festive des îles thaïlandaises. Nombre de restaurants servent de l'alcool.

Toutefois, même le paradis connaît des problèmes. Les Perhentian ont des difficultés croissantes à gérer les effets collatéraux d'un tourisme en pleine expansion ; la vue (et l'odeur) des piles de déchets en train de brûler, notamment les bouteilles en plastique, est malheureusement courante.

Les îles ferment quasiment durant la mousson (habituellement de mi-novembre à mi-mars), mais certains hôtels, dont le Coral Bay, restent ouverts pour les voyageurs les plus intrépides. Les îles ne comptent ni banque ni DAB ; apportez suffisamment d'espèces. Les prix indiqués ici correspondent à la haute saison.

Activités

Plongée et snorkeling

Des récifs coralliens s'étendent au large des deux îles et des proches îlots inhabités, notamment Pulau Susu Dara. L'extrêmité nord de Long Beach, sur Kecil, et la pointe devant le Coral View Island Resort, sur Besar, sont les endroits les plus propices au snorkeling. Vous pouvez nager jusqu'à un récif de corail vivant devant le Tuna Bay Island Resort, sur Besar. La plupart des hôtels organisent des sorties de snorkeling pour environ 40 RM par personne (plus ou moins selon la taille du groupe) et louent l'équipement.

Plusieurs centres de plongée sont installés sur les deux îles et pratiquent des prix similaires. Lors de nos recherches, la certification Open Water coûtait de 850 à 1 100 RM, et les plongées de 80 à 125 RM, avec réduction pour des plongées multiples. Nombre de ces centres organisent aussi des sorties de plongée à Pulau Redang. Parmi les centres de plongée réputés figurent les suivants :

Quiver Dive Team PLONGÉE
(☎012-213 8885 ; www.quiver-perhentian.com). À Long Beach (Kecil), près du Bubu Resort ; également présent sur un terrain proche du Shari-la, à Coral Bay.

Spice Divers PLONGÉE
(☎096-911 555 ; www.spicedivers.net). Sur Kecil ; offre deux plongées pour 140 RM et une

formation Open Water pour 950 RM. Cours de perfectionnement, de sauvetage et de plongée au nitrox disponibles.

Turtle Bay Divers PLONGÉE
(☎019-913 6647, 019-333 6647 ; www.turtlebay-divers.com). Bureau principal à Long Beach, sur Kecil, et une succursale au Mama's, sur Besar. Demi-journée d'initiation (200 RM) et formation PADI de 3 à 4 jours (950 RM). Moniteurs de diverses nationalités, qui parlent plusieurs langues.

Watercolours PLONGÉE
(☎691 1850 ; www.watercoloursworld.com). Près du Paradise Island Resort, sur Besar. Les plongeurs avec des enfants apprécieront le cours de "bulles", un mini-cours de plongée pour les 8-9 ans.

Panorama Diver PLONGÉE
(☎019-648-5600 ; panoramadiver@gmail.com). Centre de plongée très sympathique de Long Beach, avec d'excellents forfaits de plongée, dont des formations PADI à 1 150 RM (hébergement compris) et 3 plongées par jour (plongées de nuit sur demande). Plongées simples de 70 à 80 RM et forfaits de 5 plongées à 335 RM.

Seahorse PLONGÉE
(☎019-982 6667 ; facebook/seahorse). Sur Besar, au nord de D'Ayumi House. Outre des formations PADI, des cours de découverte de la plongée à partir de 150 RM.

Pro Diver's World PLONGÉE
(☎691 1705 ; www.prodiversworld.com). Affilié au Coral View Resort, sur Besar, il propose

CHOISIR LA PLAGE IDÉALE

Avec une pléthore de plages splendides, le principal dilemme sur les Perhentian consiste à choisir celle qui vous convient. La connaissance de la configuration géographique vous aidera à vous décider. Un étroit chenal sépare Perhentian Besar de Perhentian Kecil et il suffit de héler un bateau pour aller de l'une à l'autre.

Main Beach (Besar)

Un bon choix d'hébergements et une longue bande de sable blanc, presque aussi belle (et moins sujette aux courants) que Long Beach sur Kecil. De nombreux sites peuvent s'explorer à pied au nord ou au sud. L'ambiance est plus familiale sur la grande île.

Teluk Dalam (Besar)

Au sud de Besar, cette baie arrondie offre des plages de sable blanc, d'excellents hébergements pour tous budgets et quelques bons restaurants. La lisière ouest de la baie est propice au snorkeling.

Long Beach (Kecil)

Long Beach propose le meilleur éventail d'hébergements pour petits budgets et de restaurants, des gargotes de plage à l'excellent Bubu Restaurant (p. 296). Plus jolie plage et la plus festive, elle peut être bondée. Prenez garde aux courants ; ils ont provoqué deux noyades début 2012.

Coral Bay (Kecil)

Un bon choix d'hébergements pour tous les budgets font de Coral Bay un endroit idéal pour profiter de l'ambiance festive de Long Beach sans y résider. La plupart des complexes hôteliers de cette plage abritée ouvrent toute l'année. Coral Bay est plus rocheuse que sablonneuse et l'essor des constructions menace la beauté de cet endroit jadis paisible.

Teluk Kerma (Kecil)

Abritant un seul hébergement (D'Lagoon Chalets), cette petite baie conserve sa tranquillité. Idéale pour le snorkeling et proche de quelques plages tout aussi isolées, elle se situe à 1 heure de marche de Long Beach ; si vous y passez la soirée, sachez que les transports sont limités et coûteux (les bateaux-taxis doublent leur tarif après le coucher du soleil).

Pulau Perhentian

régulièrement des formules "chambre gratuite pour étudiants plongeurs", en partenariat avec le complexe hôtelier, et des plongées gratuites pour les anniversaires. De nombreux forfaits sur le site Internet.

Leisure World Divers PLONGÉE
(☎019-987 5977; leisureworlddivers@gmail.com). Attaché à l'Arwana Resort, sur Besar. Location d'appareil photo amphibie (50 RM) et forfaits de plongée.

Angel Divers PLONGÉE
(☎019-923 8840 ; angeldiversperhantian@live.com). Installé dans une cabane rouge en bois à deux niveaux, à Coral Bay sur Kecil ; plongées à partir de 60 RM et formation PADI à 900 RM environ.

Alu Alu Divers PLONGÉE
(☎691 1650 ; www.alualudivers.com). Au Bayu Dive Lodge, sur Besar.

Flora Bay Divers PLONGÉE
(☎691 1661 ; www.florabaydivers.com). À Teluk Dalam, sur Besar.

Randonnée

Les deux îles offrent quantité de randonnées. Sur Kecil, la piste de jungle entre Long Beach et Coral Bay, facile et balisée, se parcourt en 15 min. Un sentier plus long suit essentiellement le rivage de Coral Bay à Pasir Petani. Un chemin encore plus long et plus accidenté relie Long Beach et Teluk Kerma.

Parmi les excellentes randonnées sur Besar, une longue piste accidentée court du nord au sud, des abords du Perhentian Island Resort jusqu'au Fauna Beach Chalet à Teluk Dalam. La marche de Love Beach à Teluk Dalam est tout aussi escarpée, mais un peu plus courte.

Des chemins plus accidentés peuvent être emportés par de fortes pluies ; faites

Pulau Perhentian

Activités

Alu Alu Divers (voir 7)
1 Angel Divers A2
Flora Bay Divers (voir 18)
Leisure World Divers (voir 6)
Panorama Divers (voir 26)
Pro Diver's World (voir 11)
2 Quiver Dive Team A2
Quiver Dive Team (voir 29)
3 Seahorse B4
4 Spice Divers A2
Turtle Bay Divers (voir 13)
Turtle Bay Divers (voir 20)
Watercolours (voir 34)

Où se loger

5 Abdul's Chalets B4
6 Arwana Perhentian Resort C4
Aur Bay Chalet (voir 1)
7 Bayu Dive Lodge C4
8 B'First Chalet C3
9 Bubu Resort A2
10 Butterfly Chalet A3
11 Coral View Island Resort B3
12 D'Ayumni House B4
13 D'Lagoon Chalets A1
14 D'Rock Garden Resort A2
15 Ewan's Place A2
16 Fauna Beach Chalet C4
17 Flora 2 C4
18 Flora Bay Resort C4
19 Lemon Grass A2
20 Mama's Place B3
21 Mandalica Beach Resort C4
22 Matahari Chalets A2
Maya Guest House (voir 1)
23 Mohsin Chalet Bungalows A2
24 Moonlight Beach Resort A2
25 New Cocohut B3
26 Panorama Diver & Chalet A2
27 Perhentian Island Resort C3
28 Samudra Beach Chalet C3
29 Senja Bay Resort A3
30 Shari-la Island Resort A2
31 Teluk Ke Ke Camp Site C4
32 Tropicana Backpacker Inn A2
33 Tuna Bay Island Resort B4
34 Watercolours Paradise Resort B3
35 World Cafe & Chalets A2

Où se restaurer

36 Reef Chalets B3

preuve de bon sens. Chaleur et humidité sont la norme, aussi prévoyez beaucoup d'eau, et ne marchez jamais la nuit sans une lampe torche.

Où se loger et se restaurer

BESAR

MAIN BEACH

La plage principale de Perhentian Besar s'étire le long de la côte ouest de l'île jusqu'à la pointe sud, jalonnée de plusieurs promontoires rocheux ; vous pouvez les contourner à marée basse, mais vous devrez prendre un bateau-taxi à marée haute. Une plage plus petite, occupée par le Perhentian Island Resort, est accessible par une passerelle à l'extrémité nord de la plage.

Reef Chalets CHALETS $$
(☎691 1762, 019-981 6762 ; chalet 100-290 RM ; ❄📶). Véritable trouvaille, cet établissement compte 12 chalets superbes, avec ventil ou clim, dans un jardin soigné aux arbres peuplés de lémuriens, de singes, d'oiseaux et de chauves-souris. Tous ont vue sur la mer. Rashida, Kamil et Kadir, les charmants propriétaires, louent des canoës, l'équipement de snorkeling et vous aideront volontiers à organiser votre séjour. Lors de nos recherches, plusieurs maisons dans les arbres étaient en construction.

Abdul's Chalets CHALETS $$
(☎019-912 7303 ; www.abdulchalet.com ; s/d à partir de 80/260 RM ; ❄📶). Le modeste Abdul's a effectué une substantielle rénovation depuis notre dernière visite. Il possède toujours des huttes avec ventil (80 RM), auxquelles s'ajoute une pléiade d'hébergements supérieurs et climatisés, des chalets Garden View (150 RM) à la chambre familiale avec vue sur la mer (240 RM) et aux suites avec vue sur la mer et TV (260 RM). Nombre des chalets récents bénéficient de meubles neufs et de murs lambrissés. Le restaurant, également rénové, sert du poisson et divers plats malais et occidentaux.

Tuna Bay Island Resort COMPLEXE HÔTELIER $$
(☎690 2902 ; www.tunabay.com.my ; d/tr/f à partir de 220/270/370 RM ; ❄@📶). Ce groupe de chalets impeccables est installé sur une charmante étendue de sable blanc, dans un joli jardin ou face à la jungle à l'arrière. Vous pouvez patauger jusqu'à un récif de corail

vivant, puis vous détendre dans le meilleur restaurant de l'île et le seul véritable bar à cocktails. Au dîner, vous pourrez vous régaler d'un barbecue de crevettes, calamars, barracuda, vivaneau, etc. La carte propose également des plats de poulet et de bœuf. L'adresse est très prisée des familles.

D'Ayumni House CHALETS, BUNGALOWS $
(☎019-436 4463, 691 1680 ; www.d-ayumni-house.blogspot.com ; dort 55 RM, ch 80-200 RM ; ❄@📶). Une jolie maison en bois surplombe un ensemble d'élégants chalets et bungalows en teck. L'endroit est apprécié des plongeurs et de ceux qui recherchent la convivialité des auberges de baroudeurs. Mme Lee, la propriétaire, une mine d'informations, peut organiser la suite de votre voyage en Asie du Sud-Est. Elle possède aussi un petit magasin et un café avec terrasse.

Mama's Place CHALETS $$
(☎013-984 0232, 019-985 3359 ; www.mamas-chalet.com.my ; chalet avec ventil 65-85RM, avec clim et vue mer 160 RM, familial avec clim et vue mer 350 RM). Cette vaste propriété offre 43 chalets sur la plage, tous propres et confortables, avec vue sur la mer et clim pour les plus chers. Le restaurant sert des plats locaux mais pas d'alcool.

Watercolours Paradise Resort CHALETS $
(☎691 1850 ; www.watercoloursworld.com ; ch 70-130 RM ; ❄). Ce complexe accueillant se double du centre de plongée Watercolours et présente le meilleur rapport qualité/prix de Besar. Il dispose de chalets bien tenus et d'une annexe "Impiani" plus haut de gamme, du moins en termes de prix (150-240 RM).

Coral View Island Resort COMPLEXE HÔTELIER $$
(☎697 4943 ; www.coralviewislandresort.com ; ch/ste à partir de 140/550 RM ; ❄@). Comportant actuellement 101 chalets, le Coral View, en expansion permanente, bénéficie d'un emplacement privilégié à l'extrémité nord de la plage. Les hébergements sont tous charmants, des simples chalets à deux lits

INTERVIEW

UN TÉMOIGNAGE LOCAL : BIRGIT WEBER

Monitrice et directrice adjointe du Turtle Bay Dive Shop, Birgit Weber a plus d'un quart de siècle d'expérience de la plongée. Birgit nous a parlé de 5 sites de plongée dans le pays.

Que peut-on espérer voir en plongeant au large des Perhentian ?

Toutes sortes d'animaux, des tortues aux requins à pointes noires, plus diverses variétés de raies pastenagues et de poissons-perroquets. S'ils vivent sur le récif, c'est là que vous les verrez.

Quel est le meilleur site de plongée autour des îles Perhentian ?

Sugar Wreck est une immense épave, à 20 min de Long Beach, et semble attirer plus de poissons chaque année. Elle n'est qu'à 18 m de profondeur, à la portée de n'importe quel plongeur ayant suivi la formation Open Water. Le Pinnacle est aussi excellent, avec une vie marine très variée.

Quel est le meilleur site pour les plongeurs chevronnés ?

L'île de Sipadan (p. 364), au large du Sabah, en Malaisie orientale. C'est une île océanique avec un tombant très profond. On y voit des dizaines de tortues et de requins, et une faune marine d'une richesse impressionnante. Un permis est requis pour plonger à cet endroit, aussi réservez bien à l'avance.

Et pour les débutants ?

Les Perhentian, sans nul doute. Les sites de plongée sont peu profonds, généralement avec des courants faibles. Ils sont également proches de la côte, ce qui signifie un trajet en bateau plus bref. L'un d'eux est même accessible à la nage !

Que pensez-vous de la plongée à Tioman (p. 249) ?

Les sites sont très similaires à ceux des Perhentian, mais plus éloignés de la côte, d'où plus de temps sur le bateau. De plus, Tioman est plus proche de Singapour et de Kuala Lumpur, donc plus commerciale et fréquentée. Pour ma part, je préfère les Perhentian.

TOURISME PARTICIPATIF AUX PERHENTIAN

Si vous souhaitez participer à la protection des Perhentian et de leur précieuse faune marine, **Ecoteer** (www.ecoteerresponsibletravel.com) propose des programmes d'une journée à plusieurs semaines, comprenant snorkeling et collecte de données, nettoyage des plages et séjour chez l'habitant. Comptez environ 664 RM pour une semaine, transfert en bateau, pension complète et équipement inclus. Les prix sont moins élevés en basse saison. Consultez le site Internet pour des détails et des témoignages.

avec ventil aux élégantes suites climatisées en bord de plage. Lors de nos recherches, la direction prévoyait d'installer une guesthouse pour petits budgets, avec des chambres simples et doubles. Le Coral View comprend de bons restaurants qui servent des plats asiatiques et occidentaux (déjeuner 30 RM), et des boutiques.

New Cocohut CHALETS **$$**
(☎691 1811 ; www.perhentianislandcocohut.com ; ch 160-330 RM ; ❄📶). Le Cocohut propose un bon choix d'hébergements, dont d'agréables chalets du côté plage et une maison longue à 2 niveaux, avec une vue superbe du balcon à l'étage. Les chambres les moins chères sont installées à l'arrière, près du générateur. Le Cocohut dirige également le Cozy Chalet.

Perhentian Island Resort COMPLEXE HÔTELIER **$$$**
(☎691 1111 ; www.perhentianislandresort.net ; forfait 3 jours 378-1 040 RM ; ❄📶🏊). Offrant une gamme très variée de forfaits de 3 jours, ce luxueux complexe surplombe la plus belle plage des Perhentian, une superbe baie en croissant avec de beaux coraux à chaque pointe. Les bungalows sont confortables et l'excellent restaurant propose des plats occidentaux et malais.

Teluk Ke Ke Camp Site CAMPING **$**
(Empl tente 10 RM/pers). Ce camping se situe à 10 min de marche au sud du gîte d'État, sur une splendide portion de plage à la pointe sud de la péninsule. Location d'équipement de snorkeling et petit restaurant sur la plage.

TELUK DALAM

Un chemin facile à manquer part derrière le deuxième embarcadère, près de Love Beach, franchit la colline au nord-est et rejoint Teluk Dalam, une baie isolée avec une plage peu profonde. Il est plus facile de louer un bateau que de s'y rendre à pied.

Mandalica Beach Resort CAMPING **$**
(☎019-983 7690 ; empl tente 50 RM). La charmante famille Halim offre des emplacements couverts avec douches et toilettes sur une belle étendue de sable blanc à l'extrémité ouest de Teluk Dalam. Un petit café propose des jus de fruits, de délicieux *roti* et des barbecues. La famille loue toutes sortes d'équipements aquatiques, tubas, kayaks, bateaux-bananes, etc., peut organiser le transfert de tout endroit des Perhentian, ainsi que des sorties de pêche et d'autres activités.

Flora Bay Resort CHALETS **$$**
(☎691 1666 ; www.florabayresort.com ; ch 60-210 RM ; ❄@📶). Bien nommé, le Flora Bay regorge de fleurs et comporte divers hébergements à l'arrière de la plage, des huttes cabanons avec ventil et vue sur la colline (60 RM) aux chalets "deluxe" climatisés sur la plage (210 RM). Il possède une annexe un peu plus loin sur la plage, le **Flora 2**, avec un choix réduit de chalets similaires. Seul le Flora Bay bénéficie du Wi-Fi. Un restaurant était en construction lors de notre visite.

Bayu Dive Lodge CHALETS **$$**
(☎691 1650 ; www.alualudivers.com ; ch 68-213 RM ; ❄). Les chalets marron, élégamment meublés, entourent un jardin central soigneusement entretenu. Toutes les chambres sont charmantes, avec clim et eau chaude pour les plus chères. L'établissement n'ouvre qu'en haute saison et abrite l'Alu Alu Divers (voir p. 292).

Arwana Perhentian Resort COMPLEXE HÔTELIER **$$**
(☎778 0888 ; www.arwanaperhentian.com.my ; dort/d/ste à partir de 30/120/580 RM ; ❄🏊). Cet immense complexe haut de gamme occupe le flanc est de Teluk Dalam, mais ne fait pas face à la plage. Deux dortoirs à l'arrière s'ajoutent à un large éventail de chambres. Si les "standards" sont un peu exiguës, les plus chères (dont certaines avec balcon) sont correctement meublées. Salle de billard, karaoké et centre de plongée font partie des diverses installations.

B'First Chalet CHALETS $

(☎013-295 5138, 013-924 5946 ; ch 60-120 RM). La famille Azman tient ce petit complexe et restaurant à la lisière est de la plage. Les chalets avec ventil sont confortables et comprennent deux lits ; ceux avec clim disposent d'un lit double et d'un lit simple. Le restaurant sert une authentique cuisine malaise et un barbecue chaque soir.

Samudra Beach Chalet CHALETS $

(☎691 1677 ; www.samudrabeachchalet.com ; ch 50-140 RM). Le Samudra possède des chalets malais traditionnels, un peu sombres à l'intérieur et avec ventil pour les moins chers. La chambre familiale, avec deux lits doubles et clim, est d'un bon rapport qualité/prix.

Fauna Beach Chalet CHALETS $$

(☎691 7607 ; ch 50-140 RM ; ❄). Installé sur une belle étendue de sable, le Flora comporte les habituelles huttes en bois grinçantes et des bungalows plus confortables avec vue sur la mer.

PULAU PERHENTIAN KECIL

LONG BEACH

♥ **Bubu Resort** COMPLEXE HÔTELIER $$$

(☎03-2142 6688 ; www.buburesort.com.my ; Long Beach ; ch à partir de 415 RM ; ❄📶). À l'extrémité nord de la baie, cet établissement haut de gamme compte 38 chambres dans un bâtiment moderne à 3 niveaux qui surplombe Long Beach et un somptueux restaurant de style *palapa* (ouvert sur les côtés, avec un toit en feuilles de palmier). Les chambres ensoleillées, pour la plupart avec balcon, donnent toutes sur la plage et sont bien équipées, avec notamment clim, douche chaude et accès Wi-Fi. Le **Bubu Restaurant**, le plus chic de Kecil, sert un succulent barbecue de poisson. Si le Bubu est trop cher pour votre budget, offrez-vous au moins une boisson fruitée au bar.

D'Rock Garden Resort CHALETS $$

(☎012-325 2162 ; Long Beach ; d avec/sans sdb à partir de 120/45 RM, ch deluxe 325 RM). À l'extrémité sud de Long Beach, un escalier escarpé conduit à cet établissement vertigineux sur les rochers. Les chambres les moins chères disposent d'un ventil et seules les "deluxe" bénéficient d'une douche chaude. L'emplacement des chalets (à tous les prix), qui surplombent Long Beach, est fabuleux. Un petit restaurant sert une cuisine standard et offre la même vue.

♥ **World Cafe & Chalets** CHALETS $$$

(☎016-260 3546 ; www.buburesort.com.my ; chalet d à partir de 450 RM ; ❄📶). Géré par les propriétaires du Bubu Resort, cet autre établissement haut de gamme possède 6 chalets avec clim, terrasse privée, douche chaude et grand lit douillet. Ouvert aux non-résidents, le World Cafe, un restaurant *palapa* sur la plage, sert café, cocktails et divers plats européens. Le prix comprend le petit-déjeuner pour deux et deux cocktails par personne en soirée au World Cafe ou au Bubu. Réductions en basse saison.

Panorama Diver & Chalet CHALETS $

(☎691 1590 ; www.panormaperhentian.com ; ch 30-150 RM ; ❄@). Prisé des plongeurs, cet établissement ultra-détendu, avec restaurant et centre de plongée (p. 291), se situe un peu en retrait de Long Beach. Les chambres varient des doubles avec ventil aux chalets climatisés. La plus belle est la familiale, avec deux lits *queen-size*, plusieurs fenêtres, un balcon et un mobilier original. Le Panorama propose des forfaits de plongée, avec une remise jusqu'à 40% sur toutes les chambres. Le restaurant sert une délicieuse cuisine asiatique et occidentale et d'excellentes pizzas.

Mohsin Chalet Bungalows CHALETS $$

(☎012-932 1929 ; www.facebook/mohsinchalet ; dort 25 RM, d avec/sans clim 100/130 RM). Les chalets, plutôt quelconques, sont perchés sur une colline escarpée à l'extrémité sud de la plage (le chemin commence néanmoins juste derrière le World Cafe). L'ambiance du restaurant, la vue et la gentillesse extrême du personnel – qui vous accueille avec un verre – justifient amplement le séjour.

Matahari Chalets CHALETS $

(☎019-914 2883 ; www.mataharichalet.com ; ch 25-120 RM). Installé parmi les arbres avec une passerelle jusqu'à la plage, le Matahari est l'un des meilleurs ensembles de chalets. Il propose un bon choix d'hébergements, des simples huttes avec sdb commune aux spacieux bungalows. Restaurant, boutique et bureau de change.

Moonlight Beach Resort CHALETS $

(☎013-9827 457 ; dort 20 RM, ch avec sdb commune 40 RM, ch avec ventil 60-70RM, ch avec clim 100 RM ; ❄). À l'extrémité nord de la plage, à côté de l'embarcadère, le Moonlight comprend des chambres confortables en maison longue, des dortoirs et des petits chalets pimpants. Personnel sympathique.

Lemon Grass CHALETS $
(☎019-981 8393 ; chalet 40 RM). À la pointe sud de Long Beach, l'accueillant Lemon Grass possède 16 chalets sans prétention, avec sdb commune. La véranda de la réception jouit d'une belle vue et de jolis endroits isolés permettent de s'asseoir et de contempler la mer. Tous les chalets sont au même prix ; essayez d'en obtenir un avec vue sur la mer.

TELUK KERMA

D'Lagoon Chalets CHALETS $
(☎019-985 7089 ; Teluk Kerma ; empl tente 10 RM, dort 20 RM, chalet 60 RM, tr 150 RM). Teluk Kerma est une jolie baie isolée et paisible avec de beaux coraux. Seul hébergement de la baie, le D'Lagoon est un endroit enchanteur. Vous aurez le choix entre les dortoirs dans la maison longue, les simples chalets sur pilotis et la maison dans un arbre. Parmi les activités proposées figurent le snorkeling, l'observation des requins et des tortues, les randonnées dans la jungle jusqu'à des plages reculées et l'unique tyrolienne de l'île. La direction organise des concerts de musique locale sur demande. Demandez bien au capitaine du bateau de vous déposer ici, sinon vous devrez marcher 1 heure depuis l'embarcadère de Long Beach. Le restaurant (petit-déjeuner, déjeuner et dîner) sert une honorable cuisine occidentale et malaise.

CORAL BAY

Une marche de 15 min à l'ouest de l'embarcadère de Long Beach conduit à Coral Bay.

Shari-la Island Resort COMPLEXE HÔTELIER $$
(☎691 1500 ; www.shari-la.com ; ch petits budgets 60 RM, ch/ste à partir de 180/320 RM ; ❄@📶). À l'extrémité nord de Coral Bay et s'étendant à l'arrière dans le chemin de jungle, le Shari-la est étonnamment chic pour ces prix et s'agrémente d'une petite plage privée. Les chalets sont bien équipés, avec terrasse en bois et lits confortables, les suites disposent de la TV sat et d'une sdb, et les chambres pour petits budgets, avec 3 lits, clim et sdb commune, sont parmi les meilleures de l'île. La plupart des chalets possèdent des douches alimentées à l'énergie solaire. C'est l'un des rares endroits de Coral Bay qui offre l'électricité 24h/24. Le bon restaurant sert des plats malais, occidentaux et thaïlandais.

Butterfly Chalet BUNGALOWS $
(ch 50 RM). Escaladez les rochers près du Senja Bay Resort pour atteindre ces bungalows en bois sommaires, perchés sur le promontoire. Ils sont un peu délabrés, mais le cadre, avec un jardin fleuri et une vue splendide sur la baie, est superbe. Il n'y a pas de téléphone et pas d'électricité dans la journée. L'écriteau "*don't be shy, check in by yourself*" ("ne soyez pas timide, enregistrez-vous vous-même") en fait l'une des adresses les plus originales de l'île.

Tropicana Backpacker Inn BUNGALOWS $
(☎6911 380 ; Coral Bay ; dort/ch 15/40-80 RM ; 📶). À mi-chemin entre Coral Bay et Long Beach, 40 bungalows sont disséminés à flanc de colline. Les chambres standards comportent un lit double, des moustiquaires et une douche froide ; les plus chères sont assez quelconques pour le prix. Les dortoirs comprennent 8 lits, 2 sdb et des fenêtres avec moustiquaire. La direction délivre des avances sur les cartes Visa et Mastercard.

Senja Bay Resort COMPLEXE HÔTELIER $$
(☎691 1799 ; www.senjabay.com ; Coral Bay ; ch avec ventil/clim/vue mer et clim à partir de 100/150/200 RM ; ❄@📶). Les bungalows et chalets sont légèrement supérieurs à la moyenne et l'ambiance détendue – le restaurant en bord de plage diffuse du jazz mélodique toute la journée – séduira les voyageurs en quête de tranquillité.

Ewan's Place CABANONS, CAFÉ $
(☎014-817 8303 ; Coral Bay ; d 50 RM ; 📶). Le long du chemin qui conduit de Coral Bay à Long Beach, les cabanons préfabriqués renferment des chambres propres et colorées, avec de confortables lits doubles, des moustiquaires et des douches froides. Le café attenant sert les divers plats habituels.

Aur Bay Chalet MAISON LONGUE $
(☎013-9950817 ; Coral Bay ; ch 30 RM). Des petites chambres confortables avec lit double, ventil, douche froide et moustiquaire dans une maison longue, juste au sud de l'embarcadère de Coral Bay.

Maya Guest House GUESTHOUSE, CAFÉ $
(☎019-970 4426 ; Coral Bay ; 60/80 RM jardin/vue mer). À Coral Bay, 12 chambres avec ventil, des sorties snorkeling respectueuses de l'environnement et un café (pas d'alcool).

Renseignements

Toute personne qui entre dans le parc marin des Perenthian doit payer un droit de conservation de 5 RM ; il est généralement inclus dans le prix des billets vendus à l'embarcadère de Kuala Besut.

ACCÈS INTERNET L'accès Wi-Fi se développe sur les Perhentian ; quelques établissements à Long Beach offrent l'accès Internet pour 20 à 24 RM l'heure.

ARGENT Les îles ne comptent ni banques ni DAB. Le Tropicana Backpacker Inn peut délivrer des avances sur les cartes Visa et Mastercard.

TÉLÉPHONE Les îles ne disposent pas de téléphones publics. Certains hôtels vous laisseront utiliser leur téléphone portable moyennant un coût. Les numéros de téléphone portable des hôtels peuvent changer d'une saison à l'autre et certains établissements n'ont pas le téléphone. Les agences de voyages de Kuala Besut possèdent leurs coordonnées actualisées.

URGENCES Le seul centre médical des îles est un dispensaire très rudimentaire. Les centres de plongée et certains complexes hôteliers peuvent fournir les premiers secours en cas de besoin.

Depuis/vers les Perhentian

Des **vedettes** (adulte/enfant 70/35 RM aller-retour, 30-40 min) circulent plusieurs fois par jour entre Kuala Besut et les Perhentian de 8h30 à 17h30 ; attendez-vous à des retards ou des annulations en cas de mauvais temps ou s'il n'y a pas assez de passagers. Plusieurs agences de voyages de Kuala Besut vendent les billets. Les bateaux vous déposeront sur la plage de votre choix.

En sens inverse, des vedettes partent des îles tous les jours vers 8h, 12h et 16h. En prévenant le propriétaire de votre hôtel la veille de votre départ, il pourra demander au capitaine du bateau de venir vous chercher. Si la mer est mauvaise ou à marée basse, vous devrez prendre un petit bateau de la plage jusqu'à la vedette (environ 3 RM).

Comment circuler

Si quelques chemins sillonnent les îles, le bateau reste le moyen le plus simple d'aller d'une plage à l'autre ou d'île en île. La plupart des hôtels peuvent vous procurer un bateau-taxi. De Besar à Kecil, le trajet revient à 20 RM par bateau. Pour un saut d'une plage à une autre sur la même île, comptez environ 10 RM. Les prix doublent la nuit.

Pulau Lang Tengah

Petite île idyllique, Lang Tengah se situe environ à mi-chemin entre Pulau Redang et Pulau Perhentian. Avec seulement 3 complexes hôteliers, elle est bien plus calme et moins développée que ses voisines plus connues.

Où se loger

Les trois hôtels de l'île, espacés le long de la côte ouest, offrent une multitude de forfaits ; sauf mention contraire, ceux indiqués ci-après correspondent à un séjour de 3 jours.

Redang Lang Island Resort COMPLEXE HÔTELIER **$$$**
(☎623 9911 ; www.malaysiaislandresort.com ; s/d à partir de 379/609 RM ; ❄). De simples chalets en bois bien tenus (avec eau froide pour les moins chers) à quelques pas de la

LA PORTE DU PARADIS

Charmante bourgade en bord de mer, Kuala Besut retient rarement les visiteurs plus d'une heure ou deux, un dédain dû à sa réputation de porte du plus fameux paradis malais.

Pourtant, passer la nuit à Kuala Besut n'a rien d'un pensum. Les restaurants et les cafés se regroupent autour de l'embarcadère (où vous pouvez louer l'équipement de snorkeling, généralement de bonne qualité, et l'emporter sur les îles), de même que les quelques hôtels du village. Le plus plaisant, le **Samudera Hotel** (☎697 9326 ; www.kekal-samudera.com ; Jln Pantai ; ch à partir de 65 RM), offre de grandes chambres sans prétention avec sdb.

De Kota Bharu, aucun bus direct ne dessert Kuala Besut ; vous devrez changer à Jerteh ou à Pasir Puteh si vous arrivez du nord. Un taxi de Kota Bharu revient à 80 RM environ. De Kuala Terengganu, comptez 8 RM en bus et 100 RM en taxi. Chaque jour, 2 bus partent de Kuala Lumpur (40 RM, 9 heures). De nombreuses agences de voyages proposent des services de minibus pour Kuala Besut depuis divers endroits touristiques du pays.

plage, un salon de TV et un bar à karaoké. Des forfaits de plongée et de snorkeling sont proposés. Les prix augmentent légèrement le week-end.

D'Coconut Lagoon COMPLEXE HÔTELIER $$$
(☎03-4252 6686 ; www.dcoconutlagoon.com ; ch 465-888 RM ; ❄). Le plus petit des complexes, avec des chalets standards et confortables (réfrigérateur, TV et autres commodités), autour d'une jolie piscine. Les prix s'entendent par nuit ; divers forfaits sont également disponibles.

Lang Sari Resort COMPLEXE HÔTELIER $$$
(☎03-2166 1318 ; www.langsari.com ; s/d à partir de 348/478 RM ; ❄). Les vastes chalets en bois surplombent une rangée de lanternes, la plage et des hamacs. Canoë, observation des tortues ou des requins ou farniente font partie des activités.

Depuis/vers Pulau Lang Tengah

D'avril à août, les ferries pour Lang Tengah partent de l'embarcadère de Merang à 10h et à 12h, et de l'île à 8h30 et à 14h. De septembre à mars, ils partent de Merang à 12h30 et de Lang Tengah à 14h. Si vous voyagez en indépendant, l'aller coûte 80/40 RM par adulte/enfant.

Pulau Redang

L'emplacement de Redang dans un parc marin en fait un site privilégié pour la plongée et le snorkeling et vous oublierez facilement le temps entre le soleil, les bruits de la jungle et le bercement des vagues. Malheureusement, l'île se visite difficilement en dehors d'un circuit organisé, avec activités, repas et détente à heures fixes. Elle est prisée des groupes de jeunes Malais et des Singapouriens en week-end.

Sachez que Pulau Redang ferme du 1er novembre au 1er mars ; la meilleure période pour la visiter se situe entre mi-mars et fin septembre. Un droit de conservation de 5 RM, généralement payable à votre hôtel, s'applique pour le parc marin.

Où se loger et se restaurer

La réservation est indispensable pour les hébergements de Pulau Redang. Des tour-opérateurs vendent des forfaits pour tous les complexes hôteliers, et plusieurs hôtels possèdent un bureau à Kuala Terengganu. Sauf mention contraire, tous les forfaits indiqués dans cette section s'entendent pour 3 jours par personne, sur la base de 2 hôtes, et comprennent le transfert en bateau de Merang, les repas et 2 sorties de snorkeling.

PASIR PANJANG

La plupart des petits complexes hôteliers sont construits sur cette jolie plage de sable blanc, sur la côte est.

Coral Redang Island Resort COMPLEXE HÔTELIER $$
(☎630 7110 ; www.coralredang.com.my ; s/d chalet à partir de 239/319 RM par nuit ; ❄). Ce complexe, vers l'extrémité nord de la plage, a effectué une rénovation majeure et comprend un centre de plongée. Il propose de nombreux forfaits snorkeling/plongée à partir de 585/785 RM, équipement inclus mais non le transfert en bateau.

Redang Bay Resort COMPLEXE HÔTELIER $$
(☎620 3200 ; www.redangbay.com.my ; dort/d à partir de 338/418 RM par pers ; ❄). À l'extrémité sud de la plage, ce complexe sans caractère possède des bâtiments en béton et des chalets. Les chambres sont propres mais un peu spartiates. À éviter si vous recherchez le calme car le karaoké reste ouvert jusqu'à l'aube et une "discothèque de plage" fonctionne le week-end.

Redang Holiday Beach Villa CHALETS $$
(☎624 5500 ; www.redangholiday.com ; ch à partir de 399 RM, chalet vue jardin/mer 499/549 RM ; ❄). Cet établissement accueillant, à la pointe nord de la plage, propose d'élégants chalets en duplex dans les rochers ; les S13 et S14 bénéficient de la plus belle vue et les plus grands peuvent accueillir 8 personnes.

Redang Pelangi Resort COMPLEXE HÔTELIER $$
(☎624 2158 ; www.redangpelangi.com ; ch à partir de 379 RM ; ❄). Un hôtel détendu, avec de simples chalets en bois à 2 ou 4 lits, un centre de plongée, des boutiques et un bar en bord de plage.

SUD DE PASIR PANJANG

Dans la baie juste au sud de Pasir Panjang, plusieurs complexes hôteliers s'égrènent le long d'une belle plage de sable blanc.

Ayu Mayang Resort COMPLEXE HÔTELIER $$
(☎626 2020 ; www.redangkalong.com ; ch à partir de 269 RM ; ❄). Contrairement aux hôtels à multiples étages qui ont envahi le rivage, l'Ayu Mayan offre de rustiques chalets en bois et une ambiance de *kampung*. Les chambres sont un peu spartiates pour le prix. Le forfait snorkeling de 3 jours

(439 RM) comprend les repas, 3 sorties de snorkeling, le karaoké et le beach-volley.

Redang Reef Resort COMPLEXE HÔTELIER $$
(☎622 6181 ; www.redangreefresort.com.my ; ch à partir de 399 RM ; ❄). Sur le promontoire, cet établissement bénéficie d'un emplacement superbe, mais vous aurez les pieds mouillés en vous déplaçant à marée haute. Les chalets en bois à 2 niveaux, très sommaires, sont prisés des groupes d'étudiants. Les plus attrayants, isolés sur les rochers, profitent d'une vue fantastique sur la baie. Une petite plage privée et un centre de plongée sont à disposition. Forfaits promotionnels réguliers.

Laguna Redang Island Resort COMPLEXE HÔTELIER $$
(☎630 7888 ; www.lagunaredang.com.my ; ch à partir de 560 RM, ste 1 420 RM ; ❄@≋). Dominant la plage, le plus grand complexe hôtelier de Redang (222 chambres) comporte des suites luxueuses avec balcon et vue sur la mer, deux restaurants, un centre de plongée et de nombreuses activités pour les enfants. Les bâtiments, de style malais traditionnel, ont été conçus par l'architecte du musée d'État de Kuala Terengganu. Consultez les intéressants forfaits de plongée/snorkeling sur le site Internet.

Redang Beach Resort COMPLEXE HÔTELIER $$
(☎623 8188 ; www.redang.com.my ; ch à partir de 409 RM ; ❄@). Cet établissement offre des chalets modernes à 2 niveaux, un centre de plongée PADI cinq-étoiles, des boutiques et une discothèque de plage. Si vous recherchez le calme, choisissez une autre adresse. Le forfait snorkeling/plongée (529/769 RM), incluant les repas, le transfert en bateau, l'équipement et les activités, est la meilleure formule de 3 jours.

Thetaraas Beach and Spa Resort COMPLEXE HÔTELIER $$$
(☎630 8866 ; www.berjayaresorts.com.my ; chalet à partir de 1 078 RM ; ❄@≋). Anciennement appelé Berjaya Redang Beach Resort, c'est l'un des plus luxueux complexes de Redang : vaste choix de somptueux chalets en bois dans un ravissant jardin paysager, superbe plage privée, spa et massages. Les deux restaurants, l'Asian All Day Dining et le Beach Brasserie, servent des repas toute la journée. Le forfait comprend le petit-déjeuner et le transfert en bateau.

Redang Kalong Resort COMPLEXE HÔTELIER $$
(☎03-7960 7163 ; www.redangkalong.com ; ch à partir de 249 RM ; ❄). Cet établissement paisible est installé parmi les palmiers dans une baie privée où les tortues viennent souvent pondre. Les chambres standards comportent 3 lits doubles et celles avec vue sur la mer en comptent deux. Divers forfaits de plongée et de snorkeling peuvent être réservés en ligne ; forfaits de 5 plongées à partir de 589 RM.

Depuis/vers Pulau Redang

La plupart des visiteurs viennent dans le cadre d'un forfait, qui inclut le transfert en bateau. Les voyageurs indépendants peuvent louer une place sur l'un des bateaux des complexes hôteliers (adulte/enfant 100/50 RM), mais les chambres seules se font rares en haute saison (avril-septembre). Les ferries partent des divers embarcadères le long de la rivière à Merang. Des ferries partent aussi de l'embarcadère Shahbandar dans le centre de Kuala Terengganu, mais ils sont moins fréquents et doivent habituellement être réservés via un complexe hôtelier. Le site www.redang.org/transport.htm fournit l'horaire de tous les ferries des complexes hôteliers.

L'aéroport de Redang se situe près du Berjaya Beach Resort ; **Berjaya Air** (☎630 8866 ; www.berjaya-air.com) offre des vols quotidiens pour Kuala Lumpur, Kuala Terengganu et Singapour.

Vous pouvez aussi visiter Redang dans le cadre d'un circuit de plongée depuis Pulau Perhentian.

Pulau Kapas

Émeraude sertie dans du sable blanc flottant sur une mer turquoise, Pulau Kapas a tout pour séduire. Tranquille en semaine, l'île voit déferler les excursionnistes les jours fériés et les longs week-ends ; elle ferme pendant la mousson de la côte est (novembre-mars). Si Kapas vous semble trop grande, rendez-vous sur la petite Pulau Gemia, au large de la côte nord, qui abrite le luxueux Gem Wellness Resort. À l'exception du Gem, tous les hébergements se concentrent sur trois plages de la côte ouest ; vous pouvez aussi rejoindre des plages plus paisibles à pied ou en kayak.

Activités

Kapas est un paradis du snorkeling. Les plus beaux coraux se découvrent sur les plages moins accessibles à la pointe nord de l'île et autour de Pulau Gemia. Au nord de

Gemia, l'épave d'un navire de débarquement japonais de la Seconde Guerre mondiale, aujourd'hui tapissée de corail, est un site de plongée populaire.

Tous les hébergements cités ici organisent des sorties de snorkeling et de plongée. Seul centre de plongée de Kapas, **Aqua-Sport Divers** (☎019-983 5879 ; www.divekapas.com) facture 110/180 RM pour une/deux plongées, équipement compris. Comptez 150 RM pour une plongée sur l'épave japonaise, et 30 RM pour une sortie de snorkeling.

Où se loger et se restaurer

Si la plupart des visiteurs viennent à Kapas en circuit organisé, vous pourrez louer une chambre en semaine. Le Jetty Cafe, près de l'embarcadère, vend des produits de base et sert des repas.

Kapas Turtle Valley COMPLEXE HÔTELIER $$
(☎013-354 3650 ; www.kapasturtlevalley.com ; bungalow avec petit-déj 170-360 RM, 2 nuits min ; 📶). À la pointe sud de Kapas, le complexe de Sylvia et Peter est un joyau caché. Les 8 bungalows, superbement meublés et ornés de batiks locaux, se dressent sur une paisible plage de sable blanc abritée, idéale pour la baignade, le farniente et le snorkeling. L'excellent restaurant, dont la carte change tous les jours, propose des plats éclectiques, du ragoût de bœuf irlandais (à la Guinness !) et du poisson grillé à la thaïlandaise aux desserts maison (le cheese-cake est excellent) et au cappuccino, notamment ; comptez environ 25 RM pour un repas. Équipement de snorkeling gratuit pour les hôtes.

Captain's Longhouse MAISON LONGUE $
(☎012-377-0214 ; d/lits jum/tr 30/60/100 RM). Anciennement appelée Lighthouse, cette maison longue ultra-branchée se tient à la pointe sud de la baie. Des œuvres d'art couvrent les murs, des couvertures en batik égayent les lits des dortoirs et une véranda conviviale avec hamacs, fauteuils et même un piano désaccordé invite à la détente. Un endroit rustique et très confortable, entouré d'arbres.

Gem Wellness Spa & Island Resort COMPLEXE HÔTELIER $$$
(☎625 2505 ; information@gemisle.com ; ch 260-450 RM ; ❄). Installé sur Pulau Gemia, à 800 m au nord de Pulau Kapas, ce complexe offre de grands chalets en bois, deux petites plages privées et un couvoir de tortues vertes. Le spa propose les soins classiques et des forfaits tout compris sont disponibles. Le joli restaurant sert une cuisine t rès décevante.

Kapas Beach Chalet CHALETS $
(☎019-343 5606 ; dort/ch 15-20/40-70 RM ; 📶). Surnommé KBC, il comprend divers hébergements, des chambres très spartiates avec toilettes (privées) à l'extérieur aux chalets plus confortables avec TV. Le sympathique propriétaire hollandais organise des sorties de pêche et des barbecues. Le restaurant détendu sert une bonne cuisine et des jus de fruits.

Pak Ya Seaview Resort CHALETS $
(☎029-960 3130 ; ch 80 RM). Le Pak Ya, juste au nord de l'embarcadère, possède 8 charmants chalets avec ventil et jolie véranda face à la mer, ainsi qu'un petit restaurant. Location de kayaks et d'équipement de snorkeling.

Kapas Island Resort CHALETS $
(☎631 6468 ; www.kapasislandresort.com ; ch 140-220 RM ; ❄📶≋). Dans un ravissant jardin paysager, les chalets en bois comportent tous des lits jumeaux et une véranda. Les moins chers, face à la jungle, sont plus isolés.

Mak Cik Gemuk Beach Resort CHALETS $
(☎624 5120 ; ch 40-120 RM ; ❄). Cet établissement plus ancien offre un choix de chambres sommaires ; visitez-en plusieurs avant de vous décider. Certaines ont besoin d'un grand nettoyage, d'autres sont plus pimpantes.

Qimi Chalet CHALETS $
(☎019-951 8159 ; ch 80-120 RM). Une passerelle conduit à ce petit ensemble de chalets sommaires, installés sur sa plage privée. Hébergement le plus septentrional, son isolement lui confère un charme certain.

Kapas Coral Beach CHALETS $$
(☎618 1976 ; ch 80-120 RM). Au nord de l'embarcadère, il compense son absence de caractère par la climatisation et les douches chaudes.

Depuis/vers Pulan Kapas

Les bateaux (aller-retour 40 RM) partent de l'embarcadère principal de Marang quand 4 passagers ou plus se présentent. Bon choix, **MGH Boat Service** (☎013- 915 9748) offre des réductions pour les groupes de 6 ou plus. Fixez l'heure à laquelle le bateau vient vous chercher en achetant votre billet. Habituellement, les départs ont lieu le matin vers 8h et 9h. Les mêmes bateaux continuent jusqu'à Pulau Gemia sur demande.

TERENGGANU

Avec tant d'îles splendides au large, la côte du Terengganu est considérée par nombre de voyageurs comme un tremplin vers le paradis. Si vous prenez le temps d'explorer la région, vous découvrirez une culture, une cuisine et des paysages totalement différents de ceux des îles.

Kuala Terengganu

396 433 HABITANTS

Microcosme de l'essor économique du pays, cette bourgade de pêcheurs a découvert le pétrole et la modernité. Kuala Terengganu reste étonnamment séduisante malgré les nouveaux gratte-ciel sans charme, récemment construits grâce aux revenus du pétrole. La ville compte une promenade, deux plages correctes, quelques vieilles maisons de style *kampung* parmi les gratte-ciel, et l'un des plus jolis quartiers chinois de l'est de la Malaisie péninsulaire. Si l'on ajoute une cuisine locale qui fait la part belle aux produits de la mer et un bon réseau de transports, Kuala Terengganu mérite une halte d'un jour ou deux entre les îles et la jungle.

À voir

Chinatown QUARTIER

Petit et pittoresque, le quartier chinois constitue le secteur le plus intéressant à explorer. Il s'étend autour de Jln Kampung Cina (ou Jln Bandar) et se compose d'attrayants bâtiments délavés par les pluies et de ruelles poussiéreuses. Le plus vieux temple chinois de l'État, le **Ho Ann Kiong**, une explosion d'or et de vermillon, date du début du XIXe siècle.

Marché central MARCHÉ

(Jln Sultan Zainal Abidin). Des bateaux accostent directement au marché central pour livrer les prises du jour. Des échoppes proposent aussi un beau choix de batiks et de *kain songket*.

Bukit Puteri FORT

(colline de la Princesse ; 9h-17h sam-jeu). En face du marché central, repérez l'escalier escarpé qui grimpe au sommet du Bukit Puteri, une colline haute de 200 m avec une belle vue sur la ville, les vestiges d'un fort du milieu du XIXe siècle, quelques canons et une cloche.

Istana Maziah PALAIS

(Jln Masjid Abidin). Le palais du sultan se dresse sur le flanc est de la colline, près du marché central. La restauration de ce bâtiment de style colonial lui a donné une allure massive et trop moderne. Le palais est fermé au public, sauf pour quelques cérémonies.

Mosquée Zainal Abidin MOSQUÉE

(Jln Masjid Abidin). Cette mosquée étincelante domine le centre-ville.

Pantai Batu Buruk PLAGE

Prisée des familles, la jolie plage de la ville est malheureusement jonchée de détritus. Les vents forts et les courants la rendent peu propice à la baignade. De l'autre côté de la rue, la **scène du Centre culturel** accueille parfois des spectacles ; renseignez-vous à l'office du tourisme.

Pulau Duyung ÎLE, PORT

De l'embarcadère proche du Seri Malaysia Hotel, vous pouvez prendre un **ferry** (60 sen) jusqu'à Pulau Duyung, la plus grande île de l'estuaire. Des bateaux de pêche y sont construits, pour des clients locaux et étrangers, avec des outils et techniques séculaires. Les visiteurs sont les bienvenus.

Circuits organisés

Parmi les circuits prisés figurent les excursions d'une journée au Tasik Kenyir (à partir de 189 RM), les croisières fluviales et les forfaits-séjours à Pulau Redang. Les effectuer en groupe revient moins cher.

Heritage One Stop Travel & Tours (631 6468 ; www.heritageonestop.com.my ; Blok Teratai, Jln Sultan Sulaiman) propose des circuits aux îles, dans la jungle et des visites de la ville.

Où se loger

Primula Beach Resort COPMPLEXE HÔTELIER $$

(622 2100 ; www.primulahotels.com ; Jln Persinggahan ; s/d/ste 280/280/650 RM ;). Plus grand hôtel de Kuala Terengganu, il se tient en bord de mer et surplombe une large bande de sable blanc. Prisé des familles jeunes, il compte des chambres spacieuses joliment aménagées et des suites splendides avec lits à baldaquin et plusieurs balcons.

Kuala Terengganu

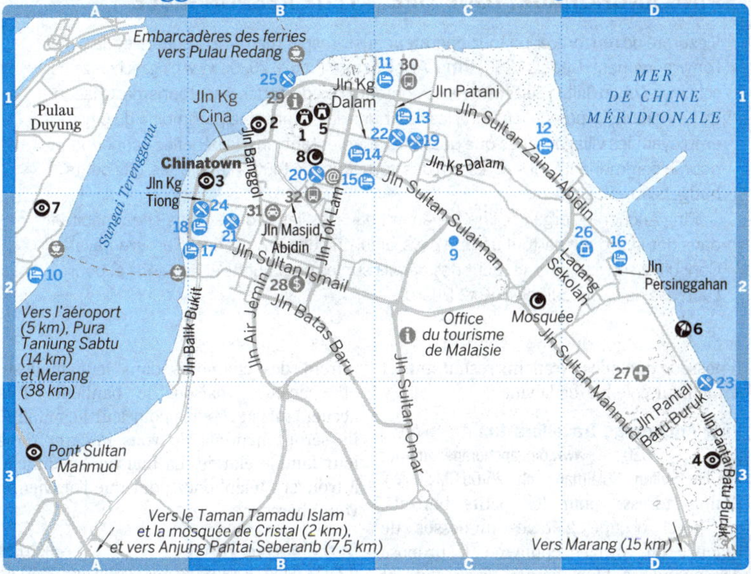

Kuala Terengganu

À voir

1 Bukit Puteri B1
2 Marché central B1
3 Chinatown B1
4 Cultural Centre Stage D3
Ho Ann Kiong .... (voir 3)
5 Istana Maziah B1
6 Pantai Batu Buruk D2
7 Pulau Duyung A2
8 Mosquée Zainal Abidin B1

Activités

9 Heritage One Stop Travel & Tours C2
Ping Anchorage .... (voir 15)

Où se loger

10 Awi's Yellow House A2
11 Hotel Grand Continental C1
12 Hotel Mini Indah C1
13 Hotel Sri Tanjung C1
14 Hotel YT Midtown B1
15 Ping Anchorage Travellers' Inn B1
16 Primula Beach Resort D2
17 Seri Malaysia Hotel B2
18 Yu Tian Fish Homestay B2

Où se restaurer

19 Billi Kopitiam C1
20 Stands de restauration B1
21 Hawker centre B2
22 MD Curry House C1
23 Marché de nuit D3
24 Restoran Golden Dragon B2
T. Homemade Cafe .... (voir 18)
25 Terapung Puteri B1

Où prendre un verre

Lounge Kuala Kopi .... (voir 16)

Achats

Marché central .... (voir 2)
26 Wanisma Craft & Trading D2

Informations

27 Hôpital de Kuala Terengganu D2
28 HSBC B2
29 Office du tourisme B1

Transports

30 Gare routière des bus express C1
Gare routière locale .... (voir 20)
31 Station des taxis longue distance B2
32 Gare routière principale B2

PING ANCHORAGE, TOUR-OPÉRATEUR RESPONSABLE

Il est rare de rencontrer un tour-opérateur aussi respectueux de la culture et de l'environnement. Depuis 1990, **Ping Anchorage** (☎626 2020 ; www.pinganchorage.com.my ; 77A Jln Sultan Sulaiman) ne se contente pas de parler d'écotourisme. Chacun de ses circuits promeut la nature, les habitants, la culture et le patrimoine du pays, en employant les villageois dès que possible (augmentant ainsi le bénéfice économique pour la communauté). Il s'adresse à des voyageurs de toutes catégories, des petits budgets aux plus fortunés.

Ping Anchorage organise l'hébergement dans les îles et des séjours chez l'habitant dans des *kampung* partout dans le pays, ainsi que des circuits dans l'arrière-pays. Consultez son site Internet pour des détails sur les prestations et les tarifs, et pour l'adresse de sa succursale à Kota Bharu.

Il possède quelques excellents restaurants et le meilleur café-bar de la ville.

Ping Anchorage Travellers' Inn HÔTEL $
(☎626 2020 ; www.pinganchoragecom.my ; 77A Jln Sultan Sulaiman ; ch 25-65 RM ;). Bonne adresse pour les petits budgets, cet hôtel occupe 2 étages au-dessus de l'agence de voyages éponyme. Il propose des chambres bien tenues, avec clim et grandes fenêtres pour les plus chères. La laverie en libre service et l'emplacement central constituent des atouts supplémentaires. Ouvert aux non-résidents, le café sur le toit, rempli d'antiquités, sert de la bière et des plats et offre une vue spectaculaire sur la ville.

Yu Tian Fish Homestay CHAMBRES D'HÔTES $
(☎016-939 9393, 016-938 9888 ; 214 Jln Kg Cina ; s/d/tr/qua 45/50/55/65 RM ;). Géré par les propriétaires de l'excellent T. Homemade Cafe au rez-de-chaussée, cet établissement jouxte l'entrée du quartier chinois. Il compte 14 chambres propres et confortables, avec lits simples et clim, et un salon avec TV câblée.

Awi's Yellow House GUESTHOUSE $
(☎622 2080 ; ch 30 RM). À Pulau Duyung, cette maison sur pilotis au-dessus du Sungai Terengganu évoque le Terengganu d'antan : l'odeur de la pâte de poisson qui se mêle à celle du sel et du piment, pas de clim et des nuits moites. Elle séduira ceux qui souhaitent découvrir la vie du *kampung* sans rechercher le confort moderne.

Wan Kay Homestay CHAMBRES D'HÔTES $$
(☎019-983 4360 ; www.wkhomestay.blogspot.com ; 1 Taman Abadi, Jln Gong Badak ; ch/ste à partir de 100 RM ;). Beib et Wan offrent des chambres dans leur modeste et spacieuse maison de banlieue. Très accueillants et réputés pour leur hospitalité, ils seront heureux de vous intégrer dans leur famille élargie. La maison est difficile à trouver ; téléphonez pour que l'on vienne vous chercher.

Seri Malaysia Hotel HÔTEL $$
(☎623 6454 ; www.serimalaysia.com.my ; 1640 Jln Balik Bukit ; ch 140 RM ;). Faisant partie d'une chaîne hôtelière présente dans toute la Malaisie péninsulaire, cet hôtel dispose de chambres un peu défraîchies et datées, mais confortables. Le salon et le restaurant avec terrasse en bord de fleuve sont charmants.

Hotel Grand Continental HÔTEL $$
(☎625 1888 ; reservation_kt@ghihotels.com.my ; Jln Sultan Zainal Abidin ; lits jum/tr 232/268 RM ;). Ce grand hôtel chic possède des chambres banales et confortables, une piscine au 4ᵉ étage et un restaurant dans le hall.

Hotel Sri Tanjung HÔTEL $
(☎626 2636 ; Jln Sultan Zainal Abidin ; s/d 50/80 RM ;). Peint en rose et blanc, un petit hôtel bien tenu et cosy.

Hotel Mini Indah HÔTEL $
(☎622 9053 ; 60 Sultan Zainal Abidin ; s/d 50/65 RM ;). Sans grand caractère, mais très propre et fonctionnel, à quelques pas de la plage de la ville.

Hotel YT Midtown HÔTEL $$
(☎623 5288 ; ythotel@streamyx.my ; 30 Jln Tok Lam ; ch/ste à partir de 98/225 RM ; @). Un grand hôtel moderne dans le centre de la ville, avec des chambres soignées d'un bon rapport qualité/prix, pourvues des

habituelles commodités telles que TV, mini-réfrigérateur et bouilloire. Un restaurant correct est installé au rez-de-chaussée.

Où se restaurer et prendre un verre

Si le poisson tient une place importante dans la cuisine, la spécialité locale est le *kerepok*, une mixture grise de pâte de poisson et de sagou frite, habituellement moulée en forme de saucisse.

La gare routière principale abrite des **stands de restauration**, et, non de loin de là, le marché du vendredi soir est idéal pour déguster *kerepok*, saté (brochettes) et autres friandises. Un **centre de restauration** (près de Jln Kampung Cina), divisé en secteurs chinois et malais, ouvre en soirée dans Chinatown. Presque tous les vendredis soir, un **marché de nuit** s'installe en bord de plage – idéal pour goûter *kerepok, satay* et desserts.

T. Homemade Cafe CHINOIS, MALAIS $
(Jln Kampung Cina ; plats à partir de 5 RM ; ⌚déj et dîner). À côté de l'entrée du quartier chinois, ce café regroupe quelques stands de restauration qui proposent des plats malais et chinois, ainsi que des ragoûts et des jus de fruits maison.

Terapung Puteri MALAIS $
(Jln Sultan Zainal Abidin ; plats à partir de 5 RM ; ⌚déj et dîner). Ce restaurant malais animé, perché sur pilotis, est situé en bord de mer, à côté de l'embarcadère. Sur la longue carte figurent poisson, crevettes et crabe, ainsi que des spécialités régionales comme le *kerepok*, et quelques plats occidentaux.

Restoran Golden Dragon CHINOIS $
(198 Jln Kampung Cina ; plats à partir de 8 RM ; ⌚déj et dîner). Le Golden Dragon semble ne jamais désemplir. Sa carte comprend, entre autres, d'excellents plats de poisson et des spécialités à la vapeur, que vous pourrez accompagner d'une bière.

Billi Kopitiam CAFÉ $
(N°5 Jln Kampung Dalam ; plats à partir de 4 RM ; ⌚déj et dîner). Ce petit café détendu, orné d'anciennes affiches de film chinoises, sert un excellent café et d'intéressantes variantes de plats standards, tels le *nasi lemak* (riz cuit dans du lait de coco, accompagné d'*ikan bilis* – sardines ou anchois séchés – frits, de cacahuètes et d'un curry) et d'autres plats *goreng* (frits).

MD Curry House MALAIS $
(Jln Kampung Dalam ; plats à partir de 4 RM ; ⌚déj et dîner). Une bonne adresse pour savourer un curry servi sur une feuille de bananier, dans une ambiance chaleureuse.

Lounge Kuala Kopi CAFÉ
(Jln Persinggahan ; ⌚15h-tard). Dans le Primula Beach Resort, le Lounge Kuala Kopi propose un excellent choix de cafés, dont le *kopi de ganu*, un mélange maison.

Achats

Batiks et *kain songket* constituent de bons achats à Kuala Terengganu.

Kraftangan Malaysia ARTISANAT
(☎622 6458 ; ⌚9h-17h dim-jeu). À 4,5 km au sud de la ville, ce magasin vend des *kain songket* de qualité supérieure qui peuvent coûter jusqu'à 12 000 RM les 2,5 m^2. Une petite exposition présente divers motifs. Prenez le minibus n°13 à la gare routière.

Wanisma Craft & Trading ARTISANAT
(☎622 3311 ; 32 Ladang Sekolah ; ⌚9h30-18h30). Dans cet atelier de batik et de cuivre, vous pourrez regarder les artisans au travail et acheter leur production dans la boutique.

Marché central MARCHÉ
(Jln Sultan Zainal Abidin). Les échoppes d'artisanat sont installées à l'étage. N'hésitez pas à marchander pour obtenir des prix raisonnables.

Renseignements

De nombreuses banques (9h15-16h30, sauf vendredi) bordent Jln Sultan Ismail. La plupart disposent de DAB accessibles 24 h/24 qui acceptent les cartes internationales.

Golden Wood Internet (☎631 0128 ; 59 Jln Tok Lam ; 5 RM/h)

Hôpital de Kuala Terengganu (☎623 3333 ; Jln Sultan Mahmud)

Office du tourisme (☎622 1553 ; www.tourism.terengganu.gov.my ; Jln Sultan Zainal Abidin ; ⌚9h-17h sam-jeu)

Depuis/vers Kuala Terengganu

Avion

Le nouvel aéroport de Terengganu ressemble à la résidence d'été d'un sultan et mérite à lui seul le détour. **Malaysia Airlines** (☎662 6600 ; www.malaysiaairlines.com) et **AirAsia** (☎32-171 9333 ; www.airasia.com) offrent des vols directs pour Kuala Lumpur. **Firefly** (☎7845 4543 ; aéroport) dessert Singapour et **Berjaya Air**

(☎630 2228 ; www.berjaya-air.com) propose des vols pour Redang. Toutes ces compagnies disposent d'un bureau dans l'aéroport.

Bus

La **gare routière locale** (Jln Masjid Abidin) est le terminus des bus locaux ; les bus express partent de la **gare routière** dans Jln Sultan Zainal Abidin. Parmi les compagnies de bus qui utilisent cette dernière figurent **Transnasional** (☎623 8384), **MARA** (☎622 2097), **Sani Express** (☎622 2717) et **Ekspres Sutera** (☎622 6299).

BUS AU DÉPART DE KUALA TERENGGANU

Destination	Prix (RM)	Durée
Dungun	8	2h
Johor Bahru	45	8h
Kota Bharu	15	3h
Kuala Besut (Perhentian)	20	2h
Kuala Lumpur	40	8h
Kuantan	18	6 h
Malacca	45	8h
Merang (Redang)	2	1h
Penang	35	9h
Rantau Abang	5	1h30
Singapour	60	11h

Taxi

La **principale station de taxis** est située près de la gare routière locale et on trouve des taxis dans toute la ville. Parmi les destinations régulières, citons Marang (15 RM), Kota Bharu (80 RM), Kuala Besut (60 RM), Rantau Abang (40 RM), Merang (35 RM) et Tasik Kenyir (120 RM). Quelques taxis longue distance partent d'une **station** dans Jln Masjid Abidin.

Comment circuler

Un taxi jusqu'à l'aéroport revient à 28 RM. Les bus locaux partent de la **gare routière principale** (Jln Masjid Abidin), dans le centre-ville.

Le joli Heritage City Shuttle Town Bus dessert les sites majeurs de la ville et des environs et passe par la gare routière principale toutes les heures (1 RM le trajet).

En taxi, une course en ville coûte au moins 5 RM. Quelques *rickshaws* circulent également. Les prix sont très négociables.

Environs de Kuala Terengganu

Kuala Terengganu constitue la base idéale pour explorer l'État du Terengganu. Les musées se situent près de la ville, tandis que les chutes de Sekayu et le Tasik Kenyir sont loin au sud-ouest.

À voir

Kompleks Muzium Negeri Terengganu MUSÉE
(Musée d'État du Terengganu ; ☎622 1433 ; http://museum.terengganu.gov.my ; adulte/enfant 15/10 RM ; ⌚9h-17h sam-jeu). Composé de plusieurs bâtiments reliés entre eux sur un terrain de 26 ha, ce musée propose diverses expositions plus ou moins intéressantes. La section historique comprend une inscription en jawi, un texte malais traditionnel qui date de l'arrivée de l'islam dans le pays. Dans la section histoire naturelle, les animaux naturalisés semblent morts de vieillesse. Une exposition vante les bienfaits de l'industrie pétrolière. L'ensemble de maisons traditionnelles, à l'entrée, justifie à lui seul la visite. Les explications en anglais sont rares. Pour rejoindre le musée, prenez le minibus n°10 (1 RM), indiqué "Muzium/Losong", à la gare routière principale de Kuala Terengganu ; en taxi, comptez 20 RM.

Masjid Tengku Tengah Zaharah MOSQUÉE
Édifice religieux le plus fameux de l'État, la mosquée "flottante" se situe à 4,5 km au sud-est de Kuala Terengganu. Elle ne flotte pas réellement, mais se dresse sur une île artificielle. Sa splendide architecture mauresque, d'un blanc étincelant, aveugle dans la journée et se pare de reflets enchanteurs au coucher du soleil. Le bus n°13 au départ de Kuala Terengganu s'arrête devant (1 RM).

Taman Tamadu Islam PARC DE LOISIRS
(☎627 8888 ; www.tti.com.my ; 15 RM ; ⌚10h-19h lun-jeu, 9h-19h ven-dim). Proclamé le premier "parc de civilisation islamique" du monde, le Taman Tamadu Islam, à 2,5 km à l'ouest de Kuala Terengganu, présente essentiellement des maquettes miniatures de monuments islamiques célèbres du monde entier, du Dôme du Rocher de Jérusalem à la Masjid al-Haram de La Mecque. Le parc abrite également la **mosquée de Cristal**, considérée comme l'une des plus belles au monde avec sa structure en acier, verre et

cristal. L'Heritage Bus dessert le parc ; en taxi, comptez environ 15 RM.

Nord de Kuala Terengganu

Au nord de Kuala Terengganu, la route principale (Route 3) quitte la côte et court dans l'arrière-pays jusqu'à Kota Bharu, à 165 km au nord, via Jerteh. La paisible route côtière (Route 1), prisée des cyclistes, suit un superbe tronçon de littoral entre Kuala Terengganu et Kuala Besut.

MERANG

À ne pas confondre avec Marang, le somnolent village de pêcheurs de Merang donne accès à l'île de Redang. La plage, plaisante pour attendre le ferry à destination de Redang, mérite le coup d'œil si vous souhaitez séjourner dans l'un des complexes hôteliers alentour.

Où se loger

Aryani Resort COMPLEXE HÔTELIER $$

(☎653 2111 ; www.thearyani.com ; Jln Rhu Tapai ; ch à partir de 369 RM ; ❄✉). L'un des hôtels les plus sélects du pays se tient sur une portion de côte isolée, à 4 km au sud de Merang. Les chalets, combinaison d'architectures malaise et javanaise, sont répartis dans un paisible domaine paysager à quelques pas de la plage. Tous disposent d'un jardin privé et d'une sdb extérieure avec baignoire encastrée. La somptueuse "Redang Suite" (1 055 RM) occupe une maison traditionnelle sur pilotis vieille de 150 ans. Le restaurant sert de la cuisine malaise et occidentale. Le spa offre soins et massages.

Kembara Resort BUNGALOWS $

(☎653 1770 ; http://kembararesort.tripod.com ; dort/ch 10/35-60 RM ; ❄@). Prisé des étudiants, l'accueillant Kembara propose des bungalows sans prétention et plaisants, une cuisine commune et diverses activités. Suivez les panneaux depuis la route principale dans le village.

Depuis/vers Merang

De la gare routière principale de Kuala Terengganu, des bus desservent Merang (3 RM). En taxi, le trajet revient à 35 RM par voiture. Le trajet est plus compliqué en venant du nord ; mieux vaut aller jusqu'à Kuala Terengganu puis revenir sur ses pas. Sinon, un taxi de Kota Bharu coûte 70 RM.

PENARIK

Avec une plage balayée par le vent et une population de paisibles fermiers et pêcheurs, le village de Penarik est un endroit charmant pour apprécier la culture du littoral malais. Afin de vivre un instant magique, louez un bateau au coucher du soleil et descendez le Penarik à travers le **Penarik Firefly Sanctuary** (réserve de lucioles de Penarik) où, certaines nuits – les plus sombres sont idéales –, des milliers de lucioles scintillent avec une synchronisation presque parfaite. Ce clignotement synchrone est spécifique à la région ; des entomologistes soupçonnent une parade amoureuse. Cette promenade nocturne dans la forêt de mangrove spectrale et éthérée est inoubliable.

Le Terrapuri Heritage Village (ci-après) offre un grand choix d'activités, dont des excursions dans les villages locaux et des circuits en bateau dans la réserve de lucioles et aux îles voisines. Les non-résidents peuvent réserver ces mêmes activités via le Ping Anchorage (p. 304), qui organise des séjours chez l'habitant à petits prix à Penarik.

Où se loger

♥ **Terrapuri Heritage Village** COMPLEXE HÔTELIER $$$

(☎624 5020 ; www.terrapuri.com ; maison 399-1 099 RM, 2 nuits min ; ✉). Le domaine superbement entretenu du Terrapuri évoque une résidence de sultan. Signifiant "Terre des palais", le Terrapuri est à la fois un musée consacré à la conservation du patrimoine et un complexe hôtelier. Ce dernier comporte 29 maisons anciennes au mobilier classique, soigneusement restaurées et disposées pour ressembler au palais de Terengganu vers 1850 ; elles sont néanmoins équipées de toutes les installations modernes. Le domaine est tout aussi royal, bordé d'un côté par la mer de Chine méridionale (avec une vue fantastique sur Pulau Perhentian, Lang Tengah et d'autres îles) et la mangrove du Setiu Wetland de l'autre. La nuit, le clignotement des lucioles se reflète sur la longue piscine du complexe. En été, des tortues vertes viennent parfois sur la rive sablonneuse.

Le Terrapuri sert de délicieux repas traditionnels et propose de nombreuses activités ; consultez le site Internet.

Depuis/vers Penarik

Les bus qui relient Kuala Terengganu et Kuala Besut vous déposeront devant la mosquée de

PULAU BIDONG, L'ÎLE DES RÉFUGIÉS

À la fin de la guerre du Vietnam, des millions de Vietnamiens décidèrent de fuir leur pays en bateau plutôt que de supporter le régime communiste du Vietnam réunifié. Surnommés "boat people" par la communauté internationale, nombre de ces réfugiés accostèrent en Malaisie. En 1978, Pulau Bidong, une petite île au large de la côte du Terengganu, fut transformée en camp de réfugiés. Durant les deux décennies suivantes, elle servit de résidence temporaire et de lieu de transit à des dizaines de milliers de Vietnamiens, qui supportèrent des conditions de vie insalubres dans des abris de fortune. L'île abrita jusqu'à 40 000 personnes, devenant l'endroit le plus densément peuplé de la planète. Depuis la fermeture du camp en 1990, Pulau Bidong a retrouvé son état d'origine. De petits groupes la visitent parfois à l'occasion dans la journée (l'île ne compte aucun hébergement) et les plongeurs apprécient les fantastiques paysages coralliens qui l'entourent.

Ping Anchorage (p. 304) peut organiser des excursions à Pulau Bidong.

Penarik pour 6 RM. En sens inverse, comptez 15 RM de Kota Bharu à Kuala Terengganu. Vous pouvez aussi prendre un taxi dans l'une de ces villes.

Sud de Kuala Terengganu

MARANG

Marang est le point de départ des ferries à destination de Pulau Kapas. Jadis paisible bourgade de pêcheurs, de nouvelles constructions lui ont ôté une grande partie de son charme. Elle reste néanmoins une étape agréable le temps d'une soirée, surtout en été quand abondent les fruits exotiques.

Si vous êtes en ville le dimanche, ne manquez pas l'excellent **marché**, qui s'installe à 15h près de l'embarcadère.

Ping Anchorage (p. 304) organise le Marang River Tour, une croisière matinale (2 personnes au minimum) qui descend le Marang sur 6 km à travers une mangrove peuplée de singes, de varans, d'aigrettes d'Australasie et de martins-pêcheurs. Le circuit fait halte dans le village traditionnel de Jenang, où une boisson tropicale à base de noix de coco et de sucre de canne est proposée. Ping peut également organiser des repas et des séjours à Jenang.

Où se loger et se restaurer

Quelques simples *kedai kopi* (cafés) sont installés dans le centre-ville, près de la billetterie de bus. Des **stands de restauration** (Jln Kampung Paya) sont regroupés autour des embarcadères.

Marang Waterfront HÔTEL $$
(☎618 3999 ; 21600 Jln Kampung Paya ; ch avec petit-déj 120-180 RM ; ❄📶). Aéré et flambant neuf, le Marang Waterfront se dresse juste au nord de l'embarcadère. Il offre des chambres propres de style hôtel d'affaires, avec deux lits *queen-size* ou trois lits simples. La réception, vaste et lumineuse, s'agrémente d'art moderne et de plantes. Un confortable salon et un restaurant font face à la mer.

Marang Guesthouse GUESTHOUSE $
(☎618 1976 ; www.marangguesthouse.com ; Jln Kampung Paya Bukit ; ch à partir de 40 RM ; ❄). Cette guesthouse, desservie par le MGH Boat Service (p. 301), possède une série de chalets sombres, confortables et un peu humides, perchés sur une colline qui surplombe la route menant à l'embarcadère. Les plus chers disposent de la clim. Le soir, la jungle alentour en fait une retraite rustique.

Depuis/vers Marang

Des bus locaux desservent régulièrement Kuala Terengganu (3 RM) et Dungun/Rantau Abang (6/4 RM). Si la billetterie en ville semble avoir fermé, n'importe quelle agence de voyages sur le front de mer vous procurera un billet pour Kuala Lumpur (35 RM), Johor Bahru (35 RM) ou Kuantan-Cherating (15 RM). Vous pouvez prendre les bus aux arrêts devant la mosquée, dans l'artère principale.

KEMASIK

Une eau translucide baigne la plage frangée de palmiers de Kemasik. Hébergement le plus proche, l'immense cinq-étoiles **Awana Kijal Golf, Beach & Spa Resort** (☎864 1188 ; www.awana.com.my ; ch/ste à partir de 347/601 RM ; ❄@📶🏊) est situé sur la plage à 1 km au sud, vers Kijal. Parcours de golf, courts de tennis et spa font partie des multiples installations. Des réductions sont souvent consenties, notamment en réservant sur Internet. Prenez un bus local reliant Kemaman-Cukai et Dungun ; en voiture, tournez sur la Route 3 (East Coast Highway) au panneau "Pantai Kemasik".

TASIK KENYIR

La construction du barrage Kenyir en 1985 a inondé 2 600 km² de jungle, créant le plus grand lac artificiel d'Asie du Sud-Est, où surnagent des îlots de végétation. Aujourd'hui, le Tasik Kenyir (lac Kenyir) et ses 340 îles constituent la première destination touristique du Terengganu. Si vous voulez passer une nuit relativement luxueuse dans la jungle, l'endroit vous séduira.

À voir

Cascades et **grottes** constituent les principaux centres d'intérêt du Kenyir, ainsi que quelques fermes piscicoles. Vous pouvez les rejoindre en bateau dans le cadre d'une journée d'excursion à partir de Pengkalan Gawi, le principal point d'accès au lac. Réservez les excursions aux kiosques qui entourent l'embarcadère de Pengkalan Gawi ou auprès des complexes hôteliers Les plus intéressantes remontent les rivières qui se jettent dans le lac. Celle en amont du **Sungai Petuang**, à la pointe nord du lac, est particulièrement belle ; quand la rivière est suffisamment haute, on parcourt plusieurs kilomètres à travers une jungle splendide.

La pêche est une activité populaire et le lac abrite de nombreuses espèces, dont des *toman* (têtes de serpent), des *buang* (poissons-chats), des *kelah* (une variété de carpe), des *kelisa* (scléropages d'Asie) et des *kalui* (gouramis géants). Un permis (10 RM) est requis ; vous pouvez l'obtenir indépendamment ou dans le cadre d'un circuit de pêche.

Le niveau du lac varie considérablement. Il atteint son maximum à la fin de la saison des pluies, en mars-avril, et décroît peu à peu jusqu'au début de la saison des pluies suivante, en novembre. En période de hautes eaux règne une ambiance surnaturelle, la cime des arbres engloutis pointant à la surface ; en période d'étiage, le lac se réduit à un lacis de canaux à travers des collines couvertes de jungle partiellement émergées. Il est incontestablement plus beau à son niveau le plus haut, à la fin du printemps et au début de l'été.

Où se loger et se restaurer

La plupart des hébergements sont les chalets ou les maisons longues sur pilotis des complexes hôteliers. Ces derniers offrent habituellement les repas et le transport en bateau depuis Pengkalan Gawi.

L'autre possibilité consiste à explorer Kenyir en *house-boat* (bateau aménagé), ce qui permet d'atteindre les coins les plus reculés ; vous devrez être à plusieurs pour rendre ce choix abordable. Ping Anchorage (p. 304) peut vous aider à louer un *house-boat*.

Petang Island Resort COMPLEXE HÔTELIER **$$**
(☎822 1276, 822 2176 ; www.pirkenyir.webs.com ; dort/ch/ste 30/90/250 RM ; ❄🏊). Sur son propre îlot au milieu du lac, cette retraite paisible offre des chalets confortablement meublés à 1 ou 2 niveaux, avec cuisine, et des chambres dans une maison longue. Un bon restaurant est installé sur place. Emplacements de camping à 5 RM et location de tente à 25 RM.

Lake Kenyir Resort COMPLEXE HÔTELIER **$$$**
(☎666 8888 ; www.lakekenyir.com ; ch/villa/ste à partir de 380/440/1 200 RM ; ❄📶🏊). Anciennement appelé Kenyir Lakeview Resort, ce complexe tranquille, le domaine le plus séduisant en bord de lac, possède des chalets spacieux et bien équipés, avec des balcons donnant sur l'eau ou sur la forêt pluviale. Un restaurant sert de nombreux plats malais et occidentaux et un salon attrayant bénéficie

CHUTES DE SEKAYU

Ces chutes, à 56 km au sud-ouest de Kuala Terengganu, font partie de la Sekayu Recreational Forest, un vaste parc prisé des habitants le vendredi et les jours fériés. Les chutes dévalent à flanc de montagne, à 15 min de marche de l'entrée (2 km). Continuez 20 min pour arriver aux chutes supérieures, plus attrayantes. Le parc comprend aussi un verger offrant une variété impressionnante de fruits tropicaux. De Kuala Terengganu, 3 bus quotidiens desservent le parc (5 RM) ; le premier part à 9h et le dernier revient à 15h. Ping Anchorage (p. 304) organise une excursion comprenant les chutes et le barrage de Kenyir (99 RM par personne, déjeuner compris).

de la vue sur le lac. Courts de tennis, salle de sport et multiples activités.

Kenyir Sanctuary Resort COMPLEXE HÔTELIER **$$**
(☎019-824 4360 ; d/tr avec ventil 100/120 RM, ch/qua deluxe 160/200 RM ; ❄). Le Sanctuary propose 40 chalets en bois rustiques et des chambres parmi les moins chères autour du lac. Les plus coûteuses disposent de la clim et d'une TV.

Musang Kenyir Resort COMPLEXE HÔTELIER **$$**
(☎623 1888 ; ch à partir de 140 RM ; ❄). Sur la rive nord du lac, le Musang comprend 15 maisons rustiques de style *kampung*, perchées sur l'eau. Les installations sont sommaires et un peu vétustes, mais le cadre splendide.

Renseignements

Un petit **centre d'information touristique** (☎626 7788 ; www.ketengah.gov.my/kenyir ; 9h-17h) est situé près de l'embarcadère à Pengkalan Gawi, le principal point d'accès au lac. Au même endroit se trouvent un café, une boutique et plusieurs kiosques où réserver les excursions en bateau. Comptez à partir de 600 RM pour un tour jusqu'aux îles les plus proches et bien plus pour les excursions d'une journée et les sorties de pêche.

Depuis/vers le Tasik Kenyir

Le principal point d'accès est l'embarcadère de Pengkalan Gawi, sur la rive nord du lac. Un taxi de Kuala Terengganu revient à 120 RM environ. Le plus simple consiste à réserver un forfait tout compris dans une agence de Kuala Terengganu.

Sabah

3,39 MILLIONS D'HABITANTS/SUPERFICIE 76 115 KM^2

Dans ce chapitre »

Le top des restaurants

» Alu-Alu Cafe (p. 321)
» Moon Bell (p. 321)
» Sim Sim Seafood Restaurant (p. 347)
» Marché de nuit de Kota Kinabalu (p. 313)

Le top des hébergements

» Mañana (p. 340)
» Lupa Masa (p. 338)
» Tampat Do Aman (p. 341)
» Orou Sapulot (p. 375)

Pourquoi y aller

La beauté du Sabah est tout simplement époustouflante. Les jungles d'un vert profond, les montagnes escarpées et le bleu intense de l'océan forment un paysage splendide, l'un des endroits les plus saisissants de la planète.

Destination rêvée pour les voyageurs en quête d'aventures, le Sabah convient aussi à des visiteurs moins intrépides. Ainsi, nombre de randonnées autour du mont Kinabalu exigent une bonne forme physique, sans requérir de compétences olympiques. De même, la plongée dans l'est du Sabah, l'un des meilleurs endroits au monde, est accessible aux débutants. Sportif ou non, vous pourrez vous installer dans un bateau et vous émerveiller de l'apparition d'un lézard, d'une civette, d'un loris ou d'un orang-outan.

De plus, le Sabah possède une culture dynamique, bien que discrète. Ses habitants, cosmopolites, accueillants et réputés pour leur décontraction, sont toujours prêts à rire et peu enclins à se fâcher. Une bonne humeur en accord parfait avec les paysages stupéfiants.

Quand partir

Kota Kinabalu

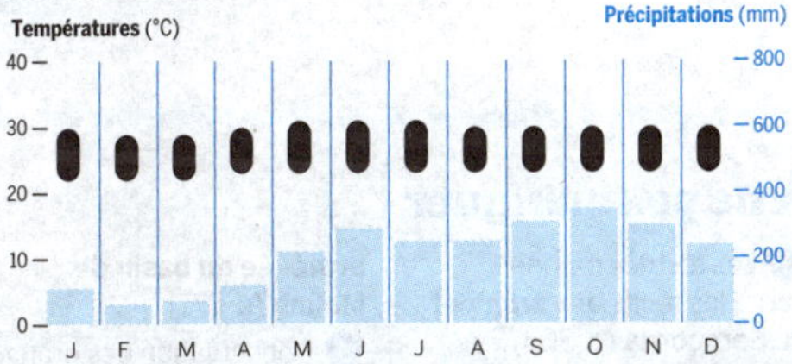

Janvier-avril Un climat sec et plaisant et les festivités du Nouvel An chinois.

Mars-juillet La meilleure saison pour la plongée, dans une mer calme.

Juin-septembre Chaud et souvent (mais pas constamment) pluvieux.

À ne pas manquer

1. Les tortues marines parmi les récifs de l'**archipel de Semporna** (p. 363)
2. Le lever du soleil au sommet du **mont Kinabalu** (p. 329), au-dessus des plantes carnivores et des paysages granitiques lunaires
3. L'air d'une forêt pluviale encore vierge dans la **zone protégée du basin de Maliau** (p. 371)
4. L'observation des orangs-outans à **Sepilok** (p. 349)
5. La découverte de plages cachées au nord de Bornéo, près de **Kudat** (p. 341)
6. La descente d'une rivière à travers la jungle jusqu'à la formation rocheuse de Batu Punggul à **Sapulot** (p. 375)
7. La vie nocturne et les plaisirs culinaires de **Kota Kinabalu** (p. 313)
8. Un séjour chez l'habitant et l'observation des primates depuis un bateau sur le **Sungai Kinabatangan** (p. 353)

KOTA KINABALU

630 000 HABITANTS

Kota Kinabulu, couramment surnommée KK, constitue une bonne base (et souvent le seul endroit) pour effectuer les formalités nécessaires à l'exploration du Sabah : obtention des permis, réservations des hébergements au mont Kinabalu, des plongées à Sipadan, des treks dans la jungle, etc. la seule sans doute, où l'on peut accomplir toutes les démarches que nous venons de mentionner. Le centre de la ville se visite facilement à pied. La population se compose de Malais, de Chinois, de Kadazan et de divers expatriés. La cuisine est excellente et la joyeuse vie nocturne témoigne du mode de vie décontracté du Sabah ; les bars sont toutefois peu nombreux. En revanche, l'urbanisme incontrôlé n'a rien de séduisant et la multiplication des centres commerciaux déserts laisse perplexe. KK est néanmoins une ville attrayante.

À voir et à faire

CENTRE-VILLE ET FRONT DE MER

Marché de nuit MARCHÉ

(Jln Tun Fuad Stephens ; fin après-midi-23h). Le principal marché de KK s'installe en contrabas de l'hôtel Le Méridien et se divise en deux sections : l'extrémité sud-ouest est essentiellement consacrée aux produits d'alimentation, tandis que l'extrémité nord-est (autour de l'entrée principale) est un immense centre de stands de restauration, qui propose tout l'éventail de la gastronomie malaise. Un marché de poisson s'étend jusqu'au front de mer ; plus on s'approche de l'océan, plus forts sont les effluves d'eau salée, de sang et d'épices. Si vous n'avez jamais visité un marché d'Asie du Sud-Est, cet endroit sera une révélation.

Signal Hill BELVÉDÈRE

Un belvédère semblable à un OVNI se dresse sur cette colline, à la lisière est du centre-ville. Venez ici pour échapper à la circulation et découvrir sous un autre angle le village sur pilotis de Pulau Gaya. La vue sur les îles est plus belle au soleil couchant. Du sommet, vous pouvez descendre à pied sur l'autre versant jusqu'au Wetland Centre ; n'entreprenez pas cette marche de 2 heures quand la nuit tombe. Aux alentours, des carcasses de bâtiments inachevés sont réputées hantées.

> **ALERTE ANIMAUX**
>
> Au grand marché du dimanche à KK, les amis des bêtes éviteront le croisement de Jln Gaya et de Beach Street, où chiots et chatons à vendre sont gardés dans des cages grillagées en pleine chaleur. Si les habitants ne semblent pas s'en préoccuper, les voyageurs occidentaux sont souvent choqués. Mais la plupart des vendeurs donnent à boire aux animaux et tentent de leur procurer de l'ombre.

Tour de l'horloge Atkinson MONUMENT

Cette modeste tour de l'horloge, au pied de la colline, est l'un des rares édifices à avoir survécu aux bombardements alliés de Jesselton en 1945. Structure en bois carrée haute de 15,70 m, elle fut achevée en 1905 et porte le nom du premier administrateur de la ville, F. G. Atkinson, qui mourut du paludisme à 28 ans.

Marché central MARCHÉ

(Jln Tun Fuad Stephens ; 6h30-18h). Le marché central est amusant à explorer et vous y croiserez les habitants qui font leurs emplettes. Non loin, le **marché d'artisanat** (marché philippin ; Jln Tun Fuad Stephens ; 10h-18h) est un bon endroit pour des souvenirs à petits prix. On y trouve notamment des perles, des tissus, des objets en coquillage, des bijoux et des articles en bambou, venant des Philippines, de Malaisie et d'autres régions d'Asie. N'hésitez pas à marchander.

KK Heritage Walk PROMENADE À PIED

(www.kkheritagewalk.com ; 200 RM ; 9h mar et jeu). Ce circuit de 2 heures, qui peut se réserver auprès de tous les tour-opérateurs locaux (demandez à votre hôtel), fait découvrir la KK coloniale et ses trésors cachés. En chemin, vous ferez halte dans des herboristeries chinoises, dans des échoppes qui vendent des produits en vrac, dans un *kopitiam* (café), et dans Jln Gaya (appelée Bond Street à l'époque britannique). À la fin du circuit, une amusante chasse au trésor conduit les participants au Jesselton Hotel. Les guides parlent anglais.

Marché du dimanche MARCHÉ

(Jln Gaya ; 7h-15h dim). Le dimanche, un marché chinois occupe Jln Gaya sur toute sa longueur. L'ambiance est trépidante et l'endroit idéal pour acheter des souvenirs ; ceux

Kota Kinabalu

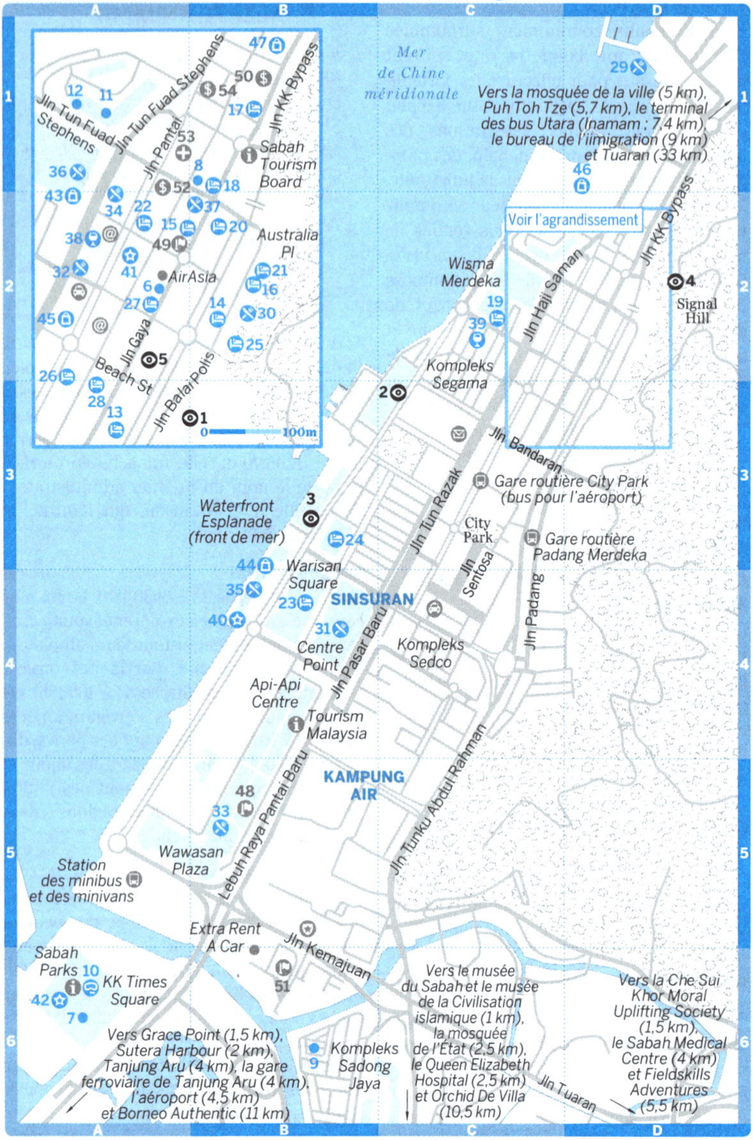

les amis des animaux éviteront certaines sections.

HORS DU CENTRE-VILLE

Certains des sites les plus attrayants de KK sont situés en dehors du centre-ville et méritent amplement la visite.

Musée du Sabah MUSÉE

(☎253199 ; www.museum.sabah.gov.my ; Jln Muzium ; 20 RM ; ⏲9h-17h sam-jeu ; P). Organisé autour d'une structure moderne de 4 étages inspirée des maisons longues rungus et murut, ce musée est le meilleur endroit de KK pour un aperçu des ethnies et de

Kota Kinabalu

À voir

1 Tour de l'horloge Atkinson.................. B3
2 Marché central.. C3
3 Marché nocturne B3
4 Signal Hill D2
5 Marché du dimanche A2

Activités

6 Adventure Alternative Borneo A2
7 Borneo Adventure A6
8 Borneo Divers B1
9 Borneo Nature Tours B6
10 Downbelow Marine & Wildlife Adventures.. A6
11 GogoSabah... A1
Riverbug/Traverse Tours............(voir 12)
Scuba Junkie/River Junkie ....(voir 11)
12 Sutera Harbour A1

Où se loger

13 Akinabalu Youth Hostel A3
14 Borneo Backpackers B2
15 Borneo Gaya Lodge.................................A2
16 Bunibon.. B2
17 Hotel Eden 54... B1
18 Hotel Sixty3.. B1
19 Hyatt Regency Kota Kinabalu.............. C2
20 Jesselton Hotel B2
21 Kinabalu Backpackers B2
22 Kinabalu Daya A2
23 Klagan Hotel B4
Le Hotel...(voir 23)
24 Le Meridien Kota Kinabalu B3
25 Lucy's Homestay B2
Myne Hotel .... (voir 23)
26 Rainforest Lodge A2
27 Sarangnova Hotel....................................A2
28 Summer Lodge A3

Où se restaurer

29 Alu-Alu Cafe... D1
30 Borneo 1945 Museum Kopitiam.......... B2
31 Centre Point Basement Food Court B4
32 Chili Vanilla..A2
El Centro...(voir 38)
33 Grazie...B5
34 Kedai Kopi Fatt Kee.................................A2
35 Kohinoor B4
Moon Bell.......................................(voir 38)
Nagisa .... (voir 19)
36 Wisma Merdeka Food Court..A1
37 Ya Kee Bah Kut Teh B2

Où prendre un verre

38 El Centro..A2
Shamrock.......................................(voir 35)
Shenanigan's ....(voir 35)
39 Upperstar C2

Où sortir

40 Bed B4
41 Black World A2
Hunter's...(voir 22)
Suria Sabah....................................(voir 46)
42 White Room A6

Achats

7-Eleven..(voir 32)
43 Borneo Books A2
44 Borneo Trading Post................................B3
45 Milimewa Superstore...............................A2
46 Galerie marchande Suria Sabah D1
47 Tong Hing Supermarket...........................B1

Renseignements

48 Ambassade du Brunei B5
49 Consulat britannique A2
50 HSBC B1
51 Consulat indonésien B6
52 Maybank...A1
53 Permai Polyclinic.......................................A1
54 Standard Chartered Bank.........................B1

l'environnement du Sabah. Il se situe au sud du centre-ville, au coin de Jln Tunku Abdul Rahman et de Jln Penampang.

Dans le bâtiment principal, d'intéressantes collections permanentes regroupent des artefacts tribaux et anciens, dont des céramiques, et des présentations de la flore et de la faune (dont un squelette de baleine). La galerie de la Préhistoire contient une réplique de grotte calcaire. Dans le jardin, l'**Heritage Village** (village du Patrimoine) regroupe des habitations traditionnelles, dont des maisons en bambou kadazan et une ferme chinoise, joliment agencées autour d'un lac couvert de nénuphars.

À côté, le **Science & Education Centre** présente une exposition instructive sur l'industrie pétrolière, du forage au raffinage. La **Sabah Art Gallery** accueille régulièrement des spectacles et des expositions d'artistes locaux. Si vous allez vers l'est après KK, conservez votre billet d'entrée car il vous donnera accès à la maison d'Agnes Keith à Sandakan.

Village culturel de Mari Mari MUSÉE

(☎019-820 4921 ; www.traversetours.com/culturalvillage.php ; Jln Kiansom ; adulte/enfant 160/140 RM ; P). Le village culturel de Mari Mari est à la fois éducatif et distrayant, avec une pointe de mauvais goût. Il vise à offrir un aperçu des cultures du Sabah via un circuit-spectacle de 3 heures (départs à 10h, 15h et 19h), qui serpente dans la jungle en passant par diverses habitations tribales. À chaque arrêt, les touristes découvrent des coutumes indigènes et peuvent essayer de cuisiner un plat traditionnel, fabriquer de l'alcool de riz (et le boire), faire du feu, tatouer, tirer à la sarbacane, etc. La visite comprend un court spectacle de danse et un repas – prévenez le village à l'avance de vos restrictions alimentaires. L'excursion au village culturel peut se combiner avec une descente en rafting ; contactez Riverbug pour plus d'information. Le village se situe à 20 ou 30 minutes en voiture au nord du centre de KK et la plupart des visiteurs viennent en circuit organisé. En indépendant, l'entrée revient à 80/70 RM par adulte/enfant.

Plutôt que présenter des cultures vivantes, Mari Mari transforme les groupes ethniques en pièces de musée. Personne ne porte de pagne ni de plumes au Sabah, sauf peut-être au fin fond de l'arrière-pays. Si les Rungus et les Murut vivent dans des maisons longues, beaucoup sont équipées de la TV satellite et de la climatisation, et ils chassent avec des fusils, et non avec des sarbacanes.

La petite **cascade Kiansom** (1 RM ; ⌚aube-crépuscule), à environ 400 m du village culturel, se rejoint facilement avec un transport privé ou à pied. Les alentours propices à la baignade en font un endroit idéal pour se détendre après la visite de Mari Mari.

Lok Kawi Wildlife Park ZOO

(☎765710 ; www.lokkawiwildlifepark.com ; Jln Penampang ; adulte/enfant 20/10 RM ; ⌚9h30-17h30, dernière entrée 16h30 ; P). Pour voir des orangs-outans sans aller à Sepilok ou au Kinabatangan, visitez ce parc animalier, qui enchantera les enfants. Il abrite nombre d'autres animaux, des tarsiers aux rhinocéros de Sumatra. Ne manquez pas la gigantesque volière au sommet de la colline avec son inquiétante pancarte "*beware of attacking birds*" ("attention aux oiseaux agressifs").

Mieux vaut arriver au plus tard à 9h50, car les nourrissages ont lieu dans divers endroits du parc à 10h. Ensuite, un spectacle interactif se déroule sur la scène vers 11h15. Après le nourrissage, la plupart des animaux font la sieste.

Le minibus n°17B dessert Lok Kawi (2 RM). Avec un véhicule privé, vous pouvez rejoindre le parc par la route Papar-Penampang ou la route Putatan-Papar. Des agences de voyages proposent des circuits d'une demi-journée. Vous pouvez aussi louer un taxi pour environ 150 RM, 2 heures d'attente comprises.

Village culturel de Monsopiad MUSÉE

(☎774337 ; www.monsopiad.com ; adulte/étudiant/enfant 75/50 RM/gratuit ; ⌚9h-17h ; P). Sur les rives du Sungai Moyog, Monsopiad porte le nom d'un guerrier et chasseur de têtes légendaire, dont les descendants directs ont créé ce centre privé en 1996. L'attraction phare est la maison des Crânes, qui contient les crânes des ennemis malchanceux de Monsopiad, ainsi que des artefacts illustrant les rituels quand le *bobolian* (prêtre) était le personnage le plus important de la communauté.

De nombreux tour-opérateurs incluent Monsopiad dans leurs circuits locaux. En indépendant, prenez un bus du centre de KK

LA ROUTE SUD

Une route goudronnée décrit un arc de KK à Tawau, en passant par le mont Kinabalu, Sepilok, Sandakan, Lahad Datu et Semporna (la porte de Sipadan). Comptez environ 10 heures pour effectuer le circuit complet.

Se rendre de KK à Tawau via la moitié nord de l'île et le sommet de l'arc est facile, mais revenir de Tawau à KK par le sud l'est beaucoup moins. Cette route, asphaltée par endroits ou gravillonnée, est praticable en voiture classique ou à moto, mais conduisez prudemment. Aucun bus public ne la dessert ; des minivans circulent à l'occasion, sur demande des camps de bûcherons. Si vous pouvez vous faire conduire jusqu'à Keningau, le reste du trajet jusqu'à KK est facile.

à Donggongon (1,50 RM), puis un minivan jusqu'au village culturel (1 RM). Vous pouvez aussi prendre un taxi ou louer un minivan depuis KK, moyennant 40 RM.

Kota Kinabalu Wetland Centre MUSÉE

(☎246955 ; www.sabahwetlands.org ; Jln Bukit Bendera Upper ; adulte/enfant 10/5 RM ; ⏲8h-18h mar-dim ; P). Ce centre englobe les derniers 24 ha du marais de mangrove qui s'étendait jadis sur le site de KK. Une série de passerelles en bois conduit au cœur du marais, peuplé, entre autres, de crabes-violonistes, de crabes des mangroves, de trilobites nocturnes, de poissons-grenouilles, de scinques, de tortues, de varans malais et de limaces des mangroves ; malheureusement, on voit aussi des bouteilles en plastique. Pour nombre de visiteurs, le principal attrait est l'extraordinaire variété d'oiseaux migrateurs, dont certains viennent d'aussi loin que la Sibérie. La passerelle aboutit à une plate étendue de marécage, gâchée par les gratte-ciel qui se dressent à l'arrière-plan.

Pour rejoindre le centre, prenez Jln Fuad Stephens (l'artère principale qui sort de la ville au nord : appelée Jln KK Bypass en ville) vers le nord et suivez-la le long de la côte. Tournez à droite dans Jln Istidat et, après 1 km, vous verrez un panneau sur la droite indiquant le Wetland Centre.

Temples chinois TEMPLES

(Jln Tuaran ; P). La grand-route au nord vers Tuaran passe par d'imposants temples chinois.

Che Sui Khor Moral Uplifting Society

À 4 minutes au nord de KK, ce complexe s'organise autour d'une étincelante pagode de 11 niveaux orange et vert. Cette dernière est fermée aux touristes, qui peuvent en revanche explorer la bibliothèque. Cette société combine les meilleurs éléments de l'islam, du taoïsme, du bouddhisme et du christianisme afin de parvenir à l'élévation morale. À la gare routière de Wawasan Plaza, prenez un bus qui emprunte Jln Tuaran vers le nord (3 RM). Pour revenir, postez-vous sur la grand-route devant le temple et faites signe à un minibus ou à un bus ; l'aller-retour en taxi revient à 20 RM.

Temple bouddhique Puh Toh Tze

Également écrit "Poh Toh Tse", ce temple se situe à 20 minutes au nord de KK, au Mile (Batu) 5,5. Un escalier en pierre, flanqué de 10 divinités chinoises, grimpe au temple principal que domine Kwan Yin (Guanyin), la déesse de la Compassion. Un bouddha couché de style chinois repose à l'intérieur. Le temple se dresse sur une petite colline à l'ouest du carrefour de la nationale nord. Vous pouvez prendre le bus qui suit Jln Tuaran ou louer un taxi ; l'aller-retour ne devrait pas dépasser 36 RM.

> **TROUVER SON CHEMIN À KK**
>
> Le centre de KK est un damier de bâtiments en béton, niché entre le front de mer et une chaîne de basses collines boisées à l'est. Compact, il s'explore facilement à pied et regroupe la plupart des restaurants, des marchés, des hébergements, des offices du tourisme et des tour-opérateurs. Les terminaux des transports se situent de part et d'autre de la ville.

Musée de la Civilisation islamique MUSÉE

(☎538234 ; entrée comprise dans le billet du musée du Sabah ; ⏲9h-17h sam-jeu ; P). Ce musée comprend six salles consacrées à la culture et à l'histoire musulmanes en Malaisie et ailleurs. Les cinq dômes représentent les cinq piliers de l'islam. Le musée, qui aurait besoin d'une rénovation, peut occuper une heure ou deux.

Prenez un bus (1 RM) dans Jln Tunku Abdul Rahman et descendez juste avant la mosquée ; une courte et raide grimpée conduit au musée. Le bus n°13 passe devant le Queen Elizabeth Hospital et fait halte près de Jln Muzium (repérez l'église du Sacré-Cœur). En taxi, comptez 10-15 RM.

Mosquée de la ville MOSQUÉE

(Près de Jln Tun Fuad Stephens). Surplombant la mer de Chine méridionale, cette mosquée de style classique est bien plus attrayante que la mosquée de l'État, en termes d'emplacement et de conception. Achevée en 2000, elle peut accueillir 12 000 fidèles. Les non-musulmans peuvent la visiter en dehors des heures de prière ; habillez-vous convenablement (bras et jambes couverts) et ôtez vos chaussures avant d'entrer. À Wawasan Plaza, prenez le bus n°5A en direction d'UMS (1,50 RM) et demandez au chauffeur de vous déposer devant la mosquée de la ville, après le rond-point Tanjung Lipat.

Mosquée de l'État MOSQUÉE

(Jln Tunku Abdul Rahman). Avec sa façade moderniste et ses angles géométriques, la mosquée de l'État du Sabah est un parfait exemple de l'architecture musulmane malaise contemporaine. Elle se dresse au sud du centre-ville après le village sur pilotis de Kampung Air, non loin du musée du Sabah. Vous verrez son minaret rayé et son dôme à chevrons de la route de l'aéroport. Les non-musulmans peuvent la visiter, s'ils sont décemment vêtus.

Tanjung Aru PLAGE

Cette belle plage de sable s'étend du Shangri-La's Tanjung Aru Resort jusqu'à l'aéroport, au sud. Prisée des amoureux et des familles, elle est jalonnée de sites de pique-nique et de nombreux stands de restauration qui, pour la plupart, ferment à la tombée de la nuit. Si les couchers de soleil sont splendides, nous déconseillons la baignade ; bien que l'eau semble propre, des habitants affirment qu'elle est polluée par les rejets de KK et de villages proches.

Orchid De Villa FERME

(☎380611 ; www.orchid-de-villa.com.my ; Jln Kiansom ; ⏲8h-17h ; P). Si la botanique vous intéresse, ne manquez pas cette ferme, à 3 km de KK sur la route de Penampang. Elle est spécialisée dans de rares orchidées de Bornéo, des orchidées hybrides, des cactus et des herbes aromatiques.

Circuits organisés

KK compte une multitude de tour-opérateurs, qui satisferont tous les goûts et tous les budgets. Le Wisma Sabah, un immeuble de bureaux, abrite quantité d'agences et de voyagistes. Les trois premières adresses ci-après se spécialisent dans des activités hors des sentiers battus et/ou l'écotourisme.

♥ **GogoSabah** TOURISME

(☎316385, 317385 ; www.gogosabah.com ; Lot G-4, rdc, Wisma Sabah, Jln Tun Razak). Un excellent tour-opérateur qui organise toutes les activités partout dans le Sabah. Très efficace pour la location de motos, il vous indiquera les meilleurs secteurs à explorer. Il loue également des voitures et des appartements équipés. Il propose des circuits organisés et aide les voyageurs indépendants pour la logistique, les itinéraires et les renseignements.

♥ **Sticky Rice** CIRCUITS

(☎250588 ; www.stickyricetravel.com). Une équipe très serviable, qui connaît parfaitement Bornéo et favorise l'immersion dans la nature, l'engagement envers les communautés et le voyage indépendant.

♥ **Adventure Alternative Borneo** NATURE

(☎019-802 0549 ; www.adventurealternative-borneo.com ; 97 Jln Gaya). Un tour-opérateur spécialisé dans la découverte du Sabah en dehors des sentiers battus et des circuits organisés ; une excellente adresse pour les voyageurs indépendants, intéressés par le tourisme responsable et durable.

Bike Borneo LOCATION DE VÉLOS

(☎484734 ; www.bikeborneo.com ; City Mall, Jln Lintas, Kota Kinabalu ; circuits 1 jour à partir de 245 RM). L'équipe de Fieldskills Adventures, qui gère Bike Borneo, propose des circuits à VTT bien au-delà de Tuaran ; un circuit d'une journée aux alentours de la ville franchit trois ponts suspendus et un périple de 4 jours traverse les contreforts du mont Kinabalu.

Riverbug/Traverse Tours TOURISME

(☎260501 ; www.traversetours.com ; Lot 227, Wisma Sabah, Jln Tun Fuad Stephens). Cet excellent tour-opérateur offre un grand choix de circuits dans le Sabah et s'efforce de pratiquer un tourisme durable.

Fieldskills Adventures CIRCUIT D'AVENTURE

(☎484734 ; fieldskills.com.my ; City Mall, Jln Lintas). Pour des activités de plein air et d'aventure, contactez cette agence, réputée pour les circuits à vélo, la varappe, le trekking et la plongée dans tout le Sabah.

Borneo Adventure CIRCUIT D'AVENTURE

(☎486800 ; www.borneoadventure.com ; Block E-27-3A, Signature Office, KK Times Square). Une agence primée, basée au Sarawak, avec un personnel très professionnel, des visites et des itinéraires originaux, et un véritable intérêt pour les populations locales et l'environnement.

Borneo Authentic CROISIÈRES

(☎773066 ; www.borneo-authentic.com ; Lot 3, 1er ét., Putatan Point, Jln JKR). Une agence sympathique qui offre divers circuits organisés, dont des croisières d'une journée sur le Sungai Klias.

Equator Adventure Tours CIRCUITS CULTURELS

(☎766351, 013-889 9535 ; http://equator-adventure.com). De nombreux circuits d'aventure et nature, ainsi que le cours de cuisine Hajah Halimah Traditional (135 RM), l'un des rares proposés au Sabah. Les participants vont au marché local et préparent un repas dans une cuisine malaise avec un guide anglophone. Le siège se situe à Putatan, à 9 km à l'est du centre-ville.

Borneo Divers PLONGÉE
(☎222226 ; www.borneodivers.net ; 9e ét., Menara Jubili, 53 Jln Gaya). Centre de plongée le plus ancien de Bornéo, il organise des cours et des plongées partout dans l'État et possède sa propre boutique. Réductions possibles sur place.

Downbelow Marine & Wildlife Adventures PLONGÉE
(☎012-866 1935 ; www.divedownbelow.com ; Lot 67 & 68, 5e ét., KK Time Square Block). Un centre de plongée respecté, avec un centre PADI sur Pulau Gaya, qui peut organiser toutes sortes de forfaits à Bornéo.

Borneo Eco Tours TOURISME
(☎438300 ; www.borneoecotours.com ; Pusat Perindustrian Kolombong Jaya, Mile 5,5 Jln Kolombong). Ce tour-opérateur jouit d'une bonne réputation et organise des circuits dans tout le Bornéo malais, y compris dans la région du Kinabatangan.

Borneo Nature Tours NATURE
(☎267637 ; www.borneonaturetours.com ; Block D, Lot 10, Kompleks Sadong Jaya, Ikan Juara 4). Professionnel et compétent, ce tour-opérateur effectue des réservations dans le Borneo Rainforest Lodge de la vallée de Danum. Son bureau se situe près d'un canal.

Scuba Junkie/River Junkie PLONGÉE, RAFTING
(☎255816 ; www.scuba-junkie.com ; rdc, Lot G7, Wisma Sabah, Jln Haji Saman). Circuits de plongée dans l'archipel de Semporna et sorties de rafting dans le sud-ouest du Sabah, destinés aux baroudeurs occidentaux.

Sutera Harbour ESCALADE
(Sutera Sanctuary Lodges ; ☎308914/5 ; www.suteraharbour.com ; rdc, Lot G15, Wisma Sabah, Jln Haji Saman). Sutera gère de nombreuses activités touristiques dans le Sabah et détient le monopole des hébergements du mont Kinabalu. Ne manquez pas de vous y rendre dès votre arrivée à KK si vous prévoyez d'escalader le Kinabalu et que vous n'avez pas encore réservé de lit.

Où se loger

La **Sabah Backpacker Operators Association** (SBA ; www.sabahbackpackers.com) a été créée afin d'aider les voyageurs à petits budgets. Consultez son site Internet pour des hébergements et des circuits à prix réduits. Si les hôtels de catégorie moyenne de KK semblent glisser vers la catégorie petits budgets, il en reste plusieurs très corrects. En revanche, les établissements bon marché et haut de gamme se multiplient.

Sarangnova Hotel HÔTEL $$
(☎233750 ; 98 Jln Gaya ; s/d à partir de 120/170 RM). Cet hôtel se distingue par une fascinante structure en lattes de bois fixée sur la façade. Les chambres, tout aussi attrayantes, sont décorées sur le thème des oiseaux de Bornéo, avec des peintures de style galerie. Son originalité, un service attentif et un emplacement central en font une excellente adresse.

Hotel Eden 54 HÔTEL DE CHARME $$
(☎266054 ; www.eden54.com ; 54 Jln Gaya ; ch 119-179 RM ; ❄📶). Cet hôtel élégant joue sur le contraste entre couleurs sombres et claires, dessins géométriques et mobilier impeccable. Il constitue un bon choix pour les voyageurs recherchant le confort, pour les couples et même les familles. Évitez les chambres les moins chères, sans fenêtres.

Rainforest Lodge HÔTEL $$
(☎258228 ; www.rainforestlodgekk.com ; Jln Pantai ; dort/s/d/ste à partir de 40/115/135/165 RM ; ❄@📶). Dans le centre animé de "Beach Street", le Rainforest se situe au cœur de la vie nocturne. Les chambres, agréablement chics, mêlent le moderne et le style tribal du Sabah ; beaucoup disposent d'un balcon donnant sur Beach St, bruyante la nuit.

Hotel Sixty3 HÔTEL $$
(☎212663 ; www.hotelsixty3.com ; Jln Gaya 63 ; ch à partir de 190 RM ; ❄📶). Au cœur de KK, cet établissement élégant offre le confort standard d'un hôtel d'affaires, avec climatisation sibérienne, TV à écran plat et grands lits moelleux. Les chambres, avec des couleurs neutres et des accents géométriques, sont prisées des familles et des voyageurs en quête de confort.

Le Méridien Kota Kinabalu HÔTEL $$$
(☎322222 ; www.starwoodhotels.com ; Jln Tun Fuad Stephens ; ch à partir de 300 RM ; P❄📶🏊). Le cinq-étoiles le plus central de KK offre un luxe sans faille, de la vue sublime de la terrasse de la piscine aux TV à écran plat et aux lecteurs DVD. Les prix baissent un peu hors saison et peuvent même descendre à 200 RM avec certaines promotions.

Klagan Hotel HÔTEL $$
(☎488908 ; www.theklagan.com ; Block D, Warisan Square, Jln Tun Fuad Stephens ; ch 180-260 RM ; ❄📶). Des chaises longues moulées design et des touches colorées dans les chambres supérieures placent cet hôtel de catégorie moyenne au-dessus de la concurrence.

Le Hotel HÔTEL $$
(☎319696 ; www.lehotel.com.my ; Block B, 3e ét., Warisan Sq, Jln Tun Fuad Stephens ; ch 120-198 RM ; ❄📶). Les chambres sont un peu petites, mais joliment décorées et confortables. Les plus chères bénéficient d'une belle vue sur le front de mer.

Summer Lodge AUBERGE DE JEUNESSE $
(☎244499 ; www.summerlodge.com.my ; Lot 120, Jln Gaya ; dort/d 28/70 RM ; ❄📶). Le Summer Lodge a un côté "marchand de sommeil" que compensent l'ambiance conviviale et les bars de Beach St juste en dessous.

Jesselton Hotel HÔTEL $$$
(☎223333 ; www.jesseltonhotel.com ; 69 Jln Gaya ; ch/ste à partir de 180/450 RM ; ❄📶). Le plus vieil hôtel de KK, pétri de caractère, conserve sa majesté d'antan. Les boiseries et les marbres, copiant le style colonial, incitent à revêtir une tenue de soirée, et l'unique suite dispose de son propre bassin à poissons. L'établissement comprend un excellent restaurant, un café, un centre d'affaires et un taxi rouge londonien pour vous conduire à l'aéroport.

Kinabalu Daya HÔTEL $$
(☎240000 ; www.kkdayahotel.com ; Lot 3-4, Block 9, Jln Pantai ; ch/ste avec petit-déj à partir de 140/270 RM ; ❄📶). Des couloirs aux angles bizarres et des ascenseurs dans des endroits incongrus donnent au Kinabalu Daya l'allure d'un Lego conçu par un enfant de 10 ans. Néanmoins, nombre de touristes plébiscitent, à juste titre, cette adresse de catégorie moyenne au centre de l'animation. Faisant partie de la chaîne Best Western, il offre un bon niveau de confort et la plupart des chambres ont l'élégance d'un hôtel de charme.

Akinabalu Youth Hostel AUBERGE DE JEUNESSE $
(☎272188 ; www.akinabaluyh.com ; Lot 133, Jln Gaya ; dort/ch avec petit-déj à partir de 22/60 RM ; ❄📶). Le personnel sympathique, les murs fuchsia et des fontaines en font l'une des auberges de jeunesse les plus plaisantes de KK, surtout si vous pouvez profiter de l'accès gratuit à Internet et des DVD à disposition. L'hébergement se compose principalement de chambres sommaires à 4 lits avec des fenêtres donnant sur un couloir intérieur.

Lucy's Homestay AUBERGE DE JEUNESSE $
(Backpacker's Lodge ; ☎261495 ; lucyhomestay.go-2.net ; Lot 25, Lg Dewan, Australia Pl ; dort/s/d avec petit-déj 28/45/50 RM ; 📶). L'une des plus vieilles auberges de jeunesse d'Australia Pl, Lucy's ne manque pas de charme, avec ses murs en bois couverts d'autocollants, de cartes de visite et de photos gondolées. Elle ne vous conviendra pas si vous voulez faire la fête et bénéficier d'attentions. Lucy nous a semblé plus protectrice envers les femmes qu'envers les hôtes masculins.

Hyatt Regency Kota Kinabalu HÔTEL $$$
(☎221234 ; http://kinabalu.regency.hyatt.com ; Jln Datuk Salleh Sulong ; ch à partir de 350 RM ; P❄📶🏊). Dans le centre-ville, cette succursale de la chaîne Hyatt offre le luxe d'un hôtel d'affaires haut de gamme. Les chambres, aux chauds tons ocre, comportent de nombreux équipements, dont une TV câblée avec une excellente sélection de chaînes.

Shangri-La's Tanjung Aru Resort & Spa COMPLEXE HÔTELIER $$$
(STAR ; ☎327888 ; www.shangri-la.com/kotakinabalu/tanjungaruresort ; Tanjung Aru ; ch à partir de 550 RM ; P❄📶🏊). Le Shangri-La constitue un bon choix si vous souhaitez combiner l'attrait de la ville et les charmes d'un hôtel tropical. Ce vaste complexe, agrémenté de palmiers et de gongs en métal, se situe dans le secteur de Tanjung Aru, à 3 km au sud du centre-ville. Des dizaines d'employés en uniforme veillent à satisfaire le moindre de vos désirs.

Borneo Gaya Lodge AUBERGE DE JEUNESSE $
(☎242477 ; www.borneogayalodge.com ; 78 Jln Gaya ; dort/d à partir de 25/65 RM ; ❄📶). Une grande auberge de jeunesse au centre de KK, avec un personnel adorable qui vous aidera à organiser toute activité.

Myne Hotel HÔTEL $$$
(☎448787 ; http://hotel.myne.com.my ; Lot 21, Warisan Sq ; ch/ste à partir de 270/430 RM ; ❄📶). Situé dans une galerie marchande, le Myne, avec ses éléments rouge et or et ses cuivres, est aussi clinquant qu'un lustre. Hôtel haut de gamme, il compense son manque d'espace par un emplacement central.

Borneo Backpackers AUBERGE DE JEUNESSE $
(☎234009 ; www.borneobackpackers.com ; 24 Lg Dewan, Australia Pl ; dort/s/d avec petit-déj à partir

de 20/40/60 RM ; ❄📶). Établie de longue date, une auberge de jeunesse un peu exiguë, mais très prisée, notamment par les jeunes voyageurs.

Bunibon AUBERGE DE JEUNESSE **$**
(☎210801 ; www.bunibonlodge.com ; Lot 21, Lorong Dewan ; dort/s/d à partir de 25/50/68 RM ; ❄📶). Une auberge de jeunesse attrayante et conviviale, avec de jolies doubles privées.

Kinabalu Backpackers AUBERGE DE JEUNESSE **$**
(☎253385 ; www.kinabalubackpackers.com ; Lot 4, Lorong Dewan ; dort/s/d à partir de 25/55/68 RM ; ❄📶). Un peu spartiate, mais chaleureuse et propre. Elle peut organiser la suite de votre voyage et des circuits.

Où se restaurer

KK est l'une des rares villes de Bornéo qui offre une diversité de cuisines. Outre les habituels *kedai kopi* (cafés) chinois et restaurants malais halal, vous trouverez quantité de bonnes tables dans le centre-ville. Vous devrez aller en banlieue pour savourer une authentique cuisine locale.

CENTRE-VILLE

Moon Bell CHINOIS **$$**
(☎019-861 1605 ; 33 Jln Haji Saman ; plats 15-35 RM ; ⏲11h-21h, fermé lun ; ❄). Le Moon Bell se spécialise dans la cuisine du Xinjiang, la province à la frontière nord-ouest de la Chine. Il est tenu par une charmante grand-mère qui vous servira des aubergines sautées épicées, nappées d'une sauce caramélisée, de l'agneau rôti, du canard croustillant ou de copieux ragoûts. Mieux vaut venir à plusieurs, comme les habitants.

Alu-Alu Cafe POISSON **$$**
(Jesselton Point ; plats 10-30 RM ; ⏲10h30-14h30 et 18h30-22h ; ❄). Faisant partie du Gayana Eco Resort, l'Alu-Alu achète ses produits à Borneo Eco-Fish, une organisation dédiée à la collecte et à la distribution de produits de la pêche durable – pas d'ailerons de requin ici.

LA CUISINE DE KOTA KINABALU

Si Kota Kinabalu ne compte guère de sites enchanteurs, la ville peut se vanter de sa gastronomie. Véritable melting-pot culturel, elle offre une scène culinaire dynamique, qui se distingue du reste de la Malaisie par des préparations mêlant recettes étrangères et ingrédients locaux.

Voici quatre spécialités incontournables :

Sayur Manis – Également appelée "légume du Sabah", cette fougère de jungle d'un vert éclatant figure sur la carte de tous les restaurants chinois. Elle est meilleure sautée avec de l'ail, ou mélangée à de la pâte de crevette fermentée. Cette plante vivace, qui peut atteindre 3 m de haut, est cueillie toute l'année et généralement très fraîche. Les plus aventureux goûteront d'autres produits locaux comme le *tarap*, un fruit charnu sous une peau hérissée de piquants, ou le *sukun*, un tubercule à la saveur sucrée, préparé en beignets.

Barbecue philippin – À l'extrémité nord du marché de nuit, le Filipino Barbecue Market est le meilleur endroit pour des poissons et crustacés grillés à des prix imbattables. Installez-vous à une table et indiquez votre choix ; la serveuse transmet votre commande aux chefs et vous apporte une tasse (pour boire), une cuvette (pour vous laver les mains) et une petite assiette afin de préparer votre sauce ; mélangez sauce au piment, sauce soja, sel et jus de citron vert à votre convenance. Ici, pas de couverts, on mange avec les doigts. Comptez environ 15 RM pour un repas.

Hinava – Le *hinava*, sans doute le plat local le plus populaire, se compose de poisson cru mariné dans du jus de citron vert, du piment oiseau, des échalotes émincées et du gingembre râpé. Au Grace Point, un luxueux espace de restauration près de Tanjung Aru, le "comptoir local" propose des petites assiettes de *hinava* à 2 RM, parfaites pour goûter cette spécialité.

Roti canai – Le *roti canai*, un pain plat frit dans une poêle, est servi du matin au soir dans tous les *kedai kopi* musulmans de la ville. D'une apparente simplicité, sa confection requiert une grande habileté. Le cuisinier doit sans cesse retourner la pâte avec précaution pour lui donner sa consistance feuilletée. Le *roti canai* accompagne presque toujours un plat, généralement du *dhal* (curry de lentilles) ou un curry de poulet ou de poisson.

Outre cette démarche louable, ce restaurant offre une cuisine délicieuse. Le poisson est préparé à la chinoise avec un raffinement innovant : des morceaux enrobés d'une panure légère et nappés d'une sauce onctueuse au babeurre ou mijotés avec des piments en dés. Même les légumes, cuits à la vapeur et relevés d'ail, sont un régal.

Ya Kee Bah Kut Teh CHINOIS $

(221192 ; 74 Jln Gaya ; plats à partir de 5 RM ; 16h-23h). Comme son nom l'indique – *Bah Kut The* signifie "tisane de porc" –, ce restaurant ne sert que du porc – mijoté, grillé, accompagné de gingembre et de piments, etc. –, et le réussit à merveille.

Grazie ITALIEN $$

(019-821 6936 ; rdc, Wawasan Plaza ; plats à partir de 17 RM ; 12h-15h ven-dim, 12h-18h lun-jeu ;). Parmi les nombreux restaurants italiens de KK, aucun n'égale le Grazie, tenu par Salvatore Marcello, un Italien expatrié. Nombre des ingrédients sont importés et les plats, dont des pizzas et des pâtes, sont divins. Vous pourrez terminer votre repas par une excellente grappa.

Chili Vanilla FUSION $$

(35 Jln Haji Sama ; plats 12-20 RM ; 10h-22h, fermé dim ;). Savourer un goulasch à KK peut sembler étonnant. Ce n'est qu'un des délices inattendus qui figurent sur la carte de ce charmant restaurant, tenu par un chef hongrois et sa partenaire malaise. Outre le goulasch, vous pourrez choisir du ragoût d'agneau à la marocaine, des tortillas farcies de canard épicé ou de la queue de bœuf braisée. Accompagnez votre repas d'un délicieux jus de citron vert maison ou d'un vin de la longue carte.

El Centro FUSION $

(32 Jln Haji Saman ; plats 9-16 RM ; 17h-24h, fermé lun ;). S'il offre de bons plats malais, El Centro vaut surtout pour sa cuisine occidentale, sa bonne musique, son ambiance agréable et son cadre plaisant. Les burgers ont vraiment le goût de bœuf et les plats de pâtes réconfortent.

Borneo 1945 Museum Kopitiam CAFÉ $

(272945 ; 24 Jln Dewan, Australia Pl ; plats à partir de 3 RM ; 7h30-24h ;). Comme son nom le suggère, ce café-restaurant se double d'un musée dédié aux forces alliées qui combattirent à Bornéo durant la Seconde Guerre mondiale. Il sert un excellent café glacé, un bon petit-déjeuner avec des toasts et du *kaya* (confiture de coco), des plats indigènes comme le riz et le poulet aux feuilles de pandanus, et même des biscuits Anzac. Le petit musée mérite la visite.

Kohinoor INDIEN $$$

(235160 ; Lot 4, Waterfront Esplanade ; dîner environ 50 RM ; 11h30-14h30 et 17h30-23h ;). Parmi plusieurs bons restaurants le long de la Waterfront Esplanade, le Kohinoor, avec son authentique four tandoori et de succulents naan à l'ail, fait partie des favoris.

Wisma Merdeka Food Court ESPACE DE RESTAURATION $

(Wisma Merdeka ; plats à partir de 3 RM ; 9h-17h). Pour un bon repas à petits prix, rejoignez cet espace de restauration au dernier étage de la galerie marchande Wisma Merdeka. Les divers stands offrent essentiellement des plats asiatiques. Les raviolis chinois est aussi délicieux que bon marché. L'horaire indiqué ne concerne pas tous les stands ; certains ferment plus tôt, d'autres restent ouverts en soirée, mais tous servent le petit-déjeuner et le déjeuner.

Nagisa JAPONAIS $$$

(221234 ; Jln Datuk Salleh Sulong ; sushis à partir de 15 RM ; 12h-22h ;). Dans le Hyatt Regency, le Nagisa est le meilleur restaurant japonais de KK. Les hommes d'affaires japonais viennent régulièrement y savourer des sushis. Si la carte propose des œufs de poisson, commandez-en sans hésiter.

Kedai Kopi Fatt Kee CHINOIS $

(28 Jln Bakau ; plats à partir de 5 RM ; 12h-22h lun-sam). Les woks grésillent en permanence dans ce restaurant chinois populaire, à côté de l'Ang's Hotel. Le *sayur manis* cuit dans du *belacan* (pâte de crevette) est un classique, et les crevettes au poivre et au sel sont savoureuses.

TANJUNG ARU

En début de soirée, rendez-vous à Tanjung Aru, à l'extrémité sud de la ville près de l'aéroport, pour siroter un cocktail et grignoter un en-cas en admirant le coucher de soleil sur l'océan. Le secteur comprend trois plages : First Beach, avec quelques restaurants, Second Beach, jalonnée de stands locaux, et Third Beach, idéale pour un pique-nique car dépourvue d'établissements. Un taxi pour Tanjung Aru revient à 20 RM. Vous pouvez aussi prendre les bus n^{os}16, 16A ou le bus urbain n°2 (1,80 RM).

À NE PAS MANQUER

LES STANDS DE RUE ET LES ESPACES DE RESTAURATION DE KOTA KINABALU

Comme dans toutes les villes d'Asie du Sud-Est, la meilleure cuisine est servie à KK par les stands de rue ou des espaces de restauration. Si l'hygiène vous préoccupe (à tort), privilégiez les stands fréquentés, notamment par les familles.

Marché de nuit (p. 313). Le meilleur endroit, le plus intéressant et le moins cher pour un dîner. On y trouve également des plats végétariens.

Centre Point Basement Food Court (sous-sol, Centre Point Shopping Centre, Jln Pasar Baru ; plats 3-10 RM ; 11h-22h). Un espace de restauration fréquenté, avec un choix varié de spécialités malaises, chinoises et indiennes, des desserts et des boissons.

Grace Point (Grace Point ; plats 2-8 RM ; 11h-15h). Prenez le bus n°15 jusqu'aux abords de Tanjung Aru pour vous régaler de cuisine locale dans cette institution de KK, plus chic que les espaces de restauration du centre-ville. Rendez-vous au stand du Sabah (dans le coin à droite en faisant face à la rangée de comptoirs) pour goûter le *hinava* (poisson cru mariné dans du jus de citron vert, du piment, des échalotes émincées et du gingembre râpé).

Faire ses courses

Parmi les divers magasins où s'approvisionner pour un pique-nique ou une randonnée, citons le **Milimewa Superstore** (Jln Haji Saman) et le **Tong Hing Supermarket** (Jln Gaya) dans le centre. Le **7-Eleven** (Jln Haji Saman ; 24h/24) est pratique, car ouvert en permanence.

Où prendre un verre et sortir

Une multitude de bars à karaoké et de grands night-clubs bruyants se regroupent autour de la Waterfront Esplanade, le Times Square de KK, où se concentrent les nouvelles adresses branchées. Beach St, une rue semi-piétonne du centre-ville, est bordée de bars et de restaurants.

El Centro BAR

(32 Jln Haji Saman ; 17h-minuit, fermé lun). Cet endroit fantastique, qui se double d'un restaurant (p. 322), manquait cruellement à KK. El Centro est le rendez-vous dont rêvaient tous les voyageurs : un cadre asiatique, des lumières douces, une bonne musique et une ambiance ultra-détendue qui favorise les rencontres. Les boissons sont corsées, peut-être trop. El Centro organise à l'improviste des soirées quiz, des fêtes costumées et des concerts.

Bed NIGHT-CLUB

(251901 ; Waterfront Esplanade). Vaste, bondé, ringard, le Bed est quasiment incontournable lors d'une soirée à KK. Chinois et habitants branchés se pressent sur la piste de danse dans des tenues moulantes, pailletées ou très légères. Des groupes jouent à partir de 21h, puis des DJ prennent le relais jusqu'à la fermeture.

White Room NIGHT-CLUB

(017-836 7718 ; KK Times Sq). Adresse préférée des jeunes de KK, la White Room comporte 2 niveaux où ils transpirent au rythme d'une musique assourdissante en buvant des boissons onéreuses.

Shenanigan's BAR

(221234 ; Hyatt Regency Hotel). Il règne toujours un joyeux désordre au Shenanigan's. Des groupes se produisent presque tous les soirs à partir de 21h et l'endroit est bondé le week-end. Les prix sont prohibitifs (jusqu'à 30 RM pour une petite bière) mais deviennent plus raisonnables pendant l'*happy hour*.

Shamrock BAR

(249829 ; 6 Anjung Samudra, Waterfront Esplanade). Un bar aussi authentiquement irlandais qu'il peut l'être à Bornéo : murs verts, Guinness, ragoût de viande, et excès de testostérone. Il reste agréable pour jouer au billard et voir l'élite fortunée de KK se comporter bêtement.

Hunter's BAR

(016-825 7085 ; Kinabalu Daya Hotel). Adresse favorite des guides locaux et des expatriés, le Hunter's offre karaoké, sport sur la TV à écran plasma et une terrasse plaisante au cœur de la ville.

Upperstar
BAR

(Jln Datuk Saleh Sulong). Face au Hilton, ce bar attrayant, semi en plein air, propose de l'alcool à prix doux et une cuisine de pub correcte.

Black World
KARAOKÉ

(Jln Pantai; 24h/24). Le seul endroit ouvert après 2h du matin dans le centre de KK. Attendez-vous à de la bière bon marché servie dans des seaux glacés, du karaoké et de la dance détestables, une clientèle louche et des toilettes épouvantables.

Suria Sabah
CINÉMA

(Suria Sabah Mall, Jn Haji Saman). La galerie marchande Suria Sabah abrite un immense multiplexe qui programme tous les succès hollywoodiens, habituellement en version originale sous-titrée.

Achats

Comme toutes les métropoles malaises, KK affiche une passion pour le shopping, et de nouvelles galeries marchandes semblent surgir chaque année. Lors de nos recherches, la dernière venue était la grande **Suria Sabah**, remplie de franchises occidentales et très peu fréquentée.

Borneo Trading Post
ARTISANAT

(232655 ; Lot 16, Waterfront Esplanade, Jln Tun Fuad Stephens). Art tribal et souvenirs haut de gamme.

Borneo Books
LIBRAIRIE

(538077/241050 ; www.borneobooks.com ; rdc, Phase 1, Wisma Merdeka ; 10h-19h). Une superbe sélection d'ouvrages sur Bornéo, de cartes et un petit rayon de livres d'occasion. Beaucoup de guides Lonely Planet également.

Renseignements

La plupart des hôtels et auberges de jeunesse disposent de cartes gratuites de KK et du Sabah.

Accès Internet

Tous les hébergements répertoriés offrent l'accès à Internet, par modem ou Wi-Fi.

Borneo Net (Jln Haji Saman ; 3 RM/h ; 9h-minuit). Des connexions rapides, 20 terminaux et une musique de fond assourdissante.

Net Access (Jln Pantai ; 3 RM/h ; 9h-2h). De nombreux terminaux et moins de bruit que dans les autres cybercafés de KK. Connexions LAN pour utiliser son ordinateur portable.

Argent

Le centre de KK compte d'innombrables DAB accessibles 24h/24.

HSBC (212622 ; 56 Jln Gaya ; 9h-16h30 lun-jeu, 9h-16h ven)

Maybank (254295 ; 9 Jln Pantai ; 9h-16h30 lun-jeu, 9h-16h ven). DAB accessible 24h/24.

Standard Chartered Bank (298111 ; 20 Jln Haji Saman ; 9h15-15h45 lun-ven)

Immigration

Bureau de l'immigration (488700 ; Kompleks Persekutuan Pentadbiran Kerajaan, Jln UMS ; 7h-13h et 14h-17h30 lun-ven). Dans un immeuble de bureaux près de l'Universiti Malaysia Sabah (UMS), à 9 km au nord de la ville. Ouvert le week-end, mais uniquement pour les demandes de passeports malais.

Offices du tourisme

Sabah Parks (523500, 486430; www.sabahparks.org.my ; 1er-5e ét., Lot 45 & 46, Block H, Signature Office ; 8h-13h et 14h-16h30 lun-jeu, 8h-11h30 et 14h-16h30 ven, 8h-12h50 sam). Bonne source d'informations sur les parcs de l'État.

Sabah Tourism Board (212121 ; www.sabahtourism.com ; 51 Jln Gaya ; 8h-17h lun-ven, 8h-16h sam, 9h-16h dim). Installé dans l'ancien bâtiment de la poste, le principal office du tourisme de KK dispose d'un personnel serviable et d'une multitude de brochures. N'espérez pas trop d'informations pour le voyage en indépendant ; les employés vous conseilleront des circuits organisés.

Tourism Malaysia (248698 ; www.tourism.gov.my ; rdc, Api-Api Centre, Jln Pasar Baru ; 8h-16h30 lun-jeu, 8h-12h et 13h30-16h30 ven). Cet office du tourisme présente un intérêt limité pour les voyageurs, mais propose quelques brochures intéressantes sur la Malaisie péninsulaire.

Poste

Poste principale (210855 ; Jln Tun Razak ; 8h-17h lun-ven). Possibilité d'encaisser les chèques et les mandats Western Union.

Services médicaux

Permai Polyclinic (232100 ; 4 Jln Pantai). Excellent centre médical privé.

Sabah Medical Centre (211333 ; www.sabamedicalcentre.com ; Lorong Bersatu, près de Jalan Damai). Un bon hôpital privé, à 6 km au sud-est du centre-ville.

Urgences

Ambulance (999, 218166)

Police (241161, 999 ; Jln Dewan)

Pompiers (994)

Depuis/vers Kota Kinabalu

Avion

KK est bien desservie par **Malaysia Airlines** (☎1-300 883 000, 088-515555 ; www.malaysiaairlines.com ; MAS ; 1er ét., hall des départs, KKIA ; ⏲5h30-19h30) et **AirAsia** (☎03-2171 9333 ; www.airasia.com ; rdc, Wisma Sabah, Jln Gaya), avec des vols internationaux depuis/vers Brunei, Shenzhen, Jakarta, Manille, Singapour et Taipei, et des vols intérieurs depuis/vers Johor Bahru, Kuala Lumpur (KL) et Penang en Malaisie péninsulaire, Kuching, Labuan, Miri, Sandakan et Tawau à Bornéo. **Jetstar** (www.jetstar.com) et **Tiger Airways** (www.tigerairways.com) offrent des vols pour Singapour.

Bateau

Tous les passagers doivent payer une taxe de terminal de 3,60/1,80 RM par adulte/enfant pour les ferries au départ de KK. Des bateaux de passagers relient KK et Pulau Labuan 2 fois par jour à 8h et à 13h30 (1re classe/économique adulte 36/31 RM, enfant 23/18 RM), et continuent jusqu'à Brunei et au parc national Tunku Abdul Rahman. Les ferries partent de Jesselton Point, non loin, au nord de la **galerie marchande Suria Sabah** (carte p. 315).

Bus et minivan

Plusieurs gares routières dans KK desservent diverses destinations hors de la ville. Un bus rallie Brunei.

En général, les bus se dirigeant vers l'est partent d'Inanam (Utara Terminal ; à 9 km au nord de la ville) et ceux en direction du nord et du sud de la côte ouest partent de la gare routière de Padang Merdeka (Merdeka Field), aussi appelée Wawasan ou "vieille gare routière", à l'extrémité sud de la ville. Les bus locaux (1,80 RM) au départ de Wawasan peuvent vous conduire à Inanam, si vous ne souhaitez pas dépenser 20 RM pour un taxi. Demandez à votre hôtel de téléphoner à la gare routière pour réserver votre place. Il suffit habituellement de réserver le jour même, mais il y a plus d'affluence le week-end. Il est toujours prudent de téléphoner car des transports peuvent être suspendus en raison d'inondations provoquées par de fortes pluies.

Taxi

Les taxis collectifs partent de la gare routière de Padang Merdeka. Plusieurs effectuent quotidiennement le trajet entre KK et Ranau et passent par l'embranchement de la route qui mène au bureau du parc national du Kinabalu. Le tarif jusqu'à Ranau ou au parc national du Kinabalu s'élève à 25 RM. Vous pouvez aussi

PRINCIPALES DESTINATIONS AU DÉPART DE KOTA KINABALU

Les renseignements sur les transports en bus et en minivan figurant dans ce tableau nous ont été fournis par l'office du tourisme du Sabah, et sont donnés à titre indicatif. Les durées de transport peuvent varier en fonction du climat, les prix peuvent changer, de même que les lieux de départ.

DESTINATION	DURÉE	PRIX (RM)	TERMINAL	DÉPARTS
Beaufort	2 heures	12	Padang Merdeka	7h-17h (fréquents)
Keningau	2 heures 30	17	Padang Merdeka	7h-17h (8/jour)
Kota Belud	1 heure	10	Padang Merdeka	7h-17h (fréquents)
Kuala Penyu	2 heures	20	Segama Bridge	8h-11h (toutes les heures)
Kudat	3 heures	22	Padang Merdeka	7h-16h (fréquents)
Lahad Datu	8 heures	40	Inanam	7h, 8h30, 9h, 20h
Lawas (Sarawak)	4 heures	25	Padang Merdeka	8h30 et 13h30
Mt Kinabalu NP	2 heures	15-20	Inanam et Padang Merdeka	7h-20h (très fréquents)
Ranau	2 heures	15	Padang Merdeka	7h-17h
Sandakan	6 heures	35-40	Inanam	7h30-14h (fréquents) et 20h
Semporna	9 heures	50	Inanam	7h, 8h30, 9h, 20h
Tawau	9 heures	55	Inanam	7h30, 14h, 20h
Tenom	3 heures 30	25	Padang Merdeka	8h, 12h, 16h

À NE PAS MANQUER

LE CHEMIN DE FER DE BORNÉO

À la fin du XIXe siècle, les colons parcouraient la côte ouest du Sabah à bord du **North Borneo Railway**. Ultérieurement abandonné, le chemin de fer de Bornéo Nord a été récemment restauré, non pour servir de moyen de transport régulier, mais en tant qu'attraction nostalgique. La vieille locomotive a été réparée et les wagons ont retrouvé leur intérieur en bois naturel ; peints en vert et crème, les couleurs d'origine, ils conservent l'ancien emblème en cuivre du chemin de fer : une couronne surmontée d'un tigre qui tient une roue.

Deux fois par semaine, le mercredi et le samedi, le train part de la gare de Tanjung Aru à KK à 9h30, traverse montagnes et rizières, et arrive à Papar à 11h45 ; il fait halte pour visiter un temple chinois et le marché de Papar. Au retour vers KK (12h20-13h40), un *tiffin* (déjeuner) de style colonial, avec sandwichs au concombre, *satay* et d'autres délices, est servi.

Le chemin de fer est géré par Sutera Harbour (p. 319) ; le billet adulte/enfant coûte 270/170 RM. Pour plus d'informations ou pour réserver, contactez Sutera Harbour au ☎308500 ou sur nbrinfo@suteraharbour.com.my.

louer un taxi pour 100 RM par véhicule (la location d'un taxi urbain revient à 200 RM environ).

Comment circuler

Depuis/vers l'aéroport

L'aéroport international de Kota Kinabulu (KKIA) se situe à Tanjung Aru, à 7 km au sud du centre-ville. Ses deux terminaux ne sont pas reliés et fonctionnent comme deux aéroports indépendants. La plupart des compagnies aériennes utilisent le terminal 1, mais un nombre croissant, dont AirAsia, partent du terminal 2. Le bus urbain n°2 et le bus n°16A (1,50 RM) rallient le terminal 2 au départ de la gare routière de City Park dans le centre-ville. De cette même gare routière, des minibus (3 RM) desservent le terminal 1 (le bus urbain n°1 devrait bientôt s'y rendre). Les transports publics circulent tous les jours de 6h à 19h. Les taxis qui partent des terminaux pour la ville fonctionnent avec un système de coupons (38 RM), vendus au comptoir des taxis, au rez-de-chaussée des terminaux. Du centre-ville à l'aéroport, un taxi ne devrait pas coûter plus de 40 RM.

Minivans

Les minivans partent de divers arrêts, dont la gare routière de Padang Merdeka et le parking du Milimewa Superstore. Ils circulent aussi en ville à la recherche de passagers. Peu utiles dans le centre-ville en raison des faibles distances, ils sont pratiques pour rejoindre l'aéroport ou le Times Square de KK. En ville, comptez 1 ou 2 RM pour la plupart des destinations.

Taxi

Une course dans le centre-ville coûte de 7 à 10 RM. Vous trouverez des taxis partout en ville, dans tous les centres commerciaux et les gares routières. Une station de taxis se tient devant le supermarché Milimewa (près du carrefour de Jln Haji Saman et de Beach St) et une autre à 200 m au sud-ouest du City Park.

Voiture

Les principales agences de location de voitures disposent de comptoirs au 1er étage du KKIA et de bureaux en ville. Comptez à partir de 120-140 RM par jour pour une voiture standard. La plupart des agences proposent aussi des voitures avec chauffeur.

Borneo Express (☎016-886 0793, à Sandakan 016-886 0789 ; http://borneocar.com ; Lot 1-L01 C4, aéroport de Kota Kinabalu)

Kinabalu Heritage Tours & Car Rental (☎318311 ; www.travelborneotours.com ; Block F, Tanjung Aru Plaza)

Extra Rent A Car (☎251529, 218160 ; www.e-erac-online.com ; 2e ét., Beverly Hotel, Jln Kemajuan)

ENVIRONS DE KOTA KINABALU

Parc national Tunku Abdul Rahman

Manukan, Gaya, Sapi, Mamutik et Sulug, 5 îles couvertes de jungle, les récifs et l'eau azur qui les entourent forment le **parc national Tunku Abdul Rahman** (adulte/enfant 10/6 RM), d'une superficie d'un peu plus de 49 km² (aux deux tiers composée d'eau). De KK, un court trajet en bateau conduit à ces îles, toutes ravissantes. Toutefois, en raison d'un afflux croissant de touristes (en grande partie des Chinois), des stands de barbecues et des restaurants ont envahi les plages. Bondées le week-end, les îles retrouvent un peu de calme en semaine. Les hébergements sont chers, mais la plupart des voyageurs viennent pour la journée et il est possible de camper.

S'il ne peut se comparer à Sipadan, le parc est un endroit prisé pour la plongée et pour obtenir la certification Open Water. **Borneo Dream** (☎088-244064; www.borneodream.com ; F-G-1 Plaza Tanjung Arum, Jalan Mat Salleh, Kota Kinabalu) et Downbelow (p. 319) organisent des sessions de plongée sur Pulau Gaya.

PULAU MANUKAN

Destination la plus appréciée des habitants de KK, Manukan compte de nombreuses infrastructures. Deuxième plus grande île de l'archipel, elle comprend 20 ha de végétation luxuriante, une belle plage, des récifs coralliens au large des côtes sud et est, un chemin de randonnée qui en fait le tour et un réseau de sentiers ; vous pourrez les explorer en 2 heures sans effort particulier. Des petits bancs de poissons tropicaux évoluent dans l'eau et peuvent même être admirés depuis la jetée. À la descente du bateau, on vous indiquera un kiosque qui loue masques et tubas (15 RM), nattes de plage (5 RM) et bodyboards (10 RM).

Seul hébergement de l'île, le **Manukan Island Resort** (☎017-833 5022 ; www.suterasanctuarylodges.com ; villa à partir de 1 120 RM ; ❄🏊), géré par Sutera Sanctuary Lodges, possède un restaurant, une piscine, des courts de tennis et 20 élégantes villas en bois sombre de style balinais, qui surplombent toutes la mer de Chine méridionale ; les douches en pierre bordées de plantes fleuries ajoutent à leur charme.

PULAU MAMUTIK

Mamutik, l'île la plus petite, ne mesure que 300 m d'un bout à l'autre. Une jolie plage longe la côte est, parfois envahie d'algues après mauvais temps. L'île se prête au snorkeling, à condition d'éviter les endroits peu profonds où les coraux risquent de blesser les pieds. Manukan ne compte aucun hôtel, mais il est possible de camper (5 RM par personne, payables à l'arrivée). Une petite boutique-restaurant-location d'équipement de snorkeling est installée sur place ; mieux vaut toutefois apporter des provisions.

PULAU SAPI

Pulau Sapi (île des Vaches) devrait plutôt s'appeler Pulau Biawak (île des Varans). Également propice au snorkeling et dotée de plages attrayantes, elle est souvent bondée de familles venues pour la journée. Un chenal peu profond de 200 m la sépare de Gaya et vous pouvez le traverser à la nage ; soyez prudent car aucun sauveteur ne surveille les baigneurs. Nager, se détendre sur la plage près de la jetée ou explorer les sentiers qui sillonnent la forêt constituent les principales activités ; vous ferez le tour de l'île en 45 min. Elle compte des vestiaires, des toilettes, des fosses à barbecue, un petit kiosque d'en-cas et un terrain de camping équipé (5 RM par personne), mais vous devrez apporter des provisions.

PULAU GAYA

Avec une superficie de 15 km^2, Pulau Gaya est la plus grande île du parc et s'élève jusqu'à 300 m d'altitude. Couverte d'une forêt tropicale quasiment vierge, elle est aussi la plus proche de KK. Les baies de sa pointe orientale sont bordées de villages peuplés d'immigrants philippins (légaux ou non), qui vivent dans des maisons sur pilotis. Mosquées, écoles et boutiques sont également construites sur pilotis. Les habitants de KK déconseillent de visiter ces villages, où des vols et d'autres incidents se seraient produits. Trois complexes hôteliers haut de gamme constituent les hébergements de Pulau Gaya.

Bunga Raya Island Resort COMPLEXE HÔTELIER $$$
(☎380390 ; http://bungarayaresort.com ; villas à partir de 1 715 RM ; ❄📶🏊). Six villas splendides occupent un terrain verdoyant en bord de plage. La piscine surplombe la plage et l'océan tandis que la romantique maison dans les arbres est perchée au-dessus d'un Jacuzzi, d'un salon et de sa propre piscine. L'établissement est géré par les propriétaires du Gayana Eco Resort.

Gaya Island Resort COMPLEXE HÔTELIER $$$
(☎à Kuala Lumpur 3 2783 1000 ; www.gayaislandresort.com ; villas à partir de 1 100 RM ; ❄📶🏊). Six villas impeccables allient modernité et plein air, tons ocre et blanc, et s'intègrent subtilement à l'océan et à la jungle au bord d'une baie en croissant de lune. Le service attentif correspond au standing de la propriété.

LES VARANS MALAIS

À la lisière du secteur des barbecues à Sapi, vous verrez une barrière derrière laquelle sifflent souvent d'impressionnants dragons d'un vert grisâtre : ce sont des varans malais (*Varanus salvator*), appelés localement *biawak*. Ils comptent parmi les plus grands reptiles du monde : les mâles mesurent en moyenne 1,50 m à 2 m, atteignent parfois 3 m, et pèsent entre 19 et 50 kg. Dans la famille des lézards, seuls les dragons de Komodo les surpassent.

Si ces varans vivent partout en Malaisie, ils sont les rois de la jungle et des vagues à Pulau Sapi. Il est étonnant de les voir crapahuter lourdement vers l'eau, où ils se transforment instantanément en agiles monstres marins, tels des dinosaures aquatiques (dont ils seraient les descendants). En dépit de leur taille, les varans malais ne sont pas de redoutables prédateurs comme les crocodiles ou les dragons de Komodo. Ils jouent un rôle identique à celui des coyotes en Amérique du Nord ou des chacals en Afrique : charognards rusés, ils semblent profiter plutôt que souffrir de la proximité des hommes en se nourrissant de leurs restes.

Les varans malais sont de fabuleuses créatures, mais n'imitez pas le comportement stupide de certains touristes qui tentent de poser à côté d'eux ou de les nourrir à la main. Leurs gueules sont pleines de bactéries mortelles et leurs mâchoires peuvent déchirer profondément les chairs.

Gayana Eco Resort COMPLEXE HÔTELIER **$$$**
(☎380390 ; www.gayana-eco-resort.com ; villas à partir de 1200 RM ; ❄📶🏊). Le somptueux Gayana comprend 5 fabuleuses villas dotées d'équipements modernes et d'élégants détails insulaires. La villa Bakau ("mangrove") domine l'enchevêtrement d'une forêt inondée, tandis que la villa Palm, d'une simplicité trompeuse, cache un escalier qui descend dans les eaux chaudes et protégées du Tunku Rahman.

PULAU SULUG

Cette île en forme de bulle de BD, d'une superficie de 8,10 ha, est la moins visitée et la plus éloignée de KK. Elle compte une seule plage, sur une langue de terre qui pointe de la côte est. Le snorkeling n'offre ici guère d'intérêt. Sulug constitue néanmoins un bon choix si vous cherchez un endroit paisible ; vous devrez louer un bateau (au moins 240 RM) pour la rejoindre, car les ferries réguliers ne la desservent pas.

ℹ Depuis/vers Tunku Adbul Rahman

Bateau

À KK, les bateaux pour le parc partent, quand ils sont pleins, du Jesselton Point Ferry Terminal (appelé The Jetty par les habitants et les chauffeurs de taxi) entre 8h30 et 16h15. En sens inverse, les derniers bateaux quittent les îles vers 17h. Les départs ont lieu toutes les 30 min, ou toutes les heures les jours calmes. Renseignez-vous au comptoir sur le prochain bateau disponible, achetez votre billet puis prenez place et attendez qu'il y ait assez de passagers. Prenez un bateau le matin, car il est plus difficile de rassembler suffisamment de passagers l'après-midi. Des bateaux partent également de Sutera Harbour, plus pratique si vous logez près de Tanjung Aru ou pour rejoindre Pulau Gaya. L'aller-retour pour Mamutik, Manukan et Sapi coûte environ 30 RM. Un forfait pour 2/3 îles revient à 40/48 RM.

La location d'un bateau pour rejoindre une île est fixée à 250 RM, un prix qui peut se négocier. Adressez-vous directement à un batelier, et évitez les rabatteurs qui rôdent dans le secteur. Enfin, ne payez qu'au retour au port.

Une taxe de terminal de 3 RM s'ajoute à tous les trajets en bateau, et le droit d'entrée au parc marin (10 RM) se paie à l'achat du billet (si vous louez un bateau, il devrait être inclus).

NORD-OUEST DU SABAH

La lisière nord du Sabah réunit, dans un espace relativement restreint, la plupart des caractéristiques géographiques et culturelles qui rendent Bornéo unique. Sous un ciel changeant du bleu au gris orageux, l'océan baigne des kilomètres de plage sablonneuse et recèle de fantastiques sites de plongée. Kadazan-Dusun, Rungu, riziculteurs, chasseurs, constructeurs de bateaux et pêcheurs en haute mer constituent la population. La région abrite aussi "la" montagne : le Gunung Kinabalu ou mont Kinabulu, le point culminant de l'île et le but des trekkeurs. Nimbé de légendes et d'énergie spirituelle, le Kinabalu attire depuis des générations les peuples du Sabah ; ne soyez pas surpris de tomber sous son charme.

Mont Kinabalu et parc national du Kinabalu

Le Gunung Kinabalu est plus que le point culminant de la troisième plus grande île du monde, plus qu'un paysage ; il est inextricablement lié au Sabah. Il orne le drapeau de l'État et reste toujours à portée de regard, accrochant les nuages et ombrageant les vallées. Il faut concentrer son attention sur la montagne pour comprendre sa spécificité et la raison pour laquelle elle est le principal site touristique de la région.

Haut de 4 095m, le premier site malaisien inscrit au patrimoine mondial de l'Unesco peut sembler modeste comparé aux sommets himalayens, mais son ascension n'a rien d'une simple promenade. Le chemin principal est essentiellement une très longue montée sur un versant abrupt à travers une jungle alpine et des paysages lunaires, avec quelques passages difficiles. Si vous ne souhaitez pas grimper jusqu'au sommet, le pied de la montagne offre d'autres attraits, dont un grand réseau de sentiers dans la nature.

Le coût, plus que l'effort physique, peut décourager d'entreprendre l'ascension. Tout est cher dans le parc national du Kinabalu. L'eau en bouteille coûte 4 ou 5 fois plus cher qu'à KK et Sutera Sanctuary Lodges détient le monopole de l'hébergement. À vous de décider si vous acceptez ces frais, qui constituent une part importante du coût de l'ascension.

Le Gunung Kinabalu continue à grandir, d'environ 5 mm par an. Par temps clair, on aperçoit les Philippines du sommet. Habituellement, la montagne est enveloppée de brouillard dès le milieu de la matinée.

Histoire

S'il est quasiment certain que des hommes des tribus locales escaladaient le Kinabalu depuis des années, sir Hugh Low, le secrétaire colonial britannique de Pulau Labuan, effectua la première ascension officielle en 1851. Aujourd'hui, le plus haut sommet du Kinabalu, Low's Peak, porte son nom.

À cette époque, la difficulté ne résidait pas dans l'ascension, mais dans la traversée de la jungle pour atteindre les contreforts. Trouver des porteurs constituait un autre problème – ceux qui accompagnaient Low croyaient que les esprits des morts habitaient la montagne. Low fut obligé de fournir un grand panier rempli de cristaux de quartz et de dents pour protéger l'expédition selon la tradition. Au fil des ans, les cérémonies destinées à apaiser les esprits devinrent de plus en plus élaborées et, dans les années 1920, elles comprenaient des prières à haute voix, des tirs au fusil et le sacrifice de sept œufs et de sept poules blanches.

Ces cérémonies ont aujourd'hui disparu, mais l'ascension du mont Kinabalu reste considérée comme un rite de passage.

Géologie

Le mont Kinabalu est un immense dôme de granit surgi des profondeurs il y a quelque 9 millions d'années, ce qui en fait, en termes géologiques, une montagne jeune. Une faible érosion a entamé les pentes

CONTOURNER LE MONOPOLE ?

Quel est le moyen le moins cher de faire l'ascension du mont Kinabulu ? C'est l'une des questions que posent le plus souvent les voyageurs au Sabah. La réponse est l'ascension dans la journée, qui exige d'être en excellente forme. La direction du parc la déconseille et risque de l'interdire dans le futur.

Beaucoup de voyageurs désapprouvent le monopole de Sutera sur l'hébergement et la demande de réserver l'ascension des mois à l'avance. Si vous partagez ce point de vue, préférez les chemins au pied du Kinabalu ou empruntez le Mesilau Trail jusqu'au premier poste de contrôle du parc, qui offre des paysages similaires à ceux de l'ascension complète.

Sabah Parks n'autorise pas l'ascension de nuit et les permis sont soigneusement vérifiés à plusieurs endroits sur la montagne. Tenter d'enfreindre les règles peut aboutir à un accident ou une arrestation et nous ne saurions le conseiller. Si vous ne souhaitez pas donner votre argent aux Sabah Parks ou à Sutera, il y a bien d'autres choses à voir et à faire au Sabah.

Ascension du mont Kinabalu

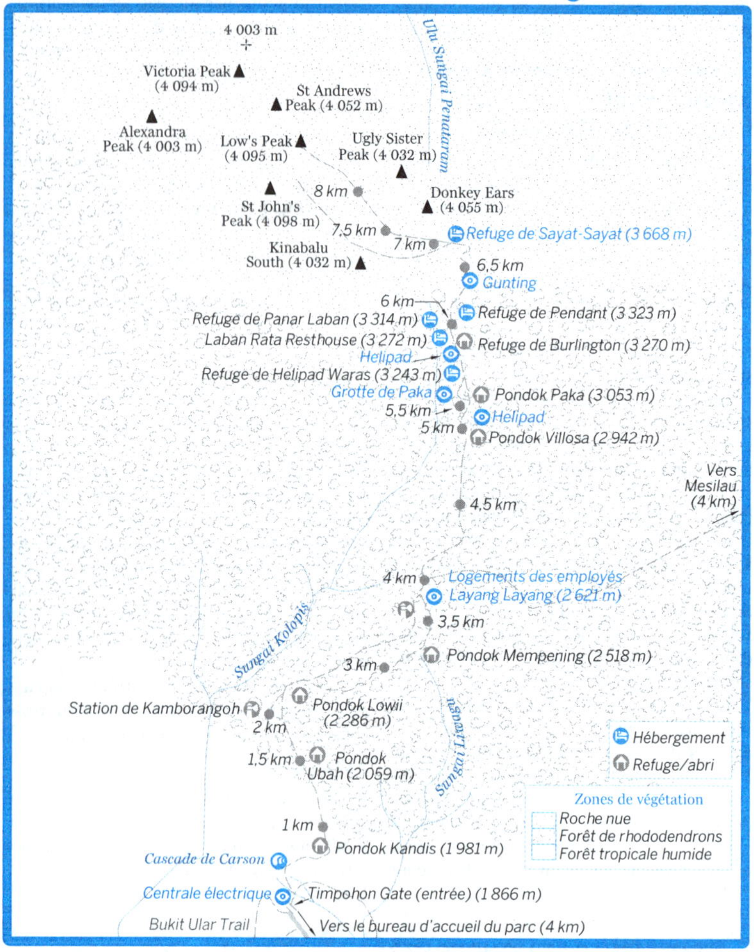

rocheuses autour du sommet et les glaciers qui couvraient jadis la majeure partie de la montagne ont laissé des stries. Si les neiges éternelles et les glaciers ont disparu, les bassins rocheux proches de la cime gèlent parfois.

Orientation et renseignements

Le bureau du parc national du Kinabalu se situe à 88 km au nord-est de KK par la route ; son jardin offre une vue splendide sur la montagne. À 1 588 m d'altitude, le climat est agréablement frais et la température moyenne s'élève à 20°C dans la journée et à 13°C la nuit. La marche jusqu'au sommet est pénible.

Le matin de votre arrivée, payez le droit d'accès au parc, présentez votre coupon de réservation au bureau de Sutera Sanctuary Lodges pour qu'on vous attribue une chambre, et rendez-vous au bureau de Sabah Parks afin de payer votre inscription et les frais de guide. La réservation de l'hébergement est *indispensable* si vous prévoyez l'ascension.

PERMIS, DROITS ET GUIDES

Le droit d'entrée au parc, le permis d'ascension, une assurance et un guide sont *obligatoires* pour escalader le mont Kinabalu. Vous pouvez vous procurer permis et services d'un guide au **bureau de Sabah Parks** (7h-19h), à côté du bureau de Sutera Sanctuary Lodges, immédiatement à droite après l'entrée principale du parc. Payez tous les droits au bureau du parc et ne tentez pas une ascension "non officielle" car les permis (des cartes plastifiées munies d'un cordon, à porter autour du cou) sont scrupuleusement contrôlés à deux endroits impossibles à éviter.

Presque tous les tour-opérateurs de KK proposent des excursions au mont Kinabulu ; elles coûtent habituellement 1 400 RM pour un voyageur seul. L'organiser soi-même est possible et un peu moins cher, mais requiert de la planifier à l'avance. L'excursion organisée est plus simple et plus onéreuse ; si vous trouvez un tour-opérateur à votre goût, n'hésitez pas.

Tous les visiteurs doivent payer le droit d'accès au parc : 15 RM pour les adultes, 10 RM pour les moins de 18 ans (respectivement 3 RM et 1 RM pour les Malaisiens). Le permis d'ascension coûte 100/40 RM par adulte/enfant (30/12 RM pour les Malaisiens). L'assurance revient à 7 RM par personne. Pour le trek jusqu'au sommet, les guides demandent 100 RM. Les randonneurs qui empruntent le Mesilau Trail doivent payer un supplément de 10 RM (petit groupe) ou 20 RM (grand groupe) pour le guide. Le guide vous sera assigné le matin de l'ascension. Sur demande, le personnel du parc pourra associer un voyageur indépendant à un groupe pour partager les frais. Les couples obtiennent généralement un guide pour eux seuls. Les guides sont essentiellement des Kadazan d'un village proche et nombre d'entre eux ont effectué l'escalade des centaines de fois. Essayez d'obtenir un guide anglophone, qui vous montrera la flore. Le chemin est facile à suivre et les guides marchent derrière le grimpeur le plus lent du groupe ; ils veillent à la sécurité et au bon déroulement de l'ascension.

Aux frais ci-dessus s'ajoutent au moins 415 RM par personne pour une chambre et les repas sur la montagne à Laban Rata. Avec l'hébergement, les bus ou les taxis jusqu'au parc, comptez plus de 800 RM pour l'excursion classique de 2 jours avec une nuit sur la montagne. Vous pouvez toutefois faire l'ascension dans la journée, à condition d'arriver à l'ouverture du parc (7h) et d'être jugé apte physiquement par un garde

ÉQUIPEMENT POUR LE KINABALU

- Lampe frontale (et piles de rechange)
- Chaussures de marche confortables
- Chaussettes en laine et chaussettes de sport
- Short de randonnée ou pantalon léger
- Trois T-shirts (dont un en tissu synthétique léger)
- Blouson doublé
- Veste légère et/ou imperméable
- Bonnet de laine ou doublé
- Gants fourrés
- Caleçon long
- Essuie-mains
- Bouteille d'eau
- Écran solaire
- Antimoustiques
- En-cas légers énergétiques
- Appareil photo
- Argent
- Bouchons d'oreilles pour les dortoirs

Ces articles doivent tenir dans un petit sac à dos imperméable. Avant le départ, appliquez-vous une couche d'écran solaire et de l'antimoustiques.

LE KINABALU INTERNATIONAL CLIMBATHON

Au terme de votre expédition de 2 jours sur les pentes du Kinabalu, quand vous franchirez, fourbu, la Timpohon Gate, n'oubliez pas de consulter le panneau des records d'ascension. Chaque année, le **Kinabalu International Climbathon** (http://climbathon.sabahtourism.com) attire d'excellents athlètes du monde entier qui tentent d'effectuer l'ascension en un temps record. La personne la plus âgée à avoir atteint le sommet est une Japonaise de 90 ans ! Ainsi, quand vous regarderez d'un air condescendant des randonneurs plus lents, souvenez-vous que des retraités pourraient bien vous dépasser.

forestier. Vous économiserez ainsi l'hébergement, mais vous devez être dans une forme physique éblouissante. Par ailleurs, selon des rumeurs, le parc devrait cesser d'autoriser les ascensions en une journée.

Parmi les frais supplémentaires facultatifs figurent le trajet en taxi du bureau du parc à la Tempohon Gate (aller 16,50 RM par véhicule, 4 personnes au maximum), un certificat d'ascension (10 RM) et un porteur (102 RM jusqu'au sommet ou 84 RM jusqu'à Laban Rata) pour une charge maximale de 10 kg.

Une évacuation par hélicoptère de la montagne revient à 2 500 RM.

ÉQUIPEMENT ET VÊTEMENTS

Aucun équipement particulier n'est requis. Nous vous conseillons une lampe frontale pour le dernier tronçon avant l'aube, car vous aurez besoin de vos mains pour saisir les cordes dans les passages difficiles. Attendez-vous à une température glaciale, des vents forts et parfois un orage aux abords du sommet. Emportez une bouteille d'eau, que vous pourrez remplir en chemin dans des citernes d'eau potable.

ASCENSION

Cette description correspond à une ascension de 2 jours/1 nuit. Vous vous présentez au bureau du parc vers 9h (8h45 au plus tard si vous empruntez la via ferrata) pour payer les droits du parc, rencontrer votre guide et entamer l'ascension (4-6 heures) jusqu'à Laban Rata (3 272 m), où vous passez la nuit. Le lendemain, vous commencez l'escalade vers 2h30 afin d'atteindre le sommet pour un fabuleux lever de soleil sur Bornéo.

L'ascension du Kinabalu exige une bonne forme physique. Il s'agit d'un trek difficile, en montée constante. Vous devrez négocier plusieurs obstacles, dont des pierres glissantes, un brouillard aveuglant, des vents glacés et de lents grimpeurs. Mountain Torq le compare à un trek de 5 jours effectué en 38 heures (ou moins si vous faites l'ascension dans la journée).

Deux voies mènent au sommet : le Timpohon Trail et le Mesilau Trail. Si vous escaladez le Kinabalu pour la première fois, nous vous recommandons le Timpohon Trail, plus court, moins ardu et plus facile à rejoindre du bureau du parc (1 heure de marche ou un court trajet en navette ; aller 16,50 RM par véhicule, 4 personnes au maximum). Si vous avez choisi la via ferrata de Mountain Torq, vous devrez obligatoirement emprunter le Timpohon Trail afin d'atteindre Laban Rata à temps pour le briefing sur la sécurité à 16h. Le Mesilau Trail offre aux grimpeurs expérimentés la possibilité de profiter des merveilles naturelles du parc. Il est moins fréquenté, augmentant les chances de voir une faune et une flore uniques.

Au fil de la montée, des panneaux indiquent la progression et des bornes se succèdent tous les 500 m. Des refuges (*pondok*), avec toilettes sommaires et citernes d'eau potable, sont installés à intervalles réguliers. Les durées de marche ci-après sont des estimations prudentes. Ne vous étonnez pas si vous grimpez plus vite, et ne vous découragez pas si vous mettez plus de temps. À chacun son rythme !

DE TIMPOHON GATE À LAYANG LAYANG

L'ascension commence officiellement à la Timpohon Gate (1 866 m), à 8,72 km du sommet. Des toilettes extérieures se situent à 700 m avant la Timpohon Gate, et une épicerie à l'entrée vend des en-cas et des boissons.

Après une brève descente, le chemin grimpe par des marches escarpées à travers la forêt épaisse et monte jusqu'à la fin. La charmante **cascade de Carson** jouxte le chemin peu après le début et des oiseaux et des écureuils s'ébattent dans la forêt le matin. Cinq *pondok* (refuges) se succèdent toutes les 15 à 35 minutes entre la Timpohon

Gate et Layang Layang ; comptez 3 heures pour rejoindre le refuge de Layang Layang (2 621 m). Près de **Pondok Lowii** (2 286 m), le chemin suit une crête dégagée, offrant une vue superbe sur les vallées et les pics.

DE LAYANG LAYANG À PONDOK PAKA

Ce tronçon peut être le plus difficile pour certains, surtout aux abords de la borne 4,5 km. Vous avez progressé, mais il reste un long parcours. Il faut environ 1 heure 45 pour rejoindre **Pondok Paka** (3 053 m), le septième refuge, à 5,5 km du point de départ.

DE PONDOK PAKA À LABAN RATA

Cette partie est celle où les randonneurs harassés trouvent un second souffle, car les arbres disparaissent et le sommet semble plus proche. À la fin de l'étape, vous atteignez **Laban Rata** (3 272 m), votre gîte sur la montagne. Remarquez le panneau élancé qui annonce l'arrivée : il s'agit d'une pale d'hélice de l'hélicoptère qui a transporté les matériaux de construction du gîte. Ce tronçon se parcourt en 45 min.

DE LABAN RATA AU REFUGE DE SAYAT-SAYAT

Votre réveil sonne à 2h du matin et vous vous préparez à gravir le dernier tronçon afin d'atteindre le sommet avant le lever du soleil.

La plupart des randonneurs se mettent en route vers 2h45. Faites comme eux et n'oubliez pas votre lampe. La grimpée de 1 heure – en nombreuse compagnie – jusqu'au refuge de **Sayat-Sayat** (3 668 m) comprend la traversée de la paroi rocheuse de Panar Laban. La végétation est rare, sauf aux endroits où des surplombs protègent du vent. C'est l'une des parties les plus difficiles de l'ascension, surtout dans l'obscurité et le froid qui précèdent l'aube.

DU REFUGE DE SAYAT-SAYAT AU SOMMET

Après le contrôle à Sayat-Sayat, la foule des randonneurs commence à se clairsemer, les plus sportifs continuant et les plus lents faisant une pause. Malgré le paysage époustouflant, la dernière portion de l'ascension est, bien sûr, la plus raide et la plus difficile.

Juste après Sayat-Sayat, le sommet paraît très proche et il reste à peine 1 km à parcourir. Toutefois, cette ultime étape nécessite de 1 à 3 heures, selon l'énergie qui vous reste.

SOMMET

Enfin, le moment magique ! N'oubliez pas que le lever du soleil peut s'admirer de tout endroit sur la montagne. Dès que le soleil monte à l'horizon, entre 5h45 et 6h20, la température se réchauffe rapidement et toute la fatigue accumulée s'évanouit ; la grimpée n'est plus qu'un vague souvenir et la descente n'effleure pas encore la pensée.

Envisagez de contacter Mountain Torq pour grimper à nouveau à Laban Rata par la via ferrata la plus haute au monde.

DESCENTE

Vous descendrez probablement du sommet vers 7h30 et vous ne devriez pas quitter Laban Rata au-delà de 12h30. L'éprouvante descente de Laban Rata à la Timpohon Gate demande de 3 à 4 heures (redescendre

VIA FERRATA

Mountain Torq a radicalement modifié l'ascension du Kinabalu en installant un système de rampes et d'échelles autour du sommet de la montagne. Appelé via ferrata (littéralement, “chemin ferré” en italien), ce style d'escalade est apprécié en Europe depuis le début du XXe siècle et commence à susciter le même engouement en Asie. En fait, Mountain Torq est la première via ferrata d'Asie, et, d'après le *Guinness des records*, la plus haute du monde !

Après l'ascension classique du Kinabalu, les participants empruntent ce parcours le long des parois de granit pour retourner au gîte de Laban Rata. Le parcours phare de Mountain Torq, le **circuit de Low's Peak** (550 RM ; âge minimum 17 ans), est une descente de 4 à 5 heures le long d'une paroi rocheuse abrupte. Il commence à 3 800 m d'altitude et franchit plusieurs obstacles avant de rejoindre le chemin appelé Walk the Torq, sur le dernier tronçon. Les échelles raides et les planches brinquebalantes permettent de tester ses limites sans mettre sa vie en danger. Si vous préférez éviter les montées d'adrénaline, empruntez l'itinéraire **Walk the Torq** (400 RM ; âge minimum 10 ans), une passionnante initiation de 2 à 3 heures au monde de la via ferrata avec de splendides paysages de montagne et un peu moins de frayeur.

Pour plus d'informations sur Mountain Torq, consultez le site www.mountaintorq.com.

FAUNE ET FLORE DU MONT KINABALU

Paradis botanique, le mont Kinabalu est classé Centre de diversité botanique et figure au patrimoine mondial de l'Unesco. Sa grande diversité d'habitats abrite une prodigieuse variété d'espèces et plus de la moitié des plantes qui poussent au-dessus de 900 m sont endémiques.

Orchidées, rhododendrons et népenthès insectivores comptent parmi les fleurs les plus spectaculaires. Autour du bureau du parc prospère une forêt de diptérocarpacées (forêt pluviale) ; plantes grimpantes, fougères et orchidées festonnent la canopée, tandis que des champignons garnissent le tapis forestier. Entre 900 et 1 800 m croissent des chênes, des lauriers et des châtaigniers, qui cèdent ensuite la place à une épaisse forêt de rhododendrons. Sur les pentes balayées par les vents au-dessus de Laban Rata, la végétation rabougrie se compose principalement de buissons de *sayat-sayat*, puis disparaît aux abords du sommet.

Les cervidés et les singes sont désormais moins nombreux autour du bureau du parc, mais on peut voir diverses espèces d'écureuils, dont le bel écureuil de Prévost et l'écureuil de montagne. Des musaraignes arboricoles viennent parfois fouiner dans les poubelles. Parmi les oiseaux communs figurent la témia de Bornéo, les rhipidures, les bulbuls, les souimangas et le garrulaxe noir. À plus haute altitude, on observe le bouscarle du Kinabalu, le zostérops à lunettes noires et le merle noir. S'y ajoutent des papillons colorés, dont le grand papillon de lune vert.

au pied de la montagne par le Mesilau Trail est encore plus long). Le temps peut se couvrir très rapidement, et le granit est glissant, même sec. En cas d'averses orageuses, vous aurez l'impression de marcher dans une rivière. Les randonneurs qui marchent lentement ont souvent plus mal aux jambes le lendemain : une allure rapide allège le martèlement auquel les jambes sont soumises à chaque pas. Si vous empruntez la via ferrata, vous serez éreinté pendant la descente et rejoindrez la Timpohon Gate juste avant le coucher du soleil (vers 18h-18h30).

Le bureau du parc délivre un certificat de 1er niveau (10 RM) à ceux qui ont atteint le sommet et un certificat de 2e niveau pour la grimpée jusqu'à Laban Rata.

RANDONNÉES AU PIED DE LA MONTAGNE

Cela vaut la peine de consacrer une journée à la découverte des sentiers balisés aux alentours du bureau du parc. Si vous en avez le temps, mieux vaut explorer les divers chemins et points de vue avant l'ascension ; vous n'en aurez probablement pas envie après.

Les chemins se croisent à un endroit ou à un autre et vous pouvez passer un ou plusieurs jours à marcher paisiblement dans la superbe forêt. Le **Liwagu Trail** (6 km), qui suit la rivière du même nom, permet d'observer des plantes intéressantes, quantité d'oiseaux et parfois même un mammifère. Par temps de pluie, attention aux passages glissants et aux sangsues.

Tous les jours à 11h, une **promenade guidée** (3 RM/pers) de 1 ou 2 heures part du bureau de Sabah Parks. Un guide compétent montre en chemin des fleurs, des plantes, des oiseaux et des insectes. Si vous partez suffisamment tôt de KK, vous pouvez arriver à temps au parc pour cette promenade.

Nombre des plantes trouvées sur la montagne sont cultivées dans le **Mountain Garden** (5 RM ; ⏲9h-13h, 14h30-16h), derrière le centre des visiteurs. Des visites guidées du jardin débutent à 9h, 12h et 15h (5 RM).

Où se loger

LABAN RATA (SUR LA MONTAGNE)

Le camping est interdit sur la montagne. L'accès au sommet est conditionné par un hébergement dans les refuges de Laban Rata (3 272 m). Les réservations doivent s'effectuer à l'avance, le plus tôt possible. Pour espérer profiter d'un temps dégagé au sommet, il faut arriver à l'aube, ce qui signifie passer la nuit à Laban Rata. Si vous tentez l'ascension dans la journée en partant vers 7h, le sommet sera sans doute noyé dans les nuages ou pluvieux à votre arrivée.

Sutera Sanctuary Lodges (☎088-308470, 088-318888, infos 243 629 ; suterasanctuarylodges.com.my ; Jln Haji Saman, Lot G15, rdc, Wisma Sabah ; ⏲8h30-16h30 lun-sam, 8h30-12h30 dim), à Kota Kinabalu, gère presque tous les hébergements, et les places

Bureaux et sentiers du parc national de Kinabalu

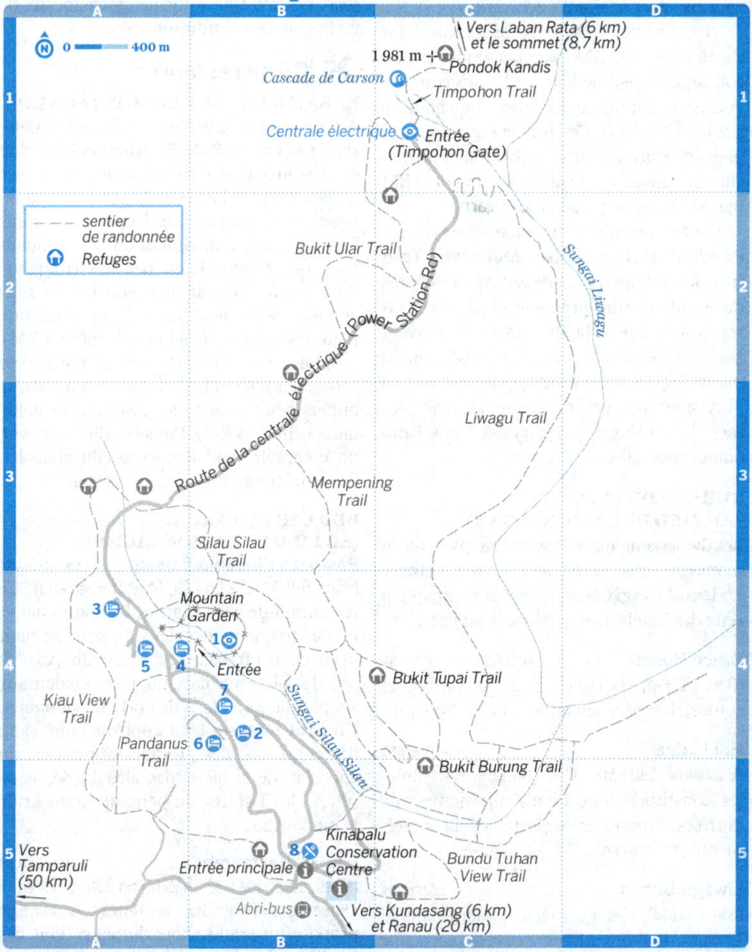

Bureaux et sentiers du parc national de Kinabalu

À voir

1 Mountain Garden B4

Où se loger

2 Grace Hostel B4
3 Hill Lodge A4
4 Liwagu Suites A4
5 Nepenthes Villa A4
6 Peak Lodge B4
7 Rock Hostel B4

Où se restaurer

Liwagu Restaurant .... (voir 4)
8 Restoran Kinabalu Balsam B5

sont très limitées. De nombreux voyageurs se plaignent souvent du manque d'organisation et de l'inefficacité du système de réservation : les refuges sont complets, ou ne le sont pas, contrairement aux affirmations. Vous pouvez réserver en ligne (pour 2 nuits au moins), au bureau ou par téléphone – d'après notre expérience, mieux vaut réserver au bureau de Sutera à KK si vous ne l'avez pas prévu à l'avance.

Le dortoir chauffé de la Laban Rata Resthouse (485 RM par personne, literie comprise) constitue le choix le plus courant. Pour plus d'intimité, réservez une chambre à 2 lits (920 RM). Ces prix comprennent la pension complète. Des hébergements non chauffés entourent le gîte principal (415 RM par personne en pension complète).

L'autre possibilité à Laban Rata est le **Pendant Hut**, géré par **Mountain Torq** (prix identiques à ceux de Sutera). Les hôtes du Pendant Hut prennent deux ou trois repas à la cafétéria de Sutera, et doivent participer au circuit de la via ferrata (ou au moins le payer). Le Pendant Hut est un peu plus spartiate (pas de chauffage mais des sacs de couchage très chauds), mais l'ambiance plus gaie.

BUREAU DU PARC (AU PIED DE LA MONTAGNE)

Les hébergements suivants, au pied de la montagne, sont gérés par Sutera Sanctuary Lodges. Les prix sont exagérés comparés à ceux des hôtels juste en dehors du parc.

Grace Hostel AUBERGE DE JEUNESSE **$$**
(Dort 192 RM). Dortoir de 20 lits propre et confortable, avec cheminée et coin boissons.

Hill Lodge BUNGALOWS **$$$**
(Bungalow 580 RM). Ces bungalows jumelés constituent une bonne alternative aux dortoirs. Propres et confortables, ils s'agrémentent d'une sdb.

Liwagu Suites HÔTEL **$$$**
(Ste 700 RM). Ces 4 suites se situent dans le Liwagu Building. Elles peuvent accueillir 4 personnes, mais conviennent mieux aux couples car elles ne comprennent qu'une chambre et un salon.

Nepenthes Villa HÔTEL, LODGE **$$$**
(Lodge 1 078 RM). Ces logements à 2 niveaux comportent 2 chambres (une avec lits jumeaux, l'autre avec lit double) et une véranda avec une vue limitée sur la montagne.

Peak Lodge LODGE **$$$**
(Lodge 940 RM). Ces logements jumelés disposent de 2 chambres (une avec lits superposés, l'autre avec lits jumeaux), d'un agréable salon, d'une cheminée et d'une véranda avec une jolie vue.

Rock Hostel AUBERGE DE JEUNESSE **$$**
(Dort 192 RM). Une auberge de jeunesse de 20 lits, un peu institutionnelle.

Où se restaurer

LABAN RATA (SUR LA MONTAGNE)

À Laban Rata, le restaurant de style cafétéria de la **Laban Rata Resthouse** offre une carte simple et des buffets coordonnés avec les heures d'escalade. La plupart des randonneurs qui séjournent à Laban Rata, dans l'un des refuges de Sutera ou à la Pendant Hut, bénéficient de la pension complète. Vous pouvez obtenir une réduction si vous apportez votre nourriture (l'eau bouillante pour les nouilles lyophilisées coûte 1 RM). N'oubliez pas que vous devrez porter vos provisions jusqu'à Laban Rata. Les repas aux buffets peuvent aussi se payer individuellement (dîner 45 RM). Dans la salle à manger, un comptoir vend des sodas, du chocolat, des antalgiques et des cartes postales.

BUREAU DU PARC (AU PIED DE LA MONTAGNE)

Restoran Kinabalu Balsam CAFÉTÉRIA **$$**
(Plats 5-15 RM ; ⌚6h-22h, 6h-23h week-end). Ce restaurant de style cantine, le moins cher et le plus fréquenté des deux du parc, se tient juste en contrebas du bureau du parc. Il sert des plats malais, chinois et occidentaux simples et corrects, à des prix raisonnables. Un petit magasin bien approvisionné vend des conserves, des produits lyophilisés, du chocolat, de la bière, des alcools, des cigarettes, des T-shirts, du pain, des œufs et de la margarine.

Liwagu Restaurant CAFÉTÉRIA **$$**
(Plats 10-30 RM ; ⌚6h-22h, 6h-23h week-end). Dans le centre des visiteurs, le Liwagu propose un grand choix de plats, dont des nouilles, du riz et du poisson. Le "petit-déjeuner américain" n'a rien d'exceptionnel.

Depuis/vers le Kinabalu

Il est fortement recommandé aux randonneurs de s'enregistrer vers 9h au bureau du parc ; si vous venez de KK, vous devrez partir vers 7h, ou passer la nuit au pied de la montagne.

Bus

Des bus express (25 RM) partent de l'Utara Terminal à KK toutes les heures de 7h à 10h, puis à 12h30, 14h et 15h ; les horaires sont les mêmes en sens inverse. Des minivans (15 RM) partent du même endroit quand ils sont pleins. Un bus (40 RM) passe par le Pacific Sutera (9h), le Magellan Sutera (9h10) et le Wisma Sabah

(9h20) et arrive au bureau du parc national du Kinabalu à 11h30 ; en sens inverse, il quitte le bureau du parc à 15h30. Une navette relie le bureau du parc et les sources thermales de Poring à 12h (25 RM) et une autre dessert le Mesilau Nature Resort à 15h30 (25 RM). Les bus express et les minivans qui circulent entre KK et Ranau (et Sandakan) passent par l'embranchement vers le parc, à 100 m de l'entrée. S'il y a de la place dans le bus, vous pouvez allez jusqu'à Sandakan (40 RM).

Taxi

Des taxis collectifs partent des gares routières d'Inanam et de Padang Merdeka à KK (150-200 RM).

Jeep

Des jeeps collectives stationnent devant l'entrée du parc et partent pour KK (150 RM) et Sandakan (400 RM) quand elles ont 5 passagers. Vous pouvez aussi louer le véhicule.

Environs du mont Kinabalu

Le parc national du Kinabalu abrite la plus haute montagne de Bornéo et une forêt parmi les mieux préservées de l'île. Si la plupart des voyageurs vont directement au bureau du parc et au Gunung Kinabalu, les sites suivants méritent la visite :

MESILAU NATURE RESORT

Ce ravissant coin de campagne est le point de départ d'une autre voie vers le sommet du mont Kinabalu, souvent préférée par les trekkeurs car plus difficile que le chemin principal et moins empruntée. L'itinéraire de Mesilau serpente à flanc de montagne puis rejoint celui de Timpohon pour grimper jusqu'à Laban Rata. Organisez votre circuit avec Sutera Sanctuary Lodges et votre guide vous attendra à Mesilau.

MÉMORIAL DE KUNDASANG

Au croisement vers le Mesilau Nature Resort sur la nationale KK-Ranau, le **Kundasang War Memorial** (10 RM ; 8h-17h30) commémore les prisonniers australiens et britanniques qui périrent lors des marches de la mort de Sandakan. Des pavillons en marbre séparent quatre jardins à l'anglaise, soigneusement entretenus. Le jardin de l'Anzac comprend une liste complète des morts. Au fond des jardins, un point de vue offre un panorama époustouflant sur le mont Kinabalu.

Le mémorial se tient à Kundasang, à 6 km à l'est du bureau du parc national du Kinabalu. Vous saurez que vous êtes arrivé à Kundasang quant vous verrez les étals de marché de part et d'autre de la route. Prenez l'embranchement à gauche pour rejoindre le Mesilau Nature Resort. Le mémorial se situe sur la droite, à 150 m après l'embranchement. Repérez les drapeaux et le bâtiment semblable à un fort au-dessus de la route.

RANAU

Ranau est un ensemble de blocs en béton sur la route de KK à Sandakan. À part un **marché de nuit** animé le samedi, la ville n'a aucun charme et l'urbanisation rampante défigure la charmante vallée alentour. Elle mérite toutefois une halte pour un massage des pieds unique au **Tagal Sungai Moroli** (10 RM), dans Kampung Luanti. Le mot *tagal* signifie “interdiction de pêcher” dans la langue locale kadazan-dusun, car les poissons de la rivière (une espèce appelée *ikan pelian*) ne se capturent pas. Les habitants de Ranau affirment qu'ils ont appris aux poissons à doucement mordiller les pieds.

À voir

Sabah Tea Garden PLANTATION DE THÉ

(440882 ; www.sabahtea.net ; visite de la fabrique 12 RM, avec déj 34 RM, forfait 2 jours à partir de 190 RM). Cette belle plantation de thé se niche dans les montagnes près de Ranau. Contactez le jardin de thé pour une visite de la plantation, de la forêt pluviale et des vallées alentour. Les forfaits de 2 jours comprennent la nuit dans une copie de maison longue traditionnelle. Des circuits incluent la visite de la propriété et un massage des pieds par les poissons (110 RM).

SOURCES THERMALES DE PORING

Aménagées par les Japonais durant la Seconde Guerre mondiale, les **sources thermales de Poring** (adulte/enfant 15/10 RM) sont devenues une destination de week-end prisée des habitants. Le complexe fait partie du parc national de Kinabalu, mais se situe à 43 km du bureau du parc, de l'autre côté de Ranau.

Les sources thermales se trouvent dans un parc forestier bien entretenu, sillonné de divers chemins facilement accessibles. L'eau sulfureuse et fumante est canalisée dans des bassins artificiels et des baignoires, dont certains un peu délabrés. Des visiteurs apprécient l'endroit, d'autres sont déçus. N'oubliez pas d'apporter serviette et maillot de bain.

Le principal attrait de Poring survole les sources : une **promenade dans la canopée** (15 RM ; ⏲9h-16h), composée de passerelles suspendues aux arbres jusqu'à 40 m au-dessus du sol, offre une vue unique sur la forêt alentour. Venez tôt si vous souhaitez voir des oiseaux et d'autres animaux. Un **jardin tropical** (adulte/enfant 3/1,50 RM ; ⏲9h-16h), une **ferme de papillons** (adulte/enfant 4/2 RM ; ⏲9h-16h mar-dim) et un **jardin d'orchidées** (adulte/enfant 10/5 RM ; ⏲9h-16h) font également partie du complexe de Poring. Des rafflésies fleurissent parfois dans le secteur ; repérez les panneaux au centre des visiteurs et le long de la route.

Lupa Masa ÉCO-CAMP $

(☎019-802 0549, SMS 016-8068194 ; www.facebook.com/lupa.masa ; dort (hamac sur châssis) 50 RM). À 10 minutes de route de Poring, un fabuleux écolodge dont le nom signifie "oublier le temps" en malais, un programme facile à suivre ici. Respectueux de l'environnement, ce campement contribue à l'économie des communautés locales et s'adresse principalement aux voyageurs indépendants, une rareté au Sabah. Cependant, le Lupa Masa ne convient pas à tous. L'endroit est rustique, avec des insectes dans le camp et des sangsues juste au dehors. On vous servira trois bons repas par jour (végétariens sur demande), mais il n'y a ni TV, ni clim et les toilettes sont à la turque. L'hébergement se compose de tentes surélevées et de logements traditionnels en bambou avec toit de palmes, équipés de hamacs sur châssis et de moustiquaires. Des chambres dans une maison longue de style traditionnel offrent un peu plus d'intimité. La propriété compte quelques "piscines" : de splendides bassins naturels, alimentés par des torrents et des cascades. Vous êtes dans la jungle, au cœur du Bornéo sauvage.

Les propriétaires proposent des treks guidés dans la journée, de nuit ou de plusieurs jours (à partir de 20 RM), ainsi que des cours de survie dans la jungle. Au cours de ces expéditions, vous aurez de bonnes chances d'apercevoir des animaux, surtout la nuit.

Où se loger en dehors du parc du Kinabalu

Passer une nuit au pied du Kinabalu avant l'ascension est d'autant plus plaisant que les nombreux hébergements conviennent à tous les budgets. Ceux répertoriés ci-après disposent tous d'un restaurant :

À une exception près, les hébergements de Mesilau et de Poring sont gérés par Sutera Sanctuary Lodges. À Mesilau, le **logement** (dort à partir de 428 RM/pers) se compose de dortoirs et de doubles fonctionnels, avec quelques chalets aux formes bizarres, à partir de 1 285 RM pour 3 lits. Le Mesilau Nature Resort se tient à 30 minutes après l'entrée du parc (en direction de Ranau depuis KK). L'hébergement de Sutera à Poring, équivalent en prix et en confort, se trouve dans le complexe thermal.

Des hébergements privés entourent la base du Kinabalu, pour la plupart le long de la route entre le bureau du parc et Kundasang (à l'est de l'entrée du parc). Deux chambres d'hôtes à Kundasang, **Walai Tokou** (☎088-888166, 019-860 2270 ; koch_homestay@yahoo.com ; Ranau ; forfaits à partir de 240 RM) et **Mesilou Atamis** (☎017-832 5578, 019-580 2474 ; http://www.mesilau-homestay.com ; forfaits 2 jours à partir de 350 RM ; P) constituent d'autres possibilités.

Wind Paradise YOURTES $$

(☎714563, 012-820 3360 ; http://windparadise2011.blogspot.com ; Jln Mesilau, Cinta Mata, Kundasang ; d à partir de 170 RM, yourte (4 pers) 300 RM ; P). Des éléments du Wind Paradise ressemblent à ceux des autres complexes hôteliers du mont Kinabalu : chambres de style lodge avec parquet, meubles modernes minimalistes et draps aux couleurs criardes. L'établissement se distingue par ses attrayantes yourtes blanc et bleu, avec parquet et lits douillets (un grand lit et des lits jumeaux). Chambres et yourtes bénéficient presque toutes d'une belle vue sur la jungle qui entoure le mont Kinabalu.

Mountain Guest House GUESTHOUSE $

(☎888632, 016-837 4040 ; dort/s/d avec petit-déj à partir de 30/60/70 RM). L'hébergement le plus proche du parc du Kinabalu non géré par Sutera, se situe à 4 km du départ du chemin qui grimpe la montagne. La pension offre des chambres propres dans des huttes et des chalets accrochés sur le versant du mont Kinabalu, et sert des dîners végétariens (8 RM).

D'Villa Rina Ria Lodge LODGE $$

(☎889282 ; www.dvillalodge.com.my ; dort/ch 30/120 RM ; @). Ce lodge charmant, tenu par un personnel sympathique, comprend de jolies chambres douillettes et une salle à manger avec vue sur les montagnes ou les épais nuages, selon les caprices des dieux du temps.

Comment s'y rendre et circuler

Bus et van

Les bus qui effectuent l'aller-retour de KK font halte devant le bureau du parc et à Ranau (15-20 RM, 2 heures) de 7h à 20h. Des minivans partent d'un abri à toit bleu à Ranau et desservent les sites voisins (bureau du parc, Poring, etc.) pour 5 RM. Le parc national offre un service de van entre son bureau et Poring (25 RM) ; il part du bureau à 12h.

Côte nord-ouest

La côte nord-ouest du Sabah reste peu explorée. L'A1 court au nord de KK vers Kudat et la pointe de Bornéo en passant par de larges caps rocheux, des rizières et des plages cachées. Louer une voiture ou une moto facilite la découverte de la région ; les routes sont plates et les transports publics s'aventurent rarement en dehors de la grand-route.

TUARAN

Tuaran, à 33 km de KK, est une bourgade animée avec de larges rues bordées d'arbres et la **pagode Ling Sang**, une structure de 9 étages gardée par des divinités peintes de couleurs vives. La ville elle-même n'offre guère d'intérêt, sauf les jours de marché (Tuaran vient sans doute du mot malais *tawaran*, ou "vente", en référence à son passé de comptoir marchand). La région alentour recèle quelques sites intéressants. Des panneaux indiquent le **Mengkabong Water Village**, un village bajau sur pilotis construit dans un estuaire ; le développement et la pollution nuisent à son charme.

À voir

Rumah Terbalik MAISON

(The Upside Down House ; ☎088-260263 ; www.upsidedownhouse.com.my/ ; Kg. Telibong, Batu 21, Jln Telibong Tamparuli ; adulte/enfant 18/5 RM ; ⏱8h-22h lun-dim ; P🚸). L'une des rares curiosités bizarres du Sabah, la Rumah Terbalik ou "maison à l'envers" est une maison moderne, joliment conçue et décorée, qui repose sur son toit. Même les meubles et la voiture dans le garage sont collés au plafond ! La visite est amusante et plus encore l'hilarité qu'elle déclenche chez les Malais.

Où se loger et se restaurer

Étant donné la proximité de KK et de ses nombreux hébergements, vous ne devrez sans doute pas passer la nuit en ville. Dans le cas contraire, essayez l'**Orchid Hotel** (☎012-820 8894, 088-793789 ; http://www.orchid-hotel.netmyne.com ; 4 Jln Teo Teck Ong ; ch à partir de 80 RM ; ❄), un peu trop cher, mais correct pour une nuit. À quelques pas, le **Tai Fatt** (Jln Teo Teck Ong ; repas 4 RM ; ⏱7h-22h), le meilleur *kedai kopi* de Tuaran, sert de savoureuses *char mien/mee goreng*, des nouilles de froment sautées avec des légumes, du porc et des œufs.

Shangri-La Rasa Ria Resort COMPLEXE HÔTELIER **$$**

(☎088-792888 ; www.shangri-la.com ; Pantai Dalit ; chàpartirde450 RM ; P❄@📶🏊).Lecomplexefrère du Shangri La Tanjung Aru Resort de Kota Kinabalu occupe une belle étendue de dunes couleur pêche à 45 minutes au nord de l'aéroport de KK. Il comprend un parcours de golf 18 trous, plusieurs bons restaurants, une piscine, un spa et une petite réserve naturelle.

À NE PAS MANQUER

LES ORANGS-OUTANS DE SHANGRI-LA

Malgré un nom qui évoque le Tibet, la réserve du Shangri-La Rasa Ria Resort se situe à proximité de Tuaran.

Propriété de l'hôtel, cette réserve animalière propose toutes sortes d'activités, de l'observation des oiseaux aux marches nocturnes (pour voir civettes et loris), et une promenade dans la canopée afin d'apercevoir les orangs-outans. Les grands singes roux sont aussi beaux qu'à Sepilok (p. 349), et les touristes sont bien moins nombreux. De plus, votre argent finance un organisme de conservation. Les pix pour les activités ci-dessus varient selon que vous résidiez ou non à l'hôtel. Pour plus d'information, envoyez un e-mail à rrr@shangri-la.com ou appelez le ☎88-797888. L'observation (2 heures) des orangs-outans a lieu chaque jour à 10h.

Depuis/vers Tuaran

Tous les bus en direction du nord passent par Tuaran et des minivans font régulièrement la navette depuis/vers KK (5-10 RM, 30 min). Des minivans moins fréquents desservent Mengkabong (1 RM). Des minivans réguliers relient Tuaran et Kota Belud (environ 15 RM, 30 min).

KOTA BELUD

Si Kota Belud n'a guère d'intérêt, la ville mérite le détour pour son **tamu** (marché) du dimanche. Une foule de marchands, colporteurs, chalands et badauds se presse dans ce marché pittoresque et poussiéreux et l'animation se répand dans toute la ville ; un marché plus modeste a lieu le mercredi. Le spectacle le plus impressionnant du *tamu besar* (grand marché) -malheureusement rare aujourd'hui - est le défilé des cavaliers bajau en costumes de satin colorés qui viennent des villages voisins sur leurs chevaux caparaçonnés.

Un *tamu* n'est pas simplement un marché où des villageois viennent vendre les produits de leurs fermes et acheter des marchandises manufacturés ; c'est aussi un événement social où l'on échange des nouvelles et des histoires. Désormais, les touristes sont souvent plus nombreux que les buffles, et les cavaliers bajau ne viennent plus sur le parking, sauf pour parader devant les visiteurs.

L'artisanat tribal et les vêtements traditionnels proposés sur le marché sont de piètre qualité et fabriqués pour les touristes. Flânez sans envisager un achat, appréciez l'atmosphère conviviale, parfois frénétique, savourez de bons en-cas et chinez comme dans un marché aux puces.

Où se loger et se restaurer

La plupart des visiteurs viennent pour la journée de KK, ce qui laisse amplement le temps de découvrir le marché.

Si Kota Belud n'a rien d'une étape gastronomique, vous pourrez déguster de délicieux en-cas au marché du dimanche. De nombreux cafés chinois et halal sont installés autour des bâtiments municipaux.

Mañana GUESTHOUSE $$
(☎014-679 2679, 014-679 3679 ; www.manana-borneo.com ; hamac/ch/ste à partir de 50/70/150 RM). Cette fabuleuse propriété se situe dans le petit Kampung Pituru Laut, loin sur la côte. Son nom vient d'un hôte canadien qui reportait sans cesse son départ au lendemain en répétant mañana… Les propriétaires, Yan et Nani, ont installé leur guesthouse sur une plage privée, un coin de paradis uniquement accessible en bateau. Les chalets en bois, simples et bien conçus, donnent sur l'eau transparente, la brise marine balance les hamacs, le restaurant sert des plats chauds et de la bière fraîche, et les couchers de soleil sont fastueux. Renseignez-vous sur les sorties de plongée pour découvrir le plus grand corail-cerveau au monde. Les propriétaires préfèrent que l'on réserve afin d'organiser le transport ; leur agent attitré à KK est l'excellent GogoSabah (p. 318).

Kota Belud Travelers' Lodge LODGE $
(☎088-977228 ; 6 Plaza Kong Guan ; ch 65 RM, avec sdb 85-115 RM ; ❄). Un lodge modeste dans le centre-ville, à 200 m au sud-ouest de la mosquée dans un secteur commerçant (bien indiqué, il se repère facilement). Il offre des chambres douillettes dans un bâtiment en ciment, typique des hôtels de l'intérieur du Sabah.

Depuis/vers Kota Belud

MINIBUS ET TAXI

Des minibus et des taxis collectifs stationnent devant le pasar Besar, le vieux marché, et desservent pour la plupart KK (7-10 RM, 2 heures) ou Kudat (10-15 RM, 2 heures) entre

TERREUR À KOTA BELUD

Si vous êtes dehors la nuit à Kota Belud et que vous entendez un bruit étrange, si vous êtes enceinte ou êtes un petit enfant, rentrez immédiatement afin de ne pas devenir la prochaine victime du *penanggalan*, le fantôme de Kota Belud. Le *penanggalan* ("détaché"), appelé localement *balan-balan*, est un monstre bizarre, mélange de *banshee* (magicienne de la mythologie irlandaise), de vampire et d'expérience biologique. Belle jeune femme dans la journée, il devient un corps sanguinolent la nuit, traînant une masse d'entrailles. Le *balan-balan* est attiré par l'odeur des nourrissons et des femmes enceintes. Un film d'horreur malais, *Penanggal* (2011), traite du sujet, avec têtes volantes, hurlements et gens dévorés.

7h et 17h. Pour rejoindre le parc national du Kinabalu, prenez n'importe quel minibus à destination de KK et descendez à Tamparuli, environ à mi-chemin (5 RM, 30 min). Plusieurs minibus relient chaque jour Tamparuli et Ranau jusqu'à 14h, via l'entrée du parc (5 RM, 1 heure). Le trajet jusqu'à Ranau coûte 13 RM et dure un peu plus d'une heure.

KUDAT

Bien qu'à quelques heures de KK, Kudat semble au bout du monde. Aucune ville malaise n'est aussi détendue et accueillante que cette bourgade somnolente. Vous pouvez en remercier les Rungus locaux et les nombreux Philippins.

Paisible ville portuaire, Kudat ne compte guère de curiosités, à part un grand **temple chinois** (entrée libre) sur la place principale et un **marché de poisson** près des quais. Il est cependant agréable d'y flâner et d'échanger des sourires avec les habitants. De plus, Kudat est la porte de la pointe de Bornéo, avec des kilomètres de plages splendides, certaines excellentes pour le surf, d'autres foulées par du bétail errant et parfaites pour admirer de flamboyants couchers de soleil. La difficulté consiste à les dénicher, car les infrastructures touristiques sont rares.

Se perdre sur les petites routes qui conduisent à l'océan aboutit à de superbes découvertes. Nous avons loué une voiture et sommes partis à l'aventure – une expérience que nous vous recommandons. Les routes, mal signalées, ne sont pas très nombreuses et un peu de persévérance permet de trouver le Graal du voyageur : une plage secrète et intacte. Rendez-vous à **New Way Car Rental & Souvenir Centre** (☎088-625868 ; 40 Jln Lo Thien Chok) avant d'explorer la région en indépendant ; le centre peut aussi réserver l'hébergement sur Pulau Banggi.

Où se loger et se restaurer

Tampat Do Aman ÉCO-CAMP $
(☎013-880 8395 ; http://tampatdoaman.com ; ch à partir de 30 RM ; wi-fi). Tampat Do Aman signifie "endroit des amis" en rungus, un nom qui convient parfaitement à l'accueil chaleureux de Howard Stanton et de son épouse rungus. Le couple s'efforce d'instaurer un tourisme durable dans la région et travaille avec la communauté rungus locale afin de préserver certaines des plus jolies plages et parcelles de jungle de Kudat. Howard vous indiquera des trajets à vélo ou en voiture jusqu'à des plages parmi les plus isolées du Sabah ; demandez à voir l'endroit des jeunes mariés, ou des conseils pour les sites de snorkeling. Le Tampat Do Aman est très rustique, avec de simples huttes en chaume et une maison longue dotées de ventilateurs, dans un cadre fabuleusement romantique entre la jungle et l'océan. Le personnel prépare de bons repas (et sert des bières) sur demande.

Tip of Borneo Resort COMPLEXE HÔTELIER $$
(Tommy's Place ; ☎013-811 2315, 088-493468 ; http://tipofborneoresort.com ; ch 130-160 RM ; clim, wi-fi). Si vous préférez un hébergement plus luxueux, rejoignez cet excellent complexe de superbes villas et chalets avec une vue panoramique sur les promontoires de Kudat. Le personnel veille à préserver la beauté naturelle et protège les tortues de mer durant la ponte. Plongée et planche à voile font partie des activités proposées et la direction vous dirigera volontiers vers des plages fantastiques.

Hibiscus Riviera VILLA $$$
(☎019-895 074 ; www.hibiscusvillaborneo.com ; villa à partir de 800 $US ; clim, wi-fi, piscine). L'Hibiscus est l'un des plus beaux hébergements haut de gamme du Sabah. Aménagée avec un goût sans faille, la villa s'agrémente de parquet, d'art indigène, de galets polis et d'une époustouflante piscine à débordement. De fin décembre à début janvier, le prix grimpe à 1 100 $US la nuit (1 030 $US sans le petit-déjeuner) avec un séjour minimum de 3 nuits.

Ria Hotel HÔTEL $$
(☎088-622794 ; http://riahotel.blogspot.com ; 3 Jln Marudu ; ch 120-275 RM ; clim, @). Bonne adresse à Kudat, le Ria offre de grandes chambres propres et bien équipées, des jolies sdb avec eau chaude et des petits balcons. Il se situe à courte distance au sud-ouest de la gare routière.

Depuis/vers Kudat

La gare routière se tient dans le Kudat Plaza, dans la partie ouest de la ville, près du Ria Hotel. Parmi les destinations desservies par les bus figurent KK (25 RM, 3 heures) et Kota Belud (15 RM, 1 heure 30). Des minivans et des jeeps partent aussi de cette gare ; le trajet jusqu'à KK revient à 45 RM.

ENVIRONS DE KUDAT

Les environs de Kudat recèlent des criques, des plages et des chemins dans les collines, presque toujours au bout de routes non signalées. Les propriétaires du Tampat Do Aman ou du Tip of Borneo Resort vous indiqueront les plus beaux sites. Certaines des routes secondaires sont praticables en voiture classique ou à moto, mais soyez prudent, surtout en cas de pluie (ce qui n'arrive pas souvent dans la partie la plus sèche du Sabah). Ne manquez pas les splendides couchers de soleil tropicaux, qui font la réputation de la côte ouest. Vantées par Sabah Tourism, les **maison longues rungus** (Bavanggazo Rungus Longhouses/Maranjak Longhouse ; ☎088-621673, 612846 ; à partir de 70 RM/pers et par nuit) de Kampung Bavanggazo, à 44 km au sud de Kudat, étaient un peu négligées quand nous les avons visitées.

POINTE DE BORNÉO

Le cap le plus septentrional du Sabah, au bout d'une large baie à 40 km de Kudat, est appelé Tanjung Simpang Mengayu ou pointe de Bornéo. Magellan y aurait accosté durant 42 jours lors de son fameux voyage autour du monde. Jadis sauvage, le promontoire balayé par les vents, où les falaises plongent dans la mer, est devenu un site touristique – un grand monument en forme de globe tronqué domine le point de vue. Un panneau avertit du danger de descendre sur les rochers qui forment la pointe elle-même, ce que font nombre de touristes. N'essayez pas de nager à cet endroit ; un touriste coréen s'est noyé lors de nos recherches.

Aucun transport public ne dessert le site ; vous devrez louer un taxi à Kudat (environ 90 RM, attente comprise) ou une voiture.

Îles au large

Les véritables joyaux du nord-ouest du Sabah se situent au large : Pulau Mantanani, deux parfaites îles tropicales à 40 km au nord-ouest de Kota Belud, et Layang Layang, un paradis de la plongée à 300 km au nord-ouest de KK. Simple piste d'atterrissage construite sur un récif au milieu de la mer de Chine méridionale, Layang Layang est réputée pour son excellente visibilité, ses tombants interminables et ses occasionnels bancs de requins-marteaux ; elle est classée juste après Sipadan sur la liste des meilleurs sites de plongée de Malaisie.

PULAU MANTANANI

Pulau Mantanani Besar (Grande île Mantanani) et **Pulau Mantanani Kecil** (Petite île Mantanani) sont deux îlots frangés de sable blond et entourés de coraux, à 25 km de la côte du nord-ouest du Sabah.

Géré par Riverbug, l'excellent **Mari Mari Backpackers Lodge** (☎088-260501 ; www.riverbug.asia ; dort 60 M, ch 80-175 RM) propose des chalets sur pilotis parsemés sur une plage de sable blanc, joliment construits sur le modèle des maisons longues. Plongée et snorkeling constituent les principales activités. Vous pouvez aussi vous consacrer au farniente dans cette charmante retraite tropicale.

PULAU BANGGI

Pour vous évader des itinéraires touristiques, rejoignez Pulau Banggi, à 40 km au nord-est de Kudat. Les Banggi, connus pour leurs inhabituelles maisons dans les arbres, sont le plus petit groupe indigène du Sabah et parlent un dialecte unique. L'île, l'une des plus grandes de Malaisie, offre un paysage de carte postale : sable, arbres tropicaux et eau translucide.

Vous pouvez loger dans une petite **resthouse** (gîte ; ch 40 RM) gouvernementale, ou dans le modeste **Banggi Resort** (☎019-587 8078 ; ch avec ventil/clim 50/65 RM, huttes 70 RM ; ❄), qui organise des promenades en bateau et d'autres activités. Les petites huttes abritent une cuisine et des lits jumeaux ; demandez la charmante cabane dans les arbres. L'établissement affiche souvent complet le week-end ; mieux vaut réserver. Aux deux adresses, le personnel vous renseignera sur les chemins qui conduisent dans la jungle de l'intérieur de l'île.

Kudat Express (☎088-328118 ; aller 15 RM) propose un ferry entre Kudat et la principale localité de Pulau Banggi. Le bateau part du quai (près de la station-service Shell) à 9h et à 14h tous les jours. En sens inverse, il quitte Pulau Banggi vers 15h.

LAYANG LAYANG

À quelque 300 km au nord-ouest de KK, Layang Layang est une petite île entourée d'un atoll corallien. Ce **site de plongée** unique fait partie des fameux bancs de Bornéo. Grâce à son isolement, le récif est en bonne santé et divers. Moins coloré que celui de Sipadan, il est l'un des mieux préservés, avec de nombreux poissons et requins de récif et une importante population de raies.

Soyez prudent lors des plongées car Layang Layang ne possède pas de chambre de décompression. Le complexe hôtelier fournit de l'oxygène, mais pas de nitrox.

Layang Layang est la seule des îles Spratley desservie par des vols réguliers.

Le **Layang Layang Island Resort** (☎à Kuala Lumpur 03-2170 2185 ; www.avillionlayanglayang.com ; forfait 6 jours tout compris en double à partir de 1 490 $US/pers ; ❄☒), le seul hébergement, est dédié à la plongée. Les 5 repas quotidiens sont organisés en fonction des horaires de plongée. Il offre des chambres standards très confortables, avec clim, TV, véranda privée et douches chaudes. Les forfaits comprennent la pension complète et 12 plongées en bateau avec bouteilles. Pour les non-plongeurs, les forfaits commencent à 850 $US. La nuit supplémentaire revient à 180/125 $US pour les plongeurs/non-plongeurs. Les non-plongeurs devront se contenter d'un peu de snorkeling et du farniente sur la plage.

Le complexe hôtelier possède son propre Antonov 26, qui relie KK et Layang Layang les mardis, jeudis, vendredis et dimanches. Le vol de KK à bord de cet avion russe, qui tient plus du transport militaire que d'un appareil commercial, fait partie de l'aventure. Le vol aller-retour, non compris dans le forfait, coûte 285 $US.

EST DU SABAH

L'est du Sabah concentre presque toutes les merveilles du reste de Bornéo et offre, dans un territoire restreint, aventures, vie sauvage, exploration sous-marine et purs amusements. Parmi les trésors naturels que recèle ce coin relativement petit de l'île figurent les orangs-outans de Sepilok, les nasiques de Labuk Bay, les tunnels de lianes et les crocodiles du Sungai Kinabatagan, les éléphants pygmées et les arbres gigantesques de la vallée de Danum et de Tabin, les tombants et la faune aquatique multicolore dans l'archipel de Semporna et une forêt aussi vieille que la civilisation humaine dans le bassin de Maliau.

De plus, l'amélioration des transports et des infrastructures rend aujourd'hui plus facile l'exploration de l'est du Sabah. Sur place, on vous affirmera que les circuits organisés constituent la seule façon de visiter la région. Croyez-nous : avec un peu de persévérance et d'organisation, vous pourrez la découvrir en indépendant dans les moindres recoins.

Sandakan

480 000 HABITANTS

La deuxième ville du Sabah n'a pas l'ambiance cosmopolite de KK et ressemble plutôt à une cité provinciale, au centre négligé. Sandakan fut jadis un port majeur et joua un rôle important dans l'histoire de Bornéo, comme en témoignent les vestiges religieux, les cimetières et de splendides demeures coloniales.

À voir

Si le centre de Sandakan compte peu de curiosités incontournables, les amateurs d'histoire apprécieront la brochure *Sandakan Heritage Trail*, disponible à l'office du tourisme. Le centre-ville, où se regroupent la plupart des hôtels, des banques et des transports locaux, consiste en quelques pâtés de maisons entre le front de mer et un escarpement abrupt qui domine la baie (Teluk Sandakan). Évitez le Sandakan Crocodile Park, où les reptiles sont mal soignés.

Cimetière chinois CIMETIÈRE

Le vaste cimetière chinois occupe toute une vallée dans les collines à l'est de Sandakan. Parmi les tombes qui parsèment les versants, beaucoup sont construites selon les principes du feng shui, avec l'arrière adossé à la terre et un petit bassin à l'avant (la configuration idéale d'une maison). Plus on s'enfonce dans le cimetière, plus les tombes sont décrépites et certaines sont envahies par la jungle. Des mausolées abritent les membres importants des principaux clans chinois de Sandakan. De l'autre côté de la route se tient le site de crémation des hindous et des sikhs.

Cimetière japonais CIMETIÈRE

Au-delà du cimetière chinois, le cimetière japonais est un élément émouvant de la mosaïque ethnique de Sandankan. Il fut fondé dans les années 1890 par Kinoshita Kuni, connue par les Britanniques sous le nom d'Okuni of South Seas (Okuni des mers du Sud) et à Sandakan comme la patronne prospère du lucratif "Brothel 8", une maison close dans Lebuh Tiga. Plutôt petit aujourd'hui, le cimetière a abrité des centaines de tombes, de prostituées pour la plupart. Un monument aux soldats japonais tombés pendant la Seconde Guerre mondiale a été édifié en 1989. Pour rejoindre les deux cimetières, montez le Tangga Seribu jusqu'à Jln Residensi Dr et tournez à droite ; des panneaux indiquent ensuite le chemin.

Sandakan

Sandakan

À voir
1 Maison d'Agnes Keith B1

Activités
2 Sepilok Tropical Wildlife Adventure D2
3 SI Tours C3
Wildlife Expeditions .... (voir 3)

Où se loger
4 Nak Hotel B3
5 Rose Guesthouse C2
6 Sandakan Backpackers C3
7 Sea View Sandakan Budget & Backpackers Hotel D3
8 Swiss-Inn Waterfront Sandakan D3

Où se restaurer
9 English Tea House & Restaurant B1
10 Habeeb Restaurant C2
11 Nouveau marché D3

Où prendre un verre
Balin .... (voir 4)

Maison d'Agnes Keith MUSÉE

(☎089-221140 ; Jln Istana ; 15 RM ; ⌚9h-17h). Sur la colline qui surplombe la ville et Teluk Sandakan, la maison d'Agnes Keith, une vieille villa en bois à 2 niveaux, a été rénovée pour accueillir un musée. Arrivée dans les années 1930 avec son mari, conservateur des Forêts, cette Américaine écrivit plusieurs ouvrages sur son expérience au Sabah, dont le plus connu est *Land Below the Wind* – soit "terre sous le vent", ce qui la traduction littérale du mot Sabah. La maison, laissée à l'abandon dans les années 1990, a été restaurée par le musée du Sabah.

La villa retrace la splendeur coloniale de Sandankan, avec des éléments détaillés sur la vie des Keith. Des souvenirs émouvants évoquent l'emprisonnement d'Agnes et de son jeune fils par les Japonais durant la Seconde Guerre mondiale dans des conditions épouvantables. Parmi de belles photographies anciennes figure celle de son mari posant en tenue de safari devant un éléphant mort. Le billet d'entrée donne accès au musée du Sabah à KK et inversement. Dans le jardin, l'English Tea House & Restaurant ignore qu'Agnes Keith trouva Sandakan "trop britannique" à son arrivée.

Pour rejoindre le musée, suivez Jln Singapura depuis le centre-ville et tournez à droite dans la colline, ou grimpez le Tangga Seribu (100 marches) jusqu'à Jln Istana et tournez à gauche. En dessous du jardin du musée, un **pavillon d'observation**, construit par le Rotary Club local, offre une belle vue.

Parc-mémorial de Sandakan SITE HISTORIQUE

(⌚9h-17h). Ce parc marque le site d'un camp japonais de prisonniers de guerre et le point de départ des "marches de la mort" vers Ranau. Des 2 400 soldats australiens et britanniques détenus ici, seuls survécurent 6 Australiens qui avaient réussi à s'échapper. Aujourd'hui, un paisible verger et des jardins occupent le site.

De grandes machines rouillées témoignent du travail forcé dans le camp. Au centre du parc, un pavillon contient des récits des survivants et des photos du personnel, des prisonniers et des libérateurs. En 2006, l'itinéraire de la première marche a été rouvert sous forme de chemin commémoratif ; consultez le site (en anglais) www.sandakan-deathmarch.com.

Prenez n'importe quel bus Batu 8 (ou un numéro plus élevé) à la gare des bus locaux dans le centre-ville (1,80 RM), descendez au panneau "Taman Rimba" et suivez Jln Rimba. Un taxi du centre-ville revient à 25 RM.

Temple Puu Jih Shih TEMPLE

(Près de Jln Leila). Le Puu Jih Shih est l'un des plus beaux temples chinois du Sabah, orné de rouge, d'or et de dragons entrelacés, et festonné de lanternes qui l'illuminent comme une nuée de lucioles. Perché sur une colline escarpée qui surplombe Teluk Sandakan, ce vaste sanctuaire bouddhique offre une vue splendide sur la ville. Prenez un bus jusqu'à Tanah Merah et demandez votre chemin ; le temple n'est pas loin de l'arrêt, mais la montée est escarpée. L'aller en taxi ne devrait pas coûter plus de 6 RM, mais le chauffeur vous demandera sans doute 20 RM pour l'aller-retour, attente comprise.

St Michael's & All Angels Church ÉGLISE

(Près de Jln Puncak). Cette église de l'époque coloniale est l'un des rares bâtiments en pierre de Malaisie orientale. En 1893, des forçats transportèrent les pierres à travers la jungle durant la construction de l'édifice. Aujourd'hui, malgré un peu de moisissure, l'église conserve son allure purement britannique. Elle se tient près de Jln Puncak, souvent appelée "Church Rd".

Sam Sing Kung TEMPLE

(Jln Padang). Datant de 1887, le Sam Sing Kung (prononcé aussi "Sam Sing Gong") est le plus vieil édifice de Sandakan. Son nom signifie "temple des trois saints", en l'occurrence de la vertu, des pêcheurs et des étudiants ; les deux derniers étaient particulièrement importants pour la communauté chinoise de Sandankan, dépendante de la mer et avide d'éducation. Ce petit temple est un bel exemple de sanctuaire dédié au panthéon taoïste traditionnel.

Kampong Buli Sim Sim VILLAGE

Ce village sur pilotis traditionnel, à 4 km à l'est du centre-ville, est le site d'origine de Sandakan. Les habitants seront aussi surpris par votre présence que vous par leur village construit sur l'eau. Flânez, explorez les maisons transformées en boutiques de souvenirs, mais ne photographiez pas les villageois sans demander la permission. Un taxi ne coûtera pas plus de 15 RM.

☞ Circuits organisés

Nombre de sites autour de Sandakan peuvent se visiter en indépendant par ses propres moyens, mais il faut réserver pour séjourner dans les lodges au bord du Kinabatangan. Mieux vaut le faire à Sandakan ou à KK (p. 318). À Sandakan, de nombreux tour-opérateurs proposent des circuits à Sepilok et aux grottes de Gomantong. Les hôtels de Sandakan et de Sepilok peuvent également réserver des circuits, de même que des tour-opérateurs indiqués dans la section *Kota Kinabalu*. Borneo Express (p. 326), basé à KK, possède une agence à Sandakan. **Sandakan Car Rental** (☎019-823 7050, 016-815 0029 ; sandakancarrental.com ; Bandar Maju Batu 1, Jln Utara) organise aussi des excursions.

LES MARCHES DE LA MORT DE SANDAKAN

Sandakan était le site d'un camp japonais de prisonniers de guerre durant la Seconde Guerre mondiale et, en septembre 1944, 1 800 soldats australiens et 600 soldats britanniques y étaient internés.

Au début de la guerre, la nourriture et les conditions étaient supportables et le taux de mortalité ne dépassait pas 3 prisonniers par mois. Toutefois, à l'approche des Alliés, les officiers japonais réalisèrent que les gardes étaient trop peu nombreux pour mater une révolte et réduisirent les rations des prisonniers pour les affaiblir, provoquant des maladies et l'augmentation du taux de mortalité.

Les Japonais décidèrent également de déplacer les prisonniers à Ranau dans l'arrière-pays, à 250 km à travers une jungle inhospitalière, le long d'une voie initialement tracée par les habitants pour entraver l'invasion japonaise. Le 28 janvier 1945, 470 prisonniers partirent et 313 parvinrent à Ranau. Au cours de la seconde marche, sur les 570 qui quittèrent Sandakan, seuls 118 atteignirent Ranau. La dernière marche rassembla les 537 prisonniers restants.

Les conditions étaient abominables : les rations étaient dérisoires, la plupart des hommes n'avaient plus de chaussures et beaucoup moururent en chemin. À Ranau, les survivants furent mis au travail, transportant des sacs de riz de 20 kg dans une région montagneuse jusqu'à Paginatan à 40 km. Maladies, famine et exécutions sommaires les décimèrent et, à la fin de juillet 1945, il ne restait plus aucun prisonnier à Ranau. Sur les 2 400 hommes partis de Sandakan, seuls survécurent 6 soldats australiens qui avaient réussi à s'évader.

On apprit après la guerre qu'un sauvetage avait été envisagé pour le début de l'année 1945, mais les services secrets avaient alors affirmé qu'il ne restait plus de prisonniers à Sandakan.

Sabah Holidays SITES
(☎089-225718 ; www.sabahholidays.com ; rdc, aéroport de Sandakan). Loue des voitures et des minivans, et organise des circuits et l'hébergement à Kota Belud, dans la vallée de Danum et le bassin de Maliau.

Sepilok Tropical Wildlife Adventure NATURE
(☎089-271077 ; www.stwadventure.com ; 13 Jln Tiga). Ce tour-opérateur spécialisé est associé au Sepilok Jungle Resort et au Bilit Adventure Lodge au bord du Sungai Kinabatangan ; il pratique des prix moyens.

SI Tours NATURE
(☎089-213502 ; www.sitoursborneo.com ; Lot 59, Block HS-5, Sandakan Harbour Square Phase 2). Cette agence propose toute la gamme de prestations ; elle gère l'Abai Jungle Lodge et le Kinabatangan Riverside Lodge.

Uncle Tan NATURE
(☎089-535784 ; www.uncletan.com ; Batu 14). Installée à Sepilok, cette agence possède le Sukau River Lodge sur le Kinabatangan.

Wildlife Expeditions NATURE
(☎089-219616 ; www.wildlife-expeditions.com ; 9e ét., Wisma Khoo Siak Chiew, Lebuh Empat). Possède également un hébergement à Sukau et dispose d'un **bureau à KK** (☎246000 ; Wisma Merdeka).

Où se loger

Sandakan offre un choix d'hôtels limité et peu d'adresses pour les petits budgets. Pour une chambre agréable, comptez 80 RM ou plus. Si vous passez par Sandakan pour voir les orangs-outans, mieux vaut loger à Sepilok, à 25 km.

Nak Hotel HÔTEL $$
(☎089-272988 ; www.nakhotel.com ; Jln Pelabuhan Lama ; s/d avec petit-déj à partir de 85/118 RM ; ❄📶). Cet hôtel de catégorie moyenne est une affaire si vous voyagez en couple ou avec des amis, et reste d'un bon rapport qualité/prix si vous êtes seul. Derrière une façade aux allures soviétiques chic, le plus vieil établissement de la ville propose des chambres attrayantes aux belles couleurs monochromes, agrémentées de jolis détails asiatiques. Il comprend un séduisant salon bar sur le toit, le Balin (p. 348), ouvert aux non-résidents.

Sea View Sandakan Budget & Backpackers Hotel AUBERGE DE JEUNESSE $
(☎089-221221 ; Lot 126, 1er ét., Jln Dua, Harbour Square 14 ; dort à partir de 30 RM, ch à partir de

50 RM ; ❄📶). Malgré son nom, vous ne verrez guère la mer, surtout depuis qu'un nouveau bâtiment pousse sur le front de mer. Néanmoins excellente, cette petite auberge de jeunesse offre des chambres propres, un personnel serviable et une ambiance chaleureuse.

Mark's Lodge HÔTEL $$
(☎089-210055 ; www.markslodge.com ; Lot 1-7, Block 36, Bandar Indah ; ch à partir de 154 RM ; ❄📶). Le mot "boutique" (qui désigne un hôtel de charme) est inscrit en verre fumé au-desssus de l'entrée. Cet hôtel d'affaires, installé à Batu 4 (Bandar Indah), est une adresse fiable et confortable. Les chambres, avec parquet en bois tropical et draps blancs, sont plaisantes. La course en taxi jusqu'au centre-ville revient à 15 RM.

Rose Guesthouse GUESTHOUSE $
(☎089-223582 ; www.shsbnb.com ; HS10, Harbour Square Complex ; dort/d 20/40 RM, d avec sdb 47 RM ; ❄@). Une adresse bon marché et moderne, typique du Sabah, près de l'Alliance Bank. Le personnel est sympathique et serviable et les dortoirs avec ventil sont une affaire.

Sandakan Backpackers AUBERGE DE JEUNESSE $
(☎089-221104 ; www.sandakanbackpackers.com ; Lot 108, Block SH-11, Harbour Square Complex ; dort/s/d/tr 25/40/60/90 RM ; ❄@). L'un des hébergements pour petits budgets les plus populaires de la ville, ce repaire de baroudeurs est propre, bien éclairé et parfait pour rencontrer d'autres voyageurs.

Swiss-Inn Waterfront Sandakan HÔTEL $$
(☎089-240888 ; www.swissgarden.com ; Harbour Square Complex ; ch à partir de 161 RM ; ❄📶🏊). Hôtel de style occidental en front de mer, le Swiss-Inn offre le cadre standard des chaînes hôtelières haut de gamme : grandes chambres avec baies vitrées donnant sur l'eau, jolie piscine, spa et centre d'affaires.

Où se restaurer

Pour un authentique repas malais, choisissez l'un des restaurants qui entourent le KFC de l'Harbour Square Complex, sur le front de mer. Pour la plupart des *kedai kopi* malais, ils servent des plats savoureux et bon marché, qui dépassent rarement 6 RM ; tous ouvrent de 9h à 21h. Le **Habeeb Restaurant** (Jln Tiga), qui fait partie d'une chaîne, propose une bonne cuisine indienne musulmane ; si vous trouvez d'autres succursales en ville, n'hésitez pas à vous régaler d'un curry à prix doux.

Nouveau marché STANDS DE RESTAURATION $
(Jln Pryor ; plats 3-10 RM ; ⏲7h-14h). bien qu'installé dans un bâtiment qui ressemble à un parking à étages, le nouveau marché est le meilleur endroit pour un repas à petit prix. Au rez-de-chaussée, vous trouverez les habituels marchands de produits frais : poissons, concombres de mer, herbes aromatiques, légumes, viandes, etc. Toute la journée, fermiers et pêcheurs les approvisionnent. À l'étage, des stands de restauration strictement halal proposent des spécialités chinoises, malaises, indonésiennes et philippinnes. Leurs horaires sont un peu plus flexibles que ceux indiqués ci-dessus, mais presque tous ferment à 15h.

Sim Sim Seafood Restaurant POISSON $
(Sim Sim 8 ; plats 5 RM ; ⏲8h-14h). Dans le village sur pilotis de Sim Sim, ce restaurant est plus une pêcherie sur le quai où les prises du jour sont déchargées, triées et immédiatement cuisinées pour les clients. Prenez une chaise en plastique rouge dans le patio et indiquez ce que vous souhaitez déguster. Un habitué peut vous aider à commander ; les spécialités changent selon les prises du jour. Les chauffeurs de taxi connaissent l'endroit ; demandez-leur de vous déposer au "Sim Sim Bridge 8".

English Tea House & Restaurant MAISON DE THÉ $$$
(☎089-222544 ; www.englishteahouse.org ; 2002 Jln Istana ; plats 24-40 RM, cocktails 26,50 RM ; ⏲petit-déj, déj et dîner). Cultivant la nostalgie de l'époque coloniale, l'English Tea House possède un jardin soigné, agrémenté de meubles en rotin et d'un terrain de croquet donnant sur la baie. L'endroit est parfait pour un thé complet l'après-midi (17,25 RM), un café glacé ou un Pimm's au crépuscule.

Où prendre un verre

Bandar Indah, communément appelé Mile 4 ou Batu 4, est un damier de maisons de négoce à 2 étages, de restaurants, de bars, de salons de karaoké et de night-clubs. Quartier favori des habitants et des expatriés pour une sortie, il s'anime en soirée et son ambiance festive fait ressembler le centre de Sandakan à une ville fantôme. Les bars ferment généralement vers 1h ou 2h, les discothèques un peu plus tard.

Balin

BAR

(☎089-272988 ; www.nakhotel.com ; Nak Hotel, Jln Pelabuhan Lama ; boissons à partir de 9 RM, plats à partir de 15 RM ; ⏰déj et dîner). Sur le toit du Nak Hotel, le Balin est le meilleur endroit pour une soirée dans le centre-ville. Réparti sur 3 niveaux, ce salon bar ultra-détendu et confortable sert d'authentiques cocktails classiques, dignes des bars sélects des capitales occidentales.

Renseignements

Accès Internet

Cyber Café (3e ét., Wisma Sandakan, Lebuh Empat ; 3 RM/h ; ⏰9h-21h)

Argent

HSBC (Lebuh Tiga)

Maybank (Lebuh Tiga). Services bancaires classiques, DAB, plus un guichet de change en bord de rue, ouvert tous les jours de 9h à 17h, qui change les espèces et les chèques de voyage.

Standard Chartered Bank (Lebuh Tiga)

Wang Liau Chun Mii Moneychanger (23 Lebuh Tiga ; ⏰8h30-16h30). Change uniquement des espèces.

Office du tourisme

Centre d'information touristique (☎089-229751 ; Wisma Warisan ; ⏰8h-12h30 et 13h30-16h30 lun-jeu, 8h-11h30 et 14h-16h30 ven). En face des bureaux municipaux (MPS), en haut des escaliers partant de Lebuh Tiga. Le personnel vous conseillera dans tous les domaines, des sites régionaux aux restaurants locaux. Il met des voyageurs en contact pour des excursions en groupe. L'un des offices du tourisme les plus efficaces du Sabah.

Poste

Poste principale (☎089-210594 ; Jln Leila)

Services médicaux

Duchess of Kent Hospital (☎089-212111 ; http://hdok.moh.gov.my/ ; Mile 2, Jln Utara). Meilleur hôpital privé de la région.

Depuis/vers Sandakan

Avion

Malaysia Airlines (☎1300-883 000 ; angle Jln Pelabuhan Lama et Lebuh Dua, et aéroport 1er ét.) offre des vols quotidiens depuis/vers KK et KL ; sa filiale **MASwings**, dans le même bureau, propose tous les jours un vol depuis/vers Tawau et 2 vols depuis/vers KK. **AirAsia** (☎089-222737 ; 1er et 2e ét., aéroport) offre chaque jour 2 vols directs depuis/vers KL et KK.

Bus et minibus

Les bus et minibus pour KK, Lahad Datu, Semporna et Tawau partent d'un grand parking à la gare routière longue distance, mal située à Batu 2,5, à 4 km au nord de la ville. La plupart des bus express à destination de KK (33-40 RM, 6 heures) partent entre 7h et 14h, plus un départ vers 20h. Ils passent tous par l'embranchement qui mène au bureau du parc national du Kinabalu.

Des bus desservent régulièrement Lahad Datu (20 RM, 2 heures 30) et Tawau (40 RM, 5 heures 30) entre 7h et 8h. Un bus rallie Semporna (33 RM, 5 heures 30) à 8h. Si vous le manquez, rejoignez à Lahad Datu et prenez l'un des fréquents minibus pour Semporna.

Toute la matinée, des minibus partent de Batu 2,5 pour Ranau (26 RM, 4 heures) et Lahad Datu ; certains continuent jusqu'à Tawau. Les minibus pour Sukau (15 RM) partent d'un parking derrière le Centre Point Mall, en ville.

Comment circuler

Depuis/vers l'aéroport

L'aéroport se situe à 11 km du centre-ville. Le bus Batu 7 Airport (1,80 RM) s'arrête sur la grand-route, à environ 500 m du terminal. Un coupon de taxi de l'aéroport au centre-ville revient à 35 RM ; en sens inverse, la course coûte environ 28 RM.

REJOINDRE LES PHILIPPINES : DE SANDAKAN À ZAMBOANGA

Jusqu'à la frontière Sandakan est un bon endroit pour prendre un ferry à destination du sud des Philippines. **Weesam Express** (☎089-212872 ; rdc, Hotel New Sabah, Jln Singapura) part le mardi et le vendredi du port de Sandakan à 6h et arrive à Zamboanga aux Philippines à 19h30 (1re/2e classe 260/280 RM). Les services de ferries pour Jolo (1re/2e classe 240/260 RM) et Bongao (1re/2e classe 220/240 RM) étaient interrompus lors de nos recherches en raison de tensions politiques sur ces îles.

À la frontière À l'arrivée aux Philippines, vous devez présenter un billet de continuation ou de retour pour entrer dans le pays. À Zamboanga, des bus desservent d'autres destinations de Mindanao et des ferries rallient l'archipel de Sulu, si le calme est revenu sur les îles.

Bus et minivan

Des bus circulent de 6h à 18h dans l'artère principale, Jln Utara, en direction du nord. Ils sont signalés en fonction de la longueur de la ligne, par exemple Batu 8. Les tarifs s'échelonnent de 1 à 4 RM.

Les minivans locaux (à partir de 2 RM) stationnent derrière le Centre Point Mall. Empruntez-les pour rejoindre le quartier du port.

Pour la gare routière longue distance, prenez un bus local à l'arrêt sur le front de mer (1,50 RM, environ 20 min). Le même bus quitte la gare routière, quand il est plein, pour le centre-ville.

Taxi

Les courts trajets en ville coûtent 10 RM ; comptez 15 RM pour Bandar Indah, et de 40 à 50 RM pour Sepilok, selon vos talents de négociateur. Un taxi de la gare routière longue distance au centre-ville (ou vice versa) vous reviendra à 20 RM, à moins de réussir à obtenir le prix local (10 RM).

Sepilok

Bien que leur habitat se réduise d'année en année, les orangs-outans restent les animaux emblématiques du Sabah. L'endroit le plus fiable pour voir ces grands singes est le hameau de Sepilok, qui attire presque autant de visiteurs que le mont Kinabalu. Le Sepilok Orang-Utan Rehabilitation Centre (SORC ; centre de réhabilitation des orangs-outans de Sepilok) est le meilleur endroit au monde pour les admirer dans leur habitat naturel. Si vous disposez de temps, vous découvrirez également plusieurs beaux chemins de randonnée, des réserves de nasiques et d'ours malais et quelques hébergements très plaisants.

À voir et à faire

Centre de réhabilitation des orangs-outans de Sepilok RÉSERVE ANIMALIÈRE

(Sepilok Orang-Utan Rehabilitation Centre - SORC ; ☎089-531180 ; soutan@po.jaring.my ; Jln Sepilok ; entrée 30 RM, app photo 10 RM ; ⏲9h-11h et 14h-15h30, chemins de randonnée 9h-16h15). L'un des quatre sanctuaires d'orangs-outans au monde, ce centre de réadaptation occupe un coin de la **réserve forestière de Kabili-Sepilok**, à 25 km au nord de Sandakan. Créé en 1964, il couvre aujourd'hui 40 km² et est devenu l'un des principaux sites touristiques du Sabah, juste après le mont Kinabulu.

Les orangs-outans orphelins ou blessés sont accueillis à Sepilok afin d'être réadaptés à la vie sauvage. Si des milliers de personnes ont pu les voir lors du nourrisage, leur apparition n'est pas systématique ; n'oubliez pas que ce sont des animaux sauvages. Cependant, le nourrissage a lieu 2 fois par jour, à 10h et 15h, ce qui double les chances.

Les repas durent de 30 à 50 min. Les horaires sont affichés au **centre d'accueil des visiteurs**. Les billets sont valables pour la journée et pour deux nourrissages. Celui du matin est plus fréquenté par les groupes ; pour une ambiance plus calme, préférez l'après-midi. Utilisez les casiers pour vos objets de valeur : orang-outans et macaques ont déjà délesté des touristes de leurs chapeau, sac, lunettes de soleil, appareil photo et même vêtements. N'apportez aucun antimoustiques dans la réserve ; ces produits sont fortement toxiques pour les singes et les autres animaux. Vaporisez-vous avant d'entrer.

Nature Education Centre

Un intéressant documentaire de 20 minutes sur le travail de Sepilok est projeté 5 fois par jour (9h, 11h, 12h, 14h10 et 15h30) dans l'auditorium en face de la réception.

Chemins de randonnée

Plusieurs chemins de randonnée conduisent dans la forêt de la réserve ; enregistrez-vous au centre d'accueil des visiteurs avant de les emprunter. Leur longueur varie de 250 m à 4 km et ils sont ouverts à différentes périodes de l'année. Le centre et les lodges organisent des marches de nuit guidées. Un chemin de 10 km traverse la mangrove jusqu'à **Sepilok Bay** ; si vous êtes en forme, vous pourrez effectuer cette belle randonnée entre les deux nourrissages. Vous aurez besoin d'un permis délivré par le **Forestry Department** (☎089-660811, 089-213966 ; Jln Leila), qui peut également vous réserver un hébergement sommaire dans la baie (100 RM) ou un bateau pour revenir à Sandakan. Quelques agences de voyages et tour-opérateurs s'occupent de l'obtention du permis et des autres prestations.

Centre de réhabilitation des ours malais de Bornéo RÉSERVE ANIMALIÈRE

(BSBCC ; ☎089-534491 ; www.bsbcc.org.my ; Jln Sepilok ; 30 RM ; ⏲9h-16h). L'ours malais (*Helarctos malayanus*) est le plus petit des diverses espèces d'ours et l'un des plus menacés. Avec leur fourrure noire marquée d'un collier jaune, les ours malais sont adorables mais pourvus de griffes coupantes

Sepilok

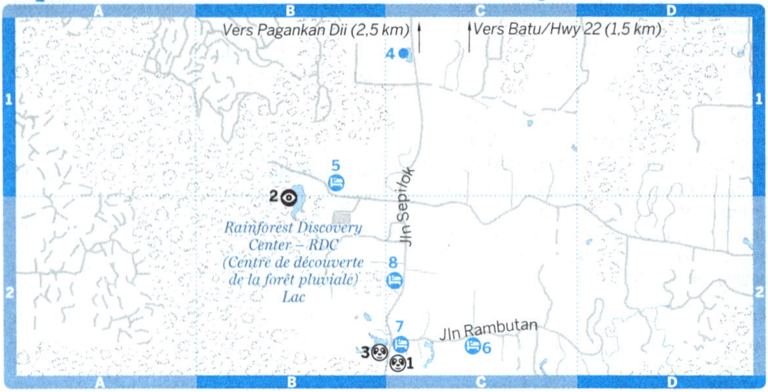

Sepilok

À voir

1 Centre de réhabilitation des ours malais de Bornéo C2
2 Rainforest Discovery Centre (RDC) B2
3 Centre de réhabilitation des orangs-outans de Sepilok (SORC) B2

Activités

4 Uncle Tan C1

Où se loger

5 Sepilok B&B B1
6 Sepilok Forest Edge Resort C2
7 Sepilok Jungle Resort C2
8 Sepilok Nature Resort C2

comme des lames de rasoir qu'ils utilisent pour construire leurs nids (très semblables à ceux des orangs-outans). La disparition de leur habitat et la médecine chinoise traditionnelle constituent les principales menaces. En Chine et au Vietnam, les ours sont enfermés dans des petites cages et reliés à une pompe qui draine la bile de leur vésicule biliaire. Heureusement, cette atroce pratique n'a pas cours au Sabah, où la perte de leur habitat reste le plus grand danger.

Le BSBCC, ouvert au public en 2013, accueille actuellement 28 ours gardés dans des enclos au cœur de la forêt ; un astucieux système de passerelles permet aux visiteurs de les observer. Ce centre, qui réalise un excellent travail, est un autre endroit intéressant à découvrir à Sepilok. Le droit d'entrée et les horaires risquent de changer, car ils n'étaient pas encore officiels lors de nos recherches.

Rainforest Discovery Centre (RDC) RÉSERVE NATURELLE

(☎089-533780 ; www.forest.sabah.gov.my/rdc ; adulte/enfant 10/5 RM ; ⏲8h-17h). Le **Centre de découverte de la forêt pluviale** offre une attrayante présentation pédagogique de la faune et de la flore tropicales. Outre la salle d'exposition, avec des collections accessibles aux enfants, un jardin botanique renferme divers spécimens de plantes tropicales, accompagnés de descriptions. Un agréable chemin de 1 km en bord de lac est jalonné de panneaux expliquant l'environnement. Une série de 8 tours dans la canopée, reliées par des passerelles, offre une vue fabuleuse sur les cimes des arbres et constitue l'attraction phare du centre. Des pédalos (5 RM) permettent de se promener sur le lac près de l'entrée du centre. Réservez une marche de nuit pour apervevoir peut-être des animaux nocturnes comme les tarsiers et les chats sauvages.

Venez plutôt au centre à 8h ou à 16h, car les animaux dorment souvent durant les heures chaudes de la mi-journée. Une visite complète des chemins et des tours dure environ 1 heure 30.

Labuk Bay Proboscis Monkey Sanctuary RÉSERVE

(☎089-672133 ; www.proboscis.cc ; 60 RM, app photo/caméra 10/20 RM). Les nasiques (*Nasalis larvatus*) constituent une attraction encore plus exclusive que les orangs-outans, car ils ne vivent qu'à Bornéo alors que l'on trouve des orangs-outans à Sumatra. Ils doivent leur nom à leur long nez bulbeux et se caractérisent par un ventre arrondi et une face rouge ; ce sont peut-être les raisons pour lesquelles les Malais les surnommèrent *monyet belanda* (singes hollandais) à l'arrivée des Européens ? Leur régime alimentaire leur provoque de fortes flatulences et les mâles sont constamment en rut. Parfaitement adaptés aux mangroves, ce sont de bons nageurs et d'excellents grimpeurs et ils font partie des 9 espèces totalement protégées au Sabah.

Un planteur de palmiers à huile a créé une réserve privée de nasiques et les nourrit de crêpes sans sucre à 11h40 et 16h30. Un troisième nourrissage a souvent lieu à 14h30 durant une marche guidée par un garde forestier plus loin dans la réserve. Quelque 300 singes sauvages vivent dans la réserve de 6 km². Les animaux restent habituellement à l'écart des humains, sauf les espiègles macaques, friands d'en-cas et de chapeaux de soleil. Cette entreprise est clairement plus commerciale que le SORC ; les nasiques sont attirés sur la plateforme principale afin que les touristes fassent de belles photos.

La réserve propose divers forfaits. La visite d'une demi-journée coûte 160 RM, transfert de Sandakan compris (150 RM de Sepilok). Un circuit de 2 jours, avec les repas et une marche de nuit, revient au moins à 250 RM. Hébergement et repas sont fournis par le **Nipah Lodge**, à la lisière des plantations de palmiers à huile qui entourent la réserve. Le lodge, confortable, se compose de chalets spacieux et joliment décorés. Les hôtes peuvent explorer la mangrove environnante, effectuer des marches de nuit guidées et donner des cours d'anglais à l'école du village.

Rejoindre la réserve en indépendant sans disposer d'un véhicule est difficile, car Teluk Labuk (Labuk Bay) se trouve à 15 km de la nationale par une mauvaise piste. Si vous logez au Nipah Lodge, il s'occupera des transferts ; sinon, votre hébergement à Sepilok organisera le transport pour environ 120 RM. Vous pouvez aussi vous adresser aux minibus et aux taxis sur le parking du SORC ; l'aller-retour en transport collectif jusqu'à Teluk Labuk pour le nourrissage des nasiques devrait coûter 150 RM environ.

Où se loger et se restaurer

Si vous venez de Sandakan pour les orangs-outans de Sepilok, passez la nuit dans ce hameau, où les hébergements ont généralement plus de caractère. La plupart d'entre eux sont installés le long de Jln Sepilok, la rue qui conduit au centre de réhabilitation, à 2,5 km.

Paganakan Dii HÔTEL DE CHARME **$$**
(089-532005 ; www.paganakandii.com ; dort/chalet 30/150 RM ;). Cette retraite paisible et accueillante se niche au cœur d'une réserve

L'HOMME SAUVAGE DE BORNÉO ET COMMENT L'AIDER

Le terme "orang-outan" signifie littéralement "homme des bois", ce qui atteste la révérence des habitants pour ces grands primates. Traditionnellement, les orangs-outans n'ont jamais été chassés comme les autres animaux de la forêt. Les peuples autochtones vénéraient leurs crânes de la même manière que les têtes de leurs ennemis tribaux. Les orangs-outans sont la seule espèce de grand singe vivant hors du continent africain. Les mâles adultes sont impressionnants, avec une envergure de 2,25 m et un poids qui peut atteindre 144 kg. Des bajoues hypertrophiées indiquent un mâle dominant. On disait jadis qu'un orang-outan pouvait traverser Bornéo d'arbre en arbre sans toucher le sol. Ce n'est malheureusement plus le cas aujourd'hui, d'autant que la chasse et la destruction de leur habitat continuent. On estime à moins de 15 000 le nombre d'individus vivant à l'état sauvage.

Si vous désirez soutenir le Sepilok Orang-utan Rehabilitation Centre, contactez **Sepilok Orang-Utan Appeal UK** (www.orangutan-appeal.org.uk), une organisation caritative britannique. Appeal, le progamme d'adoption des orangs-outans, connaît un vif succès : moyennant 30 £ par an, vous pouvez parrainer un bébé et recevoir de ses nouvelles ; consultez le site d'Appeal pour plus de détails. Par alleurs, Sepilok possède l'un des programmes de bénévolat les plus réputés de Malaisie. Inscrivez-vous auprès de **Travellers Worldwide** (www.travellersworldwide.com) ; récemment, le forfait de 8 semaines de bénévolat, hébergement, repas et excursions compris, coûtait 3 345 £.

de cervidés, juste après un parc public. D'élégants détails design en matériaux recyclés, du linge blanc, de plaisants chalets en bois, la vue sur une jungle paradisiaque et le personnel sympathique incitent à s'attarder à Sepilok. Les transferts au centre de réhabilitation de Sepilok sont inclus dans les prix. Les chalets perchés sur la crête, d'un excellent rapport qualité/prix, peuvent accueillir 3 ou 4 personnes. Réservez bien à l'avance.

Sepilok Forest Edge Resort COMPLEXE HÔTELIER $$
(☎089-533190, 089-533245 ; www.sepilokforestedgeresort.com ; Jln Rambutan, Sepilok Mile 14 ; dort/d/chalets à partir de 40/80/220 RM ; ❄🏊). Ce beau complexe a poussé de l'excellent Labuk B&B, qui fait toujours partie de la propriété. Les dortoirs et les doubles sont aménagés dans une jolie maison longue. Les confortables chalets sont éparpillés sur un terrain parfaitement entretenu, où une piscine/Jacuzzi est réservée aux hôtes des chalets (les autres doivent payer 8 RM de supplément).

Sepilok Nature Resort COMPLEXE HÔTELIER $$$
(☎089-674999, 089-673999 ; http://sepilok.com ; ch à partir de 280 RM ; ❄@). Adresse la plus luxueuse de Sepilok, ce cinq-étoiles tropical est géré par le Pulau Sipadan Resort & Tours. Les chalets superbement aménagés comportent des éléments en rotin et une véranda donnant sur un superbe jardin et un lagon ombragé. Le restaurant sert une excellente cuisine occidentale.

Sepilok B&B B&B $
(☎089-532288, 019-833 0901 ; www.sepilokbednbreakfast.com ; Jln Arboretum ; dort/ch 45/60 RM). Cet établissement sans prétention possède l'ambiance d'un camp d'été et accueille de grands groupes dans un cadre simple et douillet. Après une journée torride à pister les orangs-outans sous le soleil, vous pourrez vous détendre sur les chaises longues vernies ou autour des tables de pique-nique. En face du Rainforest Discovery Centre (RDC).

Uncle Tan GUESTHOUSE $
(☎016-824 4749, 089-535784 ; www.uncletan.com ; dort/lits jum pension complète 48/100 RM, 50 RM/pers supplémentaire ; ❄@). L'empire d'Uncle Tan est l'un des plus anciens établissements de baroudeurs/voyage d'aventure au Sabah. Au cœur de Sepilok, il propose quelques pavillons corrects à toit de chaume et des cabanes pour globe-trotteurs.

Sepilok Jungle Resort COMPLEXE HÔTELIER $$
(☎089-533031 ; www.sepilokjungleresort.com ; dort 28 RM, ch 105-220 RM ; ❄@🏊). Tout le monde semble vouloir loger ici et l'on comprend mal pourquoi. Ce complexe est en fait une étape des circuits organisés. Certaines chambres sont plutôt mornes, avec tapis et couvre-lit bon marché et fenêtres humides. Les chambres rénovées sont plus attrayantes, propres et sans charme.

La plupart des hébergements de la région servent le petit-déjeuner et certains proposent la pension complète. La **cafétéria du SORC** (repas à partir de 5 RM ; ⏲7h-16h) sert des sandwichs, des bols de nouilles, des assiettes de riz, des en-cas et des boissons. Elle est souvent en rupture de stock en période d'affluence. **Mah Fung Enterprise** (⏲lun-sam), en face de l'embranchement vers le RDC, vend des boissons fraîches, des en-cas, de la crème solaire et de l'anti-moustiques. À Batu 14, une petite hutte avec une barrière bleue sert des en-cas et des boissons fraîches.

ℹ Renseignements

Sepilok se situe à "Batu 14", à 23 km (14 miles) de Sandakan. La rue reliant la nationale au centre est bordée de divers hébergements (sauf le Paganakan Dii, de l'autre côté de la route).

Mieux vaut retirer de l'**argent** à Sandakan ; un DAB est installé dans une station-service Petronas, sur la route entre Sandakan et Sepilok. L'autre **DAB** le plus proche se trouve à l'aéroport de Sandakan. Vous pourrez changer des devises dans les hébergements haut de gamme, moyennant une commission élevée.

ℹ Depuis/vers Sepilok

Bus

À Sandakan, le bus n°14 part toutes les heures du centre-ville pour Sepilok (3 RM). De KK, prenez un bus pour Sandakan et demandez au chauffeur de vous déposer à "Batu 14" ; vous paierez le tarif complet, même si Sandakan se trouve à 23 km.

Taxi

Si vous venez de Sandakan, un taxi ne devrait pas coûter plus de 45 RM (de l'aéroport ou du centre-ville). Des taxis "pirates" attendent à Batu 14 pour emmener les touristes à Sepilok. La course revient à 3 RM par personne. Les voyageurs qui passent la nuit sur place peuvent organiser le transport avec leur hébergement à condition de réserver. Vous pouvez aussi marcher jusqu'au SORC, à seulement 2,5 km de la route.

Minivan

Les tour-opérateurs du Kinabatangan peuvent habituellement venir vous chercher en minivan collectif après le nourrissage matinal à Sepilok si vous avez prévu de rejoindre le Sungai Kinabatangan dans l'après-midi.

Archipel de Sandakan

Peu visité, l'archipel de Sandakan se situe au large de la cité portuaire du même nom. Ces îles couleur émeraude surgissent telles des orchidées de la mer de Sulu, bordées de falaises rocheuses et toujours nimbées des récits des prouesses des prisonniers de guerre.

Bien que vanté par Sabah Tourism, nous ne pouvons recommander le parc national des Turtle Islands. Le circuit pour voir la ponte des tortues vertes est au mieux mal organisé et au pire un cirque. La nuit, des dizaines de touristes se regroupent autour d'une malheureuse tortue, effrayant ses congénères. Permettre aux visiteurs de tenir les bébés tortues avant de les relâcher est tout aussi déplorable. Le commerce illégal des œufs de tortue prospère à Sandakan : nous avons personnellement vu des œufs de tortue en vente sur les marchés et les vendeurs faisant l'article sans crainte. Ce genre d'aventure ne joue pas en faveur de l'archipel de Sandakan.

PULAU LANKAYAN

Pulau Lankayan, avec une eau transparente, un sable immaculé, un peu de jungle et des palmiers bercés par le vent, est un joyau prisé des jeunes mariés et des plongeurs. Le **Lankayan Island Resort** (☎088-238113, 089-673999 ; lankayan-island.com ; Batu 6 ; ch 3 350/2 728 RM), le seul hébergement de l'île, compte une vingtaine de bungalows éparpillés sur le sable entre la jungle et la mer, ornés de bois tropicaux et de légères mousselines blanches. Le transfert de Sandakan est compris dans les tarifs.

Sungai Kinabatangan

Plus long fleuve du Sabah, le Sungai Kinabatangan coule sur 560 km. Sinueux comme les serpents que l'on voit nager dans son eau brune, il prend sa source dans les montagnes du Sud-Ouest et se jette dans la mer de Sulu. La forêt qui borde ses berges abrite une faune abondante, fuyant l'avancée permanente des plantations de palmiers à huile. Des lodges sont installés le long des rives et les programmes de séjour chez l'habitant se multiplient. Des dizaines de bateaux offrent aux touristes la possibilité d'approcher des calaos rhinocéros et, parfois, des orangs-outans.

À voir

Grottes de Gomantong GROTTES
(☎089-230189 ; www.sabah.gov.my/jhl ; adulte/enfant 30/15 RM, app photo/caméra 30/50 RM ; 🕑8h-12h et 14h-16h30). Les grottes de Gomantong méritent tout autant la visite que les grottes de Mulu et de Niah au Sarawak. Ces grottes calcaires forment une énorme cavité dans la montagne ; une salle spectaculaire semblable à une cathédrale, mouchetée de rais de lumière, renferme une petite colline d'excréments de chauves-souris, de cafards

VAUT LE DÉTOUR

PULAU BERHALA

Peu visitée par les touristes, Berhala, une charmante île tropicale, conserve une rare sérénité. Des falaises de grès surplombent la mer de Sulu, frangées de paisibles plages de sable fin, et un village de pêcheurs offre la même ambiace somnolente. De nombreux oiseaux migrateurs peuplent l'île, surtout en octobre et novembre. Il n'y pas grand-chose d'autre, sauf d'énormes rochers.

Et quels rochers ! Les grimpeurs les classent F5a-F6b, ce qui dans leur jargon désigne un mélange de parois faiblement inclinées et des falaises verticales. Fieldskills Adventures (p. 318), à Kota Kinabalu, propose des circuits d'escalade de 2 jours, à 500 RM par personne.

Berhala fut une léproserie pendant la période coloniale, puis un camp d'internement japonais pour les civils et les prisonniers de guerre durant la Seconde Guerre mondiale. Agnes Newton Keith y fut internée, ainsi que des soldats australiens qui réussirent à fuir en bateau et à rejoindre Tawi-Tawi aux Philippines.

et de scorpions. Peu engageantes, ces grottes sont néanmoins splendides.

De nombreux animaux peuplent la forêt alentour, où vous pourrez faire quelques belles promenades – nous avons aperçu un orang-outan, ce qui est rare selon les habitants mais se produit car la destruction de la forêt refoule les primates dans des secteurs protégés comme celui-ci. La grotte la plus accessible se situe à 10 minutes de marche par le chemin principal, près du centre d'information. Dépassez les habitations des ramasseurs de nids pour atteindre la grotte principale, la **Simud Hitam** (Grotte noire). Entrez dans la grande salle et continuez dans le sens contraire des aiguilles d'une montre sur la plateforme surélevée, au-dessus du monticule fumant de guano et d'insectes. La même mixture s'accroche aux rampes de la passerelle ; essayez de ne pas les saisir si vous glissez dans le guano ! Une montée de 45 min au-delà du bureau du parc conduit à la **Simud Putih** (Grotte blanche), qui contient encore plus de nids de salanganes. Les deux chemins sont escarpés et comprennent des rochers à escalader.

La plupart des visiteurs viennent à Gomantong dans le cadre d'un circuit organisé sur le Kinabatangan. Il est possible de visiter les grottes en indépendant, habituellement avec un véhicule privé. L'embranchement est bien signalé sur la route qui relie Sukau et la nationale. Les minivans qui circulent entre Sandakan et Sukau (17 RM) peuvent vous déposer au croisement, d'où vous devrez marcher jusqu'au bureau du parc, à 5 km.

Bukit Belanda — COLLINE

Bukit Belanda (Colline hollandaise), haute de 420 m, s'élève derrière le village de Bilit. La terre appartient aux villageois qui, malgré les pressions des compagnies forestières, ont refusé de leur céder la colline et la conservent comme un refuge pour la vie sauvage. Vous pourrez grimper au sommet en 1 heure si vous êtes en forme, admirer la belle vue sur le Sungai Kinabatangan en entendant les cris des singes et, peut-être, apercevoir des animaux. Partez de préférence à l'aube pour profiter du lever du soleil et éviter la chaleur. La colline ne comporte aucune infrastructure touristique ; demandez à votre lodge ou à un villageois de vous indiquer le début du chemin.

Batu Tulug — GROTTES

(☎089-565145 ; http://museum.sabah.gov.my ; 15 RM ; 9h-17h, fermé ven). Sur la route de Sandakan à Lahad Datu, vous apercevrez l'Agop Batu Tulug, une arête de calcaire blanc qui surgit de la jungle. Cette colline, au-dessus du village de Batu Putih, est constellée de grottes où reposent les ancêtres des Chinois et des Orang Sungai (Peuple de la rivière) locaux. En raison des crues fréquentes du Kinabatangan, les morts étaient traditionnellement enterrés dans les grottes (une pratique qui a disparu avec l'arrivée du christianisme et de l'islam). Les lourds cercueils en bois renferment des lances, des couteaux, des gongs, des cloches et des bibelots chinois ; certains sont sculptés de motifs géométriques assez simples, d'autres de superbes représentations d'animaux. Ce trésor d'artefacts fait de Batu Tulug l'un des plus importants sites archéologiques du Sabah. **Sabah Museums** gère le site et a construit les escaliers en bois qui serpentent sur 40 m à flanc de colline. Deux grottes principales se visitent. En grimpant jusqu'au sommet, vous découvrirez une belle vue sur la jungle environnante et le Kinabatangan. Un centre d'information est installé sur place.

Le moyen le plus simple de visiter les grottes consiste à les inclure dans un circuit organisé au Kinabatangan. Si vous disposez d'un véhicule, repérez les panneaux qui indiquent l'embranchement vers Batuh Putih ou Muzium Batu Tulug sur la route Sandakan-Lahad Datu. Le village se situe au sud de Sukau Junction, à 1 heure 30 de Sandakan et à 45 minutes de Lahad Datu. Les coordonnées GPS sont N5024.935' E117056.548'.

Kinabatangan Orang-utan Conservation Project (KOCP) — CENTRE DE RECHERCHE

(☎088-413293 ; www.hutan.org.my). Dans le village de Sukau, ce camp est dédié à l'étude et à la protection de l'animal le plus emblématique du Sabah. Le projet est géré en partenariat avec HUTAN, une organisation non-gouvernementale française, qui travaille également avec les villageois pour établir des programmes d'éducation écologique, la reforestation et la protection des éléphants dans le secteur Sukau-Bilit. Le camp n'accueille pas les touristes comme la réserve de Sepilok et n'est pas ouvert au public. Contactez-le néanmoins si vous souhaitez louer les services d'un guide pour repérer des orangs-outans sauvages.

LE COMMERCE DES NIDS D'HIRONDELLES

Les grottes de Gomantong constituent la source la plus connue du Sabah pour les nids de salanganes, utilisés pour préparer la fameuse soupe aux nids d'hirondelles, censée procurer chance et vitalité. Les salanganes fabriquent leurs nids avec leur salive séchée, le principal ingrédient de la soupe. Ajouté au bouillon, ce mucus se dissout et devient gélatineux. Bon appétit !

Deux types de nids conviennent pour la soupe : les nids noirs, mélange de brindilles et de salive, et les nids blancs, exclusivement composés de salive. Les nids blancs, bien plus précieux, sont relativement nombreux à Gomantong. Un kilo de nids blancs rapporte plus de 4 000 $US, faisant de la collecte une activité prisée malgré le danger des échafaudages en bambou.

Ces dernières années, l'accès aux grottes a été limité en raison de la diminution du nombre d'oiseaux – des habitants ramassaient les nids avant que les oisillons ne les aient quittés. Aujourd'hui, les grottes ouvrent sur un cycle de 4 mois, fermant au début de chaque période pour décourager les braconniers. Renseignez-vous avant la visite car les grottes sont souvent vides ou fermées aux visiteurs. Les cycles de 4 mois sont strictement appliqués afin d'encourager des pratiques de ramassage plus durables.

Activités

Croisières fluviales d'observation de la faune

EXCURSION EN BATEAU

La vie sauvage constitue la principale raison de visiter le Sabah, et une croisière sur le Kinabatangan représente souvent un événement marquant du voyage. En fin d'après-midi et en début de matinée, avec des jumelles, vous aurez des chances d'observer des orangs-outans construisant leur nid, des nasiques, des varans et des macaques à longue queue. Toutefois, les nombreux bateaux des tour-opérateurs gâchent la sensation de vie sauvage. De plus, la raison de la présence d'autant d'animaux est déprimante : l'expansion des plantations de palmiers à huile les a chassés jusqu'aux rives du fleuve – ils n'ont plus d'autre endroit où vivre.

Les mammifères, visibles toute l'année, se déplacent en petits groupes à travers les plantations. Les oiseaux sont splendides : les huit variétés des calaos de Bornéo, des brèves aux couleurs éclatantes, des martins-pêcheurs, des cigognes de Storm et d'étranges anhingas roux (ou oiseaux-serpents) nichent tous dans les forêts qui bordent le Kinabatangan. Les oiseaux sont plus nombreux et variés pendant la saison des pluies (octobre-fin mars), qui coïncide avec les migrations de l'hémisphère Nord. Bénéfique pour les oiseaux, la saison des pluies provoque des inondations et certains lodges doivent parfois fermer.

L'observation des animaux dépend en grande partie de la chance et des connaissances de votre guide. N'hésitez pas à poser des questions précises sur le circuit avant de vous décider. Les éléphants et d'autres grands animaux vont et viennent car les troupeaux se divisent souvent pour traverser les plantations.

Les excursions sur le fleuve devraient toujours être comprises dans les forfaits des lodges. Si vous préférez l'explorer en indépendant, contactez les programmes de séjour chez l'habitant, qui vous indiqueront un batelier. Vous pouvez aussi louer un bateau à Sukau, où tous les villageois sont liés directement ou indirectement à l'industrie touristique, et vous trouveront un capitaine. Enfin, juste avant l'entrée du village de Sukau, un panneau jaune annonce "Di sini ada boat servis" (ici service de bateau) ; des bateliers attendent les clients pendant la journée. Quelle que soit la façon dont vous choisissiez un bateau et un guide, comptez au moins 100 RM pour une croisière de 2 heures sur un bateau pouvant accueillir 6 passagers (vous pouvez partager les frais avec des amis).

Certains villages le long du fleuve sont habités par des migrants philippins apatrides, que ne reconnaissent ni la Malaisie ni les Philippines.

Randonnée

Selon l'emplacement de votre lodge, des tour-opératuers proposent de courtes randonnées (1-3 heures) dans la jungle. Celles de nuit comptent parmi les plus intéressantes – se retrouver dans l'obscurité intense de la jungle a quelque chose de magique. Portez votre lampe frontale à la main car les chauves-souris sont attirées par la lumière et peuvent se précipiter dessus ; elles sécrètent une enzyme qui provoque une paralysie localisée et temporaire.

Où se loger et se restaurer

La réservation est indispensable pour les lodges en bord de fleuve. Au Kinabatangan, le forfait classique de 3 jours se déroule comme suit : arrivée dans l'après-midi le premier jour pour une croisière au crépuscule, 2 excursions en bateau (ou un circuit combinant bateau et randonnée) le deuxième jour, départ tôt le matin le troisième jour après le petit-déjeuner pour une croisière à l'aube. En réservant, renseignez-vous sur le prix des transferts, habituellement en supplément.

SUKAU

Sukau signifie "grand arbre" en dialecte local, un nom approprié. Ce village se tient au bord du fleuve sous les branches d'arbres immenses, en face d'imposantes falaises en pierre.

Last Frontier Resort COMPLEXE HÔTELIER $$$
(016-676 5922 ; www.thelastfrontierresort.com ; forfait 3 jours 550 RM ;). Seul établissement de la région du Kinabatatangan perché sur une colline, le Last Frontier surplombe les plaines inondables au bout d'un escalier de 538 marches ! Il offre des chalets sans prétention et bien conçus, une vue superbe sur le fleuve et de multiples randonnées. Les propriétaires belgo-malaisiens servent une excellente cuisine fusion dans le **Monkey Cup Cafe**.

Sukau Rainforest Lodge LODGE $$$
(088-438300 ; www.sukau.com ; forfait 3 jours 1 750 RM ;). Ce lodge participe à des projets de reforestation afin de régénérer des portions dégradées de forêt riveraine, s'emploie à réduire l'utilisation du plastique et utilise des moteurs électriques silencieux pour ses croisières fluviales (les bateaux sont fabriqués avec des matériaux recyclés). L'hébergement est charmant : au cœur de la jungle, des maisons longues élégantes et simples entourent un attrayant espace commun avec gongs, torches *tiki* et *bubu* (pièges à poissons locaux). Ne manquez pas la promenade en planches de 440 m à l'arrière, qui serpente à travers la canopée, ponctuée de panneaux explicatifs.

Kinabatangan Riverside Lodge LODGE $$$
(089-213502 ; http://sitoursborneo.com/borneo/kinabatangan-river-lodge ; forfait 2 jours 2 pers 315 $US ;). Les luxueux chalets, avec draps blancs et parquet poli, sont reliés par des passerelles ombragées qui traversent la jungle. Derrière le lodge, un chemin décrit une boucle dans la jungle. La salle à manger est ravissante, ornée de singes naturalisés, de plantes artificielles et d'instruments traditionnels. L'établissement est géré par SI Tours, qui facture en dollars US.

Barefoot Sukau Lodge LODGE $
(089-237525 ; www.barefootsukau.com ; ch 250 RM ;). Un personnel souriant vous conduit à de petites chambres peintes en blanc. À côté du joli café en bord de fleuve se dressent des falaises gris ardoise, couvertes de lianes et de plantes grimpantes.

Sukau Greenview B&B B&B $
(013-869 6922, 089-565266 ; http://sukau-greenviewbnb.zxq.net/ ; forfait 2 jours à partir de 330 RM). Cet agréable B&B de style cottage offre des chambres avec lits jumeaux et parquet en aggloméré, plutôt sommaires pour le prix.

BILIT

Bilit se caractérise par une population accueillante et des chambres chez l'habitant. Les lodges en bord de fleuve sont installés sur les deux rives du Kinabatangan et desservis par des bateaux qui partent de la jetée. De l'autre côté de la rue, vous pouvez garer votre voiture sur un petit terrain moyennant 20 RM par jour. Une bananeraie attire des éléphants pygmées, à la grande joie des touristes, et au grand déplaisir des paysans locaux.

Nature Lodge Kinabatangan LODGE $$
(088-230534, 013-863 6263 ; www.nature-lodgekinabatangan.com ; forfait 3 jours dort/chalet 380/415 RM). De l'autre côté du méandre du fleuve en venant de Bilit, ce charmant lodge de jungle constitue un bon choix pour les petits budgets. Les bungalows se divisent en deux sections : la Civet Wing s'adresse aux petits budgets avec des huttes de style dortoir, tandis que l'Agamid Wing comporte des chalets plus chics avec lits jumeaux. Toutefois, dans les deux sections, les matelas sont minces et les chambres humides après la pluie. En revanche, les activités sont fantastiques : le forfait de 3 jours comprend 3 circuits en bateau, 3 randonnées guidées et la pension complète.

À NE PAS MANQUER

SÉJOURS CHEZ L'HABITANT AU BORD DU KINABATANGAN

Les programmes de séjour chez l'habitant se multiplient à Sukau, Bilit et dans d'autres villages, offrant aux touristes l'occasion de séjourner chez des Orang Sungai, "le peuple du fleuve", et d'injecter presque directement de l'argent dans l'économie locale. Les adresses ci-après sont celles de différents intermédiaires qui vous trouveront une famille.

Dans la région, notre village favori est Abai. Les villageois aiment accueillir des hôtes et, selon leurs capacités, parlent avec eux et nouent des liens interculturels, même si le niveau d'anglais reste limité. On vous demandera sans doute de participer aux matchs de volley-ball ! Adressez-vous à Adventure Alternative Borneo (p. 318) à Kota Kinabalu, qui entretient un contact direct avec les villageois.

À Sukau, **Bali Kito Homestay** (☎089-568472, 013-869 9026 ; http://sukauhomestay.com ; forfait 3 jours pour 4 pers 650 RM, 1 nuit et 2 repas 50 RM) vous mettra en contact avec diverses familles et, moyennant un supplément, propose des programmes culturels, des sorties de pêche, le travail dans des fermes traditionnelles, des treks, des croisières d'observation de la faune et d'autres activités. En arrivant à l'improviste au village, vous pourrez bénéficier de l'hébergement à 30 RM et de repas à 10 RM. Le forfait de 3 jours comprend les repas, 4 croisières fluviales, le transport depuis/vers Sandakan et la visite des grottes de Gomantong. D'autres forfaits sont proposés pour des groupes plus petits.

Dans le village de Bilit, toutes les maisons semblent recevoir des hôtes. Contactez le **Bilit Village Homestay** (☎013-891 3078, 019-537 0843, 019-853 4997 ; http://bilithomestay.wordpress.com ; ch à partir de 55 RM), très serviable, qui offre des forfaits semblables à ceux de Sukau. Un séjour de 3 jours, avec croisières fluviales et trekking, revient à 360 RM par personne.

Près de Batu Pulih (le village qui jouxte les grottes de Batu Tulug), **Mescot/Miso Walai Homestay** (☎012-889 5379, 019-582 5214, 089-551070 ; www.mescot.org ; ch 70 RM) est la plus ancienne initiative d'écotourisme communautaire de la région. Moins fréquenté que Sukau et Bilit, le village offre de meilleures chances d'apercevoir des animaux.

Lors d'un séjour chez l'habitant, conduisez-vous en invité et non comme un touriste en vacances. Votre intimité sera réduite et des familles s'attendront à ce que vous partagiez les tâches (cuisine, ménage, etc.). Homme ou femme, habillez-vous correctement et évitez les démonstrations publiques d'affection, mal vues dans ces villages. Si l'anglais reste limité, surtout dans les familles participant depuis peu au programme, vous serez impressionné par les capacités multilingues des enfants, acquises au contact de voyageurs du monde entier. Cette expérience, appréciée par nombre de visiteurs, ne convient pas à tous. Cependant, nous vous encourageons à l'essayer si vous n'avez jamais séjourné chez l'habitant.

Bilit Rainforest Lodge LODGE $$$
(☎088-448409 ; http://bilitrainforestlodge.com ; ch 2 jours 420 RM ; ❄📶). L'un des établissements les plus luxueux le long du Kinabatang accueille une clientèle internationale dans d'immenses bungalows avec clim et sdb moderne. Les espaces communs semblent sortis d'un magazine de décoration et le bar en plein air est parfait pour un verre en soirée. Contrairement aux nombreux lodges indiqués, le tarif comprend uniquement la chambre. Avec 2 circuits en bateau et la pension complète, le prix augmente de 310 RM par jour. Un large éventail de circuits est proposé ; consultez le site Internet.

Bilit Adventure Lodge LODGE $$$
(☎089-271077 ; www.stwadventure.com; forfait 2 jours à partir de 665 RM, avec clim 740 RM ; ❄). Ce lodge offre aventure et style à des prix exagérés. Les 24 chalets déclinent tous le thème du safari, avec des boiseries, de grands lits douillets et ventil ou clim.

Myne Resort COMPLEXE HÔTELIER $$$
(☎089-216093 ; www.myne.com.my ; forfait 2 jours à partir de 1 055 RM ; ❄📶). Complexe haut

de gamme le plus récent, il compte plus d'une dizaine de chalets en bois sombre sur une crête qui surplombe un coude du Kinabatangan. Les draps frais, la clim et une vaste terrasse en font une adresse prisée des groupes organisés européens et chinois.

Kinabatangan Jungle Camp LODGE **$$**
(☎013-540 5333, 019-843 5017, 089-533190 ; www.kinabatangan-jungle-camp.com ; forfait 2 jours 550 RM). Ce camp de jungle, soucieux de l'environnement, accueille des passionnés d'ornithologie et de nature. Les équipements sont fonctionnels ; l'observation de la vie sauvage prime ici sur le confort. Le forfait comprend 3 repas, 2 sorties en bateau, un guide et les transferts. Les propriétaires possèdent aussi le Labuk B&B à Sepilok et la plupart des hôtes choisissent un circuit combiné Kinabatangan-Sepilok.

Proboscis Lodge Bukit Melapi LODGE **$$**
(☎088-240584 ; http://www.sdclodges.com ; forfait 2 jours en double lits jum 330 RM/pers ; ❄). Un grand bar et de confortables sièges fabriqués dans des souches d'arbres créent une ambiance conviviale. Les bungalows en bois, disséminés sur une colline broussailleuse, sont coiffés de toits en zinc qui tintent sous la pluie. Le forfait 2 jours inclut 3 repas, 1 croisière fluviale et le transfert de l'embarcadère de Lapit.

EN AMONT

Abai Jungle Lodge LODGE **$$$**
(☎089-213502, 013-883 5841 ; http://sitours-borneo.com/borneo/abai-jungle-lodges ; forfait 2 jours à partir de 290 $US). Géré par SI Tours (p. 346 ; qui tient également le Kinabatangan Riverside Lodge), ce lodge est situé à 37 km en amont de Sukau, à l'endroit où le fleuve débouche de la forêt secondaire. Isolé et soucieux de l'environnement, l'Abai offre néanmoins un bon confort aux plus aventureux. L'eau de pluie est collectée dans des citernes au-dessus des chalets douillets alimentés par des groupes électrogènes à faible émission. La forêt alentour se prête aux promenades.

Uncle Tan's Jungle Camp LODGE **$$**
(☎016-824 4749, 089-535784 ; www.uncletan.com ; forfait 2 jours à partir de 320 RM, forfait 3 jours à partir de 420 RM). Uncle Tan, l'un des premiers guides et écologistes du Kinabatangan, est mort en 2002 en laissant ce lodge, un descendant de son premier repaire de baroudeurs. Les installations spartiates ne conviendront pas à tous (l'eau courante est le seul luxe), mais certains apprécieront cette frugalité, compensée par le talent d'un personnel expérimenté pour repérer les animaux.

ℹ Depuis/vers le Sungai Kinabatangan

Les transferts sont généralement organisés par les hébergements dans le cadre des forfaits. Les rejoindre en indépendant réduit habituellement les coûts. Organisez le transport à partir de n'importe quel point de chute avec votre tour-opérateur ou un minivan local. Ne prenez pas les bus Birantihanti qui s'arrêtent à la demande, ce qui peut quadrupler la durée du trajet.

Bus et minivan

À KK, prenez un bus à destination de Tawau ou de Lahad Datu et demandez au chauffeur de vous déposer à "Sukau Junction", également appelé "Meeting Point", l'embranchement vers Sukau. Si vous prenez un bus à destination de Sandakan, rappelez au chauffeur de faire halte au croisement Tawau-Sandakan, appelé "Batu 32", "Checkpoint" ou parfois "Sandakan Mile 32".

De Sepilok ou de Sandakan, comptez environ 20 RM pour rejoindre "Batu 32", et environ 30 RM dans un bus Sandakan-Tawau jusqu'à "Meeting Point".

Le trajet en minivan de Lahad Datu jusqu'à "Meeting Point" revient à 20 RM. Précisez bien votre destination en achetant votre billet afin de ne pas payer trop.

Voiture

Si vous conduisez, sachez que la station-service Shell sur la nationale à Sukau Junction (l'embranchement vers Sukau) est le dernier endroit où faire le plein avant d'arriver au fleuve. La route, en bon état jusqu'à Sukau, se dégrade aux abords de Bilit ; vous pouvez l'emprunter avec une voiture classique, mais roulez prudemment, surtout s'il pleut.

Lahad Datu

220 000 HABITANTS

Lahad Datu symbolise le futur de l'est du Sabah : une ville ouvrière dépendante des plantations de palmiers à huile.

Si les habitants sont accueillants, rien ne justifie une halte dans cette ville sauf l'organisation d'une excursion dans la vallée de Danum ou à la réserve naturelle de Tabin. **Borneo Nature Tours** (☎089-880207 ; www.borneonaturetours.com ; Lot 20, Block 3, Fajar Centre), qui gère le Borneo Rainforest Lodge

(BRL), et le **Danum Valley Field Centre** (☎088-326300, 089-881092 ; rmilzah@gmail.com ; Block 3, Fajar Centre) sont installés côte à côte dans la ville haute, appelée Taman Fajr, ou Fajar Centre. Il n'existe que deux possibilités pour explorer Danum. À Lahad Datu, la plupart des visiteurs réservent un séjour au Danum Valley Field Centre ; ceux qui ont les moyens d'un circuit avec Borneo Nature Tours ont généralement réservé à KK ou de l'étranger. Le Field Centre étant un centre de recherche, son bureau peut mettre du temps à répondre aux e-mails ou aux appels téléphoniques pour l'hébergement. Il vaut mieux se présenter en personne et demander à parler à quelqu'un qui s'occupe de l'hébergement. Sinon, contactez Rose John Kidi (rmilzah@gmail.com ou ☎088-326300), Patricia Mobilik ou Mahdah Aripin (☎089-881688, 089-0881092 ; danum@care2.com).

À quelques pas se tient le bureau de réservation de Tabin Wildlife Holidays (p. 361), une réserve de forêt secondaire de l'autre côté de Lahad Datu. Ce bureau, à vocation touristique, répond plus rapidement aux e-mails ; vous devrez cependant passer par Lahad Datu pour rejoindre Tabin.

Où se loger et se restaurer

Hotel De Leon HÔTEL $$

(☎089-881222 ; www.hoteldeleon.com.my ; Darvel Bay Commercial Centre ; s/d à partir de 168/178 RM ; ❄📶). Bonne adresse de catégorie moyenne, cet hôtel d'affaires standard offre des chambres confortables et climatisées, et l'accès Wi-Fi dans les parties communes.

Full Wah HÔTEL $

(☎089-884100 ; Jln Anggerik ; s/d à partir de 40/60 RM ; ❄). Dans un bâtiment vieillot, des chambres sans caractère mais propres, plus plaisantes que celles des autres établissements bon marché de Lahad Datu.

MultiBake PÂTISSERIE $

(Gâteaux à partir de 1,80 RM ; ⏱8h-22h ; 📶). Pâtisserie d'une chaîne malaise dans Fajar Centre, avec l'accès Wi-Fi gratuit.

Dovist RESTAURANT $

(Plats à partir de 5 RM ; ⏱déj et dîner). À quelques pas des billetteries pour Danum, un restaurant correct pour un repas copieux.

Achetez quelques en-cas dans les épiceries de Fajar Centre avant une excursion dans la vallée de Danum.

Depuis/vers Lahad Datu

Avion

MASwings (☎1800-883000, hors de Malaisie 03-7843 3000) offre actuellement 4 vols par jour de KK à Lahad Datu. L'aéroport se situe dans la ville haute près de Fajar Centre. Prenez le premier vol (départ de KK à 6h25) si vous ne voulez pas passer une nuit en ville avant de partir pour la vallée de Danum.

Bus

Les bus express qui circulent sur la route KK-Tawau font halte à la station-service Shell (Taman Fajr) près du bureau de la vallée de Danum, dans la ville haute. D'autres bus et minivans partent d'un terrain vague proche du Tabin Lodge dans la ville basse. Les départs pour Sandakan (35 RM, 2 heures 30), Sukau (23 RM, 2 heures), Semporna (25-30 RM, 2 heures) et Tawau (25-35 RM, 2 heures 30) sont fréquents. Des véhicules et des 4x4 stationnent sur un terrain voisin ; les chauffeurs rechignent à partir après le coucher de soleil.

Zone protégée de la vallée de Danum

La vallée de Danum, au centre du Sabah, est couverte de diptérocarpacées, formant une masse humide qui ondule sur quelque 440 km². La forêt est si impénétrable qu'elle n'a jamais été habitée de manière permanente par l'homme. Arrosée par le Sungai Segama, ombragée par une canopée qui s'élève à 70 m, elle abrite le mont Danum (1 093 m) et d'innombrables animaux : ourang-outans, tarsiers, sambars, sangliers à moustaches, écureuils volants, nasiques, gibbons et éléphants pygmées, pour n'en citer que quelques-uns.

Cette forêt pluviale préservée est protégée par **Yayasan Sabah** (Sabah Foundation ; www.ysnet.org.my), une organisation semi-gouvernementale qui œuvre à la protection des forêts du Sabah et à l'utilisation de leurs ressources. Plus d'une centaine de scientifiques effectuent à tout moment des recherches dans la vallée de Danum. Les touristes sont bien moins nombreux, d'autant que la visite exige de la persévérance ou un budget confortable. La vallée ne compte que 2 hébergements : un complexe très luxueux et un centre de recherche qui accueille en priorité les scientifiques, et loge éventuellement à petits prix des touristes. Consultez le site Internet de **South East Asia Rainforest Research** (www.searrp.org)

pour plus d'informations sur les recherches dans la vallée.

À voir et à faire

Le Borneo Rainforest Lodge (BRL) et le Danum Valley Field Centre proposent diverses activités dans la jungle. Le BRL emploie des guides nature licenciés, le Field Centre offre les services de gardes forestiers.

Randonnée

Les randonnées sur plus de 50 km de chemins balisés constituent les principales activités proposées par le BRL et le Danum Valley Field Centre.

Au BRL, des guides expérimentés vous montreront des animaux et des plantes que vous n'auriez jamais remarqués. Bon itinéraire pour entamer l'exploration, le **Coffincliff Trail** grimpe sur 3 km jusqu'à une falaise qui recèle des vestiges de cercueils kadazan-dusun (leur provenance reste floue). Après un fabuleux point de vue à 100 m plus haut, vous pouvez revenir sur vos pas ou rejoindre l'arrière du sommet et descendre via les belles **Fairy Falls** et **Serpent Falls**, deux cascades hautes de 15 m, parfaites pour un plongeon.

Le **Danum Trail**, l'**Elephant Trail** et les **Segama Trails** suivent diverses sections de la vallée de Danum ; essentiellement plats, ces chemins offrent de bonnes chances d'apercevoir des animaux et peuvent tous se parcourir en une heure ou deux. Le **Hornbill Trail** et l'**East Trail** traversent quelques collines, mais restent relativement faciles et permettent aussi de voir des animaux. Pour une courte promenade après un repas, empruntez le **Nature Trail**, une passerelle en planches près du lodge, qui permet d'entrer dans la forêt sans redouter les sangsues.

Nombre de chemins fantastiques entourent le Field Centre ; vous devrez vous faire accompagner d'un garde forestier (un guide, plus habitué aux touristes, est préférable à un garde forestier). À environ 2 heures de marche, les **Tembaling Falls** sont des cascades paradisiaques. Une marche plus éprouvante de 4 heures conduit aux splendides chutes du **Sungai Purut**, sept bassins étagés, alimentées par une cascade qui dévale sur 20 m des montagnes alentour.

Observation des oiseaux

La vallée de Danum est prisée des amateurs d'ornithologie du monde entier, qui viennent admirer les nombreuses espèces des jungles d'Asie du Sud-Est, dont l'argus géant, le faisan noble, la brève à tête bleue, la barite chauve et plusieurs espèces de calaos. Le Borneo Rainforest Lodge est particulièrement bien équipé pour l'observation des oiseaux, avec une promenade dans la canopée et des guides spécialisés. Le long de la route d'accès au lodge et de votre véranda, vous pourrez aussi admirer les oiseaux.

Promenade dans la canopée

Dans les forêts tropicales, l'activité tend à se concentrer à la cime des arbres. La promenade dans la canopée du BRL, longue de 107 m et à 27 m au-dessus du sol, se compose de passerelles qui traversent une belle section de forêt, entre des arbres *mengari* et *majau*. En l'empruntant tôt le matin, vous pourrez apercevoir de rares espèces d'oiseaux et contempler le lever du soleil sur la canopée, une vision magique quand la forêt est nimbée de quelques traînées de brume. Réservée aux hôtes du BRL, la promenade se situe sur la route d'accès, à 10 minutes de marche du lodge.

Expéditions nocturnes

Bien que répréhensibles du point de vue écologique, les expéditions de nuit en voiture permettent de découvrir quelques animaux nocturnes, tels des écureuils volants, des sambars, des civettes, des porcs-épics et parfois des chats-léopards ; avec beaucoup de chance, vous apercevrez des éléphants, des loris paresseux et des panthères nébuleuses. Certains déplorent la frayeur des animaux, pris dans les lumières des phares.

Ces expéditions partent du BRL presque tous les soirs ; les plus intéressantes sont les plus longues, qui commencent vers 20h30 et reviennent à 1h ou 2h. Prévoyez une veste imperméable légère, un appareil photo avec flash, des jumelles et une lampe puissante. Le Field Centre peut organiser des excursions similaires, mais vous devrez sans doute réserver un véhicule la veille.

Où se loger et se restaurer

La vallée de Danum compte deux hébergements, à réserver impérativement avant de rejoindre la vallée. Si votre budget est limité, préférez le Field Centre. Pour découvrir la faune en compagnie de guides professionnels, choisissez le BRL. Le personnel de Sabah Tourism tentera de vous orienter vers le BRL et ne recommande pas le Field

Centre. N'oubliez pas que Danum est une jungle ; vous pouvez y passer des jours sans apercevoir un animal !

Borneo Rainforest Lodge COMPLEXE HÔTELIER $$$

(BRL ; ☎088-267637, 089-880207 ; www.borneonaturetours.com ; forfait 3 jours d standard/deluxe 2 390/2 690 RM par pers). Au cœur de la forêt primaire du Sabah, le BRL possède de superbes chalets, avec vue sur la jungle et ses habitants. Si votre budget le permet, choisissez un chalet "deluxe", avec Jacuzzi sur la véranda en bois qui surplombe le ravin paisible. Les repas sont servis sur une splendide terrasse, face au fleuve, et le buffet offre un nombre impressionnant de plats. Bien que ravissant, le BRL n'est pas un cinq-étoiles, même si tant de luxe reste un tour de force dans la jungle. À condition de revoir leurs exigences à la baisse, les hôtes apprécieront l'ambiance et le confort, mais peut-être moins l'absence de clim. Mieux vaut réserver en ligne ou à KK.

Danum Valley Field Centre LODGE $$

(DVFC ; ☎088-326300, 088-881688 ; rmilzah@gmail.com ; ch gîte et pension complète à partir de 180 RM, camping 30 RM ; ❄). Avant-poste de chercheurs et de scientifiques, ce centre de recherche accueille aussi les touristes dans 4 catégories d'hébergements : auberge de jeunesse, gîte, VIP et camping. Nous recommandons les chambres du gîte, à deux pas de la cantine (seul endroit où se restaurer). Sommaires et propres, elles comportent des lits jumeaux et un ventilateur au plafond ; les serviettes de toilette sont fournies dans les douches (eau froide). L'auberge de jeunesse, à 7 minutes de marche de la cantine, compte des dortoirs non mixtes de style caserne. Si vous souhaitez camper, vous pouvez installer votre sac de couchage (pas besoin de tente) au bord des allées – après vous être vaporisé d'antimoustiques ! Tous les bâtiments du centre de recherche sont alimentés par des groupes électrogènes, coupés de minuit à 7h. Le centre ne compte aucun guide professionnel ; des gardes forestiers vous accompagnent sur les sentiers. Avec un peu de chance, un chercheur amical vous montrera quelques merveilles, mais la plupart n'ont pas de temps à consacrer aux touristes. La cuisine du centre est réservée aux scientifiques. Les touristes prennent leurs repas dans la cantine de style cafétéria (qui propose des plats végétariens).

Depuis/vers la vallée de Danum

Bus et voiture

La vallée de Danum n'est accessible qu'en véhicule privé et autorisé. Les hôtes du Borneo Rainforest Lodge partiront du bureau du lodge à Lahad Datu à 9 h et arrivent à l'heure du déjeuner. Pour éviter de passer la nuit à Lahad Datu, prenez le vol MASwings de 6h25 à KK. Si vous avez réservé, le chauffeur vous attendra si l'avion a du retard.

Les touristes qui logent au Danum Valley Field Centre doivent prendre l'un des deux vans qui rallient la jungle et partent du bureau de réservation de Lahad Datu à 15h30 les lundis, mercredis et vendredis ; comptez 100 RM par personne aller (attendez-vous à une augmentation). En sens inverse, les vans partent du Field Centre à 8h30 les mêmes jours.

Réserve naturelle de Tabin

La jungle de Tabin constitue une alternative à la vallée de Danum. D'une superficie de 1 205 km², la réserve se compose principalement d'une forêt de diptécocarpacées et de mangroves. Il s'agit pour l'essentiel d'une forêt secondaire, qui abrite de nombreux oiseaux et mammifères, dont des éléphants et des primates – gibbons, semnopithèques rubiconds, macaques et orangs-outans. Des orangs-outans de Sepilok sont réintroduits dans cette réserve, où vous aurez de bonnes chances d'en apercevoir quelques-uns. Tabin accueille une harde de rhinocéros de Sumatra, une espèce menacée, difficile à observer.

La réserve est gérée par **Tabin Wildlife Holidays** (☎088-267266 ; www.tabinwildlife.com.my ; Lot 11-1, Block A, Damai Point ; forfait 2 jours à partir de 1 150 RM), qui possède sur place le **Tabin Wildlife Resort**, un joli complexe de chalets haut de gamme, à des prix exagérés. Cinq chemins serpentent dans la jungle depuis l'hôtel. L'Elephant Trail (800 m) passe par des mares de boue bouillonnante. Le **Gibbon Trail** (2,8 km) conduit à la jolie **cascade Lipa**.

Vous pouvez rejoindre Tabin en voiture de location (un 4x4 de préférence), mais la plupart des visiteurs organisent le transport avec Tabin Wildlife. La réserve compte plusieurs entrées ; la plus accessible se situe près du croisement de Ladan Tungju et Ladang Premai ; l'aéroport de Lahad Datu se trouve à 15 km de Ladang Kajai.

Semporna

142 000 HABITANTS

Semporna est la principale étape avant de rejoindre l'archipel du même nom, une destination de rêve pour la plongée et le snorkeling. À moins d'arriver tôt le matin, vous devrez passer la nuit sur place. Profitez des bars et visitez les *pasar ikan* (marchés de poisson) et les villages sur pilotis avant de rejoindre le paradis.

Activités

La plongée et le snorkeling constituent les principales raisons de la venue des touristes. La ville compte de nombreux tour-opérateurs spécialisés qui se regroupent sur le front de mer ; d'autres disposent de bureaux à KK. En raison de la forte fréquentation, mieux vaut réserver de votre pays ou bien à l'avance : le nombre de plongeurs est limité à 120 par jour à Sipadan.

Où se loger

Semporna offre un choix d'hôtels limité mais correct. Si vous avez réservé un forfait de plongée, renseignez-vous auprès du tour-opérateur sur les réductions pour l'hébergement et n'hésitez pas à négocier un bon prix.

Sipadan Inn HÔTEL $

(☎089-781766 ; www.sipadaninn-hotel.com ; Block D, Lot n°19-24, Semporna Seafront ; s/d à partir de 84/95 RM). L'une des meilleures adresses pour les petits budgets, avec des chambres d'un blanc éclatant et d'une propreté impeccable à deux pas de la plupart des centres de plongée.

Seafest Hotel HÔTEL $$

(☎089-78233 ; www.seafesthotel.com ; Jln Kastam ; ch 90-260 RM ; ❄). Cet établissement de 6 étages avec vue sur la baie, au bout du “Semporna Seafront”, offre le confort d'un hôtel d'affaires. Il est affilié à la pêcherie Seafest et ses restaurants proposent les prises du jour. N'hésitez pas à demander un rabais et sachez que les suites ne justifient pas le supplément.

Dragon Inn HÔTEL $

(Rumah Rehat Naga ; ☎089-781099 ; www.dragoninnfloating.com.my ; 1 Jln Kastam ; dort 20 RM, ch avec petit-déj à partir de 80 RM ; ❄@). Les propriétaires, persuadés que les touristes apprécient les maisons sur pilotis et un cadre polynésien, déclinent le thème sans subtilité. Les chambres les plus chères sont attrayantes, avec parquet foncé et décoration soignée. L'établissement surplombe une eau verdâtre, mais le personnel sympathique et serviable fait oublier ce désagrément mineur.

Scuba Junkie Dive Lodge AUBERGE DE JEUNESSE $

(☎089-785372 ; www.scuba-junkie.com ; Lot 36, Block B, Semporna Seafront ; dort/ch 50/120 RM ; ❄@). Convivial, propre et sans prétention, ce lodge offre une réduction de 50% aux plongeurs qui réservent via Scuba Junkie. Les moniteurs de plongée se retrouvent le soir dans le bar adjacent, ouvert de 16h jusqu'au départ du dernier client.

Borneo Global Sipadan BackPackers AUBERGE DE JEUNESSE $

(☎089-785088 ; www.borneotourstravel.com ; Jln Causeway ; dort/tr/f avec petit-déj 20/70/100 RM ;

Semporna

(❄). Près du Seafest (sur le front de mer), un établissement quelconque, mais bon marché et accueillant. Les posters de poissons rappellent la raison de votre présence à Semporna.

Où se restaurer

Des *kedai kopi* jalonnent le "Semporna Seafront", tandis que les restaurants du Seafest Hotel proposent des plats chinois et malais. Semporna est réputée pour son *nasi lemak* et ses *korchung* (raviolis de riz).

Anjung Paghalian Café POISSON **$**
(Jln Kastam ; plats 3-5 RM ; 17h-22h). Sur une jetée à côté du panneau d'entrée du parc marin de Tun Sakaran, ce restaurant avec terrasse sert des portions (pour 2 personnes ou plus) de poisson, crevettes, calamar, poulet ou gibier, préparés de 12 manières différentes. Il comporte également des stands de restauration classiques, dont un de burgers.

Mabul Steak House GRILL **$$**
(☎089-781785 ; Semporna Seafront ; plats à partir de 11 RM ; 12h-23h). Ce restaurant à l'ambiance détendue, doté d'un balcon, s'agrémente d'un canapé et de fauteuils confortables autour d'un immense écran de TV qui diffuse des films ou du sport. Il offre de bons plats malais standards, des steaks succulents et de délicieux jus de fruits glacés.

Semporna

Activités

Big John Scuba .... (voir 6)
1 Billabong Scuba B1
Blue Sea Divers .... (voir 4)
2 Scuba Junkie C2
3 Sipadan Scuba B2
Sipadan Water Village .... (voir 3)
4 Uncle Chang's C2

Où se loger

5 Borneo Global Sipadan BackPackers D2
6 Dragon Inn C2
7 Scuba Junkie Dive Lodge B2
8 Seafest Hotel D2
9 Sipadan Inn B2

Où se restaurer

10 Anjung Paghalian Café C2
11 Mabul Steak House B2

Renseignements

Si vous arrivez à Semporna en transports publics, quittez le quartier des terminal des bus et des minivans et dirigez-vous vers le minaret de la mosquée pour rejoindre le front de mer. Suivez le damier des rues en béton sur la droite jusqu'au "Semporna Seafront", un ensemble de bâtiments aux couleurs primaires, qui contrastent avec les tons pastel du reste de la ville. Ce quartier abrite les centres de plongée, ainsi que de nombreux hôtels et restaurants.

Chambre de décompression (☎089-783100). La plus proche se situe dans la base navale de Semporna.

Maybank (☎089-784852 ; Jln Jakarullah) Attendez-vous à faire la queue et à quelques mendiants, surtout le soir.

Depuis/vers Semporna

Avion

Desservi par des vols en provenance de KK et KL, l'aéroport de Tawau se situe à 28 km de la ville. Un taxi privé de l'aéroport de Tawau à Semporna revient à 90 RM. Les bus Tawau-Semporna (15 RM) font halte sur demande à l'aéroport. Sinon, ils s'arrêtent au Mile 28, à quelques kilomètres, en plein soleil, du terminal. Souvenez-vous que prendre l'avion moins de 24 heures après une plongée peut entraîner de graves problèmes de santé, voire la mort.

Bus

La "gare routière" s'étend autour du supermarché Milimewa, non loin du haut minaret de la mosquée. Tous les bus circulent du début de la matinée jusqu'à 16h (sauf pour Kota Kinabalu) et partent quand ils sont pleins.

Kota Kinabalu	65 RM, 9 heures ; départ vers 7h ou 19h.
Lahad Datu	25-30 RM, 2 heures 30
Sandakan	35-40 RM, 5 heures 30
Tawau	15 RM, 1 heure 30

Archipel de Semporna

Des îles frangées de sable blanc et de palmiers, le bleu turquoise de l'océan sous un ciel azur et les bateaux colorés des nomades de la mer constituent le fabuleux paysage de l'archipel de Semporna. Toutefois, la plupart des visiteurs viennent pour explorer l'univers sous-marin de l'un des plus beaux sites de plongée au monde.

SNORKELING À SEMPORNA

Nombre de voyageurs qui ne pratiquent pas la plongée s'interrogent sur l'opportunité d'un séjour à Semporna. Bien que la plongée soit la principale activité et que les plages se limitent à quelques parcelles de sable, si vous aimez le snorkeling vous pourrez profiter de l'ambiance joyeuse de l'archipel. Les sorties de plongée et de snorkeling sont organisées de façon à ce que les deux groupes partent et reviennent aux mêmes heures et vous ne vous sentirez pas isolé si vous voyagez avec des plongeurs. Si vous voyagez seul, Semporna, bien qu'intéressant, n'est pas un site exceptionnel pour le snorkeling et vous trouverez d'autres endroits moins chers en Malaisie ; une sortie de snorkeling coûte ici 150 RM environ, auxquels s'ajoutent l'hébergement relativement cher et le trajet en bateau. Néanmoins, vous aurez de bonnes chances de voir des raies mantas, des tortues de mer et d'innombrables poissons tropicaux.

À voir et à faire

Joyau de l'archipel de Semporna, **Sipadan** (Pulau Sipadan) se situe à 36 km de la côte sud-est du Sabah. L'île est en fait le sommet d'une aiguille submergée, mondialement connue pour ses tombants presque verticaux. Ils attirent une faune d'une extraordinaire richesse, des fragiles coraux aux énormes requins-baleines. Vous verrez des tortues de mer et des requins de récif à chaque plongée, pourrez souvent observer des raies mantas, des raies aigles, des pieuvres, des requins-marteaux halicornes et des varans.

Une dizaine de sites de plongée entoure l'île ; le plus célèbre, **Barracuda Point**, est réputé pour ses bancs de barracudas qui forment des murs quasi impénétrables. Des requins de récif, sans doute appâtés par le fort courant, sont presque toujours présents. **South Point**, à la pointe opposée de l'île, est habituellement fréquenté par de gros poissons pélagiques, dont des raies mantas. Du côté ouest de l'île, des tombants multicolores descendent jusqu'à 2 000 m de profondeur, particulièrement beaux par temps clair l'après-midi. La côte est, un peu moins populaire, attire immanquablement requins et tortues.

Bien que Sipadan éclipse les sites voisins, d'autres récifs du parc marin méritent l'exploration. La macroplongée autour de **Mabul** (ou Pulau Mabul) est mondialement réputée. Les sites autour de **Kapalai**, **Mataking** et **Sibuan** sont également remarquables.

S'il est possible d'arriver à l'improviste et de trouver un centre de plongée qui vous emmène à Sipadan le lendemain, nous vous conseillons fortement de réserver. Certains nous reprochent un excès de prudence, mais vos vacances étant limitées, mieux vaut bien les préparer. L'inconvénient de la réservation est de ne pouvoir comparer les divers centres de plongée, mais les imprévoyants risquent de devoir attendre quelques semaines avant de rejoindre les îles.

Le gouvernement délivre chaque jour 120 permis pour Sipadan (40 RM), que ce soit pour la plongée, le snorkeling ou la simple visite. Le nombre limité et certaines règles, comme les quotas par sexe, compliquent l'obtention du permis. Chaque centre de plongée dispose d'un nombre de permis quotidiens, qui dépend de la taille de l'entreprise et de la demande générale. Chaque opérateur attribue les permis à sa façon : certains organisent une tombola pour les plongeurs, d'autres promettent une journée à Sipadan après un ou deux jours de plongée à Mabul et Kapalai. Quel que soit l'opérateur choisi, vous devrez effectuer une première plongée en dehors de Sipadan, à moins d'être un moniteur qualifié qui a plongé au cours des six derniers mois. Les permis pour Sipadan sont délivrés pour la journée (et non par plongée). Assurez-vous que votre forfait comprend au moins 3 plongées.

Une excursion d'une journée avec 3 plongées coûte de 250 à 500 RM (certains opérateurs incluent le droit d'entrée du parc, d'autres non ; renseignez-vous), et la location de l'équipement complet revient à 50 ou 60 RM par jour. La plupart des centres de plongée louent des appareils photo (environ 100 RM par jour) et des ordinateurs de plongée (environ 80 RM par jour). Les complexes hôteliers haut de gamme de Mabul et de Kapalai proposent des forfaits tout compris (plus la location de l'équipement).

Si la plupart des plongées dans l'archipel ne sont pas réservées aux experts, des brevets Open Water et des cours de perfectionnement sont proposés. La plongée à Sipadan s'adresse aux plongeurs détenteurs d'un brevet Advanced Open Water (les courants et la thermocline peuvent être puissants). Néanmoins, les plongeurs titulaires d'un brevet Open Water ne devraient pas avoir de problèmes ; ils ne pourront pas descendre aussi loin que les plongeurs de niveau avancé. Un cours Open Water de 3 jours coûte au moins 950 RM, un cours Advanced Open Water (2 jours) revient au même prix et le brevet de moniteur s'élève à 2 500 RM.

Plusieurs centres de plongée sont installés dans leurs propres complexes hôteliers, d'autres disposent d'agences à Semporna et/ ou KK. Où que le centre soit installé, nous vous recommandons de le contacter bien à l'avance. Ces opérateurs sont de plus en plus nombreux et ceux que nous répertorions sont présentés par ordre alphabétique et non selon la préférence (nous n'avons pas eu le temps de plonger avec chacun) :

Big John Scuba PLONGÉE
(www.smiffystravels.com/BJSUBA2.htm). "Big John", originaire de la région, aime le Sabah, Semporna et la plongée. Moniteur spécialisé dans la macro-photographie, il sépare ses élèves des groupes de plongeurs. Il possède un bureau dans le Dragon Inn.

Billabong Scuba PLONGÉE
(☎089-781866 ; www.billabongscuba.com ; Lot 28, Block E, Semporna Seafront). Propose l'hébergement chez l'habitant à Mabul.

Blue Sea Divers PLONGÉE
(☎781 322 ; www.blueseadivers-sabah.com ; Semporna Seafront). Un opérateur fiable de Semporna pour des excursions d'une journée.

Borneo Divers PLONGÉE
(☎088-222226 ; www.borneodivers.info ; 9e ét., Menara Jubili, 53 Jalan Gaya, Kota Kinabalu). Premier tour-opérateur de la région, Borneo Divers a fait découvrir Sipadan au commandant Cousteau. Il a conservé d'excellents standards au fil des ans, avec des guides compétents et des hébergements confortables, dont un bel hôtel sur Mabul. Le bureau se situe à Kota Kinabalu. Recommandé.

Scuba Junkie PLONGÉE
(☎089-785372 ; www.scuba-junkie.com ; Lot 36, Block B, Semporna Seafront). Apprécié des jeunes globe-trotteurs.

Scuba Jeff PLONGÉE
(☎019-5855125, 017-8690218 ; www.scubajeff-sipadan.com). Jeff, un îlien sympathique, organise ses expéditions depuis le village de pêcheurs de Mabul. Un bon choix pour les petits budgets.

Seahorse Sipadan PLONGÉE
(☎012-279 7657, 016-835 5388, 089-782289 ; www.seahorse-sipadanscuba.com). Un tour-opérateur qui vise la clientèle des petits budgets et possède une auberge de jeunesse à Mabul.

Seaventures PLONGÉE
(☎088-261669 ; www.seaventuresdive.com ; 4e ét., Wisma Sabah). Un tour-opérateur qui jouit d'une excellente réputation et dispose d'une plateforme au large de Mabul. Bureau à KK.

À NE PAS MANQUER

RÉGATE DE LEPA

La régate de *lepa* (un *lepa* est un petit bateau) est la grande fête annuelle des nomades de la mer bajau. Traditionnellement, les Bajau ne mettent le pied sur Bornéo qu'une fois par an ; ils vivent le reste de l'année sur des îlots ou sur leurs bateaux. Aujourd'hui, les Bajau se rendent plus souvent à Semporna et dans d'autres villes pour se ravitailler, mais l'ancien cycle du retour annuel est toujours célébré par la régate de *lepa*. Pour les visiteurs, le point fort de la fête est le concours de décoration des *lepa* entre les familles bajau. Les bateaux, déjà multicolores, sont ornés de banderoles, d'oriflammes (*tapi*), d'ombrelles cérémonielles (protection symbolique contre le soleil et la pluie) et de *sambulayang*, des voiles superbement décorées qui appartiennent à chaque clan. Chaque bateau possède une petite voile rectangulaire (*lamak kapis*) et une voile plus grande (*lamak bua'an*) en forme de gueule de poisson. Violons, cymbales et percussions accompagnent la régate, ainsi que des jeux nautiques comme la capture d'un canard et le remorquage d'un bateau. La régate a lieu mi-avril ; consultez le site etawau.com. Ne manquez pas ce spectacle exceptionnel si vous êtes sur place à cette époque.

Sipadan Scuba PLONGÉE
(☎089-784788, 089-919128 ; www.sipadanscuba.com ; Lot 23, Block D, Semporna Seafront). Vingt ans d'expérience à Bornéo et un personnel cosmopolite font de Sipadan Scuba un opérateur fiable et recommandé.

Sipadan Water Village PLONGÉE
(☎089-784227, 010-932 5783, 089-751777, 089-950023 ; www.swvresort.com ; Jln Kastam). Un tour-opérateur privé, installé dans le complexe hôtelier du même nom à Mabul.

SMART PLONGÉE
(☎088-486389 ; www.sipadan-mabul.com.my). Le centre de plongée du Sipadan-Mabul Resort et du Mabul Water Bungalow, tous deux à Mabul. Possède un bureau à KK.

Uncle Chang's PLONGÉE
(Borneo Jungle River Island Tours ; ☎089-786988, 017-895 0002, 089-781002 ; www.ucsipadan.com ; 36 Semporna Seafront). Excursions de plongée et de snorkeling d'une journée, et séjours dans son lodge à Mabul (90 RM par personne).

Où se loger et se restaurer

Des luxueux bungalows aux cabanes de plage, le parc marin offre un grand choix d'hébergements pour tous les budgets. Éparpillés sur l'archipel, ils se regroupent pour la plupart à Mabul, l'île la plus proche de Sipadan ; il est interdit de séjourner à Sipadan. Sachez que les prix augmentent durant août et septembre et qu'ils diffèrent pour les non-plongeurs.

Presque toutes les adresses répertoriées proposent un horaire rythmé par 3 ou 5 repas, entrecoupé de 3 sorties quotidiennes de plongée (ou de snorkeling). Les repas sont compris et les boissons en supplément, sauf le café et le thé souvent gratuits. Uncle Tan's ou Scuba Junkie, sur Mabul, organisent parfois des fêtes en soirée. Les établissements haut de gamme possèdent leurs propres bars et restaurants, qui acceptent généralement les non-résidents.

Vous pouvez aussi loger dans la ville de Semporna, où les prix sont un peu moins élevés. Vous ne profiterez pas des flamboyants couchers de soleil et vous devrez compter au moins 30 minutes pour rejoindre les sites de plongée ou de sonrkeling.

Toutes les adresses indiquées organisent des sorties de plongée, des cours de certification et des excursions à Sipadan.

SINGAMATA

Singamata (☎089-784828 ; www.singamata.com ; forfait 3 jours plongeur/non-plongeur 720/500 RM). Village flottant construit sur un banc de sable à 30 minutes de Semporna, il compte de jolis chalets et terrasses sur pilotis et une piscine remplie de grands poissons (dans laquelle vous pouvez plonger avec un tuba). De votre chambre, vous pouvez sauter dans la mer, parfois polluée par des détritus provenant de Semporna. Si vous recherchez l'isolement, ces chalets sans prétention et aérés vous séduiront.

MABUL

Principal centre d'hébergement de l'archipel, Mabul offre une petite plage de sable blanc, une eau d'un bleu fantastique, un campement de nomades de la mer Bajau et un village malais sur pilotis, où se regroupent la plupart des hôtels bon marché.

Ne manquez pas de faire le tour de l'île, ce qui prend une heure ou deux. Derrière les complexes hôteliers se trouvent les générateurs et les logements de style caserne du personnel. Dans les villages, des échoppes vendent des bonbons, des chips, des cigarettes et d'autres produits. Contempler le coucher du soleil qui embrase les maisons sur pilotis alors que les Bajau allument des feux pour cuisiner sur leurs bateaux est un spectacle magique.

Mabul Beach Resort COMPLEXE HÔTELIER $$
(☎089-785372 ; www.scuba-junkie.com ; dort 95 RM, ch 225-375 RM ; ❄📶). Propriété de Scuba Junkie, cet établissement est l'adresse préférée des globe-trotteurs. Les chalets avec sdb, parquet poli et véranda ont le chic d'une adresse luxueuse. Les chambres sont toutes dotées de 2 lits et leur prix est identique, qu'on les occupe seul ou à deux.

Mabul Water Bungalow COMPLEXE HÔTELIER $$$
(☎088-486389 ; www.mabulwaterbungalows.com ; forfait plongée 3 jours à partir de 1 016 $US, sans plongée 606 $US ; ❄📶). Plus bel établissement haut de gamme de Mabul, il offre de somptueux bungalows de style sanctuaire balinais, construits au-dessus de la mer des Célèbes. Les chambres sont opulentes et les deux suites, la Bougain Villa et la Borneo Villa, s'agrémentent d'une cascade dans la sdb, d'une jetée privée et de plancher en verre.

Borneo Divers Mabul Resort COMPLEXE HÔTELIER $$$
(☎088-222226 ; www.borneodivers.net ; lits jum/s 1 148/765 RM par pers ; ❄@📶). Le plus ancien centre de plongée de la région propose des bungalows en acajou semi-indépendants, aux fenêtres d'un jaune éclatant, alignés en fer à cheval. Des pavillons ouverts, avec moustiquaire en tulle, ponctuent le jardin soigné. Accès Wi-Fi dans la salle à manger.

Scuba Jeff LODGE $
(☎019-5855125, 017-8690218 ; www.scubajeffsipadan.com ; ch 80 RM ; 📶). Jeff, très sympathique, gère cette grande maison sur pilotis dans le village de pêcheurs malais. Un peu défraîchie, elle a le charme d'un repaire de baroudeurs, propice aux rencontres avec d'autres voyageurs, étrangers ou malais.

Sipadan Adventures CHAMBRES D'HÔTES $
(☎012-822 9984 ; www.sipadanadventures.com ; dort/ch 70/90 RM par pers). Des chambres propres et rénovées, destinées aux petits budgets. Le personnel vous aidera à organiser des sorties de plongée et les propriétaires mitonnent d'excellents plats de poisson.

Uncle Chang's GUESTHOUSE $
(☎089-781002, 017-895 002, 089-786988 ; www.ucsipadan.com ; dort/d 70/90 RM par pers, d avec clim et sdb 100 RM/pers ; ❄). Institution dans la catégorie petits budgets, cette guesthouse accueille le centre de plongée du même nom. Joyeuse et conviviale, elle organise régulièrement des fêtes. Les chambres avec clim (90 RM) sont d'un bon rapport qualité/prix.

Seaventures Dive Resort COMPLEXE HÔTELIER $$$
(☎088-261669 ; www.seaventuresdive.com ; forfait plongée 4 jours à partir de 2 160 RM ; ❄). Plateforme pétrolière reconvertie à courte distance du splendide littoral de Mabul, le Seaventures suscite la controverse quant à son esthétique ! En revanche, les moniteurs de plongée sont chaudement recommandés.

Billabong GUESTHOUSE $
(☎089-781866 ; www.billabongscuba.com ; ch avec ventil/clim 70/120 RM). Bavardez avec les pêcheurs, admirez le coucher de soleil sur les pontons et partez pour de merveilleuses plongées avec Billabong Scuba, l'opérateur associé.

Sipadan-Mabul Resort COMPLEXE HÔTELIER $$$
(SMART ; ☎088-486389 ; www.sipadan-mabul.com.my ; forfait plongée 7 jours à partir de 1 570 $US, sans plongée 1 186 $US ; ❄📶🏊). Bien que le style camp d'été convienne au paysage tropical, les prix restent exorbitants. Les longs séjours sont favorisés. Quitte à dépenser sans compter, préférez l'autre propriété de SMART, le Mabul Water Bungalow (voir p. 366). Accès Wi-Fi dans la salle à manger.

Sipadan Water Village Resort COMPLEXE HÔTELIER $$$
(☎089-751777 ; www.swvresort.com ; forfait 4 jours à partir de 4 100 RM ; ❄@). La décoration démodée donne le ton. Malgré son emplacement paradisiaque, cet ensemble sur pilotis n'a pas l'élégance du Mabul Water Bungalow voisin. Si vous décidez d'y loger, choisissez un bungalow "grand deluxe".

Seahorse Sipadan GUESTHOUSE $
(☎016-8355388, 089-782289 ; www.seahorse-sipadanscuba.com ; dort/ch à partir de 80/90 RM). Des chambres sommaires pour les petits budgets.

KAPALAI

Bien que communément désignée comme une île, Kapalai est plutôt un grand banc de sable juste au-dessous de la surface de l'océan. De loin, le seul hôtel, le **Kapalai Resort** (☎088-316011/3 ; http://sipadan-kapalai.com ; 63 Gaya Street, Kota Kinabalu ; forfait 4 jours à partir de 2 790 RM ; ❄@), semble posé sur des troncs de palmiers au milieu de la mer. Les bungalows en bois laqué déclinent le thème nomade de la mer, avec une touche d'opulence.

MATAKING

Mataking est aussi essentiellement un banc de sable blanc, ponctué de verdure aux deux extrémités. Le **Mataking Island Resort** (☎089-786045, 089-770022 ; www.mataking.com ; Jln Kastam ; forfait 3 jours plongeur/non-plongeur à partir de 2 470/2 110 RM ; ❄@), le seul hébergement, est un luxueux refuge d'impeccables bungalows en bois sombre, agrémentés de fins voilages. Un récif artificiel et des épaves accueillent une abondante faune marine, garantissant des plongées exceptionnelles ; une "poste sous-marine" a même été installée dans une épave !

POM POM

Ce paradis isolé se situe au cœur du parc marin de Tun Sakaran, à 1 heure de bateau de Semporna. Le **Sipadan Pom Pom Island Resort** (☎089-781918 ; www.pompomisland.com ; forfait 3 jours 1 600-2 000 RM ; ❄@) est l'unique hébergement. Ses chambres les plus chics sont construites sur l'eau, tandis que des bungalows en roseau et chaume offrent la vue sur la mer de leur spacieux balcon. Les moins chers sont installés dans le jardin à l'arrière, à deux pas de l'océan.

ROACH REEFS

Ce réseau de récifs artificiels était jadis le domaine privé d'un riche homme d'affaires. Aujourd'hui, le **Roach Reefs Resort** (☎089-779332 ; www.roachreefsresort.com ; forfait 2 jours plongeur/non-plongeur 185/148 $US ; ❄@) accueille les touristes dans des cabanes sommaires (un peu trop à ces prix) plantées sur un îlot artificiel à l'ombre des cocotiers. Les bateaux qui desservent Roach Reefs partent de Tawau, et non de Semporna.

Renseignements

L'archipel de Semporna se divise approximativement en deux secteurs géographiques : les îles septentrionales (protégées par le parc marin de Tun Sakaran) et les îles méridionales, toutes propices à la plongée. Sipadan, Mabul et Kapalai se situent dans le secteur sud, Mataking et Sibuan dans le secteur nord. Si vous logez à Semporna, vous pourrez plus facilement plonger dans les deux secteurs. Cependant, la plupart des touristes privilégient Sipadan et les îles voisines.

Faites des provisions (écran solaire, antimoustiques, etc.) avant de partir pour l'archipel. Les complexes hôteliers haut de gamme abritent des petites épiceries aux prix très élevés. Vous ne trouverez aucun DAB, mais les hôtels de catégorie supérieure acceptent les cartes de crédit (Visa et Mastercard). Mabul abrite un petit poste de police près de la mosquée, une pharmacie et des échoppes qui vendent des produits de base. La plupart des complexes hôteliers offrent l'accès Wi-Fi, souvent irrégulier.

La chambre de décompression la plus proche (p. 363) se situe à la base navale de Semporna.

Comment s'y rendre et circuler

Bateau

À l'exception de Roach Reefs, tous les transports vers le parc marin passent par Semporna. Votre hôtel se chargera du transport depuis Semporna ou l'aéroport de Tawau (compris dans le forfait ou en supplément, renseignez-vous) ; les transferts s'effectuent généralement le matin. Si vous arrivez à Semporna dans l'après-midi, vous devrez sans doute passer la nuit en ville.

Tawau

380 200 HABITANTS

L'une des plus grandes cités du Sabah, Tawau n'a guère de charme, mais n'est pas déplaisante. Si vous rejoignez Semporna ou le bassin de Maliau, vous passerez sans doute par cette ville. Les habitants sont accueillants, la cuisine correcte et les hébergements d'un bon rapport qualité/prix.

Tawau est le principal point de passage de l'État vers l'Indonésie et le seul poste-frontière vers Kalimantan, juste au sud, où les étrangers peuvent obtenir un visa indonésien.

À voir

Bukit Gemok Forest Reserve RÉSERVE NATURELLE

(adulte/enfant 5/1 RM). À 10 km du centre de Tawau, cette réserve est un joyau et le meilleur endroit où passer la journée si vous devez rester en ville. Classée au début des années 1990, cette jungle remplie de singes bavards est prisée des randonneurs, des coureurs du Hash House Harriers et des groupes en circuit organisé ; beaucoup la préfèrent aux chemins qui entourent les sources thermales de Poring. Le chemin le plus populaire est une éprouvante grimpée d'une heure (si vous êtes en forme !) jusqu'à la **Lim Man Kui Quarry Hill**, une carrière d'ardoise. Au sommet, la vue époustouflante récompense l'effort.

Dans la réserve, une **promenade dans la canopée**, longue de 231 m offre une belle vue sur la campagne alentour et sur Tawau.

Repérez les graines de la grande zanonie (*Alsomitra macrocarpa*) qui peuvent atteindre 15 cm ; aplaties comme des crêpes, elles volent à travers la forêt sur des centaines de mètres. Un taxi jusqu'à la réserve revient à 30 RM ; assurez-vous que le chauffeur vous attendra ou reviendra vous chercher car les transports publics sont rares.

Où se loger

Choisissez plutôt un établissement de catégorie moyenne, destiné à la clientèle d'affaires locale et d'un excellent rapport qualité/prix. Beaucoup se regroupent dans Jalan Bunga et Haji Karim. Les hôtels pour petits budgets sont souvent sinistres.

Tawau

Tawau

À voir

1 Mosquée C2
2 Bibliothèque publique D3

Où se loger

3 Hotel Soon Yee B2
4 Kingston Executive Hotel D1
5 Monaco Hotel C1
6 Shervinton Executive Hotel C2

Où se restaurer

7 Hawker Seafood C3
8 Restoran Azura B2
Restoran Azura .... (voir 9)
9 Sabindo Hawker Centre D2

Achats

10 Servay Department Store B2

Shervinton Executive Hotel HÔTEL $$
(☎770000 ; www.shervintonhotel.com ; Jln Bunga ; ch/ste à partir de 98/200 RM ; ❄📶). L'hôtel le plus rutilant et pimpant du centre-ville comporte un spa, un salon, une salle de sport et même une boulangerie.

Monaco Hotel HÔTEL $
(☎769911/2/3 ; Jln Haji Karim ; ch à partir de 80 RM ; ❄). Derrière une façade d'un jaune criard, il offre des chambres plaisantes de style Holiday Inn, version malaise.

Kingston Executive Hotel HÔTEL $$
(☎702288 ; 4581-4590 Jln Haji Karim ; d 80-100 RM ; ❄@). D'un excellent rapport qualité/prix, le Kingston apporte une touche de charme dans cette ville somnolente. Certaines chambres s'agrémentent de couvre-lits en *kain songket* (tissu artisanal malais comportant des fils d'or).

Hotel Soon Yee HÔTEL $
(☎772447 ; 1362 Jln Stephen Tan ; ch 30-35 RM ; ❄). Sans téléphone ni eau chaude, un repaire classique de baroudeurs, avec du caractère et une ambiance chaleureuse. Les chambres avec ventil, les moins chères, partagent des sdb communes.

Où se restaurer

Les habitants apprécient le déjeuner-buffet du **Belmont Marco Polo** ; pour 18 RM (33 RM le week-end), il constitue une affaire étant donné la variété des plats. Autour du Kingston Hotel, quelques gargotes locales proposent des plats savoureux. Des *kedai kopi* chinois, ouverts pour la plupart de 7h à 22h, bordent Jalan Bunga. En ville, vous verrez des affiches de poissons mutilés mentionnant *bom ikan*. *Bom ikan* signifie

DÉLICES DE TAWAU

Grâce à sa proximité avec la frontière indonésienne et à une importante population d'Indonésiens, de Philippins, de Bajau et de Chinois hakkas, Tawau offre d'excellentes spécialités culinaires. Les suivantes peuvent se déguster dans presque tous les *kedai kopi* de la ville et au Sabindo Hawker Centre :

Mee Jawa – Soupe de nouilles à la mode javanaise avec des pousses de soja, des arachides, de la pâte de soja, des boulettes de poisson, parfois des crevettes et des patates douces, et les habituels ail, échalotes, piments et pâte de crevette.

Gado gado – Une délicieuse salade indonésienne de légumes avec crackers de crevette et sauce d'arachides. Chaque cuisinier la réalise à sa manière et le goût n'est jamais identique.

Nasi Kuning – Du riz cuit dans du lait de coco et du curcuma, d'où son nom anglais "yellow rice" riz jaune). À Tawau, il est souvent enveloppé dans une feuille de bananier et servi avec du poisson frit pour des occasions particulières.

Soto Makassar – La soto (également écrit "coto" et prononcé "cho-to") Makassar est une soupe de buffle/bœuf du Sulawesi Sud en Indonésie. Le bouillon foncé est épaissi avec du sang et des abats de bovin et parfumé d'une quarantaine d'épices.

"poisson pêché à la dynamite" et ces affiches rappellent l'interdiction de cette pratique.

Vous pourrez faire vos courses au **Servay Department Store** (Jln Musantara), en face du vieux marché central. Ce grand magasin vend toutes sortes de marchandises, de l'alimentation aux DVD de provenance douteuse.

Sabindo Hawker Centre CENTRE DE RESTAURATION $

(Jln Waterfront ; plats à partir de 5 RM ; ⏲11h-22h). Le long du front de mer, le Sabindo regroupe des stands de restauration qui proposent des plats à la fraîcheur irréprochable, des soupes à petits prix aux grandes échoppes chinoises de poisson et crustacés.

Restoran Azura INDIEN $

(☎012-863 9934 ; Jln Dunlop ; plats 3-6 RM ; ⏲8h-21h). Recommandé pour sa délicieuse cuisine d'Inde du Sud, l'Azura sert un succulent curry de tête de poisson et diverses autres spécialités. Les nouilles sont excelentes. Il possède une succursale dans le Sabindo Hawker Centre.

Renseignements

Accès Internet

City Internet Zone (☎760016 ; 37 Kompleks Fajar, Jln Perbandaran ; 2-3 RM/h ; ⏲9h-minuit).

Banques

HSBC (Jln Perbandaran). DAB.

Maybank (☎762333 ; Jln Dunlop)

Office du tourisme

Maliau Basin Conservation Area Authority (☎759214 ; maliaubasin@gmail.com ; 2e ét., UMNO Building ; Jln Dunlop). Fournit des informations et aide à organiser la visite du bassin de Maliau.

Depuis/vers Tawau

Avion

Malaysia Airlines (☎089-761293 ; Jln Haji Sahabudin) et **AirAsia** (☎089-761946 ; Jln Bunga) offrent des vols quotidiens directs pour KK et KL. **MASwings** (☎1300-883 000) dessert Sandakan 2 fois par jour ; le vol de l'après-midi continue jusqu'à KK.

Bus et minivan

Kota Kinabalu Chaque jour, des bus express partent pour KK (65 RM, 9 heures) d'un terrain poussièreux derrière le Sabindo, à 8h et à 20h.

Sandakan Départs toutes les heures de la place Sabindo (35-40 RM, 5 heures, 7h-14h), à un pâté de maisons en diagonale du terminus pour KK, derrière l'enseigne pourpre de la Yassin Curry House. Du même endroit, des minivans partent fréquemment pour **Semporna** (15 RM, 2 heures) et **Lahad Datu** (15 RM, 3 heures)

Comment circuler

DEPUIS/VERS L'AÉROPORT

L'aéroport se situe à 28 km de Tawau, le long de la nationale vers Semporna et Sandakan. Un bus fait la navette 6 fois par jour entre l'aéroport et la gare routière locale (15 RM), dans le centre-ville. Un taxi revient à 45 RM.

Parc national des Tawau Hills

Bordé de champs cultivés et d'habitations, ce petit **parc** (10 RM) abrite des collines boisées qui surplombent la plaine environnante. Il a été créé pour protéger le bassin hydrographique qui alimente les localités de la région, après que la majeure partie de la forêt pluviale accessible a été rasée. La forêt subsistante s'accroche aux versants escarpés du Gunung Magdalena (1 310 m).

Si rejoindre le bassin de Maliau ou la vallée de Danum vous semble trop compliqué, Tawau Hills peut constituer une alternative plaisante. La forêt n'est pas aussi vierge, mais reste une jungle épaisse, sillonnée de chemins faciles à arpenter. Par temps clair, les sommets du parc offrent une belle vue.

Le premier chemin suit le Sungai Tawau sur 2,5 km jusqu'aux **Bukit Gelas Falls**, des cascades idylliques quand elles ne sont pas envahies par des groupes scolaires et des touristes. Un autre chemin de 3,2 km conduit à 11 **sources thermales**, aussi impressionnantes que celles de Poring. Les habitants leur attribuent des vertus curatives pour la peau (*ubat kulit*). Une promenade de 30 minutes mène à **Bombalai Hill** (530 m) au sud, d'où la vue est splendide.

Le **parc des Tawau Hills** (Taman Bukit Tawau ; ☎089-918827/768719, 019-800 9607 ; camping/dort/chalet 5/20/200 RM) offre des dortoirs et des chalets fonctionnels, dont le prix baisse en semaine. Vous devrez disposer de votre propre équipement pour camper.

Tawau Hills se situe à 28 km au nord-ouest de Tawau. En taxi, comptez de 30 à 40 RM.

Zone protégée du bassin de Maliau

Pour la plupart des voyageurs et certainement pour le ministère du Tourisme malais, le Sabah est associé à l'aventure dans la nature. Si l'État conserve nombre d'étendues sauvages, il a été fortement détérioré par l'exploitation forestière, les plantations de palmiers à huile et, à moindre échelle, l'urbanisation.

Cette poche de nature reste réellement vierge. Entouré de montagnes, isolé par la distance, l'altitude et l'immensité, le Maliau Basin Conservation Area (MBCA) est surnommé à juste titre "le monde perdu du Sabah".

Cette dépression en forme de cuvette, couverte de jungle, resta méconnue jusqu'à ce qu'un pilote manque s'écraser sur les montagnes alentour en 1947. Géré par la Sabah Foundation, le bassin est le plus bel endroit de Bornéo pour découvrir la forêt tropicale primaire. C'est aussi l'une des plus grandes réserves de biodiversité du monde, d'une richesse époustouflante. Visiter le bassin est toujours bouleversant, car on croise

REJOINDRE L'INDONÉSIE : DE TAWAU À TARAKAN

Jusqu'à la frontière Tawau est le seul point de passage vers le Kalimantan où les étrangers peuvent obtenir un visa indonésien. Rapide et efficace, le consulat indonésien local, dans Wisma Fuji sur Jln Sinn Onn, le délivre en une heure ; prenez un taxi (10 RM) ou un bus à la gare routière centrale (0,80 RM, toutes les 30 min) ; aux rabatteurs qui vous entourent, dites "Indonesia consulate" et ils vous l'indiqueront. Demandez au chauffeur de vous déposer devant le consulat. Au retour vers le centre-ville, faites signe à un bus ou à un minibus.

Les visas sont délivrés du lundi au vendredi, de 9h30 à 14h. Vous devrez fournir 2 photos et la preuve de la continuation de votre voyage ou une carte de crédit, que le personnel photocopiera. Un visa touristique de 60 jours coûte 170 RM ; apportez des espèces car il n'y a pas de DAB près du consulat. Prévoyez au moins une nuit en ville avant de prendre le bateau pour l'Indonésie en raison des horaires.

Les ferries de Tawindo Express et d'Indomaya Express desservent Tarakan (140 RM, 3-4 heures, 11h30 lundi, mercredi et vendredi, 10h30 mardi, jeudi et samedi) et Nunukan (65 RM, 1 heure, 10h et 15h tous les jours sauf dimanche). Arrivez au moins 1 heure avant le départ pour acheter votre billet, sinon vous risquez de manquer votre bateau. Un taxi jusqu'au terminal des ferries revient à 5 RM.

À la frontière À Tarakan, une course en minivan bleu dans le centre-ville coûte 3 000 Rp ; comptez 20 000 Rp pour l'aéroport.

sur la route une noria de camions transportant des grumes à un rythme effrayant.

Étonnamment, aucune présence humaine n'a été attestée dans le bassin avant le début des années 1980 (il est possible que des populations indigènes y soient entrées avant cette époque). La région n'a été ouverte que récemment à un nombre limité de voyageurs intrépides.

Explorer Maliau demande du temps, des préparatifs et de l'argent. **Borneo Nature Tours** (☎088-267637 ; www.borneonaturetours.com ; Lot 10, rdc, Block D, Kompleks Sadong Jaya) et des agences associées proposent un forfait de 5 jours à 5 220 RM par personne pour 2 ou 3 participants (le prix baisse jusqu'à 4 360 RM par personne en groupe de 10 à 15). Les tarifs sont délibérément prohibitifs afin de décourager les moins passionnés de nature.

En indépendant, l'expédition est plus difficile à organiser, mais un peu plus abordable.

Activités

Trekking

Un trek dans le bassin de Maliau restera sans doute la randonnée la plus mémorable de votre voyage à Bornéo. L'épaisseur de la forêt primaire est extraordinaire et l'isolement protège la vie sauvage, mieux encore que dans la vallée de Danum. Pour autant, comme dans toute jungle, les animaux ne se repèrent pas facilement. Vous pouvez marcher dans la forêt sans voir autre chose que les plus vieux arbres de Bornéo, un spectacle splendide.

Plusieurs itinéraires sillonnent Maliau, des courtes randonnées autour de l'**Agathis Camp** au trek de plusieurs jours jusqu'à la lisière du bassin via le **Strike Ridge Camp**. La plupart des visiteurs effectuent une boucle de 3 jours à travers le secteur sud du bassin, un superbe itinéraire que nous appelons la boucle de Maliau. Il traverse de vastes étendues de forêt pluviale et passe par 4 cascades : **Takob Falls**, **Giluk Falls**, **Maliau Falls** et **Ginseng Falls**. Ne tentez pas ce trek si vous n'êtes pas en excellente condition physique (Borneo Nature Tours exige un certificat médical). Votre tour-opérateur fournit un guide et des porteurs pour la nourriture. Vous devrez prévoir un sac à dos, un appareil photo, des chaussettes antisangsues, une tenue de marche et des vêtements de rechange pour le soir.

Une **promenade dans la canopée** se situe près du centre de recherche du bassin ; découvrir la canopée d'une forêt pluviale que l'homme n'a jamais touchée est une expérience fantastique.

EXPÉDITION EN INDÉPENDANT AU BASSIN DE MALIAU

Des tour-opérateurs privés ou des employés de Sabah Tourism vous affirmeront qu'il est impossible de visiter le bassin de Maliau sans réserver un circuit, mais ce n'est pas forcément vrai. Vous devrez néanmoins prévoir au moins 1 000 RM pour organiser l'expédition suivante, ce qui ne correspond pas à un petit budget :

Mieux vaut d'abord contacter le **Maliau Basin Conservation Area Authority** (☎089-759214 ; maliaubasin@gmail.com ; 2e ét., UMNO Building, Jln Dunlop) à Tawau. Vous devrez peut-être vous y rendre en personne, car cet organisme n'est pas habitué à traiter avec les touristes. Vous pouvez aussi essayer de rejoindre en voiture l'entrée du parc à partir de Tawau (2 heures 30) ou de KK (au moins 5 heures). Une Proton à 2 roues motrices conviendra à condition de conduire prudemment ; à moto, le trajet est risqué mais faisable.

Pour pénétrer dans la réserve, vous paierez 60 RM de droit d'entrée, 5 RM pour un véhicule et, si vous passez la nuit sur place, un droit de conservation de 50 RM. Pour une randonnée, vous devrez engager un guide (200 RM par jour). Les différents camps du bassin louent des chambres pour 180 à 205 RM par personne et par nuit ; certains proposent des lits en dortoir à 70 RM et des emplacements de camping à 30 RM (apportez votre tente). Vous pourrez prendre vos repas dans les guesthouses (petit-déj/déj/dîner 40/50/60 RM). Les organiser au cours du trekking (petit-déj/déj/dîner 70/100/130 RM) requiert d'engager un porteur.

Des voyageurs nous ont confirmé avoir organisé cette expédition à l'entrée du parc sans passer par le bureau de Tawau. Toutefois, nous pensons que cela ne sera plus possible si des visiteurs affluent aux portes du parc. Si vous ne choisissez pas un circuit organisé, nous vous conseillons de préparer votre périple avec le bureau de Tawau.

Où se loger

L'hébergement dans le Maliau se résume à de simples camps, composés de dortoirs sommaires ou de bungalows en bois à 2 niveaux avec chambres privées. Aucun n'est luxueux, mais après une journée de marche en combattant les sangsues, ils semblent paradisiaques !

Renseignements

Le bassin de Maliau se situe dans la partie sud du centre du Sabah, au nord de la route d'exploitation forestière qui relie Tawau et Keningau. Le bassin fait partie de la Yayasan Sabah Forest Management Area, une vaste étendue de forêt dans le sud-est du Sabah gérée par **Yayasan Sabah** (www.ysnet.org.my), un organisme semi-gouvernemental chargé de développer et préserver les ressources naturelles de l'État.

Le **poste de garde de la MBCA** se tient près de la route Tawau-Keningau. De là, un pénible trajet de 25km conduit au **centre d'études du bassin de Maliau**, puis à 20 km à l'**Agathis Camp**, le camp de base pour la plupart des visiteurs.

Depuis/vers le bassin de Maliau

Aucun transport public fiable ne dessert le parc. Vous devrez disposer d'un véhicule ou organiser votre transport. Borneo Nature Tours s'en occupe pour ses clients.

Minibus

Des minibus circulent parfois sur la route pour déposer les bûcherons dans leurs campements, mais ce service n'est pas régulier.

Van

Sur arrangement préalable avec le Maliau Basin Conservation Area Authority à Tawau, un minivan peut vous emmener jusqu'à l'entrée du parc pour 650 RM. Dans le parc, des gardes forestiers peuvent vous procurer un van pour revenir à Tawau ou à Keningau (plus près de KK) à un prix similaire.

Voiture et moto

La route, gravillonnée tout du long, permet de rejoindre le bassin en voiture ou à moto. Conduisez prudemment et emportez quelques jerrycans d'essence. Une petite boutique à Batu 41, à 15 km de l'entrée du parc, vend de l'essence au prix fort ; nous ne pouvons garantir ses horaires. Au poste de garde, une piste mène à l'Agathis Camp. Des gardes forestiers vous conduiront si vous ne souhaitez pas continuer avec votre véhicule.

SUD-OUEST DU SABAH

La Crocker Range constitue l'épine dorsale du sud-ouest du Sabah. Cette chaîne montagneuse sépare les plaines côtières des étendues sauvages de jungle à l'est. Des plages de sable doré ourlent la côte de KK jusqu'à la frontière, ponctuée par les fleuves de la Beaufort Division. Au large se trouvent Pulau Tiga, site de tournage du premier *Survivor*, une série américaine de téléréalité, et Pulau Labuan, centre de l'industrie pétrolière de la région et lieu de correspondance pour les ferries à destination du Sarawak et de Brunei.

Arrière-pays

L'arrière-pays, le territoire le plus sauvage de l'État, reste largement inexploré et se rejoint plus facilement par le sud-ouest du Sabah.

Le paysage est dominé par la **Crocker Range**, une chaîne de montagnes qui s'élève près de Tenom au sud, et s'étend vers le nord jusqu'au mont Kinabalu. Formidable barrière qui délimite l'intérieur de l'État, elle domine l'horizon oriental de Kota Kinabalu à Sipitang. Sur l'autre versant des monts Crocker, vous descendez dans la verte vallée du Sungai Pegalan, qui court de Keningau au sud à Ranau au nord. Au cœur de la **vallée du Pegalan**, la bourgade de **Tambunan** est entourée de quelques sites intéressants.

PARC NATIONAL DE CROCKER RANGE

La majeure partie de la chaîne des Crockers se situe dans le Crocker Range National Park. Principal moyen d'accès, le **Salt Trail** (Salt Trails ; ☎088-553500 ; www.sabahparks.org.my/eng/crocker_range_park/salt_trail.asp) se compose de 4 chemins de randonnée qui suivent les anciens itinéraires marchands à travers les montagnes. Les plus courts peuvent se parcourir en une demi-journée ; le plus long, le **chemin Inobong-Terian-Buayan-Kionop-Tikolod** s'effectue en 3 jours (si vous êtes en forme). Lors de nos recherches, les infrastructures touristiques restaient rares, renforçant la sensation d'aventure. Vous devrez contacter le Crocker Range National Park pour louer les services d'un guide.

Vous pouvez aussi découvrir le Sabah rural en rejoignant la Crocker Range et la vallée du Pegalan en voiture de location. En grimpant dans les montagnes entre KK et Tambunan, vous bénéficierez de vues splendides sur la mer de Chine méridionale derrière vous et sur le mont Trus Madi devant.

TAMBUNAN

Nichée parmi les courbes verdoyantes des monts Crocker, cette bourgade agricole, à 81 km de KK, est la première localité rencontrée dans la chaîne. La région fut le dernier bastion de Mat Salleh, qui devint un héros populaire en se rebellant contre les Britanniques à la fin du XIXe siècle. Il perdit ensuite tout son prestige en négociant une trêve et dut fuir la colère de son peuple ; il se réfugia dans la plaine de Tambunan, où il fut tué.

À voir

Tambunan Rafflesia Reserve RÉSERVE NATURELLE

(Réserve de rafflésies de Tambunan ; ☎088-898500 ; 5 RM ; ⊙8h-15h). Près du sommet des monts Crocker, à côté de la nationale, à 20 km de Tambunan, cette réserve protège les plus grandes fleurs du monde. La rafflésie est une plante parasite qui pousse cachée parmi les lianes jusqu'à sa floraison, produisant une fleur bulbeuse qui peut atteindre 1 m de diamètre. Les quelque 12 espèces de rafflésies de la réserve ne se trouvent qu'à Bornéo et à Sumatra ; plusieurs sont endémiques au Sabah et leur floraison, imprévisible, ne dure que quelques jours. Les gardes forestiers peuvent vous guider dans la jungle pour 100 RM la journée. Les bus à destination de Keningau font halte à la réserve sur demande ; pour revenir à Tambunan, vous devrez faire du stop sur la nationale. L'aller-retour en taxi revient à 100 RM, attente comprise.

Où se loger

Tambunan Village Resort Centre COMPLEXE HÔTELIER $$

(TVRC ; ☎087-774076 ; http://tvrc.tripod.com ; 24 Jln TVRC ; ch et chalets 60-110 RM ; ❄). Principal hébergement, ce curieux complexe hôtelier se situe à 2 km du centre-ville. Le personnel peut vous aider à organiser l'ascension du mont Trus Madi. Si vous venez en voiture de KK, il se tient juste au sud de la station-service Shell, dans l'artère principale.

Depuis/vers Tambunan

BUS ET MINIVAN

Des minivans relient régulièrement Tambunan à KK (15 RM, 1 heure 30), Ranau (15 RM, 2 heures), Keningau (10 RM, 1 heure) et Tenom (15 RM, 2 heures). Les bus express KK-Tenom passent aussi par Tambunan, mais vous devrez demander au chauffeur de s'arrêter. L'arrêt des minivans se situe au milieu de Tambunan. Les minivans pour KK passent par l'entrée de la réserve de rafflésies ; vous devrez habituellement payer le trajet jusqu'à KK.

MONT TRUS MADI

À 20 km au sud-est de Tambunan se dresse le **mont Trus Madi** (2 642 m), deuxième plus haut sommet du Sabah. Si des concessions d'abattage entourent la montagne, les pentes supérieures et le sommet, classés réserve forestière, restent sauvages et couverts de jungle. Possible, l'ascension est plus ardue et plus difficile à organiser que celle du mont Kinabalu. Les trekkeurs indépendants doivent être bien équipés et emporter des provisions. Vous pouvez monter en 4x4 (500 RM) jusqu'à 1 500 m, d'où il reste 5-7 heures de grimpée jusqu'au sommet. Des campements sont installés à mi-chemin et au sommet. Avant de partir, il est fortement conseillé d'engager un guide (200 RM) ou, au moins, de demander des cartes et des conseils au Tambunan Village Resort Centre ou au **Forestry Department** (Jabatan Perhutanan ; ☎089-660811, 087-774691) à Tambunan. Prévoyez des vêtements chauds car il fait froid vers le sommet et préparez-vous à une longue progression dans la boue.

Vous pouvez effectuer cette ascension en indépendant, vous y rendre par vous-même, mais il est bien plus facile de s'adresser à un tour-opérateur. **Tropical Mountain Holidays** (☎013-545 7643, 013-549 2730 ; http://www.tropicalmountainholidaysmalaysia.com), installé à KK, propose l'ascension du Trus Madi en 2 jours pour 300 $US par personne, transfert de KK compris ; vous dépenserez à peu près la même somme en louant les services d'un guide et une voiture.

KENINGAU

La plupart des voyageurs ne font halte dans cette ville étendue et affairée que pour prendre un transport, utiliser un DAB ou acheter des provisions. Vous pourrez visiter le **Taipaek-gung**, un pittoresque temple chinois au milieu de la ville, ou le grand **tamu** (marché), qui se tient le jeudi.

Pour une nuit sur place, essayez l'**Hotel Juta** (☎087-337888 ; www.sabah.com.my/juta ; Lg Milimewa 2 ; d standard/supérieure à partir de 175 RM ; ❄), qui domine le centre-ville animé. Pratique pour les transports, les banques et les achats, il offre des chambres de style affaires joliment aménagées et un restaurant. Parmi les adresses moins pimpantes figure le **Crown Hotel** (☎087-338555 ; Lg Milimewa ; d standard/supérieure à partir de 40 RM), à proximité.

Chaque jour, 8 bus express circulent depuis/vers KK (15 RM, 2 heures 30) et 4 depuis/vers Tenom (8 RM, 1 heure). Ils font halte à l'arrêt Bumiputra Express sur la route principale, en face de la station-service Shell. Minivans et taxis collectifs partent, quand ils sont pleins, de plusieurs arrêts en ville, dont un au nord de l'arrêt des bus express ; ils desservent KK (44 RM, 2 heures 30), Ranau (25 RM, 3 heures) et Tenom (10 RM, 1 heure).

TENOM

Cette bourgade somnolente, à l'extrémité sud des monts Crocker, a connu des jours meilleurs mais reste plus séduisante que Keningau et ses embouteillages. Tenom participa aux soulèvements contre les Britanniques en 1915, conduits par le chef murut Ontoros Antonom ; près de l'artère principale, un **mémorial** rend hommage aux guerriers de la tribu tombés pendant les combats. La plupart des visiteurs passent par Tenom pour rejoindre le proche parc agricole du Sabah.

Si vous devez passer la nuit sur place, choisissez l'**Orchid Hotel** (☎087-737600 ; Jln Tun Mustapha ; s/d 40/50 RM ; ❄), qui propose des chambres bien tenues, d'un bon rapport qualité/prix. Des hôtels moins chers se tiennent à proximité, mais ils sont tous un peu humides.

Des minivans partent du *padang* devant l'Hotel Sri Perdana et desservent notamment Keningau (10 RM, 1 heure) et KK (42 RM, 2-4 heures selon les arrêts). Des services réguliers rallient Tambunan (15 RM, 2 heures). Les taxis se regroupent sur le côté ouest du *padang*.

PARC AGRICOLE DU SABAH

Paradis des horticulteurs, le vaste **parc agricole du Sabah** (Taman Pertanian Sabah ; ☎087-737952 ; www.sabah.net.my/agripark ; adulte/enfant 25/10 RM ; ⏲9h-16h30 mar-dim), géré par le ministère de l'Agriculture, se situe à 15 km au nord-est de Tenom et couvre 6 km². Consacré à l'origine aux orchidées, le parc est devenu un centre de recherche majeur, une curiosité touristique et un site de camping original (10 RM). Il possède une splendide collection de plantes rares, dont des hoyas, et met au point de nouvelles techniques pour l'agriculture et la sylviculture.

Les jardins floraux et les sentiers nature abondent. Un minizoo permet d'approcher des animaux de ferme et des cervidés. Explorer le parc à vélo serait plaisant si les vélos de location (3 RM) n'étaient pas si rouillés ; ils seront peut-être remplacés quand vous serez sur place. Un "train" gratuit (en fait un bus) fait le tour du parc en 1 heure 30 ; il part de l'accueil toutes les heures de 9h30 à 15h30. Une **auberge de jeunesse** (dort 25 RM) spartiate, parfois occupée par des groupes scolaires, permet de passer la nuit sur place.

À Tenom, prenez un minivan à destination de Lagud Seberang (5 RM) et demandez au chauffeur de vous déposer au Taman Pertanian ; les minivans cessent de circuler en fin d'après-midi. L'entrée du parc est à 1 km de la route principale. Un taxi de Tenom coûte environ 90 RM.

SAPULOT ET BATU PUNGGUL

Peut-être encore plus reculé que le bassin de Maliau, **Batu Punggul**, non loin de la frontière de Kalimantan, est une butte calcaire coiffée de jungle et criblée de grottes, qui se dresse sur près de 200 m au-dessus du Sungai Sapulot. Au cœur du pays murut, cette formation est l'un des sites sacrés des Murut. Selon la légende locale, Batau Punggul et Batu Tinahas, à côté, étaient des maisons longues qui se sont progressivement pétrifiées. La vue des hauteurs de Batu Punggul est splendide : la jungle dans toutes les directions, des formations calcaires en lame de couteau et, avec un peu de chance, des orangs-outans qui se balancent dans les branches. Rejoindre cet endroit peut être difficile et coûteux ; peu de touristes visitent cette magnifique partie du Sabah, qui offre l'occasion de côtoyer les Murut de la jungle. Il est quasiment impossible de s'y rendre en indépendant, car il n'existe aucune infrastructure touristique et personne ne parle anglais. Un circuit avec Orou Sapulot satisfera les voyageurs les plus rétifs aux explorations organisées.

♥ **Orou Sapulot** CULTUREL

(☎016-311 0056 ; www.orousapulot.com ; circuit 3 jours environ 750 RM/pers). Orou ("soleil" en murut) Sapulot constitue un excellent moyen d'accéder au cœur de l'arrière-pays. Géré par Silas Gunting, un Murut qui a réussi dans les affaires à KK, Orou est l'un des projets d'écotourisme les plus innovants du Sabah et propose un excellent circuit.

Il comprend le **Romol Eco Village**, une maison longue moderne où les visiteurs séjournent avec les Murut ; les **grottes Pungiton** ("chauve-souris" en murut), un vaste réseau souterrain tapissé de guano avec des rivières souterraines et d'énormes salles ; un **éco-camp** près de Pungiton, sur les berges d'une rivière idyllique ; une excursion aux **cascades de Kabulungou** et un trajet fluvial jusqu'à Batu Pungull le long d'une rivière à l'eau brune, bordée de forêt pluviale primaire ; vous pouvez nager dans cette rivière, une expérience paradisiaque !

De plus, Orou a un rôle positif. Au Sabah, les communautés indigènes les plus pauvres vendent leurs terres aux compagnies forestières ou de palmiers à huile et ces gains sont habituellement dépensés en quelques années. En employant des Murut de la région, en encourageant leurs familles à garder leurs terres et à les préserver pour l'écotourisme, Orou s'efforce de conjurer le pire impact écologique et économique de cette coutume, tout en procurant un revenu durable aux communautés de l'arrière-pays.

Le prix indiqué plus haut est une estimation et comprend toutes les activités mentionnées. Afin atténuer les coûts, Orou préfère les groupes ; les voyageurs seuls et les petits groupes seront intégrés dans un groupe plus important. À KK, Sticky Rice et Adventure Alternative Borneo (p. 318) sont les agences préférées d'Orou Sapulot.

Beaufort Division

Cette péninsule en forme de bouclier, qui jaillit de la côte sud-ouest du Sabah, est une plaine marécageuse sillonnée de cours d'eau et frangée de dunes dorées. Si vous n'avez pas le temps d'aller jusqu'au Sungai Kinabatangan, vous pourrez faire une croisière d'observation de la faune sur le Klias ou le Garama. Bien que le Kinabatangan soit supérieur, vous verrez de nombreux nasiques et l'excursion peut se faire en une journée depuis KK. Toutes les agences de KK proposent des circuits à Beaufort, Weston et sur les rivières Klias et Garama.

BEAUFORT

Ville d'exploitation forestière à l'origine, Beaufort s'est réinventée avec la prolifération des plantations de palmiers à huile. Étape pratique entre le Sabah et le Sarawak, cette bourgade somnolente est la porte des rapides du **Sungai Padas** et des berges peuplées de singes du Klias et du Garama. Le Sungai Padas divise Beaufort en deux secteurs : la vieille ville et ses édifices vermoulus, et la ville nouvelle, un ensemble de maisons de négoce modernes sur pilotis.

À voir et à faire

Memorial Stone MÉMORIAL

(Jln Tugu). Un petit monument rend hommage à Thomas Leslie Starcevich, un vétéran australien de la Seconde Guerre mondiale. Starcevich fut décoré de la Victoria Cross, la plus haute distinction militaire britannique, pour avoir délogé à lui seul une position de mitrailleurs japonais en 1945. La stèle se tient au pied d'un petit talus, indiquée par des lettres marron et une arche.

RAFTING

Les amateurs de rafting peuvent s'adresser à **Riverbug** (☎088-260501 ; www.riverbug.asia ; Wisma Sabah, Jln Fuad Stephen), le premier tour-opérateur de la région. Scuba Junkie, qui gère un centre de plongée prisé à Semporna, possède une agence de rafting appelée **River Junkie** (☎019-6012145 ; www.river-junkie.com; Wisma Sabah, Jln Fuad Stephen), chaudement recommandée par des voyageurs. Les circuits d'une journée à partir de KK coûtent de 200 à 400 RM par personne, selon le forfait choisi. Le moins cher se limite à une promenade en bateau avec observation des nasiques ; les plus chers incluent une sortie de rafting et des excursions à des sites comme le village culturel de Mari Mari (Riverbug propose également du paintball !) Tous ces circuits comprennent les tranferts en van et doivent se réserver 24 heures à l'avance. Si vous préférez des eaux plus calmes, descendez les rapides du Sungai Kiulu (proposés par les mêmes tour-opérateurs), près du mont Kinabalu et accessibles aux familles.

Où se loger

Si vous devez passer la nuit à Beaufort, essayez le **MeIDe Hotel** (☎087-222266 ; 9-20 Lo Chung Park, Jln Lo Chung ; s/d/ste à partir de 70/80/90 RM ; ❄), dans la vieille ville, qui loue des chambres un peu négligées mais acceptables ; celles des étages supérieurs disposent de fenêtres. Le restaurant chinois au rez-de-chaussée est très prisé des habitants. Si vous faites halte en ville pour déjeuner, ne manquez pas de goûter les *mee Beaufort* (nouilles Beaufort) et un pomélo, deux spécialités réputées.

Depuis/vers Beaufort

BUS

Les bus express partent des abords de l'ancienne gare ferroviaire, à l'extrémité sud de Jln Masjid ; la billetterie fait face à la gare. Ils desservent KK à 9h, 13h, 14h15 et 17h (10 RM, 1 heure 30) et Sipitang à 9h10, 10h30, 13h45 et 18h20 (5 RM, 1 heure 30). Le bus express de KK à Lawas passe par Beaufort vers 15h ; le trajet de Beaufort à Lawas coûte 15 RM et dure 1 heure 45.

MINIVANS

Les minivans partent d'un arrêt en face de la mosquée, à l'extrémité nord de Jln Masjid, avec des départs fréquents pour KK (10 RM, 2 heures) et moins nombreux pour Sipitang (12 RM, 1 heure 30), Lawas (15 RM, 1 heure 45) et Kuala Penyu (8 RM, jusque vers 14h30, 1 heure) le sont moins. De nombreux minivans desservent Menumbok (pour Labuan) jusqu'en début d'après-midi (10 RM, 1 heure).

TAXIS

Les taxis partent d'une station devant l'ancienne gare ferroviaire, à l'extrémité sud de Jln Masjid. Comptez 70 RM pour KK, 55 RM pour Kuala Penyu, 35 RM pour Sipitang, 50 RM pour Menumbok et 100 RM pour Lawas.

KUALA PENYU

Kuala Penyu, à la pointe nord de la péninsule, est le point de départ vers Pulau Tiga si vous ne rejoignez pas "l'île de *Survivor*" via le nouveau service de bateau au départ de KK. À KK, des minivans partent derrière Wawasan Plaza pour Kuala Penyu (10-15 RM, 2 heures). De Beaufort, les minivans pour Kuala Penyu (10 RM) circulent toute la matinée, mais le service cesse très tôt dans l'après-midi en sens inverse et vous devrez prendre un taxi ou faire du stop. Un minivan depuis/vers Menumbok coûte 65 RM par véhicule.

TEMPURUNG

Le **Tempurung Seaside Lodge** (☎088-773066 ; http://www.borneotempurung.com ; 3 Putatan Point ; forfait 2 jours à partir de 310 RM), le long de la côte de la mer de Chine méridionale, est un bon endroit pour une retraite dans un cadre élégant. Le lodge principal, à l'origine une maison de vacances, a été transformé en un hôtel charmant. Des chambres sont réparties dans plusieurs bungalows à toit de chaume. Les forfaits comprennent de succulents repas. Vous pouvez aussi louer une chambre à la nuit.

Borneo Express (☎à KK 012-830 7722, à Limbang 085-211 384, à Miri 012-823 7722) propose des bus au départ de Wawasan à KK tous les jours à 6h45, 10h et 12h30. Demandez au chauffeur de vous déposer au croisement avec un grand panneau indiquant Kuala Penyu. Le bus tourne à gauche (au sud) en direction de Menumbok ; vous irez à droite (au nord) vers Kuala Penyu. Si vous avez réservé l'hébergement, le van du lodge viendra vous chercher (c'est trop loin pour le rejoindre à pied). Les bus passent par le croisement à 9h30 et à 15h30 en direction de KK. Si vous conduisez, tournez à droite au croisement et repérez l'embranchement sur la gauche juste avant Kuala Penyu. Appelez le lodge pour les indications. Un taxi depuis Beaufort revient à 50 RM.

KLIAS

Les eaux marron du Sungai Klias rappellent le Kinabatangan et offrent la possibilité de passer une soirée dans la jungle à repérer les primates. Plusieurs agences proposent des croisières fluviales de 2 heures. Nous recommandons Borneo Authentic (p. 318), le premier tour-opérateur installé dans la région. Les croisières comprennent un copieux dîner-buffet et une courte promenade nocturne pour voir les lucioles. Elles commencent au crépuscule (vers 17h), lorsque la chaleur torride se dissipe et que les animaux sortent de la torpeur de l'après-midi.

Il n'existe aucun hébergement le long du Klias, mais Borneo Authentic peut vous loger dans les chambres confortables de son Tempurung Seaside Lodge, à proximité. Vous pouvez rejoindre indépendamment les jetées privées à 20 km à l'ouest de Beaufort, mais la plupart des visiteurs optent pour une excursion d'une journée depuis KK (moins chère car les frais de transport sont partagés).

GARAMA

Plus étroit que le Sungai Klias, le Sungai Garama est également prisé pour des croisières fluviales d'une journée à partir de KK. Les chances de voir des lucioles sont minces, mais pour ce qui concerne les primates, le Garama est aussi propice que le Klias à l'observation des primates, voire meilleur. Des bandes de nasiques et de macaques à longue queue s'ébattent sur la plaine inondable alentour.

Comme pour le Klias, les croisières débutent vers 17h (départ de KK à 14h). Après 2 ou 3 heures sur le fleuve, les visiteurs savourent un dîner-buffet avant de retourner à

KK. Plusieurs tour-opérateurs offrent des circuits fluviaux sur le Garama ; nous préférons **Only in Borneo** (☎088-260506 ; www.oibtours.com ; forfait 190 RM), une succursale de Traverse Tours. Il dispose d'un hébergement sur les rives du Sungai Garama et propose un circuit de 2 jours avec nuit dans d'excellents dortoirs ou chambres doubles.

S'il est en théorie possible de rejoindre le Garama avec son propre véhicule, le réseau de routes non signalées complique le repérage ; partez tôt le matin de KK si vous voulez venir par vos propres moyens.

WESTON

Le village de Weston – quelques maisons autour d'une mosquée à coupole dorée – constitue le point de départ vers des marais couverts d'une végétation touffue. Ravagé par les bombardements durant la Seconde Guerre mondiale, le secteur a été récemment restauré grâce à des efforts de conservation et accueille des groupes de nasiques dans les marais côtiers, ombragés de hauts palmiers nipas et de bosquets de mangroves. Au fil des marées, des étendues de jungle émergent ou sont submergées. Singes, varans, loutres et gobies foisonnent dans cet enchevêtrement aquatique et, à la tombée de la nuit, des nuées de chauves-souris s'élancent dans l'obscurité.

Activités

Weston Wetland (☎016-813 4300, 013-881 3233 ; http://westonwetland.blogspot.com) organise divers circuits, dont des croisières fluviales d'une journée et la nuit dans une maison longue au bord du marais (forfait 2 jours tout compris 250 RM). Le spectacle grandiose des lucioles fait oublier la rusticité du dortoir. Le personnel de Weston Wetland préfère une réservation préalable.

Durant votre séjour, demandez à l'équipe du lodge de vous emmener à l'**école Che Hwa**, la plus vieille école en bois de Bornéo et un bel exemple d'architecture chinoise ancienne.

MENUMBOK

Dans le hameau de Menumbok, vous pourrez prendre un car ferry pour le Serasa Ferry Terminal de Muara, à 25 km au nord-est de Bandar Seri Begawan (Brunei), et pour Pulau Labuan (adulte/voiture 5/40 RM, départs toutes les heures de 10h30 à 15h30).

Louer un taxi depuis Beaufort coûte 60 RM ; un minivan depuis Kuala Penyu revient à 50 RM pour le véhicule. Un bus direct relie Menumbok à KK.

Parc national de Pulau Tiga

Pulau Tiga signifie "trois îles" ; cet îlot fait partie d'un petit archipel formé par l'éruption de volcans de boue à la fin des années 1890. En 2001, l'île a connu son quart d'heure de gloire quand elle a servi de cadre à *Survivor*, une série américaine de téléréalité (le modèle du *Koh-Lanta* français). Elle n'en demeure pas moins agréable pour se détendre sur la plage, marcher dans la forêt ou plonger dans les mares de boue bouillonnantes au centre de l'île.

À voir et à faire

Pulau Kalampunian Damit, un grand rocher couvert d'une épaisse végétation, est connue pour les serpents de mer qui viennent s'y reproduire, d'où son surnom d'**île aux Serpents**. Chaque jour, on peut voir jusqu'à 150 serpents, enroulés sous les rochers, parmi les racines ou dans les creux des arbres. Le phénomène est d'autant plus fascinant et énigmatique que les serpents ne viennent jamais sur Pulau Tiga. Le Pulau Tiga Resort organise des excursions en bateau jusqu'à l'île (40 RM par personne), avec un arrêt en chemin pour du snorkeling (30 RM de supplément). Vous pouvez aussi plonger au large de cette île (100 RM la plongée, ou 150 RM pour les plongeurs débutants) et admirer d'innombrables poissons multicolores.

Où se loger et se restaurer

Pulau Tiga Resort COMPLEXE HÔTELIER **$$**
(☎088-240584 ; www.pulau-tiga.com ; forfait 2 jours de Kuala Penyu 305-360 RM/pers, de KK 455-510 RM ; ❄). Construit pour loger l'équipe de production de *Survivor*, ce charmant complexe en bord de mer comprend des dortoirs à 3 lits de style maison longue et des bungalows plus luxueux avec lit double et clim. Le jardin fait face à la plage et offre une vue splendide au coucher du soleil. Une carte détaillée est à disposition pour ceux qui veulent rejoindre Pagong Pagong Beach, la plage ou vivait une équipe de *Survivor*.

Sabah Parks CAMPING $
(☎088-211881 ; www.sabahparks.org.my ; Lot 1-3, Block K, Kompleks Sinsuran, Jln Tun Fuad Stephens ; ch à partir de 75 RM). Sabah Parks propose un hébergement plus sommaire (des maisons en ciment) et moins cher, à côté du Pulau Tiga Resort. Les éqipements sont limités ; pas de restaurant mais un coin cuisine.

Depuis/vers Pulau Tiga

Bateau

De Kuala Penyu, la traversée dure environ 20 min ; des bateaux partent à 10h et à 15h. La plupart des visiteurs viennent dans le cadre d'un forfait, qui comprend le transport. Vous pouvez toujours vous présenter à Kuala Penyu et demander à embarquer sur l'un des bateaux à destination de l'île (nous ne recommandons pas cette solution car les clients des hôtels avec réservation ont la priorité). Si vous logez au Sabah Parks, essayez d'embarquer sur le bateau du Pulau Tiga Resort. Louer un bateau revient au moins à 600 RM.

Pulau Labuan

95 500 HABITANTS

Pulau Labuan ressemble à la galerie marchande d'un aéroport. Certains l'appellent la Vegas du Sabah, un surnom approprié au vu des distractions familiales kitsch et des marchandises détaxées. Zone franche, Labuan est directement gouvernée par KL. Une grande partie de l'alcool et des cigarettes consommés au Sabah et au Sarawak est illégalement importée de Labuan.

Le sultan de Brunei céda Labuan aux Britanniques en 1846 et l'île fit partie de l'empire pendant 115 ans. La seule interruption fut l'occupation japonaise durant 3 ans pendant la Seconde Guerre mondiale. C'est sur Labuan que capitulèrent les forces japonaises du nord de Bornéo et que furent jugés les officiers responsables des marches de la mort de Sandakan.

Bandar Labuan, la ville principale, est le lieu de transit des ferries reliant Kota Kinabalu et Brunei.

À voir et à faire

BANDAR LABUAN

La principale localité de Labuan n'a guère de caractère, mais compte quelques sites intéressants.

GRATUIT **Musée de Labuan** MUSÉE
(☎414135 ; 364 Jln Dewan ; entrée libre ; 9h-17h). Ce musée présente, de manière un peu superficielle, l'histoire et la culture de l'île, de l'époque coloniale à la Seconde Guerre mondiale et à la fondation du territoire fédéral indépendant de Labuan. Les collections les plus intéressantes concernent les différents groupes ethniques, dont un diorama d'une cérémonie du thé chinoise (les participants semblent bizarrement occidentaux).

GRATUIT **Musée marin de Labuan** MUSÉE
(☎425927/414462 ; Jln Tanjung Purun ; entrée libre ; 9h-18h). Sur la côte à l'est du centre-ville, le Labuan International Sea Sports Complex abrite ce petit musée qui renferme une belle collection de coquillages et des expositions sur la vie marine de la région. À l'étage, vous verrez le squelette d'un rorqual long de 13 m. Le principal attrait du musée, notamment pour les enfants, est le bassin où l'on peut caresser les requins, en face de l'accueil ; ces derniers ne dépassent pas 1 m de long.

ENVIRONS DE PULAU LABUAN

WWII Memorial (Cimetière militaire de Labuan) CIMETIÈRE
Sur une pelouse soignée, des rangées de stèles rappellent les quelque 4 000 soldats du Commonwealth – Britanniques et Australiens pour la plupart –, morts à Bornéo durant la Seconde Guerre mondiale. Le cimetière se situe près du terrain de golf,

PLONGÉE SUR ÉPAVE À LABUAN

Labuan est réputée pour la **plongée sur épave**, avec quatre grands bateaux coulés au large de la côte (deux de la Seconde Guerre mondiale et deux des années 1980). Seul centre de plongée de l'île, **Borneo Star Dives** (☎087-429278 ; stardivers2005@yahoo.com ; International Seasports Complex ; forfait plongée à partir de 438 RM) organise des circuits d'île en île et sur ces quatre sites. Des quatre épaves, seule le *Cement Wreck* s'adresse aux novices, le *Blue Water Wreck* (la plus impressionnante selon nous) requiert un brevet Open Water avancé, l'*American* et l'*Australian* ne sont recommandées qu'aux plongeurs sur épaves certifiés.

Bandar Labuan

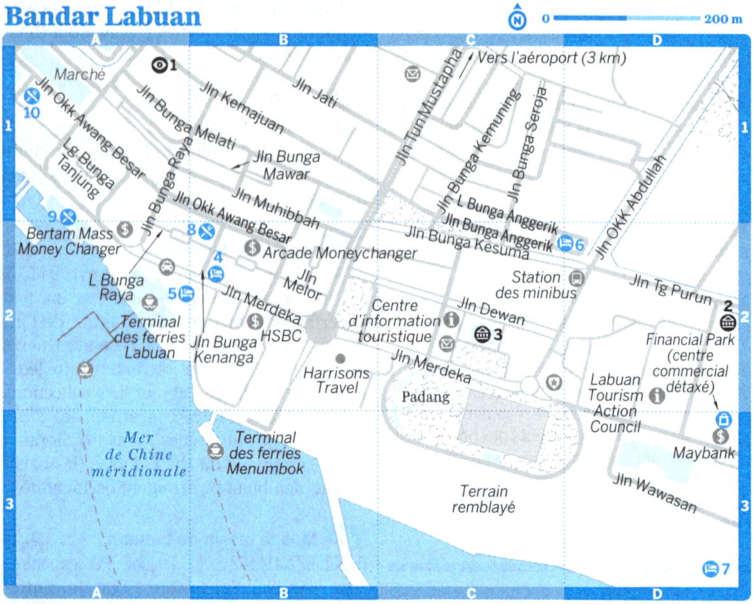

Bandar Labuan

À voir

1 Temple chinois A1
2 Musée marin de Labuan D2
3 Musée de Labuan C2

Où se loger

4 ASV Backpackers B2
5 Grand Dorsett Labuan A2
6 Mariner Hotel D2
7 Waterfront Labuan Financial Hotel D3

Où se restaurer

8 Choice Restaurant B2
9 Port View Restaurant A1
10 Restoran Selera Farizah A1

à 2 km à l'est de la ville le long de Jln OKK Abdullah. Un **parc de la Paix**, dans l'ouest de l'île à Layang Layangan, commémore le site de la reddition japonaise et comprend un monument aux morts japonais.

Parc ornithologique de Labuan RÉSERVE ANIMALIÈRE

(☎463544 ; adulte/enfant/moins de 5 ans 3/1 RM/gratuit ; ⏲10h-17h, fermé ven). Ce joli parc sert de refuge à de nombreuses espèces dans trois coupoles géodésiques et une parcelle de forêt pluviale – les oiseaux ont l'air de s'ennuyer mais ils sont en bonne santé. Le parc se situe à la pointe nord de l'île, dans Jln Tanjung Kubong.

Cheminée MONUMENT

Cette cheminée ferait partie d'une ancienne mine de charbon ; seul vestige historique de ce genre en Malaisie, elle offre un belle vue sur la côte. À la pointe nord-est de l'île, elle se rejoint de préférence en minibus ou en taxi.

Parc marin de Labuan PARC

Pulau Kuraman, Pulau Rusukan Kecil et Pulau Rusukan Besar, des îles désertes au sud-ouest de Labuan, sont désormais protégées par le gouvernement fédéral. Les plages sont splendides, mais la pêche à la dynamite a détruit la plupart des coraux. Vous pouvez louer un bateau à l'embarcadère du Labuan International Sea Sports Complex pour explorer le parc ; comptez 600 RM la journée pour un groupe de 6 personnes.

La dérégulation financière a fait de Labuan un paradis pour les banques offshore. Vous verrez des hommes avec lunettes noires et grosses mallettes, qu'il vaut mieux ne pas photographier.

Si vous souhaitez plonger, contactez Borneo Star Dives (voir l'encadré p. 379).

Où se loger

Labuan Homestay Programme SÉJOUR CHEZ L'HABITANT $
(☎422622 ; www.labuantourism.com ; 1/2 jours pension complète 65/140 RM). Cet excellent service loge les visiteurs dans une maison familiale de l'un des trois villages de l'île : Patau Patau 2, Kampong Sungai Labu et Kampong Bukit Kuda. Certaines maisons sont aussi somptueuses que les hôtels internationaux du front de mer. Si vous souhaitez loger près de Bandar Labuan, demandez un hébergement à Patau Patau 2, un charmant village sur pilotis au bord de la baie. Restez quelques jours pour apprendre à confectionner l'*ambuyat*, un porridge à base de sagou et une spécialité de Brunei.

Pour participer à ce programme, réservez en ligne au moins quelques jours à l'avance.

Grand Dorsett Labuan HÔTEL $$$
(☎422000 ; www.granddorsett.com/labuan ; 462 Jln Merdeka ; ch à partir de 475 RM ; ❄@☏≋). Le Grand Dorsett (qui appartenait autrefois à la chaîne hôtelière Sheraton) offre tout le confort d'un cinq-étoiles international : chambres impeccables, bons restaurants et pub animé par des musiciens. Le week-end, les prix descendent jusqu'à 230 RM.

Waterfront Labuan Financial Hotel HÔTEL $$
(☎418111 ; leslbn@tm.net.my ; 1 Jln Wawasan ; ch 250-580 RM, ste 580-2 150 RM ; ❄≋). Ce grand hôtel luxueux, qui ressemble à une galerie marchande, dispose d'une gamme complète d'équipements, dont une immense piscine en plein air, un restaurant et une petite marina. Les chambres sont spacieuses et impersonnelles et certaines bénéficient d'une vue surperbe sur la mer. Immense.

Mariner Hotel HÔTEL $$
(☎418822 ; mhlabuan@streamyx.com ; 468 Jln Tanjung Purun ; ch à partir de 110 RM ; ❄@). Au bas de l'échelle des hôtels d'affaires, ce bâtiment élégant possède de bons équipements pour ses prix. Les chambres s'agrémentent d'un réfrigérateur, d'un parquet stratifié et d'une spacieuse sdb.

ASV Backpackers AUBERGE DE JEUNESSE $
(☎413728 ; asvjau@yahoo.com ; Lot U0101, Jln Merdeka ; ch avec sdb commune 35 RM ; ❄). Une bonne adresse pour les petits budgets, plus propre et confortable que nombre d'hôtels de catégorie moyenne. Dommage qu'il n'y ait pas plus de baroudeurs à Labuan.

Où se restaurer

Choice Restaurant INDIEN $$
(☎418086 ; 104 Jln OKK Awang Besar ; plats 3-10 RM ; ⏲8h-22h). "Nous sommes les meilleurs", proclame le Choice, prisé des résidents indiens pour son authentique cuisine indienne – *roti*, curry de tête de poisson, *sambal*.

Port View Restaurant POISSON $$
(☎422999 ; Jln Merdeka ; plats 15-30 RM ; ⏲déj et dîner). Succursale d'un restaurant de poisson chinois réputé de KK, le Port View se tient sur le front de mer et comprend une salle climatisée et une terrasse avec vue sur le port animé de Labuan.

Restoran Selera Farizah CAFÉ $
(Lg Bunga Tanjung ; repas à partir de 3 RM ; ⏲8h-22h). Si vous préférez un *kedai kopi* musulman, vous pourrez savourer ici des *roti*, des curries ou du *nasi campur* en regardant des combats de catch.

REJOINDRE BRUNEI : DE BANDAR LABUAN À BANDAR SERI BEGAWAN

Jusqu'à la frontière Un ferry à destination de Brunei part de Bandar Labuan tous les jours à 13h30 et arrive au Serasa Ferry Terminal de Brunei une heure plus tard (adulte/enfant 60/38 RM). Arrivez au terminal des ferries vers 12h30.

À la frontière La plupart des visiteurs obtiennent gratuitement un visa à leur arrivée (voir p. 480 pour plus d'informations).

Continuer Du Serasa Ferry Terminal, à 20 km au nord-est de Bandar Seri Begawan (BSB), des navettes desservent le centre de BSB (2 $B, 40 min). Des ferries relient le terminal et Pulau Labuan, d'où des bateaux rallient Menumbok au Sabah.

Reportez-vous p. 475 pour le trajet en sens inverse.

Renseignements

Argent

HSBC (☎087-422610 ; 189 Jln Merdeka)

Maybank (☎087-443888 ; Financial Park). DAB.

Offices du tourisme

Centre d'information touristique (☎087-423445 ; www.labuantourism.com.my ; angle Jln Dewan et Jln Berjaya ; ⏲8h-17h lun-ven, 9h-15h sam). Bureau de Tourism Malaysia. Moins utile que le Labuan Tourism Action Council.

Harrisons Travel (☎087-408096 ; www.harrisonstravel.com.my ; 1 Jln Merdeka). Une agence de voyages compétente et réputée.

Labuan Tourism Action Council (☎087-422622 ; rdc, Labuan International Sea Sports Complex ; ⏲8h-13h et 14h-17h lun-ven). À 1 km à l'est du centre-ville, l'office du tourisme le plus utile. Il dispose de l'excellent *Fly Drive Labuan Island & Town Map of Labuan*.

Depuis/vers Pulau Labuan

Avion

Malaysia Airlines (☎1300-883000 ; www.malaysiaairlines.com.my) offre des vols depuis/vers KK (45 min) et KL (2 heures 30), généralement remplis de prospecteurs de l'industrie pétrolière. **AirAsia** (☎480401 ; www.airasia.com) ne dessert actuellement que KL.

Bateau

Kota Kinabalu Les ferries de passagers (1re classe/économique 41/31 RM, 3 heures 15) partent de KK pour Labuan du lundi au samedi à 8h et 13h30 (15h le dimanche). En sens inverse, ils quittent Labuan pour KK du lundi au samedi à 8h et 13h, le dimanche à 10h30 et 15h.

Sarawak Tous les jours, des vedettes rallient Limbang (31 RM , 2 heures) et Lawas (34 RM, 2 heures 15) dans la Division Limbang au Sarawak.

Comment circuler

Minibus

Labuan dispose d'un bon réseau de minibus. Ils partent régulièrement (plus fréquemment avant le crépuscule) du parking proche de Jln Tun Mustapha. Les tarifs varient de 50 sen pour un court trajet à 2,50 RM pour l'extrémité de l'île.

Taxi

Les taxis sont nombreux et une station fait face au terminal des ferries. Comptez 10 RM pour un court trajet et 15 RM pour la plupart des destinations.

Sarawak

Dans ce chapitre »

Le top des restaurants

- » Dyak (p. 397)
- » Top Spot Food Court (p. 397)
- » Jambu (p. 397)
- » Summit Cafe (p. 443)

Le top des hébergements

- » Batik Boutique Hotel (p. 395)
- » Dillenia Guesthouse (p. 442)
- » Threehouse B&B (p. 395)
- » Retreat (p. 418)

Pourquoi y aller

Le Sarawak met les merveilles naturelles et culturelles de Bornéo à portée de main. Depuis Kuching, ville la plus raffinée et dynamique de l'île, des excursions d'une journée vers les forêts tropicales humides sont possibles. Vous y apercevrez orangs-outans, nasiques, crocodiles et rafflésies (les plus grandes fleurs du monde), ce qui vous laissera la soirée pour un délicieux repas et un verre dans un bar branché. Ceux qui aiment l'aventure embarqueront dans un "cercueil volant" (une sorte de pirogue) pour remonter la Batang Rejang, "l'Amazone de Bornéo", en quête de *longhouses* (maisons longues communautaires) isolées, ou s'envoleront pour les spectaculaires grottes à chauves-souris remplies de formations rocheuses du parc national de Gunung Mulu, inscrit au patrimoine de l'Unesco. C'est partout avec leur gentillesse naturelle et leur sens de l'humour hors pair que vous accueilleront les habitants de cet État malais d'une grande diversité culturelle.

Quand partir

Kuching

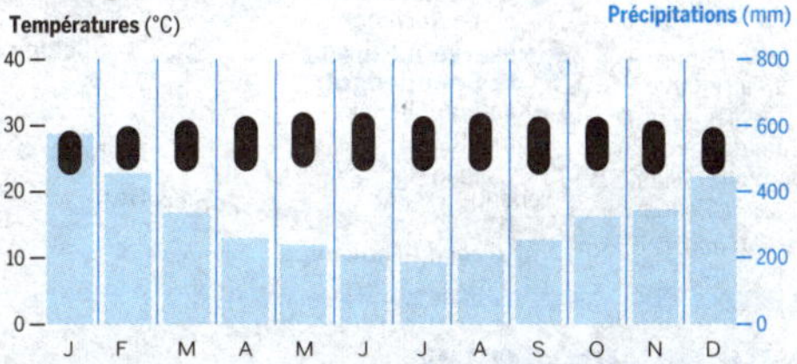

Juil
Rassemblement d'artistes dayak et internationaux à Kuching pour le Rainforest World Music Festival.

Juil-sept
C'est la haute saison touristique. Pensez à réserver vols et treks.

Nov-jan
Si la mer est agitée, la navigation côtière peut devenir difficile, voire impossible.

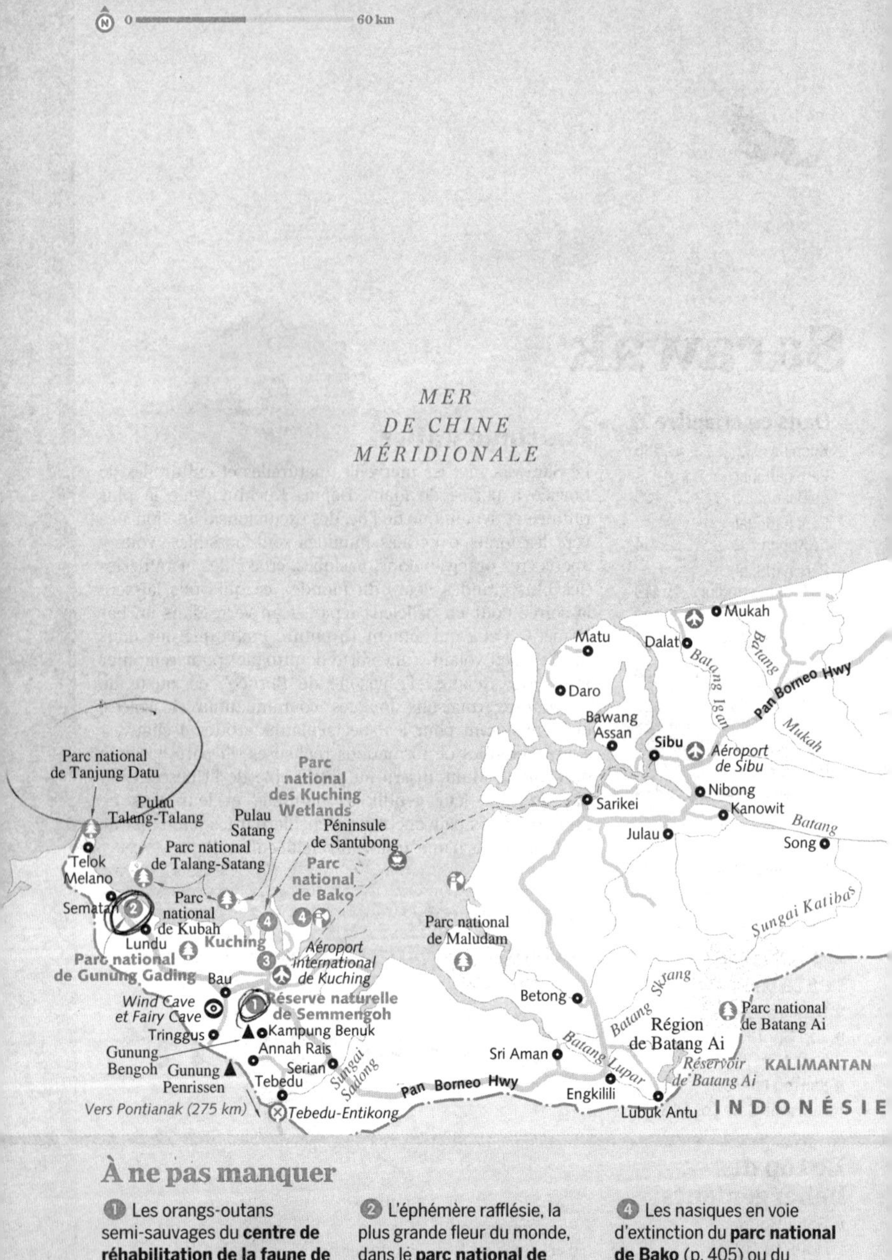

À ne pas manquer

❶ Les orangs-outans semi-sauvages du **centre de réhabilitation de la faune de Semenggoh** se balançant de branche en branche (p. 412)

❷ L'éphémère rafflésie, la plus grande fleur du monde, dans le **parc national de Gunung Gading** (p. 419)

❸ Une balade sur la Waterfront Promenade à **Kuching** (p. 386)

❹ Les nasiques en voie d'extinction du **parc national de Bako** (p. 405) ou du **parc national des Kuching Wetlands** (p. 412)

❺ Une traversée de la jungle jusqu'au cœur de l'île au fil

de la **Batang Rejang** (p. 427), "l'Amazone de Bornéo"

6 Un séjour dans une *longhouse*, bercé par l'hospitalité propre aux **Kelabit Highlands** (p. 453)

7 L'ascension du Gunung Mulu, le plus haut sommet de Bornéo, ou une sortie spéléo dans le splendide **parc national de Gunung Mulu** (p. 446)

8 Les grottes du **parc national de Niah** (p. 436), hérissées de stalactites et peuplées de chauves-souris

Histoire

Après un siècle sous domination des rajahs blancs et quatre ans d'occupation japonaise, le Sarawak devint une colonie britannique en 1946. Westminster insista pour le rattacher à la péninsule malaise, au Sabah et à Singapour, ce qui donna naissance en 1963 à la Malaisie (Singapour se rétracta deux ans plus tard). À peu près à la même époque, sous l'égide du président Soekarno, l'Indonésie voisine revendiqua tout le territoire de Bornéo, lançant une campagne militaire connue sous le nom de la Konfrontasi (1962-1966). Des dizaines de milliers de soldats britanniques, australiens et néo-zélandais furent déployés pour protéger la frontière du Sarawak avec le Kalimantan.

Abdul Taib Mahmud, chef du gouvernement du Sarawak depuis 1981, a souvent été accusé de corruption. D'après un rapport publié en 2012 par le Fonds Bruno Manser (www.bmf.ch/en), une ONG suisse, il serait l'homme le plus riche de Malaisie – sa fortune s'élevant à 15 milliards de dollars US – et aurait abusé de sa fonction pour fournir du bois et d'autres ressources à des proches et amis. Lors des élections de l'Assemblée législative de l'État en 2011, la coalition politique de Taib, le Barisan Nasional (BN), a conservé une majorité aux deux tiers, mais la course aux élections fédérales de 2013 s'annonce difficile pour elle.

KUCHING

600 000 HABITANTS

La ville la plus sophistiquée de Bornéo est un kaléidoscope de cultures, de savoir-faire artisanaux et gastronomiques. Les rues animées – tantôt modernes, tantôt empreintes d'une atmosphère coloniale – feront le bonheur des flâneurs : des *shophouses* (maisons de négoce) de l'époque des rajahs blancs s'adossent à des temples chinois ornés de dragons, une mosquée évoquant l'Inde du Sud côtoie des stands regorgeant de spécialités asiatiques, et un parc aménagé au bord de la rivière invite les familles à se promener et à prendre un en-cas.

Kuching a un autre atout : elle offre un point de chute qui permet de visiter en une journée des sites naturels d'exception.

À voir

Le principal attrait de Kuching, c'est la ville elle-même. Prenez le temps de flâner, de vous imprégner de l'ambiance décontractée et des charmants panoramas urbains de Jln Carpenter (vieux quartier chinois), Jln India, Jln Padungan (nouveau quartier chinois) et de la Waterfront Promenade.

Les superbes musées du Sarawak sont tous gratuits.

WATERFRONT PROMENADE

La **rive sud** (Main Bazaar et Jln Gambier ; croisières 20 RM) du Sungai Sarawak, entre la mosquée indienne et l'Hotel Grand Margherita Kuching, a été aménagée en **promenade sur les berges**, avec des allées asphaltées, des pelouses, des massifs de fleurs, une aire de jeux pour les enfants, des cafés et des stands de restauration. Il est agréable de s'y promener lorsque la brise se lève sur la rivière, surtout au coucher du soleil. Le soir, la rive s'embrase de guirlandes colorées. Couples et familles viennent y grignoter en regardant passer les *tambang* (petits ferries) parés de leurs lanternes scintillantes. Arrêtez-vous face au Hilton, là où la rivière forme un coude : la vue est imprenable. Plusieurs compagnies proposent des **croisières** (20 RM). Le niveau d'eau reste constant grâce à un barrage en aval.

La promenade offre une vue magnifique sur l'autre rive où se dressent les tours crénelées blanches et les jardins soignés de l'Astana, le fort Margherita sur les hauteurs et, entre les deux, le Parlement du Sarawak, surmonté d'un pittoresque toit pointu doré.

Musée d'Histoire chinoise MUSÉE

(Chinese History Museum ; angle Main Bazaar et Jln Wayang ; entrée libre ; 9h-16h45 lun-ven, 10h-16h sam, dim et jours fériés). Installé dans l'ancien tribunal chinois (Chinese Court building), vieux d'un siècle, le musée d'Histoire chinoise présente chacune des neuf communautés chinoises – avec son dialecte, sa cuisine et ses temples – arrivées au Sarawak à partir de 1830. Les pièces maîtresses de la nouvelle collection, inaugurée en 2011, comprennent des céramiques, des instruments de musique, des photos historiques et d'effrayants costumes de danseurs (dragon et lion). L'entrée se fait côté rivière.

Tour carrée BÂTIMENT HISTORIQUE

(Carte p. 388). Comme le fort Margherita, la Tour carrée, érigée en 1879, protégeait autrefois le paisible fleuve contre les pillards. Au siècle dernier, le bâtiment, qui porte toujours les armoiries de l'époque de Charles Brooke (1829-1917), second rajah blanc du Sarawak (voir *Histoire*, p. 465), a été tour à tour une prison, un mess et une salle de danse. Il héberge aujourd'hui une galerie d'art. La rue voisine, Jln Gambier, doit son nom à une plante grimpante utilisée pour le tannage et comme teinture.

Old Court House Complex BÂTIMENT HISTORIQUE

(Entre Jln Tun Abang Haji Openg et Jln Barrack). L'ancien palais de justice (Old Court House), devenu aujourd'hui le Sarawak Tourism Complex, fut construit à la fin du XIXe siècle, destiné à être un centre administratif municipal. Aujourd'hui, ce gracieux ensemble à colonnades, qui vaut vraiment le détour, abrite le très utile centre d'information des visiteurs et le bureau de réservation des parcs nationaux (National Parks Booking Office). Juste devant, en face de la Tour carrée, se trouve le **mémorial de Brooke**, érigé en 1924 en hommage à Charles Brooke.

OLD CHINATOWN

Jalan Carpenter RUE

(Carte p. 388). Jln Carpenter – le cœur du vieux quartier chinois de Kuching – est bordée de pittoresques *shophouses* de l'époque coloniale et abrite des temples chinois aux couleurs éclatantes. Elle s'étend de la très décorative **arche de l'Harmonie** (angle Jln Tun Abang Haji Openg et Jln Carpenter).

Temple Hong San Si TEMPLE

(Angle Jln Wayang et Jln Carpenter ; 6h-18h). Ce temple datant des années 1840 (et entièrement rénové en 2004), dont le toit est surmonté d'une rangée de dragons, est aussi connu sous son nom hokkien, Say Ong Kong.

En avril, il fait l'objet d'une importante célébration annuelle: une longue procession de chars, de danseurs déguisés en dragons et en lions, ainsi que d'autres groupes chemine à travers la ville derrière l'autel de Kong Teck Choon Ong (la divinité du temple).

Temple Hiang Thian Siang TEMPLE

(Sang Ti Miao Temple ; entre les nos 12 et 14 Jln Carpenter). Situé près de l'arche de l'Harmonie, ce temple reconstruit peu après l'incendie de 1884 représente pour la communauté chinoise teochew un sanctuaire consacré à Shang Di (l'empereur du Paradis).

La célébration la plus intéressante dans ce temple est la fête du Fantôme affamé, le 15e jour du septième mois lunaire (mi-août ou début septembre). Les Chinois croient que les portes de l'enfer sont ouvertes durant tout le mois, afin de laisser les esprits des morts libres d'errer sur terre. Le 15e jour du mois, ils offrent de la nourriture, des prières, de l'encens et du papier monnaie pour apaiser les esprits. Un prêtre bénit les offrandes et brûle une énorme effigie du roi de l'Enfer dans un gigantesque feu de joie.

Juste en face, vous pourrez déguster d'excellents plats teochew au Yang Choon Tai Hawker Centre (p. 398).

Temple Hin Ho Bio TEMPLE

(36 Jln Carpenter ; 6h-17h). Un trésor caché vous attend sur le toit de la Kuching Hainan Association. Grimpez les escaliers jusqu'au dernier étage et vous vous retrouverez devant un étonnant petit temple chinois, Hin Ho Bio (temple de la Reine du Paradis), avec vue sur les toits du quartier.

Musée du Textile du Sarawak MUSÉE

(Muzium Tekstil Sarawak ; Jln Tun Abang Haji Openg ; entrée libre ; 9h-16h45 lun-ven, 10h-16h sam, dim et jours fériés). Installé dans un bâtiment de style "baroque colonial" datant de 1909, ce musée présente de superbes tissus traditionnels, tels que les *songket* (brocarts dorés), ainsi que des chapeaux, nattes, ceintures, objets de vannerie, bijoux en perles, en argent ou en écorce, des bracelets et coiffures de fête élaborés par les Iban, les Bidayuh, les Penan et d'autres communautés dayak. Des dioramas témoignent de l'exubérance vestimentaire des mariages orang ulu, malais, chinois et indiens. Les panneaux explicatifs éclairent le public sur les matériaux et techniques utilisés.

L'ancienne **poste centrale**, imposant bâtiment aux colonnes corinthiennes (1931), est située juste en face.

QUARTIER DE JALAN INDIA

Mosquée indienne MOSQUÉE

(Indian Mosque Lane ; 6h-20h30 sauf pendant les prières). Il suffit de quitter Jln India (entre les nos 37 et 39A) ou Jln Gambier (entre les nos 24 et 25A) et d'emprunter l'étroite Indian Mosque Lane (Lg Sempit), pour entrer dans un autre monde. Côté Jln Gambier, les boutiques étalent des épices en vrac (curcuma jaune d'or, coriandre jaune vert, poudre de piment rouge orangé) aux parfums irrésistibles et enivrants ! Plus loin, de minuscules boutiques vendent les bonnets blancs au crochet (10 RM) destinés aux hommes qui ont fait leur pèlerinage à La Mecque, des *songkok* (25 RM), chapeaux de velours noir portés par les Malais pour les grandes occasions, et des voiles colorés pour les musulmanes.

Kuching

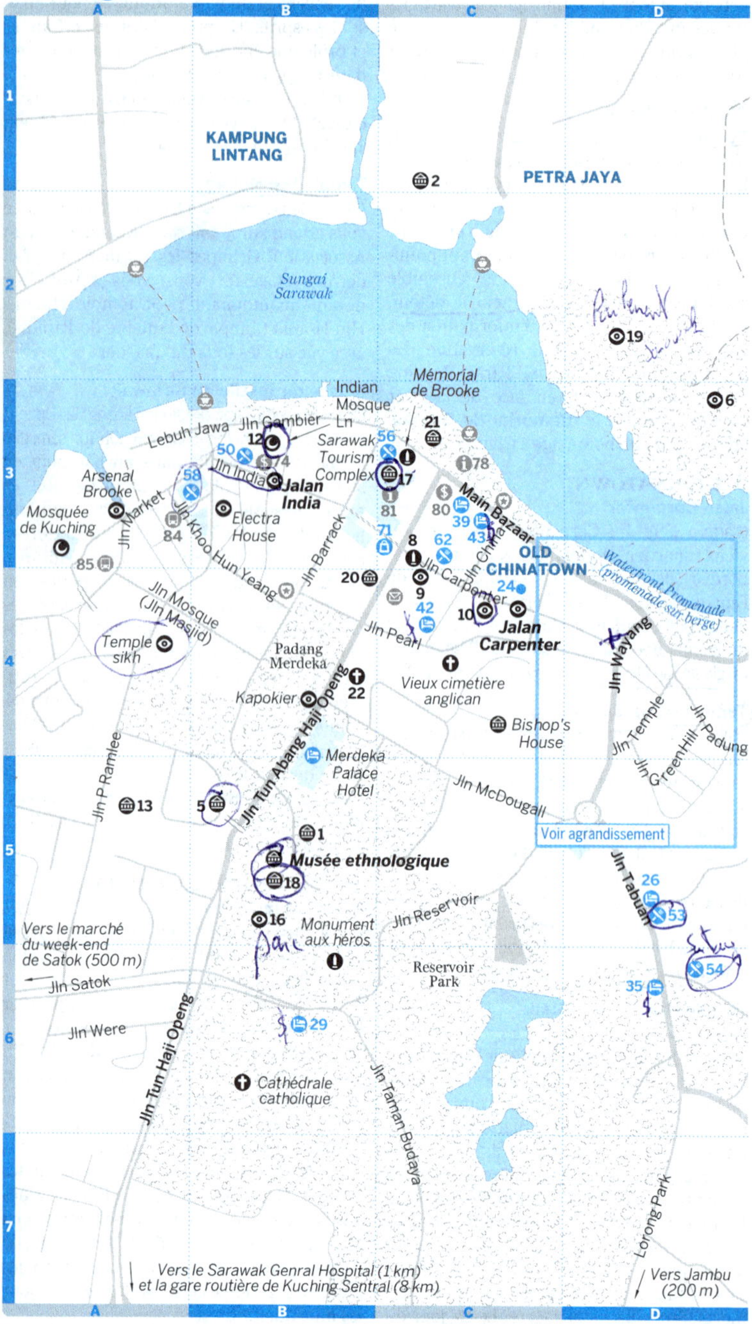
KAMPUNG LINTANG
PETRA JAYA
Sungai Sarawak
Indian Mosque Ln
Mémorial de Brooke
Lebuh Jawa
Jln Gambier
Sarawak Tourism Complex
Jln India
Jalan India
Arsenal Brooke
Mosquée de Kuching
Jln Market
Jln Khoo Hun Yeang
Electra House
Jln Barrack
Main Bazaar
Jln China
OLD CHINATOWN
Waterfront Promenade (promenade sur berge)
Jln Carpenter
Jalan Carpenter
Jln Mosque (Jln Masjid)
Temple sikh
Jln Pearl
Padang Merdeka
Vieux cimetière anglican
Kapokier
Jln Tun Abang Haji Openg
Jln Wayang
Bishop's House
Jln Temple
Jln Padung
Jln Green Hill
Merdeka Palace Hotel
Jln P Ramlee
Jln McDougall
Voir agrandissement
Musée ethnologique
Jln Tabuan
Monument aux héros
Jln Reservoir
Vers le marché du week-end de Satok (500 m)
Jln Satok
Reservoir Park
Jln Were
Jln Tun Haji Openg
Cathédrale catholique
Jln Taman Budaya
Lorong Park
Vers le Sarawak Genral Hospital (1 km) et la gare routière de Kuching Sentral (8 km)
Vers Jambu (200 m)

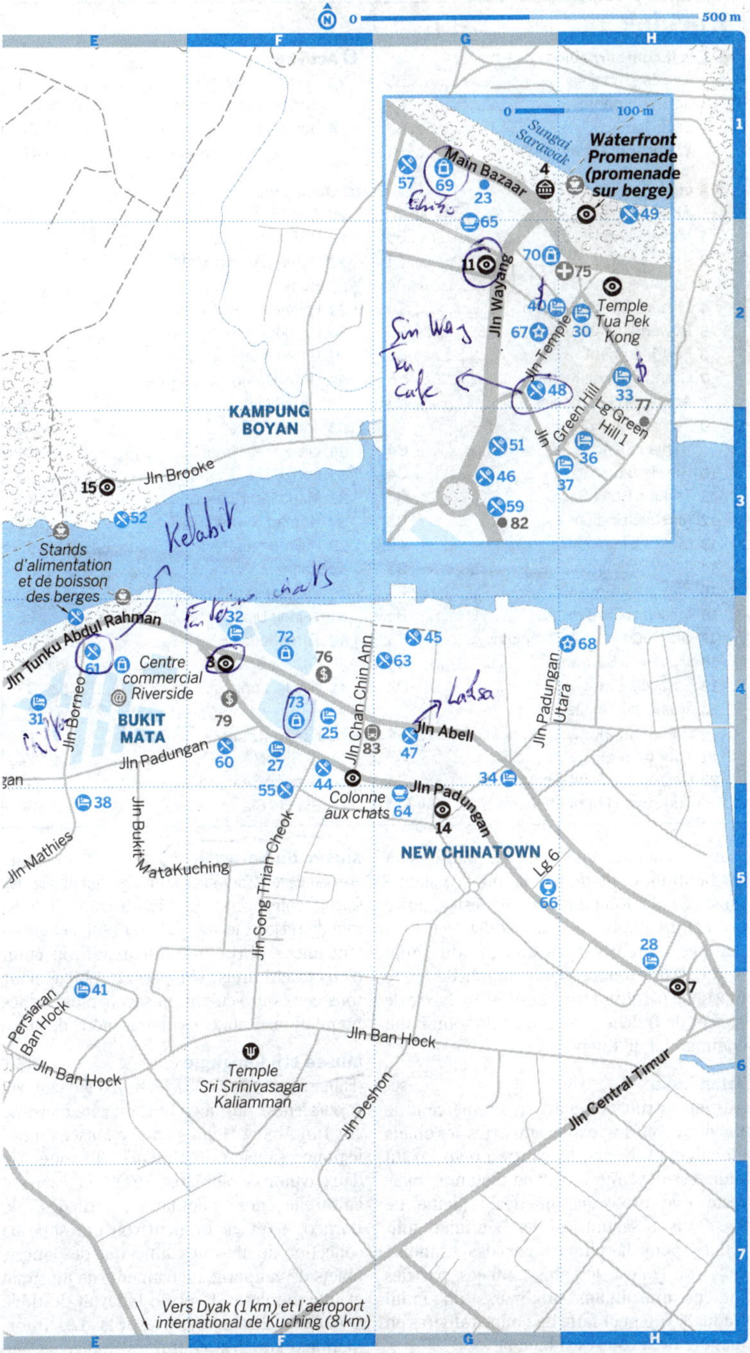
0
500 m
E
F
G
H
1
2
3
4
5
6
7
0
100 m
Sungai Sarawak
Waterfront Promenade (promenade sur berge)
Main Bazaar
4
23
57
69
65
49
11
70
75
Jln Wayang
Temple Tua Pek Kong
40
30
67
Jln Temple
48
33
77
Jln Green Hill
Lg Green Hill 1
51
36
37
46
59
82
KAMPUNG BOYAN
15
Jln Brooke
52
Stands d'alimentation et de boisson des berges
Jln Tunku Abdul Rahman
32
72
76
Jln Chan Chin Ann
45
63
68
61
Centre commercial Riverside
3
31
Jln Borneo
BUKIT MATA
79
73
25
83
Jln Abell
47
Jln Padungan Utara
Jln Padungan
60
27
44
34
gan
55
Colonne aux chats
64
14
38
Jln Mathies
Jln Bukit Mata Kuching
Jln Song Thian Cheok
NEW CHINATOWN
Lg 6
66
28
7
41
Persiaran Ban Hock
Jln Ban Hock
Temple Sri Srinivasagar Kaliamman
Jln Deshon
Jln Central Timur
Vers Dyak (1 km) et l'aéroport international de Kuching (8 km)

Kuching

Les incontournables

	Musée ethnologique	B5
	Jalan Carpenter	C4
	Jalan India	B3
	Waterfront Promenade	H1

À voir

	Akuarium	(voir 18)
1	Musée d'Art	B5
2	Astana	C1
3	Fontaine des chats	F4
4	Musée d'Histoire chinoise	G1
5	Dewan Tun Abdul Razak	B5
6	Fort Margherita	D3
7	Grand Chat de Kuching	H6
8	Arche de l'Harmonie	C3
9	Temple Hiang Thian Siang	C4
10	Hin Ho Bio	C4
11	Temple Hong San Si	G2
12	Mosquée indienne	B3
13	Musée islamique	A5
14	Jalan Padungan	G5
15	Kampung Boyan	E3
16	Museum Garden	B5
17	Old Court House Complex	C3
18	Musée du Sarawak	B5
19	Sarawak State Assembly	D2
20	Musée du Textile du Sarawak	B4
21	Tour carrée	C3
22	Cathédrale Saint-Thomas	B4
	Tun Jugah Foundation	(voir 73)

Activités

23	Borneo Adventure	G1
	Borneo Experiences	(voir 40)
24	Bumbu Cooking School	C4
	Telang Usan Travel & Tours	(voir 41)

Où se loger

25	Abell Hotel	F4
26	B&B Inn	D5
27	Batik Boutique Hotel	F4
28	Beds	H5
29	Fairview Guesthouse	B6
30	Harbour View Hotel	H2
31	Hilton Kuching Hotel	E4
32	Hotel Grand Margherita Kuching	F4
33	John's Place	H2
34	Lime Tree Hotel	G4
35	Lodge 121	D6
36	Mandarin Hotel	H3
37	Nomad Borneo B&B	H3
38	Pullman Kuching	E5
39	Ranee	C3
40	Singgahsana Lodge	G2
41	Telang Usan Hotel	E6
42	Threehouse B&B	C4
	Tracks B&B	(voir 37)
43	Wo Jia Lodge	C3

Où se restaurer

44	21 Bistro	F4
45	Benson Seafood	G4
46	Bla Bla Bla	G3

À mi-chemin, encerclée de maisons et de boutiques, se dresse la plus ancienne mosquée de Kuching, un modeste édifice en *belian* (bois de fer) édifiée en 1863 par des marchands musulmans du Tamil Nadu. D'une remarquable simplicité, cette mosquée peinte en turquoise est un havre de paix et de fraîcheur au milieu du tohu-bohu commercial de Kuching.

Jalan India RUE

Autrefois principal quartier commerçant de Kuching pour les textiles importés, les objets en cuivre et les articles pour la maison, Jln India est devenue une zone piétonne, mais reste une artère commerciale pleine de vie. Dans la section est, les boutiques sont tenues pour la plupart par des Chinois ; celles de l'ouest, les plus animées, par des Indiens musulmans originaires du Tamil Nadu. Si l'on peut faire de bonnes affaires en matière de textile, c'est bien là.

Musée du Sarawak MUSÉE

(www.museum.sarawak.gov.my ; Jln Tun Abang Haji Openg ; entrée libre ; 9h-16h45 lun-ven, 10h-16h sam, dim et jours fériés). Créé en 1891, cet excellent musée abrite une fascinante collection d'objets culturels. Un passage obligé pour tous ceux qui veulent en savoir plus sur les populations indigènes et leur mode de vie.

Musée ethnologique MUSÉE

(Entrée libre ; 9h-16h45 lun-ven, 10h-16h sam, dim et jours fériés). Sur la colline, du côté ouest de Jln Tun Abang Haji Openg, le Musée ethnologique (ancien bâtiment), flanqué de deux canons coloniaux, révèle la richesse culturelle des populations tribales de Bornéo. À l'étage, on peut voir une superbe collection de masques, ainsi que des lances, objets de vannerie, instruments de musique et une amulette de porte bidayuh destinée à éloigner les mauvais esprits. Les informations sur les coutumes indigènes ne manquent pas, notamment sur les tatouages et l'insolite *palang* (piercing de pénis). Il y a même une maison longue iban grandeur nature et des maquettes d'habitations des autres peuples.

La principale curiosité du musée d'Histoire naturelle (au rez-de-chaussé), qui a fait trembler des générations d'enfants de Kuching, est un dentier accroché à une boule de poils retrouvée dans l'estomac d'un crocodile anthropophage. Si cela ne suffit pas à vous dissuader de prendre un bain en eau trouble, la montre retrouvée au même endroit achèvera sans doute de vous convaincre.

Museum Garden JARDIN

(Entrée libre ; 9h-16h45 lun-ven, 10h-16h sam, dim et jours fériés). Le jardin paysager s'étend au sud du Musée ethnologique. Des allées fleuries et ornées de fontaines vous mèneront jusqu'à une colonne blanc et doré, finement ouvragée : le **monument aux Héros** (Heroes' Monument), mémorial dédié aux soldats tombés lors des diverses guerres ayant impliqué le Sarawak.

Le pavillon en fonte situé derrière le musée abrite l'**aquarium** (Akuarium ; entrée libre ; 9h-18h). La ville ne consacre qu'un faible budget à ce lieu à visée éducative. C'est toutefois un lieu agréables où les familles viennent admirer de belles tortues ainsi que diverses espèces de poissons de la région – pour une fois, ils n'attendent pas de passer à la casserole sur l'étal des poissonniers !

Musée d'Art MUSÉE

(Muzium Seni ; entrée libre ; 9h-16h45 lun-ven, 10h-16h sam, dim et jours fériés). Situé en contrebas du Musée ethnologique, le musée d'Art présente des sculptures et tableaux inspirés de motifs et traditions dayak, et par l'environnement naturel de Bornéo. Parfois fermé à l'heure du déjeuner.

Dewan Tun Abdul Razak MUSÉE

(9h-16h45 lun-ven, 10h-16h sam, dim et jours fériés). Reliée au Musée ethnologique par une passerelle ornée de motifs orang ulu, cette galerie (nouveau bâtiment), présente à travers une belle collection la passionnante histoire du Sarawak, du sultanat de Brunei à l'époque des rajahs blancs. On y trouve aussi des vestiges préhistoriques, retrouvés notamment dans les grottes de Niah, des céramiques chinoises, ainsi que de l'artisanat et des costumes dayak bigarrés.

Musée islamique MUSÉE

(Jln P Ramlee ; 9h-16h45 lun-ven, 10h-16h sam, dim et jours fériés). Situé juste derrière la galerie Dewan Tun Abdul Razak, il offre une bonne introduction à la culture islamique en Malaisie et à ses liens historiques avec le lointain monde musulman en Occident. On y découvre l'architecture islamique de Bornéo, des instruments de musique, des sculptures en bois, des calligraphies arabes et les astrolabes qui permirent aux navigateurs arabes de s'aventurer aussi loin vers l'est.

NEW CHINATOWN

Jalan Padungan RUE

L'aménagement de la rue commerçante la plus animée de Kuching commença dans les années 1920, grâce à l'argent provenant de l'essor du caoutchouc. Jln Padungan regorge de boutiques chinoises et de *noodle shops*. Le nouveau quartier chinois attire de plus en plus de bars et de restaurants branchés. Les arcades couvertes offrent un refuge idéal par temps de pluie. La rue s'étend sur 1,5 km, entre Jln Tunku Abdul Rahman et le Grand Chat de Kuching.

Fondation Tun Jugah MUSÉE

(4e ét., Tun Jugah Tower, 18 Jln Tunku Abdul Rahman ; 9h-12h et 13h-16h30 lun-ven). Les techniques de tissage iban (*ikat* et *sungkit*) y sont bien représentées, tout comme l'artisanat de perles. Les femmes iban viennent y tisser sur des métiers à main.

AU NORD DE LA RIVIÈRE

Pour gagner la rive nord du Sungai Sarawak, prenez un *tambang* (petit ferry ; 50 sen) depuis l'un des embarcadères situés le long de la Waterfront Promenade.

Kampung Boyan QUARTIER

(Carte p. 388). Ce paisible *kampung* (village) malais d'un autre temps, empli de maisons aux couleurs pimpantes et de plantes fleuries, n'a rien en commun avec l'agitation tape-à-l'œil du centre-ville, auquel on accède en bateau (il est question de construire un pont pour les piétons). Au bord de la rivière, vous trouverez deux *hawker centres* (aire de restauration regroupant des stands) couverts, ainsi que d'autres restaurants malais.

Fort Margherita SITE HISTORIQUE

(Kampung Boyan ; 9h-16h30). Érigé en 1879 par Charles Brooke, qui lui donna le nom de son épouse Ranee Margaret, ce fort haut perché a longtemps protégé Kuching contre les attaques de pirates. Son pouvoir de dissuasion s'est avéré remarquable : les soldats postés là n'ont jamais tiré le moindre coup de feu.

Inspiré d'un château de la Renaissance anglaise, ce fort aux murs chaulés évoque l'Europe médiévale tout en conservant un style tropical. Le visiteur gravit un abrupt escalier en colimaçon de trois étages pour déboucher sur le toit crénelé, d'où il pourra profiter d'une vue panoramique sur le fleuve et se faire une idée de l'étendue de la ville.

Depuis Kampung Boyan, suivre les panneaux sur 500 m jusqu'au sommet de la colline.

Astana BÂTIMENT HISTORIQUE

(Petra Jaya ; fermé au public). Vous trouverez aisément l'Astana (le "palais" en bahasa sarawak) grâce aux lettres géantes qui s'étalent sur la pelouse. Érigée par Charles Brooke en 1869, l'Astana et ses jardins impeccables sont toujours la résidence du gouverneur du Sarawak. La rive sud (centre-ville) offre la plus belle vue ; la traversée en *tambang* n'est donc pas indispensable.

Si vous souhaitez vous rendre à pied de l'Astana au Fort Margherita, il vous faudra décrire un grand cercle vers le nord autour du Parlement du Sarawak.

Sarawak State Assembly ÉDIFICE REMARQUABLE

(Parlement du Sarawak ; rive nord du Sungai Sarawak, Petra Jaya ; fermé au public). Inauguré en 2009, le siège emblématique du Parlement du Sarawak est un imposant bâtiment dont le toit pointu doré est souvent comparé à un *payung* (parapluie) ou à un *terendak* (chapeau de soleil melanau). C'est de Jln Bishopsgate et de la Waterfront Promenade qu'on en a la plus belle vue.

AILLEURS À KUCHING

Cathédrale Saint-Thomas ÉGLISE

(http://kuching.anglican.org ; 6h-18h lun-sam, 6h-19h dim). Face au **kapokier** séculaire du square de l'Indépendance (Padang Merdeka). L'aspect extérieur de la cathédrale anglicane de Kuching (1954) contraste avec sa voûte en berceau rouge vif. La porte principale étant généralement fermée, il faut entrer par Jln McDougall, qui doit son nom au premier évêque anglican de Kuching, arrivé en 1848.

Sur la colline, de l'autre côté du nouveau centre paroissial (inauguré en 2012), se dresse le **palais épiscopal** (Bishop's House), le plus ancien bâtiment de Kuching (1849). C'est l'œuvre – admirablement solide ! – d'un constructeur de navires allemand.

Un peu à l'écart, derrière la sacristie, se trouve le **vieux cimetière anglican**, dont certaines tombes (il n'y en a que quelques douzaines) datent des années 1840. Les tombes de granit taillé côtoient celles faites de simples planches usées ; plusieurs sont des tombes d'enfants.

Statues de chats KITSCH

C'est le hasard si Kuching signifie "chat" en bahasa malaysia, mais les décideurs de la ville ont rentabilisé au maximum cette homonymie en élevant la capitale du Sarawak au rang de "ville du chat". Des statues de chats prodigieusement kitsch sont donc venues embellir le paysage urbain.

La **fontaine des Chats** (Jln Tunku Abdul Rahman), en face de l'Hotel Grand Margherita Kuching, réunit plusieurs chats bigarrés, immobiles ou en pleine toilette. Sur le rond-point à l'angle de Jln Padungan et Jln Chan Chin Ann, se dresse la **colonne aux Chats** : quatre félins se tiennent au pied de la colonne, ornée près de son sommet de quatre rafflésies, celles-ci se trouvant juste sous le blason de la municipalité de Kuching Sud, également décoré de chats. Le **Grand Chat de Kuching** (Jln Padungan), un matou blanc de 2,50 m au regard bleu et aux moustaches en fil de fer, est perché sur un terre-plein à l'extrémité est de Jln Padungan, juste à l'extérieur de la porte chinoise.

GRATUIT **Musée du Chat** MUSÉE

(www.dbku.sarawak.gov.my ; Jln Semariang, Bukit Siol ; entrée libre, photos/vidéo 3/5 RM ; 9h-17h) Le temple du kitsch félin, qui rend hommage au nom de la ville. Des centaines de figurines de chats, étonnantes ou bizarres, géantes ou minuscules, très mignonnes et japonisantes, se mêlent à des présentations savantes sur la place des chats dans la société malaise ou dans l'art chinois. Agréable cafétéria, fréquentée par les employés municipaux.

Kuching North City Hall ÉDIFICE REMARQUABLE

À 8 km (par la route) au nord du centre-ville, l'hôtel de ville de Kuching Nord, mieux connu sous son acronyme malais, DBKU, a été inauguré en 1993. Il fait la fierté des élus, même si pour certains il ressemble à un ovni. Les bus n[os] K5 et K15 (1,50 RM, environ un bus/heure) relient la gare routière de Saujana au pied de la colline. La course en taxi depuis le centre coûte 20-25 RM. Si vous vous rendez dans la péninsule de Santubong en voiture, arrêtez-vous en chemin.

Activités

Marché du week-end de Satok MARCHÉ

(Pasar Minggu ; Jln Satok ; 12h-22h sam et 6h-13h ou 14h dim). Le plus grand marché de Kuching, qui est aussi le plus animé, ouvre vers midi le dimanche, lorsque les villageois, parfois venus des maisons longues, commencent à installer fruits, légumes, poissons et épices. L'air embaume la coriandre fraîche, le gingembre, les herbes aromatiques et la fougère, étalés parmi les piles de bananes (10 variétés !), de mangues, d'anones et autres fruits insolites récoltés dans la jungle. En saison (nov-fév), vous serez peut-être saisi par l'odeur douceâtre des durians. Les *hawkers* sont sympathiques et la plupart vous renseigneront volontiers sur leurs marchandises, souvent vendues en quantités valant 1 RM ou 2 RM.

Lors de notre passage, le marché avait lieu dans Jln Satok, à 1 km à l'ouest du musée du Sarawak ; du centre, il faut emprunter Jln Tun Abang Haji Openg vers le sud puis tourner au niveau de Jln Satok (sous le pont). Malgré l'opposition des marchands, il est question de le déplacer – de l'exiler, diraient certains – sur l'autre rive, dans un complexe situé à 2 km environ plus à l'ouest.

Hash House Harriers COURSES DE VÉLO

Chaque semaine, les clubs de Hash House Harriers (HHH) de Kuching organisent six courses de vélo d'une à deux heures. Elles ont lieu sur tous les types de terrains et même dans la jungle. Pour plus de détails, demandez autour de vous ou consultez www.kuchingcityhash.com. Les touristes sont les bienvenus.

Kuching Bike Hash VÉLO

(www.kbh.doturf.com) Les fans de vélo (*bashers* ou *bicycle hashes*) se retrouvent un dimanche après-midi sur deux pour des excursions de 17 à 25 km et accueillent volontiers les visiteurs. Le vélo est devenu très populaire parmi les passionnés locaux d'activités de plein air.

Cours

Bumbu Cooking School CUISINE DAYAK

(☎012-897 2297, 019-879 1050 ; http://bumbucookingclass.weebly.com ; 57 Jln Carpenter ; 150 RM / pers, sans visite du marché 120 RM/pers ; ⏲8h ou 9h-13h et 14h-18h30 tlj). Originaire d'un village bidayuh, Joseph vous révélera les secrets d'une cuisine faisant appel à des ingrédients bio provenant de la forêt tropicale. Au marché, vous apprendrez à reconnaître les fougères de jungle de la meilleure qualité, que vous préparerez sous la forme d'un mets croustillant, de retour en cuisine. Vous confectionnerez aussi un plat et un dessert servis dans un *pandan,* un panier végétal qui sera réalisé par vos soins. Un peu cher, mais les critiques sont très favorables. Dix participants maximum.

Circuits organisés

Telang Usan Travel & Tours CIRCUITS

(☎082-236945 ; www.telangusan.com ; Telang Usan Hotel, Persiaran Ban Hock). Agence chevronnée, située dans le Telang Usan Hotel. Audry, l'actuelle présidente de la Fédération de tourisme du Sarawak, parle français.

Rainforest Kayaking CIRCUITS

(Borneo Trek & Kayak Adventure ; ☎082-240571, 013-804 8338 ; www.rainforestkayaking.com). Spécialiste des sorties en kayak sur le fleuve.

Borneo à la Carte CIRCUITS

(☎082-236857 ; www.borneoalacarte.com). Basé à Kuching, ce prestataire s'adresse surtout à une clientèle francophone. Circuits sur mesure originaux, auprès de communautés indigènes moins connues. Amélie, la responsable, pratique des prix très abordables et partage équitablement les bénéfices avec les communautés locales.

Borneo Experiences CIRCUITS

(☎082-421346 ; www.borneoexperiences.com ; rdc, Jln Temple ; ⏲10h-19h lun-sam, parfois ouvert dim). La nouvelle agence de voyages du Singgahsana Lodge (p. 395) propose notamment des excursions jusqu'à un lointain "village dans les nuages" bidayuh, ou à une *longhouse* iban dans le secteur de Batang Ai (1/2 nuits 688/888 RM/pers). Circuits à vélo également. Excellente réputation.

Borneo Adventure CIRCUITS

(☎082-245175 ; www.borneoadventure.com ; 55 Main Bazaar). Cette agence primée a été la première à organiser des circuits de haute volée à Bornéo. Principal prestataire en matière de projets coopératifs bénéficiant aux populations indigènes du Sarawak, elle emploie d'excellents guides.

Adventure Alternative Borneo CIRCUITS

(☎Danny Voon 016-810 5614 ; borneo@adventurealternative.com). Circuits verts combinant "culture, nature et aventure". Aide proposée pour concevoir et coordonner votre parcours si vous souhaitez explorer seul des zones éloignées.

Fêtes et festivals

Rainforest World Music Festival MUSIQUE

(www.rwmf.net ; pass 1 jour/3 jours 110/300 RM, enfant 55/150 RM ; ⏲2e week-end de juil). Ce déchaînement musical réunit pendant 3 jours les populations indigènes de Bornéo et des artistes internationaux au Sarawak Cultural Village. Réservez votre hébergement bien à l'avance.

Kuching Festival Fair GASTRONOMIE

(Jln Padungan ; ⏲5-11h pendant 2 ou 3 semaines fin juil-août). Des échoppes ambulantes servent les spécialités des différentes minorités chinoises, des desserts nyonya et de la bière. Près de l'hôtel de ville de Kuching Sud (Kuching South City Hall, MBKS Building), à environ 2 km au sud-est du Hilton.

Nouvel An chinois FÊTE

(⏲Fin jan ou début fév). Les principales manifestations ont lieu dans Jln Padungan.

Mooncake Festival FÊTE DE RUE

(⏲Sept ou début oct). Spectacles musicaux et *hawkers* proposant des spécialités chinoises, notamment les fameux gâteaux de lune (*mooncakes*), envahissent Jln Carpenter.

Où se loger

À Kuching, vous pourrez louer aussi bien une suite perchée au sommet d'un gratte-ciel qu'une chambrette aveugle à l'atmosphère confinée, au fond d'une *shophouse* aménagée. De nombreuses *guesthouses* (pensions), idéales pour faire la connaissance d'autres voyageurs, sont situées autour de Jln

Carpenter (Old Chinatown), tandis que les hébergements haut de gamme se trouvent plutôt à l'est, dans le quartier des tours, vers Jln Tunku Abdul Rahman. On trouve aussi des hôtels chinois bon marché dans Jln Padungan et alentour, ainsi que dans les *lorong* (ruelles) partant de la curieuse Jln Green Hill, en forme de L.

En dessous de 50 RM dans une guesthouse, vous devrez en général vous contenter d'une sdb commune ; quant au petit-déjeuner, assez frugal (toasts et confiture), il est presque toujours inclus. Les tarifs augmentent parfois en juillet (notamment pendant le Rainforest World Music Festival), et de juin à septembre.

Batik Boutique Hotel HÔTEL DE CHARME **$$**
(082-422845 ; www.batikboutiquehotel.com ; 38 Jln Padungan ; d avec petit-déj 250 RM ;).Un hôtel très bien situé, au design sophistiqué et au personnel très accueillant, qui flirte avec le haut de gamme. Les 15 chambres spacieuses et élégantes, dont 6 avec balcon, sont équipées de stations iPod.

Threehouse B&B GUESTHOUSE **$**
(082-423499 ; www.threehousebnb.com ; 51 Upper China St ; dort/d 20/60 RM ;). Pension immaculée, idéale pour les familles, très bien située dans l'Old Chinatown et où l'accueil est des plus chaleureux. Les 9 chambres disposent de sdb communes. Cuisine et salle télé commune garnie de DVD et de livres. Un lavage en machine, séchage inclus, revient à 8 RM.

Singgahsana Lodge GUESTHOUSE **$**
(082-429277 ; www.singgahsana.com ; 1 Jln Temple ; dort 30 RM, d avec sdb commune/privative 88/98 RM ;). Cette référence parmi les hébergements petits budgets, agrémentée d'objets artisanaux tribaux et d'un hall des plus agréables, jouit d'un emplacement idéal. Les prix restent élevés et les chambres, bien que colorées, sont loin d'être somptueuses. Toutefois, le petit-déjeuner sur le toit-terrasse est inclus et les sdb communes sont impeccables. Comptez 6,50 RM/kg pour les machines à laver.

Telang Usan Hotel HÔTEL **$$**
(082-415588 ; www.telangusan.com ; Persiaran Ban Hock ; s/d à partir de 100/120 RM). Réputé pour son accueil chaleureux et ses couloirs ornés de carreaux brillants, il propose 66 chambres très propres aux lits joliment faits. Décoration kenyah et kayan. L'hôtel est situé en bas de la colline, derrière le Pullman Hotel, auquel il est relié par un sentier souvent boueux. Excellent restaurant. Remarquable rapport qualité/prix.

Lime Tree Hotel BOUTIQUE-HÔTEL **$$**
(082-414600 ; www.limetreehotel.com.my ; Lot 317, Jln Abell ; d/family ste 160/390 RM ;). Des touches vert tilleul (l'hôtel est placé sous le signe du tilleul, *lime tree*) – oreiller, savonnette, la cravate d'un employé, Cafe Sublime – égaient cet hôtel de style design, bien tenu. Ses 55 chambres élégantes et minimalistes offrent un rapport qualité/prix avantageux. Jolie vue sur la rivière depuis le salon du toit-terrasse. À une rue de la très animée Jln Padungan.

Ranee BOUTIQUE-HÔTEL **$$$**
(082-258833 ; www.theranee.com ; 6 et 7 Main Bazaar ; d 380-650 RM, ste 1000 RM;). Situé au bord de la rivière, cet établissement aux airs de complexe hôtelier urbain, inauguré en 2012, est une ancienne *shophouse* entièrement refaite suite à un incendie. Les 24 chambres sont dotées de plafonds hauts, de parquet en bois dur de merbau, et d'immenses sdb pourvues d'un éclairage indirect agréable.

Hilton Kuching Hotel HÔTEL **$$**
(082-233888 ; www.hilton.com ; angle Jln Tunku Abdul Rahman et Jln Borneo ; s/d 348/371 RM ;). L'emblématique Hilton compte 315 chambres spacieuses, aux standards internationaux, dans les tons crème, beige et bordeaux, équipées de consoles à écran plat, de lampes de chevet LED et de bureaux en verre. Sur place, deux centres d'affaires, un spa et un centre de fitness ouvert 24h/24. Wi-Fi disponible pour la somme exorbitante de 55 RM/24h.

Hotel Grand Margherita Kuching HÔTEL **$$**
(082-423111 ; www.grandmargherita.com ; Jln Tunku Abdul Rahman ; d avec petit-déj 275 RM ;). Face à la rivière, vous pourrez profiter du hall lumineux et moderne. L'hôtel dispose de 288 chambres très confortables, ainsi que d'un centre de remise en forme, d'une piscine extérieure et d'un spa flambant neuf. Wi-fi 5 RM/24h.

Pullman Kuching HÔTEL **$$**
(082-222888 ; www.pullmankuching.com ; 1A Jln Mathies, Bukit Mata ; d à partir de 273 RM ;). Affilié à Accor, le Pullman a ouvert en 2010. Il dispose d'un grand hall

blanc et de 389 chambres aux tonalités feutrées, aigue-marine, marron, blanc et vert, réparties sur 23 étages. Clientèle d'affaires essentiellement.

Lodge 121 GUESTHOUSE $

(☎082-428121 ; www.lodge121.com ; Lot 121, 1er ét., Jln Tabuan ; d/tr 99/129 RM, dort/s/d/tr/qua avec sdb commune 24/49/69/89/119 RM ; ❄@📶). Les propriétaires de cet endroit sobre et branché ont fait de leur ancien local commercial le repaire des globe-trotteurs exigeants. Certaines des 22 chambres, dont 5 avec sdb privative, n'ont pas de fenêtre sur l'extérieur, mais une ouverture sur le couloir. Le dortoir mansardé peut loger 10 personnes.

Nomad Borneo B&B GUESTHOUSE $$

(☎082-237831 ; www.borneobnb.com ; 3 Jln Green Hill ; dort/s/d/f 20/50/75/100 RM ; ❄@📶). Des voyageurs venus de partout s'installent souvent dans l'espace salon avec les sympathiques gérants d'origine iban. Seules 10 chambres sur 17 sont dotées de fenêtres (les autres de ventilateurs d'extraction). Les dortoirs comprennent 4 ou 8 lits. Pour laver son linge, il faut compter 8 RM par machine.

Fairview Guesthouse GUESTHOUSE $

(☎013-816 4560, 082-240017 ; www.thefairview.com.my ; 6 Jln Taman Budaya ; s/d/f avec petit-déj 50/70/150 RM ; ❄@). Plus toute jeune mais appréciée, cette villa avec jardin, un peu à l'écart du centre-ville, a des atouts de taille, à savoir son ambiance bon enfant et ses sympathiques propriétaires, qui organisent d'excellents circuits customisés.

B&B Inn GUESTHOUSE $

(☎082-237366 ; bnbswk@streamyx.com ; 30-I Jln Tabuan ; dort 16 RM, s/d/tr avec sdb commune 25/35/45 R M, d 70 RM ; ❄@📶). Cette pension propre, tranquille et à l'atmosphère un peu désuète, loue des chambres correctes parmi les moins chères de la ville. La clim coûte 5 RM par jour en plus. Dortoirs non mixtes. Quelques chambres sans fenêtre. Si la porte d'entrée est fermée, sonnez.

Beds GUESTHOUSE $

(☎082-424229 ; www.bedsguesthouse.com ; 229 Jln Padungan ; dort/s/d 30/50/70 RM; ❄@📶). Au cœur du nouveau quartier chinois, cette pension bien tenue s'est fait une réputation grâce à ses divans moelleux dans le hall, à sa cuisine à la disposition des hôtes et à ses 12 chambres impeccables (dont 9 avec fenêtre) avec sdb commune. Les dortoirs sont pourvus de grands lits superposés en métal. Un lavage en machine, séchage inclus, coûte 5 RM.

Harbour View Hotel HÔTEL $$

(☎082-274666 ; www.harbourview.com.my ; Jln Temple ; s/d/f 130/155/200 RM ; ❄@📶). Pour les inconditionnels du confort moderne, cette tour de 13 étages comprend 243 chambres d'un excellent rapport qualité/prix. Le standing occidental à un prix résolument sud-asiatique. Le service de blanchisserie est idéal pour se refaire une valise propre.

Wo Jia Lodge GUESTHOUSE $

(☎082-251776 ; www.wojialodge.com ; 17 Main Bazaar ; dort/s/d/tr avec clim 20/40/52/75 RM, s/d avec ventil 38/48 RM ; ❄@📶). Située dans une *shophouse* réaménagée, accueillante et centrale, et dont le hall est encore recouvert du parquet d'origine en bois dur. Propres et fonctionnelles, les 18 chambres aux couleurs vives (5 avec fenêtres, 13 avec ventilateurs d'extraction) ne contiennent rien d'autre que des lits.

John's Place GUESTHOUSE $

(☎082-258329 ; 5 Jln Green Hill ; d 55-60 RM, tr 80 RM ; ❄@📶). Cachée dans un bâtiment commercial, propre mais sans grand charme, cette pension loue 13 chambres simples et fonctionnelles assez spacieuses, avec matelas à ressorts et sans odeur de renfermé. Les chambres doubles les moins chères ont une ouverture donnant sur le couloir.

Mandarin Hotel HÔTEL $

(☎082-418269 ; Lorong Green Hill 3 ; d/tr à partir de 55/75 RM ; ❄📶). Ce vieil hôtel chinois est de loin l'une des meilleures adresses des alentours parmi celles affichant des prix similaires. Vingt chambres correctes et simples aux murs blancs, pourvues de fenêtre (pas d'odeur de renfermé). Les bureaux avec plateau en linoléum et les climatiseurs de fenêtre vous ramèneront 50 ans en arrière.

Abell Hotel HÔTEL $$

(☎082-239449 ; www.abellhotel.com ; 22 Jln Tunku Abdul Rahman ; s/d à partir de 111/175 RM ; ❄@📶). Ouvert en 2011, cet établissement non-fumeurs fait partie des quelques bons hôtels de tourisme de Kuching. Les 80 chambres sont élégantes, sans être luxueuses. Les moins chères donnent sur un puits d'aération.

Où se restaurer

Kuching est le meilleur endroit de Bornéo où découvrir la diversité gastronomique du Sarawak. Dans les *hawker centres*, vous aurez le choix entre une multitude d'échoppes chinoises et malaises, mettant chacune à l'honneur un plat ou une tradition culinaire. Jln Padungan, qui abrite quelques-unes des meilleures *noodle houses* de la ville, attire toujours plus de restaurants, de cafés et de bars.

Si vous souhaitez susciter un débat bon enfant, demandez à la ronde qui vend la meilleure *laksa* (savoureuse soupe de nouilles épicée) de Kuching.

Dyak DAYAK $$$

(082-234068 ; Jln Mendu et Jln Simpang Tiga ; plats 18-30 RM; 12-23h, dernière commande 21h30). L'inauguration de cet élégant restaurant a été l'événement culinaire majeur ces dernières années à Kuching. Ici, la cuisine indigène est reconnue à sa juste valeur. Le chef, bien que formé à l'occidentale, saura vous mettre l'eau à la bouche et vous dépayser à travers ses recettes traditionnelles, surtout iban (mais aussi kelabit, kayan ou bidayuh), et ses légumes frais venus de la jungle. Plats végétariens disponibles à la demande. Le personnel vous renseignera volontiers sur l'origine des plats. (Réservation conseillée jeu, ven et sam soir.) Le Dyak se trouve à 2 km au sud-est du vieux quartier chinois. La course en taxi depuis le centre, qui en vaut vraiment la chandelle, coûte 12 RM.

Top Spot Food Court POISSON ET FRUITS DE MER $$

(Jln Padungan ; poisson 35-70 RM/kg, plats végétariens 8-12 RM ; 12h-23h). Très apprécié des gourmets locaux, cet espace de restauration curieusement installé sur le toit d'un garage est signalé par un énorme homard lumineux. Il compte une demi-douzaine d'échoppes très animées. Laissez-vous tenter par la brème blanche (*pomfret*) grillée. Le Ling Loong Seafood et le Bukit Mata Seafood Centre sont à recommander.

Jambu MÉDITERRANÉEN $$$

(082-235292 ; www.jamburestaurant.com ; 32 Jln Crookshank ; plats 28-55 RM ; 18h-22h30, tlj sauf lun). Idéale pour un dîner en amoureux, cette élégante demeure des années 1920, au plancher en teck et hauts plafonds, accueillait jadis d'élégantes réceptions coloniales (voir les photos accrochées aux murs). Les mets à tendance méditerranéenne sont parmi les meilleurs, et des tapas sont servies au lounge-bar. Le restaurant doit son nom à l'arbre qui pousse dans le jardin, un *jambu air* (jambosier rouge). À 1,5 km du centre.

Junk ITALIEN $$$

(082-259450 ; 80 Jln Wayang ; plats 20-50 RM ; 18-23h, mer-lun ;). Empli d'objets anciens, cet ensemble qui compte trois salles de restaurant et deux bars répartis dans trois *shophouses* datant des années 1920 est l'un des plus cotés de Malaisie. Le Salon Rouge (Red Room), débordant de coussins, arbore une déco pop art un brin provocatrice. Les pâtes et lasagnes s'échelonnent de 24 à 45 RM, et les pizzas de 25 à 39 RM.

Chong Choon Cafe LAKSA $

(lot 121, section 3, Jln Abell ; plats 4-5 RM ; 7h-11h30 ou 12h, mer-lun). Même si, à première vue, les tables de pique-nique rafraîchies par des ventilateurs à hélice au plafond n'ont l'air de rien, ce café sans prétention sert pourtant l'une des meilleures *laksa* de Kuching.

Lyn's Thandoori Restaurant INDIEN $$

(Lot 267, Jln Song Thian Cheok ; plats 16-25 RM ; 9h-22h lun-sam, 17-22h dim ;). Installé à Kuching depuis 1994, ce restaurant de spécialités d'Inde du Nord propose naturellement un succulent poulet tandoori, ainsi que des plats de mouton, du poisson et des mets végétariens tout aussi délicieux. La carte affiche près de 50 plats et 22 variétés de *paneer*, tous préparés avec des produits de qualité. À 300 m au nord de l'un des trois temples hindous de Kuching.

Tribal Scoops DAYAK $

(Bloc H, Jln Borneo ; plats 4,50-10 RM ; 10h30-21h30 lun-sam ;). Lieu convivial des Kelabit Highlands en plein cœur de Kuching, ce restaurant sans prétention est pris d'assaut par les étudiants kelabit en mal du pays.

LA RECETTE DU BONHEUR

Heureux soient les visiteurs qui commencent leur journée en dégustant une *Sarawak laksa*, soupe de nouilles acidulée à base de lait de coco, de citronnelle, de tamarin, de *sambal belacan* corsée (pâte de crevette), le tout arrosé de jus de calamondin (petit agrume) frais ! Absolument *lazat* ("délicieux" en malais) !

Parmi les spécialités figurent le *labo senutuq* (bœuf émincé au gingembre sauvage et au piment séché) et l'*ab'eng* (poisson émincé). Plats sans glutamate ni pâte de crevette (inconnue autrefois dans les Highlands). Le buffet (16,50 RM) est ouvert de 11h30 à 14h30, sauf le dimanche. Face à l'entrée principale du Hilton.

Marché en plein air LAKSA **$**
(Jln Khoo Hun Yeang ; plats à partir de 3-4,50 RM ; ⏲6h ou 7h-17h, certains stands ouvrent jusqu'à minuit). Savoureux plats bon marché, notamment une somptueuse *laksa* (servie de 7h à 16h environ), du *mee sapi* (soupe de nouilles chinoise au bœuf), du *kolo mee* rouge (nouilles avec sauce barbecue sucrée), du *kueh tiaw* à la tomate (nouilles de riz frites) et glace pilée (demandez un "ABC" au stand n°17). Idéal pour petit-déjeuner avant de prendre le bus pour le parc national de Bako. Le marché comporte deux sections séparées par un parking pour minivans. La tour jaune était utilisée jadis pour détecter les incendies.

Bla Bla Bla FUSION **$$**
(☎082-233944 ; 27 Jln Tabuan ; plats 24-45 RM ; ⏲18h-23h30, mer-lun). Innovant, chic et branché, le Bla Bla Bla mise sur une cuisine fusion d'inspiration chinoise alliant le traditionnel à l'insolite – à l'instar du décor où une mare à carpes koi côtoie des bouddhas balinais. Au menu, *midin* (fougère de la jungle), salade, noix de cajou, viande d'autruche farcie à la mozzarella, poulet au café et cheese-cake maison. Portions généreuses destinées à être partagées.

Kok Boon Café LAKSA **$**
(30J Jln Tabuan ; plats 3,50-5 RM ; ⏲*laksa* servie de 6h30 à 13h30 ou 14h). Au coin de la rue, ces trois stands en plein air proposent les habituels plats de nouilles foochow et hokkien, mais c'est la succulente *Sarawak laksa* qui fait l'intérêt du lieu, tant à l'heure du petit-déjeuner qu'en fin de matinée.

James Brooke Bistro & Cafe OCCIDENTAL **$$**
(Waterfront Promenade, face à Jln Temple ; plats 10-39 RM; ⏲10h-23h). La qualité de la cuisine et la vue sur la rivière lui valent une renommée sans faille. Les spécialités locales, dont la *Sarawak laksa*, et la création maison, la *wild Borneo laksa*, sont à des prix relativement abordables. Le bœuf Stroganoff jouit d'une solide réputation.

Yang Choon Tai Hawker Centre CHINOIS **$**
(23 Jln Carpenter ; plats 4-8 RM ; ⏲24h/24). Six stands de restauration, tenus par des Chinois teochew, proposent un assortiment éclectique de recettes d'origine, notamment du porridge de riz au porc (servi de 3h à 9h), du *kolo mee* (nouilles instantanées, 6h-14h) et une fantastique soupe de poisson (15h-22h).

Green Hill Corner LAKSA **$**
(angle Jln Temple et Jln Green Hill ; repas 3-6 RM ; ⏲7h-23h) Très appréciées de la population, une demi-douzaine d'échoppes servent à tour de bras porridge, *laksa*, riz au poulet et plats de nouilles. Le stand tenu par des jumeaux sert une délicieuse soupe de nouilles au bœuf (4 RM).

Benson Seafood POISSON ET FRUITS DE MER **$$**
(Jln Chan Chin Ann ; "petits" plats 10-20 RM ; ⏲11h-23h mar-dim, 16h-23h lun). Au bord de l'eau, dans un quartier peu animé qui aura peut-être la cote dans les années à venir, ce stand en plein air, avec ses grandes tables rondes agrémentées de nappes et de chaises de jardin rouges, propose poisson et fruits de mer à la chinoise, ainsi que des classiques du Sarawak, comme le *midin* sauté au *belacan* (pâte de crevette). De l'extrémité nord de Jln Chan Chin Ann, tournez à droite et longez la rivière sur un demi-pâté de maisons.

Sin Wei Tong Café VÉGÉTARIEN **$**
(9 Jln Temple ; plats 3-4,50 RM ; ⏲6h-15h30 ; 🖉). Versions végétariennes de fameuses spécialités chinoises, notamment le *kueh chap* et le riz au poulet. Savoureux et bon marché.

Zhun San Yen Vegetarian Food Centre VÉGÉTARIEN **$**
(Jln Chan Chin Ann ; plats 1,70 RM /100g; ⏲8h-14h et 17h-20h lun-ven, 9h-20h sam ; 🖉). Plats végétariens taïwanais et malais (notamment des curries), à base de soja ou de gluten, aussi diététiques que savoureux. Style buffet. Prix imbattables.

21 Bistro FUSION **$$**
(64 Jln Padungan ; plats 10-48 RM ; ⏲16h-2h ou plus tard lun-sam, plats servis jusqu'à 23h). Ce restaurant-bar chic, apprécié des jeunes professionnels, a fait un carton à son ouverture en 2012. Excellent plats occidentaux, asiatiques et fusion, notamment les pâtes et la viande grillée. Les amateurs de poisson apprécieront le vivaneau grillé. Ambiance jazz en début de soirée, et musique relaxante par la suite.

KEK LAPIS – GÂTEAUX AUX MULTICOUCHES COLORÉES

Toutes les communautés de Kuching aiment ajouter une touche colorée à leurs festivités. Il n'est donc pas étonnant de voir des *kek lapis* (gâteaux multicouches) fleurir sur les étals à travers toute la ville (comme dans Main Bazaar et sur la Waterfront Promenade) au moment des fêtes, notamment pendant le ramadan (Hari Raya).

Les *kek lapis*, confectionnés avec de la farine, des œufs et d'énormes quantités de beurre ou de margarine, sont parfumés au melon, à la myrtille ou encore aux feuilles de *pandan*, un des parfums favoris. Comme on ne peut préparer qu'une couche à la fois (il y en parfois plus de 30) et que chacune nécessite 5 à 6 minutes de cuisson, la confection d'un seul gâteau peut prendre jusqu'à 5 heures.

Des *kek lapis* (au beurre 20 RM, à la margarine 10 RM) se déclinant en plus de 40 parfums sont vendus toute l'année au **Maria Kek Lapis** (252734 ; http://22.com.my/mariakeklapissarawak ; 8h-17h) pour satisfaire la demande de la Malaisie péninsulaire. On peut y goûter gracieusement. Les gâteaux se conservent une à deux semaines à température ambiante, et jusqu'à un mois au réfrigérateur.

Magna Carta ITALIEN $$

(Sarawak Tourism Complex, Jln Tun Abang Haji Openg ; plats 15-28 RM ; 10h30-minuit). Pour un retour à l'époque de Brooke, installez-vous sur la terrasse conviviale avec vue sur le jardin, ou en salle, où la décoration mêle Moyen Âge anglais et XIXe siècle nonya. Mention spéciale aux pâtes et aux pizzas à pâte ultrafine (22 RM). Pain fait maison et jus d'orange fraîchement pressé. En face du patio, le **Magenta** (plats 26-58 RM ; 17h-23h), géré par les mêmes personnes, propose un plus grand choix de plats de viande et de produits de la mer.

Lok Lok MALAIS $

(7D Jln Ban Hock ; plats 5 RM ; 18h-3h). Adresse très populaire spécialisée dans les *lok lok*, brochettes (poisson, crevette, seiche ou tofu ; 1,50 RM-2 RM/pièce) bouillies ou frites, accompagnées de sauce sucrée ou aigre-douce, de *belacan* ou de sauce *satay*. Sert aussi du *rojak*, du poulet au curry et d'autres plats traditionnels. Idéal pour les noctambules affamés.

Kampung Boyan Hawker Centres MALAIS $

(Jln Tunku Abdul Rahman ; repas 4,80-16 RM, plats 3-4 RM ; le soir, hawker centres 11h-minuit). Quoi de plus agréable au crépuscule qu'une promenade romantique au bord de la rivière en s'arrêtant pour un en-cas ? Vous pouvez aussi prendre le ferry pour Kampung Boyan, situé en face. Deux *hawker centres* couverts vous attendent sur la nouvelle promenade.

Jubilee Restaurant INDIEN $$

(49 Jln India ; 6h30-17h30 ou 18h). Installé au cœur du quartier indien musulman de Kuching depuis 1974, le Jubilee prépare des spécialités halal, comme le *nasi briyani* (riz au poulet, au bœuf ou à l'agneau ; 6 RM-7 RM) et le *roti canai* (galette avec œuf et/ou fromage ; 1-2.60 RM). Le cuisinier est originaire de Madras.

Courses

Ting & Ting SUPERMARCHÉ $

(30A Jln Tabuan ; 9h-21h, fermé dim et jours fériés). Impressionnante sélection de vins (australiens, californiens, chiliens et français), en-cas à l'occidentale, chocolat, accessoires de toilettes, couches.

Everrise Supermarket SUPERMARCHÉ $

(Jln Tunku Abdul Rahman ; 9h30-21h30). Au rez-de-chaussée du centre commercial Sarawak Plaza.

Où prendre un verre

Kuching, la cosmopolite, compte une multitude de bars animés. Sachez que le Fort Margherita ne sert pas de cocktails.

Jln Padungan attire de plus en plus de bars branchés, dont beaucoup valent ceux de Paris, Londres ou San Francisco.

Junk BAR

(80 Jln Wayang ; 16h-1h30, mer-lun). Le restaurant le plus élégant de Kuching a aussi deux bars : le Junk Bar, sur le côté, et le Backstage Bar, éclairé par des lanternes chinoises rouges, plein à craquer de vieux postes de radio et d'instruments de musique.

Ruai BAR

(7F Jln An Hock ; 17h-1h ou 2h). Un bar iban décontracté, accueillant et original. Décoré de vieilles photos et d'objets d'art orang ulu (et, curieusement, de sombreros mexicains), il fait office de *ruai* (terrasse couverte dans les *longhouses* iban) urbain pour les sportifs, expatriés et locaux, amateurs de spéléo, de trekking et de courses de vélo conviviales comme celles des Hash House Harriers. Idéal pour rencontrer des gens. Ambiance garantie après 21h.

Black Bean Coffee & Tea Company CAFÉ
(Jln Carpenter ; boissons 3-4,80 RM ; 9h-18h lun-sam ;) L'arôme du café fraîchement moulu trouble les sens dans cette minuscule boutique, bien connue à Kuching pour la qualité de ses crus. Arabica, liberica et robusta venu de Java, de Sumatra et, bien sûr, du Sarawak y sont torréfiés chaque jour. On y trouve aussi des thés oolong et du thé vert de Taïwan. Trois tables seulement. Pas de décaféiné.

Zeus Sports Bar BAR
(angle Jln Padungan et Lorong 6 ; 16h-2h, mer-lun). Des groupes de rock locaux donnent le meilleur d'eux-mêmes de 21h à 1h le vendredi et de 18h à 22h30 le samedi (après, le foot prend le relais). Le salon situé à l'étage est apprécié des golfeurs : rien d'étonnant, car le propriétaire est un passionné de golf.

Bing CAFÉ
(84 Jln Padungan ; café 5,50-14 RM ; 10h-minuit, 10h-1h ven-sam ;). La réponse tropico-chic de Kuching à Starbucks. Très sophistiqué et faiblement éclairé, le Bing propose une douzaine de variétés de café Illy, chaud ou glacé.

Où sortir

Les charmes nocturnes de Kuching peuvent être tranquilles (un bon restaurant), romantiques (balade sur la Waterfront Promenade) ou tapageurs (danser jusqu'au bout de la nuit).

Terminal One Lounge DISCOTHÈQUE
(http://t1lounge.com ; Jln Padungan Utara, River end ; gratuit pour les femmes tlj et pour les hommes dim-mar ; hommes mer-sam 35 RM ; 16h-2h ou 3h). Le club le plus populaire de Kuching attire les célébrités locales et péninsulaires. Le T1 est une boîte décontractée et dynamique, remplie de spots lumineux colorés tournant et clignotant en tous sens, où la clientèle, plus de 25-30 ans, vient souvent en couple ou en groupe. L'ambiance commence à chauffer à partir de 22h30-23h et la fête bat son plein après minuit. Pour les hommes, short, débardeur, tongs et sandales sont exclus. Possibilité de grignoter.

Star Cineplex CINÉMA
(www.starcineplex.com.my ; 9e ét., parking multicolore, Jln Temple ; billets 5-9 RM ; 1re/dernière séance vers 12h-minuit). Idéal les jours de pluie pour s'évader pendant deux heures sur les ailes d'Hollywood ou du cinéma d'Asie de l'Est. La plupart des films sont en anglais, ou sous-titrés en anglais. L'ascenseur se trouve juste en face de la Wong Eye Clinic & Surgery, de l'autre côté de Jln Temple.

Achats

Vous recherchez de l'art et de l'artisanat traditionnels ? Vous êtes au bon endroit. Kuching est la ville de Bornéo où les collectionneurs et les amateurs d'artisanat trouveront leur bonheur. Ne vous attendez pas à obtenir des miracles en marchandant, mais n'ayez pas peur pour autant de négocier – le choix est considérable et la qualité varie autant que le prix. Il est fréquent de trouver des objets curieusement "vieillis" : prenez le temps de vous familiariser avec les prix et la qualité avant d'acheter.

Pour découvrir la richesse et la diversité de la tradition artisanale du Sarawak, faites un tour au musée du Sarawak, au musée du Textile ou à la Tun Jugah Foundation pour consulter le site de l'ONG **Crafthub**, basée à Kuching (www.crafthub.com.my). On peut y télécharger *Crafts*, une revue trimestrielle publiée pour le Conseil de l'artisanat du Sarawak (Sarawak Craft Council).

La plupart des boutiques de Kuching sont fermées le dimanche.

Main Bazaar ARTISANAT
(Main Bazaar ; quelques boutiques fermées dim). Les vieilles *shophouses* alignées face à la promenade abritent mille et une boutiques d'artisanat. Certaines ont des allures de galeries d'art, d'autres tiennent plutôt du vide-grenier. D'autres encore (surtout dans la partie ouest de Main Bazaar) proposent presque exclusivement des statues de chats au charme kitch. L'artisanat du Kalimantan vaut vraiment le coup d'œil. On y trouve pêle-mêle des tissus et paniers faits main, des masques, des tambours, des gongs en cuivre, des statues (jusqu'à 2 m de hauteur), des coiffes cousues de perles, des épées, des lances, des boucliers peints et des canons provenant de Brunei. Les vendeurs vous expliqueront volontiers l'origine et la fonction de ces objets.

UD Siburan Jaya ÉPICERIE

(66 Main Bazaar ; 8h30-21h lun-sam, 9h30-17h dim). Excellent choix de spécialités locales : on y trouve – entre autres – du poivre (noir et blanc), de la pâte de *laksa*, du *sambal*, du riz de Bario et même du *tuak* (vin de riz dayak) détaxé.

Fabriko VÊTEMENTS

(56 Main Bazaar ; 9h-17h lun-sam). Jolie petite boutique proposant un choix subtil de tissus et de vêtements made in Sarawak, notamment des sarongs en soie et des chemises batik. Motifs orang ulu traditionnels et modernes.

Nelson's Gallery ART

(54 Main Bazaar ; 9h-17h). Au premier étage, l'artiste Narong Daun donne vie à de fantastiques peintures sur soie sur le thème de la jungle.

Fantasy Sarawak VÊTEMENTS

(70 Main Bazaar ; 10h-19h). La plus belle collection de T-shirts du Sarawak.

Sarawak Craft Council ARTISANAT

(Angle Jln Tun Abang Haji Openg & Jln India ; 9h-16h30 lun-ven). Géré par un organisme gouvernemental à but non lucratif, ce magasin offre sur deux niveaux un bon aperçu de l'artisanat malais, bidayuh, iban et orang ulu. Les chapeaux de cow-boy en écorce et les *terendak* (chapeaux melanau coniques) valent le coup d'œil. Le magasin est installé dans la Tour ronde (1886), qui fut occupée par la redoutée Kenpeitai (police militaire japonaise) pendant l'occupation. Certains habitants, redoutant qu'elle soit hantée, ont peur d'y entrer.

Tanoti TISSAGE

(56 Jln Tabuan ; 8h-18h, fermé jours fériés). Une douzaine de femmes y confectionnent entre autres des châles de soie (400-2 000 RM) et des voiles de mariée suivant la technique de la trame supplémentaire (les motifs décoratifs sont tissés en même temps que la trame de fond). Motifs traditionnels de Bornéo et modernes se rencontrent dans cet atelier authentique.

Yusan Padan Gallery ART

(Sarakraf, Waterfront Promenade ; 9h30-16h30 lun-sam). Art et artisanat dayak. Galerie installée dans l'historique Tour carrée.

Mohamed Yahia & Sons LIVRES

(082-416928 ; sous-sol, Sarawak Plaza, Jln Tunku Abdul Rahman ; 10h-21h). Ouvrages sur Bornéo en anglais, notamment l'*Encyclopaedia of Iban Studies* en 4 volumes, ainsi que des cartes et des guides du Sarawak.

Popular Book Co LIVRES

(niveau 3, centre commercial Tun Jugah, 18 Jln Tunku Abdul Rahman ; 10h-21h30). Spacieuse librairie moderne proposant de nombreux titres en anglais, dont plusieurs écrits par des auteurs locaux, et des guides touristiques.

Renseignements

Il existe à Kuching des consulats généraux d'Indonésie et de Brunéi.

Accès Internet

Cyber City (RDC, Bloc D, Taman Sri Sarawak ; 1re/2e h 4/3 RM ; 10h-23h lun-sam, 11h-23h dim et jours fériés). Caché derrière le centre commercial de Riverside, dans Jln Tunku Abdul Rahman. Pour s'y rendre, il faut sortir du centre commercial par le 2e étage et monter jusqu'en haut de la colline.

Argent

La plupart des banques et DAB de Kuching sont situés près de la fontaine des Chats ou dans Jln Tunku Abdul Rahman. Si vous avez besoin de changer des espèces ou des chèques de voyage, les bureaux de change sont plus fiables que les banques, ces dernières n'aimant pas trop manipuler les billets de 100 $ US, ni ceux où figurent certains numéros de série spécifiques.

KK Abdul Majid & Sons (45 Jln India ; 9h-18h lun-sam, 9h-15h dim). Bureau de change agréé. Espèces uniquement.

Maybank (Jln Tunku Abdul Rahman ; 9h15-16h30 lun-jeu, 9h15-16h ven). Est équipée d'un DAB. Située au coin de la rue, près du KFC.

Mohamed Yahia & Sons (sous-sol, Sarawak Plaza, Jln Tunku Abdul Rahman ; 10h-21h). Pas de commission et taux intéressants. L'établissement accepte plus de 30 devises différentes (y compris les billets de 100 $US), ainsi que les chèques de voyage libellés en dollars US et en euros.

United Overseas Bank (2 Main Bazaar ; 9h30-16h30 lun-ven). DAB 24h/24. À l'angle de Jln Tun Abang Haji Obeng.

Désagréments et dangers

Ces derniers temps, des touristes (surtout des femmes) ont été victimes de vols à l'arraché perpétrés par des malfaiteurs en moto. Restez vigilant(e) lorsque vous marchez dans des rues désertes (notamment Jln Reservoir et Jln Tabuan), en particulier à la nuit tombée.

Laverie

À l'hôtel, les tarifs de blanchisserie (à la pièce) sont souvent élevés, mais certaines pensions mettent à disposition des machines à laver pour seulement 5-8 RM la charge, séchage inclus.

Mr Clean (☎082-246424 ; Lorong Green Hill 1 ; 8 RM/kg, service 4h 12 RM; ⏲8h-18h lun-sam, 8h-15h dim et jours fériés). Laverie fiable et centrale.

Offices du tourisme

National Parks Booking Office (☎082-248088 ; www.sarawakforestry.com ; Sarawak Tourism Complex, Jln Tun Abang Haji Openg ; ⏲8h-17h lun-ven). Le bureau de réservation dispose de brochures sur tous les parcs nationaux du Sarawak et conseille les visiteurs désireux d'observer les rafflésies. Accueil téléphonique aimable et patient. Les réservations d'hébergement pour les parcs nationaux de Bako, Gunung Gading et Kubah et pour le Matang Wildlife Centre peuvent se faire sur place, par téléphone ou sur http://ebooking.com.my. Situé juste à côté du Centre d'information des visiteurs.

Bureau des visas (Bahagian Visa ; ☎082-245661 ; www.imi.gov.my ; 2e ét., Bangunan Sultan Iskandar, Kompleks Pejabat Persekutuan, angle Jln Tun Razak et Jln Simpang Tiga ; ⏲8h-17h lun-jeu, 8h-11h45 et 14h15-17h ven). Situé dans un bâtiment de 17 étages, à 3 km au sud du centre (dans Jln Tabuan). Desservi par les bus nos K8 et K11, toutes les 30 minutes. La course en taxi depuis le centre coûte 15 RM.

Centre d'information des visiteurs (☎082-410942, 082-410944 ; www.sarawaktourism.com ; Jln Tun Abang Haji Openg, Sarawak Tourism Complex ; ⏲8h-17h lun-ven). Situé dans le bel ensemble de l'ancien palais de justice, ce bureau dispose de nombreuses brochures (dont le très utile *Kuching Visitors Guide*) et de panneaux d'affichage couverts d'informations pratiques (horaires de bus...). Personnel serviable et compétent.

Sarawak Tourism Federation (☎082-240620 ; www.stf.org.my ; Waterfront Promenade ; ⏲8h-17h lun-ven, fermé jours fériés). Ce service s'adresse avant tout aux professionnels du tourisme locaux, mais Priscilla répondra aimablement aux questions des voyageurs.

Police

Commissariat central (Balai Polis Sentral ; ☎082-244444 ; 2 Jln Khoo Hun Yeang ; ⏲24h/24). Commissariat central installé dans un bâtiment bleu et blanc datant de 1931.

Police touristique (☎082-250522 ; Waterfront Promenade ; ⏲8h-minuit). La plupart des agents parlent anglais. Leur pavillon se trouve de l'autre côté de la rue, face au 96 Main Bazaar.

Poste

Poste principale (Jln Tun Abang Haji Openg ; ⏲8h-16h30 lun-sam, fermée le 1er sam du mois)

Services médicaux

Kuching dispose d'excellents services de santé à un coût abordable, certains médecins possèdant un diplôme britannique ou américain. Il n'est donc pas étonnant que le "tourisme médical", en particulier indonésien, ne cesse d'augmenter. S'il ne s'agit pas d'une urgence, votre pension ou hôtel saura vous orienter vers un généraliste, qui acceptera peut-être de se déplacer.

Klinik Chan (☎082-240307 ; 98 Main Bazaar ; ⏲8h-12h et 14h-17h lun-ven, 9h-12h sam, dim et jours fériés). Pratique et centrale. Comptez 30-35 RM pour une consultation courante.

Normah Medical Specialist Centre (☎082-440055, urgences 311 999 ; www.normah.com.my ; Jln Tun Abdul Rahman, Petra Jaya ; ⏲urgences 24h/24, cliniques 8h30-16h30 lun-ven, 8h30-13h sam). Considéré comme le meilleur hôpital privé de Kuching par de nombreux expatriés. Ambulance 24h/24.Au nord de la rivière, à environ 6 km du centre-ville. Desservi par les bus à destination du parc national de Bako.

Sarawak General Hospital (Hospital Umum Sarawak ; ☎082-276666 ; http://hus.moh.gov.my/v3 ; Jln Hospital ; ⏲24h/24). Le grand hôpital public de Kuching est doté d'équipements modernes et ses tarifs sont des plus raisonnables, mais il est souvent bondé. À 2 km au sud du centre, dans Jln Tun Abang Haji Openg, il est desservi par les bus nos 2, K6, K8, K9 ou K18.

Timberland Medical Centre (☎082-234466, urgences 234 991 ; www.timberlandmedical.com ; Jln Rock, Mile 2-1/2 ; ⏲urgences 24h/24). Hôpital privé au personnel hautement qualifié. Ambulance 24-h/24. À 5 km au sud du centre-ville, dans Jln Tun Abang Haji Openg et Jln Rock.

Urgences

Police, ambulance et pompiers (☎999)

ℹ Depuis/vers Kuching

De plus en plus de Sarawakiens possédant désormais leur propre véhicule, les réseaux de bus publics, en particulier les lignes locales, se sont dégradés. Pour des motifs politiques complexes, certains services ont été "remplacés" par des minibus non réglementés et anarchiques, sans horaires ni arrêts réguliers, qui ne présentent aucun intérêt pour les touristes.

Le seul moyen d'accéder à de nombreux sites naturels de l'ouest du Sarawak est de réserver un taxi ou de participer à un circuit organisé.

Quelques exceptions : le parc national de Bako, la réserve naturelle de Semenggoh, le parc national de Kubah, le Matang Wildlife Centre et, un peu plus laborieusement, la Wind Cave et la Fairy Cave.

Avion

L'aéroport international de Kuching, à 12 km au sud du centre-ville, dessert directement Singapour, Johor Bahru (la ville malaise située de l'autre côté de la chaussée menant à Singapour), Kuala Lumpur (KL), Penang, Kota Kinabalu (KK), Bandar Seri Begawan (BSB) et Pontianak.

MASwings, filiale de Malaysia Airlines, assure pour ainsi dire tous les vols intérieurs du Bornéo malais. Miri et Kuching, ses principales plateformes, sont reliées à 14 destinations dans tout le Sarawak, notamment les villes de Sibu, Bintulu, Limbang et Lawas, situées dans la plaine, et le parc national de Gunung Mulu, Bario et Ba Kelalan, situés dans les hautes terres.

L'aéroport compte trois halls des départs : "Domestic Departures" pour les vols dans le Sarawak ; "Domestic Departures (Outside Sarawak)" pour les vols intérieurs hors du Sarawak ; et "International Departures" (vols internationaux).

Un **office du tourisme** (hall d'arrivée, Aéroport international de Kuching ; ⏲9h-22h) se trouve dans le terminal, à côté des carrousels à bagages et de la douane. On peut changer de l'argent au **guichet de la CIMB Bank** (hall d'arrivée, aéroport international de Kuching ; ⏲7h30-19h30), mais à des taux peu avantageux. **Wi-Fi gratuit** au Starbucks et au McDonald's. **DAB** en face du McDo. Cartes SIM Celcom disponibles au **Blue Cube kiosk** (niveau départs). Pour ce qui concerne les billets, passez au **Malaysian Airlines & MASwings office** (niveau départs, aéroport international de Kuching ; ⏲5h-20h).

L'excédent de bagages peut être expédié vers les différents aéroports de Malaisie : s'adresser à l'**Excess Baggage counter** (☎014-287 3330 ; à côté du hall des départs B, Aéroport international de Kuching ; ⏲7h30-20h30). 3,50 RM/kg pour Sibu, Bintulu et Miri, et 6,50-8,50 RM pour KL (poids minimum : 10 kg).

Bateau

Ekspress Bahagia (☎à Kuching 016-889 3013, 082-412246, à Sibu 016-800 5891, 319-228). Un ferry quotidien pour Sibu, au départ de l'Express Wharf de Kuching, à 6 km à l'est du centre. Départ à 8h30 de Kuching et à 11h30 de Sibu (45 RM, 5 heures). Il est souhaitable de réserver la veille. La course en taxi du centre-ville au quai coûte 25 RM.

Bus

Environ toutes les 30 minutes de 6h à 18h30, des bus du réseau public (par ex. le n°K9) et des bus STC (par ex. les n^os^3A, 4B, 6, 2) relient la gare routière Saujana, dans le centre de Kuching, au terminal des bus express régionaux. Renseignez-vous aux guichets de Saujana pour connaître les prochains départs. La course en taxi depuis le centre coûte 28-30 RM.

Kuching Sentral. Cette imposante **gare routière-centre commercial** (angle Jln Penrissen et Jln Airport), inaugurée en 2012, assure presque tous les trajets moyenne et longue distance au départ de Kuching. Située à environ 10 km (6,50 miles) au sud du centre, elle est aussi connue sous le nom de Six-and-a-Half-Mile Bus Station. Les tableaux des départs sont électroniques et certains cafés sont équipés du Wi-Fi. Il faut réserver son billet au comptoir d'une des compagnies, puis le régler aux guichets 2 ou 3, "Cashier/Boarding Pass" (Caisse/Carte d'embarquement). Avant de monter dans le bus, présentez votre billet aux agents du comptoir d'enregistrement.

Vers le centre du Sarawak De 6h30 à 22h30, une douzaine de compagnies de bus programment au moins un départ par heure à destination de Miri (80 RM, 14 heures 30) le long de la côte nord du Sarawak, avec arrêts à Sibu (50 RM, 7 heures 30), Bintulu (70 RM, 11 heures 30), Batu Niah Junction (pour le parc national de Niah) et le parc national de Lambir Hills. La compagnie Bus Asia, par exemple, assure 9 départs par jour, le premier à 7h30 et le dernier à 22h. Contrairement à ses concurrentes, la compagnie a un **bureau en ville** (☎082-411111 ; angle Jln Abell et Jln Chan Chin Ann ; ⏲6h-22h) et propose des navettes pour Kuching Sentral, du lundi au samedi. De luxueux "bus VIP", comme ceux d'**Asia Star** (☎1300-888 287 ; http://asiastar.my), ne comportent que 3 sièges par rangée (28 en tout), sont pourvus de toilettes et ne coûtent pourtant que 10 RM ou 20 RM de plus que les bus ordinaires. Pour se rendre à Brunei, Limbang ou Sabah, il faut changer à Miri.

Vers l'ouest du Sarawak Les bus à destination du centre de réhabilitation de la faune de Semenggoh, du parc national de Bako, du parc national de Kubah et du Matang Wildlife Sanctuary s'arrêtent à la gare routière Saujana ou non loin. Les bus pour Lundu (y compris pour les Wind Cave et Fairy Cave) passent par Kuching Sentral.

Taxi

Pour atteindre certaines destinations, le seul moyen – en dehors des circuits organisés – est de réserver un taxi par l'intermédiaire de votre hôtel ou pension, ou auprès d'une compagnie comme Kuching City Radio Taxi (p. 404). Un taxi rouge et jaune pour la journée (8 heures) coûte environ 250 RM. Le prix dépend en partie de la distance ; les taxis non officiels sont parfois moins chers. Si le chauffeur doit attendre sur place et vous ramener en ville, comptez environ 20 RM par heure d'attente.

Voici un échantillon des tarifs de taxi pour un aller simple depuis Kuching (50% plus cher la nuit) :

Destination	Tarifs
Annah Rais Longhouse	minimum 80 RM
Bako Bazaar (parc national de Bako)	40 RM
Express Wharf (ferry pour Sibu)	25 RM
Fairy Cave	40 RM (170 RM avec la Wind Cave et 3 heures d'attente)
Parc national de Kubah	50 RM
Matang Wildlife Centre	60 RM
Santubong Peninsula Resorts	50 RM
Sarawak Cultural Village	50 RM
Réserve naturelle de Semenggoh	40 RM (90-100 RM l'aller-retour avec 1 heure d'attente)
Wind Cave	RM40

Comment circuler

La plupart des sites à voir à Kuching se trouvent à proximité les uns des autres, le taxi ne s'impose donc que pour aller à l'aéroport, à Kuching Sentral (la gare des bus longue distance) ou à l'Express Wharf d'où partent les ferries pour Sibu et le musée du Chat.

Depuis/vers l'aéroport

Un taxi rouge et jaune pour Kuching coûte 26 RM, bagages inclus ; les taxis VIP *teksi eksekutiv*, bleus, coûtent 35 RM. On peut régler en achetant des coupons dans l'aéroport, à côté des comptoirs des loueurs de voitures.

Bateau

Des bateaux traditionnels en bois, les *tambang*, équipés d'un moteur hors-bord et de deux rames à l'avant en guise de gouvernail, font la navette pour conduire les touristes depuis/vers Sungai Sarawak, en reliant les embarcadères le long de la Waterfront Promenade à des destinations comme Kampung Boyan (pour le fort Margherita) et l'Astana. Le tarif minimum pour une traversée est de 50 sen (tarif plus élevé de 22h à 6h) ; le paiement se fait à l'arrivée. S'il n'y a pas de *tambang* lorsque vous arrivez sur un quai, il suffit de patienter.

Bicyclette

Magasins de bicyclettes assez rudimentaires au 83, 88 et 96 Jln Carpenter. On peut louer des bicyclettes (30 RM/j) chez Borneo Experiences (p. 394).

Bus

La gare routière Saujana (Jln Masjid) assure les dessertes locales et courtes. Elle est située au centre-ville, dans l'impasse qui relie Jln Market et la mosquée de Kuching. Trois compagnies partent de Saujana :

City Public Link (☎082-239178) a son propre guichet avec les horaires affichés. Les lignes desservies commencent toutes par la lettre K. Les bus urbains circulent de 6h30 ou 7h jusqu'à 17h30 environ. Bus fréquents (n^os^K3 et K10) pour la gare routière Kuching Sentral (bus longue distance).

Sarawak Transport Company (STC ; ☎082-233579). Le guichet est installé dans un ancien container. Les bus n^os^2A et 3A partent pour Kuching Sentral environ toutes les 20 minutes. Le bus n°2 pour le Sarawak General Hospital (hôpital public de Kuching) et pour Bau est géré conjointement avec la **Bau Transport Company**.

Moto

Louer une moto peut être une manière agréable de visiter la région de Kuching sous réserve de savoir conduire, d'être bien équipé contre la pluie et d'arriver à se repérer malgré une piètre signalisation. Borneo Experiences (p. 394) loue des motos à la journée : 40 RM pour une 100 cm^3 et 50 RM pour une 125 cm^3.

An Hui Motor (☎016-886 3328, 082-412419 ; 29 Jln Tabuan ; ⌚8h-18h lun-sam, 8h-12h dim). Ce réparateur situé à côté du supermarché Ting & Ting facture 30 RM par jour la Suzuki RG genre Vespa (110 cm^3) ou la RGV (120 cm^3) et 40 RM le scooter 125 cm^3 (casque inclus), plus une caution de 100 RM. L'assurance couvre le véhicule mais pas le conducteur, et souvent seulement dans un rayon de 60 km autour de Kuching. À vérifier avant de partir pour Sematan, Lundu ou Annah Rais.

Taxi

Il y a deux sortes de taxis à Kuching : les taxis traditionnels rouge et jaune et les taxis VIP (*teksi eksekutiv*), bleus, plus grands et plus confortables.

On peut héler les taxis dans la rue, les prendre à une station (il y en a un certain nombre, par exemple devant les grands hôtels), les commander 24h/24 en téléphonant à :

ABC Radio Call Service (☎016-861 1611, 082-611611).

Kuching City Radio Taxi (☎082-348898, 082-480000).

T&T Radio Call Taxi (☎016-888 2255, 082-343343).

Tous les taxis de Kuching – à l'exception de ceux qui appliquent un prix fixe depuis/vers l'aéroport (26 RM) – sont censés utiliser leur compteur ; les chauffeurs gonflent rarement le tarif de la course, si bien que les expériences désagréables lorsqu'on se déplace en taxi sont peu fréquentes. La prise en charge est de 10 RM ; après les trois premiers kilomètres (ou, dans les embouteillages, toutes les 9 min), le tarif est de 1,20 RM/km ou 1,20 RM/3 minutes. Appeler un taxi par téléphone coûte 2 RM. Les tarifs augmentent de 50% de minuit à 6h. Prix d'un aller en taxi depuis le centre de Kuching :

Musée du Chat (nord de Kuching)	20-25 RM
Consulat d'Indonésie	25-30 RM
Kuching Sentral	(gare des bus longue distance) 28-30 RM
Bureau des visas	15 RM

Voiture

Peu de touristes louent des voitures au Sarawak, la signalisation routière étant peu fiable. Les meilleures cartes routières ne sont qu'au 1/900 000. Prendre une voiture dans une ville et la laisser dans une autre revient très cher. Ceci dit, disposer d'une voiture peut se révéler commode.

Avant de prendre la route, il faut s'assurer que la voiture louée fonctionne correctement et dispose de tous les équipements de sécurité (ceintures), certaines sociétés louant des véhicules en piètre état.

Parmi les agences possédant un guichet dans le hall d'arrivée de l'aéroport de Kuching, citons :

Ami Car Rental (☎082-427441, 082-579679 ; www.amicarrental.com).

Flexi Car Rental (☎082-452200, 082-335282, urgences 24h/24 019-886 5282 ; www.flexicarrental.com).

Golden System (☎082-333609, 082-611359 ; www.goldencar.com.my). Nous avons reçu de bons échos sur cette société.

Hertz (☎082-450740 ; www.hertz.com). La réputation internationale de ce loueur est établie.

L'OUEST DU SARAWAK

Des parcs nationaux, que ce soit le Tanjung Datu à l'extrême ouest ou le Bako au nord-est de Kuching, à Annah Rais Longhouse et à la région de Batang Ai, à l'intérieur des terres, le Sarawak occidental offre une palette impressionnante de sites naturels et de cultures tribales. De Kuching, la plupart de ces sites se visitent en une journée ou deux.

Parc national de Bako

Le plus ancien **parc national** (☎Bako Bazaar 082-431336, bureaux du parc 082-478011 ; www.sarawakforestry.com ; adulte 20 RM ; ⏲ bureau 8h-17h) du Sarawak, situé sur une péninsule rocheuse de la mer de Chine méridionale, n'est qu'à 37 km au nord-est de Kuching. Ce lieu idéal pour observer les animaux de la forêt tropicale dans leur habitat naturel donne pourtant le sentiment d'être au bout du monde.

La côte de cette péninsule de 27 km² recèle de ravissantes petites plages lovées au creux de baies entrecoupées de falaises abruptes, de promontoires boisés et d'exceptionnelles mangroves. Le parc abrite des ruisseaux, des chutes d'eau et des écosystèmes variés, dont une forêt tropicale de basses terres (forêt de diptérocarpacées) et des *kerangas* (forêts de bruyère). Des sentiers de randonnée traversent le plateau de grès pour rejoindre les plages principales, toutes accessibles en bateau depuis les bureaux du parc.

Bako est remarquable par son extraordinaire biodiversité, qui comprend presque toute la flore présente sur l'île, des orchidées sauvages aux sarracénies, et une faune tout aussi diverse, des macaques à longue queue aux sangliers barbus. Quant aux singes nasiques, il n'y a pas meilleur endroit à Bornéo pour observer ces stars de près.

Bako se visite aisément en une journée depuis Kuching, mais il serait dommage de bâcler cette visite. Pour vraiment profiter de la beauté sauvage du parc, il est préférable d'y passer la nuit. Bako est facilement accessible par les transports publics.

À voir et à faire

Centre d'interprétation MUSÉE

Il propose une introduction un peu vieillotte aux sept écosystèmes du parc et une description de l'interdépendance entre les népenthès (sarracénies) et les fourmis. Il est question de transférer le centre dans les nouveaux bureaux.

Observation de la nature

D'après les scientifiques, Bako abrite 37 espèces de mammifères, dont le singe Langur argenté, l'écureuil palmiste et des animaux nocturnes comme le chevrotain,

Environs de Kuching

la civette, le colugo (lémurien volant). On y trouve aussi 24 espèces de reptiles, dont le varan malais qui peut mesurer plus de un mètre, et 190 espèces d'oiseaux dont des espèces migratrices.

Il est plus facile d'observer les animaux de la jungle un peu après le lever du soleil ou un peu avant son coucher, ce qui implique de passer la nuit sur place. Bizarrement, les alentours des bureaux du parc sont un bon poste pour observer les animaux, y compris des singes nasiques brun-roux. Dans leur ventre tacheté, des bactéries agissent et leur permettent de tirer des substances nutritives de végétaux normalement non comestibles. On les entend souvent se frayer un chemin à travers les branchages bien avant d'apercevoir leur pelage ou l'appendice nasal du mâle en train de mastiquer des feuilles.

Les nasiques ne manifestent ni intérêt ni peur à l'égard des humains. On peut en voir sur les branches au-dessus des bungalows pour visiteurs, près des passerelles dans la mangrove, entre la jetée et les bureaux du parc, dans les arbres qui bordent la plage de Telok Assam (près des bureaux) et le long des sentiers Telok Delima et Telok Paku.

Les sols marécageux de la mangrove abritent un certain nombre de créatures étranges : bernard-l'ermite, crabes violonistes et gobies, ces poissons amphibies qui passent le plus clair de leur temps à tressauter dans la boue sous la mangrove.

Quant aux sangliers barbus de Bornéo, qui traînent avec leurs petits autour de la cafétéria et des bungalows, ils remportent un franc succès auprès des enfants.

Balades dans la jungle

Parmi les 17 sentiers du parc Bako, il y en a pour tous les goûts, de la simple promenade aux randonnées difficiles d'une journée entière jusqu'à l'extrémité orientale de la péninsule. Faciles à repérer, les sentiers sont clairement indiqués par des codes couleur. Organisez votre itinéraire avant de partir et prévoyez d'être de retour à Telok Assam avant la tombée de la nuit (18h au plus tard). Il est possible de louer un bateau pour se rendre à l'une des plages éloignées puis de revenir à pied, ou de faire l'aller à pied et d'arranger le retour en bateau.

Le personnel du parc vous aidera volontiers à organiser votre visite, en vous donnant les dernières informations sur l'état des sentiers et des marées, en vous aidant à louer un bateau et en vous fournissant une carte en noir et blanc détaillant toutes les randonnées dans le parc. Un panneau près de l'Education Centre indique la durée de chaque randonnée. Informez toujours au préalable les employés de votre itinéraire ; ils pourront ainsi vous inscrire dans le registre des déplacements des hôtes, que vous signerez à votre retour.

Emportez suffisamment d'eau et attendez-vous à un soleil intense, car vous trouverez peu d'ombre sur votre chemin dans les *kerangas* (zone de végétation caractéristique de Bornéo). Chapeau et crème solaire s'imposent, et pour les personnes particulièrement sensibles au soleil, chemise à manches longues et pantalon long. Munissez-vous aussi d'un répulsif antimoustiques.

Il faut savoir que *bukit* signifie colline, *tanjung* promontoire, *telok* baie, *pantai* plage et *ulu* en amont ou intérieur.

Lintang Trail RANDONNÉE

Ceux qui ne disposent que d'une journée à Bako devront se lever tôt pour parcourir le Lintang Trail (5,8 km, 3 heures 30 à 4 heures aller-retour) et voir ainsi divers types de végétation. Le sentier grimpe jusqu'au plateau de grès des *kerangas* avec son beau panorama et ses sarracénies, nombreuses sur la partie nord-est du sentier.

Telok Limau Trail RANDONNÉE

La plus longue randonnée de Bako mène à Telok Limau, à 13 km des bureaux du parc (8 heures 30 aller). Il y a là une jolie plage et un terrain prévu pour le camping. On peut faire l'un des trajets à pied et l'autre en bateau (164 RM jusqu'à 5 pers). Les portables passent souvent au-dessus de la plage, mais ne comptez pas sur ce moyen pour vous organiser avec le pilote du bateau.

Baignade

À Bako, on peut facilement randonner dans la jungle, où il fait vite chaud et humide, et piquer une tête dans la mer de Chine.

Les méduses urticantes posent parfois problème, surtout en avril et mai. Aux alentours de Telok Paku, il faut aussi se méfier des raies pastenagues, dont les piqûres sont douloureuses. Un antimoustique vous permettra d'éloigner les mouches de sable.

Il est impossible de se baigner dans les eaux rouge-brun de Bako, peuplées de crocodiles. Il y a quelques années, l'un d'entre eux a dévoré un enfant un peu en amont de Bako Bazaar.

Telok Assam Beach PLAGE

La baignade est autorisée sur la plage proche des bureaux du parc, mais l'eau y est parfois saumâtre. Au loin (à l'ouest) se dessine la côte sauvage de la péninsule de Santubong.

INSOLENT MACAQUE

À l'entrée du camping du parc national de Bako, le panneau : "Attention singes méchants" doit être pris au sérieux. Observer les macaques à longue queue qui se tiennent à proximité des bureaux du parc est certes un plaisir, mais ce sont d'espiègles chenapans, notamment à cause des visiteurs qui s'amusent à les nourrir. Les singes (et certains touristes) sont de véritables opportunistes prêts à s'approprier tout ce qui est potentiellement comestible. Il faut penser à garder fermés bagages, portes et fenêtres et à ne laisser traîner aucun objet de valeur. Il faut aussi éviter, à la plage ou sur les vérandas, de laisser sans surveillance des sacs en plastique contenant de la nourriture : les singes savent parfaitement qu'il s'agit là du garde-manger favori des humains.

Il est sage de ne pas asticoter les singes, les mâles pouvant se montrer agressifs. Quiconque a vu un macaque ouvrir une canette avec ses dents se félicitera de ne pas leur avoir cherché querelle. Les gardes forestiers conseillent d'éviter de les fixer dans les yeux (le singe se croit sur le point d'être agressé) ou de crier (il sera d'autant plus agressif qu'il sentira votre peur). Dernièrement, des mâles particulièrement agressifs ont dû être endormis, capturés et transportés très, très loin. La nuit, les singes ne posent aucun problème.

Telok Pandan Beaches PLAGES

La superbe plage de **Telok Pandan Kecil**, à 2,6 km des bureaux du parc, est entourée par de spectaculaires formations de grès colorées. On peut voir des sarracénies sur le chemin qui descend à la plage. De l'autre côté de la pointe (au nord-ouest) se trouve le célèbre rocher **Bako Sea Stack**, en forme de cobra regardant vers l'arrière. Pour s'en approcher, il faut louer un bateau.

En continuant plus à l'est, on arrive à la plage de **Telok Pandan Besar**, une belle langue de sable tranquille, uniquement accessible par bateau (40/80 RM aller/aller-retour ; location aux bureaux du parc).

Telok Sibur Beach PLAGE

La plage peu fréquentée de Telok Sibur (à 5,5 km des bureaux) est accessible à pied, mais difficilement car la pente est raide et il faut passer par la mangrove. Avant de partir, il faut vérifier les horaires des marées auprès du personnel du parc pour éviter que la rivière ne soit trop profonde à traverser, que ce soit à l'aller ou au retour. Un bateau depuis les bureaux du parc coûte 105/210 RM aller/aller-retour.

Telok Limau Beach PLAGE

Située à la pointe nord-est du parc, Telok Limau est à 13 km des bureaux. Sur l'île voisine de **Pulau Lakei**, se trouvent une plage de sable blanc et la tombe d'un marin malais. Un bateau depuis/vers Telok Limau revient à 164 RM l'aller.

Telok Kruin Beach PLAGE

À l'extrême est de la presqu'île, cette plage est à 12 km des bureaux du parc ; le trajet en bateau en passant par Telok Limau coûte 250 RM.

Promenade nocturne OBSERVATION DE LA FAUNE

(10 RM /pers ; ⏲20h). Pour observer les créatures qui sont de sortie la nuit – araignées, lucioles, cigales, anémones de mer, chouettes et autres – le mieux est de faire une balade accompagné d'un garde forestier habitué à observer ce qui échappe souvent au regard du citadin. Qualifiées de "géniales" par un voyageur, ces randonnées nocturnes durent entre 1 heure 30 et 2 heures. Se munir d'une lampe de poche.

Circuits organisés

Le parc ne dispose pas de suffisamment de personnel pour assurer des visites individuelles. Pour randonner avec un guide, renseignez-vous au débarcadère de Bako Bazaar, ou demandez au National Parks Booking Office de Kuching le téléphone d'un guide officiel. Le parc est pointilleux sur l'homologation des guides (les guides non-officiels et leurs groupes doivent quitter le parc). Les agences de voyages de Kuching demandent 230 RM par personne pour un circuit, bateau inclus.

Où se loger

Bako est connu pour la piètre qualité de son hébergement, mais quand vous lirez ces lignes, la nouvelle auberge de jeunesse devrait avoir ouvert et une partie des bungalows devraient avoir été rénovés. Un dépôt de garantie de 10 RM est demandé. On peut déposer gratuitement ses bagages à la réception du parc.

L'hébergement du parc est souvent vite complet, surtout de juin à octobre ; il est donc préférable de réserver :

» En ligne sur http://ebooking.com.my

» Par e-mail (npbooking@sarawaknet.gov.my)

» Par téléphone ou directement auprès du National Parks Booking Office de Kuching

» En téléphonant au parc (après 17h lun-ven ou sam-dim et jours fériés)

Certaines agences de voyages réservent des chambres et les annulent au dernier moment. Il y a aussi des annulations de particuliers. Si bien que les disponibilités une semaine à l'avance ou à la dernière minute sont loin d'être rares.

Forest Hostel AUBERGE DE JEUNESSE $

(dort 15,90 RM, qua 42 RM). Cette nouvelle auberge construite en béton proposera des chambres simples avec sdb. Il faut apporter sa serviette et un drap du dessus (ceux du dessous sont fournis)

Forest Lodge Type 5 BUNGALOWS $$

(Tr 106 RM, bungalow 2 pièces 159 RM). Chaque bungalow est équipé de ventilateurs et comporte 2 pièces (6 lits), une sdb et un frigidaire. Deux d'entre eux sont en cours de rénovation.

Forest Lodge Type 6 BUNGALOWS $

(D 53 RM, bungalow 2 pièces 79,50 RM). Les chambres à 2 lits ont un plancher en bois, une sdb, un frigidaire et un ventilateur.

Camping CAMPING $

(5 RM/pers). À cause des "méchants singes", on ne peut monter sa tente dans le camping clôturé qu'après 18h et il faut la démonter

pendant la journée. On peut aussi planter sa tente à l'extrémité est du parc, sur les plages de Sibur, Kruin et Limau, ainsi qu'à Pulau Lakei.

Où se restaurer

Il est interdit de cuisiner dans les chambres. Faire bouillir de l'eau pour cuire des pâtes instantanées coûte 0,50 RM. L'épicerie la plus proche se trouve à Bako Bazaar.

Canteen CAFÉTÉRIA $
(Buffet 3 plats env 8,50 RM; ⏲7h30-22h). La nouvelle cafétéria a été conçue pour empêcher les macaques de venir. Elle propose toutes sortes de riz frits, des hot dogs et des légumes sautés. Le buffet est ouvert de 11h30 à 14h et de 18h30 à 20h.

Depuis/vers le parc de Bako

Il est très facile de se rendre au parc par les transports publics. Un bus relie toutes les heures Kuching à Bako Bazaar. De là, on prend un bateau à moteur jusqu'au débarcadère de Telok Assam, qui se trouve à environ 400 m des bureaux du parc par une promenade en planches.

On peut capter le réseau de téléphone mobile (faible puissance) aux bureaux et à certains autres endroits du parc, ce qui permet d'organiser votre retour à Bako Bazaar avec le pilote du bateau. Même près des bureaux, les clients de Celcom devront peut-être aller jusqu'à la plage pour avoir une bonne réception.

Bateau

Location de bateau à moteur (débarcadère de Bako Bazaar ; ⏲8h-16h). L'aller-retour du débarcadère de Bako Bazaar, où s'achète le billet d'entrée du parc, aux bureaux du parc coûte 94 RM ; la traversée dure environ 20 minutes. Les bateaux peuvent transporter jusqu'à cinq personnes. Constituer un groupe est donc plus économique. Si vous ne pensez pas revenir à la même heure que vos compagnons de route, les frais de retour (47 RM) reviendront peut-être plus cher. Si vous rencontrez des personnes au parc et partagez avec eux le bateau de retour à Bako Bazaar, la partie retour du billet que vous avez acheté – valable le jour même ou le lendemain – est théoriquement remboursable. Pour changer son heure de retour, il suffit d'appeler le batelier sur son portable (il est judicieux de penser également à noter le numéro de son bateau).

La plupart des touristes essaient de retourner le jour même à Bako Bazaar à 16h15 pour attraper le bus de 16h30 pour Kuching (celui de 17h30 n'est pas 100% fiable). Attention : les bus partent parfois un peu avant l'heure de départ officiel.

À marée basse, les bateaux risquent de ne pas pouvoir accoster à Telok Assam ; il vous faudra alors regagner la rive à pied. Les bateliers insistent souvent pour rentrer tôt dans l'après-midi afin d'éviter une marée basse tardive, mais il en est de téméraires qui regagnent Bako Bazaar même lorsque la marée est au plus bas.

De fin novembre à février-mars, la mer est souvent agitée.

Bus

Le bus n°1 (3,50 RM), d'un rouge éclatant, part du 6 Jln Khoo Hun Yeang à Kuching (devant le restaurant Toko Minuman Jumbo), en face des échoppes de nourriture du marché en plein air. Les départs de Kuching ont lieu toutes les heures de 7h à 17h, et de Bako Bazaar toutes les heures de 6h30 à (généralement) 17h30. Si vous ratez le dernier bus, renseignez-vous dans le village pour trouver un minibus ou une voiture particulière (40 RM) jusqu'à Kuching.

À Kuching, le bus n°1 embarque aussi les passagers qui lui font signe à différents arrêts le long de la rivière : dans Jln Gambier, en face du Brooke Memorial ; en face du 15 Main Bazaar, à côté du musée d'Histoire chinoise ; dans Jln Tunku Abdul Rahman à côté du 7-Eleven des Riverside Suites et dans Jln Abell devant l'Alliance Bank, à une rue au nord-ouest du Lime Tree Hotel.

Taxi

La course en taxi de Kuching à Bako Bazaar (45 min) coûte 40 RM.

Péninsule de Santubong

Comme le parc national de Bako, à 8 km à l'est, Santubong (appelé aussi Damai), est une bande de terre de 10 km avançant dans la mer de Chine. Ses principaux attraits : les *longhouses* du Sarawak Cultural Village, des plages, des sentiers dans la jungle, un terrain de golf et un délicieux restaurant de fruits de mer dans le village de pêcheurs de Kampung Buntal. Santubong est le meilleur endroit du Sarawak pour de reposantes vacances à la plage.

À voir et à faire

Sarawak Cultural Village ÉCOMUSÉE
(SCV ; ☎082-846411 ; www.scv.com.my ; adulte/enfant 6-12ans 60/30 RM, spectacle 45 min à 11h30 et 16h ; ⏲9h-17h15, dernière admission 16h). Le village culturel du Sarawak est un "musée vivant" comprenant trois *longhouses* dayak (dont une maison communautaire

bidayuh comportant des crânes, et la seule maison en hauteur melanau existant encore au Sarawak), une hutte penan, un pavillon malais (là, vous devrez ôtez vos chaussures) et une ferme chinoise. Ce village peut sembler manquer de naturel, mais les habitants y sont très attachés, car il permet de garder vivantes les cultures et traditions locales.

Les maisons sont gérées (en théorie) par des membres du groupe ethnique qu'elles représentent – sauf la hutte penan, dont les responsables sont partis, comme le veut la tradition nomade. Les explications fournies sont maigres. Il faut donc s'adresser aux personnes sur place, qui pratiquent l'artisanat ou cuisinent, pour comprendre les différences subtiles existant dans l'architecture, la cuisine, les vêtements, la musique. Vous pourrez vous essayer à la sarbacane (1 RM/3 flèches) à la hutte penan, et au lancer de toupie au pavillon malais (1 RM/ 3 tours).

Deux fois par jour a lieu un **spectacle culturel** de danses et de musique. Celui des Melanau est haut en couleur, avec ses femmes qui tournoient tandis que claquent les cannes de bambou. Quant à la danse orang ulu, disons, pour ne pas vous gâcher le plaisir, qu'elle implique quatre femmes, des ballons et un chasseur à la sarbacane.

On peut s'inscrire à des ateliers (5 RM/h/pers) de broderie en perles, de musique et de danse en contactant à l'avance le SCV. Si vous envisagez de vous marier, vous pouvez le faire ici au cours, au choix, d'une cérémonie iban, bidayuh, orang ulu ou malaise.

Les hôtels et les agences de Kuching proposent des forfaits (125 RM/pers), mais il n'est pas compliqué de se rendre au SCV par la navette. Le village est situé près du Damai Beach Resort et du Permai Rainforest Resort.

Permai Rainforest Resort PLAGE

(082-846490 ; www.permairainforest.com ; plage de Damai ; adulte/enfant 5/2 RM). Le tarif journalier de cet ensemble de bungalows est une aubaine. Il dispose d'une plage sûre avec des cabines pour se changer, et propose diverses activités, comme des parcours acrobatiques (60 RM/pers), un mur d'escalade (48 RM), du kayak de mer (80 RM/3 heures) et du VTT (10 RM/heure). Formidable pour les préados et les ados !

Damai Beach Resort PLAGE

(www.damaibeachresort.com ; Teluk Bandung, Santubong). L'accès à la jolie plage de l'hôtel coûte 2 RM. Y passer la journée entière avec accès aux nombreux équipements, dont la piscine, revient à 119 RM pour un couple avec deux enfants (de 10h à 18h).

Damai Central Beach PLAGE

Plage gratuite avec espace-repas juste en face du parking du Sarawak Cultural Village. Douche (2 RM), location de serviette (5 RM) et casiers (3 RM). De 10h à 19h.

Promenades dans la jungle RANDONNÉE

Plusieurs sentiers permettent de découvrir la jungle dans l'intérieur de la péninsule, déclarée parc national en 2007. Celui signalé en rouge grimpe jusqu'au **Gunung Santubong** (880 m) ; la dernière section est particulièrement pentue avec marches et échelles de corde. Il faut compter trois heures à la montée et deux heures à la descente. Il y a peu de temps, des randonneurs se sont perdus et sont restés bloqués la nuit. Il faut donc impérativement commencer à redescendre à partir de 14h. Le sommet – que certains voudraient rendre accessible par téléphérique – apparaît dans différentes histoires locales de fantômes où une princesse est capturée par un prince.

Un autre sentier, facile à moyen, signalé en bleu, décrit une boucle de 3 km qui se parcourt en 2 heures et qui passe par une jolie **cascade**.

On peut emprunter ces sentiers à partir de deux endroits sur la route principale menant aux complexes hôteliers : à Bukit Puteri et, environ 2 km au nord, au Green Paradise Seafood. Ce dernier essaie de faire payer un droit d'entrée et fait, à ce titre, l'objet d'une enquête administrative.

L'est de la péninsule – la côte que l'on voit du parc national de Bako – est sauvage et peu développé. La faune et la flore y sont très riches. Demandez aux habitants comment s'y rendre du Permai Rainforest Resort et de la route principale pour Kuching ; vous pouvez aussi louer un bateau à Kampung Buntal.

Circuits organisés

Les zones littorales à l'ouest et à l'est de la péninsule de Santubong abritent une faune et une flore très riches. Les espèces visibles sont le dauphin de l'Irrawaddy (appelé localement *pesut*), les nasiques, les crocodiles de mer et toutes sortes d'oiseaux.

Les complexes hôteliers, les pensions et les agences de voyages de Kuching peuvent organiser vos circuits. Sinon, contactez :

CPH Travel BATEAU
(☎à Kuching 082-243708 ; www.cphtravel.com.my ; Damai Puri Resort & Spa). Propose des sorties en bateau, notamment au cœur du parc national des Kuching Wetlands.

Mr Ehwan bin Ibrahim BATEAU
(☎019-878 5088 ; Kampung Buntal). Ce batelier propose des circuits d'observation des dauphins et de la mangrove de 3 heures (2/4 passagers 180/155 RM/pers) et des parties de pêche de 4 à 5 heures avec arrêts baignade sur la plage de Polycarp (500 RM pour 2 pers).

Où se loger

De nombreux hôtels autorisent sans surcoût les enfants à partager la chambre de leurs parents. À Kampung Santubong, une quinzaine de chambres sont disponibles chez l'habitant. On peut aussi camper au Permai Rainforest Resort.

Permai Rainforest Resort BUNGALOWS $$
(☎082-846490, 082-846487 ; www.permairainforest.com ; plage de Damai ; longhouse 6 lits 260 RM, bungalow 6 lits 305 RM, maison dans les arbres 2 lits 300 RM, camping 15 RM/pers ; @). Ces bungalows, en bord de mer et entourés d'une végétation luxuriante, accueillent également ... des macaques et des singes langurs argentés. L'offre va de la hutte rustique aux maisons en bois (avec clim) perchées dans les arbres, à 6 m du sol. Tarif réduit du dimanche au jeudi.

Damai Beach Resort COMPLEXE HÔTELIER $$$
(☎082-846999 ; www.damaibeachresort.com ; Teluk Bandung, Santubong ; d avec petit-déj à partir de 440 RM ; @). Évasion garantie pour les familles dans ce complexe hôtelier de 252 chambres. Les possibilités d'activités sont si nombreuses qu'on se croirait sur un paquebot de croisière. Possibilité d'excursions en bateau et en kayak de mer (15-20 RM/heure). Il y a même un **golf** (www.damaigolf.com) de 18 trous dessiné par Arnold Palmer.

Nanga Damai Luxury Homestay B&B $$
(☎019-887 1017 ; www.nangadamai.com ; Jln Sultan Tengah, Santubong ; d avec petit-déj 100-160 RM ; @). Le salon adorable, la terrasse douillette où se relaxer, les 6 chambres lumineuses et confortables et la piscine de 8 m font que l'on n'a aucun mal à satisfaire au séjour minimum de 2 jours. Ne convient pas aux enfants de moins de 16 ans. La navette Kuching-Santubong passe devant.

Santubong Homestay CHAMBRES D'HÔTES $
(☎013-895 1245, 082-846773 ; niesa0619@gmail.com ; Maison 207, Kampung Santubong ; 30 RM/pers, avec déj 40 RM, avec déj et dîner 40 RM). Sauji et Mariah louent 3 chambres de leur maison dont une avec sdb. Une adresse familiale, tranquille et d'un très bon rapport qualité/prix.

Où se restaurer

Tous les complexes hôteliers ont des restaurants. Au Sarawak Cultural Village, le **restaurant** (repas 7-10 RM) propose un buffet de recettes du Sarawak.

Lim Hock Ann Seafood POISSON ET FRUITS DE MER $$
(Kampung Buntal ; plats 8-20 RM, poisson 39-85 RM /kg ; ⏲11h-14h et 17h-22h, fermé lun midi). Vaste abri ouvert sur pilotis, au plancher à larges lames et au toit en tôle, ce restaurant chinois de fruits de mer est un classique, qui sert un excellent poisson fraîchement pêché. Il se trouve à Kampung Buntal, village de pêcheurs à 11 km au sud-est du SCV (à l'entrée de la péninsule, sur la côte est).

Damai Central HAWKERS $
En face du parking du Sarawak Cultural Village, ce nouveau complexe comprend plusieurs restaurants dont un 7-Eleven et un *food court* (plats 5 RM-8 RM).

Comment circuler

Minibus

De Kuching, le bus lent n°K15 (4 RM ; 45 min), qui part de la gare routière Saujana, dessert la péninsule de Santubong, de même que les minibus de deux sociétés :

Setia Kawan (☎019-825 1619 ; adulte/enfant de moins de 12 ans 10/5 RM). Les départs ont lieu toutes les 2 heures de 7h15 à 22h sur la rive du fleuve. Arrêts au Singgahsana Lodge (p.395), qui prend des réservations, au Harbour View Hotel et au Hilton, dont le concierge est la personne *ad hoc*. En sens inverse, les minibus partent du Permai Rainforest Resort de 9h à 19h.

Damai Beach Resort (☎082-380970, 082-846999). Départ de Kuching depuis le Grand Margherita Hotel et le Riverside Majestic Hotel quatre fois par jour de 10h15 à 18h15 ; il est préférable de réserver un jour à l'avance. Le dernier minibus pour Kuching quitte le Damai Beach Resort à 17h15.

Taxi

Un taxi de Kuching au SCV ou aux complexes hôteliers coûte 50-60 RM (70 RM depuis l'aéroport).

Parc national des Kuching Wetlands

La seule manière de découvrir les 66 km² des somptueuses mangroves du parc national des Kuching Wetlands est, comme on s'en doute, par bateau. Situé à 15 km au nord-ouest de Kuching (à vol d'oiseau), le parc n'a pas de bureaux. Ces îles basses et ces canaux salés bordés d'arbres résistant à la salinité abritent nasiques, singes langurs argentés et lucioles ; au ras de l'eau, crocodiles et poissons amphibies appelés gobies ; et sous l'eau, d'innombrables espèces de poissons et de crevettes. C'est un peu au large que l'on a les meilleures chances au Sarawak d'apercevoir des dauphins de l'Irrawaddy.

Le matin (vers 9h) est le meilleur moment pour voir ces mammifères marins. En fin d'après-midi, on devine le pelage brun-roux des singes sautant d'arbre en arbre à la recherche de jeunes pousses savoureuses. Le coucher de soleil sur l'eau est magique et romantique, surtout lorsque le guide remarque un *api-api*, un arbre à lucioles, dans lequel tourbillonnent de lumineux points verts. En tenant une lampe-torche à la hauteur des yeux à la tombée du jour, on peut souvent discerner le reflet d'yeux d'animaux y compris, pour les chanceux, ceux d'un crocodile.

Circuits organisés

Les forfaits comprennent le transfert depuis/vers votre hôtel. Les bateaux partent généralement du Sarawak Boat Club ou du Telaga Air.

CPH Travel Boat BATEAU
(☎à Kuching 082-243708 ; www.cphtravel.com.my). Détient un quasi-monopole sur les croisières dans les mangroves, avec une sortie "mangrove et dauphins de l'Irrawaddy" (140 RM pers) à 8h30, et une sortie "flore et faune" (160 RM) à 16h30.

Réserve naturelle de Semenggoh

Le **Semenggoh Wildlife Centre** (☎082-618325 ; www.sarawakforestry.com ; ⏲8h-17h) est l'un des lieux au monde les plus adaptés pour voir des orangs-outans dans leur environnement naturel. La visite peut se faire en une demi-journée depuis Kuching. On peut aussi en profiter pour visiter l'Annah Rais Longhouse et/ou Kampung Benuk.

Installé au cœur des 6,8 km² de la réserve naturelle de Semenggoh, le centre tente de réhabiliter 25 orangs-outans : 11 sauvés de la captivité et leurs 14 petits nés à Semenggoh. Certains sont encore si jeunes qu'ils restent constamment agrippés au torse de leur mère. Réhabilitation réussie pour quatre de ces créatures des forêts qui sont retournées à la vie sauvage (et trouvent eux-mêmes leur nourriture), les autres faisant, littéralement, un saut près des bureaux du parc pour y ramasser bananes, noix de coco et œufs. En apercevoir n'est pas garanti, mais les probabilités sont grandes de fin novembre ou décembre à février-mars. Semenggoh est beaucoup moins touristique (et bien meilleur marché) que le Centre de réhabilitation des orangs-outans de Sepilok à Sabah.

Les repas des orangs-outans ont lieu dans la forêt, à quelques centaines de mètres des bureaux du parc, de 9h à 10h et de 15h à 16h. Vers la fin, les gardes forestiers demandent aux visiteurs de partir (particulièrement aux groupes, dont les guides ont hâte de rentrer à Kuching). Il arrive cependant souvent que les orangs-outans s'approchent des bureaux du parc. Rester après l'heure du repas peut donc réserver une bonne surprise.

Les visiteurs sont priés de se tenir à 5 m au moins pour des raisons de sécurité, les orangs-outans étant imprévisibles. Il est également conseillé de tenir bien fort les sacs, bouteilles et appareils que les orangs-outans, toujours à la recherche de douceurs à déguster, peuvent tenter d'attraper. Pour éviter de les déranger, voire de les énerver, il ne faut ni les montrer du doigt (ou avec quoi que ce soit qui ressemble à un fusil), ni crier, ni faire de mouvements brusques. Et, quand vous les photographiez, n'utilisez pas de flash.

Deux beaux sentiers traversent la forêt primaire de Semenggoh : le **Masing Trail** (signalé en rouge ; durée 30 minutes), qui relie les bureaux à la route principale ; et le **Brooke's Pool Trail** (signalé en jaune et rouge), une boucle de 2 km au départ des bureaux du parc. Lors de notre passage, les deux chemins étaient fermés, car des orangs-outans particulièrement agressifs, Ritchie et Delima, s'en étaient pris à des touristes et à des gardes forestiers. Lorsque ces sentiers seront rouverts, des guides seront disponibles au centre d'information moyennant 30 RM l'heure (jusqu'à 10 personnes).

Les billets sont valables pour la journée, ce qui permet de venir assister au repas du matin, d'aller visiter une *longhouse* et de voir aussi le repas de l'après-midi. Attention : aucune nourriture n'est vendue dans le parc.

Depuis/vers Semenggoh

Deux compagnies de bus fiables assurent la liaison entre la gare routière Saujana de Kuching et l'entrée du parc, située à 1,3 km des bureaux (3 RM, 45 min) :

City Public Link – Bus n°K6 : départs de Kuching à 7h15, 10h15, 13h et 15h30, et de Semenggoh (orthographié Semenggok sur les horaires de bus) vers 8h30h, 11h15, 14h15 et 16h30.

Sarawak Transport Company – Le bus n°6 quitte Kuching à 7h et à 13h ; au retour, le bus passe à Semenggoh vers 9h45 et 15h45.

La course en taxi depuis Kuching coûte 45 RM l'aller simple ou 90-100 RM l'aller-retour avec une heure d'attente. Les pensions et agences de Kuching proposent des circuits.

Kampung Benuk

Seul le chant du coq vient troubler la tranquillité de ce charmant **village bidayuh** (adulte 6 RM), qui attirait de nombreux touristes quand la route s'arrêtait là. Il en attire beaucoup moins maintenant, bien qu'il soit très agréable d'y passer quelques heures.

La traditionnelle **longhouse** (Lg 5) de 32 portes, avec sa véranda commune au sol en bambou, abrite encore plusieurs familles. Mais la plupart des villageois sont maintenant installés dans de confortables maisons modernes. Une douzaine de crânes pris à l'ennemi pendent dans le **barok** (salle rituelle). Blancs avec des nuances de vert, ils sont accrochés aux poutres. Il faut demander la clé à l'accueil. La veuve du Shaman du village gère à 100 m de là un **mini-musée** (dons sollicités ; ⏲9h-17h lun-sam), intéressant bric-à-brac où l'on trouve des pots à riz en céramique, des crânes de singes, des sarbacanes et deux casques de la Seconde Guerre mondiale, l'un britannique et l'autre japonais.

Où se loger

Kurakura Homestay CHAMBRES D'HÔTES $$

(☎012-892 0051 ; www.kurakura.asia ; 160 RM/pers en pension complète). Le Norvégien Lars et sa femme bidayuh, Liza, ont fait construire cette maison en 2008, sur un terrain ayant appartenu au grand-père de cette dernière. Possibilité de randonnées et de sorties en kayak (165 RM/journée). Très accueillante, la maison se trouve à 20-40 minutes de bateau du village de Kampung Semadang. Le transfert depuis/vers Kuching ou l'aéroport de Kuching est compris dans le prix.

Annah Rais Longhouse

Incontournable des circuits touristiques depuis des années, cette *longhouse* bidayuh n'en reste pas moins un parfait exemple de ce qu'est une *longhouse* et de la façon dont on y vit.

Les 500 habitants d'**Annah Rais** (plein tarif/étudiant 8/4 RM) ont autant envie que nous de jouir des avantages de la vie moderne : ils adorent leurs portables et l'accès Internet de leur clé 3G. Ils ont cependant choisi de préserver leur architecture traditionnelle et les relations sociales qui en découlent. Ils savent aussi que l'accueil des touristes étrangers est une bonne manière de gagner sa vie sans rejoindre la ville, ce que finissent par faire la plupart des jeunes.

À voir et à faire

Longhouse Veranda ÉDIFICE REMARQUABLE

Une fois réglé votre droit d'entrée (dans un pavillon octogonal à l'entrée du parking) vous pouvez explorer les trois *longhouses* d'Annah Rais (Kupo Saba, Kupo Terekan et, de l'autre côté de la rivière, Kupo Sijo), seul ou accompagné d'un guide.

L'*awah*, cette longue véranda commune, au sol en bambou, est caractéristique de la *longhouse* bidayuh. Elle sert aux diverses célébrations et autres activités socio-économiques. Sur l'une des façades, une série de portes (97 pour Annah Rais) permet d'accéder à l'espace privé de chaque famille, le *bilik* (appartement). Enfin, à l'opposé de ces portes et parallèlement à l'*awah*, se trouve le *tanju*, une véranda en plein air.

Headhouse ÉDIFICE REMARQUABLE

Alors que, selon la tradition iban, on suspend des têtes ennemies à l'extérieur, devant le *bilik* de chaque famille, les Bidayuh les regroupent dans le *panggah* ou *baruk* (salle communautaire). Presque tous les habitants d'Annah Rais sont maintenant de confession anglicane (les Bidayuh de Kalimantan sont surtout catholiques), et plus personne ne croit que ces têtes protègent la maison. Pourtant, une douzaine de crânes noircis trônent encore fièrement au-dessus d'un canon hollandais du XVIIIe siècle. On dit que dans certaines *longhouses*, quelques anciens se souviennent encore du nom de chaque tête.

Où se loger

La verdoyante Annah Rais est un véritable havre de paix pour se relaxer. Quelques familles proposent des hébergements avec sdb communes soit dans l'une des *longhouses*, soit dans une maison adjacente. Les tarifs, agréés par la communauté, sont de 98 RM/personne pour le gîte et un délicieux repas bidayuh et de 298 RM/personne pour un forfait incluant des activités : trekking, rafting, pêche, chasse à la sarbacane (simulée), baignade dans des sources chaudes et spectacles de danse.

Emily & John Ahwang CHAMBRES D'HÔTES **$$**
(Emily 010-977 8114, John 016-855 2195 ; http://22.com.my/homestay). Emily et John, tous deux anglophones, accueillent des hôtes dans leur pavillon moderne et immaculé de deux niveaux, construit dans la *longhouse*.

Akam Ganja CHAMBRES D'HÔTES **$$**
(010-984 3821 ; winniejagig@gmail.com). Akam est un hôte de rêve. Ce retraité des Eaux et Forêts, et sa femme Winnie, professeur d'anglais, vous accueillent dans leur confortable maison sur les berges de la rivière.

Depuis/vers Annah Rais

Annah Rais est à environ 40 km au sud de Kuching. La course en taxi depuis Kuching coûte 80 RM l'aller.

Diverses pensions et agences de Kuching proposent des excursions de 4 heures à Annah Rais (115 RM/pers, 140 RM avec la réserve de Semenggoh).

Parc national de Kubah

La luxuriante forêt de diptérocarpacées, très menacée à Bornéo, tient la vedette dans les 22 km² du **parc national de Kubah** (082-845033 ; www.sarawakforestry.com ; entrée avec le Matang Wildlife Centre 20 RM ; 8h-17h), qui est largement à la hauteur de sa devise : “au royaume des palmiers et des grenouilles”. Les scientifiques y ont trouvé 98 des 213 espèces de palmiers existant au Sarawak, ainsi que 61 espèces de grenouilles et crapauds (www.frogsofborneo.org) sur les 190 que compte l'île. En 2012, les chercheurs ont identifié une nouvelle espèce de grenouille. Celle-ci vient s'ajouter à la liste recensant déjà la grenouille cornue asiatique et la grenouille volante, qui se déplace d'arbre en arbre en planant légèrement, grâce aux membranes de peau entre ses doigts. Les jungles de Kubah abritent aussi une grande diversité d'orchidées et sept orangs-outans semi-sauvages.

Les sentiers de randonnée de Kubah sont plus ombragés que ceux du parc national de Bako, ce qui en fait un parc idéal pour ceux qui craignent le soleil. Après une longue marche, vous pourrez vous rafraîchir à Kubah dans les eaux cristallines d'une cascade.

À voir et à faire

Rainforest Trails RANDONNÉE
Une carte en couleurs, schématique, est remise avec le billet d'entrée au parc. Elle indique les quatre sentiers interconnectés du parc, dont deux ont été fermés en 2012. Ils sont bien balisés, un guide n'est donc pas nécessaire. Le parc compte environ une demi-douzaine d'abris contre la pluie. Ayez l'œil !

REJOINDRE L'INDONÉSIE : DE KUCHING À PONTIANAK

Jusqu'à la frontière Différentes compagnies de bus font la navette entre la gare routière Kuching Sentral (ainsi que d'autres villes sur la côte du Sarawak) et la ville de Pontianak (60/80 RM en 2e/1re classe, 7/10 heures par la nouvelle route/par l'ancienne), en passant la frontière à Tebedu-Entikong, à 80 km au sud de Kuching.

À la frontière Les ressortissants de 64 pays peuvent obtenir un visa indonésien d'un mois lors de leur arrivée au poste entre Tededu (Malaisie) et Entikong (Indonésie), seule frontière terrestre entre le Sarawak et le Kalimantan.

Poursuivre Pontianak est reliée au reste de l'Indonésie et à Singapour par des compagnies aériennes comme Batavia Air (www.batavia-air.com).

Le **Selang Trail** (40-60 minutes, signalé en jaune), reliant le **Main Trail** (sentier principal, signalé en blanc) à un court segment du **Rayu Trail** (encore ouvert) passe par le **Selang Viewpoint** (point de vue). On aperçoit au large le centre de conservation des tortues de Pulau Satang.

La route bétonnée **Summit Road** (fermée au trafic passager), connue aussi sous le nom de **Gunung Serapi Summit Trail**, longe la lisère sud-est du parc jusqu'en haut du sommet le plus élevé de Kubah, le **Gunung Serapi** (911m), où se dresse une tour relais téléphone et télévision. Il faut compter 3 heures 30 à la montée et un peu moins à la descente. Avec l'altitude, vous constaterez que la végétation, un mélange d'arbres et de plantes (dont des plantes carnivores et des fougères), change. Il y a une plateforme d'observation au sommet, souvent enveloppée de brume. La vue, lorsqu'elle est dégagée, est époustouflante et porte du Tanjung Datu National Park, à la frontière indonésienne (au nord-ouest), au Gunung Santubong et à Kuching (à l'est).

Le **Waterfall Trail** (3 km, soit 1 heure 30 depuis les bureaux à l'aller ; sentier balisé en bleu depuis la Summit Road) traverse des bois de durians et de bélians, le bois de fer de Malaisie (*Eusideroxylon zwageri*). Ce bois extraordinairement dur et coûteux est une espèce menacée. Il servait traditionnellement à la construction des *longhouses*. Le sentier, comme son nom l'indique, se termine à une cascade (*waterfall*) avec piscine naturelle.

Certains enchaînent le Selang Trail et le Waterfall Trail en un circuit de 4 à 6 heures. Il n'est plus possible de se rendre au Matang Wildlife Centre en raison des dangers que représentent les orangs-outans semi-sauvages.

Natural Frog Pond RÉSERVE NATURELLE

À une altitude de 300 m et à 30 minutes de marche des bureaux du parc, cette mare artificielle fait office d'habitat de reproduction pour toutes sortes de grenouilles. Les amphibiens sont d'une activité débordante après le coucher du soleil (de 20h à 23h), particulièrement lorsqu'il a plu à verse. La journée, ils préfèrent généralement se cacher dans le creux d'un arbre. Pour les voir, il faut donc dormir au parc. N'oubliez pas votre lampe de poche. Il est possible de louer les services d'un garde forestier faisant office de guide.

Palmetum JARDINS

Ce jardin de palmiers labellisé est proche des bureaux du parc, sur le sentier principal.

Où se loger

Kubah est un endroit rêvé pour se détendre. On peut réserver l'un des 74 charmants bungalows en ligne sur http://ebooking.com.my, par e-mail (npbooking@sarawaknet.gov.my), en passant par le bureau de réservation des parcs nationaux à Kuching, ou enfin en téléphonant directement au parc. Il y a généralement de la place, même le week-end, sauf pendant les vacances et les jours fériés. Un **terrain de camping** (5 RM/pers) est en construction.

Forest Lodge Type 4 BUNGALOWS $$

(Bungalow à 6 lits 225 RM ; ❄). Ces bungalows en bois de deux niveaux avec terrasse comprennent une pièce principale, une chambre double, une chambre quadruple et une douche.

Forest Lodge Type 5 BUNGALOWS $

(Bungalow à 10 lits 150 RM). Comprend une pièce principale avec divan, chaises et table avec plateau tournant, ainsi que trois chambres, totalisant 10 lits. Équipé de ventilateurs.

Forest Hostel AUBERGE DE JEUNESSE $

(Dort 15 RM). Équipée de ventilateurs, elle dispose de 12 lits.

Où se restaurer

Les hébergements comportent toujours une cuisine équipée avec frigidaire, cuisinière et grille-pain. Il est prévu d'ouvrir une cafétéria dans le bâtiment tout neuf des bureaux du parc, mais pour l'heure, il n'y a nulle part où acheter de la nourriture. Pensez à apporter des provisions.

Depuis/vers Kubah

Le parc national de Kubah est situé à 25 km au nord-ouest de Kuching. La course en taxi depuis Kuching coûte 50 RM.

Depuis la gare routière Saujana, le bus n°K21 à destination du Politeknik s'arrête sur la route principale à 400 m des bureaux du parc, près du Kubah Family Park (4 RM, 1 h). Départs de Kuching à 8h, 11h, 14h et 16h30, et du Politeknik, situé à 2 km au nord de Kubah, à 6h30, 9h30, 12h30 et 15h30.

MATANG WILDLIFE CENTRE

Réserve de faune sauvage, le **Matang Wildlife Centre** (☎082-374869 ; www.sarawakforestry.com ; avec parc national de Kubah 20 RM;

8h-17h, dernière admission 15h30) se trouve à l'extrémité ouest du parc national de Kubah. Son programme de réinsertion d'animaux captifs, notamment d'orangs-outans et d'ours du soleil (malais) a été couronné par un succès remarquable. L'équipe, très professionnelle, fait son maximum avec un budget limité pour procurer un habitat naturel aux orangs-outans, ours malais et autres. Le manque de moyens de la réserve est cependant perceptible. Le rôle du centre dans la réhabilitation de la faune fait qu'il abrite des espèces que vous ne verrez probablement nulle part ailleurs au Sarawak.

À voir et à faire

Interpretation Centre CENTRE D'INFORMATION

La plupart des panneaux expliquent le processus de réhabilitation des orangs-outans. Dans le nouveau bâtiment des bureaux du parc.

Animaux réhabilités RÉSERVE NATURELLE

Il s'agit d'animaux orphelins, confisqués ou remis spontanément au centre. Les bêtes sont réintroduites dès que possible en milieu naturel, sauf si leur présence est nécessaire pour raisons juridiques, ou si leur instinct de survie, au plus bas, signerait alors leur arrêt de mort : ces animaux mourraient de faim ou, ayant perdu toute crainte des humains, pénétreraient dans les villages et seraient... mangés ! Sauf dans les villages malais, à savoir musulmans, où les animaux de la forêt ne sont pas consommés.

Aman est l'un des hôtes les plus célèbres de Matang et l'un des plus grands orangs-outans mâles de la planète. Déjà connu pour ses joues particulièrement volumineuses, il a fait la une en 2007 en tant que premier orang-outan à avoir subi avec succès une opération de la cataracte. Il était quasiment aveugle depuis dix ans quand l'intervention lui a redonné la vue – mais pas la langue, perdue en mâchant un câble électrique, ni l'index, arraché par un rival.

Matang abrite également trois chats-ours (binturongs) dont deux femelles, trop âgés pour être rendus à la vie sauvage. Ce carnivore, qui vit dans les arbres, peut mettre un ovule fécondé en attente pendant des mois voire des années, et repousser la grossesse jusqu'à ce que la nourriture soit suffisante – un procédé appelé la diapause embryonnaire.

Deux panthères nébuleuses et neuf ours malais vivent également dans le centre. Arrivés dans un état déplorable, ils suivent un programme de réhabilitation qui est le premier du genre.

Le gavial malais, reconnaissable à ses mâchoires étroites et allongées, fait partie des raretés visibles ici. Il appartient à la plus menacée des 16 espèces de crocodiles. Il n'y en aurait plus que 2 500 à l'état sauvage.

Parmi les espèces d'oiseaux remarquables, on notera : le hibou pêcheur de Malaisie, l'aigle huppé et l'aigle pêcheur à poitrine blanche. Il y a aussi un canard colvert (confisqué), exotique dans ces contrées, qui suit partout un marabout chevelu.

La plupart des animaux en cage du centre sont nourris entre 9h et 10h.

Sentiers de randonnée RANDONNÉE

L'**Animal Enclosure Trail** (8h30-15h30) propose une visite dans la jungle au-delà des enclos et des cages des animaux. Le **Special Trail**, le long duquel on voit des sarracénies (plantes carnivores), se parcourt en 15 minutes et est accessible aux handicapés. Quand ils le peuvent, les gardes forestiers y emmènent les visiteurs avec plaisir.

Le Pitcher Nature Trail et le Rayu Trail menant au parc national de Kubah sont fermés en raison de risques d'attaques d'orangs-outans.

Volontariat VOLONTARIAT

(2/4 semaines repas et hébergement inclus 2 048/2 984 $US). Pour de plus amples informations sur le volontariat rémunéré, contactez le **Great Orangutan Project** (www.orangutanproject.com) ou, au parc, **Leo Biddle** (013-845 6531). Il s'agit d'un travail très physique. Pour ne pas déroger aux bonnes pratiques, les volontaires ne sont jamais en contact direct avec les orangs-outans. Tout contact avec des humains (à l'exception de quelques membres du personnel) retarderait leur réhabilitation en les habituant à l'homme.

Où se loger

On peut choisir le **Forest Hostel** (qua 40 RM) de style *longhouse* avec sdb et ventil, ou les deux pièces spacieux du **Type 5 Forest Lodge** (bungalow 150 RM ;) prévus pour 8 personnes, ou encore le **camping** (5 RM/pers) équipé d'abris pour la pluie. Inutile d'apporter une tente : une moustiquaire, et un drap ou sac de couchage suffisent. Réservation par téléphone, en ligne http://ebooking.com.my, ou au bureau de réservation des parcs nationaux de Kuching.

Où se restaurer

Apportez votre nourriture : lors de nos recherches, on ne pouvait pas en acheter sur place. Il est interdit de cuisiner dans les chambres, mais des bouilloires sont à disposition, idéales pour les pâtes instantanées.

Depuis/vers Matang

Matang est à environ 33 km au nord-ouest de Kuching et à 8 km des bureaux du parc national de Kubah par la nouvelle route. La course en taxi depuis Kuching coûte 60 RM l'aller.

Le bus n°K21 qui va de la station de bus Saujana de Kuching au Politeknik s'arrête près de l'entrée du parc. Les départs de Kuching ont lieu à 8h, 11h, 14h et 14h30.

Bau et ses environs

À 26 km au sud-ouest de Kuching, l'ancienne ville minière aurifère de Bau est un bon point d'entrée pour visiter deux intéressants réseaux de grottes et des villages bidayuh.

WIND CAVE NATURE RESERVE

À 5 km au sud-ouest de Bau, la **Wind Cave** (Gua Angin ; grotte du Vent ; ☎082-765472 ; 5 RM ; ⏲8h30-16h30) est un réseau de rivières souterraines. Des passerelles non éclairées formant un huit permettent de parcourir les goulets principaux (longueur totale 560 m). Des chauves-souris se nourrissant de fruits et d'insectes volent au-dessus des têtes.

Près des bureaux, à 300 m de l'entrée des grottes, vous pouvez vous rafraîchir en vous baignant dans les eaux du Sungai Sarawak Kanan. Il y a des cabines pour se changer.

On peut louer une lampe de poche (3 RM) ; si elle est trop faible, demandez à en changer. Il est possible d'acheter des boissons dans la réserve, mais pas de la nourriture.

Depuis/vers la Wind Cave

Pour aller de Bau à l'embranchement de la Wind Cave (à 1 km de marche de la grotte), prendre le bus n°3 ou n°3A de la Bus Transport Company (BTC), qui part toutes les heures de 7h40 à 17h, sauf entre 13h et 15h.

La course en taxi depuis Kuching coûte 40 RM l'aller, ou 170 RM l'aller-retour avec la Fairy Cave et trois heures d'attente. Une excursion de Kuching aux deux grottes coûte environ 125 RM/pers.

FAIRY CAVE

À 9 km au sud-ouest de Bau, la **Fairy Cave** (Gua Pari Pari ; grotte de la Fée ; entrée libre ; ⏲24h/24), est presque aussi vaste qu'un terrain de football. L'entrée de cette grotte extraordinaire se trouve à 30 m au-dessus du sol, dans la paroi rocheuse d'une falaise sur laquelle poussent des arbres dans tous les sens. Un escalier conduit à l'intérieur à de fantastiques formations rocheuses couvertes de mousse et de touffes de fougères essayant de capter la lumière. L'atmosphère y est quasi surnaturelle.

Le site d'escalade à côté de la Fairy Cave dispose de voies dont le niveau de difficulté va de 6a à 7a (norme britannique). Ce site est très prisé par les grimpeurs de Kuching, surtout le samedi et le dimanche. L'à-pic de 300 m, adossé à la route d'accès à la grotte, offre trois voies faciles et quinze voies équipées de points d'ancrage. Les voies les plus proches de la grotte sont le Tiger Wall, l'Orchid Wall et le Batman Wall. Pour des informations sur l'escalade avec guide, contacter **Outdoor Treks** (http://bikcloud.com/rock ropes.htm).

Depuis/vers la Fairy Cave

Pour aller de Bau à l'embranchement pour la Fairy Cave (à 1,5 km de la grotte), prendre le bus BTC n°3A. Il y en a 5/jour.

De Kuching, un taxi pour la Fairy Cave coûte 40 RM l'aller, et le forfait aller-retour, comprenant la visite de la Wind Cave et 3 heures d'attente du chauffeur, 170 RM. Un circuit incluant les deux grottes depuis Kuching coûte 125 RM/personne.

VOIR LES MONTAGNES DE L'INTÉRIEUR

Les montagnes calcaires du Sarawak sont aussi trouées qu'un gruyère suisse. Des passerelles permettent de circuler dans la Wind Cave, la Fairy Cave et les grottes des parcs nationaux de Niah et de Gunung Mulu. Pour s'aventurer hors des sentiers battus, il faut prendre les services d'un guide expérimenté, tel le Britannique James, qui dirige **Kuching Caving** (☎012-886 2347 ; www.kuchingcaving.com). Il connaît mieux que quiconque les accès aux 467 grottes situées à moins de 2 heures de Kuching. La plus longue est une galerie de 11 km. Pour une sortie d'une journée, les prix commencent à 200 RM/pers (minimum quatre pers).

TRINGGUS ET GUNUNG BENGOH

Dans l'arrière-pays de Bau, presque toute la population est bidayuh. Contrairement à leurs lointains parents vivant à l'est du Bengoh (Bungo) Range, autour de Padawan et Annah Rais, les Bidayuh de la région de Bau n'ont jamais habité dans des *longhouses* et parlent différents dialectes.

Des agences de voyages de Kuching organisent des treks dans les vallées autour de **Gunung Bengoh** (966m), dont la légendaire **Hidden Valley** (alias le Monde perdu), au départ de Bau ou de Padawan. L'agence Borneo Experiences (p. 394) à Kuching propose par exemple un forfait de 3 nuits/2 jours avec transport, nourriture et guide à 700/600 RM/personne (groupe de 2 à 5) avec découverte de la communauté **semban**, où de vieilles femmes portent encore des bracelets de cuivre aux chevilles.

Tringgus Bong, la plus éloignée des trois implantations bidayuh connues sous le nom de Tringgus, offre un agréable **hébergement** (60 RM/pers avec repas) dans la maison 392 ; pour plus d'informations, contacter **Baon** (☎012-882 9489). Situé au point de rencontre de deux ruisseaux, face à un champ d'ananas sur une colline, ce petit coin de paradis auquel on accède par un pont traditionnel en bois et en bambou est l'endroit idéal pour décrocher du quotidien. Le village indonésien le plus proche se trouve à Kalimantan, de l'autre côté de la frontière, à 2-3 heures de marche.

Deux camionnettes circulent de Bau à Tringgus (4 RM) quatre fois par jour dans la matinée ; pour plus de renseignements, contactez **Baon** (☎012-882 9489) ou **Bayin** (☎014-579 7814).

Depuis/vers Bau

Bau, à 43 km au sud-ouest de Kuching, est relié à la gare routière Saujana par le bus City Public Link n°B2 (départ toutes les heures ; 4,50 RM ; 1 heure 30) et par le bus n°2 (départ toutes les 40 min) de la Bau Transport Company (BTC) et de la Sarawak Transport Company (STC).

Lundu

Le paisible bourg de Lundu, un village de pêcheurs qui a pris de l'ampleur, à 55 km à l'ouest de Kuching, est le point d'entrée au parc national de Gunung Gading.

En quittant la ville par le nord, on arrive au parc national de Gunung Gading et à deux plages très prisées des habitants de Kuching les week-ends et les jours fériés. Bordée de cocotiers, la plage de **Pantai Pandan**, à 11 km au nord de Lundu, est l'une des plus agréables de Sarawak (malgré les mouches de sable), et sa descente en pente douce est parfaite pour les enfants. Quelques paillotes vendent boissons et nourriture. Camping possible. **Pantai Siar**, à 8 km au nord de Lundu, abrite quelques petits complexes hôteliers s'adressant surtout à une clientèle locale.

Où se loger

Retreat COMPLEXE HÔTELIER $$
(☎082-453027 ; www.sbeu.org.my ; Pantai Siar ; bungalow dim-ven/sam à partir de 158/248 RM ; ❄📶🏊). Propriété de la Sarawak Bank Employees Union, à 8 km de Lundu, ce complexe est idéal pour combiner détente sur la plage et solidarité avec les travailleurs. Le campus convivial et verdoyant dispose de 38 chambres confortables, dont 21 bungalows. Commentaires enthousiastes des voyageurs. L'accès à la plage est gratuit, mais la piscine adulte/enfant coûte 15/5 RM la journée.

Lundu Gading Hotel HÔTEL $
(☎082-735199 ; 174 Lundu Bazaar ; d 60 RM ; ❄). Absence totale de souci du décor pour le seul hôtel de Lundu : 10 chambres au sol en carrelage bleu, avec serviettes aux couleurs vives et plafond qui s'écaille. L'hôtel est situé en diagonale par rapport à la banque RHB.

Où se restaurer

Happy Seafood Centre POISSON ET FRUITS DE MER $
(Plats à partir de 4,50 RM ; ⏲7h-20h). Délicieux poisson dans ce restaurant détendu en plein air, situé en face de la gare routière.

Fruit & Vegie Market HAWKER CENTRE $
(Plats 4 RM ; ⏲8h-17h). Cuisine chinoise et malaise à l'étage de ce marché aux fruits et légumes. Situé de l'autre côté du square triangulaire par rapport à la gare routière.

Malay Night Market STANDS $
(⏲17h-22h). Il est question que ce marché nocturne quitte le Fruit & Vegie Market pour le bord de la rivière.

Depuis/vers Lundu

Les bus de la Sarawak Transport Company (STC) circulent entre la gare des bus longue distance Kuching Sentral (guichet 20) et Lundu (12 RM,

1 heure 30); les départs dans les deux sens sont à 8h, 11h, 14h et 16h.

Vous pouvez louer une voiture avec chauffeur à la gare routière de Lundu, (5 RM/pers) pour vous rendre aux parcs nationaux Gunung Gading ou Sematan.

Parc national de Gunung Gading

Le **parc national de Gunung Gading** (☎082-735144 ; www.sarawakforestry.com ; adulte 20 RM ; ⊙8h-17h) est le lieu idéal au Sarawak pour voir la célèbre rafflésie. On peut y faire une agréable excursion d'une journée au départ de Kuching. La forêt tropicale couvre les pentes de quatre montagnes (*gunung*) – Gading, Lundu, Perigi et Sebuloh. Des sentiers bien balisés les parcourent, qui permettent de belles randonnées d'une journée. On appréciera là l'incroyable biodiversité de la forêt mixte de diptérocarpacées des basses terres, ainsi nommée car elle se compose en grande partie de Dipterocarpacées, des arbres d'une grande valeur marchande, qui sont donc soumis aux coupes claires.

La curiosité-phare de ce parc de 41 km² est la *Rafflesia tuan-mudae*, une espèce endémique du Sarawak. Le diamètre de cette fleur peut atteindre 75 cm. Elle fleurit tout au long de l'année, mais de façon imprévisible. Donc, seuls les chanceux en verront. Pour savoir si les rafflésies sont en fleur (ce qui se produit environ 25 fois par an, dit-on) et pour combien de temps (pas plus de cinq jours), il faut contacter le parc ou demander au bureau de réservation des parcs nationaux à Kuching.

À voir et à faire

De nombreux sentiers, bien signalés mais souvent abrupts, traversent la jungle luxuriante. Des panneaux du parc indiquent la durée du trajet aller. À moins d'y être invité par un garde forestier, ne quittez pas les sentiers pour éviter d'écraser des rafflésies.

N'espérez pas voir beaucoup d'animaux, car ici la plupart des espèces sont nocturnes et préfèrent les parties éloignées du parc, à l'écart des villages.

Ces randonnées devant s'effectuer dans la journée (le camping n'est autorisé que près des bureaux du parc), il est préférable d'arriver la veille pour pouvoir partir tôt le matin.

Rafflesia Loop Trail PROMENADE
(30 RM / h pour groupe de 10 pers maximum). Ce sentier de 620 m, débute à 50 m des bureaux du parc, en bas de la pente. Il traverse une partie de la forêt très appréciée des rafflésies. Les fleurs sont souvent à l'écart et pour les voir il vaut mieux prendre un guide.

Hiking Circuit RANDONNÉE
Un itinéraire empruntant le **Viewpoint Trail** (marqué sur les arbres en rouge et jaune), le **Lintang Trail** (signalé en rouge) et le **Reservoir Trail** (un escalier en ciment) offre un beau panorama sur la mer de Chine méridionale.

Gunung Gading RANDONNÉE
L'ascension du Gunung Gading (906 m; sentier marqué en rouge et jaune après la Waterfall 7) prend 7-8 heures aller-retour. Ne vous attendez pas à une vue spectaculaire, mais plutôt à de la forêt à perte de vue tant la végétation est dense. On peut voir au sommet les ruines d'un camp de l'armée britannique ayant servi pendant la Konfrontasi. Au sommet du **Batu Berkubu** (10-12 heures l'aller-retour ; sentier marqué en rouge et bleu) se trouve une cache communiste datant de la même période.

Cascades BAIGNADE
Trois jolies cascades sont facilement accessibles le long du **Main Trail** (signalé en rouge et blanc). On peut se baigner dans les **Waterfall 1**, **Waterfall 7** (à 1,5 km des bureaux du parc) et dans une **piscine naturelle** alimentée par un ruisseau de montagne, située au début du Rafflesia Loop Trail.

Où se loger et se restaurer

Les périodes les plus chargées sont les week-ends, les vacances scolaires et les périodes d'éclosion des rafflésies. On peut réserver en ligne sur http://ebooking.com.my, par téléphone ou directement auprès du bureau de réservation des parcs nationaux à Kuching. Il y a un hôtel à Lundu.

L'**auberge de jeunesse** (dort/qua 15/40 RM) dispose de 4 chambres de 4 lits avec ventil et sdb commune. Les 2 chambres à 3 lits des **Forest Lodges** (tr 150 RM; ❄) peuvent accueillir jusqu'à 6 personnes. Le **Camping** (5 RM/pers) près des bureaux du parc est équipé d'une sdb.

L'ouverture d'une cafétéria est prévue prochainement dans le nouveau bâtiment des bureaux du parc. On peut cuisiner dans les bungalows et à l'auberge, sinon il faut se rendre à Lundu, à 2,5 km.

Depuis/vers Gunnung Gading

Le parc national de Gunung Gading est situé à 85 km au nord-ouest de Kuching.

Quatre bus relient quotidiennement la gare des bus longue distance de Kuching Sentral à Lundu. De là, il faut rejoindre le parc à pied (2,5 km) ou faire appel aux services d'un taxi non-officiel (env 5 RM/pers).

Un circuit au départ de Kuching coûte environ 230 RM/pers avec le déjeuner (minimum 2 pers), ce qui revient plus cher que de louer un taxi pour la journée (env 250 RM).

Sematan

Sematan, petite bourgade paisible de pêcheurs, se trouve à l'extrême ouest du Sarawak. Elle sert de point de chute pour le parc national de Tanjung Datu. La frontière indonésienne – ces montagnes boisées sont en effet dans le Kalimantan – n'est pas (encore) ouverte aux touristes.

À voir et à faire

Une **promenade** verdoyante longe le front de mer du nord au sud. La **jetée** en béton offre une vue magnifique sur l'embouchure de la rivière, ses berges sablonneuses et la mer de Chine méridionale, très claire et très bleue. Les plages désertes de **Telok Pugu**, une étroite bande de terre de l'autre côté de l'embouchure, sont accessibles en bateau (30 RM aller-retour).

À l'extrémité nord d'une rangée de boutiques faisant face au front de mer, faites un tour dans le magasin **Teck Huat** (boutiques 1, 2 et 3), qui est resté le même depuis plus d'un siècle. Construit en bélian, il a conservé ses fenêtres en lames de bois.

S'étendant au nord-ouest du village, **Pantai Sematan** est une plage propre aux eaux peu profondes et bordée de cocotiers. Les nombreux hôtels qui s'y sont installés sont très fréquentés par les habitants de Kuching le week-end.

Où se loger

Sematan Hotel HÔTEL $
(☎013-828 1068, 082-711162 ; 162 Sematan Bazaar ; d 50 RM ; ❄). Les 9 chambres rudimentaires qui se trouvent à l'étage sont carrelées et sommairement meublées. Les sdb privatives n'ont pas d'eau chaude. L'hôtel est situé à 150 m des six colonnes sur le front de mer, vers l'intérieur des terres. S'il n'y a personne, vous devriez trouver le propriétaire au Seaview Café, de l'autre côté de la rue.

Depuis/vers Sematan

Sematan se trouve à 107 km au nord-ouest de Kuching, à 25 km au nord-ouest de Lundu et à 30 km (par la mer) du parc national de Tanjung Datu.

Des bus relient la gare routière de Kuching à Lundu, mais de là, vous devrez emprunter un taxi privé (environ 30 RM l'aller) ou trouver un moyen de transport local.

Parc national de Tanjung Datu

Occupant une péninsule isolée et accidentée à la pointe nord-ouest du Sarawak, ce **parc national** (www.sarawakforestry.com ; adulte 20 RM) de 14 km² recèle une forêt tropicale humide abritant des essences menacées, les Dipterocarpacées, des sentiers peu fréquentés dans la jungle, des eaux limpides, des récifs coralliens intacts et des plages de sable blanc quasi vierges, où viennent parfois pondre des tortues en voie de disparition. Très peu de visiteurs font l'effort de s'y rendre, mais ceux qui en reviennent sont souvent enchantés.

Le parc est sillonné par quatre chemins de randonnée. Le **Telok Melano**, qui part du village de pêcheurs malais de Telok Melano, relié à Sematan par bateau, est un sentier difficile de 2,7 km. Le **Belian** (2 km, 1 heure), qui mène au sommet de **Gunung Melano** (542 m), offre une vue spectaculaire sur les côtes de l'Indonésie et de la Malaisie. Pour apercevoir des animaux nocturnes, promenez-vous de nuit, seul ou accompagné d'un garde forestier (il est d'usage de laisser un pourboire de 20 RM).

Le snorkeling (mais pas la plongée) est autorisé dans certains endroits ; renseignez-vous aux bureaux du parc. Emportez votre propre équipement, sans oublier des chaussures pour l'eau (le corail peut être coupant).

Vous pouvez capter les réseaux de téléphonie mobile Celcom et Digi (mais pas Maxis) à 15 minutes de marche des bureaux du parc, le long de la plage.

Des voyageurs ont récemment signalé la présence d'abeilles géantes.

Où se loger et se restaurer

Les bureaux du parc proposent 4 **chambres d'hôtes** rudimentaires (d/tr 40/55 RM) avec l'électricité de 18h à minuit ; 4 **abris** ouverts sans électricité (15 RM/pers), pouvant accueillir chacun 3 personnes. Des couvertures, des draps et des filets antimoustiques sont disponibles moyennant 15 RM. On ne peut pas réserver.

Vous pouvez louer une **chambre chez l'habitant** (70-80 RM/pers en pension complète) à Telok Melano, à 2 heures 30 de marche des bureaux du parc. Pour plus d'informations, contactez le bureau de réservation des parcs nationaux à Kuching, ou demandez autour de vous à la jetée de Sematan.

Les visiteurs doivent apporter leur propre nourriture. On peut louer du matériel de cuisine (10 RM/jour) ; le gaz coûte 5 RM.

Depuis/vers le parc national de Tanjung Datu

Le bateau est le seul moyen de se rendre au parc national de Tanjung Datu ou au village de Telok Melano, tous deux à 30 km au nord-ouest de Sematan (1 heure-1 heure 30). Si la météo et la mer le permettent, les habitants de la région empruntent (pas tous les jours) un bateau à moteur partant tôt le matin de Telok Melano à destination de Sematan. Le retour s'effectue en début d'après-midi, entre 14h et 15h. L'aller-simple vous coûtera 30-40 RM/pers pour un aller simple. Les conditions météo sont généralement bonnes de février-mars à octobre. Le reste de l'année, notamment en décembre, la mer peut être agitée et empêcher le bateau de circuler certains jours. Le seul autre moyen de se rendre à Telok Melano est la marche. Il faut compter une journée entière.

Sur la jetée de Sematan, on peut louer des bateaux à moteur de 5-8 personnes pour une journée (450 RM aller-retour) ou une nuit (500 RM aller-retour), qui permettent de rejoindre le parc national ou Telok Melano. Pour trouver un batelier, renseignez-vous à la jetée ou contactez **Eric Yap** par téléphone ou par e-mail à la **Fairview Guesthouse** (☎013-801 1561 ; www.thefairview.com.my ; Kuching).

Vous pouvez également réserver des promenades en bateau auprès de la **Fisheries Development Authority** (Persatuan Nelayan Kawasan Sematan/Lundu ; ☎082-711152 ; Rosdin Mawi deenazy@yahoo.com.my ; Jln Bauxite, Sematan ; 8h-17h lun-ven). Depuis la jetée, marchez 100 m vers le sud, un peu à l'intérieur des terres ; le bureau se trouve à l'étage.

Parc national de Talang-Satang

Le premier **parc marin** du Sarawak (www.sarawakforestry.com) a été créé en 1999 pour protéger quatre espèces de tortues marines. Il englobe les côtes et les eaux de quatre îles : les deux **Pulau Satang**, *besar* (grande) et *kecil* (petite), à 16 km à l'ouest de la péninsule de Santubong, et, 45 km au nord-ouest, les deux **Pulau Talang-Talang**, *besar* et *kecil*, à 8 km au nord de la plage de Sematan.

Tous les quatre ou cinq ans, les femelles tortues parcourent à la nage de longues distances – parfois des milliers de kilomètres – pour venir pondre sur la plage où elles ont elles-mêmes éclos. Les 95% des tortues qui viennent pondre sur le rivage du Sarawak choisissent une plage du parc national de Talang-Satang, qui couvre 19,4 km². Mais sur les 10 000 œufs qu'une femelle pond au cours de sa vie, qui peut durer jusqu'à 100 ans, seul un sur 1 000 donnera naissance à un bébé tortue qui atteindra l'âge adulte. Pour augmenter leurs chances de survie, les employés du parc patrouillent les plages toutes les nuits lors de la saison de ponte (principalement juin et juillet, mais également août, avril, mai et septembre) et transfèrent les œufs vers des écloseries protégées ou en assurent la garde sur place.

Le snorkeling et la plongée sont autorisés dans certaines zones, mais les plongeurs doivent être accompagnés d'un guide agréé.

PULAU SATANG

Bien que les zones de conservation du parc soient gérées par l'Office des forêts du Sarawak, les îles appartiennent à une famille de Telaga Air. Leur bail de 999 ans, accordé par Charles Vyner Brooke (1874-1963), dernier des rajahs blancs, expire en 2945. Une centaine de cousins se partagent désormais la propriété, mais la gestion quotidienne a été déléguée à Abol Hassan Johari, un comptable retraité de Telaga Air qui s'intéresse bien plus à la préservation et à la recherche qu'aux touristes. Sa famille a conservé les droits coutumiers sur les œufs des tortues, mais ceux-ci sont "vendus" à l'État et l'argent perçu est reversé à un orphelinat.

Pulau Satang Besar (1 km²) est la plus grande des deux îles. Elle a une jolie plage et un petit abri en bois. Les visiteurs qui y passent la nuit ont parfois la chance d'assister au transfert des œufs vers l'écloserie, ou même à la remise en liberté de bébés tortues.

Même si en théorie vous pouvez passer la nuit sur Pulau Satang Besar, à 14 km au nord-ouest de Telaga Air, la priorité va, dans cet ordre, aux tortues (vertes, imbriquées, olivâtres et luths), aux chercheurs et aux étudiants – cela en vertu de la politique résolument non commerciale d'Abol et dans un souci de préservation.

PULAU TALANG-TALANG

Les deux Pulau Talang-Talang, accessibles depuis Sematan ou sur le trajet en bateau de Sematan au parc national de Tanjung Datu, ne peuvent être visitées que pendant la journée. Vous pouvez y débarquer, mais la baignade est interdite dans la zone protégée (qui s'étend sur un rayon de 2 km autour du point culminant de l'île).

Grâce au **Sea Turtle Volunteer Programme** (4 jours et 3 nuits 2 850 RM ; ⏲juin-sept), les volontaires peuvent séjourner sur Pulau Talang-Talang Besar et aider le personnel de la Turtle Conservation Station à patrouiller les plages, transférer les œufs vers l'écloserie et même relâcher des bébés tortues. Pour plus d'informations, contactez le bureau de réservation des parcs nationaux à Kuching. Les réservations s'effectuent auprès de tour-opérateurs de Kuching, tels que Borneo Adventure (p. 394).

Depuis/vers le parc national de Talang Satang

Pour visiter les îles, le plus simple est de réserver un circuit organisé avec une agence de voyages de Kuching ou de vous renseigner auprès d'Eric Yap, à la **Fairview Guesthouse** (☎082-240017 ; www.fairview.my), à Kuching, qui a des contacts tout le long de la côte.

Les tour-opérateurs peuvent organiser des excursions à la journée (400 RM/pers) à Pulau Satang. Les bateaux partent généralement du village côtier de Telega Air, à 10 km à vol d'oiseau au nord-est du parc national de Kubah.

Si vous louez un bateau pour vous rendre de Sematan à Telok Melano ou au parc national de Tanjung Datu (450 RM aller-retour), vous pouvez demander au batelier de faire un arrêt à Pulau Talang-Talang moyennant un supplément de 10 RM/pers. La location d'un bateau à Sematan pour la journée coûte 250 RM.

RÉGION DE BATANG AI

Demandez à n'importe qui à Kuching où trouver des maisons longues traditionnelles – sous-entendu, les moins touchées par le modernisme – et la réponse sera toujours la même : Batang Ai, dont les nombreux villages ne sont accessibles qu'en bateau. Cette région reculée, à environ 250 km au sud-est de Kuching (4 heures 30 de route), ne se visite généralement pas sans guide, mais si vous vous intéressez à la culture iban, le coût et l'effort pour vous y rendre seront amplement récompensés.

Géré avec l'aide d'une coopérative de la communauté iban, le **parc national de Batang Ai** (www.sarawakforestry.com) s'étend sur 240 km² et fait partie d'une vaste zone de forêt tropicale humide protégée, comprenant le réservoir de Batang Ai (24 km²), la réserve naturelle de Lanjak Entimau, dans le Sarawak (1 688 km²) et, au-delà de la frontière, dans l'ouest du Kalimantan, le parc national de Betung Kerihun (8 000 km²). Les forêts tropicales de Diptérocarpacées du parc ont la plus forte concentration d'orangs-outans sauvages du centre de Bornéo (il n'est pas rare d'en apercevoir). Elles abritent également des gibbons (on les entend plus souvent qu'on ne les voit), des langurs et des calaos.

Des excursions dans la région de Batang Ai peuvent être réservées auprès d'un tour-opérateur ou d'un guide indépendant à Kuching.

CENTRE DU SARAWAK

S'étendant de Sibu, sur le cours inférieur de la Batang Rejang, jusqu'à Kapit, en amont de la rivière, en passant par Bintulu et Miri le long de la côte au nord-est, le centre du Sarawak offre de formidables promenades en bateau sur la rivière, de magnifiques parcs nationaux et de confortables villes modernes.

Sibu

255 000

Port d'accès à la Batang Rejang, la ville de Sibu s'est enrichie grâce au commerce avec les terres intérieures du Sarawak depuis l'époque de James Brooke (1803-1868), le premier rajah blanc. Aujourd'hui, même si la "ville cygne" ne rivalise en rien avec Kuching en termes de charme, il n'est pas désagréable d'y passer un ou deux jours avant d'embarquer sur un bateau vers l'arrière-pays sauvage.

Située à 60 km de la mer en amont de la rivière, Sibu est la ville la plus chinoise du Sarawak. Parmi les deux tiers de la population d'origine chinoise, de nombreux habitants sont des descendants de migrants venus de la province de Fou-Tcheou (ou Fuzhou) au début du XXe siècle. La ville fut détruite par le feu à deux reprises : en 1889 et 1928. Une grande partie de la richesse actuelle de Sibu provient de l'industrie du bois.

LES CYGNES DE SIBU

Alors que Kuching a fait du chat sa mascotte, Sibu a choisi le cygne, un "ancien symbole chinois de chance et de santé, un présage de bon augure pour une communauté vivant dans l'harmonie, la paix et la bienveillance". Vous remarquerez de nombreuses statues de cygnes en vous promenant dans la ville.

À voir

Une promenade dans le centre-ville (délimité par le temple de Tua Pek Kong, le Wisma Sanyan, Sibu Gateway et l'hôtel Li Hua) est un bon moyen de découvrir l'effervescence commerciale qui règne à Sibu. Arrêtez-vous à l'office du tourisme pour récupérer une brochure sur le nouveau **Sibu Heritage Trail**.

Parmi les curiosités architecturales se trouvent les **shophouses** (maisons de négoce) autour de l'office du tourisme, dans Jln Tukang Besi, et l'ancien **cinéma Rex** (Jln Ramin), une *shophouse* de style Art déco.

Temple de Tua Pek Kong TEMPLE
(Jln Temple ; ⌚6h30-20h). Construit peu avant 1871 et endommagé par les bombardements alliés en 1945, ce temple coloré en bord de rivière comprend une salle taoïste au rez-de-chaussée et un sanctuaire bouddhiste chinois au 1er étage. Pour une belle vue sur la ville et la boueuse Batang Rejang, montez les 7 étages de la **pagode Kuan Yin**, construite en 1987. À l'heure où le soleil se couche, des nuées de salanganes virevoltent autour de la tour à hauteur des yeux. Demandez la clé à Mrs Lee, qui parle anglais, au bureau du rez-de-chaussée. N'oubliez pas de refermer la porte derrière vous avant de monter.

Sibu Heritage Centre MUSÉE
(Jln Central ; ⌚9h-17h, fermé lun et jours fériés). À l'intérieur d'un spacieux complexe municipal construit en 1960, ce remarquable musée retrace l'histoire captivante du Sarawak et de Sibu. Des panneaux, riches en photos évocatrices, se penchent sur les différents dialectes chinois, l'insurrection communiste du Sarawak (1965-1990), les traditions chrétiennes de Sibu (y compris méthodistes), ainsi que l'opposition locale à l'intégration du Sarawak à la Malaisie en 1963. Ne manquez pas la photo d'un dentiste de rue dans les années 1940. On a mal rien qu'en la regardant.

Esplanade Rejang PARC
(Jln Maju ; ⌚24h/24). Cette agréable étendue d'herbe en bord de rivière est l'un des 22 parcs municipaux de Sibu – pour la plupart offerts par des associations de clans chinois. Elle offre une vue sur la large rivière boueuse et son cortège coloré de bateaux de pêche, remorqueurs, barges chargées de bois et bateaux express ("cercueils volants").

Musée Lau King Howe Memorial MUSÉE
(Jln Pulau ; ⌚9h-17h, fermé lun). Un seul coup d'œil à l'exposition de ce musée médical et vous serez reconnaissant de n'avoir jamais eu votre vie entre les mains de perceuses, scies et autres pinces en acier inoxydables du début du XXe siècle – ou de ce gadget au nom barbare, "l'écarteur urologique". À ne pas manquer : l'exposition permanente sur l'évolution des uniformes des infirmières locales, que certains visiteurs trouvent affriolants. Situé à environ 500 m au nord-ouest de Wisma Sanyan.

Village de longhouses de Bawang Assan LONGHOUSES
Village iban à une heure de Sibu en aval de la rivière (40 min par la route), Bawang Assan compte neuf *longhouses* "hybrides" (alliant la tradition au XXIe siècle). Pour y loger sans passer par un tour-opérateur de Sibu, contactez le **Bawang Assan Homestay Programme** (☎014-582 8105 ; http://ibanlonghousestay.blogspot.com ; 110 RM/pers avec 3 repas) et demandez Marcathy Gindau, que l'on trouve souvent à Sibu au **Lehdo Inn** (☎084-331894 ; 21 Jln Tukang Besi). Pour organiser le transport en van, appelez **Mr Broken** (☎019-836 1134).

Circuits organisés

Deux agences de voyages réputées de Sibu offrent des circuits organisés de la ville, ainsi que des visites de sites le long de la rivière.

Sibu

Greatown Travel CIRCUIT

(☎084-211243, 084-219243 ; www.greatowntravel.com ; nº 6, 1er ét., Lg Chew Siik Hiong 1A). Offre des séjours en *longhouse* (à Bawang Assan et dans la région de Kapit), des visites au cœur de la culture melanau dans les environs de Mukah et de nombreux autres circuits de 3-6 jours. Le personnel organise volontiers des itinéraires personnalisés. L'agence est située à environ 1 km au nord-est du centre-ville, dans Jln Pedada.

Great Holiday Travel CIRCUIT

(☎084-348196 ; www.ghtborneo.com ; nº 23, 1er ét., Pusat Pedada, Jln Pedada). Située près de la gare des bus longue distance, cette agence organise des visites à pied de Sibu d'une demi-journée, des excursions au village de *longhouses* de Bawang Assan d'un ou deux jours, et des circuits de deux jours dans la région de Kapit. Les prix sont raisonnables.

Festivals

Festival culturel de Bornéo CULTURE

(⏲10 jours début juil). Musique, danse, spectacles culturels et gastronomie sont au programme dans la ville. Toutes les traditions du centre du Sarawak y sont représentées : chinoises, malaises-melanau et dayak.

Sibu

Les incontournables

Sibu Heritage Centre ... B2
Temple Tua Pek Kong ... A3

À voir

1 Esplanade Rejang ... C4
2 Rex Cinema ... B2

Où se loger

3 Lehdo Inn ... B2
4 Li Hua Hotel ... D4
5 Premier Hotel ... C2
6 River Park Hotel ... D4
7 Tanahmas Hotel ... C2

Où se restaurer

8 Café Café ... B3
9 Islamic Nyonya Kafé ... B1
10 Kopitiam ... C4
New Capitol Restaurant ... (voir 5)
11 Marché de nuit (stands chinois) ... B2
12 Marché de nuit (stands malais) ... B2
13 Marché central de Sibu ... B3
14 Vegetarian Food Stall ... B2

Où prendre un verre

Queen ... (voir 8)

Achats

Public Book Store ... (voir 15)
15 Wisma Sanyan ... A1

Où se loger

Sibu accueille des dizaines d'hôtels. Certains établissements à bas prix (moins de 35 RM/ch) sont de très mauvaise qualité et servent également de maisons closes. Récemment, des touristes japonais ont été mordus par des rats lors de leur séjour dans un taudis local !

Li Hua Hotel HÔTEL $$
(084-324000 ; www.lihua.com.my ; angle Jln Maju et Lg Lanang 2 ; s/d/ste à partir de 50/65/150 RM ;). Cet hôtel présente le meilleur rapport qualité/prix de Sibu. Les 68 chambres, réparties sur 9 étages (l'hôtel est équipé d'un ascenseur), sont carrelées et impeccables. Le personnel est à la fois très professionnel et amical. Particulièrement bien situé si vous arrivez ou repartez en bateau. Réservez par téléphone ou par e-mail.

Tanahmas Hotel HÔTEL $$
(084-333188 ; www.tanahmas.com.my ; Jln Kampung Nyabor ; s/d 250/270 RM ;). Aussi confortable que central, avec 114 chambres spacieuses, une petite salle de gym et une piscine en plein air – toutes deux au 3ᵉ étage.

Premier Hotel HÔTEL $$
(084-323222 ; www.premierh.com.my ; Jln Kampung Nyabor ; s/d à partir de 209/244 RM ;). Dispose de 189 chambres, confortables et vraiment agréables, en plein centre-ville. Le service correspond à ce que vous payez. Sur les 10 étages, 4 sont non-fumeurs.

River Park Hotel HÔTEL $
(016-578 2820 ; siewling1983@hotmail.com ; 51-53 Jln Maju ; d/tr/qua à partir de 68/95/110 RM ;). Hôtel bien tenu de 30 chambres, agréablement situé en bord de rivière. Une bonne option si l'hôtel Li Hua affiche complet.

Où se restaurer

Sibu est réputée pour ses plats d'inspiration chinoise, plus précisément de la région de Fou-Tcheou, tels que le *kam pua mee* (nouilles fines trempées dans de la graisse de lard et accompagnées de porc rôti), la spécialité de la ville, et le *kompia* (mini-bagel au sésame farci de viande de porc).

Sibu Central Market MARCHÉ $
(Pasar Sentral Sibu ; 2,50-5 RM ; stands 3h-minuit). Avec plus d'un millier d'étals, ce marché de fruits et légumes est le plus grand de Malaisie. À l'étage, des stands chinois, malais et iban servent des spécialités locales : porridge (servi tôt le matin et la nuit), *kam pua mee* (servi dans la plupart des échoppes de nouilles ; le meilleur est à déguster au stand 102, ouvert seulement le soir) et *kompia* (essayez le stand 17 et le stand FL12, face au stand 91 ; ouverts de 7h à 17h). La plupart des stands de nouilles ferment vers midi. Des questions ? Rendez-vous au stand 98 et demandez Noriza.

Café Café FUSION $$
(10 Jln Chew Geok Lin ; plats 10-38 RM, menu à midi en semaine 10-15 RM ; 12h-16h et 18h-23h30, fermé lun ;). Son chic a créé le buzz à Kuching (et à Melbourne). Le Café Café sert une cuisine fusion exceptionnelle, dont une recette de poulet nyonya, le tout dans un décor métissé d'éléments balinais, chinois et occidentaux. Des plats végétariens sont disponibles à la demande.

Islamic Nyonya Kafé PERANAKAN $$

(141 Jln Kampung Nyabor ; plats 8-18 RM ; 10h-23h ;). Sert de délicieux plats épicés typiques des "Chinois des Détroits", tels que l'*ayam halia* (poulet au gingembre) et le *kari kambing* (curry de mouton). "Islamique" signifie halal. Formules déjeuner très intéressantes (5,90-9,90 RM) de 11h à 14h.

New Capitol Restaurant CHINOIS $$

(46 Jln Kampung Nyabor ; plats 10-30 RM ; 11h-14h et 17h-21h). Un restaurant chinois chic et traditionnel. Parmi les spécialités de Fou-Tcheou, on trouve la soupe de concombre (15 RM), la soupe d'huître et tofu (8 RM) et le canard au riz rouge fermenté (30 RM).

Marché de nuit STANDS $

(Pasar Malam ; Jln Market ; 17h-minuit). Les **stands chinois** (carte p. 424), qui servent du porc et du riz, des beignets à la vapeur, etc., se regroupent à l'extrémité ouest du marché, alors que les **stands malais** (carte p. 424), qui préparent de délicieux plats de *satay* et poulet grillé, sont au nord-est. On trouve également quelques échoppes iban.

Kopitiam CAFÉ $

(plats 3,30-6 RM ; 6h-16h). Plusieurs *kopitiam* (cafés traditionnels) se succèdent dans Jln Maju, entre l'embarcadère et l'hôtel Li Hua. Le matin, les habitants s'y rassemblent pour déguster des spécialités de Fou-Tcheou, lire les journaux chinois et discuter : une scène typique du Sarawak.

Vegetarian Food Stall VÉGÉTARIEN $

(Jln Central ; plats 3,50 RM ; 7h30-14h30 lun-sam ;). Dans le petit centre de *hawkers*, au rez-de-chaussée du Sibu Heritage Centre.

Où prendre un verre

La vie nocturne à Sibu se résume principalement à des reprises de tubes occidentaux et à des jeunes femmes légèrement vêtues.

Queen BAR

(12 Jln Chew Geok Lin ; bière à partir de 10 RM, cocktails 22-38 RM ; 16h-0h30, fermé lun). Décoré dans le style d'un salon victorien, ce bar chic à l'atmosphère tamisée se distingue par ses canapés moelleux et ses bergères ultra-rembourrées en velours noir et bordeaux. Pour écouter de la musique live (guitare et/ou clavier), faites-y un tour entre 21h et 23h30. On peut commander à manger au Café Café à côté.

Achats

Public Book Store LIVRES

(niveau 4, Wisma Sanyan, 1 Jln Sanyan ; 9h-21h). La meilleure librairie de la ville, avec un bon choix de livres en anglais. Le centre commercial Wisma Sanyan appartient au groupe Sanyan, une grande entreprise de bois très influente politiquement.

Renseignements

Email Centre (rdc, Sarawak House Complex, angle Jln Central et Jln Kampung Nyabor ; 4 RM/h ; 9h30-21h lun-sam, 9h30-15h dim). Accès Internet. L'entrée se trouve dans la partie nord du bâtiment.

ibrowse Netcafé (magasin 4.21, niveau 4, Wisma Sanyan, 1 Jln Sanyan ; 3 RM/h ; 9h30-21h30). Accès Internet.

Office du tourisme (084-340980 ; www.sarawaktourism.com ; 32 Jln Tukang Besi ; 8h-17h lun-ven, fermé jours fériés). Vaut le détour. Personnel sympathique et efficace (demandez Jessie), nombreuses cartes, horaires de bus et de bateaux, et brochures sur les transports dans le Sarawak.

Poste principale (Jln Kampung Nyabor ; 8h-16h lun-ven, 8h-15h30 sam). Change les espèces.

Rejang Medical Centre (084-330733 ; www.rejang.com.my ; 29 Jln Pedada). Fréquenté par la plupart des expatriés et touristes. Service d'urgences 24h/24 et d'ambulance. Situé à environ 1 km au nord-est de la Sibu Gateway.

Sibu General Hospital (084-343333 ; http://hsibu.moh.gov.my ; Jln Ulu Oya, km 5-1/2). Situé à 8 km à l'est du centre-ville, en direction de l'aéroport.

Yewon Money Changer (8 Jln Tukang Besi ; 8h30 ou 9h-17h lun-sam). Change les espèces. Cherchez le signe rouge et doré.

Depuis/vers Sibu

Air

MASwings (www.maswings.com.my) offre des liaisons bon marché vers Kuching, Bintulu, Miri et Kota Kinabalu (KK). **Malaysia Airlines** (www.malaysiaairlines.com) propose des vols vers Kuala Lumpur (KL), et **AirAsia** (www.airasia.com) vers Kuching (40 min), KL et Johor Bahru (de l'autre côté de la chaussée Singapour-Johor).

Bateau

Dans l'entrée du **terminal des ferries express** (Jln Kho Peng Long, Terminal Penumpang Sibu ;), les guichets des compagnies de ferries indiquent les horaires de départ sur de grandes horloges. Montez à bord 15 minutes avant le départ : les bateaux ont la réputation de partir en avance.

VERS KAPIT ET BELAGA

Les bateaux express "cercueils volants" remontent la Batang Rejang en direction de Kapit (20-30 RM, 140 km, 2 heures 30-3 heures) de 5h45 à 14h30, une ou deux fois par heure. Selon le niveau de l'eau des rapides de Pelagus (appelez Mr Wong au ☎013-806 1333 pour plus d'informations), un bateau part à 5h45 pour Belaga, à 155 km en aval de Kapit (55 RM, 11 heures).

VERS KUCHING

À moins que vous ne preniez l'avion, le moyen le plus rapide de se rendre de Sibu à Kuching est le bateau. **Ekspress Bahagia** (☎à Kuching 016-889 3013, 082-412246, à Sibu 016-800 5891, 084-319228) assure un service de ferry express journalier depuis/vers l'Express Wharf de Kuching (45 RM, 5 heures), traversant une friche amazonienne sinistre de scieries désaffectées et de vieux bateaux à vapeur rouillés. Départ à 11h30 de Sibu et à 8h20 de Kuching. Il est conseillé de réserver un jour à l'avance.

Bus

La **gare des bus longue distance** (Jln Pahlawan) de Sibu se situe à environ 3,5 km au nord-est du centre-ville, dans Jln Pedada. Plusieurs compagnies proposent des liaisons vers Kuching (50-60 RM, 7-8 heures, départs réguliers de 6h15 à 4h), Miri (50 RM, 6 heures 30, environ toutes les heures de 6h à 3h30) et Bintulu (25 RM, 3 heures 15, environ toutes les heures de 6h à 3h30).

Comment circuler

Depuis/vers l'aéroport

L'aéroport de Sibu se trouve à 23 km à l'est du centre-ville. Une course en taxi coûte 35 RM.

Depuis la gare des bus locaux, le bus Panduan Hemat, en direction de Sibu Jaya, s'arrête près de la jonction de l'aéroport (2,70 RM, toutes les heures ou deux, de 6h à 19h15), à 5 minutes à pied du terminal.

Bus

Pour vous rendre de la gare des bus locaux (devant le terminal des ferries express) à la gare des bus longue distance, prenez le bus Lanang n°20 ou n°21 (1,20 RM, 15 min, 1-2/ heure de 6h30 à 17h15).

Taxi

Les taxis peuvent être réservés 24h/24 au ☎084-320773 ou au 084-311286. Une course en taxi du centre-ville vers la gare des bus longue distance revient à 13 RM.

Batang Rejang

Naviguer sur les eaux brunes et tumultueuses de la Batang Rejang – rivière Rejang, longue de 640 km et surnommée "l'Amazone de Bornéo" – fait partie des voyages les plus passionnants qu'on peut faire sur un fleuve en Asie du Sud-Est. Les bateaux express se hâtent à travers les courants, les remous et les tourbillons, les pilotes évitant habilement les rochers noirs à moitié cachés dans les eaux bouillonnantes. Bien que la région ne soit plus la jungle sauvage qu'elle était avant l'indépendance de la Malaisie, elle garde malgré tout une atmosphère de frontière, d'*ulu-ulu* (en amont, reculé), notamment dans les villages et les *longhouses* qui ne sont accessibles qu'en bateau.

Pour vous rendre compte de l'ampleur de l'exploitation forestière et de la monoculture du palmier à huile, jetez un œil à Google Earth.

VISITES DE LONGHOUSES

La majorité de la population autochtone du bassin de la Batang Rejang (Iban et membres de communautés orang ulu telles que Kenyah, Kayan, Lahanan, Punan et Sekapan) vit encore dans des *longhouses*. Si la plupart d'entre elles ne sont plus aussi traditionnelles que les voyageurs l'imaginent, en visiter une est un bon moyen de rencontrer le peuple indigène de Bornéo.

De par leur situation géographique, Kapit et Belaga ont tout pour être de bons points de chute pour explorer les maisons longues le long du cours supérieur de la Batang Rejang et de ses affluents. Malheureusement, certains voyageurs nous ont fait part de deux sortes de problèmes. La visite d'une *longhouse* sans invitation ou guide devient de plus en plus compliquée. Les règles traditionnelles dayak, selon lesquelles les visiteurs sont toujours les bienvenus, cèdent la place à des idées plus "modernes", autrement dit mercantiles.

Dans certaines zones, les guides de circuits et les chauffeurs ont augmenté leur prix et/ou ne fournissent pas un service correct. Par exemple, les voyageurs sont parfois déposés devant une *longhouse*, n'ayant rien à faire et sans moyen de communiquer avec ses habitants. Ils sont contraints d'attendre le lendemain qu'on vienne les récupérer.

En bref, il est parfois difficile de trouver un guide qui ait une bonne connaissance de la région, des contacts, qui parle anglais et dont le prix soit abordable. Certains voyageurs se font inviter dans une *longhouse* par ses habitants, mais ce n'est pas une solution sur laquelle compter. La bonne option est d'organiser une visite avec un tour-opérateur basé à Sibu. Pour des comptes-rendus récents de la part d'autres voyageurs, rendez-vous sur les forums Lonely Planet (www.lonelyplanet.fr).

Comment circuler

La plupart des voies de communication pour accéder à la région de la Batang Rejang et s'y déplacer sont des rivières. Une route de Kapit à Kanowit (raccordée au réseau routier du Sarawak) est en cours de construction, et une piste forestière accidentée relie déjà Bintulu à Belaga. Nous vous conseillons de visiter cette partie de Bornéo avant qu'elle ne soit facile d'accès et transformée à jamais.

Les bateaux ne peuvent naviguer sur les dangereux rapides de Pelagus, entre Kapit et Belaga, que lorsque le niveau de l'eau est suffisamment élevé. Cela dépend principalement de la quantité d'eau libérée du barrage de Bakun. Dans le but de rendre la navigation plus sûre et moins dépendante du niveau de la rivière, le gouvernement a récemment eu recours à des explosifs, afin de briser certains rochers formant les rapides.

Régis par une demi-douzaine de compagnies, les bateaux express – surnommés les "cercueils volants" en raison de leur forme, non de leur dangerosité – remontent la large et boueuse Batang Rejang depuis Sibu, avec marchandises et bagages tant bien que mal arrimés sur le toit. Si vous choisissez de passer le voyage sur le toit pour la vue (non pas que nous vous le recommandions...), accrochez-vous bien ! Les cabines de passagers climatisées frôlent souvent des températures glaciales.

Depuis Sibu, des bateaux partent pour Kapit (140 km, 2 heures 30-3 heures) une ou deux fois par heure, de 5h45 à 14h30. Depuis Kapit, les bateaux pour Sibu circulent de 6h40 à 15h15. Si vous voyagez en 2e ou 3e classe (20 RM), attendez-vous à embarquer laborieusement par une étroite passerelle extérieure, sans rampe. Pour les passagers voyageant en 1re classe (30 RM) et en classe affaires (25 RM), l'embarquement se fait près de la proue.

Si le niveau de l'eau des rapides de Pelagus (32 km en amont de Kapit) est suffisamment haut (pour les derniers relevés, appelez Mr Wong à Sibu au 013-806 1333 ou Daniel Levoh à Belaga au 013-848 6351), un **bateau express** de 77 sièges (☎013-806 1333) à destination de Belaga (à 155 km en amont de Kapit) circule une fois par jour, s'arrêtant à différentes *longhouses* sur le trajet. Pour remonter la rivière, les départs s'effectuent à 5h45 depuis Sibu (55 RM, 11 heures) et à 9h30 depuis Kapit (35 RM, 4 heures 30). Pour la redescendre, le bateau quitte Belaga aux alentours de 7h30. Lorsque la rivière est trop basse, le seul moyen de se rendre à Belaga est d'emprunter la route, via Bintulu !

KAPIT

14 000

Principal village en amont de la Batang Rejang, Kapit est un centre de commerce et de transport animé, dont l'origine remonte à l'époque des rajahs blancs. On peut visiter de nombreuses *longhouses* à proximité, accessibles soit par la route soit par la rivière, mais le choix est limité lorsqu'il s'agit de trouver un bon guide local.

PERMIS POUR VOYAGER SUR LE COURS SUPÉRIEUR DE LA REJANG

En théorie, un permis gratuit de deux semaines est requis pour tout voyage :

» Sur la Batang Rejang jusqu'à des lieux en amont des rapides de Pelagus (32 km en amont de Kapit).

» Sur la Batang Baleh, qui se jette dans la Batang Rejang à 9 km en amont de Kapit.

En réalité, nous n'avons jamais entendu parler de contrôle de permis. Tout le système semble être un vestige bureaucratique du temps où les autorités veillaient à limiter l'accès des activistes étrangers aux communautés dayak menacées par l'exploitation forestière ou le controversé barrage Bakun. Aucun permis n'est nécessaire pour voyager de Bintulu à Belaga par voie terrestre.

Les permis sont délivrés à Kapit, au **Resident's Office** (☎084-796230 ; www.kapitro.sarawak.gov.my ; 9e ét., Kompleks Kerajaan Negeri Bahagian Kapit, Jln Bleteh ; ⏲8h-13h et 14h-17h lun-jeu, 8h-11h45 et 14h15-17h ven), dans un bâtiment de 9 étages situé à 2 km à l'ouest du centre-ville. Pour vous y rendre, prenez un van (1,50 RM) à l'angle sud-est de Pasar Teresang. Pour revenir en ville, demandez aux gardiens de vous aider à trouver un transport (proposez de payer le chauffeur).

Kapit

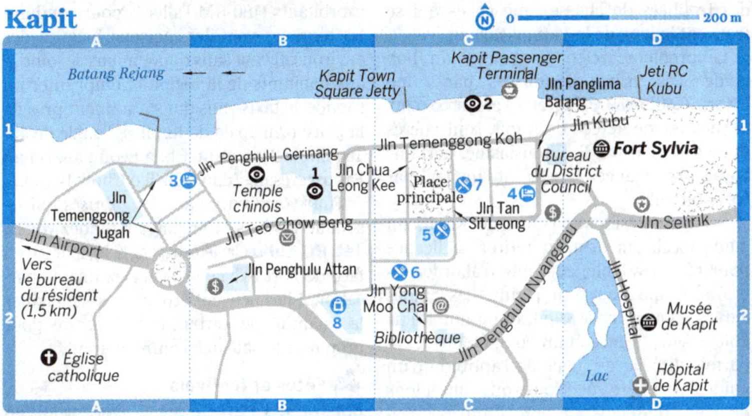

Les fans du livre *Au cœur de Bornéo*, de Redmond O'Hanlon, se rappelleront Kapit comme le point de départ des aventures de l'auteur dans la jungle.

À voir et à faire

Fort Sylvia MUSÉE

(Jln Kubu ; 10h-12h et 14h-17h, fermé lun et jours fériés). Bâti par Charles Brooke en 1880 afin de contrôler le cours supérieur de la Rejang et de maintenir la paix, ce fort en bois – construit en bélian – a été renommé en 1925 en hommage à la Ranee Sylvia, la femme de Charles Vyner Brooke. Sur la façade, des lignes marquent les crues historiques, l'une d'entre elles atteignant l'incroyable record de 19 m au-dessus de la normale. À l'intérieur, des expositions permanentes offrent une bonne introduction aux modes de vie traditionnels des Dayak de la Batang Rejang, avec des photos évoquant l'époque coloniale. Un arrêt intéressant avant de se rendre dans une *longhouse*.

Front de mer PORT

Le front de mer de Kapit est bordé de ferries, de péniches, de chaloupes et de quais flottants, le tout bondé de monde. Des porteurs déplacent des chargements incroyablement lourds ou encombrants (nous avons déjà vu 15 boîtes à œufs empilées en une tour chancelante) jusqu'en haut des escaliers pentus des quais.

Pasar Teresang MARCHÉ

(5h30-18h). Certaines des marchandises déchargées sur le front de mer atterrissent sur ce marché couvert coloré. C'est une ruche bruyante de commerce local, où l'on trouve un ensemble de mets comestibles inhabituels venant de la jungle, ainsi que de l'artisanat. Les marchands orang ulu y vendent des friandises sautées et des beignets à la vapeur.

> **Kapit**
>
> **Les incontournables**
> Fort Sylvia D1
>
> **À voir**
> 1 Pasar Teresang (marché) B1
> 2 Front de mer C1
>
> **Où se loger**
> 3 Hiap Chiong Hotel A1
> 4 New Rejang Inn C1
>
> **Où se restaurer**
> 5 Famous Bakery C2
> Gelanggang Kenyalang .... (voir 8)
> 6 Marché de nuit C2
> 7 Soon Kit Café C1
>
> **Achats**
> 8 Sula Perengka Kapit B2

Circuits organisés

VISITES ORGANISÉES DE LONGHOUSES

Les *longhouses* sont parfois très modernes et certaines sont même accessibles par la route (un voyage sur la rivière est à la fois plus lent et plus cher qu'un trajet en minibus). On en trouve le long de la Batang Baleh, qui se jette dans la Batang Rejang à 9 km en amont de Kapit, et le long de son affluent, le Sungai Sut. Celles-ci sont généralement plus traditionnelles (arborant encore des trophées de chasse) que celles qui se trouvent le long de la Batang Rejang.

Le problème reste de trouver un bon guide. Les visites organisées par **Alice Chua** (☎019-859 3126 ; atta_kpt@yahoo.com), la seule guide agréée de Kapit, sont chères et ne suscitent pas l'enthousiasme. Certains voyageurs chanceux se font inviter par les habitants.

Selon le Resident's Office de Kapit, un guide local, qui s'est vu retirer sa licence pour raison valable, continue d'aborder les touristes, qui s'en sont plaint. Les guides agréés étant rares à Kapit, et de nombreux guides sans licence étant compétents, il est parfois difficile de juger de l'aptitude d'un guide à première vue. Nous vous conseillons de vous renseigner auprès d'autres voyageurs et hôteliers locaux.

VISITES DE LONGHOUSES EN INDÉPENDANT

Quelques communautés autour de Kapit ont l'habitude de voir des voyageurs indépendants et facturent entre 10 et 15 RM pour une visite à la journée, ou 50 RM par personne pour une nuit, ce qui inclut la préparation de la nourriture que vous devez apporter. Le chef du village peut également s'attendre à un pourboire. Certains touristes recommandent d'apporter des bonbons ou du matériel scolaire pour les enfants. Il se peut qu'il n'y ait pas grand-chose à faire dans une *longhouse*, surtout si personne ne parle anglais.

Voici quelques *longhouses* à considérer :

» **Rumah Bundong** L'une des dernières *longhouses* iban traditionnelles. Située sur le Sungai Kapit, à 45 minutes de route de Kapit (10 km).

» **Rumah Jandok** Une *longhouse* traditionnelle sur le Sungai Yong, où quelques personnes parlent anglais. Située sur la Batang Rejang en aval de Kapit.

» **Nanga Mujong** Cette *longhouse* iban, qui abrite une école et un dispensaire, est desservie par une route qui se termine sur la rive opposée de la Batang Baleh, où des bateaux transportent les résidents de l'autre côté.

» **Rumah Penghulu Jampi** Une *longhouse* iban située au dernier arrêt des bateaux express sur la Batang Baleh.

» **Rumah Lulut Tisa** Cette *longhouse* accueille officiellement des touristes. Pour vous y rendre, empruntez la route jusqu'à Rumah Masam, puis le bateau (1 heure 30).

Nous avons entendu dire qu'une coopérative locale de minibus proposait des tarifs exorbitants (180 RM l'aller !) pour conduire les touristes vers des maisons longues des environs. Il vaut sans doute mieux se joindre aux habitants de la région et emprunter un service de taxis-vans qui stationnent près de la place principale de Kapit (à l'angle de Jln Teo Chow Beng et Jln Chua Leong Kee) et au Pasar Teresang (dans Jln Teo Chow Beng).

Pour vous rendre aux *longhouses* qui ne sont accessibles qu'en bateau, rendez-vous à **Jeti RC Kubu** (Jln Temenggong Koh), la jetée en face de Fort Sylvia, et négociez une embarcation. Elles peuvent être chères – imaginez la quantité de carburant necessaire pour propulser le bateau à contre-courant.

Fêtes et festivals

Baleh-Kapit Raft Safari COURSE DE RADEAUX

Cette course sportive de deux jours reconstitue la descente en radeau des Iban et Orang Ulu lorsqu'ils apportent leurs produits de la jungle à Kapit. Généralement en avril. Pour plus d'informations, renseignez-vous auprès du Resident's Office à Kapit ou de l'office du tourisme de Sibu.

Où se loger

New Rejang Inn HÔTEL $

(☎084-796600 ; 104 Jln Teo Chow Beng ; d 68 RM ; ❄📶). Un hôtel accueillant et bien tenu. Les 15 chambres spacieuses sont impeccables, avec matelas confortables, eau chaude, TV, téléphone et mini-frigo. Le meilleur rapport qualité/prix de la ville.

Hiap Chiong Hotel HÔTEL $

(☎084-796314 ; 33 Jln Temenggong Jugah ; d 45-50 RM ; 📶). Les 15 chambres, au mobilier démodé et fatigué, sont propres et équipées de TV à écran plat.

Où se restaurer et prendre un verre

Soon Kit Café CHINOIS $

(13 Jln Tan Sit Liong ; plats 2,70-6 RM ; ⏲5h30-17h). Un *kopitiam* traditionnel servant du *laksa* (4 RM) le matin et un délicieux riz au poulet (5 RM).

Gelanggang Kenyalang FOOD COURT $

(Jln Penghulu Nyanggau ; plats à partir de 3,20 RM ; ⏲6h-16h/19h). Une aire de restauration proposant des spécialités chinoises et malaises, dont de délicieux *laksa* et *roti canai* au petit-déjeuner.

Marché de nuit STANDS $

(Taman Selera Empurau ; plats 2,50-5 RM ; ⏲17h-23h ou minuit). Excellente adresse pour les plats de *satay* ou de poulet grillé. À une rue de la place de Kapit, en montant.

Famous Bakery BOULANGERIE $
(22 Jln Teo Chow Beng ; viennoiseries 1-3,40 RM ; 6h-18h). Viennoiseries chinoises et occidentales (ou presque), gâteaux, mini-pizzas et autres préparations faciles à emporter pour un pique-nique.

Achats

Sula Perengka Kapit ARTISANAT
(Jln Penghulu Nyanggau ; 8h-16h lun-sam, 8h-12h dim). Une petite boutique iban d'artisanat (magasin 21), à l'étage du Gelanggang Kenyalang *food court*.

Renseignements

Kapit Hospital (084-796333 ; Jln Hospital ; 24h/24). Trois ambulances et six médecins.

Depuis/vers Kapit

BATEAU

Des bateaux express partent pour Sibu (20-30 RM, 2 heures 30-3 heures, 1-2/heure) entre 6h40 et 15h15 du **Kapit Passenger Terminal** (Jln Panglima Balang ;), où une connexion Wi-Fi attire les grands voyageurs et un café offre une agréable terrasse avec vue sur la rivière.

Si le niveau des eaux le permet (pour plus d'informations, appelez Daniel Levoh à Belaga au 013-848 6351), un bateau express remonte la rivière jusqu'à Belaga (35 RM, 4 heures 30) une fois par jour, vers 9h30, depuis la **Kapit Town Square Jetty** (à deux rues en aval du Kapit Passenger Terminal).

Un bateau express quotidien remonte la Batang Baleh jusqu'à la *longhouse* iban de Rumah Penghulu Jampi. Il part de Kapit aux alentours de 10h et de Rumah Penghulu Jampi à 12h30.

VAN

Un petit réseau de routes autour de Kapit, qui ne sont pas connectées au monde extérieur, relie la ville à un certain nombre de *longhouses*. Les vans qui sillonnent ces chemins stationnent sur la place de Kapit.

BELAGA

2 500 HABITANTS

À l'heure où vous arriverez à Belaga, après une longue croisière sur la Batang Rejang, il se peut que vous ayez le sentiment d'avoir atterri au cœur de Bornéo ; en réalité, vous n'êtes qu'à 100 km (à vol d'oiseau) de la côte. Il n'y a pas grand-chose à faire ici, mis à part s'imprégner de l'ambiance de frontière. Néanmoins, les rivières avoisinantes accueillent un bon nombre de *longhouses* kayan/kenyah et orang ulu.

À voir

Pour vous faire une idée du rythme de vie local, flânez au milieu des *shophouses* à deux étages du **centre-ville**, compact et principalement chinois, ou promenez-vous dans le **parc** très soigné qui s'étend entre Main Bazaar et la rivière, équipé de terrains de basket-ball et de tennis. Le long des berges, un pont en bois mène à **Kampung Melayu Belaga**, le quartier malais de Belaga, dont les maisons en bois sont construites sur pilotis. Bien que l'électricité soit disponible 24h/24 (fournie par un générateur – Belaga n'est pas encore raccordée à la grille du barrage de Bakun), tout ferme à 19h.

Activités

VISITES DE LONGHOUSES

Les voyageurs visitent Belaga principalement pour s'aventurer sur une rivière dans la jungle à la recherche de *longhouses* cachées et de cascades secrètes. Les choix possibles incluent (par ordre alphabétique) :

» **Dong Daah** – une *longhouse* kayan à 10 minutes en bateau en amont de Belaga
» **Lirong Amo** – une *longhouse* kayan à environ une demi-heure à pied de Belaga
» **Long Liten** – une immense *longhouse* kejaman ancienne, assez éloignée en amont de la rivière
» **Long Segaham** – une *longhouse* kejaman en amont de la rivière
» **Sekapan Panjang** – une *longhouse* sekapan traditionnelle et tout en bois, à 30 minutes de bateau en aval de Belaga
» **Sihan** – un village penan à 2 heures de marche sur l'autre rive de la Batang Rejang.

Avant de pouvoir partager un verre de *tuak* avec les habitants souriants de la région, vous devez trouver un guide. Un bon circuit devrait inclure un trajet en bateau, une randonnée dans la jungle, une baignade dans une cascade, une promenade de nuit et des activités telles que la cuisine ou la récolte de fruits.

Daniel Levoh CIRCUIT
(013-848 6351, 086-461997 ; daniellevoh@hotmail.com ; Jln Teh Ah Kiong). Ancien enseignant et directeur d'école kayan, Daniel est affable et bien informé. Une excursion à la journée coûte 150-200 RM pour 2 ou 3 personnes. Un circuit de 3 jours et 2 nuits dans une *longhouse* coûte 600-750 RM pour un groupe de 3 personnes. Daniel peut également organiser des moyens de

transport privés dans la région de Belaga et Bintulu.

Hamdani CIRCUIT
(☎019-886 5770). Pour un groupe de 4, Hamdani compte 75 RM par personne pour une excursion à la journée, et 115 RM par personne si vous passez la nuit sur place.

Hasbi Awang CIRCUIT
(☎013-842 9767 ; freeland_blg@yahoo.com ; 4 Main Bazaar, Belaga B&B). Une excursion à la journée dans deux maisons longues coûte 80 RM par personne, 200 RM avec un séjour d'une nuit.

Fêtes

Belaga Rainforest Challenge FÊTE TRIBALE
(Juil ou août des années paires). Cette fête de 3 ou 4 jours comporte une course à pied de 12 km dans la jungle, une course de bateaux, de la musique traditionnelle et des spectacles de danse. S'adresse aux tribus locales, mais les touristes sont les bienvenus.

Où se loger

L'hébergement à Belaga est bon marché et vétuste.

Daniel Levoh's Guesthouse GUESTHOUSE $
(☎013-848 6351, 086-461997 ; daniellevoh@hotmail.com ; Jln Teh Ah Kiong ; dort 15 RM, d/tr 30/35 RM ; wi-fi). Les 4 chambres sont simples et portent chacune le nom d'un des enfants du propriétaire. La terrasse, où il fait bon se relaxer, et les sdb se trouvent au 2e niveau. Le propriétaire, Daniel Levoh, enseignant à la retraite et guide à ses heures, aime partager des histoires sur la vie en *longhouse* kayan. À deux rues de Main Bazaar.

Belaga Hotel HÔTEL $
(☎086-461244 ; 14 Main Bazaar ; d 30-35 RM ; clim). Son bon emplacement compense les faibles prestations de cet ancien hôtel. La clim, disponible dans 13 des 15 chambres délabrées, fonctionne, ce qui n'est pas toujours le cas de la plomberie.

Belaga B&B HÔTEL $
(☎013-842 9767 ; Main Bazaar ; ch 20-25 RM ; clim). Loue 7 chambres très basiques, certaines équipées de la clim, avec des sdb communes. Tenu par Hasbi, un guide de maisons longues de longue date.

Où se restaurer

Des cafés simples servant des plats chinois et malais sont dispersés autour du centre-ville, y compris dans Main Bazaar.

Kafeteria Mesra Murni MALAIS $
(Jln Temenggong Matu ; plats 3,50-6 RM ; 7h-19h). Ce restaurant familial malais est la seule option en bord de rivière. Le Crystal Cafe quasi mitoyen, géré par une famille iban-kenyah et préparant des repas simples, est également très bien.

Renseignements

La nouvelle branche de la BSM Bank est équipée d'un DAB, mais souvent, pour ne pas dire généralement, il est hors service. Un médecin est en charge du centre médical. Plusieurs hébergements ont le Wi-Fi.

Depuis/vers Belaga

Lorsque le bateau express circule, on peut visiter Belaga sans revenir sur ses pas, en naviguant sur la Batang Rejang dans un sens, et en empruntant le chemin forestier depuis/vers Bintulu dans l'autre.

BATEAU

Si le niveau des eaux des rapides de Pelagus (32 km en amont de Kapit) est suffisamment haut, vous pouvez prendre un bateau express pour Kapit (35 RM, 4 heures 30) qui part vers 7h30. Pour vérifier si le bateau circule, appelez le guide Daniel Levoh (p. 431). Lorsque le niveau de la rivière est trop bas, le seul moyen de se rendre de Belaga à Bintulu est en 4x4.

VOITURE

Une piste forestière cahoteuse (et terriblement glissante par temps de pluie) relie Belaga à Bintulu (160 km). Elle suit en partie la route goudronnée de 125 km qui mène au barrage de Bakun.

Des 4x4 Toyota Land Cruisers font la liaison entre Belaga et Bintulu (50 RM/pers, 400 RM pour louer le véhicule, 4 heures) presque tous les jours. Les départs se font vers 7h30 à Belaga et en début d'après-midi (entre 12h et 14h) à Bintulu. À Belaga, les véhicules pour Bintulu se regroupent devant le Belaga B&B vers 7h. Pour organiser un transport depuis Bintulu, appelez Daniel Levoh (p. 431).

Si vous arrivez de Miri ou de Batu Niah Junction, ou si vous vous y rendez (c'est-à-dire au nord-est), vous pouvez vous faire prendre ou déposer à Simpang Bakun (Bakun Junction), qui se trouve sur l'ancien axe routier intérieur, à 53 km au nord-est de Bintulu et à 159 km au sud-ouest de Miri.

EN AMONT DE BELAGA

À environ 40 km en amont de Belaga, la Batang Rejang se divise en plusieurs rivières, dont la puissante Batang Balui, qui serpente pratiquement jusqu'à la frontière avec le Kalimantan. Un peu plus bas, le barrage controversé de Bakun génère de l'électricité et fournit aux habitants de la région un endroit où pêcher. Les guides de Belaga peuvent organiser des visites de *longhouses* locales.

Un bateau express par jour relie Belaga à Long Bangu (20 RM, 1 heure), à 2 km en aval du barrage de Bakun. Les départs se font vers 15h de Belaga et à 6h15 de Rumah Apan.

Bintulu

120 000 HABITANTS

Grâce à d'immenses gisements de gaz naturel offshore, Bintulu est le plus important centre de production de GNL (gaz naturel liquéfié) et d'engrais du Sarawak. La ville, qui se trouve à mi-chemin entre Sibu et Miri (à environ 200 km de chaque), est un bon point de chute pour visiter le parc national de Similajau et se rendre à Belaga par la route.

À voir et à faire

Tua Pek Kong TEMPLE

(Main Bazaar ; aube-crépuscule). Ce temple chinois classique donne de la couleur au centre-ville plutôt terne. Suivez le son du cri du coq jusqu'au parc à l'arrière, où de jeunes **coqs de combat** (carte p. 440) au plumage impressionnant, tenus attachés pour éviter les conflits, se pavanent et chantent.

Taman Tumbina JARDINS, ZOO

(www.tumbina.com.my ; Jln Tun Abdul Razak ; adulte 2 RM ; 8h-17h). Ce parc de 57 ha abrite un jardin d'orchidées, une serre à papillons et beaucoup de flamants roses. Le nom provient d'une contraction des premières syllabes de deux mots malais, *tumbuhan* (plante) et *binatang* (animal). À environ 5 km au nord de Bintulu (15 RM en taxi).

Festivals

Borneo International Kite Festival CERFS-VOLANTS

(www.borneokite.com). Le festival international des cerfs-volants de Bornéo, qui se tient chaque année durant 4 ou 5 jours en septembre, réunit des cerfs-volants fantaisistes et extravagants du monde entier sur le site de l'ancien aéroport.

Où se loger

De nombreux hôtels, parfois douteux, sont installés dans Jln Keppel et aux alentours, dans son prolongement au sud, Jln Abang Galau, et parallèlement dans Jln Masjid.

Kintown Inn HÔTEL $

(086-333666 ; 93 Jln Keppel ; s/d 80/86 RM ;). Les 50 chambres avec de la moquette sont petites mais lumineuses, et celles des étages supérieurs offrent une belle vue. Meilleur rapport qualité/prix en ville.

Riverfront Inn HÔTEL $$

(086-333111 ; riverfrontinn@hotmail.com ; 256 Taman Sri Dagang ; d avec fenêtre 104 RM ;). Un favori de longue date, aussi bien chez les personnes en voyage d'affaires qu'en vacances, le Riverfront est sobre mais a de la classe. Si possible, optez pour une chambre de luxe (110 RM) surplombant la rivière : la vue est typique de Bornéo.

Où se restaurer et prendre un verre

La vie nocturne locale se résume principalement à des hommes célibataires qui se retrouvent dans Jln Masjid.

Ban Kee Café POISSON ET FRUITS DE MER $$

(Jln Abang Galau ; plats 6-15 RM ; 6h-minuit ;). Avec des places à l'intérieur et à l'extérieur, cet établissement chinois sert du poisson frais (40-80 RM/kg) et des fruits de mer (sa spécialité) et, pour le petit-déjeuner, nouilles et *laksa* (3,50 RM).

Popular Corner Food Centre HAWKERS $

(50 BDA Shahida Commercial Centre ; plats 3-8 RM ; 6h-22h). Ces 8 stands proposent *laksa* (uniquement le matin), porridge de riz, *dim sum* et fruits de mer frais à la hongkongaise.

Marché de nuit STANDS $

(près de Jln Abang Galau ; plats 2,50-5 RM ; 16h-22h ou 23h). Un bon endroit pour trouver des fruits frais et des spécialités malaises comme le *satay*.

Pasar Utama STANDS $

(New Market ; Main Bazaar ; plats 3-5 RM ; 7h-17h). Des stands malais et chinois remplissent l'étage supérieur de ce marché de fruits et légumes, dans un bâtiment bleu en forme de huit.

Chef BOULANGERIE $

(92 Jln Abang Galau ; gâteaux à partir de 1 RM ; 8h30-21h). Boulangerie halal chinoise, proposant des hot dogs cuits au four (1,70 RM) et un gâteau au chocolat belge particulièrement délicieux (6,80 RM). On y trouve tout ce qu'il faut pour un pique-nique.

Bintulu

Bintulu

À voir

1 Combats de coqs C2
2 Tua Pek Kong B3

Où se loger

3 Kintown Inn B2
4 Riverfront Inn D4

Où se restaurer

5 Ban Kee Café D3
6 Chef D3
7 Marché de nuit D3
8 Pasar Utama B3
9 Popular Corner Food Centre A1

Renseignements

Fi Wee Internet Centre (1er ét., 133 Jln Masjid ; 2 RM/h ; 9h-minuit). Équipé de 27 ordinateurs avec Internet, en haut d'un escalier peu engageant.

Depuis/vers Bintulu

Pour organiser un transport en 4x4 Toyota Land Cruiser de Bintulu à Belaga (50 RM/pers, 4 heures) sur des pistes forestières accidentées, appelez Daniel Levoh (p. 431). Les départs se font habituellement en début d'après-midi (entre 12h et 14h).

Air

AirAsia (www.airasia.com) et **Malaysia Airlines** (www.malaysiaairlines.com) proposent des vols directs pour Kuching et Kuala Lumpur (KL). MASwings (www.maswings.com.my) peut vous emmener à Kota Kinabalu (KK), Miri, Sibu et Kuching.

Bus

La gare des bus longue distance se trouve à Medan Jaya, à 5 km au nord-est du centre-ville (Bintulu Town). La course en taxi coûte 15 RM. Une douzaine de compagnies proposent des bus presque toutes les heures :

Kuching (60-65 RM, 10 heures) via Sibu (20-25 RM, 4 heures), de 6h45 à minuit.

Miri (20-25 RM, 4 heures) via Niah Junction (12-15 RM, 2 à 4 heures selon les bus), de 6h à 23h15.

Comment circuler

Depuis/vers l'aéroport

Il n'existe pas de transport en commun depuis/vers l'aéroport, qui se trouve à 23 km du centre-ville par la route. La course en taxi coûte 35 RM.

Parc national de Similajau

Facile d'accès, à 30 km au nord-est de Bintulu, le **parc national de Similajau** (par téléphone satellite 086-489003, bureau à Bintulu 086-313726 ; www.sarawakforestry.com ; 20 RM ; bureaux du parc 8h-13h et 14h-17h sam-jeu, 8h-11h45 et 14h15-17h ven) est un beau petit parc côtier offrant des plages de sable fin, des chemins de randonnée agréables et un hébergement simple. Occupant une bande de terre étroite de 30 km au bord de la mer de Chine méridionale, ses 90 km² rassemblent des habitats naturels côtiers tels que mangroves, *kerangas* (forêt de lande) et forêts mixtes de Diptérocarpacées (forêt tropicale humide de basses terres). Quatre espèces de dauphins, dont le dauphin de l'Irrawaddy, peuvent parfois être aperçues en mer, et les tortues vertes viennent occasionnellement pondre sur le rivage de Turtle Beach II et de Golden Beach.

Les habitants de Bintulu affluent vers Similajau (surtout sur les plages) durant les week-ends et jours fériés, mais le parc est absolument désert en semaine.

DÉSAGRÉMENTS ET DANGERS

Les cours d'eau de Similajau sont peuplés de crocodiles. Il est donc vivement déconseillé de se baigner ou de patauger dans les rivières ou près des embouchures. Soyez également très vigilant lorsque vous vous promenez près des berges, notamment tôt le matin ou tard le soir.

À cause des courants dangereux, la baignade est interdite sur les deux Turtle Beaches et sur Golden Beach.

À voir et à faire

La plage bordée de filaos près des bureaux du parc, parsemée de bois flottant mais propre, est un endroit agréable où se relaxer et nager – mais faites attention aux méduses (si vous vous faites piquer, les gardes forestiers peuvent vous procurer du vinaigre pour calmer la douleur).

Le **Main Trail**, le chemin de randonnée côtier de Similajau, doucement vallonné, longe le littoral depuis le Sungai Likau, près des bureaux du parc, jusqu'à **Golden Beach** (10 km, 4 heures aller). Il passe par des promontoires rocheux, de petites anses, **Turtle Beach I** (6 km, 3 heures) et **Turtle Beach II** (7,5 km, 3 heures 30). Pour une vue sur la côte en direction de Bintulu et ses installations de gaz naturel, rendez-vous au **point de vue** (1,3 km des bureaux du parc, 40 min).

Juste après avoir traversé le pont suspendu près des bureaux du parc, une promenade en planches, sur votre droite, remonte le cours de la rivière. L'**Education Trail**, long de 600 m, et son prolongement, le **Circular Trail**, long de 1,7 km (qui vous ramène près du pont), traversent tous deux de formidables mangroves estuariennes et une forêt de Diptérocarpacées.

Les chemins de Similajau sont faciles à suivre et clairement balisés (en rouge dans le cas du Main Trail). Il n'est donc pas nécessaire de faire appel à un guide, même s'il est possible de s'en procurer un moyennant 30 RM l'heure (40 RM/h pour une **promenade de nuit**). Une carte des chemins de randonnée, simple mais utile, est disponible aux bureaux du parc. Prévoyez beaucoup d'eau.

Le personnel du parc se fera un plaisir d'organiser une sortie à bord du bateau appartenant au parc, qui peut accueillir jusqu'à 5 passagers. La mer est parfois agitée après midi. Options disponibles :

Night River Cruise (150 RM ; 19h-21h). Un bon moyen de voir des crocodiles. À réserver pendant les heures d'ouverture.

Batu Mandi Tide Pools (150 RM). Les bassins de marée autour de cette île rocheuse ne peuvent être visités qu'à marée basse et lorsque la mer est calme.

Turtle Beaches I and II (aller/aller-retour 180/230 RM). Prenez le bateau pour vous y rendre (30 min) et revenez à pied.

Golden Beach (aller/aller-retour 220/280 RM). Autre option pour un aller en bateau et un retour à pied.

Où se loger

Les hébergements de Similajau, à 100 m seulement de la plage, sont rustiques et affichent complet des mois à l'avance durant les jours fériés. Ils se remplissent parfois les week-ends. Pour réserver, contactez le parc par téléphone, fax (086-489 002) ou e-mail (norhider@sarawakforestry.com). Les réservations ne peuvent *pas* être faites auprès des bureaux des parcs nationaux à Kuching ou Miri.

La location d'une serviette de toilette coûte 6 RM.

Chalets CHALETS **$$**
(1/2 ch 106/159 RM). Chacun des 6 nouveaux chalets compte 2 chambres, avec un lit double, deux lits jumeaux et un ventilateur.

Rest House CHALETS **$$**
(318 RM/nuit ; ❄). Ces chalets avec clim accueillent jusqu'à 4 personnes.

Hostel AUBERGE DE JEUNESSE **$**
(42 RM/ch). Chaque chambre a 4 lits (superposés dans le cas de l'auberge 3) et un ventilateur. Les auberges 1 et 2, construites en 2011, ont des sdb attenantes. Les lits dans les dortoirs ne sont pas disponibles individuellement.

Camping CAMPING **$**
(5 RM/pers). Le camping n'est autorisé qu'à côté des bureaux du parc. Douches sur place.

Où se restaurer

La **cafétéria** du parc (Canteen ; plats 5-13 RM ; 7h30-21h ;) sert des plats de nouilles et de riz, et peut également préparer des repas à emporter. Il est interdit de cuisiner dans les chalets ou dans l'auberge de jeunesse, mais il est possible de faire des barbecues dans des endroits prévus à cet effet. Pour préparer des nouilles instantanées, vous pouvez emprunter une bouilloire électrique aux bureaux du parc.

Depuis/vers le parc national de Similajau

Les bureaux du parc national de Similajau se trouvent à environ 30 km au nord-est de Bintulu, à 9 km après la sortie de la route côtière de Miri. Attendez-vous à payer 50 RM pour un aller en **taxi** (086-332009), ou en minibus de 10 places, de Pasar Utama à Bintulu (Main Bazaar) (p. 433) ; de l'aéroport, un taxi revient à environ 75 RM.

Pour retourner à Bintulu, prévoyez une heure à laquelle être récupéré, ou demandez au personnel des bureaux de vous aider à commander un taxi.

Parc national de Niah

Les immenses grottes calcaires du **parc national de Niah** (085-737450, 085-737454 ; www.sarawakforestry.com ; 20 RM ; bureaux du parc 8h-17h), qui s'étendent sur 31 km², font partie des sites naturels les plus impressionnants et les plus connus de Bornéo. Au cœur du parc se trouve la Great Cave, l'une des plus grandes grottes du monde.

Les grottes de Niah ont permis de faire des découvertes révolutionnaires sur la vie à Bornéo au temps où l'île était encore reliée à l'Asie du Sud-Est continentale. En 1958, une équipe d'archéologues dirigée par Tom Harrisson a découvert un crâne vieux de 40 000 ans. Il appartenait à un individu possédant la même anatomie que l'homme moderne. Il s'agit des restes d'*Homo sapiens* les plus anciens jamais découverts en Asie du Sud-Est.

Des peintures rupestres et plusieurs petits cercueils en forme de canoës ("navires de la mort") indiquent que le site était jadis une nécropole. Certains objets sont exposés au musée du Sarawak à Kuching. D'autres (peu nombreux) se trouvent au musée du parc.

Les grottes de Niah abritent un nombre impressionnant de chauves-souris et forment un site important de nidification des salanganes, dont certaines espèces fournissent l'ingrédient indispensable à la soupe aux nids d'hirondelles. Par tradition, ce sont les Penan qui gardent et récoltent les nids, alors que les Iban détiennent les droits sur les autres richesses des grottes : le guano des chauves-souris et des oiseaux, fertilisant très précieux. Lors de la saison des récoltes (d'août à mars), on aperçoit les ramasseurs de nids sur leurs vertigineuses structures en bambou calées contre la voûte.

Selon certains voyageurs, si vous êtes déjà allé au parc national de Gunung Mulu (ou projetez d'y aller), se rendre à Niah n'en vaut pas la peine – à moins bien sûr que vous soyez passionné de préhistoire.

À voir et à faire

Musée archéologique de Niah MUSÉE
(Bateau à moteur 7h30-17h30 1 RM/pers, 17h30-19h30 1,50 RM/pers, après 19h30 3 RM/pers sur arrangement préalable ; 9h-16h30, fermé lun). Sur la rive opposée aux bureaux du parc, ce musée propose des expositions sur la géologie, l'écologie et l'archéologie préhistorique de Niah, dont un original canoë funéraire d'au moins 1 200 ans, une reproduction de la

Painted Cave, une boîte contenant des nids de salanganes et une réplique du squelette vieux de 40 000 ans.

Pour vous y rendre depuis les bureaux du parc, traversez le Sungai Niah en bateau à moteur.

Si vous n'avez pas de lampe de poche, vous pouvez en louer une (5 RM ; vérifiez qu'elle fonctionne) à l'embarcadère ou au musée. Elle s'avère particulièrement utile si vous souhaitez vous aventurer à l'intérieur des grottes.

Great Cave et Painted Cave — GROTTE

Depuis le musée, une passerelle de planches surélevée mène à la Great Cave, à travers 3,1 km (3 heures 30-4 heures aller-retour) de forêt tropicale marécageuse. Cette immense grotte mesure environ 2 km de long, 250 m de large et jusqu'à 60 m de haut. Pour être de retour avant la tombée de la nuit, commencez votre promenade vers 14h.

En route, faites des pauses silencieuses – vous entendrez de nombreux oiseaux et, avec un peu de chance, vous apercevrez peut-être des macaques, en particulier tôt le matin ou le soir.

Peu avant l'entrée de la grotte, la passerelle bifurque. La branche droite rejoint la grotte et celle de gauche conduit à Rumah Patrick Libau, un petit village de *longhouses* iban. Des habitants s'installent généralement à la jonction pour vendre boissons fraîches et souvenirs.

À l'intérieur de la Great Cave, le chemin se sépare en deux pour contourner un énorme pilier central, mais les deux branches finissent par se rejoindre, donc il vous est impossible de vous perdre si vous continuez sur la passerelle. Les escaliers et les rampes sont généralement couverts de terre ou de guano et peuvent être très glissants par endroits. Les formations rocheuses semblent tour à tour spectaculaires et menaçantes, et l'avancée dans les ténèbres prend parfois des airs de *Voyage au centre de la Terre* de Jules Verne. Quand le soleil perce à travers certaines ouvertures, la grotte est traversée de rayons lumineux qui semblent venus d'ailleurs. Lorsque vous vous trouvez à mi-chemin du passage sombre que l'on appelle **Gan Kira** (grotte de la Lune), éteignez votre lampe de poche et profitez de cette expérience d'obscurité profonde.

La **Painted Cave** est célèbre pour ses anciennes peintures, en hématite rouge, représentant des animaux de la jungle, des silhouettes humaines et des esprits de défunts se faisant transporter vers l'au-delà en bateau. À l'heure où nous écrivons ces lignes, elle était fermée pour entretien jusqu'à nouvel ordre.

Chauves-souris et salanganes — CHAUVES-SOURIS ET SALANGANES

Autrefois, quelque 470 000 chauves-souris et 4 millions de salanganes (petits oiseaux) habitaient Niah. Si aucune étude récente n'a recensé ces populations, les parois des grottes ne sont plus couvertes de chauves-souris et les nids d'oiseaux sont moins nombreux qu'auparavant. Plusieurs espèces de salanganes nichent ici ; les plus courantes sont, de loin, les salanganes soyeuses, dont les nids contiennent des végétaux et ne sont pas collectés. À l'inverse, les espèces dont les nids sont comestibles sont beaucoup plus rares et se cachent dans les coins de la grotte les plus reculés. Différentes espèces de chauves-souris vivent aussi dans la Great Cave, mais les colonies ne sont pas denses, contrairement au parc national de Gunung Mulu.

Au crépuscule (entre 17h30 et 18h45), le meilleur moment pour observer la faune, les salanganes regagnent leurs nids, tandis que les chauves-souris, animaux nocturnes, partent à tire-d'aile à la recherche de nourriture. Si vous souhaitez assister à cette "relève", vous devrez prévoir un rendez-vous tardif avec un batelier, ou vous dépêcher pour prendre le bateau qui part à 19h30 pour les bureaux du parc.

Bukit Kasut — SENTIER DE RANDONNÉE

Ce chemin de randonnée de 45 minutes, dont une partie se fait sur une passerelle en planches à travers la forêt marécageuse d'eau douce, débute près du musée et mène jusqu'au sommet de Bukit Kasut (205 m) au sud. Lors de la saison des pluies, il peut être boueux et glissant.

Où se loger et se restaurer

Les bureaux du parc ont une **cafétéria** correcte (canteen ; plats 5-10 RM ; ⌚8h-22h ; ✎). Il est interdit de cuisiner dans les logements du parc mais vous pouvez faire chauffer de l'eau (sauf à l'auberge de jeunesse) pour préparer des nouilles instantanées.

Le village de Batu Niah, à 4 km des bureaux du parc (3 km à pied), accueille 2 hôtels sommaires.

Parc national de Niah

Les réservations pour tout hébergement dans le parc peuvent se faire aux bureaux du parc (en personne ou par téléphone) ou par l'intermédiaire d'un des **bureaux de réservation des parcs nationaux** (☎à Kuching 082-248088, à Miri 085-434184) – mais pas par l'intermédiaire du site Internet de l'Office des forêts du Sarawak. Chalets et chambres affichent souvent complet lors des vacances et jours fériés chinois et malais.

Forest Lodges CHALETS **$$**
(1/2 ch avec ventil 106/159 RM, avec clim 159/239 RM). Le parc gère 6 chalets rustiques de 2 chambres chacun, avec sdb attenante. Chaque chambre peut accueillir jusqu'à 4 personnes.

Hostel AUBERGE DE JEUNESSE **$**
(Ch 42 RM). Les chambres sont sommaires et peuvent loger jusqu'à 4 personnes.

Homestay CHAMBRES D'HÔTES **$**
(☎019-805 2415 ; 70 RM/pers avec dîner et petit-déj). Le village de *longhouses* iban de Rumah Patrick Libau, près de la Great Cave, propose plusieurs chambres d'hôtes.

Camping CAMPING **$**
(5 RM/pers). Le camping est autorisé près des bureaux du parc.

Batu Niah Junction

Si votre bus arrive tard le soir, ou repart tôt le matin, vous pouvez passer la nuit à Batu Niah Junction, un nœud de transport important à 15 km au sud des bureaux du parc.

Le **Batu Niah Food Court Centre** (⏲24h/24), ressemblant à un hangar, propose de nombreux stands d'alimentation chinoise et malaise et, dans la petite épicerie sur la gauche en entrant, un **accès Internet** (3 RM/h ; ⏲24h/24). Les toilettes se trouvent à l'arrière, au-delà des terrariums à reptiles porte-bonheur – les gens donnent de l'argent en offrande à l'ancienne tortue de rivière, prêtée par un temple chinois, et au serpent albinos. D'autres échoppes et un marché de fruits et légumes se trouvent de l'autre côté de la grande route.

TTL Motel HÔTEL **$$**
(☎086-738377 ; d à partir de 80-118 RM ; ⏲réception 24h/24 ; ❄). Ce complexe peu élevé et relativement nouveau de 39 chambres est onéreux, du fait de sa commodité. Toutes les chambres ont des fenêtres, mais dans certaines, parmi les plus chères, flotte une légère odeur de moisi. Pour vous y rendre depuis le Batu Niah Food Court Centre, prenez la porte de derrière et dirigez-vous vers la gauche, en diagonale.

ℹ Depuis/vers le parc national de Niah

Le parc national de Niah se trouve à environ 115 km au sud-ouest de Miri et à 122 km au nord-est de Bintulu. Si vous êtes à cours de temps, vous pouvez le visiter en une journée depuis l'une des deux villes.

Les bureaux du parc se situent à 15 km au nord de Batu Niah Junction, importante plaque tournante des transports sur l'ancien axe routier intérieur reliant Miri à Bintulu. Cela rend l'accès au parc assez compliqué par les transports publics (mais cet accès est encore plus difficile depuis la nouvelle route côtière).

Tous les bus longue distance partant de la gare routière Pujut, à Miri, pour Bintulu, Sibu et Kuching s'arrêtent à Batu Niah Junction, et le seul moyen de rejoindre le parc, de là, est de prendre un taxi privé. Le prix est de l'ordre de 30 RM (40 RM pour un groupe de 4) mais il faut d'abord réussir à en trouver un à Batu Niah Junction. Essayez le banc en face de Shen Yang Trading, à l'angle de Ngu's Garden Food Court. Au retour, les employés du parc national (ou, en dehors des heures d'ouverture, ceux qui en assurent la sécurité) peuvent vous aider à trouver une voiture pour rejoindre Batu Niah Junction.

De Batu Niah, des bus se rendent à Miri (10-12 RM) de 8h à 13h et à Bintulu (15 RM, 2 heures) de 8h à 22h30. D'autres destinations sont également bien desservies : Sibu (30-40 RM, 5-6 heures) et Kuching (70-80 RM, 12 heures). Vous trouverez des guichets représentant les différentes compagnies de bus aux deux extrémités du bâtiment, directement de l'autre côté de la route du Batu Niah Food Court Centre.

De Miri, une course en taxi pour le parc national de Niah coûte 150 RM aller ou 300 RM aller-retour, 3 heures d'attente comprises.

Parc national des Lambir Hills

3-4

S'étendant sur 69 km², ce **parc national** (Lambir Hills National Park ; ☎085-471609 ; www.sarawakforestry.com ; 10 RM ; ⏲bureaux du parc 8h-17h) abrite dans sa jungle des dizaines de cascades, des piscines naturelles d'eau douce où se baigner et plusieurs beaux chemins de randonnée à travers les forêts de Diptérocarpacées et de *kerangas*. Éternel favori auprès des habitants de la région et important centre de recherche scientifique, Lambir

Hills est une destination agréable pour une journée ou deux, hors de la ville.

Le parc comprend une chaîne de basses collines de grès qui abritent une extraordinaire variété de plantes et d'animaux - peut-être même, comme l'affirme l'Office des forêts du Sarawak dans ses publications, "la plus importante biodiversité végétale de la planète". Des études portant sur les arbres d'une parcelle de 52 ha (fermée aux visiteurs) ont recensé 1 200 essences ! Parmi la faune, on trouve des panthères nébuleuses, des muntjacs, des pangolins, des tarsiers, cinq variétés de civettes, 10 espèces de chauves-souris et 50 autres sortes de mammifères, mais il est peu probable d'en apercevoir autour des bureaux du parc. Lambir Hills abrite également 237 espèces d'oiseaux, parmi lesquelles huit sortes de calaos et 24 espèces de grenouilles - et l'on en découvre toujours de nouvelles.

Activités

Les sentiers de randonnée de Lambir Hills, repérables grâce à un code couleur, se divisent en quatre itinéraires principaux et conduisent vers 14 destinations différentes - les gardes forestiers, installés dans le nouveau bâtiment des bureaux ouvert en 2012, vous fourniront un plan et des conseils. Assurez-vous d'être de retour avant 17h - à moins que vous ne partiez en randonnée de nuit préalablement organisée avec le personnel du parc. Un guide (en option) coûte 20 RM l'heure pour un groupe de 5 personnes maximum.

Depuis les bureaux du parc, le **Main Trail** longe une petite rivière, le Sungai Liam, jusqu'à deux belles cascades, avant d'atteindre la **cascade de Latak** de 25 m de haut (1 km, 15-20 min aller), agrémentée d'une aire de pique-nique, de vestiaires et d'une piscine naturelle sablonneuse adaptée à la baignade. Le lieu est souvent bondé durant les week-ends et les jours fériés.

Si vous souhaitez un coin de nature plus tranquille, optez pour la **cascade de Tengkorong**, accessible par une marche plutôt ardue de 6 km (aller) depuis les bureaux du parc.

Un autre sentier, raide par endroits, mène au sommet du **Bukit Lambir** (465 m, 7 km aller depuis les bureaux du parc), qui réserve une belle vue. Remarquez les changements de végétation avec l'altitude, comme l'apparition des orchidées sauvages.

Où se loger et se restaurer

Le parc dispose de 13 **chalets** relativement confortables possédant 2 chambres chacun (1/2 ch avec ventil 50/75 RM, avec clim 100/150 RM). Les plus anciens sont en bois, les 4 nouveaux en béton. Les chambres avec ventil disposent de 2 lits, celles avec clim en ont 3. Si vous arrivez avant 14h (heure à laquelle les chambres sont disponibles), vous pouvez laisser vos sacs dans les bureaux. Le **camping** (5 RM/pers) est autorisé près des bureaux du parc. Les lits individuels en dortoir ne sont pas disponibles.

Pour réserver, appelez le parc ou le bureau de réservation des parcs nationaux à Miri. Pour l'instant, il n'est pas possible de réserver en ligne. Les chalets affichent parfois complet durant les week-ends et les vacances scolaires.

Une petite **cafétéria** (canteen ; plats 4-6 RM ; ⌚8h/8h30-17h ou plus) sert des plats de riz et de nouilles. Rien n'est prévu pour la cuisine, mais vous pouvez louer une bouilloire électrique (5 RM) pour préparer des nouilles instantanées.

Depuis/vers le parc national de Lambir Hills

Les bureaux du parc se trouvent à 32 km au sud de Miri, sur l'ancienne route (intérieure) de Bintulu. Tous les bus reliant la gare routière Pujut de Miri à Bintulu, Sibu et Kuching passent par là (10 RM depuis Miri) - demandez au chauffeur de s'y arrêter. Les bus locaux de Miri à "Lambir" vont au village de Lambir sur la côte, pas au parc.

Une course en taxi depuis Miri coûte 60 RM aller (120 RM aller-retour, 2 heures d'attente incluses).

Miri

295 000 HABITANTS

La dynamique ville pétrolière de Miri, animée et moderne, n'a rien de très typique de Bornéo. L'argent ne manque pas, donc on y mange bien, les larges avenues sont bien éclairées et il y a largement de quoi s'occuper lorsqu'il pleut. Les pensions de la ville sont agréables et permettent de rencontrer d'autres voyageurs. La population est à 40% dayak (principalement iban), 30% chinoise et 18% malaise.

Miri est un nœud de transports important, donc si vous voyagez depuis/vers Brunei, le Sabah, les Kelabit Highlands ou les parcs nationaux de Gunung Mulu, Niah ou Lambir Hills, vous avez des chances d'y passer.

Miri

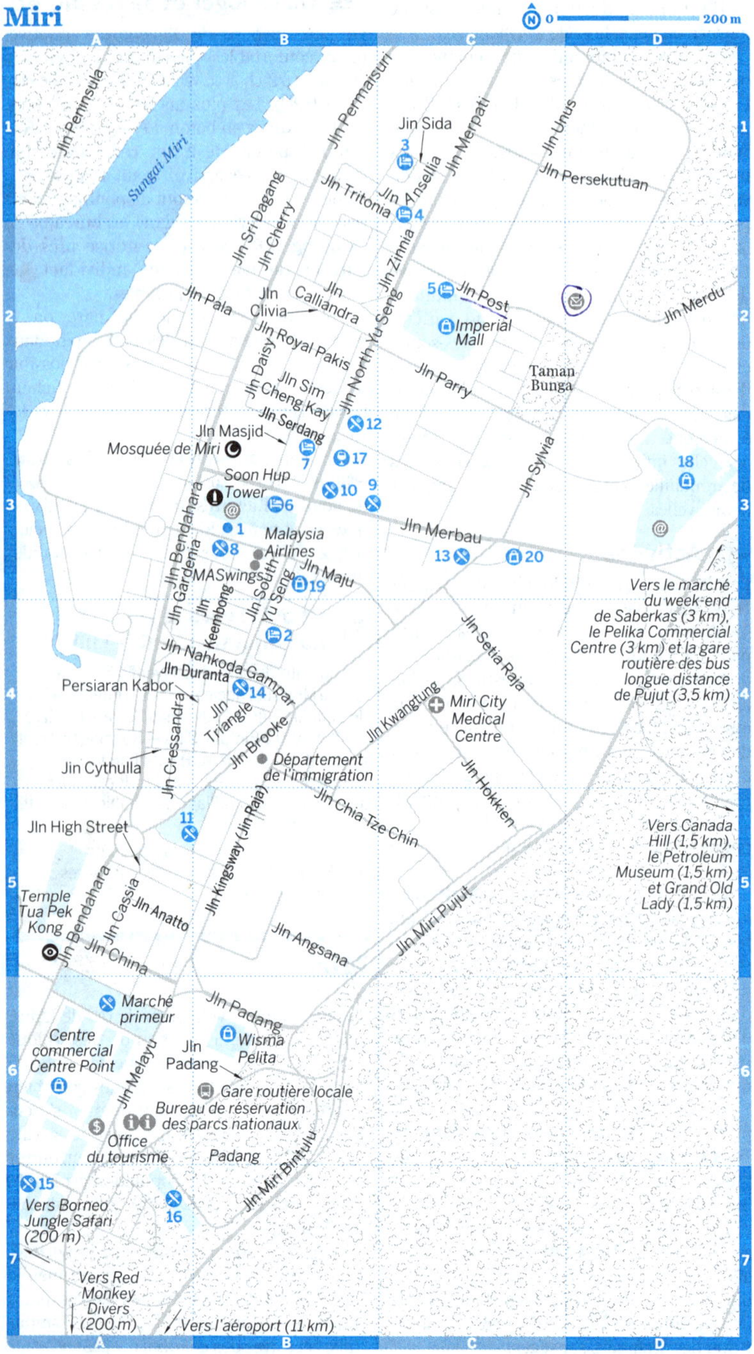

N 0 200 m
A
B
C
D
1
2
3
4
5
6
7
Jln Peninsula
Sungai Miri
Jln Permaisuri
Jln Sida
Jln Merpati
Jln Unus
Jln Persekutuan
Jln Ansellia
Jln Tritonia
Jln Sri Dagang
Jln Cherry
Jln Zinnia
Jln Post
Jln Merdu
Jln Pala
Jln Clivia
Jln Calliandra
Jln North Yu Seng
Imperial Mall
Jln Royal Pakis
Jln Daisy
Jln Sim Cheng Kay
Jln Parry
Taman Bunga
Jln Serdang
Jln Masjid
Mosquée de Miri
Jln Sylvia
Soon Hup Tower
Jln Merbau
Jln Bendahara
Jln Gardenia
Malaysia Airlines
MASwings
Jln Keembong
Jln South Yu Seng
Jln Maju
Vers le marché du week-end de Saberkas (3 km), le Pelika Commercial Centre (3 km) et la gare routière des bus longue distance de Pujut (3,5 km)
Jln Setia Raja
Jln Nahkoda Gampar
Jln Duranta
Persiaran Kabor
Jln Triangle
Jln Brooke
Jln Kwangtung
Miri City Medical Centre
Jln Cressandra
Jln Cythulla
Département de l'immigration
Jln Hokkien
Jln Chia Tze Chin
Jln High Street
Jln Kingsway (Jln Raja)
Vers Canada Hill (1,5 km), le Petroleum Museum (1,5 km) et Grand Old Lady (1,5 km)
Temple Tua Pek Kong
Jln Cassia
Jln Anatto
Jln Miri Pujut
Jln China
Jln Angsana
Marché primeur
Jln Padang
Wisma Pelita
Centre commercial Centre Point
Jln Melayu
Jln Padang
Gare routière locale
Bureau de réservation des parcs nationaux
Office du tourisme
Padang
Jln Miri Bintulu
Vers Borneo Jungle Safari (200 m)
Vers Red Monkey Divers (200 m)
Vers l'aéroport (11 km)

Miri

Activités

1 Borneo Tropical Adventure B3
Megalanes East Bowling Alley ..... (voir 18)

Où se loger

2 Apollo Hotel B4
3 Dillenia Guesthouse C1
4 Highlands Backpackers C1
5 Imperial Hotel C2
6 Mega Hotel B3
7 Minda Guesthouse B3

Où se restaurer

8 Khan's Restaurant Islamic B3
9 Meng Chai Seafood B3
10 Ming Café B3
11 Marché central de Miri A5
12 Muara Restoran B3
13 Rainforest Cafe C3
14 Sin Liang Supermarket B4
15 Summit Cafe A7
16 Tamu Muhibbah A7

Où prendre un verre

17 Barcelona B3

Achats

18 Bintang Plaza D3
19 Borneo Arts B3
20 Miri Handicraft Centre C3
Popular Book Store .... (voir 18)

À voir

Miri compte peu de sites historiques – la ville fut presque entièrement détruite durant la Seconde Guerre mondiale – mais n'est pas dénuée de charme. Une promenade dans le centre-ville est un bon moyen de se plonger dans l'atmosphère locale – les rues qui méritent le détour sont (du nord au sud) : Jln North Yu Seng, Jln South Yu Seng, Jln Maju et Jln High Street.

Miri City Fan PARC

(Jln Kipas ; ⌚24h/24). Paré de lumières colorées la nuit, ce parc de 10,4 ha aux jardins et bassins de styles chinois et malais est un lieu de promenade agréable. Il renferme également une belle bibliothèque neuve, un stade couvert et une piscine olympique (1 RM).

Canada Hill COLLINE, MUSÉE

(Bukit Kanada, Bukit Tenaga). Le premier puits de pétrole de Malaisie, la **Grand Old Lady**, fut foré en 1910 sur la ligne de crête basse, à 2 km au sud-est du centre-ville. L'ancien derrick se dresse à l'extérieur du **musée du Pétrole** (Petroleum Musem ; Jln Canada Hill ; ⌚9h-14h30, fermé ven). Des expositions interactives, certaines destinées aux enfants, sont une bonne introduction à cette industrie extrêmement lucrative qui a fait la fortune de Miri (et du gouvernement fédéral de Malaisie).

Par ailleurs, les sportifs aiment s'entraîner sur la colline, qui mérite le détour au coucher du soleil (en voiture, la marche est un peu longue) pour sa vue sur la ville et sur la mer de Chine méridionale.

Saberkas Weekend Market MARCHÉ

(⌚15h ven-sam soir, toute la journée lors du ramadan). L'un des marchés les plus colorés et agréables du Sarawak. On y trouve des fruits et légumes tropicaux, du poulet au barbecue, du *satay*, de la raie grillée et de l'artisanat. Les marchands se font une joie de répondre aux questions sur leurs produits. Situé à environ 3 km au nord-est du centre-ville, près du Boulevard Commercial Centre, dernier centre commercial en date de Miri. Desservi par les bus n^os^1, 1A, 31, 42, 62, 63, 66 et 68.

Temple San Ching Tian TEMPLE

(Jln Krokop 9). Ce serait le plus grand temple taoïste d'Asie du Sud-Est. Construit en 2000, il présente des bas-reliefs élaborés de dragons apportés de Chine. Un énorme temple chinois est en construction juste à côté. À environ 1 km au nord-est du Saberkas Weekend Market. Desservi par le bus n°44.

Activités

Les mouches de sable peuvent être problématiques aux alentours des plages de Miri.

Plongée PLONGÉE

Bien que les eaux au large de Miri soient plus connues pour le forage que pour la plongée sous-marine, la région – qui fait en majorité partie du **Miri-Sibuti Coral Reef Marine Park** (www.fri.gov.my/friswak/epro coral.htm) – a d'excellents sites de plongée de 7 à 30 m, où l'on trouve d'anciennes plates-formes pétrolières grouillant de poissons, ainsi que des épaves de chalutiers et de cargos. La meilleure visibilité sous l'eau est entre mars et septembre.

Red Monkey Divers (☎014-699 8296 ; www.redmonkeydivers.com ; Jln Dato Abang Indeh, Gymkhana Club ; ⏲10h-17h lun-sam, fermé déc-févr), situé à environ 2 km au sud du Mega Hotel, est un club professionnel qui propose des cours de plongée PADI et BSAC.

Hash House Harriers COURSE À PIED
(www.mirihhh.com). Les voyageurs sont invités à se joindre aux habitants et aux expatriés pour une course à pied, tous les mardis à 17h15, et à 16h30 le premier samedi du mois. Pour plus d'informations, renseignez-vous auprès des gérants du Ming Café (p. 443), qui sont des "hashers" enthousiastes.

Megalanes East Bowling Alley BOWLING
(3e ét., Bintang Plaza, Jln Miri Pujut ; 3,80-5,90 RM/partie, chaussures 2 RM ; ⏲10h-minuit). Avec ses 24 pistes, ce bowling est une bonne distraction les jours de pluie.

Circuits organisés

Parmi les compagnies de Miri proposant des randonnées dans le nord-est du Sarawak, citons :

Borneo Jungle Safari RANDONNÉE
(☎085-422595 ; www.borneojunglesafari.com ; Lot 1396, 1er ét., Centre Point Commercial Centre II, Jln Kubu). Tient le Ba Kelalan Apple Lodge Homestay, à Ba Kelalan.

Borneo Tropical Adventure RANDONNÉE
(☎085-419337 ; www.borneotropicaladventures.com ; Lot 906, Shop 12, rdc, Soon Hup Tower, Jln Merbau). Tient le Benarat Inn, dans le parc national de Gunung Mulu.

Festivals

Borneo Jazz Festival JAZZ
(www.jazzborneo.com ; Jln Temenggong Datuk Oyong Lawai ; ⏲week-end mi-mai). Propose un mélange éclectique de talents internationaux. Anciennement connu sous le nom de Miri International Jazz Festival.

Où se loger

Miri accueille certaines des meilleures pensions pour voyageurs du Sarawak.

Si votre budget est limité, choisissez bien votre logement – dans les établissements bon marché où séjournent les ouvriers foreurs (dans Jln South Yu Seng et à l'est), la plupart des chambres sont tristes, sans fenêtre et sentent le renfermé. Le commerce des maisons closes prospère à Miri dans certains des établissements bas de gamme les plus malfamés.

Dillenia Guesthouse GUESTHOUSE $$
(☎085-434204 ; https://sites.google.com/site/dilleniaguesthouse ; 1er ét., 846 Jln Sida ; dort/s/d/qua avec petit-déj 30/50/80/110 RM ; ❄@📶). Cette pension très accueillante aux 11 chambres soigneusement décorées (plantes dans les sdb), est à la hauteur de sa devise : "a home away from home" (un foyer loin de chez soi). La très serviable Mrs Lee est une véritable mine d'informations et de conseils – qui vous fournira aussi des chaussettes anti-sangsues. Les sdb sont communes. Desservie par le bus local n°42.

Minda Guesthouse GUESTHOUSE $
(☎085-411422 ; www.mindaguesthouse.com ; 1er et 2e ét., Lot 637, Jln North Yu Seng ; dort 20 RM/pers avec petit-déj, d 50-60 RM ; ❄@📶). Au cœur du quartier des restaurants et des bars de Miri, cet établissement confortable compte 13 chambres propres aux draps colorés, une petite cuisine, un salon DVD et une terrasse sur le toit. Thé et café à volonté. Les dortoirs, de 8 ou 12 lits, offrent peu d'espace. Deux chambres disposent de sdb privatives. Si vous avez le sommeil léger, sachez que la boîte de nuit de l'autre côté de la rue diffuse de la musique jusqu'à 2h.

Highlands Backpackers GUESTHOUSE $
(☎085-422327 ; www.highlandsmiri.com ; 2e ét., Lot 839, Jln Merpati ; dort/d 22/50 RM ; ❄@📶). La première pension de Miri, installée dans de nouveaux bâtiments depuis mi-2012, dispose de 15 chambres (52 lits), les deux tiers avec fenêtre, un salon avec TV satellite, une laverie bon marché (8 RM/machine avec séchage). Les dortoirs comportent 6 à 14 lits. L'aimable propriétaire, un pilote de Twin Otter originaire de Nouvelle-Zélande, surnommé Captain David, vient parfois y faire un tour. Desservie par le bus local n°42.

Imperial Hotel HÔTEL $$
(☎085-431133 ; www.imperialhotel.com.my ; Jln Post ; d à partir de 200 RM ; ❄📶🏊). Cet hôtel, le plus chic du centre-ville, compte 23 étages, 266 chambres, un centre d'affaires, une salle de remise en forme, un sauna et une piscine.

Mega Hotel HÔTEL $$
(☎085-432432 ; www.megahotel.com.my ; 907 Jln Merbau ; ch à partir de 195 RM ; ❄@📶🏊). Ne jugez pas cet hôtel à son extérieur de mauvais goût ou à son hall kitsch – les 288 chambres, réparties sur 16 étages,

ECOLODGE

Vous cherchez un endroit au milieu d'arbres fruitiers tropicaux où séjourner et vous détendre ? Le **TreeTops Lodge** (☎085-472172 ; www.treetops-borneo.com ; Kampung Siwa Jaya ; d/qua avec petit-déj 120/180 RM, avec ventil et sdb commune 80 RM ; ❄📶), tenu par Mike (un pilote britannique à la retraite) et sa femme Esther, originaire du Sarawak, propose 8 chambres parfaitement bien entretenues, dont 4 assez sommaires, dans un beau jardin relaxant. Vous pouvez vous prélasser sur la plage (à 2 km), pêcher des tilapias dans l'étang ou partir en randonnée. Un déjeuner léger coûte 7 RM, et un dîner 22 RM.

Le TreeTops se situe à 15 km au sud-ouest de Miri, le long de la nouvelle route côtière qui mène à Bintulu. Depuis la gare des bus locaux de Miri, prenez le bus n° 13 (4 RM, toutes les 90 min ou 2 heures de 5h50 à 18h30) jusqu'au terminus de la ligne, où une marche de 2 km vous attend. De l'aéroport, une course en taxi bleu coûte environ 75 RM. Le TreeTops n'est pas loin de la lisière occidentale du parc national de Lambir Hills, mais l'accès aux bureaux du parc nécessite un trajet de 40 km (transport disponible).

sont confortables et très spacieuses, quoiqu'un peu démodées. Les équipement comprennent une salle de sport (7e ét.), une piscine de 30 m avec vue sur la ville et un Jacuzzi (4e ét.).

Apollo Hotel HÔTEL $

(☎085-433077 ; fax 085-419 964 ; 4 Jln South Yu Seng ; s/d/tr à partir de 65/75/85 RM ; ❄). Un établissement chinois bon marché, vieillot mais bien entretenu. Très central. Les 18 chambres sont simples et impeccables. La réception se trouve derrière l'Apollo Seafood Centre.

Miri Trail Guesthouse HÔTEL À L'AÉROPORT $

(☎012-8040806, 017-850 3666 ; www.miritrail-guesthouse.com ; Airport Commercial Centre, Jln Airport ; dort/d avec petit-déj 25/55 RM, journée 15/30 RM ; ❄@📶). Un hébergement basique de 6 chambres, la plupart sans fenêtre, avec sdb communes. Situé en face de l'aéroport, de l'autre côté de la route (au-dessus de l'agence MASwings). Si vous transitez par Miri, vous pouvez vous y reposer une nuit ou une journée.

Où se restaurer

♥ **Summit Cafe** DAYAK $

(Centre Point Commercial Centre, Jln Melayu ; plats à partir de 3 RM ; ⏲6h-début d'après-midi lun-sam). Si vous n'avez jamais goûté à la cuisine kelabit, cet établissement fera découvrir de toutes nouvelles saveurs à vos papilles. Essayez la sélection colorée de "nourriture de la jungle" – *canko manis* (fougères de la forêt), *dure* (feuille frite de la jungle), feuilles de manioc émincées, et (parfois) sanglier. Le plus grand choix est disponible avant 11h30 – une fois qu'il ne reste plus rien à manger, le Summit Cafe ferme ! Les critiques sont élogieuses.

Meng Chai Seafood POISSON ET FRUITS DE MER $$

(11a Jln Merbau ; 25-80 RM/kg de poisson ; ⏲16h30-minuit). Les clients exigeants de la région se pressent dans cet excellent restaurant, situé dans deux modestes bâtiments adjacents. Parmi les spécialités, on trouve du poisson à l'ail grillé, du poulet de *kampung* et des fougères *midin*. Des bacs d'eau de mer contiennent des palourdes et des crevettes vivantes. L'établissement nNe sert pas de viande de porc.

Rainforest Cafe CHINOIS $$

(49 Jln Brooke ; plats à partir de 10 RM ; ⏲10h-14h et 17h-23h30). Souvent rempli de familles locales, ce restaurant en plein air se spécialise dans les plats chinois tels que le "tofu tropical braisé", le "poulet rôti croquant" et le "jarret de porc à la philippine".

Muara Restoran INDONÉSIEN $$

(Jln North Yu Seng ; plats 7-15 RM ; ⏲11h-16h). Les ouvriers du pétrole indonésiens, en combinaison jaune vif, affluent vers ce hangar au toit de tôle pour le *lalapan* (tofu, tempeh, viande, légumes proches des épinards, concombre et riz, le tout servi avec du *sambal belacan* pimenté). Parfait pour un repas de fin de soirée.

Ming Café ASIATIQUE, OCCIDENTAL $$

(www.mingcafe.com.my ; angle Jln North Yu Seng et Jln Merbau ; plats 5-25 RM ; ⏲10h-14h). Goûtez au meilleur des cuisines chinoise, malaise, indienne et même occidentale dans ce restaurant-buffet (à partir de 5 RM) qui ne désemplit jamais. Les jus de fruits frais et boissons coûtent entre 6 et 8,50 RM. Le bar propose plus d'une vingtaine de bières en bouteille et six à la pression, dont la Guinness. Lieu de retrouvailles des Hash House Harriers (voir p. 393 et 442).

Khan's Restaurant Islamic INDIEN $
(229 Jln Maju ; plats 4-8 RM ; ⏲6h30-20h30 ; ✐). Cet établissement simple est l'un des meilleurs restaurants nord-indiens de Miri. Il sert des plats délicieux tels que le poulet *vindaloo* (12 RM) et sept plats végétariens (4 RM).

Miri Central Market HAWKERS $
(Jln Brooke, Pasar Pusat Miri ; plats 2,50-4 RM ; ⏲7h-minuit). Parmi les marchands de nourriture chinoise particulièrement populaires, on trouve le stand n°5, qui prépare du curry de poulet au riz le matin, et le stand 6, réputé pour son porridge au poulet (disponible le soir).

Tamu Muhibbah MARCHÉ
(Jln Padang ; ⏲2h-18h ou 19h). Les fruits et légumes, parfois provenant directement de la jungle, sont vendus sur des étals chinois, malais, iban et orang ulu.

Sin Liang Supermarket SUPERMARCHÉ $
(Jln Duranta ; ⏲8h30-21h). Bien approvisionné en en-cas, articles de toilette et vins australiens.

Où prendre un verre

Barcelona BAR
(Jln North Yu Seng ; bière pression 8-12 RM ; ⏲16h-2h, happy hour 16h-21h). Plus équatorial qu'ibérique, ce bar à l'ambiance chic et détendue est équipé d'un écran géant pour les matchs de football. Des tables en bois sont installées en plein air. Parmi les spécialités, on trouve des vins espagnols et australiens, des mojitos (15 RM) et des cocktails Sex on the beach (20 RM), plutôt rares en Malaisie. On y sert également des tapas et quelques plats occidentaux. Le bar voisin, le WorldClub Station, accueille un groupe de rock philippin de 22h à 2h, tous les jours sauf le lundi.

Pelita Commercial Centre QUARTIER DES BARS
(Angle Jln Miri Pujut et Jln Sehati). Si vous aimez faire la tournée des bars, prenez un taxi jusqu'à ce dédale de petites rues bordées de pubs, de cafés, de restaurants ainsi que de karaokés malfamés, à 3 km au nord du centre-ville. Mais méfiez-vous des voyous locaux.

Achats

Miri Handicraft Centre ARTISANAT
(Angle Jln Brooke et Jln Merbau ; ⏲8h-17h30). Treize stands, loués à la ville, vendent des sacs, paniers, sarongs et textiles colorés, réalisés par des artisans iban, kelabit, kenyah/kayan, lun bawang, chinois et malais. Le stand n°7 vend de belles créations kelabit en perles provenant de Bario.

Borneo Arts ARTISANAT
(Jln South Yu Seng ; ⏲9h-21h). Objets artisanaux et souvenirs dayak.

Popular Book Store LIVRES
(2e ét., Bintang Plaza, Jln Miri Pujut ; ⏲10h-22h). Vaste librairie offrant un choix immense de livres en anglais et des titres de Lonely Planet en anglais et en chinois.

Bintang Plaza CENTRE COMMERCIAL
(Jln Miri Pujut ; ⏲10h-22h). Ce centre commercial moderne et climatisé, de plusieurs étages, ne déparerait pas à Singapour. Le 3e étage accueille quantité de magasins spécialisés dans les ordinateurs et les appareils photo.

Renseignements

Pour des renseignements et des conseils sur la région, ainsi qu'un aperçu de l'histoire locale, visitez le site non officiel de Miri, www.miriresortcity.com.

On trouve des DAB à l'aéroport et un peu partout dans le centre-ville.

Nous vous recommandons de faire le plein de médicaments et de matériel de premiers soins avant de vous rendre au parc national de Gunung Mulu ou dans les Kelabit Highlands.

Accès Internet

Internet Shop (1er ét., Shop 1-04, Soon Hup Tower, angle Jln Bendahara et Jln Merbau ; 2 RM/h ; ⏲8h-20h). Attire les adolescents accros aux jeux vidéo.

IT Cyber Station (3e ét., extrémité ouest, Bintang Plaza, Jln Miri Pujut ; 2,50 RM/h ; ⏲10h-22h). Possède 72 ordinateurs.

Laverie

Si vous déposez votre linge à l'**EcoLaundry** (☎016-878 9908, 085-414266 ; 638 Jln North Yu Seng ; 5 RM/kg ; ⏲7h-19h lun-sam, 7h-17h dim) avant de vous envoler vers le parc national de Gunung Mulu ou les Kelabit Highlands, vous aurez moins de poids à transporter et retrouverez des vêtements propres à votre retour ! Offre des ramassages gratuits dans les pensions et hôtels.

Office du tourisme

Bureau de réservation des parcs nationaux (☎085-434184 ; www.sarawakforestry.com ; 452 Jln Melayu ; ⏲8h-17h lun-mar). Dans l'office du tourisme. Donne des informations sur les parcs nationaux du Sarawak et peut réserver des lits et des chambres à Niah et Lambir Hills (mais pas à Gunung Mulu ni à Similajau).

Office du tourisme (☎085-434181 ; www.sarawaktourism.com ; 452 Jln Melayu ; ⏲8h-17h lun-ven, 9h-15h sam, dim et jours fériés). Le personnel serviable peut vous fournir des plans de la ville, des renseignements sur les hébergements et une liste de guides agréés. Situé dans un petit parc.

Poste

Bureau de poste principal (Jln Post ; ⏲8h-16h lun-ven, 8h-14h30 sam)

Services médicaux

Colombia Asia Hospital (☎085-437755 ; http://columbiaasia.com/miri ; Jln Bulan Sabit ; ⏲24h/24). Hôpital privé de 35 lits, où se rendent de nombreux expatriés. Service d'urgences et d'ambulance 24h/24. Situé à 4 km au nord-est du Mega Hotel.

Miri City Medical Centre (☎085-426622 ; www.mcmcmiri.com ; 916-920 Jln Hokkien). Ambulance, service d'accueil des accidentés et des urgences 24h/24, et plusieurs cliniques privées. Accepte les paiements directs de la part de certaines compagnies d'assurance. Situé dans le centre-ville.

Visas

Service d'immigration (Jabatan Imigresen ; ☎085-442117 ; www.imi.gov.my ; 2e ét., Yulan Plaza, angle de Jln Kingsway et Jln Brooke ; ⏲8h-17h lun-jeu, 8h-11h45 et 14h15-17h ven). Pour les prorogations de visas.

ℹ Depuis/vers Miri

Miri se trouve à 212 km au nord-est de Bintulu et à 36 km au sud-est de la frontière avec Brunei.

Air

AirAsia (www.airasia.com) dessert Kuching, Kota Kinabalu (KK), Kuala Lumpur (KL), Johor Bahru (de l'autre côté de la chaussée de Singapour) et Singapour, alors que **Malaysia Airlines** (www.malaysiaairlines.com) assure la liaison vers KL.

Miri est l'aéroport principal de **MASwings** (www.maswings.com.my), la filière de Malaysia Airlines qui propose des vols bon marché pour le parc national de Gunung Mulu, Bario et Ba Kelalan (dans les Kelabit Highlands), Kuching, Sibu, Bintulu, Marudi, Limbang, Lawas, Pulau Labuan et KK.

L'**aéroport** de Miri (Jln Airport) a une zone d'enregistrement séparée pour le "Rural Air Service" de MASwings, c'est-à-dire les liaisons pour le parc national de Gunung Mulu et Bario. Si vous embarquez sur un Twin Otter, on vous demandera de vous peser sur une gigantesque balance, avec votre bagage cabine.

Un acccès Wi-Fi gratuit est disponible dans le café Starbucks, au niveau des enregistrements. Dans la zone des départs (après avoir passé la sécurité), le Coffee Bean & Tea Leaf offre également une connexion Wi-Fi ; le mot de passe est inscrit à côté de la caisse.

Bus et vans

Les bus longue distance empruntent la gare routière Pujut de Miri, à environ 4 km au nord-est du centre-ville.

Une ou deux fois par heure, des bus se rendent à Kuching (80 RM, 12-14 heures, départs de 6h à 22h) via l'ancienne route intérieure Miri-Bintulu, et s'arrêtent au parc national de Lambir Hills, à Batu Niah Junction (point d'accès au parc national de Niah ; 10-12 RM, 1 heure 30), Bintulu (20-27 RM, 3 heures 30) et Sibu (40-50 RM, 7-8 heures). Cet itinéraire étant très concurrentiel, il est conseillé de comparer les prix. Les spacieux "bus VIP", avec 3 sièges seulement par rangée, offrent le confort d'un vol en 1re classe ! Les compagnies disponibles sont **Bintang Jaya** (☎085-432178, 085-438301), **Bus Asia** (Biaramas ; ☎414999, hotline 082-411111 ; http://mybus.com.my) et **Miri Transport Company** (MTC ; ☎085-438161 ; www.mtcmiri.com).

Bintang Jaya assure également la desserte, au nord-est, de Limbang (45 RM, 4 heures), Lawas (75 RM, 6 heures) et KK (90 RM, 10 heures). Les bus quittent Miri à 8h30 ; les départs de KK se font à 7h. **Borneo Bus** (☎010-967 6648) dessert les mêmes destinations à 7h45, sauf le mercredi ; les départs de KK se font également à 7h45. Bus Asia propose un bus pour Limbang à 14h. Notez qu'en voyageant sur toutes ces compagnies, il est interdit de descendre à Brunei.

ℹ Comment circuler

Depuis/vers l'aéroport

Une course en **taxi** rouge et jaune (☎013-838 1000 ; ⏲24h/24) de l'aéroport au centre-ville (15 min, 25 min avec circulation) coûte 22 RM (33 RM de 23h45 à 6h) ; un *kupon teksi* (coupon taxi) peut être retiré au **taxi desk** (⏲7h-23h) situé à la sortie de la zone de récupération des bagages (à côté des guichets de location de voitures). Si vous vous rendez du centre-ville à l'aéroport, la course coûte 20 RM, ou 30 RM dans un spacieux "taxi exécutif" bleu.

Le bus n°28 relie la gare des bus locaux à l'aéroport (2,60 RM, toutes les 30 min

REJOINDRE LE BRUNEI : DE MIRI À BANDAR SERI BEGAWAN

Atteindre la frontière La seule compagnie autorisée à transporter des passagers de la gare routière Pujut de Miri à Brunei est **PHLS** (Jesselton Express ; à Brunei +673-718-3838, +673-719-3835, +673-717-7755, à Miri 085-438301). Ses bus partent pour Bandar Seri Begawan (BSB ; 40 RM) via Kuala Belait (25 RM) et Seria (25 RM) à 8h15 et 15h45. Les billets s'achètent au guichet Bintang Jaya. L'autre possibilité pour se rendre à BSB (50 RM, 2 heures 45) est d'emprunter un **van privé** (☎à BSB +673-887 7642, à Miri 016-873 2742) depuis la gare routière de Pujut de Miri ; on peut venir vous chercher directement à votre hôtel. Pour plus d'informations, contactez Mrs Lee au Dillenia (p. 442), les *guesthouses* Minda (p. 442) ou Highlands (p. 442), ou l'office du tourisme de Miri (p. 445).

À la frontière Les formalités sont généralement rapides et pour la plupart des nationalités, les visas pour Brunei sont gratuits (voir p. 480 pour plus de détails), mais la procédure peut ralentir les bus.

Continuer Des ferries relient l'embarcadère Serasa de Brunei, à 20 km au nord-est de BSB, à Pulau Labuan. De là, des bateaux se rendent à Menumbok dans le Sabah. Plusieurs bus par jour partent de BSB vers la division de Limbang dans le Sarawak et des destinations dans le Sabah. Si vous vous rendez au Sabah par voie terrestre, assurez-vous d'avoir assez de pages blanches dans votre passeport pour recevoir 10 nouveaux tampons.

Voir p. 476 pour plus d'informations sur le voyage en sens inverse.

environ) ; les derniers départs se font à 17h20 de l'aéroport, et à 18h30 de la gare des bus locaux. À l'aéroport, l'arrêt se trouve au niveau des arrivées, devant le terminal (cherchez un panneau vertical avec, inscrit, "Bas").

Bus

Le transport local en bus est assuré par trois compagnies : Miri City Bus, Miri Transport Company (MTC) et Miri Belait Transport. Les horaires sont affichés à la **gare des bus locaux** (Jln Padang), à côté de l'office du tourisme. Le prix des billets débute à 1 RM ; la plupart des lignes circulent de 7h à 18h.

Les bus MTC n°s 20 et 33A relient la gare des bus locaux à la gare routière Pujut (1,60-2,60 RM, toutes les heures jusqu'à 18h30).

Taxi

Les stations de taxis sont réparties autour du centre-ville. Une course rapide dans le centre-ville coûte 10 RM. Un trajet du centre vers la gare routière Pujut revient à 15 RM. On peut commander un taxi en appelant la **Miri Taxi Association** (☎085-432 277 ; ⏲24h/24).

Voiture

La plupart des pensions de Miri organisent volontiers un moyen de transport privé jusqu'à des destinations telles que le parc national de Lambir Hills (85 RM aller-retour) et le parc national de Niah (180 RM aller-retour).

Les loueurs de voitures possédant des guichets à l'aéroport de Miri, juste à l'extérieur de la zone de récupération des bagages, sont :

FT Car Rental (☎085-438415 ; www.ftcarrental.com)

Golden System Car Rental (☎085-613359 ; www.gocar.com.my)

Hertz (☎012-879 2979, 085-614740 ; www.hertz.com ; ⏲8h-17h, fermé dim et jours fériés)

Kong Teck Car Rental (☎085-617767 ; www.kongteck.com.my)

NORD-EST DU SARAWAK

Parc national de Gunung Mulu

Classé par l'Unesco en 2005 site du patrimoine mondial, ce **parc national** (☎085-792300 ; www.mulupark.com ; pass 5 jours adulte/enfant 30/10 RM ; ⏲bureaux du parc 8h-17h) est l'une des destinations nature les plus majestueuses et les plus palpitantes d'Asie du Sud-Est.

Très peu de parcs nationaux dans le monde rassemblent autant de merveilles naturelles sur une surface aussi réduite. Avec ses **grottes** (www.mulucaves.org) aux proportions démesurées, ses formations géologiques surnaturelles telles que les Pinnacles, et une forêt tropicale primaire exceptionnelle (on dénombre dans le parc 17 zones de végétation différente), c'est véritablement une merveille du monde.

Parmi les remarquables attributs de ce parc de 529 km² se trouvent ses deux plus hauts sommets : le Gunung Mulu (2 376 m) et le Gunung Api (1 710 m). Entre les deux : des montagnes karstiques escarpées, des gorges profondes aux rivières cristallines, et une mosaïque unique d'habitats naturels abritant une faune sauvage fascinante et incroyablement diverse. Les sites de randonnée les plus connus de Mulu sont les Pinnacles, une forêt d'aiguilles calcaires, et le dénommé chemin des chasseurs de têtes (Headhunters' Trail), qui suit un ancien sentier de guerre tribal jusqu'à Limbang.

Certaines excursions dans les grottes (notamment les plus physiques) et randonnées (notamment les plus longues) se réservent longtemps à l'avance.

Les installations du parc sont gérées par Borsarmulu, une compagnie privée controversée appartenant en partie à la sœur du chef du gouvernement du Sarawak.

À voir et à faire

En vous enregistrant, le personnel vous donnera un plan schématique du parc sur lequel vous pouvez établir vos activités quotidiennes. Les employés des bureaux sont généralement d'une grande aide pour planifier des itinéraires et essayer de les adapter aux besoins et intérêts spécifiques de chacun (par exemple, des activités pour toute la famille).

Toutes les passerelles en bois (comme celle menant à l'entrée de la Deer Cave) sont accessibles en fauteuil roulant, mais l'intérieur des grottes ne l'est pas.

Vous trouverez des informations sur les randonnées et les promenades en bateau qui ne figurent pas dans ce guide sur le très bon site Web du parc (www.mulupark.com) et dans les brochures disponibles dans les bureaux.

Activités sans guide

Les visiteurs ne sont pas autorisés à pénétrer à l'intérieur des grottes sans guide qualifié, mais il existe un certain nombre de **promenades dans la jungle** que l'on peut faire non accompagné, à condition d'en informer les bureaux du parc (ou, s'ils sont fermés, quelqu'un chargé de la sécurité, dans le bâtiment en face des bureaux). Par exemple, vous pouvez marcher jusqu'à l'**observatoire des chauves-souris** près de l'entrée de la Deer Cave, et jusqu'à la **cascade de Paku** (3 km aller), où l'on peut se baigner.

Mulu Discovery Centre MUSÉE
(7h30-21h). Donne un bon aperçu de la biodiversité exceptionnelle du parc et de son extraordinaire géologie. Situé dans les nouveaux bâtiments, entre les bureaux du parc et le Café Mulu.

GRATUIT **Tree Top Tower** OBSERVATION DES OISEAUX
(Entrée libre, caution pour la clé 50 RM). Un observatoire de 30 m de hauteur. Le meilleur moment pour apercevoir des oiseaux est de s'y rendre tôt le matin (entre 5h et 9h) ou en fin d'après-midi et en début de soirée (entre 16h et 20h). Réservez une plage horaire et récupérez la clé aux bureaux du parc ou, après 16h30, à la sécurité (en face des bureaux, de l'autre côté de la passerelle). Situé à environ 500 m des bureaux.

Promenades guidées en forêt

Promenade nocturne MARCHE
(Équipe de nuit ; 10 RM/pers ; 19h sauf en cas de pluie). Introduction idéale à la faune nocturne du parc, cette promenade de 1 heure 30 à 2 heures (l'itinéraire varie) chemine à travers la forêt alluviale. Parmi les créatures que vous êtes susceptible d'apercevoir – uniquement si le guide les montre du doigt – se trouvent des rainettes de 1 cm de long, des araignées géantes, des serpents énormes qui ressemblent à s'y méprendre à une plante grimpante enroulée autour d'une branche, et des phasmes, insectes extraordinaires pouvant mesurer jusqu'à 30 cm de long et qui semblent faits de rameaux et de brindilles. Si vous placez votre lampe de poche (apportez-en une) à hauteur des yeux, vous verrez les yeux d'araignées et d'autres créatures briller dans le feuillage.

Ne portez pas de répulsif anti insectes, sinon vous risquez de faire fuir certains des insectes que vous souhaitez voir. Les moustiques ne posent aucun problème.

Si vous commandez à dîner au Wild Mulu Café avant de partir, vous pourrez emporter votre repas à votre retour (assurez-vous d'être rentré avant 21h30). Les restaurants à l'extérieur du parc restent ouverts plus tard.

Vous pouvez effectuer cette marche de nuit seul, sans guide, soit avant 17h (pour que votre odeur, qui effraie la faune sauvage, se soit dissipée avant que la visite guidée ne commence), soit après 20h. Assurez-vous de prévenir les bureaux du parc, ou s'ils sont fermés, la sécurité. Entre 17h et 20h, vous pouvez emprunter des chemins différents de ceux de la visite guidée.

GUIDES, RÉSERVATIONS ET TARIFS

Pour la plupart des grottes, promenades et randonnées dans le **parc national de Gunung Mulu** (☎085-792300 ; www.mulupark.com), les visiteurs doivent être accompagnés d'un guide agréé par l'Office des forêts du Sarawak, généralement sollicité directement par le parc ou par l'agence de voyages (comme celles de Kuching, Miri ou Limbang). Les prix indiqués dans ce chapitre correspondent à ceux de visites réservées directement auprès du parc, tout comme les délais nécessaires pour les réservations. Les agences pratiquent des tarifs considérablement plus élevés, mais fournissent également des services supplémentaires, comme les repas, et offrent plus de flexibilité en matière de réservation.

Si vous avez décidé de faire de la spéléologie, de partir en randonnée vers les Pinnacles ou jusqu'au sommet du Gunung Mulu, vous devez réserver – par téléphone ou par e-mail (enquiries@mulupark.com). En juillet, août ou septembre, certains circuits sont complets plusieurs mois à l'avance, il est donc absolument essentiel de réserver si vos dates ne sont pas flexibles. Si tel est votre cas, n'achetez pas vos billets d'avion tant que les dates de votre randonnée ou d'exploration spéléologique ne sont pas confirmées. Les réservations peuvent être flexibles : si vous prévenez les employés du parc de vos plans suffisamment à l'avance, ils seront peut-être en mesure de réassigner des guides pour vous accueillir. Et si vous pouvez passer une ou deux semaines dans le parc (ce qui signifie en général séjourner dans une *guesthouse* sommaire à l'extérieur du parc), des randonnées ou des excursions de spéléologie peuvent parfois se libérer.

Les guides de randonnée et de spéléologie du parc sont bien entraînés et parlent anglais, mais ils ne sont qu'une quinzaine. Les administrateurs du parc souhaitant améliorer la qualité du service des guides, certains habitants de la région qui gagnaient leur vie comme guides (semi-qualifiés) du parc ont été exclus – ce qui a provoqué leur colère.

Des voyageurs font parfois appel à des guides indépendants des villages voisins qui ne sont rattachés à aucune agence de voyages. Bien qu'ils soient agréés par l'Office des forêts du Sarawak (sinon ils ne seraient pas autorisés à pratiquer dans le parc), leurs connaissances sur la nature et leur niveau d'anglais varient beaucoup. Il se peut également qu'ils ne soient pas équipés des dernières technologies en matière de sécurité (alors que le parc fournit des émetteurs-récepteurs à tous ses guides), mais surtout, qu'ils n'aient pas d'assurance adéquate, un facteur qui se révélerait critique en cas d'évacuation en hélicoptère.

Un groupe de spéléologues doit comporter au moins quatre personnes (guide inclus). En cas d'accident, une personne doit rester avec le blessé pendant que les deux autres partent chercher de l'aide.

Le parc pratique désormais un tarif par personne pour toutes les randonnés et les excursions de spéléologie (3 personnes minimum).

Passerelle de la canopée de Mulu MARCHE

(35 RM/pers; ⏲départs toutes les 1-2 heures, 7h-14h). Atteindre les hauteurs de la canopée est le seul moyen de se rendre compte de ce qu'est réellement une forêt tropicale. La majorité de la faune et de la flore évolue en hauteur, et non pas au sol, qui ne reçoit que 2% de la lumière totale du soleil. La passerelle de Mulu, inoubliablement fixée à une série d'arbres immenses sur 480 m de long, est bien signalisée et c'est l'une des meilleures d'Asie du Sud-Est. Elle affiche souvent complet longtemps à l'avance – pour un créneau horaire spécifique, réservez dès que vous avez votre billet d'avion.

Grottes touristiques

Les *show caves* ("grottes touristiques") de Mulu (nom que le parc a donné aux grottes qui peuvent se visiter sans entraînement ou équipement spécifiques) sont l'attraction la plus populaire du parc, et pour cause : elles sont tout simplement extraordinaires. Toutes sont accessibles en visite guidée depuis les bureaux du parc. Emportez une bonne lampe de poche.

Deer Cave et Lang's Cave GROTTES

(20 RM/pers ; ⏲départs à 14h et 14h30). Une agréable promenade de 3 km (40-60 minutes) sur un chemin de planches à travers la forêt tropicale vous conduira

vers ces deux grottes voisines. Le plus impressionnant n'est pas ce qui se trouve à l'intérieur des grottes, mais ce qui s'en échappe tous les soirs au crépuscule (sauf quand il pleut) : des millions de chauves-souris formant des nuages qui s'élèvent en virevoltant, comme des essaims d'abeilles. Le spectacle est impressionnant. La trajectoire des chauves-souris est conçue pour déjouer les plans de leur prédateur, le milan des chauves-souris, perché sur les falaises environnantes. Vous serez de retour aux bureaux du parc vers 19h.

La **Mulu Bat-Cam** (www.muluparkbatcams.com) – cinq webcams infrarouges – filme la vie des chauves-souris à l'intérieur de la Deer Cave. Elle n'est pas encore diffusée en direct sur Internet, mais vous pouvez voir sa transmission à l'**observatoire des chauves-souris,** à côté de l'amphithéâtre herbeux devant l'entrée de la grotte, ainsi que dans les bureaux du parc.

La Deer Cave, qui mesure plus de 2 km de long et 174 m de haut, est la plus grande galerie souterraine du monde ouverte au public (jusqu'à ce qu'une autre grotte soit découverte au Vietnam en 2009, on la considérait comme la plus grande grotte du monde). Elle accueille entre 2 et 3 millions de chauves-souris, de 12 espèces différentes (plus que dans n'importe quelle autre grotte du monde), qui restent accrochées à la voûte en une masse noire grouillante en attendant le soir pour partir se rassasier. Les chauves-souris de la Deer Cave dévoreraient 30 tonnes de moustiques toutes les nuits. Ce qui explique pourquoi les piqûres de moustiques sont quasiment inconnues à Mulu.

S'il pleut, les chauves-souris ne sortent que rarement. L'écholocation (la façon dont elles trouvent leur proie) n'est en effet pas très efficace pour détecter les insectes volants au milieu d'un assaut de gouttes de pluie.

Wind Cave et Clearwater Cave GROTTE

(50 RM/pers avec trajet en bateau ; ⏲départs à 8h45 et 9h15). Rien de mieux pour commencer la journée qu'une balade à bord d'un bateau à fond plat sur les eaux d'une rivière dans les hauteurs de la jungle ! Cette sortie dure environ 4 heures, ce qui laisse le temps pour visiter une autre grotte dans l'après-midi – ou reprendre l'avion pour Miri.

La Wind Cave, qui doit son nom aux brises fraîches qui la traversent agréablement, est divisée en plusieurs salles – dont la Chambre du Roi, de la taille d'une cathédrale – remplies de forêts fantasmagoriques de stalactites et de stalagmites. La Clearwater Cave est immense (en 2012, 225 km de passages avaient été explorés), mais seule une petite partie est ouverte aux visiteurs. Comme son nom l'indique, elle se distingue par une rivière souterraine aux eaux limpides.

Après avoir visité les grottes, vous pouvez vous baigner dans les eaux rafraîchissantes d'un bassin naturel sablonneux, alors n'oubliez pas votre maillot de bain ; des vestiaires sont à disposition. Il n'est maintenant plus possible de regagner les bureaux du parc à pied.

Les visites commencent par un arrêt au village de Batu Bungan, établi par le gouvernement dans le cadre d'une campagne visant à décourager le mode de vie nomade des Penan. Les habitants y vendent des babioles et de l'artisanat.

Fast Lane GROTTE

(55 RM/pers avec trajet en bateau ; ⏲13h30). Cet itinéraire dans la Lagang Cave reçoit des critiques élogieuses depuis son ouverture en 2010, en raison des stalactites et stalagmites extraordinaires qu'on peut y voir. N'oubliez pas de jeter un œil au "moonmilk", une formation minérale fibreuse (connue sous le nom de lublinite chez les scientifiques) créée lorsque des bactéries décomposent la calcite, principal composant du calcaire. Ne la touchez pas : elle est très fragile !

La grotte est accessible en une heure de marche. La visite complète dure entre 3 et 4 heures. Les groupes sont limités à 8 personnes.

Grottes aventure

Les grottes dont l'exploration nécessite un équipement spécial et un certain niveau de spéléologie sont désignées par le parc sous le nom de "grottes aventure". Les inscriptions pour les 8 excursions d'une journée ou demi-journée se remplissent vite, alors réservez bien à l'avance. Les groupes sont limités à 8 personnes. Les fortes pluies peuvent inonder les grottes.

Les parcours spéléologiques sont cotés en fonction de leur degré de difficulté : débutant, intermédiaire et chevronné. Les guides déterminent le niveau de chaque participant en fonction de son expérience. Si vous êtes novice en spéléologie, vous devrez commencer par un parcours intermédiaire (Racer Cave) avant de passer au niveau supérieur. L'âge minimum requis est de 12 ans pour le niveau intermédiaire et de 16 ans pour le niveau chevronné. Les bureaux du parc fournissent des informations sur "la grotte aventure en famille", qui correspond à une partie de la Lagang Cave accessible à tous les âges. Les frais incluent casque et lampe frontale ; prenez des chaussures fermées, un kit de secours et des vêtements résistants.

La spéléologie n'est pas faite pour tout le monde. Se retrouver à mi-chemin dans un passage souterrain n'est pas le meilleur moment pour se rendre compte que l'on souffre de claustrophobie, que l'on a peur du noir, ou que l'on n'aime tout simplement pas se faufiler dans la boue au milieu d'insectes rampants.

Sarawak Chamber SPÉLÉOLOGIE CHEVRONNÉE

(225 RM/pers ; ⏲départs à 7h). Mesurant 700 m de long, 400 m de large et 70 m de haut, cette incroyable salle – découverte en 1981 – est le plus grand espace clos au monde. Mais ne vous attendez pas à y voir grand-chose : de simples lampes ne suffisent pas à éclairer cet océan noir de vide, suffisamment grand pour contenir dix A380 alignés l'un derrière l'autre. Cette excursion est très physique : l'accès à la grotte nécessite 6 heures de randonnée (3 heures aller, 3 heures retour) et une fois à l'intérieur, l'exploration se fait à l'aide de cordes fixes. Le parcours complet dure entre 10 et 15 heures.

Clearwater Connection SPÉLÉOLOGIE CHEVRONNÉE

(170 RM/pers). Cet itinéraire de 4,8 km (entre 4 et 8 heures) part de la Wind Cave et pénètre dans la partie sauvage du réseau de la grande Clearwater Cave. Il nécessite un peu d'escalade et comprend un tronçon de 1,5 km le long d'une rivière souterraine.

Lagang Cave SPÉLÉOLOGIE INTERMÉDIAIRE

(95 RM/pers). Beaucoup de stalagmites, de stalactites et de rochers, ainsi qu'un ancien lit de rivière. Pas d'escalade. De 2 à 4 heures.

Racer Cave SPÉLÉOLOGIE INTERMÉDIAIRE

(95 RM/pers ; ⏲départs à 9h). Comporte des parties encordées qui nécessitent un peu de force dans le haut du corps. Tient son nom du serpent inoffensif ("racer snake"), qui mange principalement des chauves-souris. De 2 à 4 heures.

Randonnée et escalade

Mulu détient certains des meilleurs **chemins de randonnée dans la jungle** de Bornéo, et des plus accessibles. La forêt est en excellent état et il existe des itinéraires pour tous les niveaux.

Attendez-vous à de la pluie, des sangsues, un terrain glissant et dangereux, le tout sous de fortes chaleurs – emportez beaucoup d'eau. Des guides sont requis si la randonnée comprend une nuit, sauf pour le chemin des chasseurs de têtes. Réservez longtemps à l'avance. N'envisagez pas ces randonnées si vous êtes asthmatique ou si vous souffrez d'un problème cardiaque ou des genoux.

Munissez-vous d'un kit de premier secours et d'une lampe de poche.

Les Pinnacles TREK

(325 RM/pers). Les Pinnacles forment une étonnante collection de flèches de pierre hautes de 45 m, émergeant de la forêt qui recouvre les versants du Gunung Api. Le trek commence par un trajet en bateau (vous pouvez vous arrêter à la Wind Cave et à la Clearwater Cave pour un supplément de 20 RM) et se poursuit, entre 2 nuits au camp 5, par une ascension ardue et ininterrompue de 2,4 km. La dernière partie, bien plus éprouvante que la montée au Mt Kinabalu, implique un sérieux travail d'escalade et l'utilisation de cordes et d'échelles. La descente est tout aussi difficile. Lorsque vous arrivez au camp 5, une baignade dans les eaux fraîches et limpides de la rivière vous paraîtra séduisante. La randonnée traverse une jungle magnifique.

Apportez des chaussures ayant une bonne adhérence sur des roches glissantes, de quoi dormir (les températures sont douces au camp 5, beaucoup de personnes se contentent d'un sarong) et suffisamment à manger pour 6 repas (des nouilles instantanées, par exemple). Du matériel de cuisine et des réchauds sont disponibles au camp 5. Des randonneurs ont récemment signalé la présence de nombreuses abeilles.

Gunung Mulu Summit TREK

(385 RM/pers, avec porteur 475 RM). L'ascension jusqu'au sommet du Gunung Mulu (2376 m) – décrite récemment par un grimpeur satisfait comme "épuisante" et "traître" à l'approche du sommet – est une expérience typique de Bornéo. Si vous êtes très sportif et en quête d'une véritable aventure, ce trek de 24 km est fait pour vous.

Apportez de bonnes chaussures de randonnée, un sac de couchage (il peut faire un peu frais au camp 4), un tapis de sol (à moins que vous souhaitiez dormir à même les planches de bois), des vêtements de pluie (certains groupes marchent sous la pluie toute la journée) et suffisamment de nourriture pour 4 jours. Les camps qui se trouvent en chemin disposent de matériel de cuisine très sommaire et d'un réchaud. Apportez des pastilles de purification si vous craignez de boire l'eau de pluie collectée dans des abris en chemin. Près du sommet, vous risquez de passer la plupart du temps au milieu des nuages ; une veste polaire est le meilleur moyen de se protéger de l'humidité et du froid. De récents randonneurs ont fait part de la présence de rats au camp 3 et d'écureuils attirés par les nouilles au camp 4. Le trek dure 4 jours et 3 nuits.

Sentier des chasseurs de têtes (Headhunters' Trail) TREK

Le sentier des chasseurs de têtes, peu exigeante physiquement, est un chemin détourné qui mène de Mulu à Limbang et qui peut se parcourir dans les deux sens, bien que la plupart des marcheurs partent du parc. La route doit son nom aux guerriers kayan qui remontaient jadis le Sungai Melinau depuis la région de Baram jusqu'aux gorges du Melinau, puis tiraient leurs canoës par voie de terre jusqu'au Sungai Terikan pour attaquer les populations aux alentours de Limbang.

À partir de Limbang, il est possible de voyager jusqu'au parc sans guide. Il suffit de louer un moyen de transport au fur et à mesure (un véhicule, puis un bateau). Le trajet dure 2 jours et 1 nuit. Si vous êtes seul, n'oubliez pas de contacter le parc pour réserver un emplacement pour dormir au camp 5.

Vous pouvez redescendre vers Limbang en vous rendant de Kuala Terikan (11 km à pied depuis les bureaux du parc) ou de Lubang Cina, non loin, à Medamit (relié à Limbang par la route), mais uniquement si vous vous êtes arrangé au préalable pour disposer d'un batelier ou d'un guide. À Limbang, Mr Lim, de **Borneo Touch Ecotour** (☎013-844 3861 ; www.walk2mulu.com), peut organiser un bateau et un van dans les deux sens moyennant 500 RM (5 personnes maximum) et propose également des circuits intéressants.

Où se loger

Les possibilités d'hébergement varient entre *longhouses* luxueuses et établissements sommaires. MASwings utilise des avions à turbopropulseurs de 68 places pour la liaison Miri-Mulu, donc il se peut qu'il y ait plus de places dans l'avion que pour séjourner à l'intérieur du parc.

Le camping n'est plus autorisé près des bureaux, mais certaines pensions à l'extérieur du parc (en face des bureaux, de l'autre côté du pont) vous laisseront planter votre tente. Les seules autres options pour dormir dans le parc, et seulement sur réservation car l'espace est limité, sont le camp 5 (tentes interdites) et quelques huttes sur le sentier menant au sommet du Gunung Mulu.

À l'intérieur du parc national

Les bureaux du parc, installés dans un joli cadre au milieu de la jungle, disposent de l'électricité 24h/24, d'eau potable au robinet et d'un total de 88 lits. Toutes les chambres privées ont des salles de bains. Les prix (sauf au camp 5) comprennent un délicieux petit-déjeuner.

Si vous voyagez de juillet à septembre, le personnel recommande de réserver votre hébergement à l'intérieur du parc avant d'acheter votre billet d'avion – il vous suffit d'appeler (☎085-792300) ou d'envoyer un e-mail (enquiries@mulupark.com). L'Office des forêts du Sarawak ne peut pas prendre de réservations.

Vous pouvez annuler votre chambre jusqu'à 48 heures à l'avance sans pénalité, ce qui explique pourquoi certaines places se libèrent au dernier moment ; téléphonez pour vous renseigner sur les disponibilités de dernière minute.

Garden Bungalows BUNGALOWS $$

(S/d/tr avec petit-déj 200/230/250 RM ; ❄). Ouverts en 2011, ces 8 bungalows spacieux ont même une véranda.

Chalets CHALETS $$

(S/d/tr/qua avec petit-déj 170/180/215/250 RM ; ❄). Chacun des 2 chalets dispose de 2 chambres et d'un immense salon.

Chambres en longhouse GUESTHOUSE $$

(S/d/tr/qua avec petit-déj 170/180/215/250 RM ; ❄). Huit chambres en tout : 4 dans chacun des 2 bâtiments en bois.

Hostel AUBERGE DE JEUNESSE $

(Dort avec petit-déj 40 RM). Les 20 lits se trouvent dans un dortoir propre et spacieux, avec ventil au plafond. Des casiers sont disponibles (caution 20 RM).

Camp 5 CAMPING $
(160 RM/pers avec trajet en bateau). Une plate-forme en plein air avec des matelas, du matériel de cuisine (y compris réchaud) et des salles de bains. Les places sont limitées (50 personnes maximum) et seuls les randonneurs qui se rendent aux Pinnacles ou sur la piste des chasseurs de têtes peuvent y séjourner. Les réservations et le règlement se font aux bureaux du parc. Il fait suffisamment chaud pour dormir sans sac de couchage (un sarong suffit).

À l'extérieur du parc national

Plusieurs établissements très bon marché, n'ayant aucun lien avec le parc, sont situés en face des bureaux, de l'autre côté du pont, sur les berges de la rivière Melinau. Il n'est pas nécessaire de réserver, donc si vous ne craignez pas les hébergements très sommaires, vous pouvez vous y rendre sans vous soucier des disponibilités.

Pour ceux dont le budget le permet, le Mulu Marriott Resort & Spa affiche rarement complet.

Contactez **Borneo Tropical Adventure** (☎085-419337 ; www.borneotropicaladventures.com) à Miri pour plus d'informations sur les séjours au Benarat Inn, hôtel de catégorie moyenne.

Mulu Marriott Resort & Spa COMPLEXE HÔTELIER $$$
(☎085-792388 ; www.marriott.com ;). Situé à 3 km des bureaux du parc, ce complexe tout en bois de 100 chambres reçoit enfin la rénovation radicale dont il avait besoin.

Mulu River Lodge AUBERGE DE JEUNESSE $
(Edward Nyipa Homestay ; ☎012-852 7471 ; dort avec petit-déj 35 RM). Dispose de 30 lits, la plupart dans un dortoir immense sans lits superposés, équipé de douches et de toilettes propres à l'une des extrémités. L'électricité fonctionne de 17h à 23h30. C'est la seule pension à l'extérieur du parc équipée d'une véritable installation septique.

Mulu Homestay GUESTHOUSE $
(☎Betty 012-875 3517 ; lits 15 RM, camping 5 RM/pers). Trente lits (plus à venir), l'électricité de 18h à 21h et des propriétaires très avenants.

Melinau Homestay GUESTHOUSE $
(MC ; ☎Diang 012-871 1372 ; dort 20 RM). Dispose de 7 chambres extrêmement sommaires, de douches avec eau de la rivière puisée dans des seaux, et l'électricité en intermittence de 18h à 22h. C'est la troisième pension le long de la rivière depuis le pont.

Où se restaurer

Une poignée de petits magasins vendent une sélection limitée de produits alimentaires, comme des nouilles instantanées. La plupart des produits sont importés par avion, d'où des prix nettement plus élevés que sur la côte (6 RM la grande bouteille d'eau).

Plusieurs endroits de l'autre côté du pont, en face des bureaux du parc, servent des curries, des plats de riz et de nouilles sautées peu chers.

Il est interdit de cuisiner dans les logements à l'intérieur du parc, sauf dans les camps 1, 3, 4 et 5.

Café Mulu ASIATIQUE, OCCIDENTAL $$
(Plats 7,40-17 RM ; 7h30-21h30, dernier service à 21h). Les femmes berawan qui travaillent ici font de très bons petits-déjeuners (gratuits si vous logez dans le parc, 15,90 RM sinon) et quelques plats occidentaux, mais les spécialités locales, telles que le spectaculaire *Mulu laksa*, sont exceptionnelles. Une bière ou un verre de vin, particulièrement agréables après une journée de randonnée, coûtent 9,60 RM. Le personnel peut préparer des repas à emporter à midi (18 RM).

Renseignements

Pour des sommes au-delà de 100 RM, le parc accepte les paiements par cartes Visa et MasterCard (mais pas American Express). Les espèces et les chèques de voyage peuvent être échangés au Mulu Marriott Resort & Spa. Il n'y a pas de DAB dans le parc.

Le magasin dans les bureaux du parc dispose d'un **ordinateur avec Internet** (5 RM/h ; 10 RM/h si vous logez à l'extérieur du parc) atrocement lent et généralement hors service. Un autre **ordinateur connecté à Internet** (35 RM/h) se trouve au Mulu Marriott Resort & Spa, censé disposer du Wi-Fi dans son hall d'entrée.

Un médecin est désormais en charge de la **clinique** du village voisin de Batu Bungan, qui a un dispensaire (petite pharmacie).

Depuis/vers le parc national de Gunung Mulu

Air

MASwings (www.maswings.com.my) assure des vols en turbopropulseurs ATR 72-500 de 68 sièges depuis/vers Miri et Kuching. Les départs se font à 9h20 et 13h50 de Miri et à 10h10 et 14h40 de Mulu, avec des correspondances pour Kota Kinabalu (KK) et d'autres destinations.

Comment circuler

Les bureaux du parc sont accessibles à pied depuis l'aéroport (1,5 km) et le Marriott Resort & Spa (3 km). Des vans gérés par **Melinau Transportation** (Diang 012-871 1372) et d'autres compagnies attendent aux arrivées à l'aéroport ; le transport jusqu'aux bureaux du parc et pensions voisines coûte 5 RM/personne. De grands *tuk-tuks* font la navette entre les bureaux du parc et le Mulu Marriott Resort & Spa (6 RM/pers aller).

Il est possible de louer des embarcations pour des excursions vers des destinations comme le village de *longhouses* penan de Long Iman (60 RM/pers aller-retour, 3 personnes minimum), à 40 minutes sur la rivière.

Kelabit Highlands

Nichées à l'extrême nord-est du Sarawak, les forêts tropicales montagneuses des Kelabit Highlands sont coincées entre le parc national de Gunung Mulu, d'un côté, et l'État indonésien du Kalimantan oriental, de l'autre. La principale activité ici, hormis de profiter de l'air pur et frais, consiste à marcher de *longhouse* en *longhouse* sur des sentiers de montagne. Malheureusement, les chemins forestiers – dans le cadre d'une exploitation dite "sélective" – gagnent du terrain et certaines forêts primaires des Highlands ont déjà succombé aux tronçonneuses.

La région est habitée par les Kelabits, une tribu orang ulu (Dayak des terres) qui ne compte que 6 500 membres dans le monde entier et suscite l'admiration dans tout le Sarawak en raison de sa capacité à lutter contre les investissements et les subventions du gouvernement. Pour un excellent "profile" des Kelabits par le Dr Poline Bala, une anthropologue originaire de Bario, rendez-vous sur www.unimas.my/ebario/community.html. Vous pouvez trouver d'autres informations (certaines dépassées) sur Bario et les Kelabits sur www.kelabit.net et sur Facebook – voir www.kelabit.org.

BARIO

800 HABITANTS

Bario, la "capitale" des Highlands, se compose d'une douzaine de "villages" – chacun a sa propre église – répartis dans une magnifique vallée, en grande partie (bien que de moins en moins) consacrée à la culture du fameux riz local. L'attrait principal de Bario réside dans son climat montagnard (la vallée se trouve à 1 500 m d'altitude) et son formidable isolement : le seul accès se fait par les airs et à travers des sentiers tortueux en 4x4. Mais, par-dessus tout, c'est l'hospitalité spontanée de la population kelabit qui vous séduira. Un nombre impressionnant de voyageurs se voient prolonger leur séjour à Bario de quelques jours, semaines voire années. Faites-vous plaisir et restez ici un moment !

Avant la Konfrontasi, Bario consistait en une seule *longhouse* modeste, mais en 1963, les habitants de *longhouses* proches de la frontière fuirent les attaques des troupes indonésiennes et s'installèrent ici par mesure de sécurité.

Hormis quelques endroits alimentés par un petit barrage hydroélectrique et par des cellules photovoltaïques (une grande centrale solaire est prévue), Bario ne dispose de l'électricité, fournie par des générateurs privés, que le soir. Il est difficile d'imaginer la vie à Bario sans le téléphone portable, une technologie encore inconnue ici jusqu'en 2009.

À voir et à faire

La région de Bario offre de nombreuses opportunités pour explorer la jungle, même si vous n'êtes pas un inconditionnel de la randonnée. Des guides peuvent organiser des activités telles que la **pêche**, l'**observation d'oiseaux** et le **kayak** (Stu 019-807 1640 ; 60 RM/bateau).

Les forêts autour de Bario sont le lieu idéal où observer des plantes carnivores, des papillons et même des calaos – et où attirer les sangsues tigres... La plupart des *guesthouses* préparent volontiers un déjeuner sous forme de pique-nique.

Longhouse de Bario Asal LONGHOUSE

L'agencement de cette *longhouse* tout en bois, comportant 22 portes, est traditionnellement kelabit. Sur le *dapur* (véranda fermée sur l'avant), chaque famille détient un foyer, et de l'autre côté, à l'arrière, se trouve le *tawa'*, une grande véranda – essentiellement une salle fermée de 100 m de long – utilisée pour les mariages, les enterrements et les fêtes, et décorée de photos de famille.

Certains des résidents âgés, qui ont porté de lourdes boucles d'oreilles en laiton toute leur vie, ont encore les lobes d'oreilles étirés

LE "MODÈLE EBARIO"

Bario a vu naître des chefs remarquables, dont l'élu local John Tarawe, directeur d'**eBario** (www.unimas.my/ebario et www.ebario.org), une initiative Internet ayant reçu de nombreuses récompenses. Il est sollicité dans le monde entier par des organismes (comme le PNUD) qui s'intéressent à la "mobilisation communautaire" parmi les populations indigènes. Son action pour connecter les Highlands à Internet (il aimerait que, même dans les villages isolés, les enfants puissent grandir en disposant des technologies de l'information) et établir une station de radio communautaire, la très populaire **Radio Tauh** (94 MHz FM ; ⏲7h30-9h ou 10h et 19h-21h ou 22h lun-sam), a été si révolutionnaire que des ONG sur des continents lointains adoptent maintenant le "modèle eBario".

presque jusqu'aux épaules. Si vous souhaitez les prendre en photo, discutez un peu avec eux (il se peut qu'ils vous offrent à boire) avant de leur demander leur permission. Il est de bon ton de leur laisser ensuite un pourboire (5-10 RM).

Bario Asal dispose de l'électricité 24h/24 (seulement le soir pendant les périodes de sécheresse) grâce à des microcentrales hydrauliques récupérées à partir d'un projet gouvernemental plus vaste, mais qui ne fonctionna que 45 minutes après son lancement en 1999 (il avait été conçu pour une rivière beaucoup plus importante).

Monument Tom Harrisson MÉMORIAL

En forme de *sapé* (instrument à cordes traditionnel), ce monument en acier inoxydable, inauguré en 2010, commémore le parachutage sur Bario en mars 1945 de commandos britanniques et australiens, sous les ordres du général Tom Harrisson. Leur but – atteint avec succès – était de solliciter l'aide des habitants de la région pour combattre les forces japonaises, que leur cruauté avait rendus très impopulaires. Vous pouvez découvrir la vie de ce personnage controversé et haut en couleur dans *Le Dernier des derniers,* une biographie de Judith M. Heimann. La veuve de Tom Harrisson vécut à Bario jusqu'à son décès en 2011.

Le monument se trouve à une courte distance à pied de la *longhouse* de Bario Asal, en haut de la montée, sur le site de l'ancien jardin du général (sa maison d'après guerre se trouvait à environ 100 m, à l'emplacement du cimetière actuel).

Galerie d'art Junglebluesdream GALERIE D'ART

(http://junglebluesdream.weebly.com ; ⏲heures du jour). De nombreux tableaux de l'artiste Stephen Baya reprennent des motifs traditionnels kelabit. Ses illustrations colorées de la légende kelabit de Tuked Rini ont été exposées en avril 2013 au musée d'Archéologie et d'Anthropologie de Cambridge, au Royaume-Uni, et figurent dans un livre pour enfants.

Prayer Mountain TREK

Depuis la *longhouse* de Bario Asal, l'ascension de la Prayer Mountain est raide et glissante (2 heures). Au sommet : une croix érigée en 1973, des fourrés de plantes carnivores et une vue magnifique sur la vallée de Bario et le village penan et kelabit d'Arur Dalan, avec ses trois éoliennes désaffectées. Une église, peut-être la plus modeste du monde, se trouve aux deux tiers de la montée.

Où se loger

Les différents villages formant Bario comptent de nombreuses *guesthouses* (pensions), où vous pouvez rencontrer des habitants parlant anglais et découvrir la délicieuse cuisine kelabit (les prix incluent généralement les repas). Certains des établissements les plus reposants sont un peu éloignés du centre (jusqu'à 5 km). La climatisation n'est pas indispensable à Bario, et l'eau chaude, qui y serait appréciable, n'est hélas pas encore disponible. La majorité des chambres proposent des salles de bains communes. Si votre budget est très serré, renseignez-vous sur le prix des lits sans repas.

Il n'est pas nécessaire de réserver – le nombre de chambres dépasse le nombre de sièges dans les avions et les propriétaires de *guesthouses* attendent les arrivants à l'aéroport. Les options ci-après sont listées par ordre alphabétique.

Bario Airport Homestay GUESTHOUSE $

(☎013-835 9009 ; barioairporthomestay@gmail.com ; lits 20 RM, avec repas 80 RM/pers ; 📶). Cinq chambres directement en face du terminal de l'aéroport, de l'autre côté de la route. La pension est tenue par Joanna, la fringante et dynamique directrice des opérations de l'aéroport.

Longhouse Bario Asal Lembaa CHAMBRES D'HÔTES $
(☎Jenette 014-590 7500, Peter 014-893 1139 ; jenetteulun@yahoo.com ; lits 20 RM, avec 3 repas 60 RM/pers ; 📶). Fonctionne comme une coopérative par l'ensemble de la *longhouse*. Certaines familles louent des chambres, d'autres s'occupent de la cuisine. Un bon moyen de découvrir la vie en *longhouse*. Le transfert depuis l'aéroport coûte 10 RM par personne.

De Plateau Lodge CHAMBRE D'HÔTES $
(☎019-855 9458 ; deplateau@gmail.com ; 80 RM/pers avec repas ; 📶). Situé à environ 2 km à l'est du centre (prenez à gauche à l'embranchement), ce chalet en bois de 2 étages dispose de 7 chambres (dont une triple) et d'un salon accueillant. Il est tenu par Douglas, un ancien guide. Certains voyageurs ont raté leur avion à cause d'une confusion au niveau du transport, alors assurez-vous d'expliquer clairement ce dont vous avez besoin.

Gem's Lodge GUESTHOUSE $
(☎013-828 0507 ; gems_lodge@yahoo.com ; 70 RM/pers avec repas). Située à 5 km au sud-est du centre (prenez à droite à l'embranchement) à 5 minutes du village de *longhouses* de Pa' Umor. Géré par Jaman, l'un des guides les plus aimables et expérimentés de Bario, cette pension est la tranquillité incarnée. Elle compte 8 chambres agréables, une zone commune confortable, la possibilité de se baigner dans la rivière et des panneaux solaires. Le trajet depuis/vers l'aéroport en 4x4 coûte 25 RM par personne.

Junglebluesdream GUESTHOUSE $
(☎019-884 9892 ; http://junglebluesdream.weebly.com ; 80 RM/pers avec repas ; 📶). Tenu par l'artiste et ancien guide Stephen Baya, originaire de Bario, et sa sympathique femme, Tine, d'origine danoise, cet hébergement des plus accueillants, qui est aussi une galerie d'art, propose 4 chambres aux décorations murales, des lits et des couvertures de bonne qualité et une délicieuse nourriture kelabit. Les hôtes peuvent consulter les extraordinaires plans du village et des chemins de randonnée dessinés à la main par Stephen. Organise des excursions en kayak.

Libal Paradise GUESTHOUSE $
(☎019-807 1640 ; 65 RM/pers, dort sans repas 25 RM ; 📶). Entourée d'un jardin de fruits et légumes verdoyant, où vous pouvez ramasser vos propres ananas, cette ferme, développée de façon durable, est un endroit idyllique pour se reposer. Elle est tenue par une femme de la région, Dorkas Parir, et son mari canadien, Stu, qui organise des balades en kayak. Des capteurs solaires alimentent des éclairages LED 24h/24. Du matériel de cuisine est disponible. Pour vous y rendre depuis l'aéroport, marchez vers l'est sur la route parallèle à la piste.

LES PENAN

Les Kelabits ne sont pas les seuls habitants des Kelabit Highlands. On y trouve également les Penan, une tribu indigène qui était nomade encore récemment, et vivait presque exclusivement de la chasse et de la cueillette, et qui s'en tire nettement moins bien que d'autres tribus indigènes de Malaisie. Les Penan sont souvent méprisés et discriminés par d'autres communautés orang ulu. Aux alentours de Bario, si vous croisez des personnes pieds nus, portant des vêtements en lambeaux et baissant les yeux lorsque vous vous approchez, vous pouvez être sûr que ce sont des Penan. Les Kelabits se marient avec des Chinois, des Occidentaux, des Malais et des Orang Ulu depuis plusieurs générations, mais le premier mariage kelabit-penan n'a eu lieu que récemment.

Depuis l'indépendance, les autorités du Sarawak ont souvent revendu des arpents de forêt tropicale à d'importantes compagnies d'exploitation forestière, expulsant ainsi les tribus penan et dayak avec peu de compensations, voire aucune. Le Suisse **Bruno Manser** (www.bmf.ch), défenseur de la forêt tropicale et des droits de l'homme, a vécu durant de nombreuses années avec les Penan, se démenant pour protéger leurs droits humains et civils. Il a disparu près de Bario en mai 2000 et est présumé mort – de nombreuses personnes, dans les Kelabit Highlands et ailleurs, pensent qu'il a été assassiné.

Nancy & Harriss GUESTHOUSE $

(Hill View Lodge ; ☎013-850 5850, 019-858 5850 ; nancyharriss@yahoo.com ; dort 30 RM ; 70 RM/pers avec repas). Dirigé par un ancien guide, cet établissement plein de coins et de recoins est dotée de 7 chambres, d'une jolie véranda, d'un salon avec bibliothèque et de revêtements de sol agréablement kitsch. Situé à 250 m le long d'un chemin de terre au sud de la route principale ; l'embranchement se trouve à l'est de Kaludai. Les prix incluent le transfert depuis/vers l'aéroport.

Ngimat Ayu's House GUESTHOUSE $

(☎013-840 6187 ; engimat_scott@yahoo.com ; 95 RM/pers avec repas). Cette pension marron de 2 étages, tenue par le fils de l'ancien *pemancha* (chef suprême) des Kelabits, aussi impressionnant qu'avenant, a 7 chambres et une véranda avec vue sur les rizières. Située sur une montée, à 200 m à l'est de la bibliothèque publique jaune. Les tarifs incluent le transport depuis/vers l'aéroport.

Où se restaurer

La plupart des *guesthouses* proposent un hébergement en pension complète – la cuisine kelabit y est délicieuse – mais Bario accueille également quelques restaurants modestes. **Pasar Bario**, le centre commercial peint en jaune, abrite quelques **cafés** (plats 4 RM ; 7h-22h, fermé dim matin) sommaires servant des plats simples de nouilles et riz sautés, mais on peut parfois y commander des spécialités kelabit.

Où prendre un verre

Trouver une bière à Bario peut se révéler difficile. Dans ce village très évangélique, où vous avez autant de chances d'entendre de la country chrétienne que le son du *sapé*, la plupart des établissements ne servent pas d'alcool, et ceux qui le font gardent la pratique secrète. Mais comme a dit Matthieu : "Demandez, et l'on vous donnera ; cherchez, et vous trouverez."

À Pasar Bario, ne vous attendez pas à pouvoir prendre un remontant derrière les portes battantes du Bario Saloon : c'est un salon de beauté unisexe !

Y2K BAR

(7h-minuit ou plus). Les hommes du coin y boivent de la bière (4-6 RM) et jouent au billard. Karaoké le soir (jusqu'à 22h).

Keludai BAR

(Plats 4 RM ; 12h-1h ou 2h). Un saloon tout en bois servant de la bière (4 RM) et des nouilles instantanées, équipé d'une TV satellite et d'une table de billard.

Achats

Sinah Rang ARTISANAT

(Bario Asal Longhouse ; tlj). Sinah vend de belles créations de perles kelabit, réalisées localement, depuis son salon. C'est un bon endroit pour acheter un *kabo'* (50-100 RM, selon la qualité des perles), un pendentif en perles en forme de petit tonneau, que les hommes kelabit portent autour du cou.

Y2K MAGASIN GÉNÉRAL

(7h-minuit ou plus). Ce magasin général démodé, de style Far West, vend de tout : des cartes SIM en passant par de l'huile pour cheveux Zam-Zam.

Renseignements

Il n'y a ni banque, ni DAB ou équipement pour cartes bancaires dans les Kelabit Highlands. Apportez beaucoup de petites coupures pour le logement, la nourriture et les guides, et prévoyez large au cas où vous resteriez plus longtemps que prévu. Les commerces se limitent à quelques magasins de base, certains dans Pasar Bario, le centre commercial jaune vif de Bario.

La meilleure compagnie de téléphonie mobile que l'on capte ici est Celcom (Maxis fonctionne à l'aéroport et dans certaines zones de Bario ; Digi est inutilisable). L'aéroport est équipé du Wi-Fi, tout comme quelques pensions.

SEL DE BARIO

Si les traditions culinaires kelabit vous intéressent, le **main tudtu** (littéralement "sucrerie salée" ; sel naturel à lécher) de Bario vaut le détour. À moins d'une heure de marche de Pa' Umor, les eaux salines riches en minéraux sont placées dans de grandes cuves au-dessus d'un feu de bois, jusqu'à ce qu'il ne reste plus que le sel iodé, qui se marie parfaitement avec les spécialités locales telles que le gibier et le sanglier. Cette technique de production traditionnelle commence à disparaître, mais à Bario vous pouvez encore acheter du sel fabriqué à l'ancienne – cherchez quelque chose qui ressemble à une barre de caramel de 20 cm, emballée dans une feuille (17-20 RM).

Bario Telecentre (www.unimas.my/ebario ; Gatuman Bario ; 4 RM/h ; ⌚9h30-11h30 et 14h-16h, fermé sam après-midi et dim). Accès Internet par énergie solaire.

Klinik Kesihatan Bariio (☎085-796404 ; intersection Airport Rd ; ⌚8h-13h et 14h-17h lun-jeu, 8h-11h45 et 14h15-17h ven, urgences 24h/24). La clinique rurale de Bario, innovante et écologiquement durable, fonctionne à l'énergie solaire. Elle dispose d'un docteur, de deux infirmiers, d'un dispensaire (petite pharmacie) et d'un hélicoptère de secours.

ℹ Comment s'y rendre et circuler

AVION

L'aéroport de Bario (☎Joanna 013-835 9009, Norman Peter 013-824 8006) assure des liaisons pour Miri deux fois par jour, sur des Twin Otters affrétés par **MASwings** (www.maswings.com.my). Les conditions météo (notamment les vents puissants) engendrent souvent des retards et des annulations. Pour connaître l'actualité des vols ou si vous rencontrez des problèmes pour réserver un vol au départ de Bario, appelez le personnel accueillant de l'aéroport.

Les appareils Twin Otters doivent appliquer des restrictions de poids strictes, à tel point que les bagages enregistrés sont limités à 10 kg, les bagages en cabine à 5 kg et les passagers eux-mêmes sont pesés sur des balances géantes lors de l'enregistrement. Les contrôles sont particulièrement stricts à l'aller. En effet, les avions doivent transporter suffisamment de carburant pour le retour sur Miri, et ils embarquent aussi plus de marchandises à l'aller jusqu'à Bario qu'au retour. Pour les mêmes raisons, il est plus facile de trouver une place sur un vol de Bario à Miri que dans l'autre sens. Vous pouvez parfois laisser certaines de vos possessions dans votre hôtel ou *guesthouse* à Miri.

Lorsque vous atterrissez à Bario, la première chose à faire est de vous enregistrer sur votre vol de retour au comptoir – votre nom sera inscrit dans un vieux registre tout froissé. Un plan schématique de la région de Bario est affiché sur un mur à proximité.

L'aéroport se situe à environ 30 minutes de marche au sud des *shophouses*, mais vous êtes assuré de trouver quelqu'un pour vous emmener. Comme vous le constaterez, les habitants de Bario considèrent la liaison aérienne de Miri un peu comme leur propre compagnie privée et adorent venir à l'aéroport pour accueillir les vols à l'arrivée, passer un moment avec leurs amis en transit ou surfer sur le Net.

VOITURE

Le trajet par voie terrestre de Bario à Miri, uniquement possible en 4x4 (150 RM/pers), dure au moins 12 heures, parfois beaucoup plus selon la météo et l'état des pistes forestières et de leurs ponts en bois. Lorsque les conditions sont très mauvaises, les véhicules voyagent en convoi, pour pouvoir s'entraider. À l'heure où nous écrivons ces lignes, certains tronçons étaient en cours de modernisation, afin de rendre le trajet plus sûr et plus fiable.

Une nouvelle route de Bario à Ba Kelalan (déjà connecté à Lawas par la route) via Pa' Lungan est en construction.

À Bario, il est possible de louer des véhicules 4x4 moyennant 250 à 300 RM par jour, avec chauffeur et essence inclus ; les *guesthouses* peuvent s'en charger.

BA KELALAN

Au cœur d'une région agricole dynamique, la ville lun bawang de Ba Kelalan est réputée pour son riz, ses légumes bio, ses pommes, ainsi que sa fête annuelle. Les randonnées de Bario jusqu'à Ba Kelalan sont très prisées.

Parmi les *guesthouses*, nous recommandons l'agréable **Ba Kelalan Apple Lodge Homestay** (environ 70 RM/pers), gérée par **Borneo Jungle Safari** (☎013-286 5656, à Miri 085-422595 ; www.borneojunglesafari.com), la **Ba Kelalan Inn**, seule adresse de la localité à servir de la bière, et la **Green Valley Guesthouse** (20 RM/lit).

ℹ Depuis/vers Ba Kelalan

La seule possibilité de rejoindre Ba Kelalan depuis Bario est la marche (une route via Pa' Lungan est en chantier). Une piste cahoteuse de 125 km utilisée pour l'exploitation forestière relie Ba Kelalan à Lawas (4x4 quotidiens, 70-80 RM/pers, 7 heures).

Il est possible de rejoindre à moto Long Bawan, au Kalimantan.

Les monoplans Twin Otters de **MASwings** (www.maswings.com.my) relient Ba Kelalan à Lawas et à Miri 3 fois par semaine.

RANDONNÉE DANS LES KELABIT HIGHLANDS

Ces hauts plateaux tempérés qui s'élèvent le long de la frontière extrême-orientale du Sarawak avec l'Indonésie, offrent certains des plus beaux treks dans la jungle de tout Bornéo, passant par des villages agricoles, des pics déchiquetés et des *longhouses* kenyah, penan et kelabit merveilleusement isolées. La plupart des sentiers traversent un paysage varié mêlant forêt primaire et secondaire et de plus en plus de secteurs exploités. Les randonnées depuis Bario vont de l'excursion facile jusqu'à des *longhouses* proches, avec nuit sur place, au trek ardu d'une semaine par de-là la frontière dans la nature sauvage du Kalimantan.

S'il fait plus frais dans les Highlands que dans les régions côtières de Bornéo, il est toujours éprouvant d'y monter et il est recommandé d'être en très bonne forme physique pour envisager un trek de plusieurs jours. Soyez prêt à affronter les sangsues, qui pullulent sur de nombreux sentiers. Pour votre téléphone portable et votre appareil photo, prévoyez des piles de rechange car vous ne pourrez rien recharger.

Les itinéraires que nous indiquons sont destinés à vous servir de base de départ. Les sentiers sont si nombreux dans la région qu'il y a amplement matière à les combiner pour créer son propre parcours.

MÉGALITHES PRÈS DE BARIO

Près de Bario, au plus profond de la jungle, se cachent d'énigmatiques mégalithes, ainsi que d'autres sites culturels. Pour en savoir plus, demandez à votre guide une copie de la brochure *Stone Culture of the Northern Highlands of Sarawak, Malaysia* (20 RM, en anglais).

Lors de notre passage, un circuit des mégalithes de 2 à 5 jours par des sentiers équipés de refuges pour la nuit était en cours de réalisation. Parmi les options pour la nuit :

Pa' Umor Route TREK

De Bario, une marche de 1 heure 30 (célèbre pour ses redoutables armées de sangsues) mène à **Pa' Umor**, où on trouve un **hébergement en longhouse** (☎Jaman 013-828 0507, Rian 013-812 8851). Si vous continuez sur 2 km (50 min), vous arrivez à une source de sel.

À 15 minutes de Pa' Umor, la ferme Arur Bilit abrite **Batu Navit**, une impressionnante sculpture de pierre représentant un homme dans la position d'un aigle aux ailes déployées.

De la ferme, empruntez la passerelle en rondins qui franchit une petite rivière (25 min) afin d'atteindre **Batu Ipak**. Selon la légende locale, ce mégalithe aurait été créé par un chasseur furieux du nom d'Upai Semering qui aurait lancé sa *parang* (machette) sur le roc, le fendant en deux. Cette excursion prendra 4-5 heures – voire un peu plus si votre guide est un bon conteur.

Pa' Lungan Route TREK

(Chambre d'hôtes en pension complète 70 RM/pers, excursion en bateau jusqu'à 4 personnes 250 RM). Une large piste forestière boueuse, sur laquelle les buffles tirent les traîneaux chargés de provisions ou évacuent les malades, mène de Bario à **Pa' Lungan** (4 heures). Contrairement à grand nombre d'autres chemins des Highlands, on peut emprunter celui-ci sans guide, à condition de s'être d'abord bien renseigné. À mi-chemin environ, vous découvrirez **Batu Arit**, une énorme pierre gravée d'oiseaux et de figures humaines présentant des visages en forme de cœur.

De Pa' Lungan, il faut deux minutes pour arriver à **Batu Ritung**, une table de pierre de 2 m, dont on pense, sans certitude toutefois, qu'il s'agit d'un site funéraire. À proximité de Pa' Lungan (15 min) s'érige **Perupun**, une énorme pile de pierres. Ce type d'empilement était réalisé pour enterrer les biens des morts sans descendants.

Si vous disposez d'un peu plus de temps, arrêtez-vous un jour ou deux à Pa' Lungan, réputé produire le meilleur riz de Bario. Des *longhouses* vous accueillent, dont la **Batu Ritung Lodge** (☎019-805 2119 ; baturitunglodge@yahoo.com), qui sert des plats kelabit tels du *pa'u* (fougère) et du *puluh* (pousses de bambou).

Vous pouvez organiser une splendide excursion en bateau sur la **Pa' Debpur**, au départ d'un endroit situé à 1 heure de marche de Pa' Lungan sur le chemin de Pa' Umur (en kelabit, *pa'* signifie "rivière").

DE BARIO À BA KELALAN

Le trek de 3-4 jours de Bario au village de Ba Kelalan englobe différents terrains peu accidentés (certains en territoire indonésien) et offre un bon aperçu des Kelabit Highlands. La boucle du Kalimantan (5-7 jours) est un

RIZ ET ANANAS

Bario doit sa célébrité dans toute la Malaisie à deux produits : son riz, aux grains plus petits mais plus parfumés que les variétés des basses terres, et ses ananas (2,50 RM à Bario), extraordinairement sucrés, sans cette pointe d'acidité commune à leurs cousins de la côte. En dehors des Kelabit Highlands, le kilo de riz de Bario peut atteindre 16 RM. Quant aux ananas, ils sont quasiment introuvables ailleurs.

LOUER LES SERVICES D'UN GUIDE

À de rares exceptions près, vous ne pourrez pas explorer les Kelabit Highlands sans engager un guide local, ce qui, heureusement, ne pose aucun problème. Toutes les *guesthouses* (pensions) de Bario organisent une multitude de randonnées plus ou moins longues, encadrées par des guides du cru en qui ces établissements ont toute confiance. Certains des meilleurs guides pour les randonnées longues habitent à Pa' Lungan, à une courte marche de Bario. Vous pourrez partager les frais pour un guide en vous joignant à d'autres voyageurs à Bario ou à Miri.

Bien que les guides ne soient plus assez nombreux pour répondre à la demande, arriver à l'improviste à Bario ne devrait pas causer de problème. Vous pourrez vous organiser une fois sur place, surtout si cela ne vous gêne pas d'attendre un jour ou deux à Bario avant de partir en randonnée. Par contre, si votre temps est compté ou si vous venez durant juillet et août (les mois les plus fréquentés), il vaut mieux réserver par e-mail ou par téléphone auprès d'une *guesthouse*.

Le tarif actuel des guides est de 100 RM/jour pour une excursion à la journée ou un trek de plusieurs jours au départ de Bario. Certains itinéraires comportent des trajets sur la rivière quand le niveau d'eau le permet (que nous recommandons vivement) ou en 4x4, ce qui bien entendu augmente sensiblement le coût. Un porteur demandera 80-100 RM/jour.

Si vous entreprenez un circuit d'une maisons longue rurale à l'autre, comptez 70 RM pour 1 nuit et 3 repas (vous pouvez économiser 10-15 RM en vous passant de déjeuner). Les cadeaux ne sont pas obligatoires, mais les habitants des *longhouses* isolées les apprécient : après avoir pris le thé ou le café avec eux, vous pouvez laisser 10 RM à titre de participation ou pour qu'ils achètent des crayons et des cahiers pour les enfants.

Si votre parcours nécessite de camper dans la forêt, vous paierez environ 120 RM/nuit, et devrez peut-être en plus fournir les provisions pour vous et votre guide si vous séjournez dans une *longhouse*. On ne peut pas acheter de matériel de camping pour la jungle (sac de couchage, tapis de sol, hamac, moustiquaire) à Bario, et même si la *longhouse* Bario Asal en loue parfois, mieux vaut prévoir le sien.

Si vous randonnez dans un seul sens (par exemple, de Bario à Ba Kelalan), le guide vous demandera de payer son retour chez lui à travers la jungle (soit 2 jours de Ba Kelalan à Bario).

S'il existe des cartes topographiques détaillées du Sarawak, elles sont quasiment introuvables. Selon les habitants bien informés, il s'agit d'un calcul du gouvernement pour compliquer la tâche des activistes qui aident les indigènes à se battre pour garder leurs terres.

autre itinéraire qui s'enfonce plus profondément au Kalimantan, via Lembudud.

Si vous ne souhaitez pas emprunter deux fois le même chemin, vous pouvez marcher de Bario à Ba Kelalan, et de là prendre un avion ou un 4x4 en direction de la côte. Vous devrez toutefois régler à votre guide les deux jours qu'il lui faudra pour rentrer à Bario.

BATU LAWI

Si vous étiez assis à gauche dans l'avion allant de Miri à Bario, vous avez probablement aperçu les deux gigantesques flèches de granit que sont les Batu Lawi, la plus grande, s'élevant à 2 040 m. Durant la Seconde Guerre mondiale, elles servaient de repère aux parachutistes.

L'ascension de la formation rocheuse la plus haute (le "sommet mâle") est réservée aux grimpeurs chevronnés, mais celle du "sommet femelle", qualifié d'"impressionnant" par un trekkeur vétéran, est accessible aux randonneurs en bonne forme, sans formation technique particulière. L'aller-retour depuis Bario, éprouvant, prend 4-5 jours. Le deuxième jour, vous passerez dans des secteurs où l'exploitation forestière a laissé des traces. Quelques guides seulement sont assez expérimentés pour se mesurer au plus élevé des Batu Lawi, le meilleur étant sans doute Richard, à Pa' Ukat.

GUNUNG MURUD

Le point culminant du Sarawak (2 442 m), qui fait partie des 598 km² du **parc national de Pulong Tau**, est une belle invitation faite aux grimpeurs, mais très peu de visiteurs en organisent l'ascension, car elle ne s'adresse qu'aux personnes en excellente forme physique. **Borneo Touch Ecotour** (☎013-8443861 ; www.walk2mulu.com) propose l'ascension en 4 jours/3 nuits pour 1 500 RM/personne (4 pers au minimum).

Des sentiers relient la montagne à Ba Kelalan et à Bario. L'itinéraire classique depuis Bario prend 6-7 jours aller-retour. Vous pouvez aussi marcher de Bario via Gunung Murud jusqu'à Ba Kelalan (5 jours aller) mais, à l'approche de Ba Kelalan, vous vous retrouverez sur une déprimante piste d'exploitation forestière.

Une route d'exploitation forestière défoncée relie la base du Gunung Murud à la ville de Lawas en contrebas (5-8 heures en 4x4).

Division de Limbang

La division de Limbang s'insère telle une pince de crabe entre le petit sultanat de Brunei et le Sabah, séparant le premier en deux. Le tourisme y est quasiment inexistant, mais les Brunéiens aiment franchir la frontière pour faire de bonnes affaires, comme s'approvisionner en bière hors taxes importée illégalement de Pulau Labuan. Selon un habitant : "Los Angeles a Tijuana, Bandar Seri Begawan a Limbang", ce qui est peut-être exagéré, mais il y a de cela.

La division de Limbang, que Charles Brooke confisqua au sultan de Brunei en 1890, est toujours revendiquée par le royaume.

LIMBANG

La cité fluviale animée de Limbang n'offre guère d'intérêt, mais c'est une étape obligée pour les trekkeurs partant ou revenant du parc national de Gunung Mulu sur le sentier des chasseurs de têtes.

À voir et à faire

Le quartier ancien de Limbang s'étend vers l'intérieur à partir du fleuve que longe Jln Wong Tsap En (anciennement Main Bazaar), ainsi que vers le sud en amont du Purnama Hotel de 12 étages, repère pratique.

Musée régional de Limbang MUSÉE
(www.museum.sarawak.gov.my ; Jln Kubu ; ⏲9h-16h30 mar-dim). Sur la berge du fleuve, à 1 km au sud du Purnama Hotel, ce musée occupe l'étage d'un fort érigé par Charles Brooke en 1897, reconstruit en 1991 après un incendie. Ses collections, bien présentées, se rapportent à l'archéologie, à la culture et aux artisanats de la division de Limbang.

Limbang Raid Memorial MÉMORIAL
(Jln Wong Tsap En). Ce mémorial rend hommage aux quatre policiers du Sarawak Constabulary et aux cinq membres du Commando 42 des Royal Marines tués avant, et durant, l'intervention britannique du 12 décembre 1962, qui permit de reprendre la ville aux rebelles de l'armée nationale du Nord-Kalimantan soutenue par l'Indonésie. "Si les rebelles avaient gagné, nous serions indonésiens", nous a affirmé un habitant. Sur le site www.vimeo.com, vous trouverez la bande-annonce d'un documentaire télé *Return to Limbang* traitant de cet épisode. Le monument est à 400 m au sud du Purnama Hotel, au bord du fleuve, face au commissariat de police.

Bibliothèque publique BIBLIOTHÈQUE
(Perpustakaan Awam ; 4e ét., Limbang Plaza Shopping Mall ; ⏲9h-17h lun-sam, fermée les jours

REJOINDRE L'INDONÉSIE : DU SARAWAK AU KALIMANTAN

Les liens culturels et personnels établis de longue date entre les peuples de part et d'autre de la frontière entre le Sarawak et le Kalimantan, définie par les Britanniques et les Néerlandais à l'époque coloniale, sont à l'origine d'une initiative locale qui permet aux habitants des Highlands, ainsi qu'aux touristes, de passer la frontière à Ba Kelalan pour entrer au Kalimantan et visiter des villages comme Long Bawan, Lembudud et Long Layu. Vous n'avez besoin que d'un *pas lintas batas* (laissez-passer), délivré sur place selon un accord signé entre les ministères des Affaires étrangères malaisien et indonésien. Votre passeport ne sera pas tamponné et vous devrez rentrer au Sarawak dans les 14 jours. Pour organiser un itinéraire en Indonésie, renseignez-vous auprès de votre guide ou de John Tarawe, à Bario.

Dans cette partie isolée du Kalimantan, les ringgits malaisiens sont très appréciés, contrairement aux dollars américains.

TREK DANS LES HIGHLANDS PENAN

S'inscrivant dans le tourisme communautaire et durable, **Picnic with the Penan** (www.picnicwiththepenan.org) est une initiative novatrice à but non lucratif qui offre aux randonneurs aventureux une rare occasion de visiter les villages reculés des chasseurs-cueilleurs penan dans l'*ulu-ulu* ("arrière de l'arrière") du secteur d'Upper Baram, entre les aéroports des Highlands de Long Lellang et de Long Banga. Le circuit dure au moins 5 jours/4 nuits. Réservez par e-mail ou auprès de Highlands Backpackers (p. 442) à Miri.

fériés). La bibliothèque propose une excellente collection d'ouvrages en anglais sur le Sarawak (sur l'étagère "Sarawakiana"). Avant un trek vers l'intérieur de la région, cet endroit climatisé est idéal pour faire une recherche, surtout un jour de pluie. Internet gratuit pendant 1 heure. Près du Purnama Hotel.

Circuits organisés

Les agences suivantes organisent des expéditions en canoë dans les Limpaki Wetlands (zone humide), où l'on aperçoit souvent des nasiques. D'autres excursions mènent au site où s'écrasa en 1944 un **B-34 Liberator** abattu par les Japonais, ainsi qu'à la **source de boue Maritam** (ou "volcan de boue"), à 34 km en direction de Bandar Seri Begawan (BSB).

Chua Eng Hin TOURISME, CANOË
(☎019-814 5355 ; chualbg@streamyx.com). Une personnalité locale en vue qui désire partager sa passion pour les charmes peu connus du district de Limbang.

Borneo Touch Ecotour CANOË, TREK
(☎013-844 3861 ; www.walk2mulu.com ; 1er ét., 2061 Rickett Commercial Bldg). Géré par le dynamique Mr Lim, cette agence locale propose des treks de 3 jours/2 nuits sur la sentier des chasseurs de têtes depuis ou vers le parc national de Gunung Mulu (950 RM/pers), comprenant les Pinnacles. Nous recommandons vivement ces circuits organisés (4 pers au minimum).

Où se loger

East Asia Hotel HÔTEL $
(☎085-215 600 ; angle Jln Wong Tsap En et Jln Wayang ; d ancienne/nouvelle 45/78 RM ; ❄📶). Un hôtel au bord du fleuve comptant 33 chambres propres et douillettes, dont 11 joliment rénovées, certaines avec vue sur l'eau. À 4 rues au sud du Purnama Hotel. Caution pour la chambre de 100 RM.

Purnama Hotel HÔTEL $$
(☎085-216700 ; www.purnamalimbang.com ; Jln Buangsiol ; s/d à partir de 105/115 RM ; ❄📶). Occupant le plus haut bâtiment de Limbang, cet hôtel de 12 étages, qui se distingue par des balcons aux couleurs de l'arc-en-ciel, dispose de 218 chambres spacieuses, au décor assez impersonnel, avec grandes baies vitrées et petite sdb.

Où se loger

Pusat Penjaja Medan Bangkita MARCHÉ $
(Jln Bangkita ; ⏱6h-17h ou 7h-18h). Les femmes bisayah, lun bawang et iban y vendent des produits de la jungle, dont du sel de Ba Kelalan en forme de saucisse et une douzaine de variétés de riz des hautes terres. Le *tamu* (marché) hebdomadaire, plus important, se tient toute la journée le jeudi et jusqu'à midi le vendredi. Du Purnama Hotel, dirigez-vous vers l'intérieur jusqu'au bout d'un long pâté de maisons.

Thien Hsing Vegetarian CHINOIS $
(Plats 3-4 RM ; ⏱6h30-14h ; 🖉). Sert des plats chinois de légumes très simples. Dans une ruelle à environ 3 pâtés de maisons au sud du Purnama Hotel, juste derrière la boutique de motos Ling Brother Enterprise située au 46 Jln Wayang.

Bangunan Tamu Limbang HAWKER $
(Jln Wong Tsap En ; plats 3,50-5 RM ; ⏱6h30-17h30). Abrite le principal marché malais de Limbang, avec un *hawker centre* à l'étage. Diagonalement opposé au Purnama Hotel.

Marchés nocturnes STANDS $
Dans l'après-midi et le soir, des étals de nourriture ouvrent boutique dans le **marché nocturne malais** (⏱17h-minuit), au bord du fleuve, à 300 m au nord-ouest du Purnama Hotel ; et dans le **marché nocturne chinois** (Jln Bangkita ; ⏱14h-22h), à une rue au nord-est du Purnama Hotel.

Renseignements

Limbang dispose de plusieurs DAB acceptant les cartes étrangères.

Sun City Cybercafe (Jln Bangkita, 1er ét. ; 2,50 RM/heure ; ⏲8h30-minuit). Un paradis pour les joueurs. À un long pâté de maisons à l'est du Purnama Hotel, au-dessus du Cahaya Delima Cafe.

Comment circuler

Le ferry qui traverse le goulot d'étranglement que forme le Sungai Pandaruan entre Limbang et Bangar (Brunei) aura peut-être été remplacé par un pont lors de votre passage.

AVION

MASwings (www.maswings.com.my) relie l'aéroport de Limbang, à 7 km au sud du centre-ville, à Miri. La course en taxi vers la ville coûte 18 RM.

BATEAU

Des bateaux express de la **Lim Pertama** (☎012-865 3753) et de la **Royal Limbang** (☎013-882 3736) partent en alternance tous les jours pour Pulau Labuan (30 RM, 2 heures, 8h tous les jours) du hall de l'immigration de Limbang. Les départs de Pulau Labuan ont lieu à 13h30. On peut réserver par SMS.

BUS

Une petite gare routière se trouve à l'extrémité est de Jln Wayang, à deux pâtés de maisons du fleuve. Chaque jour, à 9h, un bus de la **Biaramas/Bus Asia** (☎012-828 2042) part pour la gare routière Pujut de Miri (45 RM, 4 heures). Une place dans le van de 7 passagers, qui part pour Miri vers 8h30 et 13h, coûte 50 RM. Le moyen le moins cher de rejoindre Bandar Seri Begawan (BSB) est de prendre le bus Syarikat Bus Limbang de 13h pour Kualah Lurah (5 RM), puis un bus local brunéien (1 $B).

La seule compagnie qui rallie directement Brunei est **Jesselton Express** (PHLS ; ☎à Brunei +673-718-3838, +673-717-7755, +673-719-3835, à Kota Kinabalu 016-836 0009, à Limbang 016-855 0222, 085-212990), avec des bus quotidiens à destination de BSB (20 RM ou 10 $B) à 14h ou 15h, et de Bangar, Lawas (30 RM, 2 heures) et Kota Kinabalu (KK ; 50 RM) à 9h30. Pour Limbang, un bus part tous les jours de BSB à 8h. Les billets s'achètent au **Wan Wan Cafe & Restaurant** (Jln Bangkita).

Bintang Jaya (☎016-859 4532) propose un bus quotidien pour Miri (45 RM) à 13h45, et pour Lawas (30 RM) et KK (50 RM) à 12h30. Billets en vente au **Hock Chuong Hin Cafe** (Jln Bangkita).

TAXI ET MINIBUS

Les minibus et les taxis rouge et jaune attendent à la **Stesyen Teksi** (☎085-213781 ; Jln Wong Tsap En ; ⏲5h-18h ou plus tard), station située sur la berge du fleuve, à un pâté de maisons au sud du Purnama Hotel. Pour rejoindre BSB, l'aller jusqu'au poste-frontière de Kuala Lurah coûte environ 60 RM (plus après 19h) ; de là, des bus locaux fréquents desservent BSB. Dans l'autre sens, des taxis attendent à Kuala Lurah du côté malais de la frontière.

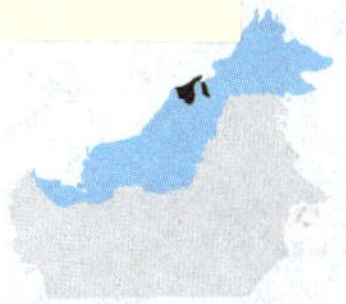

Brunei

410 000 HABITANTS / 5 765 KM²

Dans ce chapitre »

Le top des restaurants

- » Taman Selera (p. 473)
- » Lim Ah Siaw Pork Market (p. 473)
- » Pondok Sari Wangi (p. 472)

Le top des hébergements

- » Ulu-Ulu Resort (p. 482)
- » Brunei Hotel (p. 471)
- » Pusat Belia (p. 471)

Pourquoi y aller

Le petit sultanat de Brunei est formé de deux enclaves prises entre le Sarawak et le Sabah. La plupart des visiteurs n'y font qu'une courte étape, le temps de souffler ou de prendre une correspondance.

Pourtant, cette *darussalam* ("demeure de paix" en arabe) mérite plus qu'une brève halte. Brunei détient les plus grands gisements pétrolifères d'Asie du Sud-Est et, grâce à l'argent du pétrole, n'a pas transformé ses forêts pluviales en plantations de palmiers à huile. Vous pourrez ainsi découvrir des forêts primaires, notamment dans le parc national d'Ulu Temburong. L'alcool étant banni dans le sultanat, les habitants de Bandar Seri Begawan (BSB), la capitale, compensent avec la nourriture et le shopping.

Cette nation tranquille, voire somnolente, est le résultat d'une vision particulière : un État religieux strictement contrôlé, où la piété et la consommation à outrance apportent le bonheur. Explorez le pays et tirez vous-même vos conclusions.

Quand partir

Bandar Seri Begawan

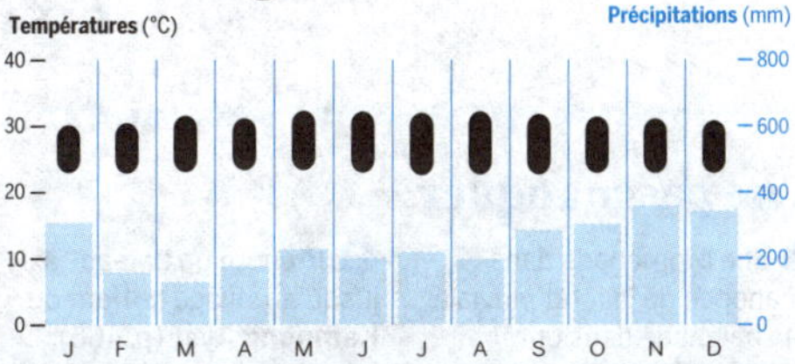

Octobre-décembre
Les mois les plus pluvieux et les plus frais de l'année.

Janvier-mai
Février et mars sont les mois les plus secs. La fête nationale est célébrée le 23 février.

Juin-août
Il fait chaud ! Des festivités dans tout le pays marquent l'anniversaire du sultan (15 juillet).

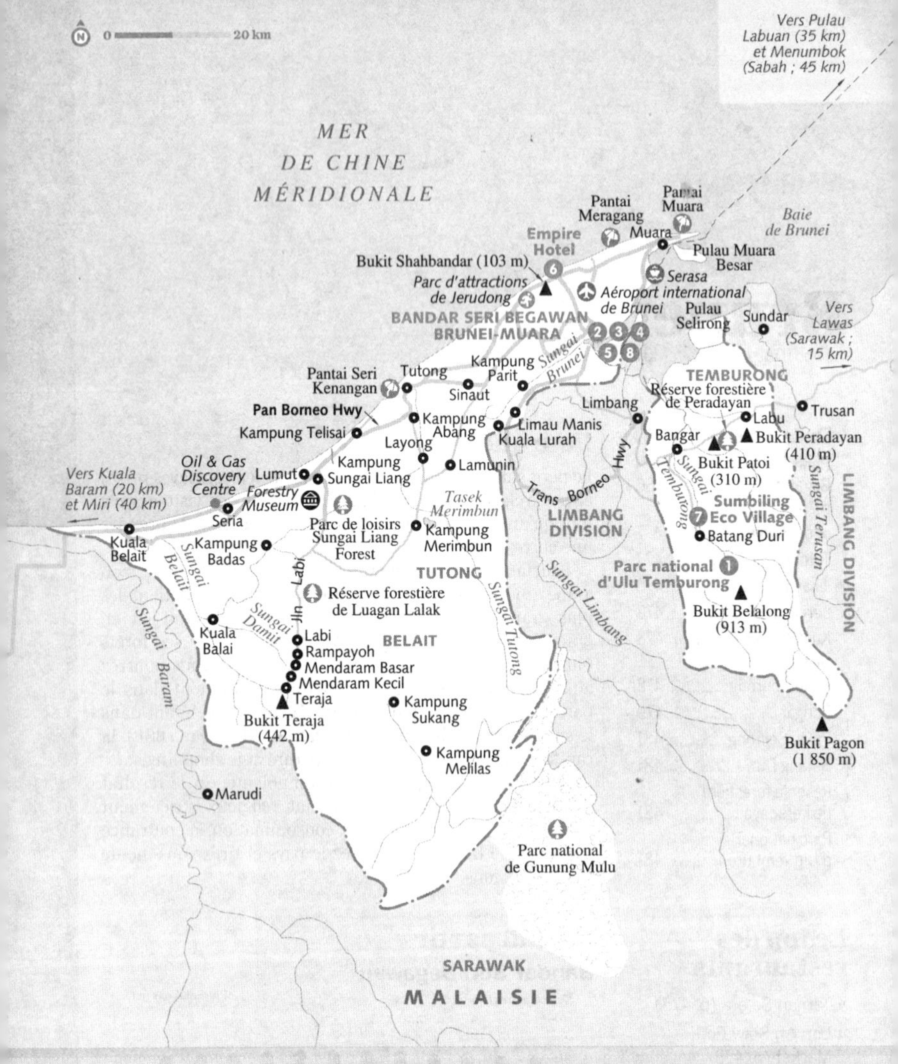

À ne pas manquer

1. Une promenade dans la canopée de la forêt pluviale et la baignade dans une fraîche rivière de jungle au **parc national d'Ulu Temburong** (p. 481)
2. Longer en **vedette** (p. 479) des cours d'eau bordés de mangroves entre BSB et Bangar
3. Prendre un bateau-taxi jusqu'au village flottant de **Kampong Ayer** (p. 466), puis se promener sur les pontons.
4. Arpenter la **promenade en bord de mer** (p. 466) de BSB, récemment rénovée
5. La visite des fastueuses **mosquées** (p. 466) de BSB
6. L'éblouissant **Empire Hotel & Country Club** (p. 472), symbole d'une opulence extravagante
7. Se détendre dans le cadre verdoyant du **Sumbiling Eco Village** (p. 481), dans le district de Temburong
8. Les délices culinaires des nombreux **restaurants de BSB** (p. 472)

Histoire

La première source documentée mentionnant Brunei concerne les relations commerciales de la Chine des Tang avec "Pu-ni", au VIe siècle. Avant l'islamisation de la région, Brunei dépendit successivement des royaumes Srivijaya de Sumatra et Majapahit de Java. Aux XVe et XVIe siècles, âge d'or du sultanat de Bolkiah (le 5e sultan), la mainmise du Brunei Darussalam s'étendait sur Bornéo et les Philippines.

Les premiers Européens à venir sur le territoire furent les Espagnols et les Portugais, au XVIe siècle, mais ils ne purent s'imposer par la force. Les Anglais, en la personne de James Brooke, premier rajah blanc du Sarawak (voir p. 367), signèrent la fin du pouvoir de Brunei au début du XIXe siècle. Une série de "traités" fut imposée au sultan tandis que Brooke consolidait son emprise sur la ville de Kuching. Devenu protectorat britannique en 1888, Brunei fut progressivement découpé, jusqu'à la cession, en 1890, de Limbang au Sarawak (Malaisie), qui divisa de manière absurde le sultanat en deux parties.

En 1929, au moment où Brunei était sur le point de disparaître entièrement, la découverte de gisements de pétrole transforma du jour au lendemain le minuscule État en puissance économique. Le sultan Omar Saifuddien, père de l'actuel souverain, refusa de faire entrer Brunei dans la fédération de Malaisie, préférant que son pays reste un protectorat britannique et garde l'argent du pétrole sur son sol. On attribue ainsi au sultan Saifuddien la mise en place d'une politique viable de développement à long terme.

En 1962, au moment du processus de rattachement au nouvel État de Malaisie, les Anglais firent pression pour que des élections aient lieu à Brunei. Le parti d'opposition Ra'ayat, favorable à l'indépendance et à l'établissement d'une monarchie constitutionnelle, remporta une victoire écrasante. Le refus du sultan d'autoriser la prise de fonctions du nouveau gouvernement déclencha une rébellion armée soutenue par l'Indonésie voisine. L'insurrection fut matée avec l'aide de l'armée britannique et le "Havre de paix" (Abode of Peace) placé en état d'urgence.

Le sultan Saifuddien abdiqua en 1967, cédant le trône à son fils, Hassanal Bolkiah (né en 1964), toujours en place et très aimé par le peuple de Brunei. En 1984, le nouveau sultan instaura à contrecœur l'indépendance complète du Brunei. Ancien élève d'une *public school* britannique et diplômé de la Royal Military Academy de Sandhurst, le souverain se satisfaisait très bien de la tutelle de la Grande-Bretagne avec laquelle le pays conserve toujours des liens étroits dans le cadre du Commonwealth.

À l'issue de son indépendance, Brunei effectua un virage vers le fondamentalisme islamique avec l'adoption d'une idéologie nationale baptisée Melayu Islam Beraja (MIB). Institutionnalisé par l'intermédiaire des ministères de l'Éducation, des Affaires religieuses et de l'Information, ce dogme met l'accent sur la culture malaise, l'islam et la monarchie. En 1991, la vente d'alcool a été interdite, tandis que des règles vestimentaires plus strictes étaient imposées. Depuis 1992, l'étude du MIB est obligatoire à l'école.

Ces dernières années, des signes ont montré que Brunei n'était plus l'État modèle d'autrefois. Le gouvernement a reconnu l'existence d'un chômage en augmentation, quoique encore limité, et des jeunes, en révolte, ont été rendus responsables de délits isolés. Jusqu'au prince Jefri, le plus jeune frère du sultan, qui a multiplié les extravagances dans sa vie privée et, plus grave, comme ministre des Finances. Il a été limogé par le sultan en 1997, mais le mal était fait et Brunei s'est retrouvé avec des réserves financières sérieusement réduites.

Sans doute en réaction, un climat de réforme contrôlée semble aujourd'hui

RÈGLES DE CONDUITE PENDANT LE RAMADAN

Brunei est une nation majoritairement musulmane où le ramadan est strictement observé. Si vous visitez le sultanat à cette époque, sachez que, vers 15h, la plupart des gens, notamment les conducteurs, sont fatigués ou stressés en raison du jeûne quotidien. Les accidents de voiture sont bien plus nombreux durant cette période et les Brunéiens, d'habitude si polis, peuvent se montrer irritables. Tenez-en compte dans vos rapports avec les habitants et soyez particulièrement prudent sur la route en fin d'après-midi.

prévaloir à Brunei, le sultan s'efforçant de suivre la cadence du monde moderne. En 2004, le conseil législatif a finalement été rétabli après 20 ans d'état d'urgence. Jusqu'à présent, ses 29 membres font tous partie de la famille royale ou de ses fidèles, mais la Constitution a été amendée pour permettre au Conseil de passer à 45 représentants, dont 15 élus par le peuple. Autre avancée significative, l'ancien leader radical Muhamad Yasin Abdul Rahman, naguère emprisonné pour sa participation à la rébellion de 1962, a été autorisé à former un nouveau parti d'opposition, le Parti national du développement (NDP).

La simple mention d'élection et d'opposition a dû faire frémir le sultan, qui s'est empressé d'ajouter une clause à la Constitution stipulant son infaillibilité dans sa vie personnelle et ses charges officielles. Peut-être craignait-il que son mariage avec une journaliste malaise de 27 ans en troisièmes noces (il est toujours uni à sa première épouse et a divorcé de la deuxième en 2003) ne nuise à sa popularité. Quoi qu'il en soit, les habitants du Brunei ne risquent pas de voter de sitôt.

Malgré les aléas politiques, la richesse du Brunei permet encore aux citoyens de bénéficier d'un niveau de vie confortable. Le taux d'alphabétisation atteint 94% et l'espérance de vie est de 77 ans. Chaque citoyen a droit à l'éducation et aux soins médicaux gratuits ainsi qu'à la retraite. Les complexes sportifs et de loisirs sont mis gracieusement à disposition, les banques accordent des prêts à faible taux et de nombreuses acquisitions (voiture, notamment) sont subventionnées. Le salaire minimum est le plus élevé de cette région d'Asie, il est net d'impôts, et ceci pour des horaires de travail réduits. À l'occasion de son 60ᵉ anniversaire en 2006, le sultan a même octroyé aux fonctionnaires leur première augmentation de salaire depuis 20 ans. La diversification économique et de nouvelles prospections pétrolières en mer contribuent à faire affluer l'argent. Tant que cela durera, les habitants de Brunei devraient continuer à se satisfaire de leur sort.

BANDAR SERI BEGAWAN

100 000 HABITANTS

Bandar (ou BSB), la capitale, n'affiche pas l'habituel luxe ostentatoire des cités bâties grâce à l'argent du pétrole. À l'exception d'un palais généralement fermé au public, de quelques énormes mosquées et d'un hôtel extravagant, la ville reste plutôt discrète. La vie urbaine se concentre autour des centres commerciaux, des restaurants et, selon le degré de piété, de la religion ou des fêtes illicites (parfois les deux). BSB a quelques musées, ainsi que le plus grand village flottant au monde, témoignage nostalgique d'une époque révolue.

Le centre de BSB se situe sur la rive nord du Sungai Brunei, à 12 km en amont de la baie de Brunei, un site facile à défendre contre des attaques maritimes et abrité des tempêtes et des tsunamis. Durant l'occupation japonaise, le centre-ville – appelé Brunei Town jusque dans les années 1970 – fut fortement endommagé par les bombardements alliés.

À voir et à faire

Le centre-ville se rejoint facilement à pied ou en bateau de la mosquée Omar Ali Saifuddien. À moins de vouloir marcher des heures sous le soleil tropical, vous prendrez bus ou taxi pour découvrir les sites à l'est, au nord et à l'ouest du centre. Nombre de galeries marchandes et de restaurants se regroupent à Gadong, à 5 km au nord-est du centre-ville. Une jolie **promenade** le long de Jln McArthur, au bout de Jln Sultan face à Kampong Ayer, est particulièrement plaisante en soirée.

CENTRE DE BSB

Kampong Ayer VILLAGES FLOTTANTS

Abritant quelque 20 000 habitants, Kampong Ayer se compose de 28 villages sur pilotis, construits le long des deux rives du Sungai Brunei (surtout la rive sud) et portant les noms des métiers traditionnellement pratiqués. Il y a un siècle, la moitié de la population de Brunei y vivait et aujourd'hui, malgré les incitations du gouvernement, nombre de Brunéiens continuent de préférer ces habitations à une résidence sur la terre ferme. Les luxueuses voitures stationnées sur le bas-côté des grandes routes sur les berges opposées appartiennent souvent à des résidents des villages flottants. Kampong Ayer abrite aussi de nombreux immigrants, qui constituent le sous-prolétariat de Brunei.

Fondé depuis au moins mille ans, Kampong Ayer est la plus grande localité sur pilotis du monde, avec ses propres écoles, mosquées, postes de police et brigades de pompiers. Les maisons, peintes en vert, bleu, rose ou jaune déteint par le soleil, n'ont pas été embellies pour les touristes. Bien que l'endroit n'ait rien de sordide, attendez-vous à découvrir, à marée basse, un tapis de détritus qui recouvre la vase sous les pontons sans balustrade, où manquent parfois des planches. Quand le chroniqueur vénitien Antonio Pigafetta, qui accompagnait Fernand de Magellan lors de son dernier voyage, visita Kampong Ayer en 1521, il le baptisa "Venise de l'Orient" – un surnom peut-être un peu exagéré.

Bon endroit pour commencer la visite et pour un aperçu de la culture de Brunei avant le pétrole, le **Kampong Ayer Cultural & Tourism Gallery** (⏲9h-17h sam-jeu, 9h-11h30 et 14h30-17h ven) est situé sur la rive opposée du Sungai Brunei, face au Sungai Kianggeh (le cours d'eau à la lisière est du centre-ville). Ouverte en 2009, cette galerie est consacrée à l'histoire, au mode de vie et aux métiers des habitants de Kampong Ayer, et propose habituellement des démonstrations d'artisanat. Comme dans beaucoup d'institutions publiques du sultanat, le personnel est pléthorique, mais ne se préoccupe guère des visiteurs. Une **tour d'observation** vitrée offre une vue panoramique sur la scène en contrebas.

Vous traverserez facilement le fleuve depuis le centre-ville (juste à l'est du Yayasan Complex) ou de la rive est du Sungai Kianggeh. Postez-vous à un endroit où un bateau-taxi peut accoster et faites signe à une embarcation libre.

Pour visiter les villages de la **rive nord** (du même côté que le centre-ville), suivez les promenades en planches qui partent vers le sud-ouest de la mosquée Omar Ali Saifuddien, ou celles se dirigeant vers l'ouest (parallèles au fleuve) du Yayasan Complex, construit sur le site d'un ancien village flottant.

Mosquée Omar Ali Saifuddien — MOSQUÉE

(Jln Stoney ; ⏲intérieur 8h30-12h, 13h30-15h et 16h30-17h30 sam-mer, 16h30-17h ven, fermé jeu, extérieur 8h-20h30 tlj sauf heures de prière). Construite entre 1954 et 1958, la masjid Omar Ali Saifuddien – du nom du 28e sultan de Brunei, le père de l'actuel sultan – est entourée d'une lagune artificielle dans laquelle elle se reflète. La mosquée est le centre de la vie sociale en soirée : les fidèles viennent pour la prière, puis dînent ou font des achats, les occupations classiques à Brunei. Le minaret, haut de 44 m, est l'édifice le plus haut du centre-ville et malheur à qui tente de le surpasser – le proche bâtiment de l'Islamic Bank of Brunei dépassait apparemment le minaret et son dernier étage a été détruit sur ordre du sultan.

L'intérieur de la mosquée est bien évidemment somptueux. Le sol et les murs sont en beau marbre italien, les vitraux et les lustres ont été fabriqués en Angleterre et les luxueux tapis proviennent d'Arabie saoudite et de Belgique. Une mosaïque vénitienne formée de 3,5 millions de tesselles orne l'intérieur du dôme principal.

Le vaisseau d'apparat en pierre qui est situé dans la lagune est une réplique d'une barge royale (*mahligai*) du XVIe siècle.

GRATUIT Royal Regalia Museum — MUSÉE

(Jln Sultan ; ⏲9h-17h dim-jeu, 9h-11h30 et 14h30-17h ven, 9h45-17h sam, dernière entrée 16h30). Le musée des Insignes royaux comprend une section consacrée aux présents reçus par le sultan du Brunei. Parmi les objets en or et les bijoux, nous avons particulièrement apprécié la chope à bière offerte par la reine Élisabeth II.

Croisière en bateau-taxi — PROMENADE EN BATEAU

Un bateau-taxi constitue le meilleur moyen de visiter les villages flottants de BSB et le palais du sultan, l'Istana Nurul Iman. Vous trouverez facilement un bateau au bord du fleuve ; le batelier vous aura repéré le premier. Comptez de 30 à 40 $B en négociant un peu.

LES BEDIL

L'exposition consacrée aux *bedil* (canons) est l'une des plus intéressantes du **musée de Brunei**, notamment parce que ces canons proviennent uniquement de Brunei et n'appartiennent pas à la sphère culturelle malaise. Fondus dans le bronze, les *bedil* apportèrent richesse et puissance au sultanat bien avant le pétrole. Grâce à eux, Brunei soumit nombre de petits royaumes de Bornéo et étendit son pouvoir jusqu'aux Philippines. Ils étaient si courants qu'ils devinrent un élément classique d'une dot. Splendides, ils sont tous décorés de manière baroque, parfois sculptés pour ressembler à un dragon ou à un crocodile.

Bandar Seri Begawan

Après avoir admiré la cour arrière du palais, le batelier remontera le fleuve jusqu'à **Pulau Ranggu**, une île qui abrite une grande colonie de nasiques. Le meilleur moment est la fin de l'après-midi, car les singes s'observent plus facilement au crépuscule.

EST DU CENTRE DE BSB

Brunei Museum MUSÉE

(☎224 4545 ; Jln Kota Batu ; ⌚9h-17h sam-jeu, 9h-11h30 et 14h30-17h ven, dernière entrée 30 min avant fermeture ; P). Le musée national de Brunei, inauguré officiellement par la reine par la reine Élisabeth II en 1972, semble aujourd'hui un peu désuet, mais peut agréablement vous occuper pendant une heure.

Les pièces les plus anciennes sont présentées dans la section la plus récente et la mieux gérée, la **galerie d'Art islamique**, qui renferme des céramiques d'Iran et d'Asie centrale et des verreries soufflées d'Égypte et du Levant des IXe et Xe siècles. Des manuscrits enluminés du Coran, des corans de la taille d'une boîte d'allumettes et des bijoux en or constituent d'autres merveilles.

La **galerie de la Culture traditionnelle de Brunei** éclaire le rôle de Brunei dans l'histoire, les cultures et le commerce en

Bandar Seri Begawan

Les incontournables
Kampong Ayer (cité lacustre) ... A4

À voir
1 Kampong Ayer Cultural & Tourism Gallery ... D5
2 Mosquée Omar Ali Saifuddien ... A3
3 Royal Regalia Museum ... B2

Activités
4 Borneo Guide ... C3
5 Freme Travel Services ... C3
6 Intrepid Tours ... C3
Mona Florafauna Tours ... (voir 9)

Où se loger
7 Brunei Hotel ... C3
8 Jubilee Hotel ... D2
9 KH Soon Resthouse ... C3
10 Pusat Belia ... C2
11 Radisson Hotel ... C1
12 Terrace Hotel ... B1

Où se restaurer
13 Gerai Makan Jalan Residency ... D4
14 Taman Selera ... B1
Tamu Kianggeh ... (voir 18)

Où prendre un verre
15 Coffee Bean & Tea Leaf ... C3

Achats
16 Hua Ho Department Store ... B4
17 Paul & Elizabeth Booka Services ... B4
18 Tamu Kianggeh ... D3

Asie du Sud-Est. Une section est consacrée aux échanges et ingérences occidentaux à Brunei, qui commencèrent avec l'arrivée des Espagnols et des Portugais dans les années 1 500. Des reproductions grandeur nature décrivent des rituels malais tels que les mariages, l'éducation des enfants et la circoncision. Remarquez la collection de canons cérémoniels, appelés *bedil*, dont certains à la gueule en forme de tête de dragon.

La **galerie d'Histoire naturelle** offre un bel aperçu de l'extraordinaire biodiversité de Bornéo. Quelques animaux naturalisés semblent prêts à tomber en poussière.

Lors de notre visite, une **aile** entière était dédiée à l'extraction du pétrole et du gaz, à la technologie correspondante et à son rôle positif pour Brunei ; une grande exposition concernait le plan à long terme du sultanat pour son économie après l'épuisement du pétrole.

Le musée de Brunei se situe à 4,5 km à l'est du centre-ville le long de la route côtière, sur un promontoire qui surplombe le Sungai Brunei. Prenez un bus de la ligne centrale ou un taxi (environ 10 $B de la gare routière).

Malay Technology Museum — MUSÉE

(Jln Kota Batu ; 9h-17h dim-jeu, 9h-11h30 et 14h30-17h ven, 9h45-17h sam, dernière entrée 30 min avant fermeture). Relié au musée de Brunei par un court chemin au pied de la colline, le musée de la Technologie malaise propose des expositions un peu vieillottes sur la vie dans un village flottant (architecture sur pilotis, construction navale, techniques de pêche, artisanat) et une maison longue murut (*lun bawang*).

Maison à Douze Toits — MUSÉE

(Bubungan Dua Belas ; 224 4545 ; Jln Residency ; 9h-16h30 lun-jeu, 14h30-16h30 ven, 9h-11h30 sam ; P). Jadis résidence des administrateurs britanniques, le plus ancien bâtiment du sultanat est aujourd'hui un musée consacré à la longue "relation particulière" entre Brunei et le Royaume-Uni. Parmi les photos figurent des vues de Brunei au XIXe siècle et des portraits de la reine Élisabeth II. La piscine à l'arrière est réputée hantée : les Japonais procédèrent à des exécutions à cet endroit durant la Seconde Guerre mondiale. Le musée était inexplicablement fermé lors de nos recherches ; téléphonez avant de venir.

La maison est située à 1,5 km au sud-est du Sungai Kianggeh, en direction du musée de Brunei, sur une colline qui domine le fleuve. Du centre-ville, prenez un bus de la ligne centrale, un taxi ou un bateau-taxi.

NORD ET OUEST DU CENTRE DE BSB

Mosquée Jame'Asr Hassanil Bolkiah — MOSQUÉE

(Sultan Hassanal Bolkiah Hwy, Kampung Kiarong ; 8h-12h, 14h-15h et 17h-18h lun-mer et sam, 17h-18h ven, 10h30-12h, 14h-15h et 17h-18h dim, fermé jeu ; P). Construite en 1992 pour célébrer le 25e anniversaire du règne de l'actuel sultan, la plus grande mosquée de Brunei et ses 4 minarets couverts de carreaux en

À NE PAS MANQUER

LES MACAQUES DE BSB

Des macaques à longue queue et leurs petits batifolent souvent dans les arbres le long de la route qui grimpe la colline (vers la tour de la radio) depuis le croisement entre les hôtels Terrace et Radisson ; écoutez le bruissement des feuillages alors qu'ils bondissent de branche en branche. Comme toujours, n'approchez pas les singes, aussi touchants qu'ils puissent sembler. Ils évoluent dans les parages toute la journée, se faufilant parfois dans une cuisine par une fenêtre ouverte, mais s'observent plus facilement tôt le matin ou au crépuscule.

céramique dominent les "faubourgs" de BSB. Le sultan étant le 29e souverain de la dynastie, la mosquée comporte 29 coupoles dorées, qui resplendissent le soir sous les illuminations.

L'intérieur est saisissant : les dimensions sont impressionnantes et une myriade de tapis tissés jonchent la salle de prière des hommes.

La mosquée se situe à 3 km au nord-ouest du centre-ville en direction de Gadong. Prenez le bus n°1 ou n°22 à la gare routière principale.

Istana Nurul Iman PALAIS

(Jln Tutong). Achevé en 1984, l'Istana Nurul Iman (palais de la Lumière et de la Foi), la résidence officielle du sultan de Brunei, est l'un des plus grands palais au monde. Avec une superficie de 200 000 m², il est 4 fois plus grand que le palais de Versailles et 3 fois plus vaste que Buckingham Palace. Il compte 1 788 pièces, dont 257 salles de bains.

Conçu par l'architecte philippin Leandro Locsin, le palais, à 3 km au sud-ouest du centre-ville, mêle des éléments malais et islamiques à une grandeur démesurée. Il reste néanmoins relativement attrayant vu de loin ou quand il est illuminé en soirée.

L'Istana Nurul Iman n'est ouvert au public que durant les 3 jours de festivités de l'Hari Raya Aidil Fitri, à la fin du ramadan. Pour le voir le reste de l'année, effectuez une croisière en bateau-taxi ou rejoignez le pavillon en bord de fleuve du **Taman Persiaran Damuan**, un parc paysager à 1,2 km après le palais (en venant du centre-ville).

Taman Peranginan Tasek PARC

(parc Tasek ; Jln Tasek Lama ; P). Principal espace vert de BSB, le Taman Peranginan Tasek offre des aires de pique-nique, des chemins paisibles jusqu'à une petite cascade et un grand réservoir. Les habitants viennent ici pour pratiquer le tai-chi (6h-9h), courir (en soirée), utiliser les appareils d'exercices physiques et admirer la vue. Le parc se trouve à 2 km au nord du centre-ville : à pied, tournez vers l'est à 400 m au nord du Terrace Hotel, dans le nord du centre-ville, ou prenez un bus de la ligne nord.

JERUDONG

Parc d'attractions de Jerudong PARC D'ATTRACTIONS

(Jerudong ; entrée libre, manèges moins de 5 ans/plus de 5 ans 8/10 $B ; 16h-22h30 mer, jeu et dim, 14h-22h ven-sam, fermé lun-mar sauf vacances scolaires). Durant son âge d'or, le parc de Jerudong, un projet du prince Jefri ouvert en 1994, était la fierté de Brunei et le seul grand parc d'attractions moderne d'Asie du Sud-Est. La salle de concert offrait des spectacles gratuits avec des vedettes telles que Whitney Houston et Michael Jackson – ce dernier pour le 50e anniversaire du sultan – et les nombreux manèges comprenaient de gigantesques montagnes russes.

Ces dernières, ainsi que beaucoup d'autres manèges, ont été vendues pour rembourser les dettes, et Jerudong n'a plus guère d'attrait. Dix attractions, dont un manège de chevaux de bois et des autos tamponneuses, semblent toujours fonctionner, mais renseignez-vous avant d'acheter un billet. Le parc reste fréquenté le week-end, le meilleur moment pour une visite. Selon la rumeur, certains voudraient le transformer en un parc de loisirs plus petit pour les jeunes enfants, avec manèges et attractions adaptées.

Aucun bus ne dessert le parc, qui s'étend près de la côte à 20 km au nord-ouest de BSB ; vous devrez prendre un taxi (environ 35 $B du centre-ville) ou un véhicule privé.

PLAGES DE MUARA

Pantai Muara (plage de Muara) est une jolie plage proche de la pointe de la péninsule, courue le week-end. Comme beaucoup d'autres plages à Bornéo, elle est jonchée de bois flotté et d'autres débris à la marée. Tranquille en semaine, elle compte des stands de restauration, des tables de pique-nique et une aire de jeux pour les enfants.

À environ 4 km à l'ouest de Muara le long de la Muara-Tutong Hwy, **Pantai Meragang** (plage du Crocodile) est une autre plaisante plage de sable, un peu moins bondée le week-end. Quelques stands de restauration en font un bon endroit pour un pique-nique.

Les plages se situent à 25 km au nord-est de BSB, après le port de Muara, où des soldats australiens débarquèrent en avril 1945. Du centre de BSB, les bus n°s 37, 38 et 39 (1 $B) desservent le centre de Muara ; le bus n°33 relie Muara Ville et Pantai Muara. Pantai Meragang se rejoint difficilement sans un véhicule privé.

Circuits organisés

Plusieurs agences locales proposent des visites de BSB et des excursions dans les sites naturels du sultanat, dont le parc national d'Ulu Temburong et les mangroves de Pulau Selirong, à 45 minutes en bateau de la ville. Certaines organisent des safaris nocturnes pour observer nasiques, crocodiles et lucioles.

Borneo Guide CIRCUITS
(☎718 7138, 876 6796, 242 6923 ; www.borneo-guide.com ; Unit 204, Kiaw Lian Building, Jln Pemancha ; ⌚9h-17h lun-ven, 9h-13h sam). Excellents services, prix raisonnables et divers circuits d'écotourisme à Brunei et à Bornéo. Une excursion d'une journée au parc national d'Ulu Temburong coûte 120 $B (7h30-16h30 ou 17h). Le circuit de 2 jours au parc, avec repas et activités, revient à 245 $B. Le bureau sert aussi de centre d'information touristique utile.

Intrepid Tours CIRCUITS
(☎222 1685, 222 1686 ; www.bruneibay.net/intrepidtours/index.html ; 1er ét.-Unit 105, PGGMB Building, Jln Sungai Kianggeh). Gère son propre lodge près de Batang Duri (sur la route du parc national d'Ulu Temburong). Bureau principal à 9 km au nord-est du centre de BSB.

Mona Florafauna Tours ACTIVITÉS DE PLEIN AIR, CIRCUITS
(☎24h/24 884 9110 ; jungle-dave.blogspot.com.au ; 209 1er ét., Kiaw Lian Bldg, 140 Jln Pemancha ; ⌚8h30-17h). Spécialiste des circuits de plein air et de découverte de la vie sauvage, avec un service chaleureux et personnalisé. Envoyez un e-mail ou téléphonez.

Freme Travel Services CIRCUITS
(☎223 4277 ; www.freme.com; 4e ét., bureau 4.03B, Wisma Jaya, Jln Pemancha). L'une des plus grandes agences de voyages de Brunei, un peu institutionnelle, mais un grand choix de circuits.

Où se loger

Les adresses pour petits budgets sont rares. Les hôtels haut de gamme offrent souvent des réductions substantielles sur leurs sites Internet.

♥ **Brunei Hotel** HÔTEL $$
(☎224 4828 ; www.thebruneihotel.com ; 95 Jln Pemancha ; ch 91-220 $B, ste 242-440 $B, petit-déj compris ; ❄@☎). D'un excellent rapport qualité/prix, le Brunei se distingue par des lignes épurées, des tons monochromes et une ambiance ultramoderne et détendue. Pour le petit-déjeuner, un buffet très correct est servi dans le **Choices Cafe**, au rez-de-chaussée. Le personnel est chaleureux, professionnel et attentif.

Pusat Belia AUBERGE DE JEUNESSE $
(Youth Centre ; ☎887 3066, 222 2900 ; Jln Sungai Kianggeh ; dort 10 $B ; ❄≋). Prisée des baroudeurs bien que les couples ne puissent pas rester ensemble, cette auberge de jeunesse compte 28 dortoirs non mixtes de 4 ou 10 lits (superposés), avec des meubles fonctionnels, de grandes fenêtres, des sols en ciment rouge et des sdb passables. Elle se situe à l'extrémité sud du complexe Youth Centre (derrière l'escalier cylindrique). La réception est censée ouvrir de 7h45 à 16h30 du lundi au jeudi et jusqu'à 22h les autres jours, mais les réceptionnistes ne sont pas toujours présents. Si le bureau est fermé, attendez un peu. La piscine adjacente coûte 1 $B. L'auberge peut être occupée par des invités du gouvernement ou des équipes sportives.

Terrace Hotel HÔTEL $$
(☎224 3554, 224 3555, 224 3556, 224 3557 ; www.terracebrunei.com ; Jln Tasek Lama ; d 65-75 $B ; ❄@☎≋). Cet hôtel de tourisme classique propose 84 chambres démodées mais propres, avec sdb en marbre, et une jolie petite piscine. Bien situé, à 800 m au nord du fleuve, près d'un centre de stands de restauration.

Empire Hotel & Country Club COMPLEXE HÔTELIER $$$
(☎241 8888 ; www.theempirehotel.com ; Muara-Tutong Hwy, Kampung Jerudong ; ch avec petit-déj à partir de 400 $B, villas 1 300-2 900 $B ;). Pharaonique par ses proportions et son opulence, cette extravagance de 523 chambres fut commandée par le prince Jefri pour loger les hôtes de la famille royale. Afin de rentabiliser en partie l'investissement colossal, la propriété fut rapidement transformée en complexe hôtelier haut de gamme. Marbres et colonnades évoquent Las Vegas, tout comme le lustre en or et cristal de Baccarat qui éclaire le salon ; un lustre identique orne l'Emperor Suite (17 000 $B). Même les chambres les plus abordables (à l'exception des chambres Ocean récemment ouvertes) disposent de télécommandes pour tout contrôler à distance, de tapis tissés main, d'interrupteurs plaqués or et d'immenses sdb avec sol en marbre. Malgré une décoration chargée, sans imagination, l'endroit mérite une visite ; le thé servi dans le Lobby Lounge ne coûte que 5 $B et l'immense piscine à l'extérieur est appréciée des expatriés et des gens fortunés. Prenez le bus n°57 dans le centre-ville ou à Gadong (il circule 2 ou 3 fois par jour ; au retour, réservez au comptoir des transports) ou bien un taxi (30-35 $B).

Radisson Hotel HÔTEL $$$
(☎224 4272 ; www.radisson.com/brunei ; Jln Tasek Lama ; ch à partir de 170 $B ;). Cet hôtel de la chaîne Radisson, à la lisière du centre-ville, offre des standards internationaux. Le salon est tout aussi confortable et somptueux que les chambres de classe affaires. Parmi les équipements figurent 2 piscines (dont une pour les enfants), un centre de remise en forme, un spa et 2 restaurants. Navette gratuite pour Gadong et le centre-ville 3 fois par jour.

Jubilee Hotel HÔTEL $$
(☎222 8070 ; www.jubileehotelbrunei.com ; Jln Kampung Kianggeh ; d 70-95 $B, f 145 $B ;). Des chambres un peu désuètes, mais plaisantes et propres. Les "supérieures" comprennent une kitchenette.

Centrepoint Hotel HÔTEL $$$
(☎243 0430 ; www.thecentrepointhotel.com ; Abdul Razak Complex ; ch 280-380 $B, ste à partir de 550 $B ;). Bel hôtel d'affaires dans le quartier branché de Gadong, avec des chambres luxueuses, plutôt impersonnelles. Pour rejoindre Gadong, prenez un taxi, ou un bus de la ligne circulaire.

KH Soon Resthouse GUESTHOUSE $
(☎222 2052 ; khsoon-resthouse.tripod.com ; 2e ét., 140 Jln Pemancha ; s/d 30/35 $B, avec sdb 35/39 $B ;). Cette pension sans prétention, installée dans un espace commercial reconverti au sol marron foncé, offre de vastes chambres spartiates et un emplacement très central. Lit supplémentaire à 17 $B environ.

Rizqun International Hotel HÔTEL $$$
(☎243 3000 ; www.rizquninternational.com ; Abdul Razak Complex ; ch à partir de 320 $BS ;). Autre hôtel touristique dans le quartier de Gadong, le Rizqun surprend par sa sophistication bien que situé dans une galerie marchande. Nombreux restaurants, personnel accueillant et équipements d'un hôtel d'affaires. Prenez un taxi ou un bus de la ligne circulaire.

Où se restaurer

La nourriture (*makan*) tient une place importante à BSB, où nombre d'autres plaisirs sont illicites. " La nourriture et poster des photos de plats est un passe-temps national à Brunei" affirme Thanis Lim, un bloggeur dont le site Internet (cookiemonzters.blogspot.com) est consacré à la cuisine et aux restaurants de Brunei.

Dans le centre-ville, les restaurants s'alignent le long du fleuve et dans Jln Sultan (sud de Jln Pemancha). Toutes les grandes galeries marchandes, dont celles de Gadong, abritent des **espaces de restauration**. Repérez un endroit fréquenté et régalez-vous. Tous les restaurants répertoriés ci-après sont climatisés.

Pondok Sari Wangi INDONÉSIEN, CHINOIS $$
(☎244 5403 ; Block A, nos12-13, Abdul Razak Complex, Jln Gadong ; plats 5-18 $B ; 10h-22h ;). À Gadong, le Pondok Sari Wangi est une institution de Bandar. La cuisine sino-indonésienne se caractérise par une profusion de plats riches et colorés comme le "smashed chicken" (poulet aplati) mariné, un poisson frit avec du *sambal* relevé, des légumes sautés aigres-doux, des *satay* accompagnés d'une sauce aux arachides et des travers braisés à la perfection, la spécialité maison. Quel que soit le plat choisi, vous ne serez pas déçu.

L'AMBUYAT : COLLANT, GLUANT ET GÉLATINEUX

L'*ambuyat*, plat national officieux de Brunei, est un porridge gélatineux préparé avec de la moelle de sagoutier, réduite en poudre et mélangée à de l'eau ; il est servi avec diverses sauces parfumées.

Pour le déguster, on vous donnera des baguettes spéciales, attachées par le haut (ne les séparez pas !) ; elles facilitent la prise de cette substance gélatineuse, translucide et filante. Lorsque vous avez réussi à en enrouler une bouchée, plongez-la dans la sauce, puis avalez sans mâcher.

Pour goûter l'*ambuyat*, rendez-vous dans l'une des 9 succursales de l'Aminah Arif (voir ci-dessous) à BSB.

♥ Lim Ah Siaw Pork Market STANDS DE RESTAURATION $$

(☎222 3963 ; Jln Teraja ; plats 3,50-9 $B ; ⏲6h30-22h). Pieds de porc braisés croustillants, poitrine de porc, beignets au porc, raviolis au porc, ce marché-restaurant chinois surprend quand on sait que l'élevage des porcs est interdit à Brunei ! Le Lim Ah Siaw rappelle les bars de la prohibition ou les salle de jeu de Hong Kong, ce qui pimente la transgression.

Aminah Arif AMBUYAT $$

(☎265 3036 ; Unit 2-3, Block B, Rahman Bldg, Spg 88, Kiulap ; ambuyat pour deux 16 B$; ⏲9h-22h ; ✍). L'Aminah Arif est l'endroit où goûter l'*ambuyat* (un épais porridge gluant), la spécialité de Brunei. Vous pouvez aussi commander des plats de riz ou de nouilles et arroser votre repas de *kasturi ping* (jus de calamondin ; 1,80 $B) glacé. Il existe 9 Aminah Arif en ville, mais celui-ci semble le plus populaire.

Tamu Kianggeh STANDS DE RESTAURATION $

(Jln Sungai Kianggeh ; plats à partir de 1 $B ; ⏲5h-17h). Ces stands de restauration, les moins chers de Brunei, servent notamment du *nasi katok* (riz, poulet frit ou en curry et *sambal* ; 1 $B) et du *nasi lemak* (riz cuit dans du lait de coco et accompagné de poulet, de bœuf ou de crevettes, d'un œuf et de tranches de concombre ; 1 $B). Dans le coin nord-est du marché, **Tamu Chakoi** (stands 49-51 ; ⏲8h30-12h, fermé lun ; ✍), un stand chinois végétarien, propose diverses pâtisseries frites et des plats de nouilles. C'est l'un des rares endroits de Brunei un peu chaotique et désordonné, ce qui n'a rien de déplaisant.

Taman Selera STANDS DE RESTAURATION $

(angle Jln Tasek Lama et Jln Stoney ; plats 1-3,50 $; ⏲16h-minuit). Dans ce centre de restauration à l'ancienne, installé dans un parc ombragé, vous dégusterez d'excellents plats malais à petits prix sous des bâches colorées et des ventilateurs. *Satay* (4 brochettes 1 $B), poulet frit, poissons et crustacés, plats de riz et de nouilles, boissons glacées (1 $B) comptent parmi les offres. À 1 km au nord du fleuve, en face du Terrace Hotel.

Pasar Malam Gadong MARCHÉ DE NUIT $

(Jln Pasar Gadong ; ⏲16h-22h). Des en-cas et des plats typiques de Brunei en font le marché de nuit le plus populaire. Il s'adresse essentiellement aux clients en voiture qui achètent des plats à emporter et ne compte quasiment pas de table où s'asseoir. À 3 km au nord-ouest du centre et à 200 m du centre commercial The Mall de l'autre côté du fleuve, il est desservi par les bus n°s 1 et 22 ; après 19h, vous devrez prendre un taxi pour revenir en ville (15 B$, plus après 20h).

Noralizah & Iskandar House of Curry INDIEN $

(☎867 5781 ; Kompleks Awang Hj Ibrahim, Jln Berakas ; plats 3-7 $B ; ⏲7h-20h ; ✍). Il se spécialise dans les pains plats, comme les *roti*, les *paratha* garnis de bananes saupoudrées de sucre pour le petit-déjeuner, ou les *murtabak* farcis d'agneau haché et d'oignons. Trempées dans des bols de curry, les *roti* composent un repas bon marché, prisé des étudiants.

Le restaurant est situé près de l'aéroport ; prenez un taxi (8-10 $B du centre-ville) ou un bus (lignes nord 1 et 2 ou ligne centrale).

Kimchi CORÉEN $

(☎222 2233 ; Unit 19, Block B, Regent Sq ; plats 3-11 $B ; ⏲11h-14h30 et 18h-22h). Des nombreux restaurants coréens de BSB, le Kimchi, à l'ouest du centre, est le meilleur. Le *kimchi* (chou fermenté) est pimenté à point, les gâteaux de riz épicés sont nappés d'une sauce relevée et le *bulgogi* (barbecue) est excellent. Prenez un taxi ou un bus (ligne centrale ou lignes nord 1 et 2).

Gerai Makan Jalan Residency STANDS DE RESTAURATION $
(Espace de restauration Jalan Residency ; Jln Residency ; plats 2-5,50 $B ; ⏲16h-minuit). Le long de la berge en face de Kampong Ayer, ces stands de restauration proposent des *satay* (1 $B pour 4 brochettes de poulet ou 3 d'agneau), de nombreuses sortes de *mee goreng* et de *nasi goreng*, et des soupes comme le *soto* (soupe de nouilles). Les horaires peuvent varier et des stands ouvrent parfois 24h/24.

Red Canopy INTERNATIONAL $
(☎245 3879 ; Unit 11 Hassain Complex, Jln Delima ; plats 4-9 $B ; ⏲7h-23h). À côté de l'aéroport, le Red Canopy offre des plats malais, thaïlandais, et chinois et occidentaux. Le buffet malais proposé au déjeuner est apprécié ; le soir, les plats du jour changent quotidiennement, du poulet au babeurre le mardi à la soupe d'œufs de caille le jeudi.

Où prendre un verre

La vente et la consommation publique d'alcool sont officiellement interdites à Brunei, mais des habitants et des expatriés connaissent des endroits (souvent des restaurants chinois) qui servent discrètement de la bière aux habitués, ou des établissements qui autorisent à apporter sa bouteille.

Les habitats adorent l'*air batu campur* ("mélange glacé"), appelé ABC, un mélange de glace, de vermicelles verts, de gelée d'herbes, de perles de sagou et de haricots rouges.

Coffee Bean & Tea Leaf CAFÉ
(Mayapuri Bldg, 36 Jln Sultan ; ⏲8h-minuit dim-mer, 8h-1h30 jeu-sam ; 📶). Un café idéal pour travailler sur son ordinateur ou simplement se détendre dans la salle climatisée. Il sert des boissons chaudes et des "mélanges glacés", de copieux petits-déjeuners, des pâtisseries (muffins, gâteaux, scones, etc.), des sandwichs gourmets (6-8 $B) et des pâtes (4,80-7,50 $B).

De Royalle Café CAFÉ
(Mayapuri Bldg, 38 Jln Sultan ; ⏲24h/24 ; 📶). Comprenant deux petits salons et des tables en terrasse, ce café ouvert en permanence dispose de journaux en anglais et propose des pâtisseries, des sandwichs (4-11 $B ; celui au saumon est le plus cher) et du café frais. Un endroit plaisant pour se retrouver entre amis.

Où sortir

Les habitants rejoignent souvent Gadong pour une soirée, qui se résume habituellement à un dîner et peut-être un film. N'imaginez pas pour autant une vie nocturne animée, pas plus que des restaurants élégants. Vous ne découvrirez que des galeries marchandes climatisées et des rues commerçantes.

Achats

Le shopping est un sport national à Brunei. Les habitants se ruent dans les centres commerciaux à la recherche des meilleures affaires, tout en déplorant une variété moindre qu'à Singapour.

Le seul embouteillage du pays se produit tous les soirs à Gadong, à 3 km au nord-ouest du centre. Le quartier compte plusieurs temples climatisés de la consommation, dont deux immenses galeries marchandes, Centrepoint et The Mall.

Arts & Handicrafts Training Centre ARTISANAT
(☎224-0676 ; Jln Kota Batu ; ⏲8h-17h sam-jeu, 8h-11h30 et 14h-17h ven). Ce centre d'apprentissage des métiers d'art et d'artisanat vend des objets en argent ou en bois sculpté, des canons en cuivre ornementaux (à partir de 500 $B) et des épées cérémonielles (environ 500 $), fabriqués par les étudiants et les diplômés, à des prix bien plus élevés qu'au Sarawak ou à Kalimantan. C'est un bon endroit pour le lèche-vitrines ; remarquez le *jong sarat* (tissage artisanal de fils d'or et d'argent ; de 400 à 4 000 $B le coupon de 2 m). Si l'artisanat de Brunei vous intéresse, procurez-vous le *Directory of Handicraft Entrepreneurs* (4,80 $B), qui répertorie les artisans du pays. Le centre se situe au bord du fleuve, à 600 m à l'est du Sungai Kianggeh.

Paul & Elizabeth Book Services LIVRES
(☎222-0958 ; 2e ét., bâtiment est, Yayasan Complex, Jln Pretty ; ⏲9h30-21h). Quelques livres sur Brunei, une carte du sultanat et un petit choix de livres de poche en anglais, dont d'anciens guides LP ! Comprend un cybercafé (p. 475).

Hua Ho Department Store GRAND MAGASIN
(⏲10h-22h). Ne manquez pas les 4 étages du Hua Ho, avec son rayon de friandises locales traditionnelles au sous-sol.

Tamu Kianggeh ARTISANAT
(Jln Sungai Kianggeh). Le long du fleuve, ce marché vend des tissages, à des prix plus élevés qu'en Malaisie.

Renseignements

Accès Internet

Amin & Sayeed Cyber Cafe (1er ét., angle Jln Sultan et Jln McArthur ; 1 $B/h ; 9h-minuit).

Paul & Elizabeth Cyber Cafe (2e ét., bâtiment est, Yayasan Complex, Jln Pretty ; 1 $B/h ; 9h-21h). Surplombe l'atrium central du bâtiment est du Yayasan Complex. Des connexions correctes, une mauvaise bande-son.

Argent

Banques et DAB internationaux abondent dans le centre-ville, notamment dans Jln McArthur et Jln Sultan. L'aéroport abrite des DAB et les grands hôtels changent les chèques de voyage.

HSBC (angle Jln Sultan et Jln Pemancha ; 8h45-16h lun-ven, 8h45-11h30 sam). DAB accessible 24h/24. Vous devez posséder un compte HSBC pour changer les chèques de voyage.

Isman Money Changer (rdc, bâtiment est, Yayasan Complex, Jln Pretty ; 9h30-19h30). Change uniquement des espèces. À côté de l'atrium central.

Offices du tourisme

Tâchez de vous procurer le **Borneo Insider's Guide** (BIG ; www.borneoinsidersguide.com), un magazine gratuit publié 4 fois par an.

Pour des nouvelles récentes, des informations commerciales et des conseils touristiques sur Brunei, consultez le site www.brudirect.com.

Brunei Tourism (www.bruneitourism.travel), dont l'excellent site Internet procure de nombreux renseignements pratiques, gère 3 comptoirs d'information touristique qui fournissent les seules cartes utiles du sultanat ; ils se situent dans l'**ancien hôtel des Douanes**, dans le hall d'arrivée de l'aéroport de BSB et dans le Kampong Ayer Cultural & Tourism Gallery (p. 467).

Aéroport (hall d'arrivée ; 8h-12h et 13h30-17h).

Brunei Tourism (9h-17h sam-jeu, 9h-11h et 14h30-17h ven). De l'autre côté du fleuve en venant du centre-ville.

Poste

Poste principale (angle Jln Sultan et Jln Elizabeth Dua ; 8h-16h30 lun-jeu et sam, 8h-11h et 14h-16h ven). Accès gratuit à Internet. La galerie des Timbres présente d'anciennes enveloppes oblitérées et des agrandissements de timbres de l'époque coloniale.

Services médicaux

Jerudong Park Medical Centre (urgence 261 2461, 261 1433 ; www.jpmc.com.bn ;

REJOINDRE LE SABAH : DE BANDAR SERI BEGAWAN À BANDAR LABUAN

Jusqu'à la frontière Rejoindre le Sabah par la mer évite les complications et les retards aux frontières terrestres – la circulation au poste-frontière de Kuala Lurah peut provoquer 3 heures de retard. Les car-ferries de PKL Jaya Sendirian partent du Serasa Ferry Terminal à Muara, à 20 km au nord-est de BSB, pour le territoire fédéral malais de Pulau Labuan (1 heure 30). Si vous êtes en voiture, arrivez au moins une heure avant le départ.

Du même terminal de ferries, PKL Jaya Sendirian offre un car-ferry à destination du port de Menumbok au Sabah (adulte/voiture 35/90 $B de Muara, 80/210 RM de Menumbok, 2 heures 30), à 152 km par la route de Kota Kinabalu.Il part à 10h30 de Muara et à 16h de Menumbok. Lors de nos recherches, un nouveau service de ferry (par le *Kimanis-1*) devait bientôt effectuer 3 allers-retours entre BSB et Menumbok via Labuan.

Chaque jour, 3 bus express (3 $B, 40 min) relient directement BSB et le ferry : ils partent de la gare routière de BSB (plateforme du bus n°39) à 6h30, 11h30 et 14h15. En transports publics, vous pouvez prendre les bus nos 37, 38 ou 39 jusqu'à Muara (1 $B, au moins 2 fois/heure), puis le bus n°33 jusqu'au ferry.

À la frontière À leur arrivée en Malaisie, la plupart des voyageurs obtiennent un visa de 30 ou de 60 jours.

Continuer De Bandar Labuan, des ferries quotidiens desservent Kota Kinabalu (traversée de 115 km).

Reportez-vous p. 381 pour des détails sur le voyage en sens inverse.

Tutong-Muara Hwy ; ⌚24h/24). Centre médical privé ; soins de standards supérieurs. À 27 km au nord-ouest du centre de BSB, desservi par le bus n°55.

RIPAS Hospital (☎224 2424 ; www.moh.gov.bn/medhealthservices/ripas.htm ; Jln Tutong ; ⌚24h/24). Le principal hôpital de Brunei, moderne et très bien équipé. La plupart des médecins seniors ont fait leurs études en Occident. À 2 km à l'ouest du centre (de l'autre côté de l'Edinburgh Bridge).

Urgences

Ambulance (☎991)
Police (☎993)
Pompiers (☎995)

ℹ Depuis/vers BSB

Avion

Aéroport international de Brunei (☎233 1747, renseignements sur les vols 233 6767 ; www.civil-aviation.gov.bn). Quand vous lirez ces lignes, des rénovations auront sans doute transformé ce petit aéroport en un aéroport international moderne.

District de Temburong

Une vedette constitue le moyen le plus rapide de rejoindre Bangar (adulte/senior 6/5 $B, 45 min, au moins toutes les heures 6h-16h30, jusqu'à 18h dimanche et jours fériés). L'embarcadère se situe dans Jln Residency, à 200 m à l'est du Sungai Kianggeh.

Bus et van

La gare routière de BSB, polluée par le monoxyde de carbone, est située au rez-de-chaussée d'un parking à étages, à deux rues au nord du fleuve. Elle dessert des destinations nationales, dont Muara, Seria, Tutong et Kuala Lurah, ainsi que Pontianak à Kalimantan, mais ni le Sabah ni le Sarawak. Près de chaque quai numéroté, un panneau indique l'itinéraire du bus.

Pour des détails sur les divers bus et vans vers la Malaisie, contactez la KH Soon Resthouse (p. 472) à BSB, ou l'office du tourisme de Miri (p. 445), au Sarawak.

ℹ Comment circuler

Depuis/vers l'aéroport

L'aéroport, à 8 km au nord du centre de BSB, est relié au centre-ville, et à la gare routière de Jln Cator, par les bus n°s 23, 24, 36 et 38.

Un taxi depuis/vers l'aéroport revient à 25-35 $B. Les taxis n'ont pas de compteur ; entendez-vous sur le prix avant le départ. Certains hôtels viennent chercher leurs clients à l'aéroport.

Bateau-taxi

Si votre destination est proche du fleuve, les bateaux-taxis – les petits bateaux à moteur qui circulent vers/depuis Kampong Ayer – sont un bon moyen de transport. Vous pouvez leur faire signe n'importe où en bord de fleuve, à un endroit où un bateau peut accoster, ainsi que le long du Sungai Kianggeh. La traversée directe du fleuve coûte normalement 0,50 $B par personne, plus pour une traversée en diagonale.

Bus

Le réseau des bus publics, géré par différentes compagnies, est assez chaotique, du moins pour les touristes. Les bus (1 $B) circulent tous les jours de 6h30 à 18h30 (19h sur certaines lignes) ; plus tard, vous devrez prendre un taxi ou marcher. Si vous sortez de la ville et devez

REJOINDRE LE SARAWAK : DE BANDAR SERI BEGAWAN À MIRI

Jusqu'à la frontière **PHLS Express** (☎771 668) relie deux fois par jour BSB et Miri (18 $B de BSB, 40 RM de Miri, 3 heures 30) via Seria et Kuala Belait (2 heures). Les bus partent du bâtiment PGGMB à BSB (dans Jln Sungai Kianggeh, juste au sud du temple chinois) vers 7h et 13h, et de la gare routière Pujut à Miri vers 8h et 16h. Les billets sont vendus à bord. Le trajet entre Miri et Seria ou Kuala Belait coûte 12 $B ou 25 RM.

Autre possibilité entre BSB et Miri, un "transport privé" (60 RM/pers) dans un **van de 7 places** (☎016-807 2893, en Malaisie 013-833 2331) est proposé par une équipe père et fils. Il part habituellement de BSB à 13h ou 14h, et de Miri à 9h ou 10h, parfois plus tôt. Vous pouvez aussi effectuer le trajet (50 RM/pers, 3 heures 30) dans un **van de livraison de journaux** (☎à BSB 876 0136, à Miri avant 16h 012-878 0136), qui part de Miri à 5h30 ; prévoyez une heure d'attente à la douane.

À la frontière À leur arrivée en Malaisie, la plupart des voyageurs obtiennent un visa de 30 ou de 60 jours.

Continuer Le bus vous dépose à la gare routière Pujut à Miri, à 4 km en taxi du centre-ville.

Reportez-vous p. 446 pour des détails sur le voyage en sens inverse.

revenir en bus, demandez au chauffeur l'heure du dernier bus.

Repérer les arrêts peut être difficile ; certains sont indiqués par des poteaux rayés noir et blanc ou un abri, d'autres par un triangle jaune peint sur le trottoir, d'autres encore ne disposent d'aucun symbole apparent. Les numéros sont clairement affichés sur les bus de 20 ou 40 passagers.

La gare routière n'a ni bureau d'information ni billetterie. La carte murale, compréhensible pour les habitants, ressemble à un rébus pour les visiteurs. Certaines brochures touristiques comprennent un plan des bus.

Jesselton Express (☎012-622 9722, 717 7755, 719 3835, à BSB 718 3838, à KK 016-836 0009) propose un bus quotidien à 8h pour KK (45 $B, 8-9 heures) via Limbang, Bangar, Lawas et diverses villes du Sabah. Gardez votre passeport à portée de main si vous allez au Sabah car le bus s'arrête à 8 postes de contrôle (principalement dans le district de Temburong). Si vos papiers sont en règle, vous n'aurez aucun problème.

Taxi

Le taxi est un moyen pratique d'explorer BSB – si vous parvenez à en trouver un. Il n'existe pas de centre d'appel et il est difficile, voire impossible, d'en arrêter un dans la rue. Les hôtels peuvent vous indiquer des numéros de portable de chauffeurs. La plupart des taxis ont un toit jaune ; quelques-uns, qui desservent l'aéroport, sont entièrement blancs.

La seule station de taxis de BSB se situe à deux rues au nord du fleuve, à la gare routière de Jln Cator.

Certains taxis utilisent les compteurs (3 $B le premier kilomètre, puis 1 $B pour chaque kilomètre supplémentaire), mais la plupart des chauffeurs préfèrent négocier un tarif. Les prix augmentent de 50% après 22h ; une heure d'attente coûte 30-35 $B. Du centre-ville, quelques exemples de tarifs dans la journée : musée de Brunei (10 $B), Gadong (15 $B), aéroport (30 $B), terminal des ferries Serasa à Muara (35 $B), Empire Hotel & Country Club (35 $B), parc d'attractions de Jerudong (35-40 $B).

Voiture

Brunei est le pays d'Asie du Sud-Est où le carburant est le moins cher ; 0,53 $B le litre d'essence, 0,30 $B pour le diesel ! Si votre voiture est immatriculée en Malaisie et que vous ne résidez pas à Brunei, vous devrez utiliser une pompe spéciale, plus chère (afin de prévenir la contrebande).

Louer une voiture constitue un bon moyen d'explorer l'arrière-pays de Brunei. Les prix commencent à 80 $B par jour. Un supplément peut s'appliquer si vous conduisez la voiture au Sarawak. La plupart des agences apporteront la voiture à votre hôtel et viendront la chercher à la fin de la location. Un chauffeur revient à 100 $B supplémentaires par jour. Les routes principales sont en bon état, mais quelques routes secondaires nécessitent un 4x4.

Outre les compagnies suivantes, des agences de location, pour la plupart locales, disposent d'un bureau à l'aéroport :

Avis (☎242- 6345, 876 0642 ; www.avis.com).
Hertz (☎245 2244, 872 6000; www.hertz.com).

DISTRICTS DE TUTONG ET DE BELAIT

La plupart des voyageurs ne font que traverser les districts de Tutong et de Belait, à l'ouest de BSB, afin de rejoindre Miri au Sarawak. Quelques sites méritent néanmoins la visite. Si des bus fréquents circulent entre Kuala Belait, Seria, Tutong et BSB, vous les découvrirez plus facilement en circuit organisé ou avec une voiture de location.

Tutong

20 000 HABITANTS

À mi-chemin entre Seria et BSB, Tutong est la principale localité du centre de Brunei. La ville elle-même n'a guère d'intérêt, mais la région est réputée pour deux choses : le sable blanc et les plantes carnivores. Tutong compte 6 espèces de népenthès et les habitants utilisent leurs urnes à insectes pour cuire différents plats. Le sable aux alentours de Tutong est si blanc que des Brunéiens prennent des photos et font ensuite croire qu'il s'agit de neige. Vous verrez des étendues de *pasir putih* (sable blanc) au bord de la Pan Borneo Hwy.

Une plage superbe, **Pantai Seri Kenangan**, également appelée Pantai Tutong, se situe à quelques kilomètres à l'ouest de la ville, le long de Jln Kuala Tutong. Ourlant une bande de terre entre l'océan et le Sungai Tutong, cette plage ombragée de casuarinas est la plus belle de Brunei. La famille royale y détient un palais étonnamment modeste.

Depuis/vers Tutong

Les bus qui relient BSB et Seria font halte à Tutong (3 $B, 1 heure, toutes les 30-60 min jusqu'à 17h).

Jalan Labi

Quelques kilomètres après l'entrée dans le district de Belait (en venant de Tutong et BSB), une route bifurque vers l'arrière-pays (sud) jusqu'à Labi et au-delà, traversant de beaux secteurs de forêt. Itinéraire le plus facile au cœur de l'ouest de Brunei, Jln Labi passe par le **Forestry Museum** (musée de la Sylviculture ; 8h-12h15 et 13h30-16h30, fermé ven et dim) et plusieurs maisons longues iban, dotées d'équipements modernes et de parkings.

À 40 km au sud de la route côtière, Labi est un village iban avec quelques arbres fruitiers. Plus au sud, vous découvrirez les maisons longues iban de **Rampayoh**, **Mendaram Besar**, **Mendaram Kecil**, puis, au bout de la route, **Teraja**, où un guide local vous conduira à une proche cascade.

Seria

34 000 HABITANTS

Le long de la côte entre Tutong et Kuala Belait, Seria abrite les principales installations de Shell Brunei. Un bataillon de Gurkha est stationné sur la dernière base militaire britannique d'Asie du Sud-Est. Un grand marché se tient le vendredi jusque vers 15h.

À voir

Oil & Gas Discovery Centre MUSÉE

(337 7200 ; www.bsp.com.bn/ogdc ; près Jln Tengah ; adulte/adolescent/senior 5/2/3 $B ; 8h30-17h lun-sam, 9h30-18h dim). Consacré à l'industrie pétrolière, ce musée intéressera les jeunes férus de science et les employés de Shell. À 700 m au nord-ouest de la gare routière.

Billionth Barrel Monument MONUMENT

Sur la plage, à 1 km à l'ouest de l'Oil & Gas Discovery Centre, ces grands anneaux bleus surmontés de l'emblème du sultanat commémorent (comme le nom l'indique) le milliard de barils extraits du gisement de Seria. Au large, des plateformes de forage s'emploient à extraire le deuxième milliard de barils.

Où se loger

Hotel Koperasi HÔTEL $$

(322 7586, 322 7589, 322 7592 ; hotel_seria@brunet.bn ; Jln Sharif Ali ; s/d 72/88 $B ;). Le seul hôtel de Seria, avec 24 chambres propres et banales, à 150 m au nord-ouest de la gare routière.

Depuis/vers Seria

Des bus fréquents desservent Kuala Belait (1 $B, 3/heure 6h30-18h15) au sud-ouest et BSB (6 $B, 2 heures 30, toutes les 30-60 min jusqu'à 17h environ) au nord-est via Tutong.

Kuala Belait

35 500 HABITANTS

Quasiment à la frontière du Sarawak, Kuala Belait (KB) est une cité pétrolière moderne, dominée par Shell Brunei. Le long de la côte, les villas de plain-pied se succèdent, jalonnées de derricks. Malgré une plage correcte, la plupart des voyageurs se contentent de traverser la ville sur la route de Miri.

Où se loger et se restaurer

Dans le centre, des restaurants bordent Jln McKerron et Jln Pretty, la principale artère commerçante à deux rues à l'est. Les habitants recommandent le canard rôti.

Hotel Sentosa HÔTEL $$

(333 1345 ; www.bruneisentosahotel.com ; 92-93 Jln McKerron ; s/d 98/103 $B ; @). Dans le centre-ville, à une rue au sud de la gare routière, un hôtel de tourisme propre et bien tenu.

Renseignements

HSBC Bank (angle Jln McKerron et Jln Dato Shahbandar). À la diagonale de la gare routière, dispose d'un DAB international.

Depuis/vers Kuala Belait

La **gare routière** (angle Jln McKerron et Jln Dato Shahbandar) se situe dans le centre-ville. **Miri Belait** (419 129) propose 5 bus quotidiens pour Miri (8 $B/8 RM) et PHLS Express (encadré p. 476 ; 771 668) offre 2 bus quotidiens plus confortables à un prix similaire. Des minibus violet desservent Seria (1 $B) 3 fois par heure de 6h30 à 18h15.

DISTRICT DE TEMBURONG

Cette petite enclave, séparée du reste du sultanat, est à peine plus grande que Penang et contient l'une des forêts primaires les mieux préservées de Bornéo. Son principal attrait est le splendide parc national d'Ulu

Temburong, uniquement accessible en bateau.

Le trajet en vedette de BSB à Bangar, la capitale du district, est superbe et ne coûte que 6 $B. Le bateau file le long du Sungai Brunei, traverse des cours d'eau bordés de palmiers nipas, puis vire de bord pour se frayer un chemin à travers les mangroves jusqu'à l'embouchure du Sungai Temburong.

Sur Google Earth, regardez le tracé du district de Temburong. Vous le repérerez facilement : à la frontière du Brunei, les routes d'exploitation forestière malaises – des saignées irrégulières de terre érodée – et des versants de colline dénudés laissent la place à un tapis de forêt pluviale vierge et inhabitée. Il n'y a pas si longtemps, la quasi-totalité de Bornéo ressemblait à cela.

Bangar

La petite Bangar, perchée sur les rives du Sungai Temburong, est la porte et le centre administratif du district de Temburong. Elle peut se visiter dans la journée de BSB en prenant une vedette tôt le matin. Néanmoins, vous profiterez mieux de l'ambiance détendue de la ville si vous vous attardez pour explorer la région, la belle forêt primaire alentour et 9 maisons longues.

Où se loger

Le district de Temburong compte plusieurs chambres d'hôtes, principalement utilisées par les tour-opérateurs et les Brunéiens dotés de voitures. Outre les adresses indiquées ci-après, Bangar abrite 5 ou 6 guesthouses propres, confortables et banales.

Lukat Intan Guesthouse GUESTHOUSE **$$**
(☎864 3766, 522 1078 ; lukutintan@hotmail.com ; ch avec petit-déj 30-50 $B ; P❄). Tenue par un charmant couple âgé, cette pension offre des chambres impeccables, un service attentif et des transferts gratuits à l'embarcadère de Bangar.

Rumah Persinggahan Kerajaan Daerah Temburong GUESTHOUSE **$**
(☎522 1239 ; Jln Batang Duri ; s/d/tr/qua 25/30/40/50 $B, chalets 4 pers 80 $B ; ❄📶). Organisée autour d'une cour verdoyante en L, cette pension gérée par le gouvernement est tenue par un personnel sympathique et serviable. Quoique spacieuses, ses 6 chambres sont un peu décrépites, avec des baignoires rouillées et une eau à peine tiède. À quelques centaines de mètres à l'ouest du centre, de l'autre côté de la route, face aux deux mosquées.

Pusat Belia AUBERGE DE JEUNESSE **$**
(☎522 1694 ; www.bruneiyouth.org.bn ; dort 10 $B ; ⏲bureau 7h30-16h30, fermé ven-sam). Faisant partie d'un centre pour la jeunesse, cette auberge de jeunesse sans prétention est installée sur un terrain clos en face et à l'ouest du Centre d'information touristique. Les dortoirs à 6 lits superposés sont propres et dotés de ventil. S'il n'y a personne, téléphonez ou regardez désespérément les passants – cela a fonctionné pour nous.

Où se restaurer

Le **marché de fruits et légumes**, derrière la rangée de boutiques proche du Centre d'information touristique, abrite à l'étage un **espace de restauration** (⏲7h-22h).

Autour du marché, le long du fleuve et à proximité, quelques restaurants servent des plats chinois et malais corrects.

Renseignements

3 in 1 Services (1 $B/h ; ⏲7h45-21h30, fermé dim). Dans le bâtiment voisin du marché (de l'espace de restauration, empruntez la passerelle piétonne), la boutique n°A1-3, au 1er étage, offre l'accès à Internet.

Bank Islam Brunei Darussalam (⏲8h45-15h45 lun-jeu, 8h45-11h et 14h30-16h ven, 8h45-11h15 sam). La seule banque de la ville, au bord du fleuve, à 150 m au nord du pont. Change les dollars US et les livres sterling mais pas les ringgits malais. Le DAB n'acceptait pas les cartes étrangères lors de notre passage, ce qui devait changer bientôt selon le personnel.

Hock Guan Minimarket Change les ringgits malais pour des dollars Brunei. Dans la deuxième rangée de boutiques à partir du Centre d'information touristique.

Jayamuhibah Shopping Mart Vend quelques médicaments (le district de Temburong ne dispose pas de pharmacie). Dans la deuxième rangée de commerces à partir du Centre d'information touristique.

Depuis/vers Bangar

Bateau

La vedette est de loin le moyen le plus rapide de circuler depuis/vers BSB (adulte/senior 6/5 $, 45 min, au moins toutes les heures de 6h à 16h30, jusqu'à 18h dimanche et jours fériés). Le **terminal des ferries** de Bangar, le Terminal Perahu Dan Penumpang, se situe sur la rive ouest du fleuve, juste au sud du pont rouge.

Les bateaux partent à l'heure prévue ou quand ils sont pleins. Aux billetteries, renseignez-vous

CARNET PRATIQUE

» **Monnaie** Dollar Brunei ($B) ; change, voir p. 19.

» **Restaurants**
$ moins de 6 $B
$$ 6-16 $B
$$$ plus de 16 $B

» **Urgences**
Ambulance ☎991
Pompiers ☎995
Police ☎993
Recherche et sauvetage ☎998
Renseignements ☎113

» **Jours fériés** Brunei partage nombre de jours fériés avec la Malaisie. Parmi les jours fériés spécifiques à Brunei figurent la fête nationale de Brunei (23 février), la fête des Forces armées royales de Brunei (31 mai) et l'anniversaire du sultan (15 juillet).

» **Office du tourisme** Le site de Brunei Tourism (www.bruneitourism.travel), très utile, fournit des informations sur les transports, les heures d'ouverture des commerces, les hébergements, les tour-opérateurs, etc.

» **Hébergements**
$ moins de 60 $B
$$ 60-150 $B
$$$ plus de 150 $B

» **Visas** Les ressortissants des pays d'Europe occidentale obtiennent à leur arrivée un visa gratuit de 30 jours. Les Suisses et les Canadiens reçoivent un visa gratuit de 14 jours.

» **Pour plus d'informations**, consultez le site du bureau de l'immigration de Brunei (www.immigration.gov.bn/002/html/melawat.html).

» **Problèmes culturels et juridiques** Brunei est un pays strictement musulman, avec plus de règles et de restrictions qu'en Malaisie et à Singapour. Gardez en mémoire les points suivants :

» **Drogues et alcool** La vente et la consommation publique d'alcool est interdite. Certains boivent, mais dans des résidences privées ou dans les arrière-salles des restaurants chinois. Le trafic de drogue est puni de la peine de mort.

» **Homosexualité** Selon la loi, les relations homosexuelles (comme les relations extraconjugales) consenties entre adultes sont illégales et passibles d'une peine de prison.

» **Fumeurs** Des lois très strictes interdisent de fumer dans les magasins, les centres commerciaux, sur les marchés en plein air et autour des stands de restauration.

» **Femmes seules** Habillez-vous décemment ; si vous ne devez pas couvrir vos cheveux, vous promener en débardeur ou avec un haut de maillot de bain est une mauvaise idée. Certaines femmes ont signalé avoir été sifflées ou draguées, surtout par des hommes à moto.

sur le prochain départ, payez et ajoutez votre nom sur la liste des passagers. Aux heures de pointe, des bateaux partent toutes les 15 min.

Bus

Les bus de **Jesselton** (☎719 3835, 717 7755, à BSB 718 3838) prennent les passagers se dirigeant vers Limbang et BSB en début d'après-midi. Le bus pour KK (25 $B) et Lawas (10 $B) passe par Bangar vers 10h.

Taxi

Bangar ne dispose pas de taxis officiels. Il est toutefois relativement facile de louer une voiture en demandant autour de soi à l'abri devant le terminal des ferries. Le chauffeur ne parlera peut-être guère anglais. Parmi les destinations possibles : la frontière malaise vers Limbang (6 $B), à 4 km ; la ville de Limbang (environ 40 $B) et la réserve forestière de Peradayan (Bukit Patoi ; environ 25 $B aller-retour).

Aucun taxi ne dessert Limbang du côté malais de la frontière.

Pulau Selirong

À la pointe nord du district de Temburong, cette île de 25 km² est un secteur protégé de mangroves où vivent divers animaux, dont des nasiques. Le seul moyen d'y accéder est un circuit en bateau, proposé par des tour-opérateurs de BSB pour 75 $B environ. La traversée de la baie de Brunei dure environ 45 min.

Batang Duri

Batang Duri, à quelque 16 km au sud de Bangar, est le point de départ des trajets en bateau long jusqu'au parc national d'Ulu Temburong. En direction du sud, la route asphaltée passe par des villages malais, des hameaux murut (*lun bawang*), puis quelques maisons longues iban.

Où se loger

Sumbiling Eco Village GUESTHOUSE $$
(☎242 6923, 876 6796 ; borneoguide.com/ecovillage ; pension complète 50 $B/pers ; P@). Camp de jungle rustique à l'ambiance détendue, le Sumbiling propose une savoureuse cuisine iban (servie sur des feuilles de simpur) et d'innombrables activités de plein air, dont la visite du proche parc national d'Ulu Temburong, des circuits de 2 jours dans la jungle, du tubing et un trek en forêt. Les chambres sommaires comportent des fenêtres sans vitres et un ventilateur au plafond afin que l'air circule à l'intérieur des moustiquaires. Le camp comprend un terrain de camping protégé de la pluie, fabrique son compost et bannit les bouteilles en plastique. À proximité est située une maison longue iban de 5 portes, avec de splendides coqs de combat – propriétés précieuses des familles – attachés à l'extérieur. Géré par Borneo Guide (p. 471) en coopération avec la communauté locale, le village se situe à quelques minutes en aval de Batang Duri. Le prix n'inclut pas le transport.

Réserve forestière de Peradayan

La réserve forestière de Peradayan constitue une plaisante excursion d'une journée. Une grimpée de 5 km conduit au sommet couvert de jungle de **Bukit Patoi** (310 m), d'où vous pouvez continuer jusqu'à **Bukit Peradayan** (410 m). Le chemin, qui traverse une jungle intacte, commence à l'aire de pique-nique et de sanitaires du **Taman Rekreasi Bukit Patoi** (parc récréatif de Bukit Patoi), à 15 km au sud-est de Bangar (en direction de Lawas). Emportez beaucoup d'eau et soyez prêt à faire demi-tour si le chemin, pas toujours bien entretenu sur toute sa longueur, devient trop envahi par la végétation pour le suivre.

Si vous ne disposez pas d'un moyen de transport, vous pourrez prendre un taxi officieux à Bangar (environ 30 $B aller-retour).

Parc national d'Ulu Temburong

Agréable surprise dans un pays aussi ordonné et réglementé que Brunei, le **parc national d'Ulu Temburong** (5 $B) se situe au cœur de 500 km² d'une forêt pluviale primaire, qui couvre la majeure partie du sud du Temburong. Seul 1 km² de la superficie du parc est accessible aux touristes, uniquement dans le cadre de circuits guidés. Afin de le préserver pour les générations futures, le reste est hors limites sauf pour les scientifiques, qui viennent du monde entier. Les activités autorisées comprennent une promenade dans la canopée, quelques courtes marches dans la jungle et la baignade dans les eaux fraîches du Sungai Temburong ; n'oubliez pas votre maillot de bain !

La forêt de l'Ulu Temburong foisonne de vie, dont 400 espèces de papillons, mais n'espérez pas voir beaucoup de vertébrés. L'aube et le crépuscule sont les meilleurs moments pour observer oiseaux et mammifères dans la jungle ou le long des rivières, mais vous entendrez plus souvent les calaos et les gibbons de Bornéo que vous ne les verrez.

Activités

Excursion en bateau long CIRCUIT EN BATEAU
L'un des charmes du parc national d'Ulu Temburong est le trajet en *temuai* (long bateau iban à faible tirant d'eau) pour le

rejoindre, l'unique possibilité. Ce superbe parcours, de 25 à 40 min depuis Batang Duri, malmène les bateaux (ils ne résistent que quelques années) et les bateliers, qui doivent remonter les rapides, éviter les rochers submergés, les troncs d'arbres ou les lianes et sortir le moteur de l'eau au bon moment. Par temps de pluie, le niveau de l'eau peut monter rapidement jusqu'à 2 m ; en période d'étiage, il faut parfois descendre du bateau et le pousser.

Aluminium Walkway PROMENADE DANS LA CANOPÉE

Principale attraction du parc, une délicate passerelle en aluminium, fixée par des haubans, court à travers la canopée à 60 m du sol. Dans les forêts pluviales primaires, une végétation limitée pousse au niveau du sol en raison du peu de lumière, alors que la vie prolifère dans la canopée. La passerelle ne comporte malheureusement aucun panneau explicatif et certains guides manquent de connaissances pour expliquer l'importance de cet écosystème et indiquer les innombrables organismes qui vivent sur un seul arbre : orchidées, fougères nid d'oiseau et autres épiphytes, une myriade d'insectes, des amphibiens, des serpents et de multiples oiseaux.

Les vues de la passerelle sur les collines et les vallées alentour sont époustouflantes. Déconseillées à ceux qui souffrent du vertige, les tours, construites par Shell selon la technologie d'échafaudage des plateformes pétrolières, vacillent dans le vent. Évitez de penser à la fatigue des matériaux ou à la foudre ! Si vous disposez d'un téléphone portable malais, vous pourrez partager votre expérience avec des amis ou votre famille, car le sommet des tours permet de capter un signal transfrontalier.

Le chemin qui conduit à la passerelle dans la canopée débute près du confluent du Sungai Belalong et du Sungai Temburong. C'est une courte et raide montée. Si vous passez la nuit dans le complexe hôtelier, vous pourrez parcourir la passerelle au lever de soleil, un bon moment pour observer les oiseaux et d'autres animaux.

Rivières et cascades BAIGNADE

Dans le parc, plusieurs rivières et cascades à l'eau cristalline permettent de se baigner ; votre guide vous indiquera les meilleurs endroits.

Dans l'une des petites cascades, juste à l'extérieur du parc national, vous pouvez entrer dans un bassin où des poissons de 2 à 4 cm de long, semblables à de minuscules requins, viendront grignoter les peaux mortes de vos pieds. Pour le rejoindre, dirigez-vous en aval de l'Ulu-Ulu Resort sur environ 500 m ; votre guide vous aidera à trouver le ruisseau, que vous devrez remonter sur quelques centaines de mètres.

Où se loger

♥ Ulu-Ulu Resort LODGE **$$$**

(www.ululuresort.com ; pension complète à partir de 290 $B/pers ; ❄). En malais, *ulu* (comme dans Ulu Temburong) signifie "en amont" et *ulu-ulu* "au-delà de l'amont". Seul hébergement du parc, ce lodge haut de gamme en bord de rivière est entièrement construit en bois dur ; certaines chambres sont joliment conçues dans le style chalet malaisien des années 1920. Un cinéma constitue une distraction idéale les soirs de pluie. Les prix comprennent le transport depuis BSB. Les activités, en supplément, sont chères.

Depuis/vers le parc national d'Ulu Temburong

Un circuit organisé est le seul moyen de visiter ; plusieurs agences de BSB (p. 471) proposent des circuits guidés en groupe.

Singapour

5,3 MILLIONS D'HABITANTS / 710 KM²

Dans ce chapitre »

Le top des restaurants

» Jaan (p. 530)
» Chomp Chomp Food Centre (p. 532)
» Iggy's (p. 537)
» Blue Ginger (p. 531)
» Jumbo Seafood (p. 531)

Le top des hébergements

» Capella Singapore (p. 529)
» Raffles Hotel (p. 525)
» Naumi (p. 526)
» Wangz (p. 527)
» Wanderlust (p. 528)

Pourquoi y aller

Halte obligée des voyages au long cours, parfait antidote à la poussière de la région et brillant élève du Sud-Est asiatique, Singapour suscite rarement l'indifférence. Si vous ne voyez en Singapour qu'une litanie de galeries marchandes, préparez-vous à réviser vos clichés. Ces dernières années, la cité-État s'est muée en nouvel enfant prodige du continent, bousculant les sages stéréotypes à force d'architecture de pointe, de musées dynamiques et de boutiques branchées. Certains des créateurs les plus en vue de la planète, des grandes toques new-yorkaises aux designers locaux d'avant-garde, ont élu domicile dans ses rues moites. Par-delà son côté moderne et branché, la cité constitue également un creuset immémorial mêlant traditions chinoise, malaise, indienne et occidentale, temples fascinants, marchés appétissants et parcelles de jungle embrumée. Au final, force est de constater que ce premier de la classe a plus d'allure qu'on ne l'aurait imaginé.

Quand partir

Singapour

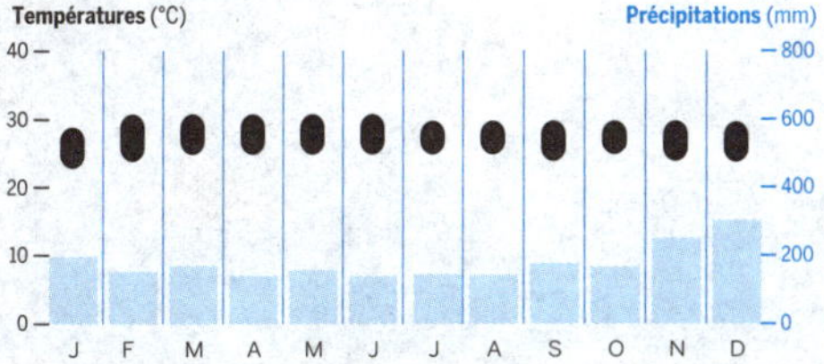

Fév Singapour fête le Nouvel An chinois avec feux d'artifice, défilés de dragons et marchés nocturnes animés.

Mai Faites le plein de bonnes affaires lors des soldes de Singapour, qui démarrent fin mai.

Sept Si les hôtels sont rares et coûteux, les fous de vitesse adoreront le Grand Prix de formule 1, disputé en nocturne.

À ne pas manquer

1 Une incursion dans le quartier très "Bollywood" de l'animée **Little India** (p. 495)

2 Une immersion au cœur de la culture des Chinois des Détroits au **Peranakan Museum** (p. 487) ou à l'**Asian Civilisations Museum** (p. 487)

3 Bière fraîche et restauration de rue à gogo dans un ***hawker centre*** (p. 529)

4 Un moment en compagnie des animaux du **Singapore Zoo** (p. 504), du **Night**

Safari (p. 505) et du tout nouveau **River Safari** (p. 505)

5 Lèche-vitrines dans la mythique avenue commerçante d'**Orchard Road** (p. 547)

6 Une expédition dans la végétation de la **Bukit Timah Nature Reserve** (p. 505)

7 Un frisson sur les montagnes russes jumelles les plus hautes du monde au parc **Universal Studios** (p. 520)

8 Un périple en bateau jusqu'à l'immémoriale **Pulau Ubin** (p. 504)

Histoire

Singapour entra dans l'histoire quand sir Thomas Stamford Raffles débarqua dans ses paysages de jungle et de marécages en 1819, bien décidé à en faire un bastion de l'Empire britannique. Malgré des hauts et des bas – notamment l'invasion japonaise pendant la Seconde Guerre mondiale et son exclusion de la fédération de Malaisie naissante en 1965 –, l'île a toujours tenu son rôle de carrefour du libre échange en Asie du Sud-Est.

Pourtant, malgré une croissance du PIB de 14,9% en 2010 (troisième performance mondiale), les élections législatives de 2011 ont vu la plus forte proportion de sièges disputés (94,3%) depuis l'indépendance de Singapour en 1965. Le People's Action Party (Parti d'action populaire, PAP), le parti au pouvoir, a perdu 6,46% des votants (contre 8,69% en 2006), au profit du Worker's Party (Parti des travailleurs, WP) notamment, dont le programme reflétait mieux les préoccupations des citoyens (accès au logement, système de santé et réseau de transports en souffrance).

Cette tension n'a rien de surprenant : la population de Singapour a doublé entre 1980 et 2013, passant de 2,4 à 5,31 millions d'habitants, essentiellement en raison de l'immigration. Avec 9,5 naissances pour 1 000, Singapour affiche l'un des taux de natalité les plus bas de la planète. Cette donnée n'a pas échappé au gouvernement local, qui a multiplié les initiatives : avantages fiscaux pour les bénéficiaires d'allocations familiales, séances de "speed dating" subventionnées, cours de salsa pour les célibataires. À la veille de la fête nationale en 2012, le fabricant de bonbons Mentos s'est joint à la danse avec une chanson impertinente tournant sur Internet : "Ce soir pour la fête nationale, je veux un enfant", invitant les couples à célébrer la fête nationale dans leur lit. Dans le plus pur style singapourien, un avertissement rappelait que "seuls les couples stables et viables économiquement étaient invités à participer".

> **DÉCHIFFRER LES ADRESSES**
>
> La signalisation est bien faite à Singapour (panneaux de rues et numérotation logique des bâtiments). La plupart des adresses indiquent l'étage, ainsi que le numéro du magasin ou de l'appartement. En revanche, l'adresse ne donne aucune précision sur le quartier ou la banlieue. Par exemple, 05-01, the Heeren, 260 Orchard Rd, indique le magasin n°01 au 5e étage du bâtiment the Heeren, au 260 sur Orchard Rd.

À voir

Le cœur de la ville est situé au sud de l'île. On y trouve la rivière Singapour, bordée par Boat Quay, Clarke Quay et Robertson Quay. Au sud du fleuve se dressent le quartier des affaires (Central Business District ou CBD) et Chinatown. Sur la rive nord, on trouve le Colonial (ou Civic) District et, plus au nord, Little India et Kampong Glam, à l'est duquel s'étendent Geylang, Katong (Joo Chiat), l'East Coast Park et Changi. Au nord-ouest du Colonial District s'étale Orchard Road, et, plus à l'ouest, les jardins botaniques de Singapour, ou encore les enclaves d'expatriés de Dempsey Hill et Holland Village. L'embouchure du fleuve coïncide avec Marina Bay et l'île de Sentosa au sud-ouest. Le centre-nord de Singapour abrite le zoo de Singapour et le Night Safari.

COLONIAL DISTRICT, LES QUAIS ET MARINA BAY

Avec son élégant patrimoine architectural, ses sites phares et ses grands musées, le Colonial District constitue la vitrine de Singapour. Les berges du fleuve hébergent les Boat Quay, Clarke Quay et Robertson Quay, trois âpres zones commerciales reconverties en carrefours animés avec restaurants, bars et boîtes de nuit. À l'est des quais, le fleuve se déverse dans Marina Bay, un nouveau quartier où les concepts architecturaux audacieux croisent un complexe de casinos futuriste et les insolites Gardens by the Bay.

National Museum of Singapore MUSÉE
(Carte p. 488 ; www.nationalmuseum.sg ; 93 Stamford Rd ; adulte/enfant 10/5 $S ; history gallery 10h-18h, living galleries 10h-20h ; M Dhoby Ghaut). Créatif, fort d'une collection exceptionnelle et remarquablement conçu, le musée national de Singapour mérite au moins deux visites. Au lieu des expositions classiques, des galeries multimédias animées ressuscitent l'histoire de Singapour, des rois de Malaisie aux trahisons coloniales, en passant par les émeutes et la renaissance

du XXe siècle, la cuisine de style *hawker*, la mode et le cinéma, au fil d'un périple coloré et intime parsemé d'objets historiques, de témoignages personnels et de reconstitutions évocatrices.

Une partie du musée est logée dans un superbe bâtiment néoclassique du XIXe siècle. Coiffé d'une renversante rotonde tout en vitraux, l'édifice abritait jadis l'ancien Raffles Museum and Library.

Asian Civilisations Museum MUSÉE

(Carte p. 488 ; www.acm.org.sg ; 1 Empress Pl ; adulte/enfant 8/4 $S, demi-tarif après 19h ven ; 13h-19h lun, 9h-19h mar-jeu et sam-dim, 9h-21h ven ; Raffles Place). L'excellent musée des Civilisations asiatiques accueille la plus grande collection de joyaux panasiatiques de l'Asie du Sud-Est. Ses onze galeries magnifiquement conçues explorent l'histoire, les cultures et les religions de la Chine, de l'Inde et de l'Asie occidentale musulmane, à travers une multitude de sculptures, d'armes anciennes, de bijoux et de tissus somptueux. Ajoutez à cela des expositions temporaires de haut vol et c'est l'assurance d'un rendez-vous culturel réussi.

Peranakan Museum MUSÉE

(Carte p. 488 ; www.peranakanmuseum.sg ; 39 Armenian St ; adulte/enfant 6/3 $S, entrée libre 19h-21h ven ; 13h-19h lun, 9h30-19h mar-dim, 9h30-21h ven ; City Hall). Ce musée élégant, interactif et captivant, le plus récent de Singapour, témoigne du renouveau culturel des Peranakan (Chinois des Détroits) dans la cité du Lion. Au fil des dix galeries thématiques animées par des expositions multimédias, familiarisez-vous avec divers aspects de cette culture ancienne et moderne, du mariage au folklore, en passant par la mode et la cuisine. Parmi les pièces exposées, on trouve de splendides meubles et tissus.

Singapore Art Museum MUSÉE

(Carte p. 488 ; 6332 3222 ; www.singaporeart-museum.sg ; 71 Bras Basah Rd ; adulte/étudiant et senior 10/5 $S, entrée libre 18h-21h ven ; 10h-19h sam-jeu, 10h-21h ven ; Bras Basah). Ce musée fait la part belle à l'art moderne et contemporain du Sud-Est asiatique, entre peinture, sculpture, art vidéo et installations spécialement conçues. La galerie Wu Guanzhong (1919-2010) abrite une exposition tournante provenant du fonds légué par l'artiste, père de la peinture chinoise

LES QUAIS DE LA VILLE

La portion de berge qui sépare le Colonial District du CBD est connue sous le nom de quais. La rivière Singapour, artère florissante jadis empruntée par les bateaux marchands pour acheminer leurs cargaisons dans les *godown* (entrepôts) qui jalonnaient les berges, relie aujourd'hui les trois quais. Une balade révèle les changements qui ont affecté le commerce singapourien au fil du temps : des immondes voies navigables d'autrefois, terreuses et poussiéreuses, jusqu'au scintillant quartier financier actuel, tout en verre et acier. Pour un compte rendu de l'histoire locale, visitez l'Asian Civilisations Museum.

Boat Quay (carte p. 488 ; Raffles Place). Ce quai, le plus proche de l'embouchure de la rivière, était jadis le centre de commerce de Singapour et une zone économique importante jusque dans les années 1960. Au milieu des années 1980, la majorité des petits commerces étaient en ruine, les affaires s'étant déplacées ailleurs sur l'île, près des centres de fret high-tech. Déclarée réserve naturelle par le gouvernement, la zone est devenue un quartier animé où restaurants et bars abondent.

Clarke Quay (carte p. 488 ; Clarke Quay). Ce quai pastel, baptisé d'après sir Andrew Clarke, second gouverneur de Singapour, est devenu l'un des hauts lieux nocturnes de Singapour, regorgeant de restaurants, de bars et de clubs (les meilleurs comptent généralement la plus longue file d'attente). Ce quartier ne laisse pas indifférent, avec ses balustrades métalliques colorées, ses parasols en forme de feuilles de nénuphar sortis d'un livre de coloriage, et ses vénérables *shophouses* repeintes de couleurs vives.

Robertson Quay (64, 123, 143, Clarke Quay). Le plus en amont du fleuve, le discret Robertson Quay servait autrefois au stockage des marchandises. Certains des anciens entrepôts se sont mués en bars et clubs privés clinquants. On y trouve également nombre de bons restaurants et d'hôtels.

Colonial District et les quais

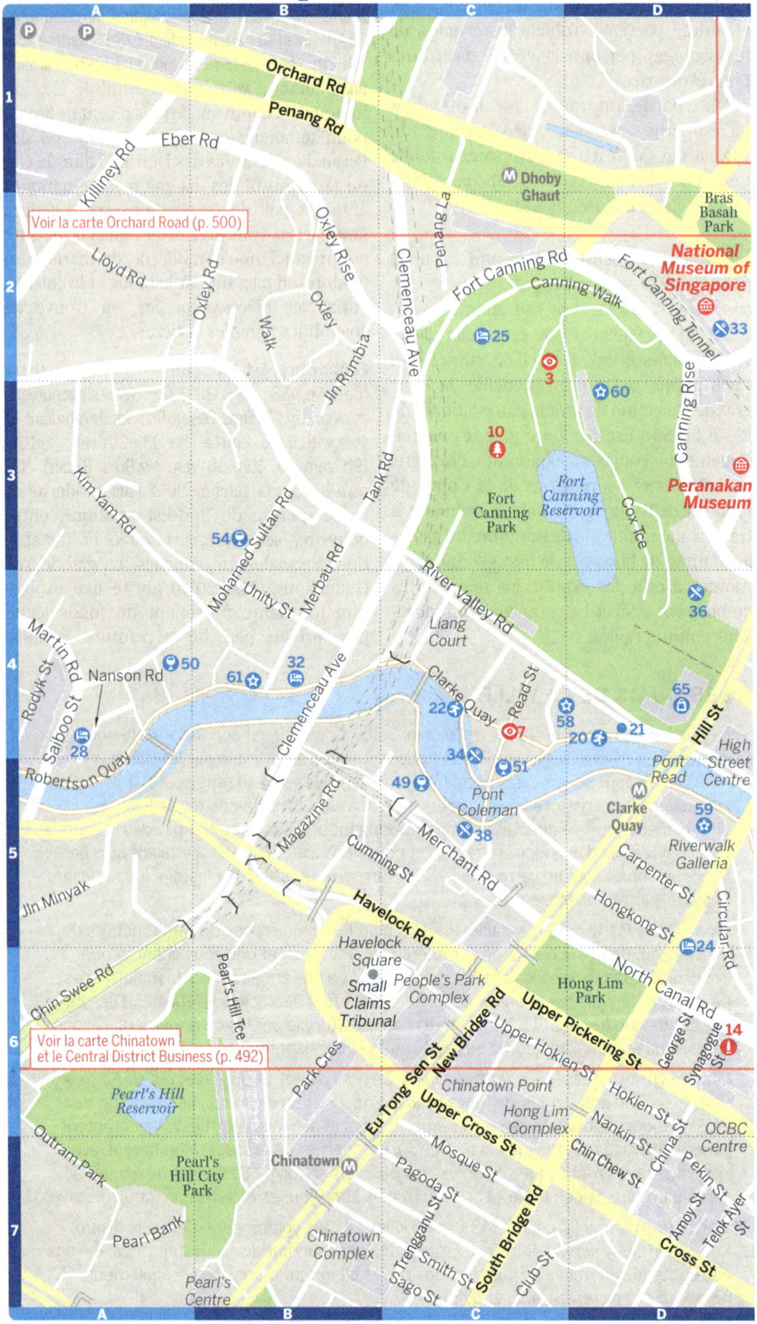

SINGAPOUR À VOIR

0
400 m
E
F
G
H
1
2
3
4
5
6
7
Bugis
Middle Rd
Bencoolen St
Voir la carte Little India et Kampong Glam (p. 496)
Tan Quee Lan St
Liang Seah St
Rochor Rd
National Library
Victoria St
Queen St
Waterloo St
Bain St
Middle Rd
39
16
1
Bras Basah Rd
Cashin St
Purvis St
Seah St
44
47
46
52
45
29
Armenian St
68
13
30
CHIJMES
North Bridge Rd
Raffles City Shopping
48
Beach Rd
Nicoll Hwy
71
Suntec City
Temasek Ave
Temasek Blvd
67
23
43
37
Esplanade
19
55
Hill St
City Hall
Civil War Memorial Park
2
4
63
66
18
Coleman St
Tunnel piétonnier
Stamford Rd
Raffles Link
17
Raffles Blvd
64
Esplanade Park
Marina Square
31
North Bridge Rd
Colombo Ct
St Andrew's Rd
Padang
Connaught Dr
Queen Elizabeth Walk
Esplanade Dr
40
62
8
Raffles Ave
High St
15
Marina Promenade
Vers Singapore Flyer (200 m)
Asian Civilisations Museum
Rivière Singapour
Empress Pl
Pont Anderson
Pont de l'Esplanade
Merlion Park
Empress Building
12
6
56
53
Pont Cavanagh
9
27
5
57
Boat Quay
11
41
Battery Rd
Chulia St
26
Marina Bay
70
35
42
69
Phillip St
Market St
Raffles Place
Church St
Republic Plaza
MARINA SOUTH
Cecil St
Collyer Quay
Vers le Level 33 (250 m)

Colonial District et les quais

Les incontournables

Asian Civilisations Museum E5
National Museum of Singapore D2
Peranakan Museum D3

À voir

1 8Q SAM F2
2 Abundance G4
Art-2 Gallery .... (voir 65)
3 Battle Box Museum C2
4 Between Sea & Sky G4
5 Bird E6
6 Boat Quay E6
7 Clarke Quay C4
8 Esplanade – Theatres on the Bay G5
9 First Generation F6
10 Fort Canning Park C3
Gajah Gallery .... (voir 65)
11 Homage to Newton E6
12 Millennium E6
13 Raffles Hotel F3
14 Reclining Figures D6
15 Seed G5
16 Singapore Art Museum E2
17 Six Brushstrokes H4
18 Cathédrale St Andrew F4

Activités

19 Duck Tour G3
20 G-Max Reverse Bungy & GX-5 Extreme Swing D4
21 Hippo River Cruise D4
22 Singapore River Cruise C4
True Fitness .... (voir 71)
23 Willow Stream F3

Où se loger

24 Five Stones Hostel D5
25 Fort Canning Hotel C2
26 Fullerton Bay Hotel F6
27 Fullerton Hotel F6
28 Gallery Hotel A4
29 Naumi G2
30 Raffles Hotel F3
31 Ritz-Carlton Millenia Singapore H4
32 Robertson Quay Hotel B4

Où se restaurer

33 Chef Chan's Restaurant D2
34 Coriander Leaf C4
35 DB Bistro Moderne H6
Din Tai Fung .... (voir 69)
36 Flutes at the Fort D4
37 Jaan F3
38 Jumbo Seafood C5
39 Kopitiam E2
40 My Humble House G4
41 Peach Garden E6
42 Pizzeria Mozza H7
43 Raffles City F3
44 Saveur F2
45 Wah Lok F2
46 Yet Con G2
47 YY Kafei Dian G2

Où prendre un verre

48 Bar & Billiard Room F3
49 Brewerkz C5
50 Brussels Sprouts Belgian Beer & Mussels A4
51 Cuba Libre C5
Harry's .... (voir 56)
Lantern Bar .... (voir 26)
Long Bar .... (voir 68)
52 Loof F2
53 Molly Malone's E6
New Asia .... (voir 37)
54 Next Page B3
55 Paulaner Bräuhaus H3
56 Penny Black E6
Raffles Hotel .... (voir 30)

Où sortir

57 Butter Factory F6
58 Crazy Elephant D4
59 Home Club D5
60 Singapore Dance Theatre D3
61 Singapore Repertory Theatre B4
62 Singapore Symphony Orchestra G5

Achats

Cape of Good Hope Art Gallery .... (voir 65)
63 Cathay Photo E4
64 Funan DigitaLife Mall E4
John 3:16 .... (voir 64)
65 MICA Building D4
66 Peninsula Plaza E4
67 Raffles City F3
68 Raffles Hotel Arcade F3
69 Shoppes at Marina Bay Sands H7
70 Society of Black Sheep H6
71 Suntec City G3

moderne, estimé à 70 millions de $S. À deux pas du SAM (Singapore Art Museum), le **8Q SAM** (carte p. 488 ; www.singart.com/8qsam ; 8 Queen St ; entrée libre avec billet SAM ; 10h-19h sam-jeu, 10h-21h ven ; M City Hall ou Bras Basah), la nouvelle extension du musée des Beaux-Arts, présente installations, expositions et créations contemporaines.

Gardens by the Bay PARC

(www.gardensbythebay.org.sg ; 18 Marina Gardens Drive ; entrée libre, serres adulte/enfant 28/15 $S, passerelle aérienne 5/3 $S ; 5h-2h, serres et passerelle aérienne 9h-21h ; fermeture billetterie serres 20h, passerelle aérienne 20h lun-ven, 19h sam-dim ; M Bayfront). Entre nature et futur, le tout nouveau jardin botanique de Singapour est la dernière grande attraction de Marina Bay. Actuellement, seule la section Bay Garden South est ouverte, avec ses "super arbres" et ses serres futuristes où poussent des plantes provenant d'habitats menacés. Les Heritage Gardens s'inspirent de l'identité cosmopolite de Singapour. Consultez le site Internet pour les dernières nouveautés.

Raffles Hotel ÉDIFICE HISTORIQUE

(Carte p. 488 ; www.raffleshotel.com ; 1 Beach Rd ; M City Hall). Berceau du Singapore Sling, popularisé par Joseph Conrad et Somerset Maugham, le majestueux Raffles a vu le jour en 1887 sous la forme d'un modeste hôtel de 10 chambres en bordure de plage (comblée depuis). Au 3e étage du Raffles Hotel Arcade, le **Raffles Hotel Museum** abrite une belle collection d'objets illustrant l'âge d'or de l'hôtel.

Fort Canning Park PARC

(Carte p. 488 ; M Dhoby Ghaut). Lorsque sir Thomas Stamford Raffles débarqua à Singapour en 1819, personne ne s'approchait de Fort Canning Hill, alors appelé Bukit Larangan (la colline interdite), par respect pour Iskandar Shah, dernier souverain du royaume de Singapura, dont c'était le mausolée. Aujourd'hui, on peut admirer des objets japonais du XIVe siècle dans le site archéologique du parc, humer des parfums dans le jardin des épices et inspecter les bunkers de la Seconde Guerre mondiale au **Battle Box Museum** (carte p. 488 ; 2 Cox Terrace ; adulte/enfant 8/5 $S ; 10h-18h, dernière entrée 17h).

Esplanade – Theatres on the Bay CENTRE CULTUREL

(Carte p. 488 ; 6828 8377 ; www.esplanade.com ; 1 Esplanade Dr ; 10h-18h, billetterie 12h-20h30 ; M Esplanade). Vedette de la Singapour contemporaine, ce complexe culturel a moins suscité la polémique pour son coût (600 millions de $S) que pour sa façade extérieure. Constituée de plaques d'aluminium assemblées selon des angles variables, dont les formes géométriques évoquent le tressage des roseaux traditionnel, elle s'est vu comparée à des yeux de mouches, à des alvéoles d'abeilles, ou encore à un couple de durians renversés. L'édifice accueille des spectacles locaux

SINGAPOUR EN...

Deux jours

Débutez votre escapade singapourienne par une dose de culture à l'**Asian Civilisations Museum**, au **National Museum of Singapore** ou au **Peranakan Museum**. Déjeunez au très chic **Flutes at the Fort**, puis visitez le **temple Sri Mariamman** et le Buddha Tooth Relic Temple à Chinatown. Soignez vos pieds au **Mr Lim Foot Reflexology**, dînez au **Blue Ginger** et sirotez des mojitos sur le toit de **La Terrazza**. Débutez votre deuxième journée par **Little India** – petit-déjeuner à l'**Ananda Bhavan** puis shopping au **Tekka Centre** et au **Mustafa Centre**. Si votre budget le permet, écumez les galeries marchandes d'**Orchard Rd** ou les boutiques de **Haji Lane**. À défaut, offrez-vous une escapade au **Singapore zoo** puis au **Night safari**.

Quatre jours

Commencez par une balade facile le long des **Southern Ridges** puis prenez le téléphérique pour **Sentosa**. Après un en-cas au **Malaysian Food Street**, prenez d'assaut les manèges du parc **Universal Studios**. Le quatrième jour, prenez un bateau pour une balade à vélo en pleine jungle sur **Pulau Ubin**. Au retour, présentez vos respects au **Changi Memorial & Chapel** avant de déguster un crabe au piment au **Jumbo**. Terminez la soirée par un verre sur le toit du **Lantern** ou une folle nuit au **Clarke Quay**.

Chinatown et le Central Business District (CBD)

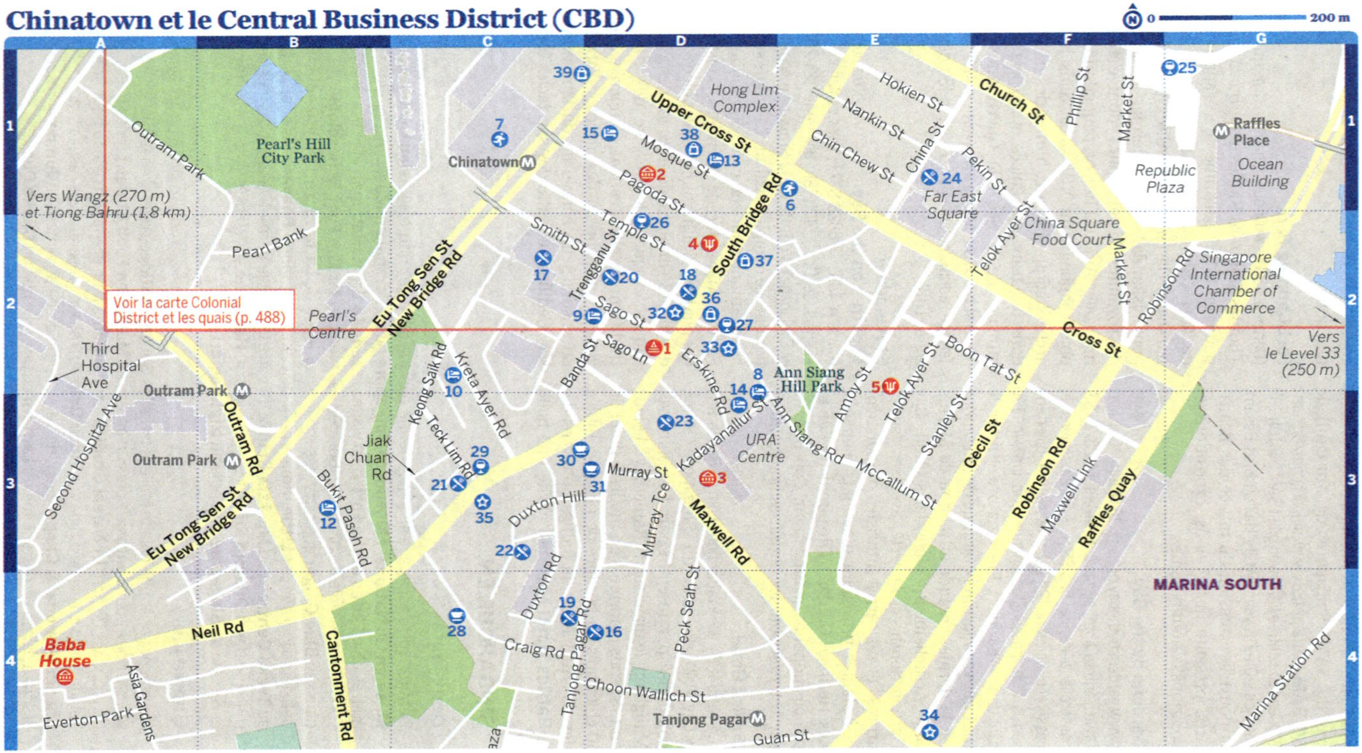

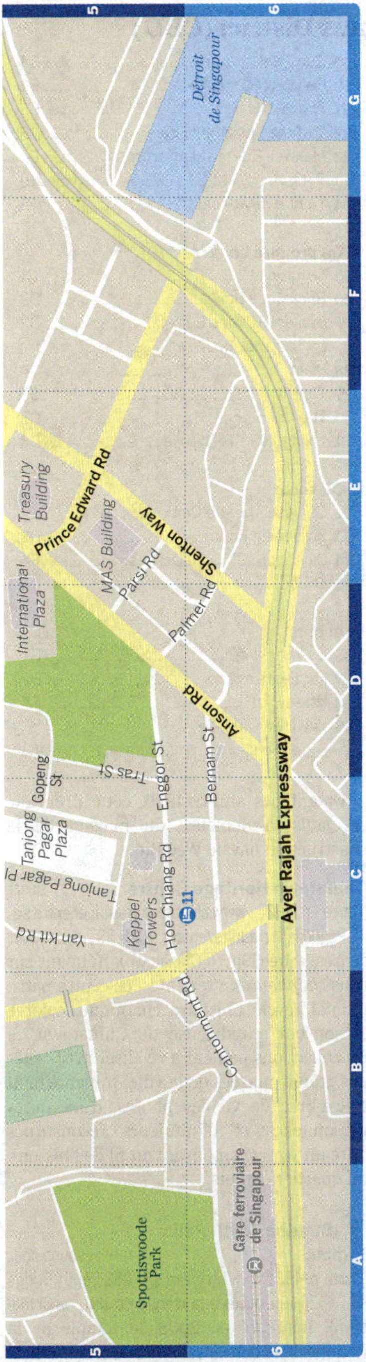

et internationaux, et des manifestations gratuites sont données à l'extérieur.

Singapore Flyer GRANDE ROUE
(www.singaporeflyer.com.sg ; 30 Raffles Ave ; adulte/senior/enfant 29,50/23,60/20,65 $S ; ⏲8h30-22h15 ; Ⓜ Promenade). Singapour s'est dotée d'une gigantesque grande roue, et c'est la plus grande au monde. Le coûteux tour de 30 minutes offre une vue vertigineuse sur le Colonial District, le CBD, Marina Bay, ainsi que sur les gratte-ciel résidentiels plus à l'est et la mer de Chine méridionale.

Temple Kuan Im Thong Hood Cho TEMPLE BOUDDHIQUE
(Carte p. 496 ; 178 Waterloo St ; ⏲6h-18h15 ; Ⓜ Bugis). Ce temple dédié à Guan Yin, déesse de la Miséricorde, est l'un des plus fréquentés de la cité-État. Les vendeurs de fleurs, diseurs de bonne aventure et fidèles se pressent aux abords de l'entrée, brûlant de l'encens et frottant le ventre du grand bouddha Maitreya en bronze pour s'attirer la bonne fortune.

À proximité se dresse le **temple Sri Krishnan**, plus coloré encore. Deux protecteurs valant mieux qu'un, les fidèles du temple Kuan Yin viennent y brûler leurs bâtonnets d'encens devant Krishna, divinité hindoue.

Cathédrale St Andrew ÉGLISE
(Carte p. 478 ; www.livingstreams.org.sg ; 11 St Andrew's Rd ; ⏲9h-17h lun-sam ; Ⓜ City Hall). Cette cathédrale immaculée offre un contraste saisissant avec son environnement. Achevée en 1838 puis démolie et reconstruite en 1862, à la suite de dégâts causés par la foudre (à deux reprises), la cathédrale présente un clocher de 63,1 m, des nefs très élevées et de beaux vitraux au-dessus des portes ouest. Ses jardins fournissent un joli cadre pour un pique-nique.

CHINATOWN ET LE CBD

Plus charmant que véritablement touristique, le quartier historique de Chinatown offre une cacophonie ininterrompue de temples parfumés, de marchés, de *hawker centres*, de magasins d'antiquités et de galeries marchandes rétro proposant des séances de réflexologie bon marché. Des *shophouses* restaurées contredisent le passé fruste du quartier, abondamment illustré au Chinatown Heritage Centre. Les oiseaux de nuit branchés sortent dans Ann Siang Hill ou au sud de Maxwell Rd, dans le secteur tout aussi bourgeois de Duxton Hill.

Chinatown et le Central Business District (CBD)

Coincé entre Chinatown et la rivière Singapour, le Central Business District (CBD) abrite des sculptures fantastiques, notamment autour de Raffles Place et du fleuve. Le quartier des affaires recèle également quelques vestiges de l'ère coloniale, dont le plus raffiné est l'imposant Fullerton Hotel, qui occupe l'ancienne poste centrale.

Baba House MUSÉE

(Carte p. 492 ; 6227 5731 ; www.nus.edu.sg/cfa/museum/ ; 157 Neil Rd ; entrée libre ; visite 1 heure, 14h lun, 18h30 mar, 10h jeu, 11h sam ; Outram Park). Il est indispensable de réserver sa place pour la visite guidée très intéressante de cette demeure patrimoniale de style peranakan, fidèlement restaurée et meublée comme dans les années 1920. Les guides érudits évoquent la vie peranakan dans ses moindres détails, tels ces judas secrets qui permettaient aux timides demoiselles nonya d'espionner les visiteurs dans le hall central.

Datant des années 1890, cette propriété fut jadis la demeure du magnat de la construction navale Wee Bin.

Chinatown Heritage Centre MUSÉE

(Carte p. 492 ; www.chinatownheritagecentre.sg ; 48 Pagoda St ; adulte/enfant 10/6 $S ; 9h-20h, dernière entrée 19h ; Chinatown). S'étalant sur trois *shophouses* attenantes, ce centre patrimonial révèle l'histoire chaotique, colorée et souvent scandaleuse de Chinatown. Si les collections peinent à rivaliser avec celles des grands musées de la ville, son attachant bric-à-brac de vieilles photos, d'anecdotes personnelles et d'intérieurs reconstitués offre un voyage émouvant au fil de l'histoire du quartier chinois.

Buddha Tooth Relic Temple TEMPLE BOUDDHIQUE

(Carte p. 492 ; www.btrts.org.sg ; 288 South Bridge Rd ; 7h-19h, accès à la relique 9h-18h ; Chinatown). Inauguré en 2008, le temple de la Relique de la dent du Bouddha, un imposant édifice de 5 étages, possède la supposée canine gauche du maître, rapatriée de son bûcher funéraire de Kushinagar, au nord de l'Inde. Si son authenticité est contestée, elle occupe néanmoins une place de choix dans un stupa en or massif de 420 kg, installé dans une chambre richement décorée, au 4e étage.

Le musée du 3e étage recèle d'autres reliques sacrées, tandis que le paisible jardin sur le toit abrite un imposant moulin à prière logé dans le pavillon des 10 000 bouddhas.

Temple Sri Mariamman TEMPLE HINDOU
(Carte p. 492 ; 244 South Bridge Rd ; 7h-12h et 18h-21h ; M Chinatown). Édifié en 1823, puis rebâti en 1843, le plus ancien temple hindou de Singapour est surtout connu pour son *gopuram* (tour d'entrée) des années 1930, formidablement coloré. Il arbore des statues délicieusement kitsch de Brahma en Créateur, Vishnu en Protecteur et Shiva en Destructeur. En octobre, le temple accueille la fête de Thimithi, durant laquelle les fidèles marchent sur les braises.

Temple Thian Hock Keng TEMPLE HINDOU
(Carte p. 492 ; 158 Telok Ayer St ; 7h30-17h30 ; M Chinatown, Tanjong Pagar, Raffles Place). Contrairement au très touristique Sri Mariamman, ce temple hokkien, le plus ancien et le plus important du quartier, est souvent très paisible. Construit entre 1839 et 1842, il était jadis le point de débarquement favori des marins chinois, avant que les travaux de remblayage ne repoussent la mer plus loin.

Singapore City Gallery GALERIE
(Carte p. 492 ; www.ura.gov.sg/gallery ; URA Bldg, 45 Maxwell Rd ; 9h-17h lun-sam ; M Tanjong Pagar). Cette galerie présente la politique d'urbanisation du gouvernement local, axée sur la construction de hauts édifices et l'avancée sur la mer. Attraction phare, une maquette de la ville (11 m x 11 m) illustre le futur visage de Singapour lorsque les projets en cours auront été achevés.

LITTLE INDIA

Avec ses ruelles étroites animées, sa musique Bollywood à plein volume et ses *shophouses* colorées, la tapageuse Little India se distingue complètement du reste de Singapour. Enclave européenne, le quartier se mua en carrefour d'activité indien lorsqu'un homme d'affaires juif venu d'Inde y démarra un élevage de buffles. Désormais, vous verrez dans le quartier un grand nombre d'ouvriers du bâtiment indiens, bangladais et sri lankais, venus effectuer le temps d'un contrat de 2 ans les rudes tâches auxquels les Singapouriens ne veulent plus s'abaisser. Pour un effet "Bombay" garanti, venez le dimanche après-midi.

Temple Sri Veeramakaliamman TEMPLE HINDOU
(Carte p. 496 ; 141 Serangoon Rd ; 5h15-12h15 et 16h-21h15 ; M Little India). Ce temple, le plus coloré et animé de Little India, est dédié à la déesse Kali. Généralement représentée avec un collier de crânes et de victimes éventrées, la sanguinaire épouse de Shiva est très vénérée au Bengale, terre natale des ouvriers qui

SCULPTURES DE RUE

Singapour est dotée d'une importante collection de sculptures publiques, œuvres d'artistes locaux ou internationaux de renom. Au fil de vos promenades, vous découvrirez :

» ***Abundance*** (carte p. 488 ; Millenia Walk, 9 Raffles Blvd ; M Esplanade), de Sun Yu Li
» ***Between Sea & Sky*** (carte p. 488 ; Marina Mandarin Hotel, 6 Raffles Blvd ; M Esplanade), d'Olivier Strehelle
» ***Oiseau*** (carte p. 488 ; UOB Plaza), de Fernando Botero
» ***First Generation*** (carte p. 488 ; Cavenagh Bridge ; M Raffles Place), de Chong Fat Cheong
» ***Hommage à Newton*** (carte p. 488 ; UOB Plaza), de Salvador Dalí
» ***Love*** (carte p. 500 ; Penang Rd ; M Dhoby Ghaut), de Robert Indiana
» ***Millennium*** (carte p. 488 ; Empress Pl ; M Raffles Place), de Victor Tan
» ***Reclining Figures*** (carte p. 488 ; OCBC Bldg, Chulia St), de Henry Moore
» ***Seed*** (carte p. 488 ; jardin de l'esplanade sur le front de mer), de Han Sai Por
» ***Six Brushstrokes*** (carte p. 488 ; Millenia Walk, 9 Raffles Blvd), de Roy Lichtenstein

Little India et Kampong Glam

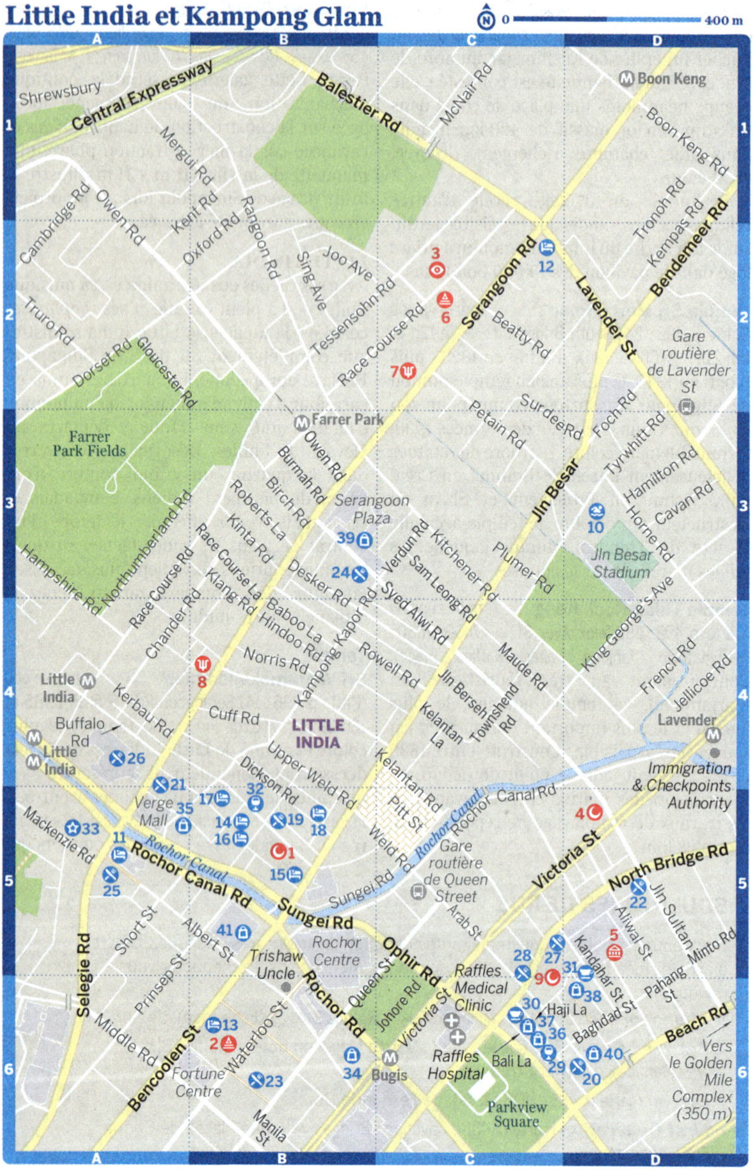

bâtirent ce temple en 1881. L'ambiance est poignante lors des quatre séances de *puja* (prières) quotidiennes.

Mosquée Abdul Gafoor MOSQUÉE

(Carte p. 496 ; 41 Dunlop St ; Ⓜ Little India). Achevée en 1910, cette mosquée offre un mélange insolite d'architectures maure, indienne et victorienne. Remarquez le cadran solaire ouvragé – unique au monde – au-dessus de l'entrée principale, dont les 25 rayons arborent les noms de 25 prophètes en calligraphie arabe. Salle de prière réservée aux fidèles.

Little India et Kampong Glam

À voir

1 Mosquée Abdul Gafoor B5
2 Temple Kuan Im Thong Hood Cho B6
3 Temple Leong San See C2
4 Mosquée Malabar Muslim Jama-Ath D5
5 Malay Heritage Centre D5
6 Temple Sakya Muni Buddha Gaya C2
7 Temple Sri Srinivasa Perumal C2
8 Temple Sri Veeramakaliamman B4
9 Mosquée du Sultan C6

Activités

10 Jalan Besar Swimming Complex D3

Où se loger

11 Albert Court Village Hotel A5
12 Hive C2
13 Ibis Singapore on Bencoolen B6
14 InnCrowd B5
15 Mayo Inn B5
16 Perak Hotel B5
17 Prince of Wales B5
18 Wanderlust B5

Où se restaurer

Ah-Rahman Royal Prata .... (voir 26)
Ananda Bhavan .... (voir 26)
19 Bismillah Biryani B5
20 Café Le Caire D6
21 Moghul Sweet Shop A4
22 Nan Hwa Chong Fish-Head Steamboat Corner D5
23 QS269 Food House B6
24 Sankranti B3
25 Shish Mahal A5
26 Tekka Centre A4
27 Warong Nasi Pariaman C5
28 Zam Zam C5

Où prendre un verre

29 BluJaz Cafe C6
30 Going Om C6
31 Maison Ikkoku D5
32 Zsofi Tapas Bar B5

Où sortir

Prince of Wales .... (voir 17)
33 Rex Cinemas A5

Achats

34 Bugis Street Market B6
35 Celebration of Arts A5
36 Dulcetfig C6
37 K.I.N C6
38 Little Shophouse D6
39 Mustafa Centre B3
40 Sifr Aromatics D6
41 Sim Lim Square B5

Temple Sri Srinivasa Perumal TEMPLE HINDOU
(Carte p. 496 ; 397 Serangoon Rd ; ⌚5h45-12h et 17h-21h ; Ⓜ Farrer Park). Si ce temple dédié à Vishnu date de 1855, l'impressionnant *gopuram* de 20 m de haut fut rajouté en 1966. L'intérieur abrite des statues de Perumal (Vishnu), de ses consorts Lakshmi et Andal, ainsi que de Garuda, l'oiseau mythique qui lui sert de monture. Le *gopuram* est le point de départ de la procession de Thaipusam, en février, dont les fidèles ont le visage percé de broches et de pointes.

Temple Sakya Muni Buddha Gaya TEMPLE BOUDDHIQUE
(Temple des Mille Lumières ; carte p. 496 ; 366 Race Course Rd ; ⌚8h-16h45 ; Ⓜ Farrer Park). Dans le temple des Mille Lumières, datant de 1927, un bouddha de 300 tonnes et de 15 m de haut côtoie diverses statues, dont celles de Guan Yin (déesse chinoise de la Miséricorde) et des divinités hindoues Brahma et Ganesh. Si les tigres jaunes à l'entrée symbolisent protection et vitalité, l'énorme empreinte de pied nacrée du Bouddha serait une réplique de celle qu'on trouve sur le pic d'Adam, au Sri Lanka.

Temple Leong San See TEMPLE CHINOIS
(Carte p. 496 ; 371 Race Course Rd ; ⌚6h-18h ; Ⓜ Farrer Park). Le "temple du dragon de la montagne" est dédié à Guan Yin. Bâti en 1917, il comporte de magnifiques poutres sculptées arborant des chimères, des dragons, des fleurs et des figures humaines. De tous les temples taoïstes de Singapour, c'est celui qui est l'objet de la plus grande ferveur. Pour s'y rendre, remonter Serangoon Rd vers le nord. Le temple se trouve face au carrefour de Beatty Rd.

KAMPONG GLAM

Délimité par Victoria St, Jln Sultan et Beach Rd, au nord-est de la station MRT Bugis, ce quartier compact est aussi fascinant qu'insolite. Cœur musulman de Singapour – parsemé de mosquées, de cafés aux parfums de narguilé, de parfumeries ou encore de magasins de tissus et de tapis – il abrite également Haji Lane, une

VAUT LE DÉTOUR

TIONG BAHRU

Les visiteurs branchés ne manqueront pas de repérer le quartier de Tiong Bahru. Pour autant, le nouveau carrefour tendance de Singapour ne se limite pas à une série de boutiques, de bars et de cafés originaux : c'est aussi un joyau patrimonial. Avec ses bâtiments bas caractéristiques, ce secteur fut le premier à accueillir des habitations à loyer modéré, et ses appartements Art déco offrent un festival architectural inattendu.

Pour goûter à l'ambiance du quartier, rendez-vous au **Tiong Bahru Market & Food Centre** (83 Seng Poh Rd ; MTiong Bahru). À l'étage, le *hawker centre* abrite le **Tiong Bahru Roasted Pig** (02-38, Tiong Bahru Market & Food Centre ; 7h30-19h30), passablement culte, et le **Jan Bo Shui Kueh** (02-05, Tiong Bahru Market & Food Centre ; 6h30-22h30), réputé pour son incroyable *chwee kueh* (gâteau de riz cuit à la vapeur surmonté de radis émincés).

Pour une ambiance tendance plus moderne, gagnez Yong Siak St. Vous y trouverez La Mecque du café, le **40 Hands** (www.40handscoffee.com ; 78 Yong Siak St ; 8h30-18h30 mar et dim, 8h30-22h mer et jeu, 8h30-23h ven et sam ; MTiong Bahru), la fabuleuse librairie **BooksActually** (www.booksactually.com ; 9 Yong Siak St ; 11h-18h lun, 11h-21h mar-ven, 10h-21h sam, 10h-18h dim ; MTiong Bahru) ou encore le bastion de la décoration **Strangelets** (www.strangelets.sg ; 7 Yong Siak St ; MTiong Bahru). Au coin de la rue, **Nana & Bird** (www.nanaandbird.com ; 01-02, 79 Chay Yan St ; 12h-19h mer-ven, 11h-19h sam-dim ; MTiong Bahru) propose articles de mode, accessoires et autres créations, dont les marques locales Aijek et By Invite Only.

Non loin de là, **Fleas & Trees** (01-10, 68 Seng Poh Lane ; 18h-22h mar-ven, 10h-22h sam-dim ; MTiong Bahru) vend des vêtements unisexes rétro triés sur le volet, des objets de déco, des plantes ainsi que de vieux exemplaires de *Wallpaper*, *Vanity Fair* et *Vogue*. Pour rallier Tiong Bahru, prenez le MRT jusqu'à la station Tiong Bahru, remontez Tiong Bahru Rd vers l'est sur 350 m, puis tournez à droite dans Kim Pong Rd.

rue branchée aux boutiques de mode très pointues. Le nom du quartier dérive de *kampung* (village en malais) et de *gelam* (un arbre qui poussait jadis ici).

Mosquée du Sultan MOSQUÉE

(Carte p. 496 ; www.sultanmosque.org.sg ; 3 Muscat St ; 9h-12h et 14h-16h sam-jeu, 14h30-16h ven ; MBugis). Le dôme doré de la plus grande mosquée de Singapour est le point de mire de Kampong Glam. Elle fut construite en 1825 grâce à un don de la Compagnie des Indes orientales et de sir Raffles, après que ce dernier eut garanti par un traité la souveraineté de la région au sultan de Singapour. En 1928, la mosquée d'origine fut remplacée par le splendide édifice actuel.

Détail notable, elle est l'œuvre d'un architecte irlandais dont le cabinet conçut également le Raffles Hotel. Il s'agit d'une mosquée en activité : entrez uniquement hors des moments de prière. La salle de prière est réservée aux fidèles.

Mosquée Malabar Muslim Jama-Ath MOSQUÉE

(Carte p. 496 ; 471 Victoria St ; 11h-21h ; MLavender). Si cette mosquée, la seule de l'île construite pour les musulmans de Malabar (État de Kerala, en Inde méridionale), est l'une des plus caractéristiques de Singapour, elle n'a pas toujours affiché son visage actuel. Débutée en 1956, elle ne fut inaugurée qu'en 1963 en raison de problèmes de liquidités. Quant à la pose de ses magnifiques carreaux bleus, elle fut achevée en 1995.

On peut visiter la mosquée, à condition d'être vêtu correctement et d'éviter les heures de prière. S'adresser à l'imam (dans la salle de documentation du rez-de-chaussée).

Malay Heritage Centre MUSÉE

(Carte p. 496 ; www.malayheritage.org.sg ; 85 Sultan Gate ; adulte/-6 ans 4 $S/gratuit ; 10h-18h mar-dim ; P ; MBugis). Le quartier de Kampong Glam fut le siège historique de la royauté malaise jusqu'à l'arrivée de Raffles. L'*istana* (palais) fut bâti pour Ali Iskandar Shah, le dernier sultan de Singapour, entre 1836 et 1843. Il abrite désormais un musée, qui offre un panorama intéressant de l'histoire du peuple malais de Singapour.

ORCHARD ROAD ET SES ENVIRONS

Jadis une route poussiéreuse jalonnée de plantations d'épices et de vergers, Orchard

Road offre désormais une longue cascade (2,2 km) de gigantesques *malls*, de grands magasins et de boutiques spécialisées – de quoi épuiser les plus accros au shopping. On trouve aussi des *food courts* (aires de restauration) appétissants, ainsi qu'une rue secondaire bordée de bars et un musée du cinéma passablement méconnu.

Singapore Botanic Gardens JARDINS
(Carte p. 500 ; ☎6471 7361 ; www.sbg.org.sg ; 1 Cluny Rd ; accès libre jardins botaniques, jardin national aux orchidées adulte/senior/enfant 5/1 $S/gratuit ; ⏲5h-minuit, jardin national aux orchidées 8h30-19h, dernière entrée 18h ; 🚌7, 105, 123, Ⓜ Botanic Gardens). À 2 km à l'ouest d'Orchard Rd, les jardins botaniques de Singapour (52 ha) sont un véritable anxiolytique urbain, avec lacs, forêt tropicale, scène symphonique et jardins thématiques. Une balade au fil de ses innombrables sentiers, suivie d'un verre ou d'un dîner au **Halia** (☎6476 6711 ; www.halia.com.sg ; jardin national aux orchidées; plat 30-60 $S ; ⏲12h-15h et 18h-22h) ou Au Jardin Les Amis (p. 534), reste l'une des expériences les plus mémorables d'un séjour singapourien.

Le **National Orchid Garden** (jardin national aux orchidées) abrite plus de 1 000 espèces végétales et 2 000 orchidées hybrides, dont quelque 600 sont exposées – soit le plus grand jardin d'orchidées tropicales de la planète. Ne manquez pas la *Vanda Miss Joaquim*, découverte par Agnes Joaquim dans son jardin en 1893, et devenue l'emblème national de Singapour. Des concerts de musique classique sont organisés régulièrement aux jardins botaniques. Consultez le site Internet pour le programme des événements.

Emerald Hill Road QUARTIER HISTORIQUE
(Carte p. 500 ; Ⓜ Somerset). Oubliez un temps le shopping dans cette rue historique, jalonnée de quelques-unes des plus belles maisons mitoyennes de Singapour. Notez plus particulièrement la n°56 (construite en 1902, l'un des édifices les plus anciens du quartier), les n°s 39 à 45 (avec une façade remarquablement large et un portail d'entrée de style chinois) ainsi que les n°s 120 à 130 (aux touches Art déco datant de 1925 environ).

À l'extrémité de la colline, côté Orchard Rd, on trouve une série de bars animés dans de splendides *shophouses* rénovées, dont le séduisant bar latino Que Pasa (p. 541).

Cathay Gallery MUSÉE
(Carte p. 500 ; www.thecathaygallery.com.sg ; 2e ét., 2-16 The Cathay, 2 Handy Rd ; ⏲11h-19h lun-sam ; Ⓜ Dhoby Ghaut). Incontournable pour les cinéphiles, la Cathay Gallery se trouve dans le premier gratte-ciel érigé à Singapour. Les expositions retracent l'histoire de la famille Loke, des pionniers dans la production et la distribution de films à Singapour, fondateurs de la Cathay Organization. Ici, les vieilles affiches, caméras et programmes témoignent de l'âge d'or du cinéma singapourien.

EST DE SINGAPOUR

Souvent éclipsés par le centre-ville, plus touristique, les dynamiques quartiers de l'est offrent une tranche de vie singapourienne globalement plus authentique. Aussi célèbre pour ses ruelles peuplées de lupanars que pour ses temples et ses mosquées, comme pour ses spots de restauration de rue sur Geylang Rd, le quartier de Geylang cultive le paradoxe. Plus à l'est, Katong (ou Joo Chiat) compte des maisons peranakan richement décorées, des boutiques d'artisanat et des restaurants fabuleux, tandis que l'East Coast Park voisin, une étendue verdoyante en bord de mer, abonde en pistes cyclables, aires de pique-nique, bars et bons restaurants de fruits de mer. Toujours plus à l'est se trouvent le Pasir Ris Park, le musée de Changi et sa chapelle, ainsi que le village endormi de Changi, point de départ pour la bucolique Pulau Ubin.

EAST COAST PARK

East Coast Park PARC
(Carte p. 502). Dans ce parc de bord de mer, qui s'étend sur 11 km entre l'extrémité de Tanjong Katong Rd, à Katong, et le National Sailing Centre, à Bedok, les Singapouriens viennent nager, pique-niquer, pratiquer la planche à voile, le kayak, le vélo, le roller, et, bien entendu, boire et manger. L'ensemble a été remarquablement conçu afin que les espaces verts ne soient pas noyés sous les nombreuses installations récréatives.

Le week-end, le bus n°401 dessert directement l'East Coast Park depuis la gare routière de Bedok, à l'extérieur de la station MRT Bedok. En semaine, prenez le bus n°197 à Bedok jusqu'à Marine Pde Rd (demandez au chauffeur où il faut descendre). Parcourez 250 m vers le sud jusqu'à un passage souterrain qui conduit dans le parc.

Orchard Road

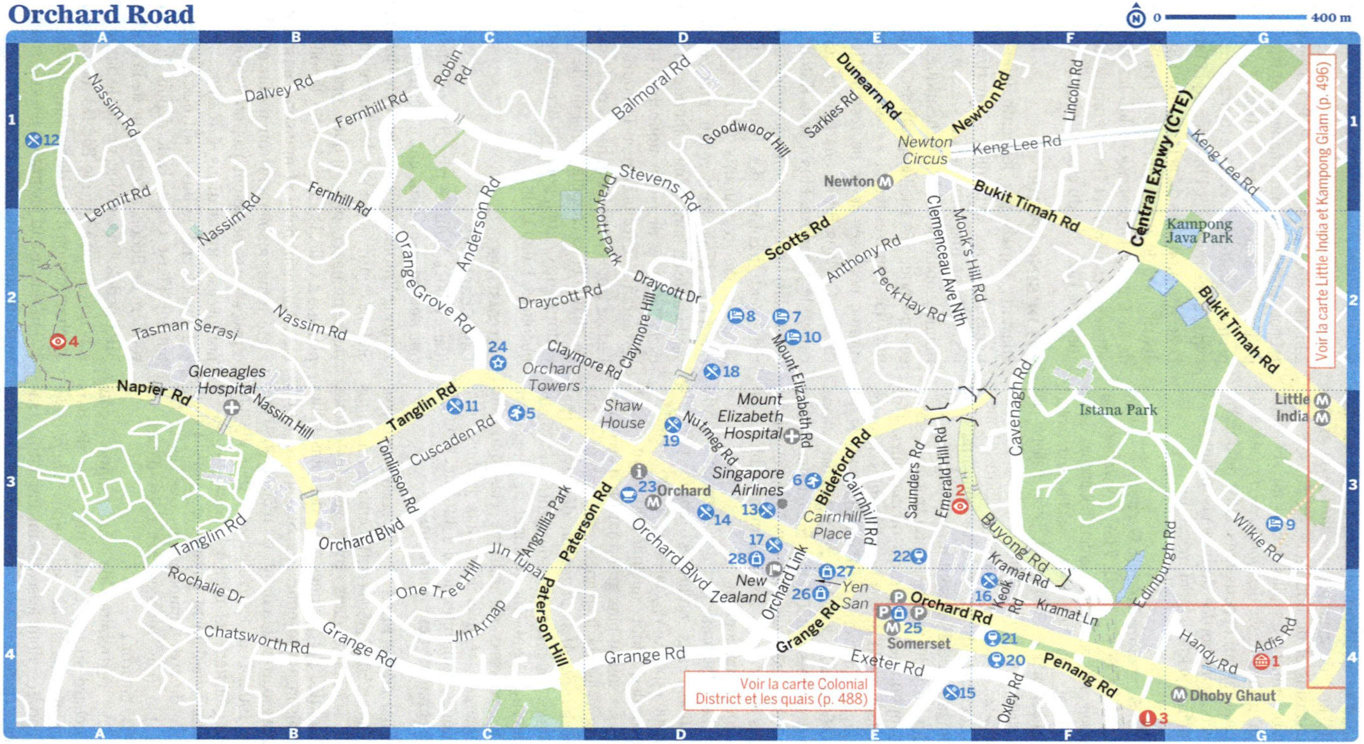

Orchard Road

GEYLANG

Amitabha Buddhist Centre — CENTRE BOUDDHIQUE

(Carte p. 502 ; ☎6745 8547 ; www.fpmtabc.org ; 44 Lorong 25A ; ⌚10h30-18h mar-sam, 10h-18h dim ; Ⓜ Aljunied). Suivez un cours sur le dharma et la méditation dans ce centre bouddhique sur 7 niveaux. La salle de méditation à l'étage, habillée de tissu rouge et or, est ouverte au public et remplie de magnifiques objets de dévotion. Un magasin vend des articles sacrés et spirituels, dont des drapeaux de prière et des rouets. Consultez le site Internet pour les horaires des cours.

Tan Swie Hian Museum — MUSÉE

(Carte p. 502 ; ☎6744 0716 ; www.tomlinson-collection.com/museum1.html ; 460 Sims Ave ; ⌚lun-ven sur RV ; Ⓜ Aljunied). Ce musée méconnu est consacré à l'œuvre du prolifique artiste singapourien Tan Swie Hian (né en 1943), auteur de toiles puissantes, de sculptures, de calligraphies chinoises et de poèmes. Il fut le premier à traduire en chinois les œuvres de Samuel Beckett et de Marin Sorescu.

KATONG

Maisons mitoyennes peranakan — ÉDIFICES REMARQUABLES

(Carte p. 502 ; Koon Seng Rd et Joo Chiat Pl ; 🚌16, Ⓜ Eunos). Ces deux rues, tout près de Joo Chiat Rd, recèlent quelques-unes des plus jolies maisons mitoyennes peranakan de Singapour. Elles offrent un spectacle fantastique, avec leurs colonnes en stuc chargées de dragons, d'oiseaux et de crabes, et leurs étincelantes tuiles vernies importées d'Europe. Les *Pintu pagar* (portes battantes) en façade, qui permettent à l'air d'entrer tout en préservant l'intimité, constituent une autre caractéristique de cette architecture.

À Joo Chiat Place, les maisons mitoyennes se trouvent au nord, entre Everett Rd et Mangis Rd.

Geylang Serai Market — MARCHÉ

(Carte p. 502 ; 1 Geylang Serai ; Ⓜ Paya Lebar). Ce haut lieu de la communauté malaise concentre un marché alimentaire animé, un *hawker centre*, et des étals proposant toutes sortes de produits malais, épices, tissus, bonnets et autres CD. Si vous avez un petit creux, offrez-vous des *goreng pisang* (bananes frites) avec un verre de *bandung* (lait au sirop de rose).

Temple Sri Senpaga Vinayagar — TEMPLE HINDOU

(Carte p. 502 ; 19 Ceylon Rd ; ⌚7h-12h et 18h-21h ; 🚌10, 12, 14, 32). Ce temple hindou, l'un des plus beaux de Singapour, stupéfait par les œuvres d'art sacré colorées qui ornent son

Est de Singapour

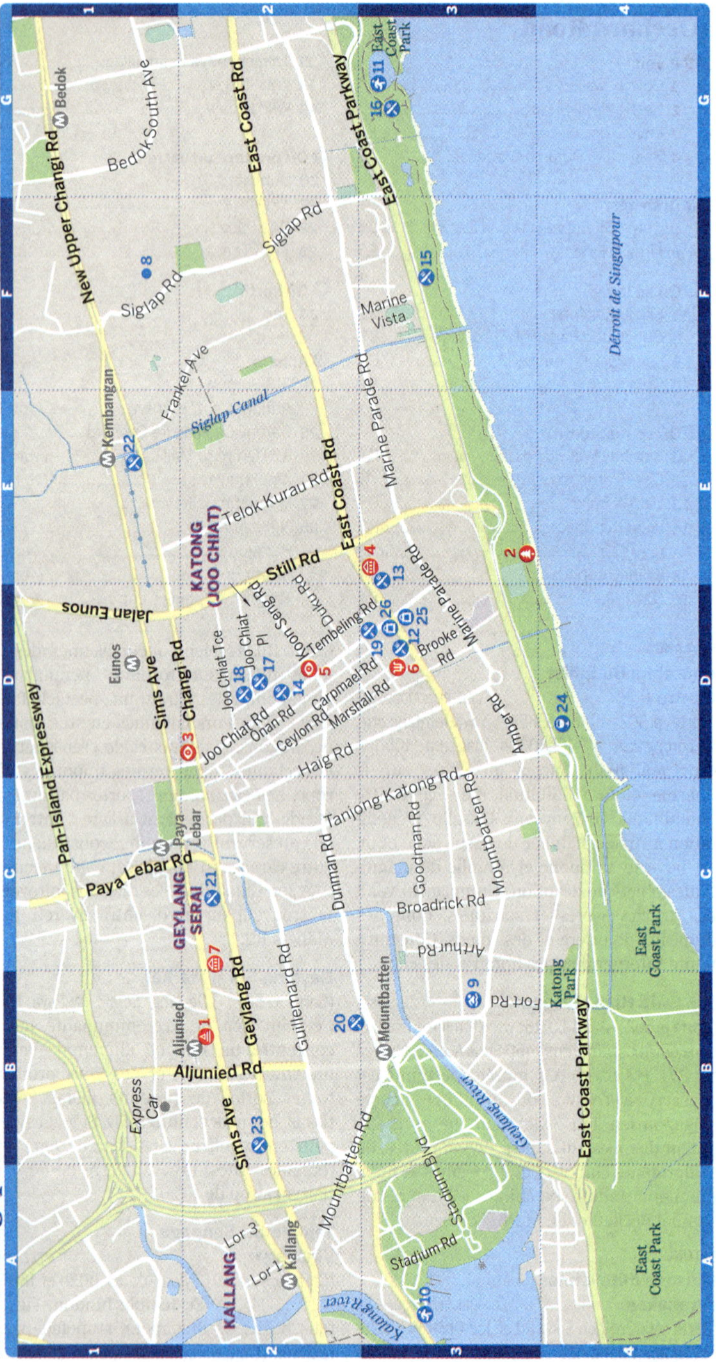

Est de Singapour

À voir

1 Amitabha Buddhist Centre B2
2 East Coast Park E3
3 Geylang Serai Market D2
4 Katong Antique House E3
5 Peranakan Terrace Houses D2
6 Temple Sri Senpaga Vinayagar D3
7 Tan Swie Hian Museum C2

Activités

8 Cookery Magic F1
9 Katong Swimming Complex B3
10 Paddle Lodge A3
11 SKI360° G3

Où se restaurer

12 328 Katong Laksa D3
13 Chin Mee Chin Confectionery E3
14 Djanoer Koening D2
15 East Coast Lagoon Food Village F3
16 East Coast Seafood Centre G3
17 Guan Hoe Soon D2
18 Kim's Place Seafood D2
19 Maeda D3
20 Old Airport Rd Food Centre B2
21 Rochor Beancurd C2
22 Seng Kee Black Chicken Herbal Soup E1
23 Sik Wai Sin Eating House B2

Où prendre un verre

24 1-TwentySix D4

Achats

25 112 Katong D3
26 Kim Choo Kueh Chang D3

intérieur. L'une des attractions vedettes est le *kamalapaatham*, une dalle en granit sculptée qu'on retrouve dans certains anciens temples hindous. Le plafond est recouvert d'une pellicule dorée.

Katong Antique House — MUSÉE

(Carte p. 502 ; ☎6345 8544 ; 208 East Coast Rd). Ce minuscule musée-boutique est le royaume de Peter Wee, spécialiste reconnu de la culture peranakan. Tandis que vous admirez sa collection de livres, de meubles anciens et d'objets, il se fera un plaisir de vous régaler d'anecdotes. Sur rendez-vous uniquement, même si le lieu est parfois ouvert au public.

CHANGI ET PASIR RIS

Changi Museum & Chapel — MUSÉE

(☎6214 2451 ; www.changimuseum.sg ; 1000 Upper Changi Rd Nth ; entrée libre, visite guidée adulte/enfant 8/4 $S ; ⏲9h30-17h, dernière entrée 16h30). Bien qu'ils ne soient plus sur le site d'origine, le musée de la prison de Changi et sa chapelle restent un vibrant hommage aux prisonniers de guerre alliés capturés par les Japonais durant la Seconde Guerre mondiale. Des photographies, lettres et dessins racontent leur terrible destin, tandis que des épisodes héroïques et pacifiques allègent quelque peu l'atmosphère. La pièce maîtresse du musée est une réplique de la petite chapelle construite par les prisonniers.

On peut aussi voir des reproductions grandeur nature des célèbres fresques murales de Changi, peintes par le prisonnier Stanley Warren sur les murs du vieil hôpital de la prison (les originaux, dans le Block 151 du camp militaire de Changi, ne sont pas accessibles). Accès par le bus n°2, à partir des stations MRT Victoria et Tanah Merah.

Changi Village — QUARTIER

Le village de Changi, sur la côte nord-est de Singapour, offre une tranquille atmosphère villageoise, loin des caractéristiques gratte-ciel de Singapour. En son cœur se dresse un *hawker centre* animé, tandis que la plage (où des milliers de civils singapouriens furent exécutés pendant la Seconde Guerre mondiale), léchée par des eaux polluées, vaut davantage pour la flânerie que pour la baignade. Les petits bateaux pour Pulau Ubin partent en face du *hawker centre*.

Pour s'y rendre, prendre le bus n°2 en provenance des stations MRT Tanah Merah ou Victoria.

Pasir Ris Park — PARC

(Ⓜ Pasir Ris). Le Pasir Ris Park, en bord de mer, offre nombre d'activités pour toute la famille. Louez des vélos ou des rollers, ou explorez la **mangrove** de 6 ha – à marée basse, regardez les petits crabes courir dans la boue. Pour les enfants, **Gallop Stables** (☎6583 9665 ; 61 Pasir Ris Green ; promenade 10 $S ; ⏲8h-12h, 14h-19h mar-dim) organise des balade à dos de poney. Terminez par un tour à Downtown East pour un en-cas ou un verre dans l'un des bars du parc.

Downtown East PARC D'ATTRACTIONS
(www.downtowneast.com.sg ; angle Pasir Ris Dr 3 et Pasir Ris Close ; Ⓜ Pasir Ris). Si ce bâtiment renferme une grande roue intérieure (tour 6,50 $S), un **cinéma** et un **bowling**, le **Wild Wild Wet** (www.wildwildwet.com ; adulte/enfant/famille 16/11/44 $S ; 13h-19h lun et mer-ven, 10h-19h sam-dim) reste la vraie star du lieu. Ce parc aquatique extérieur (en projet d'agrandissement) ravira les familles avec ses toboggans, piscines à vagues et activités de rafting.

NORD ET CENTRE DE SINGAPOUR

Outre les sites majeurs, vous visiterez sans doute **Dempsey Hill** (Dempsey Rd), une ancienne caserne abritant aujourd'hui quantité de restaurants, de cafés et de bars tendance, de magasins d'antiquités et de meubles haut de gamme, et même une galerie d'art. Non loin, on pourra dîner ou prendre un verre dans le **Holland Village**, une enclave d'expatriés très fréquentée.

♥ **Singapore Zoo** ZOO
(6269 3411 ; www.zoo.com.sg ; 80 Mandai Lake Rd ; adulte/enfant 20/13 $S ; 8h30-18h ; 138, Ⓜ Ang Mo Kio). Le zoo de Singapour saura séduire les visiteurs les plus réticents. Situé sur une péninsule avançant sur l'Upper Seletar Reservoir, il s'étend sur 28 ha paysagers aux faux airs d'oasis. Les enclos sont "ouverts" et les enfants trouveront leur bonheur dans l'interminable liste de spectacles et de séances de nourrissage.

Plus de 2 800 animaux vivent au zoo et la plupart ont l'air de s'y plaire. Des attractions comme "The Great Rift Valley of Ethiopia" (vallée du Rift, Éthiopie) mettent en scène des écosystèmes entiers : animaux, minéraux, végétaux et humains. Seule une vitre sépare les visiteurs de l'"Éthiopie", où une cinquantaine de babouins exhibent leurs derrières rouges. On peut se promener dans le zoo à pied ou en tramway (adulte/enfant 5/2,50 $S) ; la balade en bateau de 15 minutes est l'occasion d'un interlude délassant. Optez pour le billet "trois en un" (adulte/enfant 58/38 $S), combinant zoo, Night Safari (safari nocturne ; p. 505) et Jurong Bird Park (p. 518), et réservez en ligne pour éviter les files d'attente.

VAUT LE DÉTOUR

PULAU UBIN

À seulement 10 minutes de bateau de Changi Village, Pulau Ubin semble pourtant à des années-lumière de Singapour et de sa forêt urbaine. Avec ses parcelles de jungle intacte et ses bâtiments coiffés de tôle au parfum nonchalant de *kampung* (village), elle offre une escapade d'une journée idéale.

Des **petits bateaux** (aller 2,50 $S, supp vélo 2 $S ; horaires variables, 6h-21h) rallient Pulau Ubin depuis le terminal des ferries de Changi Point, au Changi Village. Il n'y a pas d'horaire fixe : lorsque 12 personnes ont embarqué, les bateaux partent à destination du **Pulau Ubin Village**. Outre les stands de restauration (20-40 $S pour un crabe au piment), on y trouve des vélos à louer (adulte environ 5-10 $S/jour, enfant 2 $S). Pour votre confort, optez pour un VTT. S'il est impossible d'obtenir une carte de l'île, les panneaux ne manquent pas, quoique l'on puisse aussi pédaler au hasard. Ceux qui ne craignent pas de s'écorcher les genoux gagneront le **Ketam Mountain Bike Park**, qui compte plusieurs pistes de difficulté variable. Profitez-en pour visiter l'étrange **German Girl Shrine** (sanctuaire de la jeune Allemande), logé dans une cabane jaune près d'un tamarinier. Selon la légende, durant la Première Guerre Mondiale, la jeune fille du directeur d'une plantation de café fit une chute fatale dans la carrière située derrière la maison familiale, alors qu'elle fuyait les soldats britanniques venus arrêter ses parents. Cette jeune catholique devint ensuite une divinité taoïste, censée apporter fortune et bonne santé.

Si vous ne devez visiter qu'un endroit sur Pulau Ubin, choisissez les **Chek Jawa Wetlands** (8h30-18h), à la pointe est de l'île. Une promenade en bois de 1 km permet d'enjamber les flots avant de revenir par le marais à mangrove pour goûter une vue imprenable depuis la **tour Jejawi**, haute de 20 m. Il est interdit de pénétrer dans la réserve à vélo – munissez-vous d'un cadenas pour garer le vôtre en toute sécurité à l'entrée.

HUIT FLEUVES, UN SEUL PARC

Inauguré en avril 2013, le **River Safari** (www.riversafari.com.sg) est appelé à devenir la prochaine grande attraction de Singapour. Flanqué du zoo de Singapour et du Night Safari (safari nocturne), cet ambitieux parc animalier de 12 ha (pour un coût de 160 millions de $S) recrée les écosystèmes de huit grands fleuves emblématiques : l'Amazone, le Congo, le Gange, le Mississippi, le Murray, le Mékong, le Nil et le Yang-Tsé-Kiang. Outre les 150 végétaux répertoriés, il devrait abriter 300 espèces animales, dont des pandas géants, le très menacé poisson-chat géant du Mékong, la loutre géante, la salamandre et l'irrésistible lamantin. Pour plus de détails, consultez le site Internet.

Night Safari RÉSERVE NATURELLE

(www.nightsafari.com.sg ; 80 Mandai Lake Rd ; adulte/enfant 32/21 $S ; 7h30-minuit, restaurants et magasins à partir de 18h ; 138, Ang Mo Kio). Ce safari nocturne propose un tout autre genre de divertissement. Dans le noir, les fossés et barrières du parc semblent disparaître au profit d'une jungle mystérieuse peuplée de plus de 120 espèces animales, dont des lions et des léopards. Si l'on peut parcourir les trois pistes à pied, la visite en tramway est la meilleure option (adulte/enfant 10/5 $S).

Mieux vaut venir tôt – les animaux sont plus enclins à jouer juste après avoir été nourris – et ne pas utiliser les flashes car cela les perturbe.

Par ailleurs, ne manquez pas le spectacle “Creatures of the Night” (19h30, 20h30, 21h30, plus 22h30 le week-end), qui remettra en question vos certitudes sur l'évolution. Le billet combinant zoo (p. 504) et safari nocturne (adulte/enfant 42/28 $S) est plus intéressant. Après le safari, prenez un bus vers 22h45 pour ne pas rater le dernier train à Ang Mo Kio (23h30). Sinon, vous trouverez une station de taxis juste devant : comptez environ 20 $S pour regagner le centre.

GRATUIT **Bukit Timah Nature Reserve** PARC

(1800-468 5736 ; www.nparks.gov.sg ; 177 Hindhede Dr ; 6h-19h, centre des visiteurs 8h30-17h ; 171, ou 75 vers le centre commercial de Bukit Timah). Dernière étendue de forêt tropicale primaire de Singapour, cette réserve naturelle constitue le brumeux cœur des ténèbres local. Elle occupe 164 ha sur les versants du Bukit Timah, point culminant de l'île (163,63 m). Cinq sentiers pédestres sillonnent la réserve (35 min-2 heures aller-retour), tandis que les cyclistes profiteront des 6 km de pistes cyclables qui ceignent la forêt – demandez une carte des sentiers au centre des visiteurs.

Le plus fréquenté et le plus facile de ces sentiers est une voie goudronnée qui gagne directement le sommet, réservez du temps cependant aux autres, moins animés. Les sentiers grimpent. Prenez suffisamment d'eau, enduisez-vous d'antimoustiques et ne donnez rien à manger aux singes.

La canopée ininterrompue abrite nombre d'espèces originelles de Singapour, notamment des pythons et des dizaines de variétés d'oiseaux. Pour vous rendre à la réserve, prenez le bus n°171 à partir de la station MRT Orchard ou le bus n°75 à partir du CBD. Descendez au Bukit Timah Shopping Centre ; l'entrée du parc est à environ 1 km au nord sur Hindhede Dr.

MacRitchie Reservoir PARC

(1800 4717300 ; www.nparks.gov.sg ; Lornie Rd ; 7h-19h, parcours canopée 9h-17h mar-ven, 8h30-17h sam-dim, fermé lun ; 157, Toa Payoh). Moins sauvage que le Bukit Timah, le MacRitchie Reservoir comporte néanmoins des sentiers pédestres plus longs, longeant la rive et sinuant à travers des parcelles de forêt. Si l'on peut louer des kayaks au Paddle Lodge (p. 523), la majorité des visiteurs préfèrent l'excellent sentier pédestre de 10 km – et ses diverses bifurcations bien balisées – qui fait le tour de la réserve.

L'attraction phare du parc est le **parcours dans la canopée**, notamment son pont suspendu de 250 m de long, perché à 25 m d'altitude. Les circuits se poursuivent ensuite dans la forêt et autour de la réserve, empruntant tantôt des pistes, tantôt des promenades en bois. Il faut de trois à quatre heures pour parcourir le sentier principal. Quel que soit le chemin, vous croiserez très certainement des macaques à longue queue. Avec de la chance, vous apercevrez peut-être même l'un des énormes varans qui arpentent les eaux peu profondes de la réserve à une vitesse impressionnante.

Suite du texte page 516.

La région de la mégadiversité

Le rêve de tout naturaliste devient ici réalité, tant la nature tropicale y est généreuse. Royaume de milliers d'espèces animales et végétales, en partie endémiques – sans compter celles qui restent à découvrir –, la Malaisie, Singapour et Brunei forment une des toutes premières régions au monde de la "mégadiversité". La déforestation massive de la forêt primaire est aujourd'hui freinée par un solide réseau de réserves et de parcs. Pour apercevoir des animaux, inutile de s'enfoncer profondément dans la jungle : jardins botaniques, zoos et sanctuaires de la nature protègent la flore et la faune dans chacun de ces pays.

Une jungle épaisse recouvre une grande partie des quelque 132 090 km² de la Malaisie péninsulaire, notamment la moitié nord, montagneuse et peu peuplée, même si les plantations de palmiers à huile et d'hévéas dominent. Sur la façade ouest de la chaîne montagneuse centrale, une longue plaine fertile s'étend jusqu'à la mer, tandis qu'à l'est ses contreforts descendent beaucoup plus près du littoral frangé de sable. La jungle de la Bornéo malaisienne est très fournie et le réseau hydrographique dense, notamment dans le Sarawak. C'est au Sabah que se dresse le plus haut sommet de Malaisie, le mont Kinabalu (4 095 m).

À 1° de latitude nord et 137 km de l'équateur, Singapour et les 63 îlots que baignent ses eaux territoriales ont pour poumon l'affleurement de roche volcanique qui domine les terres basses de son île principale. Là se concentre l'essentiel des forêts et des terres encore vierges de Singapour. La partie occidentale est une zone sédimentaire de collines basses et de vallées, tandis que le Sud-Est est surtout plat et sablonneux. Peu urbanisées, la côte nord et les îles au large conservent quelques mangroves.

Le sultanat de Brunei couvre tout juste 5 765 km². Sa capitale, Bandar Seri Begawan, surplombe l'estuaire bordé de mangrove du Sungai Brunei (fleuve Brunei), la baie et, à l'est, le Temburong. Cette enclave peu peuplée est recouverte majoritairement de forêt tropicale humide vierge. Brunei a conservé environ 75% de sa forêt originelle.

Dans le sens des aiguilles d'une montre
1 Deer Cave (p. 448), parc national du Gunung Mulu, Bornéo 2 Vallée de Danum (p. 359), Sabah, Bornéo 3 Poisson-scorpion

ANDERS BLOMQVIST/GETTY IMAGES ©

MINT IMAGES - FRANS LANTING/GETTY IMAGES ©

GEORGETTE DOUWMA/GETTY IMAGES ©

Le règne de la jungle

Les luxuriants habitats naturels, des chaudes forêts tropicales aux mangroves marécageuses, fourmillent de mammifères, d'oiseaux, d'amphibiens, de reptiles et d'insectes, dont beaucoup n'existent qu'ici.

Primates, félins et éléphants

Seuls grands singes d'Asie, les **orangs-outans** seraient 12 300 à peupler la jungle de Bornéo. Le centre de réhabilitation des orangs-outans de Sepilok, dans le Sabah, le centre de réhabilitation de la faune de Semenggoh, dans le Sarawak, ou encore le zoo de Singapour permettent de les observer en captivité, mais de plus près.

Entre autres multiples espèces de singes, vous apercevrez peut-être des **nasiques**. Le mâle, créature assez improbable au ventre rebondi, est doté d'un nez flasque et tombant. Autre langur, le **semnopithèque à coiffe arbore** un pelage noir à pointes argentées. Quant aux **macaques**, trapus et agressifs, ils assaillent les touristes dans les temples et les réserves naturelles en quête de nourriture. Attention aux morsures, car ils sont potentiellement porteurs de la rage.

Timides et sans queue, les **gibbons** arboricoles et frugivores se délectent de figues. Leurs cris aigus – l'un des sons caractéristiques de la jungle malaisienne – leur permettent de délimiter leur territoire et de trouver un partenaire.

Environ 2 000 **éléphants pygmées** vivent dans le nord-est de Bornéo, leur habitat depuis quelque 18 000 années, pense-t-on. Le plus grand troupeau arpente les forêts autour du Sungai Kinabatangan.

Plusieurs espèces de panthères sont présentes en Malaisie, telles la **panthère noire** et la plus rare **panthère nébuleuse**. Y résident également des félins plus petits, comme le très piscivore **chat bai** et le **chat léopard** au pelage tacheté, de taille légèrement plus grande que le chat domestique.

Dans le sens des aiguilles d'une montre
1 Macaques **2** Éléphants au bord du Sungai Kinabatangan (p. 353), Sabah, Bornéo **3** Tigre de Malaisie **4** Orang-outan à Sepilok (p. 349), Sabah, Bornéo

PETER SMITH IMAGES/GETTY IMAGES ©

RICARDO REITMEYER /GETTY IMAGES ©

1

3

Oiseaux et chauves-souris

Plus d'un millier d'espèces d'oiseaux voltigent dans les cieux de cette région. Des 742 spécimens typiquement malaisiens, le plus aisément reconnaissable est le **calao**, surtout le calao rhinocéros avec son casque flamboyant recourbé vers le haut. Parmi les autres espèces remarquables, citons les **martins-pêcheurs**, les **pittas** et les **trogons**, ou encore le **drongo à raquettes**.

Plus d'une centaine d'espèces de **chauves-souris** vivent en Malaisie. La plupart sont petites, insectivores et nichent dans des grottes, sous les avant-toits ou dans l'écorce des arbres. Les **fructivores**, telles les roussettes, sont assez éloignées de leurs consœurs mangeuses d'insectes : elles voient bien et ne recourent pas à l'écholocation pour se déplacer.

ESPÈCES MENACÉES

La disparition des habitats et la chasse menacent d'extinction de nombreuses espèces animales de la région.

» **L'orang-outan** Selon le WWF, 12 300 de ces grands singes peupleraient les forêts menacées du Sabah et du Sarawak. Cela représente une baisse de 40% de leur population en deux décennies.

» **Le tigre de Malaisie** Le WWF estime à 490 le nombre de tigres malais, principalement répartis dans les jungles du Pahang, du Perak, du Terengganu et du Kelantan.

» **L'éléphant d'Asie** En 2009, on a répertorié un troupeau de 631 éléphants dans le Taman Negara. Au total, la population oscillerait entre 30 000 et 50 000 individus.

» **Le rhinocéros de Sumatra** On le trouve essentiellement dans des régions isolées du Sabah et du parc national d'Endau-Rompin, sur la péninsule. Sachant qu'il a besoin au minimum d'une surface de 10 km^2 de forêt tropicale humide, ses chances de survie sont minces, compte tenu de la vitesse à laquelle cette forêt disparaît.

Dans le sens des aiguilles d'une montre
1 Calao bicorne **2** Roussette de Malaisie **3** Rhinocéros de Sumatra

Vie aquatique

La variété stupéfiante des coraux, poissons et autres créatures aquatiques fait des îles et des atolls tels que Sipadan, les îles Perhentian ou Tioman, des spots de plongée parmi les plus renommés au monde. Les plongeurs aguerris ne manqueront pas d'explorer les minuscules îles au large de la côte nord-est du Sabah. Entre les vigoureux coraux – les colonies de **gorgones** peuvent atteindre jusqu'à 3 m – et les innombrables **éponges de mer**, ils croiseront peut-être des bancs scintillants de **carangues**, de **perroquets à bosse** et de **barracudas**, ou encore des **tortues vertes**, des **dauphins**, des **raies mantas** et diverses espèces de **requins.**

Des sept variétés de tortues recensées dans le monde, quatre sont natives de Malaisie. La **tortue imbriquée** (ou tortue caret) et la **tortue verte** viennent pondre dans le parc national de Turtle Islands, dans le Sabah. Tout comme la **tortue olivâtre** et la **tortue luth géante**, elles fréquentent aussi les eaux au large de la côte est de la péninsule malaisienne. Plusieurs plages sont des lieux de ponte consacrés où vous verrez peut-être des femelles franchir la ligne de marée haute pour enterrer leurs œufs.

LE TOP DES SITES DE PLONGÉE

» **Sipadan** Site légendaire aux tombants vertigineux, fréquenté par des tortues, requins et poissons de haute mer.

» **Layang Layang** Île en plein cœur de l'océan, réputée pour son corail immaculé et son tombant de 2 000 m.

» **Pulau Perhentian** Des récifs de corail entourent les deux îles – on peut même en atteindre une partie à pied.

» **Pulau Redang** Coraux, tortues vertes et carets, plus tout un kaléidoscope de poissons tropicaux.

» **Pulau Tioman** L'un des rares endroits où l'on a de bonnes chances d'apercevoir des dauphins.

1

3

Dans le sens des aiguilles d'une montre

1 Récif corallien, Sipadan (p. 364), Sabah 2 Tortue de mer, Sipadan (p. 364), Sabah 3 Plongée au Sabah (p. 311)

FOTOTRAV/GETTY IMAGES ©

REINHARD DIRSCHERL /GETTY IMAGES ©

Merveilles de la nature

Rafflésie Parasite sans racines, sans tige ni feuilles, cette merveille botanique étonne par ses dimensions inégalées – sa fleur, la plus grande du monde, peut mesurer 1 m de diamètre – mais aussi par son fonctionnement mystérieux. Après une période de floraison de trois à cinq jours, elle se transforme en un caillot noir et gluant. On peut admirer ces extraordinaires spécimens dans le Taman Negara et les parcs de l'est de la Malaisie.

Deer Cave Plus grand passage souterrain visitable au monde (2 km de long sur 174 m de haut), cette cavité du parc national du Gunung Mulu abrite 2 à 3 millions de chauves-souris formant une impressionnante masse grouillante au plafond prête à sortir au crépuscule.

Mont Kinabalu Le plus haut sommet de Malaisie est un paradis botanique. Plus de la moitié des espèces qui poussent au-dessus de 900 m sont endémiques : chênes, lauriers, marronniers, forêt dense de rhododendrons, orchidées en tout genre et népenthès insectivores.

Mangroves Cette remarquable végétation a su s'adapter de manière extraordinaire à un mélange inlassablement renouvelé d'eau douce et d'eau salée, nurserie rêvée pour nombre de poissons et fruits de mer. La mangrove a aussi l'avantage, en fixant les sols côtiers meubles, de former un rempart contre l'érosion et les tsunamis. Un milieu qu'on observe sur Pulau Langkawi, dans les parcs nationaux de Bako et des Kuching Wetlands, ainsi que dans le district de Temburong, à Brunei.

Kerangas Ces forêts de bruyère accueillent la plus grande variété de népenthès insectivores du monde, plantes carnivores qui capturent leurs proies dans une urne riche en enzymes digestives. Le parc national de Bako, dans le Sarawak, et la zone protégée du bassin de Maliau, dans le Sabah, en abritent.

1

3

Dans le sens des aiguilles d'une montre
1 Rafflésie, Sarawak (p. 419) 2 Deer Cave (p. 448), parc national du Gunung Mulu, Sarawak
3 Mont Kinabalu (p. 329), Sabah

2

TRISTAN SAVATIER/GETTY IMAGES ©

PATRIK BLOMQVIST/GETTY IMAGES ©

Suite du texte de la page 505.

GRATUIT **Kranji War Memorial** MÉMORIAL
(☎6269 6158 ; www.cwgc.org ; 9 Woodlands Rd ; 7h-18h ; 170, Kranji). Les austères bâtiments blancs et les pelouses de ce mémorial abritent les tombes de milliers de soldats alliés morts pendant la Seconde Guerre mondiale. Les murs portent les noms de 24 346 hommes et femmes tombés en Asie du Sud-Est, tandis que nombre de pierres tombales indiquent simplement : "un soldat de la guerre de 1939-1945". Les deux premiers Premiers ministres de Singapour reposent vers le devant.

Le mémorial se dresse près de la chaussée Johor-Singapour, non loin de Woodlands Rd. Prendre le MRT pour Kranji puis marcher 10 minutes, ou prendre le bus n°170 vers l'ouest et descendre au deuxième arrêt.

VAUT LE DÉTOUR

LE CIMETIÈRE BUKIT BROWN

Dans un pays obsédé par le neuf et le clinquant, le **Bukit Brown Cemetery Complex** est un précieux lieu de mémoire. Composé du Lau Sua (ancienne colline), du Kopi Sua (colline du café) et du Seh Ong Sua (colline du clan Ong) – soit le plus grand cimetière chinois hors de Chine – il offre un regard inattendu sur la riche histoire de Singapour.

Propriété de l'armateur, négociant et courtier britannique George Henry Brown, la zone fut rachetée en 1872 par Ong Kew Ho, Ong Ewe Hai et Ong Chong Chew, trois riches entrepreneurs hokkien déterminés à bâtir un village autosuffisant pour les membres les plus démunis de leur clan. Étrangement, le terrain servit exclusivement de lieu d'inhumation, avant de devenir un cimetière municipal chinois en 1922. Il fut alors accessible à tous les Chinois, indépendamment de leur groupe dialectal, une rupture radicale par rapport à la relative ségrégation qui sévissait parmi les vivants comme les défunts.

Depuis l'arrêt des inhumations en 1973, Bukit Brown est devenu un petit paradis pour les amateurs d'histoire, ses épaisses parcelles de jungle grimpante révélant de loin en loin de magnifiques tombes oubliées, comme le double tombeau de l'entrepreneur Ong Sam Leong (1857-1918) et de son épouse, perché au sommet de Seh Ong Sua. Cette tombe érigée en 1918, qui serait la plus grande de Singapour, arbore des sculptures délicates figurant des scènes de la piété filiale, de splendides tuiles de Minton, ainsi que des gardiens sikhs sculptés.

Nombre de tombes peranakan sont décorées de carreaux en céramique très colorés (dont de somptueuses majoliques Art nouveau importées d'Angleterre), tandis que des poèmes funèbres, relatant le voyage des défunts de la Chine vers Nanyang (Asie du Sud-Est), sont gravés sur quantité d'autres sépultures. Les tombeaux figurant des statues sikhes appartiennent souvent à d'anciens membres de la police. Ces vigiles funèbres (si rares dit-on que seul un autre cimetière, à Shanghai, en possède) figurent en grand nombre dans l'allée 4. À noter que les tombeaux affichant des dates en japonais remontent aux sombres jours de l'occupation de Singapour par le Japon – le secteur servit même de champ de bataille durant la Seconde Guerre mondiale.

Ironiquement, Bukit Brown est de nouveau au cœur d'un conflit, cette fois entre le gouvernement, qui souhaite construire une voie rapide et des logements, et les défenseurs du cimetière, qui exigent une révision du projet gouvernemental et une sauvegarde du patrimoine local.

Si l'on peut télécharger un plan du cimetière sur www.bukitbrown.com, le meilleur moyen de découvrir cette zone historique menacée est de participer à une visite gratuite assurée par des bénévoles (voir le site pour les dates à venir). Sur www.bukitbrown.org, le blog (en anglais) du spécialiste Raymond Goh, on trouvera d'autres informations sur Bukit Brown. Pour rallier le cimetière, prendre le MRT jusqu'à Botanic Gardens, puis remonter Adam Rd vers le nord jusqu'à l'arrêt de bus devant le Singapore Bible College. Prendre ensuite le bus n°74, 93, 157, 165, 852 ou 855 et descendre au deuxième arrêt (juste avant le Singapore Island Country Club). Emprunter le pont au-dessus d'Adam Rd et continuer au nord. Prendre à droite dans Sime Rd puis à gauche dans Lorong Halwa.

SUD ET OUEST DE SINGAPOUR

Ce vaste secteur compte une poignée de musées et de sites historiques moins connus, ainsi que l'apaisant sentier pédestre des Southern Ridges.

Southern Ridges PARC

(www.nparks.gov.sg ; entrée libre ; M Pasir Panjang, puis 15 min à pied jusqu'au Reflections at Bukit Chandu). Constituées d'une série de parcs et de collines reliant le West Coast Park au mont Faber, les Southern Ridges offrent une randonnée à travers la jungle sans jamais quitter la ville. Si le circuit couvre 9 km, la meilleure portion relie le Kent Ridge Park au mont Faber. Relativement aisée, elle combine une vue vertigineuse, des promenades en bois dans la canopée et la passerelle des Henderson Waves, unique en son genre.

Débutez votre balade au **Reflections at Bukit Chandu** (www.s1942.org.sg ; 31K Pepys Rd ; adulte/enfant 2/1 $S ; 9h-17h30 mar-dim ; M Pasir Panjang), un captivant centre d'interprétation qui commémore la dernière bataille du régiment malais contre les Japonais en 1942. À quelques pas de là, on trouve le Kent Ridge Park et son parcours dans la canopée, bref mais gratifiant. Descendez ensuite vers le **HortPark** (7h45-20h), qui comporte une petite aire de jeux pour les enfants, de jolis jardins d'herbes et de fleurs, ainsi que des prototypes de serres. Le pont **Alexander Arch**, en forme de feuille, conduit jusqu'à une stupéfiante passerelle au cœur de la canopée qui recouvre Telok Blangah. Plus loin, découvrez le **Henderson Waves**, grandiose pont en forme de vague de 36 m de haut. Les tours semblant surgir de la jungle font partie du lotissement résidentiel **Reflections at Keppel Bay**, œuvre du célèbre architecte américain Daniel Libeskind.

Un peu plus loin, vous trouverez les restaurants et bars du mont Faber (ci-après), point culminant de Singapour et lieu idéal pour reprendre des forces.

Parc du Mont Faber et téléphérique PARC

(www.mountfaber.com.sg ; téléphérique aller adulte/enfant 24/14 $S ; parc 8h30-2h, téléphérique 8h30-21h30 ; M HarbourFront). Du “haut” de ses 116 m, à la lisière sud de la ville, le mont Faber est la pierre maîtresse du parc éponyme et le point culminant de la tonifiante randonnée de 4 km le long des Southern Ridges (p. 517). Pour l'atteindre, on peut prendre le spectaculaire téléphérique, qui relie Sentosa et HarbourFront à un ensemble d'élégants bars et restaurants sur la colline, prendre le bus n°409 (en semaine uniquement, de 12h à 21h), ou bien marcher. Le parcours, bref mais abrupt, traverse une forêt tropicale secondaire parsemée de bancs, de kiosques et de points de vue stratégiquement disposés, ainsi que de splendides bungalows coloniaux noir et blanc.

> **À NE PAS MANQUER**
>
> **PETIT-DÉJEUNER AVEC LES ANIMAUX**
>
> Si l'idée de profiter d'un buffet en compagnie de primates farceurs vous séduit, ne manquez pas le **Jungle Breakfast with Wildlife** (6360 8560 ; es.szgadmin@wrs.com.sg ; Ah Meng Restaurant (Terrasse), zoo de Singapour ; adulte/enfant 31/20,30 $S ; 9h-10h30), au zoo de Singapour, (réservation conseillée). Les orangs-outans, irrésistibles, figureront parmi vos compagnons de petit-déjeuner. Si vous arrivez trop tard (ils ne sont de sortie que jusqu'à 10h), vous pouvez toujours prendre la pose avec eux dans des zones où ils évoluent en liberté : la **Free-Ranging Orang-utan Island** (11h et 15h30) et le **Free-Ranging Orang-utan Boardwalk** (16h30).

NUS Museums MUSÉES

(www.nus.edu.sg/museum ; 50 Kent Ridge Cres, University Cultural Centre ; entrée libre ; 10h-19h30 mar-sam, 10h-18h dim ; A2, le bus-navette de l'université, M Kent Ridge). Installés sur le campus de la National University of Singapore (NUS ; uiversité nationale de Singapour), ces trois petites galeries remarquablement conçues abritent des collections éblouissantes. Le **Lee Kong Chian Art Museum** renferme d'anciennes céramiques, des porcelaines et des bronzes chinois, tandis que la **South & Southeast Asian Gallery** met l'accent sur diverses expressions artistiques de la région. À l'étage, la **Ng Eng Teng Gallery** présente les tableaux, dessins et sculptures du prolifique artiste singapourien Ng Eng Teng (1934-2001), surnommé “grand-père de la sculpture singapourienne”.

Le bus-navette A2 (gratuit) part régulièrement de la station MRT Kent Ridge et s'arrête juste devant les galeries.

Labrador Nature Reserve et Labrador Secret Tunnels SITE HISTORIQUE
(www.nparks.gov.sg ; Labrador Villa Rd ; Ⓜ Labrador Park). Combinaison de sites historiques, de sentiers pédestres dans une forêt peuplée de plus de 70 espèces ailées, et d'une vue splendide sur les seules falaises de Singapour sur la mer, ce parc mérite bien une visite d'un après-midi. Observez les anciens canons britanniques, arpentez la jungle, et visitez les **tunnels secrets Labrador**.

Enfilade de casemates de stockage et d'artillerie construites par les Britanniques dans les années 1880, ces tunnels secrets ne furent découverts que 50 ans après la fin de la Seconde Guerre mondiale. Ces petits bunkers abritent divers objets abandonnés par les Britanniques en 1942, ainsi que les traces de l'impact d'une bombe japonaise aux murs. Lors de notre passage, les tunnels étaient fermés pour travaux pour une durée indéterminée.

Haw Par Villa MUSÉE
(262 Pasir Panjang Rd ; parc d'attractions gratuit, musée adulte/enfant 4/2,50 $S ; 9h-19h, musée 9h-17h ; Ⓜ Haw Par Villa). Offrez-vous un frisson gratuit dans ce parc d'attractions mythologique. Dans l'ancien Tiger Balm Gardens (le cofondateur Aw Boon Haw est aussi l'inventeur du baume du Tigre), les statues psychédéliques et les dioramas illustrent des scènes passablement étranges de la mythologie chinoise. Sur le même site, le **Hua Song Museum** propose un aperçu de la vie des migrants chinois de par le monde.

Singapore Science Centre MUSÉE
(www.sci-ctr.edu.sg ; 15 Science Centre Rd ; adulte/enfant 9/5 $S ; 10h-18h tlj ; Ⓜ Jurong East). Ce passionnant musée – qui renferme suffisamment de gadgets à pousser, tirer et tourner pour occuper les enfants des heures durant – couvre des thèmes comme le corps humain, les écosystèmes et la robotique.

Pour s'y rendre, descendre à la station MRT Jurong East, prendre la promenade couverte sur la gauche, traverser la route et dépasser une allée d'étals couverts avant de traverser Jurong Town Hall Rd.

Ce centre abrite également le **Snow City** (www.snowcity.com.sg ; 21 Jurong Town Hall Rd ; adulte/enfant 27/22 $S 2 heures, billet combiné 1 heure Snow City et Science Centre 16/14 $S ; 9h45-17h15 tlj), un énorme hangar réfrigéré assorti d'une piste de 70 m d'une hauteur de 3 étages. Durant les sessions d'une à deux heures, dévalez la piste à grande vitesse sur une bouée noire et faites une partie de boules de neige. Pantalon (à la location) et chaussettes (à l'achat) obligatoires ; anorak et après-ski fournis. Cours de ski et de snowboard.

Jurong Bird Park PARC ORNITHOLOGIQUE
(www.birdpark.com.sg ; 2 Jurong Hill ; adulte/enfant 18/12 $S, tram adulte/enfant 5/3 $S, billet combiné zoo et safari nocturne adulte/enfant 58/38 $S ; 8h30-18h ; 194 ou 251, Ⓜ Boon Lay). Géré par les exploitants du Singapore Zoo (p. 504) et du Night Safari (p. 505), le parc ornithologique de Jurong, un peu dépenaillé, renferme néanmoins quelque 600 espèces d'oiseaux.

À NE PAS MANQUER

GILLMAN BARRACKS

Dernier atout culturel en date, le **Gillman Barracks** (www.gillmanbarracks.com ; 9 Lock Rd ; 11h-20h mar-sam, 10h-18h dim ; Ⓜ Labrador Park), à dix minutes de marche au nord de la station MRT Labrador Park, est un ancien camp militaire transformé en centre d'art contemporain. Ce projet regroupe pas moins de treize galeries internationales, dont la **Michael Janssen Gallery** (02-21, 9 Lock Rd), de Berlin, la **Mizuma Gallery** (01-34, 22 Lock Rd), de Tokyo, et la **Drawing Room** (01-06, 5 Lock Rd), de Manille. Logiquement, la liste des artistes représentés est un véritable catalogue de talents confirmés ou émergents – Alfredo et Isabel Aquilizan, Heman Chong, Yayoi Kusama ou encore Sebastião Salgado. Cinq autres galeries sont en projet, tout comme le Centre for Contemporary Art (CCA) qui accueillera des artistes internationaux en résidence, des infrastructures de recherche et des expositions. Ceux qui préfèrent la table à l'art ne sont pas oubliés : saveurs françaises au **Masons** (01-17, 8 Lock Road ; 12h-23h), cuisine de la mer locale au **Naked Finn** (01-13, 41 Malan Road ; dîner lun-sam), ou nourriture de style pub (pizza incluse) et musique live au **Timbre@Gillman** (01-05, 9A Lock Road ; dîner lun-sam).

ÎLE DE SENTOSA

Symbolisée par son attraction vedette, le parc Universal Studios, l'île de Sentosa est essentiellement dédiée au divertissement. Le choix est vertigineux : montagnes russes jumelles, parachutisme en intérieur, spectacles de cascades, courses de luge, bars de plage de style Ibiza et casino. Beaucoup d'attractions sont payantes : une journée en famille peut donc être coûteuse. En revanche, les plages sont gratuites et prisées des habitants comme des touristes.

Île de Sentosa

0 — 1 km

Île de Sentosa

À voir

1 Fort Siloso A1
2 Images of Singapore B2
3 Maritime Experiential Museum B1
4 Palawan Beach B2
5 Siloso Beach A2
6 Songs of the Sea B2
7 Tanjong Beach C3
8 Underwater World A1
9 Universal Studios B2

Activités

10 Gogreen Segway Eco Adventure B2
11 iFly B2
12 Sentosa Golf Club C3
13 Spa Botanica C3

Où se loger

14 Capella Singapore B2
15 Siloso Beach Resort A2
The Sentosa .... (voir 13)

Où se restaurer

Cliff .... (voir 13)
16 Coastes A2
17 Malaysian Food Street B1

Où prendre un verre

18 Azzura Beach Club A2
19 Tanjong Beach Club C3
20 Wave House A2

Où sortir

21 Boiler Room B1
Movida .... (voir 21)
St James Power Station .... (voir 21)

Achats

22 Vivocity B1

Universal Studios PARC D'ATTRACTIONS

(Carte p. 519 ; www.rwsentosa.com ; Resorts World ; adulte/enfant/senior 74/54/36 $S ; ⌚10h-19h). Attraction reine du Resorts World, Universal Studios offre une foule de manèges, de spectacles, de magasins et de restaurants, soigneusement habillés selon les thèmes de vos films hollywoodiens préférés. Clou du spectacle : les "montagnes russes jumelles", à Sci-fi City, censées être les plus hautes du monde.

Maritime Experiential Museum MUSÉE

(Carte p. 519 ; www.rwsentosa.com ; Resorts World ; adulte/enfant musée 5/2 $S, théâtre 6/4 $S ; ⌚10h-19h lun-jeu, 10h-21h ven-dim, le Typhoon Theatre ferme 1h plus tôt). Découvrez la passionnante histoire de la route de la soie dans ce Musée maritime expérimental, interactif dernier cri. Si le Typhoon Theatre, un théâtre à 360 degrés, déçoit quelque peu (10 minutes de magie et d'engins à vent générés par ordinateur, et un jeu d'acteurs médiocre), l'exposition Maritime Archaeology in Southeast Asia est parfaitement captivante, avec ses informations fascinantes sur la conservation des objets provenant d'épaves. Nombre d'entre eux sont exposés, notamment de magnifiques poteries thaïlandaises du XVe siècle.

Underwater World AQUARIUM

(Carte p. 519 ; ☎6275 0030 ; www.underwaterworld.com.sg ; derrière Siloso Beach ; adulte/enfant 25,90/ 17,60 $S ; ⌚10h-19h). Laissez-vous hypnotiser par les dragons de mer feuillus et les méduses ondoyantes, tandis que les pastenagues et les gigantesques requins vous frôlent à travers les parois du tunnel de l'Ocean Colony. Les courageux tenteront l'expérience **Dive with the Sharks** (120 $S/pers, réservation impérative), une plongée de 30 minutes au milieu des requins. Le billet permet d'accéder au **Dolphin Lagoon** voisin, où des dauphins à bosse de la zone indo-pacifique se produisent plusieurs fois par jour avec des phoques (vérifier les horaires sur Internet). Moyennant 170 $S, vous pourrez **nager avec des dauphins**. Appelez ou réservez via le site Internet de l'Underwater World.

Songs of the Sea SPECTACLE

(Carte p. 519 ; www.sentosa.com.sg ; Siloso Beach ; entrée 10 $S ; ⌚spectacles 19h40 et 20h40 tlj, spectacle supp 21h40 sam). Planté autour d'un village de pêcheurs malais reconstitué, ce spectacle ambitieux mêle une théâtralité à la Lloyd Webber à un impressionnant système de son, lumière et laser.

Fort Siloso MUSÉE

(Carte p. 519 ; www.sentosa.com.sg ; Siloso Point ; adulte/enfant 8/5 $S ; ⌚10h-18h ; visite guidée gratuite 12h40 et 15h40 ven-dim). Installés pour repousser une attaque maritime au sud, les lourds canons de Siloso furent pris au dépourvu lorsque les Japonais débarquèrent depuis le continent durant la Seconde Guerre mondiale. Les Britanniques ne tardèrent pas à se rendre, avant que les Nippons ne transforment l'île en un camp de prisonniers de guerre. Documentaires, objets, animatroniques et scènes historiques reconstituées raviront les passionnés d'histoire. À noter : la visite des **tunnels**, fort divertissante.

Images of Singapore MUSÉE

(Carte p. 519 ; www.sentosa.com.sg ; Imbiah Lookout ; adulte/enfant 10/7 $S ; ⌚9h-19h).

DROIT D'ENTRÉE ET TRANSPORT À SENTOSA

Il faut s'acquitter d'un droit d'entrée pour débarquer à Sentosa, variable selon le mode de transport utilisé – 1 $S si vous arrivez à pied du centre commercial VivoCity et 3,50 $S si vous prenez le train Sentosa Express (départ du 3e étage du VicoCity) – avec le téléphérique, le droit d'entrée est inclus dans le billet.

Sur l'île, la circulation est facile : à pied, avec le Sentosa Express (7h-minuit), en empruntant le tramway gratuit qui circule d'un bout à l'autre des trois plages (9h-23h, 9h-minuit ven et sam) ou en utilisant les lignes de bus gratuites, chacune d'une couleur différente, entre les attractions principales (7h-23h, 7h-12h30 ven et sam).

Pour un mode de transport plus original, choisissez le **Gogreen Segway Eco Adventure** (carte p. 519 ; www.segway-sentosa.com ; 12 $S/circuit, visite guidée 30/60 min 38/80 $, visite nocturne 78-88 $S ; ⌚10h-21h30). Offrez-vous un petit tour (10 min) sur ces drôles d'engins à deux roues ou optez pour le circuit guidé, plus long, sur le front de mer. Pour les adultes, le Gogreen After Dark propose une balade nocturne évocatrice autour de l'île. Ce prestataire loue également des vélos électriques (12 $S/h).

DÉPART SINGAPORE ART MUSEUM
ARRIVÉE RIVIÈRE SINGAPOUR
DISTANCE 2 KM
DURÉE 2 HEURES

Promenade à pied
Singapour coloniale

Le Colonial District offre un aperçu nostalgique d'une Singapour rimant avec missionnaires d'un autre temps, architecture palladienne et clubs de cricket sélects. Achevez votre promenade par un repas au **Jumbo Seafood** (p. 531), en bord de fleuve.

Commencez par le ❶ **Singapore Art Museum**, qui occupe l'ancienne Institution Saint-Joseph, une école catholique pour garçons. Parmi les traits architecturaux d'origine, remarquez les fenêtres aux volets clos et le carrelage en céramique. Le dôme central et le vaste portique furent rajoutés au début du XXe siècle.

En suivant Bras Basah Rd vers le sud-est, on passe devant la ❷ **Cathedral of the Good Shepherd** (cathédrale du Bon-Pasteur), de style Renaissance, et le ❸ **Chijmes**, de style gothique anglais, un couvent transformé en restaurant. À la diagonale du Chijmes se dresse le ❹ **Raffles Hotel**, l'un des plus beaux sites patrimoniaux de Singapour. Revivez son âge d'or au Raffles Museum, puis poursuivez vers le sud dans North Bridge Rd pour atteindre la ❺ **cathédrale Saint-André**, l'un des derniers témoignages du gothique anglais de la ville.

C'est juste en face, au ❻ **City Hall** (hôtel de ville), que lord Louis Mountbatten annonça la reddition japonaise en 1945, puis que fut proclamée l'indépendance de Singapour en 1965. L'hôtel de ville et la Cour suprême voisine rouvriront en 2015, tout comme la National Art Gallery of Singapore. En face du bâtiment s'étend le parc du ❼ **Padang**, siège du Singapore Cricket Club et du Singapore Recreation Club. Pendant la Seconde Guerre mondiale, les envahisseurs japonais y rassemblèrent les Européens avant de les conduire à la prison de Changi.

Poursuivez au sud dans St Andrew's Rd. Notez les bâtiments coloniaux, dont le ❽ **Victoria Theatre & Concert Hall**. Achevé en 1862, ce théâtre fut l'un des premiers édifices victoriens de style néo-Renaissance à Singapour. Prenez à droite vers la ❾ **rivière Singapour**, où les gratte-ciel vertigineux ramènent le visiteur vers le futur.

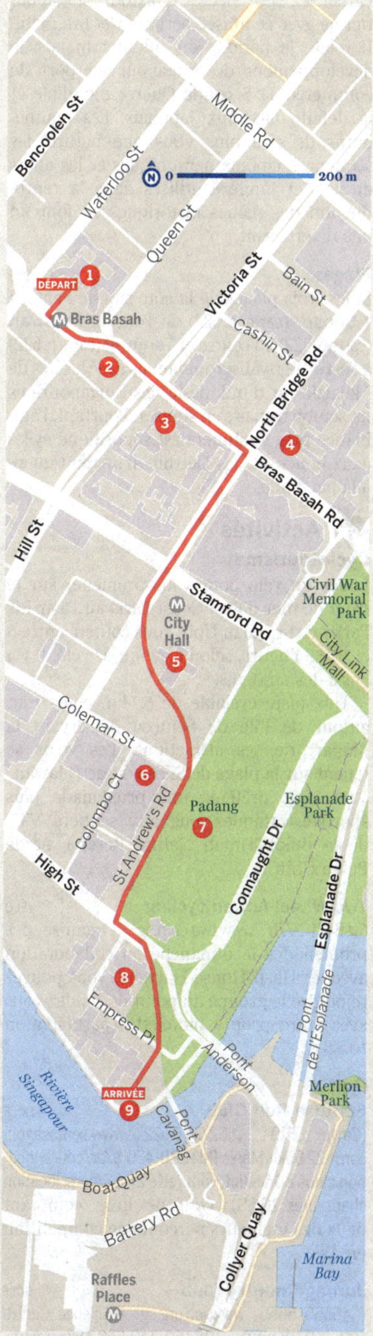

Parcourez sept siècles d'histoire singapourienne avec ce musée pertinent et interactif. Il relate la période du sultanat malais, le développement de Singapour en port de commerce, la Seconde Guerre mondiale et la défaite face aux Japonais. Les mannequins de cire plus vrais que nature, les séquences cinématographiques et les effets de son et lumière utilisés dans la reproduction des scènes historiques en font un lieu divertissant.

Plages PLAGES

Si les trois plages de la côte sud de Sentosa – **Siloso** (carte p. 522) à l'ouest, **Palawan** (carte p. 522) au centre et **Tanjong** (carte p. 522) à l'est – ne rivaliseront jamais avec les îles de Malaisie ou d'Indonésie, les Singapouriens ne semblent pas s'en soucier. Pourtant, l'ambiance plage/palmiers est soporifique et les eaux boueuses des Détroits n'invitent guère à la baignade.

Activités

Cyclotourisme

Louer un vélo pour vous promener sur le front de mer d'East Coast Park, au Pasir Ris Park ou sur Pulau Ubin vous coûtera entre 5 et 10 $S l'heure, selon le genre de vélo. Il y a aussi des tandems.

Une piste cyclable de 5,7 km court tout autour de l'île de Sentosa desservant la plupart de ses attractions. Les vélos se louent sur la plage de Siloso ou de Palawan.

Si vous préférez une promenade plus sportive, attaquez-vous aux sentiers VTT de la Bukit Timah Nature Reserve et de Pulau Ubin.

Two Wheel Action cycling VÉLO

(☎6471 2775 ; www.twa.com.sg). Organise des promenades le dimanche en collaboration avec les Hash House Harriers. Vous pouvez rejoindre le groupe au point de rendez-vous avec votre propre bicyclette (participation 10 $S).

Golf

Sentosa Golf Club GOLF

(Carte p. 519 ; ☎6275 0022 ; www.sentosagolf.com ; 27 Bukit Manis Rd ; 280-450 $/parcours, location clubs 80 $S/kit, voiturette 25 $S/pers, location chaussures 10 $S). Golf de luxe, comptant deux des meilleurs parcours de compétition en Asie.

Jurong Country Club GOLF

(☎6560 5655 ; www.jcc.org.sg ; 9 Science Centre Rd ; 9/18 trous 95-160/140-260 $S/parcours, voiturette 9/18 trous 12/20 $S ; ⏲7h-19h30 lun-ven, 7h-19h sam-dim, nocturne mar, jeu et ven ; Ⓜ Jurong East). Un 18 trous redessiné récemment, avec par 72 et practice.

Natation

Les eaux polluées des plages de Singapour n'invitent pas à la baignade, bien qu'on puisse nager en toute sécurité dans East Coast Park, sur Sentosa Island et les îles du Sud. Si vous préférez la piscine, sachez que la ville possède de nombreux bassins publics de 50 m (adulte/enfant 1-1,30/0,50-0,70 $S).

Delta Swimming Complex PISCINE

(☎6474 7573 ; 900 Tiong Bahru Rd ; ⏲8h-21h30 mer-lun, 14h30-21h30 mar ; Ⓜ Redhill)

Jalan Besar Swimming Complex PISCINE

(Carte p. 496 ; ☎6293 9058 ; 100 Tyrwhitt Rd ; ⏲8h-21h30 jeu-mar, 14h30-21h30 mer ; Ⓜ Lavender)

Katong Swimming Complex PISCINE

(Carte p. 502 ; ☎6344 9609 ; 111 Wilkinson Rd ; ⏲8h-21h30 mer-lun, 14h30-21h30 mar ; Ⓜ Mountbatten)

Salles de sport

Fitness First SALLE DE SPORT

(Carte p. 500 ; ☎6737 7889 ; www.fitnessfirst.com.sg ; 08-13 Paragon, 290 Orchard Rd ; ⏲6h30-22h30 lun-sam, 8h-22h dim ; Ⓜ Orchard, Somerset). L'une des nombreuses salles Fitness First de Singapour, avec matériel ultramoderne et cours collectifs.

True Fitness SALLE DE SPORT

(Carte p. 488 ; ☎6820 9000 ; www.truefitness.com.sg ; 07-0011 Suntec City Mall, 3 Temasek Blvd ; ⏲6h-23h lun-jeu, 6h-22h ven, 6h-21h sam, 8h-20h dim ; Ⓜ Esplanade). Vaste gamme d'équipements et cours collectifs.

Spas et massage

À Singapour, les massages, les soins de beauté et la réflexologie ne font pas partie du luxe mais des soins quotidiens. Presque tous les centres commerciaux disposent d'un spa ou d'un centre de massage.

Willow Stream SPA

(Carte p. 488 ; ☎6339 7777 ; www.willowstream.com/singapore ; niveau 6, Fairmont Hotel, 80 Bras Basah Rd ; massage à partir de 149 $S ; Ⓜ City Hall). Bassins, Jacuzzi et bains de vapeur aromatisés, dans cette luxueuse oasis. Soins haut de gamme – bains d'herbes, d'algues, d'eaux chaudes minérales, enveloppements et onze variétés de massage (dont les options "post voyage" et "post shopping").

People's Park Complex MASSAGE
(Carte p. 492 ; 101 Upper Cross St ; réflexologie à partir de 15 $S ; Ⓜ Chinatown). Cette humble galerie commerçante regorge de salons de massage bon marché (optez pour les plus fréquentés). Notre préféré est le **Mr Lim Foot Reflexology** (carte p. 502 ; 03-53 & 03-78). Les plus téméraires testeront les bains de pieds du 3e niveau, où des bancs de poissons nettoient vos pieds de leurs peaux mortes.

Kenko Wellness Spa SPA
(Carte p. 492 ; www.kenko.com.sg ; 199 South Bridge Rd ; réflexologie 36 $S/30 min, massage 91 $S/1h ; 10h-22h ; Ⓜ Chinatown). Avec ses diverses succursales à travers la ville, Kenko domine la scène thermale de Singapour : réflexologie plantaire, séances pour amoureux (328 $S/2 heures 30) et massages suédois ou chinois (pour un soin énergique, choisissez cette dernière option).

Spa Botanica SPA
(Carte p. 519 ; 6371 1318 ; www.spabotanica.sg ; The Sentosa, 2 Bukit Manis Rd ; soin à partir de 80 $S ; 10h-22h). Pour le summum du plaisir personnel à Sentosa, offrez-vous un soin dans ce paradis thermal, avec chutes d'eau, bains de boue et jardin paysager luxuriant. Temps fort : le "galaxy", un bain d'argile rhassoul de 45 minutes dans un hammam spécialement conçu. Navette gratuite entre le spa et VivoCity, ainsi que le Paragon Shopping Centre, dans Orchard Rd.

Sports extrêmes

G-Max Reverse Bungy & GX-5 Extreme Swing SENSATIONS FORTES
(Carte p. 488 ; www.gmax.com.sg ; 3E River Valley Rd ; 49 $S/tour ; 14h-tard ; Ⓜ Clarke Quay). Envie de vous retrouver projeté à 60 m de hauteur à plus de 200 km/h ? Dans ce cas, préparez-vous à un envol à couper le souffle (dans tous les sens du terme) dans la cage métallique G-Max. Moins terrifiant, le GX5 voisin offre un tour de balançoire à une vitesse (légèrement) plus clémente au-dessus de la rivière Singapour.

iFly SENSATIONS FORTES
(Carte p. 519 ; www.iflysingapore.com ; Cable Car Rd ; adulte/enfant à partir de 69/59 $S ; 10h30-22h mar-jeu, 12h-22h mer). Parachutisme en salle dans une soufflerie verticale. Très prisé, iFly propose un forfait incluant une heure de cours et deux petits sauts – correspondant à une chute libre entre 3 600 et 900 m d'altitude !

Sports nautiques

On peut louer aquacycles, canoës, kayaks et planches à voile sur les plages de Sentosa pour environ 15 $S l'heure.

SKI360° SPORTS NAUTIQUES
(Carte p. 502 ; www.ski360degree.com ; 1206A East Coast Parkway ; 1h sem/week-end 32/42 $S, heure supp 16/22 $S ; 10h-19h lun-ven, 9h-22h sam-dim). Munissez-vous de skis nautiques, d'un *kneeboard* ou d'un *wakeboard*, et laissez-vous traîner autour d'un lagon – de préférence le matin et en semaine, lorsque le lieu est quasiment désert. Prenez le bus n°197, descendez dans Marine Pde Rd et dirigez-vous vers le passage souterrain. Le week-end, prenez le bus n°401 à la station MRT Bedok.

Paddle Lodge BATEAU
(Carte p. 502 ; 6344 6337 ; www.scf.org.sg ; 15-20 $S/2h ; 9h-18h mar-dim ; Ⓜ Stadium). La Fédération singapourienne de canoë loue des kayaks au Paddle Loge, situé au MacRitchie Reservoir.

Yoga

Como Shambhala Urban Escape YOGA
(Carte p. 500 ; 6304 3552 ; www.singapore.comoshambhala.bz ; 06-05 Forum, 583 Orchard Rd ; cours 1h30 37 $S ; 9h-20h30 lun-ven, 8h45-17h sam, 9h-16h dim ; Ⓜ Orchard). Ce beau centre dispense des cours de Hatha, d'Iyengar, d'Ashtanga et de Pilates, sans oublier les massages à l'huile et en profondeur. Réservation non requise.

Absolute Yoga YOGA
(6732 6007 ; www.absoluteyogasingapore.com ; 02-01 Valley Point, 491 River Valley Rd ; cours 40-66 $S ; 7h-21h lun-ven, 8h30-18h sam-dim ; 970). Cours de "hot yoga", de hatha yoga, de yoga dynamique et de Pilates.

Cours

Cuisine

Maintenant que vous avez dégusté différents plats, apprenez à les cuisiner vous-même à la mode de Singapour. Les ateliers culinaires durent généralement de 2 à 4 heures. Un bon nombre se déroulent sous forme de travaux pratiques ; les autres sont uniquement théoriques. Consultez les sites Internet ou appelez pour vérifier le programme et réserver.

Cookery Magic CUISINE
(Carte p. 502 ; 6348 9667; www.cookerymagic.com ; 117 Fidelio St ; cours 3h à partir de 100 $S ;

28, Eunos). Ruqxana dispense ses exceptionnels cours de cuisine asiatique dans sa propre cuisine. Elle enseigne aussi dans une vieille maison de *kampung* sur Pulau Ubin. En option : excursion au marché avant le cours (50 $S).

Palate Sensations Cooking School CUISINE
(6478 9746 ; www.palatesensations.com ; 10 Biopolis Road, Chromos 01-03 ; cours 3h à partir de 100 $S ; Buona Vista). Cuisiniers novices et confirmés viennent affiner ici leur maîtrise auprès de chefs de premier ordre. Cours classiques (3 heures minimum) très pratiques, autour de thèmes comme les plats de fête malais, la cuisine classique du Penjab et les friandises allemandes de Noël.

Shermay's Cooking School CUISINE
(6479 8442 ; www.shermay.com ; Block 43, Jalan Merah Saga 01-76 ; cours à partir de 60 $S ; Holland Village). Shermay se passionne pour la cuisine singapourienne, les spécialités thaïlandaises ou peranakan et le chocolat. Cours pratiques un peu plus coûteux.

Circuits organisés

L'office du tourisme de Singapour dresse une liste des circuits organisés et publie des brochures gratuites sur les circuits de découverte à pied de la ville.

Croisières dans le port

Imperial Cheng Ho Dinner Cruise CROISIÈRE
(6533 9811 ; www.watertours.com.sg ; adulte/enfant croisière journée 29/16 $S, croisière dîner 57/31 $S ; Marina Bay). Propose trois fois par jour, depuis l'embarcadère de Marina South, une croisière sur le Cheng Ho (réplique criarde d'une jonque), jusqu'à l'île de Sentosa ou l'île Kusu. Le dîner n'a rien d'exceptionnel, mais la vue, oui.

Duck Tour CIRCUIT
(Carte p. 488 ; 6338 6877 ; www.ducktours.com.sg ; adulte/enfant 33/23 $S ; Esplanade). Circuit d'une heure au départ de Suntec City à bord du "Wacky Duck", un curieux bateau amphibie rescapé de la guerre du Vietnam. Découvrez les sites de la ville à pied, puis embarquez pour la croisière. Les enfants adoreront.

Croisières fluviales

C'est une des meilleures façons de découvrir le centre de Singapour et son histoire. Des sampans partent de différents embarcadères le long de la rivière Singapour, entre autres Clarke Quay, Raffles Landing et Boat Quay, mais également du Merlion Park et de l'Esplanade Jetty sur Marina Bay, généralement entre 9h et 23h.

Hippo River Cruise CROISIÈRE
(Carte p. 488 ; 6338 6877 ; www.ducktours.com.sg ; adulte/enfant 18/13 $S, forfait journée 23/17 $S ; Clarke Quay). Organise des croisières de 30 minutes à bord de bateaux sans toit partant de Clarke Quay toutes les 25 minutes. Un ticket pour la journée vous permettra de monter/descendre à 9 endroits différents le long de la rivière Singapour.

Singapore River Cruise CROISIÈRE
(Carte p. 488 ; 6336 6111 ; www.rivercruise.com.sg ; adulte/enfant à partir de 17/10 $S ; Clarke Quay). Embarquez à bord d'un petit bateau traditionnel et sillonnez la rivière Singapour. Les circuits de 40 à 60 minutes partent du Merlion, à l'embouchure de la rivière, et remontent vers les illustres quais de la cité.

Autres circuits organisés

Original Singapore Walks À PIED
(6325 1631; www.singaporewalks.com; adulte/enfant à partir de 30/15 $S). Séduisants circuits pédestres à thème à travers Chinatown, Little India, Kampong Glam, le Colonial District et des sites ayant trait à la guerre. Circuits de 2 heures à 3 heures 30. Vérifiez les horaires et les lieux de rendez-vous sur le site Internet.

Charlotte Chu Tours À PIED
(8101 1003 ; charlottechutours@gmail.com ; 240 $S/3h). Disciple de l'expérimentée guide Geraldene Lowe-Ahmad, Charlotte Chu propose des circuits pédestres thématiques (patrimoine, gastronomie, circuits hors des sentiers battus, fêtes) et dynamiques. Mieux vaut réserver une semaine à l'avance.

Geraldene Lowe-Ahmad À PIED
(geraldenestours@hotmail.com ; circuit individuel à partir de 100 $S/h, en groupe à partir de 40 $S). Bien qu'elle ait confié la plupart de ses fameux circuits thématiques à sa camarade Charlotte Chu, Geraldene assure toujours quelques visites (essentiellement pour des clients établis et des chercheurs), offrant une vision unique de la ville en matière culturelle, historique, architecturale, religieuse et botanique. En fonction des disponibilités, les personnes seules peuvent éventuellement se joindre aux visites de groupe. Envoyez un e-mail pour plus de détails.

Food Safari Tours CIRCUIT GASTRONOMIQUE
(☎6438 4038 ; www.makansutra.com ; à partir de 160 $S). Propose des circuits gastronomiques de 4 heures comprenant en général trois pauses pour la dégustation. Vous avez le choix entre le circuit North-South-East-West (stands de rue), le Multicultural (Little India, Chinatown, Geylang et Katong), le Uniquely Singapore (*bak kut teh*, curry de tête de poisson, *chicken rice*, etc) et, la nuit, le Midnight Tour.

Fêtes et festivals

Forte de ses multiples cultures et religions, Singapour compte un nombre impressionnant de manifestations hautes en couleur. Certaines sont à dates fixes, mais d'autres changent au gré du calendrier lunaire que suivent hindous, musulmans et Chinois. Pour obtenir les dates exactes et une liste complète des différents événements, consultez le site Internet www.yoursingapore.com.

Thaipusam RELIGION
Durant ce spectaculaire festival hindou, généralement en février, des fidèles au corps percé portent un *kavadi* (lourd cadre métallique décoré de plumes de paon, de fruits et de fleurs) entre les temples Sri Srinivasa Perumal et Chettiar Hindu.

Chingay CULTURE
(www.chingay.org.sg). La plus grande parade de rue de Singapour, le 22e jour suivant le Nouvel An chinois.

Mosaic Music Festival MUSIQUE
(www.mosaicmusicfestival.com). Fête musicale de 10 jours en mars avec au programme des musiques du monde, jazz et indé, ainsi que de nombreuses manifestations gratuites.

World Gourmet Summit CUISINE
(www.worldgourmetsummit.com). Dix jours de master classes, d'ateliers et de dîners somptueux assurés par de grands cuisiniers, fin avril ou début mai.

Singapore Arts Festival CULTURE
(www.singaporeartsfest.com). Magnifique festival des arts organisé en juin par le National Arts Council : musiques du monde, danse, théâtre et art de haut vol.

Great Singapore Sale ACHATS
(www.greatsingaporesale.com.sg). Huit semaines de soldes à compter de fin mai. Pour les meilleures affaires, venez dès les deux premières semaines.

Singapore Food Festival CUISINE
(www.singaporefoodfestival.com). Un mois de festival gastronomique, en juillet, avec stands de restauration, circuits, événements et démonstrations culinaires.

Fête nationale de Singapour DÉFILÉ
(www.ndp.org.sg). Le 9 août : processions extravagantes, défilés militaires et feux d'artifice.

Hungry Ghost Festival CHINOIS
Feux d'artifice, offrandes de nourriture et opéra chinois honorent les fantômes lors de ce traditionnel festival du mois d'août.

Formula One Grand Prix GRAND PRIX
(www.f1singapore.com). Premier grand prix de Formule 1 en nocturne, fin septembre.

Où se loger

L'hébergement coûte cher à Singapour. Les voyageurs aux petits budgets pourront néanmoins trouver une chambre en auberge de jeunesse pour 20 $S la nuit. Si la majorité des hôtels de catégorie moyenne privilégient l'emplacement à la qualité, nombre d'établissements luxueux riment avec histoire, design et hébergement de style *resort* (complexe hôtelier).

Les berges de la rivière Singapour sont bordées de bonnes adresses de catégorie moyenne, tandis qu'Orchard Rd et le Colonial District regorgent d'hôtels de luxe. Les établissements de charme de catégorie moyenne se concentrent aux alentours de Chinatown. Chinatown et Little India disposent aussi de bonnes options économiques. Pour vous rapprocher de la plage, visez l'île de Sentosa.

Pour plus de détails sur l'hébergement à Singapour, reportez-vous p. 550.

COLONIAL DISTRICT ET LES QUAIS

Raffles Hotel HÔTEL $$$
(Carte p. 488 ; ☎6337 1886 ; www.raffleshotel.com ; 1 Beach Rd ; ste à partir de 1 400 $S ; ; Ⓜ City Hall). En matière de luxe colonial, difficile de trouver mieux que cet emblématique hôtel de 125 ans. Chambres dotées de salons spacieux, de vérandas, de ventilateurs tournoyant doucement au plafond, sans oublier le Singapore Sling offert par le Long Bar. La grande piscine sur le toit, les vastes jardins et les bars historiques offrent un cadre idéal pour se détendre. Code vestimentaire oblige, oubliez chemisettes, sandales et autres tenues négligées.

RÉSERVATIONS À LA VOLÉE

Si vous n'avez pas réservé votre hôtel, la très efficace **Singapore Hotel Association** (www.stayinsingapore.com.sg) dispose de guichets aux terminaux 1, 2 et 3 de l'aéroport de Changi. Elle recense des dizaines d'hôtels à partir de 33 $S la nuit. Ce service est gratuit et propose les offres promotionnelles et réductions disponibles. Possibilité de réserver un hôtel via son site Internet.

Naumi HÔTEL DE CHARME $$$
(Carte p. 488 ; ☎6403 6000 ; www.naumihotel.com ; 41 Seah Street ; 340-400 $S ; ; Ⓜ Esplanade, City Hall). Le Naumi compense sa façade froide de verre et d'acier par quantité de soie, de cuir et d'oreillers douillets. Vue époustouflante sur le Raffles depuis la piscine à débordement sur le toit.

Fullerton Hotel HÔTEL $$$
(Carte p. 488 ; ☎6733 8388 ; www.fullertonhotel.com ; 1 Fullerton Sq ; ch petit-déj inclus à partir de 515 $S ; ; Ⓜ Raffles Place). Le luxuriant Fullerton, autrefois occupé par une magnifique poste centrale de style palladien, offre des chambres élégantes et classiques, avec tons feutrés et vue sur l'atrium intérieur, le front de mer et l'horizon urbain. Piscine de 25 m, avec vue sur le fleuve et la ville. À proximité, le **Fullerton Bay Hotel** (carte p. 488 ; ☎6333 8388 ; www.fullertonbayhotel.com ; 80 Collyer Quay ; Ⓜ Raffles Place), sous la même enseigne, loue des chambres tape-à-l'œil donnant sur la baie à des tarifs équivalents.

Ritz-Carlton Millenia Singapore HÔTEL $$$
(Carte p. 488 ; ☎6337 8888 ; www.ritzcarlton.com/singapore ; 7 Raffles Ave ; ch à partir de 912 $S ; ; Ⓜ Promenade). Peu d'hôtels peuvent se targuer de posséder une collection d'art comprenant des œuvres de Warhol, Chihuly ou Hockney. Cela dit, peu d'hôtels sont aussi sophistiqués. Profitez des lits et des oreillers de plume confortables, et de sdb en marbre avec vue sur la ville. Service frisant la perfection et visite audioguidée de la formidable collection d'art de la maison. Réductions sur le site Internet pouvant aller jusqu'à 50%.

Fort Canning Hotel HÔTEL DE CHARME $$$
(Carte p. 488 ; ☎6559 6770 ; www.hfcsingapore.com ; 11 Canning Walk ; s/d petit-déj inclus à partir de 350/375 $S ; ; Ⓜ Dhoby Ghaut). Splendide complexe colonial réaménagé, au sommet du Fort Canning Park. Les chambres sont l'incarnation de l'élégance moderne, quoique les sdb ouvertes de certaines supposent une certaine intimité avec son camarade de chambrée. Chambres "deluxe" avec jardin et petite terrasse douillette. Boissons offertes entre 18h et 20h.

Gallery Hotel HÔTEL DE CHARME $$$
(Carte p. 488 ; ☎6849 8686 ; www.galleryhotel.com.sg ; 1 Nanson Rd ; d petit-déj inclus à partir de 320 $S ; ; Ⓜ Clarke Quay). Un authentique hôtel de charme. Certes, il faut changer d'ascenseur au 4e étage pour accéder aux chambres, mais les promotions en ligne vous feront profiter d'un hébergement haut de gamme à des prix de catégorie moyenne. Façade grise parsemée de jardinières aux couleurs primaires ; mobilier rétro, poutres en acier et murs de sdb en verre dépoli dans les chambres. Accès Internet gratuit et piscine sur le toit.

Five Stones Hostel AUBERGE DE JEUNESSE $
(Carte p. 488 ; ☎6535 5607 ; www.fivestoneshostel.com ; 61 South Bridge Rd ; dort petit-déj inclus 30-37 $S, ch petit-déj inclus 105-110 $; ; Ⓜ Clarke Quay). Dans cette auberge de jeunesse vieille école et enjouée, les peintures murales stylées se nourrissent de références culturelles locales. Parmi les bons points : confortables matelas dans les dortoirs et les chambres, sdb moderne, petit-déjeuner et Wi-Fi gratuits, et un emplacement enviable à proximité, à pied, des quais, de Chinatown, du CBD et du Colonial District.

Marina Bay Sands HÔTEL $$$
(☎6688 8897 ; www.marinabaysands.com ; 10 Bayfront Avenue ; ch 525 $S ; ; Ⓜ Bayfront). Composante d'un ambitieux complexe, le Marina est réputé pour sa piscine à débordement qui couvre les toits des trois hôtels. Chambres spacieuses, modernes et confortables, mais impersonnelles. Parfait pour les amateurs de casino et de galeries commerçantes. Consultez le site Internet pour profiter des meilleures offres. À l'est du CBD, face à Marina Bay.

Robertson Quay Hotel HÔTEL $$
(Carte p. 488 ; ☎6735 3333 ; www.robertsonquayhotel.com.sg ; 15 Merbau Rd ; ch 200 $S ; ; Ⓜ Fort Canning). Sans doute le meilleur rapport qualité/prix le long de la rivière. Cette tour circulaire loue des chambres propres mais sans surprise côté

déco. Sur le toit, la petite piscine est bordée de quelques palmiers. Fréquentes promotions (jusqu'à 35%) sur Internet.

Ibis Singapore on Bencoolen HÔTEL $$
(Carte p. 496 ; ☎6593 2888 ; www.ibishotel.com ; 170 Bencoolen St ; ch à partir de 200 $S ; ❄@📶 ; ⓂBugis). Les chambres nettes, aux couleurs sobres, sont équipées de TV LCD, de lits confortables et jouissent d'une belle vue sur la ville.

CHINATOWN

♥ **Wangz** HÔTEL DE CHARME $$$
(☎6595 1388 ; www.wangzhotel.com ; 231 Outram Rd ; ch 228-408 $S ; ❄@📶 ; ⓂOutram Park). Nouvel et voluptueux hôtel de charme, à l'ouest de Chinatown. Les 41 chambres, élégantes et modernes, sont agrémentées d'art contemporain singapourien, de lits incroyablement confortables, de docks iPod et de sdb impeccables. Autres plus : salle de sport et bar sur le toit servant des cocktails bien dosés.

♥ **Klapsons** HÔTEL DESIGN $$$
(Carte p. 492 ; ☎6521 9000 ; www.klapsons.com ; 15 Hoe Chiang Rd ; ch à partir de 290 $S ; ❄@📶 ; ⓂTanjong Pagar). Cette nouvelle adresse offre un luxe d'inspiration moderniste et de fabuleuses touches design (la réception est logée dans une sphère en acier suspendue au-dessus d'un bassin). Chambres magnifiquement décorées et personnalisées, avec couette en duvet d'oie, douche spectaculaire et machine à café. Bon point pour un hôtel haut de gamme : minibar et Wi-Fi gratuits.

New Majestic Hotel HÔTEL DE CHARME $$$
(Carte p. 492 ; ☎6347 1927 ; www.newmajestichotel.com ; 31-37 Bukit Pasoh Rd ; ch petit-déj inclus à partir de 468 $S ; ❄@📶🏊 ; ⓂOutram Park). Malgré la multiplication des hôtels de charme à Chinatown, le New Majestic continue d'impressionner. Mobilier rétro et design caractérisent les 30 chambres – parmi les meilleures options, citons la suite avec jardin privatif, les chambres sous les toits avec lits surélevés et hauts plafonds (6 m), sans oublier la fabuleuse chambre aquarium avec baignoire en verre. Grâce aux remises, le tarif peut descendre à 315 $.

Club HÔTEL DESIGN $$$
(Carte p. 492 ; ☎6808 2188 ; www.theclub.com.sg ; 28 Ann Siang Rd ; ch à partir de 276 $S ; ❄@📶 ; ⓂOutram Park). Derrière sa façade coloniale impeccable, le Club privilégie finesse et lumière avec 28 chambres noir et blanc spacieuses et minimalistes, parsemées d'éclairages d'ambiance colorés. Le bar Ying Yang sur le toit et le B28, un bar à whisky design, sont parfaits pour tuer le temps, quoique la majorité des clients semble privilégier le Terrazza voisin.

Scarlet HÔTEL DE CHARME $$$
(Carte p. 492 ; ☎6511 3333 ; www.thescarlethotel.com ; 33 Erskine Rd ; ch à partir de 374 $S ; ❄@📶 ; ⓂOutram Park). Malgré la promotion aguicheuse, les chambres du Scarlet sont plutôt chaleureuses, avec mobilier en bois apaisant, rideaux épais et œuvres d'art de bon goût. Si nombre d'entre elles sont aveugles, l'ambiance bénéficie heureusement d'une décoration pimpante. Wi-Fi dans le hall et certaines chambres. Remises de 30% courantes.

Hotel 1929 HÔTEL DE CHARME $$$
(Carte p. 492 ; ☎6347 1929 ; www.hotel1929.com ; 50 Keong Saik Rd ; s/d petit-déj inclus à partir de 197/290 $S ; ❄@📶 ; ⓂOutram Park). Élégant, quoiqu'un degré en-deçà du New Majestic. Chambres petites mais bien optimisées, avec une décoration à base de mobilier rétro (copies de chaises de designers tels qu'Eames et Jacobson) et de mosaïques colorées. Les suites sur le toit ont une baignoire en terrasse. Les promotions permettent d'obtenir une chambre pour moins de 200 $B.

Wink Hostel AUBERGE DE JEUNESSE $
(Carte p. 492 ; ☎6222 2940 ; www.winkhostel.com ; 8 Mosque Street ; s/d capsule 50/90 $S ; ❄@📶 ; ⓂChinatown). Bénéficiant d'un emplacement central dans une *shophouse* restaurée de Chinatown, cette adresse prisée des voyageurs indépendants combine l'auberge de jeunesse et l'hôtel "capsule". Au lieu de lits superposés, les dortoirs comportent des cellules indépendantes insonorisées, équipées d'un matelas confortable, d'un éclairage d'ambiance coloré, d'un casier contigu et de suffisamment d'espace pour s'asseoir. Sdb collective avec douche cascade. La kitchenette, la buanderie et les coins salon donnent à l'ensemble un côté chaleureux.

Fernloft AUBERGE DE JEUNESSE $
(Carte p. 492 ; ☎6323 3221 ; www.fernloft.com ; 2e ét., 5 Banda St 02-92 ; dort 22 $S, ch à partir de 65 $S ; ❄@📶 ; ⓂChinatown). Au cœur d'un quartier résidentiel donnant sur le temple de la Relique de la dent du Bouddha, cette petite auberge, membre de l'excellente

BLOQUÉ À L'AÉROPORT ?

Si vous restez peu de temps à Singapour ou si votre correspondance est trop longue, optez pour l'**Ambassador Transit Hotel** (☎Terminal 1 6542 5538, Terminal 2 6542 8122, Terminal 3 6507 9788 ; www.airport-hotel.com.sg ; s/d 76,51/91,81 $S ;). Les prix indiqués sont pour les 6 premières heures, les suivantes étant facturées 16,48 $S chacune. Les chambres n'ont pas de fenêtre et il y en a des simples à petit prix (47,08 $S) avec sdb communes. Celui du terminal 1 dispose d'un sauna, d'une salle de gym et d'une piscine extérieure.

Le **Crowne Plaza Hotel** (☎6823 5300 ; www.cpchangiairport.com ; ch à partir de 250 $S ; @), au terminal 3, est la seule option haut de gamme de l'aéroport de Changi. Lignes épurées, tapis aux formes géométriques et panneaux de bois typiques des établissements destinés à la clientèle d'affaires.

chaîne Fernloft, compte seulement deux chambres individuelles, grandes et plaisantes. Dortoir propre et bien tenu, avec confortables lits en bois. Chambres aveugles mais charmante terrasse d'angle pour tuer le temps.

Pillows & Toast AUBERGE DE JEUNESSE $
(Carte p. 492 ; ☎6220 4653 ; 40 Mosque St ; dort petit-déj inclus 28-39 $S ; @ ; MChinatown). Auberge centrale très chaleureuse. Dortoirs propres et lumineux, équipés de confortables lits superposés en bois. Zones communes modestes mais bien entretenues.

LITTLE INDIA

♥ **Wanderlust** HÔTEL DESIGN $$
(Carte p. 496 ; ☎6396 3322 ; www.wanderlusthotel.com ; 2 Dickson Rd ; ch petit-déj inclus à partir de 232 $S ; @ ; MBugis). Authentique hôtel design, doté de chambres créatives et personnalisées – comme la "Pantone" monochrome, la très pop "Mono" ou les "Whimsical" en version "arbre" ou "espace". Autres bons points : l'excellent service, un petit restaurant français, et le Wi-Fi gratuit.

Albert Court Village Hotel HÔTEL $$
(Carte p. 496 ; ☎6339 3939 ; www.stayvillage.com ; 180 Albert St; ch à partir de 200 $S ; @ ; MLittle India). Splendide hôtel colonial, à quelques pas au sud de Little India : service de haut vol et chambres dotées de tous les équipements modernes, dont plusieurs avec ventil. ou clim. Grâce aux promotions (dont les meilleures sont en ligne), le tarif peut tomber à 150 $S.

Perak Hotel HÔTEL $$
(Carte p. 496 ; ☎6299 7733 ; www.peraklodge.net ; 12 Perak Rd ; ch petit-déj inclus 150-185 $S ; @ ; MLittle India). Dans une ruelle tranquille au cœur de Little India, cette adresse prisée de longue date associe une belle façade coloniale à un intérieur oriental apaisant, doté d'espaces de méditation. Chambres confortables et bien meublées ; personnel accueillant et serviable ; Wi-Fi gratuit.

hangout@mt.emily AUBERGE DE JEUNESSE $$
(Carte p. 500 ; ☎6438 5588 ; www.hangouthotels.com ; 10A Upper Wilkie Rd ; dort/d à partir de 40/115 $S ; @ ; MLittle India, Dhoby Ghaut). Perchée sur le verdoyant Mont Emily, cette auberge, parmi les plus chics de Singapour, relève davantage du paisible refuge que de l'adresse centrale. Décorés de fresques d'étudiants des Beaux-Arts, les pimpants dortoirs et chambres sont impeccables, tout comme les sdb. Jolie terrasse sur le toit, accès Internet gratuit et agréables coins salon. Réservez en ligne – c'est moins cher.

Hive AUBERGE DE JEUNESSE $
(Carte p. 496 ; ☎6341 5041 ; www.thehivebackpackers.com ; 269A Lavender St ; dort petit-déj inclus 22-24 $, s/d/tr petit-déj inclus à partir de 40/60/105 $; @ ; MBoon Keng). L'accueil et la propreté compensent largement l'emplacement assez peu pratique de cette auberge. Les dortoirs (dont un réservé aux femmes) sont aveugles mais confortables. Chambres lumineuses et colorées d'un excellent rapport qualité/prix. Agréable zone salon/salle à manger.

InnCrowd AUBERGE DE JEUNESSE $
(Carte p. 496 ; ☎6296 9169 ; www.the-inncrowd.com ; 73 Dunlop St ; dort/d/tr petit-déj inclus 20/59/79 $S ; @ ; MLittle India). L'ambiance est ici des plus conviviales (en particulier dans les parties communes), l'hébergement propre et le personnel très sympathique. Casiers et accès Internet gratuits, billets à prix réduits pour certains sites et bière pression Tiger bon marché.

Mayo Inn HÔTEL $$

(Carte p. 496 ; ☎6295 6631 ; www.mayoinn.com ; 9 Jln Besar ; ch à partir de 110 $S ; ❄@📶 ; ⓂBugis). Cette nouvelle adresse de catégorie moyenne, très propre, compte de belles chambres équipées de mobilier IKEA et de sdb nettes. Les plus coûteuses possèdent leur propre petite terrasse sur le toit.

Prince of Wales AUBERGE DE JEUNESSE $

(Carte p. 496 ; ☎6299 0130 ; www.pow.com.sg ; 101 Dunlop St ; dort/d 20/60 $S ; ❄@📶 ; ⓂLittle India). Ce pub-auberge de style australien, avec bar rock animé au rez-de-chaussée, propose dortoirs et chambres propres et colorées à l'étage. Malgré le bruit, cette adresse bien tenue et populaire garantit un séjour agréable. Petit-déjeuner gratuit avec café, fruits et pain grillé.

ORCHARD ROAD

Goodwood Park Hotel HÔTEL $$$

(Carte p. 500 ; ☎6737 7411 ; www.goodwoodparkhotel.com ; 22 Scotts Rd ; ch à partir de 328 $S ; ❄@📶🏊 ; ⓂOrchard). Ce vénérable établissement de 1900 allie classicisme et élégance. Chambres dotées de beaux clichés noir et blanc de Singapour, de mobilier somptueux – avec TV et minibar habilement dissimulés. Si l'accès aux deux piscines est appréciable, le Wi-Fi à 30$S l'est nettement moins.

Quincy HÔTEL DE CHARME $$$

(Carte p. 500 ; ☎6738 5888 ; www.quincy.com.sg ; 22 Mount Elizabeth ; s/d à partir de 295/355 $S ; ❄@📶🏊 ; ⓂOrchard). Chambres chics, spacieuses et ultramodernes dotées de grands lits doubles. Inclus dans le tarif : Wi-Fi, accès à la salle de sport et à la piscine vitrée sur le balcon, *happy hour* et, plutôt rare, trois repas quotidiens.

Elizabeth Hotel HÔTEL $$

(Carte p. 500 ; ☎6885 7888 ; www.theelizabeth.com.sg ; 24 Mt Elizabeth Rd ; ch à partir de 160 $S ; ❄@📶🏊 ; ⓂOrchard). Dans un coin tranquille en retrait d'Orchard Rd, l'Elizabeth a bien vieilli. Chambres chaleureuses et accueillantes avec mobilier en bois et lumières tamisées. Les clients pourront se régaler de pizzas cuites au feu de bois au Modesto, le restaurant de l'hôtel.

ÎLE DE SENTOSA

♥ **Capella Singapore** RESORT $$$

(Carte p. 519 ; ☎6591 5000 ; www.capellahotels.com/singapore ; 1 The Knolls ; d 700 $S ; ❄@📶🏊). Peut-être la meilleure adresse de Sentosa, voire de Singapour : majestueux bâtiments coloniaux chaulés, piscines et jardins somptueux, sans oublier les chambres, villas et autres manoirs magnifiquement meublés.

The Sentosa RESORT $$$

(Carte p. 519 ; ☎6275 0331 ; www.thesentosa.com ; 2 Bukit Manis Rd ; ch 285-525 $S sans petit-déj ; ❄@📶🏊). Ce superbe cinq-étoiles, le Sentosa Resort & Spa, perché sur une falaise, regorge de mobilier contemporain. Son restaurant, le Cliff (p. 538), est très romantique. En outre, le complexe abrite le seul spa dans un jardin de Singapour, le Spa Botanica (p. 523) et des paons se pavanent avec désinvolture sous les frangipaniers. Consultez le site Internet pour connaître les offres promotionnelles.

Siloso Beach Resort RESORT $$$

(Carte p. 519 ; ☎6722 3333 ; www.silosobeachresort.com ; 51 Imbiah Walk ; ch petit-déj inclus à partir de 230 $S, ste à partir de 450 $S, villa à partir de 1 000 $S ; ❄@📶🏊). Un sanctuaire respectueux de l'environnement ; sa piscine alimentée par une source dispose de son propre système de filtration, ses jardins sur les toits tempèrent le climat ambiant et quelques chambres sont construites autour d'arbres. Les chambres sont tellement confortables que vous n'aurez pas envie d'en sortir, mais les jardins paysagers, la piscine de 95 m et la plage de Siloso toute proche vous feront changer d'avis.

Où se restaurer

Singapour est un haut lieu de la gastronomie internationale. L'obsession de ses habitants pour toute denrée comestible frise la maniaquerie, chacun affirmant savoir mieux que quiconque où déguster le meilleur *nasi lemak*, riz au poulet ou *murtabak*. Si toute la gamme culinaire est couverte, de la cuisine française traditionnelle à la gastronomie australienne moderne, les spécialités locales restent chinoises, indiennes, malaises et peranakan (ingrédients chinois servis avec des sauces d'inspiration malaise). Partout, les palais exigeants des Singapouriens imposent des critères très élevés, des grandes tables étoilées jusqu'aux *hawker centres* et *food courts* bon marché, où l'on peut s'offrir un en-cas inoubliable pour quelque 3 $S. Risquez-vous donc à faire la queue, et découvrez les témoignages des habitants sur www.hungrygowhere.com, www.makansutra.com et www.ladyironchef.com.

COLONIAL DISTRICT

Jaan
FRANÇAIS **$$$**

(Carte p. 488 ; 9199 9008 ; www.jaan.com.sg ; 2 Stamford Rd, Swissôtel The Stamford ; 238 $S, avec vins 398 $S ; déj lun-sam, dîner tlj ; City Hall). Perché au 70e étage, ce restaurant élégant et intime est le terrain de jeu du jeune chef Julien Royer et de ses éblouissantes créations françaises : langoustines accompagnées de *fregola sarda*, chanterelles grises, œuf bio fumé au romarin et truffe noire du Périgord. Le menu de 7 plats est une révélation. Réservation impérative – demandez une table donnant sur Marina Bay Sands pour profiter au mieux du son et lumière quotidien.

Flutes at the Fort
INTERNATIONAL **$$$**

(Carte p. 488 ; 6338 8770 ; www.flutes.com.sg ; Fort Canning Park, entrée 23B Coleman St ; plat 38-48 $S ; déj et dîner lun-sam, 10h-17h dim ; City Hall). Logé dans un bungalow de 1908 à la lisière du Fort Canning Park, ce beau restaurant se distingue par son cadre luxuriant, son service de qualité et la créativité de sa cuisine australienne moderne. Si possible, optez pour le "Chef's Table menu" (108 $S) – pétoncles géants accompagnés de rouleaux de crevettes *kataifi*, pousses de céleri, biscuits salés au *nori* (algues) et vinaigrette au citron vert. Réservation impérative.

Chef Chan's Restaurant
CHINOIS **$$$**

(Carte p. 488 ; www.chefchanrestaurant.com.sg ; 93 Stamford Rd, 01-06 National Museum ; menu à partir de 38 $S ; déj et dîner ; Dhoby Ghaut). Lassé de cuisiner pour plus de 200 personnes, le chef a ouvert sous son nom ce minuscule établissement de 9 tables décoré de mobilier ancien. Un nouveau menu est proposé chaque jour, avec des plats aussi délicieux que des pétoncles poêlés à la mangue et au lait frais, ou encore du mérou à la vapeur accompagné de champignons noirs et de dattes chinoises.

My Humble House
CHINOIS **$$$**

(Carte p. 488 ; 6423 1881 ; www.myhumblehouse.com.sg ; 8 Raffles Ave, 02-27, Esplanade Mall ; menu déj/dîner 60-80 $S/100-120 $S ; ; City Hall). À voir le cadre baroque (conçu par l'artiste chinois Zhang Jin Jie) et les menus aux noms excentriques, on doute de l'humilité du lieu. Pour un plat audacieux tel que le homard de Boston au vin de riz de Shaoxing, coiffé de noix de pétoncles à la vapeur et d'œuf, réservez et mettez-vous sur votre trente et un. Menu végétarien disponible.

Saveur
FRANÇAIS **$$**

(Carte p. 488 ; www.saveur.sg ; 5 Purvis St ; plat 10-24 $S ; Esplanade). Certainement plus glamour qu'à son époque *kopitiam* (café chinois à l'ancienne), ce restaurant de Katong est resté fidèle à une cuisine virtuose et abordable d'inspiration française. Ouvrez-vous l'appétit avec des rillettes de canard sur pain beurré, puis dégustez des cheveux d'ange accompagnés de porc haché au xérès et de *sakura ebi* (crevettes cerises), ou encore un croustillant barramundi servi avec crabe, pommes de terre et haricots verts. Pas de réservation.

Raffles City
INTERNATIONAL **$$**

(Carte p. 488 ; www.rafflescity.com.sg ; 252 North Bridge Rd ; City Hall). Ce *mall* abrite plusieurs bonnes adresses, installées pour la plupart dans le sous-sol labyrinthique : burgers gastronomiques (quoique modestes) au **Hand Burger**, fines pizzas somptueusement garnies au **Skinny Pizza**, sublimes *xiao long bao* (raviolis chinois à la vapeur) au très prisé **Din Tai Fung**, ou encore bière et saucisses au **Brotzeit**.

Wah Lok
CHINOIS **$$$**

(Carte p. 488 ; 6311 8188 ; 2e ét., Carlton Hotel, 76 Bras Basah Rd ; plat à partir de 20 $S ; City Hall, Bras Basah). Prisée des familles, cette adresse historique sert un canard laqué et des *dim sum* remarquables. Gardez un petit espace pour le *char siew soh* (pâtisserie fourrée au rôti de porc), délicieusement feuilleté, et le savoureux tofu accompagné de brocolis.

Yet Con
CHINOIS **$**

(Carte p. 488 ; 25 Purvis St ; riz au poulet 5,50 $S ; 10h-22h ; City Hall). Ne cherchez pas le cadre design et le charme dans ce restaurant septuagénaire. Ici, la clientèle de cadres fidèles, d'habitués et de jeunes gastronomes vient déguster un *Hainanese chicken rice* imbattable. Ne vous laissez pas rebuter par la file – l'attente est généralement brève.

YY Kafei Dian
CHINOIS **$**

(Carte p. 488 ; 37 Beach Rd ; repas à partir de 3 $S ; 7h30-22h30 ; Esplanade). Évoquant un restaurant à l'ancienne de Hainan, avec ventilateurs au plafond, sol en linoléum, tables rondes à plateau de marbre et chaises en bois, ce pilier local assure un service en continu. Attaquez la journée avec de moelleux beignets de *kaya* (confiture de noix de coco), des œufs à la coque (avec force condiments) et un épais *kopi* (café) sucré.

Kopitiam COFFEE SHOP **$**
(Carte p. 488 ; www.kopitiam.biz ; angle Bras Basah Rd et Bencoolen St ; ⌚24h/24 ; Ⓜ City Hall, Bras Basah). Idéal pour un dîner tardif, cette adresse de la chaîne Kopitiam est aussi animée qu'éclairée. Préférez la terrasse pour une ambiance plus tamisée. Cuisine savoureuse et abordable (6 $S maximum par repas).

LES QUAIS

♥ **Jumbo Seafood** FRUITS DE MER **$$$**
(Carte p. 488 ; ☎6532 3435 ; www.jumboseafood.com.sg ; 30 Merchant Rd, au 01-01/02 Riverside Point ; plats à partir de 8 $S, crabe au piment environ 48 $S/kg ; Ⓜ Clarke Quay). Si vous rêvez de crabe au piment, n'allez pas plus loin. La sauce est délicieusement sucrée et parfumée à la noisette, avec ce qu'il faut de piment. À accompagner de beignets de *man-tou* frits. De tous les excellents Jumbo, celui-ci est le mieux situé en bord de fleuve. Un kilo de crabe suffit pour deux.

Coriander Leaf FUSION **$$$**
(Carte p. 488 ; ☎6732 3354 ; www.corianderleaf.com ; River Valley Rd, 02-03, 3A Merchant Court ; plat 25-40 $S ; ⌚déj lun-ven, dîner lun-sam ; 🖉 ; Ⓜ Clarke Quay). Ce bistrot très prisé propose une belle cuisine fusion – tagliatelles aux lentilles avec sauce à la coriandre et piment, chips de pita et ratatouille d'aubergines, ou encore faux-filet de bœuf Angus avec riz au kimchi et aubergines asiatiques relevées.

MARINA BAY

♥ **Din Tai Fung** TAÏWANAIS **$**
(Carte p. 488 ; www.dintaifung.com.sg ; 2 Bayfront Ave, The Shoppes at Marina Bay Sands ; ⌚beignet à partir de 3,80 $S, raviolis chinois à partir de 6,80 $S ; Ⓜ Bayfront, Marina Bay). Même les plus grands noms de la cuisine, comme Anthony Bourdain, affirment que cette chaîne produit les meilleurs raviolis chinois du monde (certains arguant que seul l'établissement d'origine d'Orchard Rd mérite ce compliment). On n'oubliera pas les emblématiques *xiao long bao*, sublimes, la délicieuse soupe *wonton* au porc et aux crevettes, et l'excellent thé au jasmin.

DB Bistro Moderne FRANÇAIS, MÉDITERRANÉEN **$$$**
(Carte p. 488 ; ☎6688 8525 ; 2 Bayfront Ave, The Shoppes at Marina Bay Sands ; menu déj 2/3 plats 42/52 $S, plat dîner 22-46 $S ; Ⓜ Bayfront, Marina Bay). Bastion singapourien du chef français Daniel Boulud, cette adresse élégante et décontractée domine la scène gastronomique de Marina Bay Sands. Parmi les plats vedettes de la gamme roborative : succulent risotto de fruits de mer et somptueux burger DB fourré au foie gras. Choix de près de 30 vins au verre, certains provenant de petits vignobles. Réservez pour dîner du jeudi au samedi.

Pizzeria Mozza ITALIEN **$$$**
(Carte p. 488 ; www.pizzeriamozza.com ; 2 Bayfront Ave, The Shoppes at Marina Bay Sands ; pizza 18-37 $S, plat 25-36 $S ; Ⓜ Bayfront, Marina Bay). Copropriété du grand chef new-yorkais Mario Batali, cet établissement italien est l'un des rares restaurants abordables de Marina Bay Sands. Si les antipasti et les plats de pâtes sont excellents, les pizzas cuites au feu de bois restent les vedettes incontestées du menu.

CHINATOWN ET LE CBD

♥ **Blue Ginger** PERANAKAN **$$**
(Carte p. 492 ; ☎6222 3928 ; www.theblueginger.com ; 97 Tanjong Pagar Rd ; plat 10-30 $S ; Ⓜ Tanjong Pagar). Adresse bien établie, réputée pour sa splendide cuisine peranakan, mélange unique d'influences chinoises et malaises. Appréciez les riches saveurs amères et relevées de l'*ayam panggang* (poulet rôti au lait de coco et épices), la spécialité. Citons encore la *bakwan kepiting* (soupe de boulettes de porc haché et de crabe) et le *sambal terong goreng* (aubergine frite relevée). Réservation recommandée.

♥ **Maxwell Rd Hawker Centre** HAWKER **$**
(Carte p. 492 ; angle Maxwell Rd et South Bridge Rd ; ⌚horaires variables ; 🖉 ; Ⓜ Chinatown). Ce *hawker centre*, l'un des plus accessibles de Chinatown, permet de savourer des classiques de la restauration de rue locale dans une ambiance conviviale. Si certains stands peinent à fidéliser les très exigeants Singapouriens, le **Tian Tian Hainanese Chicken Rice** (stand 10 ; riz au poulet 3 $S ; ⌚11h-20h mar-dim), le **Maxwell Fuzhou Oyster Cake** (stand 5 ; cake aux huîtres 1,50 $S ; ⌚9h30-20h30 lun-sam) et le **Fried Sweet Potato Dumpling** (stand 76 ; en-cas à partir de 0,50 $S ; ⌚13h-20h mer-lun) font figure de piliers.

Esquina TAPAS **$$**
(Carte p. 492 ; www.esquina.com.sg ; 16 Jiak Chuan Rd ; plats 12-24,50 $S ; ⌚déj lun-ven, dîner lun-sam ; Ⓜ Outram Park). Copropriété du chef britannique étoilé Jason Atherton, l'Esquina ravit les palais avec ses délicatesses espagnoles

VAUT LE DÉTOUR

CES *HAWKER CENTRES* MÉCONNUS

Riz au poulet et cake aux huîtres au Maxwell Rd Hawker Centre, *bee hoon* au Chinatown Complex, *murtabak* au Tekka Centre. Maintenant que vous avez fait le tour des principaux *hawker centres* de Singapour, découvrez ces lieux méconnus où les vrais fondus de restauration de rue croisent les baguettes.

Chomp Chomp Food Centre (20 Kensington Park Rd ; horaires variables ; 73, Toa Payoh). Malgré son statut de meilleur *hawker centre* de Singapour (selon certains), cette option nocturne de Serangoon Gardens dégage un parfum décontracté et convivial. Tout en écoutant les jeunes Singapouriens papoter autour d'énormes carafes de jus de canne à sucre, dégustez la tendre raie au barbecue du **Chomp Chomp Hai Wei Yuan Seafood BBQ** (stand 1 ; raie à partir de 10 $S ; 17h-minuit mar-dim), servie avec du *cincalok*, un condiment à la mode de Melaka à base de crevettes ou de krill fermentés, plus amer que la classique sauce au piment. Réservez-vous pour l'irrésistible gâteau aux carottes du **Carrot Cake Stall** (stand 36 ; gâteau à partir de 2 $S ; 17h30-minuit, fermé un mar sur deux) et les nouilles Hokkien aux crevettes du **Ah Hock Fried Hokkien Noodle** (stand 27 ; plats à partir de 3 $S ; 17h-23h).

Old Airport Rd Food Centre (carte p. 502 ; Block 51 Old Airport Rd ; 10h-tard ; Mountbatten). Si cette adresse est plus touristique que le Chomp Chomp, la nourriture y est tout aussi authentique. Le Hokkien *mee* (nouilles frites) du **Na Sing Hokkien Fried Mee** (stand 01-32 ; plats à partir de 3 $S ; 11h-19h) est un passage obligé, de même que la *rojak* (salade sucrée-salée à base d'ananas, de concombre, de *you tiao*, de navet, d'arachides broyées et de sauce rojak maison) du **Toa Payoh Rojak** (stand 01-108 ; plats à partir de 3 $S ; 12h-20h lun-sam) ou encore la bouillie de patates douces du **Lau Pa Sat Taiwan Porridge** (stand 01-167 ; plats à partir de 4 $S ; 16h30-23h30 mar-dim).

remises au goût du jour. Parcourez le set de table/menu pour découvrir quelques pépites – savoureux pétoncles au wasabi accompagnés de ceviche et d'une sauce aux radis, ou onctueux sandwichs au jambon ibérico et au foie gras, à consommer idéalement au comptoir en sirotant un xérès et en papotant avec les cuisiniers. Pas de réservation.

Chinatown Complex HAWKER **$**

(Carte p. 492 ; 11 New Bridge Rd ; horaires variables ; Chinatown). Parmi les piliers de ce *hawker centre* labyrinthique, citons le **Lian He Ben Ji Claypot** (stand 02-082 ; plats servis dans des pots en terre cuite à partir de 5 $S ; 16h-22h30 ven-mer) et le **Xiu Ji Ikan Bilis Yong Tau Foo** (stand 02-87/88 ; plats 2-4 $S ; 5h45-15h). Ce dernier est réputé pour ses *bee hoon* (vermicelles de riz), coiffés de *ikan bilis* (anchois frits) et accompagnés d'un bol de *yong taufoo* (consommé). En sus : croquettes de poisson et tofu maison.

Latteria Mozzarella Bar ITALIEN **$$**

(Carte p. 492 ; 6866 1988 ; www.latteriamb.com ; 40 Duxton Hill ; plat 25-35 $S ; Tanjong Pagar). Outre la formidable terrasse arborée, cet endroit vaut pour son onctueuse mozzarella expédiée d'Italie deux fois par semaine. *Burrata* (à la crème fraîche) ou *affumicata* (fumée), elle tient la vedette dans des classiques comme la *stracciatella* avec caponata d'aubergines et pignons de pin.

Cumi Bali INDONÉSIEN **$$**

(Carte p. 492 ; www.cumibali.com ; 66 Tanjong Pagar Rd ; plats 6,50-28 $; fermé dim ; Tanjong Pagar). Ce joyau méconnu combine cadre modeste et cuisine indonésienne savoureuse : délicat *nasi goreng* (préférez l'agneau au poulet), *sate madura* (saté de poulet à la japonaise) grillé à la perfection, ou l'emblématique *Cumi Bali*, calamar grillé enrobé dans une succulente pâte épicée.

Peach Garden CHINOIS **$$$**

(Carte p. 488 ; 6535 7833 ; www.peachgarden.com.sg ; niveau 33, OCBC Centre, 65 Chulia St ; menu à partir de 38 $S ; Raffles Place). Difficile de surpasser ce restaurant chinois en matière de vue. La cuisine et le service sont également impeccables. Réservez (bien à l'avance) une table près de la fenêtre pour déguster de superbes *dim sum*. La soupe de poulet aux bulots et à la vessie de poisson, et le ragoût de nouilles avec porc effilé, champignon noir et pâte de haricot, sont tout aussi succulents.

Ya Kun Kaya Toast COFFEE SHOP $
(Carte p. 492 ; www.yakun.com ; 01-01 Far East Sq, 18 China St ; menu tartines de kaya 4 $S ; 7h30-18h30 lun-ven, 8h30-17h sam-dim ; Chinatown, Raffles Place). Si cette chaîne compte nombre d'enseignes sur l'île, cet établissement avec terrasse est le plus charmant et le plus proche du premier point de vente de 1944. Idéal pour le petit-déjeuner, avec ses belles tartines de *kaya* accompagnées d'œufs au plat (à saupoudrer de poivre noir à la manière locale) et de café fort.

Ci Yan Organic Vegetarian Health Food VÉGÉTARIEN $
(Carte p. 492 ; 2 Smith St ; plat 5-8 $S ; 12h-22h ; ; Chinatown). Cette adresse accueillante sert des plats végétariens biologiques au cœur de Chinatown. À l'ardoise : bouchées au curry, roulés suisses au durian, et hamburgers au pain complet. Mention spéciale au menu de riz brun, accompagné d'un délicieux ragoût de légumes chinois.

Da Dong Restaurant CHINOIS $$
(Carte p. 492 ; 6221 3822 ; 39 Smith St ; yum cha 2,80-4,80 $S, plat à partir de 12 $S ; 11h-23h lun-ven, 9h-23h sam-dim ; Chinatown). Parmi les plus anciens restaurants de Chinatown (ouvert en 1928), le Da Dong propose encore aujourd'hui parmi les meilleurs *dim sum* en ville. Le service en revanche est un peu lent, mais avec des beignets au *char siew* (porc rôti sucré) aussi bons, peu importe.

Tong Heng BOULANGERIE $
(Carte p. 492 ; 285 South Bridge Rd ; en-cas à partir de 1 $S ; 9h-22h ; Chinatown). Ne manquez pas cette vénérable pâtisserie prisée pour ses fondantes tartelettes aux œufs. Réservez-vous pour le *char siew su* (porc au barbecue chinois), légèrement brûlé. Sans oublier les sublimes tartelettes à la noix de coco.

CÔTE EST

Maeda JAPONAIS $$$
(Carte p. 502 ; 6345 0745 ; 467 Joo Chiat Rd ; plats à partir de 10 $S ; dîner mar-dim ; 16). Les superlatifs manquent pour qualifier l'authentique cuisine d'Osaka de Maeda Hiroaki, le chef-propriétaire : sashimis frais parsemés de pétales de chrysanthème, ou rareté comme les intestins de calamar. Maeda gère le buffet à sushis et se fera un plaisir de boire le saké avec vous. En cas d'hésitation, optez pour le menu *omakase* (90-150 $S). Réservation conseillée.

Kim's Place Seafood FRUITS DE MER $$
(Carte p. 502 ; www.kims.com.sg ; 37 Joo Chiat Place ; plat 4-30 $S ; 11h-2h30 ; 16, 33, Eunos). Accordez-vous un festin dans cet établissement familial. À ne pas manquer : l'insensé crabe au poivre noir, fondant et sucré, servi dans un récipient en terre, le *Hokkien mee*, et la gelée à la citronnelle rafraîchissante servie avec un sorbet au citron. Choisissez le crabe sri-lankais, plus charnu que son homologue indonésien.

East Coast Seafood Centre FRUITS DE MER $$$
(Carte p. 502 ; 1202 East Coast Parkway ; plat 15-75 $S ; dîner ; 48, 196). Surplombant le détroit de Singapour, ce célèbre complexe spécialisé dans les fruits de mer abrite plusieurs restaurants, tous avec terrasse extérieure. Ne ratez pas le crabe au piment, le crabe au poivre noir et les crevettes à l'alcool. Le **Long Beach** (www.longbeachseafood.com.sg ; plats 26-80 $S ; déj et dîner) est la meilleure adresse.

Sik Wai Sin Eating House CHINOIS $$
(Carte p. 502 ; 287 Geylang Rd ; plat 17-25 $S ; déj et dîner tlj ; Kallang). Si Geylang est fameux pour ses savoureux stands de rue, cet établissement cantonais en est la preuve vivante. Parmi les plats cultes : tofu maison frit avec crevettes géantes dans une sauce à l'œuf, soupe aux herbes aromatiques préparée au cuit-vapeur double, côtes de porc à la courge amère, et tête de carpe à la vapeur dans une sauce aux haricots, la spécialité de la maison.

East Coast Lagoon Food Village HAWKER $
(Carte p. 502 ; 1220 East Coast Parkway ; plats à partir de 3 $S ; 8h-21h ; 48, 196). Rares sont les stands de restauration mieux situés. On vient ici pieds nus depuis la plage pour commander *satay*, fruits de mer ou les typiques *satay bee hoon* (vermicelles de riz) singapouriens chez Meng Kee, au stand 17. Il peut y avoir la queue. Bière et vin bon marché.

328 Katong Laksa PERANAKAN $
(Carte p. 502 ; 53 East Coast Rd ; laksa à partir de 4 $S ; 8h-22h ; 10, 14). Ici, les stands de *laksa* se disputent la palme de la qualité et de l'ancienneté. S'ils sont tous excellents, celui-ci est le plus prisé. Le plat éponyme consiste en un bol de fines nouilles de riz dans un léger bouillon au curry à base de lait de coco et de coriandre vietnamienne, avec crevettes et coques. À accompagner

d'un *otah-otah* (gâteau de maquereau épicé, grillé dans une feuille de bananier).

Guan Hoe Soon PERANAKAN $$

(Carte p. 502 ; 38 Joo Chiat Pl ; plat à partir de 12 $S ; 🚌16, 33, Ⓜ Eunos). Voici le plus ancien restaurant peranakan de Singapour (ouvert en 1953) et le préféré de Lee Kuan Yew (l'ex-Premier ministre). Pour autant, l'établissement ne trahit aucune suffisance et propose une cuisine nonya formidable. L'*ayam buah keluak* (poulet aux noix noires), spécialité peranakan, est divin.

Seng Kee Black Chicken Herbal Soup CHINOIS $

(Carte p. 502 ; 467 Changi Rd ; plats à partir de 6 $S ; 🕒17h-4h ; Ⓜ Kembangan). Chaudes nuits tropicales, foules bruyantes et savoureuse restauration sino-malaise ont rendez-vous dans cet établissement de rue à ciel ouvert, le meilleur de cette rue à l'est de Katong. Autour d'une table en plastique, dégustez un *rojak* juteux à la mode de Penang, un tofu maison avec du poulet émincé, du poulet à l'huile de sésame, la spécialité, ou encore la fameuse soupe aux herbes aromatiques et au poulet noir.

Djanoer Koening INDONÉSIEN $

(Carte p. 502 ; 191 Joo Chiat Rd ; plat 6-9,50 $S ; 🕒11h-21h30 ; 🚌16). Avec des marionnettes sur eau pour toute décoration, cet établissement modeste et décontracté sert une cuisine javanaise simple et inspirée : *bakso urat* (soupe indonésienne aux boulettes de bœuf, nouilles, épinards et tofu frit), merveilleusement parfumé, et fondant *bebek goreng/ bakar sambal dewa* (poulet frit/grillé au piment) au goût fumé. Service agréable et sans chichis.

Changi Village Hawker Centre HAWKER CENTRE $

(2 Changi Village Rd ; plats à partir de 3 $S ; 🕒10h30-23h30 ; 🚌2, Tanah Merah). Si plus d'un visiteur est déconcerté par la profusion de stands, sachez qu'on vient surtout ici pour le *nasi lemak*, un plat de riz cuit dans la noix de coco et coiffé de poulet ou de poisson frit, d'*ikan bilis* (anchois frits) et de *sambal*. Pour éviter de faire la queue au stand d'origine (01-57), rabattez-vous sur l'un de ses émules à côté.

Rochor Beancurd CONFISERIE $

(Carte p. 502 ; 745 Geylang Rd ; 🕒24h/24 ; Ⓜ Paya Lebar). Terminez par une note sucrée au Rochor Beancurd, une minuscule échoppe très réputée pour son tofu incroyablement frais et onctueux (optez pour la version chaude), à accompagner de bâtonnets de pâte. N'oublions pas les délicieuses tartelettes aux œufs.

Chin Mee Chin Confectionery PETIT-DÉJEUNER, BOULANGERIE $

(Carte p. 502 ; 204 East Coast Rd ; plats à partir de 4 $S ; 🕒8h-16h mar-dim ; 🚌10, 14, 16). Des tartines de *kaya* (confiture à base de noix de coco et d'œufs) comme chez grand-maman. Voyage en nostalgie pour nombre de vieux Singapouriens, les boulangeries à l'ancienne comme celle-ci, avec carrelage en mosaïque, chaises en bois et café fort, sont en voie de disparition. L'une des dernières adresses de Singapour qui confectionne sa propre *kaya* (sorte de confiture de noix de coco).

DEMPSEY ROAD ET HOLLAND VILLAGE

♥ **Au Jardin Les Amis** FRANÇAIS $$$

(☎6466 8812 ; www.lesamis.com.sg ; Cluny Rd, EJH Corner House, Singapore Botanic Gardens ; menu dîner à partir de 200 $S ; 🕒dîner tlj, déj ven, brunch 11h30-13h30 dim ; Ⓜ Botanic Gardens). Idéal pour un dîner romantique – bungalow colonial, jardins botaniques et cuisine française à se damner. Déjeuner le vendredi (2/3 plats 58/70 $S) et brunch le dimanche (88 $S). Réservation conseillée.

Halia FUSION $$$

(☎6476 6711 ; www.halia.com.sg ; Singapore Botanic Gardens, 1 Cluny Rd ; plats 40-86 $S ; 🖉 ; Ⓜ Botanic Gardens). Magnifiquement niché dans les jardins botaniques, au milieu des plants de gingembre, le Halia sert une cuisine fusion inspirée – foie gras poêlé et crème brûlée, figues caramélisées et vin de glace en gelée. Réservez en terrasse pour un parfait dîner romantique, ou savourez un délicieux déjeuner pour un prix abordable (menu 2/3 plats 28/32 $S), du lundi au vendredi.

Miao Yi Vegetarian Restaurant VÉGÉTARIEN $$

(☎6467 1331 ; 03-01/02, Coronation Shopping Plaza, 587 Bukit Timah Rd ; plats 5-15 $S ; 📶🖉 ; Ⓜ Botanic Gardens). Même les amateurs de viande se régaleront dans ce petit bijou méconnu, logé dans un *mall* de banlieue. Véritable hymne aux saveurs, des "crevettes" épicées à la texture fabuleuse (miettes de soja avec feuilles de basilic, piment et noix de cajou) au légendaire "cochon" de lait, servi dans une irrésistible sauce sucrée au soja. Réservation conseillée le week-end.

Da Paolo Pizza Bar ITALIEN **$$**

(www.dapaolo.com.sg ; 44 Jln Merah Saga ; pizzas 18-29 $S ; déj et dîner lun-ven, 9h-22h30 sam-dim ; ; Holland Village). Le troisième Da Paolo de la rue – après le restaurant voisin, raffiné, et le traiteur du n°43 – sert de succulentes pizzas à pâte fine, ainsi que salades, charcuterie et fromages. Carte des vins axée sur le Bel Paese. Choix de *piadinas*, œufs et pancakes au petit-déjeuner le week-end.

Jones the Grocer CAFÉ, ÉPICERIE FINE **$$**

(www.jonesthegrocer.com ; Dempsey Rd, Block 9 ; petit-déj 6,50-20 $S, plat 13,50-28 $; 9h-23h dim-jeu, 9h-minuit ven-sam ; ; 7, 75, 77, 106, 123, 174). Épicerie fine adorée des expatriés. Parcourez les rayons en quête de denrées délicates et de vins, faites le plein de fromages artisanaux, ou commandez un excellent café, un petit-déjeuner, une salade, un sandwich, des tapas, ou encore un burger bio au bœuf et au "Tarago River cheese", un fromage bleu australien. Le week-end, venez avant 9h30 pour éviter la queue.

Casa Verde INTERNATIONAL **$$**

(Carte p. 500 ; www.lesamis.com.sg ; Singapore Botanic Gardens, 1 Cluny Road ; déj 9-18 $S, plats dîner 25-30 $S, pizzas 21-25 $S ; 7h30-21h30 ; ; Botanic Gardens). Restaurant le plus accessible et familial des jardins botaniques. Bonne cuisine occidentale (pâtes, salades, sandwichs), savoureuses pizzas cuites au feu de bois et nombreux plats locaux. Fort heureusement, la salle à manger à ciel ouvert est équipée de ventilateurs.

Samy's Curry Restaurant INDIEN **$**

(www.samyscurry.com ; Civil Service Club, Block 25, Dempsey Rd ; plat 6-10 $S ; fermé mar ; ; 7, 77, 106, 123, 174). Depuis plus de 30 ans, les ventilateurs s'activent dans ce petit restaurant verdoyant aux allures coloniales. Si les persiennes en bois ont hélas disparu, la cuisine reste sublime et l'atmosphère des plus modestes. Ne manquez pas le curry de tête de poisson.

Daily Scoop GLACIER **$**

(www.thedailyscoop.com.sg ; 43 Jln Merah Saga ; glace à partir de 2 $S ; 11h-22h lun-jeu, 11h-22h30 ven-sam, 14h-22h dim ; Holland Village). Glaces maison et plus de 40 parfums inventifs – figue et miel au brandy, sablé à la fraise ou *martini* litchi (parfumé à la vodka !). Sans oublier les milk-shakes, gaufres et autres brownies.

Holland Village Market & Food Centre HAWKER **$**

(Lor Mambong ; plats à partir de 2 $S ; 10h-tard ; Holland Village). Malgré le panneau explicatif à l'extérieur, rares sont ceux qui dépassent les restaurants les plus coûteux de l'autre côté de la rue. Lancez-vous et testez quelques classiques de la restauration de rue, des fruits de mer au barbecue au *laksa* de Katong, en passant par les *kway teow* (nouilles de riz) frites.

KAMPONG GLAM

Warong Nasi Pariaman MALAIS, INDONÉSIEN **$**

(Carte p. 496 ; 6292 2374 ; 738 North Bridge Rd ; plats 2,60-4,60 $S ; 7h30-14h30 lun-sam ; Bugis). Fort de fidèles comme Mahathir Mohamad, ancien Premier ministre malaisien, ce stand élimé spécialisé dans le *nasi padang* est devenu mythique. Ne manquez pas le *belado* (maquereau frit dans une sauce longuement mitonnée à base de piments, d'oignons et de vinaigre), le délicat *beef rendang* (curry de bœuf séché) ou encore l'*ayam bakar* (maquereau grillé dans une sauce à la noix de coco). Venez avant 11h pour éviter la foule et sachez que pour 13h... il ne reste plus rien.

Nan Hwa Chong Fish-Head Steamboat Corner CHINOIS **$$**

(Carte p. 496 ; 812-816 North Bridge Rd ; fish-head steamboat à partir de 18 $S ; 16h30-0h30 ; Lavender). Si vous devez goûter le "fish-head steamboat" une fois dans votre vie, faites en sorte que ce soit dans ce mythique établissement de style *hawker*. La tête de poisson, servie au cœur d'un bouillon fumant dans un grand récipient de forme conique, est partagée par l'ensemble des convives autour de la table. Une seule suffit pour trois à quatre personnes, à accompagner éventuellement de riz et de petits plats. Quatre types de poisson au choix – optez pour le vivaneau rouge, plus charnu (20 $S).

Zam Zam MALAIS **$**

(Carte p. 496 ; 699 North Bridge Rd ; plats 5-8 $S ; 8h-23h ; Bugis). Citez le Zam Zam à tout gourmet singapourien averti et voyez son regard s'allumer : depuis 1908, cette adresse sommaire sert un incroyable *murtabak* (un savoureux pain plat à pâte feuilletée, fourré au mouton, au bœuf, au poulet ou au chevreuil), doré et croustillant sans être gras. Portions gargantuesques : une pour deux suffira si vous n'êtes pas affamé.

Kilo FUSION $$$

(☎6467 3987 ; www.kilokitchen.com ; 66 Kampong Bugis ; plats 21-38 $S ; ⊙dîner lun-sam ; Ⓜ Lavender). Les gourmets connaissent parfaitement l'adresse de cet établissement très discret – au deuxième étage d'un bâtiment industriel en bord de fleuve. Dégageant une atmosphère de "dinner club" simple et moderne, il est réputé pour ses brillantes créations italo-japonaises comme les *linguine à l'unagi et au teriyaki*. Simplifiez-vous la vie en prenant un taxi.

QS269 Food House HAWKER $

(Carte p. 496 ; Block 269b Queen St ; ⊙8h-17h sam-jeu ; Ⓜ Bugis). On trouve dans cette ruelle couverte d'époustouflants stands de restauration de rue. Transpirez au-dessus de la très prisée soupe de nouilles au curry et à la noix de coco d'**Ah Heng Curry Chicken Bee Hoon Mee** (plats à partir de 3,50 $S ; ⊙8h-17h sam-jeu) ou faites la queue pour déguster le succulent canard rôti du populaire **New Rong Liang Ge Cantonese Roast Duck Boiled Soup** (plats à partir de 3 $S ; ⊙9h-20h).

Café Le Caire MOYEN-ORIENT $$

(Carte p. 496 ; www.cafelecaire.com ; 33 Arab St ; plats 4-22 $S ; ⊙10h-3h30 ; ; Ⓜ Bugis). Rejoignez les fumeurs de narguilé et une clientèle enthousiaste autour de houmous crémeux, d'olives, de falafels, de pitas, de salades et de succulents kebabs, servis comme plat principal ou en-cas. Pour profiter au mieux de l'ambiance, venez le week-end.

LITTLE INDIA

Shish Mahal INDIEN $$

(Carte p. 496 ; www.shishmahal.com.sg ; 01-20, Albert Court Hotel & Mall, 180 Albert St ; plats 7-17,90 $S ; ⊙11h30-23h30 ; ; Ⓜ Little India). Bien que situé au sud de Little India, ce restaurant transmet les saveurs d'Inde du nord et du Népal comme peu d'autres. Du délicat *momo* (raviolis à la coriandre fourrés au poulet ou aux légumes) au poulet *mahal ka makhanwala*, légèrement fumé et saupoudré de cardamome, les plats sont recherchés sans être prétentieux.

Tekka Centre HAWKER $

(Carte p. 496 ; angle Serangoon Rd et Buffalo Rd ; plats 3-5 $S ; ⊙7h-23h ; ; Ⓜ Little India). Faites la queue pour déguster un *biryani*, un curry de mouton, des *roti prata* ou siroter un *teh tarik* (thé) dans le plus fameux *hawker centre* de Little India. Les gourmets affluent au légendaire **Ah-Rahman Royal Prata** (carte p. 496 ; stand 01-248 ; murtabak 4-5 $S ; ⊙7h-22h), dont l'incroyable *murtabak* a gagné les faveurs du président de Singapour. En cas d'hésitation, optez pour le poulet *murtabak* au fromage.

Bismillah Biryani INDIEN $

(Carte p. 496 ; 50 Dunlop St ; kebab à partir de 4 $S, biryani à partir de 6 $S ; ⊙12h-20h ; Ⓜ Little India). Le meilleur *biryani* de Singapour. La version au mouton a beau être la spécialité du lieu, elle s'incline devant le kebab au mouton, fondante révélation gustative. Ne tardez pas trop – les meilleurs plats ont souvent disparu avant 20h.

Sankranti INDIEN $

(Carte p. 496 ; 100 Sayed Alwi Rd ; plat à partir de 8 $S ; ⊙11h30-16h et 18h-minuit ; Ⓜ Little India). Spécialisés dans la cuisine de l'État d'Andhra Pradesh, au sud de l'Inde, cet ensemble de restaurants est probablement le meilleur du Mustafa Centre, le carrefour commercial de Little India ouvert 24h/24. La longue carte comprend aussi des plats du nord de l'Inde, ainsi qu'un appétissant choix de menus de *thalis*, avec en vedette le Sankranti Special, un festin de 10 plats.

Ananda Bhavan INDIEN, VÉGÉTARIEN $

(Carte p. 496 ; Block 663, 01-10 Buffalo Rd ; plats 3-5 $; ⊙6h30-22h30 ; ; Ⓜ Little India). Restaurant de chaîne très abordable, idéal pour les classiques du petit-déjeuner d'Inde méridionale comme l'*idly* et le *dosa* (écrit "thosai" dans le menu). Il sert également des *thalis* très abordables, dont certains sont servis dans des feuilles de bananier. Autres annexes au n°58 Serangoon Rd et au n°95 Syed Alwi Rd, à Little India, et au terminal 2 de l'aéroport de Changi.

Moghul Sweet Shop CONFISERIE $

(Carte p. 496 ; 48 Serangoon Rd ; bonbons à partir de 1 $S ; ⊙11h-23h ; Ⓜ Little India). En cas de fringale de sucreries indiennes, rendez-vous au minuscule Moghul : somptueux *gulab jamun* (boules de pâte frites gorgées de sirop), rares *rasmalai* (fromage *paneer* imbibé de crème grumeleuse à la cardamome) et *barfi* (biscuits à base de lait concentré sucré) à la pistache, au chocolat... ou à la carotte.

ORCHARD ROAD

Fouinez dans la majorité des galeries commerçantes d'Orchard Rd : vous y trouverez des *food courts* très abordables.

Iggy's INTERNATIONAL $$$

(Carte p. 500 ; ☎6732 2234 ; www.iggys.com.sg ; 581 Orchard Rd, niveau 3, Hilton Hotel ; déj 85 $S, dîner 195-275 $S ; ⊙déj lun-ven, dîner lun-sam ; ; Orchard). Ce restaurant, peut-être le meilleur de Singapour, est situé dans l'enceinte du Hilton après avoir longtemps résidé au Regent. Le cadre y est encore plus chic et la cuisine tout aussi incroyable : un menu dégustation gargantuesque (dîner de huit plats !) mêle influences japonaises et européennes. Carte des vins impressionnante et menu végétarien. Réservez.

Takashimaya Food Village FOOD COURT $

(Carte p. 500 ; B2, Takashimaya Department Store, Ngee Ann City, 391 Orchard Rd ; en-cas à partir de 1 $S ; ⊙10h-21h30 ; Orchard). Appétissant *food court* en sous-sol, composée d'un océan de stands élégants proposant des spécialités japonaises et coréennes notamment. Ne manquez pas le *soon kueh* – raviolis à la vapeur fourrés de pousses de bambou, de *bangkwang* (légume-racine), de champignons séchés, de carotte et de crevettes séchées – ou encore le bol de nouilles parfumé du stand Tsuru-koshi.

Food Republic FOOD COURT $

(Carte p. 500 ; niveau 4, Wisma Atria Shopping Centre, 435 Orchard Rd ; plats à partir de 3 $S ; ⊙8h-22h lun-jeu, 8h-23h ven-dim ; Orchard). S'il faut jouer des coudes pour décrocher une table aux heures de pointe, la liste de spécialités thaïlandaises, japonaises et indiennes en vaut la chandelle. Trouvez une place avant de rejoindre la longue file d'attente. Des vieilles dames poussent des chariots remplis de boissons et de *dim sum*, tandis que le stand Waan Waan Thai sert une excellente salade de mangue au piment.

Din Tai Fung TAÏWANAIS $

(Carte p. 500 ; www.dintaifung.com.sg ; B1-03/06, Paragon Shopping Centre, 290 Orchard Rd ; beignets à partir de 3,80 $S, raviolis à partir de 6,80 $S ; Orchard). L'un des trois Din Tai Fung d'Orchard Rd – les deux autres se trouvent dans les *malls* Wisma Atria et 313 Somerset. Réputé pour ses exquis *xiao long bao* (raviolis de porc à la vapeur),

Bombay Woodlands INDIEN, VÉGÉTARIEN $$

(Carte p. 500 ; B1-01/02, Tanglin Shopping Centre, 19 Tanglin Rd ; plats à partir de 9 $S ; ⊙10h-15h et 18h-22h lun-ven, 10h-22h sam-dim ; ; Orchard) Ce restaurant, l'un des derniers joyaux méconnus de la zone d'Orchard Road, se trouve au sous-sol du Tanglin Shopping Centre. Cuisine splendide (et abordable pour le quartier) – optez pour l'énorme déjeuner-buffet ou commandez des spécialités de l'Inde du Sud comme les *idly* (galettes de riz moelleuses) ou les *dosa* (fines crêpes à la farine de lentilles), à déguster avec un lassi (boisson au yaourt).

Wasabi Tei JAPONAIS $$

(Carte p. 500 ; 05-70 Far East Plaza, 14 Scotts Rd ; repas 10-30 $S ; ⊙fermé dim ; Orchard). Avec son comptoir en Formica et ses panneaux muraux très années 1970, ce minuscule restaurant de sushis a des allures de repaire secret. Prenez place au comptoir et admirez le chef chinois à l'œuvre, preuve qu'il est inutile d'être japonais pour préparer un bon poisson cru. Choisissez soigneusement : une fois passée, la commande est irréversible.

Killiney Kopitiam COFFEE SHOP $

(Carte p. 500 ; 67 Killiney Rd ; plat 4-6 $S ; ⊙6h-23h lun et mer-sam, 6h-21h mar et dim ; Somerset). Cet établissement à l'ancienne, avec carreaux blancs aux murs et lumières fluorescentes, est parfait pour un petit-déjeuner singapourien à base de pain grillé, œufs à la coque et café fort. Plus tard, dévorez un curry de poulet, un *laksa* accompagné de *nasi lemak* (riz à la noix de coco, anchois séchés et épices, enveloppé dans une feuille de bananier), et terminez par un dessert à la courge.

Nagomi JAPONAIS $$$

(Carte p. 500 ; ☎6732 4300 ; www.nagomirestaurant.com.sg ; 02-22 Cuppage Plaza, 5 Keok Rd ; repas 40-80 $S ; ⊙dîner lun-sam ; Somerset). Ce luxueux et élégant restaurant combine de sublimes sakés avec une cuisine japonaise incroyablement fraîche et délicate. Les ingrédients arrivent par avion du Japon quatre fois par semaine et les repas sont préparés à la mode *omakase* – les menus faisant place aux spécialités de saison du chef. Un voyage fabuleux.

Wild Honey CAFÉ $$

(Carte p. 500 ; www.wildhoney.com.sg ; Lvl 3, Scotts Sq, 6 Scotts Rd ; petit-déj 12-24 $S ; ⊙9h-21h ; ; Orchard). Installé dans le centre commercial branché de Scotts Square, ce café tendance sert en continu de succulents petits-déjeuners du monde entier : de la version californienne (avec tofu) à la variante tunisienne (relevée à la chakchouka). Par ailleurs : muffins et gâteaux frais, sandwichs gastronomiques et café aromatisé. Plus petit, l'établissement d'origine se trouve dans le centre commercial de Mandarin Gallery, non loin de là dans Orchard Rd.

SENTOSA

Cliff FRUITS DE MER **$$$**
(Carte p. 519 ; ☎6371 1425 ; www.thecliff.sg ; Sentosa Resort, 2 Bukit Manis Rd ; plats 56-125 $S ; ⊙dîner). Perché au-dessus de Palawan Beach, cet établissement chic sert une cuisine de la mer sublime sur fond de jazz, grillons et vent dans les feuilles. Attendez-vous à des mariages insolites : pétoncles aux pommes, tartare à la pastèque, et barramundi à l'effiloché de prosciutto mijoté à la sauce soja. En cas d'hésitation, optez pour le menu à 4 plats (130 $S).

Malaysian Food Street HAWKER **$**
(Carte p. 519 ; www.rwsentosa.com ; Resorts World ; plats à partir de 4 $S ; ⊙11h-22h). Malgré son décor de rue malaisienne factice, ce *hawker centre* couvert sert une cuisine authentique, préparée par certains des meilleurs vendeurs de Malaisie. Testez la cuisine du voisin septentrional de Singapour avec des spécialités comme le *char koay teow* (nouilles de riz plates sautées accompagnées de piment, bélachan, crevettes et coques) ou le *yong tau foo* (soupe au tofu frit, courge amère et légumes).

Coastes INTERNATIONAL **$$**
(Carte p. 519 ; www.coastes.com ; Siloso Beach ; sandwichs et burgers 16-20 $S ; ⊙10h-22h lun-jeu, 11h-1h ven-sam, 9h-22h dim). Dans le meilleur restaurant de Sentosa Beach, une clientèle décontractée déguste de formidables pizzas, pâtes et curries. Optez pour une table rustique sous la pergola, ou lovez-vous dans un transat.

Où prendre un verre

La scène nocturne singapourienne est un mélange détonnant de bars design sur les toits, de repaires à cocktails, de bars à vins europhiles, de microbrasseries et de cafés tendance. Parmi les hauts lieux de la nuit, citons Boat Quay, Clarke Quay, la très branchée Club St à Chinatown, les quartiers d'Ann Siang Hill et de Duxton Hill, Kampong Glam et ses parfums de narguilé, l'historique Emerald Hill Rd ou encore Dempsey Hill et Holland Village, deux repaires d'expatriés.

Malgré les tarifs généralement élevés (10-18 $S la bière), il est possible de prendre un verre sans se ruiner. Profitez des *happy hours* (entre 17h et 20h) et consommez à moitié prix. Le mercredi et le jeudi soir, certains bars proposent également des consommations bon marché (voire gratuites) aux femmes – une pratique courante à Singapour. En cas de budget vraiment serré – et si les tables en Formica et les néons ne vous rebutent pas – une bouteille de bière Tiger vous coûtera 6 $S dans un *hawker centre* ou un *coffee shop*.

Sauf indication contraire, les bars ouvrent de 17h à minuit du dimanche au jeudi, et jusqu'à 2h ou 3h le vendredi et le samedi.

COLONIAL DISTRICT

New Asia BAR
(Carte p. 488 ; Swissôtel The Stamford, 2 Stamford Rd ; ⊙15h-1h dim-mar, 15h-2h mer-jeu, 15h-3h ven-sam ; Ⓜ City Hall). Élégant bar-club perché au 71e étage avec vue époustouflante. Mettez-vous sur votre trente et un et arrivez de bonne heure pour profiter du coucher de soleil, puis de la piste de danse. Entrée à 25 $S les vendredis et samedis (boisson incluse) mais avec pareille vue, au diable l'avarice.

Loof BAR
(Carte p. 488 ; www.loof.com.sg ; 03-07 Odeon Towers Building, 331 North Bridge Rd ; Ⓜ City Hall). Le nom de ce bar sur le toit est la version *singlish* du mot "roof" ("toit" en anglais). Ici, on combine vue sur le quartier du City Hall, musique douce, en-cas asiatiques rétro et concoctions d'inspiration locale – Ho Chi Mint (jus de poire, vodka, menthe et concombre) ou Java Ginger Crush (bière de gingembre, gingembre frais et liqueur de gingembre de Canton).

Raffles Hotel BAR
(Carte p. 488 ; www.raffles.com ; 1 Beach Rd ; Ⓜ City Hall). Certes, c'est un cliché, mais rares sont ceux qui quittent Singapour sans avoir pris un verre au Raffles. Oubliez le **Long Bar** (⊙11h-12h30 dim-jeu, 11h-1h30 ven-sam) et son Singapore Sling hors de prix et détendez-vous dans le **Bar & Billiard Room** (☎6412 1816 ; ⊙11h-minuit mar-sam), nettement plus séduisant. À défaut, réhydratez-vous sous les palmiers du **Raffles Courtyard bar** (⊙11h-22h30).

Paulaner Bräuhaus BRASSERIE
(Carte p. 488 ; www.paulaner.com.sg ; 01-01 Times Square, Millenia Walk, 9 Raffles Blvd ; ⏲12h-1h dim-jeu, 12h-2h ven-sam ; Ⓜ City Hall, Promenade). Dans cette microbrasserie allemande étincelante de cuivres sur 3 niveaux, joignez-vous à la clientèle de type business pour une blonde ou une brune munichoise (300 ml, 500 ml ou 1 litre) accompagnée d'assiettes de saucisses et de fromages. Bières de saison : Salvator Beer, Mailbock Beer et Oktoberfest Beer.

LES QUAIS

Lantern Bar BAR
(Carte p. 488 ; ☎6597 5299 ; Fullerton Bay Hotel, 80 Collyer Quay ; ⏲8h-1h dim-jeu, 8h-2h ven-sam ; Ⓜ Raffles Place). Si ce bar situé au 5e étage est bas de plafond, il affiche bien d'autres qualités : scintillante piscine en mosaïque, frangipaniers, vue sur la ville, musique house servie par un DJ et cocktails bien dosés. Appelez trois jours à l'avance pour réserver un cabanon.

Brewerkz BRASSERIE
(Carte p. 488 ; www.brewerkz.com ; 01-05 Riverside Point Centre, 30 Merchant Rd ; ⏲12h-minuit dim-jeu, 12h-1h ven-sam ; Ⓜ Clarke Quay). Première microbrasserie de Singapour, le Brewerkz est aussi la plus grande et probablement la meilleure. Bières fabuleuses, de la très populaire India Pale Ale aux bières fruitées de saison, plus originales. Bon choix de cuisine roborative américaine. Plus tôt on arrive, moins les boissons sont chères.

Penny Black PUB
(Carte p. 488 ; www.pennyblack.com.sg ; 26/27 Boat Quay ; ⏲11h30-1h lun-jeu, 11h30-2h ven-sam, 11h30-minuit dim ; Ⓜ Raffles Place). Aménagé à la manière d'un pub victorien de Londres, le Penny Black peut se targuer d'être authentique : son intérieur fut construit dans la capitale anglaise avant d'être expédié à Singapour. Spécialisé dans les bières anglaises introuvables pour les nombreux expatriés britanniques qui travaillent dans le quartier. Bar à l'étage très accueillant.

Harry's BAR
(Carte p. 488 ; www.harrys.com.sg ; 28 Boat Quay ; ⏲11h30-1h dim-jeu, 11h30-2h ven-sam ; Ⓜ Raffles Place). Le tout premier et le meilleur des 31 établissements Harry's, ce classique bar citadin a compté parmi ses habitués Nick Leeson, le trader qui précipita la chute de la banque Barings. Relaxez-vous et profitez de l'*happy hour* (jusqu'à 20h), du concert éventuel et du billard gratuit.

Molly Malone's PUB IRLANDAIS
(Carte p. 488 ; www.molly-malone.com ; 56 Circular Rd ; ⏲11h-minuit lun et dim, 11h-2h mar-sam ; Ⓜ Raffles Place). Si les globe-trotteurs noctambules auront déjà vu cent fois ce faux intérieur irlandais et cet authentique menu à base d'*Irish stew* et de *fish and chips*, l'endroit reste douillet et accueillant. Juste derrière le Boat Quay, dans Circular Rd.

Brussels Sprouts Belgian Beer & Mussels BAR À BIÈRES
(Carte p. 488 ; www.brusselssprouts.com.sg ; 01-12 Robertson Quay, 80 Mohamed Sultan Rd ; ⏲17h-minuit lun-jeu, 17h-1h ven, 12h-1h sam, 12h-minuit dim ; Ⓜ Clarke Quay). Cet adorable restaurant/bar très prisé décline généreusement la thématique belge : moules, bières trappistes à foison et affiches de Tintin (même les Dupont et Dupond sont là !). Plus de cent bières au choix.

Next Page BAR
(Carte p. 488 ; ☎6235 6967 ; 17 Mohamed Sultan Rd ; ⏲15h-3h ; Ⓜ Fort Canning). Bar en bois sombre, lanternes vermillon, briques apparentes, alcôves, table de billard, Carlsberg à la pression... Asseyez-vous et écrivez la prochaine page de votre roman.

Cuba Libre BAR
(Carte p. 488 ; www.cubalibre.com.sg ; 3B River Valley Rd, Block B, 01-03 Clarke Quay ; ⏲18h-2h dim-jeu, 18h-3h ven-sam ; Ⓜ Clarke Quay). La musique cubaine live (mardi-dimanche) dégage une énergie irrésistible. Si la salsa vous laisse froid, sirotez une caïpirinha en regardant les étudiants se déhancher. Les amateurs de musique pop ne manqueront pas la soirée Top 40 du lundi soir.

CHINATOWN ET LE CBD

1 Altitude BAR
(Carte p. 492 ; www.1-altitude.com ; niveau 63, 1 Raffles Place ; entrée 25 $S (30 $S après 21h), 1 boisson incluse ; Ⓜ Raffles Place). Difficile de rêver mieux pour siroter un cocktail dans les nuages. Logé au 63e étage du 1 Raffles Place, ce bar conjugue joliment teintes feutrées, palmiers ondoyants et vue sur la scintillante Singapour. Habillez-vous correctement (ni short ni tongs).

Level 33 BRASSERIE
(www.level33.com.sg ; niveau 33, Marina Bay Financial Tower 1, 8 Marina Blvd ; ⏲12h-minuit dim-jeu, 12h-2h ven-sam ; Ⓜ Raffles Place). La "brasserie

LA CULTURE DU THÉ

Entrer dans une maison de thé de Chinatown est un agréable moyen de se relaxer et de découvrir la tradition chinoise du thé. Commencez par la **Yixing Yuan Teahouse** (carte p. 492 ; www.yixingxuan-teahouse.com ; 30/32 Tanjong Pagar Rd ; démonstration 45 min 20 $S ; ⏲10h-21h lun-sam, 10h-19h dim ; Ⓜ Tanjong Pagar), où l'ex-banquier Vincent Low vous expliquera la façon de déguster les différents types de thés. Une démonstration avec dégustation dure de 45 minutes à 2 heures (20-40 $S).

Dès que vous saurez reconnaître un thé vert d'un oolong, vous serez prêt pour le **Tea Chapter** (carte p. 492X ; www.tea-chapter.com.sg ; 9-11 Neil Rd ; thé à partir de 5 $S ; ⏲11h-22h30 dim-jeu, 11h-23h ven-sam ; Ⓜ Chinatown), où la reine élisabeth s'arrêta pour une tasse en 1989. Le serveur vous montrera comment utiliser la théière. Au rez-de-chaussée, vous pourrez acheter tous les articles pour le thé.

Si vous passez par Orchard Rd, faites un détour par le fournisseur de thé haut de gamme **TWG Tea** (carte p. 500 ; www.twgtea.com ; 02-20 ION Orchard, 2 Orchard Rd ; ⏲10h-22h ; Ⓜ Orchard), qui commercialise plus de 800 variétés du monde entier, dont le prestigieux Da Hong Pao de Fujian. Appréciez la saveur de quelques macarons au thé (les "bain de roses" sont divins). Vous trouverez d'autres succursales au Ngee Ann City's Takashimaya (p. 547) et aux Shoppes at Marina Bay Sands (p. 544).

artisanale de ville" la plus haute du monde sert des bières avec vue. Si la cuisine n'est pas tout à fait à la hauteur, les blondes, ales, porters et autres stouts descendent aussi facilement que le regard sur Marina Bay.

La Terrazza BAR
(Carte p. 492 ; ☎6221 1694 ; www.screeningroom.com.sg ; niveau 4, 12 Ann Siang Rd ; Ⓜ Chinatown). Bar aérien très prisé, partie intégrante du Screening Room (p. 492), avec vue superbe sur Chinatown et le CBD. Repérez un sofa confortable, puis donnez de la voix pour dominer les tubes des années 1980 et 1990. Pour réserver une table, téléphonez ou envoyez un e-mail 3 jours avant.

Tantric Bar GAY
(Carte p. 492 ; 78 Neil Rd ; ⏲20h-3h dim-ven, 20h-4h sam ; Ⓜ Outram Park, Chinatown). Avec sa cour bordée de palmiers, le Tantric est le bar gay le plus en vue de Singapour. Comble les vendredis et samedis soirs, notamment, il séduit habitants et expatriés qui flirtent sur fond de Lady Gaga et de pop coréenne. Les amateurs de martinis ne manqueront pas la soirée du mercredi (deux pour 20 $S).

Beaujolais Wine Bar BAR À VINS
(Carte p. 492 ; 1 Ann Siang Hill ; ⏲12h-1h ; Ⓜ Chinatown). Ce minuscule établissement tape-à-l'œil, perché au carrefour de deux rues à bars branchées, est parfait pour observer le mouvement. Mention spéciale au bar à l'étage ; venez de bonne heure pour avoir une table en terrasse et siroter un verre de vin à prix abordable.

Plain CAFÉ
(Carte p. 492 ; www.theplain.com.sg ; 50 Craig Rd ; ⏲7h30-19h30 ; Ⓜ Tanjong Pagar). Ce bar branché, qui combine intérieur épuré, magazines de design et table commune de style scandinave, a tout bon : café australo-génois, petits-déjeuners honorables servis en continu et tartes au citron/citron vert entre autres douceurs. Service amène et ambiance décontractée.

Backstage Bar GAY
(Carte p. 492 ; www.backstagebar.moonfruit.com ; 13A Trengganu St ; Ⓜ Chinatown). Si la majorité des Narcisses rejoignent le Tantric Bar ou le Taboo (p. 543), cet endroit est fréquenté par une clientèle plus humble. Trouvez une chaise sur le balcon pour papoter ou apprécier l'animation de Chinatown en dessous. Entrée par Temple St.

KAMPONG GLAM ET LITTLE INDIA

Maison Ikkoku CAFÉ, COCKTAILS
(Carte p. 496 ; www.maison-ikkoku.net ; 20 Kandahar St ; ⏲café 9h-21h lun-jeu, 9h-23h ven-sam, 9h-19h dim, bar 18h-tard lun-sam ; 📶 ; Ⓜ Bugis). Décorée de canapés Chesterfield et de commodes suspendues, la Maison Ikkoku ravira les fous de café avec ses méthodes de filtrage spécifiques comme le siphon ou l'infusion directe, sans oublier le bon vieil expresso. À grignoter : salades et gâteaux corrects, *musubi* (en-cas hawaïen de style sushi, coiffé de spam – jambon en boîte – assaisonné. Deux étages au-dessus, on trouve l'élégant bar à cocktails, avec terrasse à ciel ouvert.

Zsofi Tapas Bar BAR
(Carte p. 496 ; www.tapasbar.com.sg ; 68 Dunlop St ; Ⓜ Little India). Ici, c'est le toit qui vole la vedette – un espace formidable et de dimensions inhabituelles pour ce secteur de la ville, qui offre (presque) toujours une place assise. Vaste choix de cocktails et de boissons – assez chères : comptez 12 $S pour une bière – mais accompagnées de tapas.

Going Om CAFÉ, BAR
(Carte p. 496 ; www.going-om.com ; 63 Haji Lane ; fermé mar ; Ⓜ Bugis). Mi-café, mi-espace de détente. Au rez-de-chaussée : narguilés, cocktails, cafés, thés et "boissons chakra" de 7 couleurs (une par chakra). À l'étage : espace modulable dédié au yoga, à l'interprétation des cartes de tarot et à la méditation de groupe. Soirée magie le jeudi soir, et concerts les lundis, mercredis, jeudis et dimanches après 20h30.

ORCHARD ROAD

Que Pasa BAR À VINS
(Carte p. 500 ; 7 Emerald Hill Rd ; Ⓜ Somerset). Ce bar à vins évoque l'Espagne d'antan avec ses lampes en étain, ses éclairages en forme de piments au plafond et son quotidien *El País*. Carte des vins astucieuse – idéale pour accompagner des en-cas succulents comme le pain aux anchois. Emplacement tout aussi fabuleux, dans le beau quartier historique d'Emerald Hill Rd.

KPO BAR
(Carte p. 500 ; www.imaginings.com.sg ; 1 Killiney Rd ; 15h-1h lun-jeu, 15h-2h ven-sam ; Ⓜ Somerset). Timbres de collections, cocktails chics et Lamborghini rutilantes : bienvenue dans l'un des bars les plus atypiques de Singapour. Logée dans la demeure rénovée d'un ancien receveur des postes, cette adresse branchée est aussi réputée pour son pedigree philatélique que pour les engins de luxe de sa clientèle VIP.

Dubliners PUB IRLANDAIS
(Carte p. 500 ; www.dublinersingapore.com ; 165 Penang Rd ; 11h30-1h dim-jeu, 11h30-2h ven-sam ; Ⓜ Somerset). Les médiocres pubs irlandais peuplés de cadres bruyants sont légion à Singapour. Bonne nouvelle, cette merveille coloniale n'en fait pas partie ! Sirotez votre Guinness dans un cadre tamisé et douillet, ou profitez de la terrasse à ciel ouvert. Cuisine de pub (divers burgers, salades à la viande de canard, frites et en-cas à picorer avec les doigts) abordable et de qualité. Service excellent.

DEMPSEY ROAD ET HOLLAND VILLAGE

♥ **Da Paolo Bistro Bar** BAR, RESTAURANT
(www.dapaolo.com.sg ; 3 Rochester Park ; bar 17h30-23h30 lun-ven, 14h-23h30 sam-dim, restaurant déj et dîner tlj ; 74, 91, 92, 95, 191, 196, 198, 200, Ⓜ Buona Vista). Semblant tout droit sorti de *Vogue*, cet élégant joyau tropical réside dans une belle rue isolée, à 2 km au sud-ouest de Holland Village. Installez-vous dans le patio et testez les cocktails à base de thé, la spécialité du lieu – mention spéciale au Oo Lá Lá (gin, campari, vermouth et jus de citron parfumé à l'Oolong au ginseng). Profitez des en-cas italiens pour faire durer la soirée.

Tippling Club BAR À COCKTAILS
(www.tipplingclub.com ; 8D Dempsey Rd ; 18h-tard lun-ven, 12h-15h et 18h-tard sam ; 7, 77, 106, 123, 174). Au bord de la forêt, ce bar entraîne l'art du cocktail virtuose jusqu'à des altitudes insoupçonnées – "Wake Me Up, F*ck Me Up" (cognac VSOP, expresso et bitter), ou "Smoky Old Bastard" (whisky servi dans un tube de verre rempli de fumée à base de poudre d'orange, séché et parfumé au sirop d'érable et à la banane). Le cocktail n'est pas donné (à partir de 21 $S) mais mérite le détour.

RedDot Brewhouse BRASSERIE
(www.reddotbrewhouse.com.sg ; 25A Dempsey Rd ; 12h-minuit lun-jeu, 12h-2h ven-sam, 10h-minuit dim ; 7, 77, 106, 123, 174). Cette microbrasserie, nichée dans un coin tranquille de Dempsey Hill, est le paradis des amateurs de bière. Sept variétés à la pression, parmi lesquelles une Pilsner, dont l'étrange couleur verte provient de la spiruline utilisée au cours du brassage. Cuisine globalement médiocre : installez-vous en terrasse et concentrez-vous sur le divin houblon.

Wala Wala Café Bar BAR
(www.imaginings.com.sg ; 31 Lorong Mambong ; 16h-1h lun-jeu, 16h-2h ven, 15h-2h ven, 15h-1h dim ; Ⓜ Holland Village). Pilier local, ce vaste établissement bruyant et chaleureux est prisé d'une clientèle de jeunes expatriés pour son ambiance enjouée et ses concerts à l'étage. Au rez-de-chaussée, les retransmissions sur grand écran attirent les fans de foot. Bière à partir de 10 $S, un prix correct pour le quartier.

SENTOSA

Azzura Beach Club BAR

(Carte p. 519 ; ☎6270 8003 ; www.azzura.sg ; 46 Siloso Beach Walk ; ⏲10h-22h lun-jeu, 10h-2h ven-dim). Ici, une clientèle belle et bronzée vient grignoter un morceau, prendre un verre et flirter autour d'assiettes de dégustation et de cocktails. Jouez de vos atouts dans le lounge/club d'inspiration arabe ou profitez de la brise sous les palmiers.

Tanjong Beach Club BAR

(Carte p. 519 ; www.tanjongbeachclub.com ; Tanjong Beach ; ⏲11h-23h mar-jeu, 10h-23h ven-sam). Lassé de la mer ? Délassez-vous dans la piscine à débordement de cet élégant bar/restaurant de plage. Hormis le dimanche, l'endroit est très paisible.

Wave House BAR

(Carte p. 519 ; www.wavehousesentosa.com ; Siloso Beach ; ⏲10h-23h). Bar de plage prisé des surfeurs, avec une piscine ordinaire plus deux piscines à vagues payantes pour surfer.

CÔTE EST

1-TwentySix BAR

(Carte p. 502 ; www.1-twentysix.com ; 902 East Coast Parkway ; 📶 ; 🚌401). Palmiers, fontaines et cocktails au nom tel que "7 Desirable Sins" (7 péchés désirables) vous attendent dans ce bar chic en bord de plage. Sirotez un vin de la vieille Europe ou du Nouveau Monde en grignotant de sublimes (et coûteuses) douceurs comme des frites à l'huile de truffe. Pour économiser, attendez l'*happy hour* (17h-20h).

☆ Où sortir

Danse, théâtre, opéra chinois, concerts de rock, orchestres symphoniques, DJ de haut vol : les occasions de sortir à Singapour ne manquent pas. Si l'Esplanade-Theatres on the Bay est le cœur artistique de la ville, Marina Bay Sands accueille aussi de nombreuses comédies musicales de Broadway tandis que les clubs, qui ferment généralement à 3h et ne tolèrent aucune drogue, invitent régulièrement de grands DJ locaux et internationaux. Quant à la scène musicale singapourienne, modeste mais dynamique, elle contrebalance l'hégémonie des groupes de reprises.

La plupart des billets sont en vente via **Sistic** (☎6348 5555 ; www.sistic.com.sg). Consultez ces sites pour connaître les points de vente les plus proches. Le *Straits Times*, *I-S Magazine* et *Time Out* donnent les programmes de cinéma, de théâtre et des concerts. Pour la vie nocturne, procurez-vous les magazines gratuits *I-S Magazine* et *Juice* dans les cafés, les hôtels et les magasins de musique.

Opéra chinois

Chinese Theatre Circle OPÉRA CHINOIS

(Carte p. 492 ; ☎6323 4862 ; 5 Smith St ; Ⓜ Chinatown). Le vendredi et le samedi soir, à 20h, cette compagnie propose une brève introduction à l'opéra chinois (en anglais), avant de proposer l'extrait (45 min) d'un classique. L'entrée (20 $S) comprend un thé aux litchis et des gâteaux. Pour 35 $S, profitez dès 19h d'un repas chinois complet. Voir le Chinese Theatre Circle sur Facebook. Réservation recommandée.

Cinéma

Le cinéma à Singapour est aussi populaire qu'abordable (environ 10 $S). Les nombreux multiplexes se trouvent essentiellement en périphérie et dans les environs d'Orchard Rd. Tous les films sont sous-titrés, hormis les productions en anglais. Couvrez-vous – les cinémas singapouriens sont réputés pour leur fraîcheur.

Golden Village Gold Class CINÉMA

(www.gv.com.sg). Présents au **VivoCity** (carte p. 519 ; www.vivocity.com.sg ; 1 HarbourFront Walk ; Ⓜ HarbourFront), au **112 Katong** (carte p. 502 ; 112 East Coast Road ; 🚌10, 10E, 14, 14E, 16, 32, 40) et au **Great World City** (www.greatworldcity.com.sg ; 1 Kim Seng Promenade ; 🚌16, 32, 54, 139, 195, 75, 970, 🚌navette gratuite depuis la station MRT City Hall), ces cinémas très chics arborent moquettes épaisses et sièges inclinables, simples ou doubles, avec repose-pied, service à table et menu raisonnables. Les deuxième et quatrième mercredis soir du mois, le Golden Village du Great World City propose des films asiatiques indépendants sous la houlette du Sinema (www. sinema.sg).

Screening Room CINÉMA

(Carte p. 492 ; www.screeningroom.com.sg ; 12 Ann Siang Rd ; Ⓜ Chinatown). Achetez votre billet, commandez de quoi vous restaurer et appréciez votre film dans un confortable canapé. Ensuite, faites un tour au bar sur le toit pour admirer la vue sur Chinatown.

Rex Cinemas CINÉMA

(Carte p. 496 ; 2 Mackenzie Rd ; Ⓜ Little India). Où voir ces blockbusters made in Bollywood dont les affiches inondent Little India ?

Au Rex, bien sûr. Ce cinéma historique magnifiquement rénové diffuse des films indiens, la plupart sous-titrés en anglais, dans ses trois salles.

Clubs et discothèques

Dans la plupart des clubs et discothèques, l'entrée coûte entre 15 et 40 $S, donnant en général droit à au moins une consommation. Les femmes payent souvent moins cher (voire pas du tout).

Zouk DISCOTHÈQUE

(www.zoukclub.com ; 17 Jiak Kim St ; ⌚Zouk 22h-tard mer, ven et sam, Phuture et Velvet Underground 21h-tard mer, ven et sam, Wine Bar 18h-2h mar, 18h-3h mer-jeu, 18h-4h ven-sam). La meilleure discothèque de Singapour est réputée pour ses DJ, son énorme *dance floor* et ses cinq bars. Si les week-ends sont consacrés à la dance, au hip-hop et à l'électro, les mercredis font la part belle aux standards des années 1970, 1980 et 1990. À noter encore le Zouk Wine Bar, bar à vins en plein air, l'avant-gardiste Phuture et le Velvet Underground, avec des œuvres originales d'Andy Warhol et de Keith Haring. Prenez un taxi.

Home Club DISCOTHÈQUE

(Carte p. 488 ; www.homeclub.com.sg ; B1-1/06 The Riverwalk, 20 Upper Circular Rd ; ⌚19h-3h mar-ven, 19h-4h sam ; Ⓜ Clarke Quay). Prisé des amateurs de musique : soirées DJ bouillantes, avec house, électro, rétro, drum and bass et trance psychédélique. Également réputé pour ses bons concerts pop et rock, ainsi que pour sa soirée comédie du mardi.

Butter Factory DISCOTHÈQUE

(Carte p. 488 ; www.thebutterfactory.com ; 02-02 One Fullerton, 1 Fullerton Rd ; ⌚22h-4h mer, ven et sam ; Ⓜ Clarke Quay). Avec plus de 2 400 m² de surface, cette discothèque est aussi énorme que branchée. Ambiance “street art” sur les murs du Bump, la salle hip-hop et R&B, ou détente au bar Fash, avec une déco pop art qui évoque la BD underground.

Taboo GAY

(Carte p. 492 ; www.taboo.sg ; 65/67 Neil Rd ; ⌚20h-2h mer-jeu, 22h-3h ven, 22h-4h sam ; Ⓜ Outram Park, Chinatown). Après un verre au Tantric, traversez la rue pour gagner la piste du meilleur club gay de la ville. Clubbeurs dénudés, danseuses hétéros en goguette et soirées osées au programme.

St James Power Station DISCOTHÈQUE, MUSIQUE LIVE

(Carte p. 519 ; www.stjamespowerstation.com ; 3 Sentosa Gateway ; Ⓜ HarbourFront). Cette ancienne centrale électrique au charbon des années 1920 abrite plusieurs lieux contigus, dont le **Boiler Room** (carte p. 519 ; ⌚18h-3h lun-jeu, 18h-4h ven-sam), théâtre de concerts rock/pop, et le **Movida** (carte p. 519 ; ⌚20h-3h mar-jeu, 20h-5h ven-sam, 18h-3h dim), une boîte latino. L'entrée comprend l'accès à l'ensemble des salles (20 $S pour les hommes le vendredi et le samedi, gratuit pour les femmes tous les soirs). Entrée gratuite dans certains bars. “Ladies Night” le mercredi à partir de 23h (5 consommations offertes aux femmes).

Musique live

CLASSIQUE

Singapore Symphony Orchestra MUSIQUE CLASSIQUE

(Carte p. 488 ; ☎6348 5555 ; www.sso.org.sg ; Ⓜ Esplanade). La salle de concerts de 1 800 places ultramoderne de l'Esplanade-Theatres on the Bay accueille l'orchestre symphonique de Singapour, qui joue fréquemment chaque mois ; consultez le site Internet pour plus de détails, et réservez bien à l'avance. Les étudiants et les seniors (plus de 55 ans) bénéficient de réductions. Enfants de moins de 6 ans non admis.

Singapore Chinese Orchestra MUSIQUE CLASSIQUE

(Carte p. 492 ; ☎6557 4034 ; www.sco.com.sg ; Singapore Conference Hall, 7 Shenton Way ; Ⓜ Tanjong Pagar). Cet orchestre donne des concerts de musique classique chinoise toute l'année avec des instruments traditionnels comme le *liuqin*, le *ruan* et le *sanxian*. Représentations occasionnelles avec des musiciens japonais, malais et des jazzmans.

ROCK

Crazy Elephant MUSIQUE LIVE, BLUES

(Carte p. 488 ; www.crazyelephant.com ; 01-03/04, Clarke Quay ; Ⓜ Clarke Quay). Ce bar rock sommaire au parfum de houblon et aux murs couverts de graffitis a un look vintage. Ce temple de la musique live, l'un des plus anciens et réputés de la ville, pratique l'électro, le rock et le blues.

Prince of Wales MUSIQUE LIVE

(Carte p. 496 ; ☎6299 0130 ; www.pow.com.sg ; 101 Dunlop St ; Ⓜ Little India). Dans ce pub australien, côtoyez des buveurs de bière au look de surfeur en écoutant du rock acoustique, de la musique indé et du folk. Entrée gratuite et concerts à partir de 19h30 – consultez le site Internet pour plus de détails. Chambres petits budgets à l'étage.

Tab MUSIQUE LIVE

(Carte p. 500 ; www.tab.com.sg ; 442 Orchard Rd, 02-29 Orchard Hotel ; ⏲21h-5h dim-mar, 19h-5h mer-jeu, 19h-6h ven-sam ; Ⓜ Orchard). Rendez-vous avant 22h30 les mercredis, vendredis et samedis pour écouter des groupes locaux, qui cèdent ensuite la place à des groupes asiatiques, à des danseurs et à des DJ.

JAZZ ET BLUES

BluJaz Cafe PUB

(Carte p. 496 ; www.blujaz.net ; 11 Bali Ln ; ⏲12h-1h lun-jeu, 12h-2h ven, 16h-2h sam ; 📶 ; Ⓜ Bugis). Dans ce pub excentrique aux murs colorés, la clientèle profite de bières à petits prix (à partir de 6 $S), de concerts de jazz et de blues les vendredis et samedis (ainsi que le premier lundi du mois), et d'un bar original à l'étage. Meilleures places assises le long de la ruelle qui relie Bali Lane à Haji Lane.

Sports

Singapore Turf Club HIPPISME

(www.turfclub.com.sg ; 1 Turf Club Ave ; Ⓜ Kranji). Pendant les courses de chevaux, l'ambiance est survoltée. Les places vont de 3-4 $S pour la tribune à 15 $S pour celles de la Gold Card Room. Chemise à col et pantalon pour les hommes et chaussures fermées pour les femmes. Le gouvernement contrôle les paris ; consultez le site Internet pour les horaires des courses (généralement le vendredi soir et toute la journée le week-end). Le MRT s'arrête juste devant, à la station Kranji.

Théâtre et Danse

Singapore Repertory Theatre THÉÂTRE

(Carte p. 488 ; ☎6733 8166 ; www.srt.com.sg ; DBS Arts Centre, 20 Merbau Rd ; Ⓜ Clarke Quay). Ce mastodonte de la scène théâtrale singapourienne propose des œuvres de Shakespeare, des classiques du théâtre occidental moderne et des œuvres contemporaines de Singapour et du Pacifique. Parmi les derniers temps forts : le *Richard III* de Sam Mendes avec Kevin Spacey. Basé au DBS Arts Centre, le théâtre présente également des productions à l'Esplanade – Theatres on the Bay et au Fort Canning Park.

Singapore Dance Theatre DANSE

(Carte p. 488 ; ☎6338 0611 ; www.singaporedancetheatre.com ; 2e ét., Fort Canning Centre, Cox Tce ; Ⓜ Dhoby Ghaut). Cette compagnie singapourienne de classe mondiale présente des ballets traditionnels et des œuvres contemporaines. Le succès du "Ballet under the Stars", au Fort Canning Park, est mérité et les cours de ballet proposés régulièrement sont parfaits pour les futurs petits rats.

Achats

Si Bangkok et Hong Kong dominent sur le front des bonnes affaires, peu de villes offrent autant de choix que Singapour. **Orchard Rd** règne sur le shopping singapourien avec ses nombreux *malls* et chaînes, même s'il existe plusieurs autres grands carrefours commerçants. Pour les articles informatiques et électroniques, optez pour des *malls* spécialisés comme Funan DigitaLife Mall, Sim Lim Square ou Mustafa Centre. Pour les objets anciens, nous recommandons le Tanglin Shopping Centre (p. 547), **Dempsey Hill** et **Chinatown**. En matière de tissus et de vêtements, explorez **Little India** et **Kampong Glam**. Kampong Glam est aussi réputé pour ses parfumeries, ainsi que pour les innombrables boutiques de mode indépendantes et branchées de **Haji Lane**.

COLONIAL DISTRICT, LES QUAIS ET MARINA BAY

Funan DigitaLife Mall ÉLECTRONIQUE

(Carte p. 488 ; www.funan.com.sg ; 109 North Bridge Rd ; Ⓜ City Hall). Galerie de choix spécialisée dans le high tech pour ceux qui préfèrent débourser un peu plus pour des produits de marque et des garanties solides, plutôt que de braver les allées de Sim Lim Square. Le **Challenger Superstore** (www.challenger.com.sg ; ⏲10h-22h) est la meilleure adresse pour les articles informatiques. En matière d'appareils photo, rendez-vous au familial **John 3:16** (carte p. 488 ; ⏲12h30-21h30 lun-sam).

Shoppes at Marina Bay Sands CENTRE COMMERCIAL

(Carte p. 488 ; www.marinabaysands.com ; 10 Bayfront Ave ; Ⓜ Bayfront, Marina Bay, Promenade). Toutes les marques branchées figurent dans cet énorme *mall* clinquant, dont les emblématiques Prada et Miu Miu. Les "fashion victims" bien renseignées s'habillent au **Society of Black Sheep** (carte p. 488 ; www.societyofblacksheep.com), un magasin unisexe dont les marques audacieuses incluent Injury, l'enseigne d'inspiration cyber punk de Sydney, Yumumu, l'apôtre singapourien des motifs géométriques, ainsi que les bijoux de la créatrice locale Carrie K.

LE TOP DES CONSEILS SHOPPING

» Les prix sont généralement fixes, sauf sur les marchés et dans les zones touristiques ; ne négociez pas si vous n'avez aucune intention d'acheter.

» Faites le tour des boutiques lorsque vous achetez des produits électroniques, ordinateurs, tablettes et autres appareils photo. Cela vous évitera de payer trop cher.

» Surtout dans les petits magasins, assurez-vous que la garantie internationale est correctement remplie, avec notamment le nom du magasin et le numéro de série de l'article. Pour les antiquités, demandez un certificat, requis par de nombreux pays pour éviter les droits de douane.

» Si vous achetez un lecteur DVD ou Bluray, ou une console de jeux, vérifiez leur compatibilité avec les disques vendus dans votre pays. Pour les appareils électriques, vérifiez le voltage et la fréquence. Si vous le demandez, la plupart des magasins vous fourniront les prises adaptées aux normes de votre pays.

» Si la **Great Singapore Sale** (www.greatsingaporesale.com.sg), les soldes annuels, dure de la fin mai à la fin juillet, les meilleures affaires se font durant la première semaine.

» En cas d'escroquerie (ce qui est rare), contactez l'office du tourisme de Singapour (p. 541) ou le **Small Claims Tribunal** (☎6435 5994 ; www.smallclaims.gov.sg ; Subordinate Courts, 1 Havelock Sq ; ⏲8h30-18h lun-jeu, 8h30-17h30 ven, 8h30-13h sam ; Ⓜ Chinatown), le tribunal des petites réclamations.

À signaler encore : une patinoire (sans glace), des restaurants tenus par des grands chefs, et un magasin Louis Vuitton "flottant".

Peninsula Plaza CENTRE COMMERCIAL
(Carte p. 488 ; 111 North Bridge Rd ; Ⓜ City Hall). Si ce *mall*, qui soutient le Peninsula Excelsior Hotel, a connu des jours meilleurs, il reste l'un des meilleurs terrains de chasse pour les articles de sport et le matériel photo d'occasion. Les rois du déclic visiteront aussi le **Cathay Photo** (carte p. 488 ; www.cathayphoto.com.sg ; ⏲10h-19h lun-sam), le magasin photo le mieux fourni de Singapour (mais pas forcément le moins cher).

Raffles City CENTRE COMMERCIAL
(Carte p. 488 ; www.rafflescity.com.sg ; 252 North Bridge Rd ; Ⓜ City Hall). Ce *mall* animé, l'un des meilleurs de Singapour, comprend une succursale sur 3 niveaux de l'excellent grand magasin Robinsons, de grandes marques internationales – Topshop, agnès b ou Kate Spade – un bon choix de vêtements pour enfants et de jouets, la galerie Ode to Art, ainsi qu'une belle sélection de *food courts* et de restaurants.

Raffles Hotel Arcade CENTRE COMMERCIAL
(Carte p. 488 ; www.raffles.com ; 328 North Bridge Rd ; Ⓜ City Hall). Cet élégant *mall*, composante du complexe hôtelier, est résolument haut de gamme, avec ses collections et accessoires griffés, ses fabricants de montres, des galeries, ses caves à vin et autres endroits raffinés. Vous trouverez des marques et accessoires de créateurs locaux d'avant-garde au **Front Row** (www.frontrowsingapore.com ; ⏲12h-20h lun-sam, 12h-17h dim) et de l'art contemporain singapourien aux **Chan Hampe Galleries** (www.chanhampegalleries.com ; ⏲11h-19h).

Suntec City CENTRE COMMERCIAL
(Carte p. 488 ; www.sunteccity.com.sg ; 3 Temasek Blvd ; Ⓜ Promenade, Esplanade). Ce vaste *mall* offre plus de 60 restaurants, des cafés et plusieurs *food courts*. La très populaire Fountain of Wealth fut jadis élue "plus grande fontaine du monde" par le *Guinness Book of Records*. Guettez les régulières "foires" thématiques proposées par Suntec, pour profiter d'appareils-photos, de produits électroniques ou informatiques et d'autres articles à prix dégriffés.

MICA Building ART
(Carte p. 488 ; 140 Hill St). Ce bâtiment colonial aux volets arc-en-ciel héberge plusieurs galeries de qualité, dont l'**Art-2 Gallery** (carte p. 488 ; www.art2.com.sg ; ⏲11h-19h lun-sam), la **Cape of Good Hope Art Gallery** (carte p. 488 ; www.capeofgoodhope.com.sg) et la **Gajah Gallery** (carte p. 488 ; www.gajahgallery.com), qui présente l'avant-garde de la dynamique scène contemporaine asiatique.

À NE PAS MANQUER

HAJI LANE

Les amateurs de shopping en quête de marques originales se pressent dans Haji Lane, une rue de Kampong Glam aux couleurs pastel, jalonnée de boutiques branchées et atypiques. **Dulcetfig** (carte p. 496 ; www.dulcetfig.wordpress.com ; 41 Haji Lane ; 12h30-21h lun-jeu, 12h30-22h ven-sam, 13h-20h dim ; Bugis) affole les blogs de mode féminine avec ses fripes et accessoires tendance, de Singapour ou d'ailleurs, notamment des sacs à main et des bijoux rétro haut de gamme. À ne pas manquer, le minimaliste **K.I.N** (carte p. 496 ; 51 Haji Lane ; 13h-20h lun-sam, 15h-19h dim ; Bugis), où les chemises de style vintage de chez Gitman Bros et les sacs design de chez Makr côtoient les vêtements et chaussures de la boutique, très chic et BCBG.

CHINATOWN

Utterly Art ART
(Carte p. 492 ; www.utterlyart.com.sg ; niveau 3, 20B Mosque St ; 12h-20h lun-sam, 12h-17h30 dim ; Chinatown). Cette petite galerie accueillante, qui expose essentiellement de la peinture, mais aussi de la sculpture et de la céramique, est une excellente introduction à l'art contemporain singapourien. L'art philippin est également à l'honneur. Téléphonez ou consultez le site Internet pour découvrir le programme des expositions.

Far East Legend ANTIQUITÉS, ARTISANAT
(Carte p. 492 ; 233 South Bridge Rd ; 11h30-18h30 ; Chinatown). Tanière encombrée proposant un excellent choix de meubles, de lampes, de statues, d'artisanat et d'autres objets d'art provenant de toute l'Asie. Vous y trouverez de tout, de la délicate tabatière en porcelaine au buste en céramique de Mao. Le propriétaire est souvent disposé à discuter le prix.

Eu Yan Sang MÉDECINE CHINOISE
(Carte p. 492 ; www.euyansang.com ; 269 South Bridge Rd ; 8h30-19h lun-sam ; Chinatown). Vénérable marchand de médicaments et de tonifiants chinois. Consultez un phytothérapeute (à partir de 12 $S) ou procurez-vous des remèdes tels que l'instantané de nid d'oiseau (pour tonifier les poumons) ou les pilules de queue de cerf (pour revigorer les reins). La plupart sont accompagnés d'instructions en anglais.

Yue Hwa Chinese Products GRAND MAGASIN
(Carte p. 492 ; www.yuehwa.com.sg ; 70 Eu Tong Sen St ; Chinatown). Produits chinois sur 5 étages : théière en porcelaine, bijoux en jade, robes chinoises soyeuses et élégantes, poisson séché et herbes médicinales, champignons et épices.

LITTLE INDIA, BUGIS ET KAMPONG GLAM

Sifr Aromatics PARFUMERIE
(Carte p. 496 ; www.sifr.sg ; 42 Arab St ; 11h-20h dim-jeu, 11h-21h ven-sam ; Bugis). Ce laboratoire de fragrances très zen appartient à Johari Kazura, parfumeur depuis trois générations. Parmi ses exquises concoctions, citons le capiteux East (50 ml 140 $S), mélange de bois d'agar, d'absolu de rose, d'ambre et de néroli. Parfums 80-300 $S pour 50 ml ; flacons rétro 60-2 000 $S. Pour une fragrance sur mesure, appelez la veille.

Sim Lim Square ÉLECTRONIQUE, CENTRE COMMERCIAL
(Carte p. 496 ; www.simlimsquare.com.sg ; 1 Rochor Canal Rd ; 11h-20h ; Bugis). Les plus débrouillards feront de véritables affaires dans cet énorme *mall* proposant ordinateurs et équipement électronique. Les plus crédules ont de bonnes chances de se faire avoir : comparez les prix auprès de trois vendeurs avant de négocier. Ou alors, rabattez-vous sur les étuis de téléphones portables et de tablettes, branchés et bon marché.

Little Shophouse ARTISANAT
(Carte p. 496 ; 43 Bussorah St ; 10h-18h ; Bugis). Dans son petit atelier-magasin, l'infatigable Robert Sng garnit de perles des pantoufles peranakan colorées. Chaque paire (à partir de 300 $S environ) nécessite au moins deux mois de travail – de nombreux admirateurs se contentent d'en encadrer le revêtement extérieur. Faites également provision de services à thé, de vaisselle, de vases, de sacs à main et de bijoux de style peranakan.

Celebration of Arts ARTISANAT
(Carte p. 496 ; 2 Dalhousie Lane ; 9h-21h30 ; Little India). Cette caverne d'Ali Baba recèle de magnifiques objets provenant d'Inde : ornements, statues, abat-jour, coussins, jetés de lit, meubles et châles pashmina. Tous les articles ne sont pas exposés : adressez-vous

au courtois propriétaire si vous cherchez quelque chose en particulier.

Mustafa Centre GRAND MAGASIN
(Carte p. 496 ; www.mustafa.com.sg ; 145 Syed Alwi Rd ; ⏲24h/24 ; Ⓜ Farrer Park). Dans les étroites allées et les minuscules alcôves du Mustafa, qui relève autant du rite de passage culturel que du shopping, on trouve à peu près tout : articles électroniques, vêtements, articles de toilette, frusques de mauvais goût, DVD bon marché, or, agents de change, supermarché riche en épices et cornichons indiens, et – le dimanche – la moitié de la population singapourienne.

Bugis Street Market MARCHÉ
(Carte p. 496 ; www.bugis-street.com ; Victoria St ; ⏲11h-22h ; Ⓜ Bugis). Ce quartier, jadis le plus sordide de Singapour, abrite désormais son plus grand marché. Il offre une profusion de vêtements bon marché, de chaussures, d'accessoires, de manucures, de stands de restauration ainsi qu'un sex-shop, petit clin d'œil à son passé. Le minuscule **The Good Old Days** (Shop CSL/D4, niveau 2 ; ⏲12h-22h) est réputé pour ses articles rétro des années 1970 à 1990 – fripes, sacs à main, bijoux et chaussures.

ORCHARD ROAD

ION Orchard Mall CENTRE COMMERCIAL
(Carte p. 500 ; www.ionorchard.com ; 430 Orchard Rd ; Ⓜ Orchard). Ce *mall* high-tech est le plus prisée (et le plus photogénique) de Singapour. On y trouve pléthore de griffes haut de gamme et de marques plus abordables comme Paul Frank, G-Star ou True Religion. Fatigué ? Rechargez les batteries dans le formidable *food court* au sous-sol. La tour contiguë, haute de 56 étages, compte une terrasse d'observation sur le toit : **ION Sky** (www.ionsky.com.sg ; billetterie terrasse d'observation niveau 4 ; terrasse d'observation adulte/enfant 16/8 $S ; ⏲10h-12h et 14h-20h).

Ngee Ann City CENTRE COMMERCIAL
(Carte p. 500 ; www.ngeeanncity.com.sg ; 391 Orchard Rd ; Ⓜ Orchard). Logé dans un bâtiment hideux tout en marbre et granit marron, ce *mall* compense avec 7 niveaux d'orgie marchande, où les marques de luxe inaccessibles côtoient des magasins comme **Kinokuniya** (carte p. 500 ; www.kinokuniya.com.sg ; 03-09/10/15), la plus grande librairie de l'Asie du Sud-Est, et le grand magasin japonais Takashimaya, qui héberge le formidable Takashimaya Food Village (p. 537).

Blackmarket No. 2 MODE
(www.theblackmarket.sg/blog ; 181 Orchard Rd, 02-10, Orchard Central ; Ⓜ Somerset). Les dernières marques asiatiques branchées dominent dans cette boutique unisexe – enseignes singapouriennes WanderWonder et Feist, griffes philippines Gian Romano, Black Heart et Anthology, ou encore Rebirth, marque indonésienne. Tee-shirts graphiques, chemises aux motifs originaux ou chaussures et bijoux artisanaux. Pièce maîtresse du magasin, le "cabanon" présente chaque mois une nouvelle marque.

313 Somerset CENTRE COMMERCIAL
(Carte p. 500 ; www.313somerset.com.sg ; 313 Orchard Rd ; Ⓜ Somerset). Ce *mall* populaire et bien situé, au-dessus de la station de MRT, héberge diverses griffes jeunes et branchées comme Zara, Uniqlo, Mango, GUESS, ainsi que la très prisée M)phosis, marque locale de mode féminine. Vous y trouverez également des magasins de disques, des restaurants, des cafés et le très animé Apple shop EpiCentre. Pour un café honorable, rendez-vous à l'Oriole Café & Bar, au niveau de la sortie ouest.

Paragon CENTRE COMMERCIAL
(Carte p. 500 ; www.paragon.com.sg ; 290 Orchard Rd ; Ⓜ Somerset). Même si vous n'avez pas un crédit illimité, faites un détour par la Rolls des *malls* d'Orchard Rd. La liste des marques donne le tournis : Burberry, Bulgari, Gucci, Hermès et Jimmy Choo. Heureusement, les simples mortels disposent d'autres options, parmi lesquelles Miss Selfridges, Calvin Klein Jeans, Banana Republic ou Diesel.

Tanglin Shopping Centre CENTRE COMMERCIAL
(Carte p. 500 ; www.tanglinsc.com ; 19 Tanglin Rd ; ⏲9h30-21h ; Ⓜ Orchard). Ce *mall* rétro est l'adresse par excellence pour trouver tapis, gravures, ornements, bijoux, tableaux et meubles. Il héberge le fascinant **Antiques of the Orient** (carte p. 500 ; www.aoto.com.sg ; ⏲10h-18h lun-sam, 11h-16h dim) et sa formidable collection de livres anciens, de photographies et d'authentiques cartes de toute l'Asie. On y trouve aussi **Select Books** (carte p. 500 ; www.selectbooks.com.sg ; ⏲9h30-18h30 lun-sam, 10h-16h dim), spécialisé dans les livres asiatiques, ainsi que quelques restaurants orientaux honorables.

Mandarin Gallery CENTRE COMMERCIAL
(Carte p. 500 ; www.mandaringallery.com.sg ; 333a Orchard Rd ; 📶 ; Ⓜ Somerset, Orchard).

Rafraîchissez votre garde-robe dans ce *mall* haut de gamme. Parmi les boutiques notables, citons **Bape Store** (www.bape.com ; 02-02/03), enseigne tokyoïte pour hommes réputée pour ses habits, baskets et accessoires mêlant les influences pop, hip-hop et BCBG, et combinant caractères gras, matières affriolantes et touches espiègles (comme les sweats à capuche "monstre"). Les passionnées de mode féminine ne manqueront pas de passer chez **Hansel** (www.ilovehansel.com ; 02-14), royaume de la créatrice locale Jo Soh et de ses créations rétro chic.

Cathay Cineleisure Orchard CENTRE COMMERCIAL

(Carte p. 500 ; www.cineleisure.com.sg ; 8 Grange Rd ; Ⓜ Somerset). Ce *mall* en Technicolor compte quelques créateurs locaux d'avant-garde. La boutique unisexe **Depression** (www.depression.com.sg ; 03-05A ; ⌚12h-22h dim-jeu, 12h-minuit ven-sam) propose une mode espiègle, androgyne et urbaine mêlant des influences aussi diverses que la culture gothique et les livres pour enfants. Les hommes consulteront l'audacieuse sélection de tee-shirts, de chemises et de pulls du **Frederic Sai** (www.fredericsai.com ; 03-04B ; ⌚12h-22h dim-jeu, 12h-23h ven-sam) voisin.

DEMPSEY ROAD ET HOLLAND VILLAGE

Dempsey Road, une ancienne caserne abandonnée de l'armée britannique a été réaménagée en zone commerciale spécialisée dans les tapis du Cachemire, les meubles en teck et les antiquités.

Shang Antique ANTIQUITÉS

(www.shangantique.com.sg ; 16 Dempsey Rd ; ⌚10h30-19h ; 🚌7, 77, 106, 123, 174). Spécialisé dans les objets sacrés anciens du Cambodge, du Laos, de Thaïlande, de l'Inde et de la Birmanie, ainsi que dans les reproductions. Certains articles en vente ici ont près de 2 000 ans. Pour les petits budgets, on trouve des châles en soie magnifiquement brodés et des chemins de table à partir de 35 $S. N'ayez pas peur d'exiger un "bon prix".

Antipodean MODE

(www.antipodeanshop.com ; 27A Lorong Mambong ; Ⓜ Holland Village). Les marques singapouriennes et australiennes cultes sont à l'honneur dans cette boutique discrètement nichée au-dessus du Harry's Bar. Si les hommes devront se contenter de tee-shirts et de pulls branchés de la griffe locale Sundays, les femmes auront l'embarras du choix avec divers vêtements sensuels et taillés de chez AL&ALICA, Fleur Wood, Rodeo Show et Hansel. Chaussures renversantes, sacs à main imaginatifs et bijoux de créateurs complètent le panorama.

Holland Village Shopping Centre CENTRE COMMERCIAL

(211 Holland Ave ; ⌚10h-20h ; Ⓜ Holland Village). Si ce *mall* semble figé dans les années 1980, il continue de magnétiser les expatriés et les Singapouriens branchés en quête d'art, d'artisanat, de décoration intérieure et de mode décalée. Mention spéciale au **Lim's Arts & Living** (02-01), bien fourni en gravures, meubles, papeterie et tissus asiatiques. Fatigué ? Accordez-vous une pause massage ou réflexologie au niveau 3.

CÔTE EST

Kim Choo Kueh Chang CUISINE, ARTISANAT

(Carte p. 502 ; 109 East Coast Rd ; 🚌10, 14, 16). Si le Joo Chiat regorge de boulangeries et de pâtisseries, le Kim Choo a conservé une atmosphère d'antan, avec tartes à l'ananas traditionnelles et autres pimpants *kueh* (en-cas) peranakan présentés sur un comptoir en bois de style apothicaire. À l'étage, admirez les artisans à l'œuvre et faites le plein de souvenirs peranakan.

GUIDE DE SURVIE DE SINGAPOUR

Carnet pratique

ALIMENTATION

Les catégories de prix suivantes s'entendent pour un repas entrée, plat de résistance et boisson sans alcool.

- **$** moins de 10 $S
- **$$** 10-30 $S
- **$$$** plus de 30 $S

Pour plus de renseignements sur la culture gastronomique locale, voir p. 592.

AMBASSADES ET CONSULATS

Pour une liste complète des ambassades et consulats étrangers à Singapour, consulter le site http://embassy.goabroad.com/embassies-in/Singapore.

France (☎6880 7800 ; www.ambafrance-sg.org ; 101-103 Cluny Park Rd)

Belgique (☎6220 7677 ; www.diplomatie.be/singaporefr ; 8 Shenton Way, #14-01 AXA Tower)

Canada (☎6854 5900 ; www.singapore.gc.ca ; #11-01, 1 George St)

Indonésie (☎6737 7422 ; www.kemlu.go.id/singapore ; 7 Chatsworth Rd)

Malaisie (☎6235 0111 ; www.kln.gov.my/web/sgp_singapore ; 301 Jervois Rd)

Suisse (☎6468 5788 ; www.eda.admin.ch/singapore ; 1 Swiss Club Link)

Thaïlande (☎6737 2475 ; www.thaiembassy.sg ; 370 Orchard Rd)

ARGENT

La monnaie nationale de Singapour est le dollar singapourien (divisible en 100 ¢). On trouve à Singapour des pièces de 5, 10, 20, 50 ¢ et de 1 $S, et des billets de 2, 5, 10, 50, 100, 500 et 1 000 $S.

AGENTS DE CHANGE

Bien que les banques changent les espèces, presque tout le monde recourt aux agents de change, qui pratiquent des taux plus avantageux. Vous trouverez ces stands minuscules dans la plupart des centres commerciaux (mais pas systématiquement dans les plus récents). On peut négocier un peu à partir de 500 $S.

CARTES DE CRÉDIT

Les cartes de crédit sont acceptées partout, sauf dans les *hawker centres* et les *food courts*. Certains petits magasins peuvent facturer un supplément de 2 à 3%. Pour faire annuler votre carte ou en cas de problème, contactez :

American Express (☎6396 6000, appels locaux uniquement 1800 299 1997 ; www.americanexpress.com/sg)

Diners Club (☎6571 0128 ; www.dinersclub.com.sg)

MasterCard (☎1800-110 0113 ; www.mastercard.com)

Visa (☎1800-448 1250 ; www.visa.com.sg)

DISTRIBUTEURS AUTOMATIQUES DE BILLETS (DAB)

Les distributeurs automatiques sont très répandus à Singapour, notamment dans les *malls* et les stations MRT.

POURBOIRES

Les pourboires sont généralement superflus dans les restaurants, qui facturent 10% pour le service. Certains restaurants omettent volontairement le service, laissant le pourboire à votre discrétion. Il n'est pas requis dans les taxis et les *hawker centres*. Ailleurs, on peut éventuellement laisser quelque chose en remerciement d'un bon service.

CATÉGORIES DE PRIX

Les hébergements présentés dans ce guide sont assortis de l'un des symboles suivants :

$ moins de 100 $S

$$ 100-250 $S

$$$ plus de 250 $S

REMBOURSEMENT DE LA TAXE

Une taxe de 7% (*goods-and-service tax* ; GST) est appliquée à tous les biens et services. Il existe un service applicable aux chambres d'hôtel. Les restaurants ajoutent 17% (7% de GST, 10% de service et 1% de CESS) aux prix affichés.

Les touristes peuvent récupérer la GST pour tout achat d'un minimum de 300 $S effectué dans un magasin adhérent à l'opération GST Global Refund Scheme. Les commerçants qui y participent affichent un autocollant "Tax Free Shopping" sur leur vitrine. Au vu de votre passeport, le commerçant vous fournira un formulaire à remplir. Vous devrez présenter la marchandise et le formulaire au bureau concerné de l'aéroport de Changi (*avant* de procéder aux formalités d'embarquement). Puis vous irez vous faire rembourser aux comptoirs à l'intérieur de l'aéroport, soit en espèces, soit par virement sur votre carte de crédit ou votre compte bancaire. Procurez-vous la brochure *How to Shop Tax-free in Singapore*, à l'aéroport ou dans les offices du tourisme.

CARTES DE RÉDUCTION

» Les clients de Silk Air et de Singapore Airlines peuvent obtenir des réductions dans certains hôtels, magasins, restaurants et sites sur présentation de la carte d'embarquement. Voir www.singaporeair.com/boardingpass.

» Les enfants bénéficient d'une réduction de 50% dans de nombreux sites touristiques. Pour les moins de 6 ans, l'accès est parfois libre. Des remises sont souvent offertes aux visiteurs de plus de 60 ans. Présentez une pièce d'identité.

» Le **pass musée 3 jours**, proposé par le National Heritage Board (www.nhb.gov.sg/WWW/3daymuseumpass.html ; adulte/famille 20/50 $S) offre l'accès à huit musées de la ville, dont l'Asian Civilisations Museum, le National Museum of Singapore et le Singapore Art Museum. Les pass peuvent être acquis auprès des musées.

INFOS PRATIQUES

» Parmi les quotidiens anglais de Singapour, citons le très sérieux *Straits Times* (qui inclut le *Sunday Times*), le *Business Times*, ainsi que le *New Paper*, un tabloïde publié l'après-midi.

» Singapour compte sept chaînes de télévision gratuites, dont Channel 5 et okto, diffusées en anglais. Parmi les stations de radio anglophones, citons BBC World Service (88.9FM), Gold (90.5FM), Symphony (92.4FM), 938LIVE (93.8FM), Class (95FM) et 987FM (98.7FM).

» Singapour utilise le système métrique.

DOUANE

» Chewing-gums, feux d'artifice, drogues (le trafic de drogue est passible de la peine de mort), publications obscènes, briquets en forme d'arme à feu, espèces animales protégées ou produits dérivés, enregistrements et publications audiovisuels piratés, pièces et billets factices sont interdits.

» Il est illégal d'importer du tabac à moins de s'acquitter des droits de douane.

» Tout adulte est autorisé à importer un litre de vin, un litre de bière et un litre d'alcool libres de taxes, ou deux litres de vin et un litre de bière (ou deux litre de bière et un litre de vin). Aucune exonération de taxes si vous arrivez de Malaisie ou si vous avez quitté Singapour moins de 48 heures auparavant.

» Munissez-vous d'un courrier de votre médecin si vous possédez des médicaments délivrés sous ordonnance.

ÉLECTRICITÉ

Les fiches électriques sont carrées et munies de trois branches, comme celles utilisées en Malaisie et au Royaume-Uni (voir illustration p. 609). La tension employée est de 230V pour une fréquence de 50 Hz.

FORMALITÉS ET VISAS

Si vous êtes originaire de Belgique, de France, du Canada, du Luxembourg ou de Suisse, on vous délivrera à votre arrivée un visa touristique de 30 jours, si vous arrivez par avion ou, éventuellement, un visa de 14 jours, si vous arrivez par voie terrestre. Font exception à cette règle, les ressortissants de la CEI, de l'Inde, du Myanmar, du Pakistan et de la plupart des pays du Moyen-Orient. Les visiteurs doivent être en possession d'un passeport valide pendant au moins 6 mois après l'entrée à Singapour. Les demandes de prorogation se font, en personne ou en ligne, auprès de l'**Immigration & Checkpoints Authority** (☎6100 6391 ; www.ica.gov.sg ; 10 Kallang Rd ; Ⓜ Lavender). Comptez au moins un jour pour le traitement d'une demande.

HANDICAPÉS

Ces dernières années, résultat d'une vaste campagne gouvernementale, des rampes d'accès, des ascenseurs et d'autres équipements ont été progressivement installés dans l'ensemble de l'île. Les trottoirs de la ville sont d'une netteté presque parfaite, même si les ruelles étroites et animées de Little India et de Chinatown peuvent se révéler problématiques pour les personnes souffrant de problèmes de mobilité, de vue ou d'audition. Les stations MRT disposent toutes d'ascenseurs ; certains bus et taxis sont équipés de systèmes facilitant l'accès à bord des fauteuils roulants.

La **Disabled People's Association** (☎6899 1220 ; www.dpa.org.sg) fournit des renseignements sur les lieux accessibles à Singapour, ainsi que des liens vers les nombreux organismes locaux dédiés aux personnes handicapées.

HÉBERGEMENT

Les hébergements recensés dans ce guide indiquent les tarifs hôteliers officiels. Néanmoins, les prix peuvent varier considérablement dans la plupart des établissements de catégorie moyenne et haut de gamme. Les tarifs et le taux d'occupation sont plus élevés le week-end, pendant les vacances et lors des grands événements comme le Grand Prix nocturne de formule 1 (réserver bien à l'avance).

Les grands hôtels font généralement suivre leurs tarifs d'un signe "++". Cela correspond au service et à la taxe sur les biens et services (GST), soit un supplément de 17% sur le prix de la chambre. Les prix mentionnés sont nets (taxes et service inclus).

Vous pouvez réserver votre hôtel sur les sites Internet mentionnés dans ce guide, ou via les sites suivants.

Agoda (www.agoda.com)

Asiarooms (www.asiarooms.com)

Booking (www.booking.com)
Kayak (www.kayak.com)

HEURE LOCALE

Singapour compte 8 heures d'avance par rapport à Greenwich (GMT).

Ainsi, lorsqu'il est 12h à Singapour, il est 5h du matin en été à Paris et il est 23h le jour précédent à Montréal. Ces heures peuvent varier quand on passe à l'heure d'été, une mesure qui n'existe pas à Singapour.

HEURES D'OUVERTURE

ÉTABLISSEMENT	HORAIRES HABITUELS
Banques	9h30-16h lun-ven, 9h-12h sam
Bars	17h-1h ou 2h
Grands magasins et *malls*	10h-22h ou 11h-22h
Hawker Centres	11h-22h ou 1h (parfois 24h/24)
Magasins	10h-18h
Restaurants	11h30-14h30 et 18h-22h30

Beaucoup de petits magasins, saufs ceux de Little India, sont fermés le dimanche. Nous précisons les heures d'ouverture lorsqu'ils diffèrent de ces standards.

HOMOSEXUALITÉ

Les relations sexuelles entre hommes sont illégales à Singapour et passibles d'une peine minimale de 10 ans de prison. En vérité, les chances d'être poursuivis sont infimes et la communauté gay et lesbienne singapourienne célèbre le festival multifacettes **IndigNation** (www.facebook.com/IndigNationSG) au mois d'août. On compte aussi de nombreux bars et des clubs gays et lesbiens, dont plusieurs à Chinatown.

Pour plus d'informations, consultez les sites Internet d'**Utopia** (www.utopia-asia.com) et de **Fridae** (www.fridae.com), qui offrent une excellente couverture des lieux et des événements en Asie. Les Singapouriens sont conservateurs et goûtent moyennement les manifestations d'affection en public, quoi qu'elle soient de plus en courantes entre femmes. En revanche, un couple gay démonstratif attirerait aussitôt la réprobation.

INTERNET (ACCÈS)

» Dans ce guide, nous utilisons le symbole Internet (@) lorsque les hôtels possèdent des centres d'affaires (*business centres*) ou bien des ordinateurs réservés à la clientèle. Le symbole Wi-Fi (Wi-Fi) indique les endroits disposant d'accès sans fil à Internet.

» Tous les grands hôtels disposent d'un accès Internet et vous assisteront avec votre propre ordinateur. Les auberges pour voyageurs indépendants offrent toutes un accès Internet et Wi-Fi gratuits.

» L'aéroport de Changi compte de nombreux accès Internet gratuits.

» Presque tous les *malls* offrent gratuitement le Wi-Fi.

» SingTel (www.singtel.com.sg), StarHub (www.starhub.com) et M1 (www.m1.com) fournissent une connexion Internet haut débit via une clé USB (en vente). Vous pouvez obtenir une carte SIM prépayée avec une clé USB.

» Les cybercafés (environ 3-5 $S/h) sont de plus en plus rares à Singapour. La plupart font également office de salles de jeu.

JOURS FÉRIÉS

Nouvel An 1er janvier

Nouvel An chinois janvier/février (2 jours)

Vendredi saint avril (variable)

Fête du Travail 1er mai

Jour de Vesak mai (variable)

Fête nationale 9 août

Deepavali octobre/novembre (variable)

Hari Raya Puasa (variable)

Noël 25 décembre

Hari Raya Haji (variable)

VACANCES SCOLAIRES

À Singapour, il y a une semaine de vacances vers la fin mars, quatre semaines en juin, une semaine début septembre, et de grandes vacances de fin novembre à début janvier.

OFFICES DU TOURISME

L'**office du tourisme de Singapour** (Singapore Tourism Board ; ☎1800-736 2000, 6736 2000 ; www.yoursingapore.com) propose une vaste gamme de services : réservations de circuits touristiques, billetteries et liste des offices du tourisme de Singapour dans le monde. On trouve des centres d'accueil pour les visiteurs à l'**aéroport de Changi** (⏲terminaux 1 et 2 6h-minuit, terminal 3 6h-2h) et à l'**ION Orchard** (niveau 1, ION Orchard Mall, 2 Orchard Turn ; ⏲10h-22h ; Ⓜ Orchard).

POSTE

Le service postal de Singapour est très performant. Pour repérer le bureau de poste le plus proche, composez le 1605 ou consultez le site www.singpost.com.sg.

PROBLÈMES JURIDIQUES

En matière légale, la réputation de sévérité de Singapour n'est pas imméritée : n'espérez aucun traitement de faveur en tant qu'étranger. La police est puissante et il est déconseillé de ne pas se plier à une requête éventuelle. En cas d'arrestation, vous avez droit à un conseil juridique et pouvez contacter votre ambassade. N'envisagez surtout pas d'importer ou d'exporter de la drogue. Vous encourez une longue peine de prison, voire la peine de mort.

Il est interdit de fumer dans la plupart des espaces publics, notamment dans les centres commerciaux, les centres de loisirs, les restaurants, les *hawker centres*, les *food courts*, les transports publics, les taxis, et dans un rayon de 5 m de la majorité des entrées de bâtiments. Pour une première condamnation, l'amende maximale est de 1 000 $S. Vous pouvez fumer dans la rue (tant que vous jetez votre mégot à la poubelle).

Traverser la rue à moins de 50 m d'un passage clouté peut vous coûter 50 $SB ; jeter un papier 1 000 $S.

SERVICES MÉDICAUX

Les institutions médicales de Singapour, de standing international, sont généralement moins coûteuses que les soins privés en Occident. Souscrivez néanmoins une assurance voyage et vérifiez votre degré de couverture avant le départ. À noter que les médecins généralistes fournissent directement des médicaments, ce qui évite de passer par la pharmacie.

Votre hébergement devrait pouvoir vous recommander un médecin – ils sont nombreux.

Raffles Medical Clinic CLINIQUE
(☎6311 1111 ; www.raffleshospital.com ; 585 North Bridge Rd ; ⌚24h/24 ; Ⓜ Bugis). Clinique au sein du Raffles Hospital.

Singapore General Hospital Accident & Emergency Department HÔPITAL
(☎6321 4311 ; www.sgh.com.sg ; niveau 2, bloc 1, Outram Rd ; Ⓜ Outram Park). Dans le bloc 1 de ce vaste complexe.

SERVICE D'URGENCES

Les hôpitaux suivants possèdent un service d'urgences opérationnel 24 h/24 :

Gleneagles Hospital (☎6735 5000 ; www.gleneagles.com.sg ; 6A Napier Rd ; 🚌7, 75, 77, 105, 106, 123, 174)

Mount Elizabeth Hospital (☎6735 5000 ; www.mountelizabeth.com.sg ; 3 Mt Elizabeth Rd ; Ⓜ Orchard)

Raffles Hospital (☎6311 1111 ; www.raffleshospital.com ; 585 North Bridge Rd ; Ⓜ Bugis)

TÉLÉPHONE

Indicatif du pays	☎65
Indicatif international	☎001
Assistance téléphonique	☎100
Renseignements sur les vols	☎1800-542 4422
Renseignements touristiques	☎1800-736 2000

Il n'y a pas de code à l'intérieur de Singapour ; tous les numéros comptent 8 chiffres, sauf les numéros gratuits (1800).

Vous pouvez passer des appels locaux ou internationaux depuis des cabines publiques. La plupart acceptent les cartes téléphoniques. Certains téléphones fonctionnent aussi avec une carte de crédit.

Les appels de Singapour vers la Malaisie sont considérés comme des appels STD (longue distance ou interurbains). Composez le ☎020, suivi du code de la ville malaisienne (sans le zéro initial) et du numéro de votre interlocuteur. Ainsi, pour joindre le ☎346 7890 à Kuala Lumpur (code 03), composez le ☎02 3346 7890. Appelez le ☎109 pour connaître les divers codes locaux de la Malaisie.

CARTES DE TÉLÉPHONE

Les cartes téléphoniques réservées aux appels locaux sont disponibles dans les magasins 7-Eleven, les bureaux de poste, les centres Telecom (Singtel) ou les librairies-papeteries. On trouve également un petit stand de cartes téléphoniques à l'extérieur du centre commercial Centrepoint dans Orchard Rd – vérifiez les pays desservis au préalable.

TÉLÉPHONES PORTABLES

Les numéros de téléphones portables à Singapour commencent généralement par 9 ou 8. On peut acheter une carte SIM locale pour environ 18 $S (crédit inclus) dans les bureaux de poste, les commerces de proximité et les centres Telecom – sur présentation de votre passeport. Voici les principaux centres Telecom :

SingTel (www.singtel.com.sg)

StarHub (www.starhub.com)

M1 (www.m1.com)

TOILETTES

Les toilettes, de style occidental, sont généralement très propres. On en trouve facilement dans les galeries commerçantes, les halls des hôtels et les sites touristiques.

URGENCES

Les numéros utiles :

Police (☎999)

Pompiers/Ambulance (☎995)

VOYAGER EN SOLO

Femmes seules

Les Singapouriennes sont respectées et jouissent d'une grande autonomie. Singapour est d'ailleurs le pays d'Asie du Sud-Est où voyager seule comporte le moins de dangers – les voyageuse pourront toutefois se sentir un peu mal à l'aise à Little India le week-end quand la population essentiellement masculine des travailleurs immigrés se presse dans les rues. Les tampons et la pilule s'obtiennent facilement dans les pharmacies.

Transports

DEPUIS/VERS SINGAPOUR

Singapour est un carrefour aérien majeur, desservi par les grandes compagnies et les opérateurs low cost. La cité-État dispose d'un excellent réseau aérien régional et international, faisant de Singapour une halte idéale. Vous pouvez également prendre le train pour la Malaisie et la Thaïlande. En outre, de nombreux bus privés très confortables traversent toute la Malaisie, jusqu'en Thaïlande.

VOIE AÉRIENNE

Grâce à sa situation géographique et à ses excellentes infrastructures, Singapour s'est imposée parmi les grands carrefours aériens du Sud-Est asiatique, offrant des liaisons directes avec le monde entier.

AÉROPORTS

La majorité des avions atterrissent à l'un des trois terminaux principaux de l'**aéroport de Changi** (☎6595 6868, informations sur les vols 1800-542 4422 ; www.changiairport.com), situé à environ 20 km à l'est du centre-ville. Régulièrement élu meilleur aéroport du monde, Changi est vaste, performant et incroyablement bien organisé. Entre autres équipements, vous bénéficierez de l'accès Internet gratuit, de téléphones de courtoisie pour passer des appels locaux, de guichets de change, de centres médicaux, de consigne, d'hôtels, de douches, d'une salle de sport, d'une piscine et, naturellement, de quantité de magasins.

La très réputée compagnie nationale, **Singapore Airlines** (☎6223 8888 ; www.singaporeair.com ; 04-05 ION Orchard Mall, 2 Orchard Turn), est basée ici, tout comme **SilkAir** (☎6223 8888 ; www.silkair.com ; 17-08, 371 Beach Road), son opérateur régional.

Changi est aussi desservi par les six compagnies low cost suivantes, lesquelles proposent régulièrement des tarifs extrêmement intéressants dans la région, à condition de réserver bien à l'avance. Consultez les sites Internet car les itinéraires changent souvent.

Air Asia (☎6307 7688 ; www.airasia.com)

Berjaya Air (☎6227 3688 ; www.berjaya-air.com)

Cebu Pacific (☎3158 0808 ; www.cebupacificair.com)

Firefly (☎Malaysia +603 7845 4543 ; www.fireflyz.com.my)

Jetstar (☎1800-852 9507 ; www.jetstar.com)

Tiger Airways (☎6808 4437 ; www.tigerairways.com)

DEPUIS/VERS LA FRANCE

Comparez les prix entre un vol pour Singapour et un vol vers la Malaisie, car vous pourrez toujours gagner Singapour de presque tous les points de la péninsule malaise (et vice versa) en moins de 18 heures. De Kuala Lumpur, le trajet en bus jusqu'à Singapour prend environ 5 heures.

Lors de nos recherches, un vol Paris-Singapour aller-retour coûtait au minimum 660 €/900 € en basse/haute saison (avec une ou deux escales). Aucun vol direct ne rallie Singapour.

Reportez-vous à la rubrique *Depuis/vers la France*, p. 615, dans le chapitre Malaisie, pour d'autres informations et les listes d'agences de voyages et de transporteurs.

DEPUIS/VERS LA BELGIQUE

Au moment de la rédaction de ce guide, les billets des vols Bruxelles-Singapour coûtaient 770/960 € en basse/haute saison.

Pour une liste d'agences à partir de la Belgique, voir p. 616.

DEPUIS/VERS LA SUISSE

Vous trouverez des billets basse/haute saison au départ de Genève et à destination de Singapour à partir de 1 500/1 625 FS en basse/haute saison, comprenant une ou deux escales. Il n'y a pas de vols directs vers Singapour.

LIAISONS VERS LA MALAISIE DEPUIS SINGAPOUR

DESTINATION	AVION	BUS	TRAIN
Kuala Lumpur	1 heure/ à partir de 30 $S	4-5 heures/ à partir de 20 $S	6-7 heures/ à partir de 34 $S
Penang	1 heure 20/ à partir de 40 $S	9-10 heures/ à partir de 45 $S	9 heures/ à partir de 60 $S

Vous trouverez les agences recommandées à partir de la Suisse p. 616.

DEPUIS/VERS LE CANADA

Les tarifs des vols entre Montréal et Singapour débutent à 1 550 $C/1 850 $C pour l'aller-retour en basse/haute saison.

Les agences de voyages pour le Canada sont répertoriées p. 616.

DEPUIS/VERS LA MALAISIE

Pour des précisions sur les vols entre Singapour et la Malaisie, reportez-vous p. 616.

VOIE TERRESTRE

La route (Causeway) qui relie Johor Bahru (JB) à Singapour est l'axe le plus fréquenté entre les deux pays. À partir de n'importe quelle ville de Malaisie, des trains et des bus rejoignent directement Singapour. De JB, on peut prendre le bus ou même le taxi. Une autre route appelée Second Link relie Tuas, à l'ouest de Singapour, à Geylang Patah, en Malaisie ; elle est empruntée par des bus à destination de Melaka et de la côte ouest de la Malaisie. Si vous êtes en voiture, vous paierez beaucoup plus cher au péage du Second Link que sur celui du Causeway.

BUS

Des bus circulent fréquemment entre Singapour et la Malaisie, certains poursuivant jusqu'en Thaïlande. Si vous voyagez au-delà de Johor Bahru (JB), en Malaisie, le plus simple est de prendre un bus direct depuis Singapour, même si JB offre plus d'options et des tarifs plus intéressants.

Outre la **gare routière de Queen Street** (angle Queen St et Arab St) et la **gare routière de Lavender St** (angle Lavender St et Kallang Bahru), point de départ des bus longue distance, de nombreux bus partent du **Golden Mile Complex** (5001 Beach Road), où quantité de prestataires proposent des billets. Vous pouvez aussi réservez en ligne sur le site www.busonlineticket.com. Consultez les tarifs et réservez auprès des compagnies suivantes :

Aeroline BUS
(☎6258 8800 ; www.aeroline.com.sg ; 02-52 HarbourFront Centre, 1 Maritime Square). Autobus pour Kuala Lumpur et Penang au départ du HarbourFront Centre.

First Coach BUS
(☎6822 2111 ; www.firstcoach.com.my ; 03-33 Novena Square, 238 Thompson Rd). Bus quotidiens pour Kuala Lumpur au départ de Novena Square. Certains partent du Plaza et du West Coast Plaza.

Grassland Express BUS
(☎6293 1166 ; www.grassland.com.sg ; 01-26 Golden Mile Complex, 5001 Beach Rd). Bus quotidiens pour Kuala Lumpur, Penang, Meleka, Perak et de nombreuses autres destinations.

Transtar Travel BUS
(☎6299 9009 ; www.transtar.travel ; 5001 Beach Rd, 01-12 Golden Mile Complex). Autobus haut de gamme pour Kuala Lumpur, Genting, Ipoh et Penang.

TRAIN

Singapour constitue le terminus méridional du **Keretapi Tanah Malayu** (KTM ; www.ktmb.com.my), le réseau ferré malaisien.

La Malaisie compte deux axes ferroviaires principaux : le premier relie Singapour à Kuala Lumpur (KL), Butterworth, Alor Setar puis poursuit vers Hat Yai, en Thaïlande ; le second bifurque à hauteur de Gemas et traverse le centre du pays vers Tumpat, près de Kota Bharu, sur la côte est.

La gare ferroviaire Art déco de Singapour a fermé pour réaménagement en 2011. Les trains pour la Malaisie partent désormais de **Woodlands Train Checkpoint** (11 Woodlands Crossing ; 🚌170, Causeway Link from Queen St).

Trois trains express partent quotidiennement pour Kuala Lumpur à 8h, 13h et 22h30 environ (6-7 heures) ; consultez le site Internet pour connaître les correspondances. Les réservations se font à la gare ou via le site KTM (www.ktmb.com.my).

Enfin, le luxueux **Eastern & Oriental Express** (☎6395 0678 ; www.orient-express.

com) part de Singapour pour un voyage de 1 943 km jusqu'à Bangkok (42 heures), avant de continuer vers Chiang Mai et Nong Khai (pour le Laos). Enfilez votre costume de lin blanc et sirotez un gin-tonic après avoir déboursé de 3 737 $S par personne pour un compartiment double à 7 462 $S pour la suite présidentielle ! Vous pouvez vous arrêter à KL ou Butterworth pour un tarif plus amène.

VOIE MARITIME

Les grands terminaux de ferries suivants desservent la Malaisie et/ou l'Indonésie :

Terminal des ferries de Changi Point
(☎6546 8518 ; Ⓜ Tanah Merah, puis 🚌2). À 200 m au nord de la gare routière.

Terminal des ferries de Harbourfront
(☎6513 2200 ; www.singaporecruise.com ; Ⓜ HarbourFront)

Terminal des ferries de Tanah Merah
(☎6513 2200 ; www.singaporecruise.com ; 🚌35, Ⓜ Tanah Merah)

FERRIES POUR LES ÎLES RIAU (INDONÉSIE)

Des ferries modernes, rapides et climatisés relient directement Singapour aux îles indonésiennes de Batam, Bintan et Karimun Besar dans l'archipel de Riau. Parmi les compagnies principales, citons :

BatamFast FERRY
(☎6270 0311 ; www.batamfast.com). Départs pour Batam Centre, Sekupang, et Waterfront City du terminal des ferries de Harbourfront. Les bateaux pour Nongsapura partent du terminal de Tanah Merah.

Berlian Ferries FERRY
(☎6546 8830). Départs pour Pulau Batam du terminal de Harbourfront.

Bintan Resort Ferries FERRY
(☎6542 4369 ; www.brf.com.sg). Départs pour Bandar Bintan Telani du terminal de Tanah Merah.

Indo Falcon FERRY
(☎6542 6786, 6278 3167 ; www.indofalcon.com.sg). Départs pour Pulau Batam du terminal de HarbourFront. Les bateaux pour Tanjung Pinang, à Bintan, partent du terminal de Tanah Merah.

Sindo Ferries FERRY
(☎6271 4866 ; www.sindoferry.com.sg). Départs pour Batam Centre, Sekupang, Tanjung Balai et Waterfront City du terminal de HarbourFront. Les bateaux pour Tanjung Pinang partent du terminal de Tanah Merah.

Destination	Terminal ferry de Singapour	Durée	Prix
Bandar Bintan Telani (Pulau Bintan)	Tanah Merah	55 min.	25,45 $S
Batam Centre (Pulau Batam)	Harbour Front	1h	31 $S
Nongsapara (Pulau Batam)	Tanah Merah	45 min.	31 $S
Sekupang (Pulau Batam)	Harbour Front	45 min.	29 $S
Tanjung Balai (Karimun Besar)	Harbour Front	1h 35	40 $S
Tanjung Pinang (Pulau Bintan)	Tanah Merah	1h50	31 $S

COMMENT CIRCULER

Singapour est la ville d'Asie où l'on circule le plus aisément. Le TransitLink Guide – 2,80 $S aux guichets MRT ou à la librairie Kinokuniya (p. 547) – recense tous les itinéraires de MRT et de bus, avec des plans présentant les quartiers autour des stations MRT. Pour tout renseignement sur les bus, y compris le précieux service IRIS (qui précise les départs en temps réel), consultez le site www.sbstransit.com.sg ou téléchargez l'application "SBS Transit". Pour tout renseignement sur les trains, rendez-vous sur www.smrt.com.sg.

LIGNE SINGAPOUR-MALAISIE : ATTENTION !

Des voyageurs ont eu des soucis au moment de quitter la Malaisie car ils y étaient venus en train depuis Singapour. Les douaniers malaisiens à la gare ferroviaire de Singapour n'apposent pas toujours un tampon sur votre passeport, ce qui ne pose pas de problème tant que vous avez votre carte d'immigration et votre billet de train qui prouvent comment vous êtes entré en Malaisie. Les douaniers retrouveront les informations vous concernant après avoir vérifié les données dans l'ordinateur des douanes malaisiennes. Ne réglez donc pas tout de suite l'amende !

RALLIER LA MALAISIE : DE SINGAPOUR À JOHOR BAHRU

Atteindre la frontière Le bus "Singapore-Johore Express" (2,40 $S ; 1 heure, ttes les 15 minutes de 6h30 à 23h), au départ de la gare routière de Queen Street à Little India, est le moyen le plus simple de gagner la frontière. Le plus rapide consiste à prendre le MRT pour Kranji, puis le bus n°160 jusqu'à la frontière. Quant au mode de transport le moins cher (et le plus lent), il s'agit du bus n°170 (1,90 $S, ttes les 10-15 minutes de 5h20 à 0h10), également au départ de la gare routière de Queen Street. Si possible, évitez de regagner Singapour le dimanche soir, quand la circulation est infernale. Pour rallier Johor Bahru (JB), vous pouvez aussi prendre un taxi collectif depuis la gare routière de Queen Street.

À la frontière Au poste-frontière de Singapour, prenez vos affaires et descendez du bus tout en conservant votre billet. Après les formalités douanières, prenez le bus suivant. Lorsque vous aurez répété le même processus côté malaisien, vous serez à quelques minutes à pied du centre de JB. Le bus n°160 s'arrête à la gare routière de Kotaraya, à JB, et les bus n°170 et "Singapore-Johore Express" à la gare routière de Larkin, mal située à 5 km au nord du Causeway.

Poursuivre sa route Depuis la gare routière de Larkin, des bus desservent de nombreuses destinations malaisiennes, dont Melaka, Kuala Lumpur et Ipoh.

Voir p. 238 pour les détails sur le trajet inverse.

BATEAU ET FERRY

Des ferries partent régulièrement de l'**embarcadère de Marina South** (☎6275 03888 ; 31 Marina Coastal Dr ; Ⓜ Marina Bay, puis 🚌402) pour les îles du Sud (p. 555), ainsi que du terminal de Changi Point (p. 555) pour Pulau Ubin.

BICYCLETTE

Les routes de Singapour ne sont pas de tout repos ! Il fait très chaud, les gens roulent souvent très vite et se soucient peu des cyclistes. Heureusement, il y a de nombreux parcs très bien reliés les uns aux autres ainsi que quelques zones exceptionnelles réservées aux VTT – dans la Bukit Timah Nature Reserve, à Tampines et sur Pulau Ubin. Une belle promenade à vélo consiste à pédaler jusqu'au Changi Village puis traverser avec son engin vers Pulau Ubin. D'autres belles balades sont à faire du côté d'East Coast Park, Sentosa Island, Pasir Ris Park et sur les routes reliant Mt Faber Park, Telok Blangah Hill Park et Kent Ridge Park.

Si vous circulez à vélo, sachez que seuls les modèles pliables sont autorisé dans les transports publics. Dans ce cas, vous pouvez monter à bord des trains et des bus du lundi au vendredi, de 9h30 à 16h et à partir de 20h, et toute la journée le week-end et les jours fériés. À noter que seul UN vélo pliable à la fois est autorisé dans les bus.

Vous pouvez louer un vélo auprès de **Treknology Bikes 3** (☎6732 7119 ; www.treknology3.com ; 01-02, 91 Tanglin Place ; location 24h/24 35-50 $S ; ⏲11h-19h30 lun-sam, 11h30-15h dim), ou encore le long de l'East Coast Parkway, sur Sentosa Island ou sur Pulau Ubin, pour un tarif adulte allant de 5 $S (Pulau Ubin) à 12 $S (Sentosa).

BUS

Propres, efficaces et réguliers, les bus de Singapour desservent chaque recoin de l'île.

Les deux principales compagnies, **SBS Transit** (☎1800-287 2727 ; www.sbstransit.com.sg) et **SMRT** (www.smrt.com.sg), offrent un service similaire. Pour tout renseignement, consultez leur site Internet. Les prix s'échelonnent entre 1 $S et 2,10 $ (moins avec la carte EZ-Link). Lorsque vous montez à bord, insérez le montant exact (on ne vous rend pas la monnaie), ou bien passez votre carte EZ-Link/pass touristique sur le lecteur (répétez l'opération au moment de descendre).

Le MRT propose également 7 itinéraires nocturnes ("NightRider") entre le centre et diverses banlieues, les vendredis et samedis soir de 23h45 à 3h45. SBS affrète 6 bus de nuit ("Nite Owl") le week-end entre minuit et 2h. Consultez les sites Internet pour plus de détails.

BUS TOURISTIQUES

SIA Hop-On (☎9457 2896 ; www.siahopon.com ; billet journée passager Singapore Airlines adulte/enfant 6/3 $S, passager ordinaire 12/6 $S). Le bus touristique de la Singapore Airlines dessert quotidiennement les principaux lieux touristiques. Les départs ont lieu toutes les 30 minutes en face du Marina Square, dans Raffles Blvd, entre 9h et 19h35 (arrivée du dernier bus à 20h55 au Raffles Hotel). Achetez votre billet auprès du chauffeur et consultez le site Internet pour découvrir l'itinéraire.

City Hippo (☎6338 6877 ; www.ducktours.com.sg ; passe 24h Singapore Sightseeing Pass – croisière fleuve incluse – adulte/enfant 33/23 $S) propose un étonnant mélange de circuits empruntant les principaux sites. On peut monter à divers endroits de la ville. Consultez le site Internet pour plus de détails.

VOITURE ET MOTO

À Singapour, on conduit à gauche et le port de la ceinture est obligatoire. La circulation est bien réglée, malgré le comportement peu amène de certains conducteurs – agressivité, queues de poisson, changements de file sans utiliser le clignotant, etc. La profusion de sens interdits et de rues changeant plusieurs fois de nom peut compliquer les choses. Avant de circuler dans Singapour, il est indispensable de se procurer le *Mighty Minds Singapore Street Directory* (annuaire des rues).

Les deux-roues ne jouissent pas d'une grande considération, certains conducteurs se moquant passablement de la sécurité des motocyclistes. Soyez vigilant.

LOCATION

Si vous souhaitez circuler uniquement à Singapour, les petites agences de location offrent des prix légèrement plus avantageux que les grandes compagnies.

Pour voyager en Malaisie, mieux vaut louer une voiture à Johor Bahru, où les tarifs sont sensiblement plus intéressants (en outre, la police malaisienne est réputée pour cibler les plaques d'immatriculation singapouriennes).

Les tarifs commencent à environ 60 $S par jour. Des tarifs intéressants sont parfois disponibles, surtout pour les locations à long terme. La plupart des compagnies exigent que le conducteur soit âgé d'au moins 23 ans.

Toutes les grandes sociétés de location possèdent un guichet à l'aéroport de Changi. Parmi les autres bureaux présents à Singapour, citons :

Avis (☎6737 1668 ; www.avis.com.sg ; 01-07 Waterfront Plaza, 390A Havelock Rd)

Express Car (☎6748 9963 ; www.expresscar.com.sg ; 1 Sims Lane)

Hawk (☎6469 4468 ; www.hawkrentacar.com.sg ; 32A Hillview Terrace)

Hertz (☎6542 5300, 6542 5300 ; www.hertz.com.sg ; aéroport de Changi, terminaux 2 et 3)

Premier (www-singapore.com/premier ; 03-05 Balmoral Plaza, 271 Bukit Timah Rd)

PERMIS DE CONDUIRE

Ayez sur vous votre permis de conduire si vous envisagez de conduire à Singapour. Certaines agences de location peuvent éventuellement exiger le permis international.

ZONES RÉGLEMENTÉES ET STATIONNEMENT

De 7h30 et 19h du lundi au vendredi, et de 10h15 à 14h le samedi, le secteur comprenant le CBD, Chinatown et Orchard Rd devient une zone réglementée où les voitures ne peuvent pénétrer que si elles s'acquittent d'un péage. Il s'agit d'un système de péage électronique EPR que le conducteur règle avec une carte (disponible dans les 7-Eleven et les stations-service) en l'insérant dans un transpondeur embarqué. Le péage est prélevé sur la carte. Un système de péage identique fonctionne sur certains grands

LIAISONS AÉROPORT-VILLE

MODE	TERMINAL	DESTINATION	PRIX	FRÉQUENCE
Train (MRT)	2 et 3	Couvre l'ensemble de l'île (correspondance à la gare de Tanah Merah)	variable, Orchard Rd 2,10 $S	ttes les 12 minutes, 5h30-23h18
Taxi	Tous les terminaux	Toutes destinations	variable, 18-35 $S (plus cher de 17h à 6h)	
Bus n°36	Tous les terminaux	Orchard Rd et Colonial District	1,80 $S	ttes les 5-15 minutes, 6h09-minuit
Navette aéroport	Tous les terminaux	Tous les hôtels (sauf les hôtels de Sentosa et Changi Village)	adulte/enfant 9/6 $S	ttes les 15-30 minutes, 24h/24

TRISHAWS

Le *trishaw* (cyclopousse) connut son heure de gloire juste après la Seconde Guerre mondiale, période où les transports motorisés étaient pratiquement inexistants. Les conducteurs de *trishaw* gagnaient alors bien leur vie. Il ne reste aujourd'hui guère plus de 250 *trishaws* à Singapour, surtout dans les quartiers touristiques. Les *trishaws*, désormais regroupés sous l'égide de **Trishaw Uncle** (☎9012 1233 ; www.trishawuncle.com.sg ; Queen St entre Fu Lu Shou Complex et Albert Centre Market ; course à partir de 39 $S), respectent un système de file d'attente.

Vous trouverez aussi des *trishaw* devant le Raffles Hotel (p. 491) et le Chinatown Complex (p. 532)..

axes routiers. Les voitures de location ne dérogent pas à la règle.

Dans le centre, les places de stationnement sont coûteuses mais relativement faciles à trouver – la majorité des grandes galeries commerçantes disposent d'un parking. Les parkings extérieurs et les stationnements dans la rue sont généralement gérés par l'État. Les coupons, disponibles dans les bureaux de poste et les magasins de proximité, doivent être placés en évidence derrière le pare-brise. Aujourd'hui, de nombreux parkings utilisent le même système de paiement par carte (avec portique EPR et transpondeur embarqué) à l'entrée, au lieu du système de coupons.

MASS RAPID TRANSIT (MRT)

Immaculé, sûr et performant, le **MRT** (☎1800-336 8900 ; www.smrt.com.sg), le métro de Singapour, et le LRT (Light Rapid Transit) sont les deux moyens les plus confortables et les plus pratiques pour voyager à l'intérieur de Singapour. Les trains roulent de 5h30 à minuit, avec des départs toutes les 3 à 4 minutes aux heures de pointe, et toutes les 6 à 8 minutes aux heures creuses. Le réseau est constitué de quatre lignes : nord-sud, nord-est, est-ouest et Circle Line. Des lignes supplémentaires sont prévues d'ici à 2020. Plan du MRT et planificateur d'itinéraires disponibles sur le site www.smrt.com.sg.

PRIX DU TICKET ET CARTES DE TRANSPORT

Un ticket simple coûte entre 1,20 $S et 2,20 $S (plus 1 $S de caution remboursable). Si vous prévoyez de nombreux trajets, la carte EZ-link ou le Singapore Tourist Pass sont plus avantageux.

La **carte EZ-link** (www.ezlink.com.sg), disponible aux guichets des stations MRT (12 $S, plus forfait de 5 $S non remboursable) et dans les magasins 7-Eleven (10 $S, plus forfait de 5 $S non remboursable), est nettement plus pratique. Elle permet d'accéder à tous les bus et trains en économisant jusqu'à 30%. Vous pouvez recharger votre carte à des bornes situées dans les stations au moyen d'espèces ou d'une carte bancaire.

À défaut, le **Singapore Tourist Pass** (www.thesingaporetouristpass.com) offre un accès illimité au train et au bus (8 $S plus forfait de 10 $S non remboursable) pendant une journée.

TAXI

Vous pouvez héler un taxi à tout moment. Toutefois, en centre-ville, les chauffeurs ne sont pas autorisés à s'arrêter hors des stations. Aux heures de pointe, la nuit et lorsqu'il pleut, il n'est pas toujours facile d'en trouver un.

Le prix des courses suit un système assez complexe. Heureusement, tout fonctionne au compteur, ce qui évite les négociations. Le prix de base varie entre 3 $S à 3,40 $S, auxquels s'ajoutent 22 ¢ tous les 400 m. De nombreuses surtaxes sont à prendre en compte :

» 50% de la course entre minuit et 6h.

» 25% de la course entre 6h et 9h30 du lundi au vendredi, et de 18h à minuit tous les jours.

» 3 $S aux heures de pointe de 17h à minuit.

» 2,30 $ à 8 $S pour les réservations par téléphone.

» 3 $S sur toutes les courses depuis le CDB de 17h à minuit, du lundi au samedi.

Il vous faudra peut-être payer une autre surtaxe pour rallier le CBD pendant les horaires réglementés (5 $S de 17h à minuit du vendredi au dimanche ; 3 $S le reste du temps pour les courses depuis l'aéroport). Pour un règlement par carte bancaire, comptez un supplément de 10%.

Compliqué ? Fiez-vous au compteur et réglez en demandant un reçu pour vérifier le prix.

Pour réserver un taxi, contactez l'une des sociétés suivantes :

Comfort Taxi and CityCab (☎6552 1111)

Premier Taxis (☎6363 6888)

MRT Taxis (☎6555 8888)

Comprendre la Malaisie, Singapour et Brunei

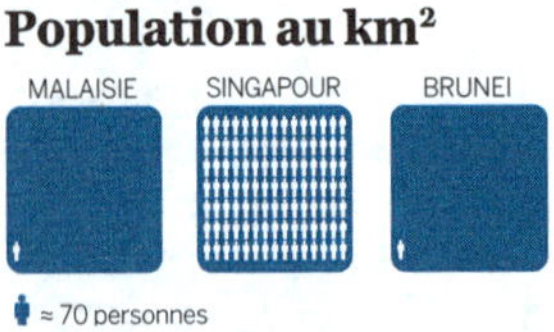

La Malaisie, Singapour et Brunei aujourd'hui

Élections malaisiennes 2013

Lors des dernières élections législatives du 5 mai 2013, la coalition de droite Barisan Nasional (BN) et sa principale composante, l'Organisation nationale unie des Malais (UMNO), au pouvoir depuis 56 ans, sont de nouveau sorti vainqueurs. Toutefois, malgré un taux de participation massif (plus de 80% des 13 millions de Malaisiens appelés aux urnes se sont déplacés), ces élections ont révélé une prise de distance de l'électorat malais avec la coalition au pouvoir. Celle-ci en effet a réalisé le pire score de son histoire, perdant la majorité des deux tiers au Parlement (avec 133 sièges sur 222) ainsi que la direction de plusieurs grands États de la fédération. Pour la première fois depuis plus d'un demi-siècle, les Malais pauvres et les deux principales minorités chinoise (24% de la population) et indienne (7%), qui se sentent considérés comme des citoyens de second ordre, se sont rapprochés et ont voté majoritairement pour l'un des trois partis de la coalition d'opposition réunis au sein du Pakatan Rakyat (PR). Le Premier ministre Najik Razak a qualifié de "tsunami chinois" la fuite de l'électorat chinois vers l'opposition, fermant ainsi les yeux sur tous les enjeux dépassant les rivalités ethniques. De son côté, Anwar Ibrahim, leader du PR, a immédiatement contesté la légitimité de la victoire et a réussi à réunir pacifiquement, dans les jours suivant les résultats, entre 50 000 et 60 000 personnes – une première dans l'histoire du pays. Au lendemain de ce vote, la société malaise paraît donc plus polarisée que jamais.

L'entreprise nationale malaisienne pétrolière et gazière Petronas (www.petronas.com.my) est l'une des plus rentables au monde. En 2011, ses revenus représentaient environ un tiers des recettes du gouvernement, estimées à 183 milliards de RM.

Politiques gagnantes ?

La Malaisie a connu une importante croissance économique en 2012, en partie due au Programme de transformation économique (ETP) du gouvernement de 444 milliards de dollars, qui vise à élever le pays au

À lire

Trois Autres Malaisie (Robert Raymer, 2012). Le quotidien des diverses communautés malaises, chinoises et indiennes à travers une série de nouvelles.

Malaisie, un certain regard (Sylvie Gradeler et Serge Jardin, 2013). Un voyage à travers l'artisanat, l'architecture, les beaux-arts et la littérature.

Le Tristement célèbre Johnny Lim (Tash Aw, 2006). La Malaisie prise dans les feux du colonialisme et de la Seconde Guerre mondiale.

Nouvelles de Singapour (collectif, 2013). Ces nouvelles, comme leurs auteurs, illustrent le melting-pot singapourien.

Sur 100 personnes en Malaisie

50 appartiennent à la majorité malaise
24 appartiennent à la minorité chinoise
11 appartiennent à la minorité des Orang Asli
7 appartiennent à la minorité indienne
8 sont d'un autre groupe ethnique

Sur 100 personnes à Singapour

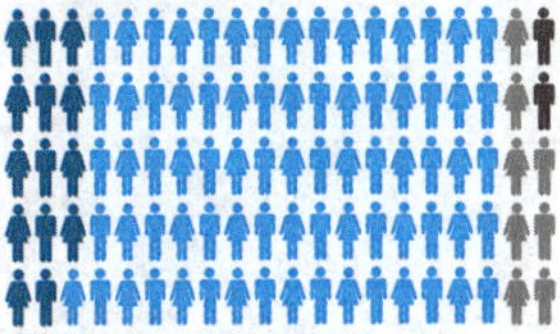

14 appartiennent à la minorité malaise
76 appartiennent à la majorité chinoise
8 appartiennent à la minorité indienne
2 sont d'un autre groupe ethnique

rang des nations à haut revenu d'ici à 2020. Afin de rassurer l'opinion publique, Najib a également mis en place une Agence malaisienne anticorruption (MACC) indépendante, qui a permis l'arrestation de 900 personnes en 2011.

Alors que le gouvernement espère que de telles politiques convaincront les électeurs de conserver la coalition plutôt que de donner sa chance au PR, d'autres de ses actions ont joué en sa défaveur. La décision de remplacer la loi draconienne sur la sécurité intérieure (*Internal Security Act* ; ISA) par le *Security Offences* (*Special Measures*) *Act 2012* a fait l'objet de nombreuses critiques, notamment de la part de Human Rights Watch, qui pense que la nouvelle législation ne va pas assez loin dans la protection des libertés et droits fondamentaux des Malaisiens.

Majulah Singapura (Puisse Singapour avancer), l'hymne national singapourien, fut composé par Zubir Said en 1958. Les paroles sont en malais.

Singapour : une société inégale

Avec un PIB de 63 000 $S/habitant en 2011, les Singapouriens affichent l'un des niveaux de vie les plus élevés au monde. Pourtant, que ce soit dans les journaux ou au café du coin, la discussion tourne invariablement autour de l'augmentation du coût de la vie et de l'écart croissant entre riches et pauvres : en 2009, une étude du Programme des Nations unies pour le développement a montré que Singapour a le partage des richesses le plus inégal des pays développés après Hong Kong.

Il existe aussi de vrais risques liés aux jeux (l'île compte maintenant 2 casinos) et aux tensions ethniques (étrangers de plus en plus nombreux et population de souche en déclin). Le taux de natalité de Singapour est l'un des plus bas au monde (7,7 naissances pour 1 000 personnes). Le gouvernement a mis en place de nombreuses incitations pour convaincre les couples de procréer, allant des allocations familiales aux vidéos encourageant les couples à "faire leur devoir de citoyen". Malgré

Les langues officielles

» Malaisie : malais

» Singapour : malais, chinois, tamoul et anglais

» Brunei : malais brunéien

Sites Web

www.lepetitjournal.com/kuala-lumpur. Le média des francophones en Malaisie.
www.thenutgraph.com (en anglais). Des articles sur l'actualité en Malaisie.
www.yoursingapore.com. Par l'office du tourisme de Singapour.

À écouter

Ghostbird (Zee Avi ; www.zeeavi.com). Second album de la diva de la pop.
Yuna (Yuna ; www.yunamusic.com). Premier album entièrement en anglais d'une autre beauté malaisienne.
Harapan Le dernier album de Reshmonu, le maître de la dance.
Malaysia (Word Music Network, 2006) Un voyage dans la musique traditionnelle malaise pour saisir ses influences indonésienne, thaïlandaise chinoise et philippine.

tout, la population de Singapour a doublé de 1980 à 2010 du fait de l'afflux de travailleurs étrangers, qui représentent maintenant 27% de la population. Pour apaiser les tensions, le gouvernement a freiné les arrivées de migrants.

Les médias sociaux prennent de l'ampleur et constituent aujourd'hui des canaux d'information fiables en plus des médias classiques, souvent qualifiés de porte-parole du gouvernement. Le Premier ministre Lee Hsien Loong a participé à une discussion en ligne pour l'élection de 2011.

Un rapport de 2012 de l'agence des Nations unies pour les réfugiés recensait 100 000 travailleurs migrants à Brunei – dont certains en situation de servitude pour dettes, non-paiement de salaires, confiscation de passeport, exploitation par l'employeur et confinement au foyer – des conditions largement reconnues comme des indicateurs de trafic de personnes.

Brunei : une monarchie islamique

Ces temps-ci, Brunei se trouve dans une curieuse position. D'un côté, sa population est de plus en plus connectée au monde extérieur via Internet, les vols de MASwings et la modernisation de l'aéroport de Bandar Seri Begawan (BSB) ; de l'autre, les lois relatives aux mœurs se multiplient et la législation existante est accompagnée de sanctions plus sévères. Et la grande question persiste : qu'adviendra-t-il lorsqu'il n'y aura plus de pétrole ? Pour le Brunéien moyen, qui est quasiment certain d'avoir un emploi et une vie confortable assurés par le gouvernement, cette question ne fait que semer le trouble.

Pour de nombreux économistes, Brunei s'est concentré sur quelques aspects de son Plan national de développement – soit l'augmentation du PIB et de l'emploi – et a ignoré la diversification économique. Le potentiel touristique est continuellement remis sur le tapis, mais il est freiné par l'interdiction de l'alcool. En attendant, le sultan continue à guider son pays vers l'intégrisme islamique en adoptant une idéologie nationale appelée Melayu Islam Beraja (monarchie islamique malaise ; MIB).

Pas d'impair !

» Couvrez-vous la tête, les bras et les jambes dans les mosquées.

» Si vous mangez avec les doigts, faites-le avec votre main droite (la main gauche est considérée comme impure).

» En public, ne vous étreignez pas, ne vous embrassez pas

» Ne montrez pas avec l'index : utilisez le pouce de votre main droite avec les autres doigts repliés.

Salutations

» En disant *salam*, les deux interlocuteurs se serrent brièvement la main puis portent cette dernière à leur cœur.

» Les femmes ne serrent pas la main aux hommes – elles sourient et font un signe de la tête ou s'inclinent légèrement.

Histoire

La Malaisie, Singapour et Brunei, tels que nous les connaissons aujourd'hui, n'existent que depuis 1963, 1965 et 1984 respectivement. Bien évidemment, l'histoire de la région remonte à une époque beaucoup plus ancienne, mais l'absence de vestiges archéologiques et de documents écrits empêche d'indiquer des dates précises.

La preuve la plus ancienne de présence humaine dans la région est un crâne vieux de 40 000 ans trouvé dans les grottes de Niah au Sarawak, une période où Bornéo était encore reliée au continent sud-est asiatique. Découvert en 1991, le squelette vieux de 11 000 ans de l'homme de Perak présente des similitudes génétiques avec les Négritos, qui vivent actuellement dans les forêts pluviales montagneuses du nord de la Malaisie.

Le mot "malais" (ou Melayu) serait dérivé de l'ancien mot tamoul *malia*, "colline".

Les Négritos furent rejoints par les premiers immigrants, les Senoi, venus du sud de la Thaïlande, puis par les Proto-Malais, les ancêtres des Malais contemporains, qui arrivèrent d'Indonésie par la mer entre 1 500 et 500 av. J.-C. La première civilisation fut formée par les flux du commerce maritime en provenance de Chine et d'Inde.

Des mots malais comme *bahasa* (langue), *raja* (dirigeant) et *jaya* (succès) sont des termes sanskrits importés dans la région par des voyageurs indiens dès le IIe siècle.

Les événements à partir de l'essor du sultanat de Melaka au XVIe siècle furent bien documentés localement et par les nations qui commercèrent avec la péninsule et Bornéo avant de les dominer, tels le Portugal, les Pays-Bas et la Grande-Bretagne. Durant cette période, des colons célèbres comme sir Stamford Raffles et James Brooke laissèrent leur empreinte sur la région. Après la Seconde Guerre mondiale, alors que les Britanniques perdaient leur empire, les trois pays forgèrent des identités indépendantes qui aboutirent aux actuelles nations, distinctes mais historiquement liées.

Commerce et premiers empires

Dès le IIe siècle, la Malaya (Malaisie péninsulaire) était connue jusqu'en Europe. Le géographe grec Ptolémée la nommait Aurea Chersonesus

CHRONOLOGIE

vers 150 av. J.-C.

L'ouvrage *Géographie* de Ptolémée confirme que les Européens connaissaient la péninsule malaise. Des Romains visitèrent sans doute la région au cours de leurs expéditions en Inde et en Chine.

200

Langkasuka, l'un des premiers royaumes hindou-malais, est fondé sur la péninsule dans l'actuel Kedah. Sous une forme ou une autre, il durera jusqu'au XVe siècle.

600

De sa base dans le sud de Sumatra, sans doute aux alentours de l'actuelle Palembang, l'empire bouddhiste de Srivijaya domine la Malaisie, Singapour, l'Indonésie et Bornéo pendant six siècles.

(Péninsule dorée) ; les marchands indiens, qui venaient chercher des métaux précieux, de l'étain et des bois aromatiques de la jungle, l'appelaient Savarnadvipa (Pays de l'or). Ils apportèrent l'hindouisme et le bouddhisme, donnant naissance au premier royaume hindou connu de la péninsule, Langkasuka (du sanskrit, "terre resplendissante").

Du VIIe au XIIIe siècle, la région tomba sous la domination de l'empire bouddhiste de Srivijaya, basé dans le sud de Sumatra. Cet empire contrôlait le détroit de Malacca, Java, le sud de Bornéo et devint fabuleusement riche grâce au commerce avec l'Inde et la Chine. Sous la protection de Srivijaya, un État malais marchand se développa dans la vallée de Bujang, à l'extrémité nord-ouest de la péninsule thaïlando-malaise. Le pouvoir croissant du royaume de Ligor, dans le sud de la Thaïlande, et de l'empire hindou de Majapahit, à Java, provoquèrent la disparition de Srivijaya au XIVe siècle.

Brunei de la thalassocratie à la rente (CNRS Éditions, 2012), de Marie-Sybille de Vienne, est une étude complète sur la formation et l'histoire de ce petit pays.

L'empire de Melaka

L'histoire de cet État malais commence à la fin du XIVe siècle, quand Parameswara, un prince/pirate hindou renégat d'un petit royaume du sud de Sumatra, finit par accoster en 1401 dans le village de pêcheurs qui allait devenir Melaka. En tant que navigateur, Parameswara reconnut les qualités du port au premier coup d'œil et demanda immédiatement à l'empereur Ming de Chine sa protection contre les Thaïs en échange de généreux accords commerciaux. C'est ainsi que les Chinois arrivèrent en Malaisie.

À mi-chemin entre l'Inde et la Chine, Melaka devint une escale majeure pour les cargos indiens chargés de poivre et de textiles et pour les jonques chinoises remplies de porcelaines et de soieries, troqués contre des épices et des métaux locaux. Les affaires montèrent en flèche

L'ADOPTION DE L'ISLAM

La Malaisie péninsulaire fut bouddhiste et hindouiste pendant un millénaire avant que les dirigeants locaux adoptent l'islam. Cette religion se serait répandue à travers des contacts avec des marchands indiens musulmans. Les annales du Kedah relatent que le souverain hindou Phra Ong Mahawangsa se convertit à l'islam en 1136 et fonda le sultanat de Kedah, le plus ancien de la Malaisie péninsulaire.

Le premier sultan de Brunei, Muhammad Shah, se convertit à l'islam en 1363 à l'occasion de son mariage avec une princesse du Johor-Temasik. Le maharaja Mohammed Shah de Melaka, qui régna entre 1424 et 1444, se convertit également. son fils Mudzaffar Shah prit par la suite le titre de sultan et fit de l'islam la religion d'État. Du fait de ses liens commerciaux mondiaux, Melaka devint un centre régional pour la diffusion de l'islam et de la langue malaise.

1402

Le prince-pirate hindou Parameswara (1344-1414) fonde le grand port marchand et sultanat de Melaka. Sept ans plus tard, il épouse une princesse musulmane et adopte le titre perse d'Iskandar Shah.

1446

Une force navale du Siam (Thaïlande) attaque Melaka. De telles attaques poussent les souverains de Melaka à développer des relations plus étroites avec la Chine.

1509

Des marchands portugais accostent à Melaka. Ils sont d'abord chaleureusement accueillis, puis le sultan, selon les avis de ses conseillers indiens musulmans, attaque les navires et fait 19 prisonniers.

1511

Après la conquête de Melaka par les Portugais, le sultan et sa cour s'enfuient et fondent deux nouveaux sultanats dans la péninsule : Perak au nord et Johor au sud.

quand navires et *perahu* (bateaux malais traditionnels) régionaux arrivèrent pour profiter des opportunités commerciales. Les sultans de Melaka régnèrent bientôt sur l'empire le plus prospère de l'histoire de la Malaisie.

L'époque portugaise

Au XVe siècle, l'Europe avait développé un appétit insatiable pour les épices, acheminées par un itinéraire compliqué via l'Inde et l'Arabie. Les Portugais décidèrent d'éliminer les intermédiaires et d'aller directement à la source : Melaka. Quand ils atteignirent la côte malaise en 1509, ils furent chaleureusement accueillis par le sultan local, mais les relations se détériorèrent rapidement. Les envahisseurs assiégèrent Melaka en 1511, s'emparèrent de la ville et chassèrent le sultan et son armée à Johor.

Les Portugais protégèrent Melaka en construisant la masssive Porta de Santiago (forteresse A Famosa) et leur domination dura 130 ans, ponctuée d'escarmouches avec les sultans locaux. Contrairement aux marchands indiens musulmans, les Portugais contribuèrent peu à la culture malaise ; leurs tentatives d'introduire le christianisme et la langue portugaise n'eurent guère de succès. Toutefois, un dialecte portugais, le kristang, est toujours parlé à Melaka.

Le *Sejarah Melayu* (les annales malaises) relate l'établissement du sultanat de Melaka et 600 ans d'histoire malaise. Il est attribué à Tun Sri Lanang, le *bendahara* (Premier ministre) de la cour royale du Johor au début du XVIIe siècle.

La période hollandaise

Rivalisant avec les Portugais pour le contrôle du négoce des épices, les Hollandais s'allièrent aux sultans de Johor pour chasser les Portugais de Melaka. Une armée de fantassins et de marins de Johor et hollandais assiégea Melaka en 1641 et s'empara de la cité. En remerciement, Johor fut exempté de la plupart des taxes et restrictions imposées aux autres États vassaux. S'ils contrôlèrent Melaka pendant près de 150 ans, les Hollandais ne comprirent jamais le potentiel de la ville. Des taxes exagérées conduisirent les négociants à rechercher d'autres ports et les Hollandais s'intéressèrent principalement à Batavia (aujourd'hui Jakarta), leur siège régional.

La péninsule malaise fut bouddhiste et hindoue durant un millénaire, avant que les chefs locaux se convertissent à l'islam au XVe siècle.

La Compagnie des Indes orientales

L'intérêt des Britanniques pour la région naquit du besoin d'une escale à mi-parcours pour les navires de la Compagnie britannique des Indes orientales (East India Company ; EIC) sur la route maritime Inde-Chine. Un premier comptoir fut établi sur l'île de Penang en 1786.

À la même période, les événements en Europe incitaient la Grande-Bretagne à consolider ses positions en Malaisie péninsulaire. Lorsque Napoléon envahit les Pays-Bas en 1795, les Britanniques, redoutant l'influence française dans la région, s'emparèrent de Java et de Melaka, alors possessions hollandaises. Après la chute de Napoléon en 1815, les

1629

Les Portugais de Melaka et le sultanat de Johor s'unissent pour se défendre avec succès contre la marine d'Iskandar Muda, le sultan d'Aceh à Sumatra, qui a déjà conquis le Kedah.

1641

Après un siège de plusieurs mois, les Hollandais, avec l'aide du sultanat de Johor, prennent Melaka aux Portugais. La ville commence alors à décliner en perdant son statut de port de commerce majeur.

1786

Francis Light négocie un accord avec le sultan du Kedah afin d'établir un comptoir sur l'île peu peuplée de Penang. Grâce à une politique de libre-échange, l'économie de l'île prospère.

» Francis Light, Penang

SINGAPOUR, "NOMBRIL DES TERRITOIRES MALAIS"

"Il est impossible de concevoir un lieu associant autant d'avantages… c'est le nombril des territoires malais", écrivait sir Thomas Raffles, enchanté, peu après son arrivée à Singapour en 1819. Cette affirmation témoigne de ses qualités visionnaires, Singapour n'étant alors qu'un marais inhospitalier entouré d'une jungle épaisse, peuplé de 150 pêcheurs et de quelques paysans chinois. Raffles, alors gouverneur de Bengkulu à Sumatra, retourna sur cette île, laissant des instructions au nouveau résident britannique, le colonel William Farquhar, pour faire de Singapour un port franc.

En 1822, Raffles revint à Singapour qu'il gouverna pendant un an. Il mit en place un plan d'urbanisme, faisant raser une colline pour créer un quartier commerçant (aujourd'hui Raffles Place) et édifiant des bâtiments gouvernementaux autour de Forbidden Hill (désormais Fort Canning Hill). De larges rues bordées de maisons de négoce avec des passages couverts, des chantiers navals, des églises et un jardin botanique complétèrent sa vision d'un Singapour qui serait un jour "un lieu de prestige et d'importance considérables".

Les plans de Raffles suivaient la pratique coloniale consistant à diviser la population par "races" ; Européens, Indiens, Chinois et Malais vivaient et travaillaient dans des quartiers distincts.

Britanniques rendirent leurs colonies aux Hollandais, non sans avoir auparavant détruit les remparts d'A Formosa.

Le lieutenant-gouverneur britannique de Java, Stamford Raffles, persuada rapidement l'EIC qu'un comptoir au sud de la péninsule malaise, entre l'Inde et la Chine, était indispensable. En 1819, il accosta à Singapour et négocia un accord commercial avec le Joho, obtenant la cession à perpétuité en échange d'une somme importante.

En 1824, la Grande-Bretagne et les Pays-Bas signèrent le traité anglo-hollandais qui divisait la région en deux sphères d'influence distinctes. Les Hollandais contrôlaient l'actuelle Indonésie, et les Britanniques dominaient Penang, Melaka, Dinding et Singapour, qui formèrent bientôt les "Straits Settlements" (comptoirs des Détroits).

Revolusi 48, la suite du documentaire de Fahmi Reza *10 Tahun Sebelum Merdeka* (10 ans avant l'indépendance), raconte la révolution armée, largement oubliée, pour la libération nationale contre l'administration coloniale britannique en Malaisie.

Le développement de Bornéo

Les Britanniques exclurent Bornéo du traité anglo-hollandais, préférant que l'EIC consolide son emprise sur la péninsule plutôt qu'elle s'étende géographiquement. Cela laissa le champ libre à un aventurier britannique opportuniste, James Brooke. En 1841, ayant aidé le vice-roi local à réprimer une rébellion, Brooke fut nommé rajah du Sarawak, avec pour capitale le village de pêcheurs de Kuching.

Associant violentes attaques navales et habiles négociations, Brooke obtint davantage de terres du sultan de Brunei et réussit à pacifier une

1790

Le sultan de Kedah échoue à reprendre Penang aux Britanniques. Il est obligé de céder l'île à la Compagnie britannique des Indes orientales pour une rente annuelle de 6 000 dollars espagnols.

1819

En soutenant le fils aîné dans une querelle de succession au Johor, Stamford Raffles obtient le droit exclusif de construire un comptoir commercial sur l'île de Singapour.

1823

Le sultan de Johor cède totalement Singapour aux Britanniques. Un an plus tard, les Hollandais et les Britanniques divisent la région en ce qui deviendra la Malaisie et l'Indonésie.

1826

Ayant échangé Bengkulu à Sumatra pour Melaka, contrôlée par les Hollandais, la Compagnie britannique des Indes orientales l'ajoute à Penang et Singapour pour créer les comptoirs des Détroits (Straits Settlements).

contrée où piraterie, chasse aux têtes et guerres tribales étaient la norme. La dynastie Brooke des "rajahs blancs" régna sur le Sarawak jusqu'à l'arrivée des Japonais en 1941.

Contrairement aux Britanniques, les rajahs blancs associèrent les chefs tribaux dans leur Parlement. Ils empêchèrent les grandes entreprises européennes de détruire la jungle pour installer de vastes plantations d'hévéas et encouragèrent l'immigration chinoise. Sans concurrents européens, les Chinois en vinrent à dominer l'économie.

Pendant ce temps, l'empire de Brunei, qui avait jadis dominé toutes les îles de Bornéo et la majeure partie des Philippines actuelles, continuait de décliner. En 1865, le consul américain persuada le sultan souffrant de lui céder le Sabah contre une rente annuelle. Ces droits furent par la suite transmis à un Anglais, Alfred Dent, qui créa en 1881, avec l'aide du gouvernement britannique, la British North Borneo Company pour administrer le nouveau territoire. Afin d'éviter le morcellement des restes de Brunei, la Grande-Bretagne, à la demande du sultan, le déclara protectorat britannique en 1888.

Au milieu du XIXe siècle, Sandokan règne sur la mer de Malaisie. Si les Britanniques s'acharnent à capturer ce pirate, Sandokan, lui, ne rêve que de voir les yeux d'une jeune fille vivant à Labuan... C'est en tout cas le prétexte d'un fabuleux album dessiné par Hugo Pratt, *Sandokan, le Tigre de Malaisie* (Casterman, 2009).

La Malaisie britannique

En Malaisie péninsulaire, la politique britannique du "commerce sans territoires" fut mise en question quand des guerres civiles dans les sultanats malais du Negeri Sembilan, du Selangor, du Pahang et du Perak bloquèrent les échanges commerciaux. En 1874, les Britanniques amorcèrent un contrôle politique en nommant le premier gouverneur colonial du Perak. En 1896, le Perak, le Selangor, le Negeri Sembilan et le Pahang étaient unis sous la banière des États malais fédérés, chacun gouverné par un résident britannique.

LA CRÉATION D'UNE NATION MULTICULTURELLE

La domination britannique modifia radicalement la composition ethnique de la Malaisie. Les Britanniques firent venir des travailleurs chinois et indiens, intéressés par les perspectives économiques et moins rétifs à l'administration coloniale que les Malais. Les Chinois travaillaient principalement dans les mines, les Indiens récoltaient le caoutchouc et construisaient les voies ferrées. Les Sri-Lankais occupaient des emplois administratifs et les sikhs servaient dans la police.

Malgré la possibilité pour les Malais les "mieux éduqués" de rejoindre une branche séparée de l'administration, le mécontentement croissait dans la population malaise, qui se voyait marginalisée dans son propre pays. Selon un recensement de 1931, le pays comptait 1,7 million de Chinois pour 1,6 million de Malais. L'économie de la Malaisie fut totalement transformée, mais l'impact de cette politique d'immigration libérale continue de se répercuter aujourd'hui.

1839

Le flibustier britannique James Brooke débarque au Sarawak et aide à mater une rébellion. En remerciement, le sultanat de Brunei l'installe comme premier "rajah blanc" du Sarawak deux ans plus tard.

1874

Les Britanniques commencent à prendre le contrôle de la péninsule malaise après le traité de Pankor, signé avec le sultan du Perak. Sir James Birch est le premier résident britannique du Perak.

1888

Ayant perdu la majeure partie de son territoire au profit de l'Empire britannique, le sultan de Brunei signe un traité qui fait de son pays un protectorat britannique. Un résident britannique est installé en 1906.

1896

Le Perak, le Selangor, le Negeri Sembilan et le Pahang deviennent les États malais fédérés ; leurs sultans abandonnent le pouvoir politique aux Britanniques, mais conservent l'autorité sur les traditions et la religion malaises.

Le Kelantan, le Terengganu, le Perlis et le Kedah furent ensuite rachetés aux Thaïlandais en échange de la construction d'un chemin de fer dans le sud du Siam, au grand déplaisir des sultans locaux. Les "États malais non fédérés" finirent par accepter des "conseillers" britanniques, mais le sultan du Terengganu résista jusqu'en 1919. Aujourd'hui, les États du nord-est de la péninsule forment le cœur du mouvement nationaliste musulman malais.

À la veille de la Seconde Guerre mondiale, les Malais de tous les États aspiraient à l'indépendance.

Le premier livre du Dr Mahathir Mohamad, *The Malay Dilemma*, dans lequel le futur Premier ministre postulait que le retard malais était dû à des facteurs héréditaires et culturels, fut interdit à sa sortie en 1970.

La Seconde Guerre mondiale

Quelques heures avant le bombardement de Pearl Harbor en décembre 1941, les troupes japonaises débarquèrent sur la côte nord-est de la Malaisie. En quelques mois, elles avaient envahi toute la péninsule et Singapour. Mal défendus, les États de Bornéo tombèrent encore plus rapidement.

Le nouveau gouverneur de Singapour, le général Yamashita, enferma les Européens dans la sinistre prison de Changi. Les communistes et intellectuels chinois, qui s'étaient bruyamment opposés à l'invasion japonaise de la Chine, furent victimes de la violence nippone. Des milliers d'entre eux furent exécutés en une semaine. À Bornéo, un début de résistance chinoise fut brutalement écrasé.

Les Japonais ne firent pas grand-chose en Malaisie. Les Britanniques avaient détruit la plupart des équipements des mines d'étain avant leur retraite, et les plantations d'hévéas étaient négligées. Regroupant ce qui restait de l'armée britannique et des Chinois du Parti communiste malais, l'Armée antijaponaise du peuple malais (MPAJA) mena des actions de guérilla depuis la jungle tout au long de la guerre.

Les Japonais se rendirent aux Britanniques à Singapour en 1945. Malgré la victoire finale des Alliés, la Grande-Bretagne avait été humiliée par la perte facile de la Malaisie et de Singapour face aux Japonais, et sa domination de la région était chancelante.

Les liens de Brunei avec l'ancien colonisateur restent forts : des juges britanniques siègent à la Haute Cour et à la cour d'appel et un bataillon gurkha de l'armée britannique est stationné en permanence à Seria.

La fédération de Malaisie

En 1946, les Britanniques persuadèrent les sultans d'adhérer à l'Union malaise, qui regroupait tous les États de la Malaisie péninsulaire sous une autorité centrale et offrait la citoyenneté à tous les habitants, quel que soit leur origine. Les sultans furent réduits au statut de "conseillers" rétribués, le système de privilèges au profit des Malais fut aboli et la souveraineté fut transférée à la Couronne britannique.

Les Malais, habituellement dociles, furent moins enthousiastes que les sultans et des manifestations houleuses se déroulèrent dans tout le pays. Le premier parti politique malais, la United Malays National

1909

Les Britanniques concluent un accord avec la Thaïlande pour obtenir le contrôle du Kelantan, du Terengganu, du Perlis et du Kedah. Le Johor accepte un résident britannique en 1914 et rejoint les "États malais non fédérés".

1941

Les Japonais débarquent sur la côte nord-est de la Malaisie. En un mois, ils ont pris Kuala Lumpur et, un mois plus tard, ils sont aux portes de Singapour.

1942

Les Britanniques subissent une défaite humiliante en février quand Singapour se rend aux Japonais. Les occupants la rebaptisent Syonan (Lumière du Sud).

1946

La United Malays National Organisation (UMNO) est fondée le 1er mars, signalant l'essor du nationalisme malais et le désir d'indépendance politique par rapport à la Grande-Bretagne.

L'ÉTAT D'URGENCE

Si la création de la fédération de Malaisie calma les Malais, les Chinois se sentirent trahis, notamment en raison de leur contribution massive à l'effort de guerre. Nombre d'entre eux rejoignirent le Malayan Communist Party (MCP ; Parti communiste malais), qui promettait une société juste et équitable. En 1948, le MCP se réfugia dans la jungle et entama une guérilla de 12 ans contre les Britanniques. De même niveau que les guerres civiles malaises du XIXe siècle, l'insurrection fut néanmoins classée état d'urgence pour des questions d'assurance.

Les effets de l'état d'urgence furent ressentis plus fortement dans les campagnes, où villages et planteurs étaient régulièrement la cible des rebelles. En 1951, le haut commissaire britannique fut assassiné sur la route de Fraser's Hill. Son successeur, le général Gerald Templer, tenta de "conquérir le cœur et l'esprit du peuple". Près de 500 000 paysans chinois furent installés de force dans des *kampung baru* (nouveaux villages) protégés, les restrictions furent supprimées dans les régions sans guérilla, et les Orang Asli furent incités à aider la police à repérer les insurgés.

En 1960, l'état d'urgence fut levé ; des combats sporadiques continuèrent et la reddition officielle ne fut signée qu'en 1989.

Organisation (UMNO ; Organisation nationale unie des Malais), fut formé, entraînant la dissolution de l'Union malaise. En 1948, la création de la fédération de Malaisie restitua leur souveraineté aux sultans et leurs privilèges aux Malais.

Dans le premier volume de ses mémoires, *Petit Wilson et Dieu le Père* (Grasset, 1996), Anthony Burgess décrit son expérience dans le Kelantan en tant qu'officier de renseignements au service de l'administration coloniale dans les années 1950.

La Merdeka

La campagne pour l'indépendance de la Malaisie fut conduite par l'UMNO, qui conclut une alliance stratégique avec la Malayan Chinese Association (MCA ; www.mca.org.my) et le Malayan Indian Congress (MIC ; www.mic.org.my). Le nouveau parti de l'Alliance, dirigé par Tunku Abdul Rahman, remporta une victoire écrasante aux élections de 1955 et, le 31 août 1957, la Merdeka (Indépendance) fut déclarée. Le Sarawak, le Sabah (alors Bornéo Nord) et Brunei restaient sous domination britannique.

En 1961, Tunku Abdul Rahman proposa de fusionner Singapour, la Malaisie, le Sabah, le Sarawak et Brunei, ce que la Grande-Bretagne accepta l'année suivante. Brunei changea d'avis au dernier moment, le sultan Sri Muda Omar Ali Saifuddien III (et probablement la compagnie Shell) ne voulant pas perdre les revenus des vastes ressources pétrolières au profit de la péninsule.

Dès sa naissance en juillet 1963, la Malaisie moderne dut affronter une crise diplomatique. Les Philippines rompirent les relations, prétendant que le Sabah faisait partie de leur territoire (une prétention qui perdure).

1948

Le Malayan Communist Party (MCP ; Parti communiste malais) se réfugie dans la jungle et entame une guérilla contre les Britanniques ; appelée l'"état d'urgence", elle durera 12 ans.

1951

Sir Henry Gurney, le haut commissaire britannique de la Malaisie, est assassiné sur la route de Frazer's Hill par des rebelles du MCP. Nombre de Chinois modérés quitteront alors le parti.

POPPERFOTO/GETTY IMAGES ©

» Sir Henry Gurney

1955

Le Parti Perikatan (parti de l'Alliance), qui regroupe l'UNMO, la Malayan Chinese Association (MCA) et le Malayan Indian Congress (MIC), remporte les premières élections nationales de Malaisie.

De son côté, l'Indonésie revendiqua la totalité de Bornéo et envahit des parties du Sabah et du Sarawak avant d'abandonner en 1966.

Le mariage de Singapour et de la Malaisie était aussi voué à l'échec. Les Chinois étaient plus nombreux que les Malais en Malaisie et à Singapour, et le nouveau dirigeant de l'île-État, Lee Kuan Yew, refusa d'accorder les privilèges constitutionnels aux Malais de Singapour. Des émeutes éclatèrent à Singapour en 1964 ; en août 1965, Tunku Abdul Rahman fut obligé d'exclure Singapour de la fédération.

Disponible en DVD (www.dahuangpictures.com), le documentaire d'Amir Muhammad *Malaysian Gods* (2009) retrace les dix années du mouvement Reformasi qui débuta avec le limogeage d'Anwar Ibrahim, vice-Premier ministre, en 1998.

Les tensions raciales

Les Malais appauvris devinrent de plus en plus envieux de la réussite économique des Chinois malais, tandis que les Chinois contestaient les privilèges politiques offerts aux Malais. La situation atteignit son paroxysme quand le gouvernement, majoritairement malais, tenta de supprimer toutes les langues sauf le malais et instaura une politique d'éducation nationale ignorant l'histoire, la langue et la culture chinoises et indiennes.

Lors des élections générales de 1969, le parti de l'Alliance perdit sa majorité des deux tiers au Parlement. À Kuala Lumpur, un défilé célébrant la victoire du parti d'Action démocratique (Democratic Action Party ; DAP) et du Gerakan (mouvement du Peuple) dégénéra en émeute ; des gangs malais en profitèrent pour piller des commerces chinois et tuer près de 200 Chinois.

Choqué par la sauvagerie des affrontements, le gouvernement décida que l'harmonie entre les communautés nécessitait la parité économique. Dans ce but, il introduisit la Nouvelle politique économique (NEP), un plan socioéconomique de discrimination positive. Le parti de l'Alliance invita les partis d'opposition à le rejoindre pour travailler avec lui, formant une vaste coalition nommée Barisan Nasional (BN ; Front national).

La Malaisie est dotée de deux systèmes judiciaires : la Cour fédérale qui règle les affaires laïques et la *Syariah* (charia) qui s'applique au domaine religieux.

L'ère Mahathir

En 1981, Mahathir Mohamad, ancien membre de l'UMNO, devint Premier ministre. Jusque-là dépendante de matières premières comme le caoutchouc, l'économie malaise se transforma rapidement en un pôle industriel et manufacturier. Les monopoles d'État furent privatisés et les industries lourdes, comme la métallurgie (un échec) et la construction automobile (une réussite car fortement protégée), furent encouragées. Les multinationales furent incitées à s'installer dans le pays, et les biens manufacturés passèrent en tête des exportations.

L'une des principales critiques du mandat de Mahathir fut de transformer les principaux médias en porte-parole du gouvernement. Les sultans perdirent leur droit de veto sur la législation, et la justice,

1957

Le 31 août, la Merdeka (indépendance) est proclamée en Malaisie ; Tunku Abdul Rahman devient Premier ministre et les 9 sultans acceptent de régner sur le pays à tour de rôle.

1963

En juillet, les territoires britanniques du Sabah et du Sarawak à Bornéo sont réunis à Singapour et à la Malaya pour former la Malaisie, une initiative qui débouche sur des confrontations avec l'Indonésie et les Philippines.

1965

En août, après le refus de Singapour d'étendre les privilèges constitutionnels aux Malais de l'île, des émeutes éclatent et Singapour est exclue de la Malaisie. Lee Kuan Yew devient Premier ministre.

1967

Le sultan Sri Muda Omar Ali Saifuddien III abdique volontairement en faveur de son fils aîné, Hassanal Bolkiah, aujourd'hui le 29e sultan de la lignée royale ininterrompue de Brunei.

LES PRIVILÈGES DES BUMIPUTRA

À son introduction en 1971, le but de la Nouvelle politique économique (NEP) était de transférer 30% des entreprises de Malaisie aux mains des Malais de souche, ou *bumiputra* (fils du sol), en 20 ans. Une importante campagne de discrimination positive commença, permettant aux Malais de devenir majoritaires dans l'armée, la police, la fonction publique et le gouvernement. Cette discrimination s'étendit à l'éducation, aux bourses d'études, aux parts des sociétés, à la direction des entreprises et même au droit d'importer des voitures.

En 1990, les *bumiputra* détenaient 19% des sociétés, soit 11% de moins que l'objectif fixé. Cependant, la pauvreté avait énormément diminué, une nouvelle classe moyenne malaise avait émergé et la violence nationaliste des extrémistes malais s'était calmée. Cependant, le favoritisme et la discrimination envers les Indiens et les Chinois augmentaient, alors que trois sur quatre des plus pauvres restaient des Malais.

La discrimination positive en faveur des *bumiputra* perdure aujourd'hui, mais elle est considérée comme un frein plutôt qu'une aide. Selon le *New York Times*, l'ancien ministre de la Justice Zaid Ibrahim déclarait que la Malaisie avait "sacrifié la démocratie pour la suprématie d'une race" en accordant des privilèges économiques aux *bumiputra*. En septembre 2010, le Premier ministre Najib Razak a préconisé une réforme fondamentale des mesures promalaises, mais a reculé au moment de changer le système.

À l'opposé se trouvent ceux qui, comme l'ancien Premier ministre Mahathir Mohamad, pensent que les *bumiputra* pâtiraient le plus d'un système totalement basé sur la méritocratie. Un sondage effectué en juillet 2010 par le Merdeka Centre, un organisme indépendant, montre que les Malais sont divisés sur cette question : 45% estiment que ces mesures ne bénéficient qu'aux riches et à ceux qui ont des relations, 48% les jugent bonnes pour tous.

auparavant fièrement indépendante, dut se plier aux souhaits du gouvernement ; le cas le plus célèbre fut celui d'Anwar Ibrahim. Mahathir permit également un large recours à l'Internal Security Act (ISA ; loi sur la sécurité intérieure) pour museler les leaders de l'opposition et les activistes sociaux ; l'un des exemples les plus fameux est l'opération Lalang en 1987, quand 106 personnes furent arrêtées et plusieurs journaux interdits de publication.

Crise économique et politique

En 1997, après une décennie de croissance quasi constante à 10%, la Malaisie fut touchée par la crise régionale des devises. Mahathir blâma les spéculateurs occidentaux, les accusant d'avoir délibérément sacrifié les économies des pays émergents à leur profit personnel. Il indexa le cours du ringgit malais par rapport au dollar US, renfloua les entreprises

1969

Des émeutes raciales éclatent à Kuala Lumpur le 13 mars et font 198 morts. Pour calmer la situation, le gouvernement instaure la nouvelle politique économique de discrimination positive pour les Malais.

1974

Après la formation du Barisan Nasional (BN) en 1973, la nouvelle coalition menée par Tun Abdul Razak remporte à une majorité écrasante les élections générales en Malaisie.

1981

Le Dr Mahathir Mohamad devient Premier ministre de Malaisie. Il introduit les mesures "Achetez britannique en dernier" et "Regardez vers l'Est" pour favoriser les relations commerciales avec le Japon, la Corée du Sud et Taïwan.

1984

Sans enthousiasme, le sultan Hassanal Bolkiah conduit le Brunei à l'indépendance. Le pays penche ensuite vers le fondamentalisme et adopte la loi islamique en 1991.

perçues comme favorables au gouvernement, força des banques à fusionner et rendit difficile pour les investisseurs étrangers de retirer leur argent de la Bourse de Malaisie. Ces mesures permirent à la Malaisie de surmonter la crise plus rapidement que nombre des pays voisins, augmentant le prestige de Mahatir.

Débuté en 1995, le vaste chantier du Multimedia Super Corridor (MSC), un ensemble d'infrastructures qui s'étend du centre de KL au nouvel aéroport international de Sepang, s'est étendu pour englober toute la vallée du Klang.

Anwar Ibrahim, vice-Premier ministre et probable héritier de Mahathir, était en désaccord avec ce dernier sur la manière de résoudre la crise économique. Leur brouille était si forte qu'en septembre 1998 Anwar fut limogé, et peu après accusé de corruption et de sodomie. De nombreux Malais, persuadés de la fausseté des accusations, descendirent dans les rues pour soutenir l'appel d'Anwar à une "*reformasi*". Les manifestations furent durement réprimées et les procès furent largement critiqués, car injustes. Anwar fut condamné à 15 ans d'emprisonnement. La communauté internationale prit sa défense et Amnesty International le considéra comme un prisonnier d'opinion.

L'année suivante, lors des élections générales, le BN perdit quantité de voix, surtout dans les campagnes. Les vainqueurs furent le PAS (Parti Islam se-Malaysia), le Parti islamique fondamentaliste, qui avait bruyamment soutenu Anwar, et le Keadilan (Parti de la justice du peuple), un nouveau parti dirigé par l'épouse d'Anwar, Wan Azizah.

Le BN sur la corde raide

Abdullah Badawi, le successeur du Premier ministre Mahathir, officiellement investi en 2003, offrit une écrasante victoire au BN lors des élections de 2004. Contrairement à son tonitruant prédécesseur, le pieux Abdullah impressionna immédiatement les électeurs par sa volonté d'éviter les confrontations et de rechercher le consensus. Il mit en place une commission royale pour enquêter sur la corruption dans la police (ses recommandations ne sont toujours pas appliquées) et suspendit plusieurs projets ruineux de l'époque Mahathir, dont un nouveau pont sur le détroit de Johor jusqu'à Singapour.

Lee Hsien Loong, le Premier ministre de Singapour, est l'homme d'État le mieux rétribué du monde. En 2008, son salaire annuel s'élevait à 3,8 millions $S (1,9 million €).

Libéré en 2004, Anwar revint sur la scène politique en août 2008 après avoir été élu au siège laissé vacant par son épouse. Cependant, l'accusation de sodomie fut réitérée contre lui en juin et il fut arrêté en juillet, avant d'être définitivement acquitté.

Lors de l'élection de mars 2008, l'UMNO et ses partenaires du Barisan Nasional (BN) perdirent leur majorité des deux tiers au Parlement. Le Pakatan Rakyat (PR), le parti d'opposition de l'Alliance du peuple, conduit par Anwar Ibrahim, récolta non seulement 82 des 222 sièges du Parlement, mais prit également le contrôle de 4 des 13 États malaisiens, dont les centres économiques clés du Selangor et du Penang. Le PR perdit le Perak après un complexe jeu de pouvoir entre des députés transfuges.

1998

Anwar Ibrahim est limogé, arrêté, jugé et emprisonné à la suite de désaccords avec le Dr Mahathir sur le traitement de la crise monétaire asiatique et de la corruption gouvernementale.

2003

Ayant annoncé sa démission l'année précédente, Mahathir cède le poste de Premier ministre à Abdullah Badawi. Il reste très critique envers la politique nationale.

2007

Alors que la Malaisie célèbre le cinquantenaire de son indépendance, elle est ébranlée par deux manifestations antigouvernementales en novembre qui rassemblent des dizaines de milliers de personnes à KL.

2008

Aux élections de mars, le BN conserve le pouvoir mais le Pakatan Rakyat (PR), une coalition d'opposition, lui inflige de sévères défaites. En août, Anwar Ibrahim devient chef du PR après sa réélection au Parlement.

En avril 2008, Abdullah Badawi démissionna en faveur de son vice-Premier ministre Mohd Najib bin Tun Abdul Razak (communément appelé Najib Razak). Fils d'Abdul Razak, le deuxième Premier ministre de la Malaisie indépendante, et neveu de Hussein Onn, le successeur de Razak, Najib avait été préparé à ce poste avant même son entrée en politique à l'âge de 23 ans, en 1976. Cependant, le changement intervient peut-être trop tard pour redorer le panache de l'UMNO, un parti considéré corrompu et loin du peuple selon une enquête du Merdeka Centre (www.merdeka.org).

Lors des dernières élections législatives de mai 2013, plus de 80 % des électeurs se sont déplacés pour confirmer au pouvoir le BN, lui donnant 133 sièges – soit la majorité nécessaire au Parlement pour former un gouvernement. Le PR décroche 56 sièges, mais Anwar Ibrahim dénonce une fraude massive (voir p. 560).

Dans *Singapour, la cité-État ambitieuse* (La Documentation française), Rodolphe de Koninck évoque le destin de ce petit territoire qui entend bien montrer la voie au reste de l'Asie du Sud-Est.

L'amélioration des relations internationales

Depuis que la Malaisie a exclu Singapour de la fédération en 1965, les deux pays se sont comportés en frères querelleurs. Singapour, le brillant cadet qui compense le peu de ressources naturelles par une population travailleuse, a réussi à susciter l'admiration internationale pour son industrialisation rapide et réussie. De l'autre côté du Causeway, la Malaisie a connu une transformation économique tout aussi impressionnante grâce à des ressources prodigieuses, en particulier pétrolières et gazières.

Les relations entre les deux pays devinrent très tendues dans les années 1990. Lc Premier ministre malaisien, le Dr Mahathir, et le "ministre mentor" singapourien, Lee Kuan Yew, échangeaient des insultes de part et d'autre du Causeway, le premier accusant les Singapouriens d'"uriner dans les ascenseurs", le second rétorquant que la ville de Johor Bahru était "connue pour les fusillades, les agressions et les braquages de voiture".

Récemment, les relations semblent s'améliorer. Les querelles persistantes au sujet de l'eau (en vertu d'un accord de 1962, la Malaisie fournit chaque jour à Singapour 250 millions de gallons d'eau non traitée) deviennent stériles alors que Singapour développe de nouvelles sources d'approvisionnement. L'accord d'échange de terres de 2011, qui a mis fin à une longue dispute sur la voie ferrée du KTM à Singapour, a été annoncé comme un changement historique dans les relations entre les deux pays.

Les rapports entre la Malaisie et Brunei sont aussi devenus bien plus cordiaux en 2009, quand les deux pays ont signé un accord pour régler 20 ans de différend territorial autour de Limbang et pour les sites gaziers et pétroliers au large. La compagnie malaisienne Petronas travaille aujourd'hui avec Brunei pour développer ces sites.

2009

En avril, Najib Tun Razak remplace Abdullah Badawi au poste de Premier ministre. Il lance sa politique "1Malaysia" pour instaurer le respect et la confiance entre les différentes communautés du pays.

AFP/GETTY IMAGES ©

2011

Les élections au Sarawak débouchent à nouveau sur un gouvernement BN mais avec une majorité moindre ; des dizaines de milliers de manifestants à KL réclament des élections plus justes.

» Peinture murale représentant les anciens Premiers ministres, Kuala Lumpur

Populations, cultures et politique

Les Malais, très sensibles au statut social, sont attachés aux titres honorifiques – par ordre d'importance Tun, Tan Sri, Datuk et Dato.

Lorsque l'on voyage dans cette partie du monde, on rencontre immanquablement d'accueillants Malaisiens, Singapouriens et Brunéiens, qui ont un sens aigu de l'expérience commune et de l'identité nationale. Toutefois, aucune de ces nations multiculturelles n'est un creuset parfait : les tensions ethniques et religieuses sous-jacentes ne sont pas absentes de la vie quotidienne, notamment en Malaisie.

Il existe des différences culturelles bien distinctes entre les trois grandes communautés ethniques de la région que sont les Malais, les Chinois et les Indiens. Mais il faut aussi prendre en compte les Peranakan (Chinois des Détroits) et les autres communautés raciales mixtes, ainsi que les populations aborigènes plus anciennes – les Orang Asli de Malaisie péninsulaire et le peuple indigène de Bornéo – qui comprennent quantité de groupes tribaux différents et parlent plus de 100 langues et dialectes.

Les gouvernements tentent tous à des degrés divers d'influer sur la vie des citoyens par leur politique sociale et économique. En Malaisie, la Nouvelle politique économique (NEP), destinée à aider les Malais défavorisés, n'a que partiellement réussi. À Singapour, le gouvernement a encouragé le planning familial dans les années 1970 et 1980 afin d'endiguer la natalité galopante. Victime de son succès, il a aujourd'hui recours, entre autres, à des incitations financières pour encourager ses ressortissants, en particulier les Chinois ayant un niveau d'études élevé, à avoir des enfants. À Brunei, le sultan a engagé son pays sur la voie d'un fondamentalisme islamique modéré, défini par la doctrine du Melayu Islam Beraja (monarchie islamique malaise).

En Malaisie, le nom de famille d'une personne est le prénom de son père. C'est la raison pour laquelle les Malaisiens s'adresseront à vous en disant M. ou Mme suivi de votre prénom. En utilisant votre nom de famille, ils s'adresseraient, en fait, à votre père.

Les populations

Les Malais

Les Malais, musulmans de naissance, sont censés suivre les préceptes de l'islam, mais nombreux sont ceux qui perpétuent les croyances ancestrales et l'*adat*. Trouvant ses racines dans la période hindoue, l'*adat* (droit coutumier) met l'accent sur la responsabilité collective afin de maintenir l'harmonie du groupe – ce qui explique certainement en partie les bonnes relations qu'entretiennent les différents groupes ethniques de Malaisie.

Il ne faut pas sous-estimer l'attrait de l'esprit communautaire du *kampung* (village) dans la société moderne. Bien des citadins malais le regrettent, malgré le confort matériel dont ils bénéficient chez eux. En principe, les villageois bénéficient tous d'un statut identique – à l'exception du chef (*penghulu* ou *ketua kampung*), choisi en fonction de sa fortune, de sa plus grande expérience ou de ses connaissances spirituelles. Traditionnellement, c'esr le fondateur du village qui en devenait le chef et les membres de sa famille accédaient souvent à des fonctions dirigeantes. Le *penghulu* est normalement un hadji, un musulman ayant accompli le pèlerinage à La Mecque.

L'imam, chef religieux musulman, a beaucoup de pouvoir dans la communauté puisque c'est lui qui dirige la prière et détient la connaissance des textes, mais même les Malaisiens éduqués et citadins se tournent périodiquement vers le *pawang* (chaman qui possède une connaissance surnaturelle des récoltes et de la nature) ou le *bomoh* (guérisseur spirituel connaissant les plantes médicinales et ayant la capacité d'utiliser le pouvoir du monde spirituel), pour recueillir des conseils avant de prendre des décisions importantes.

Le terme *kiasu*, qui vient du hokkien et signifie littéralement "qui a peur de perdre", est traditionellement employé pour désigner les habitants de Singapour. Il fait référence à un ensemble d'attitudes motivées par la peur de manquer une opportunité, par une certaine cupidité – qui, du point de vue occidental, seront souvent jugées comme un manque de courtoisie.

Les Chinois

Les coutumes religieuses régissent la vie de la communauté chinoise, de la naissance (l'heure et la date sont soigneusement consignées pour l'établissement des horoscopes) aux funérailles, caractérisées par de nombreux rites. Les premiers Chinois qui arrivèrent dans la région, au début du XVe siècle, venaient essentiellement de la province du Fujian, dans le sud de la Chine, et finirent par composer la moitié du groupe appelé Peranakan. Ils créèrent leur propre culture hybride, alors que les immigrants des périodes ultérieures, venus des provinces de Guangdong et de Hainan, demeuraient plus attachés à la culture de leur pays natal, allant même jusqu'à conserver leur dialecte.

Tous les Chinois de la région s'accordent sur un aspect culturel : l'importance de l'éducation. Le sujet est très sensible dans la communauté chinoise de Malaisie depuis la tentative, dans les années 1960, de supprimer les établissements secondaires où le chinois était la langue d'enseignement, et depuis l'application, au début des années 1970, de mesures gouvernementales qui favorisent les Malais. La difficulté que les Chinois rencontrent pour trouver un enseignement adapté en Malaisie a poussé de nombreuses familles à travailler deux fois plus pour pouvoir payer les frais de scolarité de leurs enfants dans des écoles privées du pays et à l'étranger.

Les Indiens

Tout comme les Chinois, les Indiens de Malaisie viennent de nombreuses régions du sous-continent et ont une culture différente selon leur religion – essentiellement l'hindouisme, l'islam, le sikhisme et le christianisme. La plupart sont des Tamouls, venant à l'origine du Tamil Nadu, dans le sud de l'Inde, où les traditions hindoues sont fortes. Plus tard, les Indiens musulmans du nord de l'Inde suivirent, à l'instar des sikhs. Ces appartenances religieuses dictent de nombreuses coutumes et pratiques familiales des Indiens de Malaisie, mais le Deepavali est un événement que tous les hindous et la majorité de la région célèbrent.

Une petite élite indienne anglicisée occupe depuis longtemps une place prépondérante dans la société malaisienne et singapourienne, suivie par une classe de riches marchands. Mais la majorité des Indiens – des immigrants engagés comme ouvriers par les Britanniques – forme une classe ouvrière défavorisée.

Les Orang Asli

Les peuples indigènes de Malaisie – que l'on désigne par le terme générique d'Orang Asli – jouèrent un rôle important dans les premiers échanges commerciaux en enseignant aux colons ce qu'ils savaient sur

LES PERANAKAN, OU "CHINOIS DES DÉTROITS"

Le terme peranakan, qui signifie "demi-caste" en malais, désigne les descendants des premiers immigrants chinois arrivés au XVIe siècle, principalement à Singapour, à Melaka et à Penang, et qui firent souche en se mariant avec des Malaises.

La culture et la langue des Peranakan offrent un bel exemple de métissage entre traditions chinoises et malaises. Les Peranakan adoptèrent le nom et la religion de leur père, et les coutumes, la langue et le costume de leur mère. Ils se distinguent des émigrants chinois plus récents en se désignant par les termes de "Straits-born" ou "Straits Chinese" (Chinois des Détroits).

On leur donne également le nom de Baba-Nonya, ces mots signifiant respectivement homme et femme en peranakan. Essentiellement des marchands fortunés, les Peranakan aimaient satisfaire leur goût pour le mobilier somptueux, les bijoux et les brocarts. Leurs maisons à toit en terrasse sont peintes de couleurs vives, et leurs murs décorés de carreaux de faïence ornés de motifs. Leur intérieur, lui, privilégie les meubles en bois richement sculptés et la marqueterie.

Le costume peranakan est également très sophistiqué. Les femmes revêtent des *kasot manek*, pantoufles brodées de perles, et des *kebaya* (blouses portées sur un sarong) retenus par de magnifiques *kerasong* (broches), généralement en filigrane d'or et d'argent. Les hommes ont adopté au XIXe siècle de se vêtir à l'occidentale pour manifester leur aisance matérielle et se mettre sur un pied d'égalité avec leurs interlocuteurs britanniques. Ils réservent leurs atours traditionnels aux grandes occasions comme les mariages, cérémonies qui suivent les rites prescrits par l'*adat* (loi coutumière malaise).

Le peranakan est un dialecte malais enrichi de nombreux mots hokkien (dialecte chinois), aussi les Malais ne le comprennent-ils pas. Il est également composé de mots et d'expressions en anglais et en français, et parfois de mots malais en verlan.

les produits forestiers et en guidant les prospecteurs jusqu'aux filons d'étain et de métaux précieux. Durant l'état d'urgence anticommuniste des années 1950, ils servirent aussi d'éclaireurs et de guides des forces anti-insurgés.

Malgré tout, les Orang Asli demeurent marginalisés en Malaisie. Selon les chiffres les plus récents publiés par le département des Affaires orang asli (JHEOA ; www.jheoa.gov.my) en décembre 2004, il y aurait en Malaisie péninsulaire un peu moins de 150 000 Orang Asli, dont 80% vivent sous le seuil de pauvreté (alors que la moyenne nationale est de 8,5%). Les Orang Asli sont généralement classés en trois groupes : Négritos, Senoi et Proto-Malais. Ces derniers se subdivisent en 18 groupes ethniques, le plus petit formé par les Orang Kanak, ne comptant que 87 membres. Les Orang Asli parlent des dizaines de langues tribales différentes et perpétuent, pour la plupart, des croyances animistes, malgré de vigoureuses tentatives visant à les convertir à l'islam.

Parmi les Singapouriens d'origine peranakan célèbres figurent l'ancien Premier ministre Lee Kuan Yew, le chanteur et compositeur Dick Lee et l'ancien ministre Goh Keng Swęe.

Bien que le JHEOA ait été créé à l'origine pour faire remonter les revendications orang asli (comme leurs droits sur leurs terres) auprès des instances gouvernementales, le département s'est mué en un simple canal qui transmet les décisions gouvernementales. Les droits des Orang Asli sur leurs terres ne sont pas reconnus, aussi quand ils en sont chassés par des projets d'exploitation forestière, agricole ou d'infrastructures, leurs revendications sont-elles tout simplement considérées comme illégales.

En 2010, le gouvernement a présenté un projet visant à transformer le JHEOA en une compagnie qui pourrait prendre en charge les terres des Orang Asli (les Orang Asli gèrent actuellement tous seuls leurs petites propriétés). Le Centre for Orang Asli Concerns (www.coac.org.my) s'est élevé contre ce projet, affirmant qu'il appauvrirait encore davantage un groupe de personnes déjà très pauvres.

Les Dayak et les peuples de Bornéo

Tous les groupes ethniques de Bornéo ne se considèrent pas comme des Dayak, mais le terme regroupe des peuples qui ont beaucoup en commun – et pas uniquement d'un point de vue extérieur.

SARAWAK

C'est sans doute dans le Sarawak, où les Dayak constituent environ 48% de la population, que l'on peut le mieux découvrir leur culture et leurs modes de vie dayak.

Environ 29% des Sarawakiens sont Iban, une ethnie qui est venue du fleuve Kapuas, dans la province de Kalimantan occidental, il y a cinq à huit siècles. Également connus sous le nom de Dayak de la mer en raison de leurs exploits en tant que pirates, les Iban sont des cultivateurs de riz qui habitent dans des maisons longues (*longhouses*). Leur difficulté à renoncer à la chasse aux têtes a renforcé leur réputation de peuple féroce.

Les Bidayuh (8% de la population), qui viennent en majorité de l'actuel Kalimantan occidental, se concentrent dans les collines situées au sud et au sud-ouest de Kuching. Peu de Bidayuh vivent toujours dans une *longhouse* et les habitants des villages adjacents parlent parfois des dialectes différents.

Les groupes vivant sur les plateaux, tels que les Kelabit, les Kayan et les Kenyah (c'est-à-dire tous les peuples à l'exception des Bidayuh, des Iban et des Melenau, qui vivent sur le littoral) sont souvent désignés collectivement par le terme Orang Ulu ("peuple de l'amont"). Les Penan (voir p. 455), un groupe à l'origine nomade de chasseurs-cueilleurs, vivent quant à eux dans le nord du Sarawak.

SABAH

Aucune des quelque 30 ethnies indigènes du Sabah n'apprécie particulièrement le terme Dayak. Le groupe ethnique les plus important de l'État, les Kadazan-Dusun, représente 18% de la population. Principalement catholique, les Kadazan et les Dusun parlent la même

> Le terme Dayak– qui signifie "amont" ou "intérieur" dans certaines langues locales, et "être humain" dans d'autres – fut utilisé pour la première fois par les autorités coloniale vers 1840.

> Certaines sociétés dayak, comme les Iban et les Bidayuh, sont incroyablement égalitaires. D'autres, notamment les Kayan, sont régies par une hiérarchie sociale stricte – mais devenue aujourd'hui un peu floue – avec des classes de nobles (*maren*), d'artistocrates (*hipuy*), de roturiers (*panyin*) et d'esclaves (*dipen*).

VIVRE DANS UNE *LONGHOUSE*

Les *longhouses*, ou maisons longues (*rumah batang* ou *rumah panja* en malais), sont l'élément le plus caractéristique de la vie des Dayak. Ces habitations peuvent regrouper un village entier sous un seul et même interminable toit. Il existe des *longhouses* de toutes formes et de tous styles, mais toutes sont installées sur pilotis, au-dessus du sol humide de la jungle, et la plupart sont construites sur les berges ou à proximité d'une rivière.

La partie la plus importante d'une *longhouse* est la véranda couverte, appelée *ruai* chez les Iban, *awah* chez les Bidayuh et *dapur* chez les Kelabits (les autres ethnies utilisent d'autres termes). Cet espace commun est le lieu où l'on se retrouve, travaille, fait la cuisine, prend ses repas et où se tiennent les célébrations.

L'un des murs de la véranda, qui peut mesurer jusqu'à 250 m de long, est percé de portes menant aux *bilik* (appartements) familiaux individuels, où se trouvent les couchages et les rangements. Si vous demandez la taille d'une maison longue, on vous dira sans doute combien il y a de portes (c'est-à-dire d'appartements familiaux).

Comme tout le monde, les Dayak aiment profiter du confort moderne. Ainsi, les *longhouses* réellement habitées allient style traditionnel et commodités actuelles : à côté du bambou utilisé traditionnellement pour les sols, on peut voir de la tôle ondulée, du linoléum, des antennes paraboliques et un parking juste devant.

La plupart des jeunes Dayak quittent la *longhouse* pour poursuivre leurs études et trouver du travail dans les villes, mais presque tous gardent des liens étroits avec leur habitation, où ils reviennent lors des grands événements familiaux ou communautaires.

langue et ont des coutumes similaires. Toutefois, les premiers vivaient à l'origine principalement sur la côte occidentale et dans les deltas des rivières de l'État, tandis que les seconds habitaient l'intérieur des terres.

Les Murut (3,2% de la population) habitaient traditionnellement dans les collines du Sud-Ouest, qui bordent le Kalimantan et Brunei, et vivaient de la culture du riz et de la chasse à la lance et à la sarbacane. Ils furent soldats pour les sultans du Brunei, et le dernier groupe de l'État à abandonner la chasse aux têtes.

BRUNEI

Les non-Malais autochtones, essentiellement des Iban et des Kelabit, représentent moins de 10% de la population de Brunei.

Les politiciens malaisiens sont connus pour faire appel, durant leurs campagnes électorales, à des *bomoh*, guérisseurs traditionnels et médiums spirituels, afin qu'ils les assistent dans leur stratégie et leur donnent une vue d'ensemble de la situation.

Multiculturalisme

Depuis les émeutes raciales de 1969 en Malaisie, qui ont marqué un sommet dans les tensions entre communautés malaise et chinoise, le pays est parvenu à forger une société multiculturelle plus tolérante. Si les loyautés ethniques restent fortes, l'idée d'une identité malaisienne fait peu à peu son chemin.

La politique gouvernementale dite des *bumiputra* (voir p. 571) a permis d'intégrer un plus grand nombre de Malais dans l'économie, mais seule une élite en a bénéficié. Elle a contribué, certes, à désamorcer les craintes des Malais et à atténuer leur rancœur vis-à-vis de la domination économique des Chinois. Mais elle s'est faite aux dépens de ces derniers et des Indiens, victimes d'une discrimination résultant de cette politique gouvernementale. Le résultat ? Les communautés coexistent plus qu'elles ne se mêlent ; les mariages mixtes sont rares et le niveau d'éducation est encore largement défini par des bases ethniques.

En juillet 2010, un sondage réalisé par l'institut de sondage indépendant Merdeka Centre montrait que seuls 39% des non-Malais estimaient que la politique "One Malaysia" du gouvernement était dictée par une volonté sincère de rassembler les Malaisiens de toutes les ethnies. Le fait même que le gouvernement ait dû prendre une telle initiative en dit long sur les tensions sous-jacentes qui perdurent sous l'apparente harmonie.

La politique de Singapour a toujours été de donner du pays l'image d'une nation multiculturelle où Chinois, Indiens et Malais cohabitent harmonieusement. La répartition du pouvoir et des richesses entre les différents groupes n'est pas parfaite, mais ce multiculturalisme semble mieux fonctionner à l'échelle réduite de Singapour qu'à celle de la Malaisie.

La petite taille de Brunei (qui n'a rien à voir avec sa richesse) permet à tous ses citoyens, dont 30% ne sont pas musulmans, d'avoir des objectifs communs et de vivre pacifiquement dans un État régi par la loi islamique.

LES LANGUES LOCALES

Anciennes colonies britanniques, la Malaisie, Singapour et Brunei ont conservé l'anglais comme langue véhiculaire, ce qui facilite les choses pour les étrangers anglophones. De nombreuses autres sonorités réjouiront linguistes et amateurs de langues étrangères.

La langue nationale de la Malaisie, le *bahasa malaysia*, est surtout parlée par les Malais du pays. Tamoul, hokkien, cantonais et mandarin, ainsi que plusieurs dialectes chinois et indiens et les langues des Orang Asli sont également parlés dans la région. À Melaka, le *Cristang* est une survivance du portugais du XVIe siècle. Tous les Malaisiens parlent le malais, mais beaucoup maîtrisent également deux autres langues.

Les lecteurs qui parlent anglais risquent d'être un peu surpris en entendant cette langue en Malaisie et à Singapour, car ces pays se sont approprié la langue de Shakespeare en créant des pidgins respectivement appelés Manglish et Singlish.

ÊTRE UNE FEMME EN MALAISIE, À SINGAPOUR ET À BRUNEI

Avant l'introduction de l'islam, les femmes avaient un pouvoir non négligeable dans la société malaise. Certaines dirigeaient leur communauté, et les descendants des Minangkabau, venus de Sumatra et installés dans le Negeri Sembilan, vivent toujours dans une société matriarcale. L'islam a affaibli la position des femmes dans la société malaise, mais ne les a pas obligées à rester cloîtrées ou à porter le *purdah* (voile) imposé au Moyen-Orient. Les femmes malaises continuent à jouir d'une plus grande liberté que beaucoup d'autres musulmanes.

En visitant le pays, vous verrez des femmes actives à tous les niveaux de la société ; de la politique au monde des affaires, en passant par les carrières universitaires. Malgré cela, une femme d'une stature aussi importante que Marina Mahathir, fille de l'ancien Premier ministre et militante des droits des femmes, a comparé en 2006 la condition des Malaisiennes musulmanes à celle des Noirs en Afrique du Sud durant l'apartheid : elles sont, selon elle, traitées comme des citoyennes de second ordre et assujetties à des lois auxquelles les non-musulmanes n'ont pas à obéir.

Marina Mahathir s'est violemment élevée contre les modifications apportées au code de la famille musulmane de Malaisie et qui élargissent les droits réservés aux hommes (avoir plusieurs épouses, divorcer et s'approprier une partie des biens de ses femmes...) – des lois similaires sont d'ailleurs en vigueur dans le sultanat de Brunei.

À Singapour, culturellement dominé par la communauté chinoise, les femmes ne jouaient qu'un rôle restreint dans les affaires publiques. Ces dernières années, elles ont commencé à occuper des postes clés au gouvernement comme dans l'industrie.

À Brunei, pays islamique, les femmes portent davantage le *tudong* (foulard) qu'en Malaisie. Beaucoup travaillent, et quelques-unes seulement sont actives en politique. Depuis 2002, les femmes originaires du sultanat peuvent transmettre leur nationalité à leurs enfants, même si le père est ressortissant d'un autre pays.

Systèmes politiques de la région

Malaisie

La Malaisie est composée de 13 États et de trois territoires fédéraux (Kuala Lumpur, Pulau Labuan et Putrajaya). Chaque État possède un Parlement et un gouvernement dirigé par un *menteri besar* (ministre en chef). Neuf des 13 États ont des chefs héréditaires (sultans), les quatre autres, ainsi que les territoires fédéraux, des gouverneurs mandatés. Les sultans se succèdent tous les cinq ans, selon un ordre préétabli, au poste honorifique de *Yang di-Pertuan Agong* (roi), ainsi qu'à celui de chef de l'État et de la foi islamique. Depuis décembre 2011, le titre est détenu par le sultan Abdul Halim, du Kedah. C'est la seconde fois que ce sultan, âgé de 83 ans, occupe ce poste (il l'avait occupé la première fois de 1970 à 1975).

Depuis 2009, le Premier ministre de Malaisie est Najib Razak, qui dirige le parti Barisan Nasional (BN), une coalition regroupant l'United Malays National Organisation (UMNO) et 13 autres partis. Le parti officiel de l'opposition, le Pakatan Rakyat (PR), dirigé par Anwar Ibrahim, rassemble de son côté le Parti Keadilan Rakyat (PKR), le Democratic Action Party (DAP) et le Parti Islam se-Malaysia (PAS). Les élus siègent dans un Parlement bicaméral réunissant 70 sénateurs (*Dewan Negara;* 26 élus par les 13 assemblées des États et 44 nommés par le roi sur proposition du Premier ministre) et 222 membres de l'Assemblée nationale (*Dewan Rakyat* ; à raison de un par circonscription). Les élections législatives nationales et fédérales ont lieu tous les cinq ans.

L'absence d'élections locales est un problème antidémocratique hérité des années 1960 : depuis 1964, les conseillers municipaux de Kuala Lumpur, George Town et Melaka ont tous été nommés par le gouvernement. Le DAP a demandé dans son programme électoral

L'ISLAM ET LA POLITIQUE

L'islam a toujours joué un rôle primordial dans la politique malaisienne. Le parti des musulmans fondamentalistes, le PAS (Parti Islam se-Malaysia) cherche à instaurer un gouvernement islamiste en Malaisie. Toutefois, s'étant engagé avec le PKR et le DAP dans une alliance d'opposition au PR, le PAS a dû modérer son discours et consacrer plus d'efforts pour atteindre les non-Malais.

Tentant de battre le PAS sur le terrain de la religion, l'UMNO, de par sa position dominante avec le BN, veut faire de la Malaisie un État islamique plus conservateur. Certaines autorités locales ont essayé de limiter, voire d'interdire, la possession de chiens (les musulmans conservateurs considèrent les chiens comme impurs) et de poursuivre les couples qui se tiennent par la main ou s'embrassent en public. Il a été question de faire porter le *tudong* (foulard) aux femmes policières, quelle que soit leur religion, durant les défilés officiels, et des controverses ont fait rage sur l'interdiction, puis la levée de l'interdiction, des bibles en langue iban. Le pays a également assisté à plusieurs destructions médiatisées d'édifices religieux non-musulmans (dont deux temples hindous du XIXe siècle), prétendument construits sans autorisation.

de 2008 à ce que ces élections soient rétablies, mais depuis son arrivée au pouvoir au Penang, il n'a pu mener ce projet à bien faute d'un indispensable soutien fédéral.

Singapour

Singapour est une république parlementaire établie sur le modèle du système parlementaire de Westminster, au Royaume-Uni. Singapour compte de nombreux partis politiques, mais l'un deux, le People's Action Party (PAP), domine le paysage politique depuis l'indépendance. Le président de Singapour (Tony Tan Keng Yam depuis 2011) est un chef d'État élu démocratiquement, un rôle traditionnellement protocolaire qui, depuis 1991, lui donne le pouvoir d'opposer un veto à un petit nombre de décisions, avant tout en rapport avec la sécurité et les forces armées. Le président nomme un Premier ministre (actuellement Lee Hsien Loong) comme chef du gouvernement. Le pouvoir législatif est exercé à la fois par le gouvernement et par le Parlement de Singapour.

Certains détracteurs de ce système électoral affirment qu'il empêche les partis de l'opposition de remporter des sièges et qu'il contribue à ancrer la domination du PAP. Les contrôles stricts (selon les critères occidentaux) que le gouvernement impose à la liberté politique, à la liberté d'expression et aux comportements considérés comme antisociaux viennent conforter cette position.

Toutefois, la dernière élection, en 2011, semble indiquer que les choses évoluent : la popularité du PAP a enregistré une baisse, avec 8,69% de voix en moins. Par ailleurs, le nombre de prétendants aux sièges n'avait jamais été aussi élevé depuis l'indépendance de Singapour, en 1965. Le plus beau score a été recueilli par le Worker's Party (WP) dont le programme politique porte sur les problèmes quotidiens des Singapouriens (salaires, coût de la vie et des soins de santé, transports publics, accessibilité au logement et salaires démesurément élevés des ministres).

Les médias locaux, souvent accusés d'être les porte-parole du gouvernement, ont couvert de manière équitable les campagnes du PAP et des partis d'opposition. Les médias sociaux, autrefois interdits durant les campagnes, ont joué un rôle considérable dans la diffusion de l'information. Le Premier ministre, Lee Hsien Loong, a même participé à un chat sur Internet (son premier).

Au lendemain de l'élection, il semble que le PAP a pris conscience que, d'inébranlable, sa position est devenue plus précaire. La révision à la baisse des salaires ministériels qui a été immédiatement décidée a entraîné la démission du ministre senior Goh Chok Tong et du ministre mentor Lee Kuan Yew. C'est sans doute Goh Chok Tong qui a le mieux résumé la situation, en décrivant les résultats comme "un profond bouleversement du paysage politique".

Brunei

Bien que considéré, au niveau international, comme une monarchie constitutionnelle, Brunei se qualifie officiellement de *Melayu Islam Beraja* (monarchie malaise islamique) et se révèle être, à bien des égards, une monarchie absolue. Le sultan Hassanal Bolkiah est au pouvoir depuis 1967 ; il nomme lui-même son cabinet consultatif, son conseil privé et son conseil de succession. S'il existe bien un conseil législatif, ses 33 membres sont également mandatés par le sultan. En 2004, il avait été question d'organiser des élections afin d'y pourvoir 15 sièges supplémentaires, mais cela n'a jamais été suivi d'effet.

Religions

La liberté de culte est garantie dans cette région majoritairement dominée par l'islam, mais vous ne verrez probablement pas de juifs pratiquer leur religion et le bahaïsme est interdit à Brunei. L'hindouisme était profondément enraciné dans la région avant l'arrivée de l'islam et les diverses religions chinoises sont également bien implantées. Le christianisme était présent, plus à Singapour que dans le reste de la péninsule où il ne fit jamais beaucoup d'adeptes. Il a cependant marqué le Bornéo malais, où de nombreux indigènes se sont convertis, tandis que d'autres sont restés fidèles aux traditions animistes.

Islam

Probablement arrivé en Malaisie au XIVe siècle avec les marchands du sud de l'Inde, l'islam n'était pas celui, plus orthodoxe, de la péninsule arabe. Il fut adopté dans les ports marchands malais et indonésiens, où il absorba les croyances locales sans heurts. Les sultanats musulmans remplacèrent les royaumes hindouistes, mais le concept hindou de roi perdura. Les coutumes hindoues codifiées dans l'*adat* se maintinrent, mais la loi coranique s'imposa.

ADAT

L'*adat*, qui a ses racines dans la période hindoue et même avant, est un ensemble de lois coutumières mettant l'accent sur la responsabilité collective afin de maintenir l'harmonie du groupe.

Si les cérémonies et les croyances malaises sont encore imprégnées de traditions antérieures à l'avènement de l'islam, la plupart des Malais sont de fervents musulmans et sous-entendre le contraire les blesserait profondément. Les fondamentalistes voudraient introduire la stricte loi islamique et purifier la pratique religieuse. Pourtant, si le gouvernement fédéral s'attache à épouser les idéaux musulmans, il se méfie de l'intégrisme.

Croyances et pratiques

La plupart des musulmans malaisiens sont sunnites, mais tous les musulmans se regroupent autour des cinq piliers de l'islam :

Chahada (la profession de foi) "Il n'y a d'autre dieu qu'Allah et Mahomet est son messager."

Salat (la prière) Cinq fois par jour, le muezzin appelle les fidèles à la prière depuis le minaret des mosquées.

Zakat (aumône) Sous la forme habituelle d'un don fait à une œuvre caritative.

Sawm (jeûne) Les fidèles doivent observer le jeûne pendant le mois du ramadan.

Hadj (pèlerinage à La Mecque) Chaque musulman doit effectuer le hadj au moins une fois dans sa vie.

La loi islamique impose des interdits alimentaires. Il est ainsi défendu de boire de l'alcool, de manger du porc et tout produit à base de porc. Bien plus stricts que les restaurants qui affichent "sans porc", les restaurants halal sont indiqués par un signe bien visible.

Si aucun mouvement islamiste radical n'a véritablement pris racine en Malaisie, le conservatisme religieux a pris de l'ampleur ces dernières années. Pour les visiteurs étrangers, le signe le plus évident de cette

LES FÊTES MUSULMANES

Principal événement du calendrier islamique, le ramadan marque le jeûne pour les musulmans. Il se déroule toujours le neuvième mois du calendrier lunaire, ce qui explique qu'il débute tous les ans 11 jours plus tôt que l'année précédente. Pendant 29 à 30 jours (selon la lune), les croyants doivent s'abstenir de toute nourriture du lever au coucher du soleil. Deux semaines avant le début du ramadan, lors de la nuit de Nisfu, les âmes des défunts sont censées rendre visite à leur foyer. Durant le jeûne, Laylatul Qadr, ou nuit de la Grandeur, célèbre la descente du Coran sur la terre avant sa révélation par Mahomet.

Hari Raya Puasa (appelé aussi Hari Raya Aidilfitri) marque la fin du jeûne par 2 jours de joyeuses festivités. Ce sont les jours fériés les plus importants du calendrier musulman et il peut être difficile de trouver un hébergement, notamment sur la côte.

Les autres fêtes islamiques majeures célébrées dans toute la région sont :

Hari Raya Haji Deux jours de fête, généralement en novembre, marquent le retour du hadj (pèlerinage à La Mecque), en souvenir du prophète Ibrahim (Abraham dans la Bible) qui consentit à sacrifier son fils. La plupart des boutiques, bureaux et sites touristiques ferment et les habitants consomment moult gâteaux et sucreries.

Mawlid al-Nabi C'est généralement en mars que l'on fête la naissance du prophète Mahomet.

Awal Mouharram Le Nouvel An musulman tombe en novembre ou en décembre.

évolution est l'obsession nationale de la bienséance, que relaient les polémiques des journaux sur la décence des femmes et les raids de la police dans les établissements publics "immoraux", qui incluent les clubs et les bars où des musulmans pourraient boire de l'alcool.

Il y a une vingtaine d'années, le port du hijab (appelé ici *tudong*) était moins courant parmi les femmes musulmanes. Dans le documentaire intitulé *Siapa Aku ?* (*Qui suis-je ?*), que la jeune réalisatrice Norhayati Kaparawi a tourné en 2011 à travers le pays, il apparaît que cette évolution tiendrait surtout au conformisme, si l'on en croit Shamsul Amri Bahruddin, directeur de l'Institut d'études ethniques de l'université nationale de Malaisie.

Autre évolution : le rôle moteur, à l'échelle du monde islamique, joué par la Malaisie dans l'accès des femmes aux fonctions d'enseignement du Coran et de prêche, quoique la conduite de la prière à la mosquée reste l'apanage des hommes. Ainsi, en 2011, Zaleha Kamaruddin est la première femme à avoir été nommée recteur de l'université internationale islamique de Malaisie.

Le site Sisters in Islam (sistersinislam.org.my, anglophone) a été fondé par un groupe de femmes musulmanes malaises, professionnellement actives, qui refusent de se laisser malmener par une interprétation patriarcale de l'islam.

Religions chinoises

Les Chinois installés dans cette partie du monde mêlent bouddhisme, confucianisme et taoïsme. Le bouddhisme répond aux questions sur la vie après la mort, le confucianisme s'occupe des questions morales et politiques durant la vie, et le taoïsme, ensemble de croyances animistes, enseigne comment vivre en harmonie avec l'univers. Dire que les Chinois ont trois religions serait toutefois une simplification extrême de leur spiritualité. Une conception animiste – c'est-à-dire la croyance en une énergie vitale innée imprégnant les roches, les arbres, les fleuves et les sources – sous-tend la pratique religieuse, mais on vénère aussi comme des dieux les ancêtres, réels ou mythiques. Les croyances diffusées par le taoïsme, le bouddhisme mahayana (du Grand Véhicule) et le confucianisme se superposent à cet édifice.

Au quotidien, les Chinois négligent quelque peu les idéaux philosophiques et l'ascétisme prêchés par Bouddha, Confucius ou Lao Tseu pour s'occuper de leur réussite en ce bas monde, apaiser défunts et esprits et tenter de connaître l'avenir. La spiritualité chinoise n'est pas exempte de superstition. C'est dans les édifices religieux que l'on tentera de découvrir ce que réservent les astres. Il ne faut pas oublier que la religion chinoise est polythéiste. En dehors de Bouddha, Lao Tseu et Confucius, elle comporte quantité de divinités, lares, dieux et déesses spécifiques présidant au destin de professions bien définies.

Parmi les divinités chinoises (*shen*) les plus populaires, on trouve Guan Yu, divinité guerrière devenue aussi dieu des Richesses, mais aussi la divinité locale Toh Peh Kong, qui incarne l'esprit des pionniers et n'existe qu'en dehors de Chine.

Hindouisme

L'hindouisme s'est implanté dans la région il y a un millénaire et demi, aussi influence-t-il les traditions locales comme le *wayang kulit* (théâtre d'ombres) et les cérémonies de mariage. Ce n'est toutefois qu'au siècle dernier, avec l'afflux de travailleurs indiens sous contrat et d'immigrants, qu'il a connu un renouveau.

L'hindouisme se fonde sur trois pratiques : la *puja* (prière), la crémation des défunts et les règles régissant le système des castes. Bien qu'encore très présentes en Inde, ces dernières n'ont jamais revêtu une grande importance en Malaisie, essentiellement parce que les travailleurs immigrés étaient presque tous membres des castes inférieures.

Le panthéon hindou se caractérise par une multitude de divinités tout en se référant à un dieu unique. Omniprésent, celui-ci a habituellement trois incarnations : Brahma, le créateur ; Vishnu, celui qui préserve ; et Shiva, tantôt destructeur tantôt créateur. Tous trois sont représentés avec quatre bras. Brahma dispose en plus de quatre têtes qui symbolisent sa présence omnisciente.

THAIPUSAM

Durant le mois hindou de Thai (janvier/février), les hindous célèbrent une fête originaire de Tamil Nadu (mais aujourd'hui interdite en Inde), Thaipusam. C'est la plus spectaculaire des fêtes hindoues de Singapour et de Malaisie, particulièrement aux grottes de Batu, non loin de Kuala Lumpur.

Les observateurs réagissent à la vue des dévots qui apportent, en remerciement de prières exaucées, une offrande de lait dans des *paal kudam*, pots souvent suspendus à même la peau par des crochets. Les *vel kavadi* sont de grandes cages hérissées de piques transperçant l'épiderme des porteurs, décorées de plumes de paon, d'images de dieux et de fleurs. Certains pénitents se percent la langue et les joues de crochets, de piques ou de tridents.

La fête est l'aboutissement d'environ un mois de prières, de régime végétarien et de préparations rituelles, parmi lesquelles figurent l'abstinence sexuelle et le fait de dormir sur un sol dur. Les participants, dans un état proche de la transe, ne ressentent en apparence aucune douleur. Leurs plaies sont traitées avec du jus de citron et des cendres sacrées pour éviter les cicatrices. Au même titre que la marche sur les braises, ces rites sont réservés aux vrais fidèles. Ceux qui tentent de les accomplir sans préparation suffisante remplissent les salles d'attente des médecins, très occupés à panser leurs stigmates pendant la durée de la fête et à traiter ceux qui font des malaises après des activités aussi éprouvantes.

La fête de Thaipusam est également célébrée à Penang dans les temples Nattukotai Chettiar et Waterfall Hilltop, et à Johor Bahru dans le temple Sri Thandayuthabani. Ipoh attire un grand nombre de fidèles, qui suivent la procession reliant le temple Sri Mariamar à Buntong et le temple Sri Subramaniar à Gunung Cheroh. À Singapour, les hindous marchent du temple Sri Srinivasa Perumal de Serangoon Road jusqu'au temple hindou Chettiar.

Animisme

Les religions animistes des peuples indigènes de Malaisie, appelés de façon générique Orang Asli, sont aussi nombreuses que les tribus. L'animisme n'est pas une religion uniformisée codifiée par un texte. Les phénomènes naturels étant considérés comme les manifestations de divers esprits ou divinités, les animistes se livrent à des pratiques complexes pour les influencer en leur faveur.

Autre dénominateur commun aux sociétés animistes : le culte des ancêtres. Les âmes des défunts y jouent le rôle d'intermédiaires avec l'au-delà. Des rites funéraires complexes sont encore pratiqués dans certaines parties du Sarawak. Des vestiges de stèles monolithiques et d'objets funéraires y ponctuent toujours la jungle aux abords des maisons longues dans les Kelabit Highlands, mais la plupart ne sont toutefois plus entretenus.

En Malaisie orientale (Bornéo), l'animisme des Dayak est connu sous le nom de Kaharingan. Sculptures, totems, tatouages et autres objets (dont, autrefois, des crânes de chasseurs de têtes) servent à repousser les mauvais esprits, à attirer les bons et à apaiser les esprits qui pourraient être contrariés. Les totems que l'on voit à l'entrée des villages et des *longhouses* sont des indications pour les esprits.

Peuple animiste, les Dayak honorent par des danses et des cérémonies le calao, considéré comme un puissant esprit, d'où le caractère précieux de ses plumes.

Problèmes religieux

Liberté de culte ?

L'islam est la religion d'État de la Malaisie, ce qui a des répercussions sur la vie culturelle et sociale à plusieurs niveaux. Les institutions gouvernementales et les banques, par exemple, sont fermées durant 2 heures pour la pause-déjeuner du vendredi en raison de la prière.

Soucieux de ne pas froisser les sensibilités musulmanes, les censeurs du gouvernement décident de ce qui a droit de cité ou non sur les scènes et les écrans du pays. Ainsi, faute de se conformer aux consignes d'habillement et de spectacles imposées en haut lieu, Beyoncé a dû annuler ses concerts. Des juifs sauvés de l'Holocauste (*La Liste de Schindler*) ou un cochon devenant superstar (*Babe*) ne peuvent passer la barre de la censure. En 2008, le Conseil islamique de Malaisie a promulgué un décret contre le yoga, de peur que les exercices corrompent les musulmans.

L'adoption de la charia (loi islamique) est la prérogative des gouvernements des États, comme l'instauration de tribunaux islamiques, dont les décisions ne peuvent plus être annulées depuis 1988 par les tribunaux séculiers. Ce changement a affecté particulièrement les musulmans qui souhaitaient se convertir et les parents divorcés qui ne s'accordaient pas sur la religion à transmettre à leurs enfants.

La Constitution de Brunei autorise, en théorie, la pratique de religions autres que l'islam sunnite (religion officielle de Brunei). Toutefois, comme le relèvent les enquêtes de Freedom House (www.freedomhouse.org), le prosélytisme est interdit aux non-musulmans et la pratique d'autres formes d'islam, fortement découragée. Le christianisme subit la censure. Il ne peut y avoir mariage qu'entre musulmans. Et si, dans les textes, la conversion d'un musulman est possible avec l'accord du ministère des Affaires religieuses, elle est quasi impossible dans les faits.

Relations entre les différentes communautés religieuses

Les relations entre musulmans et chrétiens se sont assombries en 2010 suite à une campagne des fondamentalistes musulmans qui voulaient interdire aux non-musulmans d'appeler Dieu par le terme "Allah" en *bahasa malaysia*. Par ailleurs, le ministère de l'Intérieur avait confisqué

35 000 bibles en *bahasa malaysia* dans le port de Kuching, poussant la fédération chrétienne de Malaisie à porter plainte contre le Premier ministre Najib Razak. Les bibles furent rendues plus tard.

Si, autrefois, tous les habitants participaient aux festivités des diverses communautés religieuses (Hari Raya, Nouvel An chinois…), certains éléments indiquent que ces retrouvailles bon enfant deviennent de plus en plus rares, notamment chez les plus jeunes.

Les relations entre les différentes communautés religieuses au Sabah et au Sarawak sont moins tendues qu'en Malaisie péninsulaire, mais les chrétiens et les Chinois (ces deux groupes se rejoignent dans une certaine mesure), ainsi que les musulmans modérés expriment leurs inquiétudes quant aux risques de voir l'île – et plus particulièrement le Sabah – en proie aux vents d'islamisme qui soufflent des quatre coins du pays.

"Antisémitisme"

Dans cette partie du monde, seul Singapour compte des juifs pratiquants. La synagogue du Penang, fermée depuis 1976, témoigne de la présence passée d'une communauté juive assez importante dans cet État, tout comme le cimetière israélite créé en 1805 à George Town. Ailleurs en Malaisie et à Brunei, les juifs sont quasiment inexistants.

Le site Internet de la communauté juive de Singapour (www.singaporejews.com) donne des renseignements sur l'histoire des juifs de l'île et sur la communauté actuelle.

Néanmoins, un certain antisémitisme sévit en Malaisie et à Brunei, clairement lié à une opposition à Israël. Des écrits antisémites, comme *Les Protocoles des Sages de Sion*, se trouvent facilement dans les librairies. L'ancien Premier ministre Mahathir est le plus célèbre antisémite de Malaisie : lors d'une conférence entre leaders du monde islamique en 2003, il a dénoncé une instrumentalisation des États-Unis au profit des intérêts juifs, tout comme il a fait annuler une tournée du New York Philharmonic en Malaisie pour avoir inscrit au programme l'œuvre d'un compositeur juif.

Plus récemment, le journal malaisien *Utusan Malaysia*, détenu par l'UMNO (Organisation nationale unifiée malaise), a dénoncé la manifestation Bersih de juillet 2011 pour des élections transparentes comme un acte déstabilisateur pouvant favoriser plus ou moins l'ingérence des juifs et d'Israël en Malaisie – commentaires désavoués ultérieurement par le gouvernement.

Les ressortissants israéliens ne peuvent pénétrer en Malaisie qu'avec l'accord du ministère de l'Intérieur et très peu de Malaisiens font la différence entre Israélien et juif, un détail important si vous êtes juif et que vous voyagez dans la région.

Arts et médias

La place des arts en Malaisie, à Singapour et à Brunei est méconnue en Occident. Or la créativité, notamment dans les deux premiers pays, s'y exprime par de multiples canaux. Les formes traditionnelles comme le *wayang kulit* (théâtre d'ombres) et les spectacles de *mak yong*, qui associent danse et musique, restent populaires au même titre que les arts contemporains, le théâtre et le cinéma, en plein essor. L'architecture traditionnelle de la Malaisie a une réelle identité et les constructions modernes se distinguent par leur audace et leur originalité. Certains auteurs de la région se sont fait remarquer par la critique internationale.

Si Singapour a augmenté la part de son budget consacrée aux arts afin de devenir la plaque tournante de la création en Asie du Sud-Est, le budget alloué à l'art en Malaisie reste très limité. Même les sponsors privés comme Petronas retirent leurs financements. En juin 2012, le Petronas Performing Art Group a tiré sa révérence après 22 ans d'activité.

Littérature

Au début du XXe siècle, des écrivains aussi fameux que W. Somerset Maugham (plusieurs nouvelles, dont *Les Quatre Hollandais*), Joseph Conrad (avec notamment son premier livre, *La Folie Almayer*) et Noel Coward ont situé leurs intrigues dans le monde malais. Le Français Henri Fauconnier s'en est aussi servi de décor pour son roman *Malaisie* (prix Goncourt 1930). À la fin des années 1960, l'auteur britannique Paul Theroux vécut à Singapour, ville qui fournit le cadre, avec la Malaisie, à plusieurs de ses textes.

La scène littéraire malaisienne contemporaine est dominée par plusieurs écrivains en vue, notamment Tash Aw, dont le premier roman, *Le Tristement célèbre Johnny Lim* (10/18, 2012), a remporté en 2005 le Whitbread First Novel Award. Fin analyste des effets de la culture japonaise sur le passé et le présent de son pays, Tan Twan Eng, nominé à l'équivalent du Goncourt outre-Manche pour son premier roman *The Gift of Rain* (non traduit en français), a remporté le Man Asian Prize en 2012 pour son deuxième roman, *The Garden of Evening Mists*. Installée en France dans un village de Haute-Vienne, Preeta Samarasan raconte, dans *Et c'est le soir toute la journée* (Actes Sud, 2011), l'expérience d'une famille d'émigrés indiens près de la ville d'Ipoh dans les années 1980.

Illustrateur vedette du *New Straits Times* pendant des années, Lat réalise de très humoristiques reportages sur la vie sociale et politique de son pays. Mais c'est la bande dessinée *Kampung Boy* (1979 ; 1983 en français), sa vie d'enfant dans un *kampung* du Perak racontée en anglais ponctué de malais, qui en a fait l'enfant chéri de la Malaisie et est même devenue une série télé.

Plusieurs petits éditeurs ont publié des œuvres poétiques, des romans et même des livres pour enfants. Booksactually (p. 498), librairie indépendante de Singapour, édite des auteurs pleins d'avenir sous son label Maths Paper Press. Note encourageante, le National Arts Council of Singapore a renforcé son programme en organisant des concours et des événements, comme le Singapore Children's Literature Festival.

Architecture

La Malaisie comme Singapour s'enorgueillissent chacune d'une construction remarquable, emblématique de l'architecture moderne :

les tours jumelles Petronas à Kuala Lumpur et le complexe Marina Bay Sands à Singapour. Gratte-ciel et édifices publics s'inspirent de la culture locale et de l'environnement, à l'instar du Taboug Haji et de la tour Maybank dessinés à KL par Hijjas Kasturi.

Le site Internet Lettres de Malaisie (http://lettresdemalaisie.com) donne de nombreuses références pour découvrir la Malaisie à travers les livres.

Avec leurs proportions élégantes et leurs couleurs vives, les maisons malaises traditionnelles en bois sont parfaitement adaptées au climat chaud et humide de la région. Bâties sur pilotis, avec de hauts toits pointus, elles profitent de la fraîcheur apportée par le moindre souffle de vent. Fenêtres panoramiques, absence de cloisons internes et ouvertures protégées par des grilles imitant des treillis assurent une bonne ventilation. Leur plan, avec une partie pour les hommes, une autre pour les femmes, et des pièces distinctes pour les visiteurs des deux sexes, reflète le mode de vie musulman.

Bien qu'il soit de moins en moins répandu, cet habitat n'a pas encore disparu. Il faut se rendre dans les *kampung* de la Malaisie péninsulaire, notamment sur la côte orientale, au Kelantan et au Terengganu, pour en avoir un bel aperçu. La présence de tuiles sur les toits y signale l'influence thaïe et cambodgienne.

À Melaka, la maison malaise traditionnelle se caractérise par un escalier carrelé conduisant à une terrasse en façade comme à Kampung Morten, par exemple. Avec leurs toits dont la courbure évoque des cornes de buffle, un style importé de Sumatra, les maisons de type Minangkabau au Negeri Sembilan sont les plus caractéristiques des demeures villageoises des *kampung*.

L'art en ligne

- » Arts.com.my (www.arts.com.my)
- » Malaysia Design Archive (www.malaysiadesignarchive.org)
- » National Arts Council Singapore (www.nac.gov.sg)

Rares sont les maisons malaises à avoir survécu à la modernisation rapide de Singapour. La plupart des rescapées se situent sur Pulau Ubin. L'île-État a conservé en revanche de superbes exemples de *shophouses* (anciennes maisons-boutiques) à Chinatown, sur Emerald Hill (accessible par Orchard Road) et autour de Katong. Témoignent aussi de l'époque coloniale ces singuliers bungalows "noir et blanc" qui se dissimulent dans les zones résidentielles voisines d'Orchard Road. Mais l'habitat singapourien par excellence, ce sont les innombrables appartements bâtis sous l'égide du Housing Development Board (HDB), résidence de la majorité des habitants.

À Brunei, la manne pétrolière n'a manifestement pas servi à financer des constructions tape-à-l'œil dans la modeste capitale, Bandar Seri Begawan, où ce sont les minarets de la magnifique mosquée Omar Ali Saifuddien qui se détachent sur l'horizon. Tout change à Jerudong, avec l'imposant palais du sultan et l'époustouflant Empire Hotel.

Théâtre et danse

Il existe plusieurs danses traditionnelles. La *menora*, théâtre dansé d'origine thaïlandaise, est interprétée par des hommes dissimulés sous

THÉÂTRE D'OMBRES

La côte orientale de la péninsule malaise et des villes comme Kota Bharu et Kuala Terengganu, où l'identité malaise est bien marquée, offrent le plus de chances d'assister à une représentation de *wayang kulit*. Ce théâtre d'ombres, proche de celui de Java en Indonésie, raconte des épisodes du *Ramayana*, la grande épopée hindoue. Durant parfois plusieurs heures, ces spectacles exigent de l'endurance, tant pour le marionnettiste que pour les spectateurs. Ils ont souvent lieu pour un mariage ou une fête de fin de récolte.

En novembre 2008, le compositeur contemporain malais Yii Kah Hoe a collaboré avec le Singapore Chinese Orchestra et la troupe de *wayang kulit* Istamuzika pour créer *Bayang* à Singapour.

OPÉRA CHINOIS

En Malaisie et à Singapour, le *wayang* (opéra chinois) est issu de l'opéra cantonais. Il s'apparente davantage à du music-hall, mêlant dialogues, musique, chants et danses. Si le spectacle peut manquer de subtilité littéraire, il compense largement par les couleurs criardes des costumes et les sons retentissants soulignant l'action. Il n'y a pour ainsi dire pas de décors et les accessoires se limitent en général à une table et des chaises. C'est l'action qui compte.

Les spectacles durent une soirée entière et même les non-initiés suivent l'intrigue sans difficulté. Les acteurs ont un jeu très stylisé, et si la musique peut sembler agressive pour les oreilles occidentales, ce n'est pas une raison pour se priver d'une représentation. Lors des grandes fêtes, comme le Nouvel An chinois (janvier/février), la fête des Fantômes affamés (août/septembre) et la fête des Neuf Empereurs célestes (septembre/octobre), le spectacle est dans les rues des quartiers chinois de Kuala Lumpur et de Singapour, à Melaka ou encore à George Town au Penang.

des masques grotesques. Le *mak yong* est la version féminine de ce spectacle. Les représentations ont souvent lieu lors de la Puja Ketek, fête bouddhiste qui se déroule dans les temples du Kelantan proches de la frontière thaïe. Le *rodat* se danse au Terengganu. Souvent interprété par des professionnels lors des mariages malais, le *joget*, d'origine portugaise, est une danse rapide, appelée *chakunchak* à Melaka.

En matière de théâtre et de danse contemporains, Singapour tient le haut de la scène. Nombre de troupes locales comme l'Action Theatre (www.action.org.sg), le Wild Rice (www.wildrice.com.sg), le Toy Factory Ensemble (www.toyfactory.com.sg) et le Singapore Repertory Theatre (www.srt.com.sg) montent des productions tant classiques que contemporaines.

Né à Melaka au XVe siècle, le *silat*, ou *bersilat*, est un art martial malais. Devenu très raffiné et stylisé, il s'apparente plus à la danse qu'à un sport d'autodéfense.

Musique

Musiques traditionnelle et classique

La musique traditionnelle malaise s'appuie principalement sur les *gendang* (tambours), ainsi que sur d'autres instruments de percussion, notamment le gong, et divers autres instruments tribaux en coquillages, en écorce de noix de coco et en bambou. Le gamelan (orchestre indonésien traditionnel de tambours, gongs et xylophones en bois) joue à l'occasion de cérémonies. Le *nobat* est un orchestre malais composé d'instruments de percussion et à vent qui exécute une musique de cour formelle. Si vous souhaitez entendre des orchestrations de style occidental, assistez à un concert au Dewan Filharmonik Petronas, dans les tours Petronas.

Les *dondang sayang* (chansons romantiques influencées par la musique chinoise) et les *hadrah* (chants musulmans, parfois accompagnés de danse et de musique) sont empreints d'influences islamiques et chinoises. Composé d'instruments chinois traditionnels et modernes, le Dama Orchestra (www.damaorchestra.com) basé à KL joue des mélodies qui rappellent la Malaisie des années 1920 et 1930.

À Singapour, il faut écouter le Singapore Symphony Orchestra (SSO), à l'Esplanade – Theatres on the Bay, et le Singapore Chinese Orchestra, qui interprètent non seulement des partitions traditionnelles et symphoniques chinoises, mais aussi des partitions indiennes, malaises et occidentales.

Musique populaire

Suivant de près les traces de la chanteuse pop ingénue Siti Nurhaliza, Zee Avi a signé pour son premier CD un contrat avec un label américain, tout comme la provocante Yuna.

Lauréat en 2004 de trois récompenses aux AIM (équivalent malais des Victoires de la musique) pour son premier album *Monumental*, le chanteur-compositeur Reshmonu allie instruments et rythmes locaux à des airs de R&B et de groove comme la samba et la bossa-nova.

La scène musicale pop de Singapour reste peu connue sur le plan international. Les visiteurs curieux ne manqueront pas d'assister aux festivals locaux, comme le Baybeats (www.baybeats.com) annuel, qui présente des chanteurs et des groupes alternatifs.

Cinéma

La Malaisie et Singapour, unis jusqu'en 1965, ont un grand passé en matière de cinématographie. Singapour fut un centre de production foisonnant, avec les studios Shaw et Cathay-Keris qui ont créé de vrais succès publics. De cette grande période demeurent des figures emblématiques, comme P. Ramlee (1929-1973), à la fois acteur populaire, chanteur et réalisateur, ou Hussain Haniff (1934-1966). Le premier est passé derrière la caméra avec *Le Tireur de pousse-pousse* (1955), *Les trois célibataires font du cinéma* (1961), *Ma belle-mère* (1962). Dans *Les Voisins du village* (1965), Hussain Haniff évoque les conflits de générations et dans *Hang Jebat* (1961), immense succès, il met en scène un héros légendaire du XVe siècle.

L'apparition du numérique a permis à une vague de jeunes cinéastes de signer des œuvres personnelles. Emblématique de cette vitalité

ARTISANAT TRADITIONNEL

L'artisanat régional possède une beauté rustique certaine et incorpore des motifs traditionnels. Visitez la boutique en ligne **Gerai OA** (www.elevyn.com/shop/geraioa), qui vend des objets artisanaux de minorités indigènes de Malaisie.

» **Batik** Originaire des États de Kelantan et de Terenggan, l'art du batik se pratique désormais partout en Malaisie. Le motif est dessiné en réserve à la cire avant de plonger l'étoffe dans la teinture. Ces étoffes sont utilisées autant dans la confection et le linge de maison que pour créer des objets purement décoratifs.

» **Vannerie et tissage** Tressés avec du rotin, du bambou, des feuilles de palmier ou de pandanus, les paniers des Iban, Kayan, Kenyah et Penan comptent parmi les plus beaux produits à Bornéo. Nattes, sièges ou cloisons pour les abris sont réalisés par les vanniers avec des techniques comparables. Après des centaines, voire des milliers d'années de coexistence, les motifs propres à chaque ethnie ont fini par s'influencer les uns les autres.

» **Kain Songket** Spécialités du Kelantan et du Terengganu, ces tissus de fabrication artisanale mêlent fils d'or et d'argent pour obtenir de magnifiques étoffes portées pour les fêtes ou les grands événements de la vie. Il est néanmoins possible d'en acheter pour la décoration.

» **Cerfs-volants et marionnettes** Le *wau bulan* (cerf-volant lune) du Kelantan est un croissant en papier et bambou qui peut atteindre 3 m d'envergure. Le *wau kucing* (cerf-volant chat) symbolise en revanche le Terengganu. Les *wayang kulit* du théâtre d'ombres sont faites en peau de buffle à l'image des personnages des épopées hindoues.

» **Travail des métaux** Réputés, les orfèvres du Kelantan travaillent l'argent selon différentes techniques, plus particulièrement celles du filigrane et du repoussé. Le travail du cuivre est associé à Kuala Terengganu tandis que celui de l'étain évoque immanquablement Selangor et, entre autres manufactures, la Royal Selangor Pewter Factory.

» **Sculpture sur bois** Au large du Selangor, sur Pulau Carey, les aborigènes Orang Asli de Hma' Meri sont réputés pour la dextérité de leurs sculpteurs sur bois. À Bornéo, les Kenyah et les Kayan, aussi habiles sculpteurs, réalisent des charmes pour la chasse et des manches de couteaux ouvragés appelés *parang ilang*.

créatrice et diffusé sur la Toile, *15 Malaysia* (2009) rassemble 15 courts-métrages des grands noms du cinéma malaisien actuel (Ho Yuhang, Yasmin Ahmad, Amir Muhammad, Desmond Ng, Linus Chung, etc.) sur des questions sociales et politiques. Ces réalisateurs s'intéressent de près au monde dans lequel ils vivent et rendent compte des questionnements qui traversent leur société aux cultures multiples.

Les documentaires d'Amir Muhammad, l'un des membres du collectif Da Huang Pictures (www.dahuangpictures.com), repoussent les limites sur des sujets que le gouvernement ne veut pas voir abordés dans l'arène publique. *Malaysian Gods* (2009) revient ainsi sur les manifestations populaires qui ont suivi, en 1998, l'expulsion et le procès d'Anwar Ibrahim, tandis que *The Big Durian* (2003) évoque une rumeur qui manqua provoquer des émeutes raciales en Malaisie. Deux autres de ses films, *Le Dernier Communiste* (2006) et *Village People Radio Show* (2007) ont été interdits.

En 2007, la réalisatrice Tan Pin a signé, avec *Invisible City*, un documentaire teinté d'imaginaire pour dresser un portrait de Singapour.

Arts visuels

Jalaini Abu Hassan ("Jai"), Wong Hoy Cheong, le peintre paysagiste Wong Perng Fey et l'artiste multimédia Yee I-Lann figurent parmi les artistes malaisiens internationalement reconnus. Exposé à la National Visual Art Gallery de KL, Amron Omar trouve depuis 30 ans son inspiration dans le *silat* (art martial malais). Le jeune sculpteur Abdul Multhalib Musa commence à être connu et primé de par le monde, et il a réalisé plusieurs œuvres à Beijing pour les Jeux de 2008.

À Singapour, peintres, sculpteurs et artistes multimédias explorent avec dynamisme les tensions entre les pratiques de l'art occidental et ce qui est perçu comme l'érosion des valeurs traditionnelles. Da Wu Tang, Vincent Leow, Jason Lim et Zulkifle Mahmod, qui ont participé à la Biennale de Venise en 2007, comptent parmi les plus connus.

Le Brunei Art Forum à Bandar Seri Begawan encourage les artistes contemporains (surtout les peintres) du sultanat tels que Zakaria Bin Omar, Haji Padzil Haji Ahmad, Pengiran Mohd Roslan Pg Haji Bakar et Teck Kwang Swee, favorisant ainsi les liens internationaux.

Médias

En Malaisie, le départ en retraite du Premier ministre Mahathir, en 2003, a donné un peu de liberté aux rédactions dans le choix des sujets. Les lois ne se sont guère assouplies mais les journalistes, plus pugnaces, s'autocensurent moins. La blogosphère malaisienne est des plus vivantes dans la région, journaux et blogs à vocation politique se multipliant quasiment sans restriction, preuve d'une attitude plus libérale.

Le gouvernement de Singapour limite toujours liberté d'expression et liberté de la presse, à l'instar d'autres droits politiques et civils. Sexe, politique, sujets raciaux ou religieux sont implacablement censurés, mais la situation a évolué sur Internet depuis 2006. Interdits à l'époque, blogs et médias sociaux jouent désormais un rôle croissant dans le paysage médiatique de Singapour, les journaux locaux citant souvent des bloggeurs et des questions traitées sur la blogosphère.

Recensé parmi les pays sans aucune liberté de la presse (ONG Freedom House), le Brunei est soumis à une censure totale des médias qui peut s'appliquer du jour au lendemain, y compris à la distribution des publications étrangères. Pour "fausses" nouvelles ou informations "diffamatoires", les journalistes encourent jusqu'à 3 ans de prison. Cela dit, ces dernières années, aucun cas d'attaque ou de harcèlement sur des journalistes n'a été signalé. Les deux principaux journaux du pays, le *Borneo Bulletin* (détenu par des membres de la famille du sultan) et le *Borneo Times*, sont réputés pratiquer l'autocensure.

La cuisine de la région

Les gastronomies de la Malaisie, de Singapour et de Brunei se déclinent sous tant de formes différentes qu'un tour d'horizon complet nécessiterait un temps infini. Nulle part ailleurs en Asie, on ne retrouve une combinaison si étroite entre trois grandes traditions culinaires : celles de la Chine, de l'Inde et de l'archipel malais (Insulinde). On peut ainsi déguster des plats très typiques d'une culture donnée (par exemple les *wonton* chinois et les *dosa* du sud de l'Inde), tout comme des plats mélangeant des recettes et des saveurs d'origines fort diverses. Le délicieux *debal*, ragoût eurasien de Melaka, marie ainsi le vinaigre de vin rouge européen, les graines de moutarde noire indiennes, la sauce soja chinoise et les noix de bancoulier malaisiennes.

Sites et blogs culinaires de choix

- » Cuisine Malaisie (http://cuisinemalaisie.wordpress.com)
- » Recettes de Malaisie (http://recettes.de/malaisie)
- » Eating Asia (www.eatingasia.typepad.com)
- » ieatishootipost (www.ieatishootipost.sg)
- » Makansutra (www.makansutra.com)
- » Rasa Malaysia (www.rasamalaysia.com)
- » What2See: The Best of Penang Food! (www.what2seeonline.com)

Lorsque les Portugais conquirent Melaka grâce à leur flotte partie de Goa, en Inde, ils apportèrent avec eux le curry *vindaloo*, devenu depuis la spécialité kristang appelée *debal*.

Saveurs

La Malaisie, Brunei et Singapour ont aussi vu leurs ports jouer, par le passé, un rôle stratégique sur la route des épices. Leurs cuisines respectives se caractérisent par des saveurs comparables et des ingrédients de base communs.

Les piments (*cili*), frais ou séchés, sont un aliment de base. Toutefois, il existe une grande variété de plats fort peu relevés. Le piment est le principal ingrédient du *sambal*, à la fois sauce et condiment, dont les nombreuses variétés contiennent quantité d'autres éléments, des crevettes séchées aux fruits. Le *sambal* accompagne les soupes de nouilles, le riz et, plus généralement, on en propose à tous les repas. Pilés, les piments servent aussi à confectionner le *rempah* (appelé *bumbu* à Brunei), une pâte à laquelle on ajoute, dans sa version la plus simple, de l'ail et des échalotes. Cette pâte est à son tour l'ingrédient de base de nombreux curries, soupes et ragoûts.

Les herbes et les aromates comme la coriandre, la menthe, le *daun kesom* (feuilles à la saveur de menthe poivrée appelées aussi feuilles de *laksa*), les feuilles de céleri (asiatique, qui se distingue du céleri européen par son goût plus prononcé et ses branches moins épaisses), le *daun kunyit* (feuilles de curcuma), les feuilles de curry, la citronnelle et les feuilles de citronnier sauvage rehaussent agréablement de leur saveur acidulée les curries et les plats de nouilles. Très odorantes, les feuilles de pandanus sont souvent surnommées "vanille d'Asie du Sud-Est" en raison de l'arôme légèrement sucré qu'elles donnnent aux desserts.

Les saveurs aigres et acides sont également une importante composante des cuisines de cette région du monde. Les curries et plats de nouilles *asam* (aigre) les tirent du tamarin et de l'*asam keping*, la chair d'un fruit acide de la famille du mangoustan coupée en fines rondelles

POUR L'AMOUR DU *SAMBAL*

Il existe autant de versions du *sambal* qu'il y a de cuisiniers malais. Doux à très épicé, à base de piments frais ou secs et d'ingrédients allant du poisson séché aux fruits, cet intermédiaire entre la sauce et le condiment accompagne tous les repas, des soupes de nouilles aux festins. La recette la plus courante est celle du *sambal belacan*, à base de piments frais ou secs concassés et mêlés à du *belacan* séché (pâte de crevettes fermentée). Si cette mixture très forte vous déplaît à la première bouchée, goûtez-y encore : il n'est pas rare qu'on devienne accro au *sambal belacan* à force d'en manger.

que l'on fait sécher. Les cuisiniers malais préparent aussi des soupes et des *sambal* aigres avec un petit fruit vert appelé *belimbing*, de la famille de la carambole. Le jus du citron vert et du calamondin, agrume issu d'un croisement entre le citron vert et la mandarine, assaisonne les salades ; on sert également ces deux agrumes en tranches pour accompagner les *laksa* et autres plats de nouilles.

La noix de coco râpée est sautée à la poêle, parfois avec des piments séchés et d'autres types d'assaisonnements, pour faire du *kerisik*, une garniture du riz. Pour la confection de nombreux *kuih* (desserts), on la mêle au *gula Melaka*, un sucre brun non raffiné que l'on obtient en faisant bouillir la sève des tiges des fleurs du cocotier.

Le *belacan* (pâte de crevettes séchées) incarne le goût de la Malaisie, de Singapour et de Brunei pour les saveurs de la mer. Dans la version de Penang, appelée *hae ko*, c'est la sauce (noire, gluante et sucrée) d'une salade de fruits et légumes (*rojak*). On l'incorpore aussi, juste avant de servir, à l'*asam laksa*, soupe de nouilles à la saveur aigre, parfumée au poisson. Parmi les autres condiments couramment mis en œuvre dans la préparation des produits de la mer, citons le *cincalok* (*cencalu* à Brunei), un mélange de krill, de sel et de sucre que l'on fait fermenter (souvent consommé avec du riz et des œufs), et le *budu*, une sauce aux anchois gluante ayant longtemps fermenté, très appréciée des cuisiniers malais. Ces condiments confèrent un goût *umami* (savoureux) à nombre de *sambal*, sauces d'accompagnement et curries. Si leurs effluves prononcés déconcertent au premier abord, on y prend goût très vite.

Enfin, le tableau ne serait pas complet sans les sauces d'origine chinoise : la sauce soja (et sa version sucrée, le *kecap manis*), la pâte de soja fermentée (*taucu*), la sauce d'huître et la sauce *hoisin*.

Nombre de restaurants haut de gamme appliquent une taxe de service de 10%. Si les signes ++ sont indiqués au bas de la carte, comptez 15% de supplément (taxes gouvernementales et taxe de service).

Spécialités

Curries

Bien que les piments soient un aliment de base de la cuisine malaise, peu de plats sont épicés au point de ne pouvoir en manger. Les curries se préparent avec du *rempah* - pâte pilée de piments et des aromates, comme de l'ail, des échalotes, du *serai* (citronnelle), du *kunyit* (curcuma) et du *lengkuas* (galanga). Des épices séchées - graines de coriandre, fenouil, cumin, fenugrec - peuvent aussi être ajoutées, notamment si le plat a des influences indiennes. Le lait de coco confère leur onctuosité aux curries et aux desserts qu'il rend *lemak* (riches et veloutés).

Le terme "ketchup" viendrait du mot hokkien *ke-tsiap*, une sauce de poisson fermenté introduite par les marchands chinois à Melaka, où elle fut découverte par les Européens.

Riz et nouilles

La population aurait bien du mal à choisir entre le *nasi* (riz) et les *mee* (nouilles), qui figurent pratiquement à tous les repas. On fait cuire le riz dans de l'eau ou du bouillon pour faire du porridge (*congee* ou *bubur*), et à la poêle avec des piments et des échalotes pour préparer du *nasi goreng*. Enveloppé dans des feuilles de bananier puis cuit dans des tubes de bambou, il est ensuite coupé en rondelles et nappé d'une sauce à la noix de coco et aux légumes : c'est le *lontong*, une spécialité malaise. Le riz gluant – blanc et noir – est un ingrédient courant dans les *kuih* ; les Malais mélangent le riz gluant à du sucre et laissent fermenter le tout pour obtenir le *tapai*, une pâte légèrement alcoolisée à la saveur aigre-douce qui accompagne idéalement la glace.

Le mot *laksa* dériverait du mot perse *lakhsha*, signifiant "glissant". L'*Oxford Companion to Food*, encyclopédie alimentaire mondiale (rééditée en 2006) fait remonter au XIIIe siècle l'introduction des pâtes en Indonésie (puis en Malaisie) par le biais des commerçants arabes ou des musulmans indiens.

En laissant fermenter un mélange de farine de riz et d'eau, on obtient la pâte qui sert à confectionner les *idli* indiens, des gâteaux cuits à la vapeur que l'on mange avec le *dhal* (purée de lentilles corail), et les *apam,* crêpes cuites dans des poêles concaves. La pâte à base de farine de riz sert aussi à la confection des *onde-onde,* boulettes de couleur verte parfumées au pandanus, enrobées de noix de coco râpée et garnies de *gula Melaka* (sucre de palme).

Quantité de variétés de nouilles sont à base de farine de riz. C'est le cas des *kway teow*, nouilles larges et plates, et des *mee hoon* (ou *bee hoon*), les vermicelles de riz. Les *chee cheong fun* – feuilles de farine de riz cuites à la vapeur – sont découpées en lanières et nappées de sauce au piment marron (sucrée) ou rouge (épicée). Courtes et épaisses, les *loh see fun* (littéralement "nouilles queues de rat") sont cuites dans un récipient en terre avec de la sauce soja.

Spécialité des Indiens musulmans, le *mee mamak* se fait à base de nouilles jaunes rondes. Partout dans cette région du monde, on apprécie beaucoup les *won ton mee* chinoises, des vermicelles aux œufs et à la farine de blé servis dans un bouillon de viande avec des raviolis.

La Malaisie est un des premiers pays au monde à proposer un régime halal, y compris dans les fast-foods. La certification apparaît en devanture et sur les cartes des établissements.

Féculent très consommé par les habitants de Brunei et certaines communautés autochtones d'États de Malaisie orientale comme le Sabah et le Sarawak, la farine de sagou est laborieusement extraite du tronc du sagoutier, une espèce de palmier. À Brunei, on la mélange à de l'eau et on la fait cuire pour obtenir de l'*ambuyat* (ou *ambulung*), une bouillie blanchâtre et gluante. Ce plat remonte à la Seconde Guerre mondiale, lorsque l'envahisseur japonais réquisitionna le riz pour lui seul.

Viande, poisson et fruits de mer

En Malaisie, la religion dicte souvent la source de protéines des dîneurs. *Haram* (interdit) aux musulmans, le *babi* (porc) est la viande de choix pour les Chinois. Dans certaines échoppes ambulantes, on assaisonne même les nouilles de graisse de lard fondu. Qu'elle soit rôtie pour obtenir une peau croustillante (*char yoke*) ou marinée et cuite au barbecue (*char siew*), la viande se mange avec du riz, des nouilles, et sert aussi à farcir des

SAVEURS D'OCCIDENT

Des côtes d'agneau et du velouté de champignons au menu des *kopitiam* (*coffee shops*) ? Si cela peut sembler incongru à côté du *belacan* (pâte de crevettes fermentée), du riz frit et du poisson au curry aigre, ces plats font partie intégrante de la gastronomie locale au même titre que le laksa *lemak* (curry laksa). Devenus aujourd'hui des classiques de la cuisine de Malaisie, certains plats occidentaux comme les côtelettes (de porc ou d'agneau, et les escalopes de poulet) et les *fish and chips* apportés par les Britanniques furent popularisés au début du XXe siècle par les Chinois de Hainan, venus servir comme cuisiniers chez les colons et renommés ensuite pour leurs talents culinaires. C'est dans les vénérables *kopitiam* au vieux sol carrelé et à la peinture écaillée qu'on déguste les meilleurs de ces plats. Une alternative sympathique à la cuisine locale, doublée d'un voyage dans le temps.

petits pains cuits à la vapeur ou au four. Les Hakkas malaisiens (groupe ethnique chinois) préparent de succulents plats de porc longuement mijotés, par exemple le *khaw yoke*, travers de porc assaisonnés de cinq épices, superposés à des rondelles de taro et cuits à la vapeur.

Le poulet (*ayam*), extrêmement répandu en Malaisie et à Singapour, est en revanche plus un plat de fête à Brunei (comme le bœuf ou le buffle). Les restaurants malais proposent un choix varié de curries de poulet, et la viande se consomme souvent sous forme de *satay* (brochettes grillées servies avec une sauce à l'arachide). Autre volaille très appréciée, l'*itik* (canard) se prépare de diverses façons : rôti et servi sur du riz, mijoté dans un bouillon parfumé à l'anis étoilé et accompagné de *mee* jaunes, ou cuit à l'étouffée avec des aromates s'il s'agit d'un curry indien musulman.

Pêchée dans les eaux autour du détroit de Malacca et autour de l'île de Penang, l'*udang geragau*, une petite crevette, entre dans la préparation des pâtes fermentées particulièrement salées que sont le *belacan* et le *cincaluk*.

La viande de bœuf (*daging*), plutôt dure, est bien meilleure lorsqu'on la fait mijoter longuement, par exemple préparée en *rendang* à base de lait de coco. Les nouilles au bœuf à la chinoise comportent de tendres morceaux et boulettes de viande accommodés dans un bouillon gras légèrement épicé avec des feuilles de moutarde au vinaigre. Les Indiens musulmans concoctent d'excellents plats à base de mouton. Mention spéciale pour le *sup kambing*, ragoût de côtelettes (et autres morceaux selon les goûts) dans une sauce épaisse parfumée avec quantité d'épices et du piment, qui se mange à l'aide de tranches de pain blanc.

Poissons et fruits de mer constituent l'essentiel de l'alimentation de nombreux habitants de cette région. Sur les marchés, des allées entières sont consacrées aux poissons et fruits de mer séchés, avec notamment des étals d'*ikan bilis* – petits anchois séchés frits dans l'huile pour les rendre croustillants puis incorporés au *sambal* ou disposés sur les plats de nouilles et de riz.

Légumes

Les amateurs de légumes auront mille occasions de se faire plaisir. Tous les repas malais à base de riz comportent de l'*ulam*, un assortiment de légumes frais émincés – gesses-pois carrés, concombres, gombos, aubergines et *petai* (grosses fèves vertes au goût aillé) –, ainsi que des herbes fraîches à consommer telles quelles ou à tremper dans du *sambal*. Les Indiens cuisinent le chou-fleur et les légumes à feuilles et/ou à branches comme le chou, les épinards et l'oseille avec du lait de coco et du curcuma. D'autres légumes verts – *daun ubi* (feuilles de patate douce), *kangkong* (liseron d'eau), brocoli chinois et moutarde à fleurs jaunes – sont sautés avec du *sambal belacan* ou de l'ail. L'humble dolique bulbeux s'accommode de mille façons : cru et coupé en tranches, il est un ingrédient du *rojak* ; râpé, cuit à la vapeur et roulé, il entre dans la composition des *popiah* (rouleaux de printemps) ; enfin, il sert aussi à la confection de l'*oh kuih* chinois (gâteau de purée de dolique surmonté d'échalotes et de piments frits). Dans presque tous les marchés nocturnes, on peut se régaler d'épis de maïs doux, grillés ou bouillis.

Fruit ou légume ? Le fruit du jaquier peut être les deux. Lorsqu'il est à un stade de maturité peu avancé (*nangka muda*), les Malais l'emploient comme un légume en l'incorporant à des curries à base de lait de coco.

Le *tahu* (soja) se consomme sous diverses formes. Les amateurs pourront se régaler de lait de soja d'une extrême fraîcheur dans les marchés alimentaires chinois, où les vendeurs de *crullers* (longs beignets) à tremper ne sont jamais loin. Le *dou fu* (tofu frais), nature ou nappé de sirop, fait un excellent en-cas. Le *yong tauhu*, spécialité très appréciée des Hakkas, se compose de tofu ferme et de légumes (gombos, aubergines) garnis d'une pâte de poisson et servis avec une sauce au piment. Le *fucuk*, peau qui se forme à la surface du lait de soja lorsqu'on le fait bouillir, peut être frit ou consommé frais dans les plats de nouilles. Les *tauhu pok* (sorte de "pommes dauphine" de tofu) agrémentent

UN FESTIN DE FRUITS TROPICAUX

Après les *kuih*, une cure de bons fruits tropicaux ne fait pas de mal ! *Nenas* (ananas), pastèques, *jambu* (pommes d'eau), papayes et goyaves sont présents toute l'année, et certains fruits plus inhabituels ne sont en vente qu'en saison. Le *ciku* (sapotille) est un fruit ovale marron clair, dont la chair très sucrée a un petit goût de datte. La peau jaunâtre du *duku* (également appelé *dokong* et *langsat*) cache des quartiers d'une chair nacrée, dont le goût rappelle le litchi.

La saison des mangues va d'avril à mai. Le durian, fruit réputé pour son odeur que l'on aime ou que l'on déteste, est à maturité en décembre et janvier, puis en juin et juillet. Si ce "roi des fruits" ne vous attire vraiment pas, optez pour un *nangka* (jaque), peu odorant mais à la chair jaune délicieusement sucrée.

D'autres fruits tropicaux sont à découvrir sur les étals des marchés ou dans la rue :

» **Buah nona** La pomme cannelle cache sous une peau verte bosselée de pépins noirs et durs, et une chair tendre et sucrée à la texture granuleuse.

» **Buah salak** Le salak dissimule sous une peau brune à écailles dures (d'où son nom de "fruit serpent") une chair tendre au goût de banane pas mûre.

» **Carambole** Ce fruit à la chair jaune sucrée et acidulée ressemble à une étoile, une fois coupé en deux.

» **Cempedak** Ce gros fruit vert ressemble à celui de l'arbre à pain malaisien. Sa peau à grosses écailles cache des graines et une chair que l'on fait frire et que l'on accommode au curry.

» **Corossol** Son écorce verte piquée d'épines protège une chair savoureuse mais granuleuse, aux pépins noirs et durs. On mesure sa maturité au fait qu'il devient mou et doit alors être mangé au plus vite, car il devient blet en quelques jours.

» **Fruit du dragon** Extrêmement décoratif, ce fruit rouge appelé aussi pitaya pend au bout de longues langues vertes . Parfumée, sa chair rappelle le kiwi, tout comme ses nombreuses petites graines noires comestibles.

» **Goyave** Tout vert, tout rond comme une pomme, un fruit à la chair sucrée rose ou blanche.

» **Jambu merah** Rose ou rouge, la pomme d'eau a une peau douce et brillante et une chair pâle et juteuse, très rafraîchissante par temps chaud.

» **Longan** Une petite balle dure ressemblant à un petit litchi, dont la chair est très sucrée et parfumée. Pelez-le, mangez la chair et crachez le noyau.

» **Mangoustan** Une coque dure violacée protège ses quartiers blancs délicieusement parfumés, contenant, pour certains, un pépin dur que l'on peut recracher ou avaler.

» **Pomélo** L'épaisse écorce verte de ce pamplemousse doit être débarrassée de sa peau blanche pour pouvoir déguster les quartiers acidulés.

» **Ramboutan** La peau chevelue de ce fruit cache une chair sucrée et translucide, qu'il faut décoller du noyau avec les dents.

» **Tamarin** Sous la coque marron incurvée, on découvre une chair délicieusement acide dans laquelle se cachent des graines dures.

nouilles et ragoûts. Les Malais cuisinent souvent le *tempeh*, gâteau de soja fermenté au goût de noix qu'ils font revenir avec du *kecap manis*, de la citronnelle et des piments, ou mijoter avec des légumes dans une sauce à la noix de coco légèrement épicée.

Douceurs

La population locale nourrit une véritable passion pour les desserts. Les vendeurs de gâteaux et douceurs sont partout, au coin des rues, dans les allées et sur les marchés. Nombre de *kuih* contiennent de la noix de coco râpée ou du lait de coco, et du sucre de palme. Parmi les plus savoureux, citons le *ketayap*, mélange de noix de coco et de sucre de palme roulé dans une crêpe à la farine de riz, et le *putu piring*, sorte de crêpe à la farine de riz cuite à la vapeur, garnie de sucre de palme et surmontée de noix de coco. D'autres, comme le *pulut panggang* (boudin de riz gluant et de noix de coco garni de noix de coco râpée, de piments séchés et de crevettes séchées) marient avec bonheur sucré et salé.

Les *tong sui* (expression chinoise signifiant "soupes sucrées"), telles les semoules de patate douce et de sagou dans un bouillon à base de lait de coco, font d'excellents en-cas. Mais le dessert vedette est le *cendol*, de la glace pilée et des vermicelles à la farine de haricots mungos nappés de lait de coco frais et de sirop de palme. Version plus colorée, l'ABC (*ais batu campur* ou "riz mélangé") agrémente la glace pilée de sirops fluo (au goût assez artificiel), de gelées, de haricots rouges, de graines de palmier et de maïs doux. Enfin, ne partez pas sans avoir goûté aux *mithai* (confiseries) multicolores originaires du sous-continent indien (mention spéciale pour le crémeux *halva*).

Boissons

Il faut absolument prendre son petit-déjeuner au moins une fois dans les "Little India" de Singapour ou de Malaisie pour le simple plaisir de voir un *tea wallah* (vendeur de thé) transvaser avec dextérité du *teh tarik* ("thé étiré") d'une tasse à l'autre. Le thé est une boisson très appréciée. Infusé avec du gingembre, on l'appelle *teh halia*. On le boit tout aussi bien chaud que glacé, avec ou sans lait (*teh ais* ou *teh-o ais*), ou avec du jus de citron (*teh limau*). Dans les cafés indiens, goûtez au *teh susu kerabu*, du thé au lait de vache bouilli. Le *kopi* (café), servi dans les échoppes chinoises, est lui aussi très populaire. Il doit sa couleur et sa saveur très particulières au fait que les grains de café sont torréfiés avec du sucre. Le *kopi-o* ne contient pas de lait condensé sucré, le *kopi gao* est particulièrement fort, et le *kopi bing* est un café au lait glacé.

On consomme des jus de fruits et légumes frais (parfois mélangés), du jus de canne à sucre (délicieux avec un trait de jus de calamondin) et du *kelapa muda*, de l'eau de coco sirotée à même le fruit avec une paille. Il existe aussi des boissons plus exotiques, comme l'*ee bee chui* (orge bouillie dans de l'eau avec des feuilles de pandanus et du sucre candi) et l'*air mata kucing* (longane séché). Le *cincau* est une gelée noire à base de plantes que l'on dissout dans l'eau. L'*asam boi* est préparé avec du jus de citron sucré et des prunes chinoises, salées et séchées.

En raison de droits de douane élevés, l'alcool est onéreux à Singapour et en Malaisie (à Brunei, sa consommation est interdite, ou plus précisément, restreinte aux hôtels et restaurants haut de gamme). Les bières brassées sur place, comme la Tiger, la Carlsberg et la Guinness, sont plus abordables. Les boutiques chinoises vendent des alcools forts, parfois étonnamment savoureux.

Pourquoi de nombreuses échoppes proposent-elles des mangoustans à côté des durians ? Parce que, après avoir mangé un fruit "chaud" comme le durian, il faut rétablir l'équilibre du corps par un fruit "frais" comme le mangoustan.

À table

Côté couverts, on utilise cuillère et fourchette, sauf dans les établissements occidentalisés ou les *kopitiam* servant des côtelettes et des *fish and chips*, où l'on vous proposera parfois un couteau. Il ne faut pas porter la fourchette à la bouche mais s'en servir pour garnir la cuillère d'un peu de nourriture. Les nouilles chinoises et autres plats servis dans les restaurants chinois se mangent en principe avec des baguettes (on peut toutefois demander une fourchette et une cuillère). Malais et Indiens mangent les plats de riz avec la main droite uniquement, utilisant le pouce pour rouler le riz sur le bout des autres doigts et lui donner la forme d'une boulette avant de le porter à la bouche (la manœuvre est plus facile si l'on mélange le riz avec les curries et plats qui l'accompagnent). On se lave les mains avant et après le repas, avec l'eau d'un récipient ressemblant à une théière posé sur la table (dans les restaurants malais), ou bien au lavabo installé sur le côté de la salle ou à l'arrière. Les serviettes de table étant une denrée rare, il est toujours bon d'avoir sur soi des mouchoirs en papier.

Dans certains restaurants chinois, par souci d'hygiène, on vous apportera une cuvette d'eau chaude contenant des coupelles, des baguettes, des bols et des couverts. À vous de les prendre et de les sécher.

Environnement

Le gouvernement malais affirme faire le maximum pour équilibrer les nécessités du développement économique et la préservation des milieux naturels. Pourtant, selon nombre d'agences de protection de l'environnement et de la nature et autres lobbies, le gouvernement persisterait à privilégier les intérêts économiques dans ses prises de décision.

La situation est loin d'être sans équivoque. L'exploitation du bois et de l'huile de palme fournit des centaines de milliers d'emplois à la Malaisie. Dans le même temps, elle provoque des ravages écologiques incalculables et a entraîné le déplacement de nombreuses populations tribales et le déclin de ces cultures uniques.

À Singapour, des lois strictes appliquées avec vigilance contrôlent les dépôts d'ordures et de rejets toxiques. S'il ne subsiste que bien peu de l'écosystème sauvage originel de l'île, l'intérêt croissant pour l'environnement a entraîné la création de parcs et de sanctuaires pour oiseaux, dont de nouveaux parcs prévus dans le développement de Marina Bay, ainsi que toute une série de réseaux permettant de relier entre eux nombre de parcs existants et de jardins sur l'île.

La pollution automobile n'est pas vraiment un problème à Brunei, qui ne possède que quelques routes et dont le territoire est pratiquement couvert de forêts. Néanmoins, comme dans toute l'île de Bornéo, le sultanat doit subir les brumes sèches (voir l'encadré ci-dessous).

Déforestation

Les chiffres du gouvernement diffèrent de ceux fournis par les groupes de protection de l'environnement, mais il semble que plus de 60% des forêts tropicales humides de la Malaisie continentale et péninsulaire aient été abattues. Les initiatives étatiques telles que la National Forestry Policy ont permis une diminution de la déforestation de 900 km² par an, soit un tiers de moins qu'auparavant. L'objectif est de réduire chaque année les coupes commerciales de 10%, ce qui ne suffit pas à calmer

Sites Internet

- » Sahabat Alam Malaysia (SAM; www.foe-malaysia.org)
- » Orangutan Foundation (www.orangutan.org.uk)
- » Wild Singapore (www.wildsingapore.com)
- » Malaysian Conversation Alliance for Tigers (MYCAT ; http://malayantiger.net/v4)
- » WWF Malaisie (www.wwf.org.my)

LES BRUMES SÈCHES

Les brumes sèches (*haze* en anglais), qui résultent des feux allumés par les agriculteurs indonésiens et les gérants des plantations, afin d'accroître la surface des terres exploitables, menacent l'environnement de la région. À Singapour et dans diverses régions de Malaisie, le phénomène atteint son point culminant en mars et en septembre-octobre, juste avant la saison des pluies.

En juin et juillet 2013, cette pollution a atteint à Singapour des niveaux records, dangereux pour la population. Alors que la ministre singapourienne de l'Environnement demandait à l'Indonésie d'agir, la réponse de Jakarta se fit cinglante : "Singapour devrait cesser de se comporter comme un enfant et de faire tout ce bruit." Une réaction qui n'a pas manqué de jeter un froid entre les deux pays.

de nombreux observateurs, inquiets de la vitesse à laquelle les forêts primaires de Malaisie disparaissent.

Le Clouded Leopard Project (http://cloudedleopard.org) a financé à Bornéo plusieurs projets de préservation de la panthère nébuleuse, qui serait encore plus rare que le tigre de Malaisie.

En 2008, lors de l'adoption de la convention-cadre des Nations unies sur les changements climatiques, la Malaisie s'est engagée à maintenir un patrimoine forestier sur 50% de son territoire. Néanmoins, comme l'ont souligné la Malaysian Nature Society (www.mns.my) et d'autres associations, le problème tient à la définition de ce terme par le gouvernement – actuellement, ce patrimoine inclut les plantations de caoutchouc. Or, dans de nombreux États, des forêts primaires sont abattues pour planter des hévéas.

Des associations environnementales telles que TREES (http://trees.org.my) militent également pour la protection des forêts tropicales humides et des zones de captage le long de la frontière orientale du Selangor. En 2010, 93 000 hectares de ces hautes terres ont ainsi été intégrés dans le parc régional du Selangor, devenant la troisième zone forestière de la péninsule après le Taman Negara et le parc régional Royal Belum. Pour plus de détails, consultez le site http://selangorstatepark.blogspot.com (en anglais).

Au Sarawak et au Sabah, plusieurs réserves et parcs nationaux, comme le bassin de Maliau (Maliau Basin Conservation Area) et le parc national de Pulong Tau, ont récemment vu le jour ou ont été agrandis. Toutefois, les conséquences de l'exploitation du bois se font sentir dans la région, désormais inondée beaucoup plus fréquemment durant la saison des pluies.

Le Heart of Borneo Project (www.heartofborneo.org), une initiative hautement ambitieuse du World Wide Fund (www.wwf.fr), vise à sauvegarder la biodiversité de l'île pour les générations futures et à garantir la survie culturelle des populations autochtones en protégeant 24 000 km^2 de territoire forestier dans les États du Sabah et du Sarawak, à Brunei et à Kalimantan – soit près d'un tiers de Bornéo.

Le Sarawak Biodiversity Centre (www.sbc.org.my) apporte une autre lueur d'espoir. Basé à Kuching, cet organisme a pour ambition d'assister les compagnies pharmaceutiques dans leur recherche de molécules issues de la forêt tropicale humide. Si la forêt leur offre le pactole sous forme de médicaments susceptibles de guérir certains cancers ou le sida, elle sera peut-être sauvée.

Souvenirs d'éden, ma vie avec les orangs-outangs de Bornéo (Belfond, 1997), de Biruté Galdikas, est le récit autobiographique de cette chercheuse en anthropologie qui, dès les années 1970, entreprend l'étude des orangs-outans dans leur habitat naturel.

Les sites des Forestry Departments de **Malaisie péninsulaire** (www.forestry.gov.my), du **Sarawak** (www.forestry.sarawak.gov.my) et du **Sabah** (www.forêt.sabah.gov.my) donnent plus de détails sur les actions gouvernementales liées à la gestion des forêts. Pour un autre point de vue sur la question, consultez le site Internet de **What Rainforest?** (whatrainforest.com), qui regroupe des ONG et des habitants.

Protection de la faune

Fin 2010, la Malaisie a entrepris d'appliquer une nouvelle loi sur la protection de la faune, qui prévoit jusqu'à 100 000 RM d'amende et de lourdes peines de prison pour le braconnage, le trafic d'animaux et autres délits touchant à la faune. La révision de cette loi, une première depuis plus de 30 ans, a été saluée par les groupes de pression locaux comme Traffic Southeast Asia (www.traffic.org/southeast-asia) ou la Malaysian Nature Society.

Le trafic d'animaux constitue un problème notable dans la région. Bien que protégé par la loi malaisienne, le pangolin, ou fourmilier écailleux, est l'espèce la plus touchée ; ses écailles, censées posséder des propriétés médicinales, peuvent atteindre 800 RM le kilo. En juillet 2010, la police, qui enquêtait sur un trafic de voitures volées, a découvert un "mini-zoo" illégal dans un entrepôt de la capitale, renfermant 20 espèces animales protégées, dont deux oiseaux de paradis rares d'une valeur de 1 million de RM.

Un mois plus tard, Anson Wong, trafiquant d'animaux notoire, a été arrêté à l'aéroport international de Kuala Lumpur en possession de 95 boas constrictors, de deux vipères rhinocéros et d'une tortue mata mata. Condamné à cinq ans d'emprisonnement, il est sorti de prison en février 2012, au bout de 17 mois. Nombreux sont ceux qui y voient la preuve de la complaisance du gouvernement malaisien à l'égard de ce criminel et de ses activités.

Periplus Editions édite une superbe série de guides (en anglais seulement), tels que *Tropical Birds of Malaysia & Singapore* ou *Tropical Plants of Malaysia & Singapore*, consacrés à la faune et à la flore de la Malaisie.

Plantations d'huile de palme

Originaire d'Afrique de l'Ouest et introduit en Malaisie dans les années 1870, le palmier à huile (*Elaeis guineensis*) est probablement aujourd'hui l'arbre le plus commun de la Malaisie péninsulaire. La première plantation de palmiers à huile en Malaisie date de 1917. Aujourd'hui, selon le **Malaysian Palm Oil Council** (www.mpoc.org.my), ce pays est le premier producteur d'huile de palme, avec plus de 40% de la production mondiale. L'huile, extraite de gros fruits orange qui poussent en grappes juste sous les feuilles, sert surtout à la cuisine, même si elle peut également être transformée en biodiesel (une alternative aux combustibles fossiles).

Cette culture, malgré son utilité, a eu des effets dévastateurs sur l'environnement à cause des vastes plantations venues remplacer la jungle et les exploitations forestières. D'après Friends of the Earth, en 2003, 87% de la déforestation en Malaisie étaient liés à la production d'huile de palme. De plus, l'utilisation de pesticides et d'engrais fort polluants met à mal l'argument écologique. Les plantations de palmiers à huile transforment les terres en monoculture permanente, pouvant aller jusqu'à réduire le nombre d'espèces végétales de 90%. Les palmiers nécessitent de grandes quantités d'herbicides et de pesticides, susceptibles de s'infiltrer dans les cours d'eau. Par ailleurs, le drainage peut entraîner l'abaissement du niveau des eaux souterraines, asséchant les forêts tourbeuses avoisinantes (et produisant d'énormes quantités de gaz à effet de serre au cours du processus). Enfin, ces plantations provoquent la réduction de l'habitat naturel des grands mammifères.

Certaines organisations tentent d'alerter l'opinion : le **Palm Oil Action Group** (www.palmoilaction.org.au), un groupe de pression australien, milite pour la sensibilisation sur l'huile de palme et la nécessité de chercher d'autres alternatives. **Roundtable on Sustainable Palm Oil** (www.rspo.org) aborde le problème sous divers angles tout en cherchant à établir et à faire appliquer des normes internationales. **Proforest** (www.proforest.

RÉDUCTION DES ÉMISSIONS DE CARBONE

Lors de la conférence de Copenhague sur le changement climatique, en 2009, le Premier ministre Najib s'est engagé à réduire les émissions de carbone de la Malaisie de 40% d'ici à 2020. Selon l'Agence internationale de l'énergie, le pays a émis 6,68 tonnes de dioxyde de carbone par habitant en 2007 – soit deux fois la moyenne mondiale et le record de la région après Brunei, Taipei et Singapour. Par rapport à ses trois voisins, la Malaisie a connu la plus forte augmentation en la matière entre 1990 et 2007, avec 143%.

Pour atteindre ses objectifs, le gouvernement fédéral a ajouté la technologie verte au portefeuille du ministère de l'Énergie et de l'Eau, annonçant le lancement d'une politique nationale. Toutefois, les détails restent flous et l'objectif global s'accommode mal du médiocre bilan des transports publics et de l'expansion continue des compagnies aériennes low cost, comme AirAsia.

LE TASIK CHINI EN DÉTRESSE

Partie intégrante du bassin du Pahang, couvrant une superficie de captage de 45 km^2, le Tasik Chini est l'unique réserve de biosphère de Malaisie reconnue par l'Unesco. Il y a dix ans encore, ce lac (en vérité un marais d'eau douce) était un site touristique majeur grâce aux fleurs de lotus qui en recouvraient presque intégralement la surface. Aujourd'hui, il est si pollué que ses eaux sont devenues troubles et que les lotus ont presque disparu.

Les problèmes ont surgi vers la moitié des années 1980, lorsque le gouvernement de l'État a entrepris de valider des projets d'aménagement du territoire autour du lac. La situation a encore empiré en 1995 quand les autorités fédérales ont fait construire un barrage à l'extrémité du Sungai Chini pour faciliter la navigation des bateaux touristiques, et ce malgré les protestations des Orang Asli qui habitent six villages autour du Tasik Chini.

Le barrage a entraîné une hausse du niveau du lac d'au moins 2 m, engloutissant des milliers d'arbres et de plants de rotin sur la rive, et menaçant la survie des lotus habitués à pousser dans des eaux peu profondes. Déjà touchée par les égouts des mines de minerai de fer, installées pour certaines à moins de 50 m, l'eau a également été polluée par le méthane et le sulfure d'hydrogène résultant de la décomposition des végétaux dans le lac.

En août 2012, Transparency International-Malaysia (TI-M) et certaines organisations environnementales comme WWF-Malaysia et la Malaysian Nature Society ont lancé la campagne "Sauver le Tasik Chini". S'appuyant sur un rapport de l'Universiti Kebangsaan Malaysia, TI-M a affirmé que l'écosystème du Tasik Chini était dans un "état critique" et qu'il disparaîtrait d'ici à 2030 si rien n'était fait – un point de vue formellement contesté par Adnan Yaakob, ministre en chef du Pahang. Quant au quotidien *The Star*, il s'est fait l'écho de la colère des Orang Asli devant le refus du ministre de reconnaître le problème, citant des chefs locaux qui disent ne plus pouvoir pêcher dans les eaux polluées du lac ou récolter des racines et des herbes dans des zones désormais interdites en raison des opérations minières.

net) travaille également avec **Wild Asia** (www.wildasia.org) sur le Stepwise Support Programme, visant à promouvoir une industrie de l'huile de palme durable.

Depuis 2001, l'organisation Regional Environmental Awareness Cameron Highlands (REACH ; www.reach.org.my) s'efforce de préserver et de restaurer la région, et lutte pour qu'elle reste une zone agricole durable ainsi qu'un pôle touristique, le tout intégré dans une réserve naturelle permanente.

Barrages hydroélectriques

Si les barrages hydroélectriques sont présentés comme des sources d'énergie sans carbone, ces énormes projets peuvent néanmoins avoir un impact environnemental important. En outre, les populations locales sont souvent contraintes de s'installer dans des régions où elles peinent à survivre et à maintenir leurs traditions, comme ce fut le cas avec le barrage controversé de Bakun (www.bakundam.com), à Sarawak – le plus grand barrage d'Asie hors de Chine (207 m de hauteur). En activité depuis fin 2011, il alimente un réservoir pour la réalisation duquel furent détruits 690 km^2 de forêt vierge, soit l'équivalent de la superficie de Singapour. Les défenseurs de l'environnement malaisiens et étrangers affirment que le projet - notamment les contrats visant à débarrasser le site de la biomasse, soit la destruction de la jungle primaire - a été entaché de pratiques frauduleuses visant à profiter aux entrepreneurs proches des hommes politiques locaux. Transparency International (www.transparency.org) a même qualifié le barrage de "monument de corruption".

Selon le gouvernement malaisien, ce barrage, qui produit 2 400 MW "d'énergie verte sans émissions polluantes", apporte un coup de fouet bienvenu à l'économie du Sarawak. Toutefois, Bornéo n'a pas l'utilité de toute cette énergie. Il était initialement prévu d'acheminer 70% des ressources vers la Malaisie péninsulaire, via un câble sous-marin de 670 km de long. Cependant, cette partie du projet a été enterrée, laissant le Sarawak à la tête d'un surplus énergétique colossal (à plein régime, le barrage produit deux fois et demi le nombre de watts maximal requis par cet État). Une partie de ce capital pourrait être utilisée par une énorme fonderie d'aluminium en cours de construction près de Mukah.

Malgré cela, une douzaine de barrages supplémentaires devraient voir le jour sur les plateaux du Sarawak, notamment celui de Murum (944 MW), sur un territoire penan à 60 km en amont de Bakun.

Cours d'eau

En matière de nettoyage de cours d'eau, Penang et Melaka ont remporté quelques succès. Le Sungai Pinang, qui traverse le cœur de George-Town, était autrefois si pollué qu'il figurait en catégorie V, ce qui signifie que le maintien de la vie y était impossible et que tout contact avec l'eau était nocif. Grâce au programme de nettoyage de l'État, l'indice de pollution est tombé à III en 2010. D'icià 2015, le fleuve pourrait être débarrassé de tous ses déchets.

Selon la Malaysian Nature Society, la renaissance du Sungei Melaka, le fleuve autrefois boueux qui traverse Melaka, constitue un autre modèle en termes de nettoyage. Depuis 2005, la ville a investi 100 millions de RM dans ce projet, qui comprend par ailleurs la construction de zones herbeuses et de sentiers de promenade. Un bateau conçu pour nettoyer les nappes d'hydrocarbures a été utilisé pour déblayer les déchets et les compacter, formant ainsi un matériau susceptible de renforcer les berges. Ont suivi l'embellissement du rivage et le traitement des eaux usées. Des réservoirs ont été construits afin de capturer les algues, le pétrole et d'autres déchets.

Kuala Lumpur et la vallée de Klang sont désormais en ligne de mire. Littéralement, Kuala Lumpur se traduit par "estuaire boueux" – quiconque observe l'un des cours d'eau couleur café au lait sinuant à travers la ville trouvera ce nom parfaitement approprié. Dans la foulée de l'initiative du gouvernement du Selangor en 2010, visant à nettoyer une portion de 21 km du Sungei Klang aux abords de Klang, le programme River of Life, nettement plus ambitieux, concentre ses

Livres sur l'environnement

- *Les Parcs nationaux de la Malaisie-WWF* (Könnemann, 2009)
- *La Forêt tropicale humide* (Henri Puig, Belin, 2002)
- *Bornéo : au cœur de la forêt primaire* (livre+CD ; Jorge Camilo Valenzuela, éd. Vilo, 2008)

COMMENT APPORTER SA CONTRIBUTION

- Procédez avec circonspection et achetez local, en évitant (et en signalant) tout article fabriqué à partir d'une espèce menacée. En Malaisie péninsulaire, une ligne directe (☎019-356 4194), accessible 24h/24, permet de dénoncer les activités illégales.
- Visitez les sites naturels, louez les services de guides de randonnée locaux et soutenez les initiatives écotouristiques. De cette manière, votre argent ira dans les poches des habitants et vous soutiendrez le fondement économique (et non purement écologique) du développement durable et de la protection des habitats.
- Inscrivez-vous auprès de Forest Watch (www.timalaysia-forestwatch.org.my) pour devenir un observateur forestier, un projet initié par Transparency International Malaysia.
- Consultez le site Internet de Wild Asia (www.wildasia.org) pour en savoir plus sur le tourisme responsable dans la région.
- Tenez-vous informé et soutenez les campagnes locales en consultant les sites Internet d'organismes tels que WWF Malaysia (www.wwfmalaysia.org) et la Malaysian Nature Society (www.mns.org.my).

efforts antipollution sur la partie supérieure du fleuve. Le gouvernement a alloué 3 milliards de RM à l'amélioration de la qualité des eaux afin de passer de l'indice actuel – III et IV (impropre au contact corporel) – à IIb (approprié au contact corporel et aux activités récréatives) d'ici à 2020.

Surdéveloppement

Sur les flancs des collines de Malaisie péninsulaire, l'urbanisation à outrance, associée à des standards de constructions déplorables, a entraîné plusieurs glissements de terrain catastrophiques. L'un des plus récents a eu lieu en décembre 2008 à Bukit Antarabangsar, où quatre personnes ont trouvé la mort lors de l'effondrement de 14 luxueux bâtiments. En décembre 1993, l'écroulement d'un bâtiment de 12 étages a fait 49 morts à Selangor. Si ces catastrophes ont obligé les autorités à renforcer les règles de construction, l'édification de bâtiments d'habitation dans des sites aussi précaires continue à un rythme rapide dans les hautes terres à proximité de KL, telles les Cameron Highlands.

La marina en voie de construction à Tekek sur Pulau Tioman (p. 249) a suscité l'ire des écologistes, qui estiment qu'elle va nuire aux coraux alentour. Elle a déjà entraîné la fermeture de plusieurs complexes hôteliers et n'est encore qu'un chantier. Le projet de construction d'une seconde piste d'atterrissage (offshore) à Pulau Tioman a aussi mis le feu aux poudres pour les mêmes raisons.

Les trois quarts de la côte du Kelantan souffrent de l'érosion du littoral. La mer y avance par endroits de 10 m par an.

Singapour, propre et soucieuse de l'environnement

Singapour mérite bien sa réputation de cité propre et bien gérée. Les visiteurs ne manqueront pas de remarquer l'absence de détritus dans les rues, conséquence d'un vaste réseau de balayeurs de rue et de camions-poubelles. Dans les complexes d'appartements de l'office du logement, où vivent la majorité des Singapouriens, on dénombre sept modes de recyclage, formels ou non.

Les détritus sont acheminés à Pulau Semakau, une île à 8 km au sud du continent. Planifiée et construite par l'Agence nationale de l'environnement en 1999, cette décharge doit pourvoir aux besoins du pays en matière de déchets jusqu'en 2040. Plus intéressant encore, le gouvernement présente l'île comme un haut lieu "écologique" (on ne déplore aucune odeur nauséabonde, car les déchets sont traités ou incinérés avant d'être enterrés). Des mangroves réhabilitées jouxtent un centre de sauvegarde des coraux. Depuis 2005, l'île organise également des activités récréatives, notamment des randonnées et des parties de pêche.

La Malaisie, Singapour et Brunei pratique

Carnet pratique

Alimentation

Les catégories de prix suivantes correspondent à un repas de 2 plats accompagné d'une boisson non alcoolisée.

» $ moins de 10 RM
» $$ 10-50 RM
» $$$ plus de 50 RM

Ambassades et consulats

Pour la liste complète des représentations diplomatiques malaises, consultez le site www.kln.gov.my. Les pays suivants disposent d'une ambassade à Kuala Lumpur, qui accueille généralement le public du lundi au vendredi, de 8h à 12h30 et de 13h30 à 16h30.

Belgique (☎03-2162 0025 ; www.diplomatie.be/kualalumpurfr ; Suite 10-02, 10e ét., Menara Tan & Tan, 207 Jalan Tun Razak)

Brunei (☎03-2161 2800 ; www.mofat.gov.bn ; 19-01, 19e ét., Menara Tan & Tan, Jln Tun Razak)

Canada (☎03-2718 3333 ; www.canadainternational.gc.ca/malaysia-malaisie ; 17e ét., Menara Tan & Tan, 207 Jln Tun Razak)

France (☎03-2053 5500 ; www.ambafrance-my.org ; 196 Jln Ampang)

Indonésie (☎03-2116 4016 ; www.kbrikualalumpur.org ;233 Jln Tun Razak) ; consulats à Penang et Sabah.

Singapour (☎03-2161 6277 ; www.mfa.gov.sg/content/mfa/overseasmission/kuala_lumpur.html ; 209 Jln Tun Razak)

Suisse (☎03-2148 0622/0751/0639 ; www.eda.admin.ch ; 16 Pesiaran Madge)

Thaïlande (☎03-2148 8222/8350/8420/8004 ; 206 Jln Ampang)

Argent

Cartes de crédit et distributeurs

Les cartes MasterCard et Visa ont les réseaux les mieux implantés. Avec votre carte, vous pourrez retirer des espèces aux guichets des banques telles Maybank (banque la plus importante), HSBC et Standard Chartered, ainsi qu'aux distributeurs automatiques, en composant votre code. Signalons aussi que beaucoup de banques malaises sont connectées à des réseaux internationaux tels que Cirrus (le plus répandu), Maestro et Plus.

N'hésitez pas à interroger votre banque, avant le départ, sur ses accords avec les banques malaises.

Coordonnées en Malaisie des principales cartes de crédit acceptées :

American Express (☎2050 0000 ; www.americanexpress.com/malaysia)

Diners Card (☎2161 1055 ; www.diners.com.my)

MasterCard (☎1800 804 594 ; www.mastercard.com/sea)

Visa (☎1800 802 997 ; www.visa-asia.com)

Espèces et chèques de voyage

Les banques malaises sont efficaces et les bureaux de change ne manquent pas. Les premières prélèvent d'ordinaire une commission sur les espèces et les chèques de voyage (environ 10 RM par transaction et éventuellement une petite somme par chèque). Ce n'est pas le cas des seconds, qui pratiquent en revanche des taux plus variables. Pour obtenir de l'argent liquide, le taux est habituellement plus intéressant dans un bureau de change, qui effectue souvent l'opération en moins de temps. En dehors des centres touristiques, cependant, ces taux s'avèrent souvent désavantageux et les chèques plus difficiles à changer.

Les principaux chèques de voyage sont acceptés dans tout le pays. Il n'y a pas non plus de problème pour convertir les euros et autres grandes devises, même si le dollar US a toujours une longueur d'avance.

Monnaie nationale

Le ringgit (RM) est divisé en 100 sen. Il existe des pièces de 1, 5, 10, 20 et 50 sen et des billets de 1, 2 (rares) 5, 10, 20, 50 et 100 RM.

Attention : les Malais utilisent parfois le terme "dollar", nom de l'ancienne

PRATIQUE

- Matériel électrique fiable, courant en 220-240 V et 50 Hertz, prises mâles de type britannique à trois fiches carrées.
- La Malaisie possède plusieurs journaux en anglais, le *New Straits Times*, le *Star* et le *Malay Mail*. Citons aussi le *Borneo Post*, le *New Sarawak Tribune* et le *New Sabah Times* sur l'île de Bornéo. La presse francophone est disponible à l'Alliance française de Kuala Lumpur.
- Branchez-vous sur Traxx FM (www.traxxfm.net ; 90.3FM), HITZ FM (www.hitz.fm ; 92.9FM) et MIX FM (www.mix.fm ; 94.5FM) pour écouter de la musique pop, et sur BFM (www.bfm.my ; 89.9FM) et Fly FM (www.flyfm.com.my ; 95.8FM) pour les informations. Ces fréquences sont valables pour la région de KL ; au Sabah, écoutez Traxx FM (90.7FM) ou Muzik FM (88.9FM) ; au Sarawak, vous capterez Traxx FM (89.9FM) ou Wai FM (101.3FM) pour de la musique tribale.
- Aux chaînes publiques TV1 et TV2, s'ajoutent les 4 chaînes commerciales TV3, NTV7, 8TV et TV9, ainsi qu'une kyrielle de chaînes satellitaires.
- Système métrique.

monnaie nationale, pour désigner le ringgit. En cas de doute, faites-vous préciser s'il s'agit de dollars US ou de ringgits.

Veillez à toujours disposer de petites coupures lorsque vous vous éloignez des villes : la plupart du temps, on ne pourra pas vous rendre la monnaie sur plus de 10 RM.

Taxes et remboursements

Il n'y a pas de taxe sur les ventes, mais une taxe de 6% s'applique aux tarifs des hôtels et des restaurants haut de gamme, ainsi que 10% de service.

Assurance

Contracter une assurance voyage est une sage idée. Lisez soigneusement les clauses en petits caractères pour savoir si votre contrat couvre les activités sportives à risque potentiel comme la plongée, le trekking ou la spéléologie, ainsi que vos objets de valeur. En matière de santé, vous préférerez peut-être une police qui règle directement le médecin ou l'hôpital au lieu de vous rembourser ultérieurement. Si vous avancez l'argent, veillez à bien conserver tous les documents. Vérifiez que votre police couvre bien les frais d'ambulance, de rapatriement en avion et, dans le cas de treks dans des régions isolées, l'évacuation en hélicoptère.

Certaines cartes de crédit font bénéficier leurs détenteurs d'une assurance voyage limitée ou parfois complète.

Bénévolat

En France, quelques organismes offrent des opportunités de travail bénévole sur des projets de développement ou d'environnement, parfois sur des périodes courtes, de 1 à 4 semaines. Certaines associations s'adressent plus spécifiquement aux jeunes. Il s'agit d'une bonne formule pour s'immerger dans le pays, connaître l'envers du décor touristique, et bénéficier d'une ambiance internationale (les volontaires viennent de divers pays en général). En revanche, les conditions de vie sur un chantier sont spartiates, et prenez garde au décalage fréquent entre le programme et la réalité. Voici deux adresses en France :

Comité de coordination pour le service volontaire international (CCVIS ; ☎01 45 68 49 36, fax 01 42 73 05 21 ; ccivs@unesco.org, www.unesco.org/ccvis/)

Délégation catholique pour la coopération (DCC ; ☎01 45 65 96 65 ; dcc@ladcc.org, http://dcc.cef.fr ; BP 303, 11 rue Guyton-de-Morveau, 75625 Paris Cedex 13)

Dans la péninsule malaise, les visiteurs étrangers peuvent participer à de nombreuses actions, parmi lesquelles :

All Women's Action Society Malaysia (www.awam.org.my). Vise à améliorer la vie des femmes de la Malaisie en promouvant une société juste, démocratique et équitable prônant le respect et l'égalité des sexes.

Ecoteer (http://ecoteerresponsibletravel.com). Des missions très variées, mais payantes.

Eden Handicap Service Centre (www.edenhandicap.org). Cet organisme chrétien, qui vient en aide aux handicapés de Penang a besoin de bénévoles pour ses diverses activités.

Great Orangutan Project (www.orangutanproject.com). Accueille des bénévoles payants au Matang Wildlife Centre, au Sarawak.

LASSie (www.langkawilassie.org.my). Les amoureux des chats et des chiens peuvent soutenir la Langkawi Animal Shelter & Sanctuary Foundation (refuge animalier de Langkawi), près du Bon Ton Resort.

Malaysian AIDS Council (www.mac.org.my). Recherche des bénévoles et des étudiants en médecine pour participer aux diverses campagnes d'AIDS.

Malysian Nature Society (www.mns.org.my). Consultez le site Internet ou appelez afin de savoir comment vous impliquer dans la préservation de l'environnement naturel malais.

Miso Walai Homestay Program (www.misowalaihomestay.com). Implique les voyageurs dans des projets de préservation des zones humides locales.

Nur Salaam (www.nursalam.bbnow.org). Cette association caritative aide les enfants de la rue du quartier de Chow Kit à KL.

PAWS (www.paws.org.my). Refuge d'animaux à Subang, à 30 minutes du centre de KL.

Real Gap (www.realgap.co.uk). Organise des voyages autour d'un projet environnemental et du travail communautaire au Sabah, ou d'une mission d'assistant au zoo de Negara près de KL.

Regional Environmental Awareness Cameron Highlands (Reach ; www.reach.org.my). Participe aux programmes de reforestation et de recyclage dans les Cameron Highlands.

Sepilok Orang-Utan Rehabilitation Centre. Un des meilleurs programmes de bénévolat pour les amoureux des grands singes.

Travellers Worldwide (www.travellersworldwide.com). Divers programmes, dont des missions auprès d'enfants handicapés, d'enseignement de l'anglais et de la plongée ou encore des actions dans les réserves naturelles.

Trekforce (www.trekforce.org.uk). Cet organisme britannique propose une immersion de 10 semaines chez les Kelabit, pour travailler sur des projets communautaires dans les Kelabit Highlands du Sarawak.

Wild Asia (www.wildasia.org). De nombreuses offres de bénévolat généralement liées à l'environnement et au tourisme durable dans la région.

World Challenge (www.world-challenge.co.uk). Convie de nombreux bénévoles (essentiellement britanniques) en Malaisie pour des projets de préservation notamment.

Zoo Negara. Aider les gardiens du zoo à nourrir et à soigner leurs protégés.

Cartes et plans

Les cartes les plus utiles et les plus à jour sont éditées par **Periplus** (http://periplusublishinggroup.com). Elles couvrent la Malaisie, la Malaisie péninsulaire et KL. *The Map of Malaysia*, distribuée gratuitement par Tourism Malaysia, comporte un tableau pratique des distances, des données sur le pays et des plans des grandes villes.

Si vous cherchez des cartes précises des zones rurales, contactez le **National Survey & Mapping Department** (Ibu Pejabat Ukur & Pemetaan Malaysia ; ☎03-2617 0800 ; www.jupem.gov.my ; Jln Semarak, Kuala Lumpur ; ⌚7h30-17h30 lun-ven).

Climat

Situé entre 2 et 7°degrés au nord de l'équateur, la Malaisie péninsulaire connaît un climat chaud et humide toute l'année, avec des températures descendant rarement en dessous de 20°C, même la nuit.

Bien que la Malaisie soit soumise à la mousson, seule la côte est de la péninsule connaît une véritable saison des pluies. Ailleurs, cette période est simplement marquée par des précipitations plus abondantes. La pluie s'abat en brèves averses torrentielles qui rafraîchissent agréablement l'atmosphère. Durant la mousson, il peut pleuvoir chaque jour, mais rarement toute la journée. Le taux d'humidité avoisine les 90%. Il est toutefois possible d'échapper à cette chaleur d'étuve en se réfugiant dans les stations d'altitude.

Le site du **Malaysian Meteorological Department** (www.kjc.gov.my/english/weather/weather.html) donne les prévisions météorologiques.

Désagréments et dangers

Les divers prestataires (agences, tour-opérateurs, etc.) mentionnés dans ce guide ont été vérifiés par les auteurs et devraient être fiables. Quoi qu'il en soit, renseignez-vous toujours soigneusement sur les termes et conditions du service.

Animaux

La rage sévit en Malaisie, et toute morsure par un animal doit être traitée avec sérieux. Dans la jungle et les mangroves, on rencontre des sangsues (gênantes mais sans danger), des serpents (certains très venimeux), des macaques (qui, à certains endroits, vous arrachent votre sac), des orangs-outans (parfois agressifs) et, dans les estuaires boueux, des crocodiles marins (qui peuvent causer votre mort s'ils vous entraînent par le fond).

Vol et violence

Le vol et la violence sont peu fréquents. Comparée à l'Indonésie ou à la Thaïlande, la Malaisie s'avère un pays très sûr. Surveillez néanmoins vos affaires, notamment vos documents de voyage (passeport, chèques de voyage, etc.) que vous devez toujours garder sur vous. Les agressions physiques se produisent surtout le soir, en particulier à KL et à Penang, et dans les quartiers défavorisés des villes. Des voleurs à moto viseraient tout particulièrement les femmes pour s'emparer de leur sac à main. Méfiez-vous aussi des séduisants "beach boys" qui offrent leurs services sexuels sur les îles Langkawi et Perhentian.

Les fraudes à la carte de crédit constituent un problème croissant. N'utilisez votre carte que dans des commerces ayant pignon sur rue et composez votre code à l'abri des regards.

Un petit cadenas solide vous rendra service, surtout si vous séjournez dans les chalets et bungalows bon marché des plages malaises.

Douane

Les visiteurs peuvent importer les produits suivants hors taxe :

- 1 litre d'alcool ;
- 225 g de tabac (200 cigarettes ou 50 cigares) ;
- souvenirs et cadeaux n'excédant pas 200 RM (500 RM si vous venez de Labuan ou de Langkawi).

Les appareils photo, les radios portables, les parfums, les cosmétiques et les montres ne sont pas soumis aux droits de douane. La liste des articles prohibés comprend les armes (y compris les imitations), les feux d'artifice, les stupéfiants et les articles "obscènes et pernicieux", tels que les ouvrages pornographiques ou susceptibles de porter atteinte à la religion, et les drogues. Selon la loi malaise, le trafic de drogue est passible de la peine de mort.

Le visiteur ne peut importer ou exporter plus de 1 000 RM en monnaie locale ; il n'existe aucune limite pour les devises étrangères.

Électricité

240 V/50 Hz

Enfants

À voir et à faire

Certaines destinations balnéaires comme Pulau Perhentian, Pulau Kapas et le parc national Tunku Abdul Rahman se prêtent bien aux séjours en famille. Les enfants plus grands apprécieront les parcs nationaux dans la jungle tels que Taman Negara, ou Bako et le Gunung Mulu, au Sarawak. Pour une rencontre avec des animaux, pensez au centre de réhabilitation des orangs-outans de Sepilok, dans le Sabah, et au refuge pour éléphants de Kuala Gandah, dans le Pahang.

Des suggestions d'activités pour les enfants à Kuala Lumpur figurent p. 63.

Pratique

Voyager avec des enfants en Malaisie ne pose généralement aucun problème. Les parents doivent toutefois respecter certaines règles de bon sens comme celle de laver régulièrement les mains de leurs enfants. Il est important d'interdire aux petits de jouer avec les animaux en raison des cas de rage.

Le guide Lonely Planet *Voyager avec ses enfants* fournit de nombreux conseils utiles pour préparer son voyage et en profiter au mieux, une fois sur place, avec des enfants. De nombreux sites et activités adaptées aux enfants en Malaisie y sont également répertoriés.

La plupart des sites et des transports pratiquent des réductions pour les enfants, et de nombreuses stations balnéaires de type *resort* disposent de bungalows pour les familles. En revanche, les hébergements bon marché ne disposent que rarement de lit d'enfant. Les transports publics fonctionnent assez bien et sont confortables. Par contre, vous aurez sans doute du mal à circuler avec une poussette, vu le manque de passages pour piétons et la hauteur des trottoirs.

Vous trouverez facilement du lait maternisé, des aliments pour bébé et des couches, sauf dans une région ou une île reculée.

Formalités et visas

Les Français, les Belges, les Canadiens et les Suisses n'ont pas besoin de visa pour un séjour inférieur à 3 mois. Ils doivent être en possession d'un passeport, valable 6 mois au-delà de la date de retour de la Malaisie. Les règles détaillées en matière de visa figurent sur le site www.kln.gov.my (en anglais).

À défaut, un visa de 30 ou de 60 jours est octroyé aux ressortissants de la plupart des pays dès leur arrivée sur le territoire malais. Si vous arrivez en avion, vous bénéficierez automatiquement d'un visa de 60 jours. Une arrivée par voie terrestre vous vaudra un visa de 30 jours, à moins que vous ne demandiez spécifiquement une validité de 60 jours. Il est possible de demander une prorogation de visa pour un séjour

CONSEILS AUX VOYAGEURS

La plupart des gouvernements possèdent des sites Internet qui recensent les dangers possibles et les régions à éviter. Consultez notamment les sites suivants :

Ministère des Affaires étrangères français (www.diplomatie.gouv.fr)

Ministère des Affaires étrangères de Belgique (http://diplomatie.belgium.be)

Ministère des Affaires étrangères du Canada (www.voyage.gc.ca)

Département fédéral des Affaires étrangères suisse (www.eda.admin.ch/eda/fr)

n'excédant pas 3 mois ; il suffit d'en faire la demande au service de l'immigration, qui dispose d'un bureau dans chaque ville.

États du Sabah et du Sarawak

Les États du Sabah et du Sarawak conservent une certaine autonomie pour le contrôle de leurs frontières. Les touristes qui entrent au Sabah ou au Sarawak depuis la Malaisie péninsulaire ou le district fédéral de Pulau Labuan doivent impérativement passer par le contrôle des passeports (le passeport sera tamponné) et faire de même en quittant le Sabah ou le Sarawak vers ces destinations, ou lorsqu'ils voyagent entre le Sabah et le Sarawak. Faute de quoi, ils seront retenus au moment de quitter le territoire malaisien et placés en rétention administrative (jusqu'à quelques jours).

À l'arrivée au Sabah ou au Sarawak depuis une autre partie de la Malaisie, le visa apposé sur le passeport n'est valide que jusqu'à la fin de la période de validité du visa obtenu à l'entrée en Malaisie. Au Sarawak, il est facile de prolonger son visa en allant faire un "petit voyage visa" à Brunei ou en Indonésie (l'Indonésie est accessible par la route avec passage de la frontière à Tebedu-Entikong).

Hébergement

Les possibilités d'hébergement en Malaisie vont de la petite pension ou auberge à prix modique au complexe de luxe. En dehors des périodes d'affluence pendant des fêtes comme le Nouvel An chinois (janvier/février), des rabais importants sont souvent accordés – renseignez-vous toujours sur d'éventuelles offres promotionnelles.

Dans ce guide, les établissements économiques (signalés par le signe $) offrent des chambres doubles avec sdb ou des lits en dortoir à moins de 100 RM. Dans la catégorie moyenne ($$), les doubles avec sdb vont de 100 à 400 RM. Les tarifs de la catégorie supérieure ($$$) dépassent les 400 RM, incluant 10% de taxe de service et 5% de taxe (indiqués par le signe ++).

Dans de nombreux hôtels haut de gamme, des tarifs promotionnels permettent d'obtenir une chambre au prix de la catégorie moyenne. Une taxe gouvernementale de 6% s'applique à toutes les catégories d'hôtels (dans les options économiques, elle est toujours incluse dans le prix affiché). Tous les hôtels de la catégorie supérieure majorent leurs tarifs d'une taxe de service de 10%. Les hôtels des catégories moyenne et supérieure acceptent généralement les cartes de crédit tandis que ceux de la catégorie économique vous demandent de régler en espèces.

Attention : les invasions de punaises sont fréquentes dans les hôtels de Malaisie, et tout particulièrement problématiques dans les hébergements pour les voyageurs à petit budget.

Auberges de jeunesse et pensions

On trouve dans les stations balnéaires et les principales villes touristiques un choix d'hôtels et de *guesthouses* (pensions) bon marché. Les chambres sont souvent spartiates (avec des murs minces et parfois pas de fenêtre) et partagent une sdb, mais c'est l'option la plus économique et souvent idéale pour rencontrer d'autres voyageurs. Ces adresses proposent gracieusement à leurs hôtes Wi-Fi, thé et café, prêt de bicyclettes et transport, afin de surpasser la concurrence. Comptez de 10 à 30 RM pour un lit en dortoir et de 15 à 70 RM pour une chambre d'hôtel avec climatisation.

Camping

Beaucoup des parcs nationaux de Malaisie possèdent des aires de camping officielles et autorisent le camping sauvage pour ceux qui s'enfoncent dans la jungle. Il existe aussi quantité de plages isolées où passer la nuit. De même, il est possible de camper dans les baies inhabitées de nombreuses îles. Une tente munie d'une moustiquaire fait parfaitement l'affaire. Prévoyez un duvet léger ou, mieux encore, un sac à viande, car même les nuits sont chaudes.

Hôtels

Les chambres standards des hôtels haut de gamme sont souvent appelées "superior". La plupart des établissements abritent des chambres "deluxe" ou "club" légèrement plus chères, qui ont tendance à être plus spacieuses, dotées d'une meilleure vue et de petits extra comme le petit-déjeuner ou l'accès gratuit à Internet. Beaucoup ont également des suites.

Parmi les moins chers, les hôtels traditionnels chinois n'offrent habituellement que des chambres basiques garnies d'un lit, d'une table, d'une chaise et d'un lavabo. Les douches et les toilettes (parfois à la turque) peuvent être communes. Notez que les couples ont la possibilité d'économiser en demandant une simple. Dans ces hôtels chinois, "single" indique en effet une chambre avec un lit double et "double" une chambre avec deux lits jumeaux. Quoi qu'il en soit, ces règles ne sont pas strictes et ce type d'établissement permet de dormir à plusieurs dans une même chambre.

Certains de ces hôtels ont néanmoins l'inconvénient d'être très bruyants, car souvent situés dans des rues à grande circulation. Par ailleurs, les plus économiques pâtissent souvent de sérieux défauts de conception ; leurs cloisons très minces montent rarement jusqu'au plafond, ce qui est parfait pour l'aération mais gênant pour l'intimité.

Logements chez l'habitant

Loger chez une famille malaise permet de vivre une expérience souvent très éloignée du mode de vie urbain. Renseignez-vous auprès de **Tourism Malaysia** (www.tourismmalaysia.gov.my) et auprès des offices du tourisme de chaque État pour connaître les programmes menés dans plus de 25 *kampung* (villages) à l'écart des sentiers battus. Voir aussi p. 204 pour un projet d'hébergement à Penang.

Maisons longues (*longhouses*)

Sur la partie malaise de l'île de Bornéo, les maisons longues, habitat communautaire traditionnel des peuples indigènes dayak, peuvent regrouper sous un seul toit, immense, tout un village. Les maisons longues contemporaines associent aux formes de jadis des éléments beaucoup plus fonctionnels, tels des toits en acier galvanisé et des antennes satellites. Selon la tradition ancestrale des Dayaks, tout inconnu qui frappe à la porte d'une maison longue est reçu avec courtoisie et hébergé pour la nuit. Aujourd'hui cependant, les règles du savoir-vivre font que l'on n'impose pas sa présence à l'improviste. Pour éviter les déconvenues, mieux vaut louer les services d'un guide qui connaît bien les coutumes locales ou organiser sa visite avec un tour-opérateur Resthouses. D'anciennes *resthouses* britanniques, construites à l'époque coloniale pour loger les fonctionnaires, sont devenues d'excellents lieux d'hébergement pour les voyageurs. Beaucoup restent la propriété de l'État mais sont à présent gérées par le secteur privé. Si certaines ont été transformées en complexes modernes de catégorie moyenne, d'autres ont conservé leur cadre d'époque. Le prix moyen d'une chambre va de 70 à 100 RM, ce qui comprend d'ordinaire climatisation et salle de bains individuelle.

Handicapés

Un séjour en Malaisie peut vite tourner au cauchemar pour les personnes à mobilité réduite. La plupart des villes comportent des trottoirs très hauts et n'ont pas d'accès aménagés. Les rues sont jalonnées de zones en chantier alors que les passages pour piétons sont peu nombreux et distants les uns des autres. En revanche, les taxis ne coûtent pas cher. Par ailleurs, Malaysia Airlines et KTM (la société ferroviaire nationale) accordent des réductions de 50% aux passagers handicapés.

En France, l'**APF** (Association des paralysés de France ; ☎01 40 78 69 00, infos-vacances-apf@apf.asso.fr ; www.apf.asso.fr; 17 bd Auguste-Blanqui, 75013 Paris) fournit d'utiles renseignements sur les voyages.

Deux sites Internet dédiés aux personnes handicapées diffusent des informations utiles. Il s'agit de **Yanous** (www.yanous.com) et de **Handicap** (www.handicap.fr).

Heure locale

L'heure en Malaisie est de GMT/UTC + 8, soit plus 7 heures en hiver et plus 6 heures en été par rapport à la France, à la Suisse et à la Belgique ; plus 13 heures par rapport au Québec. Ainsi, quand il est midi à Kuala Lumpur, il est 5h du matin (hiver) à Paris et 23h à Montréal, la veille.

Heures d'ouverture

Les heures d'ouverture ne sont mentionnées dans les adresses du guide que si elles diffèrent des normes ci-dessous :

» **Banques** 10h-15h, lundi au vendredi ; 9h30-11h30 samedi

» **Restaurants** 12h-14h30 et 18h-22h30

» **Magasins** 9h30-19h, centres commerciaux 10h-22h

Homosexualité

La tolérance envers les homosexuels en Malaisie découle de la domination du pays par des musulmans conservateurs. Les relations sexuelles entre hommes sont illégales quel que soit l'âge. En outre, la charia (loi islamique ne s'appliquant qu'aux musulmans) interdit la sodomie et le travestissement. Si elle est rare, la persécution des homosexuels n'est pas inexistante.

Nous recommandons cependant aux voyageurs homosexuels d'éviter tout comportement susceptible d'attirer l'attention. Les Malais ne manifestent pas leur affection en public. Si les hommes ou les femmes se tiennent souvent par la main, cela n'a aucune connotation sexuelle ; deux personnes ouvertement gays ayant le même comportement ne passeront pas inaperçues, mais il y a toutefois peu de chances d'être victime de propos ou d'actes violemment homophobes.

KL abrite une communauté gay assez active. Les lieux féminins sont plus discrets, mais il y en a aussi. Les sites www.utopia-asia.com et www.fridae.com informent sur les manifestations et les activités gay et lesbiennes dans toute l'Asie.

La **PT Foundation** (www.ptfmalaysia.org), une organisation à but non-lucratif, dispense une éducation sexuelle (notamment en matière de sida), des soins et des programmes de soutien aux groupes marginalisés.

Internet (accès)

En Malaisie, il faut vraiment être au plus profond de la jungle pour ne pas trouver de connexion Internet. Dans les principales villes, les points de connexion Wi-Fi sont omniprésents (souvent gratuits) et les cybercafés bon marché facturent en général 3 RM l'heure pour un accès haut débit. Un Smartphone vous permet aussi d'accéder à Internet via le Wi-Fi. Sachez toutefois que la connexion Internet est assez lente dans les contrées reculées de la presqu'île malaise et de Bornéo.

Parmi les fournisseurs d'accès malais figurent **Jaring** (www.jaring.my) et **Telekom Malaysia** (www.tm.com.my).

Jours fériés

Aux jours fériés laïques s'ajoutent de nombreuses fêtes religieuses (dont la date varie chaque année), parmi lesquelles le Nouvel An chinois (janvier/février), la fête hindoue de Dipavali (octobre/novembre), la fête bouddhique de Wesak (avril/mai) et les fêtes musulmanes Hari Raya Haji, Hari Raya Puasa, Mawlid al-Nabi et Awal Muharram (Nouvel An musulman) ; voir les dates p. 22.

Les fêtes annuelles à date fixe sont les suivantes :

» **Nouvel An** 1er janvier

» **Journée du Territoire fédéral** 1er février (Kuala Lumpur et Putrajaya)

» **Vendredi saint** Mars ou avril (Sarawak et Sabah)

» **Fête du Travail** 1er mai

» **Anniversaire de l'Agong de Di-Pertuan de Yang (roi de Malaisie)** 1er samedi de juin

» **Anniversaire du gouverneur de Penang** 2e samedi de juillet (Penang)

» **Fête nationale de Malaisie** (Hari Kebangsaan) 31 août

» **Fête de la Malaisie** 16 septembre

» **Noël** 25 décembre

Vacances scolaires

Il existe en Malaisie cinq périodes de vacances scolaires dans l'année. Les dates varient d'un État à l'autre, mais les congés sont généralement posés en janvier (1 semaine), en mars (2 semaines), en mai (3 semaines), en août (1 semaine) et en octobre (4 semaines).

Offices du tourisme

Tourism Malaysia (www.tourism.gov.my/fr-fr/fr), qui possède un réseau efficace à l'étranger, est bien utile pour préparer son voyage. Ses succursales malaises se révèlent malheureusement moins fiables et souvent incapables de donner des informations précises sur une destination et les moyens de transport pour y accéder. Elles proposent cependant des dépliants corrects, ainsi que l'excellente carte *Map of Malaysia*.

Il existe des offices du tourisme au niveau des États, qui fournissent souvent des renseignements détaillés sur certaines régions.

» **Johor Tourism** (www.johortourism.com.my)

» **Sabah Tourism** (www.sabahtourism.com)

» **Pahang Tourism** (www.pahangtourism.com.my)

» **Perak Tourism** (www.peraktourism.com)

» **Sarawak Tourism** (www.sarawaktourism.com)

» **Tourism Penang** (www.tourismpenang.gov.my)

» **Tourism Selangor** (www.tourismselangor.org)

» **Tourism Terengganu** (http://tourism.terengganu.gov.my)

Photographie

Dans l'ensemble, les Malais ne voient pas d'inconvénient à être photographiés mais, par courtoisie, assurez-vous de leur accord. De même, demandez la permission avant de prendre des photos dans les lieux de culte. Pour des conseils techniques (matériel, prise de vue, enregistrement), consultez le guide Lonely Planet *La Photo de Voyage*, écrit par le photographe Richard I'Anson.

L'enregistrement sur CD de vos photos numériques vous coûtera environ 10 RM dans les boutiques de développement présentes partout. Les grandes villes comme KL disposent de magasins offrant un bon choix d'équipements photographiques à des prix raisonnables.

Poste

La **Pos Malaysia Berhad** (☎1300 300 300 ; www.pos.com.my) fonctionne bien et assure un service de poste restante dans la plupart de ses bureaux. Ces derniers sont ouverts de 8h à 17h, sauf le dimanche, le premier samedi du mois, et les jours fériés.

L'envoi d'un aérogramme ou d'une carte postale coûte 50 sen, quelle que soit la destination. Pour une lettre jusqu'à 20 g, vous paierez 1,50/1,80 RM à destination de l'Europe/l'Amérique du Nord. Les tarifs des colis s'échelonnent entre 20 et 60 RM le kilo, selon le pays.

Les postes principales des grandes villes vendent des articles de papeterie et des emballages pour colis.

Problèmes juridiques

Si vous avez affaire à la police locale, mieux vaut vous montrer respectueux. Le plus souvent, vous n'aurez de contact avec la police que pour déclarer un délit dont vous avez été la victime (certaines grandes villes disposent d'une police touristique à cet effet), ou bien lors d'un contrôle routier. Les policiers ferment parfois les yeux sur les infractions mineures, mais ne comptez pas trop là-dessus.

Le trafic de drogue est systématiquement puni de la peine de mort. Plusieurs étrangers ont ainsi été exécutés, certains pour une infime quantité d'héroïne. Le simple fait d'en posséder peut valoir une longue peine de prison et une bastonnade à coups de *rotan* (canne en bambou).

Téléphone

Les communications téléphoniques sont assurées par la compagnie nationale **Telekom Malaysia** (TM ; www.tm.com.my).

Communications locales

Un appel local coûte 10 sen pour 3 minutes. Les cabines téléphoniques fonctionnent avec des pièces ou des cartes prépayées vendues dans les agences TM et les supérettes. Dans certaines, on peut utiliser une carte de crédit pour passer un appel international. On trouve aussi toute une gamme de cartes téléphoniques à prix avantageux dans les supérettes et agences de téléphonie mobile.

Communications internationales

La façon la plus simple et la moins chère de joindre l'étranger est d'acheter une carte SIM locale pour votre téléphone portable. Seules certaines cabines publiques permettent de passer des appels internationaux. L'autre solution est de téléphoner depuis une agence TM par l'entremise d'un opérateur. Une carte téléphonique prépayée (vendue dans les supérettes) permet d'économiser sur les appels à l'international vers un téléphone fixe.

Fax

Les agences TM des villes importantes disposent d'un service de fax. Ailleurs, renseignez-vous dans une agence de voyages ou dans un grand hôtel.

Téléphone portable

Dès lors qu'il dispose de la fonction "global roaming", votre téléphone numérique GSM se connectera automatiquement à l'un des réseaux du pays. Dans le cas contraire, l'option la plus simple consiste à acheter une carte SIM prépayée (8,50 RM ; passeport exigé), vendue dans presque toutes les boutiques de téléphonie mobile et les kiosques (dont ceux des aéroports). Si vous avez un portable, vérifiez qu'il peut fonctionne sur la fréquence 900/1800MHz et est débloqué. À Bornéo, les portables d'entrée de gamme coûtent dans les 40 $US.

Si vous souscrivez à un forfait local, les appels locaux vous coûteront de 0,12 à 0,15 RM la minute. Les SMS (0,06 RM, ou moins), immensément populaires, sont un bon moyen de communiquer avec les habitants et les expatriés.

Il existe 3 compagnies de téléphonie mobile, proposant des tarifs similaires pour les appels et les cartes prépayées :

» **Celcom** (www.celcom.com.my ; numéros commençant par 013 ou 019). La meilleure compagnie si vous passez du temps dans les régions lointaines du Sabah et du Sarawak.

» **DiGi** (www.digi.com.my ; numéros commençant par 016)

» **Maxis** (www.maxis.com.my ; numéros commençant par 012 ou 017)

Toilettes

S'il subsiste des toilettes "à la turque", la plupart sont désormais de type occidental. Les sanitaires publics ne sont généralement pas pourvus de papier : un tuyau d'eau fait office de bidet ou, s'il s'agit d'un établissement de catégorie inférieure, un robinet d'eau avec un seau. Si vous êtes peu coutumier de cette pratique, n'oubliez pas votre paquet de mouchoirs en papier ou votre rouleau de papier hygiénique !

Travailler en Malaisie

Pour qui sait les saisir, il existe des opportunités (surtout si vous parlez l'anglais) allant des postes de cadres dans la finance, le journalisme et l'industrie pétrolière à des emplois temporaires dans les *guesthouses* ou les centres de plongée des stations balnéaires en vogue. Les enseignants peuvent commencer par consulter le site **Edufind Jobs** (www.jobs.edufind.com).

Suivant le type d'emploi, vous aurez besoin d'un visa d'expatrié ou d'un visa de travail temporaire. Renseignez-vous sur le site du **ministère de l'Immigration de Malaisie** (www.imi.gov.my/index.php/ms).

Si vous souhaitez vous installer en Malaisie, l'**Association francophone de Malaisie** (www.afmkuala.com), basée à KL, peut vous fournir une aide précieuse.

Enfin, mis en place par le gouvernement malaisien, le programme national **"Malaisie, mon second chez moi"** (www.mm2h.gov.my/french) facilite l'installation des étrangers du monde entier en Malaisie, sous certains critères.

Voyager en solo

Femmes seules

Les femmes seules qui veulent éviter les ennuis doivent s'efforcer de se fondre autant que possible dans la masse, en adoptant une tenue vestimentaire appropriée et en respectant les sensibilités locales en matière de religion, notamment dans les États du nord-est de la Malaisie péninsulaire. Mieux vaut prendre trop de précautions que pas assez. Les étrangères visitant la Malaisie et ne respectant pas les coutumes du pays doivent s'attendre à des altercations verbales mineures, allant jusqu'à de véritables agressions physiques.

Force est de constater que les femmes encourent davantage de problèmes dans les régions à dominante malaise, où les comportements sont plus conservateurs. Dans ces régions, elles auront certainement moins d'ennuis en nouant un bandana dans leurs cheveux (petite concession faite au voile porté par la plupart des femmes musulmanes). Pour visiter une mosquée, il faut se couvrir la tête et les bras d'un foulard, et les jambes d'un sarong (souvent prêtés à l'entrée). À la plage, la plupart des Malaises se baignent en tee-shirt et short, alors n'ayez surtout pas les seins nus.

Faites très attention à votre sécurité. Restez sur vos gardes face à des inconnus, hommes ou femmes, se montrant trop sympathiques. Dans les hôtels bon marché, vérifiez qu'il n'y a pas de petit trou dans les murs ou les portes où coller un œil et si vous avez le choix, préférez un hôtel chinois. Dans les complexes hôteliers sur les îles, ne vous éloignez pas des plages fréquentées et choisissez un bungalow proche de la réception ou des autres voyageurs. À la nuit tombée, prenez un taxi, ne marchez pas seule dans des endroits déserts ou mal famés.

Transports

DEPUIS/VERS LA MALAISIE

Entrer en Malaisie

Vous aurez besoin d'un passeport valide au moins 6 mois après la date de retour, d'un billet d'avion aller-retour et des fonds réglementaires à votre entrée dans le pays – ces derniers étant toutefois rarement contrôlés.

Aucun visa n'est requis pour les Français et les autres ressortissants de l'Union européenne, les Suisses et les Canadiens, dans le cas d'un séjour de moins de 3 mois en Malaisie. Pour plus de détails, reportez-vous p. 609.

Voie aérienne

Aéroports et compagnies

Principale porte d'entrée vers la Malaisie, l'**aéroport international de Kuala Lumpur** (☎8777 8888 ; www.klia.com.my) est situé à Sepang, à 75 km au sud de Kuala Lumpur (KL). Le nouveau terminal Low Cost Carrier (LCC-T), d'où **Air Asia** (www.airasia.com) décolle, est implanté non loin du KLIA. Il doit être remplacé à partir de juillet 2013 par le nouveau terminal **KLIA2** (www.klia2.info). Ces deux terminaux accueillent la majorité des vols internationaux.

Des vols en provenance d'Asie et d'Australie arrivent à l'**aéroport international de Penang** (☎04 643 4311 ; www.penangairport.com), Kuching, Kota Kinabalu et dans quelques autres villes. Les chapitres régionaux donnent des détails spécifiques aux différents aéroports, ainsi que les coordonnées des représentations des compagnies aériennes, notamment à KL.

Voici des compagnies présentes en Malaisie :

AirAsia (☎600 85 8888 ; www.airasia.com)

Batavia Air (☎0804 1 222 888 ; www.batavia-air.com)

Berjaya Air (☎03-2119 6616 ; www.berjaya-air.com)

Cathay Pacific (www.cathaypacific.com)

Emirates (www.emirates.com)

Eva Air (www.evaair.com)

Firefly (☎03-7845 4543 ; www.fireflyz.com.my)

Jetstar (www.jetstar.com)

Malaysia Airlines (MAS ; ☎1300-883 000 depuis la Malaisie, 03-7843 3000 d'ailleurs ; www.malaysiaairlines.com/fr/)

Royal Brunei Airlines (www.bruneiair.com)

Silk Air (www.silkair.com)

Singapore Airlines (☎2692 3122 ; www.singaporeair.com)

Tiger Airways (www.tigerairways.com)

Depuis/vers la France

Au moment d'acheter votre billet, comparez le prix d'un vol pour la Malaisie avec celui d'un vol pour Singapour. De Singapour, vous pourrez rejoindre presque toutes les régions de la péninsule malaise par voie terrestre, en moins d'une journée. De Singapour également, des vols directs desservent la Malaisie orientale sur l'île de Bornéo et Brunei.

Pour poursuivre votre voyage vers d'autres destinations, vous trouverez des tarifs intéressants à KL et à Singapour. Toutefois, si vous cherchez de vraies bonnes affaires, tentez plutôt votre chance à Bangkok (Thaïlande), accessible par le train.

Le tarif d'un aller-retour Paris-KL commence à 600 € environ (avec une escale). Air France et Malaysia Airlines proposent des vols directs quotidiens au départ de Roissy-Charles-de-Gaulle (entre 12 heures et 13 heures de vol) à partir de 1 200 €/700 € en haute/basse saison.

Voici des adresses d'agences de voyages ou de transporteurs en France (pour une liste de tour-opérateurs proposant des voyages organisés en Malaisie, reportez-vous p. 617) :

Air France (☎36 54, 0,34 €/min ; www.airfrance.fr)

Malaysia Airlines (☎01 44 51 64 20 ; www.malaysiaairlines.com)

Cathay Pacific (☎0811 70 60 50 ; www.cathaypacific.com)

Singapore Airlines (☎0 821 230 380, 0,12 €/min ; www.singaporeair.com)

Bourse des Voyages (☎0892 888 949 ; www.bourse-des-voyages.com)

Nouvelles Frontières (☎0 825 000 747, 0,15 €/min ; www.nouvelles-frontieres.fr)

Thomas Cook Voyages (☎0 826 826 777, 0,15 €/min ; www.thomascook.fr)

Voyageurs du Monde (☎01 42 86 16 00 ; www.vdm.com ; 55 rue Sainte-Anne, 75002 Paris)

Depuis/vers la Belgique

Lors de nos recherches, les vols aller-retour Bruxelles-KL commençaient à 550 € (avec une escale) en haute saison. Voici une liste d'agences recommandées à partir de la Belgique :

Brussels Airlines (☎0902 51 600, 0,75 €/min ; www.brusselsairlines.com)

Airstop (☎070 233 188 ; www.airstop.be)

Connections (☎070 233 313 ; www.connections.be)

Gigatour/Éole (☎02 672 35 03, 010 45 12 43 ; www.voyageseole.be ; www.gigatour.be)

Depuis/vers la Suisse

Le tarif des billets au départ de Genève et à destination de KL débute à 850 FS, avec une escale.

Voici trois agences recommandées :

Malaysia Airlines (www.malaysiaairlines.com ; ☎411 225 7272 ; Bahnhofplatz 3, 8025 Zurich)

Swiss International Air Lines (☎0848 700 700 ; www.swiss.com)

STA Travel Lausanne (☎058 450 49 49 ; www.statravel.ch)

Depuis/vers le Canada

Il n'existe pas de vol direct entre le Canada et la Malaisie. Pour aller à KL, comptez 2 000 $C aller-retour depuis Toronto avec 1 escale, à partir de 1 700 $C depuis Montréal (1 escale) en basse saison. Il est possible de dénicher des vols moins chers avec des compagnies charters.

Vous pouvez contacter ces agences :

Air Canada (☎1 888 247 2262 ; www.aircanada.ca)

Travel Cuts – Voyages Campus (☎1 800 667 2887 ; www.travelcuts.com)

Depuis/vers le Brunei

Royal Brunei Airlines (www.bruneiair.com), Malaysia Airlines et Air Asia assurent des liaisons directes entre Bandar Seri Begawan (BSB), au Brunei, et KL ; comptez 98 $B (env. 60 €) l'aller simple sur Royal Brunei Airlines. Pour plus de détails sur les vols depuis/vers le Brunei, reportez-vous p. 476.

Depuis/vers l'Indonésie

AirAsia assure des vols directs entre KL et 15 destinations en Indonésie, dont Jakarta (aller simple à partir de 219 000 Rp/96 RM), Medan (79 RM/20 €), Padang (109 RM/27 €) et Denpasar/Bali (119 RM/30 €). Des liaisons vers l'Indonésie sont également possibles à partir des aéroports de Johor Bahru (JHB) et Kota Kinabalu (BKI). **Firefly** (☎03-7845 4543 ; www.fireflyz.com.my), autre compagnie malaisienne à bas prix, relie KL (Subang) à Medan, Pekanbaru, Batam et Padang, ainsi que Penang à Banda Aceh et Medan. Malaysia Airlines effectue des vols vers Jakarta, Surabaya, Medan, Denpasar et Jogyakarta, à des tarifs comparables à ceux des compagnies charters si l'on réserve suffisamment à l'avance. **Kartika Airlines** (www.kartika-airlines.com), compagnie charter indonésienne, relie Medan (Sumatra) et Penang.

Smailing Tours (☎350 8080 ; www.mysmailing.com) est une agence fiable basée à Jakarta.

Depuis/vers Singapour

AirAsia, Firefly, Malaysia Airlines et Singapore Airlines effectuent des vols fréquents entre Singapour et KL, ainsi que plusieurs autres destinations en Malaisie, dont Ipoh, Kuala Terengganu, Kuantan, Langkawi, Melaka et Penang. Chez AirAsia, les allers simples démarrent à 40 $S (env. 25 €) au départ de Singapour (48,50 RM depuis KL).

Silk Air (www.silkair.com), la filiale régionale de Singapore Airlines, assure des vols quotidiens entre Singapour et Langkawi. **Berjaya Air** (www.berjaya-air.com) relie l'aéroport de Tekek (p. 258) sur Pulau Tioman, en Malaisie.

En raison de la différence considérable des taux de change, il est bien moins cher d'acheter ses billets en Malaisie. Ainsi, plutôt que d'acheter un aller-retour Singapour-Malaisie, achetez un aller simple à Singapour, puis achetez le retour en Malaisie.

Depuis/vers la Thaïlande

AirAsia (www.airasia.com) propose des vols pour Bangkok depuis KL à partir de 154 RM/39 € l'aller simple. Consultez son site Internet pour obtenir des tarifs aussi bon marché vers onze autres destinations en Thaïlande. Firefly relie KL (Subang) à Koh Samui et Phuket, ainsi que Penang à Phuket. En cas d'achat anticipé, Malaysia Airlines propose également des offres intéressantes pour des vols directs au départ de Bangkok et de Phuket.

Si Bangkok compte plusieurs excellentes agences de voyages, d'autres sont suspectes ; demandez l'avis d'autres voyageurs avant d'ouvrir votre porte-monnaie. Pour de premières prospections, **STA Travel** (☎662-236 0262 ; www.statravel.co.th) est un site fiable.

Voie terrestre

Se reporter également à la rubrique *Formaliés et visas* p. 609.

Brunei

Il est possible de passer du Sarawak au Brunei par voie terrestre.

Indonésie

Plusieurs bus express circulent entre Pontianak (Kalimantan), Kuching et Miri (Sarawak) et Kota Kinabulu (Sabah). Ils traversent la frontière à Tebedu/Entikong.

Singapour

Le Causeway, qui relie Johor Bahru (JB) à Singapour, supporte l'essentiel du trafic entre les deux pays. Des bus et des trains arrivent ainsi de toute la Malaisie jusqu'au terminal Woodlands. Autre solution : aller en bus jusqu'à JB, puis emprunter soit un taxi, soit l'un des nombreux bus circulant entre JB et Singapour.

Les tarifs des trains Singapour-KL (7 heures environ) sont compris entre 30 $S/34 RM et 130 $S/130 RM, selon la classe et selon l'option couchette ou non.

Vous trouverez des renseignements sur les bus express entre Singapour, la Malaisie et la Thaïlande sur le site Internet **Express Bus Travel Guide** (www.singaporemalaysiabus.com).

Certains bus remontant la côte ouest ou à destination de Melaka empruntent la digue baptisée Second Link, qui s'étire de Tuas (ouest de Singapour) à Geylang Patah (JB).

Thaïlande

BUS ET VOITURE

Vous pourrez passer la frontière thaïlandaise par la route à Padang Besar, à Bukit Kayu Hitam, à Rantau Panjang (Sungai Golok, du côté thaïlandais) et à Pengkalan Kubor.

TRAIN

La Thaïlande se trouve sur la ligne Butterworth-Alor Setar-Hat Yai, qui pénètre en Thaïlande par Padang Besar. L'**International Express** rejoint Bangkok depuis Butterworth – les trains au départ de KL et de Singapour sont programmés pour permettre aux passagers de prendre la correspondance.

Depuis Butterworth, le billet de 2e classe en couchette supérieure/inférieure revient à 65/73 RM pour Hat Yai et à 95/103 RM pour Bangkok. Depuis Alor Setar, comptez 58,40/66,40 RM pour Hat Yai et 88,40/96,40 RM pour Bangkok.

Chaque jour, depuis Alor Setar, un train supplémentaire part vers le nord en direction de Hat Yai (à partir de 12 RM, 3 heures). Un train direct, le *Senandung Langkawi*, va quotidiennement de KL à Hat Yai (siège/couchette supérieure/couchette inférieure 44/52/57 RM).

Des trains et des bus desservent fréquemment différentes régions de la Thaïlande depuis Hat Yai.

Le somptueux **Eastern & Oriental Express** (www.orient-express.com) parcourt les 1943 km qui séparent Singapour de Bangkok, en s'arrêtant à KL et à Butterworth (Penang).

Voie maritime

Brunei

Des bateaux vont du Brunei à Pulau Labuan, d'où d'autres bateaux partent pour le Sabah. Toutes les embarcations internationales circulent depuis Muara, à 25 km au nord-est de Bandar Seri Begawan, où doivent être accomplies les formalités d'immigration pour le Brunei.

Indonésie

Voici les principales liaisons par ferry entre l'Indonésie et la Malaisie :

- Bengkalis (Sumatra)-Melaka
- Pulau Batam-Johor Bahru
- Dumai (Sumatra)-Melaka
- Medan (Sumatra)-Penang
- Pekanbaru (Sumatra)-Melaka
- Tanjung Pinang (Bintan)-Johor Bahru
- Tanjung Balai (Sumatra)-Pelabuhan Klang et Kukup
- Tarakan (Kalimantan)-Tawau

Philippines

Deux fois par semaine, un ferry relie Sandakan à Zamboanga, sur l'île philippine de Mindanao.

Singapour

De ferries réguliers partent de Singapour pour la Malaisie. Les croisières dans la région sont très appréciées des habitants.

Thaïlande

Des ferries relient Kuah, sur Pulau Langkawi, à Satun sur la côte thaïlandaise, et, de novembre à mi-mai, à l'île de Ko Lipe ; vérifiez que votre passeport est bien estampillé du visa approprié.

VOYAGES ORGANISÉS

En Malaisie péninsulaire, les voyageurs individuels ne rencontreront guère de difficultés à se

VOYAGES ET CHANGEMENTS CLIMATIQUES

Tous les moyens de transport fonctionnant à l'énergie fossile génèrent du CO_2 – la principale cause du changement climatique induit par l'homme. L'industrie du voyage est aujourd'hui dépendante des avions. Si ceux-ci ne consomment pas nécessairement plus de carburant par kilomètre et par personne que la plupart des voitures, ils parcourent en revanche des distances bien plus grandes et relâchent quantité de particules et de gaz à effet de serre dans les couches supérieures de l'atmosphère. De nombreux sites Internet utilisent des "compteurs de carbone" permettant aux voyageurs de compenser le niveau des gaz à effet de serre dont ils sont responsables par une contribution financière à des projets respectueux de l'environnement. Lonely Planet "compense" les émissions de tout son personnel et de ses auteurs.

déplacer seuls, grâce à des infrastructures fonctionnelles. Les circuits sont surtout avantageux en Malaisie orientale (Bornéo), en raison de l'éloignement de certains sites et des inconvénients liés au transport.

Vous trouverez tout au long de ce guide les coordonnées de tour-opérateurs locaux et des rubriques *Circuits organisés*, répertoriant activités et excursions à faire une fois sur place. Pour une liste d'agences de voyages généralistes ou de transporteurs, voir p. 615.

Les agences citées ci-après programment des circuits organisés et des séjours balnéaires en Malaisie :

Asia (☎01 44 51 50 10 ; www.asia.fr ; 1 rue Dante, 75005 Paris). Circuits organisés de 13 jours/10 nuits à Bornéo et de 11 jours/10 nuits à travers la Malaisie péninsulaire. Agences à Lyon, Nice, Toulouse, Marseille et en Suisse (voir le site Internet pour les coordonnées).

Nostal Asie (☎01 43 13 29 29 ; www.nostalasie.fr ; 19 rue Damesme, 75013 Paris). Plusieurs itinéraires, dont un de 15 jours (13 nuits) centré sur l'île de Bornéo et sa jungle.

Nouvelles Frontières (☎01 49 20 64 00 ; www.nouvelles-frontieres.fr). Circuit (11 nuits) à la découverte des orangs-outans de Bornéo.

Voyageurs du Monde (☎01 42 86 16 00/88 ; www.vdm.com ; 55 rue Sainte-Anne, 75002 Paris). Séjours balnéaires dans des *resorts* luxueux.

Malaisie Authentique (☎01 53 34 92 71 ; www.malaisie-authentique.com ; 1 rue d'Hauteville, 75010 Paris). Un spécialiste de la destination, partenaire de l'office du tourisme malaisien. Des circuits, avec plusieurs excursions possibles pour bâtir un itinéraire à la carte, des séjours balnéaires ou à thème (plongée, randonnée ou golf).

Parmi les spécialistes de la randonnée proposant des séjours en Malaisie :

Nomade Aventure (☎0825 701 702, 0.15 €/min ; www.nomade-aventure.com ; 40 rue de la Montagne-Ste-Geneviève, 75005 Paris). Randonnée dans la jungle de la Malaisie continentale (15 jours), et deux itinéraires semi-accompagnés.

Tamera (☎04 78 37 88 88 ; www.tamera.fr ; 26 rue du Bœuf, 69005 Lyon). Un parcours Sentiers et rivières du Sarawak, de 14 ou 17 jours.

Zig-Zag Randonnées (☎01 42 85 13 93 ; www.zigzag-randonnees.com ; 54 rue de Dunkerque, 75009 Paris). Un circuit en Malaisie occidentale, avec plusieurs jours de trek.

Enfin, ces deux voyagistes axés sur la plongée sous-marine proposent plusieurs séjours en Malaisie et une croisière dans la mer des Célèbes :

AMV Subocea (☎04 95 06 12 39 ; www.amv-voyages.fr ; 4, rue Henri-et-Antoine-Maurras, 13016 Marseille)

Dazzle Dive (☎00 82 88 45 14 depuis la France, +1 438 800 1207 depuis le Canada ; http://dazzle-dive.com). Organise des programmes de plongée à la journée sur différents sites, des croisières et des séjours en *resort*.

Océanes (☎04 42 52 82 40 ; www.oceanes.com ; 531, rue Paul-Julien, 13100 Le Tholonet)

COMMENT CIRCULER

Air

Compagnies aériennes en Malaisie

Les deux principales compagnies malaises sont **Malaysia Airlines** (MAS ; ☎1300-883 000, depuis l'étranger 03-2161 0555 ; www.malaysia-airlines.com.my) et **AirAsia** (☎600 85 8888 ; www.airasia.com). **Firefly** (☎03-7845 4543 ; www.fireflyz.com.my), une filiale de la MAS, effectue des vols de KL (SkyPark Subang Terminal) à Penang, Kota Bharu, Kuala Terengganu, Kerteh, Langkawi, Johor Bahru, Alor Setar et Kuantan, et de Penang à KL, Johor

Bahru et Langkawi. **Berjaya Air** (☎03-7847 8228 ; www.berjaya-air.com) relie KL (SkyPark Subang Terminal) à Pulau Tioman, Pulau Pangkor et Pulau Redang, dans la péninsule malaise, ainsi qu'à Singapour et Koh Samui, en Thaïlande.

Au Bornéo malais, la filiale **MASwings** (www.maswings.com.my) de MAS assure des vols intérieurs au Sarawak, ainsi qu'entre le Sarawak et le Sabah, principalement depuis l'aéroport de Miri. Ces vols intérieurs, surtout ceux à bord de Twin Otters (18 places) sont tributaires des caprices du temps. Pendant la saison humide (octobre-mars au Sarawak et sur la côte nord-est du Sabah ; mai-novembre sur la côte ouest du Sabah), des endroits comme Bario, au Sarawak, peuvent rester isolés pendant plusieurs jours. Mieux vaut donc ne pas s'aventurer dans la région avec un emploi du temps serré. Les vols affichent complet pendant les vacances scolaires. S'il est plus facile, le reste de l'année, de trouver une place quelques jours à l'avance, mieux vaut réserver aussi tôt que possible.

Réductions et pass

Toutes les compagnies aériennes proposent des réductions sur Internet, par exemple pour les réservations très anticipées – dans certains cas, vous paierez uniquement les taxes d'aéroport. Diverses autres réductions (25-50% en général) peuvent s'appliquer sur les vols intérieurs, notamment pour les familles et pour les groupes d'au moins 3 personnes ; renseignez-vous si vous effectuez des réservations en Malaisie. Seuls les étudiants inscrits dans des institutions en Malaisie pourront bénéficier de tarifs préférentiels.

Malaysia Airlines possède un forfait Discover Malaysia (160 €, sans les taxes d'aéroport), qui permet d'effectuer 5 vols intérieurs en Malaisie, sur une période de 28 jours. Un autre forfait (80 €) donne droit à 5 vols vers n'importe quelle province. Les forfaits sont réservés aux personnes arrivées en Malaisie par Malaysia Airlines.

Pour circuler dans le Sud-Est asiatique, vous devrez acquérir l'**Asean Air Pass** (www.visitasean.travel) en même temps que votre billet de vol dans votre pays d'origine, auprès de l'une des compagnies suivantes : Singapore Airlines, Malaysia Airlines, Thai, Garuda, Silk Air, Philippine Airlines, Air Vietnam, Laos Airlines et Myanmar Airlines. Ce forfait est limité à 3 billets minimum (420 $US ; 3 vols) et à 6 billets maximum (600 $US).

Le site Internet www.airtimetable.com/airpass_asia.htm réunit des renseignements sur divers forfaits permettant d'explorer la région sur une durée réduite – notamment ceux indiqués ci-dessus.

Auto-stop

N'oubliez pas que le stop n'est jamais exempt de dangers, dans quelque pays que ce soit. Nous ne le recommandons pas. Les auto-stoppeurs, notamment les femmes seules, doivent comprendre qu'ils prennent un risque, peut-être minime, mais potentiel. Si vous optez pour cette méthode, voyagez de préférence à deux et informez quelqu'un de votre itinéraire.

La Malaisie a longtemps eu la réputation d'un pays dans lequel il était facile de faire du stop, et ceci est encore vrai. Compte tenu du prix des bus, rares sont toutefois les voyageurs qui choisissent cette solution. L'auto-stop est interdit sur les autoroutes Lebuhraya (fédérales).

Bateau

Aucune liaison n'est assurée entre la péninsule malaise et Bornéo. Des bateaux circulent entre la péninsule et les îles limitrophes, ainsi que sur les fleuves du Sabah et du Sarawak. Certaines compagnies de ferries sont connues pour ne pas se soucier de la sécurité à bord de leurs embarcations. Quant aux autorités locales, elles sont quasiment inexistantes. Si un bateau vous paraît surchargé ou peu sûr, *ne montez pas à bord*, par sécurité.

Bus

En Malaisie, les bus sont économiques, souvent confortables, et les places peuvent être réservées. Ils sont aussi rapides – parfois trop rapides. Pour multiplier les trajets, certains chauffeurs accélèrent imprudemment. Les accidents, souvent fatals, sont fréquents.

Konsortium Transnasional Berhad (www.ktb.com.my), première compagnie de bus de Malaisie, opère sous les marques **Transnasional** (☎1300-888 582 ; www.transnasional.com.my), **Nice** (☎2272 1586 ; www.nice-coaches.com.my), **Plusliner** (www.plusliner.com) et **Cityliner** (www.cityliner.com.my). Si ses bus roulent en général plus lentement que ceux de ses concurrents, ils n'en ont pas moins été impliqués dans plusieurs accidents graves. Sur les longues distances, ils sont concurrencés par plusieurs opérateurs privés, comme **Aeroline** (www.aeroline.com.my) et **Supernice** (www.supernice.com.my). Les bus sont si nombreux sur les grandes lignes qu'il suffit souvent de se présenter au guichet pour obtenir une place dans le bus suivant.

Sur les axes principaux, la plupart des bus privés sont climatisés (et parfois il fait carrément froid !) et ne coûtent que quelques ringgits de plus que les bus ordinaires.

Certaines grandes villes possèdent plusieurs gares routières. Les bus locaux/régionaux et les bus longue distance circulent alors à partir de gares différentes. Les gares peuvent aussi se distinguer en fonction des destinations desservies, comme à KL, par exemple.

Vous pouvez compter sur des liaisons par bus dans les zones plus isolées. Les petites villes et les *kampung* (villages) de tout le pays sont desservis par des bus publics, souvent poussifs et dépourvus de climatisation. Beaucoup sont mal indiqués, aussi devrez-vous souvent vous renseigner auprès des habitants. Ces bus, toujours très bon marché, constituent une excellente introduction à la vie rurale. La plupart des villes n'ont pas de billetterie ; on achète les billets directement à bord des bus.

Taxis longue distance

Avec les taxis longue distance, les déplacements en Malaisie, déjà commodes, deviennent un vrai plaisir. Presque toutes les villes sont dotées d'un arrêt de "teksi", où les véhicules attendent, prêts à partir pour diverses destinations.

Le taxi est idéal pour 4 personnes, voyageant ensemble ou non, payant chacune un quart du trajet. Soit le taxi déniche rapidement ses 4 passagers à la borne de départ, soit vous faites le complément au cours du voyage, ce qui n'est pas difficile entre les villes importantes. Vous pouvez aussi louer le taxi pour vous seul. Vous paierez alors 4 fois le tarif individuel.

Ce système de covoiturage perd de sa popularité à mesure que le niveau de vie des Malaisiens s'améliore. Pour trouver des compagnons de route, mieux vaut se présenter tôt le matin ou demander la veille, à la station, à quelle heure vous pouvez tenter votre chance.

Pour certaines destinations, les tarifs sont fixés par les autorités et affichés aux arrêts. Les taxis climatisés coûtent quelques ringgits de plus que les autres. Dans l'ensemble, le taxi revient deux fois plus cher que le bus. Si vous souhaitez aller dans un endroit inhabituel ou louer le service à l'heure, négociez le prix à l'avance. Sur la péninsule, le prix est généralement de 50 sen par kilomètre. Au Sarawak, le prix au compteur est de 1,20 RM par kilomètre (au-delà des 10 RM des 3 premiers kilomètres).

Les chauffeurs de taxi conduisent souvent à tombeau ouvert. Si les collisions restent miraculeusement rares, vous devrez apprendre à garder votre sang-froid... Vous pouvez toujours demander au conducteur de ralentir, mais ce genre de requête est rarement bien accueillie. Autre solution : opter pour des taxis et des chauffeurs d'âge mûr, qui ont fait leurs preuves !

Train

La compagnie de chemin de fer nationale (privatisée), **Keretapi Tanah Melayu** (KTM ; ☎1300 885 862; www.ktmb.com.my), possède des trains modernes, confortables et économiques. Ils se limitent toutefois essentiellement à deux lignes et sont généralement lents.

La première remonte la côte ouest depuis Singapour, traversant KL et Butterworth avant de continuer vers la Thaïlande. Elle bifurque à Gemas, point de départ de la deuxième ligne, qui dessert Kuala Lipis et gagne le nord-est du pays, près de Kota Bharu, au Kelantan. De son vrai nom "ligne de la côte est", elle est souvent appelée "Jungle Train" (train de la jungle, ou Jungle Railway).

Au Sabah, le **North Borneo Railway** (www.suteraharbour.com), petite ligne ferroviaire circulant sur une voie étroite dans la gorge de Sungai Padas entre Tenom et Beaufort, offre aux touristes un voyage panoramique de 4 heures le mercredi et le samedi.

Services et classes

Les deux grands types de services ferroviaires sont les trains express et les trains régionaux. Les trains express, climatisés, comportent des classes "premier" (1re classe), "supérieure" (2e classe) et parfois "économique" (3e classe). De même, les trains de nuit renferment des compartiments "premier night deluxe" (supplément couchette supérieure/inférieure 50/70 RM), "premier night standard" (supplément couchette supérieure/inférieure 18/26 RM) et "standard night" (supplément couchette supérieure/inférieure 12/17 RM). Les trains régionaux n'ont généralement que des voitures 3e classe. Certains proposent toutefois des places en 2e classe.

Les trains express ne s'arrêtent qu'aux gares principales, tandis que les trains régionaux, qui circulent essentiellement sur la côte est, font halte partout, même au beau milieu de la jungle, pour prendre passagers et bagages. Ils sont deux fois plus lents (au moins) que les express et ont des horaires irréguliers. Ils permettent toutefois, si vous avez du temps, de vivre une expérience enrichissante et sont idéals pour de courts trajets.

Les horaires des trains changent tous les 6 mois. Mieux vaut donc consulter le site de la KTM, qui permet de réserver et d'acheter des billets.

Transports urbains

Ils varient beaucoup d'un lieu à l'autre. On trouve des taxis dans toutes les grandes villes, en général équipés de compteurs. Les tarifs à KL et dans les autres villes de la péninsule sont les suivants : 3 RM pour la prise en charge (et les deux premiers kilomètres), puis 20 sen par tranche de 200 m ou de 45 secondes, 20 sen par passager supplémentaire au-delà de 2 passagers, 1 RM par bagage transporté dans le coffre et plus 50% entre minuit et 6h. La loi exige des chauffeurs qu'ils branchent leur compteur s'ils en ont un ; insistez sur ce point. Vous devrez parfois tout simplement négocier le prix de la course avant de monter.

Des *trishaws* (cyclopousses) circulent encore aux côtés des taxis à George Town et à Melaka, et constituent un mode de transport pratique, surtout dans les rues étroites et tortueuses des quartiers anciens.

Des bus existent dans les villes les plus importantes. Ils sont en général très bon marché et pratiques, à condition de parvenir à déterminer lequel emprunter. KL dispose aussi de trains de banlieue, ainsi que d'un réseau de trains légers (Light Rail Transit ; LRT) et de monorails.

Des taxis, des bus et des minibus sont présents dans les principales villes de Bornéo, telles Kuching et Kota Kinabalu. En dehors des grandes villes, cependant, vous serez plus ou moins livré à vous-même et devrez opter pour le stop ou pour la marche. Dans la forêt tropicale, seuls les bateaux et les avions permettent d'échapper aux longues randonnées dans la jungle.

Vélo

Le cyclotourisme est de plus en plus populaire en Malaisie, comme dans les pays voisins. Le réseau routier principal, bien conçu, possède de bons revêtements. Le réseau secondaire est plus limité. L'état des routes est en général adapté aux vélos de tourisme, mais un VTT est recommandé pour sortir des sentiers battus.

Vous trouverez des vélos et des pièces détachées de qualité supérieure dans les grandes villes. Les vélos d'au moins 10 vitesses et leurs accessoires sont en revanche plus rares. La meilleure solution consiste à emporter votre monture – transportable sur la plupart des vols internationaux ; renseignez-vous sur les suppléments et les conditions d'expédition auprès de la compagnie aérienne.

Quelques sites utiles :

» **KL Bike Hash** (www.klmbh.org). Informe sur l'excursion mensuelle en dehors de KL et donne des liens vers d'autres sites malaisiens liés au cyclotourisme.

» **Bicycle Touring Malaysia** (www.bicycletouringmalaysia.com). Une mine d'informations sur le cyclotourisme dans la région, que gère Dave, un habitant qui propose aussi de venir séjourner chez lui, au Perak.

» **Malaysia Cycling Events & Blogs** (www.malaysiacycling.blogspot.co.uk). Entre autres, une liste d'adresses des magasins de cycles dans le pays.

» **MTB Asia** (www.mtbasia.com). Un portail avec liens vers plusieurs sites liés au VTT, dans toute la Malaisie.

Voiture et moto

En comparaison d'autres pays asiatiques, la Malaisie offre d'avantageuses conditions de circulation. Les routes, souvent excellentes, ont été l'objet de nombreux investissements. Des voitures neuves sont souvent disponibles à la location. Le fuel est bon marché (environ 1,85 RM/l).

Tout n'est toutefois pas rose pour autant. Conduire en ville, notamment à KL, peut tourner au cauchemar, en raison de la circulation et du système fastidieux des sens uniques. Les automobilistes malaisiens ne sont pas toujours les plus fiables quand il s'agit de suivre le code de la route – moins imprudents que leurs homologues d'autres pays d'Asie du Sud-Est, ils prennent néanmoins des risques. Ainsi, rares sont ceux qui respectent la limitation de 110 km/h sur les routes nationales. Le talonnage constitue en outre un problème récurrent.

L'autoroute à 6 voies baptisée Lebuhraya (route nord-sud) s'étire sur 966 km – de la frontière thaïlandaise, au nord, à JB, au sud. Les voies express sont payantes et le coût varie en fonction de la distance parcourue. Les tarifs étant relativement élevés, les routes nationales ordinaires demeurent bondées, tandis que le trafic reste fluide sur l'autoroute. Dans l'ensemble, les routes nationales sont en excellent état. Il en existe de nombreuses en construction.

Permis de conduire

Vous devrez posséder un permis de conduire national en cours de validité pour louer une voiture. Les agences de location malaisiennes ne demandent généralement pas le permis de conduire international (une traduction de votre permis de conduire national avec mention de la catégorie de véhicule) mais il vaut mieux toutefois en avoir un. La plupart des loueurs de voitures n'acceptent que les automobilistes âgés de 23 ans minimum (et de moins de 65 ans), ayant au moins un an de conduite.

Location

Les principaux loueurs de voitures sont **Avis** (www.avis.com.my), **Hertz** (www.simedarbycarrental.com), **Mayflower** (www.mayflowercarrental.com) et **Orix** (www.orixcarrentals.com.my) ; il en existe toutefois beaucoup d'autres, dont de petites agences locales qui se limitent à une ville. La location d'une Proton Saga 1,3L, une des voitures les moins chères et les plus populaires en Malaisie, avoisine 190 RM/jour ou 1 320 RM/semaine, pour un kilométrage illimité, assurance et couverture des dégâts matériels comprises. Les Proton sont en fait des Mitsubishi assemblées sous licence en Malaisie.

Il est souvent possible de trouver une offre plus intéressante, soit auprès d'une petite enseigne malaisienne, soit auprès des grandes compagnies offrant des forfaits spéciaux. Les tarifs baissent considérablement pour les locations prolongées. En prospectant par téléphone, vous décrocherez sans peine une voiture pour 2 500 RM/mois, kilométrage illimité, et assurance comprise. Les grandes compagnies présentent l'avantage d'être implantées partout dans le pays, ce qui leur permet de réagir rapidement en cas de problème – vous pourrez en outre louer le véhicule dans une ville pour le rendre dans une autre (50 RM en supplément). La compagnie malaisienne Mayflower, bien représentée sur le territoire, pratique des prix compétitifs.

KL est le lieu idéal pour louer une voiture, suivie par Penang. Au Sabah et au Sarawak, la concurrence est moins rude et les prix plus élevés, notamment en raison du mauvais état des routes. Un supplément est à prévoir si vous laissez la voiture dans un endroit différent de celui du départ.

Assurance

Les agences fournissent une assurance à la location. Vérifiez les risques couverts, surtout en cas d'accident. Vous pourrez avoir recours à votre propre assurance, ou payer à l'agence une prime pour réduire la franchise.

Code de la route et dangers

Pour l'essentiel, les règles sont pratiquement les mêmes qu'en Grande-Bretagne : une conduite à gauche, avec le volant à droite. Soyez attentif aux éventuels dangers, notamment aux passages d'animaux errants, aux piétons et aux nombreux deux-roues. La vitesse est limitée à 110 km/heure sur les autoroutes et à 50 sur les routes secondaires et dans les *kampung* (villages).

Le port de la ceinture est obligatoire. Les automobilistes malaisiens font preuve d'un remarquable bon sens, comparé à leurs homologues dans certains pays de la région. Cependant, beaucoup d'entre eux prennent des risques. Le plus grave est que souvent ils ne signalent pas, ou pas clairement, qu'ils tournent. N'hésitez pas à donner un petit coup de klaxon avant de doubler : cette pratique, courante, permet d'avertir les conducteurs de votre présence.

Santé

AVANT LE DÉPART

» Souscrivez à une assurance qui vous couvrira en cas de maladie ou d'accident.

» Conservez les médicaments dans leur emballage d'origine clairement étiqueté.

» Ayez avec vous une ordonnance datée et signée de votre médecin indiquant le nom des médicaments (ainsi que le nom du principe actif afin de pouvoir trouver un équivalent local, le cas échéant).

» Si vous souffrez du cœur, emportez une copie de l'électrocardiogramme pris peu de temps avant le départ.

» Prévoyez le double des médicaments dont vous avez besoin et gardez le surplus dans un endroit différent pour parer au risque de perte ou de vol.

Assurances

Il est conseillé de souscrire à une police d'assurance qui vous couvrira en cas d'annulation de votre voyage, de vol, de perte de vos affaires, de maladie ou encore d'accident. Pour plus de détails, reportez-vous à la rubrique *Assurance* du *Carnet pratique*, p.606.

Vérifiez notamment que les "sports à risques", comme la plongée, la moto ou même la randonnée ne sont pas exclus de votre contrat, ou encore que le rapatriement médical d'urgence, en ambulance ou en avion, est couvert. De même, le fait d'acquérir un véhicule dans un autre pays ne signifie pas nécessairement que vous serez protégé par votre propre assurance.

Vous pouvez contracter une assurance qui réglera directement les hôpitaux et les médecins, vous évitant ainsi d'avancer des sommes qui ne vous seront remboursées qu'à votre retour.

Avant de souscrire à une police d'assurance, vérifiez bien que vous ne bénéficiez pas déjà d'une assistance par votre carte de crédit, votre mutuelle ou votre assurance automobile.

N'oubliez pas de prendre avec vous les documents relatifs à l'assurance ainsi que les numéros à appeler en cas d'urgence.

Quelques conseils

Assurez-vous que vous êtes en bonne santé avant de partir. Si vous suivez un traitement de façon régulière, n'oubliez pas votre ordonnance (avec le nom du principe actif).

Vaccins

Plus vous vous éloignez des circuits classiques, plus il faut prendre vos précautions. Une visite chez votre médecin doit être effectuée au moins six semaines avant le départ afin de planifier vos vaccinations, car certaines demandent des rappels ou sont incompatibles entre elles. Faites inscrire vos vaccinations dans un carnet international de vaccination que vous pourrez vous procurer auprès de votre médecin ou d'un centre. Les vaccins ont des durées d'efficacité très variables ; certains sont contre-indiqués pour les femmes enceintes.

Le **ministère des Affaires étrangères** (www.diplomatie.gouv.fr/fr/conseils-aux-voyageurs) effectue une veille sanitaire et met régulièrement en ligne des recommandations concernant les vaccinations.

Voici les coordonnées de quelques centres de vaccination :

Air France, centre de vaccination (www.vaccinations-airfrance.fr ; ☎01 43 17 22 00 ; 148 rue de l'Université 75007 Paris).

Centre de vaccinations ISBA (www.isbasante.com ; Lyon ☎04 72 76 88 66 ; 7 rue Jean-Marie-Chavant, 69007 Lyon ; Grenoble ☎04 76 63 27 27 ; 31 rue des Glairions, 38400 Saint-Martin-d'Hères)

VACCINS RECOMMANDÉS

MALADIE	DURÉE DU VACCIN	PRÉCAUTIONS
Diphtérie	10 ans	Recommandé
Encéphalite japonaise B	-	Conseillé si vous séjournez plus d'un mois dans la région et chez les personnes à risque.
Fièvre jaune	10 ans	Obligatoire en Malaisie, Singapour et Brunei lorsque l'on vient d'une région infectée (Afrique et Amérique du Sud). À éviter en début de grossesse.
Hépatite virale A	5 ans (environ)	Il existe un vaccin combiné hépatite A et B qui s'administre en trois injections.
Hépatite virale B	10 ans (environ)	
Méningite	-	Recommandé pour les voyageurs se rendant en zone d'infection pendant la saison épidémique. Recommandé aux moins de 25 ans qui entreprennent un voyage sac au dos de longue durée.
Rage	10 ans	Vaccination préventive. Recommandé chez les enfants.
Rougeole	toute la vie	Indispensable chez l'enfant. Les jeunes adultes ont souvent besoin d'un rappel.
Tétanos et poliomyélite	10 ans	Fortement recommandé.
Tuberculose	toute la vie	Le vaccin peut s'avérer utile chez l'enfant. Les adultes ont plutôt intérêt à faire un test de dépistage de la tuberculose avant et après un long séjour.
Typhoïde	3 ans	Recommandé si vous voyagez dans des conditions d'hygiène médiocres.

Centre médical de l'Institut Pasteur (☎0 890 71 08 11 ; www.pasteur.fr/sante ; 28 rue du Docteur-Roux, 75015 Paris)

Hôpital Félix-Houphouët-Boigny (☎04 91 96 89 11 ; 416, chemin de la Madrague-Ville, 13015 Marseille)

Hôpital Nord - Centre de santé du voyageur (☎04 91 96 89 11 ; www.ap-hm.fr/mit ; Pavillon des maladies infectieuses et tropicales, chemin des Bourrely, 13015 marseille)

Vous pouvez obtenir la liste complète de ces centres en France en vous connectant sur le site Internet www.diplomatie.gouv.fr/voyageurs.

Santé sur Internet

De très bons sites Internet sont consacrés à la santé en voyage. Avant de partir, vous pouvez consulter les conseils en ligne du **ministère des Affaires étrangères** (www.diplomatie.gouv.fr/fr/conseils-aux-voyageurs), le site très complet du **ministère de la Santé** (www.sante.gouv.fr) ou celui du **Comité d'information médicale** (CIMED ; www.cimed.org), qui présente des fiches en ligne sur les vaccinations requises et les risques sanitaires de chaque pays. Vous trouverez de nombreuses informations sur les sites Internet des centres de vaccination indiqués à la rubrique *Vaccins*, à gauche. Vous trouverez également plusieurs liens sur le site de **Lonely Planet** (www.lonelyplanet.com).

Un guide sur la santé peut s'avérer utile. *Les Maladies en voyage*, du Dr Éric Caumes (Points Planète) et *Voyages internationaux et santé*, de l'Organisation mondiale de la santé (OMS), sont d'excellentes références.

Trousse médicale de voyage

Veillez à emporter avec vous une petite trousse à pharmacie contenant quelques produits indispensables. Certains ne sont délivrés que sur ordonnance médicale. Attention, les liquides et les objets coupants sont interdits en cabine. Prévoyez :

» des **antibiotiques** à large spectre, à utiliser uniquement aux doses et périodes prescrites. Il n'est pas absurde de demander à votre médecin traitant de vous en prescrire pour le voyage ;

» un **antidiarrhéique**, en cas de forte diarrhée, surtout si vous voyagez avec des enfants ;

» un **antihistaminique** en cas de rhumes, allergies, piqûres d'insectes, mal des transports – évitez de boire de l'alcool ;

» un **antiseptique** ou un **désinfectant** pour les coupures, les égratignures superficielles et les brûlures, ainsi que des pansements gras pour les brûlures ;

» de l'**aspirine** ou du **paracétamol** (douleurs, fièvre) ;

» une **bande Velpeau** et des **pansements** pour les petites blessures ;

» une **paire de lunettes de secours** (si vous portez des lunettes ou des lentilles de contact) et la copie de votre ordonnance ;

» une **paire de ciseaux à bouts ronds**, une **pince à épiler** et un **thermomètre à alcool** ;

» une petite trousse de **matériel stérile** comprenant une seringue, des aiguilles, du fil à suture, une lame de scalpel et des compresses

» des **préservatifs**.

PENDANT LE VOYAGE

Vols long-courriers

Les trajets en avion, principalement du fait d'une immobilité prolongée, peuvent favoriser la formation de caillots sanguins dans les jambes (par exemple une phlébite). Le risque est d'autant plus élevé que le vol est plus long.

Généralement, l'un des premiers symptômes est un gonflement ou une douleur du pied, de la cheville ou du mollet. En prévention, buvez en abondance des boissons non alcoolisées, faites jouer les muscles de vos jambes lorsque vous êtes assis et levez-vous de temps à autre pour marcher dans la cabine.

Décalage horaire et mal des transports

Le décalage horaire est fréquent dans le cas de trajet traversant plus de trois fuseaux horaires. Il se manifeste par des insomnies, de la fatigue, des malaises ou des nausées. En prévention, buvez abondamment (des boissons non alcoolisées) et mangez léger. En arrivant, exposez-vous à la lumière naturelle et adoptez les horaires locaux aussi vite que possible (pour les repas, le coucher et le lever).

Les antihistaminiques préviennent efficacement le mal des transports, qui se caractérise principalement par une envie de vomir, mais ils peuvent provoquer une somnolence.

EN MALAISIE, À SINGAPOUR ET À BRUNEI

Précautions élémentaires

Faire attention à ce que l'on mange et à ce que l'on boit est la première des précautions à prendre. Les troubles gastriques et intestinaux sont fréquents, même si la plupart du temps ils restent sans gravité. Ne soyez cependant pas paranoïaque et ne vous privez pas de goûter la cuisine locale, cela fait partie du voyage. Lavez-vous les mains fréquemment.

Problèmes de santé et traitement

L'autodiagnostic et l'automédication sont risqués ; aussi, chaque fois que cela est possible, adressez-vous à un médecin. Ambassades et consulats pourront en général vous en recommander un. Les grands hôtels également, mais les honoraires risquent d'être très élevés. Vous trouverez les coordonnées de professionnels et d'établissements fiables sur les sites Internet du ministère des Affaires étrangères et du Comité d'informations médicales (voir la rubrique *Santé sur Internet*).

Dans tous les cas, demandez conseil aux habitants : si l'on vous dit

CONSEILS AUX VOYAGEURS

Les sites gouvernementaux dédiés à la santé des voyageurs sont des sources d'informations utiles avant le départ.

» **France** (www.sante.gouv.fr/recommandations-sanitaires-aux-voyageurs.html)

» **Belgique**(http://diplomatie.belgium.be/fr/Services/voyager_a_letranger/sante_et_hygiene)

» **Canada** (www.phac-aspc.gc.ca)

» **Suisse** (www.safetravel.ch)

par exemple qu'il ne faut pas vous baigner à cause des méduses, suivez leur avis.

Si vous achetez des médicaments en pharmacie, contrôlez la date de péremption, et vérifiez que les boîtes sont bien fermées et qu'elles ont été conservées convenablement.

Disponibilité des soins médicaux

Les soins médicaux dispensés dans les grandes villes de Malaisie sont de bonne qualité et la plupart des problèmes de santé peuvent être traités à Kuala Lumpur.

Singapour bénéficie d'excellentes infrastructures. Les médicaments n'y sont délivrés que sur ordonnance.

Brunei dispose d'un système correct. En l'absence de faculté de médecine, les praticiens qui exercent dans le pays viennent d'ailleurs ou ont été formés à l'étranger. Les cas graves ou complexes seront mieux soignés à Singapour, mais les premiers soins et la stabilisation du malade peuvent être effectués sur place.

Affections liées à l'environnement

Chaleur

Il faudra au moins 2 semaines à la plupart des gens pour s'acclimater à ce climat chaud. La chaleur est souvent la cause d'un gonflement des pieds et des chevilles, et la transpiration excessive, de crampes musculaires. On peut y remédier en s'hydratant et en réduisant les activités fatigantes.

L'épuisement par la chaleur est le plus souvent causé par la **déshydratation**. Symptômes : faiblesse générale, maux de tête, irritabilité, nausée, vomissements, peau couverte de sueur, pouls faible et rapide, ou une température un peu plus élevée que la normale mais pas obligatoirement. Il faut alors allonger le malade à l'ombre, les jambes surélevées et le couvrir d'un vêtement mouillé, puis le réhydrater avec de l'eau contenant le quart d'une cuillère à café de sel par litre.

Le **coup de chaleur**, beaucoup plus grave, est une urgence médicale. Il se manifeste brusquement par un malaise général, des nausées, une peau brûlante et sèche et une forte température (de 39°C à plus de 41°C. La personne atteinte d'un coup de chaleur donne aussi des signes de vertiges, de perte de coordination, de confusion mentale ou d'agressivité, et peut perdre connaissance. Il faut absolument hospitaliser le malade. En attendant les secours, installez-le à l'ombre, ôtez-lui ses vêtements, couvrez-le d'un vêtement mouillé ou appliquez-lui de la glace, en particulier sous les aisselles et à l'aine.

La transpiration, qui ne peut s'évacuer, cause l'éruption de petits boutons de chaleur qui démangent. Passer quelques heures dans un endroit climatisé ou prendre des douches fraîches soulage. Les crèmes sont à éviter car elles bouchent les pores.

Coup de soleil

Sous les tropiques ou en altitude, les coups de soleil sont plus fréquents, même par temps couvert. Utilisez un écran solaire et pensez à en couvrir les endroits qui sont habituellement protégés, les pieds par exemple. Si les chapeaux fournissent une bonne protection, n'hésitez pas à appliquer également un écran total sur le nez et les lèvres (en particulier entre 10h et 14h). Les lunettes de soleil s'avèrent souvent indispensables.

Insolation

Une exposition prolongée au soleil peut provoquer

BOIRE DE L'EAU

- Ne buvez jamais d'eau du robinet sans vous être assuré qu'elle est potable (en Malaisie, à Singapour et au Brunei, beaucoup de régions disposent d'usines modernes qui traitent l'eau).
- Les bouteilles d'eau sont généralement sûres. Vérifiez que la capsule est intacte lors de l'achat.
- Évitez les glaces dans les endroits qui vous paraissent douteux.
- Évitez les jus de fruits frais qui ne sont pas pressés devant vous, car ils peuvent être allongés avec de l'eau souillée.
- Faire bouillir l'eau est la meilleure solution pour la purifier.
- On peut aussi traiter l'eau chimiquement avec du Micropur (vendu en pharmacie) ou de l'iodine (à ne pas utiliser chez la femme enceinte ou les personnes souffrant de problèmes thyroïdiens) pour tuer les germes pathogènes.
- Un simple filtrage n'éliminera pas tous les micro-organismes dangereux. Le cas échéant, assurez-vous que le filtre contient une barrière chimique (telle que l'iodine).

une insolation. Dans ce cas, il faut rester dans le noir, appliquer une compresse d'eau froide sur les yeux et prendre de l'aspirine.

Plongée et surf

Les adeptes de la plongée et du snorkeling doivent s'assurer que leur trousse médicale contient de quoi soigner les coupures occasionnées par les coraux et les infections de l'oreille en milieu tropical. Les plongeurs ont également intérêt à vérifier que leur assurance couvre bien la maladie des caissons. Avant le départ, une visite médicale s'impose pour détecter les problèmes de santé incompatibles avec la plongée. Sachez aussi que dans certains centres de plongée de Malaisie, l'aspect économique prime sur les conditions de sécurité.

Pollution de l'air

La pollution atmosphérique, en particulier celle causée par les gaz d'échappement, constitue un problème croissant dans la plupart des métropoles asiatiques. Si vous avez de sérieux problèmes respiratoires, demandez conseil à votre médecin avant de vous rendre dans une de ces villes. La pollution peut provoquer des troubles mineurs tels que sinusite, dessèchement de la gorge et irritation des yeux. Si vous en ressentez les effets néfastes, quittez l'endroit pendant quelques jours pour changer d'air.

Problèmes de peau

Les infections fongiques sont courantes dans les climats humides. Elles apparaissent souvent sur les parties du corps les moins "aérées" (aine, aisselles, orteils) et se caractérisent par une tache rouge qui grossit lentement, souvent accompagnée de démangeaisons. Le traitement consiste à garder la peau sèche, à éviter les frottements et à utiliser une crème antifongique. La teigne (qui est un champignon et non un parasite animal) est également fréquente. Elle se caractérise par l'apparition de petites taches légèrement colorées, souvent sur le dos, la poitrine et les épaules. Quelle que soit l'infection, consultez un médecin.

Maladies infectieuses et parasitaires

Bilharzioses

Les bilharzioses sont des maladies dues à des vers. On se contamine en se baignant dans les eaux douces (rivières, ruisseaux, lacs et retenues de barrage) où vivent les mollusques qui hébergent la forme larvaire des bilharzies. Juste après le bain infestant, on peut noter des picotements ou une légère éruption cutanée à l'endroit où le parasite est passé à travers la peau. Quatre à douze semaines plus tard, apparaissent une fièvre et des manifestations allergiques.

Si par mégarde ou par accident, vous vous baignez dans une eau infectée, séchez-vous vite et séchez aussi vos vêtements. Consultez un médecin si vous êtes inquiet.

Diarrhée

Le changement de nourriture, d'eau ou de climat suffit à la provoquer ; si elle est causée par des aliments ou de l'eau contaminés, le problème est plus grave. En dépit de toutes vos précautions, vous aurez peut-être la turista, mais quelques visites aux toilettes sans aucun autre symptôme n'ont rien d'alarmant. Il est fortement recommandé d'emmener avec soi un antidiarrhéique et un antiseptique intestinal (de type Intetrix et Ercefuryl). Demandez conseil à votre pharmacien et à votre médecin (certains médicaments ne peuvent être délivrés sans ordonnance). La déshydratation est le danger principal lié à toute diarrhée, particulièrement chez les enfants. Ainsi le premier traitement consiste à boire beaucoup. Quand vous irez mieux, continuez à manger légèrement. Les antibiotiques peuvent être utiles dans le traitement de diarrhées très fortes, en particulier si elles sont accompagnées de nausées, de vomissements, de crampes d'estomac ou d'une fièvre légère. Trois jours de traitement sont généralement suffisants, et on constate normalement une amélioration dans les 24 heures. Toutefois, lorsque la diarrhée persiste au-delà de 48 heures ou s'il y a présence de sang dans les selles, il est préférable de consulter un médecin.

Dysenterie

Affection grave, due à des aliments ou à de l'eau contaminés, la dysenterie se manifeste par une violente diarrhée, souvent accompagnée de sang ou de mucus dans les selles. Une analyse des selles est indispensable pour diagnostiquer le type de dysenterie. Il faut donc consulter rapidement.

Giardiase

Ce parasite intestinal est présent dans l'eau souillée ou dans les aliments souillés par l'eau. Symptômes : crampes d'estomac, nausées, estomac ballonné, selles très liquides et nauséabondes, et gaz fréquents. La giardiase peut n'apparaître que plusieurs semaines après la contamination. Les symptômes peuvent disparaître pendant quelques jours puis réapparaître, et ceci pendant plusieurs semaines.

Grippe aviaire

Bien que la Malaisie ait déclaré avoir éradiqué la grippe aviaire sur son territoire, il est néanmoins conseillé de se laver régulièrement les mains, d'éviter tout contact avec des volailles vivantes ou mortes (dans des élevages ou sur des marchés par exemple), et de ne pas manger de viande de volaille ni d'œufs crus ou mal cuits. Consultez un médecin en cas de fièvre et de symptômes respiratoires (toux, essoufflement, etc.).

Hépatites

L'hépatite est un terme général qui désigne une inflammation du foie. Elle est le plus souvent due à un virus. Les formes les plus habituelles se manifestent par une fièvre, une fatigue qui peut être intense, des douleurs abdominales, des nausées, des vomissements, associés à la présence d'urines très foncées et de selles décolorées presque blanches. La peau et le blanc des yeux prennent une teinte jaune (ictère). L'hépatite peut parfois se résumer à un simple épisode de fatigue sur quelques jours ou semaines.

Hépatite A. C'est la plus répandue, mais il existe un vaccin, recommandé en cas de fort risque d'exposition. La contamination est alimentaire : l'hépatite A se transmet par l'eau, les coquillages et, d'une manière générale, tous les produits manipulés à mains nues. Il n'y a pas de traitement médical ; il faut simplement se reposer, boire beaucoup, manger légèrement et s'abstenir totalement de toute boisson alcoolisée pendant au moins six mois.

Hépatite B. Elle est très répandue, mais la vaccination est très efficace. Elle se transmet par voie sexuelle ou sanguine (piqûre, transfusion). Évitez de vous faire percer les oreilles, tatouer, raser ou de vous faire soigner par piqûres si vous avez des doutes quant à l'hygiène des lieux. Les symptômes de l'hépatite B sont les mêmes que ceux de l'hépatite A.

Hépatite C. Ce virus se transmet par voie sanguine (transfusion ou utilisation de seringues usagées) et semble donner assez souvent des hépatites chroniques. La seule prévention est d'éviter tout contact sanguin, car il n'existe pour le moment aucun vaccin.

Hépatite E. L'hépatite E sévit partout dans le monde mais sa prévalence est très en Asie de l'Est et du Sud. Similaire à l'hépatite A, elle se contracte de la même manière, généralement par la nourriture et l'eau. De forme bénigne, elle peut néanmoins être dangereuse pour les femmes enceintes. À l'heure actuelle, il n'existe pas de vaccin, et le meilleur moyen de vous prémunir contre cette hépatite est de suivre de bonnes habitudes alimentaires.

Maladie de Lyme

Cette maladie est due à une bactérie transmise par des morsures de tiques. Elle n'est pas toujours diagnostiquée, car elle peut présenter des symptômes très divers. Consultez un médecin si, dans les 30 jours qui suivent la piqûre, vous observez une petite bosse rouge entourée d'une zone enflammée. À ce stade, les antibiotiques constitueront un traitement simple et efficace. Certains symptômes ultérieurs peuvent se produire, comme par exemple une sorte d'arthrite gagnant les genoux.

Le meilleur moyen d'éviter ce type de complications est de prendre vos précautions lorsque vous traversez des zones forestières. Emmitouflez-vous le plus possible dans vos vêtements, utilisez un produit répulsif contenant un diéthyl-toluamide, ou un substitut plus léger pour vos enfants. À la fin de chaque journée, vérifiez que ni vous, ni vos enfants, n'avez attrapé de tiques. La plupart des tiques ne sont pas porteuses de la bactérie.

Opisthorchiose

Cette maladie parasitaire se contracte en consommant des poissons d'eau douce, crus ou insuffisamment cuits.

Le risque d'attraper cette maladie reste toutefois assez faible. Quand la contamination est importante, on souffre d'une fatigue générale, d'une fièvre légère, d'un gonflement ou d'une sensibilité du foie ou de douleurs abdominales générales. En cas de doute, il faut faire analyser ses selles par un médecin compétent.

Typhoïde

Cette maladie se transmet par de l'eau ou de la nourriture contaminées par des matières fécales humaines. La fièvre et une éruption rose sur l'abdomen sont généralement les premiers symptômes, qui s'accompagnent parfois d'une septicémie (empoisonnement du sang). Le vaccin contre la typhoïde protège pendant trois ans.

VIH/sida

L'infection est présente dans pratiquement tous les pays. La transmission de cette infection se fait : par rapport sexuel (hétérosexuel ou homosexuel – anal, vaginal ou oral), d'où l'impérieuse nécessité d'utiliser des préservatifs à titre préventif ; par le sang, les produits sanguins et les aiguilles contaminées. Il est impossible de détecter la présence du VIH chez un individu apparemment en parfaite santé sans procéder à un examen sanguin.

Évitez, s'ils ne sont pas stérilisés, tous les

instruments de chirurgie, les aiguilles d'acupuncture et de tatouage, ainsi que les instruments utilisés pour percer les oreilles ou le nez.

Toute demande de certificat attestant la séronégativité pour le VIH est contraire au Règlement sanitaire international (article 81).

Affections transmises par les insectes

Chikungunya

Le chikungunya est une maladie virale transmise par les piqûres de moustiques, qui piquent durant la journée (surtout au lever et au coucher du soleil) pendant la saison la plus chaude. Elle sévit surtout dans l'état de Selangor. Les symptômes sont une fièvre élevée, des douleurs musculaires et articulaires ainsi que des rougeurs de la peau. Il n'existe pas de traitement spécifique ni de vaccin. Des mesures de protection individuelles s'imposent (voir l'encadré ci-dessous).

Dengue

De plus en plus fréquente dans les villes, notamment à Kuala Lumpur et dans l'État de Selangor. Il n'existe pas de traitement prophylactique contre cette maladie propagée par les moustiques. Poussée de fièvre, maux de tête, douleurs articulaires et musculaires, éruption cutanée et diarrhée. À recommander : paracétamol (l'aspirine est déconseillée) et repos. Au bout de quelques jours, la fièvre régresse, et la convalescence commence. Les complications graves sont rares.

Encéphalite japonaise

Un moustique nocturne (le *Culex*) est responsable de la transmission de cette maladie virale, surtout dans les zones rurales près des élevages de cochons ou des rizières.

Symptômes : fièvre soudaine, frissons et maux de tête, suivis de vomissements et de délire, aversion marquée pour la lumière vive et douleurs aux articulations et aux muscles. Les cas les plus graves provoquent des convulsions et un coma. Chez la plupart des individus qui contractent le virus, aucun symptôme n'apparaît.

Les personnes les plus en danger sont celles qui doivent passer de longues périodes en zone rurale pendant la saison des pluies (de juillet à octobre). Si c'est votre cas, il faudra peut-être vous faire vacciner.

Paludisme

Le paludisme, ou malaria, est transmis par un moustique, l'anophèle, dont la femelle pique surtout la nuit, entre le coucher et le lever du soleil. Il sévit peu dans cette région d'Asie du Sud-Est et on ne recommande généralement des médicaments antipaludiques qu'aux voyageurs s'écartant des villes et du littoral. Non traité, le paludisme peut avoir des suites graves, parfois mortelles. Avant de partir, renseignez-vous auprès d'un médecin spécialisé quant aux traitements et aux doses appropriées dans votre cas.

Le paludisme survient généralement dans le mois suivant le retour de la zone d'endémie. Symptômes : maux de tête, fièvre et troubles digestifs. Non traité, il peut avoir des suites graves, parfois mortelles. Il existe différentes espèces de paludisme et le traitement devient de plus en plus difficile à mesure que la résistance du parasite aux médicaments gagne en intensité.

SE PROTÉGER DES MOUSTIQUES

Hormis les traitements préventifs, la protection contre les piqûres de moustiques est le premier moyen d'éviter d'être contaminé par le paludisme. Le soir, dès le coucher du soleil, couvrez vos bras et surtout vos chevilles, mettez de la crème antimoustiques. Ils sont parfois attirés par le parfum ou l'après-rasage.

En dehors du port de vêtements longs, l'utilisation d'insecticides ou de répulsifs à base de DEET (de type Cinq sur Cinq) sur les parties découvertes du corps est à recommander.

En vente en pharmacie, les moustiquaires constituent en outre une protection efficace, à condition qu'elles soient imprégnées d'insecticide. De plus, ces moustiquaires sont radicales contre tout insecte à sang froid (puces, punaises, etc.) et permettent d'éloigner serpents et scorpions.

Notez enfin que, d'une manière générale, le risque de contamination est plus élevé en zone rurale et pendant la saison des pluies.

Coupures, piqûres et morsures

Abeilles et guêpes

Si vous êtes allergique à leurs piqûres, assurez-vous de toujours avoir une injection d'adrénaline (comme l'auto-injecteur Epipen).

STRATÉGIE ANTIPUNAISES

Les punaises vivent dans les fentes des meubles et des murs et affectionnent la nuit les lits pour se nourrir de votre sang. Dans la région, le problème est à prendre au sérieux, surtout dans les hôtels très fréquentés, comme les auberges de jeunesse, bien que ce ne soit pas les seuls endroits infestés. La chambre a beau paraître propre, les punaises peuvent être là. Protégez-vous en adoptant les stratégies suivantes :

» Demandez à l'hôtel ou à l'auberge de jeunesse ce qu'ils font pour éviter les punaises. C'est un problème courant et les établissements de bonne réputation contrôlent les parasites.

» Ne laissez pas vos bagages sur le sol, posez-les en hauteur pour éviter que ces créatures se fixent dessus. C'est la façon la plus commune dont elles se transmettent d'un endroit à l'autre.

» Inspectez soigneusement la chambre. Si vous repérez leurs carapaces brun clair et translucides ou leurs excréments ressemblant à des graines de coquelicot, mieux vaut ne pas vous installer. Faites particulièrement attention aux adresses où le ménage laisse à désirer.

Si vous êtes piqué :

» Ayez recours à un antihistaminique.

» Nettoyez soigneusement vos bagages. Lavez tous vos vêtements, que vous enfermerez ensuite dans un sac en plastique hermétique pour une double protection.

» Avertissez la direction de l'hôtel, et si l'on ignore le problème, portez plainte auprès de l'office du tourisme local. De plus, écrivez-nous.

Méduses

Les conseils des habitants vous éviteront de faire la rencontre des méduses et de leurs tentacules urticants. Certaines espèces peuvent être mortelles mais, en général, la piqûre est seulement douloureuse. Des antihistaminiques et des analgésiques limiteront la réaction et la douleur.

Rage

Présente dans la région, cette maladie est transmise par un animal contaminé. Morsures, griffures ou même simples coups de langue d'un mammifère doivent être nettoyés immédiatement et à fond. Frottez avec du savon et de l'eau courante, puis nettoyez avec de l'alcool. S'il y a le moindre risque que l'animal soit contaminé, allez immédiatement voir un médecin. Même si l'animal n'est pas enragé, toutes les morsures doivent être surveillées de près pour éviter les risques d'infection et de tétanos.

Un vaccin antirabique est disponible. Il faut y songer si vous comptez séjourner longtemps dans des zones rurales, travailler avec des animaux ou pratiquer la spéléologie (les morsures de chauves-souris peuvent être dangereuses). La vaccination préventive ne dispense pas de la nécessité d'un traitement antirabique immédiatement après un contact avec un animal enragé.

Tiques

On en attrape après une promenade à la campagne. Vérifiez toujours que vous n'avez pas attrapé de tiques dans une région infestée : elles peuvent transmettre diverses maladies, dont le typhus à tiques et la maladie de Lyme (voir p. 628).

Serpents

L'Asie du Sud-Est héberge un grand nombre de serpents, venimeux ou non. Portez toujours bottes, chaussettes et pantalons longs pour marcher dans la végétation à risque. Ne hasardez pas la main dans les trous et les anfractuosités, et faites attention lorsque vous ramassez du bois pour faire du feu. Les morsures de serpent ne provoquent pas instantanément la mort, et il existe généralement des antivenins. Il faut calmer la victime, lui interdire de bouger, bander étroitement le membre comme pour une foulure et l'immobiliser avec une attelle. Trouvez ensuite un médecin et essayez de lui apporter le serpent mort. N'essayez en aucun cas d'attraper le serpent s'il y a le moindre risque qu'il pique à nouveau. Il ne faut absolument pas sucer le venin ou poser un garrot.

Médecine traditionnelle et populaire

Dans toute l'Asie, la médecine traditionnelle est pratiquée couramment. Il existe une différence de taille entre celle-ci et la médecine populaire. Les remèdes "de bonne femme" sont à éviter, car ils font souvent appel à des procédés douteux susceptibles d'entraîner des complications. En revanche, les méthodes de guérison traditionnelles, comme la médecine traditionnelle chinoise, sont tout à fait respectables, et certaines commencent à être adoptées par les médecins occidentaux.

Toutes les méthodes de santé asiatiques traditionnelles partent du principe qu'il existe une force de vie fondamentale et que les troubles qui surviennent sont causés par des blocages ou des déséquilibres. Les techniques que sont la phytothérapie, les massages et l'acupuncture visent à faire retrouver son équilibre à cette force de vie, ou à entretenir cet équilibre. Ces thérapies s'adressent plus aux maladies chroniques, comme la fatigue chronique, l'arthrite, l'irritabilité intestinale et certains problèmes de peau récidivants. Évitez d'y recourir en cas d'affection aiguë grave, comme la malaria.

Attention : "naturel" ne veut pas dire "sans danger". Il peut y avoir des interactions médicamenteuses entre les herbes médicinales et les médicaments occidentaux. Si vous avez simultanément recours aux deux systèmes, informez chaque praticien des prescriptions de son confrère.

Santé au féminin

Grossesse

La plupart des fausses couches ont lieu pendant les trois premiers mois de la grossesse. C'est donc la période la plus risquée pour voyager. Pendant les trois derniers mois, il vaut mieux rester à distance raisonnable de bonnes infrastructures médicales, en cas de problèmes. Les femmes enceintes doivent éviter de prendre inutilement des médicaments. Cependant, certains vaccins et traitements préventifs contre le paludisme restent nécessaires. Mieux vaut consulter un médecin avant de prendre quoi que ce soit.

Pensez à consommer des produits locaux, comme les fruits secs, les agrumes, les lentilles et les viandes accompagnées de légumes.

Problèmes gynécologiques

Une nourriture pauvre, une résistance amoindrie par l'utilisation d'antibiotiques contre des problèmes intestinaux peuvent favoriser les infections vaginales lorsqu'on voyage dans des pays à climat chaud. Respectez une hygiène intime scrupuleuse, et portez jupes ou pantalons amples et sous-vêtements en coton.

LES SANGSUES

Lorsqu'il s'agit d'entreprendre une randonnée dans la forêt tropicale humide, la question des sangsues se pose invariablement. Certes, vous pouvez très bien ne jamais rencontrer ces petits vampires dans la jungle malaise, mais les risques existent si vous marchez au milieu d'une végétation dense et qu'il vient de pleuvoir.

D'une taille minuscule, les sangsues de la région sont capables de passer à travers des chaussettes au maillage serré. Une fois accrochées à la peau de leur victime, elles ne se laissent retomber à terre qu'une fois gonflées et repues. On distingue deux espèces communes : la sangsue brune et la sangsue tigre. La seconde se reconnaît à ses rayures noires et crème, mais vous la sentirez probablement avant de la voir. En effet, contrairement à sa cousine dont la succion est indolore, elle provoque une légère sensation de piqûre. Les sangsues brunes se tiennent sur le sol ou à proximité, à l'affût d'une chaussure ou d'un pantalon auquel s'agripper. De leur côté, les sangsues tigres attendent dans les feuilles d'arbustes et attaquent plutôt leurs proies entre la taille et le cou (fermez bien vos vêtements).

Si les sangsues ne présentent pas un réel danger, leurs morsures peuvent en revanche s'infecter. Quoi qu'il en soit, mieux vaut prévenir que guérir. À ce sujet, les avis sont partagés au sujet des techniques qui fonctionnent le mieux. L'usage d'un répulsif sur les pieds, les chaussettes et les chaussures a une efficacité temporaire. On peut également imiter les chasseurs kelabit et mettre du tabac dans ses chaussettes. La meilleure solution est toutefois d'investir dans des chaussettes anti-sangsues, sortes de guêtres tropicales qui couvrent le pied et le talon de la chaussure et s'attachent sous le genou.

Un moyen sûr de décoller une sangsue consiste à la tirer par le côté (si vous l'attrapez par la queue, elle risque de mordre plus profondément), à la brûler avec une cigarette allumée ou à la saupoudrer de sel. Le baume du Tigre, l'iode et l'huile de menthe sont aussi efficaces.

Les champignons, caractérisés par une éruption cutanée, des démangeaisons et des pertes, peuvent se soigner facilement. En revanche, les trichomonas sont plus graves ; pertes blanches et sensation de brûlure lors de la miction en sont les symptômes. Le partenaire masculin doit également être soigné.

Il n'est pas rare que le cycle menstruel soit perturbé lors d'un voyage. Dans les zones urbaines, les serviettes hygiéniques sont disponibles facilement, les pilules contraceptives sont néanmoins plus difficiles à trouver.

Voyager avec des enfants

Les personnes voyageant avec des enfants doivent pouvoir soigner des affections mineures, et savoir quand avoir recours aux services médicaux. Bien avant le départ, assurez-vous que les vaccinations des enfants sont à jour, et sachez que certains vaccins ne conviennent pas aux enfants de moins de 1 an. Dans les zones chaudes et humides, la moindre égratignure peut s'infecter. Toute blessure doit être parfaitement nettoyée et tenue au sec. Attention à la nourriture et à l'eau présentant un risque de contamination. Pensez à emporter des poudres réhydratantes à utiliser avec de l'eau bouillie si votre enfant est sujet à des vomissements ou à des diarrhées. Demandez conseil à votre médecin. Afin d'éviter les risques de rage ou d'autres maladies, les enfants doivent être tenus à l'écart des chiens et des mammifères en général. Les morsures, griffures ou coups de langue d'un animal à sang chaud et à fourrure doivent être immédiatement et soigneusement nettoyés. S'il y a un risque, même infime, que l'animal soit contaminé, il convient de chercher immédiatement une assistance médicale.

Langue

POUR ALLER PLUS LOIN

Indispensable pour mieux communiquer sur place : le *Malay Phrasebook* de Lonely Planet (anglais-malais, 8,10 €). Pour réserver une chambre, lire un menu ou simplement faire connaissance, ce manuel permet d'acquérir les rudiments du malais. Inclus : un minidictionnaire bilingue.

La langue nationale de la Malaisie est le malais, appelé *bahasa malaysia*. On le parle avec de légères variations en Malaisie, à Singapour et au Brunei. Ce n'est cependant pas la seule langue. Les Malais d'origine chinoise parlent divers dialectes chinois et ont largement recours au mandarin. Les Malais d'origine indienne parlent, entre autres langues, le tamoul et le malayalam. À Singapour, les langues officielles sont le malais (presque uniquement parlé par la communauté malaise), le tamoul, le mandarin et l'anglais.

À Singapour, mais aussi en Malaisie péninsulaire, en Malaisie orientale (les États du Sabah et du Sarawak sur l'île de Bornéo) et au Brunei, il est facile de se faire comprendre en anglais. C'est la deuxième langue la plus parlée chez les populations indigènes de Bornéo, ainsi qu'un outil qui facilite la communication entre différentes cultures ou ethnies, comme entre les Chinois et les Malais.

En malais, la plupart des sons sont à peu près les mêmes qu'en français, à l'exception de quelques voyelles et consonnes. L'accentuation n'est pas très marquée : approximativement, disons que le mieux est de faire porter l'accent sur l'avant-dernière syllabe.

Les pronoms, notamment le "tu", sont rarement utilisés en malais. *Kamu* est une forme standard pour la deuxième personne, qui permet de faire fi d'une pléthore de termes prenant en compte l'âge et le genre.

SALUTATIONS ET FORMULES DE POLITESSE

Hello.	*Helo.*
Au revoir.	*Selamat tinggal/jalan.* (personne qui part/reste)
Comment allez-vous ?	*Apa kabar?*
Bien, merci.	*Kabar baik.*
Excusez-moi.	*Maaf.*
Pardon.	*Maaf.*
Oui./Non.	*Ya./Tidak.*
S'il vous plaît.	*Silakan.*
Merci.	*Terima kasih.*
Il n'y a pas de quoi.	*Sama-sama.*
Comment vous appelez-vous ?	*Siapa nama kamu?*
Je m'appelle...	*Nama saya ...*
Parlez-vous anglais ?	*Adakah anda berbahasa Inggeris?*
Je ne comprends pas.	*Saya tidak faham.*

Mots d'interrogation

Comment ?	*Berapa?*
Où ?	*Di mana?*
Pourquoi ?	*Mengapa?*
Quand ?	*Bilakah?*
Qui ?	*Siapakah?*
Quoi ?	*Apa?*

FAIRE DES PHRASES

Pour s'en sortir en malais, combinez ces structures simples avec les mots dont vous avez besoin :

À quelle heure/ quand arrive (le prochain bus) ? *Jam berapa (bis yang berikutnya)?*

Où est (la gare) ? *Di mana (stasiun)?*

Je cherche (un hôtel). *Saya cari (hotel).*

Avez-vous (une carte du secteur) ? *Ada (peta daerah)?*

Y a-t-il (un ascenseur) ? *Ada (lift)?*

Puis-je (entrer) ? *Boleh saya (masuk)?*

Ai-je besoin de/d'(un visa) ? *Saya harus pakai (visa)?*

Je voudrais (le menu). *Saya minta (daftar makanan).*

Je voudrais (louer une voiture). *Saya mau (sewa mobil).*

Pouvez-vous (m'aider) ? *Bisa Anda (bantu) saya?*

HÉBERGEMENT

Avez-vous des chambres libres ?	*Ada bilik kosong?*
Combien est-ce... ? par nuit/par personne ?	*Berapa harga satu malam/orang?*

Le petit-déjeuner est-il inclus ?
Makan pagi termasukkah?

Puis-je voir la chambre ?
Boleh saya lihat biliknya?

auberge de jeunesse	*asrama belia*
camping	*tempat perkhemahan*
hôtel	*hotel*
pension	*rumah tetamu*
chambre simple	*bilik untuk seorang*
chambre double	*bilik untuk dua orang*
chambre à deux lits	*bilik yang ada dua katil*
climatisation	*pendingin udara*
fenêtre	*tingkap*
salle de bains	*bilik air*
spirale antimoustiques	*obat nyamuk*

DIRECTIONS

Où est... ?	*Di mana ...?*
Quelle est l'adresse ?	*Apa alamatnya?*
Pouvez-vous l'écrire ici, s'il vous plaît ?	*Tolong tuliskan alamat itu?*
Pouvez-vous me montrer (sur la carte) ?	*Tolong tunjukkan (di peta)?*
Tournez à gauche /à droite.	*Belok kiri /kanan.*
tout droit	*jalan terus*
à l'embranchement	*di simpang*
au feu rouge	*di tempat lampu isyarat*
derrière	*di belakang*
loin (de)	*jauh (dari)*
près (de)	*dekat (dengan)*
en face de	*berhadapan dengan*

AU RESTAURANT

Une table pour (deux), s'il vous plaît.	*Meja untuk (dua) orang.*
Qui y a-t-il dans ce plat ?	*Ada apa dalam masakan itu?*
L'addition, s'il vous plaît.	*Tolong bawa bil.*
Je ne mange pas de...	*Saya tak suka makan ...*
poulet	*ayam*
poisson	*ikan*
viande (rouge)	*daging (merah)*
noix	*kacang*
avec	*dengan*
sans	*tanpa*

Mots utiles

assiette	*pinggan*
bouteille	*botol*
chaud	*panas*
couteau	*pisau*
cuillère	*sedu*
déjeuner	*makan tengahari*
dîner	*makan malam*
épicé	*pedas*
fourchette	*garfu*
froid	*sejuk*
marché	*pasar*
menu	*menu*
nourriture	*makanan*
petit-déjeuner	*sarapan pagi*
tasse	*cawan*
verre	*gelas*
restaurant	*restoran*
végétarien	*sayuran saja*

Viande et poisson

agneau	*anak biri-biri*
bœuf	*daging lembu*
crabe	*ketam*
crevette	*udang*
moules	*kepah*
poisson	*ikan*
porc	*babi*
poulet	*ayam*

Fruits et légumes

banane	*pisang*
cacahuète	*kacang*
carambole	*belimbing*
carotte	*lobak*
concombre	*timun*
jaquier	*nangka*
mangue	*mangga*
orange	*jeruk oren*
pastèque	*tembikai*
pomme	*epal*
tomate	*tomato*

Autres

fromage	*keju*
glaçon	*ais*
œuf	*telur*
pain	*roti*
riz	*nasi*
sel	*garam*
sucre	*gula*

Boissons

bière	*bir*
bouteille d'eau	*air botol*
limonade de citron vert	*air limau*
café	*kopi*
lait	*susu*
thé	*teh*
eau	*air*
vin	*wain*

URGENCES

Au secours !	*Tolong!*
Arrêtez !	*Berhenti!*
Je suis perdu(e).	*Saya sesat.*
Allez-vous-en !	*Pergi!*
Il y a eu un accident.	*Ada kemalangan.*
Appelez un médecin !	*Panggil doktor!*
Appelez la police !	*Panggil polis!*
Je suis malade.	*Saya sakit.*
J'ai mal ici.	*Sini sakit.*
Je suis allergique (aux noix).	*Saya alergik kepada (kacang).*

ACHATS ET SERVICES

Je voudrais acheter...	*Saya nak beli ...*
Je regarde seulement.	*Saya nak tengok saja.*
Puis-je le regarder ?	*Boleh saya tengok barang itu?*
Combien cela coûte-t-il ?	*Berapa harganya?*
C'est trop cher.	*Mahalnya.*
Pouvez-vous me faire un prix ?	*Boleh kurang?*
Il y a une erreur sur la facture.	*Bil ini salah.*
bureau de poste	*pejabat pos*
carte de crédit	*kad kredit*
cybercafé	*cyber cafe*
DAB	*ATM ('a-te-em')*
office du tourisme	*pejabat pelancong*
téléphone public	*telpon awam*

HEURE ET JOURS

Quelle heure est-il ?	*Pukul berapa?*
Il est (sept) heures.	*Pukul (tujuh).*
Il est (une) heure et demie.	*Pukul (satu) setengah.*
le matin	*pagi*
l'après-midi	*tengahari*
le soir	*petang*
hier	*semalam*
aujourd'hui	*hari ini*
demain	*esok*
lundi	*hari Isnin*
mardi	*hari Selasa*
mercredi	*hari Rabu*
jeudi	*hari Kamis*
vendredi	*hari Jumaat*
samedi	*hari Sabtu*
dimanche	*hari Minggu*
janvier	*Januari*
février	*Februari*
mars	*Mac*
avril	*April*
mai	*Mei*
juin	*Jun*
juillet	*Julai*
août	*Ogos*
septembre	*September*
octobre	*Oktober*
novembre	*November*
décembre	*Disember*

Signalétique

Buka	Ouvert
Dilarang	Interdit
Keluar	Sortie
Masuk	Entrée
Tandas	Toilettes
Lelaki	Hommes
Perempuan	Femmes
Tutup	Fermé

Chiffres et nombres

1	*satu*
2	*dua*
3	*tiga*
4	*empat*
5	*lima*
6	*enam*
7	*tujuh*
8	*lapan*
9	*sembilan*
10	*sepuluh*
11	*sebelas*
12	*dua belas*
20	*dua puluh*
21	*dua puluh satu*
22	*dua puluh dua*
30	*tiga puluh*
40	*empat puluh*
50	*lima puluh*
60	*enam puluh*
70	*tujuh puluh*
80	*lapan puluh*
90	*sembilan puluh*
100	*seratus*
200	*dua ratus*
1 000	*seribu*
2 000	*dua ribu*

TRANSPORTS

À quelle heure part le/l'... ?
Pukul berapa ... berangkat?

bateau	*kapal*
bus	*bas*
avion	*kapal terbang*
train	*kereta api*

Je veux aller à... *Saya nak ke ...*
Marque-t-il l'arrêt à... ? *Berhenti di ...?*
De combien est le retard ?
Berapa lambatnya?
Je voudrais descendre à ...
Saya nak turun di ...
Mettez le compteur en marche, s'il vous plaît.
Tolong pakai meter.
Arrêtez-vous ici, s'il vous plaît.
Tolong berhenti di sini.

Je voudrais un billet... *Saya nak tiket ...*

1re classe	*kelas pertama*
2e classe	*kelas kedual*
aller simple	*sehala*
aller-retour	*pergi balik*

le premier (bus)	(bas) *pertama*
le dernier (train)	(keretapi) *terakhir*
le prochain	*berikutnya*

arrêt de bus	*perhentian bas*
billeterie	*pejabat tiket*
gare ferroviaire	*stesen keretapi*
gare routière	*stesen bas*
guichet	*tempat/kaunter tikit*
horaires	*jadual waktu*
quai	*landasan*
annulé	*dibatalkan*
retardé	*lambat*

Je voudrais louer un/une...
Saya nak menyewa ...

vélo	*basikal*
voiture	*kereta*
4x4	*jip*
moto	*motosikal*

casque	*topi keledar*
diesel	*disel*
essence	*petrol*
essence avec plomb	*petrol plumbum*
essence sans plomb	*tanpa plumbum*
pompe à essence	*pam*

Est-ce la route pour...?
Ini jalan ke ...?
Où puis-je trouver une station-service ?
Stesen minyak di mana?
(Combien de temps) puis-je stationner ici ?
(Beberapa lama) Boleh saya letak kereta di sini?
J'ai besoin d'un mécanicien.
Kami memerlukan mekanik.
Ma voiture est tombée en panne à..
Kereta saya telah rosak di ...
J'ai un pneu à plat.
Tayarnya kempis.
Je suis en panne d'essence.
Minyak sudah habis.
J'ai eu un accident.
Saya terlibat dalam kemalangan.

LE SINGLISH, L'ANGLAIS DE SINGAPOUR

Ce qui étonne souvent le plus les visiteurs à Singapour, c'est l'étrange langue que l'on y parle. C'est un anglais enrichi de mots empruntés au hokkien (l'une des langues parlées en Chine) et au malais, comme *shiok* pour "délicieux" et *kasar* pour "rugueux/dur". De plus, les prépositions et les pronoms inutiles sont laissés de côté, l'ordre des mots changé, les phrases raccourcies, l'accentuation et le rythme de la phrase diffèrent, ce qui donne ce que l'on appelle ici le singlish (contraction de *Singaporean-English*). Cet anglais de Singapour est banni de l'usage officiel de la langue. Pourtant, si vous écoutez les bulletins d'informations à la radio ou à la télévision, vous vous rendrez compte tout de suite de son effet pervers sur l'élocution des présentateurs.

Il n'existe pas de grammaire singlish, pourtant ce dialecte a des caractéristiques bien à lui. D'abord, en ce qui concerne l'accentuation des mots composés ; en anglais standard l'accent est mis sur le premier mot, par exemple : "*fire*-fighter" ou "*theatre* company" alors qu'en singlish, c'est le contraire – "fire-*fighter*"" et "theatre *company*". Bien souvent, la dernière consonne d'un mot n'est pas prononcée, surtout le **l** ou le **k**, et la voyelle qui la précède déformée, si bien qu'un chauffeur de taxi chinois ne vous comprendra peut-être pas quand lui direz "Perak Road", car lui prononce "Pera Roh". La particule *lah* est sans cesse ajoutée à la fin d'une phrase donnant ceci : "No good, *lah*", ce qui peut vouloir dire (entre autres) : "Je ne pense pas que ce soit une si bonne idée." Et comme une question est considérée comme impolie, les demandes ou les questions s'allongeront aussi d'un suffixe. Ainsi, une question comme "Would you like a beer?" (Voudriez-vous une bière ?") peut se transformer en "You want beer or not?" (Vous voulez une bière ou pas ?). Dans le singlish, les temps des verbes ont également tendance à disparaître, les actions au futur, présent ou passé étant toutes précisées par des marqueurs de temps ; ainsi "I go tomorrow" (Je vais demain) ou "I go yesterday" (Je vais hier).

Voici quelques-uns des "singlicismes" les plus souvent entendus :

ah beng – personne sans élégance, vulgaire
Aiyah! – "Oh, mon Dieu !"
Alamak! – exclamation de surprise, de frustration ou de consternation, comme "Oh, mon Dieu !"
ayam – mot malais qui veut dire "poulet", mais employé comme adjectif, il signifie : inférieur, faible
blur – lent d'esprit, non avisé
buaya – un homme qui aime les femmes, du malais "crocodile"
Can? – "Est-ce que ça va ?"
Can! – "Oui ! ça va !"
char bor – nana, femme
cheena – un vieux chinois en robe ; par extension, attitude de dénigrement
go stan – faire demi-tour, comme dans "Go stan the car" – de l'expression utilisée dans la marine "go astern" (faire machine arrière), prononcée "go stun"
heng – chance, bonne fortune (hokkien)
hiao – vain, futile
inggrish – anglais
kambing – personne stupide, du malais "chèvre"
kena ketuk – littéralement "être jeté à terre" ; volé
kiasee – avoir peur, littéralement "avoir peur de mourir" ; un lâche
kiasu – littéralement "peur de perdre" ; égoïste, arrogant, toujours à l'affût d'une bonne affaire
lah – Après un mot ou une phrase, peut vouloir dire "OK", mais bien souvent n'a pas de sens sauf celui d'ajouter de l'emphase à la chose dite.
looksee – regarder
malu – embarrassé
minah – petite amie
Or not? – suffixe général après une question comme dans "Can or not?" (Can you or can't you?/ Pouvez-vous ou ne pouvez-vous pas ?)
see first – attendre et voir ce qui va se passer
shack – fatigué
shiok – bon, superbe, délicieux
steady lah – bon travail, excellent ; pour exprimer des félicitations, des louanges
Wah! – exclamation générale de surprise ou de désarroi
ya ya – vantard, comme dans l'expression "He always *ya ya*" (Il est toujours *ya ya*)

GLOSSAIRE

adat – loi coutumière malaise

adat temenggong – loi malaise (avec des modifications indiennes) qui régit les coutumes et les cérémonies dans les sultanats

air – eau

air terjun – chute d'eau ; cascade

alor – sillon ; chenal principal d'une rivière

ampang – barrage

ang pow – enveloppe rouge donnée en guise d'offrande, de paiement ou de cadeau

Apec – Asia-Pacific Economic Cooperation (Coopération économique Asie-Pacifique)

arak (arrack) – eau-de-vie distillée

Asean – Association des nations du Sud-Est asiatique

atap – toit en palmes

Baba-Nonya – "Chinois des Détroits" (appelés aussi Peranakan) établis de longue date dans les détroits de Malacca, de Singapour et de Penang. Ayant contracté des mariages avec des Malais, ils ont absorbé de nombreuses coutumes malaises

Bahasa malaysia – ou Bahasa Melayu ; langue malaise

bandar – port ; ville

Bangsawan – opéra malais

batang – tige, tronc d'arbre, bras principal d'une rivière

batik – tissu peint en procédant au préalable à l'application de réserves à la cire

batu – pierre ; rocher ; borne

belukar – forêt secondaire

bendahara – Premier ministre

bendang – terre irriguée

bomoh – guérisseur traditionnel

British Resident – représentant officiel du gouvernement britannique à l'époque coloniale

bukit – colline

bumboat – sampan motorisé, ou petite embarcation

bumiputra – Malais d'origine (littéralement "fils du sol")

bunga raya – fleur de l'hibiscus (la fleur nationale de la Malaisie)

dadah – drogues

dato', datuk – littéralement "grand-père", mais terme honorifique pour les hommes (sans sang royal)

Diptérocarpacées – famille d'arbres des régions tropicales, qui se distinguent par des fruits à deux ailes

dusun – village ; verger

genting – col de montagne

godown – entrepôt sur une rivière/un fleuve

gua – grotte

gunung – montagne

hawker – échoppe de rue, stand de restauration

hilir – parties en aval d'une rivière

hutan – jungle ; forêt

imam – gardien du savoir islamique et chef de prière

istana – palais

jalan – rue

kain songket – étoffe malaise traditionnelle, tissée à la main et brodée de fils d'or

kampung – village (s'écrit aussi *kampong*)

kangkar – village chinois

karst – relief calcaire, en grande partie souterrain (cascades, cavernes)

kedai kopi – café ; *coffee shop*

kerangas – zone de végétation particulière de Bornéo, généralement sur un sous-sol gréseux, où poussent des népenthès et d'autres espèces rares

khalwat – "contact intime" ou démonstration d'affection en public entre un homme et une femme, interdit aux couples non mariés, selon la loi islamique

kongsi – organisation clanique chinoise (sociétés secrètes, triades, etc.)

kopi tiam – *coffee shop* (Singapour)

kota – fort ; ville

kramat – lieu sacré malais

KTM – Keretapi Tanah Melayu ; chemins de fer de Malaisie

kuala – embouchure d'une rivière ; endroit où un affluent se jette dans une grande rivière

laksamana – amiral

langur – petit singe, le plus souvent arboricole

laut – mer

lebuh – rue

Lebuhraya – autoroute ou route nationale, terme généralement utilisé pour évoquer la route nord-sud allant de Johor Bahru jusqu'à Bukit Kayu Hitam, à la frontière thaïlandaise

longhouse – maison longue ; habitat communautaire des populations natives de Bornéo

lorong – rue étroite ; ruelle

LRT – Light Rail Transit (Kuala Lumpur)

lubuk – bassin profond

macaque – désigne différentes espèces de singes cercopithèques à queue courte

maison longue – voir *longhouse*

mandi – en Asie du Sud-Est, bassine destinée à la toilette

masjid – mosquée

MCP – Malayan Communist Party (Parti communiste malais)

Melayu Islam Beraja – MIB ; philosophie nationale de l'Islam Beraja (monarchie islamique malaise de Brunei)

merdeka – indépendance

Merlion – créature mi-lion mi-poisson, symbole de Singapour

MRT – Mass Rapid Transit (métro de Singapour)

muara – embouchure d'une rivière

muezzin – fonctionnaire religieux d'une mosquée, chargé d'appeler les fidèles à la prière

negara – pays

negeri – État

Nonya (Nyonya) – voir *Baba-Nonya*

orang asing – étranger

Orang Asli – aborigènes malais (littéralement "peuple originel")

Orang Laut – littéralement "peuple de la côte"

Orang Ulu – littéralement "peuple de l'amont"

padang – aire de verdure (en général, place de la ville)

pantai – plage

PAP – People's Action Party (parti politique de Singapour)

parang – machette ; hachoir

PAS – Parti Islam Se-Malaysia (parti islamique de Malaisie)

pasar – marché

pasar malam – marché nocturne

Pejabat Residen – bureau du résident

pekan – ville ; place du marché

pelabuhan – port

pencak silat – danse (arts martiaux)

penghulu – chef du village

pengkalan – quai

perahus – bateaux malais traditionnels

Peranakan – les *Baba-Nonya* ou "Chinois des détroits" (littéralement "demi-caste")

PIE – Pan-Island Expressway, un des principaux axes routiers de Singapour

pua kumbu – étoffe traditionnelle finement tissée

pulau – île

puteri – princesse

raja – prince ; souverain

rakyat – peuple

rantau – littoral rectiligne

rattan – tige de palmier servant à la vannerie

rimba – jungle

rotan – bâton utilisé pour les châtiments corporels

sampan – petite embarcation

samsu – alcool malais

sarung – tissu porté par les femmes, les hommes et les enfants, appelé aussi sarong

seberang – côté opposé de la route ; berge d'une rivière

selat – détroit

semenanjung – péninsule

shophouse – ancienne maison-boutique tenue par des Chinois

silat – voir *pencak silat*

simpang – croisement ; intersection

songkok – coiffe masculine traditionnelle

Straits Chinese (Chinois des Détroits) – voir *Baba-Nonya*

sungai – rivière ; fleuve

syariah – loi islamique

tambang – ferry fluvial ; tarif

tamu – marché hebdomadaire

tanah – terre

tanjung – promontoire

tasik – lac

teluk – baie, appelé parfois "telok"

temenggong – administrateur malais

towkang – jonque chinoise

trishaw – cyclopousse

tuai rumah – chef d'une maison longue (Sarawak)

tuak – alcool local ou "firewater ; eau de feu" (Bornéo)

tunku – prince royal

ujung – cap

UMNO – United Malays National Organisation (Organisation nationale unie des Malais)

warung – petites échoppes de nourriture

wayang – opéra chinois

wayang kulit – théâtre d'ombres

wet market – marché alimentaire, dont le sol est arrosé chaque soir

wisma – immeuble de bureaux ou centre commercial

yang di-pertuan agong – chef de l'État de la Malaisie ou "roi"

yang di-pertuan besar – chef de l'État dans le Negeri Sembilan

yang di-pertuan muda – jeune roi

yang di-pertuan negeri – gouverneur

En coulisses

VOS RÉACTIONS

Vos commentaires nous sont très précieux et nous permettent d'améliorer constamment nos guides. Notre équipe lit toutes vos lettres avec la plus grande attention. Nous ne pouvons pas répondre individuellement à tous ceux qui nous écrivent, mais vos commentaires sont transmis aux auteurs concernés. Tous les lecteurs qui prennent la peine de nous communiquer des informations sont remerciés dans l'édition suivante, et ceux qui nous fournissent les renseignements les plus utiles se voient offrir un guide.

Pour nous faire part de vos réactions, prendre connaissance de notre catalogue et vous abonner à notre newsletter, consultez notre site Internet : **www.lonelyplanet.fr**

Nous reprenons parfois des extraits de notre courrier pour les publier dans nos produits, guides ou sites Web. Si vous ne souhaitez pas que vos commentaires soient repris ou que votre nom apparaisse, merci de nous le préciser. Notre politique en matière de confidentialité est disponible sur notre site Internet.

À NOS LECTEURS

Merci à tous les voyageurs qui ont utilisé la dernière édition de ce guide et qui nous ont écrit pour nous faire part de leurs conseils, de leurs suggestions et de leurs anecdotes :
A Ophélie Avignon **B** Michel Baron, Pierre-Jacques Barthe, Valérie Baudart-Mornet, M. Baudot, Bouchra Benziane, Pascal Berthou **C** Christiane Campin, Nathalie Carucci, Julie Cauzier, Christiane Cazelles, Marlène Chamonard, Marie-Claude Chataignier, Caroline Corlier, Alex Cormanski **D** Jean-Yves de Lemps, Solveig Delabroye, Laurent Desaleux, Sandrine Destombes **F** Nadine Fluck-Geyer **G** Dominique Giral, Denis Granet **L** Nicolas Lemal **M** Guillaume Magnard, Lucie Morin **P** Jean Pérès, Didier Perrin, Bénédicte Pinel **S** Jessica Scherler, Jean-Louis Souil **V** Florian Viougea

UN MOT DES AUTEURS

Simon Richmond

Terima kasih à la formidable équipe de mes coauteurs et à Ilaria pour son soutien depuis le quartier général de LP. En Malaisie, mille mercis à Alex Yong, Nani Kahar, Peter Kiernan, Andrew Sebastian, Claudia Low, David Hogan Jr, Narelle McMurtrie, Chris Bauer, Eddy Chew, Adly Rizal, Karl Steinberg et Chris Ong. Je n'oublie pas non plus Neil, qui a été d'une merveilleuse compagnie et m'a encouragé à capturer la Malaisie que j'aime à travers l'art et les mots.

Cristian Bonetto

Du fond du cœur, *xièxie* à Jasmine Chai, Ally Wong, Walter Cheng Eng Teck, Mark Chang, Wayne Soon et Ian Chong pour leur incroyable générosité et leur perspicacité. Mes remerciements vont aussi à Ilaria Walker, Alvin Jin Tan, Yu Ying Cheng et Mary-Ann Gardner.

Celeste Brash

Merci à Shannon Bryant pour avoir veillé sur moi tout au long du voyage et à l'hôpital. Merci aussi à Peck Choo Ho et Brandon Tan pour leur aide, leur soutien et leur amitié incommensurables ; à Richard Abraham pour les renseignements sur Johor ; à Maryanne Netto pour les contacts ; à Mani et Raymond ; au Dr Wan et au bureau d'Endau-Rompin. *Terima kasih* à Ilaria et Simon, pour leur formidable travail. Enfin, comme toujours, un énorme merci à ma famille de m'accepter comme je suis.

Joshua Samuel Brown

Merci à ma vieille copine Astrid P. qui été le meilleur compagnon de voyage pour la partie recherches, à Lauren Q. d'avoir été de l'équipe autour de Pulau Kapas ; et à mon extraordinaire guide à moto Ronnie V qui m'a évité la mort à Pahang. Comme toujours, je remercie Phil et Tammy à Pristine (Taïwan) et tout spécialement Marina, au Kibbutz Bardo à Taipei, qui m'a permis d'appeler à la maison avant et après le voyage.

Austin Bush

Je remercie mes coauteurs itinérants, les talentueux LPers Ilaria Walker et Bruce Evans, et toutes les personnes sympathiques que j'ai rencontrées en Malaisie, dont Ahmad, Zac Chan, Robyn Eckhardt, Nazlina Hussin, Teong Ong Jin, Joann Khaw, Steve Khong, Mark Lay, Djohan Lee, Bee Yinn and CK Low, Narelle McMurtrie, Chris Ong, Wanida Razali, Khoo Salma, Simon et Rachel Tan, Stan et Pat Woolliscroft, et Jek Yap.

Adam Karlin

Terima kasih à Katie King, mon contact avec les rockstars qui redéfinit la break-dance, et à tous ceux qui m'ont donné des informations et conseils : Charlie Ryan, Jessica Yew, Tom, Joel, Silas et Howard – c'est un grand privilège de vous avoir rencontrés et d'avoir pu explorer votre île avec vous. Merci à Angelica, la barmaid la plus cool d'Oakland, pour sa bonne humeur ; à Alex Zawadzki, Daniele Cohen, Serge, Johnny et tous les autres, pour leur compagnie et les rires qui allaient avec. Mom and Dad, merci de votre soutien sans faille, et Rachel, merci pour ton amour et ta voix chaque matin et chaque soir pendant le voyage.

Daniel Robinson

Quantité de gens se sont donné beaucoup de mal pour améliorer ce guide, mais je suis tout spécialement redevable à Amélie Blanc ; à Borbala Nyiri ; à Donald et Marina Tan ; à Eric et Annie Yap ; à Jacqueline Fong ; à Jo-Lynn Liao ; à Kelvin Egay ; à Polycarp ; à Mathew Ngau Jau ; à Philip Yong ; à Thomas Ulrich et Vernon Kedit (à Kuching) ; à Jessie, Noriza et Peter Tiong (à Sibu) ; à Paul Chuo ; à Sandra Kromdijk ; à Vincent Tiong et Wouter Mullink (à Kapit) ; à Camille de Kerchove ; à Captain David (à Bennet) ; à Elyn Chan et sa famille, et à Mrs Lee (à Miri) ; à Amy McGoldrick ; à Antonella Mori ; à Helen van Lindere ; à Jeremy Clark ; à Peter Hogge et à mes guides Bian Rumai, Esther Abu, Jeffry Simun, Susan Pulut et Syria Lejau (au Gunung Mulu National Park) ; à Apoi Ngimat ; à Jaman Riboh ; à Joanna Joy ; à Rebita Lupong ; à Rian John Pasan Lamulun ; à Stephen et Tine ainsi qu'à Stu Roach (à Bario) ; à Mr Lim (à Chong Teah) ; à Mr Chua (à Eng Hin) et à Ferdinand Gibson (à Limbang) ; au personnel dévoué des parcs nationaux du Sarawak ; à Glenn van Zutphen ; à Leonard Koh ; à Michelle Elias Solomon et à Seng Beng Yeo et leurs familles (à Singapour) et, enfin, à mon épouse bien-aimée Rachel Safman, à notre fils Yair Lev et à ma belle-mère Edie Safman (à Los Angeles).

REMERCIEMENTS

Les cartes du climat sont adaptées de la carte *Updated World Map of the Köppen-Geiger Climate Classification*, tirée de *Hydrology and Earth System Sciences*, 11, 1633-44, publié par Peel MC, Finlayson BL & McMahon TA (2007).

Carte du réseau de transports urbain intégré de Kuala Lumpur © 2012, Tourism Malaysia

Photographie de la couverture : champ de théiers du Bharat Tea Estate, Cameron Highlands, Perak, Ross Barnett/Getty/Lonely Planet Images

À PROPOS DE L'OUVRAGE

Tony et Maureen Wheeler ont voyagé en Malaisie en 1973 alors qu'ils étaient en train de rédiger le tout premier guide Lonely Planet, *Across Asia on the Cheap*, qui est à l'origine de tous les autres. Depuis, de nombreux auteurs de Lonely Planet ont suivi les traces de leurs sandales pour veiller à ce que les voyageurs profitent au mieux des plages idylliques de cette région à la nature sauvage, de sa cuisine épicée combinant différentes traditions et de sa splendide architecture coloniale. Cette 7e édition du guide *Malaisie, Singapour et Brunei* est *tirée de la* 12e édition *Malaysia, Singapore & Brunei*, rédigée par certains des meilleurs auteurs de Lonely Planet. L'auteur coordinateur Simon Richmond, l'expert et le vétéran de la Malaisie, a écrit sur Kuala Lumpur, Selangor et Negeri Sembilan, tout en dirigeant sa brillante équipe : Cristian Bonetto, Celeste Brash, Austin Bush, Joshua Samuel Brown, Adam Karlin et Daniel Robinson. Ce guide a été commandé par le bureau de Lonely Planet à Melbourne.

Traduction Anna Alvarez, Marie Chouteau, Florence Delahoche, Cécile Duteil, Dominique Lavigne et Pierre-Yves Raoult

Direction éditoriale Didier Férat

Adaptation française Sandrine Gallotta

Responsable prépresse Jean-Noël Doan

Maquette Laurence Tixier

Cartographie Cartes adaptées en français par Caroline Sahanouk

Couverture Adaptée par Annabelle Henry pour la version française

Remerciements à Claude Albert, Chantal Duquénoy, Agnès Poujol et Dolorès Mora pour leur contribution au texte. Un grand merci à Dominique Spaety pour son soutien attentif, et à Nicolas Guérin pour ses remarques précieuses. Enfin, merci à Darren O'Connell, Chris Love, Craig Kilburn, Carol Jackson, Sally Darmody et jacqui Saunders du bureau australien, et Clare mercer, Tracey Kislingbury, Joe Revill et Luan Angel du bureau londonien.

Index

Abréviations
(B) : Brunei
(S) : Singapour
(KL) : Kuala Lumpur

Références des cartes **en gras**
Références des photos en bleu

Références des cartes **en gras**
Références des photos **en bleu**

L

M

S

T

Références des cartes **en gras**
Références des photos en bleu

INDEX DES ENCADRÉS

Arts et patrimoine

À table

Culture et société

Écotourisme, nature et environnement

INDEX DES ENCADRÉS (SUITE)

Histoire et politique

Interviews

Sports et activités de plein air

Pratique

Santé

Tranports

INDEX DES ENCADRÉS (SUITE)

NOTES

* waggal wajed . riz sucré

*

Comment utiliser ce guide

Ces symboles vous aideront à identifier les différentes rubriques :

- À voir
- Activités
- Cours
- Circuits organisés
- Fêtes et festivals
- Où se loger
- Où se restaurer
- Où prendre un verre
- Où sortir
- Achats
- Renseignements/transports

Ces symboles vous donneront des informations essentielles au sein de chaque rubrique :

	Numéro de téléphone		Wi-Fi		Bus
	Horaires d'ouverture		Piscine		Ferry
P	Parking		Végétarien	M	Métro
	Non-fumeurs		Familles bienvenues		Tramway
	Climatisation		Animaux acceptés		Train
@	Accès Internet	dort	Dortoir	ch	Chambre
s	Chambre simple	d	Chambre double	tr	Chambre triple
f	Chambre familiale	app	Appartement	ste	Suite

Les adresses sont présentées par ordre de préférence de l'auteur.

Les pictos pour se repérer

- Les coups de cœur de l'auteur
- GRATUIT Des sites libre d'accès
- Les adresses écoresponsables

Nos auteurs ont sélectionné ces adresses pour leur engagement dans le développement durable – par leur soutien envers des communautés ou des producteurs locaux, leur fonctionnement écologique ou leur investissement dans des projets de protection de l'environnement.

Légende des cartes

À voir

- Centre d'intérêt
- Château
- Église/cathédrale
- Monument
- Musée/galerie
- Mosquée
- Plage
- Ruines
- Synagogue
- Temple bouddhiste
- Temple hindou
- Vignoble
- Zoo

Activités

- Plongée/snorkeling
- Canoë/kayak
- Ski
- Surf
- Piscine/baignade
- Randonnée
- Planche à voile
- Autres activités

Se loger

- Hébergement
- Camping

Se restaurer

- Restauration

Prendre un verre

- Bar
- Café

Sortir

- Spectacle

Achats

- Magasin

Renseignements

- Poste
- Point d'information

Transports

- Aéroport/aérodrome
- Poste frontière
- Bus
- Téléphérique/funiculaire
- Piste cyclable
- Ferry
- Métro
- Monorail
- Parking
- S-Bahn
- Taxi
- Train/rail
- Tramway
- Tube
- U-Bahn
- Autre moyen de transport

Routes

- Autoroute à péage
- Autoroute
- Nationale
- Départementale
- Cantonale
- Chemin
- Route non goudronnée
- Rue piétonne
- Escalier
- Tunnel
- Passerelle
- Promenade à pied
- Promenade à pied (variante)
- Sentier

Limites et frontières

- Pays
- Province/État
- Contestée
- Région/banlieue
- Parc maritime
- Falaise/escarpement
- Rempart

Population

- Capitale (pays)
- Capitale (État/province)
- Grande ville
- Petite ville/village

Géographie

- Refuge/gîte
- Phare
- Point de vue
- Montagne/volcan
- Oasis
- Parc
- Col
- Aire de pique-nique
- Cascade

Hydrographie

- Rivière
- Rivière intermittente
- Marais/mangrove
- Récif
- Canal
- Eau
- Lac asséché/salé/intermittent
- Glacier

Topographie

- Plage/désert
- Cimetière (chrétien)
- Cimetière (autre religion)
- Parc/forêt
- Terrain de sport
- Site (édifice)
- Site incontournable (édifice)

Joshua Samuel Brown

Pahang et Pulau Tioman, Îles de la côte est, Kelantan et Terengganu Écrivain, conteur et nomade, Joshua Samuel Brown parcourt le monde presque en permanence depuis le siècle dernier. Il écrit pour Lonely Planet depuis 2006 et contribue régulièrement à www.lonelyplanet.com. Sur son blog, Snarky Tofu (josambro.blogspot.fr), il livre ses informations toujours actualisées, ses photos et ses élucubrations.

Découvrez Joshua sur :
lonelyplanet.com/members/josambro

Austin Bush

Manger comme un Malaisien, Spécialités régionales, Perak, Penang, Langkawi, Kedah et Perlis, Cuisine Austin Bush est arrivé en Thaïlande en 1998, titulaire d'une bourse pour des études de langue, et n'a plus quitté depuis l'Asie du Sud-Est. C'est la première fois qu'il contribue au guide *Malaisie, Singapour et Brunei* – une mission, a-t-il rapidement réalisé, parmi les plus délicieuses chez Lonely Planet. Le centre d'intérêt de cet écrivain free-lance et photographe, né en Oregon, est souvent la nourriture. Vous trouverez des exemples de son travail sur www.austinbushphotography.com.

Adam Karlin

Sabah, Brunei Adam pense que Bornéo ressemble à un jardin sauvage, ce qui explique sans doute pourquoi il éprouve un amour aussi authentique et démesuré pour cette île. Durant ce deuxième voyage d'exploration du Sabah pour Lonely Planet (mais le troisième en Malaisie), il a découvert des primates, randonné dans les jungles montagneuses et fait bonne figure dans les jeux de bar des expatriés. Un des moments les plus agréables pour lui a été de descendre une rivière en se laissant flotter au fil de la forêt vierge. Adam est l'auteur ou le coauteur d'une trentaine de guides Lonely Planet.

Lisez les articles d'Adam sur :
lonelyplanet.com/members/adamkarlin

Daniel Robinson

Sarawak Daniel couvre l'Asie du Sud-Est et ses forêts humides depuis 1989, date à laquelle sont parus les premiers guides très remarqués de Lonely Planet sur le Vietnam et le Cambodge auxquels il participait. Lors de ses nombreuses visites au Sarawak, il est devenu un adepte du voyage *ulu-ulu* (remonter le fleuve toujours plus en amont) en *longboat*, durant lequel on arpente la jungle à la recherche des fleurs gigantesques de rafflésie en avalant des *laksa* à la mode du Sarawak. Daniel, Bachelor of Arts du département des études du Proche-Orient de l'université de Princeton, écrit sur le voyage pour différents magazines et journaux, dont le *New York Times*.

Retrouvez Daniel sur :
lonelyplanet.com/members/daniel_robinson

LES GUIDES LONELY PLANET

Une vieille voiture déglinguée, quelques dollars en poche et le goût de l'aventure, c'est tout ce dont Tony et Maureen Wheeler eurent besoin pour réaliser, en 1972, le voyage d'une vie : rallier l'Australie par voie terrestre via l'Europe et l'Asie. De retour après un périple harassant de plusieurs mois, et forts de cette expérience formatrice, ils rédigèrent sur un coin de table leur premier guide, *Across Asia on the Cheap*, qui se vendit à 1 500 exemplaires en l'espace d'une semaine. Ainsi naquit Lonely Planet, qui possède aujourd'hui des bureaux à Melbourne, Londres et Oakland, et emploie plus de 600 personnes. Nous partageons l'opinion de Tony, pour qui un bon guide doit à la fois informer, éduquer et distraire.

LES AUTEURS

Simon Richmond

Auteur coordinateur. Préparer son voyage, Kuala Lumpur et ses environs, Selangor et Negeri Sembilan, Comprendre la Malaisie, Singapour et Brunei, Carnet pratique Simon a commencé à voyager dans la Péninsule malaise au début des années 1990. Depuis cette première immersion, beaucoup de choses ont changé, mais la Malaisie et Singapour comptent toujours parmi ses destinations préférées. Il aime ce mélange de cultures facilement accessibles, ces paysages invitant à l'aventure, et surtout ces traditions culinaires incroyablement variées. Aux commandes de ce guide pour la quatrième fois, notre écrivain de voyage et photographe réputé a aussi été le coordinateur du guide *Kuala Lumpur, Melaka & Penang* et de quantité d'autres titres. Il travaille également avec d'autres éditeurs.

Retrouvez Simon sur :
lonelyplanet.com/members/simonrichmond

Cristian Bonetto

Singapour Pour l'appétit insatiable de Cristian, Singapour était la destination rêvée ; vous auriez dû le voir arpenter l'île à la recherche de délices comestibles ! Passionné d'architecture contemporaine et de politique postcoloniale, il était tout à fait logique qu'il ait un faible pour Singapour. Cristian est diplômé de l'université de Melbourne en politique et culture, et ses réflexions sur la cuisine, la culture et le design ont fait l'objet d'articles dans des revues du monde entier. Pour Lonely Planet, il a contribué aux guides *New York*, *Italie* et *Danemark*.

Celeste Brash

Melaka, Johor Celeste visite la Malaisie pour la première fois en 1993, dans le cadre de ses études à l'université de Chiang Mai en Thaïlande, avant de s'installer à Singapour pour y enseigner l'anglais. Plus elle découvre la Malaisie au fil des années, plus elle aime ce pays et... sa cuisine. Lorsqu'elle ne se désensibilise pas les papilles gustatives au *sambal*, Celeste vit à Portland, en Oregon, avec son mari et ses deux enfants. Elle a contribué à la rédaction d'une quarantaine de guides Lonely Planet. Vous la retrouverez sur www.celestebrash.com.

Découvrez Celeste sur :
lonelyplanet.com/members/celestebrash

PAGE 659 AUTEURS (suite)

Malaisie, Singapour et Brunei
7e édition
Traduit et adapté de l'ouvrage *Malaysia, Singapore & Brunei, 12th edition, May 2013*

Dépôt légal Septembre 2013
ISBN 978-2-81613-369-1
Imprimé par Grafica Veneta, Trebaseleghe, Italie

En Voyage Éditions | un département place des éditeurs